中国教育六十年纪事与启思

上册

（1949—2009）

储朝晖 著

山西出版传媒集团
山西教育出版社

图书在版编目（C I P）数据

中国教育六十年纪事与启思：1949～2009/储朝晖著.
—太原：山西教育出版社，2013.5
ISBN 978-7-5440-5899-5

Ⅰ.①中… Ⅱ.①储… Ⅲ.①教育史-研究-中国-1949～2009 Ⅳ.①G529.7

中国版本图书馆 CIP 数据核字（2013）第 063150 号

中国教育六十年纪事与启思 1949～2009
ZHONGGUO JIAOYU LIUSHINIAN JISHI YU QISI

责任编辑 樊爱香
助理编辑 晋晓敏
复　　审 张沛泓
终　　审 刘立平
装帧设计 薛　菲　陶雅娜
印装监制 贾永胜

出版发行 山西出版传媒集团·山西教育出版社
（太原市水西门街馒头巷 7 号　电话：0351-4035711　邮编：030002）
印　　装 山西新华印业有限公司
开　　本 787×1092　1/16
印　　张 55
字　　数 981 千字
版　　次 2013 年 5 月第 1 版　2013 年 5 月山西第 1 次印刷
印　　数 1—5000 册
书　　号 ISBN 978-7-5440-5899-5
定　　价 110.00 元（上、下）

前　言

从1949年到2009年，中华人民共和国经历了六十个春秋。

自秦至清，中华文化形成以儒家为根基的自成体系的文明秩序以及在这一秩序中的教育体系。1840年以后，这一文明体系受到欧美工业革命后发展起来的文明体系的挑战，步入艰辛乃至失败的境地。

1898年，中国有识之士意识到面对的是“三千年未有之变局”，试图重构新的中国文明秩序，却遭遇到内部的强力抵制和外部列强的欺凌，这种局面尽管波动了近半个世纪，却一波三折顽强地向着更加文明的体系转变。1911年辛亥革命后，中国社会进入了一段相对的良性发展时期，教育也经历了难得的发展机遇。尤其是在新文化运动的哺育下，革新良多，一大批有识之士明道济世，奋勇争先，包括教育在内的各项社会事业，发展势头可喜，特别是在此期间出现了“黄金十年”。之后，日本帝国主义的军事入侵彻底打乱了中国社会现代化的进程，中断了既有的社会制度变革，改变了中国社会各种力量间的平衡关系，破坏了中国社会的生态，使中国人民和中华文明再一次蒙受巨大灾难，殃及教育事业，损失无法估量。

上承洋务运动、维新变法、辛亥革命，1949年开启了中国现代文明秩序建构新的步伐。教育是整个中国现代文明秩序中的一个具体领域。在这六十年里，与其他各个领域相类似，教育的发展历程是曲折的。立足于中华文明现代转向，以客观事实为依据，从全球化的视角、教育理论和历史发展的角度对这六十年的教育进行叙事、分析、反思、评述是本书的主题。

依据对教育发展影响的重要程度，以及在这六十年里教育实践中出现各种问题的实际情况，本书选择发展历程、教育的规模与数量、教育品质、教育价值、教育决策、教育管理、教育评价、教师成长与发展、学校管理体制等问题，在尽可能作接近原貌和全貌的描述基础上加以分析、思考。每一主题都基于历史事实，展示出六十年变迁的轮廓，分别从产生的背景、对教育实践的影响、理论和历史分析等几个方面展开。

对历史的总结和反思是为了更好地开辟未来，中国当今所处的发展阶段和人类社会整体发展趋势都需要中国教育在品质上有一个整体提升，走上内涵发展的道路。中国历史文化客观上提供了实现这一提升的一些重要前提，而现实中又存在不少阻碍这一提升的各种因素，能否创造条件使这一提升成为现实是本书力求探索的问题。这一问题本身不是个单一的问题，而是一个问题体系。本书试图以上述几个主题带动对整个问题体系的讨论和思考，达到以历史材料展现教育发展的未来、从历史分析中探明教育的未来发展道路的目的。

进行这样的回顾、反思、评述，需要多年的积累，二十多年来，本人对中国教育现状进行“扫地”式的调查是思考问题的实践基础，虽然受到叙述主次关系和次序的限制不能将这些实地调查的内容写进文字中，但正是它生成了整个论述体系的框架。

金耀基先生认为：“中国的现代化迄今还是未竟之事，我相信它将是中国人 21 世纪根本的大业。”① 完成这一大业的前提是“必须发展出一套社会文化信念和价值来支撑对不同部门具有普遍意义吸引力的社会文化革新，从而为世界共同体提供一种总体的升级样式和模式”②，并建立相切合的制度体系。本书旨在为这一大业添上块砖加上片瓦。

分析过去，抓住现在，创造未来。愿人类享受更好的教育，愿中国人能享受更优质、公平、人性化、高效的教育。

---

① 金耀基：《中国的现代转向》，牛津大学出版社，2004 年版，第 3 页。

② Edward A. Tiryakian. The Global Crisis as an Interregnum of Modernity [A]. The Global Crisis: Sociological Analysis and Responses [C]. Leiden: Brill, 1984: 123 ~ 130.

Contents 目　录

上　册

第一章

历程：曲折中前行

自1840年鸦片战争以来，中国人经历了一百多年的屈辱、战乱、苦难。中国人期盼已久的是尊严、和平、幸福。到1949年，这种期盼体现在教育及其他各方面工作上就是希望建立一种全新的、完全与以往不同的事业。然而这样的期盼与教育是人类千百万年的积淀以及教育发展的内在特性和逻辑并非完全一致，在一定程度上成为超越了理性的期盼，很容易被情感和主观意志所左右，这就决定着自1949年以来中国教育发展的历程必然是在曲折中前行。

第一节　新篇（1949—1956）

1949 年 9 月 21 日，中国人民政治协商会议第一届全体会议在北京召开，会议通过了《中国人民政治协商会议共同纲领》，选举成立了中央人民政府。10 月 1 日，中华人民共和国宣告成立，中国的教育事业翻开了新的篇章。

一、共识

中华人民共和国教育新篇肇始于《共同纲领》第四十一条："中华人民共和国的文化教育为新民主主义的，即民族的、科学的、大众的文化教育。人民政府的文化教育工作，应以提高人民文化水平，培养国家建设人才，肃清封建的、买办的、法西斯主义的思想，发展为人民服务的思想为主要任务。"① 由于当时的《共同纲领》具有宪法的效力，所以这些关于教育的规定是当时教育上效力最高的文献。

选择在这样一份重要文件中对中国教育发展作这样的定性表述，代表了当时中国各种社会力量经过较长时间磨合在教育上形成的共识，代表了中国社会各阶层发展新中国新教育的共同心愿。

1940 年，毛泽东在《新民主主义论》中论述如下②：

这种新民主主义的文化是民族的。它是反对帝国主义压迫，主张中华

① 《中国人民政治协商会议共同纲领》，引自《人民日报》，1949 年 9 月 30 日。

② 《毛泽东选集（第二卷）》，北京：人民出版社，1991 年版，第 706 ~ 708 页。

民族的尊严和独立的。它是我们这个民族的，带有我们民族的特性。它同一切别的民族的社会主义文化和新民主主义文化相联合，建立互相吸收和互相发展的关系，共同形成世界的新文化；但是决不能和任何别的民族的帝国主义反动文化相联合，因为我们的文化是革命的民族文化。中国应该大量吸收外国的进步文化，作为自己文化食粮的原料，这种工作过去还做得很不够。这不但是当前的社会主义文化和新民主主义文化，还有外国的古代文化，例如各资本主义国家启蒙时代的文化，凡属我们今天用得着的东西，都应该吸收。但是一切外国的东西，如同我们对于食物一样，必须经过自己的口腔咀嚼和胃肠运动，送进唾液胃液肠液，把它分解为精华和糟粕两部分，然后排泄其糟粕，吸收其精华，才能对我们的身体有益，决不能生吞活剥地毫无批判地吸收。所谓"全盘西化"的主张，乃是一种错误的观点。形式主义地吸收外国的东西，在中国过去是吃过大亏的。中国共产主义者对于马克思主义在中国的应用也是这样，必须将马克思主义的普遍真理和中国革命的具体实践完全地恰当地统一起来。就是说，和民族的特点相结合，经过一定的民族形式，才有用处，决不能主观地公式地应用它。公式的马克思主义者，只是对于马克思主义和中国革命开玩笑，在中国革命队伍中是没有他们的位置的。中国文化应有自己的形式，这就是民族的形式。新民主主义的内容……这就是我们今天的新文化。

这种新民主主义的文化是科学的。它是反对一切封建思想和迷信思想，主张实事求是，主张客观真理，主张理论和实践一致的。在这点上，中国无产阶级的科学思想能够和中国还有进步性的资产阶级的唯物论者和自然科学家，建立反帝反封建反迷信的统一战线；但是决不能和任何反动的唯心论建立统一战线。共产党员可以和某些唯心论者甚至宗教徒建立在行动上的反帝反封建的统一战线，但是决不能赞同他们的唯心论或宗教教义。中国的长期封建社会中，创造了灿烂的古代文化。清理古代文化的发展过程，剔除其封建性的糟粕，吸收其民主性精华，是发展民族新文化提高民族自信心的必要条件；但是决不能无批判地兼收并蓄。必须将古代封建统治阶级的一切腐朽的东西和古代优秀的人民文化即多少带有民主性和革命性的东西区别开来。中国现时的新政治新经济是从古代的旧政治旧经济发展而来的，中国现时的新文化也是从古代的旧文化发展而来的，因此，我们必须尊重自己的历史，决不能割断历史。但是这种尊重，是给历史以一定的科学的地位，是尊重历史的辩证法的发展，而不是颂古非今，不是赞扬任何封建的毒素。对于人民群众和青年学生，主要的不是要引导他们向后看，而是要引导他们向前看。

这种新民主主义的文化是大众的，因而它即是民主的。它应为全民族中百分之九十以上的工农劳苦民众服务，并逐渐成为他们的文化。要把教育革命干部的知识和教育革命大众的知识在程度上互相区别又互相联结起来，把提高和普及互相区别又互相联结起来。革命文化，对于人民大众，是革命的有力武器。革命文化，在革命前，是革命的思想准备；在革命中，是革命总战线中的一条必要和重要的战线。而革命的文化工作者，就是这个文化战线上的各级指挥员。“没有革命的理论，就不会有革命的运动”，可见革命的文化运动对于革命的实践运动具有何等的重要性。而这种文化运动和实践运动，都是群众的。因此，一切进步的文化工作者，在抗日战争中，应有自己的文化军队，这个军队就是人民大众。革命的文化人而不接近民众，就是“无兵司令”，他的火力就打不倒敌人。为达此目的，文字必须在一定条件下加以改革，言语必须接近民众，须知民众就是革命文化的无限丰富的源泉。

民族的科学的大众的文化，就是人民大众反帝反封建的文化，就是新民主主义的文化，就是中华民族的新文化。

这段对文化的论述后来被运用于教育。依据毛泽东的论述，文化是建立在政治、经济基础之上的，新民主主义政治和经济是建立新民主主义教育的基础。由于这一政治基础是大众，所以，这一表述不仅仅是共产党的意愿，还体现在当时各方面的社会力量、中国社会各阶层的共同意愿。

当年曾在延安工作的黄乃一，1986 年底在安徽省陶行知纪念馆参观时说，《新民主主义论》和《在延安文艺座谈会上的讲话》发表前，他们接受任务到处收集关于如何确定共产党的文化教育政策方面的资料，当时就找到陶行知 1936 年发表的文章《生活教育之特质》，其中讲生活教育具有“生活的、行动的、大众的、前进的、世界的、有历史联系的”六大特质，看到这篇文章高兴极了，其中“大众的”就成为确定文化教育政策的主要基调。

《生活教育之特质》全文如下①：

你如果看过《狸猫换太子》那出戏，一定还记得那里面有一件有趣的事情，就是出现了两个包龙图：一个是真的，还有一个是假的。我们仔细

① 陶行知：《生活教育之特质》，引自《生活教育》第 3 卷第 2 期，1936 年 3 月 6 日。

想想，是愈想愈觉得有趣味了。世界上无论什么事，都好像是有两个包龙图。就拿教育来说罢，你立刻可以看出两种不同的教育：一种叫做传统教育；另一种叫做生活教育。又拿生活教育来说吧，你又可以发现两种不同的说法：一种主张“教育即生活”；另一种是主张“生活即教育”。我现在想把生活教育的特质指出来，目的不但要使大家知道生活教育与传统教育不同，并且要使大家知道把假的生活教育和真的生活教育分别出来。

（一）生活的　生活教育第一个特点是生活的。传统的学校要收学费，要有空闲工夫去学，要有名人阔佬介绍才能进去。有钱、有闲、有面子才有书念，那么无钱、无闲、无面子的人又怎么办呢？听天由命吗？等待黄金时代从天空落下来吗？不！我们要从生活的斗争里钻出真理来。我们钻进去越深，越觉得生活的变化便是教育的变化。生活与生活一磨擦便立刻起教育的作用。磨擦者与被磨擦者都起了变化，便都受了教育。有人说：这是“生活”与“教育”的对立，便是“生活”与“教育”的磨擦。我以为教育只是生活反映出来的影子不能有磨擦的作用。比如一块石头从山上滚下来，碰着一块石头，就立刻发出火花。倘若它只碰着一块石头的影子，那是不会发出火花的。说的正确些，是受过某种教育的生活与没有受过某种教育的生活，磨擦起来，便发出生活的火花，即教育的火花，发出生活的变化，即教育的变化。

（二）行动的　生活与生活磨擦，便包含了行动的主导地位。如果行动不在生活中取得主导的地位，那么，传统教育者就可以拿“读书的生活便是读书的教育”来做他们掩护的盾牌了。行动既是主导的生活，那么，只有“为行动而读书，在行动上读书”才可说得通。我们还得追本推源地问：书是从哪里来的？书里的真知识是从哪里来的？我们毫不迟疑地回答说“行是知之始”，“即行即知”，书和书中的知识都是著书人从行动中得来的。我要声明著书人和注书人、抄书人是有分别。人类和个人的知识的妈妈都是行动。行动产生理论，发展理论。行动所产生发展的理论，还是为的要指导行动，引着整个生活冲入更高的境界。为了争取生活之满足与存在，这行动必须是有理论、有组织、有计划的战斗的行动。

（三）大众的　少爷小姐有的是钱，大可以为读书而读书，这叫做小众教育。大众只可以在生活里找教育，为生活而教育。当大众没有解放之前，生活斗争是大众唯一的教育。并且孤立地去干生活教育是不可能的，大众要联合起来才有生活可过；即要联合起来，才有教育可爱。从真正的生活教育看来，大众都是先生，大众都是同学，大众都是学生。教学做合一，即知即传是大众的生活法，即是大众的教育法。总说一句，生活教育是大众的教育，大众自己办的教育，大众为生活解放而办的教育。

（四）前进的　有人说，生活既是教育，那么，自古以来便有生活，即有教育，又何必要我们去办教育呢？他这句话，分析是对的，断语是错的。我们承认自古以来便有生活即有教育。但同在一社会里，有的人是过着前进的生活，有的人过着落后的生活。我们要用前进的生活来引导落后的生活，要大家一起来过前进的生活，受前进的教育。前进的意识要通过生活才算是教人真正地向前去。

（五）世界的　课堂里既不许生活进去，又收不下广大的大众，又不许人动一动，又只许人向后退不许人向前进，那么，我们只好承认社会是我们唯一的学校了。马路、弄堂、乡村、工厂、店铺、监牢、战场，凡是生活的场所，都是我们教育自己的场所。那么，我们所失掉的是鸟笼，而所得的倒是伟大无比的森林了。为着要过有意义的生活，我们的生活力是必然地冲开校门，冲开村门，冲开城门，冲开国门，冲开无论什么自私自利的人所造的铁门。所以，整个中华民国和整个世界，才是我们真正的学校咧。

（六）有历史联系的　这里应该从两方面来说：第一，人类从几千年生活斗争中所得到而留下来的宝贵的历史教训，我们必须用选择的态度来接受。但是我们要留心，千万不可为读历史而读历史。我们必须把历史的教训，和个人或集团的生活联系起来。历史教训必须通过现生活，从现生活中滤下来，才有指导生活的作用。这样经生活滤过的历史教训，可以使我们的生活倍上加倍地丰富起来。倘使一个人停留在自我或少数同伴的生活上，而拒绝广大人类的历史教训，那便是懒惰不长进，跌在狭义的经验论的泥沟里，甘心情愿地做一只小泥鳅。第二，中国已经到了生死关头，争取大众解放的生活教育，自有它应负的历史使命。为着争取大众解放，它必须要争取中华民族的解放；为着要争取中华民族的解放，它必须教育大众联合起来解决国难。因此，推进大众文化以保卫中华民国领土主权之完整，而争取中华民族之自由平等，是成了每一个生活教育同志当前所不可推却的天职了。

1941 年 9 月，延安中央研究院中国教育研究室成立，其研究计划中包括“马恩列斯的教育思想，杜威教育思想，日、德、意军国主义教育，苏联社会主义教育，蒋介石—陈立夫教育思想，陶行知生活教育，梁漱溟乡村建设运动，平民教育，广西国民教育，等等”①。这些研究是新中国教育大政方针确定的工作基础，是形成1949年教育文化共识的过程。所以1942年徐特立写信称陶行知“不仅是对摧毁中国传统教育起了很大的革命作用，同时也是为中国新教育树立了一块基石”②。1950年，陶行知的多位学生要求恢复陶行知创办的晓庄学校，周恩来指示予以落实；1951年，陶行知遭到批判后，陶行知的学生们要求保留生活教育社，周恩来表示新中国办的就是生活教育，没有必要再保留生活教育社的组织了。这个孕育于1927年、成立于1938年，1949年由上海迁北京，并在上海、南京、重庆、北京、香港等地设有分社的教育社团，于1951年后被停止活动。周恩来的回答既有当时政治背景的影响，也包含着逻辑上的一致性。

依据这一共识的关键词“民主、科学、大众”上溯，五四新文化运动则是这一共识产生的真实源头。再上溯则可追至谭嗣同《仁学》中首标自由与平等原则——“不失自主之权”。余英时说谭嗣同“这个提法，自然是从个体本位出发的，其中‘不失自主之权’一语确实抓住了现代人的本质”③。

综上所述，在新民主主义框架中，民族的科学的大众的文化教育是新中国各方面在继承先贤卓识和教育理念基础上形成的共识，也是衡量此后教育办得如何最为重要、最为根本的基准。六十年后再回首，依然感到中国教育离这一基准还很遥远。

二、新制

《中国人民政治协商会议共同纲领》（以后简称《共同纲领》）第四十六条提出：“人民政府应该有计划、有步骤地改革旧的教育制度、教育内容和教学方法。”④ 1954年9月20日，第一届全国人民代表大会主席团公布的《中华人民共和国宪法》规定：“中华人民共和国公民有受教育的权利。国家设立并逐步扩大各种学校和其他文化教育机关，以保证公民享有这种权利。国家特别关怀

---

① 董纯才、张健、华子扬、陈元晖、李冰洁、翟定一：《中国教育研究室的研究工作》、《延安中央研究院回忆录》，北京：中国社会和科学出版社、长沙：湖南人民出版社，1984年版。

② 徐特立：《延安新教育学会致函陶行知先生》，引自《徐特立文集》，长沙：湖南教育出版社，1980年版，第271页。

③ 余英时：《中国现代价值观念的变迁》，引自《现代中国的历程》，台北：华视文化公司出版，1992年版，第194页。

④ 《中国人民政治协商会议共同纲领》，引自《人民日报》，1949年9月30日。

青年的体力和智力的发展。"① 这两条是中国新的教育制度设置的最高法律依据，尤其是后一条暗含着国家对教育举办权和所有权的全面拥有。新的教育制度的建立与改革旧的教育制度并行，主要体现在以下方面：

1. 建立从中央到地方的教育行政管理体制

依照1949年9月27日中国人民政治协商会议第一次会议通过的《中华人民共和国中央人民政府组织法》，规定政务院设立统筹管理全国文化教育事宜的文化教育委员会和执行机构教育部。

1949年10月19日，政务院文化教育委员会成立，其职责是统筹管理全国文化教育事宜，并直接管理留学生回国事务。1949年10月18日政务院公布第十一次政务会议通过的《大行政区人民政府委员会组织通则》，规定大行政区在文教方面设文教委员会，并设文教等部，或在文教委员会下设文教等处。还规定中央直属的学校均由中央直接领导，并受其所在地大行政区政府之指导。这个组织通则也适用于大行政区军政委员会。

1949年11月1日，教育部正式成立，其职责是贯彻中央人民政府的教育工作方针政策。

1950年1月7日，政务院第14次政务会议通过省、市、县人民政府三个组织通则，分别规定省人民政府设文教厅或处，直辖市人民政府设局，县人民政府设科或局。同年11月13日政务院公布的《大城市的区人民政府组织通则》中规定酌设文教科或股，12月30日政务院公布的《区人民政府及区公所组织通则》中规定设秘书及助理若干人分工办理各项工作。

1950年8月2日至11日，中国教育工会召开第一次全国代表大会，建立了全国统一的中国教育工会。会议明确提出，教育工作者是工人阶级队伍的一部分，教育工会以保护教育工作者利益、提高教育工作者阶级觉悟为主要任务。

1952年11月，中央人民政府决定增设高等教育部和扫除文盲工作委员会。1954年国务院通知扫除文盲工作委员会并入教育部，政务院文化教育委员会下设的干部文化教育局也划归教育部管理。

当时，全国设立六大行政区，除华北区的高校由教育部直接管理以外，各大区设有文化教育委员会、文教部或教育部，主要管理高等学校。1954年，随着大行政区撤销，相应的教育管理机构也撤销。

在省、市建立教育厅局，各省市的教育厅局内设机构不完全一致；在专署和市、县一般设有文教科，管理文化、教育、体育、卫生等项工作。1953年

---

① 《中华人民共和国宪法》，北京：人民出版社，1954年版。

后，各专署和市、县都设立了教育局，少数地方称教育处或教育科。

全国各地的区、镇、乡均未设立教育行政机构，由县级教育行政机构派出辅导员或扫盲干事，负责小学教育和扫盲事业。

1954 年 9 月 20 日，《中华人民共和国地方各级人民代表大会和地方各级人民委员会组织法》规定：省、自治区设教育厅、局、处；直辖市和设区的市设教育局、处；不设区的市设文化教育科或局；市辖区设文化教育科或股；乡、民族乡、镇设文化教育工作委员会，人口和商业较多的镇经县人民委员会批准可参照市辖区设工作部门。组织法还规定了各级人民委员会工作部门的增减、设立审批权限。12 月 15 日，国务院在有关省人民委员会的机构的决定中规定，省不设扫盲工作机构，业务由教育厅掌管。省人民委员会设文教办公室，负责掌握文化、教育、卫生等工作。①

2. 确立新的学制

1951 年 8 月 10 日，经过近两年的恢复建设，各级各类学校初步建立了正常的教学秩序，政务院通过并于 10 月 1 日颁布了《关于改革学制的决定》。这是中华人民共和国第一个学制。它构建了各级各类学校互相衔接沟通的学校系统，明确规定了工农干部教育和业余教育在学制中的地位。该决定指出："我国原有学制有许多缺点，其中最重要的是工人、农民的干部学校和各种补习学校和训练班，在学校系统中没有应有的地位；初等学校修业六年并分为初高两级的办法，使广大劳动人民子女难于受到完全的初等教育；技术学校没有一定的制度，不能适应培养国家建设人才的要求。"②

新学制包括幼儿教育（幼儿园：3 岁至 7 岁前）、初等教育（小学：7 岁至 12 岁前；2 ~ 3 年的工农速成初等学校；业余初等学校）、中等教育（初级中学三年，12 岁至 15 岁前；高级中学三年，15 岁至 18 岁前；技术、师范、医药及其他中等专业学校；工农速成中学 3 ~ 4 年；业余初级中学 3 ~ 4 年；业余高级中学 3 ~ 4 年）、高等教育（专科 2 ~ 3 年，大学或专门学院 4 ~ 5 年）及研究部。

新学制较大的变动是将小学定位为对儿童实施全面的基础教育，合并原来的初小和高小，实行五年一贯制。1952 年，教育部发布实施的指示，但实施过程中遇到了困难。1953 年 11 月，政务院在《关于整顿和改进小学教育的指示》中规定："关于小学五年一贯制，从情况看来，由于师资教材等条件准备不足，

---

① 中央教育科学研究所：《中华人民共和国教育大事记（1949—1982）》，北京：教育科学出版社，1983 年版，第 113 页。

② 《政务院关于改革学制的决定》，引自《中华人民共和国重要教育文献（1949—1975）》，海口：海南出版社，1998 年版，第 105 页。

不宜继续推行。因此从本学年起，一律停止推行。小学仍沿用四二制，分初、高两级。”①

新学制另一个较大变动是增加了初等教育和中等教育的形式，认可了此前已经产生的工农速成中学在学制中的地位。自1950年4月3日全国第一所工农速成中学——北京实验工农速成中学在北京开学到1954年，全国的工农速成中学已有87所，调配干部、教师3700余人，共招生6.47万人。工农速成中学的开办，为工农干部、工农青年进入高等学校的大门开辟了一条新路。1955年，工农速成中学停止招生。这一变化适应了当时受教育者和社会各行业人力需求的需要，并且在此后的几十年里已证明对社会建设是十分有意义的。

3. 建立了政治思想教育制度

政治思想制度是新中国教育制度的重要内容。《共同纲领》第四十二条提出：“提倡爱祖国、爱人民、爱劳动、爱科学、爱护公共财物为中华人民共和国全体国民的公德。”第四十七条还提出“给青年知识分子和旧知识分子以革命的政治教育”②。1950年6月17日政务院文教委员会主任郭沫若在一届政协二次会议上作《关于文化教育工作的报告》，其中就专门总结了中央人民政府成立后全国人民的政治学习运动③。政治教育成为新中国教育中最受重视的内容之一，并为此建立了系统严密的制度。

在解放军接管学校的时候，便要求学校取消原有的训导制度，推行民主管理；取消“党义”、“公民”、“童子军”、“军事训练”等课程，开设革命的政治课程。华北人民政府高等教育委员会于1949年10月颁布的《华北专科以上学校一九四九年必修课过渡时期实施暂行办法》和《大学专科学校各系课程暂行规定》中分别规定了各年级必修“新民主主义论”等课程、各院系要“废除反动课程，添设马列主义的课程，逐步地改造其他课程”④。

1949年，教育部成立后发布的第一个指示就是办冬学。冬学的主要内容就是政治教育和文化教育，文化教育的主要内容和目的又是政治教育，其中还包括解释“为何要实行‘一面倒’，必须加强中苏友谊和维护以苏联为首的世界

---

① 《政务院关于整顿和改进小学教育的指示》，引自《中华人民共和国重要教育文献（1949—1975）》，海口：海南出版社，1998年版，第264页。

② 《中国人民政治协商会议共同纲领》，引自《人民日报》，1949年9月30日。

③ 中央教育科学研究所：《中华人民共和国教育大事记（1949—1982）》，北京：教育科学出版社，1983年版，第20页。

④ 中央教育科学研究所：《中华人民共和国教育大事记（1949—1982）》，北京：教育科学出版社，1983年版，第9页。

和平民主阵线”①。

1949 年 11 月 17 日，在北京地区高校会议上，教育部副部长兼党组书记钱俊瑞指出，对高校应进行坚决的和有步骤的改造，强调“当前课程改革的中心环节是加强政治课的学习”②。例如，在教育部作出的《关于改革北京师范大学的决定》中规定，所培养的教员和干部应该能够掌握马列主义、毛泽东思想的基本内容，政治课为全校必修课，在文化业务课中也应贯彻革命的思想与政治教育，在教师中设置马列主义、毛泽东思想的学习组织。③

1950 年 2 月 20 日，教育部副部长钱俊瑞在全国学联扩大执委会上作了《改革旧教育、建设新教育》的报告，其中强调现在和今后若干年要加强对青年学生和旧知识分子的革命政治教育。④ 1950 年底，《人民日报》发表了题为《加强对高等学校教师的思想领导，进一步贯彻党对知识分子的政策》的社论。本年全国各级学校教师参加寒暑假教师学习会、教师轮训班以及业余学习组织，学习《共同纲领》、“新民主主义论”、“社会发展史”和“政治经济学”等，出现了政治学习高潮，参加各种政治学习的中小学教师在 50 万人以上。⑤

1950 年 8 月 2 日，政务院公布第 43 次政务会议批准的《关于实施高等学校课程改革的决定》。决定共 11 条，其中指出：“全国高等学校的课程，必须根据《共同纲领》第四十六条的规定，实行有计划、有步骤地改革，达到理论与实际的一致。一方面克服‘为学术而学术’的空洞的教条主义的偏向，力求与国家建设的实际相结合，这是我们现有高等学校主要的努力方向；另一方面防止忽视理论学习的狭隘现实主义或经验主义的偏向。”⑥ 废除政治上的反动课程，开设新民主主义的革命政治课程。

1951 年 6 月 23 日，教育部发出通知：为了有系统地通过各科教学进行爱国主义的政治思想教育，取消中学教学计划中所列“政治”一科名称。在初中三

---

① 《教育部关于开展今年冬学工作的指示》，引自《中华人民共和国重要教育文献(1949—1975)》，海口：海南出版社，1998 年版，第 2～3 页。

② 中央教育科学研究所：《中华人民共和国教育大事记（1949—1982)》，北京：教育科学出版社，1983 年版，第 6 页。

③ 中央教育科学研究所：《中华人民共和国教育大事记（1949—1982)》，北京：教育科学出版社，1983 年版，第 13～14 页。

④ 中央教育科学研究所：《中华人民共和国教育大事记（1949—1982)》，北京：教育科学出版社，1983 年版，第 14 页。

⑤ 中央教育科学研究所：《中华人民共和国教育大事记（1949—1982)》，北京：教育科学出版社，1983 年版，第 32 页。

⑥ 中央教育科学研究所：《中华人民共和国教育大事记（1949—1982)》，北京：教育科学出版社，1983 年版，第 24 页。

年级、高中二三年级分别设置“中国革命常识”、“社会科学基本知识”、《共同纲领》等课。11月29日，教育部发出通知：从初中一年级至高中三年级增设“时事政策”课。《共同纲领》和“时事政策”为每周一小时，其他政治课为每周两小时①。各级各类学校“形成了由马克思主义理论教育、时事政策教育和日常思想品德教育组成的政治思想教育架构”②。

1952年9月27日至29日，教育部在北京召开华北区高等学校“新民主主义论”课程教学讨论会。教育部副部长钱俊瑞在总结报告中，着重讲了政治思想教育的重要性、教学方法和教研组工作，并提出了“新民主主义论”的讲授重点③。

1952年10月7日，教育部发出《关于全国高等学校马克思列宁主义、毛泽东思想课程的指示》。指示规定，综合性大学及财经、艺术院校自1952年度起，依一、二、三年级次序分别开设“新民主主义论”、“政治经济学”、“辩证唯物论与历史唯物论”；理工、农、医等专门学院，依一、二年级次序分别开设“新民主主义论”及“政治经济学”。各类高等院校和专修科准备自1953年度起开设“马列主义基础”。④

1953年2月7日，高等教育部发出通知：自1953年度起，“马列主义基础”为各类高等学校及专修科（二年以上）二年级必修课程。6月17日，高等教育部又发出通知：自1953年度起，将高等学校一年级开设的“新民主主义论”课程一律改为“中国革命史”，并规定了该课程的教学目的和重点。⑤

上述连续不断地发文其意蕴不言而明，高等教育部1953年2月10日在北京召开华北区高等学校负责人座谈会，会上高等教育部部长马叙伦在《关于1953年高等教育方针和任务》的报告中指出：1953年教育建设应贯彻“整顿巩固、重点发展、提高质量、稳步前进”的方针，具体任务应以加强政治教育，采取积极而又稳妥的步骤学习苏联的先进经验，进行教学改革，提高教学质量

---

① 中央教育科学研究所：《中华人民共和国教育大事记（1949—1982）》，北京：教育科学出版社，1983年版，第42页。

② 宋荐戈：《探索中国特色社会主义教育发展的道路》，引自《荐戈文存》，北京：中国国际文艺出版社，2006年版，第321页。

③ 中央教育科学研究所：《中华人民共和国教育大事记（1949—1982）》，北京：教育科学出版社，1983年版，第65页。

④ 中央教育科学研究所：《中华人民共和国教育大事记（1949—1982）》，北京：教育科学出版社，1983年版，第66页。

⑤ 中央教育科学研究所：《中华人民共和国教育大事记（1949—1982）》，北京：教育科学出版社，1983年版，第73页。

为中心环节。[1]

1954年2月20日，高等教育部召集有北京、天津、唐山、保定四地高等学校代表参加的“中国革命史”教学经验交流会，并将北京几所高等学校编写的《中国革命史讲稿（初稿）》印发给各高等学校，供教学参考。[2]

除了设置课程，这一制度体系还由各级各类学校建立的共产党、共青团、少先队和学生会组织构成，“建立起了一支包括政治理论课专业教师、班主任、政治辅导员、党团工作干部、学生干部和少先队辅导员组成的政治思想教育工作队伍”[3]。1949年10月13日，青年团中央发出《关于建立中国少年儿童队的决议》，要求“学校、机关、街道、村庄（或乡）各单位有少年儿童队组织的地方，应设队部”[4]。各地在学校中公开中国共产党组织，开展了建团、建队、成立学生会、建立教工组织等工作。各地学联和青年团举办青年园、学习团、青年讲座等，在大中学校学生中开展以改造思想，建立革命人生观为内容的政治学习运动。京、津、沪等50个大中城市，参加学习的学生有12万人[5]。11月、12月仅北京、沈阳就有2300多名儿童首批入队[6]。1955年3月3日至11日，青年团中央举行第三次全国少年儿童工作会议，研究解决少先队组织发展问题。会议提出积极地、大量地发展少年先锋队组织的方针，争取到1956年上半年，全国少年先锋队员发展到250万至300万。3月28日，青年团中央发出《关于积极发展少年先锋队组织的指示》。7月9日，教育部通知各地教育行政部门和学校协助发展少年先锋队组织[7]。

1952年10月28日，教育部发出指示：在高等学校重点试行政治工作制度，设立政治辅导处。政治辅导处的任务是：指导教职员工的政治理论学习；协助

---

① 中央教育科学研究所：《中华人民共和国教育大事记（1949—1982）》，北京：教育科学出版社，1983年版，第73页。

② 中央教育科学研究所：《中华人民共和国教育大事记（1949—1982）》，北京：教育科学出版社，1983年版，第99页。

③ 宋荐戈：《探索中国特色社会主义教育发展的道路》，引自《荐戈文存》，北京：中国国际文艺出版社，2006年版，第321页。

④ 《青年团中央关于建立中国少年儿童队的决议》，引自《中华人民共和国重要教育文献（1949—1975）》，海口：海南出版社，1998年版，第2页。

⑤ 中央教育科学研究所：《中华人民共和国教育大事记（1949—1982）》，北京：教育科学出版社，1983年版，第9页。

⑥ 中央教育科学研究所：《中华人民共和国教育大事记（1949—1982）》，北京：教育科学出版社，1983年版，第5页。

⑦ 中央教育科学研究所：《中华人民共和国教育大事记（1949—1982）》，北京：教育科学出版社，1983年版，第125页。

教务处指导马列主义理论课程的教学；指导教职员工和学生的社会活动；掌握教职员工和学生的政治思想情况，管理教职员工和学生的历史、政治材料，主持毕业生的鉴定，参加毕业生的分配工作，参加教职员工的聘任、升迁、奖惩等工作①。

1954 年，中共中央宣传部为武汉大学要求撤销政治辅导处的问题发出通知。通知指出：高等学校校长、教务长、总务长等负责干部和主要工作部门多已配备较强的党员干部，已有条件直接从健全行政和党的工作机构着手加强全校的政治思想领导，在这种情况下，可以考虑撤销政治辅导处。政治辅导员是深入学生群众进行政治思想工作的基本力量，可以根据工作需要酌量保留全部或一部分，在教务处或系主任领导下进行工作。协助系和教研室进行政治思想工作的系秘书等也有保留的必要②。

政治教育的另一种方式是发动师生参与各种政治运动和社会活动，从土地改革，到镇压反革命，“三反”、“五反”、抗美援朝。1950 年后不久，在教育行业开展大规模的社会主义教育运动，要求将思想政治教育与职业技术教育、成人教育、干部教育、民族教育、文化教育等各方面有机结合起来，要求全体师生学习马列主义，改造世界观，提高社会主义觉悟。

由于当时的政治教育内含的情绪多于理性，过“左”倾向随即在各地出现，1950 年 7 月 24 日到 8 月 25 日，教育部在北京召开全国高等学校政治课教学讨论会，讨论解决政治思想教育中出现的过“左”情绪、教学方法上的教条主义偏向、教学内容上的讲授重点不明确和教学组织不健全等问题。

同年的 10 月 4 日，教育部根据讨论情况发出的通报淡化了“左”的现象，强调高等学校政治思想教育首先并主要的是要肃清封建的、买办的、法西斯主义的思想。提出了政治思想教育的三个重点（即进行反帝教育、土改教育、“五爱”教育）和三项规定（即不采取思想总结、思想检查、整风、坦白反省、斗争大会的方式；欢迎教职员自愿参加，不要规定或勉强；在教会学校注意不要刺激人们的宗教感情）。③ 通报附发了《关于高等学校政治课教学方针、组织与方法的几项原则》，其中指出：在进行教育过程中，须按照学生的程度，逐步

---

① 中央教育科学研究所：《中华人民共和国教育大事记（1949—1982）》，北京：教育科学出版社，1983 年版，第 67 页。

② 中央教育科学研究所：《中华人民共和国教育大事记（1949—1982）》，北京：教育科学出版社，1983 年版，第 114 页。

③ 中央教育科学研究所：《中华人民共和国教育大事记（1949—1982）》，北京：教育科学出版社，1983 年版，第 22 页。

提高，克服有意拖延不愿改造的思想，同时要着重防止方法粗暴急于求成的偏向。并规定高等学校应根据具体情况，成立政治课教学委员会（或教学研究指导组）。这次漫长的会议列出了防止过“左”的三项规定，其指导思想“首先并主要”强调的依然是要继续“左”下去，后来的事实表明这还仅仅是“左”的起始。

同时，青年团中央也于1950年7月27日发出通报，要求克服目前新（解放）区学生工作中出现的操之过急的偏向，指出：“不论对学生的思想改造与学校的改革工作都不是一个运动、一个斗争所能解决的，因而必须采取稳步前进的方针，任何操之过急的做法，都不会达到改造与改革的目的，所以都是错误的。”①

1955年9月，青年团中央召开第四次学校工作会议，指出贯彻毛泽东的“三好”指示，执行全面发展的教育方针是学校团组织的根本任务。会议强调了当前加强对学生进行阶级斗争知识教育，树立工人阶级立场和共产主义世界观、人生观的重要性；要求团组织积极组织学生参加重要的思想批判和政治运动，帮助学生学好政治理论课、学习时事政策，并用革命传统和革命历史教育青年。会议讨论了加强劳动锻炼的问题，认为今后应在继续加强劳动观念的基础上，更多地组织学生参加劳动实践。会议指出：理论和实际相结合，讲和做统一起来，是青年团进行政治思想教育工作的重要原则。会议还讨论了在学校中加强团的建设、改进团的工作作风的问题。②

1956年4月23日，高等教育部发出《关于外国来华留学生管理工作中几个问题的指示》，要求各有关高等学校在全校贯彻国际主义思想教育，加强对留学生的政治思想教育，认真贯彻“学习严肃负责，生活适当照顾”的原则，并在校长领导下组成“留学生工作组”，负责留学生的全面工作。③

1956年11月16日，教育部、青年团中央联合发出《关于配备中学和师范学校团队干部的通知》，规定：学校团队干部统一列入学校行政编制内。编制标准：中学和师范学校，16个班以上的设团队专职干部1人，超过30个班的增1

---

① 中央教育科学研究所：《中华人民共和国教育大事记（1949—1982）》，北京：教育科学出版社，1983年版，第23页。

② 中央教育科学研究所：《中华人民共和国教育大事记（1949—1982）》，北京：教育科学出版社，1983年版，第142页。

③ 中央教育科学研究所：《中华人民共和国教育大事记（1949—1982）》，北京：教育科学出版社，1983年版，第163页。

人；15 个班以下的设兼职干部 1 人，由青年教职员中的党团员兼任。[①] 1956 年 12 月 8 日，青年团中央在北京、武汉分别召开学校团的工作干部会议。会议分析了当前各类学校学生的学习和思想情况，认为在各类学校修改教学计划，减轻学生负担，改变作息制度，增加学生自由支配的时间后，学生在学习、思想方面出现了新现象，但也出现了某些偏激现象和误解，思想教育方面出现了一些问题。因此，团组织应该切实关心青年的成长，加强思想教育工作，把培养学生坚定的共产主义立场、高尚的道德品质、良好的纪律性和发挥主动创造精神、养成生动活泼的作风很好地结合起来。团组织要向同学进行马列主义教育、革命传统教育，提倡热爱专业、刻苦用功、努力钻研、尊敬师长的风气；要关心学生的课余生活和课外活动。[②]

1958 年 9 月，中共中央、国务院在《关于教育工作的指示》中明确提出“教育为无产阶级的政治服务”[③]。

思想政治教育制度后来通过各级学校的《暂行工作条例》确定为：“在学校党组织领导下，主要通过班主任工作，共产主义青年团、少年先锋队的活动和政治课来进行。”[④]

自 1949 年以来的六十年中，学校政治思想工作制度一直延续下来，只是在不同时期其内容和方式有所变化。

4. 制定了教育的基本政策

1949 年 12 月 23 日至 31 日，教育部在北京召开第一次全国教育工作会议。会议提出：教育必须为国家建设服务，学校必须向工农开门；建设新教育要“以老解放区新教育经验为基础，吸收旧教育的有用经验，借助苏联经验，建设新民主主义教育”；决定对旧教育进行有计划、有步骤的接管和改造，采取“坚决改造，逐步实现”[⑤] 的方针。

---

① 中央教育科学研究所：《中华人民共和国教育大事记（1949—1982）》，北京：教育科学出版社，1983 年版，第 183 页。

② 中央教育科学研究所：《中华人民共和国教育大事记（1949—1982）》，北京：教育科学出版社，1983 年版，第 184 页。

③ 《中共中央关于教育工作的指示》，引自《中华人民共和国重要教育文献（1949—1975）》，海口：海南出版社，1998 年版，第 859 页。

④ 《中共中央关于讨论试行全日制中小学工作条例草案和对当前中小学教育工作几个问题的指示》，引自《中华人民共和国重要教育文献（1949—1975）》，海口：海南出版社，1998 年版，第 1156 页。

⑤ 《教育部文献法令汇编（1949—1952）》，中华人民共和国教育部办公厅印行，1958 年版，第 6 ~ 14 页。

依据这一方针，新政府首先全部接管了南京国民政府办的所有公立大中小各级各类学校及其教育设施；接着分阶段接受了包括外国人开办的教会学校在内的全部私立学校，收回教会学校及接收外国人津贴的私立学校的办学主权。

教育工作的发展方针是普及与提高的正确结合；必须坚决地正确地执行团结、教育、改造知识分子的政策。这次会议标志着从中央到地方统一的教育行政系统正式启动，简言之，在1956年前，中国建立了一个比较符合新政权性质和社会建设需要的教育体系。

三、规划

《共同纲领》提出：人民政府应“有计划有步骤地实行普及教育加强中等教育和高等教育，注重技术教育，加强劳动者的业余教育和在职干部教育，给青年知识分子和旧知识分子以革命的政治教育，以适应革命工作和国家建设工作的广泛需要”；“人民政府应帮助各少数民族的人民大众发展其政治、经济、文化、教育的建设事业”①。这些原则性的要求为新中国教育规划提供了大致的方向，却未提供相对具体的规划方案。

1949年12月23日至31日，教育部在北京召开的第一次全国教育工作会议上讨论了1950年上半年的工作计划，确定教育工作的发展方针是普及与提高的正确结合。在相当长的时期内以普及为主，除维持原有学校外，教育应着重为工农服务，学校要为工农子女和工农青年开门；争取从1951年开始进行全国规模的识字运动；普及以工农兵为主要对象，但也不放松对一般儿童教育的推行。在这样普及的基础上，从识字教育和基本政治文化科学教育提高到较高的科学技术教育和政治教育。老解放区教育，首先是中小学教育应以巩固与提高为主，条件许可时，可适应群众需要作某些发展。②

1950年，全国小学招生696.6万人，比1949年增加2.4%。1950年下半年全国农村土地改革后，农民送子女上学形成高潮，1951年小学招生人数达到1086.2万人，比1950年增长55.9%。这样的形式成为盲目冒进的思想基础。1951年8月，教育部召开的第一次全国初等教育及师范会议上，提出从1952到1957年，争取全国平均有80%的学龄儿童入学，从1952年开始争取十年内基

① 《中国人民政治协商会议共同纲领》，引自《人民日报》，1949年9月30日。

② 中央教育科学研究所：《中华人民共和国教育大事记（1949—1982）》，北京：教育科学出版社，1983年版，第8页。

本上普及小学教育，并提出五年内培养百万名小学教师。[①] 9月教育部颁布的第一个普及小学教育计划将这些内容写入其中。

1951年10月25日，在一届政协三次会议上，政务院文教委员会主任郭沫若作《关于文化教育的报告》，提出现有文化教育事业的改革和调整是文教工作的一个重要的、必要的步骤。为了在目前的人力与财力条件下，完成在短期内为国家培养大量干部的任务，要开办大量的速成学校和速成班次；用因陋就简的办法来解决大量培养干部所遇到的物质和干部困难，师资的配备和学生的招收必须不拘一格；教育部门和业务部门要分工合作，积极创办各种专科学校；各级学校的创办、调整和补充等必须统一计划，克服学校管理中的混乱现象。[②]

1952年下半年，中共中央开始酝酿提出从新民主主义向社会主义过渡的总路线和总任务。原来认为这是一个“相当长的时期”，但在实施中只用了很短的时间就完成了社会主义改造。1952年9月24日，《人民日报》发表了教育部部长马叙伦题为《三年来中国人民教育事业的成就》的文章，指出：“三年来各级学校教育大规模发展的事实说明，新中国教育事业的发展，已远远地越过了国民党反动派统治时期的二十年成就。”[③] 这一判断本身已暗含着一些非理性的成分。

1953年1月13日至24日，政务院文化教育委员会在北京召开大区文教委员会主任会议，提出1953年文教工作的方针是“整顿巩固、重点发展、提高质量、稳步前进”。会议认为，三年来，文教部门基本上完成了恢复工作，有了一些发展，并在恢复和发展的过程中，对原有的文教事业进行了改革和调整工作，获得显著成绩。三年来，文教工作的严重缺点是：工作计划性不够，盲目性很大；追求数量，忽视质量；文教工作的领导机关缺乏具体领导，特别是深入检查很不够，调查研究统计也不够。会议提出了1953年文教工作方针，制订了1953年文教工作计划，强调文教工作要按计划办事。会议指出，教育是文教工作中的重点，而教育工作的重点是高等教育，中心是要培养人才，特别是培养高、中级技术人才。这是必须全力以赴保证完成的。为此，必须研究解决高等学校教学改革中的问题，大力整顿中等技术学校，并吸收大量工人进入学校。

---

① 中华人民共和国教育部：《共和国教育50年》，北京：北京师范大学出版社，1999年版，第254页。

② 中央教育科学研究所：《中华人民共和国教育大事记（1949—1982）》，北京：教育科学出版社，1983年版，第50页。

③ 中央教育科学研究所：《中华人民共和国教育大事记（1949—1982）》，北京：教育科学出版社，1983年版，第65页。

同时要积极培养师资，为今后更好地培养干部创造条件。普通教育是高等教育的基础，要整顿巩固中小学，特别要大力整顿小学，把它办好。会议强调要继续开展思想改造运动，强调组织机构应力求精干，层次要减少，人员要精简；要加强政治领导；要树立革命的工作作风。①

1953 年，中央政府制订了国民经济发展的第一个五年计划。1953 年 6 月 5 日至 22 日，教育部在北京召开第二次全国教育工作会议，讨论了第一个五年计划期间普通教育和师范教育的工作方针及任务，认为三年来普通教育与师范教育的成绩是显著的，工作中最主要的缺点和错误是脱离实际和盲目冒进的倾向。在五年计划中，教育事业必须适应国家建设的需要。当前教育工作存在两种不平衡：教育事业与国家建设需要及国民经济发展之间不平衡；教育事业内部存在着各级学校供求关系的不平衡，即教师量少、质差与学校发展规模、要求的不平衡，教材、校舍、设备与需要之间的不平衡。正确地有步骤地解决平衡问题是普通教育的中心要求。会议规定，今后的工作重点，一是加强和发展高等师范教育；二是加强和发展中学，特别是高中。中等师范教育、小学教育、幼儿教育、工农业业余教育等，主要着重于整顿和改进，但也要从实际出发，在整顿巩固的基础上有计划有重点地发展。②

鉴于各地教育发展上的盲目冒进已经大范围出现，1953 年 12 月 11 日，政务院公布 11 月 26 日第 195 次会议通过的《关于整顿和改进小学教育的指示》，指出小学教育是整个教育建设的基础，它的任务是教育新后代，使之成为新中国的健全的公民。同时提出：（一）今后几年内小学教育应在整顿巩固的基础上，有计划、有重点地发展。在工矿区、城市，特别是大城市，公立小学应作适当发展。积极采取各种办法，如调整班级，充实学额，采用二部制，开办夜校，协助工矿企业、机关和团体办学，协助办好私立学校，允许群众和工商业家继续兴办学校，并用其他各种可行的办法，适当地解决初小毕业生升学和学龄儿童入学的问题。在农村，提倡民办小学，乡村公立小学除在学校较少的少数民族地区和老革命根据地应作适当发展外，其他地区均应以整顿提高为主，一般不作发展。（二）根据不同情况，采取多种形式，提出不同的要求来办小学教育，今后应首先着重办好城市小学、工矿区小学、乡村完全小学和中心小学。在农村，除办集中的正规的小学外，还可以办分散的不正规的小学，如半

---

① 中央教育科学研究所：《中华人民共和国教育大事记（1949—1982）》，北京：教育科学出版社，1983 年版，第 72 页。

② 中央教育科学研究所：《中华人民共和国教育大事记（1949—1982）》，北京：教育科学出版社，1983 年版，第 79 页。

日班、早学、夜校之类。（三）教育是学校中压倒一切的中心任务，校长与教师的主要任务是教学，学生的主要任务是学习。小学校的工作和学习，应由教育部门统一编导布置。（四）提高小学教师质量，是办好小学教育的决定因素，必须有领导地、有计划地组织在职教师进行学习。指示决定小学停止推行五年一贯制，小学学制仍沿用四二制，分初、高两级。指示还对加强小学毕业生的思想教育、关心小学教师的政治待遇和物质待遇、妥善处理农村小学超龄生和小学经费管理办法、加强对小学教育的领导等问题作了具体规定。①

1954 年 1 月 14 日至 27 日，教育部在北京召开全国中学教育会议，讨论了改进和发展中学教育的方针任务、进行教学改革、培养提高师资及解决中小学毕业生的升学就业等问题。会议确定：当前中学教育工作的方针是根据国家过渡时期的总路线和总任务，在整顿巩固的基础上积极地提高质量，特别要办好高级中学、完全中学和工农速成中学，并根据需要与可能，作有计划有重点的发展。着重发展高中和大城市、工矿区的学校，并适当照顾少数民族地区和文化特别落后的地区。当前中学教育的任务，是以国家总路线的精神教育学生，把他们培养成积极参加社会主义建设和保卫祖国的全面发展的新人。要从加强政治思想教育、改进教学工作与改进体育卫生三个方面来提高中学教育质量。会议认为，过去中学教学改革的基本经验，是以结合中国实际学习苏联先进经验为方针，教学与生产结合、与政治结合。今后，教学改革依然是中学教育改革的中心环节。教学改革应以教学内容的改革为中心，相应地改革教学。会议指出，老师业余学习应根据老师的不同特点和需要，确定主次，分清急缓，有计划、有步骤地进行。关于解决高小和初中毕业生升学问题，会议要求：一方面要积极想办法尽可能吸收一些高小和初中毕业生继续学习；另一方面要宣传不可能全部升学，应积极参加劳动生产的道理。会议还要求各级教育行政部门必须切实贯彻中央的工作指示和教育计划，必须建立视察制度，加强对下级的具体要求②。

1954 年 3 月 12 日至 23 日，政务院文教委员会在北京召开全国文教工作会议。会议确定：1954 年文化教育工作遵循过渡时期的总路线和第一个五年计划的基本任务，提出贯彻全面发展的教育方针，培养社会主义社会的建设者。在现有工作的基础上，继续贯彻“整顿巩固、重点发展、提高质量、稳步前进”

---

① 《政务院关于整顿和改进小学教育的指示》，引自《中华人民共和国重要教育文献（1949—1975）》，海口：海南出版社，1998 年版，第 263 ~ 264 页。

② 中央教育科学研究所：《中华人民共和国教育大事记（1949—1982）》，北京：教育科学出版社，1983 年版，第 97 ~ 98 页。

的工作方针，推进各项文化教育事业，培养国家建设所必需的各项人才，特别是有关工业建设的科学技术人才和管理人才，并积极地增进人民的健康，提高人民的社会主义觉悟和文化水平，以保障国家建设事业的胜利前进。会议制定了1954年的文教事业计划及五年文教建设的主要指标。会议提出，1954年教育工作的主要任务是：发展和改进高等教育，整顿和发展中等专业教育；适当发展和改进普通教育；加强工农干部和工农群众的文化教育；发展少数民族的文化教育事业等。会议指出：要在不断提高质量的前提下完成发展的任务，既反对盲目冒进，也反对消极保守；要从当时当地的实际情况出发，并按照计划，该整顿的整顿，该发展的发展，防止割裂地和片面地执行方针的偏向①。

1956年6月20日，在一届全国人大三次会议上，教育部部长张奚若作《目前国民教育的情况和问题》的发言，提出了解决目前存在的国民教育落后于社会主义建设的要求和发展生产的需要，中学生不足，中小学生大量退学、休学和师范教育不能适应普通教育的迫切需要等问题的办法。他在发言中介绍了今后十二年国民教育事业规划的主要内容，并检查了以往在教育工作中存在的右倾保守思想及近来存在的急躁冒进情绪，提出今后的教育工作必须在稳妥可靠的基础上，在反对保守主义的时候，必须同时反对急躁冒进的倾向。②

1956年，最高国务会议通过的《1956—1967年全国农业发展纲要（草案）》，第二次提出普及小学计划，其中规定：“从1956年开始，按照各地情况，分别在七年或者十二年内普及小学义务教育。”

1956年9月，刘少奇在中共八大的政治报告中指出：“第二个五年计划要求高等学校学生增加一倍左右，中等专业学校、高级中学和初级中学的学生也有相应的增加。第二个五年计划要求特别加强专门人才的培养和科学研究的发展，以便积极掌握世界各国的最近科学成就。”“为了实现我国的文化革命，必须以极大的努力逐步扫除文盲，并且在财政力量许可的范围内，逐步地扩大小学教育，以求在十二年内分区分期地普及小学义务教育。同时，对于职工的文化教育和技术教育，对于一部分文化程度很低的机关工作人员的文化教育，也必须继续加强。对于没有文字的少数民族，应当帮助他们创造文字。”③

---

① 习仲勋：《1954年教育工作的方针和任务》，引自《中华人民共和国重要教育文献（1949—1975）》，海口：海南出版社，1998年版，第294页。

② 中央教育科学研究所：《中华人民共和国教育大事记（1949—1982）》，北京：教育科学出版社，1983年版，第170～171页。

③ 《中国共产党中央委员会向第八次全国代表大会的政治报告》，引自《中华人民共和国重要教育文献（1949—1975）》，海口：海南出版社，1998年版，第689页。

上述在新中国成立后七年内所提出的规划后来基本没有实现，其中包含着一些不切实际的预测，忽视了当时国家战略重点是优先发展工业，事实上存在着“一工交、二财贸，剩下一点给文教”的资金安排顺序，也表明对社会发展中一些发生作用的潜在因素没有充分考虑。这样一个历史事实本身值得思考。

四、偏离

《共同纲领》对教育的规定是新中国教育工作的基准，不难发现，在1949年至1956年间，教育工作即发生了一些偏离。其中一些属于具体措施不当，例如在中小学一概取消公民课，既违背人类社会发展大趋势，又造成学生人格的严重缺陷、缺乏公民意识、责权意识淡薄；又如在高校中将社会系、政治系、法律系当做资产阶级的货色全部取消。

影响更为深远的是体制和价值取向的偏离。

1. 体制偏离

1949年12月5日，中共中央曾就文化教育工作发出指示，其中谈道：“在中央政府成立以前，党的中央宣传部不得不实际上暂时代替中央政府的文教机关，管理国家的文化教育工作。……现在中央政府已经成立，管理全国文化教育事务的中央人民政府政务院文化教育委员会及所属各部、院、署已先后成立。……全国的文化教育行政工作，此后均应经由中央政府文教部门来管理。各地区有关文化教育行政的工作，此后均应经由各地政府及军管会之文教机关（其组织办法最近即将由政务院通过）向中央政府文化教育委员会或适当部门报告和请示。之所以需要这样做，目的在于使中央政府文化教育委员会及其所属各部门，在党（通过政府党组）的领导和党外民主人士的参与下负起管理全国文化教育行政的任务。”① 这段指示表明，文化教育工作由中央宣传部移交给政务院文化教育委员会；文化教育委员会的工作方式是“党的领导和党外民主人士参与”；文化教育委员会偏重于决策，教育部在文化教育管理委员会下开展工作，主要职能是执行。

依据当时的《中央人民政府组织法》规定：文化教育委员会“指导文化部、教育部、卫生部、科学院、新闻总署和出版总署的工作”；对其所指导的机

---

① 《中共中央关于中央人民政府成立后党的文化教育工作问题的指示》，引自《中华人民共和国重要教育文献（1949—1975）》，海口：海南出版社，1998年版，第2页。

关和下级机关，颁发决议和命令，并审查执行情况。①

随后，文化教育委员会职能逐渐弱化直至撤销，教育部职能逐渐强化，成为集决策与执行于一身、集裁判与运动员为一体的行政部门。这一体制，导致整个行政系统决策和监督职能的缺失，直接影响了六十年教育决策的科学性以及教育发展的质量与水平的提升。

由于体制上形成了完全的行政主导，教育工作便与各地政绩直接相关，于是产生了两个直接的效应：一是教育发展的盲目冒进；二是以较多的政治活动干扰日常教学工作。

在各地出现这些现象后，1953 年 3 月 5 日出版的《人民教育》三月号发表了社论《教学工作是学校压倒一切的中心任务》。社论指出：由于不少干部过多地要求中小学师生参加社会活动，学校里教学以外的负担过重，造成相当普遍的忙乱与混乱现象。社论强调指出：教学工作是学校中压倒一切的中心任务，教师的主要责任是做好教学工作，学生的任务是学好各门功课，必须克服学校中的忙乱现象。随后，《人民日报》、《光明日报》等也发表社论，强调必须克服小学学校中的混乱现象。②

1953 年 3 月 13 日，高等教育部部长马叙伦在政务院政务会议上作的《关于目前高等学校教学改革的情况与问题的报告》中说，1952 年 10 月以来，由于教学改革贪多冒进等原因造成一些地区高等学校中的忙乱现象，通过采取各种措施，除极少数学校外，已在逐步克服。报告总结了各校克服忙乱现象的经验，提出了切实做好教学改革工作必须解决的几个问题：一是团结、改造与提高旧有教师，大力培养新师资。二是大力翻译苏联高等学校的教学计划、教学大纲及教材，并参照制订、编写我国的教学计划、教学大纲和教材。三是学校领导应以做好教学改革为中心。四是改进师生健康状况。③ 但这些分析和措施未能触及冒进和忙乱的体制根源。

1953 年 4 月 4 日，教育部发出通知：整顿工农业余学校高级班与中学班。通知要求各地严格控制工农业余教学高级班与中学班的发展，做好巩固和保证质量的工作。要纠正“重扫盲轻业余教育”的偏向，加强对工农业余学校的领

---

① 中央教育科学研究所：《中华人民共和国教育大事记（1949—1982）》，北京：教育科学出版社，1983 年版，第 5 页。

② 中央教育科学研究所：《中华人民共和国教育大事记（1949—1982）》，北京：教育科学出版社，1983 年版，第 74 页。

③ 中央教育科学研究所：《中华人民共和国教育大事记（1949—1982）》，北京：教育科学出版社，1983 年版，第 75 页。

导；集中力量办好厂矿业余学校的高级班与中学班，注意提高质量。要重点试办农民业余中学。业余高级班、中学班主要吸收干部、积极分子和青年入学，并要配齐专职教师，加强教师专业进修工作①。

1953 年 4 月 28 日，教育部成立整顿小学教育办公室。为贯彻中央关于整顿小学教育的指示，克服小学教育中的混乱现象，自本年 3 月起，各地开始进行整顿小学教育的试点工作。至 6 月，由大区、省、市或专署进行的试点单位有 64 个，教育部整顿小学教育办公室成立后，也派出小组参加河北省通县、湖南省衡山县的试点工作②。

这些措施依然是通过行政力量解决教育中过度行政化的问题，其结果必然是“按下葫芦浮起瓢”，导致新的一系列问题产生。虽然 1954 年 3 月 12 日至 23 日政务院文化教育委员会还在北京召开了全国文教工作会议，但会议的形式已大于实质的内容。

1954 年 10 月 31 日，国务院任命林枫为国务院第二办公室主任，钱俊瑞、范长江为副主任。根据 9 月 28 日公布的《国务院组织法》，国务院第二办公室是协助总理掌管国务院文化教育各部门工作的办公机构。该组织法未再保留文化教育委员会的机构名称③。文化教育委员会从此被撤销，中国教育管理进入行政化“一条腿”走路的阶段，这是导致此后数十年教育管理过度行政化的开始。

2.“一面倒”学习苏联

简单照搬苏联教育模式，“出现了脱离中国实际，全盘照搬苏联经验和违背教育规律盲目发展的错误倾向”④，这是新中国教育一开始就走入教条偏向的表现。

毛泽东早就指出，中国革命和建设都要“以俄为师”。1949 年 10 月 5 日，中苏友好协会总会召开成立大会，总会会长刘少奇在会上讲话，指出“我们要建国，同样也必须‘以俄为师’，学习苏联人民的建国经验”；“苏联有许多世界上所没有的完全新的科学知识，我们只有从苏联才能学到这些科学知识，例

---

① 中央教育科学研究所：《中华人民共和国教育大事记（1949—1982）》，北京：教育科学出版社，1983 年版，第 76 页。

② 中央教育科学研究所：《中华人民共和国教育大事记（1949—1982）》，北京：教育科学出版社，1983 年版，第 76 页。

③ 中央教育科学研究所：《中华人民共和国教育大事记（1949—1982）》，北京：教育科学出版社，1983 年版，第 115 页。

④ 中华人民共和国教育部：《共和国教育 50 年》，北京：北京师范大学出版社，1999 年版，第 178 页。

如：经济学、银行学、财政学、商业学、教育学等等”。[①] 这是国家领导人第一次公开提出中国在教育学上要“以俄为师”，并将“一边倒”、“全面学习苏联”作为一项重大方针国策来贯彻。

1949 年 10 月，以法捷耶为团长、西蒙诺夫为副团长的苏联文化艺术科学工作者代表团访问中国。该代表团成员、俄罗斯联邦共和国人民教育部副部长杜伯洛维娜在北京、上海等地向中国教育工作者介绍苏联教育工作的经验，并参观了一些学校。1949 年 12 月，政务院决定在华北大学的基础上，组建中国人民大学。政务院为此发文明确该校“接受苏联先进建设经验，并聘请苏联教授，有计划、有步骤地培养新中国的各种建设干部”，规定“该校教育方针，应该使教学与实际联系，苏联经验与中国情况结合”[②]。1949 年 12 月底的第一次全国教育工作会议强调特别要借助苏联教育建设的先进经验建设新民主主义教育。

1950 年 2 月 14 日，《中苏友好同盟互助条约》在莫斯科签订，进一步加快、加深了教育上学习苏联。

1950 年 4 月 29 日，教育部按照中央人民政府副主席刘少奇的指示精神，提出《哈尔滨工业大学改进计划》，其中明确：哈尔滨工业大学应仿效苏联工业大学的办法，培养理工人才，以代替派大批学生到苏联留学；并每年抽调各大学理工学院讲师、助教和教授 150 名，入该校参加教学研究班，在苏联教授帮助下，研究深造，以提高国内大学的理工科师资。此前哈尔滨工业大学的学校制度、教学计划、教学大纲一直是学习苏联的，并用俄语进行教学。[③] 10 月，苏联政府将日本投降后从日本人手里接管的哈尔滨工业大学移交给中国政府，该校成为中国学习苏联的一个样板。中国政府先后派冯仲云、李昌、陈康白等到该学校分别担任校长、党委书记，沿袭了苏联培养技能型人才的办学模式，经过几年的建设和发展，招生规模不断扩大。1954 年，哈尔滨工业大学已基本上改造成为采用苏联教育制度的工业大学，为机械和电机制造、发电输电及建筑等部门培养专门人才。

1950 年 10 月 3 日，中国人民大学举行开学典礼，刘少奇在中国人民大学开

---

① 中央教育科学研究所：《中华人民共和国教育大事记（1949—1982）》，北京：教育科学出版社，1983 年版，第 4 页。

② 《政务院关于成立中国人民大学的决定》，引自《中华人民共和国重要教育文献（1949—1975）》，海口：海南出版社，1998 年版，第 3 页。

③ 中央教育科学研究所：《中华人民共和国教育大事记（1949—1982）》，北京：教育科学出版社，1983 年版，第 16 页。

学典礼上发表讲话，要求该校学习苏联教育经验。从1950年到1957年，人民大学先后聘请98位苏联专家。[①] 1954年4月，高等教育部召集全国400多高校领导到人民大学学习苏联经验。

东北地区各级各类学校带头开展起了学习苏联教育经验的活动。东北人民政府教育部组织力量以苏联十年制中学的自然科学各科教科书为蓝本，编译中学教科书，从初中一、二年级开始逐步采用，并大量翻译介绍苏联教育文献。教育行政部门组织干部参观旅大苏联中学。许多学校根据苏联学校校规精神制定本校校规。少数学校试行评定学生成绩的“五级分制”，废除百分制。旅大地区中学及东北实验学校的两个班全部采用苏联教学方法。[②]

1950年下半年，教育部指定北京六一、北海、分司厅三所幼儿园为实验幼儿园，由苏联专家指导，将苏联幼儿园教育经验与中国实际相结合，总结推广到全国。1951年后，又增加中央军委托儿所、北师大二附小幼儿园为实验幼儿园。与此同时，全国各大城市也相继确定了重点实验幼儿园，组织幼儿教学法研究会，学习与传布苏联幼儿教育经验。

1950年5月创刊的《人民教育》将学习苏联的经验当成该刊的主要任务，[③]大量使用和宣传苏联在教育方面的内容和做法。1950年底，苏联学者伊·阿·凯洛夫所著《教育学》一书的中文译本作为“大学丛书”由人民教育出版社出版，这本传统教育思想的教科书在中国多次重印，发行量总计达50万本，在城市中小学教师中几乎人手一册。

1952年11月12日，教育部发出指示，要求各高等学校制订编译苏联教材的计划。指示要求首先翻译苏联高等学校一、二年级基础课的教材及某些必要的并有条件解决的专业课教材，而后再逐步翻译其他各种课的教材。为组织全国各高等学校及有关机关人力，有步骤有计划地进行这一工作，教育部于11月27日发出《关于翻译苏联高等学校教材的暂行规定》，规定了各校的翻译计划，报教育部教材编审委员会审核，批准后实施。译稿经教材编审委员会审查批准后，以“教育部推荐高等学校教材试用本”的名义予以出版，自1952年到

① 中华人民共和国教育部：《共和国教育50年》，北京：北京师范大学出版社，1999年版，第668页。

② 中央教育科学研究所：《中华人民共和国教育大事记（1949—1982）》，北京：教育科学出版社，1983年版，第9～10页。

③ 中央教育科学研究所：《中华人民共和国教育大事记（1949—1982）》，北京：教育科学出版社，1983年版，第17页。

1956 年，中国共翻译出版苏联高等学校教材 1393 种。[①]

1952 年 12 月，高等教育部召开北京、天津高等学校负责人座谈会，研究、解决高等学校以学习苏联先进教学经验为主要内容的教育改革在部分学校出现改革过急、教学分量过重的缺点，从而影响教学经验为主要内容的教学效果和师生健康等问题。会议提出：（一）教学改革必须有重点、有条件、有准备地进行，要以一年级为重点，不宜全面展开。（二）采用苏联的教育计划、教学大纲与教材，应在不破坏科学系统整体性的原则下，按我国高等学校具体情况加以适当压缩或精简。（三）根据学生程度分班，积极帮助程度差的学生补习重点课程。(四）减少或缓教一些课程、以减轻师生负担。1953 年 1 月 29 日，高等教育部再次召集北京、天津高等学校负责人教师、学生代表座谈会，传达中共中央关于教学改革稳步前进的方针[②]。

从 1950 年到 1952 年末，中国先后聘请苏联专家阿尔辛节夫、福民、达拉巴金、顾思明、戈林娜五人担任教育部顾问。另有在北京师范大学任教的苏联专家两人兼任教育部普通教育与幼儿教育的顾问。他们的主要工作是：参加部务会议、部工作会议，介绍情况，提供意见，解答问题；开各种讲座，给训练班讲课。全国主要高等学校也聘请苏联专家任教；据 1952 年 6 月统计，在教育部所属高等学校任教的苏联专家有 80 人。[③] 各高校还聘请了 700 位苏联专家指导各校教学工作，然而这些专家大都不了解中国实际。

1953 年上半年，高等教育部、教育部分别邀请苏联专家顾问福民、普希金、倪克勤、傑门杰夫、加里宁等到重庆、汉口、成都、西安、武汉、上海、北京等地为当地教育工作干部、教师开教育学、教学法讲座，苏联顾问顾思明为中等技术教育训练班讲课。[④]

1953 年，《人民教育》七月号发表短评，认为苏联专家普希金听了北京市女六中为北京师范实习学生举行的初中语文《红领巾》一课的观摩教学之后在评议会上作的总结发言，“给我们指出了一个改进语文教学的方向”。普希金的意见和师大学生试教的情况以及有关文章发表后，引起各地语文工作者的重视。

---

① 中央教育科学研究所：《中华人民共和国教育大事记（1949—1982)》，北京：教育科学出版社，1983 年版，第 68 页。

② 中央教育科学研究所：《中华人民共和国教育大事记（1949—1982)》，北京：教育科学出版社，1983 年版，第 70 页。

③ 中央教育科学研究所：《中华人民共和国教育大事记（1949—1982)》，北京：教育科学出版社，1983 年版，第 71 页。

④ 中央教育科学研究所：《中华人民共和国教育大事记（1949—1982)》，北京：教育科学出版社，1983 年版，第 80 页。

此后，学习苏联的语文教学方法，照《红领巾》的教法教语文，在一些地方曾风行一时。[①] 这是一个典型的教学教条化案例。

1953 年 9 月 28 日至 10 月 13 日，教育部在北京召开全国高等师范教育会议，提出高等师范学校的教学改革，就是要以马克思主义的立场、观点和方法来逐步改革旧的教学内容、教学组织和教学方法。教学改革的方针是认真地系统地从本质上去学习苏联的先进教育理论和经验，密切结合中国实际，特别要注意联系师范学校的特征和中学的实际。[②] 明显地将马克思主义等同于苏联经验。

1954 年到 1956 年，学习苏联教育经验达到高潮。强调要原原本本、不折不扣地学习，并且将学不学当做政治态度问题、大是大非问题，完全将教育问题政治化，对中国教育原有的合理部分也一概否定。

1954 年 3 月 5 日，高等教育部将《同济大学、重庆大学请苏联专家来校讲学的总结》通报各高等工业学校，并要求根据专家提出的意见，研究改进教学改革工作。[③]

1954 年 4 月 3 日，政务院发出《关于全国俄文教学工作的指示》，规定：俄文专科学校的任务是培养翻译干部（约占 70%）和一部分俄文师资（约占 30%），大学、高师俄文系（科）的任务是培养中学师资。各校教学计划，应根据高等教育部颁发的三年制和四年制教学计划草案，结合本校具体条件加以规定和执行。俄文课一概采取循序渐进的正规教学方法，不采取“速成”突击的方法。高等学校应开设俄文课，高中和中等技术学校可开设俄文课，也可根据具体情况开设其他外国语课。初中一般不开设外国语课，如已设立并取得成绩者，可继续办下去，并应办得更好。[④]

1954 年 4 月 12 日至 21 日，高等教育部召开中国人民大学教学经验讨论会，总结推广该校学习苏联进行教学改革的经验，全国各类高等学校校长和教学领导干部 400 多人参会。中国人民大学副校长作报告介绍学习苏联与中国实际相结合，培养工农干部以及教务部工作、系的领导工作、教研室工作、科学研究

---

① 中央教育科学研究所：《中华人民共和国教育大事记（1949—1982）》，北京：教育科学出版社，1983 年版，第 84 页。

② 中央教育科学研究所：《中华人民共和国教育大事记（1949—1982）》，北京：教育科学出版社，1983 年版，第 89 页。

③ 中央教育科学研究所：《中华人民共和国教育大事记（1949—1982）》，北京：教育科学出版社，1983 年版，第 99 页。

④ 中央教育科学研究所：《中华人民共和国教育大事记（1949—1982）》，北京：教育科学出版社，1983 年版，第 101 页。

工作等方面的经验。其主要内容是：学习苏联先进经验必须系统地、全面地领会其精神实质，然后有计划、有步骤、有准备地进行；学习苏联先进经验要与中国实际情况相结合：要结合教学、结合实际开展科学研究工作；要针对工农干部学生的特点，采取特殊的教学方法。中国人民大学校长吴玉章在会上强调要进一步加强系统的马列主义的教育，学习苏联经验。高等教育部副部长杨秀峰在会议闭幕时讲话指出：中国人民大学学习苏联的经验，对其他高等学校都适用，各院校要根据具体情况，有计划、有步骤地采用，逐步达到全面地、系统地学习。①

1954 年 8 月 17 日，高等教育部发出《关于清华大学工作的决定》。决定认为，清华大学已从过去抄袭英美资产阶级制度的旧型大学，逐步地改造为实行苏联五年制教育制度的新型多科性工业大学。在高等工业教育方面有必要首先以较多的力量来办好清华大学。提出清华大学的任务是：培养具有较高水平的设计施工和管理的工程师；培养高等工业学校的师资及工程技术科学的研究人员；学习、运用、总结、推广苏联五年制高等工业学校经验；开展科学研究工作。并提出了聘请苏联专家、配备师资和干部、保证新生质量、扩充设备和进行基本建设等问题的办法。②

1954 年 10 月 27 日至 11 月 12 日，高等教育部召开第二次全国高等农林教育会议。会议指出：高等农林教育的基本任务是培养具有一定的马克思列宁主义水平、忠于社会主义事业、体格健全、掌握先进农林科学理论和技术的高级农林技术人才和管理人才。会议检查了高等农林教育工作忽视我国农林生产经验的缺点，指出全面系统地学习苏联先进经验、正确地结合中国实际是高等农林院校逐步提高教学质量的关键。会议还研究了高等农林院校的领导关系、院校设置和专业设置、师资培训、学校农林渔场的建设、开展科学研究、加强学生政治思想教育以及高等农林院校在第一个五年计划期间的发展规划等问题。③

至此，全国各种类型的高校都在全面学习苏联经验。

1954 年 11 月 26 日，高等教育部副部长刘子载陪同国务院副总顾问马里采夫、高教部首席顾问列别捷夫启程赴华东、中南五城市视察，共视察了 23 所高

---

① 中央教育科学研究所：《中华人民共和国教育大事记（1949—1982）》，北京：教育科学出版社，1983 年版，第 101 页。

② 中央教育科学研究所：《中华人民共和国教育大事记（1949—1982）》，北京：教育科学出版社，1983 年版，第 111 页。

③ 中央教育科学研究所：《中华人民共和国教育大事记（1949—1982）》，北京：教育科学出版社，1983 年版，第 115 页。

等学校。1955 年 3 月 16 日，高等教育部发出《关于视察华东、中南各高等学校后对全国高等学校的指示》，要求各校根据专家提出的问题和意见，认真研究讨论，结合本校具体情况，提出具体的改进办法和意见。①

到 1954 年底，人民教育出版社继续翻译出版苏联教育书籍，介绍苏联教育工作经验。教育理论方面，出版了《心理学》、《教育学》、《教育学讲义》等书籍。幼儿教育方面，出版了《幼儿园的语言课程》、《幼儿园的创造性游戏》、《幼儿园主任手册》、《教育子女的艺术》等书籍。中、小学教育方面，出版了各科教学法书籍十余种。此外，还出版了《学校管理》、《学校视导员工作》等有关学校行政领导方面的书籍和苏联教育家安·谢·马卡连柯的教育论文选集《论共产主义教育》和《父母必读》等书。②

1955 年 10 月 9 日至 12 月 18 日，应俄罗斯共和国教育部的邀请，以教育部副部长陈曾固为团长的中国中小学教师访苏代表团前往苏联访问和考察。代表团重点学习研究了苏联综合技术教育、教学工作、师范教育、教育行政领导等四方面的经验。1956 年 2 月 8 日，教育部作出决定：全国中小学、师范学校教师和教育工作者学习代表团的总报告、专题报告和资料，结合我国具体情况，认真研究，把苏联教育工作的先进经验运用到实际工作中去。此后，代表团团员分组到北京、天津、上海、沈阳、旅大、长春、哈尔滨、济南、南京、广州、西安、成都、重庆、武汉、保定、太原等 16 个城市作传达报告。《人民教育》自 1956 年 3 月号起连续三期刊登代表团的访苏报告特辑，各地报刊大量登载学习苏联教育工作经验的文章。③

1955 年，高等教育部还在苏联专家的指导下，参考苏联最新教学计划，开始组织部分高等学校制订五年制统一教学计划和四年制统一教学计划，陆续发各学校，要求各校不折不扣地认真执行。④ 同时派出高等教育考察团访问苏联，进一步学习苏联经验。

1956 年 1 月 27 日，双月刊《教育译报》创刊，该刊主要从苏联出版的有关教育报刊上，选择与我国教育工作目前亟待解决的问题有关的材料；1960 年

---

① 中央教育科学研究所：《中华人民共和国教育大事记（1949—1982）》，北京：教育科学出版社，1983 年版，第 117 页。

② 中央教育科学研究所：《中华人民共和国教育大事记（1949—1982）》，北京：教育科学出版社，1983 年版，第 120 页。

③ 中央教育科学研究所：《中华人民共和国教育大事记（1949—1982）》，北京：教育科学出版社，1983 年版，第 142～143 页。

④ 中央教育科学研究所：《中华人民共和国教育大事记（1949—1982）》，北京：教育科学出版社，1983 年版，第 151 页。

第3期后停刊。[①] 1956年2月24日，双月刊《心理学译报》创刊，该刊主要译介苏联《心理学问题》等杂志的论文，1958年第6期后停刊。[②]

1956年3月26日，国务院批准高等教育部《关于执行中苏两国高等教育部间建立直接联系的暂行规定》和《中国高等学校、中等专业学校和苏联高等学校、中等专业学校直接联系的暂行规定》。这两个暂行规定是根据1955年9月19日中国政府同意苏联政府关于中苏两国间若干文化往来事项经由双方国家机关及其负责人直接联系的建议制定的。到1957年11月，我国已有63所高等学校和苏联、各人民民主国家的高等学校之间建立了直接联系。[③]

1956年3月30日，体育运动委员会、高等教育部和教育部联合发出通知：切实做好体育教师业务学习的领导和组织工作，提高体育教师的政治和业务水平。通知要求体育教师学习苏联体育教育理论、苏联体育教学大纲（包括体育教学参考书）、国家颁发的体育课试行教学大纲和建立体育协会等有关文件。[④]由此可见，教育上学苏联学到何等机械僵化的程度。

1956年4月18日至5月25日，包括凯洛夫在内的苏联教育代表团访问我国，先后到北京、南京、上海、杭州、广州等城市，参观了各类学校，在一系列的报告会和座谈会上介绍了苏联工作的经验，各地再次掀起学习凯洛夫教育理论的高潮。在很长一段时间里，我国教育学讲义的内容基本上都是凯洛夫的理论体系。[⑤]《人民教育》自1956年6月号起连续发表了苏联教育代表团成员的十篇报告。1957年，人民教育出版社又翻译出版了凯洛夫主编，冈察洛夫、叶西波夫和赞可夫协助编辑的《教育学》。教育行政部门曾长时间地、有组织地组织干部、教师学习凯洛夫主编的《教育学》，使凯洛夫的学说成为中国的教育理论和实践中的教条。同时，中央和地方的出版部门出版多种苏联教育书籍，报刊大量译载苏联教育专家的文章，介绍苏联教育经验。

据不完全统计，在这一时期，苏联专家在中国培养了近万名教师和研究生，

---

① 中央教育科学研究所：《中华人民共和国教育大事记（1949—1982）》，北京：教育科学出版社，1983年版，第155页。

② 中央教育科学研究所：《中华人民共和国教育大事记（1949—1982）》，北京：教育科学出版社，1983年版，第157页。

③ 中央教育科学研究所：《中华人民共和国教育大事记（1949—1982）》，北京：教育科学出版社，1983年版，第159页。

④ 中央教育科学研究所：《中华人民共和国教育大事记（1949—1982）》，北京：教育科学出版社，1983年版，第160页。

⑤ 毛礼锐、沈灌群：《中国教育通史》（第六卷），济南：山东人民出版社，1989年版，第96页。

编写讲义或教材1158种，按苏联模式建立了384个教研室，[①] 仅高校采用苏联教材的课程就达620门，完全以苏联教育经验和模式来替代西方及日本的教育经验和模式，完全丧失了中国教育的自主性，使中国教育在后来长期陷入单一、僵化的教育模式和教育思维定势，“尤其是在政治理论和其他人文、社会科学的教学和研究方面，久久难以摆脱苏联教条主义的束缚，陷入完全封闭的状态，不能及时研究和借鉴其他国家的新成就”[②]。

1953年，周恩来在《整顿、巩固和发展高等师范教育》中指出：“不认真结合中国的实际，而只是形式地机械地搬用苏联经验是不对的。”[③] 这些言论在当时“一边倒”的大背景下未发生实质性作用。

直到1956年5月28日至6月1日，中共中央宣传部召开部分省、市宣传（文教）部长座谈会，根据毛泽东《论十大关系》的讲话精神，中共中央宣传部部长陆定一在座谈会开始和结束时强调宣传文教工作应根据毛主席的指示精神来考虑。在讲到教育工作时，陆定一说：“我们发现，有好些地方生搬硬套过苏联经验。比如教育工作中的五年一贯制，工农速成中学，在中国行不通。”“学习苏联是很重要的，但是决不能一概照搬过来。”“‘全面发展’的口号要研究。现在提‘全面发展，因材施教相结合’，这好不好？先请大家研究一下，现在不作决定。”他还指出：“学校一定要实行党委领导下的分工负责制，这是个原则问题。凡是用一长制的，都要取消。”他在讲到综合技术教育问题时说：“我们现在实行还早。”“劳动教育是要的，学些生产知识有好处。”他还指出了高等学校教学忽视发展学生个性等问题。[④] 认识到“学习苏联经验是与我国实际情况结合不够，并从学制、专业设置、教学计划、教学方法等方面，检查了在学习苏联经验时出现的种种教条主义表现，特别是在教育管理体制上集中过多、统得过死的弊病，影响和限制了各业务部门和地方办教育的积极性。”[⑤] 而在此之前，几乎每次开会没有不讲学习苏联经验的，而且讲的都是千篇一律。

1956年7月10日，教育部发出通知，要求各地在注意改进俄语教学的同

① 赵德强：《1947—1957共和国教坛风云》，福州：福建教育出版社，2005年版，第16页。

② 赵德强：《1947—1957共和国教坛风云》，福州：福建教育出版社，2005年版，第43页。

③ 《周恩来教育文选》，北京：教育科学出版社，1984年版，第95页。

④ 中央教育科学研究所：《中华人民共和国教育大事记（1949—1982）》，北京：教育科学出版社，1983年版，第167页。

⑤ 中华人民共和国教育部：《共和国教育50年》，北京：北京师范大学出版社，1999年版，第228页。

时，扩大和改进英语教学。通知提出，从 1956 年秋季起，凡英语师资较好的地区，从高中一年级起应增设英语课；高中二、三年级原教英语的更应该继续教下去。各地中学教俄语的和英语的比例暂定为一比一，以分学校教学为原则。要准备从 1957 年秋季起，在初中一年级恢复设置外国语科。[①] 显然，这是对几年来学校仅仅教俄语的一次校正。

然而，限于当时的各方面条件，这种反思是极其有限的。苏联的影响深入到中国教育思想的内核，1951 年中国政府确定的中学培养目标“使青年一代在智育、德育、体育、美育几方面获得全面发展，成为新民主主义社会自觉的积极的成员”，即是生搬硬套苏联的教育方针“培养全面发展的共产主义社会成员”。[②] 虽然此后对具体词汇做了改动，但这一判断方式一直沿用下来，限制了中国教育的思想空间。

苏联教育思想的本质上属于传统教育，使得五四运动后在中国已经扎下根的现代教育思想不得不让位于相对陈旧的传统教育思想。“由于主客观的原因，借鉴苏联的过程无疑又成了一种桎梏，与历史上向西方学习的情况有点类似，其产生的教训也同样是深刻的。”[③]

苏联办学目标主要是培养工程师，忽视人文教育，取消综合大学，注重发展专科与技术学院。短期内能促进经济发展，直接为工程项目服务，却造成人格发展的严重缺陷。

苏联教育对中国教育更为负面的影响是它的理论基础——阶级斗争理论。因为在中国领导人的意识里，苏维埃教育的总方针“在于以共产主义的精神来教育广大的劳苦民众，在于使文化教育为革命战争和阶级斗争服务，在于使教育与劳动联系起来，在于使广大中国民众都成为享受文明幸福的人”[④]。1958 年 1 月，这一表述演变为“教育必须为无产阶级政治服务”的理论。这一理论很大程度上误导了中国教育发展的大方向。

鲁洁认为，“总的来说，苏联教育影响是有利的，正是在它的帮助下，中国才得以在短期内建立起能够满足经济发展需要的学科与专业，并为全国各阶层

---

① 中央教育科学研究所：《中华人民共和国教育大事记（1949—1982）》，北京：教育科学出版社，1983 年版，第 173 页。

② 中华人民共和国教育部：《共和国教育 50 年》，北京：北京师范大学出版社，1999 年版，第 40 页。

③ 中华人民共和国教育部：《共和国教育 50 年》，北京：北京师范大学出版社，1999 年版，第 669 页。

④ 《中华苏维埃共和国中央执行委员会在第二次苏维埃代表大会上的报告》，引自《毛泽东同志论教育工作》，北京：人民教育出版社，1958 年版，第 15 页。

学子创造了学习机会”，但苏联的教学法过于教条主义，“教学几乎成了让学生反复背诵别人的观点，而不是给学生提供自由思考的学习活动”。“苏联模式最大的问题就在于它很容易走向封闭的体系，无法实现自我更新，以适应时代变化，同时也不许人们提出不同看法”，“苏联后来之所以会解体，与该模式或多或少有一定联系”①。

3. 批判陶行知堵住思想

1985年，胡乔木出席中国陶行知研究会成立大会时，谈到1951年对电影《武训传》的批判，他说：“我可以负责地说：当时这场批判，是非常片面的、非常极端的，也可以说是非常粗暴的……我们不但不能说它是完全正确的，甚至也不能说它是基本正确的。”他认为陶行知“是一位伟大的、进步的教育家、教育思想家，伟大的民主主义战士，伟大的共产主义战士，伟大的爱国者”②。

陶行知曾是中共的亲密盟友，他1946年的猝然辞世，令中共深感震惊。周恩来得讯立即偕邓颖超驱车看望，含着泪，握着陶行知余温尚存的手说：“陶先生，放心去罢，你已对得起民族，对得起人民。你未了的事业会由朋友们，由你的后继者们坚持下去，开展下去的，你放心去罢。”毛泽东和朱德从延安发唁电：“惊闻陶先生逝世，不胜哀悼！先生为人民教育家，为民族解放与社会改革事业奋斗不息，忽闻逝世，实为中国人民之巨大损失，特电致唁。”8月11日，延安举行规模宏大的陶行知先生追悼会，毛泽东题词“伟大的人民教育家陶行知先生千古”，朱德题词“学习陶行知先生全心全意为人民服务，不屈不挠为独立、和平、民主而斗争”。大会宣布将延安中学改名为行知中学，并决定组织陶行知纪念委员会，由林伯渠、谢觉哉、徐特立、习仲勋和陶门弟子张宗麟等十人组成。钱俊瑞肯定陶行知是“不折不扣的中国新教育——人民教育的奠基人”。12月1日清晨，陶行知灵柩由上海运往南京晓庄公葬。董必武率中共代表团到下关车站迎候，他亲自写了一首悼诗贴在棺材头上，抚棺大哭。诗云：敬爱陶夫子，当今一圣人。方圆中规矩，教育愈陶钧。栋折吾将压，山颓道未申。此生安仰止，无复可归仁。

1950年7月25日，生活教育社在北京集会，纪念人民教育家陶行知逝世四周年。7月19日，该社上海分社和上海市教育工作者工会等也联合举行了纪念集会，《文汇报》刊出了由陶行知逝世四周年纪念筹备委员会编辑的纪念特刊。

---

① 许美德、鲁洁：《社会主义中国的教育家》，引自《教育文摘周报（月末版）》，2009年1月28日（5）。

② 胡乔木：《陶行知先生是中国进步知识分子的典型》，引自《党史通讯》，1985年（15）。

生活教育社还编辑出版了《陶行知先生四周年祭》纪念文集。《人民教育》在纪念陶行知的名目下发表专论，虽然仍肯定陶行知的教育思想“充满着革命的民主精神”，但又十分突出地强调“批判地接受陶行知教育学说的遗产，成为全国教育界的重大工作”。还特别以陶行知逝世四年来未能实行“批判地接受”为憾事，这种提法就不能不说显现了某种端倪。

1951年，陶行知从峰巅一下子跌落低谷。

1956年，曾任教于西南联大教育系的北京师范大学教授陈友松写了题为《陶行知先生的教育遗产是新中国教育的源泉之一》的文章，先后在《文汇报》（1956年10月16日）和《人民教育》上发表，邓初民等人此时也发表文章要求客观公正地对待陶行知。1957年，陈友松教授被打为右派，二十年后虽被平反，却被边缘化。

这一批判客观上造成长期以来中国教育界处于没有思想、不思想和不能思想的状态。仅仅是将教育当成行政任务、政治任务、阶级斗争的工具、经济指标、官员业绩、职业和饭碗、学历和文凭，等等。广大师生、教育管理者缺乏思想、不思想或不能思想，造成一些中国教育思想流派和教育家销声匿迹。数十亿人的教育受摧残，其代价何其惨重！

由于未能依据当时的情况，在整个经济社会发展上坚持《共同纲领》所确定的巩固和发展新民主主义社会的任务，而是急于过渡到社会主义，并依照社会主义的要求办教育；在教育发展上未能坚持办民族的、科学的、大众的新民主主义教育，忽视教育的多重功能，仅仅将教育当成上层建筑，将教育意识形态化、泛政治化，对教育进行过多的行政干预；在改革旧教育的同时，没有注意保留其合理和有价值的部分，出现了全盘否定的偏向；学习苏联全盘照搬，完全依照苏联模式进行高校院系调整，严重损伤了中国教育内在的生态平衡，这些方面在教育上酿成了较多的苦果。

古谚道：差之毫厘，失之千里。新中国教育刚刚迈出第一步就偏离于当初形成的民族的科学大众的教育发展共识，成为后来严重违背教育内在规律的肇始。当时的实践也说明：“凡是实行了《共同纲领》规定的、比较符合新民主主义社会性质的方针、政策，教育的改革和发展就健康，就顺利；反之，如果超越阶段，不顾新民主主义只是社会主义初级阶段前的一个过渡这一社会实际，急于过渡，急于按已建成的社会主义社会要求办事，就难免出现失误，留下后遗症。”[①]

---

① 赵德强：《1947—1957共和国教坛风云》，福州：福建教育出版社，2005年版，第54页。

在1950年至1956年间，尽管教育界的知识分子带着“资产阶级”的精神枷锁，反复受到政治运动的冲击，许多人受到不公平的对待，但他们矢志不渝，尽力为新中国教育事业努力工作，到1956年底，初步建立了新中国的教育体系，为新中国建设培养了大批专门人才，这段时间仍为前三十年“教育事业的改革和发展最平稳、最快速的一个时期”①。

第二节　跃进（1957—1961）

1957年，中国发展国民经济的第一个五年计划（1953—1957）基本完成，教育事业有很大发展。至该年末，全国共有高等学校229所，在校学生44.1万人。五年内，高等学校招收学生56.18万人，毕业学生26.9万人。五年共派出国留学生7216人。年末，全国共有中等学校12 474所（其中中等专业学校1320所，普通中学11 096所），在校学生708.1万人（其中中等专业学校、农业中学、职业中学80万人，普通中学628.1万人）。全国共有小学547 300所，在校学生6428.3万人。全国共有幼儿园16 400所。群众业余学习、扫盲工作也有了很大发展。在第一个五年计划期间，教育事业费支出占国家财政总支出的5.59%，全国教育事业基建投资完成额占国家基建投资总完成额的3.3%。② 但这样相对平稳的局面却未能延续下去。

早在1956年1月，毛泽东在最高国务会议上就提出：“我国人民应该有一个远大的规划，要在几十年内，努力改变我国在经济上和科学文化上的落后状

① 赵德强：《1947—1957共和国教坛风云》。福州：福建教育出版社，2005年版，第4～5页。

② 中央教育科学研究所：《中华人民共和国教育大事记（1949—1982）》，北京：教育科学出版社，1983年版，第209页。

况，迅速达到世界上的先进水平。”① 这种想法在当时的中国很有代表性，代表着不少人的期盼，然而当它越过现实的域限，便会带来一场深重的灾难。1958年至1960年，中国社会便进入这场灾难之中。

而在此之前，教育界对跃进的思想是有所警惕的，1956年《人民教育》6月号发表社论《怎样在教育部门中贯彻全国先进生产者代表会议的精神》，不赞成在学校里搞竞赛。8月31日，教育部、中国教育工会全国委员会联合发出通知：中小学和师范学校尚未开展先进工作者运动的暂不开展，开展较好的可进行，开展得不好的停止进行。②

1957年3月18日至28日，教育部在北京召开第三次全国教育行政会议，在讨论本年的教育事业计划、加强思想政治教育和教学计划安排等问题时认为，1956年教育事业的发展，多少超过了可能条件，师资、设备、基本建设等都赶不上发展的要求。1957年教育事业的发展必须放在充分可靠的基础上，根据国家的人力、物力、财力条件，在保证一定质量的原则下，作适当的发展。③

然而，1957年9月，中共八届三中全会修改了中共八大对当时主要矛盾的判断，认为无产阶级和资产阶级、社会主义道路和资本主义道路的矛盾是当时社会的主要矛盾，并于1958年元旦提出“中国要在十五年内赶上和超过英国”④ 这一不切实际的目标。1958年2月2日，《人民日报》发表社论宣称“我们国家现在面临着一个全国大跃进的新形势，工业建设和工业生产要大跃进，农业生产要大跃进，文教卫生事业也要大跃进”⑤。这样，在前些年已经存在的盲目冒进、急于求成思想不但没有纠正，反而急速膨胀。

一、发动教育革命

1958年5月，中共八届二次会议提出了“鼓足干劲，力争上游，多快好省地建设社会主义”的总路线，在整个社会全国城乡掀起“大跃进”高潮的背景下，教育领域开展了教育革命群众运动，各地出现了不顾客观条件大办学校的

① 《社会主义革命的目的是解放生产力》，引自中华人民共和国教育部：《共和国教育50年》，北京：北京师范大学出版社，1999年版，第48页。

② 中央教育科学研究所：《中华人民共和国教育大事记（1949—1982）》，北京：教育科学出版社，1983年版，第172页。

③ 中央教育科学研究所：《中华人民共和国教育大事记（1949—1982）》，北京：教育科学出版社，1983年版，第192页。

④ 引自《人民日报》，1958年1月1日。

⑤ 引自《人民日报》，1958年2月2日。

“教育大跃进”，当时在各地也称“教育大革命”。

这场“教育大革命”历时三年，可以分为四个阶段：第一阶段从1958年年初至8月，为全面发动阶段；第二阶段从1958年9月至年底，教育革命进入高潮；第三阶段为1959年1月至8月，当时对教育革命存在的偏差有所认识并已在局部范围内纠正；第四阶段从1959年9月到1960年底，教育革命继续直至进入调整。① 以下分阶段加以简述②。

1. 教育革命全面发动（1958年年初至8月）

1958年年初，中国开始执行发展国民经济的第二个五年计划。《人民日报》于2月2日在社论中发出了“全面大跃进”、“文教工作也要大跃进”的号召，指出“社会主义生产大跃进和文化大跃进已经出现”，要求各地采取大鸣、大放、大字报、大辩论和开现场会、展览会的形式，开展反浪费、反保守的“双反”运动，运动中纷纷揭露学校中的“三风”（主观主义、官僚主义、宗派主义的作风）和“五气”（官气、暮气、阔气、骄气、娇气），揭露学校中的浪费现象和保守现象。同时也揭露师生中的种种资产阶级个人主义表现，进行以搞臭资产阶级个人主义、自觉革命、向“红透专深”前进为中心的思想批判运动。在运动中各级各类学校的教师和学生都要“向党交心”，要“拔白旗，插红旗”，要搞红专辩论，要制定红专规划，要批判资产阶级的学术思想和教育思想，开展一系列“兴无灭资”的思想斗争。教育革命就在这样的形势下轰轰烈烈地开展起来。

1958年1月31日，毛泽东在《工作方法草案》中要求：“一切中等技术学校和技工学校，凡是可能的，一律试办工厂或者农场，进行生产，做到自给或半自给。学生实行半工半读；一切高等工业学校可以进行生产的实验室和附属工厂，除了保证教学和科学研究的需要以外，都应当尽可能地进行生产；一切农业学校除了在自己的农场里进行生产，还可以同当地的农业合作社订立劳动的合同，并派教师到合作社去，使理论和实际结合。”③

为了反掉保守思想，促进教育革命，中共中央于1958年3月24日至4月8日分两段在北京召开第四次全国教育工作会议。会议总结了共和国成立以来的

---

① 宋荐戈：《探索中国特色社会主义教育发展的道路》，引自《荐戈文存》，北京：中国国际文艺出版社，2006年版，第329页。

② 宋荐戈：《评述1958—1960年的教育革命》，引自《荐戈文存》，北京：中国国际文艺出版社，2006年版，第346~353页。

③ 中华人民共和国教育部：《共和国教育50年》，北京：北京师范大学出版社，1999年版，第40页。

教育工作经验，围绕中共八大二次会议上提出的社会主义建设总路线和进行社会主义教育建设的问题展开了热烈的讨论。会议的目的是反掉右倾保守，促进教育事业“大跃进”。会议的主要内容是：教育工作既要普及又要提高，要学会用“两条腿走路”，首先是要大力做好普及；在普及之后，紧跟着就要巩固和提高。会议提出，各地要大力开展识字运动，大力普及小学教育，大力举办农业中学、工业中学和手工业中学，积极发展普通中学；要发展和改进各级师范学校，培养又红又专的工人阶级自己的教师队伍，改进和提高现有教师；要改革教育制度、教育内容、教育方法；要开展勤工俭学活动、半工半读活动，要把生产劳动列入教育计划；要在学校中破资产阶级思想，立无产阶级思想，把学生培养成为有社会主义觉悟的人；要依靠党的领导，放手发动群众办学，采取群众运动的方法做好普及教育的工作。这次会议还交流了各地教育事业“大跃进”、大改革的经验，要求教育事业大干快上；批评了教育部门的教条主义、保守思想和教育脱离生产劳动、脱离实际，并在一定程度上忽视政治、忽视党的领导的错误；讨论了教育工作的方针，研究和制定了教育发展目标和教育事业改革的措施。会议根据中共中央的决定成立了直属中央政治局和书记处的文教小组，由陆定一任组长，康生任副组长，组员有陈伯达、林枫、胡乔木、张际春、周扬、杨秀峰、钱俊瑞等。由于这个时期在教育方面的实践是贯彻社会主义建设总路线以及反对右倾思想和教条主义，教育革命中“左”的倾向越来越严重。

这次会议结束后，中共中央宣传部部长、中央文教小组组长陆定一在《红旗》杂志第七期上发表了《教育必须与生产劳动相结合》一文，论述了加强党对教育工作的领导，坚持群众路线和实行教育与生产劳动相结合的重要性；指出“实行教育与生产相结合，是同几千年的传统进行决斗”；提出在教育工作中一定要政治挂帅，“在党的领导下，团结全党，团结一切可以团结的教育工作者，反对资产阶级的教育方针，为实现党的教育方针而斗争”。这样就能实现我国的文化革命，使全国六亿人民人人能生产，人人能学习，变成既是劳动者又是知识分子的新人。

1958 年 3 月 10 日，在国务院科学规划委员会第五次会议上，陈伯达谈了哲学社会科学如何跃进的问题。他认为，哲学社会科学应该跃进，也可以跃进，跃进的办法，就是“厚今薄古，边干边学”。他指责哲学社会科学中的主要缺点是“言必称三代”（夏、商、周），存在脱离革命实践的烦琐主义。此后，高等院校文科发动师生批判教学中的“厚古薄今”的“资产阶级思想倾向”，调整古今内容和教学时间的比例，贯彻“厚今薄古”，搞哲学社会科学“大跃进”。中国人民大学决定缩小中外哲学史古代部分的比重，中外史均以现代为重点；北京师范大学中文系增加中国现代文学的内容，历史系增加中国近代史的内容，政治系增加新中国成立以来的内容。上海等地高等院校也在文科教学中作了类似的变动。①

1958 年 4 月 15 日至 24 日和 6 月 10 日至 28 日，中共中央又分两阶段召开全国教育工作会议。在 4 月 15 日的讲话中，陆定一明确提出教育是阶级斗争的工具，教育要为无产阶级政治服务，为生产服务；在 6 月 10 日的会议上，陆定一提出了“教育革命”的概念，他说“从去年毛主席提出了培养有社会主义觉悟的有文化的劳动者的口号之后，我们在教育工作方面的革命，走上了第二步。第二步革命不但要使政治与教育结合，还要使教育与劳动结合”，“教育与生产劳动结合，是教育革命的主要内容之一”②。这一提法事实上反映了毛泽东的想法，“技术革命和文化革命是毛泽东‘不断革命’思想在新形势下在上层建筑领域的表现，作为文化革命的一个分支、重要一翼的教育革命，也是‘不断革命’的思想产物，‘不断革命’是其动力源泉”③。

1958 年 8 月 13 日，毛泽东在视察天津大学时提出：“高等学校应抓住三个东西：一是党委领导；二是群众路线；三是把教育和生产劳动结合起来。”④ 这个指示虽然是针对高等学校讲的，但被各级各类学校当做开展教育革命的指导思想。

2.《关于教育工作的指示》将教育革命引入高潮（1958 年 9 月至 12 月）

1958 年 9 月 19 日，中共中央、国务院发出《关于教育工作的指示》。其主要内容有：一是认为在大张旗鼓地贯彻社会主义建设总路线和各行各业大跃进的形势下，“随着工农业生产的大跃进，文化革命已经开始进入高潮。这主要表现在全国扫盲运动、教育事业和各种文化事业的迅速发展”。二是指出当前全党和全国人民的历史任务之一就是坚持党的教育方针，反对右倾保守思想和教条主义，把一切积极因素都调动起来，鼓足干劲，力争上游，多快好省地扫除文盲，普及教育，培养出一支数以千万计的又红又专的工人阶级知识分子队伍。三是强调既要调动中央的积极性，又要调动地方的积极性，采取统一性与多样

---

① 中央教育科学研究所：《中华人民共和国教育大事记（1949—1982）》，北京：教育科学出版社，1983 年版，第 217 页。

② 陆定一：《在全国教育工作会议上的讲话》，引自《中华人民共和国重要教育文献（1949—1975）》，海口：海南出版社，1998 年版，第 858 ~ 859 页。

③ 李庆刚：《“大跃进”时期“教育革命”研究》，北京：中共中央党校出版社，2006 年版，第 5 页。

④ 《毛泽东视察天津大学》，http：//www. enorth. com. cn.

性相结合、普及与提高相结合、全面规划与地方分权相结合的原则，在全国统一的教育目标下实行国家办学与厂矿、企业、农业生产合作社办学并举，普通教育与职业教育并举，成人教育与儿童教育并举，全日制教育与半工半读、业余学校并举，学校教育与自学（包括函授学校、广播学校）并举，免费的教育与不免费的教育并举等一系列“两条腿走路”的方针。四是指出既要办全日制的学校，也要办半工半读的学校，还要办各种形式的业余学校。在这三类学校中，有一部分学校要担负提高的任务，但为了尽快地普及教育，应当大量发展业余的文化技术学校和半工半读学校。这些学校比较便于解决经费问题和师资问题，对于普及教育、提高工农业生产的技术水平、提高广大人民群众的政治觉悟和文化水平是有重要意义的。五是明确指出在教育工作中，我们是在普及的基础上提高，在提高的指导下普及。在一切学校中都必须进行马克思列宁主义的政治教育和思想教育，脱离具体教育对象的教条主义的教学方法；都必须把生产劳动列为正式课程，每个学生都必须依照规定参加一定时间的生产劳动。六是要求各大区，各省、直辖市、自治区都应该根据自己的情况和需要建立起完整的或比较完整的教育体系，甚至每个专区、每个县也应该这样做。指示还批驳了片面地把教育工作神秘化、以为只有专家才能办教育、“外行不能领导内行”、“党委不懂教育”的观点，要求“在学校内部，在政治工作、管理工作、教学工作、研究工作等方面，也应该贯彻党委领导下的群众路线的工作方法”，倡导“大鸣、大放、大字报，应当成为一切高等学校和中等学校提高师生政治觉悟、改进教学方法和教育管理工作、提高教学质量、加强师生团结等普遍和经常采用的方法”①。

指示发布后，用“大鸣、大放、大字报”的形式，向脱离政治、脱离劳动、脱离实际和忽视共产党领导的资产阶级教育思想猛烈开火的教育革命进入了高潮。教育界和各级各类学校掀起学习、贯彻执行中共中央、国务院《关于教育工作的指示》的热潮。各地不考虑师资条件，不顾人才培养的客观规律，提出“少花钱，多办事”，盲目扩大招生，从中央到各地，提出不切实际的教育发展目标。

中央和地方报刊发表社论，大量刊登有关文章。各级各类学校展开教育方针大辩论，破除对资产阶级专家的迷信，以学生为主体来进行教学改革。有些学校由青年学生来突击制订教学计划、教学大纲，并按照新的大纲编讲义、编教材、改革教学方法。从开展勤工俭学运动发展到学校大办工厂、农场，工厂、

① 《中共中央、国务院关于教育工作的指示》，引自《中华人民共和国重要教育文献(1949—1975)》，海口：海南出版社，1998年版，第860页。

农村人民公社大办学校，学生走出校门参加大炼钢铁、深翻土地、农田水利建设等生产劳动。一些学校里的生产劳动越搞越多，社会活动越搞越多，停课越来越多。一些高等学校和中等专业学校还搞厂（农场）校合一，实行半工半读；一些中小学也与附近的工厂、农场、人民公社合并，搞半工半读。一些工厂、人民公社、机关、街道宣布办起了高等学校、中等专业学校、农业中学、普通中学、幼儿园及红专大学、劳动大学、市民学院等名目繁多的各种形式的学校。有的工厂、人民公社还宣布办成了从幼儿园到高等学校的“教育体系”、“教育网”，实现了“人人劳动、人人学习”的“共产主义教育制度”。各地学校开展“红专辩论”、“拔白旗、插红旗”等所谓的学术批判运动，出现严重的浮夸风、“共产风”、命令风、瞎指挥风和干部特殊风，造成教育比例失调，教育质量下降。教育部门还在工农业生产大跃进的推动下，大力发展各级各类学校，快速兴办起来的大中专学校因为缺乏师资，就在教学上搞“单科独进”，大砍基础课程，削弱基础理论教学，忽视课堂系统知识的学习，打乱了正常的教学秩序，教育质量下降，考试革命出现了偏差。

1958 年，全国掀起了省、直辖市、自治区，厂矿、企业乃至人民公社大办学校的热潮，这种热潮并非由群众受教育的真实需求推动，而是纯粹政治欲望推动下教育领域的“大炼钢铁”。全国高校数由 1957 年的 229 所猛增到 1289 所。① 不少地方将工厂办学校、工人即学生当做向共产主义过渡的举措，在一家工厂内建立幼儿园、小学、中学、大学完整的教育体系，被称为“一条龙上天”②。中学、小学和幼儿园也出现一年之内十多倍的增长，远远超过了当时的师资和国民经济承受能力。各地却争放卫星纷纷汇报实现了各种目标，就连相对落后的贵州省教育厅也于 1958 年 10 月 26 日向贵州省人民委员会和教育部呈递了《关于贵州已于本年 10 月 10 日普及了小学教育的报告》，称全省在校小学生 242.7 万人，学龄儿童入学率达 82%，《贵州日报》于 11 月 2 日在第 1 版发布了这一消息。③

1958 年暑假以来，由于学生劳动任务重，劳动时间过长，9～10 月间山东、甘肃、湖南等省出现大量中学生流失，原因是家长对这种教育不满，有些单位招收在校学生，许多地方的中等学校学生流动很大。山东省青岛市有的中学高

---

① 中华人民共和国教育部：《共和国教育 50 年》，北京：北京师范大学出版社，1999 年版，第 355 页。

② 易斯：《一条龙上天》，引自《人民日报》，1958 年 12 月 11 日。

③ 梁茂林：《回眸与思考——贵州学校教育初探》，贵阳：贵州民族出版社，2007 年版，第 98 页。

中班缺额达三分之一至二分之一；甘肃全省流动中学生 11 000 多人，占应到人数的五分之一。陕西、四川等省也出现类似情况。对此各地及时采取规定劳动时间、加强宣传教育方针、妥善解决社员子弟的学费问题、单位禁止招收在校学生等措施，制止学生流动。[①]

尽管如此，相关的宣传报道还在虚报数字，《光明日报》10 月 1 日发表《全民办学，全民上学，加速社会主义建设》社论："我们将以一个具有高度文化的民族出现于世界"的时代已经来到了，并附上我国教育事业以空前速度获得巨大的发展，文化面貌正在飞跃变化的报道。列举了如下一些数字和情况：从 1 月到 8 月，全国扫除了 9000 万文盲，比八年来扫盲总数多两倍，在 2200 多个县中，已有 1500 多个县、市（占全国县市总数的 67%）基本扫除了文盲；全国学龄儿童入学率已达 93. 9%，87% 的县、市基本普及小学教育；本年新建中学 26 000 余所，全国中学生已达 924 万，比 1957 年增长 47%；全国中等专业学校已达 6000 余所，在校学生数比 1957 年增长 220%；本年新办高等学校 800 余所，全国已有高等学校千所以上，在校学生数比 1957 年增长三分之二；由于大量举办了红专大学，红专学校等业余学校，业余学校比 1957 年增加 5. 5 倍，学生达 5000 余万人；许多省初步建成了自己的包括综合大学以及工、农、医、师范等高等学校在内的高等教育体系。很多省份决定在十五年内普及大学教育。[②]

盲目发展导致学校不堪重负，财政难以支持，教育质量下降，仅过了一两年，很多学校就不得不关闭，进行大规模调整、压缩，又引发一些中学生失学，很多公办教师成为民办教师，为以后的教育发展留下了长期的消极影响。[③] 正如那个年代的亲历者顾准先生所言"一切决定于数字，那崇高的理想也决定于数字的"[④]。当数字成为政治游戏时，它给教育事业发展带来的不是繁荣，而是一系列灾难和难题。

3. 发现和局部纠正教育革命的偏差（1959 年 1 月至 8 月）

在 1958 年 11 月，毛泽东在第一次郑州会议上提到纠正"大跃进"在一些具体工作中存在的"左"的错误。

---

① 中央教育科学研究所：《中华人民共和国教育大事记（1949—1982）》，北京：教育科学出版社，1983 年版，第 233 ~ 234 页。

② 引自《光明日报》，1958 年 10 月 1 日。

③ 中华人民共和国教育部：《共和国教育 50 年》，北京：北京师范大学出版社，1999 年版，第 485 页。

④ 顾准：《顾准日记》，北京：经济日报出版社，1997 年版，第 97 页。

1958年11月8日，中共中央办公厅向教育部党组转达中央书记处会议有关教育工作的几项决定。其主要内容有：（1）当前教育方面的任务是在调整的前提下进行巩固和提高。（2）体制下放后，中央该管的事，如基建、高等学校教师配备、学制、课程设置及课本等，必须管起来。（3）要保证重点学校的质量，在基本上不削弱重点学校的前提下照顾一般学校。（4）在校大专学生不要提前毕业；各方面要调在校高中生一律不批准。（5）高等学校教师的学衔一律不取消，已取消的要恢复，但不再授学衔。①

根据上述精神，中共中央书记处于1959年1月12日至3月1日在北京召开了有省、直辖市、自治区文教书记、教育厅局长及部分高等院校负责人、中央有关部门负责人参加的教育工作会议。会议认为，在1958年的教育革命中，共产党的领导地位在教育部门和各级各类学校中建立起来了，师生对劳动的态度有了大变化，学生的德育、道德品质、世界观大提高，身体好了；在智育方面是有所提高也有所降低。存在的问题主要是1958年下半年以后，有一部分学校没有很好的上课，劳动过多，政治活动过多，在高等学校和社会上进行的学术批判过多，打击面太广，比较粗暴。会议决定在新的一年里，教育工作的方针主要是巩固、调整和提高，并在这个基础上有重点地发展。全日制的学校应该贯彻以教学为主的原则，正确处理学校教育中感性知识和理性知识的关系。会议还要求在学校工作的党员干部应纠正宁“左”勿右的思想倾向和认为“资产阶级知识分子是革命对象”的错误认识，正确执行团结、教育、改造知识分子的政策。在党的领导和教学相长的原则下，发挥教师在教学工作中的主导作用，建立正常的师生关系。②

这次会议后，多位党和国家的领导人在各种场合一再强调要全面贯彻党和国家的社会主义教育方针，在重视德育、体育的同时，一定要重视对学生进行基础理论教育和文化知识教育。1959年4月18日，国务院总理周恩来在全国人大二届一次会议上更明确地指出：“在各级全日制的正规学校中，应当把提高教学质量作为一个经常性的基本任务，而且应当首先集中较大力量办好一批重点学校，以便为国家培养更高质量的专门人才，迅速促进我国科学文化水平的提高。”教育部部长杨秀峰也在一次视察高等学校的时候指出：“我们的教育工作必须稳定下来，否则就无法提高教育质量。”从稳定教学秩序和提高教学质量的

① 中央教育科学研究所：《中华人民共和国教育大事记（1949—1982）》，北京：教育科学出版社，1983年版，第239页。

② 中央教育科学研究所：《中华人民共和国教育大事记（1949—1982）》，北京：教育科学出版社，1983年版，第239～240页。

角度出发，中共中央于1959年5月27日印发了《国务院关于全日制学校的教学、劳动和生活安排的规定》、《中共中央、国务院关于整顿1958年新建的全日制半日制高等学校的通知》、《教育部党组关于1959年教育事业发展计划的意见》和《中共中央关于在高等学校中指定一批重点学校的决定》等十个文件。这些文件的制定和下达是对教育革命中的"左"的做法有限的局部纠正。

1959年5月24日，中共中央、国务院发出《关于整顿1958年新建的全日制和半日制高等学校的通知》，指出：1958年，各省、直辖市、自治区（包括专署和县市）和中央各部门共建全日制和半日制的高等学校700余所。其中一部分学校的程度、师资、设备和教学计划等，不符合高等学校的标准。为了巩固既得成绩，便于合理地安排今后高等教育发展计划，有必要对去年新建的高等学校进行一次调整、整顿和巩固的工作。①

4. 教育革命的继续和结束（1959年9月至1960年12月）

1959年9月，中共八届八中全会以后开展了反对右倾机会主义，保卫"三面红旗"的运动，教育行政部门和各级各类学校学习贯彻会议精神，再次掀起了大搞群众运动和"继续跃进"的热潮，教育革命以更加强劲的势头继续进行，各地教育部门和各级各类学校都开展了学习毛泽东著作的群众运动，纷纷召开动员会、誓师会、发动群众振奋精神，积极参加教学改革和学术批判。同时还根据各地、各校的不同情况，程度不同地把技术革新和技术革命运动（简称"双革"运动）引入学校，大搞突击竞赛，大搞献礼活动，大搞全党全民办学校，大办业余教育，大搞扫盲运动，大力培养"红透专深"的人才。

1959年9月19日，《人民日报》发表社论，回顾了中共中央和国务院《关于教育工作的指示》发布一年来教育事业"大跃进"的形势，进一步阐述了党的教育方针。提出：要鼓足干劲，力争上游，克服某些右倾保守思想和其他错误思想，继续贯彻"两条腿走路"的方针，实现今年教育工作的继续跃进。②

1959年10月30日，在全国工业、交通运输、基本建设、财贸方面的社会主义建设先进集体和先进生产者代表大会上，陆定一作题为《反右倾，鼓干劲，配合增产节约运动，大搞文化革命》的讲话，论述了文教战线的形势，提出要彻底反对右倾，大搞群众运动，认真贯彻执行"两条腿走路"的方针，多快好省地进行文化革命。要继续实行全党全民办学，充分调动社会上各方面办学的积极性和力量，以最快的速度，用最少的钱，办更多的文化教育事业，来满足

---

① 中央教育科学研究所：《中华人民共和国教育大事记（1949—1982）》，北京：教育科学出版社，1983年版，第248页。

② 《进一步贯彻执行党的教育方针》，引自《人民日报》，1959年9月19日。

群众的需要和国家建设的需要。①

1959年11月9日至28日，中共中央文教小组召开省、直辖市文教书记会议，讨论教育事业的长远发展规划、理论工作和文教系统的“反右倾运动”等问题。继续提出不切实际的发展计划。会议提出，在第二个五年计划期间，力争完成扫除文盲的任务。采取全日制、二部制、简易小学等三种学校的办法，力争在第二个五年计划期间普及小学。在第三个五年计划期间，通过办全日制、二部制、农业中学、业余中学、广播学校等各式各样学校的办法，力争普及初级中学。第四个五年计划时，高等学校发展到约有占全国劳动力的1%的人（200万人左右）在校学习，大力发展业余高等教育。高级中学发展到毕业生为高等学校招生数的三倍（约360万至400万）。大办业余的中等专业学校，预计在第三至第四个五年计划期间，使不能升入高中学习的初中毕业生都可升入业余中等专业学校学习；在1962年前，力争在每个协作区都形成一个比较完整的教育体系。要发展师范教育，解决好师资的培养问题，明确师范教育是教育工作的“先行官”。加强对教育方面的财务和基本建设的管理。在教育事业的发展上要抓两头，一头是办好重点学校（即重点的高等、中等、初等学校，重点的全日制、半日制、业余学校），另一头是抓好普及教育（包括扫盲、普及小学、初中、业余中等专业学校、业余高等学校）。②

1960年3月5日，中央文教小组分两次召开省、直辖市、自治区文教书记会议，讨论教学改革的方针、原则和文教部门大力办生产企业、开展学术批判的问题。会议强调要以毛泽东思想为武器，批判修正主义，挖资产阶级学术思想的“老祖坟”，要在教育战线上进行教学改革。其间，教育部部长杨秀峰在全国人大二届二次会议上作了《积极进行教学改革，多快好省地发展事业》的发言，国务院副总理陆定一作了《教学必须改革》的发言。他们在发言中指出教学改革的内容包括适当缩短年限、适当提高程度、适当控制学时、适当增加劳动，改进教学方法，批判资产阶级和修正主义的教育理念；他们指出，目前所进行的教学改革是教育革命的继续和深入，并号召“对教育事业的发展有雄心壮志的人都要团结起来”，“一下要改变‘一穷二白’的面貌，在生产上赶上英国，在教育事业上超过一切资本主义国家”。高等学校的教学改革原则是不降低学生的基础科学知识水平，学习更广博的知识，不增加师生的劳动强度，保

① 中央教育科学研究所：《中华人民共和国教育大事记（1949—1982）》，北京：教育科学出版社，1983年版，第258页。

② 中央教育科学研究所：《中华人民共和国教育大事记（1949—1982）》，北京：教育科学出版社，1983年版，第258页。

证劳逸结合，使学生在科学知识和劳动技能方面，成为“一专多能”的人。

1960 年 3 月 7 日至 12 日，中央文教小组召开各省、直辖市文教书记会议。5 月 16 日至 21 日，会议继续举行，中共中央宣传部部长陆定一在会上提出：要在哲学、社会科学和文艺方面批判修正主义，挖 18、19 世纪资产阶级学术思想的“老祖坟”，并在教育战线进行教学革命。国务院文教办公室主任张际春在会上说：教育要由党来领导，“教育为无产阶级政治服务、教育与生产劳动相结合”这个问题已经基本解决了；今后的任务是如何抓教学改革，要仔细试验。小学五年一贯制，肯定是对的，中学五年还是四年？需要试验才能证明。会议强调思想战线上的斗争锋芒必须对准现代修正主义，在哲学、社会科学、文艺各方面进一步展开彻底革命，要以毛泽东思想为武器，大破大立，建立起我国自己的一套社会科学、自然科学的体系。会后，各省、直辖市在高等学校、文艺界、教育界、学术界开展了以反对现代修正主义为中心的学术批判运动。批判的锋芒主要针对“人道主义”、“人性论”、“和平主义”、“学术自由”等观点。高等学校还批判了“量力性”、“系统性”等教育思想。①

1960 年 4 月 9 日，在二届全国人大二次会议上，陆定一作《教学必须改革》的发言。他说，教学还有严重的少、慢、差、费的现象，因此必须进行教学改革。提出进行规模较大的试验，在全日制的中小学教育中，适当缩短年限，适当提高程度，适当控制学时，适当增加劳动。初步设想是把现行的十二年中小学年限的学制缩短到十年左右，并且把教育程度提高到相当于现在大学一年级的水平；逐步地分批地把现有的二部制改成全日制，办好幼儿园，采用新的教育工具，批判资产阶级教育学等。特地批判了资产阶级教育学的“量力性原则”的反动的一面，说有人把它搬出来作为反对教学改革的理论武器。②

1960 年 5 月 26 日，中共中央批转《浙江大专学校三万多师生下厂参加技术革命效果很好》和《上海九百多科技人员下厂参加技术革命大有收获》两个材料。中央批示：“学校、研究机关和工厂相结合，学生、研究人员和工人相结合，教育工作、研究工作和生产相结合，好处很大，不仅促进了技术革命，也促进了文化革命和思想革命。”“这种三结合，所有的高等学校、中等专业学校

---

① 中央教育科学研究所：《中华人民共和国教育大事记（1949—1982）》，北京：教育科学出版社，1983 年版，第 268 ~ 269 页。

② 中央教育科学研究所：《中华人民共和国教育大事记（1949—1982）》，北京：教育科学出版社，1983 年版，第 271 ~ 272 页。

和学校的科学研究机关都可以推行，并且作为一项经常的制度。”①

1960年6月1日至11日，根据中共中央和国务院的决定，在北京召开了全国教育和文化、卫生、体育、新闻方面的社会主义建设先进单位和先进工作者代表大会（简称全国文教群英会）。有3000多个先进单位、2000多名先进工作者和特邀代表参加了这次全国文教群英会，其中教育工作者占65.4%。这次全国文教群英会的召开进一步鼓舞了全党全国继续进行教育革命的斗志，推动了教育革命的发展。

1960年暑假以后，由于工农业生产“大跃进”造成的饥荒以及国民经济内部的种种矛盾已开始显露出来，教育事业的发展大大地超过了国民经济承受能力的问题摆在了党和全国人民的面前。此时为了加强农业战线和工业战线，就需要压缩教育战线；城市人口粮食定量的减少直接地影响了学校师生的健康，各级各类学校的党政领导干部都把工作重点放在了“抓生活”方面，教育革命的势头方才逐渐减弱。

1960年12月21日，中共中央、国务院发出《关于保证学生、教师身体健康的紧急通知》。通知指出，不少学校师生由于劳逸结合不好，营养较差，生活安排不好，已经发生了水肿病或其他疾病，这必须引起严重注意。要立即抓紧治疗师生的疾病；要办好学校的伙食；要适当减少工作、学习、劳动的分量，增加一些眨眼和休息的时间，今冬明春不搞运动量大的体育活动，不再安排学生参加校外义务活动；要调整教学、科研的要求，不搞突击竞赛，不搞献礼。至此，全国性的教育革命实际上就结束了。

这场教育革命由于其出发点是极“左”的，在教育实践中违反了客观规律，急于求成，所以造成的失误是很严重的。

二、教育革命期间的教育事件

教育革命期间，发生过一些与教育革命相关，但又不完全属于教育革命的事件。

1. 以阶级斗争为理论基础确立教育方针

“大跃进”本身并非仅仅是经济发展的竞赛，而是一场政治争斗，其典型特征是极“左”思想占据绝对主导地位。1957年之后，“在‘反右’运动中，高唱阶级斗争……资本主义便被赋予了与中国发展相对立的含意……出现了20

① 中央教育科学研究所：《中华人民共和国教育大事记（1949—1982）》，北京：教育科学出版社，1983年版，第275页。

世纪现代化全球化过程中一个特殊的反现代化的历史现象”①。这种反现代化并非自觉自愿的，而是过度地依赖主观意识而走上一条被客观规律驱使的道路。

在以阶级斗争作为理论基础的前提下，1957 年 2 月 27 日，毛泽东在《关于正确处理人民内部矛盾的问题》的报告中提出：“我们的教育方针，应该使受教育者在德育、智育、体育几方面都得到发展，成为有社会主义觉悟的有文化的劳动者。”②

1958 年 1 月 31 日，毛泽东在《工作方法（草案）》中提出：“红与专、政治与业务的关系是两个对立物的统一。”“政治和经济的统一，政治和技术的统一，这是毫无疑义的，年年如此，永远如此，这是又红又专。”要求，“一切中等技术学校和技工学校，凡是可能的，一律试办工厂或者农场，进行生产，做到自给或者半自给。学生实行半工半读”。“一切高等工业学校的可以进行生产的实验室和附属工厂，除了保证教学和科学研究的需要以外，都应当尽可能地进行生产。”“一切农业学校除了在自己的农场进行生产，还可以同当地的农业合作社订立参加劳动的合同，并且派教师住到合作社去，使理论和实际相结合。农业学校应当由合作社保送一部分合于条件的人入学。”“农村里的中小学，都要同当地的农业合作社订立合同，参加农、副业生产劳动。农村学生还应当利用假期或者课余时间回到本村参加生产。”“大学校和城市里的中等学校，在可能的条件下，可以由几个学校联合设立附属工厂或者作坊，也可以同工厂、工地或者服务行业订立参加劳动的合同。”“一切有土地的大中小学，应当设立附属农场；没有土地而邻近郊区的学校，可以到农业合作社参加劳动。”③

此后，1958 年 4 月 15 日至 24 日和 6 月 10 日至 28 日，中共中央分两段在北京召开第二次全国教育工作会议，会议批评了教育部门的右倾保守思想和教育脱离劳动、脱离实际，并在一定程度上忽视政治、忽视党的领导的错误。会议的结论经中共中央政治局扩大会议讨论，写成中共中央国务院《关于教育工作的指示》，其中提出的教育工作方针是：“党的教育工作方针，是教育必须为无产阶级政治服务，必须与生产劳动相结合。为实现这个方针，教育工作必须由党来领导。”“教育的目的，是培养有社会主义觉悟的有文化的劳动者。”④

---

① 金耀基：《中国的现代转向》，牛津大学出版社，2004 年版，第 58 ~ 59 页。

② 《关于正确处理人民内部矛盾的问题》，引自《中华人民共和国重要教育文献（1949—1975）》，海口：海南出版社，1998 年版，第 725 页。

③ 《工作方法（草案）》，引自《中华人民共和国重要教育文献（1949—1975）》，海口：海南出版社，1998 年版，第 796 ~ 797 页。

④ 《中共中央国务院关于教育工作的指示》，引自《中华人民共和国重要教育文献（1949—1975）》，海口：海南出版社，1998 年版，第 859 页。

依据这一方针要求："在一切学校中必须进行马克思主义的思想政治教育，培养教师和学生的工人阶级观点、群众观点和集体主义观点、劳动观点、辩证唯物主义观点；必须把劳动列为正式课程。"[①] 这样的方针将教育作为阶级斗争的工具，"客观上对教育革命的开展起了推波助澜的作用"[②]，将教育指向违背教育本原的宗旨的方向。

2. 学制及其他方面的改革

全日制中小学在教育革命中开始了较大规模的学制改革和教学改革试验，这些改革多数为行政主导，中央宣传部、国务院文教办公室和教育部很重视中小学学制改革和教学改革的工作，受到比较多的政绩驱动，专业性和科学性比较少。

中共中央、国务院于 1959 年 5 月 24 日发出了《关于试验改革学制的规定》。规定指出："学制改革的试验是教育事业中的一件大事。必须有组织、有领导地进行。"规定要求各省、直辖市、自治区指定个别（不是大量的）小学和中学进行改革学制的试验。据 27 个省、直辖市、自治区在 1960 年 9 月的不完全统计，教育革命中进行学制改革试验的小学总计有 92 341 所，占这些地区小学总数的 14.77%；进行学制试验的中学总计有 3 495 所，占这些地区中学总数的 18.67%，个别地区的中小学全部实行新学制。有许多学校在各年级进行套级过渡。有的要求九年或十年达到大学一年级乃至二年级程度。吉林省试办"一条龙"式学校，把高中、初中、高小、初小联结在一起，组成适合试行十年制要求的学校。[③] 试验的新学制主要有：小学五年一贯制、中学五年一贯制；中小学七年、九年、十一年制；中学四二制、三二制、二二制、四年制，学制改革的试点学校都积累了正反两方面的经验。在教学工作中，许多学校一度出现忽视学生年龄特征和循序渐进原则的现象。

在中小学的教学改革方面，教育部的主要设想和做法是：（1）将现有大中小学的部分课程适当地逐级下放。（2）适当地合并科目，精简内容，减少循环。（3）改革教材，提高教学水平。（4）进一步改进教育方法。根据这些设想和做法，北京、吉林等许多省、市进行了六周岁儿童入学的试验。

---

① 中华人民共和国教育部：《共和国教育 50 年》，北京：北京师范大学出版社，1999 年版，第 229 页。

② 宋荐戈：《评述 1958—1960 年的教育革命》，引自《荐戈文存》，北京：中国国际文艺出版社，2006 年版，第 346 页。

③ 中央教育科学研究所：《中华人民共和国教育大事记（1949—1982）》，北京：教育科学出版社，1983 年版，第 283 页。

1959 年 11 月 16 日至 21 日，教育部召开中小学数学教学座谈会。提出，将初中算术下放到小学，使学生在小学阶段学完算术。并提出初中要学完平面几何，这项改动原则上自 1962 年秋季开始实行。高中从 1962 年秋季起增设解析几何，有困难的地区可适当推迟。同时还提出，初中要学完代数二次方程，高中代数中增加导数、行列式、近似计算等知识。①

此外，辽宁省黑山县北关小学进行了“集中识字，精讲多练，提早写作”的试验。北京实验小学在五年级的两个班进行了混合讲授算术和代数的试验，学生考试成绩优良，这成为将中学的某些教材下放到小学的经验依据。这期间，各地采取增、删、补充的办法，对通用的中小学教材进行了修改。北京、山西等省市还自编了部分教材。

这期间，不仅多次召开会议研究这方面的问题，而且分别在北京景山学校、北京丰盛学校、北京二龙路学校进行了教改试验，直接抓点，以便更好地指导全国的教学改革工作。

清华大学在 1952 年院系调整后学习了苏联的办法，让学生将近毕业的最后一个学期进行毕业设计。在 1958 年的教育革命中，首先是水利系党总支和系行政提出了“真刀真枪”地搞毕业设计的倡议，并且承担和完成了密云水库的设计任务。“真刀真枪”的毕业设计直接为社会建设服务，促进了教学各个环节以及教材、教学方法的改革。在水利系的带动下，清华大学 1958 年的 1400 多名毕业生中，绝大多数毕业生都是直接结合生产来进行毕业设计的。后来许多高等学校在很长一段时间里广泛地采用了这种搞毕业设计的办法，使学生受到了更严格、更有效的锤炼，产生了较好的社会效益。

北京大学和中国科学院合作，成功地进行了多肽牛胰岛素人工合成；浙江大学创造了发电机的双水内冷技术；北京航空学院研究成功了“北京一号”轻型飞机；华南工学院电工系和中山大学计算数学专业合作，试制出了当时比较先进的模拟计算机。一些理工院校在这期间已经开始把世界上最先进的科学技术项目纳入课堂教学内容，从而为缩短我国和世界科学技术水平方面的差距创造了重要条件。

3. 教育“大跃进”期间一些有价值的工作及其后续影响

教育革命时期，中共中央和国务院确定北京大学、中国人民大学、清华大学等 16 所高等学校为全国重点高校。重点高校的任务是：着重提高教学质量，认真培养研究生，适当担负高等学校教师进修的任务，与其他高等学校交换教

① 中央教育科学研究所：《中华人民共和国教育大事记（1949—1982）》，北京：教育科学出版社，1983 年版，第 259 页。

学资料，交流教学经验，为提高全国高等教育的质量服务。这些重点高校后来在高等学校的教学改革中发挥了重要的示范作用。

在教育革命中，各地采取了“两条腿走路”的办法，发动全党全社会都来办教育，以此来弥补国家办教育的不足，使中小学教育、高等教育、业余教育都有了一个大的发展。

在普通教育方面，由于发动民众办民办学校，中小学教育有了很大发展。据《中国教育年鉴（1949—1981）》的数据，1958 年全国共有小学 77.68 万所，比 1957 年增加了 22.95 万所；小学的在校人数比 1957 年增加了 34.41%，学龄儿童的入学率上升为 80.3%。与此同时，各地发展了许多小型、多样、简易的少年儿童校外教育场所，如上海 1957 年 6 月建立了少年科技指导站后，1960 年又新建了少年宫 11 处，“少年之家” 33 处，并在静安、卢湾、长宁三区建立了少年科技指导站，各居委会也普遍建立了少年儿童活动室。浙江省杭州市 1958 年在各居民区普遍建立了“少年俱乐部”，俱乐部的活动内容有图书阅览、赛棋、跳绳和球类运动等，使少年儿童的校外活动更加丰富多彩了。虽然这些数据不免存在水分，但还是在一个方面显示出教育的状况。

在教育革命中新办的学校后来在整顿过程中多数都停办了，不过也保留下了一批办得好的。到 20 世纪末，在全国的重点高校中仍有 13 所是在 1958 年到 1960 年新建或改建的学校。中国科技大学便是 1958 年 9 月在北京建立，由于该校教学工作大部分由中国科学院各研究所的科学家担任，相对来说较好的尊重科学专家和办学规律，也获得较好的发展，培养的学生一般都具有较深厚的基础知识功底和较高的科研能力，半个世纪后即成为全国名列前茅的大学。1957 年下半年建立的内蒙古大学和 1960 年建立的新疆大学、1958 年重建的暨南大学和 1960 年建立的华侨大学以及上海科技大学、北京工业大学等，后来都成了地方大学中的重点学校。

在教育革命期间高等学校设置了一批新专业，其中不少是属于尖端科学技术方面的专业，在为培养尖端科学人才和服务于国防现代化需要方面起了重要的作用。1960 年 7 月 25 日到 8 月 4 日，教育部和国防科委在青岛联合召开有 48 所高等院校和中央有关部委参加的会议，专门研究国防尖端专业设置和布局问题。会议确定，对于设置这类专业的总要求是：统一规划，全面安排，分区配套，建立“独立作战”的体系。设置这类专业的办法是：中小为主，土洋并举，自力更生，建设生产和实验基地。这次会议对于高等学校为促进国防现代化服务起了积极的作用。

在业余教育方面，1958 年全国城乡掀起了一个扫除文盲和大办工农业余教育的高潮。1959年5月24日，中共中央、国务院发出了《关于在农村继续扫除文盲和巩固发展业余教育的通知》。通知要求各地采取切实有效的措施，利用一切有利时机，组织尚未摆脱文盲状态的农民参加识字学习，对已经脱盲的青壮年，要逐步普及业余初等教育，使扫盲成绩得到巩固和提高，然后再逐步普及业余中等教育。同年11月，中共中央又批转了教育部党组《关于进一步开展农村扫盲和开展业余教育的请示报告》，要求各地本着"闲时多学，忙时少学，大忙机动学，经常学习，不使中断"的原则，抓紧进行扫盲和业余教育。教育部召开农村扫盲和开展业余教育的电话会议。教育部部长杨秀峰在电话会议上提出，要把普及业余初等教育和扫盲识字结合起来，要发展一批业余初等学校，做到"随脱盲，随开学"，使两个环节紧密相连，一气呵成。

在农村扫盲运动中，山西省万荣县从1958年10月起在全县范围内掀起了"万人教，全民学"的注音识字扫盲，大多数男女青年都脱离了文盲状态，因此该县成了全国闻名的扫盲先进县。1960年4月22日，中共中央发出《关于推广注音识字的指示》，向全国推广了万荣经验，使农村工作取得了更大的成绩。

为了推动在城市职工中开展扫盲运动和进行业余教育工作，教育部、共青团中央、全国总工会等单位于1958年2月在北京召开了18个省市的扫盲先进单位代表会议。全国扫除文盲协会会长、国务院副总理陈毅到会讲话。他指出：要建设现代化的社会主义强国，一开步走，就要识字。要从扫识字盲、扫文化盲到扫科学盲。这样中国才能改变经济文化都落后的面貌。这次会议对于在职工中开展扫盲工作起了很大的促进作用。

这个时期，福建省农村涌现出了一批坚持常年学习的民众学校。群众将它誉之为"铁民校"。这些"铁民校"克服了当时许多地方在民校工作中存在着的"一轰、二松、三穿、四垮台"的现象，基本上能够坚持常年学习了。1960年1月，教育部在福州召开业余教育经验交流会，推广了"铁民校"的经验。当年，福建全省已有"铁民校"6162所[①]。在其他地区也办起了许多农村红专学校，还有的地方办起了农村业余中学和大学。这些业余学校虽然有许多没有坚持下来，但保留下来的学校却成了开展农村业余教育的基础。

为了巩固开展职工业余教育的成果，教育部、全国总工会、共青团中央等单位于1960年1月在哈尔滨召开了全国职工业余教育现场会。在这次会议上，全国业余教育委员会主任林枫作了题为《大办职工教育，迅速培养技术力量》

---

① 宋荐戈：《评述1958—1960年的教育革命》，引自《荐戈文存》，北京：中国国际文艺出版社，2006年版，第364页。

的讲话。他在讲话中指出，在职工业余教育中要“进一步贯彻执行‘结合生产，统一安排，因材施教，灵活多样’的原则”。会后，各地教育部门和生产部门在各级党委的领导下，更加广泛和深入地开展了职工业余教育工作。许多地方在很短时间内就迅速地普及了初等业余教育，创办了中等和高等业余学校，初步地建立了职工业余教育的体系。

1960 年 3 月，中国第一所电视大学——北京电视大学创办。第一期招收本科和预科学员共 6000 余人。此后，上海、沈阳、长春、哈尔滨、广州等城市相继创办了电视大学。吉林、重庆等地创办了业余广播大学。这就为广大干部、群众特别是城市职工提供了更好的业余学习条件。

三、简析教育革命

教育革命是在过度行政化的体制下依据错误理论和非理性政策进行的教育冒进行为，对中国教育产生的直接危害有以下几点①：

第一，生产劳动过多，严重冲击了正常教育秩序。在教育革命中，各级各类学校贯彻“教育与生产劳动相结合”的方针，把生产劳动引进学校有一定积极意义。但是在执行过程中，相当多的学校过多地大办工厂、农场、作坊，过多地组织师生参加校内外劳动。在 1958 年 3、4 月间，各级各类学校的师生主要是参加校内外服务性劳动，到 7、8 月间，学校大办工厂，部分学校实行半工半读。尤其是从 9 月份开始，全国小学高年级以上的学生和大中小学教职工都投入了大炼钢铁和秋收、深翻土地的劳动。据 20 个省、直辖市、自治区的不完全统计，1958 年 10 月有 397 所高等学校共办工厂 7249 个，13 000 多所中专、中学共办工厂 144 000 个；有 22 100 所学校建起小型炼铁炉、炼钢炉 86 000 多座。这样，一些地方的学生和老师成了单纯的劳动力，原有的计划、教学大纲被搁置一边，用生产代替学习，严重地冲击了正常的教学秩序。

第二，在学校工作中过多地搞政治运动和不适当地采取了群众运动的方法。在教育革命中，各级各类学校中的政治运动、政治工作、政治学习接连不断，而且都用搞群众运动的方法进行，使学生很难坐下来认真读书、学习文化科学知识。尤其错误的是在教育和学习的问题上竟然也像在社会上搞群众运动那样，搞这个跃进，那个竞赛，盲目下达“教育跃进指标”。有的学校提出要搞“学习红”，要求考试时人人都得 100 分；有的学校提出“苦战三天，消灭两分”；

① 宋荐戈：《评述 1958—1960 年的教育革命》，引自《荐戈文存》，北京：中国国际文艺出版社，2006 年版，第 365 ~ 368 页。

“苦战三天，成为‘三好’学生”；有的学校甚至要搞什么“跃进班”、“跃进生”，放“学习高产卫星”。通过突击和“跃进”取得的成绩只能是一种假象，对人品和学业的危害性极大。

第三，简单粗暴地进行“学术批判”，妨碍了正常的学术活动。进行“学术批判”是教育革命中非常重视的一项重要内容，而这些“学术批判”往往会升级为政治斗争，给被批判者贴上“资产阶级”的标签。这就混淆了政治和学术的界限，极大地挫伤了知识分子钻研学术，发表自己意见的积极性。较早遭到冲击的是北京大学校长马寅初，他于1957年7月5日在《人民日报》上发表了一篇题为《新人口论》的文章，呼吁中国要赶快采取措施节制生育，控制人口。此前，他还发表了一篇题为《联系中国实际来谈谈综合平衡理论和按比例发展规律》的文章，从1958年5月开始北京大学和社会上发动了对他的批判，粗暴武断的言词甚多，最后竟然解除了马寅初的北京大学校长职务。

1958年8月，北京师范大学根据中央有关部门的指示，邀请一些高等学校的人员批判心理学教学中的所谓“资产阶级方向”。与会者在发言中竟然把“心理学”说成是“伪科学”、是在宣扬资产阶级观点和庸俗趣味。此后，在全国开展了“心理学批判运动”，把曹日昌等一批心理学家当做“白旗”拔掉了，心理学这门很重要的学科也被打入冷宫。

1958年8月30日，《人民日报》发表了题为《学术批判是自我革命》的社论，号召高等学校的领导者要大胆发动群众，“帮助资产阶级学者进行自我革命”。社论发表后，在文史哲、政治、经济、心理、教育、新闻以及生物学领域都开展了群众性的批判运动。一些著名的老教授、老学者受到了批判，至于在学术批判运动中被当做“白旗”拔掉的人数更以百千计。例如当时某所学校拔掉的“白旗”79人，其中教授、副教授就有26人，占这个学校教授、副教授总数的50%。到了1960年，学术批判就以反对所谓“现代修正主义”为中心，在哲学社会科学和文学艺术领域展开了。批判的锋芒主要是针对“人道主义”、“人性论”、“和平主义”、“学术自由”等观点。在教育界还大张旗鼓地批判了夸美纽斯的“量力性原则”和凯洛夫的《教育学》。在这些批判中采用的方法简单粗暴，使被批判者很难申辩，完全违背了学术德性，严重地妨碍了学术领域出现生动活泼的局面。

二十多年后的1980年11月，时任政协全国委员会副主席、当年“教育革命”的直接决策者陆定一访问上海交通大学时说，关于教育革命，1958年提出教育与生产劳动相结合的口号，还是对的，理工科大学还是要实行这种结合。“可是提的时间不恰当，办法不对，没有详细规定具体办法，没有先在少数学校实验，然后推广。结果是全国一轰而起，实际上形成一个时期的停课。那年秋天，我到各省一看，小学、中学、大学都不读书，上山去找铁、找煤、找红薯……实际上把教育搞乱了。”①

简言之，1958年到1960年的教育革命是共和国教育发展道路上的曲折历程，可以得出以下启示：要实事求是，尊重教育规律，从实际出发发展教育事业；要尊重教师，尊重教师的专业工作，把教师摆在教育革命的对立面是从根本上损害教育的行为，在学校工作中不依靠教师，教育质量就会下降，教育决策也不会切合实际；办学校要求有安静的环境和有序的秩序，教师的主要任务是育人，学生的主要任务是学习，不能以其他任务和非教学工作干扰正常教学秩序。

第三节 调整（1961—1965）

教育事业持续“大跃进”带来数量的增长，经过1959年下半年反对右倾机会主义的斗争，在“反右倾、鼓干劲”的口号下，1960年出现大办教育的高潮。据统计，1960年高等学校增加到1289所，在校学生达到96.2万人；中等专业学校增加到6225所，在校学生达到221.6万人；普通中学增加到21 805所，在校学生达到1026万人；小学在校学生达到9379.1万人。各级各类业余学校学生数达到9600余万人。②

与此同时，教育质量严重下滑。在各方面都意识到这一点后，中共中央开始纠正“大跃进”中的错误。1960年11月24日至12月12日，中央文教小组在北京召开全国文教会议，会上提出了要正确处理文教事业建设和生产发展特别是农业生产发展的关系以及数量和质量、政治和业务等的关系，解决好教育

① 《陆定一文集》，北京：人民出版社，1992年版，第700页。

② 中央教育科学研究所：《中华人民共和国教育大事记（1949—1982）》，北京：教育科学出版社，1983年版，第278页。

事业发展过快、战线过长、占用劳动力过多的问题。检查和批评了文教战线的“共产风、浮夸风、强迫命令风、干部特殊风和瞎指挥风”（俗称“五风”），集中研究了在教育工作中贯彻执行“调整、巩固、充实、提高”八字方针的问题。并据此讨论安排了1961年后的工作。会后，中央文教小组向中央提出了《关于1961年和今后一个时期文化教育工作安排的报告》①。

1961年2月7日，中共中央批转中央文教小组《关于1961年和今后一个时期文化教育工作安排的报告》。报告认为：1949年以来，特别是1958年“大跃进”以来，文化教育工作基本上适应了经济基础和生产力发展的需要，适应了工农业“大跃进”的形势。但是也还有一些不相适应的地方，工作中还存在不少问题和缺点。例如，多占用了农村一部分劳动力，质量的提高跟不上数量的发展，程度不同地存在“五风”等错误作风以及某些单位组织不纯的情况严重等。提出当前文化教育工作必须贯彻执行“调整、巩固、充实、提高”的方针。报告提出1961年和此后一个时期的教育工作安排是：节约劳动力，支援农业生产。今后三五年内，农村16岁以上的在校学生占农村全部劳动力的比例，应控制在2%左右。区别城乡和根据各地区的不同情况，有计划地、积极地普及适龄儿童的小学教育；通过多种形式逐步发展中等学校；积极地又有控制地办好业余教育；办好幼儿教育。普通教育要着重全面提高教育质量，在学制改革方面，准备在10~20年间，分期分批改为中小学十年制。今后不再进行九年一贯制的试验，并停止春季招生。教育事业要合理布局，今后几年大城市一般不再新建高等学校和中等专业学校，新建校要尽可能安排一些在农村和中小城市。专业学校一般要接近生产基地。高等学校要把提高教育质量摆到第一位。新建的高等学校必须调整。集中力量办好64所重点高等学校。现有全日制学校必须切实保证教学时间，劳动时间应有所控制。报告还对各级学校毕业生的分配方向、积极为农村培养技术人才、高等学校的科学研究工作、1961年的事业计划及投资等问题提出了建议。②

1961年1月，中共八届九中全会提出并正式通过了对国民经济实行“调整、巩固、充实、提高”的方针，中国教育进入到一个调整时期，有序地进行了教育事业调整工作，纠正了偏差。

---

① 中央教育科学研究所：《中华人民共和国教育大事记（1949—1982）》，北京：教育科学出版社，1983年版，第285页。

② 中央教育科学研究所：《中华人民共和国教育大事记（1949—1982）》，北京：教育科学出版社，1983年版，第288~289页。

一、调整发展速度

1961年1月26日至2月4日，教育部召开了全国重点高等学校工作会议。会议提出：为了缩短战线，集中力量，保证重点，必须对全国重点高等学校实行“四定”，即定规模、定任务、定方向、定专业。1961年2月，中共中央批转中央文教小组《关于1961年和今后一个时期文教工作安排的报告》，提出：要区别城乡和根据各地不同情况，有计划地、积极地普及适龄儿童的小学教育。①

1961年5月25日，中央批准教育部《关于北京地区高等学校及中等专业学校调整工作报告》。报告说，为了贯彻中央关于“压缩城市人口、支援农业战线，教育事业不要占用过多的劳动力，应该在连续三年发展的基础上，调整、巩固、充实、提高，结合生产，有控制地发展”的方针，对北京地区现有高等学校和中等专业学校分别采取定（定发展规模）、缩（缩小发展规模）、并（与他校合并）、迁（全部或部分迁离北京）、放（下放北京市领导）、停（停办）等不同方式进行调整。高等学校由原来的90所调整为51所，中等专业学校由原来的130所调整为80所。②

在1961年5月，中共中央书记处举行会议，由邓小平总主持文教工作，主要解决关于1961年学校招生和今后三年教育事业的问题。邓小平说，科学教育水平并不决定于数量，主要是质量。如果讲普及，那是普通教育的任务，高等教育是提高水平。这几年不管从哪几方面都要步子放慢，进行调整。调整学校三年究竟能搞到什么程度，住、吃、课堂、师资都要算账。少办些学校，把它办好。首先抓大学，然后联系到几个比例：大学十六七万，高中四十四五万，初中二百多万。这是就全国来说的。控制好这个比例，分级抓好这些学校。每级都要抓重点学校。这几个数字、比例是个宝塔，三年我们控制这个宝塔。③

1961年7月3日至15日，教育部在北京召开全国高等学校及中等学校调整工作会议。会议讨论了高等学校及中等专业学校缩短战线、压缩规模、合理布

---

① 中华人民共和国教育部：《共和国教育50年》，北京：北京师范大学出版社，1999年版，第254页。

② 中央教育科学研究所：《中华人民共和国教育大事记（1949—1982）》，北京：教育科学出版社，1983年版，第293页。

③ 中央教育科学研究所：《中华人民共和国教育大事记（1949—1982）》，北京：教育科学出版社，1983年版，第294～295页。

局和通过调整集中力量提高教学质量等问题。会议确定，基本上采取毕业多少学生招多少学生的办法，调整 1961 年的招生指标。通过调整学校、采取学生自带口粮等办法，压缩城镇学校的学生数，精简学校教职工，以减少吃商品粮的人数。今后三年内继续缩短教育战线，放慢教育事业发展速度，确定一批重点学校，充实师资队伍，集中力量提高质量。①

1961 年 12 月 17 日至 28 日，教育部在北京召开第二次全国高等学校和中等学校调整会议。会议讨论研究进一步压缩教育事业规模，调整高等学校和中等学校；确定在现有学校中保留高等学校 774 所，保留中等专业学校 1670 所，其余学校均予裁并，使全国高等学校和中等专业学校的数量进一步减少。并对精简教职工及 1962 年教育事业计划等问题进行了研究。会议还指出：一年来调整工作取得的成效是调整了教育事业与经济基础的关系，如吃商品粮的学生数比 1960 年减少 400 万人，并输送 570 余万高小、中学毕业生回农村参加生产；缩短了战线，初步调整了教育事业内部的比例关系，有利于学校的巩固和提高教学质量。②

1962 年 4 月 21 日至 5 月中旬，教育部在北京召开全国教育会议，研究在 1961 年教育事业初步调整的基础上，进一步调整教育事业和精简学校教职工的问题，根据以调整为中心的八字方针，从当前的形势出发，照顾今后发展的需要，本着办少些、办好些，提倡人民举办各类教育事业的精神，提出进一步调整教育事业的意见。其主要内容是③：

> 一是大幅度裁并高等学校，特别是专科学校。保留下来的高等学校要逐步缩小规模。二是大量裁并 1958 年以后新设立的条件很差的中等专业学校，以及少数布局不够合理和设置重复的中等专业学校。保留下来的中等专业学校，五年内实行内部招生。三是全日制中小学要适当压缩规模，要注意调整学校布局，便利学生就近上学。四是要切实达到提高教育质量的目的。将多余的优秀教师，用来逐级提高各级学校的师资质量；以裁并学校的校舍、图书、仪器、设备充实保留学校。认真办好一批重点学校。五

① 中央教育科学研究所：《中华人民共和国教育大事记（1949—1982）》，北京：教育科学出版社，1983 年版，第 295 页。

② 中央教育科学研究所：《中华人民共和国教育大事记（1949—1982）》，北京：教育科学出版社，1983 年版，第 301 页。

③ 中央教育科学研究所：《中华人民共和国教育大事记（1949—1982）》，北京：教育科学出版社，1983 年版，第 306 ~ 307 页。

是改变国家对教育事业包得过多的状况。今后高等学校基本上由国家办，少数特殊性质的高等学校如宗教、国画、中医等，也可由人民团体或个人举办。中小学和一般技术学校、工艺学校，以公办为主，民办为辅，允许私人开办。幼婴保育以家庭为主，民办为辅，公办作补充。

会议还提出了进一步精简各级学校教职工的指标和教职工编制标准等意见，提出各级各类学校总计要精简教职工40万～50万人，其中中等以上各级各类学校精简34万人①。

1962年5月25日，中共中央批发教育部党组《关于进一步调整教育事业和精简学校教职工的报告》。中央指示指出：1958年以来，我国教育事业有了很大的发展，成绩是显著的。但是，由于发展过快，规模过大，超过了国民经济的负担能力，特别是超过了农业生产水平，也超过了教育事业本身的发展条件，影响了教育质量的提高。必须要下最大决心，对教育事业、特别是对高等学校和中等学校进行进一步的调整。

1962年5月29日，教育部成立精简调整办公室，负责各级学校调整和教职工的精简工作，到1963年底调整工作告一段落，办公室于1963年11月撤销。

1962年6月22日，国家计委、教育部联合发出《关于1962年各级学校招生计划和执行招生计划时应注意问题的通知》，进一步调整和压缩本年各级学校招生计划指标。通知提出，高等学校和中等学校的招生名额的分配，应该照顾城市，主要照顾大城市。在安排分校招生计划时，要注意有计划地压缩学校规模。县镇初中要逐步下伸。中等专业学校一般不招生，只有少数学校或专业特别需要，才适当安排招生，但一律只招收学校所在城市的初中毕业生。在各级全日制学校压缩规模、减少招生任务的同时，要有计划地稳步地发展民办教育事业，以适当解决适龄儿童和应届高小、初中毕业生的学习问题。②

1962年10月19日至11月23日，教育部召开全国教育事业计划会议。会议对1962年各级学校的调整和教职工精简工作进行了初步总结；对1963年各级学校的调整精简工作和教育事业计划做了安排。根据会议的安排，各地继续进行了各级学校的调整精简工作。至1963年，全国高等学校已由1960年的1289所调整合并为407所（其中本科359所），在校学生由1960年的96.2万

---

① 宋荐戈：《探索中国特色社会主义教育发展的道路》，引自《荐戈文存》，北京：中国国际文艺出版社，2006年版，第333页。

② 中央教育科学研究所：《中华人民共和国教育大事记（1949—1982）》，北京：教育科学出版社，1983年版，第311页。

人，压缩到75万人；中等专业学校由1960年的6225所，裁并为1355所，在校学生由1960年的222.6万人，压缩到45.2万人；普通中学由1958年的2.8万多所压缩为1.9万多所，在校学生由1960年的167.5万减少为123.5万。并且安置精简下来的教职工43万多人，安置裁并下来的中等以上学校学生45万多人。①

以贵州省为例，高等学校由18所压缩到5所，在校学生由12 302人压缩到10 347人；中等专业学校由119所压缩到20余所，学生由42 647人压缩到4000余人；中等师范由76所压缩到10所，学生由26 925人压缩到1347人；普通中学由537所压缩到204所，学生由164 982人压缩到77 790人；农村职业中学1958年1729所，在校生82 608人，1959年撤并保留369所，在校生35 538人，1962年全部停办或改为普通中学和工厂；小学由16 751所压缩到10 056所，学生由2 123 157人压缩到871 185人；幼儿园由7811所压缩到165所，在园幼儿数由288 305人压缩到14 772人，各级学校共精减教职工6311人。②

1962年第二个五年计划（1958—1962）实施结束，全国共有高等学校610所，在校学生83万人，五年内招收学生113.86万人，毕业学生60.69万人。招收研究生7380人，派出国的留学生1670人。全国共有中等学校24 756所（其中：中等专业学校1540所，普通中学19 521所），在校学生833.5万人（其中：中等专业学校、农业中学、职业中学学生80.7万人，普通中学学生752.8万人）。全国共有小学66.83万所，在校学生6923.9万人。全国共有幼儿园17 600所。在第二个五年计划期间，我国教育事业费支出占国家财政总支出的5.6%；全国教育事业基建投资完成额占国家基建投资完成总额的1.56%。③

1963年10月18日，周恩来召集教育部及有关部委、团中央、全国妇联负责人讨论中小学教育和职业教育问题。他指出：中小学教育和职业教育十分重要。教育部工作不能“大大、小小”，要“小大、大小”。高教工作很重要，不能削弱，质量也要提高，但数量究竟是很小的；中小学教育数量很大，关系也很大，决不能忽视。教育部、高等教育部两个部合并为一个部，必然要挤了普教，所以还需要分开。要办好中小学教育和职业教育，就要有一个规划。可以

① 何东昌：《当代中国教育》（上），北京：当代中国出版社，1996年版，第76～77页。

② 孔令中：《贵州教育史》，贵阳：贵州教育出版社，2005年版，第485页。

③ 中央教育科学研究所：《中华人民共和国教育大事记（1949—1982）》，北京：教育科学出版社，1983年版，第322页。

先搞一个七年的，算一个大账，再下去深入调查研究。首先要算小学的账。农村至少要有三类小学：短期的、普通的、提高的，还要有专为超龄儿童补习的办法。民办学校要整顿。要培养一批能面向农村的新师资。教材原则上要稳定，最好是稳定十年，至少也要稳定五年。城市至少要有两类小学：普通的、提高的。二部制短期不能解决，但要补充一些房屋，还要切实加强辅导。大中城市要逐年发展一批职业学校，将来小城镇也要办一些，职业学校不可能过多地依靠初中改办，要发动工交财贸系统的厂矿、企业单位和大农场、林场办。国家也要直接办一些。现有中学也可增设一些职业班，还可以要求军队办一点。职业学校绝大多数要面向农村。计划生育、劳动安排和中小学教育是互相关联着的，整个普教工作，就是要解决好劳动后备的问题。①

二、制定并试行全日制学校暂行工作条例

1961 年 3 月，教育部开始草拟《教育部直属高等学校暂行工作条例（草案）》；7 月下旬至 8 月上旬，中共中央听取该草案起草说明，并逐条审阅和修改了条例草案，8 月下旬在毛泽东主持的中央会议上决定批准《教育部直属高等学校暂行工作条例（草案）》（简称“高教六十条”），9 月 15 日中共中央正式发布试行。

1961 年 9 月 15 日，《中共中央关于讨论和试行〈教育部直属高等学校暂行工作条例（草案）〉的指示》中指出了生搬硬套苏联教育经验的缺点，强调高等学校应着重解决的几个主要问题：一是必须以教学为主，努力提高教学质量。生产劳动、科学研究、社会活动的时间，应该安排得当，以利教学。二是正确执行党的知识分子政策，团结一切可团结的知识分子，为社会主义高等教育服务。正确执行“百花齐放，百家争鸣”的方针，提高学术水平。三是实行党委领导下的以校长为首的校务委员会负责制，充分发挥校长、校务委员会和各级行政组织的作用。四是做好总务工作，保证教学和生活的物质条件。五是改进党的领导方法和领导作风，加强思想政治工作。②

“高教六十条”共十章（包括总则，教学工作，生产劳动，研究生培养工作，科学研究工作，教师和学生，物资设备和生活管理，思想政治工作，领导

---

① 《重视中小学教育和职业教育》，引自《周恩来教育文选》，北京：教育科学出版社，1984 年版，第 223 ~227 页。

② 中央教育科学研究所：《中华人民共和国教育大事记（1949—1982）》，北京：教育科学出版社，1983 年版，第 298 页。

制度和行政组织，党的组织和党的工作）。其中规定："高等学校的基本任务，是贯彻执行教育为无产阶级的政治服务、教育与生产劳动相结合的方针，培养为社会主义建设所需要的各种专门人才。""高等学校的培养目标是：具有爱国主义和国际主义精神，具有共产主义道德品质，拥护共产党的领导，拥护社会主义，愿为社会主义事业服务、为人民服务；通过马克思列宁主义、毛泽东著作的学习，和一定的生产劳动、实际工作的锻炼，逐步树立无产阶级的阶级观点、劳动观点、群众观点、辩证唯物主义观点；掌握本专业所需要的基础理论、专业知识和实际技能，尽可能了解本专业范围内科学的新发展；具有健全的体魄。"高等学校的领导制度，是党委领导下的以校长为首的校务委员会负责制。高等学校中的党的领导应该集中在学校党委委员会一级，不应该分散。系的党总支委员会保证和监督系务委员会决议的执行和本系各工作任务的完成。①

1962 年 3 月，周恩来在全国人大二届三次会议上的报告中提出：这个条例可以在全国高等学校中试行。1963 年初，全国试行这个条例的高等学校共 222 所，其中教育部直属的 24 所，中央各部委领导的 71 所，省、直辖市、自治区领导的 127 所。其余高等学校也大都参照这个条例的精神改进了工作。

教育部从 1961 年 7 月开始起草《中小学工作条例草案》；9 月 15 日至 27 日，教育部召开全日制中小学暂行工作条例和工农业余教育工作纲要座谈会，13 个省、直辖市的教育厅局长参加座谈会。1962 年 2 月，中央书记处决定将中学条例与小学条例分别制定。② 经广泛讨论和多次修改，1963 年 3 月 23 日，中共中央发出《关于讨论试行全日制中小学工作条例草案和对当前中小学教育工作几个问题的指示》，批准试行《全日制中学暂行工作条例（草案）》（简称"中教五十条"）、《全日制小学暂行工作条例（草案）》（简称"小教四十条"）。指示强调了"教育事业必须适应以农业为基础、以工业为主导的发展国民经济的总方针，直接地和间接地为这个总方针服务……加强对一切中小学教师进行为农业服务的教育"③。1961 年 12 月 24 日，教育部印发《工农业余教育工作纲要草案（初稿）》征求意见。草案初稿共二十条，未正式颁发。④

---

① 《教育部直属高等学校暂行工作条例（草案）》，引自《中华人民共和国重要教育文献（1949—1975）》，海口：海南出版社，1998 年版，第 1060 ~ 1066 页。

② 薄一波：《关于若干重大决策与事件的问题》（下卷），北京：中央党校出版社，1993 年版，第 988 页。

③ 中央教育科学研究所：《中华人民共和国教育大事记（1949—1982）》，北京：教育科学出版社，1983 年版，第 328 页。

④ 中央教育科学研究所：《中华人民共和国教育大事记（1949—1982）》，北京：教育科学出版社，1983 年版，第 299 页。

教育部还制定了《高等学校培养研究生工作暂行条例（草案）》（简称“研究生三十条”）。

以上四个条例总结了1949年以来，特别是1958年教育革命和“大跃进”以后教育工作正反两方面的经验教训，对稳定教学秩序、改进教学工作、提高教育质量、调动教师积极性发挥了积极的作用。

1961年5月15日，劳动部颁发施行《技工学校通则》、《关于技工学校学生的学习、劳动、休息时间暂行规定》，试行《技工学校人员编制标准（草案）》，废除1956年颁发试行的《技工学校标准章程草案》和《技工学校编制标准定额暂行规定（草案）》。①

此外，教育部还在这段时间内先后制定了试验仪器管理、学校基本建设管理、学校财物管理及其他与教育教学和建设相关的规定，对规范各项教育工作发挥了一定的作用。

“1964年左右是中国教育发展的黄金时代，教学法、教育理论、骨干教师，都是那个时候发展得最快。”② 然而，历史却未能让这个黄金时代延续下去。

三、“改革”试验趋于理性

1961年2月1日至5日，教育部召开十省市普通教育新学制试点学校座谈会，交流新学制经验。会议认为，当前教改中存在的主要问题是对“四个适当”有片面理解，从实际出发注意不够，领导力量和教学力量薄弱，有的省市试验面过大。会议强调，要认识教改工作的长期性和艰巨性，从实际出发，当前只试验十年制，程度要求相当于现行十二年制的水平。试验面不宜过大，不要勉强搞套级过渡，也不搞春季招生。试验成熟了再推广。农村学校条件不够，可以不搞试验。③

1960年开始进行的小学教学改革试验规模较大。23个省、直辖市、自治区，有90 000多所小学（占这些地方小学总数的14%）搞试验。1961年减为4000所（27个省、直辖市、自治区），1962年减到900多所（26个省、直辖市、自治区）。1964年秋季以后，进行试验的小学略有增加，25个省、直辖市、

---

① 中央教育科学研究所：《中华人民共和国教育大事记（1949—1982）》，北京：教育科学出版社，1983年版，第292页。

② 程介明：《中国大陆教育实况》，台北：台湾商务印书馆，1993年版，第135页。

③ 中央教育科学研究所：《中华人民共和国教育大事记（1949—1982）》，北京：教育科学出版社，1983年版，第288页。

自治区有1183所。[①]

中学的学制改革试验也始于1958年。1960年试验新学制的中学全国达3000余所，占当时学校总数的18%左右；在1961年开始调整后，试验面逐年缩小，1961年秋减至900余所，1962年进一步大幅度减少，个别省停止了试验。1963年，全国23个省、直辖市、自治区共有68所五年制试验中学，1964年秋增加为80余所，1965年约有100余所，实验中学都是城市完全中学，绝大多数实验三二分段制，个别试验五年一贯制。[②] 1965年，全国22个省、直辖市、自治区选定43所中小学为“大改”试点学校，这些学校在学制、课程、教材教法、考试方法、思想政治工作、生产劳动以及学校体制方面，不受教育部过去一切规定的限制，进行大胆改革。[③]

1962年5月10日至12日，召开了12个省市教育行政部门负责人就中小学教学改革问题的座谈会。会议认为学制改革试点面不宜过大；新学制的试验应从小学和初中一年级开始，不宜在其他年级实行套级过渡；要有稳定的教学计划和一套好的教材；要有好的教师；要走群众路线。[④]

1962年6月20日至7月8日，教育部在北京召开高等学校理科工作会议，认为要实事求是地掌握教学要求，认真贯彻“少而精”的精神，增加主要课程和试验的学时，减少次要课程的学时，认为学制不宜轻易变动，教育部直属综合大学的学制仍以五年制为宜；各省的综合大学尚在实行四年制的，也不必改为五年制。[⑤]

1962年10月22日至11月27日，中共中央宣传部召开会议。会上认为，中小学的教学改革，大规模试验是错误的。少数学校的试验非要不可。有些省市也可以不进行试验。[⑥]

1963年3月11日至21日，教育部在北京召开11个省市中小学教学改革试

---

① 中央教育科学研究所：《中华人民共和国教育大事记（1949—1982）》，北京：教育科学出版社，1983年版，第363页。

② 中央教育科学研究所：《中华人民共和国教育大事记（1949—1982）》，北京：教育科学出版社，1983年版，第388页。

③ 中央教育科学研究所：《中华人民共和国教育大事记（1949—1982）》，北京：教育科学出版社，1983年版，第391页。

④ 中央教育科学研究所：《中华人民共和国教育大事记（1949—1982）》，北京：教育科学出版社，1983年版，第308页。

⑤ 中央教育科学研究所：《中华人民共和国教育大事记（1949—1982）》，北京：教育科学出版社，1983年版，第311页。

⑥ 中央教育科学研究所：《中华人民共和国教育大事记（1949—1982）》，北京：教育科学出版社，1983年版，第319页。

验工作座谈会。教育部将座谈会意见整理后于 7 月 27 日发出《关于坚持进行中小学教学改革试验工作的通知》，认为五年一贯制小学完成六年制小学的教学任务比较有把握，提出现有小学试验班一般仍按原计划试验。①

1965 年 4 月 20 日至 29 日，教育部在北京召开全日制中小学教学改革座谈会，讨论了全日制中小学的教学改革、招生工作、在学校进行社会主义教育运动、加强政治思想教育等问题。教育部副部长刘季平代表教育部党组就有关教学改革的一些问题作了总结发言，指出教学改革要从实际出发，既破又立。教学改革的主要内容是，逐步改革课程、教材、教学方法和考试方法；切实改革和加强思想政治教育；适当安排好劳动，加强劳动教育。同时，继续抓好学制改革的试验。教学改革的主要做法是：加强正面教育，发展积极力量，经过试验，取得经验，逐步推广。除了抓好面上的教学改革以外，还要特别注意抓好少数大改试点学校。这些学校，在学制、课程、教材、教学方法、考试方法、思想政治教育、劳动、学校体制等方面都可以改，不受过去所有条条框框的束缚。搞好教学改革的首要关键是领导核心、领导思想。对在教学改革中批判凯洛夫教育思想问题，刘季平提出要着重大是大非，不要在许多具体问题上乱扣“帽子”，不要在下面到处找“小凯洛夫”。6 月 24 日，教育部将刘季平的总结发言摘要分发各省、直辖市、自治区教育厅局。②

1965 年 6 月 22 日至 28 日，高等教育部在北京召开座谈会，解决对武汉大学数学系试验班的争论问题。武汉大学数学系试验班是 1960 年由李国平教授建议成立的。该班试图就数学如何解决理论联系实际的问题，进行探索和创造经验。第一期 11 名学生于 1964 年毕业，政治、业务质量都较好。1964 年 9 月，根据李国平教授的请求，经学校党委和高等教育部批准，成立第二期试验班。对此，学校内部看法不一，存在严重分歧。1964 年冬，该校以清除资产阶级教育思想影响为名，开始对李国平教授及试验班进行批判。座谈会认为，对试验班和李国平教授的批判是混淆了两类矛盾，混淆了政治问题和学术问题的界限，根本上违反了党的“双百”方针、知识分子政策和党内斗争的原则，是错误的。③

① 中央教育科学研究所：《中华人民共和国教育大事记（1949—1982）》，北京：教育科学出版社，1983 年版，第 327 页。

② 中央教育科学研究所：《中华人民共和国教育大事记（1949—1982）》，北京：教育科学出版社，1983 年版，第 378 页。

③ 中央教育科学研究所：《中华人民共和国教育大事记（1949—1982）》，北京：教育科学出版社，1983 年版，第 381 页。

1965年，高等教育部直属高等工业学校学生结合生产建设或科学研究的实际任务，进行“真刀真枪”的毕业设计，其中十所学校应届毕业生95%采用“真刀真枪”的方式进行毕业设计，在10月5日至12日的直属高等工业学校毕业设计座谈会上，展示了优秀毕业设计145项。①

四、部分纠正以前的错误

1962年7月10日，中共中央批转教育部党组、共青团中央书记处《关于高等学校学生甄别工作的报告》。中央批示指出：实事求是地做好对学生的甄别平反工作，是一个关系到调动广大学生积极性和改进对青年的教育工作的重要问题。对学生的甄别工作应该采取比一般脱产干部更宽一些的方针，方法应当更简便一些。各级学校中错批判和错处分的一般党员、干部和教员，也应当采取上述简便办法平反。高等学校学生甄别工作是根据1961年6月中共中央的指示进行的。为加快工作进程，教育部、共青团中央提出了上述报告。

教育部党组和团中央的报告中说，1958年到1961年的毕业生和现在在校的三年级、四年级、五年级学生共约100万人，其中被批判、处分的学生约占15%，共约15万人左右。其中以“双反交心”、“拔白旗”、“红专辩论”、教育革命、反右倾、反坏人坏事运动中批判的人最多，约占被批判、处分学生总数的70%以上。报告在列举这些运动的问题后提出，对于高等学校中批判和处分错了（或基本错了）的学生，应一律予以平反。对于中等学校学生应采取更宽的方针。②

经过国民经济三年（1963—1965）调整，至1965年末，全国共有高等学校434所，在校学生67.4万人。中等学校80 993所（其中中等专业学校1265所，普通中学18 102所，农业中学及其他职业中学61 626所），在校学生1431.8万人（其中中等专业学校、农业中学、职业中学学生498万人，普通中学学生933.8人）。小学168.1万所，在校学生11 620.9万人。幼儿园19 200所。三年内，全国高等学校招收学生44.4万人，毕业学生58.8万人。毕业研究生4072人，出国留学生1166人。三年（1963—1965年）调整期间全国教育事业费支出占国家财政总支出的6.79%；全国教育事业基建投资完成额占国家基建投资

① 中央教育科学研究所：《中华人民共和国教育大事记（1949—1982）》，北京：教育科学出版社，1983年版，第386页。

② 中央教育科学研究所：《中华人民共和国教育大事记（1949—1982）》，北京：教育科学出版社，1983年版，第312～313页。

完成额的 2.7%。[①]

不少亲历过中国教育数十年发展的人，对 1961 年至 1965 年的教育发展持赞赏态度，这不仅与当时的各种时间和空间机遇相关，更重要的还是由当时为人、为事、为政的基本原则决定的，维护了这一原则，教育及各项社会事业才有可能获得良好的发展。

第四节 混乱（1966—1976）

由于“以阶级斗争为纲”的思想根基未能清除，1966 年至 1976 年，中国经历了被称为“十年浩劫”的“文化大革命”，教育事业也在混乱中遭到严重破坏，“读书无用论”的不良风气蔓延，学校教学完全停止或秩序混乱，教育发展水平严重下降，教师受到摧残，学生失去了学习的机会，整个民族的文化素质大大下降。有人估计“从 1966 年至 1976 年至少为国家少培养 100 万名合格的大专毕业生和 200 万名以上的中专毕业生，造成各行各业人才匮乏，青黄不接，青壮年文盲占总人口的 21%。长期闭关锁国，使我国与世界教育之间的差距拉大”[②]。到了 1976 年，中国与世界各国国民经济发展之间的距离拉大到千余年来的最大距离，就如同中国国歌所言“中华民族到了最危险的时候”。

“文化大革命”期间的教育工作大致经历了三个阶段：第一阶段为“文化大革命”发动后的大混乱阶段；第二阶段为工宣队、军宣队进入学校，开展“清理阶级队伍”、整党、批林整风运动阶段；第三阶段是学校工作部分恢复阶段。

---

① 中央教育科学研究所：《中华人民共和国教育大事记（1949—1982）》，北京：教育科学出版社，1983 年版，第 391 页。

② 中华人民共和国教育部：《共和国教育 50 年》，北京：北京师范大学出版社，1999 年版，第 231 页。

一、大混乱阶段

1．“五七指示”

1966年初，阶级斗争理论在教育领域的地位迅速提升。

1966年2月，中央文革小组发出《关于当前学术讨论的汇报提纲》（后来被简称为“二月提纲”），各地学校组织了“文化大革命”试点，“一些教师和干部被作为反动学术权威和资产阶级在党内的代理人受到了错误的批判”①。1966年3月5日，教育部、教育工会全国委员会联合发出通知：在教育战线上掀起一个活学活用毛主席著作新高潮。②

1966年3月31日，《人民日报》就太原、牡丹江、长春三市管好、教育好城市未升学青少年的经验发表社论，认为，我们的青少年是在激烈的复杂的阶级斗争环境里成长的，资产阶级和无产阶级这两个阶级正在争夺青少年一代。而这场斗争的结局，将关系到我们的革命事业是否后继有人，关系到革命红旗是不是变颜色的问题。闲散在社会上的青少年，又正是资产阶级重点进攻的对象。因而管好、教育好城市未升学的青少年是一项重大的严肃的政治任务，应当引起各级党委、政府及有关部门的重视。管理教育这些青少年的学校和教育单位的办学方针，主要应该面向农村，为农村培养劳动后备力量。③

1966年5月7日，毛泽东审阅人民解放军总后勤部《关于进一步搞好部队农副业生产的报告》后写信给林彪，信中讲到人民解放军应该是一个大学校，这个大学校，要学政治、学军事、学文化，又能从事农副业生产，又能办一些中小工厂，生产自己需要的若干产品和与国家等价交换的产品。信中提出各行各业都要以本业为主，兼学政治、军事、文化、从事生产，批判资产阶级。“学生也是这样，以学为主，兼学别样，即不但要学文，也要学工、学农、学军，也要批判资产阶级。学制要缩短，教育要革命，资产阶级知识分子统治我们学校的现象，再也不能继续下去了。”这段话在1966年5月15日中共中央转发的文件中认为“是一个极为重要的具有历史意义的文献，这是马克思列宁主义划

---

① 西南师范大学校史编写组：《西南师范大学校史》，重庆：西南师范大学出版社，2000年版，第169页。

② 中央教育科学研究所：《中华人民共和国教育大事记（1949—1982）》，北京：教育科学出版社，1983年版，第397页。

③ 《同资产阶级争夺下一代的大事》，引自《人民日报》，1966年3月31日。

时代的新发展"①，后来被奉称"五七指示"（按：以后书中的"五七指示"即指此内容）。1966 年 8 月 1 日，《人民日报》在《全国都应该成为毛泽东思想大学校》的社论中发表了这封信的主要内容。

此后，为了表示执行"五七指示"的坚定性，全国出现一大批以"五七"命名的学校。

1968 年 10 月 5 日，《人民日报》发表关于黑龙江省柳河五七干校的报道，并在编者按中引述了毛泽东的指示："广大干部下放劳动，这对干部是一种重新学习的极好机会，除老弱病残者外，都应这样做。在职干部也应分批下放劳动。"在此以后，五七干校即在全国兴办。许多高等学校和地方的教育行政部门也办起了五七干校，大学及大中城市中小学的教职工被轮流下放到五七干校劳动，有些地区的教职工和教育行政部门的干部，还轮流下放到农村插队劳动。②

1969 年 4 月，中共九大发出号召，"把上层建筑包括教育、文艺、新闻、卫生等各个文化领域的革命进行到底"。九大政治报告及公报提出，无产阶级要"把文化教育阵地牢固地占领下来，用毛泽东思想把它们改造过来"；要"总结领导上层建筑斗、批、改的经验，把这条战线的仗打好"。为了继续进行上层建筑领域中的革命，要"落实党的各项政策，包括知识分子政策、干部政策、对'可以教育好的子女'的政策、对待群众组织的政策、经济政策等等"，并提出，"要继续高举革命大批判的旗帜"，"深入开展活学活用毛泽东思想的群众运动"，"按照毛主席 1966 年的'五七指示'"，把"全国真正办成毛泽东思想大学校"。③

1971 年 5 月 1 日，《人民日报》就毛泽东发出"五七指示"五周年发表社论说："'五七指示'是实现教育革命的重要文献。毛主席发出的'学制要缩短，教育要革命，资产阶级知识分子统治我们学校的现象，再也不能继续下去了'的战斗号令，正在变为现实。"社论提出，每一个同志都要坚定不移地走"五七道路"，每一个部门都要全面落实"五七指示"，真正办成毛泽东思想的大学校。④

1980 年 4 月 20 日至 25 日，教育部在北京召开五七大学座谈会。会上提出

---

① 《中共中央转发毛泽东同志给林彪同志的信》，引自《中华人民共和国重要教育文献（1949—1975）》，海口：海南出版社，1998 年版，第 1395 ~ 1396 页。

② 中央教育科学研究所：《中华人民共和国教育大事记（1949—1982）》，北京：教育科学出版社，1983 年版，第 422 页。

③ 中央教育科学研究所：《中华人民共和国教育大事记（1949—1982）》，北京：教育科学出版社，1983 年版，第 426 页。

④ 《革命化的必由之路》，引自《人民日报》，1971 年 5 月 1 日。

本着实事求是，区别对待，不要一刀切的精神整顿县办五七大学。会议确定将教育部门办的五七大学改办成农民技术学校。会议提出，农民技术学校的任务是为农村培养具有一定文化科学技术水平的人才；招生对象是具有初中毕业以上文化程度的农村青年、社队管理干部和农民技术员；学习年限1至2年；规模以一二百人为宜。①

2.“五一六通知”和中央《十六条》

1966年5月16日，发出《中国共产党中央委员会通知》（后称“五一六通知”），否定了“二月提纲”，完全依据阶级斗争理论，否认学术讨论，强调政治斗争；否认“在真理面前人人平等”，强调先“破”后“立”；以“是执行还是抗拒毛泽东同志的文化革命的路线问题”为标准作为划分敌我的界限，要求“各党委要立即停止执行《文化革命五人小组关于当前学术讨论的汇报提纲》。全党必须遵照毛泽东同志的指示，高举无产阶级文化大革命的大旗，彻底揭露那批反党反社会主义的所谓‘学术权威’的资产阶级反动学术立场，彻底批判学术界、教育界、新闻界、文艺界、出版界的资产阶级反动思想，夺取这些领域中的领导权”②。

1966年5月下旬，清华大学附属中学、北京大学附属中学等校出身于干部、工人、贫下中农家庭的一些学生，成立“红卫兵”、“红旗战斗小组”等群众组织，在校内开展批判活动。6月、7月首都一些学校学生纷纷仿效。7月28日，清华大学附属中学红卫兵写信给毛泽东，并寄去《论无产阶级的革命造反精神万岁》和《再论无产阶级的革命造反精神万岁》两张大字报。8月1日，毛泽东写信给清华大学附属中学红卫兵，表示热烈支持他们的革命行动。消息传出，首都中等学校、高等学校普遍建立起冠以“毛泽东思想”、“毛泽东主义”等各种名称的红卫兵组织。③

1966年8月8日，中共八届十一中全会通过中国共产党中央委员会《关于无产阶级文化大革命的决定》，后来简称《十六条》。明确提出“无产阶级文化大革命，是一场触及人们灵魂的大革命”，“目的是斗垮走资本主义道路的当权派，批判资产阶级的反动学术‘权威’，批判资产阶级和一切剥削阶级的意识形态，改革教育，改革文艺，改革一切不适应社会主义经济基础的上层建筑，

① 中央教育科学研究所：《中华人民共和国教育大事记（1949—1982）》，北京：教育科学出版社，1983年版，第579页。

② “中共中央通知”，引自《红旗》，1966年第7期。

③ 中央教育科学研究所：《中华人民共和国教育大事记（1949—1982）》，北京：教育科学出版社，1983年版，第400页。

以利于巩固和发展社会主义制度”。强调“‘敢’字当头，放手发动群众”，“要充分运用大字报、大辩论这些形式，进行大鸣大放”，“让群众在运动中自己教育自己”。其中第十条“教学改革”提出：“改革旧的教育制度，改革旧的教育方针和方法，是这场无产阶级文化大革命的一个极其重要的任务。在这场文化大革命中，必须彻底改变资产阶级知识分子统治我们学校的现象。在各类学校中，必须贯彻执行毛泽东同志提出的教育为无产阶级政治服务、教育与生产劳动相结合的方针，使受教育者在德育、智育、体育几方面都得到发展，成为有社会主义觉悟的有文化的劳动者。学制要缩短。课程设置要精简。教材要彻底改革，有的首先删繁就简。学生以学为主，兼学别样。也就是不但要学文，也要学工、学农、学军，也要随时参加批判资产阶级的文化革命斗争。”①

“五一六通知”和《十六条》标志着“文化大革命”全面发动，对全国教育发生了深刻的影响，以致不少学校随即改称“五一六”学校。

1966年8月18日，毛泽东在天安门首次接见全国各地来北京进行“串联”的红卫兵和学校师生，红卫兵组织迅即遍及全国，首都成立了红卫兵组织的三个“司令部”，介入各条战线的“文化大革命”运动，并逐渐分成两派。北京红卫兵还成立过“纠察队”和“联合行动委员会”等组织。北京红卫兵的这些做法，通过“大串联”，影响到全国各地。

8月31日、9月15日、10月1日、10月18日、11月3日、11月10日和11月26日，毛泽东又七次接见红卫兵、学生和教师。八次共接见红卫兵、学生、教师等1100万人。林彪在8月18日、8月31日、9月15日的接见大会上讲话时说：“我们坚决地支持你们敢闯、敢干、敢革命、敢造反的无产阶级革命精神！”“我们要打倒走资本主义道路的当权派，要打倒一切资产阶级保皇派，要反对形形色色的压制革命的行为，要打倒一切牛鬼蛇神！”“要打破一切剥削阶级的旧思想、旧文化、旧风俗、旧习惯，要改革一切不适应社会主义经济基础的上层建筑”，“要大立无产阶级的新思想、新文化、新风俗、新习惯”。“各大中学校的红卫兵和其他革命的青少年组织，是文化大革命的急先锋”，“他们走上街头，横扫‘四旧’……学校的斗、批、改，发展到社会的斗、批、改”。“你们的革命行动好得很！”“红卫兵战士们，革命同学们，你们的斗争的大方向，始终是正确的。”② 此时全国各地的学校已完全停课，广大学校师生冲向社会“扫四旧”，卷入全国大串联，从而造成了社会大动乱。

---

① 《中共中央关于无产阶级文化大革命的决定》，引自红旗，1966（10）。

② 中央教育科学研究所：《中华人民共和国教育大事记（1949—1982）》，北京：教育科学出版社，1983年版，第405页。

直到1967年2月至10月间，中共中央国务院才几次发出复课通知，各地复课的学校仍然不多。1967年11月26日，《人民日报》发表《再论大、中、小学校都要复课闹革命》的社论，但在当时极端混乱的形势下，复课的要求不可能实现。①

3. 一张大字报

1966年5月25日，北京大学哲学系聂元梓、夏剑豸、杨克明、赵正义、高云鹏、李醒尘七人在校内贴出了“第一张大字报”。这张大字报是在康生策划下，由当时在北大的“中央理论调查组”负责人曹轶欧（康生之妻）授意写的。大字报攻击中共北京市委大学工作部副部长宁硕和北京大学党委书记兼校长陆平、党委副书记彭珮云，说北大党委和北京市委搞修正主义，并说要“坚决、彻底、干净、全部地消灭一切牛鬼蛇神、一切赫鲁晓夫式的反革命修正主义分子”②。

1966年6月1日，经毛泽东批准，中央人民广播电台广播和新华社播发了北京大学聂元梓等七人的大字报。6月2日《人民日报》予以全文发表，并发表评论员文章《欢呼北大的一张大字报》。《人民日报》还发表题为《横扫一切牛鬼蛇神》的社论。此后，中共北京市委和北京大学党委相继改组，全国各高校出现了要求改组党委的大字报，“文化大革命”席卷全国。

于是，全国各高校依据上级指示，号召大家积极参加“文化大革命”。为了保证“文化大革命”的进行，宣布全校实施“停课闹革命”，免除期末考试，取消暑假，1966级学生延期分配。某校“6～7月全员贴出大字报达十三万多张”，并宣布学校的“文化大革命”进入高潮，成立学校文革筹委会，直接受当地党委领导。③

1966年8月，各地学校组织学生到外地串联，学校进入瘫痪状态。相应的，成人教育管理机构被撤销，成人学校被关闭，函授、夜大、电视大学都被取消，半工半读、农民教育、扫盲、职工教育都陷于停顿。

1967年1月9日，上海市的“造反派”联合夺取了上海市委和市政府的领导权，在全国掀起“一月革命”风暴，各地相继效仿，在学校里的造反派也相

① 西南师范大学校史编写组：《西南师范大学校史》，重庆：西南师范大学出版社，2000年版，第170页。

② 中央教育科学研究所：《中华人民共和国教育大事记（1949—1982）》，北京：教育科学出版社，1983年版，第400页。

③ 西南师范大学校史编写组：《西南师范大学校史》，重庆：西南师范大学出版社，2000年版，第169页。

继夺取学校的领导权。夺权后的“造反派”组织间发生了严重分歧演变为混乱，最终演变为遍及全国的武斗事件。于是中央派出调查组赶各地调查，与造反组织签订停火和收缴武器协议。

4. 高考中断

1966年4月6日至14日，高等学校招生工作座谈会召开，座谈会明确提出：要采用新的办法，高等学校取消考试，采取推荐与选拔相结合的办法。1966年6月13日，中共中央、国务院发出通知说“鉴于目前大专院校和高中的文化大革命正在兴起，要把这一运动搞深搞透，没有一定的时间是不行的”，而且，高等学校招生考试办法“基本上没有跳出资产阶级考试制度的框框”，因此，“必须彻底改革”。

1966年6月13日，中共中央、国务院批转教育部党组《关于1966—1967学年度中学政治、语文、历史教材处理意见的请示报告》。中央批示指出：目前中学所用教材，没有以毛泽东思想挂帅，没有突出无产阶级政治，违背了毛主席关于阶级斗争的学说，违背了党的教育方针，不能再用。教育部应该积极组织力量，根据党和毛主席有关教育工作的指示，重新编写中学各科教材。并指出：小学语文、历史教材，问题也很多，教育部也应组织力量着手重新编写和审查。目前，历史课暂停开设，语文教材应审查一次，将其中坏的内容删去后暂时采用。不论高小或初小都要学习毛主席著作，初小各年级学习毛主席语录，高小可以学“老三篇”（指毛泽东的三篇著作：《愚公移山》、《纪念白求恩》、《为人民服务》）以及其他适合于小学生思想政治水平和语文程度的一些文章。教育部党组的请示报告在指出原有的政治、语文、历史教材存在的问题后提出：未印的均停止印刷，已印的也停止发行。中学历史课暂停开设；政治和语文合开，以毛主席著作为基本教材，选读“文化大革命”的好文章和革命作品。发动师生揭发批判原有教材。半工半读学校和盲聋哑学校也按此办理。①

1966年6月18日，《人民日报》全文公布中共中央、国务院13日发出的《关于改革高等学校招生考试办法的通知》。通知认为：高等学校招生考试办法，“基本上没有跳出资产阶级考试制度的框框，不利于贯彻执行党中央和毛主席提出的教育方针，不利于更多地吸收工农兵革命青年进入高等学校。这种考试制度，必须彻底改革”。通知说，为了使高等学校和高中有足够的时间彻底搞好文化革命，使实行新的招生办法有充分的时间作好一切准备，中共中央和国务院决定1966年高等学校招收新生的工作推迟半年进行。

---

① 中央教育科学研究所：《中华人民共和国教育大事记（1949—1982）》，北京：教育科学出版社，1983年版，第401页。

同日，《人民日报》发表社论《彻底搞好文化革命彻底改革教育制度》，并刊登北京女一中高三（4）班、北京四中高三（5）班学生写给党中央和毛主席的强烈要求废除旧升学制度的信。社论指出："现行招生考试制度的改革，正是贯彻执行毛主席的教育路线，彻底搞掉资产阶级教育路线的一个突破口。我们将从这里着手，对整个旧的教育制度实行彻底的革命。"《人民日报》的社论提出废除高考制度，"要彻底把它扔到垃圾堆里"①。

通过高考选拔人才的教育模式被定性为"培养了资产阶级的接班人"之后，废止高考，千百万青年"上山下乡"，大学教师也被"下放"到"五七干校"，一些大学干脆迁到偏僻的乡村，事实上名存实亡。同时，将大学转变为"培养社会主义的接班人"的政治运动就开始了。从 1966 年 6 月 27 日开始，高等教育部连续发通知，暂停研究生招生工作和选拔派遣留学生工作。

1966 年 6 月 28 日，中共中央同意中共中央华东局对山东省委《关于各类学校开展文化革命运动若干问题的请示报告》所提的意见。华东局提出：开展"文化大革命"，对初中的要求应该同大学、高中有所区别。初中学生在学校参加一段运动之后，可照常放假，初中教师可留校搞运动。除那些正在进行"四清"运动的地区应当同时把小学的文化革命领导好以外，其他地区还是利用假期，采取集训教师的方法为宜。据此，一些地区曾利用暑假组织中小学教师集训。其后，由于"文化大革命"运动，上述意见基本未能执行。②

1966 年 7 月 3 日，经中共中央宣传部、国务院文教办公室同意，教育部发出《中小学招生、考试、放假、毕业等问题的通知》。通知提出：城市和农村的高中（包括中师、中专）、初中、小学，本年秋季仍继续招生。中小学各年级的学期考试，凡是没有举行的，一律不举行，改由师生民主评定。城市的高级中学全体教职工和学生，初级中学全体教职工和三年级学生，小学的全体教职工，今年不放暑假，留校参加"文化大革命"。城市中小学毕业考试一律不举行，采取民主评定办法考核成绩。高中应届毕业生留校参加"文化大革命"，毕业时间推迟到寒假。县以下中小学的"文化大革命"，应纳入"四清"范围内，由"四清"工作队领导进行。③

1966 年 7 月 12 日，《人民日报》加编者按发表中国人民大学七名学生给党

---

① 《彻底搞好文化革命彻底改革教育制度》，引自《人民日报》，1966 年 6 月 18 日。

② 中央教育科学研究所：《中华人民共和国教育大事记（1949—1982）》，北京：教育科学出版社，1983 年版，第 402 页。

③ 中央教育科学研究所：《中华人民共和国教育大事记（1949—1982）》，北京：教育科学出版社，1983 年版，第 403 ~ 404 页。

中央和毛主席的信，建议实行“崭新的文科大学学制”。信中把现行教育制度称为旧学制，并历数了它的“十大罪状”，从而建议：文科大学以毛主席著作为教材，以阶级斗争为主课；学制改为一年、二年、三年，学生每年要有一定时间参加工农业生产劳动，学军事和参加社会阶级斗争。现有学生一律提前毕业，到三大革命运动中去锻炼改造，长期地、无条件地与工农兵相结合，今后要招收广大工人、贫下中农和复员军人中的优秀分子入学，不一定非高中毕业不可。[①]

1966 年 7 月 24 日，中共中央、国务院发出《关于改革高等学校招生工作的通知》。这是中共中央、国务院在短短两个月内就高校招生发的第三份文件。通知提出：从本年起，高等学校招生工作下放到省、直辖市、自治区办理。高等学校招生，取消考试，采取推荐与选拔相结合的办法。从 1966 年招收的新生起，将来毕业以后，可以分配当技术人员、干部、教员，也可以分配当工人、农民。并决定停止执行 6 月 1 日中共中央批转的高等教育部党委《关于改进 1966 年高等学校招生工作的请示报告》，因“文化大革命”，各省、直辖市、自治区未能办理招生工作。从本年起，全国高等学校停止按计划招生达六年之久。[②]

1970 年和 1971 年曾在部分高等学校试点招收工农兵学员。从此，“自愿报名，群众推荐，领导批准，学校复审”的十六字方针就成了中国大学的录取方法。但当时“文化大革命”兴起，各地方政府职能陷于瘫痪，学校下放或解散，地方招生并未能按时开展，在 1966—1971 年间，中国大部分地区高校未能招生，空白了至少三年。

中断高考的影响直到 2009 年仍然存在，比如高校扩招后师资缺乏，直接显示了当年的人才断档的后果。此外，中国在很多领域的研究远远落后于世界，这需要以后长时间的追赶。最重要的是，它使中国几千年传承的文化受到了严重的损害，而弥补这个断层带来的伤害需要很长时间。

5. *教育行政系统瘫痪*

自从 1966 年 6 月“文化大革命”运动在各校开始后，学校各级行政领导及党、团组织陷于瘫痪。有的由校文化革命委员会（或文化革命小组、文化革命委员会筹备委员会）领导运动，有的由上级派来的工作组领导运动。7 月底，

---

① 中央教育科学研究所：《中华人民共和国教育大事记（1949—1982）》，北京：教育科学出版社，1983 年版，第 403 页。

② 中央教育科学研究所：《中华人民共和国教育大事记（1949—1982）》，北京：教育科学出版社，1983 年版，第 404 页。

工作组撤出后，有些学校成立了文化革命委员会，开始批判工作组、校文革的"方向、路线错误"。师生中出现不同观点。①

1966年6月，高等教育部部长蒋南翔、教育部副部长刘季平被批斗。7月23日，中共中央同意中央宣传部的建议，将高等教育部、教育部合并为教育部，何伟任部长。9月，教育部部长何伟被批斗。这期间，高等教育部和教育部的一些副部长和司、局长也陆续被批斗。稍后，前高等教育部、教育部部长杨秀峰被批斗。高等教育部、教育部及其所属单位的业务工作，随着运动的发展，先后陷于停顿。各地教育行政机关也出现类似情况。

1966年7月下旬起，陈伯达、江青、康生、张春桥、姚文元等人以中央文革小组组长、副组长、顾问和成员的身份纷纷到北京一些高等学校，煽动学生起来赶走工作组。7月29日，北京市召开大专院校文化革命积极分子大会，宣布撤销全部工作组，并宣布大中学校放假半年闹革命。江青等人继续利用工作组问题煽动"打倒一切"，挑动师生中的对立情绪，制造分裂。②

1967年1月，各地学校和社会上的群众组织投入"夺权"浪潮。从19日起，北京大学聂元梓、北京师范大学谭厚兰等各自带领一批人到教育部夺权，拿走部印，占据部分办公室，劫走一批公文案卷，挑起武斗。经周恩来制止，始行撤离。各地教育部门和学校也先后被夺了权。在"夺权"过程中，出现了打砸抢抄抓和武斗等事件。③

1968年7月27日，中共中央、国务院、中央军委、中央文革小组发出通知：中央决定对教育部实行军事管制，成立军事管制小组，任命朱奎为组长，梁维英为副组长。1969年5月21日，中央任命刘鸿益接替朱奎的组长职务。1969年4月3日，首都工人毛泽东思想宣传队进驻教育部，会同军事管制小组编导斗、批、改。④

1968年下半年，随着各省、直辖市、自治区革命委员会的成立，各地教育行政机构即行恢复。地方各级革命委员会和教育行政部门对本地区中小学的教育革命及学制、校历、课程设置、教材、学校领导体制等问题，逐步管了起来。

---

① 中央教育科学研究所：《中华人民共和国教育大事记（1949—1982）》，北京：教育科学出版社，1983年版，第402~403页。

② 中央教育科学研究所：《中华人民共和国教育大事记（1949—1982）》，北京：教育科学出版社，1983年版，第404页。

③ 中央教育科学研究所：《中华人民共和国教育大事记（1949—1982）》，北京：教育科学出版社，1983年版，第410~411页。

④ 中央教育科学研究所：《中华人民共和国教育大事记（1949—1982）》，北京：教育科学出版社，1983年版，第420页。

1969 年 10 月 14 日至 21 日，教育部及所属人民教育出版社、高等教育出版社、中央教育科学研究所、北京函授学院等事业单位全体干部、职工共 1258 人，在教育部军管小组和驻教育部工人宣传队带领下，下放到安徽省凤阳县五七干校劳动锻炼，继续进行斗、批、改。1970 年 6 月 22 日，周恩来批示："同意教育部五七干校委托南京军区转安徽军区代管。教育部现在所属机构撤销，全部参加五七干校进行斗、批、改。""同意原教育部外事工作移交外经委。在京留三五名军管人员留守工作，与国务院直属口联系。至于教育部各直属机构，除函授学院撤销外，其他的均去五七干校锻炼。今后如何处理，委托科教组注意考查，再作适当决定。"1971 年开始，对在教育部五七干校的干部、职工陆续另行分配工作，进行安置。1975 年，周荣鑫任教育部部长后，决定于 11 月撤销教育部五七干校。①

从高等教育部、教育部瘫痪，到 1975 年 1 月重建教育部，历时八年半。其间，1970 年 7 月以后的四年半，全国教育行政工作由国务院科教组管理。

1970 年 7 月，根据周恩来的指示，成立国务院科教组，主管教育部和国家科委的工作。国务院科教组于 7 月初开始办公，李四光任组长，刘西尧、迟群（原 8341 部队政治宣传科副科长，1968 年 7 月以后，为驻清华大学宣传队负责人之一）主持日常工作。1972 年 7 月 31 日，中共中央发出通知：北京市丁国钰、谢静宜，上海市徐景贤、徐海涛，天津市王曼恬，辽宁省温巨敏，中国科学院武衡、王建中等八人为国务院科教组兼职成员。1973 年 8 月以后，科教组所属科技一组、二组划归科学院，科教组专管教育工作。

直到 1975 年 1 月 17 日，四届全国人大一次会议通过任命周荣鑫为教育部部长，从此国务院科教组撤销，教育部恢复；7 月 15 日，经国务院批准，教育部设政治部、办公厅、计划司、高等教育司、普通教育司、业余教育司和外事局，从而结束了中华人民共和国教育部中断存在的局面。

6. 语录当课本

早在 1964 年 6 月 23 日，教育部、文化部联合发出通知：采用《毛泽东著作选读》乙种本作为高中政治课代用教材。通知规定，1964—1965 年度高级中学、中等师范学校和中等专业学校各年级的政治课以两个年级学习《毛泽东著作选读》乙种本，一个年级学习《辩证唯物主义常识》。② 为"文化大革命"

---

① 中央教育科学研究所：《中华人民共和国教育大事记（1949—1982）》，北京：教育科学出版社，1983 年版，第 428 页。

② 中央教育科学研究所：《中华人民共和国教育大事记（1949—1982）》，北京：教育科学出版社，1983 年版，第 363 页。

期间语录当课本开了先例。

1965年1月14日，中共中央制定了农村社会主义教育的“二十三条”，此后教育的政治化倾向愈益严重。3月4日，高等教育部发出通知：经国务院外事办公室批准，外语教材可根据教学需要适当增加毛主席著作和对外发表的政论译本。[①] 1965年，高等教育部和教育部通过各次工作会议及内部刊物，注意纠正部分高等学校和中等学校在学习毛主席著作时搞“语录进课堂”、“试卷引语录”、要“人人用，堂堂用”等简单化、形式主义的做法。5月10日，高等教育部部长蒋南翔就第一机械工业部系统的部分高等学校师生学习毛主席著作出现简单化的做法问题，写信给第一机械工业部部长段君毅，提出：“采取强迫命令的办法来学习主席著作，将会事与愿违，把好事办坏。”[②] 然而，“文化大革命”后，语录进课堂再向前发展了一步。

1966年7月25日，教育部发出《关于印刷与发行小学讲授毛主席语录本的通知》。通知指出：为保证执行中央关于小学常年学习毛主席语录的批示，在没有编出通用的专供小学生学习的毛主席语录本以前，必须解决今年秋季开学时小学讲授毛主席语录的教材。通知要求各省、直辖市、自治区通过中央规定的审批手续可以采用自编的毛主席语录本，也可采用中国人民解放军总政治部编印的《毛主席语录》。今年首先保证供应小学教师、小学五六年级学生人手一册；初小学生，由教师用板书方式讲授毛主席语录。[③]

1966年7月，北京航空学院附属中学有人贴出宣扬血统论的对联“老子英雄儿好汉，老子反动儿混蛋”，随后，北京一些学校的学生就这副“对联”展开辩论。宣扬血统论的观点迅即流传首都和全国各地。许多学校先后出现“红五类”学生（指出身好的）歧视、污辱、斗争“黑七类”学生（指出身不好的）的事件。[④]

1966年9月10日，第一机械工业部、教育部联合发出《关于撤销专业教材编审委员会及编审小组的决定》。决定指出：根据《十六条》中有关教学改革的精神以及学校文化革命发展的情况，现在的专业教材编审委员会及编审小

---

① 中央教育科学研究所：《中华人民共和国教育大事记（1949—1982）》，北京：教育科学出版社，1983年版，第376页。

② 中央教育科学研究所：《中华人民共和国教育大事记（1949—1982）》，北京：教育科学出版社，1983年版，第390页。

③ 中央教育科学研究所：《中华人民共和国教育大事记（1949—1982）》，北京：教育科学出版社，1983年版，第404页。

④ 中央教育科学研究所：《中华人民共和国教育大事记（1949—1982）》，北京：教育科学出版社，1983年版，第404页。

组已不能适应教材工作的需要，决定予以撤销，并停止有关编审教材的一切工作。①

1967年2月4日，中共中央发出《关于小学无产阶级文化大革命的通知(草案)》，规定：春节后各地小学一律开学。在外地串联的小学教师和学生，应当返回本校。五年级、六年级和1966年毕业的学生，结合“文化大革命”，学习毛主席语录、“老三篇”和三大纪律八项注意，学习《十六条》，学唱革命歌曲。一年级、二年级、三年级、四年级学生学习毛主席语录，兼学识字，学唱革命歌曲，学习一些算术和科学常识。小学生可以组织红小兵。通知还提出：小学的文化革命委员会、文化革命领导小组，由教师和高年级的学生民主选举产生。重点打击党内走资派，同时把教职员工中那些坚持反动立场的地富反坏右分子（不是指家庭出身）清除出去，由教育机关安排，就地劳动改造。②

1967年3月7日，《人民日报》发表社论号召中小学革命师生，响应党中央号召复课闹革命，提出：“复课闹革命，复的是毛泽东思想的课，上的是无产阶级文化大革命的课。上课，主要是结合无产阶级文化大革命，认真学习毛主席著作和语录，学习有关无产阶级文化大革命的文件，批判资产阶级的教材和教学制度。同时，应该用必要的时间，中学复习一些数学、物理、外语和必要的常识，小学学一些算术、科学常识。”③ 在此以后，中小学按照上述办法陆续复课，但进展缓慢。据山东省的情况材料，中小学复课，一般是农村快于城市，小学快于中学，全日制中学快于半工半读中学，公办学校快于民办学校。

整个“文化大革命”期间，毛主席语录成为各级各类学校学生必学的内容，直到1975年2月18日，中共中央还发出通知：学习毛主席关于理论问题的指示。在此以后，全国各级各类学校师生开始学习无产阶级专政理论。大学文科还按通知精神，调整了教学计划。④

7. 全面混乱

1966年8月，各地红卫兵冲向社会扫“四旧”。20日，首都红卫兵开始走上街头，张贴标语、传单、大字报，集会演说，发出通令、倡议书；将原有地名、店名、校名改为“反修路”、“红卫商店”、“反帝医院”、“井冈山战校”

---

① 中央教育科学研究所：《中华人民共和国教育大事记（1949—1982）》，北京：教育科学出版社，1983年版，第406页。

② 中央教育科学研究所：《中华人民共和国教育大事记（1949—1982）》，北京：教育科学出版社，1983年版，第411页。

③ 《中小学复课闹革命》，引自《人民日报》，1967年3月7日。

④ 中央教育科学研究所：《中华人民共和国教育大事记（1949—1982）》，北京：教育科学出版社，1983年版，第472页。

一类新名称；倡议修改宪法，废除国歌；干预群众衣着、发型等等。23日，《人民日报》发表社论《好得很》，“为北京市红卫兵小将们的无产阶级造反精神欢呼”，之后，全国各地红卫兵立即效法，并采取了更为激烈的违法行动，冲击寺院、古迹，捣毁神像、文物，焚烧书画、戏装，从城市赶走“牛鬼蛇神”，勒令政协、民主党派解散，通令宗教职业者还俗。进而自行抓人，揪斗，抄家，游街示众，私设公堂，滥施酷刑，甚至打人致残、致死。各地红卫兵在搜查、抄家中也搜出一些暗藏的反动证件和枪支弹药以及私人收藏的金银等。北京还举办了红卫兵革命造反展览会。①

1966年6、7月，便有外地学生到北京串联。8月，到北京的学生越来越多。8月下旬，大连海运学院15名学生组成的“长征红卫队”步行串联到京。这期间，大批北京学生也到全国各地串联、“点火”，建立“联络站”，冲击机关，揪斗干部。9月5日，中共中央发出通知：组织外地高等学校革命学生、中等学校革命学生代表和革命教职工代表来京参观“文化大革命”运动。通知规定，“从9月6日起分期分批来北京参观、学习，相互支援，交流革命经验”，“来京参观一律免费坐火车”，“生活补助费和交通费由国家财政中开支”。9月5日通知发出后，全国各地的学生有组织地、大规模地乘车或步行到北京或各地串联。大串联在全国出现高潮。②

1966年10月5日，中共中央批转中央军委、总政治部《关于军队院校无产阶级文化大革命的紧急指示》。中央批示指出：“这个文件很重要，对于全国县以上大中学校都适用”，同样应当坚决贯彻执行。中央军委总政治部的“紧急指示”说，根据林彪的建议，“军队院校的文化大革命运动，必须把那些束缚群众运动的框框取消，和地方院校一样，完全按照《十六条》的规定办”，“要注意保护少数，凡运动初期被院校党委和工作组打成‘反革命’、‘反党分子’、‘右派分子’和‘假左派、真右派’等的同志，应宣布一律无效，予以平反，当众恢复名誉。个人被迫写出的检讨材料，应全部交还本人处理，党委或工作组以及别人整理的他们的材料，应同群众商量处理办法，经过群众和被整理的人的同意，也可以当众销毁”。据此，军队和地方各级学校出现要求平反，追查运动初期的“黑材料”的热潮，进一步加剧了群众的对立。11月，《红旗》第14期发表社论，号召批判“资产阶级反动路线”，打、砸、抢、抄、抓等违

---

① 中央教育科学研究所：《中华人民共和国教育大事记（1949—1982）》，北京：教育科学出版社，1983年版，第405~406页。

② 中央教育科学研究所：《中华人民共和国教育大事记（1949—1982）》，北京：教育科学出版社，1983年版，第406页。

法活动又有发展，学校普遍陷于混乱状态，一些学校开始发生武斗事件。[①]

1966年10月29日，中共中央、国务院发出《关于北京大中学校革命师生暂缓外出串联的紧急通知》。11月16日、12月1日又连续发出通知：一律暂停乘火车、轮船、汽车来京和到各地进行串联。而1966年12月9日中共中央又发布《关于抓革命、促生产的十条规定（草案）》，其中第十条规定："学生可以有计划地到厂矿，在工人业余时间进行革命串联，交流革命经验，还可以有计划地和工人一起上班，一起劳动，一起学习，一起讨论文化革命问题。工人也可以派代表到本市学校进行革命串联。"1967年元旦，《人民日报》、《红旗》杂志在社论中要求"师生到工厂去、到农村去，实行和广大工农群众相结合"。由此，学校师生纷纷到工厂、农村进行串联，介入社会上各单位的文化革命运动。[②] 1967年2月3日和3月19日，中共中央连续发出通知，停止全国大串联。[③]

1967年9月23日，中共中央、国务院、中央军委、中央文革小组发出《关于在外地串联学生和在京上访人员立即返回原单位的紧急通知》。通知规定：在外地串联的北京和各地的学生以及其他人员，应立即无条件地全部返回原地、原单位投入革命大批判和本单位的斗批改。从9月28日起，一律停止接待外来串联的学生和其他人员。所有北京学生和其他人员在外地建立的联络机构，以及外地串联学生和上访人员在北京设立的各种联络机构，都应在9月28日前全部撤销。北京学生和其他人员在北京各部门、各机关、各军事单位、各工厂和近郊各农村人民公社设立的联络机构，也限于9月28日前全部撤销。本日，中共中央批转《北京市革命委员会关于动员在外地串联的学生立即返回原单位的决定》[④]。但串联活动却在相当长的一段时间止而未停。

1966年10月18日，教育部发出通知：1965年高等学校储备毕业生，继续留校参加"文化大革命"。凡经批准留校储备的毕业生，照发临时工资。12月23日，经中共中央宣传部部长陶铸批准，教育部定于1967年1月为这批储备毕

① 中央教育科学研究所：《中华人民共和国教育大事记（1949—1982）》，北京：教育科学出版社，1983年版，第406～407页。

② 中央教育科学研究所：《中华人民共和国教育大事记（1949—1982）》，北京：教育科学出版社，1983年版，第407页。

③ 中央教育科学研究所：《中华人民共和国教育大事记（1949—1982）》，北京：教育科学出版社，1983年版，第406页。

④ 中央教育科学研究所：《中华人民共和国教育大事记（1949—1982）》，北京：教育科学出版社，1983年版，第415页。

业生分配工作。①

1966年11月8日至12月6日，北京师范大学一派红卫兵组织的头头谭厚兰，带领一批学生到山东曲阜“讨孔”。他们砸毁国务院为孔庙、孔林、孔府立的“全国重点文物保护单位”的石牌，刨古坟、烧古籍、砸古碑、毁文物，造成严重损失。谭并声称“我们这次去造反，不是单纯去搞死人，而是要把搞死人和搞活人结合起来”②。

1966年12月15日，中共中央发布《关于农村无产阶级文化大革命的指示（草案）》。其中第九条规定：“中等学校放假闹革命，直到明年暑假。半农半读大中学校的文化革命，应当按照抓革命、促生产的方针，根据具体情况，妥善安排。农村小学的文化革命和所在社、队一起搞，由所在社、队的文化革命委员会统一领导。”③

1967年2月19日，中共中央发出《关于中学无产阶级文化大革命的意见（供讨论和试行用）》。其中规定：从3月1日起，中学师生停止外出串联，一律返校，一边上课，一边闹革命，分期分批进行军政训练。上课学习毛主席著作，批判旧教材和教学制度，以必要时间复习数、理、化、外语和各种必要的常识；在农忙期间，师生下乡劳动。要在大联合的基础上，由革命学生、革命教职员和革命领导干部民主选举文化革命委员会，负责领导学校的“文化大革命”运动，并具体安排上课，搞好师生生活。一时不能选举的，协商成立一个临时领导班子。④

1967年2月22日，首都大专院校红卫兵代表大会成立。3月25日，首都中等学校红卫兵代表大会成立。在此前后，各地相继成立大专院校、中等学校红卫兵代表大会，作为一个地区内红卫兵组织的领导机构。⑤

1967年3月7日，中共中央发出《关于大专院校当前无产阶级文化大革命的规定（草案）》。其中规定：下厂下乡和外出串联的师生，于3月20日前返

---

① 中央教育科学研究所：《中华人民共和国教育大事记（1949—1982）》，北京：教育科学出版社，1983年版，第407页。

② 中央教育科学研究所：《中华人民共和国教育大事记（1949—1982）》，北京：教育科学出版社，1983年版，第407页。

③ 中央教育科学研究所：《中华人民共和国教育大事记（1949—1982）》，北京：教育科学出版社，1983年版，第408页。

④ 中央教育科学研究所：《中华人民共和国教育大事记（1949—1982）》，北京：教育科学出版社，1983年版，第411页。

⑤ 中央教育科学研究所：《中华人民共和国教育大事记（1949—1982）》，北京：教育科学出版社，1983年版，第411页。

校，分期分批进行短期军政训练，在校内批判斗争走资派和反动学术权威，着手研究旧的教育制度、教学方针和教学方法。并规定大专院校必须由革命学生、教职员工和革命领导干部组成临时权力机构，领导“文化大革命”，行使本校的权力。红卫兵是“文化大革命”的先锋，应该在运动中整顿、巩固和发展。红卫兵应该以劳动人民家庭出身的革命学生为主体。①

1967 年 7 月至 9 月，北京一些大专院校群众组织的头头聂元梓、蒯大富、谭厚兰、王大宾、韩爱晶等派人到各地，串联当地群众组织，“揪军内一小撮”，冲击军事机关，窃取军事情报，抢劫枪支弹药，挑动武斗，制造事端。7 月 22 日，江青提出“文攻武卫”口号。之后，各地一些学校中的武斗逐步升级，不断出现武装占领校舍，火烧大楼，开枪打死打伤师生、群众的事件。许多学校遭受严重破坏。一些秩序开始逐步稳定下来的学校，再度陷入混乱状态。②

1967 年 7 月 11 日，首都大专院校红代会主持召开首都大专院校复课闹革命誓师大会。中央文革小组组长陈伯达在会上讲话，鼓动学生进行“教学改革”。陈说：“你们是创造这个新制度的开路先锋，是这一条新道路的探索者。”于是，“做教育革命的探索者”的口号流行一时。许多地方和学校印刷出各种各样的“教育革命”刊物和资料。1968 年，这类刊物出得最多。在此以后，上海、山东及哈尔滨等已成立省市革命委员会的地区，也由革命委员会召开誓师大会，推进学校“复课闹革命”。③

1967 年 10 月 14 日，中共中央、国务院、中央军委、中央文革小组发出《关于大、中、小学校复课闹革命的通知》。通知要求：全国各地大学、中学、小学一律立即开学，一边进行教学，一边进行改革，逐步提出教学制度和教学内容的革命方案。大、中、小学都要立即积极筹备招生事宜。10 月 25 日，《人民日报》发表社论《大、中、小学都要复课闹革命》。11 月 26 日，又发表社论《再论大、中、小学都要复课闹革命》。在此以后，各地更多的中小学陆续复课，一些大专院校先后开始复课。复课情况因地因校而异。一般由学校或师生自订方案，自定课程，自选教学内容，自编教材。在上海、天津、北京、山东、

---

① 中央教育科学研究所：《中华人民共和国教育大事记（1949—1982）》，北京：教育科学出版社，1983 年版，第 411 ~ 412 页。

② 中央教育科学研究所：《中华人民共和国教育大事记（1949—1982）》，北京：教育科学出版社，1983 年版，第 414 ~ 415 页。

③ 中央教育科学研究所：《中华人民共和国教育大事记（1949—1982）》，北京：教育科学出版社，1983 年版，第 414 页。

内蒙古、青海等成立了革命委员会的地区，由地方各级革命委员会统一组织当地中小学的招生和开学工作。但不少大专院校、中等专业学校因搞运动并未真正复课，或短期复课后又停课。①

1967年10月17日，中共中央、国务院、中央军委、中央文革小组发出《关于按照系统实行革命大联合的通知》。通知引述了毛泽东的指示："各工厂、各学校、各部门、各企业单位，都必须在革命的原则下，按照系统，按照行业，按照班级，实现革命的大联合，以利于促进革命三结合的建立，以利于大批判和各单位斗批改的进行，以利于抓革命、促生产、促工作、促战备。"由此，在各级学校中一度又出现了大联合的热潮。②

1967年12月22日，中共中央、中央文革小组批转北京市香厂路小学取消少先队，建立红小兵的一份材料。这份材料反映：北京市香厂路小学于11月开始，在全校二至六年级的28个教学班中，以年级为单位，分别成立红小兵连（下设排、班），全校组成红小兵团。这份材料认为"少先队基本上是一个少年儿童的全民性组织，它抹杀了阶级和阶级斗争，根本不突出毛泽东思想，实际上已经失去了先锋战斗作用"，"红小兵团是少年儿童的一种很好的组织形式。它富于革命性、战斗性，有利于推动少年儿童的思想革命化"。据此，全国小学以红小兵取代少年先锋队达十一年之久。③

二、"清队"整风阶段

1968年，全国各地各单位开始清理阶级队伍，5月25日，中共中央转发《北京新华印刷厂军管会发动群众开展对敌斗争的经验》，要求全国各地各区、各单位"有步骤地有领导地把清理阶级队伍这项工作做好"④。这标志着"文化大革命"进入第二阶段。

1. 军宣队、工宣队进校

在学校武装械斗不断，复课闹革命的号召无法实现的情况下，1966年12

---

① 中央教育科学研究所：《中华人民共和国教育大事记（1949—1982）》，北京：教育科学出版社，1983年版，第415页。

② 中央教育科学研究所：《中华人民共和国教育大事记（1949—1982）》，北京：教育科学出版社，1983年版，第415~416页。

③ 中央教育科学研究所：《中华人民共和国教育大事记（1949—1982）》，北京：教育科学出版社，1983年版，第417页。

④ 中央教育科学研究所：《中华人民共和国教育大事记（1949—1982）》，北京：教育科学出版社，1983年版，第418页。

月31日，中共中央、国务院发出通知：委托中国人民解放军对大中学校师生进行短期军政训练。通知转引了毛泽东的指示："派军队干部训练革命师生的方法很好。训练一下和不训练大不一样。这样做，可以向解放军学政治、学军事、学四个第一、学三八作风、学三大纪律八项注意，加强组织性纪律性。"通知规定：从现在起到1967年暑假，由解放军派出干部和战士，分期分批对全国大中学校的革命师生，普遍进行一次短期（半个月至20天）军政训练。政治训练主要是活学活用毛主席的著作和语录，军事训练重点是从单兵到连的队列动作①。

1967年1月23日，中共中央、国务院、中央军委、中央文革小组发布《关于人民解放军坚决支持左派革命群众的决定》。由此，人民解放军派遣干部、战士进驻各级学校，进行军政训练，办毛泽东思想学习班，帮助建立三结合的革命委员会。

1967年3月7日，毛泽东对《天津延安中学以教学班为基础实现全校大联合和整顿巩固发展红卫兵的体会》的材料作批示，提出："军队应分期分批对大学、中学和小学高年级实行军训，并且参与关于开学、整顿组织、建立三结合领导机关和实行斗批改的工作。先作试点，取得经验，逐步推广。还要说服学生，实行马克思所说的'只有解放全人类才能最后解放无产阶级自己'的教导，在军训时不要排斥犯错误的教师和干部。除老年和生病的以外，要让这些人参加，以利改造。所有这些，只要认真去做，问题并不难解决。"② 这一批示后来简称为"三七批示"。1968年3月7日，《人民日报》重新发表毛泽东1967年对天津延安中学的批示，各地随后举行大规模的游行、集会，展开广泛的宣传活动，以期进一步推动和巩固学校的大联合，促进建立三结合的革命委员会，实行"复课闹革命"。③

1967年3月8日，中共中央转发了毛泽东的批示及天津延安中学的材料，要求各地参照执行。在此以后，各地大、中、小学的军训工作即全面展开。军训团所到的学校，师生陆续返校，解散了为数众多的跨班级、跨部门、师生混合的群众组织，实行按教学班为基础的大联合，进而开展革命大批判、解放干部、建立学校的临时领导机构（即三结合的革命委员会），将学校教导、总务

① 中央教育科学研究所：《中华人民共和国教育大事记（1949—1982）》，北京：教育科学出版社，1983年版，第408页。

② 中央教育科学研究所：《中华人民共和国教育大事记（1949—1982）》，北京：教育科学出版社，1983年版，第412页。

③ 中央教育科学研究所：《中华人民共和国教育大事记（1949—1982）》，北京：教育科学出版社，1983年版，第418页。

等机构，改为政工、教育革命、后勤等组，撤销教研室（组），取消班级建制和班主任制度，将师生统一按班、排、连、营建制编队，设连队委员会、政治指导员。兴起“早请示、晚汇报”、“天天读”、“讲用会”等“活学活用毛主席著作”及“突出政治”的做法。有的学校曾一度复课。

1968年7月27日，遵照毛泽东的号令，首都工农毛泽东思想宣传队（后来称为工人毛泽东思想宣传队，简称“工宣队”），在人民解放军战士配合下，进驻清华大学，宣传毛主席指示，制止武斗，促进大联合。工宣队进校时，该校群众组织的头头蒯大富下令开枪，打死宣传队员五人，打伤多人①。

1968年8月25日，中共中央、国务院、中央军委、中央文革小组发出《关于派工人宣传队进驻学校的通知》。通知提出：“各地应该依照北京的办法，把大中城市的大、中、小学逐步管起来”，要“以优秀的产业工人为主体，配合人民解放军战士，组成毛泽东思想宣传队，分批分期进入各学校”。至8月29日，工宣队进驻了北京地区的全部大专院校，从本月底起，各地陆续向大专院校、中等专业学校和县、镇以上中小学派驻工宣队，领导学校的斗批改。②

工宣队进校后，举办“毛泽东思想学习班”，帮助对立的两派群众组织实现大联合。在一些学校，拆除武斗工事，收缴武器，制止武斗，进而领导开展革命大批判、清理阶级队伍、调整或建立革命委员会、整党等斗批改工作，领导教育革命。

1968年8月26日，《人民日报》刊载《红旗》第2期发表的姚文元写的《工人阶级必须领导一切》。文中引述了毛泽东的指示：“实现无产阶级教育革命，必须有工人阶级领导，必须有工人群众参加，配合解放军战士，同学校的学生、教员、工人中决心把无产阶级教育革命进行到底的积极分子实行革命的三结合。工人宣传队要在学校中长期留下去，参加学校中全部斗批改任务，并且永远领导学校。在农村，则应由工人阶级的最可靠的同盟者——贫下中农管理学校。”文章说：“毛主席的这个指示，指出了学校教育革命的方向和道路，是彻底摧毁资产阶级教育制度的锐利武器。”文章中诬指新中国成立以后学校“基本上还是被资产阶级知识分子所垄断”，说“单靠学生、知识分子不能完成教育战线斗批改及其他一系列任务”。文章提出：“凡是知识分子成堆的地方，不论是学校，还是别的单位，都应有工人、解放军开进去，打破知识分子独霸

① 中央教育科学研究所：《中华人民共和国教育大事记（1949—1982）》，北京：教育科学出版社，1983年版，第419～420页。

② 中央教育科学研究所：《中华人民共和国教育大事记（1949—1982）》，北京：教育科学出版社，1983年版，第420页。

的一统天下，占领那些大大小小的‘独立王国’，占领那些‘多中心即无中心’论者盘踞的地方。”①

1968年9月5日，中共中央、中央文革小组批转北京市革命委员会《关于选调和派遣工人毛泽东思想宣传队的几条规定》。6日，又转发了北京市革命委员会、北京卫戍区《关于召开工人和解放军毛泽东思想宣传队负责人会议情况的报告》。10月7日，中共中央、中央文革小组又转发了上海市革命委员会《关于工人宣传队进入中小学的情况报告》。在北京市、上海市的上述三个报告中，根据工宣队进校后的情况，对大、中、小学工宣队的配备、组员的条件，对工宣队的领导及工宣队进校后的工作内容、部署方法等作了规定，并强调工宣队“实行无产阶级的政治领导，不要陷于行政事务”②。

另一所院校的情况如下③：

> 1971年5月11日，学院“军宣队”由驻保定四八〇〇部队替换一八〇六部队。
>
> 保定“军宣队”进驻学院后，6月即开始搞“机关整风”。在教职工中揪批“反革命小集团”，对北京留守处进行“整顿”，直至次年5月的清查“5·16”运动，使全院30余人受到隔离审查和批判。经此人为劫难，学院原有的联合局面被破坏，安定的办学愿望破灭，学院陷入又一轮的紧张和混乱之中。
>
> 1971年“9·13事件”后，进行“批林整风”，后发展成“批林批孔”运动，紧接着“学朝农”，及至1975年的“评《水浒》批宋江”、“教育革命大辩论”和“反击右倾翻案风”等等，在“政治可以冲击一切”的冲击下，学校根本谈不上稳定教学秩序，相反，教学计划随便改，课程安排任意动，教学内容不断变，一切工作都要服从和服务于政治运动的需要。

1969年1月28日，中共中央、中央文革小组、国务院、中央军委发出全国大、中学校不放寒假的通知，通知说：全国大、中、小学为完成党的八届扩大的十二中全会所提出的各项战斗任务，当前正在紧张地进行斗批改和清理阶级

---

① 姚文元：《工人阶级必须领导一切》，引自《人民日报》，1968年8月26日。

② 中央教育科学研究所：《中华人民共和国教育大事记（1949—1982）》，北京：教育科学出版社，1983年版，第421页。

③ 华北电力大学校史编写组：《华北电力大学校史》，北京：中国电力出版社，2008年版，第40页。

队伍，大、中学校又忙于安排毕业生上山下乡的工作，故决定今年大、中学校一律不放寒假。各地小学是否放寒假由主管单位根据情况决定。①

1972 年以后，驻学校的工宣队逐渐减少，据 1973 年 10 月统计，全国 352 所高等学校有工宣队员 4892 人，比 1971 年 7 月的 12 804 人减少 61.8%，其中 87 所高等学校已无工宣队，约占当时高等学校总数的四分之一。②

1974 年 6 月 16 日，《光明日报》报道："批林批孔"运动开展以来，全国各地普遍加强了驻校工人宣传队和贫下中农管理学校委员会的工作。河北省已有 720 所中小学充实、加强和重新派驻了工宣队，队员达 2300 多人。农村公社大都健全或恢复了贫管会。中共北京市委向 17 所高等院校增派了 400 名工宣队员，各校院、系两级领导班子都有工宣队员参加。山西、内蒙古、四川、青海等省、直辖市、自治区专门下发文件，要求各级党委调整、充实和加强工宣队、贫管会的力量。北京、上海、辽宁、广西、新疆等省、直辖市、自治区党委召开了工宣队、贫管会工作会议。一些省市还健全或重建了各级工宣队的专门领导机构。③

直到 1977 年 9 月 19 日，邓小平说："工宣队问题要解决，他们留在学校也不安心。军队支左的，无例外地都要撤出来。学校里这些问题不解决，扯皮就扯得没完没了。"④

2. "七二一指示"

1968 年春节后，根据上海市的意图，记者组到上海机床厂调查"文化大革命"的斗批改情况，《文汇报》与新华社记者共同写了题为《从上海机床厂看培养工程技术人员的道路》的调查报告。1968 年 7 月 21 日，《人民日报》提交清样并提出：要从工人中培养技术人员，大学毕业生应先到工厂、农村参加劳动，当普通劳动者；由有经验的工人当教师；由基层选拔经过实践的初高中毕业生入大专院校，该报告的核心结论是："从工人中选拔技术人员，这是一条培养无产阶级工程技术人员的道路。"毛泽东在编者按中说：这个调查报告"提出了学校教育革命的方向"，"大学还是要办的，我这里主要说的是理工科大学还要办，但学制要缩短，教育要革命，要无产阶级政治挂帅，走上海机床厂从

---

① 中央教育科学研究所：《中华人民共和国教育大事记（1949—1982）》，北京：教育科学出版社，1983 年版，第 425 页。

② 中央教育科学研究所：《中华人民共和国教育大事记（1949—1982）》，北京：教育科学出版社，1983 年版，第 456 页。

③ 中央教育科学研究所：《中华人民共和国教育大事记（1949—1982）》，北京：教育科学出版社，1983 年版，第 465 页。

④ 《邓小平论教育》，北京：人民教育出版社，2004 年版，第 51 页。

工人中培养技术人员的道路。要从有实践经验的工人农民中间选拔学生，到学校学几年以后，又回到生产实践中去”[①]。后来简称为“七二一指示”。

1968 年 9 月，上海机床厂为贯彻执行毛泽东的“七二一指示”，创办七二一工人大学，学校根据本厂需要，设磨床设计制造专业，经车间推荐，厂革委会批准，招收本厂工人 52 人入学，学员平均年龄 29 岁，平均工龄在十二年以上，文化程度从小学到相当于高中程度不等。学制二年（后延长十个月）。教材由具备实践经验的工人编写，教师主要也是经验丰富的工人。设毛泽东思想、劳动、军体、专业等课程。结合本厂的典型产品或科研课题，重新组织课程，自编教材，自选教师，按生产顺序分阶段进行教学。学员全脱产学习，但仍参加工厂的政治运动，定期回车间劳动，毕业后仍“回到生产实践中去”。在此以后，各地相继仿效举办这类学校，如北京电力学院曾与北京东郊热电厂和保定、石家庄等电力生产单位联合举办七二一大学；技工学校已经办得很好的上海江南造船厂也将厂办学校重新洗牌，办起了七二一大学。办学方式上也有变化，包括全日制、半工半读、业余以至短训班等，统称为“七二一大学”。据统计，至 1972 年，全国有七二一大学 68 所，学生 4000 人。[②]

1969 年，上海机床厂的七二一大学办了一所业余政治大学，次年，又附设了业余技术学校，并不定期举办技术短训班。虽然是脱产学习，学员们“身上不减油泥味，两耳不断机器声”，生产大忙时，仍回班组参加劳动。1971 年 7 月 21 日，首批学员毕业，“一不发毕业证书，二不增加工资待遇，三不要工程师、技术员的称号”。这些学员中，34 人回到原生产岗位，8 人支援内陆地区建设，10 人从事科研设计工作。1972 年，新华社播发题为《新型的工人技术人员在成长》的通讯，认为上海机床厂七二一大学的首批学员“遵照了毛主席关于‘到学校学几年以后，又回到生产实践中去’的指示”[③]。

据《上海成人高等教育志（1863—1990）》记载，上海机床厂七二一大学前后共招收了三届脱产学员，课程包括毛泽东思想、劳动课、学军课、制图、数学、外语、磨床设计等。第一、二届学生均按教学计划完成授课。第三届学生入校后，学习“朝阳农学院经验”，教学不再提专业要求，两年多时间里，学员们参加各项政治运动的时间超过了一千小时。

---

① 《从上海机床厂看培养工程技术人员的道路及编者按》，引自《人民日报》，1968 年 7 月 22 日。

② 中央教育科学研究所：《中华人民共和国教育大事记（1949—1982）》，北京：教育科学出版社，1983 年版，第 422 页。

③ 徐笛：《1968：工厂里的特殊大学》，引自《瞭望东方周刊》，2009 月 7 月。

1969年3月29日，《人民日报》发表驻复旦大学工人、解放军宣传队的文章：《我们主张彻底革命》。文章把“文化大革命”前的高等学校称为“旧大学”，提出“彻底批判旧综合性大学那一套学制、体制、课程、教材、教学方针和方法”，培养“普通劳动者”；废除“高考和统一分配制度”①；等等。《人民日报》并借此开辟专栏讨论“社会主义大学应当如何办”。讨论一直延续到1976年7月，专栏共出了78期。讨论的中心随着国内政治形势和教育革命运动的进展，不断变化，其内容几乎涉及高等学校工作的所有方面。

1970年6月2日，中央文革小组成员张春桥、姚文元在上海召开理工科大学教育革命座谈会，讨论驻清华大学工人、解放军宣传队写的题为《为创办社会主义理工科大学而奋斗》的材料。姚文元认为，清华大学这份材料，“中心是如何走上海机床厂从‘工人中培养技术人员的道路’，办好社会主义理工科大学”。张春桥说，教育革命要学习清华大学的经验。并说，“教育革命不单是学校的事，是社会革命”，“要抓阶级斗争”。姚文元在座谈会结束时说：“搞教育革命要突出无产阶级政治，要抓阶级斗争，抓革命大批判，抓思想政治工作，抓落实政策。要充分发动群众，依靠工人阶级、贫下中农、革命知识分子和社会上各个方面的革命力量。”并要求“把教育革命工作抓紧”。②

1970年7月21日，《红旗》第8期发表由张春桥、姚文元策划的驻清华大学工人、解放军宣传队署名的文章《为创办社会主义理工科大学而奋斗》。文章中提出了创办“社会主义理工科大学”的六方面的问题：（一）“实行工人阶级的领导。”“工人阶级必须在斗争中牢牢掌握教育革命的领导权。”工人阶级要掌握领导权，必须批判资产阶级。“因此，革命大批判是创办社会主义大学的战略任务，是教育革命的一门主课。”（二）建立一支无产阶级教师队伍，“对原有教师坚持边改造、边使用，建立工农兵、革命技术人员和原有教师三结合的教师队伍”。“工农兵教员是教师队伍中一支最有生气的革命力量。”组织原有教师到三大革命实践中去锻炼改造。（三）实行“开门办学，厂校挂钩，校办工厂，厂带专业，建立教学、科研、生产三结合的新体制”，“把大学办到社会上去”，“使知识分子接受再教育”。“走‘五七指示’指引的道路。”（四）“坚持把政治教育作为一切教育的中心。”“坚持以阶级斗争为主课。”（五）彻底改革教材。打破买办洋奴哲学、爬行主义，打破旧的教材体系，以毛泽东思想为武器，以工农兵的需要为出发点，三大革命为源泉，编写无产阶级新教材。

---

① 《我们主张彻底革命》，引自《人民日报》，1969月3月29日。

② 中央教育科学研究所：《中华人民共和国教育大事记（1949—1982）》，北京：教育科学出版社，1983年版，第432～433页。

（六）实行新的教学方法。结合生产、科研任务中的典型工程、典型产品、典型工艺、技术革新等进行教学。打破过去把基础课与专业课截然分开的界限，突出重点，急用先学，边干边学。改变以课本为中心，以教师为中心的方法。①这篇文章发表后，许多报纸加以转载。

1973 年 10 月 19 日，《人民日报》发表上海华山医院举办医科大学试点班的调查报告。这个试点班创办于 1970 年 7 月，学员 42 人于 1973 年毕业。学员在三年学习时间内，除在医院结合实践组织教学外，还用三分之一的时间去农村，主要是在县医院或结合农村巡回医疗进行教学。华山医院的这个经验，被称为医学教育走上海机床厂道路的新生事物。②这个经验推广后，许多地方的医院办了学校，有的将医学院与医院合并，或把医疗系与医院合并，有的进行基础和临床结合的教学试验。

1975 年 6 月，教育部、第一机械工业部联合在上海召开全国七二一工人大学教育革命经验交流会。参加会议的有各省、直辖市、自治区和国务院有关部委及部分七二一工人大学和理工科院校的代表。会议还邀请了大庆、鞍钢、江西共产主义劳动大学、朝阳农学院的代表参加。会议交流了各地办好七二一工人大学的经验，认为“七二一工人大学是文化大革命中的新生事物，是对十七年修正主义教育路线的有力批判，体现了社会主义教育事业的发展方向”。办好这种学校，“是多快好省地培养工人阶级自己的知识分子，实现劳动人民要知识化，知识分子要劳动化的重要途径”。要大力、迅速、扎实地发展和办好七二一大学。加快现有理工科大学教育革命的步伐。要学习七二一大学的基本经验，运用这些经验来改造普通大学。普通大学的教育革命要沿着“七二一”道路前进。

自 1968 年七二一大学兴起后，各地的工交系统多次分别召开现场会、经验交流会、汇报会，推广上海机床厂和本地区、本系统厂办工人大学的经验。每年 7 月 21 日前后全国报刊发表大量文章、报道、社论等，宣传七二一大学的成就、办学的意义，推广办学经验。1976 年 7 月 21 日，新华社报道：七二一工人大学在全国大量发展，据上半年不完全统计，全国七二一大学从 1975 年上半年的 1200 所，9 万多人，猛增到 15 000 多所，78 万多人。③

据《中国教育年鉴（1949—1981）》记载，截至 1976 年，全国七二一大学

---

① 《为创办社会主义理工科大学而奋斗》，引自《红旗》，1970 年第 8 期。

② 《医院也可以办大学》，引自《人民日报》，1973 年 10 月 19 日。

③ 中央教育科学研究所：《中华人民共和国教育大事记（1949—1982）》，北京：教育科学出版社，1983 年版，第 475 页。

总数为33 374所，有学生148.5万人，约是同期普通高校学生数的三倍。此后，曾盛极一时的七二一大学无声消散。

1978年，国务院批转教育部《关于办好七二一大学的几点意见》。国务院在批示中指出：现有的七二一大学要加强领导，认真整顿，提高教育质量。有办学条件的，应积极发展。意见规定：七二一大学的任务是为本单位、本系统培养相当于大专水平的技术人才。招收具有相当于高中毕业文化程度、有实践经验的优秀职工，进行脱产或半脱产学习。全脱产的学习期限一般为二至三年。学生学完规定的全部课程，经过考试达到与普通大专院校同类专业水平的，使用上同等对待。同时，还对办学形式、领导管理、教师队伍和教材的建设提出了意见。在此以后，各地都对“文化大革命”以来发展起来的七二一工人大学进行了调整整顿。对经过批准保留的七二一大学予以充实提高，对不具备条件的七二一大学改办为业余大学、业余中等专业学校或文化技术业余学校。各地七二一工人大学均先后改称为职工大学。①

七二一大学对职业教育和高等教育存在双重损害。以机械工业为例，全国工程技术人员占全行业总人数的比例从1965年的7.5%下降到了1978年的3.8%；本来身怀巧艺的技工，非要授予“工人工程师”的称号。1984年4月，上海机床厂党委作出决定，否定了那篇曾让该厂“彪炳史册”的调查报告。②

3. 上山下乡

20世纪50年代后期，由于大量城市中小学毕业生在短期内无法安排工作，其中一些人就提出到农村去参加农业劳动。

1955年8月30日，北京市青年垦荒队出发，去黑龙江萝北县建立北京青年农庄。青年团中央书记胡耀邦在欢送大会上作了《向困难进军!》的讲话。9月7日，浙江省504名优秀的中学毕业生，志愿去新疆参加祖国建设。到1955年末，全国有16个省市组织了青年志愿垦荒队，上万名青年参加了边疆垦荒劳动。此后，根据毛主席对《在一个乡里进行合作化规划的经验》一文的指示“农村是一个广阔的天地，在那里是可以大有作为的”，各地进行了组织城市知识青年下乡的试验工作。③

1957年4月8日，《人民日报》发表《关于中小学毕业生参加农业生产问

---

① 中央教育科学研究所：《中华人民共和国教育大事记（1949—1982）》，北京：教育科学出版社，1983年版，第513~514页。

② 徐笛：《1968：工厂里的特殊大学》，引自《瞭望东方周刊》，2009年7月。

③ 中央教育科学研究所：《中华人民共和国教育大事记（1949—1982）》，北京：教育科学出版社，1983年版，第140页。

题》的社论，社论是根据刘少奇本年二三月间在河北、河南、湖南、湖北和广东等地视察时，针对教育工作和中小学毕业生的安置、就业问题发表的多次讲话整理的，并经本人修改过。社论指出：新中国成立以来，我国教育事业有很大发展。但由于条件的限制，中小学毕业生还不能全部或多数升学，要有很大一部分转入农业生产战线。这是正常现象，是长期现象，是好事情。社论针对某些青年学生中间出现的下乡种地"丢人"、"没出息"、"吃亏"等思想问题，摆事实、讲道理，号召青年从党和人民利益的大局出发，毅然决然地、愉快积极地投入到生产劳动中去，特别是投入到农业生产中去。① 社论发表后，教育部、青年团中央联合发出通知，要求各地组织学习，并迅速见诸行动。6 月 18 日，武汉市组织首批 81 名自学青年下乡参加农业生产。长春、沈阳、天津、青岛、济南、包头、北京在一两个月内先后组织 1000 余名应届高中毕业生下乡。"立志作祖国第一代有文化的农民"、"到农村去安家立业"成为许多中小学毕业生的行动口号。张闻天、徐迈进、南汉辰、刘秀峰等一批干部热情支持自己的子女下乡从事农业劳动。据《光明日报》9 月 22 日报道，全国已有 200 万没有升学的中小学毕业生到农村参加生产。此外，各地还用民办中学、短训班、初习学校和自学等形式，组织安排了一批中小学毕业生继续学习。②

1960 年，二届全国人大二次会议通过了《1956 年到 1967 年全国农业发展纲要》。其中提出城市中小学毕业的青年，除了能够在城市升学、就业的以外，应当积极响应国家的号召，上山下乡去参加农业生产，参加社会主义农业建设的伟大事业。③

1963 年 6 月 29 日至 7 月 1 日，中央安置城市下放职工和青年学生领导小组召开六个大区城市精简职工和青年学生安置工作领导小组组长会议。周恩来接见会议代表时指示：今后十五年内，动员城市青年学生下乡参加农业生产是城乡结合、移风易俗的大事。各省、直辖市、自治区都要作长远打算，编制十五年安置规划。今后安置的主要方向是插入人民公社生产队，其次是插入国营农、牧、林、渔场，再次是建立新的国营农、牧、林、渔场。11 月 18 日至 12 月 7 日，中央安置城市下乡青年领导小组召开城市青年下乡插队的经验交流座谈会。据报道：1962 年、1963 年两年，16 个地区动员和组织下乡插队的城市知识青

① 《关于中小学毕业生参加农业生产问题》，引自《人民日报》，1957 年 4 月 8 日。

② 中央教育科学研究所：《中华人民共和国教育大事记（1949—1982）》，北京：教育科学出版社，1983 年版，第 194 页。

③ 中央教育科学研究所：《中华人民共和国教育大事记（1949—1982）》，北京：教育科学出版社，1983 年版，第 272 页。

年近10万名，1964年，全国又有30余万知识青年上山下乡，参加农村社会主义建设。①

1964年4月24日，中共中央批转共青团中央《关于组织城市知识青年参加农村社会主义建设的报告》，中央批示指出：今后按照国家社会主义建设的需要，不仅每年都要有计划地做好动员大批知识青年上山下乡的工作，而且还要认真做好巩固工作，要注意发挥他们在建设社会主义新农村中的积极作用。对这一工作要定期检查，不断总结经验，解决问题。《人民日报》等媒体先后刊发上山下乡的典型人物加以宣传。②

1964年6月11日至29日，共青团第九次全国代表大会在北京举行。共青团中央第一书记胡耀邦在会上作了题为《为我国青年革命化而斗争》的工作报告。指出：今后在相当长的时期里，中学毕业的学生除了一部分继续升学，或是参加工业、商业以及服务性行业的劳动外，大部分都要参加农业生产，这是国民经济发展的需要，也是青年参加社会主义建设的主要途径。每一个在校的学生，都要勤奋学习，热爱劳动；一颗红心，两种准备。这是知识青年对待升学和参加劳动问题上的正确态度。③

“文化大革命”开始后，知识青年下乡进入高潮，“文化大革命”期间，全国上山下乡的知识青年有1600多万。

1968年12月22日，《人民日报》报道，甘肃省会宁县城城镇居民到农村安家落户，并在编者按中引述了毛泽东的指示：“知识青年到农村去，接受贫下中农的再教育，很有必要。要说服城里干部和其他人，把自己初中、高中、大学毕业的子女，送到乡下去，来一个动员。各地农村的同志应当欢迎他们去。”从此，全国各地城镇出现了知识青年上山下乡的高潮。“文化大革命”开始以来的初高中毕业生，除已回乡、下乡和分配工作的以外，纷纷去农村、边疆落户。有的地区因初中毕业生全部上山下乡，停办了高中；一些地方，大批在校的初高中一二年级学生，也随毕业生到农村去劳动锻炼。④

1970年后，知识青年上山下乡出现的问题越来越多且越来越严重。1973年

① 中央教育科学研究所：《中华人民共和国教育大事记（1949—1982）》，北京：教育科学出版社，1983年版，第338～339页。

② 中央教育科学研究所：《中华人民共和国教育大事记（1949—1982）》，北京：教育科学出版社，1983年版，第358页。

③ 中央教育科学研究所：《中华人民共和国教育大事记（1949—1982）》，北京：教育科学出版社，1983年版，第362页。

④ 中央教育科学研究所：《中华人民共和国教育大事记（1949—1982）》，北京：教育科学出版社，1983年版，第423～424页。

8月4日，中共中央转发国务院《关于知识青年上山下乡工作会议的报告》。报告提出了统筹解决知识青年上山下乡有关问题的办法。在此以前，福建省莆田县城郊公社下林小学教师李庆霖写信给毛主席，反映知识青年上山下乡中的问题。4月25日，毛主席给李写了复信，指出“全国此类事甚多，容当统筹解决”。之后，国务院为统筹解决知识青年上山下乡工作中的问题，于六七月间召开了全国知识青年上山下乡工作会议，并提出了上述报告。①

1973年9月25日，国务院科教组转发关于上山下乡知识青年教育工作的六个经验材料，要求各级教育部门会同有关方面做好上山下乡知识青年的教育工作。并要求根据“中学毕业生参加生产劳动（主要是上山下乡）的需要，进一步研究如何加强思想教育，改革学制、课程、教材和教学方法，深入教育革命”②。上述会议和文件事实上都回避了真实问题，并未提出切实可行的办法。

1978年10月31日至12月10日，全国知识青年上山下乡会议在北京举行。会议决定调整政策，改进做法，城乡广开门路，采取多种形式，妥善安排知识青年，积极解决存在问题，加强培养教育工作。会议认为，城市中学毕业生的安排，要实行“进学校、上山下乡、支援边疆、城市安排”四个面向的原则。并提出举办大学分校、中等专业学校、技工学校等，为更多的城镇中学毕业生创造学习和就业条件。③

4.“两个估计”

1967年7月18日，《人民日报》发表题为《打倒修正主义教育路线的总后台》的文章，全面否定1949年后十七年的教育工作，说十七年的教育，是“封建主义、资本主义、修正主义教育的一套破烂”。制定高校、中学、小学工作条例是大搞“智育第一”、“技术至上”，“小宝塔”是“资本家开学店的翻版和发展”。重点学校“无非是为复辟资本主义准备一批用起来得心应手的精神贵族”。学校里的基层党组织对行政工作起“监督、保证”作用，就是要“把教育大权交给资产阶级知识分子”。半工半读，“就是资产阶级的职业学校”。“两种教育制度”就是资本主义国家的“人才教育”和“劳动者教育”的“双轨制”的翻版。1949年以来教育工作中推行的是一条“反革命修正主义路线”，

① 中央教育科学研究所：《中华人民共和国教育大事记（1949—1982）》，北京：教育科学出版社，1983年版，第453~454页。

② 中央教育科学研究所：《中华人民共和国教育大事记（1949—1982）》，北京：教育科学出版社，1983年版，第454页。

③ 中央教育科学研究所：《中华人民共和国教育大事记（1949—1982）》，北京：教育科学出版社，1983年版，第532页。

“党内最大的走资本主义道路的当权派是推行修正主义教育路线的总后台”。说“反革命修正主义教育路线”，“要为资本主义复辟效劳”，“要为地主、资产阶级传宗接代”①。9月，《红旗》第10期发表了相似的文章《沿着毛主席的无产阶级教育革命路线胜利前进》，鼓动对十七年的教育路线进行大批判。

这一判断再后来逐级提升，最终写进中共中央的教育文件。

1971年4月15日至7月31日，国务院在北京召开全国教育工作会议。会议在张春桥、迟群等人控制下进行。一开始，上海的徐海涛等人就抛出了“黑线专政论”，污蔑“文化大革命”前十七年党领导下的学校“是叛徒、特务、走资派把持领导权”，“是培养资产阶级知识分子的场所”，教育战线“资产阶级专了无产阶级的政”；把广大教师和十七年培养出来的学生都说成是“资产阶级知识分子”（通称“两个估计”）。他们还制造了一批“十七年黑线专政”的“典型”。当他们的谬论遭到一些与会者的反对和抵制时，迟群竟责骂他们是“资产阶级知识分子的代表”，“立场、感情、态度有问题”。1971年7月6日，周恩来接见全国教育工作会议领导小组成员，针对会议上关于十七年教育工作估计的争论，指出“毛主席的红线也是照耀了教育战线的”，“知识分子的大多数是接受共产党领导的，是为社会主义服务的”，“对教师队伍和解放后培养的学生要作具体分析，要辩证地看问题”②。张春桥则在会议领导小组会上说：十七年教育战线“领导权的问题始终没有解决”，“毛主席的路线没有落实”，“名义上是共产党领导，实际上是假的”。张春桥、迟群坚持其“两个估计”，并由迟群主持起草，经张春桥、姚文元定稿，炮制出了这次会议的《全国教育工作会议纪要》。③

1971年8月13日，中共中央批转了这个纪要，其中包含“两个估计”。其一，“文化大革命”前，十七年在教育战线上“资产阶级专了无产阶级的政”，“疯狂推行反革命修正主义教育路线”，教育制度是“封、资、修”的混合物，为复辟资本主义服务，是“黑线专政”。其二，原有教师中的大多数，“世界观基本上是资产阶级的”，是资产阶级知识分子，必须继续抓紧对原有教师的再教育。纪要还将“全民教育”、“天才教学”、“智育第一”、“洋奴哲学”、“知识私有”、“个人奋斗”、“读书无用”等称之为十七年资产阶级统治学校的精神支

---

① 《打倒修正主义教育路线的总后台》，引自《人民日报》，1967年7月18日。

② 中央教育科学研究所：《中华人民共和国教育大事记（1949—1982）》，北京：教育科学出版社，1983年版，第439页。

③ 中央教育科学研究所：《中华人民共和国教育大事记（1949—1982）》，北京：教育科学出版社，1983年版，第438页。

柱。纪要提出，要巩固工人阶级在教育阵地的领导权，坚持“五七指示”的道路，把转变学生的思想放在首位。还提出“教育要同三大革命实践结合，以厂（社）校挂钩为主，多种形式开门办学，建立教学、生产劳动、科学研究三结合的新体制；文科要把整个社会作为自己的工厂，农业大学要统统搬到农村去，医药院校应坚定地把重点面向农村”。要建立“工农兵、革命技术人员和原有教师三结合”的无产阶级教师队伍。“要充分发挥工农兵学员上大学、管大学、用毛泽东思想改造大学的作用”。教材要彻底改革，学校实行党的一元化领导，在党委统一领导下充分发挥工宣队的政治作用。要推广厂办工人大学、农村的五七大学或五七学校。纪要对高等学校的调整、管理体制、招生、学制、毕业分配的问题作了规定。纪要还提出，争取在第四个五年计划期间，在农村普及小学五年教育，有条件的地区普及七年教育。要“大力提倡群众集体办学”，提出“民办公助的学校和民办教师，国家补助应是主要的”。并对中小学的教学、教师、学制等问题提出了意见。①

1971 年 8 月至 11 月，各省、直辖市、自治区先后召开教育工作会议，传达和贯彻全国教育工作会议和纪要的精神，加快了“教育革命”走向歧途的过程。在这个过程中，教育部门的干部、学校的教职工对纪要的“两个估计”，表示“不理解”、“想不通”，采取各种方式进行抵制。“两个估计”把广大知识分子作为革命和改造的对象，与“地、富、反、坏、右、叛徒、特务、走资派”放在一起，贬为“臭老九”。成为广大教育工作者的思想桎梏，严重地危害了教育事业的发展。

三、局部恢复阶段

“文化大革命”对教育造成的伤害是难以用数据准确描述的，但数据还是能在一定程度显示出这种伤害的程度。到 1970 年年末，全国共有高等学校 434 所，在校学生 48 000 人。1966 年至 1970 年的五年内，高等学校招收学生42 000 人，毕业学生 66.6 万人，未培养研究生，未派出留学生。全国共有中等学校 106 041所（其中中等专业学校 1087 所、普通中学104 954 所），在校学生 2648.3 万人（其中中等专业学校学生 6.4 万人，普通中学学生 2641.9 万人）。全国共有小学 96.11 万所，在校学生 10528 万人。年末统计，第三个五年计划期间（1966—1970），全国教育事业费支出占国家财政总支出的 5.93%；全国

① 《全国教育工作会议纪要》，引自《中华人民共和国重要教育文献（1949—1975）》，海口：海南出版社，1998 年版，第 1478 ~ 1482 页。

教育事业基建投资完成额占国家基建投资完成总额的0.44%。[①] 在混乱的年代，依然有一些教育工作者试图在力所能及的范围内做好教育教学工作，这是“文化大革命”后期出现教育工作局部恢复的动力源泉。

1. 招收工农兵学员

1970年6月27日，中共中央批转《北京大学、清华大学关于招生（试点）的请示报告》，供各地区参考。报告认为，经过三年多的“文化大革命”，两校已具备了招生条件。为此，计划于本年下半年开始招生，具体意见如下：（一）培养目标：培养高举毛泽东思想伟大红旗，无限忠于毛主席、无限忠于毛泽东思想、无限忠于毛主席的革命路线的全心全意为社会主义革命和社会主义建设服务的有文化科学理论、又有实践经验的劳动者。（二）学制：根据各专业具体要求，分别为二至三年。另办一年左右的进修班。（三）学习内容：设置“以毛主席著作为基本教材的政治课；实行教学、科研、生产三结合的业务课；以备战为内容的军事体育课”。各科学生都要参加生产劳动。（四）学生条件：政治思想好、身体健康、具有三年以上实践经验、年龄在20岁左右、有相当于初中以上文化程度的工人、贫下中农、解放军战士和青年干部。有丰富实践经验的工人、贫下中农，不受年龄和文化程度的限制。还要注意招收上山下乡和回乡知识青年。（五）招生办法：实行群众推荐、领导批准和学校复审相结合的办法。（六）学生待遇：有十年以上工龄的老工人由原单位照发工资（要扣除学校发的19.5元），其他来自工厂、农村的学生每月发给伙食费和津贴费19.5元。解放军学生由部队负责供给。（七）分配原则：学习期满后，原则上回原单位、原地区工作，也要有一部分根据国家需要统一分配。10月15日，国务院电报通知各地：1970年高等学校招生工作，按中央批转的北京大学、清华大学上述报告提出的意见进行。凡过去是面向全国的大学，现在条件成熟，必须到外省招生时，在中央规定统一招生办法之前，可由省与省之间协商解决。1970年部分高等学校试点招收工农兵学员，共招收41 870人。[②]

1972年，在高考被废除六年之后，大部分高等学校才陆续恢复“推荐与选拔相结合”的招生，“工农兵学员”登上中国历史舞台，实行“自愿报名、群众推荐、领导批准、学校复审”的招生办法，明确规定只选拔具有两年以上实践经验的优秀工农兵入学，不招收应届毕业生，取消文化考试，没有经过任何

① 中央教育科学研究所：《中华人民共和国教育大事记（1949—1982）》，北京：教育科学出版社，1983年版，第436页。

② 中央教育科学研究所：《中华人民共和国教育大事记（1949—1982）》，北京：教育科学出版社，1983年版，第433～434页。

文化考试的推荐选拔的大学招生制度开始实行。进入大学的学员称“工农兵大学生”，他们文化基础层次不齐，有不少甚至不具备基本的文化知识基础，大学的教学难以进行，政治运动却接连不断。

“工农兵”被推荐到大学，最主要的目的并不是学习，而是“上大学、管大学、用毛泽东思想改造大学”，简称“上、管、改”。这种本末倒置的指导思想，使大学教育走上了严重的形式化、政治化。而在“不让一个阶级兄弟掉队”的指导思想下，所有教学都得照顾班上最差的同学，而推荐学员的最低文化要求仅仅是初小文化，也就是刚刚达到脱盲水平，许多大学为此不得不“大学变小学”。以下是某校招收工农兵学员入学后的一些情况①：

> 1970年12月，学院进行了“文化大革命”以来的第一次招生。招收工农兵学员122人，分为发电、电自、热力、热自四个专业。学员中初中文化的有87人，高中文化的有24人，不到初中文化程度的有11人。
>
> 学员半个月的入学教育结束后，遵照中央提出的“大中城市学校野营训练”的通知，赴满城、完县、唐县、望都、清苑等6个县，进行了行程600里、为期一个月的野营拉练。拉练过程中进行了忆传统、学传统活动。在狼牙山，请老红军讲述狼牙山五壮士的事迹；在军城，凭吊白求恩墓；在冉庄，参观地道战遗址。
>
> 第二届工农兵学员入学后，也于1972年10月16日进行了野营拉练。129人参加，行程256华里，共用18天时间。
>
> 野营拉练途中，师生在学院农场完成了秋收任务。
>
> 部分同学在安新县张庄帮老乡打稻子时突然停电了，二十多个人只好停工。社员对同学们说：“你们电力学院是搞电力的，能不能研究多发电呢？”
>
> 同学们听了这恳切的话语，看着社员们着急的表情，心情久久不能平静。
>
> 在当时，这是一件司空见惯的小事，而提出的问题却令人深思。
>
> 由于招生对象只要“具有相当于初中以上文化程度”即可，这给教学带来了极大困难。
>
> 工农兵学员中部分人学外语困难，为便于他们集中精力学好基本课程，学院制定了《外语课暂行办法》，对年龄较大的老工人学员、文化较低的

---

① 华北电力大学校史编写组：《华北电力大学校史》，北京：中国电力出版社，2008年版，第39～40页。

学员，经努力学习外语和其他课程确有困难的，本人提出申请，经各系主管领导签署意见，主管领导批准，即可免修外语。

加之“修业年限缩短为二至三年”，使教材的选用和编写、课程安排，只能大幅度削减，降低对高级专门人才的培养要求。三年应学的17门或18门课程，减少到12门左右，三年教学总课时数普遍减少300学时左右，业务课学时一般在每周34学时以下。

对仅存的理论教学，打破“三段式”、“三中心”，否定了已被实践证明有效的课程设置的衔接顺序。

在教学上，采取“开门办学”、“结合典型产品教学”、“边干边学”等方法，基本上用劳动代替教学。以当时在社会上有一定影响的电自专业为例，结合本专业的典型产品继电保护装置进行教学，其效果，学员反映“知其然，不知其所以然”。热自专业到北京仪表二厂结合热工仪表调节装置教学，结果也大致如此，发电和热力专业则主要是到发电厂变电站等单位，以劳动作为“开门办学”的主要形式，采用“边干边学”、“工人师傅上讲台”的方法。如此教学的结果，是高校培养的高级专门人才质量普遍下降。这也是导致20世纪80年代初工农兵学员“回炉补课”的主要原因。

学院从1970年起招收工农兵学员，至1976年底，共招六届。七六级中有十名学员实际文化只有高小或初一的程度，跟班学习困难太大。学院只得为他们单独开设补课班，补习中学数、理课程。

工农兵学员中也有部分本身基础不错，又潜心专业学习，学业成绩突出的。如七五级学员沈国荣，后为中国工程院院士；七三级学员刘吉臻，后任水利电力大学校长、华北电力大学校长；七三级学员王兵树，其科研成果被评为1992年全国十大科技成果之一。

1972年10月14日，周恩来接见美国哥伦比亚大学教授、诺贝尔奖获得者李政道博士。李政道对中国实行的“中学毕业生要下放劳动两年才能上大学”、“推荐上大学”等提出自己的看法，周恩来对此点头同意，并且说：“学生应当以学习为主……中学毕业后，不需要专门劳动两年，可以直接上大学，边学习、边劳动。”这番话在当时引起了社会震动，但没有发生任何政策的变动。

1974年5月，李政道再次回到中国，他在上海听到：芭蕾舞学校的学生不需要脱产专门劳动两年，理由是跳芭蕾舞不能停。受到启发的李政道写信给周恩来：既然跳芭蕾舞不能停，学科技的学生也不应脱产专门劳动几年，应选择优秀青少年，使之早入大学，加以培养。周恩来指示：将李政道的来信用大字版排出，送毛泽东审阅。5 月 30 日，毛泽东接见了李政道，表示赞同李政道提出的办少年班的意见。

然而，这些努力所起效果甚微。直到 1977 年教育部采取的折中办法仍是以贯彻周恩来 1972 年讲话的名义，要求各地在每年的招生中，分出 1% ~5% 的名额给应届生。

在整个“文化大革命”期间，由于高校的搬、并、迁、散等原因，全国共砍掉 106 所高等学校，少培养百万名以上的高级人才。①

2. 再提普及小学目标

1971 年 8 月 13 日通过的《全国教育工作会议纪要》提出，争取在第四个五年计划期间，在农村普及小学五年教育，有条件的地区普及七年教育。要“大力提倡群众集体办学”，提出“民办公助的学校和民办教师，国家补助应是主要的”，并对中小学的教学、教师、学制等问题提出了意见。

1973 年 4 月，国务院科教组分华北、东北、华东、中南、西北、西南六个地区召开全国中小学教育工作会议预备会，研究了中小学在第四个五年计划期间普及农村小学教育问题。会后，各省、直辖市、自治区按照会议的精神，安排了工作，但全国中小学教育工作会议因故未能召开。②

当时提出这一目标的现实条件依然脆弱，既缺少来自群众的真切愿望，也没有考虑实际条件。据 1973 年 9 月 11 日国务院科教组在一个内部刊物上综合反映，“文化大革命”以来，全国各地进行了中小学学制改革，各省、直辖市、自治区当时实行的中小学学制已是五花八门。其中有 14 个省、直辖市、自治区实行九年制（小学五年，初中二年，高中二年）；七个省、直辖市、自治区实行十年制（小学五年，初中三年，高中二年或小学六年，中学四年）；九个省、自治区对农村学校实行九年制，城市学校试行十年制；西藏自治区实行小学五年制和六年制并存，初中实行三年制。③

1973 年 9 月 27 日至 10 月 25 日，国务院科教组、卫生部、财政部联合在北京召开座谈会，讨论加强教育、卫生财务管理问题。会议提出：教育、卫生事业的发展，应当统筹安排，列入国家计划。发展民办教育，学校要积极开展勤

---

① 中华人民共和国教育部：《共和国教育 50 年》，北京：北京师范大学出版社，1999 年版，第 355 页。

② 中央教育科学研究所：《中华人民共和国教育大事记（1949—1982）》，北京：教育科学出版社，1983 年版，第 450 页。

③ 中央教育科学研究所：《中华人民共和国教育大事记（1949—1982）》，北京：教育科学出版社，1983 年版，第 454 页。

工俭学。中小学勤工俭学收入不上缴财政，并在税收上给予适当照顾。在中学设人民助学金。对少数民族地区和边境地区的一些特殊困难，要注意帮助解决。1974 年 1 月 17 日，科教组、卫生部、财政部印发这次座谈会和三个财务管理办法。其中《关于中小学财务管理若干问题的意见》规定：中学助学金，暂定城市每生每年 2 元，县镇和农村每生每年 3 元。1974 年全国教育事业费比 1973 年增加近 4 亿元，增长 9.4%[①]。

1974 年 5 月 30 日，国务院科教组发出《关于 1974 年教育事业计划（草案）的通知》，提出：1974 年发展教育事业，重点是继续大力普及农村小学五年教育，加强和发展高等教育，发展厂办七二一大学，积极开展工农特别是上山下乡知识青年的业余教育。在保证重点的前提下，有计划地安排中专和技工学校；同时积极创造条件，逐步在大中城市普及十年教育，农村有条件的地区普及七年教育。于是大批小学骨干教师被抽调去当中学教师，大大削弱了小学教师队伍的力量。在农村采取小学"戴帽子"的办法来发展中学，也挤占了小学的校舍、设备。到 1977 年，附设初中班的小学还有 20.21 万所，占小学总校数的 20.57%。[②]

"文化大革命中的盲目，并不是因为群众过热，而是因为当时政治目标没有顾及实际的条件。"[③]

3. 批林整风及延绵不断的政治运动

1972 年 1 月 13 日，中共中央在《关于粉碎林陈反党集团反革命政变的斗争材料发放范围的通知》中，决定扩大至小学五六年级、中等学校、大专学校的每个教学班。教职工每 15 人左右一份。这样做是为了使师生加深对粉碎林陈反党集团重大意义的理解，深入进行思想和政治路线方面的教育，进一步开展革命大批判。在此以后，全国各级各类学校根据中共中央的部署进一步开展了"批林整风"运动。[④]

1973 年 5 月 21 日，国务院科教组就科教战线"批林整风"的形势向中共中央、国务院提出报告。报告指出：半年多来，在科教战线围绕着林彪路线的实质是"左"还是右、当前的形势是好还是坏、知识分子是改造过头了还是要

---

① 中央教育科学研究所：《中华人民共和国教育大事记（1949—1982）》，北京：教育科学出版社，1983 年版，第 455 页。

② 中华人民共和国教育部：《共和国教育 50 年》，北京：北京师范大学出版社，1999 年版，第 263 页。

③ 程介明：《中国大陆教育实况》，台北：台湾商务印书馆，1993 年版，第 138 页。

④ 中央教育科学研究所：《中华人民共和国教育大事记（1949—1982）》，北京：教育科学出版社，1983 年版，第 442 页。

继续改造这三个基本问题开展了一场大辩论。报告列举了科教战线群众对“批林整风”等问题的看法和情绪。如认为林彪路线是极“左”路线，“文化大革命”和科教战线斗批改搞过了头，现在要反“左”纠偏；认为“放着‘左’不批，而去批右，就会愈批愈‘左’”；认为现在教育质量低，“工农兵学员不像大学生”，教育革命是“乱、糟、低”；对《全国教育工作会议纪要》中的“两个估计”有抵触，认为这个纪要是压在知识分子身上的大包袱，是林彪极“左”路线的产物等。报告把这些正确的意见统统说成是“认识模糊”、“思想混乱”，甚至说成是“攻击”，并提出要继续批林彪修正主义路线的极右实质，进一步认清当前的大好形势，继续加强知识分子的改造。① 这个报告说明教育仍处于极“左”深渊之中。

1973 年 6 月 5 日至 18 日，国务院科教组在北京召开文科教育革命座谈会。会议着重研究如何抓住林彪修正主义路线的极右实质，联系教育实际深入开展“批林整风”，进一步推动文科教育革命等问题。会议强调林彪的路线对教育战线的影响是极右的，提出要沿着以社会为工厂的道路，改造整个文科。② 这就继续将教育引向歧途。

1973 年 8 月 24 日，国务院科教组就高等学校抓意识形态问题用电话通知北京、上海、天津、辽宁、吉林、江苏、山东、湖北、广东、陕西、甘肃、四川十二省市教育部门。要求他们转告高等学校：根据今年 5 月毛主席关于要注意抓路线、抓上层建筑、抓意识形态及要学一点历史等指示精神，“在深入批林整风过程中组织力量开展对孔子的批判，对《红楼梦》的研究等，发挥文科的作用，促进文科的教改”。9 月 8 日至 11 日，国务院科教组召开教育战线批判孔子问题座谈会。中山大学教授杨荣国在会上作了《儒法两家的斗争和孔子反动思想的影响》的报告。会议交流了北京大学、复旦大学一些已开展批孔的学校的经验。科教组负责人迟群在会上提出，要把批孔作为贯彻党的十大精神、深入批林整风的一项大事来抓。并说不光文科院校要批孔，各类学校都要批孔，要把批孔与深入开展教育革命结合起来。迟群还在会上说，“哪些地方不重视批孔”，哪些地方就属于“针插不进，水泼不进”。10 月初，周恩来批评了迟群的

① 中央教育科学研究所：《中华人民共和国教育大事记（1949—1982）》，北京：教育科学出版社，1983 年版，第 451 页。

② 中央教育科学研究所：《中华人民共和国教育大事记（1949—1982）》，北京：教育科学出版社，1983 年版，第 451 页。

这些论调。[①] 如果说迟群是主动的政治阴谋，杨荣国教授则以此前还比较纯洁的学者身份陷入了不该陷入的魔窟而自取小鬼角色与魔王共舞。

1973年10月11日至23日，国务院科教组在北京召开理工科院校教育革命座谈会。会议总结交流了搞好学校“批林整风”和教育革命的经验。研究了按照“五七指示”和“七二一指示”组织教学工作，进一步搞好开门办学，使教育同三大革命运动相结合，使学校同社会建立广泛和密切的联系。会议强调要加速教师队伍的改造和建设，进一步改革旧的课程体系和教学方法，建立和发展教学、生产劳动、科研三结合的新体制。会议讨论了理工科院校专业设置和科研工作中的一些方针、政策问题，还提出要大力提倡厂矿、农村、部队、医院采取各种形式发展业余教育。科教组负责人迟群在会上就教育战线如何贯彻党的十大精神作了讲话。他说，教育战线出现了种种“复辟”、“回潮”现象，“要警惕老的在新形势下复辟”，要警惕修正主义，要防止复辟。他强调提出，要抓林彪路线的极右实质，要巩固和发展无产阶级文化大革命的成果，在教育战线上进行阶级斗争和路线斗争教育等等。并为国务院科教组在8月召开的批孔座谈会辩解说，“科教组开的那个批孔会是正确的，大方向是正确的，科教组没有降调，谁降调谁负责”，“反对批孔，就是复辟”。[②]

1973年10月至1974年1月，国务院科教组负责人迟群等人打着“反击右倾复辟势力”、“反击修正主义回潮”的旗号，在清华大学搞了三个月运动。他们上揪“资产阶级复辟势力代表人物”，下扫“复辟势力的社会基础”，挥舞“裴多菲俱乐部”、“自由论坛”、“反对工人阶级领导”、“反对教育革命”、“反对七二一指示”等政治帽子，派人进驻教研组和一些“重点单位”，搞“揭盖子”、“夺权”、“占领阵地”，搜索打击对象。在这个运动中，被立案审查和重点批判的教职工有64人，被点名批判的有403人，被点名指责或被迫作检查交代的人为数更多。迟群将他在发动这一运动中的两次讲话稿修改后，以《巩固和发展无产阶级文化大革命的成果》和《再论巩固和发展无产阶级文化大革命的成果》为题，署名“秦怀文”，在《教育革命通讯》上发表。文章把学校师生员工对“文化大革命”的不满，对“教育革命”和“两个估计”的抵制说成是在教育界“出现了一股翻案风”、“搞反攻倒算”，说知识分子队伍中“暴露了一小撮右派”，提出要“毫不留情地揭露批判”，进行“反击”，等等。清华

---

① 中央教育科学研究所：《中华人民共和国教育大事记（1949—1982）》，北京：教育科学出版社，1983年版，第454页。

② 中央教育科学研究所：《中华人民共和国教育大事记（1949—1982）》，北京：教育科学出版社，1983年版，第455页。

大学掀起的这个“反回潮”运动，曾影响到北京及其他地区的一些学校。①

与北京相呼应，1973 年 11 月 21 日，《文汇报》、《解放日报》按照张春桥的旨意，发表了上海师范大学学员刘丽华的一次谈话记录，掀起以批判“智育第一”、批判“资产阶级习惯势力”为中心的讨论。刘丽华在谈话中，把学校加强对学生的基础理论教育，严格要求学生掌握必需的科学文化知识，以及学校择优选拔、培养人才等做法，都说成是“‘智育第一’的精神枷锁尚未彻底摧毁”。两报发表她的谈话记录时，徐景贤曾作过删改、增补，并在编者按语中说，刘丽华的谈话“揭露了修正主义教育路线流毒的若干表现，说明了资产阶级习惯势力的顽固性”，提出“要注意文教战线上两条路线、两种思想斗争的长期性”。号召就谈话中提出的一些问题，认真展开讨论。这个讨论在上海的报刊上持续了三个多月，上海的高等学校还通过贴大字报、召开座谈会等方式，搞“摆问题，提看法”，揭露“智育第一”流毒的表现。②

1974 年 2 月 5 日至 8 日，国务院科教组在北京召开教育战线第二次“批林批孔”座谈会，会议是在迟群策划、催促下召开的。原计划在会上播放 1 月 25 日中共中央直属机关和国家机关“批林批孔”动员大会的录音，由于毛泽东批评了那次大会，迟群等人阳奉阴违、改变计划，把那次大会的内容作为“中央精神”在会上作了传达。并在会上宣讲了《林彪与孔孟之道》这份材料，又介绍工宣队进驻大学以来所谓占领和反占领的斗争情况及北大哲学系工农兵学员评注《论语》的经验等，强调“要坚定方向，把‘批林批孔’斗争进行到底”。迟群还在会上会下鼓吹“不批孔，就是不批林”，并要各地都去揪“复辟势力的代表”，抓本地的“马振扶”。③

1974 年 2 月，全国各级学校进一步开展“批林批孔”运动，大专院校，特别是文科院校的师生纷纷走出学校，到工厂、农村、部队同工农兵一起“批林批孔”。并以“批林批孔”为中心，开展社会调查，组织教学，重新编写和修改教材，“开门办学”，“学工学农学军”，进一步推动教育革命。④ 1974 年，国务院科教组召开北京、天津、辽宁、河北四省市中小学“批林批孔”汇报会，

---

① 中央教育科学研究所：《中华人民共和国教育大事记（1949—1982）》，北京：教育科学出版社，1983 年版，第 456 页。

② 中央教育科学研究所：《中华人民共和国教育大事记（1949—1982）》，北京：教育科学出版社，1983 年版，第 456 页。

③ 中央教育科学研究所：《中华人民共和国教育大事记（1949—1982）》，北京：教育科学出版社，1983 年版，第 461 ~ 462 页。

④ 中央教育科学研究所：《中华人民共和国教育大事记（1949—1982）》，北京：教育科学出版社，1983 年版，第 462 页。

强调发挥中小学生在"批林批孔"运动中的作用，并向全国作报道以示推广。

1974年3月31日至4月12日，中共辽宁省委召开教育战线工宣队工作会议，重点介绍了中共鞍山市委、中共丹东市委解剖典型和请工宣队队员给领导机关"吹氧"，即"帮助省文教组、教育局的领导干部提高路线觉悟"的做法。指责省教育部门"在批林中为回潮大造了舆论"，提出"千方百计提高质量"的口号是"为回潮鸣锣开道"、"是开倒车"等等。会议提出当前教育战线的"主要任务是放手发动群众，是狠批林彪'克己复礼'的反动纲领，反击修正主义教育路线的回潮"。为此"要加强工人阶级的领导和工宣队的建设"①。

1974年5月1日，《红旗》第5期发表大连海运学院无线电系工农兵学员赵兵的题为《在本学期化学学习中对对立统一规律的体会》的化学考试答卷。《红旗》的编者按说："这份答卷是在改革了旧的考试制度，由学生自选题目写学习体会或小结以后出现的。它是教育战线贯彻执行毛主席的无产阶级教育路线成果之一，也是对那些诬蔑无产阶级文化大革命后大学教育质量'今不如昔'的论调的有力回击。"《人民日报》等报刊先后转载了这张答卷及《红旗》的编者按。从此，这种写学习体会和学习小结的考试方式，不仅在高等学校，而且在中学以至小学都风行一时。②

1974年《教育革命通讯》第6期发表评论：《高等学校在理论战线上的战斗任务》，提出，高等学校要抓紧注释法家著作，改革教材，从理论上总结教育革命经验，组织理论工作的骨干班子，培养搞革命大批判的积极分子，团结一切愿意"批林批孔"的知识分子参加战斗等。在此期间，根据江青在天津提出的研究"儒法斗争史"的主张，高等学校的"批林批孔"运动也转入搞"批儒评法"和"儒法斗争史"，注释法家著作，用"儒法斗争史"改造文史哲各科教材体系等。在理工农医各科开展了研究儒法斗争对我国科学技术发展的影响、对我国医药学发展的影响等。大中学校以至一些小学，在这些活动中，都组织了"理论小组"，培训了一批"理论骨干"。③《教育革命通讯》从第6期起开设《教育史上的儒法斗争》专栏，并在北京师范大学开座谈会，提出要抓住儒法两种教育思想在一系列问题上的对立，批判儒家的反动教育思想，研究法家

---

① 中央教育科学研究所：《中华人民共和国教育大事记（1949—1982）》，北京：教育科学出版社，1983年版，第463页。

② 中央教育科学研究所：《中华人民共和国教育大事记（1949—1982）》，北京：教育科学出版社，1983年版，第463页。

③ 中央教育科学研究所：《中华人民共和国教育大事记（1949—1982）》，北京：教育科学出版社，1983年版，第464～465页。

的进步教育主张，总结历史经验，为当前斗争服务。①

1974年7月12日，江青对《北京日报》一个内部刊物上登载的北京市第二十七中学孙武成反映“批林批孔”情况的一封信，写了如下一段批语：“中学，甚至小学的‘批林批孔’都应抓紧些。抓典型，以点带面。如不及时抓紧，对青少年、儿童不利。《三字经》之类的东西，就是针对少年、儿童编的。我们对这个问题不重视，不能使一个人从儿童、少年就粗知一点马克思主义，敢于批孔老二，值得深思。”国务院科教组于20日将上述批语用电话通知各省、直辖市、自治区教育行政部门。并根据江青批语的意思在《教育革命通讯》第8期发表评论：《夺取中小学“批林批孔”的新胜利》。此后，在各级学校以至幼儿园开展了批判《三字经》、《闺训千字文》、《弟子规》、《改良女儿经》、《神童诗》、《名贤集》等旧书的活动。致使这些当代青少年从未接触过的旧书被大量翻印，广为流传。②

1975年8月13日，中共清华大学党委副书记刘冰、惠宪钧、柳一安与党委常委、政治部主任吕方正四人联名给毛泽东写信，揭发清华大学党委书记迟群的问题。信中揭发的问题有：迟群自党的十大、四届全国人大以来，由于没有当上中央委员和部长，个人野心没有得到满足，攻击中央领导同志；毫无党的观念；搞一言堂；任人唯亲，封官许愿，违反党的政策。信中还揭发了迟群的资产阶级生活作风等等。10月13日，刘冰再次给毛泽东写信，继续揭发迟群对毛主席、周总理不满，公开攻击中央领导同志，还揭发迟群假“左”真右以及与谢静宜大搞阴谋活动等问题。③毛泽东将这两封信作为诬告信，并借此发起了“教育革命大辩论”，刘冰等人受到处罚。

1976年1月7日，《人民日报》发表署名初澜的文章，说元旦上映的以江西共产主义劳动大学为背景的影片《决裂》“旗帜鲜明地、非常适时地参加到教育战线大是大非的辩论中来”，“回击了那股向文化大革命反攻倒算的右倾翻案风，起到了鼓舞人心的战斗作用”，提出要“向修正主义教育路线和旧教育制度宣战”。④

延绵不断的政治运动使学校师生难以安心教学。

---

① 中央教育科学研究所：《中华人民共和国教育大事记（1949—1982）》，北京：教育科学出版社，1983年版，第465页。

② 中央教育科学研究所：《中华人民共和国教育大事记（1949—1982）》，北京：教育科学出版社，1983年版，第466页。

③ 中央教育科学研究所：《中华人民共和国教育大事记（1949—1982）》，北京：教育科学出版社，1983年版，第476～477页。

④ 初澜：《无产阶级教育革命的赞歌》，引自《人民日报》，1976年1月7日。

4. 部分秩序恢复

1972年7月2日，周恩来在会见美籍中国学者杨振宁时，表示赞赏他关于我国基础理论研究工作和研究人才培养的看法和建议，并要求会见时在座的北京大学教授、革命委员会副主任周培源"提倡一下理论"。周总理对周培源说："你回去把北大理科办好，把基础理论水平提高。""有什么障碍要扫除，有什么钉子要拔掉。"20日，周培源给周恩来写信，汇报他对我国基础理论研究和教学工作的看法，并提出了一些建议。为此，周总理写信给郭沫若、刘西尧、丁国钰、秦力生及迟群、谢静宜，信中说："把周培源同志来信和我的批件及你们批注的意见都退给你们好作根据，在科教组和科学院好好议一下，并要认真实施，不要如浮云一样，过了就忘了。"此后，周总理又多次指示要加强自然科学基础理论研究，指出"这件事不能再拖延了"。周总理还指出"现在强调实践，对理论提倡不够，学校里的基本理论课也少了"，提出"对社会科学理论和自然科学理论有发展前途的，中学毕业后，不需要专门劳动两年，可以边学习，边劳动"，"大中学毕业生不一定百分之百地回到原单位，有些人可以留下来深造"，"从理论上提高"。①

"文化大革命"后期，部分院校的秩序有所恢复，例如：华北电力学院1973年8月18日至19日，学院召开了第四次党员代表大会。这是自1966年"文化大革命"发生，学院被夺权、常委瘫痪八年后重建党委。尽管这届党委的组成还带有"文化大革命"色彩，但从组织程度上讲，它是合法的。因此人们希望这届党委能多做促进教育复苏的工作。②

西南师范学院也有了混乱中新的转机③：

> 1973年初，随着军宣队撤离学院，一些学院干部特别是主要领导干部重新站出来工作。1973年3月5日到17日，学院核心小组召开扩大会议，传达贯彻中共四川省委常委扩大会议精神，讨论研究如何深入开展整风和以"批林整风"为纲，进一步落实党的各项政策，开展教育革命等各项工作。会后，成立了落实政策领导小组，开始纠正"四清"、"一打三反"和

---

① 中央教育科学研究所：《中华人民共和国教育大事记（1949—1982）》，北京：教育科学出版社，1983年版，第443～444页。

② 华北电力大学校史编写组：《华北电力大学校史》，北京：中国电力出版社，2008年版，第41～42页。

③ 西南师范大学校史编写组：《西南师范大学校史》，重庆：西南师范大学出版社，2000年版，第175～177页。

“清队”运动中的错误，落实党的知识分子政策。1973年8月学院由梁平县、忠县迁回北碚原址，并从1973年秋季招生，同时逐步恢复各管理部门的职能和工作制度。但学院仍不得安宁。

党的第十次全国代表大会召开后，学习贯彻“十大”精神，继续进行“批林整风”成为头等大事。在“批林整风”的同时，结合开展了对孔子思想的批判，并为此在院批林办公室内成立了批孔小组，各系也在党支部领导下，成立了批孔小组。“批林批孔”，不仅混淆了政治与学术的界限，对孔子作了不科学的评价，更重要的是还借批所谓“孔老二的徒子徒孙”和搞所谓“反复旧”，妄图再次把中央和地方刚落实政策站出来工作的一批党政军领导干部打下去，在学院内也出现过一股所谓反“复旧”、反“回潮”的风浪。1974年7月，又在“批林批孔”运动中渗入所谓“评法批儒”。学院受重庆市委宣传部的委托，于1974年7月举办了儒法斗争史研究班，研究并撰写儒法斗争史稿。研究与宣讲儒法斗争史，实际上成为学院的一项中心任务，干扰了学院的正常工作。特别是以“评法批儒”的名义，随心所欲地篡改历史，别有用心地鼓吹“女皇”，批“宰相”，批“代理宰相”，把史学研究变成他们实现篡党夺权目的的影射史学，造成极为恶劣的后果。

1975年2月9日，《人民日报》发表社论《学好无产阶级专政的理论》，于是，学院内又形成了一个学习无产阶级专政理论的运动。在这个运动中提出了“反经验主义”的口号，妄图给重新走上领导岗位的老干部扣上“经验主义”帽子，再一次把他们打倒。这股歪风曾从学院的校园内掠过。又炮制了所谓“朝农经验”（朝农即朝阳农学院），要求全国高等学校学习朝农。于是学院掀起了学习朝农的热潮，广大师生纷纷走出校门，搞所谓“开门办学”。

1975年9月4日，《人民日报》发表社论《开展对〈水浒〉的评论》。此后，全国又出现了评论《水浒》的运动。学院也开展了评论《水浒》的活动。如何评论小说《水浒》，本来是学术问题，但当时被说成是政治思想战线上的阶级斗争和路线斗争，搞成了一次政治运动。这不仅是混淆了政治与学术的界限，而且干扰了学院的正常工作。为了开展评论活动，调整了教学计划和教学内容，影响了教学工作的正常进行。

1976年初，在全国又发动了“批邓反击右倾翻案风”的运动，大肆宣传“走资派还在走，投降派确实有”的谬论，竭力煽动层层揪“走资派”和“投降派”，妄图再次把全国搞乱。在这股逆流影响下，学院也出现了混乱现象，甚至发生部分学生罢课、罢餐和抢占广播站等事件。

1972年7月27日，中共中央、中央军委批转北京军区、六十六军、天津警备区党委在“批林整风”中，关于整顿军队纪律，纠正不正之风的三个报告。中央在批示中指出：占用学校、医院和工矿企业的房屋，无偿占有地方的车辆和物资等情况，“不仅天津一地有，全国很多地方也有；不仅军队有，党政机关也有。这种不正之风，必须引起各级地方和部队党委的严重注意，并且采取坚决的措施予以克服”[①]。

1972年8月3日，《人民日报》发表文章，介绍了天津市认真解决由于林彪修正主义路线干扰破坏造成的教学质量不能适应三大革命需要以及学校领导干部中存在的“抓政治保险，抓教学危险”的问题，把教学领域的革命列入党委议事日程，把学校的政治思想工作努力深入到教学领域，划清提高教学质量和“智育第一”的界限，调动老教师积极性，发挥老教师专长，加强基础知识教学和基本技能训练等经验。[②] 8月7日，国务院科教组发出《关于新建人民教育出版社的通知》，逐步承担编辑出版高等学校工科基础理论课、基础技术课教材，中小学教材、教学参考书和其他教育书籍的任务。[③] 8月16日《人民日报》发表文章，介绍了长春市落实党的知识分子政策的经验，提出“要正确认识教师在教育革命中的作用”，注意分清发挥老教师作用同“重用资产阶级知识分子”，发挥教师作用同搞“教师中心”等一些政策的界限；强调对知识分子要使用，要让教师工作，在使用中加强教育、改造。[④]

在此前后，《人民日报》还报道了一些地方和学校落实党的政策经验，反映在学校中落实党的干部政策和知识分子政策的情况，即学校中的部分教师陆续被安排到教学和科研工作岗位上，一些原来的领导干部重新担任了校内的各级领导职务。《人民日报》、《光明日报》等报刊还报道了高等学校加强基础理论的教学研究、恢复学术活动的情况和各地教育行政部门在学校整顿教学秩序的情况。

1972年10月6日，《光明日报》发表周培源的文章，从“理科的内容，理

---

① 中央教育科学研究所：《中华人民共和国教育大事记（1949—1982）》，北京：教育科学出版社，1983年版，第444页。

② 中共天津教育局委员会：《切实加强党对教学领域革命的领导》，引自《人民日报》，1972年8月3日。

③ 中央教育科学研究所：《中华人民共和国教育大事记（1949—1982）》，北京：教育科学出版社，1983年版，第445页。

④ 《充分发挥教师在教育革命中的作用》，引自《人民日报》，1972年8月16日。

与工的关系”、“理科的培养目标”、“理论联系实际的问题” 等三个方面阐述对理科教育革命的看法，批驳了“理向工靠”、“理工不分”、“以校办工厂代替实验教学”、“按产品划分、设置专业” 等取消和削弱理科的倾向。提出“理与工、应用与理论都必须受到应有的重视，不能偏废”，“改造和建设实验室，加强实验训练”，“对基本理论的教学、研究应予足够的重视”。① 文章发表后，张春桥、姚文元指使上海《文汇报》连续发表《这样提出问题是否妥当》、《马克思主义是最基础的理论》、《打什么基础理论》等文章，对周培源的文章进行围攻，并把矛头指向周恩来。

1972 年，工农业余教育进一步恢复和发展。一些工矿企业从加强对青年进行技术培训开始，逐步恢复和发展职工业余教育，举办各种形式的短训班、业余学校或七二一工人业余大学。在农村，1970 年出现的各种形式的县、社办的五七学校、五七大学进一步发展。同时，以政治夜校为主要形式的农民业余教育有较快的恢复。②

1973 年，国务院批转国家计委、国务院科教组《关于高等学校理解遗留毕业生处理问题的请示报告》，同意北京市革命委员会对北京各高等学校 1966 年至 1970 年少数因政治问题或其他原因未分配工作的毕业生的处理意见。并提出全国有些高等学校也有类似遗留问题须予以清理，可参照北京市的意见办理。③

1974 年 11 月 15 日，国务院科教组发出《关于大学学报公开发行审批问题的暂行办法》，规定大学学报公开发行者，均须报科教组审批。自 1972 年 12 月《北京大学学报》出版以来，因“文化大革命” 而停办的高等学校学报陆续恢复。至 1974 年 6 月，经批准公开发行的已有 16 种。此后公开发行的学报逐年增加，1979 年底达 80 余种。④

1975 年 6 月至 8 月，《教育革命通讯》连续发表《全面关怀青少年的成长》、《培养无产阶级革命接班人的正确道路》、《研究基础理论为社会主义建设服务》、《按照马克思主义认识论搞好基础理论研究》、《实用主义教育思想剖析》等文章和评论。这些文章和评论提出要使青少年“努力学习社会主义革命

---

① 周培源：《对综合大学理科教育革命的一些看法》，引自《光明日报》，1972 年 10 月 6 日。

② 中央教育科学研究所：《中华人民共和国教育大事记（1949—1982）》，北京：教育科学出版社，1983 年版，第 448 页。

③ 中央教育科学研究所：《中华人民共和国教育大事记（1949—1982）》，北京：教育科学出版社，1983 年版，第 448 页。

④ 中央教育科学研究所：《中华人民共和国教育大事记（1949—1982）》，北京：教育科学出版社，1983 年版，第 468 ~ 469 页。

和建设所需要的科学文化知识”，批评了那种认为“坚持以学为主原则、努力学习社会主义文化科学知识、重视基础理论课教学，保证教学时间和质量，便是提智育第一，便是走回头路”的错误；批判了“以干代学”的实用主义货色。并指出：不引导青少年学习科学文化知识，“就势必拖四个现代化的后腿”①。标示着舆论向相对理性的方向偏移。

5.“经验”、“典型”屡现

各地在极“左”动机和政绩的驱动下，屡屡出现各种各样的所谓改革经验和典型。

（1）“朝农经验”

1973年11月28日，《光明日报》发表关于辽宁农学院朝阳分院（即朝阳农学院的前身）的调查报告，开始宣传“朝农经验”。这所学校是将沈阳农学院的水利系迁到朝阳地区，同朝阳水利学校、农业学校和地区农业科学研究所合并后成立的。调查报告宣扬的经验是：（一）学生实行“社来社去”，即学生由社队选送，毕业后仍回原选送队当农民。（二）教学实行“从农业需要出发”，以科研促教学，即根据当地农业生产发展需要解决的问题建立若干课题组，围绕科研课题组织教学。（三）办学方式实行“几上几下”，即每年分段组织学生回队参加“农业学大寨”的群众运动和在校学习。“上”，就是在校学习，“下”就是回生产队实践。②

1974年12月21日至28日，国务院科教组、农林部和中共辽宁省委联合召开学习朝阳农学院教育革命经验现场会。参加现场会议的有各省、直辖市、自治区教育部门和农林部门的负责人及国务院各有关部委和各高等农林院等单位的代表180人，辽宁省各类学校代表和市、地文教、农林部门负责人140人。朝阳地区贫下中农代表和朝阳农学院毕业生及在校学生代表也参加了会议。会上宣扬朝阳农学院的经验是：坚持在农村办学，分散办学；教学工作实行“三上三下”；学生社来社去，毕业当农民，挣工分等。会议认为不仅农林院校，而且各级各类学校、各级教育部门的领导机关都应当学习、研究朝农的经验。会议提出，农业大学必须搬到农村去办，实行“社来社去”。“学大寨”应当是农业大学学生的必修课、基本课。工业大学要把“学大庆”作为基本课、必修课。必须破除迷信、解放思想、反对因循守旧，彻底改革旧的学校体制和教学体系，进一步加强党在学校中的一元领导。会议提出“学朝农、找差距、迈大

① 中央教育科学研究所：《中华人民共和国教育大事记（1949—1982）》，北京：教育科学出版社，1983年版，第475页。

② 《一所深受贫下中农欢迎的大学》，引自《光明日报》，1973年11月28日。

步，让朝农经验尽快地在本地区、单位生根、开花、结果，使学校真正成为无产阶级专政的工具”。

迟群、毛远新在会上鼓吹朝农经验具有“战略意义”。迟群提出“要坚决批判因循守旧”，“要打破那些老规矩”，并说“文化大革命”前“培养出来的学生，基本上是对社会主义经济基础起了破坏作用”。毛远新提出：朝农的学生“光懂得农村两条战线斗争不行，还得头上长角，身上长刺”；并说：“大学就是大家来学”。

在此以后，全国掀起了宣传、学习朝农经验的浪潮，报刊、电台发了大量的通讯报道，各地组织了大批人员去朝农参观学习。据统计，到1975年底，朝阳农学院共接待来自全国29个省、直辖市、自治区参观学习的单位1700多个，84000多人。①

1975年3月15日至28日，教育部在朝阳农学院举办第一期学习班；4月，举办第二期。参加两期学习的有28个省、直辖市、自治区和国务院24个部委教育部门的负责干部。学习班主要是学习朝阳农学院“同十七年修正主义路线对着干，在教育阵地加强对资产阶级专政，把学校办成无产阶级专政工具”等经验。学习班并结合着推广朝阳农学院经验，对本年高等学校招生工作中如何实行“社来社去”的问题、毕业生分配问题、农业院校分散办学等问题进行了讨论。②

1975年4月23日，国务院批转教育部《关于推广辽宁朝阳农学院经验和有关政策问题的请示报告》。国务院在批示中，要求各地、各部门认真贯彻执行毛泽东关于教育革命的一系列指示，结合学习朝阳农学院的经验，总结本地区教育革命的经验，制订规划，努力使教育更好地适应社会主义经济基础的需要，把学校办成无产阶级专政的工具。教育部在报告中就推广朝阳农学院经验中的几个问题提出：今年高等学校招生，农业院校学生一般实行“社来社去”，林、医、师范院校根据农村需要，部分试行“社来社去”，其他各类院校可根据不同的情况进行“社来社去”试点；毕业生分配仍按原来规定，一般返回原单位、原地区工作，特殊需要的由国家统一分配，凡是自愿要求当农民的要积极支持；进一步改造原有农业院校，对农业院校分散办学要热情支持。此后，各省、直辖市、自治区积极贯彻执行国务院的上述文件，推广、学习朝阳农学院

① 中央教育科学研究所：《中华人民共和国教育大事记（1949—1982）》，北京：教育科学出版社，1983年版，第469~470页。

② 中央教育科学研究所：《中华人民共和国教育大事记（1949—1982）》，北京：教育科学出版社，1983年版，第472页。

的经验，改变高等学校招生办法。如辽宁省决定面向农村的各专业全部实行“社来社去”，面向工业的各专业全部实行“厂来厂去”，其余各专业实行“哪来哪去”。许多地方决定将农、林、师范等类院校迁往农村，或建立分校、教学点等，一些工科院校也在农村建立了分校。此外，许多地方还办了“五七大学”、“五七农校”等县、社办的各种形式的农业学校。①

1975年7月11日，国务院副总理王震在援外工作会议上说：“农学院都学‘朝阳’，我不那么赞成。”7月24日，教育部长周荣鑫向新华社记者转述了上述精神，此后教育部和报刊曾一度停止宣传“朝农经验”。②

1976年1月5日，《人民日报》在“加强党的领导，开展教育战线的大辩论”的标题下，发表中共朝阳农学院委员会的文章：《大是大非问题一定要辩论清楚》。文章把对“朝阳农学院经验”持有疑问的观点，说成是“翻案”、“复辟”的奇谈怪论。③

1976年2月14日，《人民日报》发表中共朝阳农学院委员会的文章，把“文化大革命”前的学校称为旧学校，并综述了他们与之对着干的十个方面：（一）旧农大是资产阶级知识分子统治，新农大就必须加强工人阶级的领导。（二）旧农大集中办在城市里，新农大分散在农村。（三）旧农大大搞“学而优则仕”，培养精神贵族，新农大首先办成无产阶级大学。（五）旧农大极力标榜“正规化”，新农大坚持半工半读、勤工俭学。（六）旧农大搞“三中心”、“老三段”，新农大建立以科研、生产带动教学的“三结合”新体制。（七）旧农大高楼深院、与世隔绝，新农大坚持“几上几下”，同三大革命运动息息相通。（八）旧农大是少数人享受教育特权的“小宝塔”，新农大越办越大、越办越向下，使广大群众都有机会受教育。（九）旧农大只让学生受奴化教育，新农大充分发挥工农兵学员“上、管、改”的作用。（十）旧农大脱离工农，新农大坚持教师同工农相结合，努力建立一支无产阶级的教师队伍。④

1977年10月17日，《辽宁日报》刊登题为《真相大白，铁证如山》的调查报告，揭发批判“四人帮”及毛远新、迟群利用朝阳农学院作为篡党夺权的工具，破坏教育事业的罪行。其后，《人民日报》、《光明日报》及各地的一些

---

① 中央教育科学研究所：《中华人民共和国教育大事记（1949—1982）》，北京：教育科学出版社，1983年版，第473页。

② 中央教育科学研究所：《中华人民共和国教育大事记（1949—1982）》，北京：教育科学出版社，1983年版，第475～476页。

③ 《大是大非问题一定要辩论清楚》，引自《人民日报》，1976年1月5日。

④ 《在批判旧世界中建设新世界——我们在哪些重大问题上坚决同十七年的修正主义教育路线对着干》，引自《人民日报》，1976年2月24日。

报刊对1974年的朝农现场会以及“同十七年对着干”、“学校越办越向下”、“大学就是大家来学”、“办政治大学”等所谓“朝阳农学院经验”进行了揭发批判。1978年3月，随着沈阳农学院的重建，辽宁省撤销了朝阳农学院。①

（2）交白卷成“英雄”

1973年7月19日，《辽宁日报》以《一份发人深省的答卷》为题刊登兴城县白塔公社下乡知识青年、生产队长张铁生的一封信。张的信原写在辽宁省高等学校入学文化考查的物理化学试卷背面。信中说：为了实现他上大学的“自幼理想”，“希望各级领导在这次入学考试中”能对他“这个小队长加以照顾”。中共辽宁省委书记毛远新得知这一情况后，将原信作了删改，指令《辽宁日报》加按语发表。《辽宁日报》在编者按中说，张铁生“物理化学这门课的考试，似乎交了‘白卷’，然而对整个大学招生的路线，交了一份颇有见解、发人深省的答卷”。8月10日，《人民日报》转载了《辽宁日报》的按语和张铁生的信，另外加按语说张铁生的信“提出了教育战线两条路线、两种思想斗争的一个重要问题，确实发人深省”。随后，各地报刊加以转载。《文汇报》在转载的同时，还发起了“选什么样的人上大学”的讨论。《红旗》、《教育革命通讯》也都以张铁生的信为引子，围绕着高校招生的文化考查发表署名文章、评论，说搞文化考查，是“旧高考制度的复辟，是对教育革命的反动”，是“资产阶级向无产阶级反扑”。张春桥、迟群说这是“复辟”、“反攻倒算”。与此同时，张铁生被吹捧成“反潮流的英雄”，江青说他“真了不起，是个英雄，他敢反潮流”，还说他“才是真正的又红又专”。江青等人就这样为青少年树立了一个“闹而优则仕”的典型，煽起了一股否定文化学习的歪风。张铁生不仅进了大学，担任了铁岭农学院的领导职务，还混入了中国共产党，当上了四届人大常委会委员。②

直到1976年11月30日，“白卷英雄”的制造者垮台，《人民日报》又发表了《辽宁日报》记者和《人民日报》记者合写的文章《一个反革命的政治骗局——揭发“四人帮”利用张铁生的答卷制造政治骗局的真相》。文章揭露了“四人帮”制造张铁生这个“反潮流典型”的经过及其罪恶用心。在此以后，

① 中央教育科学研究所：《中华人民共和国教育大事记（1949—1982）》，北京：教育科学出版社，1983年版，第499页。

② 中央教育科学研究所：《中华人民共和国教育大事记（1949—1982）》，北京：教育科学出版社，1983年版，第452~453页。

各地报刊也发表文章揭露这一事件对教育工作和对青少年思想造成的危害。[①] 1978 年 3 月，辽宁省公安局以现行反革命罪将张铁生逮捕法办。

（3）大学办短训班

1973 年 11 月 30 日，《光明日报》报道，浙江省四所大学到三大革命第一线举办短训班，并发表署名文章《大学办短训班好》。文章说，大学办短训班是无产阶级革命的一个新生事物。它适合社会主义革命和建设的迫切需要，直接有效地为三大革命运动服务；是改造旧大学，创建新大学的需要；有利于教师队伍的改造和建设。它是社会主义大学办学的一种重要形式，绝不是临时措施。自 1973 年起，一些高等学校举办各种短训班。1974 年“批林批孔”运动开始后，高等学校进一步大量举办各种形式的短训班。这些短训班有的是按工厂、农村、部队的要求由学校派出教师去办；有的是将工农兵请进学校，根据这些部门的干部培养规划加以培训；有的是新技术或科研成果推广学习班；有的是结合“批林批孔”运动开办讲座，训练宣讲员、理论骨干等。学习时间长短不一，有的几天，有的几周，有的半年或一年以上。学员少则几十人，多则几百人。有的学校一年办几十期短训班，如复旦大学自“批林批孔”以来，四个月举办了 35 期短训班，培训了 2100 人。[②]

（4）反潮流小将黄帅

1973 年 12 月 12 日，《北京日报》发表北京市海淀区中关村第一小学五年级学生、红小兵黄帅 10 月 21 日给该报的信和她的日记摘抄。黄帅的信是她和班主任老师之间产生了一些矛盾之后，家长让她写的，日记摘抄是《北京日报》按反“师道尊严”的需要摘编的。这个材料先是刊登在《北京日报》的一个内部刊物上。迟群、谢静宜见到后，即接见了黄帅，并由谢静宜指令《北京日报》加编者按发表。《北京日报》的编者按说：“这个 12 岁的小学生以反潮流的革命精神，提出了教育革命中的一个大问题，就是在教育战线上修正主义路线的流毒还远没有肃清，旧的传统观念还是很顽强的。”“黄帅同学提出的问题虽然涉及的主要是‘师道尊严’的问题，但在教育战线上修正主义路线的流毒远不止于此，在政治与业务关系、上山下乡、工农兵上大学、‘五七道路’、开门办学、考试制度、教师的思想改造、工人阶级领导学校等问题上，也都存在着尖锐的斗争，需要我们努力作战。”编者按提出“要警惕修正主义的回

---

① 中央教育科学研究所：《中华人民共和国教育大事记（1949—1982）》，北京：教育科学出版社，1983 年版，第 488 页。

② 中央教育科学研究所：《中华人民共和国教育大事记（1949—1982）》，北京：教育科学出版社，1983 年版，第 457 页。

潮”，要反对教育革命的“促退派”，警告人们“不要成阻力，更不要站在运动的对立面”[①] 等等。

1973 年 12 月 28 日《人民日报》全文转载《北京日报》发表的《一个小学生的来信和日记摘抄》及编者按，又另加编者按赞扬“黄帅敢于向修正主义教育路线开火”，并提出“要注意抓现实的两个阶级、两条路线、两种思想的斗争”。在此以后，各地报刊、电台、电视台广为传播。国务院科教组还用电话通知各省、直辖市、自治区教育厅局，组织学生学习这些材料。于是，在全国各地的中小学中迅即掀起了一股“破师道尊严”、“横扫资产阶级复辟势力”、“批判修正主义教育路线回潮”的浪潮，有的地方还树立了本地的黄帅式的反潮流人物。在这股浪潮中，学校为建立正常教学秩序所采取的措施、教师对学生的教育管理、严格要求，统统被指为搞“师道尊严”、“复辟”、“回潮”；许多教师被迫作检查、受批判；一些学校出现了“干部管不了，教师教不了，学生学不了”的混乱局面；一些学校桌椅被拆毁，门窗被砸坏，玻璃被打碎，学校财产又遭到破坏。[②]

1973 年 12 月 28 日至 1974 年 1 月 7 日，国务院科教组在北京召开九省市中小学教育革命座谈会，北京市中关村第一小学等单位介绍了教育革命的经验，与会代表参观了出现黄帅这一典型的中关村第一小学，会议提出要“向资产阶级和一切剥削阶级的意识形态开展新的进攻”，“打退资产阶级右倾势力的猖狂进攻”；说在教育战线上“修正主义仍然是当前主要危险”，要“学习小将敢冲敢闯、英勇善战的精神”，“经常运用‘四大’武器，揭露矛盾，解决矛盾”，“抓好典型”。迟群还在会上提出“要组织起浩浩荡荡的队伍向顽固派反击”[③]。

黄帅作为典型被树起来后，不少人想不通，内蒙古生产建设部队 19 团政治处干事王文尧、放映员恩亚立、新闻报道员邢卓三人用王亚卓的笔名给黄帅写信。1974 年 2 月 11 日，《人民日报》在“反潮流是马列主义的一个原则”的通栏标题下，发表了黄帅复内蒙古生产建设部队 19 团政治处王亚卓的一封公开信。并加编者按说：“黄帅的信和日记摘抄发表后，有人很看不惯，出来指责。这件事反映出教育战线上两条路线、两种思想的斗争仍然十分尖锐。是前进还

---

① 《一个小学生的来信和日记摘抄》及编者按，引自《北京日报》，1973 年 12 月 12 日。

② 中央教育科学研究所：《中华人民共和国教育大事记（1949—1982）》，北京：教育科学出版社，1983 年版，第 458 页。

③ 中央教育科学研究所：《中华人民共和国教育大事记（1949—1982）》，北京：教育科学出版社，1983 年版，第 458 页。

是倒退，是支持革命还是折衷调和，是扶植和发展革命的新生事物还是对它横加指责，这是进一步发展教育革命大好形势必须解决的重要问题。”黄帅的这封信发表前，曾经迟群、姚文元、王洪文、张春桥、江青先后看过。迟群还在王亚卓的信上批道：“完全是反革命复辟势力的语言。”“要革命就有反革命，革命就是要革反革命的命。”江青对标题作了修改并建议“版面排突出些，生动活泼些”。黄帅的公开信被发表以后，王文尧、恩亚立、邢卓三人被诬为“资产阶级复辟势力的代表”，遭到批斗隔离审查，下放连队劳动，家属也被株连。①

1977年3月29日，中共内蒙古自治区委员会批判组在《人民日报》发表文章揭露1974年“四人帮”制造“王卓亚事件”的阴谋活动，此后王文尧、恩亚立、邢卓三人也在报刊上发表文章，或在批判会上发言控诉自己被迫害的情形。②

（5）马振扶事件

1973年7月10日下午，河南省南阳地区唐河县马振扶公社中学初二（1）班举行英语考试，学生张玉勤交了白卷，并在试卷背面写道：“我是中国人，何必要学外文，不学ABCD，也能当接班人，接好革命班，埋葬帝修反。”为此，张玉勤受到班主任杨天成的批评，并要她作出检查。学校负责人罗天奇在12日初中班学生大会上要求各班对此事批判。张玉勤当日离校后未回家。至14日才在水库中找到她的尸体。事情发生后，公社、县有关部门和学校已作了妥善处理。江青在一份内部刊物上看到此事后，却旧事重提，借题发挥。授意迟群、谢静宜于1974年1月19日至21日到河南省唐河县马振扶公社中学调查初二年级学生张玉勤自杀一事。迟、谢于1974年1月31日炮制出《河南省唐河县马振扶公社中学情况简报》以中央名义发出，说“张玉勤之死，完全是修正主义教育路线的迫害所造成的”。并提出“请河南省委认真复核，严肃处理这一修正主义教育路线进行复辟的严重恶果，并迅速将处理结果上报。各地也应注意，检查有无类似情况”。中共河南省委接到文件后，对这一事件重新作了处理。马振扶公社中学被夺权，学校负责人罗天奇、班主任杨天成被批斗，并被判刑2年。唐河县层层办学习班，揪“罗、杨式人物”，共批斗了280余人。全国各省、直辖市、自治区也按文件的精神，组织学校师生检查、揭露修正主义路线

① 中央教育科学研究所：《中华人民共和国教育大事记（1949—1982）》，北京：教育科学出版社，1983年版，第462页。

② 中央教育科学研究所：《中华人民共和国教育大事记（1949—1982）》，北京：教育科学出版社，1983年版，第492页。

“回潮”、“复辟”等等。一批忠于职守、热心教育工作的中小学教师因之被打成“复辟”典型，或下放，或撤职，或开除公职，甚至判徒刑。一时造成学校领导怕负责，教师不敢管学生，学生纪律松弛、旷课、斗殴、破坏公物，学校秩序混乱。不少学校、班级不敢抓文化课教学，不敢进行文化考查，教学质量严重下降。①

1977年11月30日，中共河南省南阳地委召开有三万多人参加的群众大会，愤怒控诉“四人帮”1974年制造“马振扶公社中学事件”的罪行，为受害干部、教师平反。《人民日报》在12月9日登载这一消息的同时，发表了中共河南省委、南阳地委、唐河县委联合调查组的调查报告，揭露了这一事件的真相。并在评论员文章中指出，“这一事件，是继‘两个估计’后一个强加在广大教师身上的精神枷锁”②。

（6）贫下中农管理学校

1974年2月2日，国务院科教组转发河北省威县辛店大队贫下中农管理学校委员会管理学校的经验材料。并强调要在“批林批孔”运动中，“加强贫下中农对农村学校的管理，巩固和发展无产阶级文化大革命的成果”。在此前后，《人民日报》以《贫下中农管理学校就是强》为题，《教育革命通讯》以《顶得住，站得牢，管得好》为题，刊登了辛店大队贫管会的这份经验材料。《教育革命通讯》还在编者按语中说：“辛店这些‘大老粗’们，比起某些知识分子高明的地方，就是对孔老二和资产阶级、修正主义的东西深恶痛绝。清除其流毒时，痛快淋漓。对毛主席的指示，则坚决照办。他们敢于顶逆流，战恶浪，充分表现了反潮流的革命精神。”他们“不仅注意抓大事，管在方向路线上，而且注意抓典型”，“打破旧的条条框框，有很大创造性”。③

此后，几乎在全国各地学校都建立起“贫管会”，只是不同地方的“贫管会”对学校的影响大小不一。

（7）修正主义逼学生跳楼

1974年，北京市石景山区永乐中学教师王惠生给江青写信，反映了该校1971年一个初一学生因躲避家长责打而跳楼，造成下肢骨折一事。王在信中不

① 中央教育科学研究所：《中华人民共和国教育大事记（1949—1982）》，北京：教育科学出版社，1983年版，第460～461页。

② 中央教育科学研究所：《中华人民共和国教育大事记（1949—1982）》，北京：教育科学出版社，1983年版，第502页。

③ 中央教育科学研究所：《中华人民共和国教育大事记（1949—1982）》，北京：教育科学出版社，1983年版，第461页。

仅旧事重提，并把它说成是“修正主义路线使一个学生被逼跳楼”。江青1974年4月12日在王惠生的来信上批道：“建议立即对此事进行调查研究，严肃处理。”并说，“北京市已有几个学校实行法西斯主义，让坏人专了学生的政。打、骂、死、活听之，这是社会主义中国，还是国民党的台湾？建议北京市委抓紧‘批林批孔’这个纲，抓住典型。这是坏的典型，是要夺权改革的问题。师道尊严，也要彻底批判，这种残害青年的败类，应对他们实行无产阶级专政，希望也抓一些好的典型推广。”3月13日，国务院科教组在迟群指使下，将江青的批语精神用电话通知各地教育部门。随后，不仅永乐中学的党支部被改组，主要干部被停职检查、遭受批斗，直至调离学校，而且这种做法也波及其他学校。①

1977年3月2日，北京市石景山区教育局批判组在《光明日报》上发表题为《江青迫害永乐中学的罪行》的文章，揭露了1974年江青利用永乐中学王惠生的信，打击、陷害教师、干部，破坏教育事业的罪行。在此以后，永乐中学党支部等在《北京日报》、《人民教育》上发表文章，对这一事件进行了揭发批判。②

（8）“革命儿歌”风行

1974年6月1日，《人民日报》报道了北京市西四北大街小学通过编写“革命儿歌”，讲“革命故事”等活动进行“批林批孔”。江青指令对西四北大街小学的做法“加以推广”。人民文学出版社还将该校儿歌汇编成红小兵诗歌集《我写儿歌来参战》出版，此后许多小学以至幼儿园，以编“革命儿歌”，讲“革命故事”，演唱“新儿歌”，办展览，演幻灯，自编自演文艺节目等方式开展“批林批孔”，风行一时。③

（9）为普及大寨县服务

大寨是中国较长时间宣传的农业典型，在教育上也不甘寂寞。1975年5月7日至17日，中共山西省委在昔阳召开有400多人参加的教育革命现场会。北京、辽宁等15个省、直辖市、自治区教育部门负责人参加了这次会议。会上，中共昔阳县委、大寨大队党支部介绍了教育革命和把学校办成无产阶级专政的

---

① 中央教育科学研究所：《中华人民共和国教育大事记（1949—1982）》，北京：教育科学出版社，1983年版，第462～463页。

② 中央教育科学研究所：《中华人民共和国教育大事记（1949—1982）》，北京：教育科学出版社，1983年版，第491页。

③ 中央教育科学研究所：《中华人民共和国教育大事记（1949—1982）》，北京：教育科学出版社，1983年版，第464页。

工具的经验。教育部部长周荣鑫到会讲话。6月上旬，教育部再次召集没有参加昔阳现场会的上海、天津等地教育部门负责人到昔阳开教育革命座谈会。在全国推广大寨、昔阳教育革命的经验。①

1975年10月，根据国务院副总理华国锋在全国农业学大寨会议上提出的文化、教育、科学、卫生等部门“都要就本部门如何为普及大寨县贡献力量，拟订方案”的要求，教育部发出通知，要求各地拟定教育为普及大寨县作贡献的方案。教育部于11月进行了调查研究，并于1976年1月28日向国务院报送了《教育战线为普及大寨县作贡献的初步意见》。《教育革命通讯》1975年第11期发表评论《教育工作要为普及大寨县服务》。评论提出：各级学校都要树立“以农业为基础，以工业为主导”的思想，积极参加和支援农业学大寨、普及大寨县的工作。要积极组织学生参加农村基本路线教育和农业建设活动。大力办好共产主义劳动大学、五七大学、五七中学和农业中学，办好农业院校，农业机械化的中、高等教育和各种形式的知识班。农村中小学的课程设置、教学内容要考虑农业学大寨的需要。普通中学要开设农机课农机班，并把教学工作同当地农机具修配网、农业科学实验网紧密结合。校办工厂、农场也要为学大寨服务。要继续抓紧农村的普及教育工作，搞好幼儿教育，大力扫除文盲。高等院校与农业直接有关的专业要努力办好，其他专业也要在“统筹兼顾、全面安排”的原则下为学大寨贡献力量。②

“四人帮”倒台后，教育上学大寨仍继续了一段时间，1977年5月20日至27日，《光明日报》连载了介绍大寨大队教育革命经验的文章六篇，使用题目如下：《学校走正道，全靠党领导》、《斗一步进一步，步步斗进一路》、《要让红旗飘万代，重在教育下一代》、《认真学好文化课，切实掌握真本领》、《党的政策执行好，培养教师红又专》、《艰苦奋斗办教育，大寨精神代代传》。③

1977年8月3日，教育部通知山西省，国务院批准建立大寨农学院。1979年7月27日，经国务院批准，该院并入山西农学院。山西农学院改名为山西农业大学。④

---

① 中央教育科学研究所：《中华人民共和国教育大事记（1949—1982）》，北京：教育科学出版社，1983年版，第473～474页。

② 中央教育科学研究所：《中华人民共和国教育大事记（1949—1982）》，北京：教育科学出版社，1983年版，第479～480页。

③ 中央教育科学研究所：《中华人民共和国教育大事记（1949—1982）》，北京：教育科学出版社，1983年版，第492页。

④ 中央教育科学研究所：《中华人民共和国教育大事记（1949—1982）》，北京：教育科学出版社，1983年版，第493页。

1978 年 6 月至 9 月，各省、直辖市、自治区召开教育工作会议，贯彻 4 月召开的全国教育工作会议精神，对各地教育上发生的一些突发事件、树立的“典型”、宣扬的“经验”、提出的口号进行清理，分清是非，拨乱反正。辽宁省批判了“学朝农”、“一张答卷”、“吹氧会”、“两张大字报”、“招生分配制度改革”等所谓五件“新事”。山东省的会议上揭发批判了“侯王建议”（即 1968 年 11 月 14 日，《人民日报》发表的山东省嘉祥县马集公社马集小学教师侯振民和王庆余的一封信。该信建议将所有农村公办小学下放到生产队来办，国家不再投资或少投资小学教育经费，教师国家不再发工资，改为在大队拿工分）。广东省的会议上澄清了关于城市中学办农村分校的问题。①

6. 开门办学

1974 年 9 月 19 日，国务院科教组、财政部联合发出关于开门办学的通知。通知说：开门办学是无产阶级教育革命的新生事物，是上层建筑领域的一场深刻革命。开门办学中要始终把转变学生思想放在首位，以工农兵为师。要坚持教育革命的方向，彻底改革旧的教育体系。开门办学要以厂（社）校挂钩为主，并在本地区就近安排，相对稳定，要注意到中小工厂和农村中去。能在校内安排的，就不要给挂钩单位增加困难。确实需要到外省市单位办学的，应经学校主管部门批准。要勤俭办学，反对铺张浪费，切实纠正借办学名义游山玩水等不良倾向。②

1974 年 11 月，《教育革命通讯》第 11 期发表评论员文章《论开门办学》，说开门办学“成绩很大”，强调“要坚持开门办学的正确方向”。自“批林批孔”运动开展以来，各地大、中、小学普遍搞开门办学，高等学校文科师生到工厂、农村、部队和工农兵一起“批林批孔”、批儒评法、研究和宣讲儒法斗争史，并以此为中心选择教学内容，组织教学。理工科则搞厂校挂钩、厂校合一、厂办专业、半工半读、按生产过程组织教学等。中小学也大搞厂校挂钩、大办小工厂、小农场和工农兵同批孔老二等教学活动。这样，学校中阶级斗争成为主课，劳动成为中心，教学计划经常变动，文化学习没有严格要求，师生纷纷“到大课堂去”，“进进出出，上上下下”，学校秩序混乱。③

---

① 中央教育科学研究所：《中华人民共和国教育大事记（1949—1982）》，北京：教育科学出版社，1983 年版，第 522 页。

② 中央教育科学研究所：《中华人民共和国教育大事记（1949—1982）》，北京：教育科学出版社，1983 年版，第 468 页。

③ 中央教育科学研究所：《中华人民共和国教育大事记（1949—1982）》，北京：教育科学出版社，1983 年版，第 469 页。

7. 未完成的整顿

1973 年 3 月 10 日，中共中央决定恢复邓小平的国务院副总理职务。

1975 年初，邓小平提出对各方面整顿的要求，教育部部长周荣鑫在 5 月至 8 月间按照周恩来、邓小平等的指示精神，积极着手整顿教育工作。他多次召开部内外干部、教师座谈会、汇报会，听取意见，了解情况，发表了一系列谈话。指出："到底在上层建筑对资产阶级全面专政怎么专法，专对了没有？为什么提出这个问题？""教育与经济基础，哪些相适应，哪些不相适应？现在一讲教育，好像一文不值了，成不成？""一讲就讲两个，一个是十七年，一个是七二年回潮，就是不讲林彪路线的干扰。""不能一提知识分子就骂一通，这样符合不符合主席的方针？""毛主席当时讲的五百万，是指旧社会来的知识分子。现在我国有两千五百万知识分子……是否大多数都是资产阶级知识分子？""工农兵学员上了大学就不能当技术员，不能当干部，只能回去当工人、农民，这样成不成？""我们现在学校有没有培养干部的任务？不培养干部办大学干什么？""根本不要文化，就讲培养有社会主义觉悟的劳动者，行吗？""老说过去是'智育第一'，根本不是，不对。""贫下中农为革命种田，工人为革命做工，学校为什么就不能为革命读书呢？""有知识的是私有，没有知识的就公有？那不要学校好了！""大学生上学还要不要改造？上管改（即上大学、管大学、改造大学）捧那么高，还要不要讲世界观改造？""我们教育革命的片面性和形而上学的倾向很严重，非出问题不行。""总理的讲话（指加强基础理论）他们为什么不贯彻？""去年《教育革命通讯》上刊登的《破'因循守旧'》那篇文章中，要搬掉一座什么'其重无比的大山'，究竟要搬掉哪座大山？"①

1975 年 7 月，教育部为研究改进理科教育，编印了《周总理关于基础科学研究和理科教育革命的部分指示》，以后又编印了《毛主席关于自然科学的部分论述》，供内部学习。后来，在反击右倾翻案风运动中，这两份材料被诬为周荣鑫搞"总理语录"、"反对毛主席"、"分裂党中央"的"罪证"。②

1975 年 8 月 23 日至 30 日，教育部召开北京、上海、天津、广东四省市中小学教育座谈会，部长周荣鑫在会上作了几次讲话，着重指出："毛主席从来没有讲过不要文化。毛主席在《新民主主义论》中提出要建立民族的科学的大众的文化。现在一谈起文化，就谈虎色变，怕得要死，赶忙出来说话，什么'回

---

① 中央教育科学研究所：《中华人民共和国教育大事记（1949—1982）》，北京：教育科学出版社，1983 年版，第 474 页。

② 中央教育科学研究所：《中华人民共和国教育大事记（1949—1982）》，北京：教育科学出版社，1983 年版，第 476 页。

潮’啊、‘又是七二年的风’啊！毛主席指示过的，也可以不管，这样不成！”他说，“学制、课程、教材、教学方法的改革……现在都在试验。缺点是及时总结不够。教育部应该作检讨，过去规定不点头也不摇头，这是‘要命’的规定！今后该点头的就点头，该摇头的就摇头。”“最近我陆续讲了些问题，但传得很厉害。”“我的有些话可能刺痛了那些好搞形而上学的人，他们有些不满。”“要打倒，我也不怕。要做小平同志讲的那样不怕被打倒的人。”“有的（人）好像认为教育部长是肥缺似的，打倒你我来干，争权夺利。”在讲到“争夺青少年问题”时指出：“首先要解决理想教育问题。‘学不学都上学’，这不行。……各个方面都要进行理想教育。”在讲到“智育第一”问题时指出：“现在批智育第一，就是课堂少讲些就完了。这不行！不是换位置的问题，根本是个‘三脱离’的问题。”在讲“读书做官”问题时指出：“到底怎么批读书做官，能不能把工农与干部、工程人员、知识分子对立起来，这样批不是制造混乱吗?”①

1975 年 9 月 15 日至 23 日，教育部在江苏省无锡市召开湖南、湖北、山东、江苏四省城市中小学教育革命座谈会，传达讨论了周荣鑫的讲话，研究了城市教育工作中的一些问题。周荣鑫在北京等四省市会上的讲话，和他在本年 5 月以来在部内外的一些讲话传开后，在教育界引起了强烈的反响。

1975 年 9 月 15 日，中共中央在昔阳召开全国农业学大寨会议，中共中央副主席、国务院副总理邓小平代表党中央、国务院向大会祝贺，同时提出“我们的文化教育也要整顿，科学技术队伍也要整顿”；9 月 26 日，邓小平说：“我们有个危机，可能发生在教学部门。把整个现代化水平拉住了。”“钢铁学院只有中技水平，何必办大学？上海机床厂七二一大学是一种形式，但不是唯一形式，不能代替大学。”“不懂数理化、外语，还攀什么高峰?”邓小平在 9 月 27 日和 10 月 4 日的农村工作座谈会上插话说：“现在相当多的学校学生不读书，这也不符合毛泽东思想。毛泽东同志反对的是脱离实际、脱离群众、脱离劳动，并不是不要读书，而是要读得更好。毛泽东同志给少年儿童的题词是‘好好学习，天天向上’嘛。”②

1975 年 9 月 26 日至 11 月 8 日期间，教育部部长周荣鑫主持起草教育部向国务院汇报提纲。在起草小组研究汇报提纲时，周荣鑫传达了邓小平的指示精

---

① 中央教育科学研究所：《中华人民共和国教育大事记（1949—1982）》，北京：教育科学出版社，1983 年版，第 477 页。

② 中央教育科学研究所：《中华人民共和国教育大事记（1949—1982）》，北京：教育科学出版社，1983 年版，第 478、479 页。

神，他说：“小平同志讲了两句话，形势大好，形势逼人。要看到逼人的一面，要头脑清醒，要端正路线，要有干劲搞四个现代化。二十五年发展远景，关键是我们教育部门要培养人。……小平同志说，科学研究工作后继有人问题，中心是教育部门的问题。现在有个危机——不读书。教师有个地位问题。教育部门也有个调动教师积极性问题。”后来由于周荣鑫遭到迫害，这个汇报提纲未能成稿。①

1975 年 10 月 12 日，教育部部长周荣鑫在听取铁道部人事局同志汇报七所铁路高等学校情况时指出：“当前形势，就是要把培养无产阶级革命事业接班人的任务和适应四个现代化的需要统一起来，不能割裂开，我们现在人人把政治和经济、业务、技术总是割裂开。毛主席一再教导，要讲对立统一，割裂开的思想不对，而现在有人就是搞形而上学。”“四个现代化需要培养人，不培养人是要拖后腿的啊！不改变现在的情况，很有可能拖后腿。”“现在就是有一股干扰毛主席革命路线的歪风，就是要扭转干扰毛主席革命路线的这股风。”②

1975 年 10 月 25 日，清华大学党委书记迟群指使该校人事处负责人林钧给毛泽东写信诬告教育部部长周荣鑫“组织上任人唯亲，搞宗派”，想把迟群“从政治上搞臭，组织上搞倒，把他从教育部门领导班子中赶出去”，“千方百计地在否定科教组几年来的工作”，“已在全国特别是在教育战线产生了很坏的影响”；同时，吹捧迟群“在文化大革命中，以自己的实际行动为教育革命作出了他应有的贡献”，“在教育战线上是有影响的，具有一定的代表性”。毛泽东批示：“先作调查，然后讨论一次。”但当时分管教育工作的副总理张春桥以毛泽东批示为由，于 11 月 8 日责令周荣鑫部长作检查。③

“可惜，历史没有给予他机遇。他奋力整顿的结果是，教育界的乱象非但没有制止，他自己反倒被扣以‘否定文化大革命’的罪名，重遭罢黜。教育界一些跟随他搞整顿的同志甚至被迫害致死。教育界成为沉疴难愈的重灾区。”④1975 年 11 月，中共中央按毛泽东指示在北京召开“打招呼”会议，部署批邓、“反击右倾翻案风”；11 月 26 日，中共中央将《打招呼的讲话要点》下发全党，

---

① 中央教育科学研究所：《中华人民共和国教育大事记（1949—1982）》，北京：教育科学出版社，1983 年版，第 478 页。

② 中央教育科学研究所：《中华人民共和国教育大事记（1949—1982）》，北京：教育科学出版社，1983 年版，第 479 页。

③ 中央教育科学研究所：《中华人民共和国教育大事记（1949—1982）》，北京：教育科学出版社，1983 年版，第 479 页。

④ 胡启立：《〈中共中央关于教育体制改革决定〉出台前后》，引自《炎黄春秋》，2008 年第 12 期。

这次整顿因邓小平再次打倒而终止。

1976 年 2 月 24 日，经张春桥策划批准的教育部临时领导小组成立。周宏宝任组长（周原为上海第一钢铁厂三级车工，后任上海民兵指挥部领导小组第一副组长，中共十届中央委员），薛玉珊任副组长（薛原为沈阳军区炮兵 75 师副政委，1971 年借调到国务院科教组任大学组负责人）。成员有刘皑风、姚力、任为民。这个临时领导小组成员名单是张春桥指使周宏宝、薛玉珊与迟群策划提出的。临时领导小组的任务是"主要负责领导机关运动和处理日常工作"，实际上它完全篡夺了教育部的领导权。张春桥当面指示周宏宝，"有事找迟群商量"，同时告诉迟群要帮助周宏宝，从而使迟群成了教育部的实际负责人。6 月 16 日，张春桥和薛玉珊还背着中央，在新华社发布外宾参观清华大学的消息中给迟群公开加上了"教育部负责人"的头衔。粉碎"四人帮"后将迟群逮捕法办，对周宏宝、薛玉珊予以隔离审查。[①]

1976 年 4 月 12 日上午，59 岁的教育部部长周荣鑫昏厥在追查会上，当晚逝世。自 1976 年 1 月起，重病住院的周荣鑫接受追查、批斗五十余次；1978 年 8 月 28 日获平反昭雪。[②]

8. *教育革命大辩论*[③]

1975 年 11 月 3 日至 18 日，在清华大学党委书记迟群主持下，该校党委连续召开党委扩大会议，就该校副书记刘冰等人在本年 8 月、10 月两次写给毛主席的信展开"辩论"。到 11 月 12 日，会议扩大到支部书记以上干部 1700 余人。11 月 18 日，清华大学召开全校大会，中共中央政治局委员、北京市委第一书记吴德到会传达了毛主席关于刘冰等人的信的指示。会上揭发了刘冰等人"否定教育革命、翻文化大革命的案的反动言行"。会后，清华大学贴出大批大字报，北京大学也相继贴出大字报，公开点名批判刘冰和教育部部长周荣鑫等。随后，教育部也公开点名批判周荣鑫及李琦。北京以及一些省市奉命组织干部、群众到清华、北大看大字报。两校的大字报迅速在各地不少学校传抄，一些学校相继开展了"教育革命大辩论"。

1975 年 11 月 8 日，国务院副总理张春桥找教育部部长周荣鑫面谈教育形

---

① 中央教育科学研究所：《中华人民共和国教育大事记（1949—1982）》，北京：教育科学出版社，1983 年版，第 485 页。

② 中央教育科学研究所：《中华人民共和国教育大事记（1949—1982）》，北京：教育科学出版社，1983 年版，第 485 页。

③ 中央教育科学研究所：《中华人民共和国教育大事记（1949—1982）》，北京：教育科学出版社，1983 年版，第 480 ~ 481 页。

势。周荣鑫指出，当前学生不读书等问题亟待解决。张春桥却说："社会上有否定文化大革命，否定教育革命的风。""对十七年，你周荣鑫是怎样认识的？""一个是培养有资产阶级觉悟的有文化的剥削者、精神贵族，一个是培养有觉悟的没有文化的劳动者，你说要什么人？我宁要一个没有文化的劳动者，而不要一个有文化的剥削者、精神贵族。"张春桥还说，迟群 1968 年带领军宣队、工宣队到清华、北大的路线是正确的，要坚持朝阳农学院的方向，继续宣传朝阳农学院的经验。

1975 年 11 月 30 日，张春桥在向阿尔巴尼亚教育代表团介绍清华大学、北京大学开展"教育革命大辩论"的情况时说："我们的教育部长也有问题。"当谈到"文化大革命"以前的教育时，他说："这十七年是毛主席的革命路线没有得到贯彻执行，还是资产阶级知识分子统治学校，用简单的话说，是资产阶级专了我们的政。"他还答应阿尔巴尼亚代表团去清华大学看大字报。此后外国留学生也纷纷要求参加我国教育革命大辩论和观看大字报。为此，中共中央办公厅发出通知："教育革命的辩论，是无产阶级文化大革命的继续和深入。""凡是对外开放的地区和单位，容许外宾、外交官员和在华工作、学习人员观看，不要干预。""公开场所张贴的大字报允许照相、拍电影、拍电视。"

1975 年 12 月 2 日，《红旗》第 12 期发表北京大学、清华大学大批判组的文章《教育革命的方向不容篡改》。文章说"最近教育界有一种奇谈怪论"，"要把教育革命的方向'扭'回去"。"当前争论的焦点在于：是坚持教育要革命的方向，把无产阶级教育革命进行到底，还是为修正主义教育路线翻案，复辟资产阶级知识分子统治我们学校的旧教育制度？"文章指出：要坚持教育要革命的方向，"必须从有实践经验的工人农民中间选拔学生"，"必须在三大革命运动中培养又红又专的无产阶级革命事业接班人"，"必须正确看待教育质量，批判'智育第一'"，"必须有工人阶级领导"。文中还影射攻击国务院是"右倾翻案风风源"。1975 年 12 月 4 日，《人民日报》和其他报刊予以转载。① 这篇文章成为"四人帮"反击右倾翻案风的"大进攻的信号"。

1975 年 12 月 14 日，中共中央转发《清华大学关于教育革命大辩论的情况报告》。报告叙述了清华大学抓住该校党委副书记刘冰等给毛主席的信，召开常委扩大会议，开展教育革命大辩论，报告说刘冰等人诬告迟群和谢静宜，"矛头实际上是对着毛主席的"。说刘冰等人两封信的出现，是有深刻的政治背景的。"今年七、八、九三个月，社会上政治谣言四起，攻击和分裂以毛主席为首的党

① 《教育革命的方向不容篡改》，引自《人民日报》，1975 年 11 月 4 日。

中央，否定无产阶级文化大革命，翻文化大革命的案，算文化大革命的账。这是一股右倾翻案风。在教育界，尤其突出。”“教育部周荣鑫同志到处讲话，制造和散布种种否定教育革命的奇谈怪论，反对毛主席的教育路线，篡改教育革命的方向，并且直接插手刘冰等人的诬告信”，因此，我们“学校这场斗争，绝不是孤立的，而是当前两个阶级、两条道路、两条路线斗争的反映，是无产阶级文化大革命的继续和深入”。报告还提出了开展教育革命大辩论的八条经验，鼓吹要在党的一元化领导下，不断明确大辩论的指导思想，搞清楚运动的目的。采用群众性大辩论的方法，把运动同加强党的建设结合起来，同学习无产阶级专政理论、评论《水浒》结合起来等等。中共中央在批示中认为这个报告很好，提供了在党委领导下开展教育革命大辩论的经验。并决定将报告一直发到大、中、小学的党支部。报告下发后，“教育革命大辩论”即推向全国。清华大学的动向更为全国所注目。12 月，教育部部长周荣鑫及教育部负责人李琦受到追查和批判。

1976 年 1 月 8 日，周恩来总理逝世，《人民日报》在追悼会的前一天（1 月 14 日），不报道全国人民沉痛悼念的情况，却在头版以通栏标题刊登《大辩论带来大变化》一文，说“近来，全国人民都关心清华大学关于教育革命的大辩论”。在追悼会当天（1 月 15 日），《人民日报》又发表梁效（清华大学、北京大学大批判组的笔名）的文章《教育革命与无产阶级专政》，说“树欲静而风不止，斗争并没有止息”①。

在迟群等人的策划下，教育部于 1975 年 12 月 20 日向国务院写了报告，其中诬称：“最近一个时期以来，周荣鑫同志利用这个刊物，制造否定教育革命的舆论，在部内外造成思想混乱，影响极坏，已受到读者的纷纷批判和抑制。”提出自本月起暂停出刊，“把刊物的方向、路线搞正确以后，继续出刊”。这份报告获张春桥同意，《教育革命通讯》1976 年 1 月停刊。②

1976 年 2 月 6 日，《人民日报》发表关于“教育革命大辩论”情况的报道说，当前教育界、科技界开展的大辩论，是无产阶级和资产阶级的大搏斗，是无产阶级文化大革命的继续和深入。报道突出地提出了“右倾翻案风”的风源问题，说“走资派还在走，投降派确实有”，右倾翻案风的风源“就在党内那

① 中央教育科学研究所：《中华人民共和国教育大事记（1949—1982）》，北京：教育科学出版社，1983 年版，第 484 页。

② 中央教育科学研究所：《中华人民共和国教育大事记（1949—1982）》，北京：教育科学出版社，1983 年版，第 484 页。

些坚持刘少奇、林彪的修正主义路线，至今不肯悔改的走资本主义道路当权派”①。

1976年2月，北京、上海、辽宁等地的学校相继开展“教育革命大辩论”，批判教育界的所谓“奇谈怪论”，掀起“回击右倾翻案风”和“批判三项指示为纲”的浪潮。在“大辩论”中，迟群、谢静宜利用在清华大学、北京大学设立的秘密联络点，收集情报，炮制诬陷邓小平等人的材料。迟群还在清华大学党委会上多次说：“尽管我们学校有五十多个专业，实际上就是一个专业，就是造走资派反的专业。”“我们学校对全国有举足轻重的影响，不仅是学校地位，而且培养的人是造走资派反的”，“就是培养同走资派作斗争的先锋战士”。除清华大学、北京大学等少数学校外，绝大多数学校“教育革命大辩论”进展缓慢。②

1976年4月，全国各地的一批师生员工再次遭到政治迫害。1976年9月，毛泽东逝世后，江青五次去清华大学策划部署；迟群强调“特别要警惕国内外阶级敌人的破坏活动，警惕还在走的走资派的破坏和捣乱”，要求“民兵树立高度的战备观念，一旦有了什么情况，能够做到要多少人就出多少人，要到什么地方就到什么地方”；张春桥在接见教育部临时领导小组和中国赴罗马尼亚、南斯拉夫教育代表团时说：“你们不要只看教育部，要和全国联系到一起看，教育战线历来是晴雨表，是和整个阶级斗争的形势相联系的。”③

四、十年浩劫对教育的严重破坏

“文化大革命”对教育的摧残难以估量，这场所谓的“教育革命”以“阶级斗争为纲”，以批判资产阶级为主要内容，先后批判“智育第一”、“洋奴哲学”、“知识私有”、“读书做官”、“读书无用”、“师道尊严”等等，“以大批判开路”、“政治可以冲击一切”的极“左”思潮大肆泛滥，并以此作为“教育革命”的指导思想，搞乱了学校一切工作，师生员工遭到严重摧残。由于全国各地的损失难以言状，下面仅以一所学校为例④：

---

① 《无产阶级文化大革命的继续和深入》，引自《人民日报》，1976年2月6日。

② 中央教育科学研究所：《中华人民共和国教育大事记（1949—1982）》，北京：教育科学出版社，1983年版，第485页。

③ 中央教育科学研究所：《中华人民共和国教育大事记（1949—1982）》，北京：教育科学出版社，1983年版，第487页。

④ 西南师范大学校史编写组：《西南师范大学校史》，重庆：西南师范大学出版社，2000年版，第178~180页。

由于“文化大革命”，学院从1966年起停止招生，教学因而停顿，科学研究陷于瘫痪。虽然1973年恢复了招生（只招收工农兵学员），教学工作逐渐恢复，但是，由于学员多数文化素质偏低以及政治运动的严重干扰，学院的秩序也没有走上正轨，因此教学质量难以保证，给国家造成了重大损失。据统计，“文化大革命”前的十年（1955—1965）学院为国家培养了本科、专科毕业生9942人，而“文化大革命”中的十年（1966—1976）招收并毕业的工农兵学员只有338人。“文化大革命”前入学，“文化大革命”中毕业的66级、67级、68级、69级四个年级的学生，由于“停课闹革命”的影响，除66级学生基本完成学业外，其余学生都没有学完教学计划规定的课程。不仅造成了培养人才的数量和质量的惊人下降，而且严重损害了学院的思想政治教育，败坏了学院纪律和良好学风，在学生的心灵里造成了难以弥补的损害。这些损失更是无法估量的。

在科学研究方面，因学院搬迁，人员分散，资料散失，承担的中央和省市下达的重要科研项目被迫下马。如物理系1970年派出两组教师参加全国彩色电视大会战，成绩显著，却因搬迁撤回人员而影响了会战进程；生物、物理两系参加的国家科委下达的四川薯芋（提取防原子辐射和避孕药物的一种野生植物）调查，由于迁校中断了工作；中文、数学、生物、音乐等系参加省市编写中学教材的工作，也因迁校而受影响。学院迁回后，科研工作有所开展，但学院仍不安定，研究工作难以正常进行。

在“文化大革命”中，学院的校舍建筑、图书、家具、仪器设备等遭到破坏，造成巨大的经济损失。在武斗中，新建的图书馆遭到严重毁坏，花园式的校园变得千疮百孔，一片破败景象。特别是强令迁校造成了人力、物力、财力的极大浪费，往返搬迁花费140万元。迁到万县专区，占了梁平县、忠县的三所中学、一所师范，为此四川省财政局又拨给万县地区中学建校费44万元。

学院被指定在梁平县屏锦区七间桥建校。1972年国家核定基建投资为178万元。从1970年到1972年，在七间桥农场建成能容纳144户教职工的宿舍和堆放学校家具的工棚，占用了良田43亩，空地13亩。

哈工大迁到北碚后，由于拆旧建新，损毁校舍建筑面积2000多平方米。学院运动场被铁道兵部队作为驾驶员训练场地，遭到严重破坏。有的房舍因年久失修，成为危房。1973年迁回后，仅修缮费就花去近100万元。

"文化大革命"中，学院图书损失10多万册，特别是常用的文学、美术图书和外文工具书损失很大。中文系资料室由图书馆提供的3万册参考书，几乎全部损失。历史系"文化大革命"前有各种文物8519件，"文化大革命"中损失3700件，占总数的43%。地方史资料也被毁掉。

"文化大革命"前，全院有家具5.2万多件。"文化大革命"中，损坏散失家具1.7万多件。

学校附属农场的生产在"文化大革命"中陷于瘫痪，大片肥沃土地长期无人耕种。有的虽然种了，但管理很差，只见野草，不见庄稼。有的土地长期被私人或其他单位占用，造成校产流失。

以上所列学院在"文化大革命"中遭到的破坏和损失，只是看得见的，可以用数字计算的几个主要方面。然而，更大损失在于，"文化大革命"败坏了党的作风，损害了党的形象，搞乱了人们的思想，影响了群众的团结，给广大知识分子、干部和职工留下了严重的精神创伤，这些损失比起物质上的损失来，是危害更大、更难弥补的。

据1975年年末统计，全国共有高等学校387所，在校学生50.1万人。1971年至1975年的五年内，招收学生68.2万人，毕业学生21.5万人，未培养研究生，派出国留学生720人。全国共有中等学校12.57万所（其中中等专业学校2213所，普通中学12.35万所），在校学生4536.8万人（其中中等专业学校生70.7万人，普通中学学生4466.1万人）。全国共有小学109.33万所，在校学生15 094.1万人。全国共有幼儿园17.17万所。第四个五年计划期间（1971—1975）中国教育费支出占国家财政总支出的5.3%；全国教育事业基建投资完成额占国家基建投资完成额的0.84%。①

有论者道："60年代的'文化大革命'不止反民族传统文化，亦反西方文化，由五四文化极端主义之'单反'（只反民族文化传统）意识扩大到'双反'意识，即在反民族文化外，更反五四所接触的西方文化（包括科学和民主），结果是造成极"左"派的文化蒙昧主义。"②

① 中央教育科学研究所：《中华人民共和国教育大事记（1949—1982）》，北京：教育科学出版社，1983年版，第481～482页。

② 金耀基：《中国的现代转向》，牛津大学出版社，2004年版，第47页。

第五节　恢复（1977—1984）

据数据表明，1977 年中国国力在世界的竞争中降到历史上的最低点。有学者估计，在明朝鼎盛时期，中国的国民生产总值占据了世界的五分之一。在辛亥革命的时候，中国的国民生产总值为世界的 4%，而 1977 年，拥有世界五分之一人口的中国国民生产总值仅为世界的 2%。[①] 1977 年 5 月 24 日，邓小平说："现在看来，同发达国家相比，我们的科学和教育整整落后了二十年。"[②] 确实可以用国歌里的一句话来形容——"中华民族到了最危险的时候"。

一、春来寒未消

1976 年 10 月 13 日，"四人帮"被清理出权力体系后，中共中央即派张纪值、范戈、晋桂香到教育部领导揭发批判"四人帮"的运动。[③] 1976 年 11 月 23 日，《光明日报》发表教育部大批判组揭发批判 1975 年 11 月 8 日张春桥抛出的"宁要一个没有文化的劳动者"的谬论的文章，指出"这是宣扬取消智育，鼓吹读书无用论，混淆智育和'智育第一'两个不同概念"，"是要劳动人民永远成为愚昧无知的奴隶"[④]。11 月 25 日，《人民日报》和各地报纸转载了此文。

然而，教育革命仍在进行。

1976 年 11 月 24 日和 25 日，教育部邀请北京市 5 所中小学、4 所大学和 4

---

① 李梓：《恢复高考三十年》，引自《耶城》，2007 年第 7 期。

② 《邓小平论教育》，北京：人民教育出版社，2004 年版，第 25 页。

③ 中央教育科学研究所：《中华人民共和国教育大事记（1949—1982）》，北京：教育科学出版社，1983 年版，第 487 页。

④ 《毛主席的教育方针岂容篡改》，引自《光明日报》，1976 年 11 月 23 日。

个区、县教育部门负责人举行座谈，揭发批判“四人帮”破坏教育革命的罪行：(一) 篡改毛主席的教育方针，疯狂地同资产阶级争夺青少年一代。(二) 破坏和取消学校的无产阶级政治思想，用资产阶级思想腐蚀毒害青少年一代。(三) 把理论和实践、主学与兼学割裂开来，破坏毛主席“五七指示”的贯彻。(四) 破坏革命师生的关系，挑起学生同教师的对立。(五) 歪曲毛主席对知识分子的正确估计，破坏党的团结、教育、改造知识分子的政策，打击干部、教师的社会主义积极性。(六) 破坏党的领导和党的优良传统。[①] 这样的批判虽然对象调换了，但理论上依然没有脱离教条，依然是教育革命的腔调，也很难将教育引向一个新的境界。

1977 年 5 月 7 日，教育部大批判组在《光明日报》上发表题为《遵循毛主席指引的方向继续开展教育革命》的文章，一面批判“四人帮”破坏“五七指示”的罪行；一面强调“五七指示”是指引我们教育革命取得胜利的旗帜。[②] 说明当时教育的大方向和基调仍是极“左”的。

1977 年 7 月 30 日，经中共中央批准，各报全文发表毛泽东 1961 年 7 月 30 日《给江西共产主义劳动大学的一封信》。教育部于本月 25 日通知各地教育部门，要求认真学习毛主席的这封信，“深刻领会毛主席的重大现实意义和深远历史意义”。与此同时，以该校为背景的影片《决裂》继续在各地上映。直到 1979 年，中共江西省委才决定将江西共产主义劳动大学总校改为全日制普通高等农业院校，校名仍为江西共产主义劳动大学，割断和地、县共大分校的隶属关系；将一部分共大分校改革为单科性中等专业学校。[③]

1977 年 8 月 12 日，中共中央主席华国锋在中共十一大上作的政治报告中继续说“一定要搞好文化教育领域里的革命”，“要在 20 世纪最后四分之一时间内把我国建设成为伟大的社会主义现代化强国，迫切需要培养和造就大批又红又专的建设人才。这就要从教育入手，要真正搞好无产阶级教育革命”。[④]

1977 年 8 月 19 日，《人民日报》刊登教育部理论组的文章《教育必须大干快上》。文章说：“建设社会主义现代化强国，迫切需要大批又红又专的人才，这就要求教育大干快上。各级各类学校的发展速度要加快，发展规模要扩大，

---

① 中央教育科学研究所：《中华人民共和国教育大事记（1949—1982）》，北京：教育科学出版社，1983 年版，第 488 页。

② 《遵循毛主席指引的方向继续开展教育革命》，引自《光明日报》，1977 年 5 月 7 日。

③ 中央教育科学研究所：《中华人民共和国教育大事记（1949—1982）》，北京：教育科学出版社，1983 年版，第 493 页。

④ 中央教育科学研究所：《中华人民共和国教育大事记（1949—1982）》，北京：教育科学出版社，1983 年版，第 495 页。

教育质量要提高。”① 然而教育质量如何才能有效提高，符合实际的方案尚不明朗。

1977 年 9 月 7 日，教育部再次发出通知：清除中小学教材中的“四人帮”及其余党的言论、文章、形象，以及“四人帮”控制的写作班子，如署名池恒、程越、梁效、初澜、江天、齐永红、罗思鼎、秦怀文、翟青等的文章和一切有关的内容，肃清其流毒和影响。②

1977 年 9 月 14 日，在毛泽东逝世一周年之际，教育部理论组在《光明日报》发表题为《高举毛主席伟大旗帜抓好教育革命》的文章，提出“要继承毛主席的遗志，高举毛主席的教育革命大旗，认真学习和实践毛主席的教育思想，全面、正确地贯彻毛主席的教育路线，真正搞好无产阶级教育革命”③。

1977 年 9 月 18 日，中共中央发出《关于召开全国科学大会的通知》，指出：“四个现代化的关键是科学技术现代化。”“科学人才的培养，基础在教育。小学、中学、大专学校是培养技术人才的重要基础，而大专学校又是科学研究的一个重要方面军。必须真正搞好教育革命，尽速改变教育与社会主义事业严重不相适应的情况。”中央“号召全国青少年奋发努力，学政治，学文化，树立爱科学、讲科学、用科学的风气”，“号召共产党员和共青团员成为向科学技术现代化进军的模范”。10 月 14 日，教育部发出通知，要求各地学习、宣传、贯彻中央上述通知的精神，抓紧整顿教育，落实知识分了政策，积极努力解决一批经过努力可以解决的问题。④ 显然，符合实际的理性说法越来越多，但“教育革命”的旗帜依然高举。

1977 年 11 月 6 日，中共中央转发教育部党组《关于工宣队问题的请示报告》。教育部的报告中说：工宣队已经完成了在特定条件下党交给的特殊任务，可以尽早宣布撤出学校，至于贫管会，还要保留，但应坚持不脱产。中共中央批示指出：“随着第一次无产阶级文化大革命的胜利结束和党的十一大以来形势的发展，各级党委都很重视教育革命和加强了党对学校的领导。现在从学校撤出工宣队，已不影响无产阶级教育事业的发展。”根据中共中央批示精神，各地

---

① 《教育必须大干快上》，引自《人民日报》，1977 年 8 月 19 日。

② 中央教育科学研究所：《中华人民共和国教育大事记（1949—1982）》，北京：教育科学出版社，1983 年版，第 496 页。

③ 《高举毛主席伟大旗帜搞好教育革命》，引自《光明日报》，1977 年 9 月 14 日。

④ 中央教育科学研究所：《中华人民共和国教育大事记（1949—1982）》，北京：教育科学出版社，1983 年版，第 497 页。

进驻大、中、小学的工宣队即全部撤出学校。[①]

此后，“文化大革命”的身影才从各级各类学校中渐渐消失。

二、恢复高考

1977年，以恢复高考为起点，中国教育进入到一个恢复阶段。

1976年，高考制度废除十年了，国家出现了严重的人才断档，推荐上大学过程中存在大量的人情腐败，整个社会对这种选拔制度非常不满。已有很多细节表现出邓小平此前就有恢复高考的决心，1977年5月24日，邓小平与王震谈道：“我们要实现现代化，关键是科学技术要能上去。发展科学技术，不抓教育不行。靠空讲不能实现现代化，必须有知识，有人才……要经过严格的考试，把最优秀的人集中在重点中学和重点大学。”[②]

1977年6月29日，教育部在山西太原召开“文化大革命”后第一次全国高等学校招生工作座谈会，当时由于思想上的束缚未能突破，提出继续采取前几年“群众推荐”的招生办法，并试招应届高中毕业生4000至10000人直接上大学，约占全国招生总数的2%～5%。[③] 各地会后即安排照此次会议精神准备当年的招生工作。

1977年8月4日至8日，来自全国各地的三十余位科学和教育工作者走进北京人民大会堂台湾厅，参加邓小平主持召开的科学和教育工作座谈会。会议的主要目的是探讨科学研究怎样搞得更快更好，教育怎样才能适应四个现代化的要求，赶上世界先进水平。与会的教授包括吴文俊、邹承鲁、王大珩、周培源、苏步青，还有时任教育部部长的刘西尧。

与会者开始并不知道邓小平要来参会，后来发现邓小平几乎每场必到，基本上都是坐在那里认真地听大家的发言，很少插话。会议开始时，主要是德高望重的老专家很谨慎的发言，但谈了两天后，谈话口子越来越大。一位清华大学教授说，清华大学的教学质量很差，推荐来的学生，许多人还要补习初中甚至小学的基础课程。邓小平说：“那就不要叫大学了，改成清华中学、清华小学好了。”时为武汉大学副教授的查全性举手发言，他说：“招生是保证大学质量

---

① 中央教育科学研究所：《中华人民共和国教育大事记（1949—1982）》，北京：教育科学出版社，1983年版，第501页。

② 《邓小平论教育》，北京：人民教育出版社，2004年版，第25～26页。

③ 中央教育科学研究所：《中华人民共和国教育大事记（1949—1982）》，北京：教育科学出版社，1983年版，第499页。

的第一关，高校新生质量没保证，一是中小学的质量不高，二是招生制度有问题，现行制度招不到合格的人才。”中国科技大学教师温元凯在会上提出了恢复高考制度的建议，这个建议立刻得到与会科学家的一致赞同。与会者情绪激动地希望国务院下决心改革高校招生制度。

邓小平插问：“今年是不是来不及改了？”当时教育部负责人说，6月底招生会议已经将本年度招生工作布置下去了，与会者多数表示今年改还来得及，最多晚一点。经过激烈争议，邓小平说：“既然大家要求，那就改过来。”并在会议总结发言中明确表示：“今年就要下决心恢复从高中毕业生中直接招考学生，不要再搞群众推荐。从高中直接招生，我看可能是早出人才、早出成果的一个好办法。”①

1977年8月13日，教育部遵照邓小平的要求在北京召开了这一年度的第二次全国高校招生工作会议，一年之中召开两次全国高校招生工作会议是历史上从未有过的，而第二次会议成为开了长达38（一说44天）天的马拉松会议，也是历史上前所未有的。与这次会议几乎同时，1977年8月12日开幕的中共十一大对“文化大革命”保持了拥护的立场，这直接影响了是否要恢复高考制度，在旷日持久的全国高校招生工作会议上，各方意见不统一，头绪太多，陷入徘徊状态。9月19日，焦急不已的邓小平就恢复高考制度的原因、招生政策和标准问题发表了意见：“1971年全教会（全国教育工作会议）时，周恩来同志处境很困难。1972年，他和一位美籍中国物理学家谈话时，讲要从应届高中毕业生中直接招收大学生。在当时的情况下，提出这个问题是很勇敢的。这是要教育部门转弯子，但是教育部门没有转过来。为什么要直接招生呢？道理很简单，就是不能中断学习的连续性。18岁到20岁正是学习的最好时期。”② 这次讲话结束了1977年的第二次全国高校招生工作会议，恢复高考成为定局。政审是原有招生制度的高压线，在当时教育部起草的新的招生文件中还是弄得很繁琐，邓小平对此提出批评：“政审，主要看本人政治表现。政治历史清楚，热爱社会主义，热爱劳动，遵守纪律，决心为革命学习，有了这几条就可以了。总之，招生主要抓两条：第一是本人表现，第二是择优录取。”③

1977年10月5日，中共中央政治局开会讨论全国高等学校招生文件和《红旗》关于教育工作的评论员文章（送审稿）。中共中央主席华国锋在会上指出：高等学校招生这件事很重要，要认真抓好；要很好地深入领会毛主席关于

① 《邓小平论教育》，北京：人民教育出版社，2004年版，第36页。

② 《邓小平论教育》，北京：人民教育出版社，2004年版，第49~50页。

③ 《邓小平论教育》，北京：人民教育出版社，2004年版，第52页。

改革教育的一系列重要指示，在实践中不断总结经验；办教育要考虑到各类学校的不同情况；对工农兵大学生要看到他们的优点，鼓励他们努力赶上去；对“三来三去”的批判要注意，对一部分学生实行“社来社去”，本来是必要的。[①] 邓小平和叶剑英在会上会见了出席此次招生工作会议的人。

1977年10月12日，国务院批转教育部《关于1977年高等学校招生工作的意见》和《关于高等学校招收研究生的意见》两个文件。意见规定：招生对象为：凡是工人、农民、上山下乡和回乡知识青年、复员军人、干部和应届高中毕业生，年龄20岁左右，不超过25周岁，未婚；对实践经验比较丰富，并钻研出成绩或确有专长的年龄可放宽到30周岁，婚否不限，只要符合条件都可报考。从应届高中毕业生中招收的人数约占招生总数的20%～30%。考生应具有高中毕业或相当于高中毕业的文化水平。招生办法是：自愿报名，统一考试，地市初选，学校录取，省、直辖市、自治区批准。考试分文、理两类，由省、直辖市、自治区拟题，县（区）统一组织考试。录取新生时，优先保证重点院校。政治审查主要看本人表现。要注意招收少数民族学生，文化程度可适当放宽。要注意招收一定数量的台湾籍青年、港澳青年和归国华侨青年。在部分高等学校招收“社来社去”学生。有条件的高等学校要积极招收研究生。上述文件还对实行人民助学金制度及研究生的招生和培养的有关问题作了规定。[②] 根据上述文件的规定，1977年招生工作于第四季度进行，新生于1978年2月前入学。

在历史低谷中断层了的高考在讨论和申辩中得以恢复，十年积压，使得1977年冬天的高考成为新中国教育史上竞争最激烈的一届高考，570万考生走进曾被关闭了十年之久的考场，当年高校录取新生27.297万人（包括1978年第1季度增招的新生6.2万人），录取比例为29∶1。这个比例在20世纪80年代初期逐步下降，从6∶1降到20世纪90年代初期的3.5∶1，直到现在的2∶1。1978年夏天610万人报考，录取40.2万人；据不完全统计，1978年有6.35万人报考研究生，共录取1.07万人。[③]

由于当时各地还在沿用1966年下达的办法，采取各地自行招生，因此1977

① 中央教育科学研究所：《中华人民共和国教育大事记（1949—1982）》，北京：教育科学出版社，1983年版，第498页。

② 《国务院批转教育部关于1977年高等学校招生工作的意见》，引自《中华人民共和国重要教育文献（1976—1990）》，海口：海南出版社，1998年版，第1579～1582页。

③ 中华人民共和国教育部：《共和国教育50年》，北京：北京师范大学出版社，1999年版，第65页。

年的高考还是由各省自行命题，沿用“文化大革命”前文理分科的办法，文理两类都考政治、语文、数学，文科加考史地，理科加考理化。考虑到实际情况，有些考题相当简单，尤其是数学。

恢复高考制度是全面恢复教育教学秩序的一个重要标志。它重新确立了人才选拔的公平、公正和科学的原则，调动了广大教育工作者的积极性和亿万青少年的学习热情，逐步形成了尊重知识、尊重人才的社会新风尚。

厦门大学教授刘海峰在他的著作《中国考试发展史》中评价恢复高考时说“那是一个国家和时代的拐点”。

三、否定“两个估计”

1977 年 8 月 8 日，再次复出不久的邓小平自告奋勇抓科教工作，并在主持召开的科学和教育工作座谈会上否定“两个估计”。

关于对十七年的估计问题，他说：“毛泽东同志在‘文化大革命’以前的大部分时间里，对科学研究工作、文化教育工作的一系列指示，基本精神是鼓励、是提倡，是估计到我们知识分子中的绝大多数是好的，是为社会主义服务或者愿意为社会主义服务的。1957 年以后讲过一些过头话，但是在 60 年代初期，他还是支持科学四十条、高等学校四十条这些的。”“对全国教育战线十七年的工作怎样估计？我看，主导方面是红线。应当肯定，十七年中，绝大多数知识分子，不管是科学工作者还是教育工作者，在毛泽东思想的光辉照耀下，在党的正确领导下，辛勤劳动，努力工作，取得了很大成绩。特别是教育工作者，他们的劳动更辛苦。现在差不多各条战线的骨干力量，大都是建国以后我们自己培养的，特别是前十几年培养出来的。如果对十七年不作这样的估计，就无法解释我们所取得的一切成就了。”①

由于“左”的思想重重阻碍，拨乱反正和落实知识分子政策一度缓慢。1977 年 9 月，邓小平组织一些人在北京大学、清华大学和北京师范大学进行调查。1977 年 9 月 19 日，邓小平在与教育部部长刘西尧谈教育战线的拨乱反正问题时再次强调：对 1971 年的《全国教育工作会议纪要》“要进行批判，划清是非界限”。“‘两个估计’是不符合实际的。怎么能把几百万、上千万知识分子一棍子打死呢？我们现在的人才，大部分还不是十七年培养出来的？”“你们管教育的不为广大知识分子说话，还背着‘两个估计’的包袱，将来要摔筋斗

---

① 《邓小平论教育》，北京：人民教育出版社，2004 年版，第 28～29 页。

的。现在教育工作者对你们教育部有议论，你们要心中有数。要敢于大胆讲话。”“你们要放手去抓，大胆去抓，要独立思考，不要东看看，西看看。……现在群众劲头起来了，教育部不要成为阻力。教育部首要的问题是要思想一致。赞成中央方针的，就干；不赞成的，就改行。”①

这震耳发聩的话语引发了教育上一场较为全面的拨乱反正。1977 年 10 月 5 日，在中共中央政治局讨论全国高等学校招生文件和《红旗》关于教育工作的评论员文章（送审稿）的会上，中共中央主席华国锋指出：二十八年教育工作，毛主席的革命路线占主导地位，错误路线是破坏干扰，教育工作者是有成绩的，作出了贡献的，“十七年黑线统治”这种说法要好好批，狠批“两个估计”②。数以万计的教育界知识分子的冤假错案从此得到平反。

1977 年 11 月 15 日，教育部召开一万八千人参加的大会，揭发批判“四人帮”及迟群篡夺教育部领导权、制造“马振扶公社中学事件”和“朝阳农学院经验”破坏教育事业；同日清华大学控诉“四人帮”及迟群等人 1973 年 10 月至 1974 年 1 月制造“反击右倾回潮运动”，镇压干部和教师，为受迫害者平反。③

1977 年 11 月 18 日和 19 日，全国各地报纸刊登教育部大批判组的文章《教育战线的一场大论战——批判“四人帮”炮制的“两个估计”》，对“四人帮”在 1971 年通过全国教育工作会议炮制的“两个估计”开展大批判。文章在揭露了“四人帮”炮制“两个估计”的经过后说：“我们受权向全党和全国人民郑重地宣布：就在 1971 年夏季‘四人帮’把十七年抹得一团黑的时候，我们的伟大领袖和导师毛主席针锋相对地批驳了他们的谬论。”文章转述了毛泽东 1971 年夏季说的对十七年的估计不要讲得过分、多数知识分子拥护社会主义制度等指示的精神。然后说：这就是毛主席对教育战线形势和知识分子状况的根本估计，它与“四人帮”的“估计”是完全对立的。文章以十七年是红线主导还是黑线专政，知识分子是革命力量还是革命对象为题，对“两个估计”进行了批判。号召要高举毛主席的伟大旗帜把教育革命进行到底。文章发表以后，教育系统掀起了批判“两个估计”的热潮。许多地方联系本地实际，对“四人帮”及其在地方和学校的帮派破坏教育事业的罪行进行了揭发批判；对所谓资产阶

① 《邓小平论教育》，北京：人民教育出版社，2004 年版，第 49 ~ 51 页。

② 中央教育科学研究所：《中华人民共和国教育大事记（1949—1982）》，北京：教育科学出版社，1983 年版，第 498 页。

③ 中央教育科学研究所：《中华人民共和国教育大事记（1949—1982）》，北京：教育科学出版社，1983 年版，第 501 页。

级统治学校的八个“精神支柱”，工农兵学员“上、管、改”，“开门办学”，“打破老三段、三中心”等谬论展开了批判，揭露了它们对教育事业造成的严重危害。①

1977年12月10日，《人民日报》转载中共同济大学委员会在《人民教育》第2期上发表的文章：《实用主义的“模式图”——批判“四人帮”鼓吹的“结合典型工程进行教育”的谬论》。文章揭发批判“四人帮”炮制上海同济大学“五七公社”，破坏教育事业的罪行。1978年，经教育部同意、中共上海市委批准，上海同济大学撤销了“五七公社”，恢复建筑、建筑工程两个系和学科教研室的建制。②

1978年9月24日，《人民日报》发表中共清华大学委员会的文章，对迟群、谢静宜1970年炮制的《为创办社会主义理工科大学而奋斗》一文和林彪、“四人帮”围绕这一文章的出笼在上海召开的理工科大学教育革命座谈会，以及“四人帮”通过这篇文章在教育路线鼓吹和推行的“工人阶级领导”，“上、管、改”，“阶级斗争为纲”，“厂带专业、厂校挂钩”，“开门办学”，“结合典型任务进行教学”，否定教师主导作用等谬论，进行揭发批判。文章指出：迟、谢炮制的那篇文章“是林彪、‘四人帮’毁灭教育的黑纲领。‘四人帮’在高教战线的种种倒行逆施，概源于此”③。

四、平反冤假错案

1977年，各地学校和教育部门先后开展揭发“四人帮”的政治运动，清查与“四人帮”篡党夺权阴谋活动有牵连的人和事；清理、复查“文化大革命”运动中的各种案件，开始进行因反对“四人帮”而受迫害的人的平反昭雪工作。

1978年，在复查“文化大革命”中的专案、平反冤假错案、落实干部和知识分子政策过程中，大批干部和教师重新走上工作岗位。1978年4月5日，中共中央批准了中央统战部和公安部《关于全部摘掉右派分子帽子的请示报告》，

---

① 中央教育科学研究所：《中华人民共和国教育大事记（1949—1982）》，北京：教育科学出版社，1983年版，第501～502页。

② 中央教育科学研究所：《中华人民共和国教育大事记（1949—1982）》，北京：教育科学出版社，1983年版，第503页。

③ 中共清华大学委员会：《一个毁灭教育的黑纲领》，引自《人民日报》，1978年9月24日。

并于9月17日批发了《贯彻关于摘掉右派分子帽子决定的实施方案》，各地据此对教育行政部门和学校中1957年被错划为右派的进行复查和改正。同时对1963年至1965年一些高校定案处理的五六百名“反动学生”进行了复查处理。①

1978年5月20日，清华大学召开全校师生员工大会，宣布中共清华大学委员会《关于推翻迟群等人制造的“走资派”、“资产阶级反动学术权威”错案的决定》，指出，1969年1月29日经中共中央、中央文革小组转发的《驻清华大学工人、解放军宣传队关于坚决贯彻执行对知识分子“再教育”、“给出路”的政策的报告》，是捏造罪名，镇压干部、知识分子，欺骗党中央、毛主席的假报告。其中制造的错案一律平反，强加于受害干部、知识分子的诬陷不实之词一律推倒。11月，中共清华大学委员会又推倒了“四人帮”强加给刘冰等的罪名，指出：1975年8月、10月，刘冰等两次给毛主席写的信，合理合法，内容属实，根本不是“诬告信”，为刘冰等恢复名誉。②

1978年12月3日，《北京日报》报道：中共北京市委在本市中小学教育工作会议上，宣布为1954年北京市委作出的《关于提高北京市中小学教育质量的决定》（简称“五四决定”）平反。中共北京市委指出：“五四决定”根据当时中小学实际情况，提出了一系列提高教育质量的有力措施，对提高中小学教育质量起了积极促进作用。“文化大革命”中，林彪、“四人帮”把它诬为“修正主义的黑纲领”，执行这个决定的广大干部和教师，受到残酷的打击和迫害，中小学教育遭到破坏，教育质量下降。中共北京市委宣布推倒强加给这个决定的一切诬陷不实之词，并为那些因执行此决定作出显著成绩而被诬陷为“黑样板”、“黑典型”的学校平反、恢复名誉，为那些在提高教育质量方面作出突出成绩而被诬陷为“反动权威”的知名教师平反。③

1978年12月18日至22日，中共十一届三中全会在北京召开，批判了“两个凡是”，停止使用“以阶级斗争为纲”的口号。此后，各级教育行政部门和学校按照4月5日中共中央批准的中央统战部和公安部《关于全部摘掉右派分子帽子的请示报告》和9月17日批发的实施方案，对1957年反右派斗争中被

① 改革开放以来教育发展历史性成就和基本经验研究课题组：《改革开放30年中国教育重大历史事件》，北京：教育科学出版社，2008年版，第22页。

② 中央教育科学研究所：《中华人民共和国教育大事记（1949—1982）》，北京：教育科学出版社，1983年版，第518页。

③ 中央教育科学研究所：《中华人民共和国教育大事记（1949—1982）》，北京：教育科学出版社，1983年版，第534～535页。

错划为右派分子的干部、师生员工进行复查和改正工作，平反冤假错案的工作全面展开。此项工作至1979年基本结束。

1979年3月19日，中共中央批转了教育部党组《关于建议中央撤销两个文件的报告》，决定撤销1971年中共中央批转的《全国教育工作会议纪要》和1974年中共中央转发的《关于河南省唐河县马振扶公社中学的情况简报》两个文件。中共中央批示指出："这两个文件，是在'四人帮'及其亲信一手把持下炮制出来的，是错误的。它在教育战线危害极大，流毒很深，应当继续批判。""各地一些同志由于执行这两个文件犯了错误是没有责任的。由此造成的冤案、错案、假案，尚未平反昭雪的，要抓紧解决。"① 全国各级教育行政部门、学校对在"文化大革命"期间受到迫害的干部、教师平反昭雪，使他们重新走上了工作岗位，为全面恢复教育教学秩序贡献了力量。

1979年7月，根据中共中央的通知，自本月起，教育部门和学校在当地党委领导下，开始对在1959年的反右倾斗争中因反映实际情况或在党内提出不同意见被定为"右倾机会主义分子"或"犯右倾机会主义错误"的干部、教职工进行平反、改正的工作。②

1979年9月14日，在中共北京大学委员会的干部会议上，教育部副部长周林宣布《经中共中央批准为马寅初先生平反的决定》。决定指出：1958年，对马寅初关于人口问题和综合平衡问题的讲话、文章错误地进行了点名批判。他的"新人口论"的观点和关于国民经济要综合平衡、各部门应有计划按比例地发展的观点是正确的。③ 各地教育行政部门和各级学校继续平反冤假错案，清理历史上的积案，落实各项政策。

据1980年11月5日中华人民共和国最高人民检察院特别检察厅关于林彪、江青反革命集团案起诉书的材料："文化大革命"期间，在林彪、江青反革命集团及其帮派体系骨干的指挥、煽动下，教育界的大批干部、教师遭受诬陷、迫害、致残、致死，仅教育部所属单位和17个省市受诬陷、迫害的干部、教师就有14.2万多人，卫生部直属14个高等医学院校674名教授、副教授中，受诬陷、迫害的就有500多人。粉碎"四人帮"以后的几年内，对受害者分别采

① 中央教育科学研究所：《中华人民共和国教育大事记（1949—1982）》，北京：教育科学出版社，1983年版，第544～545页。

② 中央教育科学研究所：《中华人民共和国教育大事记（1949—1982）》，北京：教育科学出版社，1983年版，第555页。

③ 中央教育科学研究所：《中华人民共和国教育大事记（1949—1982）》，北京：教育科学出版社，1983年版，第560页。

取开追悼会、开平反昭雪大会、举行骨灰安放仪式等方式，予以平反昭雪。[①]

据一些地方的不完全统计，自1978年起，上海市区中小学共平反冤假错案14 567件，高校平反了1373件冤假错案；山东全省中小学在反右派中错划右派18 000件，在接下来的反右倾中又造成错案1655件，其他应纠正的错案3292件，在“文化大革命”中造成冤假错案10 000多件；湖北累计纠正中小学教职工中的冤假错案50 000多件；黑龙江高校中3472人涉及冤假错案，中小学数据尚缺。[②]

直到1982年底，大规模的平反冤假错案工作才基本结束，但由于教育领域是冤假错案的重灾区，工作量大，一些地方到1986年才结束这项工作，予以平反的教师获得了生活和工作的保障。

五、恢复教学秩序

“文化大革命”使教育停滞十年，造成的损失深重，当时教育的主要问题是秩序混乱、人才奇缺。全面恢复和整顿教育秩序，加强教师队伍建设，恢复与完善基本教育制度，早出人才、多出人才、快出人才、出好人才成为教育政策的中心目标。

1977年12月27日，中共中央政治局委员、中国科学院副院长方毅在第四届政协全国委员会常务委员会第七次扩大会议上作《关于科学和教育事业情况的报告》，指出在我国科学、教育事业方面“一年初见成效”的目标已经实现。同时提出，为实现我国科学技术现代化，要提高和扩大教育事业发展的速度和规模。初步设想，1985年内，要在城市普及中等教育，农村普及初中教育。要大力发展七二一大学和共产主义劳动大学，发展业余教育和在职工人技术训练，争取在几年内，对主要行业技术工人普遍进行一次现代化技术训练。[③] 从这一设想可以看出当时对教育的实际情况还缺少真实了解，因而设想失去可靠基础，实现设想的手段也缺乏可行性。

1978年1月18日，教育部颁发《全日制十年制中小学教学计划试行草

① 中央教育科学研究所：《中华人民共和国教育大事记（1949—1982）》，北京：教育科学出版社，1983年版，第504页。

② 方晓东、李玉非：《中华人民共和国教育史纲》，海口：海南出版社，2002年版，第180页。

③ 中央教育科学研究所：《中华人民共和国教育大事记（1949—1982）》，北京：教育科学出版社，1983年版，第504页。

案》，并为此发出通知，规定：这个教学计划试行草案应从小学和初中一年级起试行，其余年级采取适当步骤，逐步过渡。并提出对目前多数农村地区的九年制中小学，应有计划地使一部分具备条件的学校逐步过渡为全日制十年制学校，有一部分也可办成半工半读的五七学校和农业中学。九年制学校、农业中学等的教学计划由各省、直辖市、自治区自订。教学计划试行草案规定：全日制中小学学制为十年，中学五年、小学五年。中学按初中三年、高中二年分段。统一秋季始业。有条件的地区可逐步实行小学6周岁半或6周岁入学。小学设8门课程，中学设14门课程。十年教学总时数为9160学时。教学计划试行草案还对各年级政治课和文化课时间，学工、学农、学军等“兼学”的时间作了规定。①

1978年1月，《人民教育》第1期发表评论《抓纲治教、乘胜前进》。评论提出：在新的一年里，要高举揭批“四人帮”这个纲，有计划地整顿教育、整顿学校、贯彻党的干部政策和知识分子政策；要对多快好省地发展教育事业作出规划；要真正搞好教育革命，抓好学校的政治思想、教学和科学研究、后勤等工作。②

接着，实现现代化逐渐替换教育革命成为发展教育的重要话语方式，1978年3月8日，国务院副总理方毅在全国科学大会上作报告时指出：人才问题是实现科学技术现代化的一个十分突出的问题。要采取果断措施，快出人才，多出人才。科学技术人才的培养，基础在教育。要认真办好大学、中学和小学，办好重点学校。积极扩大研究生的名额。高等学校是科学研究的一个重要方面军，高等学校应该既是教育中心，又是科学研究中心。还可以通过在青少年中举办科学学习竞赛，在校学生优秀的可以提前毕业，重点高等学校可以随时破格录取特别优秀的青少年等办法，不拘一格选拔人才。要办好共产主义劳动大学、七二一工人大学和五七大学，积极举办电视大学、函授大学和夜校。在高等学校试行走读制、旁听制、学分制等，多种形式，多种途径，努力扩大招生数量。要在广大干部、群众和青少年中，形成爱科学、学科学、用科学的社会风气。③

---

① 中央教育科学研究所：《中华人民共和国教育大事记（1949—1982）》，北京：教育科学出版社，1983年版，第508页。

② 中央教育科学研究所：《中华人民共和国教育大事记（1949—1982）》，北京：教育科学出版社，1983年版，第509页。

③ 中央教育科学研究所：《中华人民共和国教育大事记（1949—1982）》，北京：教育科学出版社，1983年版，第513页。

1978年4月22日至5月16日，全国教育工作会议在北京召开。会议讨论了《1978—1985年全国教育事业规划纲要（草案）》、《全国普通高等学校暂行工作条例（草案）修改意见（讨论稿）》、《全日制中学暂行工作条例（草案）修改意见（讨论稿）》和《全日制小学暂行工作条例（草案）修改意见（讨论稿）》。4月22日，邓小平在开幕式上的讲话中强调了四点①：

> 第一点，提高教育质量，提高科学文化的教学水平，更好地为社会主义建设服务。"我们的学校是为社会主义建设培养人才的地方。培养人才有没有质量标准呢？有的。这就是毛泽东同志说的，应该使受教育者在德育、智育、体育几个方面都得到发展，成为有社会主义觉悟的有文化的劳动者。""我们要在科学技术上超越世界先进，不但要提高高等教育的质量，而且首先要提高中小学教育的质量，按照中小学生所能接受的程度，用先进的科学知识来充实中小学的教育内容。"
>
> 第二点，学校要大力加强革命秩序和革命纪律，造就具有社会主义觉悟的一代新人，促进整个社会风气的革命化。"革命的理想，共产主义的品德，要从小开始培养。""我们希望从事教育工作的同志，各个有关部门的同志，整个社会的家家户户，都来关心青少年思想政治的进步，把被'四人帮'破坏了的优良革命传统恢复和发扬起来。""今后，不仅大中学校招生要德智体全面考核，择优录取，而且各部门招工用人也要逐步实行德智体全面考核的办法，择优录用。"
>
> 第三点，关于教育事业必须同国民经济发展的要求相适应的问题。"为了培养社会主义建设需要的合格人才，我们必须认真研究在新的条件下，如何更好地贯彻教育与生产劳动相结合的方针。""国家计委、教育部和各部门，要共同努力，使教育事业的计划成为国民经济计划的一个重要组成部分。""我们制订教育规划应该与国家的劳动计划结合起来，切实考虑劳动就业发展的需要。"
>
> 最后，讲讲尊重教师的劳动，提高教师的质量问题。"我们要提高人民教师的政治地位和社会地位。不但学生应该尊重教师，整个社会都应该尊重教师"，"尊师爱生，教学相长，这是师生之间革命的同志式的关系"。"要研究教师首先是中小学教师的工资制度。要采取适当的措施，鼓励人们终身从事教育事业，特别优秀的教师，可以定为特级教师。""各级党委和

① 《邓小平论教育》，北京：人民教育出版社，2004年版，第64～72页。

学校的党组织，应该热情地关心和帮助教师思想政治上的进步”，“要积极地在优秀的教师中发展党员”，“教育部和各地教育行政部门，要采取切实有效的措施，比如充分利用广播、电视举办各种训练班、进修班、编印教学参考资料等，大力培训师资”。

1978年7月4日，邓小平对郑州大学祝一清向中央反映该校贯彻全国教育工作会议精神有阻力的来信摘报作了批示：“不放手发动群众，不揭批，不整顿领导班子，任何都不可能搞好。”中共河南省委根据这一批示，整顿和加强了郑州大学领导班子，放手发动群众，彻底揭开盖子。7月17日，教育部发出通知，向各地传达邓副主席的指示，并要求切实检查各单位贯彻全教会精神的情况，还存在问题的单位，要采取适当措施，尽快改变过来。[①]

1978年8月19日，中共中央转发共青团十大筹备委员会《关于红卫兵问题的请示报告》。报告指出：“作为‘文化大革命’中产生的红卫兵组织，已经完成了它的历史使命。现在，学校共青团组织早又恢复，工作在不断加强；少先队和学生会也正在恢复。红卫兵的存在，使学校中学生组织重迭，学生干部负担过重，矛盾很多。普遍认为，红卫兵可以不再继续存在了。”文件下达后，学校中的“红卫兵”组织即行撤销。[②] 1978年10月27日，共青团十届一中全会通过决议，恢复中国少年儿童先锋队的名称，并通过新的队章和队歌，“文化大革命”中出现的小学“红小兵”组织即行撤销。[③]

1978年，中共十一届三中全会确立了改革开放的基本国策，教育也进入了恢复阶段。为使学校教育迅速摆脱“文化大革命”造成的混乱局面，1982年，中共十二大把教育作为实现国民经济翻两番的重要保证，第一次将教育提高到现代化建设战略重点之一的地位。

中共十三大作出我国处在社会主义初级阶段的基本判断，并决定由计划经济体制转向有计划的商品经济体制。当时的教育体制统得过死，使学校缺乏应有的活力，政府应该管的事却没有很好地管起来，基础教育薄弱，学校数量不足、质量不高；合格教师和必要的设备严重缺乏；职业和技术教育没有得到应

---

① 中央教育科学研究所：《中华人民共和国教育大事记（1949—1982）》，北京：教育科学出版社，1983年版，第522页。

② 中央教育科学研究所：《中华人民共和国教育大事记（1949—1982）》，北京：教育科学出版社，1983年版，第525页。

③ 中央教育科学研究所：《中华人民共和国教育大事记（1949—1982）》，北京：教育科学出版社，1983年版，第532页。

有的发展；高等教育内部的科系、层次比例失调；教育思想、教育内容、教育方法陈旧落后，脱离了经济和社会发展的需要。

六、作出比较切实的规划

1979年是新中国成立三十周年，中国教育总量有了巨大增长。三十年来，高等学校为国家培养了各项建设人才294.6万人，中等专业学校培养了520.7万人；各种职业学校和普通中学培养了大量劳动后备力量，共有高中毕业生3915万人，初中毕业生103 088万人，农（职）业中学毕业生58万人。1979年全国高等学校达到633所，在校学生102万人；广播电视大学在校学生28万人，厂办大学和业余大学在校学生58万人。中等专业学校在校学生119.9万人。普通中学在校学生5905万人。技工学校在校学生64万人。小学在校学生14 663万人。在幼儿园受教育的儿童879万人。教育部门全年共派出留学生1762人。不少部门、地区和单位积极举办各种类型的学校和学习班，对在职职工进行培训。大、中、小学在校学生超过了新中国成立前最高年份的7倍。少数民族在校生与1952年相比，大学为12.9倍，中学为23.16倍，小学为5倍。①

1979年6月18日，国务院总理华国锋在五届全国人大二次会议上作的政府工作报告的第二部分“打好四个现代化的第一个战役”中，提出当前发展国民经济的主要任务是要着重抓好十项工作。其中第五项是“积极发展科学教育文化事业，加强培养建设人才”，提出“教育方面，要在前两年多高等院校整顿取得显著效果的基础上，继续花很大的力量，积极发展大学教育和高等专科教育。中等教育要有计划地多举办各种门类的中等职业教育”，“继续扫除文盲和普及小学教育十分重要”，一定要“组织各方面的力量来加快完成这个任务”。“要十分重视发展托儿所、幼儿园，加强幼儿教育。各级各类学校都要努力提高教育质量”。报告还提出：“为了提高全民族的科学文化水平，必须对在业人员进行业余的和离职的科学技术、经济管理和文化知识的教育。”②

1981年4月7日，教育部发出《关于拟订教育事业“六五”计划和十年设想需要研究的问题的通知》。通知提出拟订计划、设想的指导思想是：把加强教

---

① 中央教育科学研究所：《中华人民共和国教育大事记（1949—1982）》，北京：教育科学出版社，1983年版，第568~569页。

② 中央教育科学研究所：《中华人民共和国教育大事记（1949—1982）》，北京：教育科学出版社，1983年版，第551页。

育事业列为国民经济调整计划的重要内容，把发展教育事业摆在经济建设的重要地位，在调整中积极稳步地改革教育结构，认真进行整顿、充实、提高，逐步加强教育事业，进行必要的调整，把当前与长远结合起来，瞻前顾后，统筹安排。①

据1981年4月29日国家统计局《关于1980年国民经济计划执行结果公报》，1980年教育计划的执行结果如下：1980年全国有高等学校675所，比上年增加42所，在校生114.4万人，比上年增加12.4万人。由教育部派的留学生2124人。中等教育继续进行结构改革，普通中学在校生5508.1万人，比上年减少373.4万人；中等专业学校在校生124.3万人，比上年增加4.4万人；农业中学和职业学校在校生45.4万人；技工学校在校生68万人。小学在校生14 627万人，在幼儿园受教育的儿童1151万人。不少部门、地区和单位举办各种类型的学习班，组织职工、农民和待业青年进行学习和培训。②

据1982年4月29日国家统计局《关于1981年国民经济计划执行结果的公报》，1981年教育计划的执行结果如下：1981年，全国各级各类教育事业继续贯彻调整的方针。在校学生数同上年相比，高等学校、农业中学、职业中学、工农中等教育有所增加，其他学校学生有所减少。高等学校在校学生128万人，比上年增加13.6万人；中等专业学校在校学生106.9万人，比上年减少17.4万人；普通中学在校学生4859.6万人，比上年减少648.5万人；农业中学、职业中学在校学生48.1万人，比上年增加2.7万人；技工学校在校学生67万人，比上年减少1万人；小学在校学生14 333万人，比上年减少294万人。在幼儿园受教育的儿童1056.2万人，比上年减少94.8万人；工农高等教育（包括电视大学、厂办大学、业余大学、函授大学等）在校学生134.6万人，比上年减少28.8万人；工农中等教育（包括职工、农民中等技术学校和业余普通中学）在校学生82.7万人，比上年增加16万人。③

1982年12月10日，五届全国人大五次会议批准的赵紫阳所作的《中华人民共和国经济和社会发展第六个五年计划（1981—1985）》的报告，强调“不断提高全体人民受教育的程度和科技文化水平，既是保证现代化物质文明建设

① 中央教育科学研究所：《中华人民共和国教育大事记（1949—1982）》，北京：教育科学出版社，1983年版，第614页。

② 中央教育科学研究所：《中华人民共和国教育大事记（1949—1982）》，北京：教育科学出版社，1983年版，第602页。

③ 中央教育科学研究所：《中华人民共和国教育大事记（1949—1982）》，北京：教育科学出版社，1983年版，第639页。

的重要条件，又是加强社会主义精神文明建设的重要内容"[①]。其中第二十七、二十八章中规定了各级各类教育事业的发展计划。具体内容如下[②]：

第二十七章　初等教育和中等教育

积极发展幼儿教育，充实加强小学，整顿提高初中，调整改革高中，大力发展职业技术教育，积极扫除文盲，为提高全民族的科学文化水平打好基础。

1985年，入园的幼儿数从1980年的1100万名增加到1800万名。

到1985年，争取全国绝大部分县普及或基本普及小学教育；其他地区也要积极创造条件，使更多的适龄儿童入学。1985年全国小学在校学生数为1.3亿人。各省、直辖市、自治区要采取有效措施，努力提高广大农村、边远地区和少数民族聚居地区学龄儿童的入学率，特别要提高入学巩固率。

1985年以前，城市要普及初中教育。高级中学，要积极改革内部结构，在改革中稳步发展。到1985年，普通高中招生数为280万人左右，比1980年减少100万人；职业中学和农业中学招生数为140万人，比1980年增加116万人。1985年同1980年相比，职业中学在校学生数增长5.5倍，农业中学在校学生数增长6.1倍。

技工学校，要调整专业和培训工种，提高培训质量。招生任务不足的技工学校应当承担培训在职工人的任务，有的可以培训待业青年，不包分配。

第二十八章　高等和中等专业教育

第一节　普通高等学校

一、大学本科和专科

1985年，普通高等学校本科和专科招生40万人；在校学生达到130万人，比1980年的114.4万人增长13.6%。五年大学毕业生共150万人。

切实改进和搞好专门人才的预测，制订十年和二十年的专门人才的预测和培养规划。

调整科类结构、专业布局和专业内容。提高大学专科的比重。试办一批花钱少、见效快、酌收学费、学生尽可能走读、毕业生择优录用的专科

① 中央教育科学研究所：《中华人民共和国教育大事记（1949—1982）》，北京：教育科学出版社，1983年版，第674页。

② 中央教育科学研究所：《中华人民共和国教育大事记（1949—1982）》，北京：教育科学出版社，1983年版，第676～677页。

学校和短期职业大学。适当扩大急需专业的培养规模，压缩长线专业的招生人数。根据经济与文化建设的需要、科学技术发展的趋势以及学校的具体条件，适当加宽某些专业的培养内容，增强学生毕业后对工作的适应性。

加强教学实验设施的建设和管理。国家以七亿元专款，为一批重点院校新建和扩建一批实验中心，包括计算机科学及其应用中心、分析测试中心、电子学实验中心、力学实验中心、生物化学实验中心等。

二、研究生

1985 年招收研究生 2 万人，比 1980 年增长 4.5 倍；在校学生达到 5 万人，比 1980 年增加 2.84 万人。五年毕业 4.5 万人。

研究生的招生制度要进行必要的改革，逐步提高招收工作两年以上的大学毕业生和具有同等学力的职工比例。计划部门和教育部门要组织学校、科研单位与用人单位共同制订招生计划和培养计划。要试办研究生院。

三、出国留学生

争取五年内派出 1.5 万人，平均每年派出 3000 人；五年学成回国的共 1.1 万人。出国学习的专业，要以自然科学和工程技术为主，并把重点放在我国目前比较薄弱或者需要开拓的学科和领域上。同时，也要派出一定数量的人员考察和研究外国的政治、经济、法律、教育和语言等。

四、中等专业学校

中等专业学校 1985 年招生 50 万人，在校学生数达到 125 万人。五年中专毕业生共 230 万人。适当扩大财经、政法、管理、轻工、纺织、建筑专业的招生人数。

五、成人高等和中等专业教育

分期分批地组织干部轮训，并逐步形成经常化、正规化的干部轮训制度。机关干部，每三年离职学习半年。逐步发展高等学校的干部专修科，培养训练中青年领导骨干。1985 年，高等学校干部专修科的招生人数达到 1.5 万人。

分期分批地培训具有中等文化程度的职工。五年内，对现有高中或中专程度的工人，要组织他们学习政治，学习文化，学习技术理论、工艺规程和操作技术，使相当一部分人达到大专毕业水平。对企业管理人员，组织他们学习经营管理和专业技术知识，使之逐步成为经济工作的内行。大中型工厂的厂长，要基本达到《国营工厂厂长暂行条例》规定的标准，具有中专以上文化科学知识，熟悉本行业生产经营业务，不断掌握国内外先进科学技术，充实专业知识。

发展广播电视大学、函授大学、夜大学、职工大学、农民大学，提倡和鼓励自学成材。参加各类大学和自学的人员，经过国家统一的毕业考试，合格后，承认其相应的学历。

1982年10月27日，国家统计局发布《关于1982年人口普查主要数字的公报》。公报发布：全国人口约为103 188.25万人。29个省、直辖市、自治区人口中，具有大学毕业文化程度的441.45万人，大学肄业文化程度的（包括大学在校生）约160.25万人，高中文化程度的6647.8万人，初中文化程度的17 827.71万人，小学文化程度的约35 516.03万人。文盲和半文盲人口（12岁以上不识字或识字很少的人）为23 582万人，文盲和半文盲人口占总人口的比例为23.5%。①

1983年6月6日，六届全国人大一次会议的政府工作报告中提出："要把大力发展高等教育事业，加速培养各方面的建设人才，放在突出的地位。国务院最近批准了教育部、国家计委关于采取多层次、多规格、多种形式，加速发展高等教育的报告。今后五年，计划将普通高等学校招生人数由1982年的31.5万人，增加到1987年的55万人，增长75%。与此同时，采取广播电视大学、函授大学、夜大学、管理干部学院、教师进修学院等多种形式发展高等教育，使这方面的招生人数由1982年的29万增加到1987年的110万，即增长2.8倍。为了保证这一计划的实现，国家将负责解决有关大项目的建设投资和物资供应。我们还要从政策上、组织上采取措施，创造条件，鼓励自学成材，有计划地轮训中青年干部，壮大各方面的专家队伍。"

七、确立教育优先发展战略地位

1980年3月23日，中共中央总书记胡耀邦在全国科协二大闭幕式上讲话时指出："发展科学，发展教育，大力培养各方面的专家，提高全民族的科学文化水平，是开发人类智力资源的伟大事业。四个现代化能否顺利进行，在很大程度上取决于这种资源的开发。"为发展我国的科学事业，就要大规模培养我国科学技术的生力军和后备队，这就是我们的青少年。为使他们能够真正成为我国科学技术的后备队，就要认真解决我国的教育问题。强调，我们的新社会一定要创造和形成一种社会风气，就是人人都要热爱青年、少年和儿童，人人都要

① 中央教育科学研究所：《中华人民共和国教育大事记（1949—1982）》，北京：教育科学出版社，1983年版，第670页。

尊敬在各级学校里辛勤培养一代又一代新人的老师。[①]

1980 年 5 月 8 日和 20 日，中共中央书记处听取并讨论了教育部党组关于教育工作汇报的提纲。在讨论中，胡耀邦指出：关于教育问题“我看主要是四句话：第一句话，新中国成立后，我们的教育事业有了很大的发展。第二句话，林彪、‘四人帮’在台上的十年，使我们的教育事业受到很大的摧残。第三句话，现在的教育状况很不适应四个现代化的要求。第四句话，全党、全国人民都要重视，力争在八十年代使我们国家的教育事业有一个大的发展，要超过我们新中国的历史最高水平”。赵紫阳指出：“教育要从中国的实际出发。中国的实际是：第一，中国不提高教育水平，四化搞不成；第二，中国有十亿人口，经济不发达、不平衡，齐头并进提高教育水平不可能。因教育的发展是受经济水平制约的，在一定时期内，要下决心承认不平衡。”“要把重点抓好。”“教育经费的投资和师资要集中，把先进地区先搞上去。”“要集中力量把大学和一部分重点高中办好。”中央书记处的同志还指出：中等教育结构非改不可。高等教育结构也有改革的问题。教育制度的改革，要跟劳动制度、干部制度的改革紧密结合起来。培养青年还是德、智、体三好，学校的政治工作确实在加强，普及小学教育的口号不要放弃，一定要在八十年代求得一个较大的发展。民办教师问题，不要规定到哪一年就转公办，采取千差万别的方式来解决。教育体制中要考虑对工人、农民的教育问题。要多种途径办教育。凡是自学有成绩的人，就发给证书。要重视民族教育。要进一步落实知识分子政策。要改善教师待遇。要改革教育的领导管理体制。要改进领导方法。要整顿好学校领导班子。要改善办学条件。要改善课本的内容、纸张、印刷等。[②]

1980 年 8 月 11 日至 14 日，教育部和全国政协教育组联合邀请民主党派和全国工商联的同志座谈教育问题。与会者强调指出，解决经济和教育问题是我国当前面临的重大问题。教育能否搞好，是四化成败的关键，是有关子孙后代的大事。为了使教育事业适应社会主义现代化建设的需要，必须提高教育事业经费和基本建设投资在国民经济计划中的比重。要加强宣传教育工作，提高对教育在社会主义建设中的地位和作用的认识。[③]

---

① 中央教育科学研究所：《中华人民共和国教育大事记（1949—1982）》，北京：教育科学出版社，1983 年版，第 577 页。

② 中央教育科学研究所：《中华人民共和国教育大事记（1949—1982）》，北京：教育科学出版社，1983 年版，第 581 页。

③ 中央教育科学研究所：《中华人民共和国教育大事记（1949—1982）》，北京：教育科学出版社，1983 年版，第 588 页。

1980年9月7日，在五届人大三次会议上，国务院总理华国锋指出："科学是生产力，教育作为培养提高劳动者的知识技能的手段，也是必不可少的生产力。""各级政府和全社会，都要重视和关心科学教育事业，尊重幼儿园、小学、中学、大学的教师和科学家，要尊重他们的崇高而艰苦的劳动，要提高他们的社会地位。""国务院准备在今后的十年中，逐步增加科学教育经费，并且希望各省、直辖市、自治区政府也这样做。"① 在全国人大、政协开会期间，教育部邀请70多位教育界的全国人大代表和政协委员座谈教育问题。与会者提出要充分认识教育在四化建设中的重要战略地位，改善教师待遇，改革现行中、小学学制，增加教育经费，加强教育立法，努力办好我国的教育事业。②

1980年12月1日，《人民日报》发表《全党全国人民都要重视教育》的社论。12月1日至13日，教育部在天津召开全国教育工作座谈会。会议传达了中共中央书记处关于教育工作的指示，分析了教育的形势，回顾了三十年教育工作中的"左"倾表现，认为进一步总结历史经验，肃清"左"倾流毒，具有重要意义。会议明确今后几年内教育的基本任务是贯彻调整的方针。调整要达到的目标是，使教育事业与国民经济协调发展，使教育质量得到提高，使学校的领导班子和教师队伍得到充实和提高；加强学校的思想政治工作，改善办学条件，巩固和发展教育系统安定团结的政治局面。在调整中，要大力开展普及初等教育工作；积极发展中等职业技术教育，改变中等教育特别是高中畸形发展的状况；要对高等教育的专业设置和区域布局进行调查研究，统筹规划，合理安排；要恢复和发展成人教育、中等专业教育、广播电视教育、业余函授教育等。提出要有计划、有步骤地进行教育体制与教育制度的改革，逐步建立中国式的社会主义教育体系；并重申了高等学校管理体制上的若干规定。会议提出，要加强与改善学校的思想政治工作，把思想政治工作做到教学、科研和师生生活中去。③

1981年6月27日，中共十一届六中全会通过了《关于建国以来党的若干历史问题的决议》，提出："社会主义必须有高度的精神文明。要坚决扫除长期存在而在'文化大革命'期间登峰造极的那种轻视教育科学文化和歧视知识分

---

① 中央教育科学研究所：《中华人民共和国教育大事记（1949—1982）》，北京：教育科学出版社，1983年版，第591页。

② 中央教育科学研究所：《中华人民共和国教育大事记（1949—1982）》，北京：教育科学出版社，1983年版，第593页。

③ 中央教育科学研究所：《中华人民共和国教育大事记（1949—1982）》，北京：教育科学出版社，1983年版，第598页。

子的完全错误的观念，努力提高教育科学文化在现代化中的地位和作用，明确肯定知识分子同工人、农民一样是社会主义事业的依靠力量，没有文化和知识分子是不可能建设社会主义的。要在全党大力加强对马克思主义理论的研究，对中外历史和现状的研究，对各门社会科学和自然科学的研究。要加强和改善思想政治工作，用马克思主义世界观和共产主义道德教育人民和青年，坚持德智体全面发展、又红又专、知识分子与工人农民相结合、脑力劳动与体力劳动相结合的教育方针，抑制腐朽的资产阶级思想和封建残余思想的影响，克服小资产阶级思想的影响，发扬祖国利益高于一切的爱国主义精神和为现代化建设贡献一切的艰苦创业精神。"①

1981 年 11 月 30 日和 12 月 1 日，国务院总理赵紫阳在五届全国人大四次会议上的政府工作报告中提出了今后经济建设的十条方针，其中第九条是"提高全体劳动者的科学文化水平，大力组织科研攻关"。指出：如果不解决我国教育、科学落后以及与国民经济其他部门之间的比例不合理的问题，四个现代化就无法实现。我们教育的基本方针是明确的，这就是使受教育者在德育、智育、体育几方面都得到发展，成为有社会主义觉悟的有文化的劳动者和又红又专的人才，坚持脑力劳动与体力劳动相结合、知识分子与工人农民相结合。现在的任务是要根据现代化建设中的实际情况来进一步贯彻执行这个方针。报告提出：高等教育在数量上要积极稳步地发展，特别要注重质量上的提高。它们的专业设置、领导体制、教学方法和内容等方面，都要在周密调查研究的基础上，进行必要的调整和改革。除正规大学外，要大力发展业余、电视、函授大学，鼓励自学成才。积极发展中等专业学校，大量培养技术工人和中级专门人才。注意保护学生的身心健康和关心他们学业上的成长，不能片面追求升学率。各级学校都要加强中国历史和地理的教学，加强法制教育。要培训大批合格的幼儿教师。要切实加强对全体职工的教育。要努力把农民教育办好。②

1982 年 9 月，中共十二大把农业、能源和交通、科学和教育作为国家经济发展的战略重点，确立了教育在整个社会现代化建设中的战略地位。9 月 1 日，胡耀邦在《全面开创社会主义现代化建设的新局面》的报告中提出了教育的战略地位和今后任务，提出："在今后二十年内，一定要牢牢抓住农业、能源和交通、教育和科学这几个根本环节，把它们作为经济发展的战略重点。""必须大

① 《中国共产党中央委员会关于建国以来党的若干问题的决议》，引自《中华人民共和国重要教育文献（1976—1990）》，海口：海南出版社，1998 年版，第 1952 页。

② 中央教育科学研究所：《中华人民共和国教育大事记（1949—1982）》，北京：教育科学出版社，1983 年版，第 634 页。

力普及初等教育，加强中等职业教育和高等教育，发展包括干部教育、职工教育、农民教育、扫除文盲在内的城乡各级各类教育事业，培养各种专业人才，提高全民族的科学文化水平。”提出：“我们在建设高度物质文明的同时，一定要努力建设高度的社会主义精神文明。这是建设社会主义的一个战略方针问题。”“社会主义精神文明的建设大体可以分为文化建设和思想建设两个方面。这两方面又是互相渗透和互相促进的。”“过去由于‘左’倾思想和小生产观念的束缚，在我们党内相当普遍、相当长期地存在着轻视教育科学文化和歧视知识分子的错误观念。它严重地妨碍我国物质文明和精神文明的建设。近几年来，我们努力清除这种错误观念，决心逐步加强文化建设，逐步改变文化同经济发展不相适应的状况。我们努力落实党的知识分子政策，使全党和全社会认识到知识分子同工人、农民一样是我们建设社会主义的依靠力量，并且决心尽可能创造条件，使广大知识分子能够心情舒畅、精神振奋地为农民贡献自己的力量。”“普及教育是建设物质文明和精神文明的重要前提”，“全国要在 1990 年以前以多种形式基本实现初等教育的普及，经济比较发达、教育基础较好的地区，要争取提早实现”。“思想政治工作者、各种文化和科学工作者、从幼儿园到研究生院的各级各类学校的教育工作者，在建设社会主义精神文明中担负着特别重要的责任。”“在今后五年内，要通过一切可能的途径，采取一切有效的方法，努力实现理想教育、道德教育、纪律教育在全国人民中首先是全国青少年中的普及。”①

八、建立高等教育自学考试制度

自学古已有之，自学能获得大学文凭的制度则始自 1978 年后。其历史背景是当时大学生毛入学率很低，全国平均只有 1.4%，不少省市还低于 1%。扩大招生受到校舍等教学资源的限制，自学考试被当做统一高考之外获得大专文凭的另一条渠道。1978 年，五届全国人大一次会议的政府工作报告中提出：“建立适当的考核制度，证明达到高等学校毕业生同等水平的，就应该在使用上同等对待。”

1980 年 10 月 29 日，北京市人民政府发出《关于建立高等教育自学考核制度的决定》，规定：凡北京市公民，不论通过哪一种形式学习，不受学历、年龄限制，均可自愿申请应考。凡经考核达到高等学校毕业生同等水平者，均承认

① 胡耀邦：《全面开创社会主义现代化建设的新局面》，引自《中华人民共和国重要教育文献 1976—1990》，海口：海南出版社，1998 年版，第 2037 ~ 2038 页。

学历。11月24日，北京市高等教育自学委员会成立。该委员会的任务是：颁布考试专业和各专业的考试科目；指定各科目的主考高等学校，组织考试；颁发单科合格证书和大学毕业证书。① 1981年北京市举行首次高等教育自学考试，开考哲学课，2686人参考，1124人考试合格。②

与此同时，1980年12月，教育部向国务院报送《关于高等教育自学考试试行办法的报告》。1981年1月13日，国务院批转教育部《关于高等教育自学考试试行办法的报告》，决定建立高等教育自学考试制度，并要求各省、直辖市、自治区人民政府遵照执行。国务院批示指出，建立高等教育自学考试制度，将为造就和选拔建设四个现代化的专门人才开辟广阔的道路，它是鼓励广大群众特别是青年为实现社会主义现代化奋发自学的重要措施。规定，凡中华人民共和国公民，不受学历、年龄的限制，可以自愿申请，由各省、直辖市、自治区根据不同情况，采取不同的方法组织考试。考试合格者，由自学考试委员会发给毕业证书或单科成绩证明书。无论在职人员或待业人员经过业余自学获得毕业证书者，国家都承认其学历。在职人员根据工作需要，调整工作；待业人员择优录用，安排适当工作。工资按普通高等学校毕业生工资标准执行。决定在国务院领导下，成立全国高等教育自学考试委员会。国务院并确定先在北京、天津、上海进行试点。③

1981年12月17日至23日，中国科学技术协会和共青团中央在北京联合召开全国青年自学经验交流会。参加会议的有来自各省、直辖市、自治区的106名自学成才的青年代表。李先念在会见他们时指出，自学成才是一条重要道路，希望青年们严格要求自己，在思想品质和学习工作中取得更大的进步。参加会议的代表向全国青年发出倡议，希望各行各业的青年携起手来，走自学成才的道路，看谁为社会主义现代化建设学得多、学得好，为祖国作出的贡献更大。1982年4月9日，中共中央办公厅根据中央书记处指示转发中国科协党组和共青团中央《关于全国青年自学经验交流会情况的报告》，要求各级党政领导机关都要把大力提倡青年自学、为培养社会主义建设人才开辟更广阔的途径当做一项具有战略意义的大事来办。中央书记处指出，各地区各部门各单位要根据

① 中央教育科学研究所：《中华人民共和国教育大事记（1949—1982）》，北京：教育科学出版社，1983年版，第596页。

② 改革开放以来教育发展历史性成就和基本经验研究课题组：《改革开放30年中国教育重大历史事件》，北京：教育科学出版社，2008年版，第60页。

③ 中央教育科学研究所：《中华人民共和国教育大事记（1949—1982）》，北京：教育科学出版社，1983年版，第606页。

自己的实际情况，多想些办法，为青年自学创造一些必要的条件。各有关部门要逐步制定出一套切实可行的办法，以利于进一步调动广大青年学习的积极性。①

1982年1月16日，北京市高等教育自学考试委员会召开大会，向1981年度高等教育自学考试及格者颁发单科合格证书。教育部部长蒋南翔到会讲话指出，高等教育自学考试工作将成为高等学校工作的一项重要内容。这项考试制度要逐步完善。有关单位和部门，要积极支持和鼓励群众自学。1月18日，教育部印发《关于编审出版高等学校工科基础课程函授教材和自学用书的几点意见》。文件确定了编审高等学校工科课程函授教材的原则和规划，并决定逐步编写出版这套既可供函授教学使用，又可供青年自学使用的高等学校工科课程的教材。②

1982年3月10日至16日，教育部在北京召开高等教育自学考试试点工作座谈会，决定上海、天津将从本年下半年起开始举行高等教育自学考试。会议提出，举办高等教育自学考试试点工作以来取得很大成绩，其经验有三：（一）必须有市级领导亲自抓；（二）要充分重视和发挥普通高等学校的作用；（三）注重先调查研究，并有切实的措施和步骤。会议明确提出，高等教育自学考试属于国家考试，其任务是通过考试，鼓励人们学习，检验学习成果，从中发现和选拔人才。并提倡地区间的协作。4月28日，教育部印发了这次座谈会的纪要。③

1982年10月6日，教育部决定将"全国高等教育自学考试委员会"改为"全国高等教育考试指导委员会"，由教育部领导管理。考试指导委员会对各地委员会的工作进行指导，各地委员会对当地自学人员和成人高等学校学员进行统一考试和加以指导监督，把成人教育方面培养人才的规格统一起来，以保证质量。考试指导委员会的工作，可分步骤进行，当时举办高等教育考试只限于在三个直辖市试点，要在总结试点经验的基础上，向有条件的省、自治区推广。④

1982年12月4日，五届全国人大五次会议通过并公布施行的《中华人民

---

① 中央教育科学研究所：《中华人民共和国教育大事记（1949—1982）》，北京：教育科学出版社，1983年版，第635～636页。

② 中央教育科学研究所：《中华人民共和国教育大事记（1949—1982）》，北京：教育科学出版社，1983年版，第644页。

③ 中央教育科学研究所：《中华人民共和国教育大事记（1949—1982）》，北京：教育科学出版社，1983年版，第649页。

④ 中央教育科学研究所：《中华人民共和国教育大事记（1949—1982）》，北京：教育科学出版社，1983年版，第668页。

共和国宪法》第49条中有“国家发展各种教育设施，扫除文盲，对工人、农民、国家工作人员和其他劳动者进行政治、文化、科学、技术、业务的教育，鼓励自学成才”[①] 的表述。

1982年12月11日至17日，教育部在北京召开成立全国高等教育考试指导委员会准备工作座谈会，强调高等教育自学考试的路子要走得更宽一些，考试的面再扩大一些。1983年自学考试全面推广，1983年5月3日，国务院批准成立全国高等教育自学考试指导委员会，并规定自学考试每年考两次；5月12日该委员会正式成立；[②] 5月23日至26日，全国高等教育自学考试指导委员会第一次全体会议在北京召开。到1985年，全国各省、自治区、直辖市都开展了高等教育自学考试的试点。[③] 直至发展到自学考试被称为中国的“第一考”。

1988年2月5日，国务院颁布《扫除文盲自学考试暂行条例》；3月3日，国务院颁布《高等教育自学考试暂行条例》。1989年的两次考试共有310万人参加；1991年6月12日，国家教育委员会颁发第16号令，发布《中等专业教育自学考试暂行规定》，自颁布之日起施行。到1989年，已有471万人获得单科合格证书，约41万人获得大专毕业证书，2570人获得本科毕业证书，507人获得学士学位；[④] 到1998年，在籍考生达915万人，到1997年底通过国家考试获得专科和本科毕业文凭的有28万人。[⑤]

截至2007年，自学考试累计报考1.8亿人次，培养本科、专科、中专毕业生近700万人；2007年，自学考试学历与非学历教育报考1867万人次，其中学历教育报考956万人次，非学历教育报考911万人次。[⑥] 到2008年，累计4800万人参加考试，850万人获得大专以上的文凭，在大学入学率很低的情况下，自学考试满足了很多人求学的愿望，其中不乏真正的成才者，其历史功绩巨大。

在现今全国平均大学毛入学率已达到23.3%，广东省2009年将达到78%

---

① 中央教育科学研究所：《中华人民共和国教育大事记（1949—1982）》，北京：教育科学出版社，1983年版，第674页。

② 中央教育科学研究所：《中华人民共和国教育大事记（1949—1982）》，北京：教育科学出版社，1983年版，第677页。

③ 改革开放以来教育发展历史性成就和基本经验研究课题组：《改革开放30年中国教育重大历史事件》，北京：教育科学出版社，2008年版，第64页。

④ 《中国教育统计年鉴·1989》，北京：人民教育出版社，1990年版，第104~105页。

⑤ 中华人民共和国教育部：《共和国教育50年》，北京：北京师范大学出版社，1999年版，第367页。

⑥ 改革开放以来教育发展历史性成就和基本经验研究课题组：《改革开放30年中国教育重大历史事件》，北京：教育科学出版社，2008年版，第64~65页。

的情况下，有人认为高等自学考试已经完成了历史使命，应取消这种制度，具体理由有三：一是自2006年开始自学考试人数连年减少，逐渐出现了萎缩现象。二是自学考试仍然沿袭了普通学历教育，助长了唯学历论，除具有学历统计的意义外，并不能达到真正提高人们技术和能力的目的。而且，许多人的工作和所学的专业完全不搭界，什么容易就拿什么文凭，造成了某些文凭泛滥。三是在具体的执行过程中，舞弊现象严重，文凭水分很大。有人甚至极而言之，自学考试是“通向大专学历文凭的走私通道”。取消自学考试制度可整肃高等教育学风，严格大学文凭标准、净化人才市场的需要。

九、错过了教育体制改革的机遇期

1978年，世界教育改革的潮流已经汹涌澎湃，中国却没有适时抓住国际教育改革机遇，而是采取了简单恢复到1950年至1965年的办法，在中共十一大报告中，要求继续贯彻1957年和1958年提出的教育方针。邓小平在1978年的全国教育工作会议上强调：“把毛泽东同志提出的培养德智体全面发展，有社会主义觉悟的有文化的劳动者方针贯彻到底，贯彻到整个社会的方方面面。”①

1978年9月22日，教育部发出通知，试行《全日制中学暂行工作条例（试行草案）》和《全日制小学暂行工作条例（试行草案）》，这两个条例是对1963年颁行的全日制中学和小学暂行条例进行修改而成的。整个条例文本几乎没有太大变动，其中最大的变动是将原来的校长“负责领导全校的工作”、“党支部对学校行政工作负有保证和监督的责任”的领导体制，改为“实行党支部领导下的校长分工负责制”②。

1978年10月4日，教育部发出通知：试行《全国重点高等学校暂行工作条例（试行草案）》。通知指出：这个草案要在重点高等学校的全体师生员工中进行讨论，并开始试行。其基本精神也适用于全国其他普通高等学校。这个草案是根据新时期的总任务和十几年来的新经验、新情况，对1961年颁发试行的“高校六十条”进行修改而成的。草案仍为十章六十条。其中较大的变动是将原“高校六十条”中规定的高等学校实行“党委领导下的以校长为首的校务委员会负责制”，系党总支对行政工作实行保证和监督的领导体制，改为“党委领导下的校长分工负责制”，系一级实行“系党总支委员会（或分党委）领导

① 《邓小平文选（1975—1982）》，北京：人民教育出版社，1983年版，第104页。

② 中央教育科学研究所：《中华人民共和国教育大事记（1949—1982）》，北京：教育科学出版社，1983年版，第528页。

下的系主任分工负责制”。取消原来的校务委员会，设立学术委员会。[①]

上述三个条例虽使全日制大中小学恢复了教学秩序，却难以走上与教育发展内在规律相吻合的健康发展轨道。

在具体的各个学科领域也采取了简单回到20世纪60年代初的做法，1978年6月8日至29日，教育部在武汉召开全国高等学校文科教学工作座谈会。会议总结了文科教育二十八年来正反两个方面的经验，分析了现状，划清了文科教学工作中的一些方针政策的是非界线。会议重新肯定了1961年确定的文科教学方针及贯彻这一方针所取得的经验。会议讨论了文科的培养目标，及解决文科教师中存在的“心有余悸”、并调动他们的积极性等问题；强调文科必须贯彻以教学为主的方针。学生在校期间的主要任务是系统地学习马克思列宁主义理论和专业知识，并以学习书本知识为主，以课堂教学为主，充分发挥教师的主导作用。会议制定了中文、历史、哲学、政治经济学、教育学等专业的学时制和学分制教学方案及文科教材编选、教师培训的规划。起草了《关于高等学校马列主义基础理论课教学的意见》、《关于加强高等学校图书资料工作的意见》和《关于加强高等学校哲学社会科学学报工作的意见》三个文件初稿。9月28日，教育部向有关学校和部门发出了这次会议的纪要。[②]

十、邓小平题写“三个面向”

1983年9月7日，景山学校以全校师生的名义给邓小平写信，汇报学校教改工作，谈到工作中的困惑，恳请为学校指明前进方向。9月9日，邓小平为景山学校成立20周年题词：“教育要面向现代化，面向世界，面向未来。”9月10日景山学校收到这一题词，9月11日，全国各主要报纸都在第一版刊登了这一题词，此后各级政府将这一题词当做中国社会主义教育事业改革和发展的指导方针。

经过六年多的恢复，中国教育步入常轨，而其中的问题也显现出来，这些问题成为引发改革的原动力。

---

① 中央教育科学研究所：《中华人民共和国教育大事记（1949—1982）》，北京：教育科学出版社，1983年版，第529～530页。

② 中央教育科学研究所：《中华人民共和国教育大事记（1949—1982）》，北京：教育科学出版社，1983年版，第519～520页。

第六节 改革（1985—1988）

20世纪80年代初期的思想解放，孕育了中国教育改革的能量，这些能量在20世纪80年代后半期充分地发挥出来，成为推动包括教育在内的整个社会改革的巨大动力，使得那一时间成为六十年中教育的真正改革阶段。

一、颁布实施《中共中央关于教育体制改革的决定》

1984年，中国启动了经济体制改革，这年颁发的《中共中央关于经济体制改革的决定》中被邓小平认为“最重要”的第九条中说“进行社会主义现代化建设必须尊重知识，尊重人才”，“科学和教育对国民经济的发展有极其重要的作用。随着经济体制的改革，科技体制改革和教育体制改革越来越成为迫切需要解决的战略性任务”。①

1984年10月20日，中共十二届三中全会通过《中共中央关于经济体制改革的决定》。仅仅一个星期后的10月29日，中央书记处就开会讨论这一决定，将科技、教育改革提上议事日程，并成立领导小组。这个小组由胡耀邦、赵紫阳主持，日常工作由万里同志领导，形成了“邓小平掌舵导航；胡耀邦、赵紫阳披肝沥胆，全力推进”的格局，胡启立全程主持了《中共中央关于教育体制改革的决定》这一文件的酝酿、调研和起草工作。

1985年5月15日至19日，中共中央、国务院在北京召开改革开放后第一次全国教育工作会议，讨论《中共中央关于教育体制改革的决定（草案)》，并结合各地、各部门实际情况，研究贯彻执行的步骤和措施。邓小平在闭幕会上

---

① 《中共中央关于经济体制改革的决定》，引自《教育改革重要文件选编》，北京：人民教育出版社，1986年版，第84页。

提出，“教育体制改革的决定草案，我看是个好文件。”①，要把我国沉重的人口负担转化为巨大的人力资源优势。这就为教育改革指明了方向。5月29日，《中共中央关于教育体制改革的决定》正式颁布实施。决定指出，教育体制改革的根本目的是提高民族素质，多出人才，出好人才。决定确立教育必须为社会主义建设服务，社会主义建设必须依靠教育的指导思想；从体制入手，打破一统二包，包得过多、统得过死的体制，实行简政放权；调整教育结构，相应地改革劳动人事制度；增加教育投入，使中央和地方政府的教育拨款的增长高于财政经常性收入的增长，并使在校学生人数平均的教育费用逐步增长；将实施九年制义务教育的责任和管理权限下放给地方，实行“地方负责、分级管理”；调整中等教育结构，大力发展职业技术教育，使高中阶段的职业技术学校招生数相当于普通高中的招生数，实行“先培训，后就业”的劳动用人制度；扩大高校的办学自主权，改革高校招生和毕业生分配制度，实行校长负责制等。

由此，拉开了中国教育体制改革的序幕。

1985年的教育体制改革，为当时经济条件较好的地区更好地发展教育创造了条件，而在欠发达的西部，地方与民间资源有限，教育发展受到局限，因而这一政策有“两个问题：第一，改革的种种政策、措施，有点‘一刀切’。第二，在承认地区差别时，没有跟上相应的平衡措施，结果可能是差异越来越大，终至不能忍受的程度”，以致在西部地区流传“以往的教育部，是高等教育部；现在的国家教委，是东部地区国家教委”②。

1985年启动的教育体制改革在1989年后未能继续进行下去，它所确立的目标至今（指2009年以前）尚未完全实现。

二、实施九年制义务教育

1985年5月，《中共中央关于教育体制改革的决定》提出实行九年制义务教育的论题。

1986年4月12日，六届全国人大四次会议通过《中华人民共和国义务教育法》（简称《义务教育法》）。其中规定，国家实行九年制义务教育。义务教育事业在国务院领导下，实行地方负责，分级管理。《义务教育法》是中国历史上第一部普及教育的法律。1986年6月26日，国家教委、国家计委、财政部、劳动人事部联合下发《关于实施〈义务教育法〉若干问题的意见》。

---

① 《邓小平论教育》，北京：人民教育出版社，1995年版，第164页。

② 程介明：《中国大陆教育实况》，台北：台湾商务印书馆，1993年版，第80页。

1992年3月14日经国务院批准《中华人民共和国义务教育法实施细则》颁布施行，依据这一细则，实施义务教育的学校免收学费，但可以收取杂费。

到20世纪末，我国基本实现了普及九年义务教育。

三、恢复督导制度

1986年9月，国家教委提出并经国务院批准，将视导室更名为督导司，成为独立的司局。这标志着中央教育督导机构正式重建。1988年9月14日，国家教委、人事部联合发出《关于建立教育督导机构问题的通知》，要求“县以上人民政府应在其教育行政部门内建立教育督导机构或配备专职教育督导人员”。此后，我国在全国范围内普遍建立了督导机构，教育督导工作逐步纳入了教育行政管理序列，并初步形成了一支专职和兼职相结合的督学队伍。教育督导制度的恢复对督促各级人民政府及有关部门贯彻国家有关教育的法律、法规、方针、政策，依法行政；特别是对推进各地普及九年制义务教育发挥了重要的作用，成为由决策、执行和监督所组成的现代教育行政管理系统中不可缺少和不可替代的重要组成部分。

1991年4月26日，国家教委颁发15号令，发布《教育督导暂行规定》。5月21日，国家教委又发出《普通中小学校督导评估工作指导纲要》和《实施〈普通中小学校督导评估工作指导纲要〉试点的意见》。我国普通中小学校的督导评估工作逐步走向规范化轨道。

四、开展农村和城市教育综合改革

1985年，各地酝酿开展农村教育改革，其中安徽省以“陶行知教育思想与农村教育改革”为题进行研究，建立实验区，开展实验，形成农科教结合的教育改革模式。

1987年2月27日至28日，国家教委与河北省人民政府在涿州市召开农村教育改革实验区第一次工作会议，标志着我国农村教育改革实验工作启动。其重点是对农村教育的目标、体制、结构、内容等进行综合配套改革，进一步调整和优化农村教育结构，坚持三教（基础教育、职业技术教育、成人教育）统筹，实行农科教（农村建设、科技、教育）结合，实施“燎原计划”，为当地建设培养迫切需要的中、初级适用人才，从整体上形成与科技体制和社会主义市场经济体制相适应的农村教育体系。与此同时，国家教委从1987年开始在全国进行了城市教育综合改革。其重点是办好中等和中等以下各级各类教育，成人的继续教育和岗位培训，包括高中后短期职业技术教育。经过十几年的探索，农村和城市教育综合改革取得了显著的成效，加快了农村和城市教育发展的步伐。

1987 年 11 月 18 日至 22 日，国家教委在湖南长沙市召开 11 个城市办学方向研讨会，由此启动了城市教育综合改革工作。

1988 年 5 月 4 日，国家教委向国务院呈送《国家教委关于实施“燎原计划”的请示》。1988 年下半年，时任农业部部长的何康到安徽考察，认为安徽进行的农科教结合实验值得在全国推广，回京后向国务院提交了报告。1989 年 4 月，国家教委成立了农村教育综合改革试验领导小组；1989 年 8 月 20 日，《农业部、国家科委、国家教委、林业部、中国农业银行关于农科教结合，共同促进农村、林区人才开发与技术进步的意见（试行）》下发，在全国上下形成以县为主的农科教结合体系。

五、百年大计，教育为本

1987 年 10 月 25 日至 11 月 1 日，中国共产党第十三次全国代表大会（简称“中共十三大”）召开。大会通过的题为《沿着有中国特色的社会主义道路前进》的报告对教育作了如下阐述：“百年大计，教育为本。必须坚持把发展教育事业放在突出的战略位置，加强智力开发。随着经济的发展，国家要逐年增加教育经费，同时继续鼓励社会各方面力量集资办学。要坚持教育为社会主义现代化建设服务的方针，按照实际需要，改善教育结构，提高教育质量，克服教育脱离实际和片面追求升学率的倾向。必须进一步造成尊重知识、尊重人才的社会环境，继续改善知识分子的工作和生活条件，努力做到人尽其才，才尽其用。要充分发挥广大工人、农民、知识分子的积极性和创造性，对一切为现代化建设作出优异成绩的人们都要给予奖励。必须下极大的力量，通过各种途径，加强对劳动者的职业教育和在职继续教育，努力建设起一支素质优良、纪律严明的劳动大军。”

相对于六十年，这次教育改革极为短暂，到 1989 年下半年即告一段落。具有实质性的教育改革虽然仅仅进行了不到五年，但它展现了中国教育改革的立项，确立了中国教育改革的目标，进行了切实的教育改革实践，成为六十年乃至未来中国教育发展的一个重要标的。

第七节　重启（1989—1998）

1989 年，中国社会进入一个各种关系相互激烈撞击的时段，一方面要求反对特权和腐败，端正社会风气；另一方面要维持既有的社会格局，于是引发大规模的政治风波。风波之后，邓小平的一段讲话被反复引用："十年最大的失误是教育，这里我主要是讲思想政治教育，不单纯是对学校、青年学生，是泛指对人民的教育。对于艰苦创业，对于中国是个什么样的国家，将要变成一个什么样的国家，这种教育都很少，这是我们很大的失误。"① 1989 年下半年，中国政府对教育进行了另一番思考，整个教育发展进入一段重启时期。

一、再次确认教育优先发展

1992 年 10 月，中国共产党第十四次全国代表大会（简称"中共十四大"）明确提出把教育放在优先发展的战略地位，各级政府要增加教育投入，鼓励多渠道、多形式社会集资办学和民间办学。

1992 年 10 月 12 日至 18 日，中共十四大报告对教育作了如下阐述："我们必须把教育摆在优先发展的战略地位，努力提高全民族的思想道德和科学文化水平，这是实现我国现代化的根本大计。要优化教育结构，大力加强基础教育，积极发展职业教育、成人教育和高等教育，鼓励自学成材。各级政府要增加教育投入。鼓励多渠道、多形式社会集资办学和民间办学，改变国家包办教育的做法。各级各类学校都要全面贯彻党的教育方针，全面提高教育质量。到本世纪末，基本扫除青壮年文盲，基本实现九年制义务教育。进一步改革教育体制、教学内容和教学方法，加强师资队伍的培养和建设，扩大学校办学自主权，促

① 《邓小平论教育》，北京：人民教育出版社，1995 年版，第 209 页。

进教育同经济、科技的密切结合。”

二、《中国教育改革和发展纲要》颁布实施

1993年2月13日，中共中央、国务院颁发《中国教育改革和发展纲要》。纲要确定了到2000年实现“基本普及九年义务教育，基本扫除青壮年文盲”的目标；明确教育体制改革要采取综合配套、分步推进的方针，进行包括管理、投资、办学、招生和就业等方面的体制和制度改革。国家要保证教育经费增长，到2000年使财政性教育经费占国民生产总值比例达到4%。中等以下教育要完善“分级办学、分级管理的体制”，中等及中等以下学校实行“校长负责制”；高等教育要“建立政府宏观管理，学校面向社会自主办学的体制”，鼓励学校提供科技开发和社会服务，促使社会各界捐资教育，发展社会力量办学，多渠道筹措经费；逐步建立以政府办学为主体，社会各界共同办学的体制。这是指导全国教育改革与发展的纲领性文献。1994年7月3日，国务院发出《关于〈中国教育改革和发展纲要〉的实施意见》，要求各级党委和政府、各级教育行政部门和各级各类学校认真贯彻实施《中国教育改革和发展纲要》。

1994年6月14日至17日，中共中央、国务院在北京召开改革开放以来第二次全国教育工作会议，会议的主要内容如下：以邓小平建设有中国特色社会主义理论和党的基本路线为指导，贯彻中共十四大和十四届三中全会精神，进一步落实教育优先发展的战略，动员全党全社会认真实施《中国教育改革和发展纲要》，为实现20世纪90年代我国教育改革和发展的任务而奋斗。

三、确立“两基”在教育工作中“重中之重”的地位

1994年的全国教育工作会议，确定“两基”为我国教育工作的“重中之重”。经过不懈努力，到2000年底，在全国范围内如期实现了“两基”的宏伟目标，进一步保障了公民受教育的基本权利，提高了整个中华民族的科学文化素质。普及九年义务教育人口覆盖率从20世纪90年代初的40%提高到85%以上，初中阶段毛入学率达到88.6%，青壮年文盲率从1990年的10.38%降低到4.8%。到2007年底，小学学龄儿童净入学率达到99.49%，初中阶段毛入学率达到98%，高中阶段毛入学率66%，全国青壮年文盲率下降到3.58%。全国15岁以上人口平均受教育年限超过8.5年，比世界平均水平高一年，新增劳动力平均受教育年限达到11年，初中以上文化程度的劳动力占劳动力总数的比例

在世界上处于领先水平。

四、颁布《中华人民共和国教育法》

1995年3月18日，八届全国人大三次会议通过《中华人民共和国教育法》（简称《教育法》）。《教育法》规定了我国教育的基本性质、地位、任务，基本法律原则和基本教育制度，是我国关于教育的“母法”。到20世纪末，我国已初步形成以宪法确立的基本原则为基础，以《教育法》为核心，以教育专门法律和行政法规为骨干，以教育规章和地方性法规、规章为主体的中国特色社会主义教育法律法规体系的框架，逐步走上依法治教的轨道。

五、实施科教兴国战略

1995年5月6日，中共中央、国务院作出《关于加速科学技术进步的决定》，第一次提出要“坚定不移地实施科教兴国战略”。1998年3月，第九届全国人大一次会议刚闭幕，国务院总理朱镕基就向中外记者宣布：“科教兴国是本届政府最大的任务。”表明党和政府实施科教兴国的坚强决心，并成立了以国务院总理朱镕基为组长的国家科技教育领导小组。

1997年9月12日至18日，中国共产党第十五次全国代表大会（简称“中共十五大”）上的报告对教育作了如下阐述：“要切实把教育摆在优先发展的战略地位。尊师重教，加强师资队伍建设。发挥各方面的积极性，大力普及九年义务教育、扫除青壮年文盲，积极发展各种形式的职业教育和成人教育，稳步发展高等教育。优化教育结构，加快高等教育管理体制改革步伐，合理配置教育资源，提高教学质量和办学效益。认真贯彻党的教育方针，重视受教育者素质的提高，培养德智体等全面发展的社会主义事业的建设者和接班人。”

1998年3月5日，九届全国人大一次会议召开，其政府工作报告中关于教育的阐述如下：“科技、教育、文化工作的根本任务，是提高全民族的思想道德素质、科学文化素质和创新能力。这是我国现代化事业发展的需要，也是适应世界科技革命和经济竞争新形势的要求。”“今年，基本普及九年义务教育的地区要增加到全国人口的72%，再扫除350万青壮年文盲。积极发展中等、高等职业教育和成人教育，开展多种形式的岗位和技术培训。进一步发展和引导社会力量办学。大力推进高等教育管理体制改革，通过共建、调整、合作、合并等形式，合理配置和充分利用教育资源，提高教育质量和办学效益。实施全面素质教育，加强思想品德教育和美育，改革教学内容、课程体系和教学方法，以适应社会对各类人才的需要。继续改革完善教育投资体制，多渠道增加教育投入。加强教师队伍建设，提倡尊师重教，改善教师的工作和生活条件。”

1998 年 3 月 19 日，中央决定成立国家科技教育领导小组，由国务院总理朱镕基任组长，国务院副总理李岚清任副组长。

六、实施“211 工程”和“985 工程”，建设世界一流大学

“211 工程”即面向 21 世纪，重点建设 100 所左右重点大学，创建高水平大学和重点学科建设。

1983 年 6 月，教育部在武汉东湖召开高教工作会议，讨论如何尽快发展我国的高教事业。参加会议的四位已退居二线的老教育工作者李曙森、匡亚明、刘丹、屈伯川联名拟订了一个提议，建议国家拿出 50 亿，重点资助 50 所高等学校，使它们到 20 世纪 90 年代在办学条件上达到国际先进水平。这一建议转送到中共中央、国务院以后，直接结果即是将部分高等学校列为国家重点，使它们成为高校重点中的重点。这一建设性的设想成为“211 工程”的胚胎。

在不同时期把某些院校列入“重点建设”的思路始于 20 世纪 50 年代，不同时期有不同的选择标准，数量也随时变化。如 1954 年时有 6 所，1959 年有 11 所，60 年代又追加为 48 所；1978 年有 88 所，80 年代又增至 98 所；90 年代实施“211 工程”。

1993 年 2 月，《中国教育改革和发展纲要》提出集中各方面力量办好 100 所左右重点大学和一批重点学科和专业。1994 年 6 月，国务院总理李鹏和副总理李岚清在全国教育工作会议讲话中重申：要面向 21 世纪，重点建设好 100 所大学，这年由中央财政拨出专款，作为启动资金，并要求各级政府和有关部门要为这一高校发展工程作出统筹安排。1995 年 11 月，国家计委、国家教委、财政部联合发布《“211 工程”总体建设规划》，该工程进入全面实施阶段。“211 工程”是由中央政府集中一部分财力投向少数重点大学、重点学科，是中国有史以来在高等教育领域进行的规模最大的重点建设工程。

“211 工程”的建设目标是：“使相当一批高等学校和重点学科点能够成为培养高层次专门人才和解决国家经济建设、科技和社会发展重大科技问题的基地，在教育质量、科学研究和管理等方面处于国内先进水平，并有一定的国际影响。其中若干所高等学校和部分重点学科点达到或接近世界先进水平。”

“211 工程”的建设内容主要包括学校整体条件、重点学科和高等教育公共服务

体系建设三大部分。学校整体条件建设是基础。重点学科建设是核心，是体现教学、科研水平的重要标志，是带动学校整体水平提高的有效途径。高等教育公共服务体系以重点建设的学校为依托，按照资源共享、服务全国的原则，从整体上加强我国高等教育基础设施建设，提高高等学校的办学水平和办学效益。

“211 工程”所需建设资金，采取中央、有关主管部委、地方政府和高等学校共同筹集的方式解决。按现行高等教育管理体制，建设资金主要由学校所属的部门和地方政府筹措安排，中央安排一定的专项资金给予支持，对工程建设起推动和调控作用。

“211 工程”是一个以倾向性资金为保障实现重点办学、有选择地发展高等教育事业的工程。它的启动和实施，为一些重点高等学校进一步向高、精、尖和世界一流跨进带来了希望。截至“十五”规划末期，“211 工程”共安排建设资金 292. 94 亿元，其中中央专项 87. 55 亿元。

“211 工程”实施以来，较高质量地实现了预期目标，取得了一批重大成果和明显的效益，主要体现在以下五个方面：一是集中力量，重点突破，带动整体，重点建设起了一批重点院校和重点学科，有预见性地为中国提高综合国力和国际竞争力构筑了前沿阵地，有效地带动了高等教育整体水平的提高。二是改善了高等学校的办学条件，提高了办学整体实力和培养高层次创造性人才的能力。“211 工程”学校新建了 300 多万平方米的教学、科研用房，用于仪器设备的经费投入，已接近新中国成立以来这些高等学校仪器设备值的总和，其仪器设备值、图书总藏量、科研总经费分别占全国高等学校的 54%、31% 和 72%。三是一批重点学科已成为国家知识创新、技术创新和高层次人才培养的主要基地。“211 工程”专项经费用于学科建设方面占 50% 以上，“九五”规划期间的 602 个重点学科建设项目覆盖了 416 个高等学校重点学科点中的绝大部分，直接投入重点学科建设项目经费近 70 亿元。四是建设起了全国高等教育数字化信息平台。“211 工程”建成了中国教育和科研计算机网（CERNET）八大地区主干网和十大重点学科镜像系统，为中国高等学校了解和掌握最新科技发展前沿提供了便利的条件。五是建立了规范、协调、科学的管理运行机制，提高了管理水平和效率，保证了工程建设的有效实施，对高等教育发展起到了巨大推动作用，并为建设若干所世界一流大学和世界一流学科奠定了良好的基础。

“211 工程”增强了科技前沿领域高层次人才培养的能力。在部分有条件的学校中，选择一些能对国家经济建设、科技进步、社会发展和国防建设等领域产生重大影响，并解决了一些本领域的重大科技问题、取得一些突破性成果的学科，加强了培养人才的实验条件，拓宽了学科面，并形成一批学科基础相关、内在联系紧密、资源共享、具有特色和优势的学科群、学科基地，有利于持续培养本领域高水平的创新人才。

1997 年 2 月 21 日，国家教委、国家计委、财政部联合发布《“211 工程”专项资金管理暂行办法》。

1998 年 5 月 4 日，江泽民在庆祝北京大学建校 100 周年大会上提出建设世界一流大学的任务。为落实江泽民的讲话精神，教育部在《面向 21 世纪教育振兴行动计划》中决定，对部分高等学校予以在“211 工程”基础上更加突出重点的支持，重点支持部分高等学校创建若干所具有世界先进水平的一流大学和一批一流学科，即“985 工程”。1999 年“985 工程”正式启动。为促进世界一流大学的创建，中央政府决定采取选择性拨款，从自 1998 年起的中央本级财政教育经费占本级财政支出比例年增长的 1% 中，设专项资金重点支持若干所大学进入国际先进行列。教育部依据多年管理高等教育的经验，逐步将专项建设资金分别拨付给三十几所国内著名的重点大学。从 1998 年起开始实施“985”建设工程，最初北大和清华入围，各投入 18 亿，连投三年，两所学校被选定后，国内一些重点大学也纷纷开始活动，最后变成“2 + X”模式，由最早的两所，现在已经增加到 44 所学校了。

七、实施“希望工程”

1989 年 3 月，中国青少年发展基金会决定将工作重点定位于捐资助学，1989 年经共青团中央反复论证，将这一活动定名为“希望工程”。

1989 年 10 月 17 日，河北省涞源县张胜利等 11 名失学儿童作为“希望工程”第一批受益者接到了“资助就读证”，得以重返校园；10 月 30 日，中国青少年发展基金会决定实施“希望工程——百万爱心行动”。

1990 年 2 月，共青团中央书记处书记李克强到金寨县考察“希望工程”，决定在曾走出 14 位共和国将军的金寨县南溪镇援建希望小学；5 月 19 日，全国第一所希望小学在安徽金寨县诞生，救助 500 名失学儿童重返校园。

1992 年 4 月 15 日，邓小平为“希望工程”题词，参与捐助的人迅速扩大，一年半即救助 50 万人；1992 年 11 月 2 日，国家教委发出《关于支持中国青少年发展基金会实施“希望工程”的通知》；1993 年“希望工程”处设立助学金援建希望小学，还设立希望工程园丁奖；1994 年开展“1（家）+1 助学行动”，该年成为接收捐款数额最多的一年，全国和省“希望工程”工作机构共接受捐款人民币 1.8 亿元，资助失学儿童 46.6 万人，建设希望小学 524 所；截至1999年，“希望工程”累计接受海内外捐款18.4亿元，救助229万名失学儿童重返校园，建起7800多所希望小学；1999年，其他形式的社会捐资助学总计已达125.87亿元。[①] 1999年后，中国青少年发展基金会决定不再直接接受救助失学儿童的捐款，转向对优秀受助学生的跟踪培养。

八、建立高等教育评估制度

教育质量问题是高等教育在“大众化”阶段中遇到的比较突出的问题。为了整体提高中国高等教育质量，继“211工程”和“985工程”之后，中国在高等教育领域又实施“质量工程”。

“质量工程”重点建设带有基础性、引导性、全局性的六个项目，在提高高等学校本科教学质量方面起着龙头作用。专业设置和专业结构调整，是人才培养的基本前提；课程和教材建设，是提高高等教育质量的关键环节；实践教学与人才培养模式改革创新，是提高高等教育质量的重要内容；建设一支高水平的教师队伍，是提高高等学校本科教学质量的重要保证；建立教学质量监控体系和评估制度，是保障高等学校教学质量的重要手段；对口支援西部地区高等学校，是实现高等教育协调发展的战略举措。“质量工程”希望通过全国性的改革措施和激励政策，引导高等学校教育教学改革的方向；通过中央财政的投入，调动地方财政和高等学校提高教育质量的积极性和自觉性。

自20世纪80年代中期起，中国逐步建立高等教育评估制度。1990年发出《普通高等学校教育评估暂行规定》，1994年启动本科教学工作评估。1995年《首批普通高等学校本科教学工作评价实施办法》、1998年《关于进一步做好普通高等学校本科教学工作评价的若干意见》、2002年《普通高等学校本科教学工作水平评估方案（试行）》等先后颁发。从1997年起，教育部还陆续出台了综合大学、工业、农林、医药、政法、财经、外语、师范类院校本科教学工作合格评价和优秀评价方案。政府评估占主导地位，社会中介评估在政府职能转变中应运而生，教育部专门设置高等教育教学评估中心组织和实施高等教育教学评估和专业专项评估，开展高等教育教学改革及评估工作的政策、法规和理论研究，组织评估培训，履行质量监控等行政职能。

20世纪80年代后期，随着政府职能的转变和学校办学自主权扩大，中国出现了一些准官方的事业性中介评估机构。如北京高等学校教育质量评议中心

---

① 改革开放以来教育发展历史性成就和基本经验研究课题组：《改革开放三十年中国教育重大历史事件》，北京：教育科学出版社，2008年版，第122~125页。

(1993年)，高等学校与科研院所学位与研究生教育评估所（1994年)，上海市高等教育评估事务所（1996年，2000年改名为“上海市教育评估院”)，江苏教育评估院（1997年)，辽宁省教育评估事务所（1999年)，广东省教育发展研究与评估中心（2000年)、教育部学位与研究生教育发展中心（2003年7月）等10余家。这些事业性评估机构受教育部或省教育厅的委托，开展了一系列的高等教育评估活动。

增强质量意识，提高教育教学质量是高校的永恒主题。2001年教育部印发的《关于加强高等学校本科教学工作提高教学质量的若干意见》，就加强教学工作提出了12条针对性很强的要求；2004年12月召开的第二次全国普通高校本科教学工作会议印发了《关于进一步加强高等学校本科教学工作的若干意见》，强调必须坚持科学发展观，牢固确立质量是高等学校生命线的基本认识，把提高质量放在更加突出的位置。并对人才培养模式、课程体系和教学方法进行改革，开展“教学名师奖”表彰，建设“国家精品课程”，推动大学英语教学改革，建设实验教学示范中心，开展高等学校本科教学评估工作，等等。

为切实把高等教育的重点放在提高质量上，经国务院批准，教育部、财政部又联合下发了2007年“1号文件”，实施“高等学校本科教学质量与教学改革工程”。同时教育部下发《教育部关于进一步深化本科教学改革全面提高教学质量的若干意见》，面向全国1000所本科院校、1000万全日制本科学生，针对目前教学工作中存在的主要问题，提出了六个方面二十条的具体要求，突出强调要进一步加大教学投入、强化教学管理、深化教学改革，在抓好提高质量关键“点”的基础上，进一步在覆盖“面”上整体推进。

第八节　跨越（1999—2002）

世纪之交，人们都充满新的憧憬，在多种因素推动下，中国教育在世纪之交的短暂几年里再一次出现类似1958年到1960年的跨越。

出现这一跨越的主要背景是，中国的市场经济体制基本形成，但特权阶层依然存在；综合国力空前增强，但由于全国各区域经济发展不平衡，政府财政和居民收入差距明显；城乡之间、区域之间教育发展不均衡；城乡二元结构导致城乡教育保障机制和办学条件的差距，校际差距拉大；人们对多样化、高质量的教育需求日益增长；进入大学的需求到达一个极限，政府教育投资不足；城镇居民和农民负担较重，教育公平问题凸现，解决教育公平问题成为国家教育政策新的目标。

1999 年 1 月 13 日，国务院批转了教育部的《面向 21 世纪教育振兴行动计划》。该计划在贯彻《教育法》及《中国教育改革和发展纲要》的基础上提出的跨世纪教育改革和发展施工蓝图，明确提出了 2000 年和 2010 年我国教育发展的目标。

一、高等学校扩招

1999 年，中共中央决定扩大高等学校招生规模。当年，全国普通高等学校实际招生 159.68 万人，比 1998 年增加 51.32 万人，增幅达 47.4%。高等教育的毛入学率逐年增长，从 1998 年的 9.8% 增长到 2002 年的 15%，达到了国际上通常所说的高等教育大众化的比例。

为解决扩招后学校硬件不足的问题，2000 年 1 月 14 日，国务院办公厅转发教育部、国家计委、财政部、建设部、中国人民银行、国家税务总局《关于进一步加快高等学校后勤社会化改革的意见》。经过几年的改革，在全国绝大部分地区基本实现了高等学校后勤社会化，建立起新型高等学校后勤保障体系。

二、实施素质教育

1999 年 6 月 13 日，中共中央、国务院颁布《关于深化教育改革全面推进素质教育的决定》。决定指出："实施素质教育，就是全面贯彻党的教育方针，以提高国民素质为根本宗旨，以培养学生的创新精神和实践能力为重点，造就'有理想、有道德、有文化、有纪律'的德智体美等全面发展的社会主义事业建设者和接班人。"为了贯彻落实《关于深化教育改革全面推进素质教育的决定》，中共中央、国务院于 6 月 15 日至 18 日在北京召开改革开放以来第三次全国教育工作会议。以实施素质教育作为党和国家的战略决策，进入国家推进、重点突破、全面展开的进程之中。

第三次全国教育工作会议的主题是：以提高民族素质和创新能力为重点，深化教育体制和结构改革，全面推进素质教育，振兴教育事业，实施科教兴国战略，为实现中共十五大确定的社会主义现代化建设宏伟目标而奋斗。中共中央总书记、国家主席江泽民在会上指出：国运兴衰，系于教育；教育振兴，全民有责。必须全面贯彻党的教育方针，坚持教育为社会主义服务、为人民服务，坚持教育与社会实践相结合，以提高国民素质为根本宗旨，以培养学生的创新精神和实践能力为重点，努力造就“有理想、有道德、有文化、有纪律”的德育、智育、体育、美育等全面发展的社会主义事业建设者和接班人。中共中央政治局常委、国务院总理朱镕基在闭幕会上强调：要坚持以邓小平理论和中共十五大精神为指导，进一步解放思想，加快教育改革和发展，全面推进素质教育，实施科教兴国战略，大力培养适应21世纪现代化事业需要的高素质的劳动者和专门人才。《人民日报》21日发表社论指出：这次会议以全面实施素质教育为标志，是一次进一步落实科教兴国战略，大力培养适应21世纪现代化事业需要的高素质的劳动者和专门人才。

三、开展基础教育课程改革

2001年6月8日，经国务院批准，教育部发布《基础教育课程改革纲要（试行）》的通知，决定大力推进基础教育课程改革，调整和改革基础教育的课程体系、结构、内容，建立符合素质教育要求的新的基础教育课程体系；10月17日，又印发了《开展基础教育新课程实验推广工作的意见》。新课程改革自2001年9月开始进入全国42个实验区，2003年起逐步在全国范围内推行。新一轮基础教育课程改革取得突破性进展，使用新课程的学生累计总数达1.5亿，普通高中新课程实验省份扩大到16个，在实验基础上的《新课程标准》的修订和完善工作逐步展开，教育观念和培养模式正在发生深刻变革，对于全面推进素质教育奠定了坚实基础。同时，以实行综合素质评价、均衡分配重点高中部分招生名额为关键举措的中考改革取得重要突破并在全国范围内推开；与新课改相适应的高考内容改革、16省市高考自命题改革、高校自主招生改革、高职单独招生考试改革试点等稳步推进并不断深化；2007年四个高中课改省的高考改革顺利进行，促进了课程改革和高考改革的进一步深入。

四、印发《幼儿园教育指导纲要（试行）》

2001年7月2日，教育部印发《幼儿园教育指导纲要（试行）》。纲要规定，幼儿园教育是基础教育的重要组成部分，是我国学校教育和终身教育的奠基阶段。城乡各类幼儿园都应从实际出发，因地制宜地实施素质教育，为幼儿一生的发展打好基础。纲要是国家《基础教育课程改革纲要》的重要组成部分，是指导幼儿园管理、教育、教学的纲领性文件。广大幼教工作者全面贯彻实施纲要，推动了幼儿教育的改革与发展。

从1999年到2002年，受世纪之交效应的影响，中国教育实现快速发展，在高等教育快速发展的同时，幼儿教育却出现下滑。从其发展的不平衡性看，当时的发展直接受到功利观念的操纵。

第九节　发展（2003—2009）

2003年中央确立了科学发展观，以科学发展观为指导推动教育又好又快发展成为新的政策目标，农村教育列为教育工作的“重中之重”，并启动西部地区“两基”攻关，强化政府对义务教育的保障责任，大力发展职业教育，明确提出“优先发展教育，促进教育公平”，教育公平成为教育政策的基本价值取向。

一、实施人才强国战略

2001年3月，九届全国人大四次会议批准的《国家“十五”计划纲要》，首次将人才战略确立为国家战略。

2002年11月8日至14日，中国共产党第十六次全国代表大会召开。在大会通过的题为《全面建设小康社会，开创中国特色社会主义事业新局面》的报告中，对教育作了如下阐述：“教育是发展科学技术和培养人才的基础，在现代化建设中具有先导性全局性作用，必须摆在优先发展的战略地位。全面贯彻党的教育方针，坚持教育为社会主义现代化建设服务，为人民服务，与生产劳动和社会实践相结合，培养德智体美全面发展的社会主义建设者和接班人。坚持教育创新，深化教育改革，优化教育结构，合理配置教育资源，提高教育质量和管理水平，全面推进素质教育，造就数以亿计的高素质劳动者、数以千万计的专门人才和一大批拔尖创新人才。加强教师队伍建设，提高教师的师德和业务水平。继续普及九年义务教育。加强职业教育和培训，发展继续教育，构建终身教育体系。加大对教育的投入和对农村教育的支持，鼓励社会力量办学。完善国家资助贫困学生的政策和制度。”

2003 年 3 月 5 日，十届全国人大一次会议上的政府工作报告中提出：“认真实施科教兴国战略和可持续发展战略，继续加大对教育的投入。深化教育体制改革，坚持教育创新，全面推进素质教育。加快发展各级各类教育，提高教育质量。完善农村义务教育以县为主的管理体制。继续做好助学贷款和设立国家奖学金工作。加强职业教育和培训。依法规范和积极支持民办教育发展。继续实施人才强国战略，培养和吸引各类人才特别是高层次急需人才，为他们充分发挥聪明才智和干成事业创造良好条件。”

2003 年 12 月 19 日至 20 日，中共中央、国务院在北京召开了全国人才工作会议，全面部署实施人才强国战略。2007 年，胡锦涛总书记在中共十七大报告中把优先发展教育，建设人力资源强国作为以改善民生为重点的社会建设的六大任务之首，这是新时期新阶段党中央为更好地实施科教兴国战略和人才强国战略提出的重大战略目标，对我国的教育改革与发展产生了巨大的推动作用。

2004 年 3 月 3 日，国务院批转教育部《2003—2007 年教育振兴行动计划》，这是在 1999 年的《面向 21 世纪教育振兴行动计划》的基础上实现教育新跨越的行动方略。

二、通过并实施《中华人民共和国民办教育促进法》

2002 年 12 月 28 日，九届全国人大常委会第三十一次会议通过《中华人民共和国民办教育促进法》，中华人民共和国主席令第 80 号公布，自 2003 年 9 月 1 日起施行。1997 年 7 月 31 日国务院颁布的《社会力量办学条例》同时废止。

截至 2008 年，全国共有各级各类民办学校（教育机构）10.09 万所，各类学历教育在校学生达 2824.4 万人，其中：民办幼儿园 83 119 所，在园儿童 982.03 万人；民办普通小学 5760 所，在校生 480.4 万人；民办普通初中 4408 所，在校生 428.4 万人；民办职业初中 7 所，在校生 2000 人；民办普通高中 2913 所，在校生 240.30 万人；民办中等职业学校 3234 所，在校生 291.81 万人，另有非学历教育学生33.21万人；民办高校640所（含独立学院322所），在校生401.3万人，其中本科生223.3万人，专科生178.0万人，另有其他形式教育的学生26.7万人；民办的其他高等教育机构866所，各类注册学生92.02万人；另外，还有民办培训机构19 579所，834.76万人次接受了培训。①

三、大力推进职业教育改革与发展

2002年8月24日，国务院作出《关于大力推进职业教育改革和发展的决定》，明确提出，坚持"以服务为宗旨、以就业为导向"的职业教育办学方针。2004年6月17日至19日，经国务院批准，教育部等七部门再次召开全国职业教育工作会议，并印发了《教育部等七部门关于进一步加强职业教育工作的若干意见》，对推进职业教育在新形势下快速持续健康发展提出了一系列政策措施。2005年，国务院召开第六次全国职业教育工作会议。国务院总理温家宝到会并发表了重要讲话，明确提出，要深刻认识大力发展职业教育的重要性和紧迫性，职业教育是我们国家经济和社会发展的重要基础，同时也是教育工作的战略重点之一。会后，国务院颁发了《关于大力发展职业教育的决定》，从认识、制度和措施等方面对大力发展职业教育进行了明确阐释、规定。

2002—2005年，在短短的四年中国家连续召开了三次全国职业教育工作会议，这是中国历史上所没有过的，在世界上也极为罕见。这彰显了党和政府大力发展职业教育的决心。

四、建立义务教育经费保障机制

1985年，政府将义务教育的责任主要下放到乡级政府，导致大多数中西部乡镇不堪重负，大面积拖欠教师工资。2001年6月11日，国务院召开全国基础教育工作会议，并颁布《关于基础教育改革与发展的决定》，强调优先发展基础教育，实行在国务院领导下，由地方政府负责、分级管理、以县为主的义务教育管理体制。这一体制对中西部，尤其是西部地区仍然困难重重，加剧了地区间义务教育不均衡的状况。

2002年4月14日，国务院办公厅发出《关于完善农村义务教育管理体制的通知》，要求各地政府确保"在国务院领导下，由地方政府负责、分级管理、

---

① 《2008年全国教育事业发展统计公报》，引自人民网，2009年7月20日。

以县为主的农村义务教育管理体制在2002年全面运行”。

2003年，国务院颁布《关于进一步加强农村教育工作的决定》。同年9月，国务院召开全国农村教育工作会议，就进一步加强农村教育工作进行部署。此次会议和国务院的决定抓住了中国在全面建设小康社会当中教育应该解决的突出问题，指导思想明确，重点突出，针对性和操作性强，对深化农村教育改革，促进农村经济社会和城乡协调发展发挥了一定作用。

2003年9月17日，国务院作出决定：到2007年，争取全国农村义务教育阶段贫困家庭学生都能享受“两免一补”（免书本费、免杂费、补助寄宿生生活费），努力做到不让学生因家庭经济困难而失学。为了实现这个目标，2004年中央财政大幅增加免费教科书的专项资金达18亿元，使免费教科书的发放范围扩大到中西部22个省份、新疆生产建设兵团农村义务教育阶段贫困家庭的2400万学生。

2004年2月6日，国务院批转实施《国家西部地区“两基”攻坚计划(2004—2007)》。五年中国家财政投入数百亿元的资金，建设7000多所寄宿制学校，支持数以万计的学校改造危房和生活设施，使广大农村地区和边疆地区孩子的学习生活条件得到根本改善。同时，实施“农村中小学现代远程教育工程”，中央和地方政府累计投入110多亿元资金，建设覆盖全国农村的远程教育网络，让农村孩子们能共享到优质教育资源。西部地区“两基”人口覆盖率从2003年的77%提高到2007年的98%。

2005年，提出完善以政府投入为主的农村义务教育经费保障机制，在此基础上，从2005年春季学期起，继续加快全国592个国家扶贫开发工作重点县“两免一补”的实施步伐，中央财政向包括国家扶贫开发工作重点县在内的中西部地区3000万农村义务教育阶段贫困学生提供免费教科书，地方财政同时免除国家扶贫开发工作重点县农村义务教育阶段约1400万名贫困学生的杂费，并逐步落实补助寄宿生生活费。

2005年5月25日，教育部印发《关于进一步推进义务教育均衡发展的若干意见》，要求各级教育行政部门要把义务教育工作重心进一步落实到办好每一所学校和关注每一个孩子健康成长上来，有效遏制城乡之间、地区之间和学校之间教育差距扩大的势头，积极改善农村学校和城镇薄弱学校的办学条件，逐步实现义务教育的均衡发展。

2005年9月4日，国务院办公厅转发教育部、中央编办、公安部、国家发改委、财政部、劳动保障部共同颁发的《关于进一步做好进城务工就业农民子女义务教育工作的意见》。

五、通过并实施新修订的义务教育法

2006年6月29日，十届全国人大常委会第二十二次会议通过新修订的《中华人民共和国义务教育法（修订案）》，自2006年9月1日起施行。此次修订《义务教育法》是在1986年原《义务教育法》的基础上，在全面建设小康社会和构建社会主义和谐社会的新形势下进行的一次全面修订。《义务教育法》坚持以人为本，全面落实科学发展观，把普及九年义务教育、实施素质教育和促进人的全面发展作为立法的基本目标，规定“义务教育是国家统一实施的所有适龄儿童、少年必须接受的教育，是国家必须予以保障的公益性事业。实行义务教育，不收学费、杂费”。实行免费义务教育在中国教育史上成为事实。

2006年，提出用两年时间全部免除农村义务教育阶段学生的学杂费。

2008年3月5日，十一届全国人大提出在全国城乡普遍实行免费义务教育。到2008年年底，实现“两基”验收的县（市、区）累计达到3038个（含其他县级行政区划单位207个），占全国总县数的99.1%，“两基”人口覆盖率达到99.3%。

六、加强思想政治教育

2004年2月26日，中共中央、国务院于下发《关于进一步加强和改进未成年人思想道德建设的若干意见》，指出：加强和改进未成年人思想道德是一项重大而紧迫的战略任务，并就扎实推进中小学思想道德教育，广泛深入开展未成年人道德实践活动，净化未成年人的成长环境等提出明确要求。同年8月26日，中共中央、国务院印发《关于进一步加强和改进大学生思想政治教育的意见》，并先后召开两次中央工作会议，对青少年学生思想政治道德教育工作进行了部署。教育部门认真贯彻落实中央两个文件精神，整体构建学校德育体系，增强德育的针对性和实效性。

七、加强体育增强学生体质

2002年，全国14个省份建立了38个学生体质健康监测站。2009年增加到19个省份，设立了43个学生体质监测站，先后实施三次学生体质健康监测，结果显示1985年到2005年间学生身体素质持续下降。2000年到2005年下降幅度更为明显，肺功能、耐力持续下降，肥胖者增多，爆发力下降，视力下降。[①]

2007 年 5 月 7 日，中共中央、国务院发布《关于加强青少年体育增强青少年体质的意见》。意见提出，全面实施《国家学生体质健康标准》，开展“全国亿万学生阳光体育运动”，切实减轻学生过重的课业负担，确保学生每天锻炼一小时，确保青少年休息睡眠时间，加强学校体育设施建设等重大举措。各级教育部门认真落实“健康第一”的要求，把加强体育作为推进素质教育的突破口和重要工作。

2008 年 9 月 22 日，教育部、国家体育总局、团中央发出《开展第二届全国亿万学生阳光体育冬季长跑活动的通知》。

八、提出发展教育的“三优先”原则

2007 年 8 月 31 日，胡锦涛在接见全国优秀教师代表时说，要“以更大的决心、更多的财力支持教育事业，经济社会发展规划要优先安排教育发展，财政资金要优先保障教育投入，公共资源要优先满足教育和人力资源开发需要”；并要求“要把促进教育公平作为国家基本教育政策，统筹城乡、区域教育，统筹各级各类教育，统筹教育发展的规模、结构、质量，认真研究解决教育改革发展中的重大问题，不断满足人民日益增长的教育需求”。[②]

2007 年 10 月 15 日至 21 日，中国共产党第十七次全国代表大会召开。中共十七大报告对教育作了如下阐述：“优先发展教育，建设人力资源强国。教育是民族振兴的基石，教育公平是社会公平的重要基础。要全面贯彻党的教育方针，坚持育人为本、德育为先，实施素质教育，提高教育现代化水平，培养德智体美全面发展的社会主义建设者和接班人，办好人民满意的教育。优化教育结构，促进义务教育均衡发展，加快普及高中阶段教育，大力发展职业教育，提高高等教育质量。重视学前教育，关心特殊教育。更新教育观念，深化教学内容方式、考试招生制度、质量评价制度等改革，减轻中小学生课业负担，提高学生综合素质。坚持教育公益性质，加大财政对教育投入，规范教育收费，扶持贫困地区、民族地区教育，健全学生资助制度，保障经济困难家庭、进城务工人员子女平等接受义务教育。加强教师队伍建设，重点提高农村教师素质。鼓励和规范社会力量兴办教育。发展远程教育和继续教育，建设全民学习、终身学

---

① 中国学生体质健康研究组：《2005 年中国学生体质与健康研究报告》，北京：高等教育出版社，2008 年版，第 103 页。

② 胡锦涛：《在全国优秀教师代表座谈会上的讲话》，2007 年 08 月 31 日。

习型社会。”十七大又提出“加快推进以改善民生为重点的社会建设，努力使全体人民‘学有所教’。涉及1.5亿学生的全国农村地区义务教育阶段实行免费”。

2007年中国教育政策取向主要表现为：重申教育为人民服务的宗旨，办好人民满意的教育；坚持以人为本，努力建设人力资源强国；以促进义务教育均衡发展为重点，全面提高教育质量；健全资助政策体系，完善权利保障机制。

2008年3月5日，十一届全国人大的政府工作报告对教育的阐述是：“坚持优先发展教育。一是在全国城乡普遍实行免费义务教育。继续增加农村义务教育公用经费，提高保障水平。适当提高农村家庭经济困难寄宿生生活补助费的补助标准。认真落实保障经济困难家庭、进城务工人员子女平等接受义务教育的措施。在试点的基础上，从今年秋季起全面免除城市义务教育学杂费，这是推动义务教育均衡发展、促进教育公平的又一重大举措。二是大力发展职业教育。加强职业教育基础能力建设，深化职业教育管理、办学、投入等体制改革，培养高素质技能型人才。三是提高高等教育质量。优化学科专业结构，推进高水平大学和重点学科建设。普通高校招生增量继续向中西部地区倾斜。办好各级各类教育，必须抓好三项工作：一要全面实施素质教育，推进教育改革创新。深化教学内容和方式、考试和招生制度、质量评价制度等改革。切实减轻中小学生的课业负担。二要加强教师队伍特别是农村教师队伍建设，完善和落实教师工资、津贴补贴制度。三要加大教育事业投入。今年中央财政用于教育的投入，将由去年的1076亿元增加到1562亿元；地方财政也都要增加投入。进一步规范教育收费。鼓励和规范民办教育发展。没有全民教育的普及和提高，便没有国家现代化的未来。要让孩子们上好学，办好人民满意的教育，提高全民族的素质。”

2008年5月3日，胡锦涛考察北京大学并在师生代表座谈会上对北京大学师生提出了四点殷切希望：要大力弘扬爱国主义精神；要努力造就高素质人才；要不断创造一流学术成果；要积极培育优良校风。

2009年3月5日，温家宝在十一届全国人大二次会议的政府工作报告中强调优先发展教育，并提出年内抓好五项工作：一是促进教育公平，落实好城乡免费义务教育政策。二是优化教育结构，大力发展职业教育，特别要重点支持农村中等职业教育。逐步实行中等职业教育免费，先从农村家庭经济困难学生和涉农专业做起。三是加强教师队伍建设，对义务教育阶段教师实行绩效工资制度。四是推进素质教育，把学生从过重的课业负担中解放出来。五是实施全国中小学校舍安全工程。

2008年5月12日，发生在四川汶川的特大地震夺去了数万人的生命，其中包括不少师生。

截至2008年底，全国共有小学30.09万所，招生1695.72万人，在校生10331.51万人，小学毕业生数1864.95万人；小学学龄儿童净入学率达到99.54%，其中男女童净入学率分别为99.50%和99.58%，女童高于男童0.08个百分点；全国小学教职工613.29万人，其中专任教师562.19万人，小学专任教师学历合格率99.27%，生师比18.38:1。全国共有初中学校5.79万所（其中职业初中0.02万所），招生1859.60万人，在校生5584.97万人，毕业生1867.95万人，初中阶段毛入学率98.5%，初中毕业生升学率83.4%；全国初中专任教师347.55万人，初中专任教师学历合格率97.79%，生师比16.07:1。全国共有幼儿园13.37万所，在园幼儿（包括学前班）2474.96万人，幼儿园园长和教师共103.2万人。全国高中阶段教育（包括普通高中、成人高中、中等职业学校）共有学校30806所，招生1649.12万人，在校学生4576.07万人，高中阶段毛入学率74%。其中，全国普通高中15206所，招生837.01万人，在校生2476.28万人，毕业生836.06万人；普通高中专任教师147.55万人，生师比16.78:1，专任教师学历合格率91.55%；全国成人高中753所，在校生12.7万人，毕业生9.34万人，成人高中教职工0.65万人，其中专任教师0.45万人，比上年减少0.03万人；全国中等职业教育（包括普通中等专业学校、职业高中、技工学校和成人中等专业学校）共有学校14847所，招生812.11万人，在校生2087.09万人。2008年，全国共有普通高等学校和成人高等学校2663所。其中，普通高等学校2263所，成人高等学校400所；普通高校中本科院校1079所，高职（专科）院校1184所。全国共有培养研究生单位796个，其中高等学校479个，科研机构317个。2008年全国各类高等教育总规模达到2907万人，高等教育毛入学率达到23.3%；全国招收研究生44.64万人，其中博士生5.98万人，硕士生38.67万人；在学研究生128.30万人，其中博士生23.66万人，硕士生104.64万人；毕业研究生34.48万人，其中博士生4.37万人，硕士生30.11万人。普通高等教育本专科共招生607.66万人，在校生2021.02万人，毕业生511.95万人；成人高等教育本专科共招生202.56万人，在校生548.29万人，毕业生169.09万人。全国高等教育自学考试报考988.82万人次，取得毕业证书55.19万人。普通高等学校教职工205.10万人，其中专任教师123.75万人，生师比为17.23:1；成人高等学校教职工8.99万人，其中专任教师5.32万人，比上年减少2.7万人。2008年全国接受各种非学历高等教育的学生271.85万人次，当年已结业437.94万人次；接受各种非学历中等教育的学生达5448万人次，当年已结业6501.57万人次。全国共扫除文盲115.02万人，另有124.96万人正在参加扫盲学习，扫盲教育教职工8.62万人，比上年增加1.39万人；其中专任教师3.70万人。①

1978年后教育发展与改革历程显示出教育优先发展战略地位不断强化，教育服务经济社会发展战略目标一直延续，教育政策因应经济社会体制而演变，教育管理体制和资源配置方式变革成为核心内容，公平和质量成为教育发展的主导价值理念，教育体制改革亟待进一步深化。

曾经对大陆教育作过较多实地调查的程介明认为："回顾中国教育发展的历史，靠运动来发展教育的时候，往往是教育受害最大的时候，而且往往留下许多难以克服的后遗症。"② 尽可能满足每一个潜能不同、志趣各异的人的受教育需求，实现个性化的学有所教，成为中国教育的实际目标，中国教育期待着更加优质、公平。

---

① 《2008年全国教育事业发展统计公报》，引自人民网，2009年7月20日。

② 程介明：《中国大陆教育实况》，台北：台湾商务印书馆，1993年版，第135页。

第二章

规模与数量：跌宕起伏

美国人E. A. 罗斯（Edward Alsworth Ross）在1911年出版的《变化中的中国人》中有这样一段描述："去年二月月末，中国学部的年终报告表明：两年内北京的学校从206所增加到252所，学生从11417人增加到15774人。在北京以外的其他地区，政府设立的学校从36000所增加到42444所，学生总数从1013000人增加到1285000人。私立学校总数超过了政府设立学校的总数。……在校受教育的中国年轻人的比例大约只有美国受教育的25%。"[①] 由此可见，当时中国新式学校教育迅猛发展，但总量仍相对较少。

① E. A. 罗斯著，公茂虹、张皓译：《变化的中国人》，北京：中华书局，2006年版，第190～191页。

第一节　教育规模与数量界定及概况

教育本身是一个比较抽象的概念，这一特性使得对它的规模与数量的描述远远比对那些比较具体的对象的描述要复杂得多。

严格地说，教育是一种与生活共存的活动，教育有着与生活相同的时间和空间边界范围。从这个意义上说，教育的规模与数量是难以通过可操作的方式加以测定的。

日常所使用的教育规模，指的是形式化的教育规模，如学校的多少、学校的分布、学校的类型、学校的级别，以及学生多少、教师多少、校园大小和与有形学校有关的其他各项指标等。

在使用这些指标的时候，依然会遇到边界难以界定的问题，因为现实中总有一些人既是学生，又是教师；总有一些人虽然在教育部门内部却未从事任何实质性的教育工作，另一些人或机构虽然不在教育内部，也从未统计在教育规模与数量范围内，却实实在在进行着教育工作。在统计中由于受到部门隶属关系等多种因素的影响，总是存在教育与非教育的模糊边界，借助于学校、学生为主要要素的教育数量与规模可以说在70%的程度上是准确的，尚有30%的不准确性。

这里在讨论教育规模与数量时，尽可能考虑到部门统计存在的偏差，但是在技术上由于统计口径是先于获取数据之前的，在使用数据的时候是无法再调整统计口径的，使得对教育规模和数量的界定受到社会已有统计的局限。因此在解读这些统计数据时，仅仅能将它们作为一种表述，在相信它是一种参照的同时，一定要看到它们的有限性。

依据已有的统计，六十年中全国（不含港澳台地区）教育发展的总体情况是：

从学校数量上看，1950年开始增长，1957年开始的“大跃进”使中国学校总数在1960年达到最高峰，但所办起来的学校规模小，质量不高。1961年后学校向扩大规模、减少数量的方向发展，各级各类学校总数从1960年后呈现减少的趋势。由于每校学生数的增加，尽管从 1949 年到 2008 年中国各级各类学校总数仅仅由 35.2 万所增加为 57.7 万所，增长 1.6 倍，但在校人数及学校办学条件却有巨大的变化。

将各级各类学校分类来看数量的变化，各级教育中除了幼儿园的数量还处在非理性增长状态，其他各个学段的学校数发展已经相对理性稳定。幼儿园学校数增长较快的主要原因是幼儿教育的政策尚不稳定成熟，政府责任尚未充分担当，幼儿教育需求尚未得到满足。同时，随着学龄人口的减少和中小学结构布局调整，义务教育阶段学校逐渐减少。

各种数据及图示如下①：

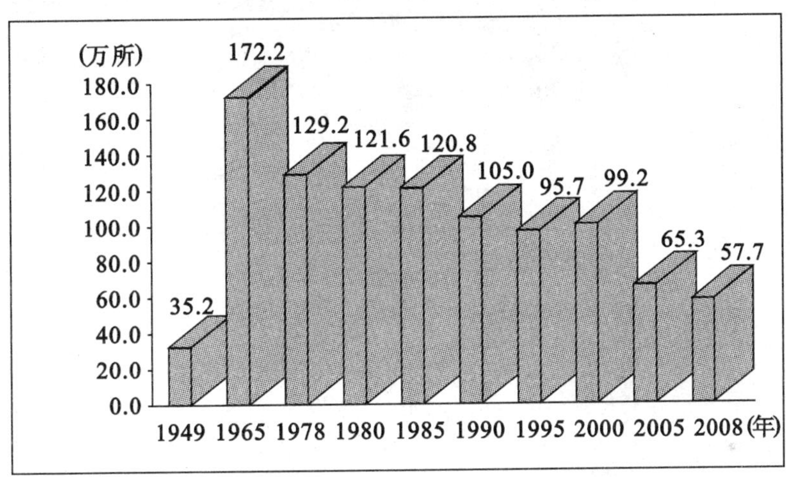

图 2－1　1949 年至 2008 年各级各类教育学校总数变化情况

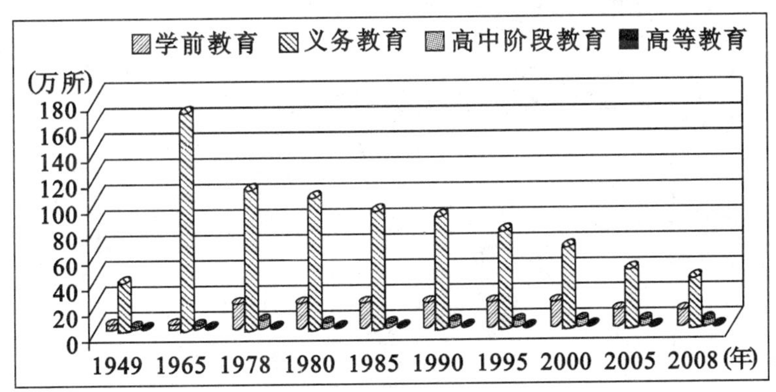

图 2－2　1949 年至 2008 年各级各类教育学校数变化

① 以下数据未注明出处的均来源于各年度教育年鉴，2008 年度数据依据教育部年度统计数据。

2008 年全国各级各类学校中，义务教育阶段学校数为 36.0 万所，占 62.4%；幼儿园学校数为 13.4 万所，占 23.2%；高中阶段学校为 3.1 万所，占 5.3%；高等院校数为 2663 所，占 0.5%；其他类型学校数为 5.0 万所，占 8.6%。如图 2－3 所示。

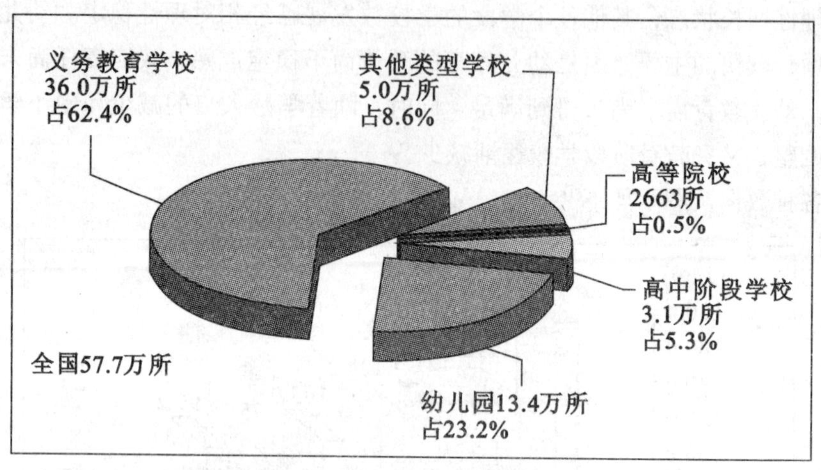

图 2－3　2008 年各级教育学校数比例组成

注：上图义务教育中含特殊教育。

1949 年，全国各级各类教育在校生仅为 2578 万人，此后有一个快速增长，经过三十年发展，1978 年达 2.2 亿人，为 1949 年的 8.7 倍；后由于学龄人口下降，义务教育阶段学生减少而呈现学生总数减少趋势；1990 年后，由于非义务教育阶段的幼儿、高中、大学入学人数增长，出现新的在校学生数增长势头，到 2008 年达 2.6 亿人。

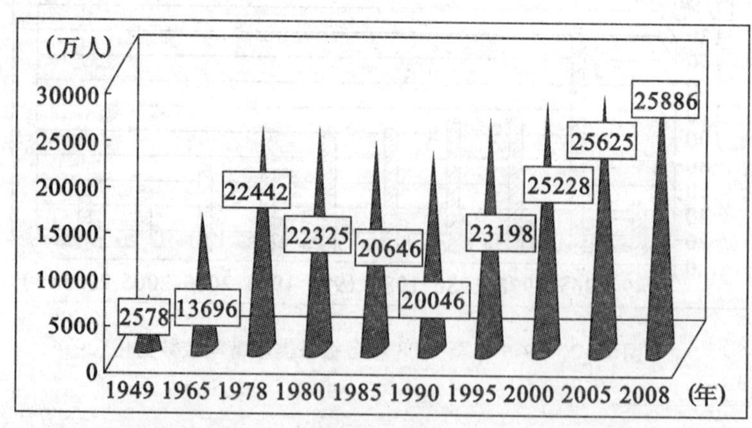

图 2－4　1949 年至 2008 年各级各类教育在校生总规模

1949 年后的三十年，义务教育处于快速增长期，其他各级各类教育发展相对滞后；1978 年后高中阶段、高等教育和学前教育在校生规模持续扩大，但发展依然不均衡。见图 2 –5 所示。

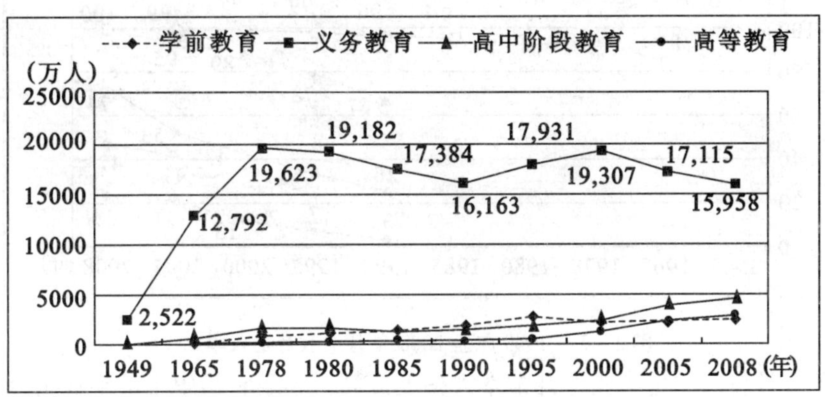

图 2 –5　各级各类教育在校生人数

2008 年，全国各级各类学历教育在校生 2. 6 亿人中义务教育占 61. 0%，依照比例大小次序，其他各级依次为高中、高等教育、学前教育，幼儿教育整体发展相对滞后。见图 2 –6 所示。

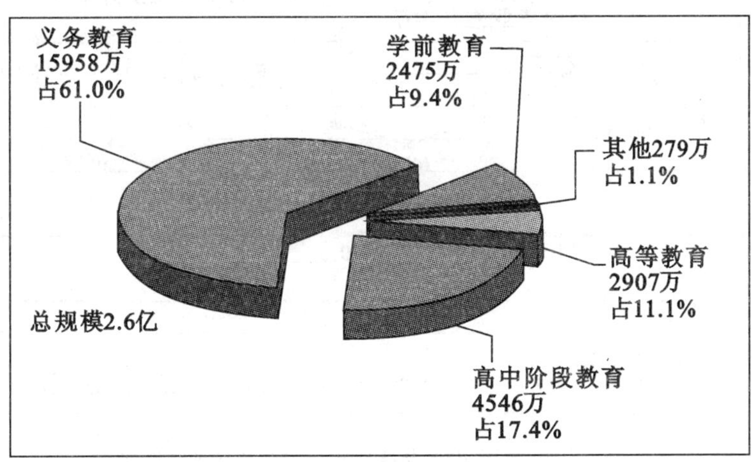

图 2 –6　2008 年各级教育构成

六十年来，各级教育普及水平大幅度提高，义务教育全面普及，小学净入学率、初中毛入学率达到 98% 以上；高等教育 2002 年进入大众化发展阶段，2008 年毛入学率达到 23. 3%。见图 2 –7 所示。

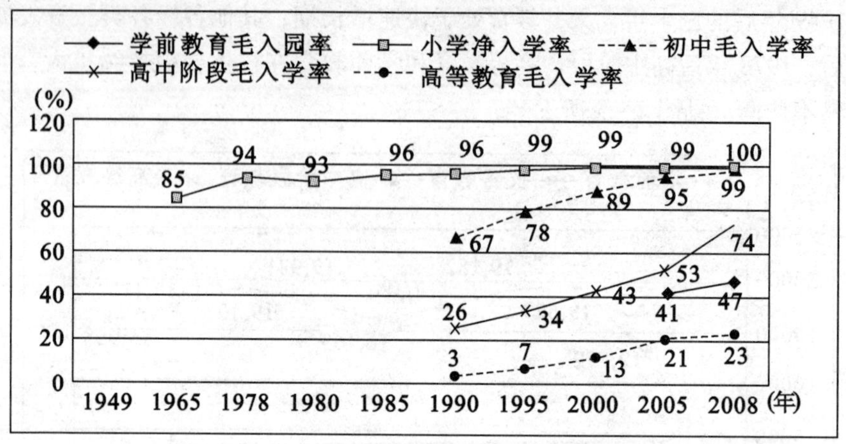

图 2－7　1949 年至 2008 年各级教育毛入学率

各级教育的学生毕业生升学率大幅度提高。小学和初中生的毕业生升学率在 1978 年至 1995 年间出现低谷，高中毕业生升学率由于此前没有数据，事实上这一时段也处于低谷。2008 年，中国小学毕业生升学率达到 99.7%，初中毕业生升学率达到 83.4%，高中毕业生升学率达到 72.7%。见图 2－8 所示。

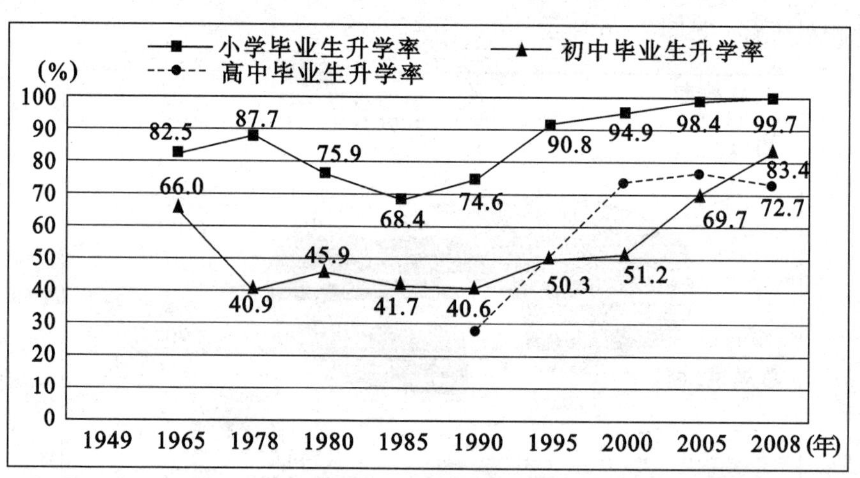

图 2－8　1949 年至 2008 年各级教育的学生毕业生升学率

接下来依据教育的普及状况、义务教育实施状况、扫除文盲进展情况、高等教育及研究生教育规模、幼儿教育、远程教育、教育投资等指标对六十年中国教育的规模和数量的变化及其轮廓加以描述。

第二节　教育普及的规模与数量发展

不少材料均以“文盲率80%以上”[①] 描述新中国成立时的教育落后状况，这一数据的最初源头是“毛主席说过‘从百分之八十的人口中扫除文盲，是建立新中国的必要条件’”[②]。

相关的资料显示：1949年前，中国小学最高年份的数量为34.68万所，在校学生2439.1万人，约为全国学龄儿童的20%；普通中学最高年份为4266所（其中高中及完全中学1654所，初级中学2612所），在校学生149.59万人；中等专业学校最高年份为724所，在校学生13.70万人；师范学校最高年份为902所，在校生24.56万人；除台湾外全国共有高校227所（其中公立138所，私立65所，教会大学24所），在校学生10.40万人。[③] 1949年，全国约有200万知识分子，占当时中国总人口的0.37%。[④]

依据另一个出处的数字，1949年全国有高等学校205所，学生11.70万人；中学学校5216所，学生12.68万人；小学校34.68万所，学生2439.1万人。新中国成立前，学龄儿童入学率为20%左右。全国人口80%以上是文盲。[⑤] 这两份数据的小学所数及在校生是相同的，中学和大学出现不同，而后一资料则列举了205所高校的名称，当更为可信。

---

① 陈至立：《千秋基业，壮丽诗篇》，引自中华人民共和国教育部：《共和国教育50年》，北京：北京师范大学出版社，1999年版，第1页。

② 钱俊瑞：《在第一次教育工作会议上的总结报告要点》，引自《中华人民共和国重要教育文献（1949—1975）》，海口：海南出版社，1998年版，第8页。

③ 《中国教育年鉴（1949—1981）》，北京：中国大百科全书出版社，1984年版。

④ 中华人民共和国教育部：《共和国教育50年》，北京：北京师范大学出版社，1999年版，第48页。

⑤ 中央教育科学研究所：《中华人民共和国教育大事记（1949—1982）》，北京：教育科学出版社，1983年版，第10～12页。

台湾的教育史书则有以下记载：从1941年上学期起到1945年度下学期止，“各省均竭力推行国民教育，成效颇佳。例如三十年度（1941年），后方川、滇、黔等十四省市，在实施之当年，已受教育儿童占学龄儿童总数百分之六十弱，文盲人数占人口总数百分之三十九弱。三十一年度（第二年，1942年），后方十四省市推行国民教育之结果，已受教育儿童占学龄儿童百分之六十七弱，文盲人数占人口总数百分之三十六强。三十二年度（第三年，1943年），后方十四省市及皖康宁青新等五省，共十九省市推行国民教育之结果，为已受教育儿童占学龄儿童总数百分之七十强，文盲人数占人口总数百分之三十四强。三十三年度（第四年，1944年）推行之结果，为已受教育儿童占学龄儿童总数百分之七十三弱，文盲人数占人口总数百分之三十二强。三十四年度（第五年，1945年）推行之结果，为已受教育儿童占学龄儿童总数百分之七十六强，文盲人数占人口总数百分之三十强”①。该书引用的第三次教育年鉴统计资料第1224～1226页的统计表如下：

表2－1　第三次中国教育年鉴统计资料中的全国国民学校及成人补习教育统计表②

	国民学校数	班级数	学生数	教职员数	成人班		妇女班	
					班级数	学生数	班级数	学生数
1940年	219911	182180	13517320	489080	75182	2550343	23487	1360758
1941年	224340	423302	14999712	546948	122615	4540969	57388	1862921
1942年	257691	503973	17669354	668602	138586	4857755	65738	2288195
1943年	273002	529803	18556037	695736	183867	5863525	83303	2824586
1944年	253949	512442	17171323	654218	176858	5638411	93454	2676155
1945年	268909	677409	21725650	782817	153578	5116484	79025	3013042
1946年	289316	664290	23683492	878053	150870	5591967	80047	3231914

① 孙邦正：《六十年来的中国教育》，台北：正中书局，1974年版，第263～264页。

② 孙邦正：《六十年来的中国教育》，台北：正中书局，1974年版，第264～265页。

表 2-2　第三次中国教育年鉴中关于中学发展的概况①

年度	1937	1938	1939	1940	1941	1942	1943	1944	1945	1946
学校数	1240	1246	1652	1900	2060	2373	2573	2759	3727	4266
班级数	6919	8472	10024	13063	14392	17575	19229	20122	28352	32818
学生数	309563	389009	524395	642688	703750	831716	902163	929297	1262199	1495874
毕业生数	48264	52532	64285	83978	126673	179111	202209	212783	255688	326125
教职员数	23505	28028	29491	39449	44332	57068	64197	67477	91289	104570

根据比较权威的《第二次中国教育年鉴》的各年数据计算，1947 年底以前中国高校毕业生累计数约 20 余万人，1947 年底全国大专学校在校生 15.5 万多人，当年毕业生 22.5 万多人；② 中学 1931 年前的毕业生数缺，但 1912 年的在校生规模达到 5.99 万人，1915 年增至 8.79 万人，1928 年达到 18.87 万人，1931 年达到 40.18 万人，毕业生人数 7.49 万人，1931 年至 1945 年累计毕业中学生 170 余万人，1946 年中学在校生 149.59 万人；③ 1916 年全国小学在校生数 384.35 万人，1922 年达到 660.18 万人，1936 年小学在校生约 1800 万人。④ 据有关资料，1946 年全国实施国民教育的 19 省、市共计设国民小学、中心国民学校及其他小学 23.7 万所，已接受教育的儿童 2916 万人，占学龄儿童总数 3817 万人的 76% 强；⑤ 1936 年至 1945 年全国师范毕业生累计 20 余万人；⑥ 1937 年至 1946 年职业学校毕业生累计 11.35 万人；⑦ 1928 年至 1934 年全国民众学校和识字学校累计在校学生 686 万人，⑧ 由于这一数字仅占当时 45 岁以下两亿失学人数（实际为当时的文盲总数）的 2.92%，1935 年起各省“开展大规模推行定期强迫教育”⑨，1936 至 1945 年历年扫盲人数之和为 6988.73 万人，⑩ 以上两个时间段的累计数相加为 7674 万人；再加上 19 省市接受国民学校教育的学生数 2916 万，总数已达 9690 万。由于这个总数不是所有时间段的所

① 孙邦正：《六十年来的中国教育》，台北：正中书局，1974 年版，第 364 页。
② 《第二次中国教育年鉴》，上海：商务印书馆，1948 年版，第 1400～1401 页。
③ 《第二次中国教育年鉴》，上海：商务印书馆，1948 年版，第 1428～1435 页。
④ 《第二次中国教育年鉴》，上海：商务印书馆，1948 年版，第 1455 页。
⑤ 李华兴：《民国教育史》，上海：上海教育出版社，1997 年版，第 649 页。
⑥ 《第二次中国教育年鉴》，上海：商务印书馆，1948 年版，第929～930页。
⑦ 《第二次中国教育年鉴》，上海：商务印书馆，1948 年版，第 1224 页。
⑧ 《第二次中国教育年鉴》，上海：商务印书馆，1948 年版，第 1180 页。
⑨ 李华兴：《民国教育史》，上海：上海教育出版社，1997 年版，第 700 页。
⑩ 《第二次中国教育年鉴》，上海：商务印书馆，1948 年版，第 1181 页。

有省份的总数，当时识字人数超出1亿多，即便以1949年中国人口5.4167亿人[1]计算，也会超过20%。考虑到1946年全国小学生共2381.37万人，占全国总人口的4.76%；全国中学生共149.59万人，占全国总人口的0.299%，[2] 在以前累计20%识字人口基础上加上5.059%的在校学生，真正的文盲人口不会超过75%，扣除6岁以下未上学人口，这一比例将会更低。

台湾史书上的国民学校入学人数为小学入学人数，从绝对数上看小学与中学学校数和在校生数与大陆的史书记述没有什么差异，但在学龄儿童入学率上的表述差距56个百分点，文盲人数占总人口的比例也相差50个百分点，由于当时所统计的后方不管是14省市还是19省市，都是中西部地区，入学率相对低于当时日军占领的东部地区，全国总的学龄儿童入学率应该不低于当时的统计数字；同时文盲率相对高于东部日占地区，全国的文盲率也不应高于这一统计数。

上述相对数量的差异主要是由于各自分母选择的不同，显然当时2 439万小学生不会是当时小学阶段学龄儿童的20%；若依照20%计算则当时应有小学适龄儿童1亿人，占当时全国总人口5亿的20%，高于正常情况下小学适龄儿童年龄组的比例；事实上直到2007年全国13亿人口入学率已达99.5%才有小学生1.07亿；[3] 1988年中国小学生比例较高时也仅有1.25亿，占总人口的12.5%，依据这一比例反推1949年的小学学龄儿童入学率大约是40%。同样，由于缺乏当时文盲绝对数的权威数据，文盲率80%以上也与事实存在差距，即便依据大陆资料1949年的文盲数为3.2亿[4]计算，以当时总人口5.4亿为分母，也只有59.25%。

上述分析基本反映了新中国成立之初的教育发展状况。新的政权建立后，将扩大规模、提高数量作为教育发展的主要工作方向。所以《共同纲领》第四十七条提出“有计划有步骤地实行普及教育，加强中等教育和高等教育，注重技术教育，加强劳动者的业余教育和在职干部教育，给青年知识分子和旧知识分子以革命的政治教育，以适应革命工作和国家建设工作的广泛需要”。第五十三条提到“人民政府应该帮助各少数民族的人民大众发展其政治、经济、文化、

---

① 中国社会科学研究院人口研究中心：《中国人口年鉴·1986》，北京：社会科学文献出版社，1986年版，第432页。

② 《第二次中国教育年鉴》，上海：商务印书馆，1948年版，第1455、1428页。

③ 教育部年度统计数据。

④ 中华人民共和国教育部：《共和国教育50年》，北京：北京师范大学出版社，1999年版，第290页。

教育的建设事业”①。1951 年 8 月，教育部明确提出，从 1952 年开始争取十年内基本普及小学教育。②

由于持续十余年的战争迎来和平，民众对教育的需求猛涨，政府采取了多方面措施发展教育。1951 年 8 月 27 日到 9 月 11 日召开的第一次初等教育工作会议上，提出从 1952 年到 1957 年，争取全国平均有 80% 的学龄儿童入学（1951 年学龄儿童入学率为 47%）；从 1952 年开始，争取十年内基本上普及小学教育。③

1951 年 9 月 20 日，教育部召开第一次全国民族教育会议，确定了少数民族教育的总方针和任务，即：少数民族教育必须是新民主主义的内容，并应采取适合于各民族人民发展和进步的民族形式。1952 年中国小学发展到 52.7 万所，比 1949 年增长 51.9%，在校生 5 110 万人，比 1949 年增长 1.1 倍；小学阶段学龄儿童入学率由 1949 年的 20% 上升到 1952 年的 49.2%（民国时期最高年份为 1937 年的 40%），工农子女占小学在校生总数的 80%。④ 这里所提 1949 年的 20% 入学率的问题在前面已经讨论，事实上三年内小学学龄儿童入学率提高 10% 左右是比较符合事实的，也是不小的成就。

1952 年底，中等学校 6059 所（其中中等专业学校 1710 所，普通中学 4298 所），在校学生 314.5 万人（其中中等专业学校、工农中学学生 65.5 万人，普通中学学生 249 万人）；幼儿园 6500 所。⑤

在前一段发展中，过度需求推动的盲目冒进现象已经出现，1953 年全国各地采取措施，千方百计解决小学毕业生的升学和出路问题。《人民日报》8 月 27 日发表社论《实事求是地解决小学毕业生升学问题》，提出用增班、改二部制、办夜校、增新校、工矿企业机关团体办学、私人办学、办广播讲座等办法解决小学毕业生升学问题。9 月 23 日，教育部部长张奚若为此发表广播讲话。经过各方面的努力，到本年底，由于大量开办了二部制、初习班和夜校，使许多城

① 《中国人民政治协商会议共同纲领》，引自《人民日报》，1949 年 9 月 30 日。

② 中华人民共和国教育部：《共和国教育 50 年》，北京：北京师范大学出版社，1999 年版，第 550 页。

③ 中央教育科学研究所：《中华人民共和国教育大事记（1949—1982）》，北京：教育科学出版社，1983 年版，第 46 页。

④ 中华人民共和国教育部：《共和国教育 50 年》，北京：北京师范大学出版社，1999 年版，第 261 页。

⑤ 中央教育科学研究所：《中华人民共和国教育大事记（1949—1982）》，北京：教育科学出版社，1983 年版，第 71 页。

市小学毕业生升学率达到80%左右，全国城乡平均升学率达到30%左右。[①] 除升学外，在农村，许多小学毕业生参加农业生产；在城市，许多年龄较大的小学毕业生当了学徒工、练习生。

于是1953年至1955年对小学教育进行了整顿巩固，1955年小学在校生5312.6万人，只比1952年增加3.9%，学龄儿童入学率为53.8%，仅比1952年增长4.6%。[②]

1954年，情况向另一个方向变化。于是教育部1955年7月9日发出通知，要求各地采取措施巩固小学生学额，防止减生现象继续发展。通知说：1954年秋季以来，河北、江苏、黑龙江等15个省的不少农村小学，发生学生大量退学现象。河北省公立小学减少了30万学生。福建大田县有1/7学生流动。小学大量减生的原因，主要由于若干地方整顿小学教育工作有偏差。为制止这种情况继续发展，教育部要求各地：（一）提出切实办法，把巩固学额作为经常工作来抓。（二）正确地向群众和学生家长进行劳动教育的宣传，纠正“上学不当农民”、“种地不用文化”的错误思想。（三）改进教学，提高质量，使学生和家长了解受教育的益处并加强和家庭的联系。（四）个别要住校入伙的，在粮食配购标准方面，给学生适当照顾。（五）灾区学费的征收，应按规定切实减免。[③]

1955年12月召开的全国普通教育、师范教育计划座谈会，确定了1956年的工作方针为“加速发展，提高质量，全面规划，加强领导”。

1956年1月10日，教育部发出通知：防止中学在校学生流动。通知指出：造成在校学生大量流动的原因有下列几种，如：农业生产合作的大规模发展，农村需要大批具有一定文化的青年担任合作社会计和其他技术工作，不少干部和学生家长动员在校学生参加农业生产合作社工作；也有的学生家庭经济困难，学校在评定人民助学金时未能解决他们的问题，以及一些家庭缺乏劳动力；等等。通知提出：要采取吸收已毕业的中小学学生参加农业生产合作社工作，做好学生及家长的思想工作，做好评定学生助学金的工作等办法，制止学生流动

① 中央教育科学研究所：《中华人民共和国教育大事记（1949—1982）》，北京：教育科学出版社，1983年版，第85页。

② 中华人民共和国教育部：《共和国教育50年》，北京：北京师范大学出版社，1999年版，第262页。

③ 中央教育科学研究所：《中华人民共和国教育大事记（1949—1982）》，北京：教育科学出版社，1983年版，第135页。

现象的继续发展。[①] 事实上，当时一方面中学生升学和安排工作的期望难以完全实现；另一方面提倡教育与生产劳动相结合，加强劳动教育，导致不少学生直接放弃在校学习而回家务农。

1956 年 1 月 25 日，最高国务会议提出《1956—1967 年全国农业发展纲要(草案)》，规定"从 1956 年开始，按照各地情况，分别在五年或者七年内基本上扫除文盲"，"分别在七年或者十二年内普及小学义务教育。乡村小学基本上由农业生产合作社办理"。2 月 27 日，《人民日报》发表题为《普及义务教育》的社论。[②]

1956 年 6 月 28 日，国务院发出通知：克服当前中小学学生辍学现象。由于农村实现社会主义合作化，农民凭劳动力挣工分，农业生产合作社大量发展，需要知识青年充当干部、会计、计工员、技术员等原因，造成农村中小学生大量辍学。不少地方辍学的学生达到在校学生总数的 10%。国务院要求各地采取以下措施，及时制止和减少学生辍学现象的继续发展：（一）对已辍学的学生，一般地应该说服和鼓励他们回校继续学习。（二）各机关、厂矿、企业和农业生产合作社需要工作人员，不应该再招收在校学生。（三）教育拨给农业部门 200 所初级中学改为农业合作干部学校。（四）对最近三五年内初中适龄应服兵役的学生，可以缓征。[③]

1956 年，中共八大的政治报告中强调了普及小学义务教育，于是启动了新一轮快速发展，1956 年小学在校生比 1955 年增加 19. 46%，1957 年小学在校学生达 6428. 3 万人，比 1952 年增长 25. 9%；学龄儿童入学率达到 61. 7%，比 1952 年提高 12. 5%。[④] 这一段时间的变化在一定程度上印证了上述对 1949 年到 1952 年间小学入学率提高实际为约 10% 的判断。

到 1957 年，全国的小学、初中、高中分别为 54. 73 万所、0. 89 万所、0. 21 万所，在校学生分别为 6428. 3 万人、537. 70 万人、90. 43 万人，专任教师分别

---

① 中央教育科学研究所：《中华人民共和国教育大事记（1949—1982）》，北京：教育科学出版社，1983 年版，第 153 页。

② 中央教育科学研究所：《中华人民共和国教育大事记（1949—1982）》，北京：教育科学出版社，1983 年版，第 155 页。

③ 中央教育科学研究所：《中华人民共和国教育大事记（1949—1982）》，北京：教育科学出版社，1983 年版，第 171 页。

④ 中华人民共和国教育部：《共和国教育 50 年》，北京：北京师范大学出版社，1999 年版，第 262 页。

为18.4万人、19.4万人、4万人，学龄儿童入学率为61.7%。①

1958年，中共八届六中全会决议中提到“用很大的努力有计划地、逐步做到普及中等教育”。在“大跃进”的推动下，1958年小学在校人数比1957年增长34.41%，学龄儿童的入学率上升到80.3%。② 这一数据本身的真实性无法检验，所入学校的教学条件和质量更是没有确定的标准衡量。在这种情况下，1959年初，中共中央召开教育工作会议确定教育工作的方针主要是“巩固、调整、提高”，一方面感受到已有增长的不切实际，一方面还要求提高。

经过1961年的调整之后，学龄儿童的入学率数字开始下降。1961年的小学在校生比1960年减少19.2%，1962年又比1961年减少8.64%；1962年的学龄儿童入学率降到56.1%，比1957年还低5.6%。③ 这一数据的变化在一定程度上折射出当时中国社会的政治经济发展状况。

1963年至1965年，“两条腿走路”的方针和两种教育制度再次被提出来实行。1964年，教育部召开的教育厅局长会议提出在1965年和第三个五年计划期间，要积极发展小学，特别是简易小学，解决贫下中农子女教育问题。为此6月2日的《人民日报》发表了由中共阳原县委、阳原县人民委员会提供的《阳原县是怎样普及小学教育的》的文章。文章道：据1964年4月统计，阳原全县378个村庄，有5所普通中学，1所职业中学，349所小学。儿童都能到离家1里左右的学校上初小，到5里左右的学校上高小。全县学龄儿童入学率达到90%以上。文章介绍该县普及小学教育的经验是贯彻阶级路线，深入调查研究；坚持“两条腿走路”；坚持勤俭办学，注意培养又红又专的教师队伍。《人民日报》并为此发表社论指出：坚持教育工作面向贫农、下中农这样一条鲜明的阶级路线，这是阳原县这面红旗最本质、最突出的特点，是阳原县教育工作取得成就的决定性的因素。社论号召各地认真学习阳原县的革命精神和科学方法，同时总结自己的成功的典型经验，把普及教育的工作做得更好。④

1965年3月，教育部召开了全国农村半农半读教育会议，要求农村实行全日制和耕读小学“两条腿走路”的方针，小学教育在原有基础上又有新的增

---

① 宋荐戈：《探索中国特色社会主义教育发展的道路》，引自《荐戈文存》，北京：中国国际文艺出版社，2006年版，第318页。

② 中华人民共和国教育部：《共和国教育50年》，北京：北京师范大学出版社，1999年版，第262页。

③ 中华人民共和国教育部：《共和国教育50年》，北京：北京师范大学出版社，1999年版，第262页。

④《阳原县普及小学教育是教育战线上的一面红旗》，引自《人民日报》，1964年6月2日。

长，1964 年小学在校生比 1963 年增加 29.9%；1965 年小学在校学生数达到 11620.9 万人，比 1964 年增加 28.3%，比 1962 年增加 67.8%；1965 年小学学龄儿童入学率达到 84.7%。①

与大陆普及教育出现上述波折相比，台湾地区的普及教育则显出相对平稳上升趋势。

表 2-3　台湾地区国民教育发展状况②

	学校数	班级数	学生数	教职员数	学龄儿童就学百分率
1950 年	1231	16856	906950	20878	79.98
1951 年	1248	17743	790664	21682	81.49
1952 年	1251	18833	1006304	23929	84.00
1953 年	1300	20211	1060342	26030	87.75
1954 年	1350	22025	1133438	27944	90.83
1955 年	1446	23127	1244029	30439	92.33
1956 年	1537	26189	1344432	32995	93.82
1957 年	1597	28307	1480557	35584	94.61
1958 年	1663	30945	1642888	38512	94.84
1959 年	1757	33586	1777118	42121	95.44
1960 年	1843	35944	1888783	45444	95.59
1961 年	1932	37906	1997016	47567	96.00
1962 年	1995	39712	2097957	49860	96.52
1963 年	2067	41114	2148652	51607	96.71
1964 年	2107	42139	2202867	53093	96.83
1965 年	2143	43338	2257720	54610	97.15
1966 年	2175	44382	2307955	55693	97.16
1967 年	2208	45171	2348218	56834	97.52
1968 年	2244	45780	2383204	57463	97.67
1969 年	2275	47084	2428041	59084	97.62
1970 年	2319	48404	2445405	59489	98.01

从 1968 年 9 月 9 日开始，台湾地区开始实施九年制国民教育；大陆则在 1966 年进入“文化大革命”，普及教育的各项工作陷入混乱之中。

1971 年 7 月 6 日，周恩来接见全国教育工作会议领导小组成员时说：要普及小学教育，“这是一个大政”③。然而当时中国的政治状况并没有使这一大政

① 中华人民共和国教育部：《共和国教育 50 年》，北京：北京师范大学出版社，1999 年版，第 263 页。

② 孙邦正：《六十年来的中国教育》，台北：正中书局，1974 年版，第 270～271 页。

③ 中华人民共和国教育部：《共和国教育 50 年》，北京：北京师范大学出版社，1999 年版，第 255 页。

落到实处。

1972 年 3 月 26 日，《人民日报》在“关于公办小学下放到大队来办的讨论”专栏发表短评说：“当前农村普及教育的重点应该放在普及五年小学教育上，首先满足广大贫下中农子女上小学的要求。在有条件的地区普及七年教育。”①

1977 年 9 月 3 日，教育部理论组在《光明日报》发表文章指出：“抓教育，首先要抓中小学。”“这是摆在我们全党、全国人民面前的一件大事，是教育战线上一项具有极为深远意义的任务。”②

1978 年 7 月 4 日，《光明日报》报道上海市自本年暑假开始，招收 6 周岁儿童入小学；7 月 7 日，《安徽日报》报道，安徽省教育局通知各地积极创造条件，招收 6 周岁儿童入学。从本年起，各地先后改变 50 年代以来小学只招收 7 周岁儿童入学的规定。③

1978 年 10 月 21 日，教育部发出通知，要求各地调查普及小学教育的情况。通知指出：目前全国尚有五分之一的县儿童入学率过低，不少地区入学统计数字有虚假现象，各地已入学的儿童流动量较大。为此，要求各地于今年第四季度采取重点检查的办法，就适龄儿童数、实际入学率、流动率、计满五年普及率、教育质量等进行调查，作出报告。1979 年 1 月 10 日，教育部又发出通知，要求各地继续抓紧普及农村小学五年教育。通知指出：一些地方出现小学入学率下降、流动率增加的情况，“主要是我们教育行政部门的思想认识和工作上存在问题。教育部近来对这项大政没有抓紧，是有责任的”。并提出入学率不是普及率，满足于入学率达到 90% 以上，放松普及小学教育工作是不对的。④

1979 年 8 月 9 日，教育部决定，给阳原县小学教育恢复名誉，推倒林彪、“四人帮”强加给河北省阳原县教育战线的一切诬蔑不实之词，并宣布阳原县仍为普及小学教育的一面红旗。8 月 12 日，《人民日报》发表社论《抓好普及小学教育这项大政》。社论说，党和政府历来十分重视普及教育的工作。要在本世纪末实现四个现代化的宏伟目标，科学技术是关键，教育是基础；而小学教育则是基础的基础。小学教育是提高全民族文化水平的起点，小学教育的普及

---

① 《普及小学教育是农村教育的重点》，引自《人民日报》，1972 年 3 月 26 日。

② 教育部理论组：《百年大计，从小抓起》，引自《光明日报》，1977 年 9 月 3 日。

③ 中央教育科学研究所：《中华人民共和国教育大事记（1949—1982）》，北京：教育科学出版社，1983 年版，第 522 页。

④ 中央教育科学研究所：《中华人民共和国教育大事记（1949—1982）》，北京：教育科学出版社，1983 年版，第 531 ~ 532 页。

情况如何，小学教育的质量如何，是一件关系到国家和民族前途的大事情，应当引起全党和整个社会的高度重视。①

1979年11月6日，中共中央批转了湖南省桃江县委《关于发展农村教育事业的情况报告》，中央在批示中肯定了桃江县发展农村教育事业的成绩，并指出桃江县的主要经验：一是县委重视教育，第一把手亲自抓教育，全党抓教育；二是坚持“两条腿走路”的方针，发挥国家办学和群众集体办学的两个积极性；三是以普及小学五年教育为重点，实行普通教育、业余教育、学前教育一起抓。中央要求各级党政领导机关切实把教育事业摆到重要位置上，要把普及小学教育当成一件大事来抓，一定要切实抓好。11月20日至28日，教育部、中共湖南省委在桃江县召开现场经验交流会，推广桃江县的经验。② 各地将1968年下放到生产大队和街道办事处的小学收回由政府公办，改善了办学条件，建立了正常的教学秩序，在恢复高考的影响下教学质量也有所提高。

1980年10月23日，中共中央书记处听取并讨论教育部党组关于小学教育问题的汇报。中央书记处在讨论中指出：实现四化，最根本的一条是提高民族的文明程度和科学文化程度，而提高科学文化程度的基础是办好小学教育。讨论中提出的具体政策、措施有：要把教育作为国民经济计划的一部分，在长远规划、调整计划、年度计划中，都要提出教育规划和实现规划的措施。普及小学教育的口号一定要坚持，但不要一刀切。要逐步提高教师工资待遇。近几年的地方财政要拿出一部分钱来办教育。在大力发展公办小学的同时，也要发展民办小学。要有一支合格的稳定的小学教师队伍，要逐步增加公办教师，减少民办教师的比例。城市小学可以延长为六年制，农村暂时不动。要制订扫盲教育规划。要对少数民族地区的小学教育采取特殊措施，最贫困的地区要由国家包下来，实行免费教育。要起草小学教育法等。③

1980年12月3日，中共中央、国务院发出《关于普及小学教育若干问题的决定》，这是中国这一级别的第一份以普及教育为主题的文件，其中指出：由于工作上的种种失误，特别是“文化大革命”的破坏，目前五年制小学尚未普及，新文盲继续大量产生。这种情况同经济发展对人才培养的要求很不适应，同建设现代化的、高度民主、高度文明的社会主义强国的要求很不适应。决定

---

① 《抓好普及小学教育这项大政》，引自《人民日报》，1979年8月12日。

② 中央教育科学研究所：《中华人民共和国教育大事记（1949—1982）》，北京：教育科学出版社，1983年版，第564页。

③ 中央教育科学研究所：《中华人民共和国教育大事记（1949—1982）》，北京：教育科学出版社，1983年版，第595页。

提出：（一）教育事业在四化建设中具有重要作用。我们的社会主义现代化建设，不仅要建设高度的物质文明，还要建设高度的精神文明。没有文化教育事业的充分发展，就不可能有完全的社会主义。对此，过去因受到“左”倾思想的影响和小生产观念的束缚，存在许多模糊、片面以至错误的认识。教育长期被忽视，教育与经济的比例不相适应，使中国长期处于文化落后、人才缺乏的状态。现在要认真解决这个问题。在贯彻执行“调整、改革、整顿、提高”的方针的过程中，要把加强教育事业列为调整的重要内容，逐步提高教育投资的比重。（二）在80年代，全国基本实现普及小学教育的历史任务，有条件的地区还可以进而普及初中教育。普及小学教育应当根据各地区经济、文化的基础和其他条件的不同，由各省、直辖市、自治区规划，提出不同要求，分期分批予以实现。中央要求：经济比较发达、教育基础比较好的地区，应在1985年前普及小学教育；其他地区一般在1990年前基本普及。极少数经济特别困难、山高林深、人口稀少的地区，普及期限可以延长些。对文化教育十分落后的一些少数民族地区更需要采取一些特殊措施。（三）坚持“两条腿走路”的多种形式办学方针。实行以国家办学为主，并充分调动社队集体、厂矿企业等各方面办学的积极性，还要鼓励群众自筹经费办学。（四）必须造成尊师的良好社会风气，提高教师的社会地位，建设一支稳定合格的教师队伍。（五）切实改革普通教育事业的领导体制，大力加强对这一事业的领导。责成教育部立即着手研究拟定符合中国国情的《小学教育法》。[①] 相对于此前发的一系列普及教育号召，这份文件是效力较高的一份，然而对普及小学教育的实际困难依然估计过低。

1981年，小学阶段进入入学高潮，除港、澳、台以外，全国共有小学89.4万所，比1949年前的最高年份增加2倍；在校学生14 332.8万人，比1949年前的最高年份增加5倍。小学毕业生共2074.4万人，升入初中的1412.1万人，升学率为68.1%。其中农村小学85.8万所，占小学总数的96%，在校生12 467.4万人，占小学在校生总数的87%，农村小学毕业生升入初中的升学率达到61.9%。全国共有小学学龄儿童12 018万人，入学11 175万人，全国小学学龄儿童平均入学率为93%，其中北京、上海、天津、河北、山西、江苏、浙江、湖北、广东、山东、辽宁、吉林、黑龙江等省市学龄儿童入学率达到95%。[②] 出现小学在校生数多于适龄儿童的主要原因是不少超龄儿童由于入学

---

① 《中共中央、国务院关于普及小学教育若干问题的决定》，引自《中华人民共和国重要教育文献1976—1990》，海口：海南出版社，1998年版，第1877～1879页。

② 中华人民共和国教育部：《共和国教育50年》，北京：北京师范大学出版社，1999年版，第264页。

晚或留级次数多仍然在小学上学，例如1988年全国小学生入学率为97.15%，毛入学率（在校小学生数与适龄儿童数之比）为130%，[①]至少有32.85%的超龄儿童在小学就读。

1982年可以说是中国教育上丰收的一年，但也有薄弱的一面，中学、中等专业学校、技工学校在校学生4684.4万人，比上年减少350万人。农业中学、职业中学在校学生70.4万人，比上年增加22.3万人。成人中等教育在校学生1080.4万人，比上年增加259.7万人。小学在校学生13 972万人，比上年减少36.8万人。成人初等教育在校学生756.6万人，比上年减少217万人。[②]

此时，人们描述中国教育状况常用“三、六、九”表示中国小学阶段学龄儿童的毕业率、在校率和入学率，即学龄儿童的入学率仅占适龄儿童总数（入学率）的90%，能够在校坚持读完（普及率）的仅占60%，而真正达到毕业水平（合格率）的仅占30%，[③]合格率自1980年开始主要通过各地县级组织的毕业统考确定。当时中国小学普及状况落后于众多的发展中国家。

1983年5月6日，中共中央、国务院发出《关于加强和改革农村学校教育若干问题的通知》，提出了在农村经济发展的新形势下普及初等教育的任务和应当采取的方针、措施。1983年7月，教育部召开了全国普通教育工作会议，贯彻中共中央、国务院《关于加强和改革农村学校教育若干问题的通知》。1983年8月16日，教育部发出《关于普及初等教育基本要求的暂行规定》，指出：普及初等教育应从我国实际情况出发，坚持统一性与多样性相结合的原则。要求小学的入学率超过95%，年巩固率超过97%，毕业合格率城市超过95%、发达农村超过90%、其他农村超过80%，普及率（12～15岁）95%才算普及小学。[④]对于城市和条件较好的地区，要求应该高一些，实现普及的时间也应该早一些；对于条件较差的地区，要求可以适当低一些，实现普及的时间也可以迟一些。

1984年，全国有小学85.37万所，在校学生13 577万人，全国小学学龄儿童入学率达到95%，在全国2080个县（不含市和市辖区）中，有1388个县的小学学龄儿童入学率达到或超过了95%，有393个县经省、直辖市、自治区人

---

① 国家教委计划建设司：《中国教育统计年鉴·1988》北京：北京工业大学出版社，1989年版，第276页。

② 中央教育科学研究所：《中华人民共和国教育大事记（1949—1982）》，北京：教育科学出版社，1983年版，第679页。

③ 陈惠方：《中国希望工程——贫困地区儿童失学危状及其救助纪实》，北京：国际文化出版公司，1990年版，第10页。

④ 国家教委办公厅：《基础教育法规文件选编》，北京：北京师范大学出版社，1988年版，第73页。

民政府教育部门的检查验收，达到了普及小学教育的要求。①

从上述数字变化可以看出，中国20世纪80年代初期的入学热潮是与经济发展激发人们对子女受教育的需求直接相关的。由于经济发展的不平衡，入学率的变化也不平衡，沿海地区提高迅速，内陆地区虽也有提升，但不显著；入学率迅速提升发生在小学阶段，也是与家长意愿相一致的，初中阶段提升不明显，表明不少家长存在希望初中阶段孩子成为辅助劳力的观念，这一状况与普及九年义务教育的要求还有较大差距。

在这种情况下，1985年中国提出实施九年义务教育依然是需要跨越一大步的。

第三节　义务教育的规模与数量发展

义务教育是对1985年以前实施的普及教育的继续。

1985年，《中共中央关于教育体制改革的决定》明确提出普及九年义务教育的任务，对各地普及教育形成强大动力，该年全国大约有1.7亿义务教育阶段适龄儿童，实际仅有小学83.23万所，在校学生13370.18万人，全国小学学龄儿童入学率达到95.9%，巩固率为96.7%，应届毕业生毕业率为94.3%。有731个县经省、直辖市、自治区人民政府教育部门的检查验收达到了普及初等教育的要求，仅占全国总县数的36.6%。②

1986年4月12日，六届全国人大四次会议通过了《中华人民共和国义务教育法》，并于当年7月1日开始实施。其中规定：国家实行九年制义务教育。义务教育事业在国务院领导下，实行地方负责，分级管理。从此以后，标志着

① 中华人民共和国教育部：《共和国教育50年》，北京：北京师范大学出版社，1999年版，第265页。

② 中华人民共和国教育部：《共和国教育50年》，北京：北京师范大学出版社，1999年版，第265~266页。

中国普及义务教育进入一个新阶段，意味着政府、社会、家庭必须依据法律保证适龄儿童接受教育，保证不分性别、出身、民族、种族的所有适龄儿童及时接受合格的教育。中国这一法律的通过比发达国家迟了近二百年，比发展中国家也迟了三四十年。即便已经很晚，中国义务教育面临的最严峻的挑战依旧是规模庞大、地域情况复杂和经费投入严重不足。经过实地调查，全国人大教科文委员会发现1985年定的发展速度还过快，一个省只定一个目标也不现实，限定在1990年、1995年和2000年三个年度实现也过于主观，于是确定“以条件定发展”的原则，各地确定了“以县为单位，规划到乡，算账到校”，“全国都是一个目标，但是各自按自己的步伐”[①]分批、延后实现普九目标。在全社会还没有形成扎实工作作风的情况下，中国普九目标的最终实现在一定程度上得益于一开始就确定了这种求实的原则。

1985年全国小学毕业生升上初中的比率为68.4%，[②] 1986年全国初中学校近7.6万所，在校学生数近4000万，[③] 基础教育仍然比较薄弱，相当一部分农村地区仍未普及小学教育，青壮年文盲和半文盲仍在继续产生，中小学教师缺乏应有的培训，相当一部分校舍依然是年久失修的祠堂、庙宇，教学实验和文化体育设施严重缺乏。

由于计划生育导致人口变化，1985年小学生数事实上已达到高峰。到1989年，小学生毕业人数从1985年的近2000万下降到1860万。由于减少的人数主要集中在城市，而农村初中还没有相应发展，导致相同时期中国初中招生总人数也从1986年的1387万下降为1989年的1307万。[④]

1988年，中国有95万多个教学单位，其中79万多所小学，近17万多个教学点，有16万个在农村，教学点占17%；在近400万个小学教学班中，有近40万个复式班，占10%，而城市复式班不到2000个，县镇约1万个，38万多个全部在农村。[⑤]

依据教育部门统计的数据，1988年全国小学入学率为97.15%，毕业合格

---

① 程介明：《中国大陆教育实况》，台北：台湾商务印书馆，1993年版，第134页。

② 国家教委计划建设司：《中国教育统计年鉴·1988》，北京：北京工业大学出版社，1989年版，第21页。

③ 中华人民共和国教育部：《共和国教育50年》，北京：北京师范大学出版社，1999年版，第266页。

④ 国家教委计划建设司：《中国教育统计年鉴·1989》，北京：人民教育出版社，1990年版，第364～367页。

⑤ 国家教委计划建设司：《中国教育统计年鉴·1988》，北京：北京工业大学出版社，1989年版，第242～247页。

率是96.13%，[①] 在全国2000多个县中，有1326个县通过了普及小学的验收，占全国总县数的67%。[②] 依据国家统计局1989年3月的内部统计数字，1988年全国普通教育各级各类学生流失数达757.7万人，比1987年增长34.5%，比1986年增长38%，从1980年到1988年全国流失生达3700多万名。[③] 1989年1月30日，国家教委印发了《关于严格控制中小学生流失问题的若干意见》。

依据中国各地经济社会发展的不平衡状况，政府制定了“积极进取，实事求是”的工作方针，提出在2000年基本普及九年义务教育、基本扫除青壮年文盲（简称“两基”）目标，将全国划分为三类地区，分步实施；一是在约占人口四分之一的城市和沿海经济发达的已基本普及初中教育的地区，于1990年左右完成；二是在约占全国人口一半的中等发达程度的镇和农村，于1990年左右实现按质量普及小学教育，在1995年左右以普通或职业技术教育的方式普及九年义务教育；三是在约占全国人口四分之一的经济落后地区，采取包括国家尽力支援在内的各种方式争取基本普及初等义务教育。相应地在一个省、直辖市、自治区甚至一个县内，都依据经济文化的不平衡分类推进、分步实施。在管理体制上将基础教育的主要责任交给地方，实行分级办学、分级管理，农村普遍实行县、乡、村三级办学，县、乡两级管理，以县为主的管理体制。

1989年3月，国家教委主任的李铁映在回答中外记者时说：中国全国有2.2亿文盲，在2.2亿学生中，三分之一左右只能读到小学，三分之一读到初中（1989年小学毕业生升入初中的比例为71.5%[④]），再读到高中的不到30%，全国平均受教育程度不足5年，[⑤] 而日本1907年就普及了六年制小学教育。这一时间全国各学段比例可描述为：100个小学生中有70%的升入初中，30%的升入各类高中，3%的升入各类高等学校。

1990年，中国在90%以上人口的地区普及了小学教育，依据官方统计数据当年小学入学率达到97.8%，比上年提高0.4个百分点；小学生流失率为2.4%，比上年下降0.8个百分点；小学毕业生升学率为74.6%，比上年提高3.1个百分点。全国通过省级人民政府检查验收普及了初等教育的县达到了

---

① 国家教委计划建设司：《中国教育统计年鉴·1988》，北京：北京工业大学出版社，1989年版，第288页。

② 引自《中国教育报》，1989年1月1日。

③ 陈惠方：《中国希望工程——贫困地区儿童失学危状及其救助纪实》，北京：国际文化出版公司，1990年版，第7页。

④ 国家教委当年年度统计数据。

⑤ 陈惠方：《中国希望工程——贫困地区儿童失学危状及其救助纪实》，北京：国际文化出版公司，1990年版，第6~7页。

1459个，占全国总县数的76%。占全国人口91%的地区，按标准普及了小学阶段义务教育。全国普通初中招生比上年增加60多万人，增长4.6%；在校生比上年增加31万人，增长0.8%；流失率为4.8%，比上年下降2.5个百分点。①

多次在内地考察的香港学者程介明分析这些数据后表示："在6岁至12岁这个阶段，家长都渴望子女入学。小学的问题在于供应，不在于需求。整个的形势是家长要求入学，这不是纯粹的数字可以表达的。"同时他认为"需求的问题（也就是辍学问题），出在初中"。并列举了温州在20世纪80年代初"致富的主要劳动力是8岁至13岁的童工"，因此"家长不放子女上学"，80年代末"家长都要求子女念完小学，现在的问题是初中入学，初中的失学率很高"②。

确实当时因贫困失学或辍学的情况还比较普遍，以下是当时发起"希望工程"的组织者所作的一些调查情况③：

> 河北涞源有个叫桃木疙瘩的小村庄，由于贫困，13名学生就有11名失学，虽然一学期书本及杂费不到20元，孩子们还得靠自己和家人剪下的头发卖钱上学。
>
> 湖南省统计局对宁乡、攸县、湘潭、沅陵等11个县市进行了调查，1987年上述县市的农村7～15岁少年儿童中，不在校者就达到调查总数的15.6%；不在校者中，从未上过学者占29%，因各种原因辍学者占71%。调查中还发现，年龄越大的少儿辍学率越高，如7～12岁者有9%不在校，其中辍学者占33%，13～15岁者有27%不在校，其中辍学者占90%，而15岁者竟有40%不在校，其中辍学者达到了93%！
>
> 湖南省常德地区1988年已有4.4万名中小学生辍学，流失率达4.3%。而湖北省小学在校生的流失数，去年（1987年）已达23.6万人，仅郧阳、咸宁等地区，小学在校生的流失率已达5%以上。在监利县，1988年第一学期开学到3月20日的短短月余间，竟有13 029名小学生因念不起书而被迫离校，占应入学数的12.1%，这意味着10个在校生中又将分离出一个文盲或半文盲！据江西省广丰县教育局的调查，全县仅1988年的一个学期就

① 中华人民共和国教育部：《共和国教育50年》，北京：北京师范大学出版社，1999年版，第271页。

② 程介明：《中国大陆教育实况》，台北：台湾商务印书馆，1993年版，第39～40页。

③ 陈惠方：《中国希望工程——贫困地区儿童失学危状及其救助纪实》，北京：国际文化出版公司，1990年版，第9～11页。

流失小学生2100名，初中共流失学生2300余名，其中农村小学生流失率占2.2%，农村初中生流失率占9.1%。该县某乡1988年招的六个初中班，到1989年辍学人数已占了一半，年流失率竟达51%！历年来很少有流失生的县城重点高中和县城初中，1988年新学期开学也有近100名学生辍学。湖北的荆州、黄冈、孝感、郧阳等地小学数量六年减少十分之一，全省150万学龄儿童失学。在贫穷落后的贵州，6~11周岁的儿童入学率只有65%，女孩入学率仅为43.5%。

据中国青少年发展基金会调研组1990年3~4月赴贫困山区调研的报告：江西省永新县今年（1990年）第一学期小学生流失4953名，现有文盲十几万，因贫困原因失学的占94%。有“将军的摇篮”之称的安徽省金寨县，近年来乡村小学生流失的比例相当惊人。虽然尚无全县面上的统计数字，但从调查组走访过的几个区、乡，便可窥一斑。青山区油店乡中心小学今年学生的流失率高达26%；双河区黄龙乡中心小学寒假在校生341人，新学期开学时有48人未来报到。金寨县委机关一位干部说，他以前就读的南湾村小学70年代末在校生有300多人，而现在这个学校在校生只有30多人。中小学生一旦流失，就大有一去不复返之势，收回返校率很低。陕西省安塞县去年有1498名流失生，今年新学年开学时只收回100名。河南省新县856名流失生，只收回100名；商城1012名流失生，只收回298名。笔者在本文中述及的流失生，还仅仅是限于贫困地区的，还不包括那些“先富起来”的平原和沿海等经济比较发达地区的流失生，那也将是一个不小的数字。

1990年，国家教委对学生流失原因的调查得出的结论是：第一位的原因是“受商品经济冲击”或“家长重男轻女”，近六成原因在此；第二位的是家庭经济困难；第三位的是学业成绩跟不上。依据作者本人的实地调查，1992年后因家庭贫困或缺乏劳动力而辍学的因素起着越来越大的作用。

义务教育经过未普及之前在校生人数快速增长后，在校生人数随适龄儿童人口变化出现波动。1949年义务教育在校生仅为2522万人，1990年义务教育在校生人数进入低谷，这一年中国政府宣布基本普及小学教育。2000年九年义务教育已基本普及，在校生人数达1.9亿人，为1949年的7.7倍，随后因学龄人口减少而下降。1949年到2008年义务教育阶段规模发展的情况见图2-9所示。

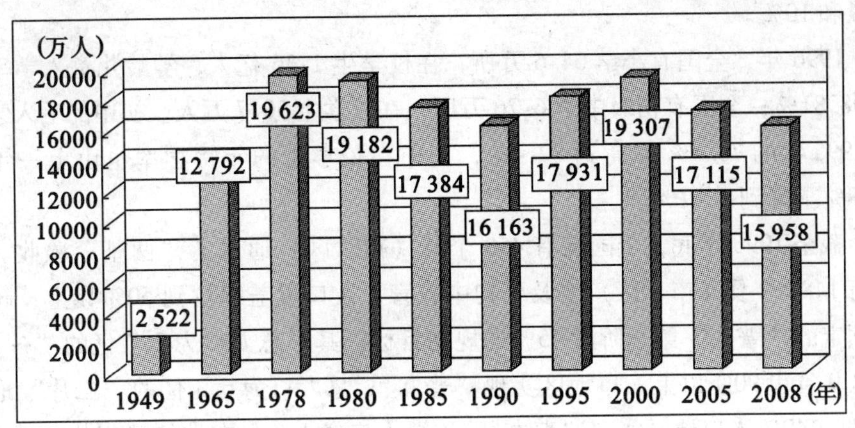

图 2－9　1949 年至 2008 年义务教育在校生变化

1992 年，依据已经实施义务教育的实践情况，中共十四大作出决策：到 20 世纪末基本普及九年义务教育，基本扫除青壮年文盲。1994 年 6 月全国教育工作会议宣布："要力争到本世纪末在 85% 左右人口地区普及九年义务教育，使青壮年中非文盲率达到 95% 左右。"① 为保证"普九"质量，1993 年国家教委决定建立对"两基"进行评估验收的制度，当年经国务院批准，组建了国家教育督导团。到 1995 年底，全国 30 个省、直辖市、自治区都已建立了教育督导室，367 个地区（市、州、盟）建立了教育督导机构。②

截至 1995 年底，全国经验收已实现"两基"的县（市、区）达 1025 个，超过全国总县数的三分之一，占全国人口地区的 36. 2%。全国小学在校生达 1. 32 亿人，学龄儿童入学率（按不同工区学制和儿童入学起始年龄计算，下同）达到 98. 5%，女性和男性、农村和城市、贫困地区和发达工区学龄儿童入学率的差距逐年缩小。全国初级中学（包括职业初中）在校生达到 4727. 5 万人，入学率达到 78. 4%，比 1990 年提高 11. 8 个百分点。③ 同时，普九中存在一些薄弱环节，依据国家统计局研究室的数据，1990 年和 1995 年，全国 6 ~ 14 岁人口未在校人数分别为 3200 万和 1800 万，④ 分别相当于当年适龄儿童数的

---

① 《动员起来，为实现〈中国教育改革和发展纲要〉而努力》，引自《人民日报》，1994 年 6 月 21 日。

② 中华人民共和国教育部：《共和国教育 50 年》，北京：北京师范大学出版社，1999 年版，第 274 页。

③ 中华人民共和国教育部：《共和国教育 50 年》，北京：北京师范大学出版社，1999 年版，第 272 页。

④ 中华人民共和国教育部：《共和国教育 50 年》，北京：北京师范大学出版社，1999 年版，第 271 ~ 272 页。

19%和10%。

1996年，全国有小学64.6万所，在校学生1.36亿人，学龄儿童入学率达到98.81%；全国有初级中学6.76万所，在校学生5047万人。初中的毛入学率由1995年的78.4%提高到82.4%，初中在校学生的年辍学率也由上一年的3.98%下降到3.47%。①

截至1996年底，全国又有450个县（市、区）通过了"两基"验收。全国有1482个县（市、区）普及了初中教育，人口覆盖率达到50%以上，超过了预定的"普九"第一阶段45%的规划目标。其中总人口为3.7亿的"一片"地区9省市90%以上人口地区实现"普九"；总人口为6.3亿的"二片"地区12省市40%人口地区实现"普九"；连总人口约1.9亿左右的"三片"地区9省区也有22%左右的人口地区实现"普九"，其余大部分地区基本实现"普六"。②

为推进"两基"目标实现，1996年5月，国家教委、财政部与陕西、山西等12个省的省政府签订了实施"国家贫困地区义务教育工程"项目责任书，"工程"项目总投入达53个亿。以西藏自治区5个区县实现普及小学六年教育为标志，全国特困地区普及九年义务教育工作取得了突破性进展。

1997年底，全国通过"两基"验收的县级单位达到1882个，地区人口覆盖率达65%，③ 人均受教育年限约为8年。④

1998年底，全国通过"两基"验收的县级单位总数达到2242个，人口覆盖率达73%，全国小学学龄儿童入学率达98.93%，初中阶段毛入学率达87.3%，超过了同期发展中国家的水平。⑤

2000年底，中国宣布基本普及九年义务教育，基本扫除青壮年文盲；义务教育进入全面普及阶段，但巩固、提高与均衡发展任务重、困难大，尚未实现普及的地区普及工作难度远比以前的地区大得多。2008年，小学净入学率达

---

① 中华人民共和国教育部：《共和国教育50年》，北京：北京师范大学出版社，1999年版，第273页。

② 中华人民共和国教育部：《共和国教育50年》，北京：北京师范大学出版社，1999年版，第273～274页。

③ 中华人民共和国教育部：《共和国教育50年》，北京：北京师范大学出版社，1999年版，第275页。

④ 中华人民共和国教育部：《共和国教育50年》，北京：北京师范大学出版社，1999年版，第584页。

⑤ 中华人民共和国教育部：《共和国教育50年》，北京：北京师范大学出版社，1999年版，第276页。

到99.5%。

1955年，中国小学学龄儿童入学率仅为61.7%；1990年达到97.8%；2000年达到99.1%；2008年进一步提高到99.5%。小学学龄儿童入学率的变化如图2-10所示。

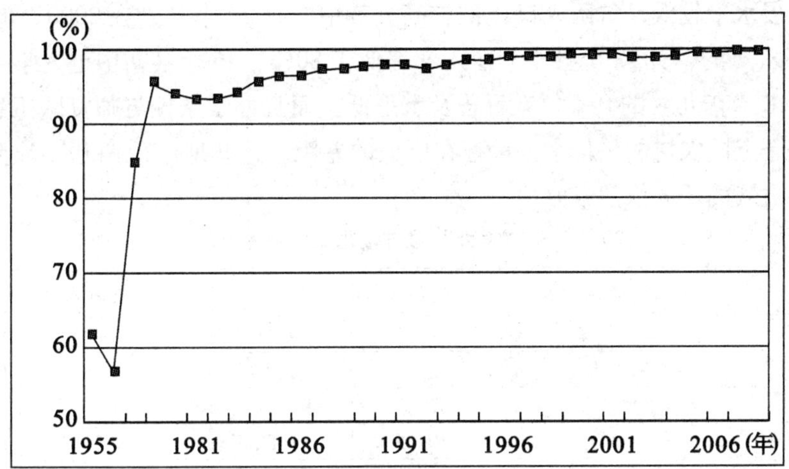

图2-10　历年来中国学龄儿童入学率变化①

自2000年以来，国家加快西部地区农村义务教育发展步伐，通过一系列重大工程、计划和经费保障新机制的实施，中国小学净入学率一直保持在98.5%以上，2007年，全国小学学龄儿童净入学率达99.5%，小学毕业生升学率由2000年的94.9%上升为2007年的99.9%。2007年全国初中阶段毛入学率达到98%，比2000年提高9.4个百分点，初中阶段三年巩固率为94.7%，比2002年提高4.9个百分点。

表2-4　2002年至2008年我国小学、初中基本情况②

指标/项目	2002	2003	2004	2005	2006	2007	2008
小学在校生（万人）	12157	11690	11246	10864	10712	10564	103331
小学净入学率（%）	98.58	98.65	98.85	99.15	99.27	99.49	99.54
其中：女童入学率（%）	98.53	98.61	98.93	99.14	99.29	99.52	99.58
小学毕业生升学率（%）	97.02	97.89	98.10	98.42	100.06	99.91	—
初中阶段在校生（万人）	6687	6691	6528	6215	5958	5736	5585
初中毛入学率（%）	90.0	92.7	94.1	95.0	97.0	98.0	98.5

2007年，我国九年义务教育完成率为89.2%，这意味着全国仍有超过10%

① 数据来源于各年度教育统计。

② 数据来源于各年度教育统计。

的学生不能按时完成九年义务教育，有200多万的学生没有按时毕业，义务教育实际巩固水平不容乐观。到2007年底，我国西部地区仍有42个最困难的县尚未完成“两基”攻坚目标。这42个县主要集中在边远山区、戈壁荒漠区，其中有20个县所处地理位置非常困难，平均海拔高度超过4000米，多数县社会经济发展水平较低，贫困人口比例较高。其中，有29个县是在2000年以后实现“普六”的，有13个县小学净入学率低于80%，36个县初中毛入学率低于50%。未“普九”的县不仅教育普及水平低，而且办学条件与师资队伍建设与全国甚至全国农村的平均水平都存在巨大的差距，这些地区“两基”攻坚和义务教育发展的任务依然艰巨。

表2－5　2007年未“普九”县与全国及农村的比较（单位:%）

	42个县合计	全国合计	全国农村合计
小学净入学率	97.06	99.49	—
小学辍学率	4.76	0.35	—
小学毕业生升学率	87.47	99.91	—
小学生师比	30.05	18.82	18.38
小学教师合格率比例	40.42	99.10	98.72
小学危房率	19.32	3.57	4.83
小学生均仪器设备值（元）	48	310	185
初中三年巩固率	88.57	94.66	—
初中辍学率	4.97	2.21	—
初中生师比	22.35	16.52	16.08
初中教师合格率比例	94.99	97.18	95.98
初中危房率	6.94	2.49	3.65
初中生均仪器设备值（元）	70	437	361

依据教育部2008年全国教育事业统计公报，到2008年年底，实现“两基”验收的县（市、区）累计达到3038个（含其他县级行政区划单位207个），占全国总县数的99.1%，“两基”人口覆盖率达到99.3%。受学龄人口的逐年减少影响，2008年全国共有小学30.09万所，比上年减少1.92万所；招生1695.72万人，比上年减少40.35万人；在校生10331.51万人，比上年减少232.49万人；小学毕业生数1864.95万人，比上年减少5.22万人。小学学龄儿童净入学率达到99.54%；其中男女童净入学率分别为99.50%和99.58%，女童高于男童0.08个百分点。2008年全国共有初中学校5.79万所（其中职业初中0.02万所），比上年减少0.15万所。招生1859.60万人，比上年减少8.9万人；在校生5584.97万人，比上年减少151.22万人；毕业生1867.95万人，比上年减少95.76万人。初中阶段毛入学率为98.5%，比上年提高0.5个百分点。初中毕业生升学率为83.4%，比上年提高2.92个百分点。

2008 年，全国普通中小学校舍建筑面积 136521.37 万平方米，比上年增加 1201.35 万平方米。小学体育运动场（馆）面积达标校数的比例为 55.88%，体育器械配备达标校数的比例为 50.61%，音乐器械配备达标校数的比例为 46.31%，美术器械配备达标校数的比例为 44.97%，数学自然实验仪器达标校数的比例为 54.70%。普通初中体育运动场（馆）面积达标校数的比例为 69.30%，体育器械配备达标校数的比例为 66.90%，音乐器械配备达标校数的比例为 60.27%，美术器械配备达标校数的比例为 59.15%，理科实验仪器达标校数的比例为 73.51%。各项办学条件均比上年有所改善。[①]

同时，2008 年全国初中三年巩固率为 93.7%，比 2007 年下降 0.9 个百分点，其中中西部地区为 90.2%，下降了 2.8%；西部地区的青海、宁夏、甘肃和西藏小学五年巩固率仍低于 90%。在一些地区的实地调查表明，由于各地采取集中办学增加了学生家长的就学成本，义务教育阶段学生的辍学率出现反弹，其中一些地方初中辍学率达到 10% ~20%。

所以，至今中国义务教育的实施依然任重道远。

第四节　扫除文盲工作进展情况

1949 年，众多文献说文盲占中国总人口的 80% 以上，其中妇女人口中的文盲率在 90% 以上；在文化古都北平的职工中也是 80% 以上是文盲，6% 为小学文化，仅有 4% 达到初中文化，农民 90% 以上是文盲。[②]

新中国成立后，即“把扫除文盲作为保障人权，确保我国公民受教育机会

---

① 中华人民共和国教育部：《2008 年全国教育事业发展统计公报》，引自人民网，2009 年 7 月 20 日。

② 关世雄：《成人教育的理论与实践》，北京：北京出版社，1986 年版，第 204 页。

和权利，提高民族素质和政治觉悟，改进生活质量的一项大政方针”①。民众对摘除文盲帽子的热情极度高涨。

一、第一阶段扫盲

第一阶段扫盲工作自1950年起到1966年中断扫盲工作为止，其间出现三次扫盲高潮。

1. 第一次扫盲高潮

第一次高潮是1952年开始到1954年，特征是大力推广“速成识字法”。

1950年，教育部和全国总工会联合召开第一次全国工农教育会议，会议明确指出：“开展识字教育，逐步减少文盲。”②

1952年初，扫盲工作被提到较高的位置，尽快尽早扫盲成为各方面的共同心愿，在这种情况下，中国人民解放军西南军区某部文化教员祁建华创造了“速成识字法”，1952年5月教育部专门发出《关于各地开展“速成识字法”的教学实验工作的通知》。

1952年9月23日至27日，教育部、全国总工会在北京联合召开全国扫除文盲工作座谈会，将扫盲定位为“一项迫切和重大的政治任务，各级领导应以领导历次革命运动的精神来领导这一具有伟大历史意义的运动，并须订出计划，以期在今后五年至十年内基本扫除全国文盲”。虽然会议同时指出“为了防止与克服有些地方在推行‘速成识字法’时，只注意快，不注意巩固，以致速而不成，造成‘夹生’、‘回生’现象以及过急过躁，草率从事等偏差，必须切实进行巩固工作”。刘子久在会议总结报告中提出“大张旗鼓、稳步前进、由点到面、限期完成”的扫盲工作方针，③ 相关数据也表明1952年起推广“速成识字法”，参加学习的人数达3190万人④。这一会议本身的冒进倾向仍然明显，它所提出的基本扫除文盲的目标事实上不是十年，而是五十年后才得以实现。

1952年11月15日，中央人民政府委员会第十九次会议通过成立中央扫除

---

① 中华人民共和国教育部：《共和国教育50年》，北京：北京师范大学出版社，1999年版，第285页。

② 中华人民共和国教育部：《共和国教育50年》，北京：北京师范大学出版社，1999年版，第287页。

③ 中央教育科学研究所：《中华人民共和国教育大事记（1949—1982）》，北京：教育科学出版社，1983年版，第65页。

④ 中华人民共和国教育部：《共和国教育50年》，北京：北京师范大学出版社，1999年版，第289页。

文盲工作委员会的决议，任命楚图南为主任，该委员会组织管理全国的扫盲工作。1952年11月21日，教育部发出《关于1952年冬学运动的通知》，针对推行“速成识字法”扫盲中出现的盲目冒进现象，提出“今冬明春应采取准备干部、重点试办的方针。尚不宜也不能普遍推行”，“必须做好准备，选择有条件的地区、村、乡重点地推行。切忌毫无准备地全面铺开”①。

1953年1月13日至24日，政务院文化教育委员会在北京召开大区文教委员会主任会议，明确指出，扫盲工作1952年秋后有点冒进，原因是把扫盲看得太简单。扫盲是一个长期而复杂的任务，不是三五年而是需要十几年或更长时间才能完成的。要继续纠正冒进的做法，贯彻“积极准备、重点推行”的方针。②

1953年2月23日至3月5日，扫除文盲工作委员会在北京召开第一次全国扫除文盲工作会议。扫除文盲工作委员会主任楚图南、副主任林汉达作报告，政务院教育委员会副主任马叙伦讲话。会议认为，自1952年全国推行“速成识字法”开展扫盲运动以来，收到了一定成效。但总的说来领导上过分地强调“速成识字法”的作用，计划和摊子铺得过大，形成盲目冒进的偏向。有关领导在发言中就盲目冒进的表现分析了产生的原因，并作了自我批评，提出：将扫盲工作纳入正轨，正常开展扫盲工作。会议对于逐步收拢摊子和处理多余干部及专职教师的问题，提出了初步意见。会议还研究了速成识字教学上的公式化和要求过高、过急的问题，认为“速成识字法”如果按照地方特点，根据一定条件，加以灵活运用，而不硬搬部队经验，还是可以获得较好效果的。4月9日，《人民日报》发表《扫除文盲工作必须整顿》的社论。③

1953年11月24日，扫除文盲工作委员会发出《关于扫盲标准、扫盲毕业考试等暂行办法的通知》，规定“干部和工人一般可订为认识两千常用字，能阅读通俗书报，能写二三百字的应用短文；农民一般可订为认识一千常用字，大体上能阅读最通俗的书报，能写农村中常用的便条、收据等；城市劳动人民一般可订为认识一千五百常用字，阅读、写作方面可分别参照工人、农民标准。各省市可根据具体情况灵活掌握，适当伸缩。扫盲毕业考试内容分为识字、阅

---

① 中央教育科学研究所：《中华人民共和国教育大事记（1949—1982）》，北京：教育科学出版社，1983年版，第69页。

② 中央教育科学研究所：《中华人民共和国教育大事记（1949—1982）》，北京：教育科学出版社，1983年版，第72~73页。

③ 中央教育科学研究所：《中华人民共和国教育大事记（1949—1982）》，北京：教育科学出版社，1983年版，第74页。

读、写作三项”[①]。1953 年全国已有 2000 万人参加识字学习。

1953 年 12 月 11 日，教育部、扫除文盲工作委员会联合发出《关于 1953 年冬学工作的指示》，指出：利用冬学向农民群众宣传国家在过渡时期的总路线和总任务，教育农民组织起来，提高粮食产量，并把余粮踊跃地卖给国家，以支援国家建设事业，是一项十分重要的政治工作。由于当年冬季农村工作繁重，冬学的文化教育工作应根据各地具体情况，酌量施行，不能要求过高。指示还要求有计划地组织全部或一部分农村干部、积极分子学文化。对冬学的教员、教法、经费、领导等也作了规定。[②] 这一指示明显带有对此前各地盲目冒进的抑制倾向，却为此后在连续不断的运动冲击下扫盲运动松懈预留了空间。

1954 年 8 月 5 日至 16 日，教育部、扫除文盲工作委员会在北京联合召开第一次全国农民业余文化教育会议。会议总结检查了工作，讨论了今后农民业余文化教育工作的方针任务。会议认为：过去一年，各地根据“整顿巩固、稳步前进”的方针，对农村扫盲工作大力进行了整顿，现已纠正盲目冒进的偏向，初步纳入国家建设的轨道。会议确定：今后农民业余文化教育必须紧紧跟随着和密切结合着农村互助合作运动和农业生产的发展，在生产发展的基础上，积极地有计划地扫除农民中的文盲，并逐步地提高农民的文化水平，有效地为农业的社会主义改造和发展农业生产服务。会议提出争取用十五年左右的时间，基本上扫除农村两亿多青壮年文盲。对已经脱离文盲状态的农民和小学毕业生应该组织他们学习，以提高他们的文化水平。[③] 当年提出的这一目标十五年后并未实现，这一事实既说明在反冒进的思想基础上确立的目标依然存在着冒进；又说明在一个政治经济发展环境不确定的条件下的计划教育同样难以具有确定性。

截至 1954 年，已经在职工中扫除文盲 130 多万人，在农村中扫除文盲 850 万人，在城市劳动人民中扫除文盲 36 万人，职工业余中小学在校人数 290 多万人，农民参加业余学校学习的有 2330 多万人。[④]

---

① 中央教育科学研究所：《中华人民共和国教育大事记（1949—1982）》，北京：教育科学出版社，1983 年版，第 93 页。

② 中央教育科学研究所：《中华人民共和国教育大事记（1949—1982）》，北京：教育科学出版社，1983 年版，第 94 页。

③ 中央教育科学研究所：《中华人民共和国教育大事记（1949—1982）》，北京：教育科学出版社，1983 年版，第 110 页。

④ 毛礼锐、沈灌群：《中国教育通史》（第 6 册），济南：山东教育出版社，1989 年版，第 56 页。

2. 第二次扫盲高潮

第二次高潮是1955年到1956年，这一次高潮以适应农业合作化运动的需要而进入高潮。毛泽东说“扫盲运动，我看要扫起来才好”，“列宁说过‘在一个文盲充斥的国家内，是建成不了共产主义社会的’。我国现在文盲这样多，而社会主义的建设又不能等到消灭了文盲以后才去开始进行，这就产生了一个尖锐的矛盾”①。

1954年11月18日，教育部、扫除文盲工作委员会根据国务院指示发出通知：中央扫除文盲工作委员会合并于教育部。此前经政务院批准，自1953年10月19日起，扫除文盲工作委员会与教育部已合署办公。这样就使1955年的扫盲工作责任承担者更为明确。

1955年5月13日，教育部发出通知：为了集中力量，加强领导，决定省、专、市、县各级扫除文盲工作委员会的办公机构与同级文教行政部门实行合并。合并时，教育部门应设有专门机构或一定的专职人员管理工农业余文化教育工作。②

1955年6月2日，国务院发布《关于加强农民业余文化教育的指示》，指出：适应当前农村新情况和新任务的需要，积极地开展农民业余文化教育、扫除文盲、克服我国农村文化落后状态，已成为当前一项重要的政治任务。今后的农民业余文化教育，必须紧紧跟随和密切结合着农村互助合作运动和农业生产的发展，积极地有计划地扫除农村中的文盲，并逐步提高农民的文化水平，有效地为农业的社会主义改造和发展农业生产服务。要在过渡时期内基本上扫除农村中的青壮年文盲。今后三五年期间，争取基本上扫除主要乡干部中的文盲。指示提出：由合作社、互助组统一管理农民的生产和学习，把学习组织和生产组织结合起来，应当成为今后发展农民业余文化教育事业的基本方向。在进行文化教育的同时必须进行政治教育。坚持“以民教民”的原则，解决师资来源问题。农民业余教育的经费，除少数专职人员的开支、业余教师训练费、奖励费等外，都应由群众自筹。③ 这一指示在理念上将扫盲与生产实际结合是正确的，但事实上将扫盲的责任交给合作社甚至农民自身，客观上虚化了扫盲工作，为日后的扫盲走向不切实际的非理性铺垫了道路。

1955年11月16日，青年团中央书记胡耀邦在《人民日报》发表题为《关于扫除文盲工作》的文章。文章指出：“党的七届六中全会在讨论到合作化的

---

① 《建国以来毛泽东文稿》（第5册），北京：中央文献出版社，1991年版，第509～510页。

② 中央教育科学研究所：《中华人民共和国教育大事记（1949—1982）》，北京：教育科学出版社，1983年版，第116页。

③ 中央教育科学研究所：《中华人民共和国教育大事记（1949—1982）》，北京：教育科学出版社，1983年版，第131～132页。

全面规划的时候，曾经指出务必把扫除文盲的工作规划进去。这是实行对农业的社会主义改造的有战略意义的任务之一。”“青年团在扫除文盲这个严重任务中，是党和政府的‘天然助手’。”“扫除文盲工作也要有全国的、全省的、全县的、全乡的全面规划。”文章指出：扫除文盲有三种形式（民校、识字小组、包教包会），要学三本书。要对积极分子和扫盲有成绩的单位实行鼓励，要发毕业证书、奖章、奖状。要“书报下乡”，繁荣创作，改进发行，发展农村中的图书室和俱乐部。要对扫盲工作，及时进行指导。① 12月1日，青年团中央发布《关于在七年内基本扫除全国青年文盲的决定》，同日还发布了《关于奖励扫除文盲运动中的青年积极分子的办法》，将扫盲与“农业合作化”结合起来，② 事实上将扫盲引入一片基础不坚实的沙滩。

1955年12月6日，教育部发出通知，根据苏联及兄弟国家扫盲的经验和黑龙江重点试办扫盲协会取得的经验，筹办各级扫盲协会。③ 1956年3月15日，成立以副总理陈毅为会长的全国扫盲协会。扫盲协会的章程规定该会的宗旨是：适应社会主义建设的需要，协助政府广泛地动员和组织社会力量和群众力量，开展扫除文盲运动，按照国家计划如期完成扫除文盲的任务。④ 3月29日，中共中央、国务院发出《关于扫除文盲的决定》，指出扫除文盲“是我国文化上的一个革命，也是社会主义建设中的一项重大政治任务”，要“大张旗鼓地开展扫盲运动”⑤。4月18日，国务院转发教育部、全国扫盲协会《关于各级扫盲协会人员编制的方案》，要求各地参照方案设置机构、配备人员、开展工作，到1956年11月，全国已有21个省市建立了扫盲协会或筹备组织。江苏、福建、广东等省有80%左右的县市建立了扫盲协会。河北省保定专区有74%的乡建立了基层扫盲协会。⑥

事实上在1955年年底前，全国扫盲工作进展并不快，城乡扫除青壮年文盲不到2000万，未扫除的青壮年文盲却有3亿，小学普及的速度也未达到制订的

---

① 中央教育科学研究所：《中华人民共和国教育大事记（1949—1982）》，北京：教育科学出版社，1983年版，第145～146页。

② 中央教育科学研究所：《中华人民共和国教育大事记（1949—1982）》，北京：教育科学出版社，1983年版，第147页。

③ 中央教育科学研究所：《中华人民共和国教育大事记（1949—1982）》，北京：教育科学出版社，1983年版，第148页。

④ 中央教育科学研究所：《中华人民共和国教育大事记（1949—1982）》，北京：教育科学出版社，1983年版，第158页。

⑤ 中华人民共和国教育部：《共和国教育50年》，北京：北京师范大学出版社，1999年版，第288页。

⑥ 中央教育科学研究所：《中华人民共和国教育大事记（1949—1982）》，北京：教育科学出版社，1983年版，第158页。

目标，于是在1955年12月12日至30日召开的全国普通教育、师范教育事业计划座谈会上，批判保守思想成为基调。①

1956年1月4日，全国总工会第七届执行委员会主席团第九次会议通过《关于在三年内扫除全国职工中文盲的决定》。决定指出：从职工中扫除文盲是实现社会主义工业化的一个必要条件，我们必须在社会主义工业化的过程中，尽早完成这个艰巨的历史任务。②

1956年2月8日，教育部发出《关于评奖扫除文盲优秀教师、优秀工作者、优秀学员、先进单位的暂行办法》，目的是为广泛地动员一切社会力量，大规模地开展扫除文盲运动。暂行办法规定奖励分县、省、中央三级，县、省每年评奖一次，全国一至二年评一次。③

1956年3月29日，中共中央、国务院发布《关于扫除文盲的决定》，指出：扫除文盲是我国文化上的一大革命，也是国家进行社会主义建设的一项极为重大的政治任务。各地要按照当地情况，在五年或者七年内基本上扫除文盲。要求二年到三年扫除机关干部中的文盲，三年或者五年扫除工厂、矿山、企业职工中文盲的95%左右；五年或者七年基本上扫除农村和城市居民中的文盲，即扫除文盲达到70%以上。扫除文盲的对象以14岁到50岁的人为主。农民识字标准为1500字，工人识字标准为2000字左右。党员、团员、干部、青年、积极分子中的文盲，应该自觉地积极地参加学习，摆脱文盲状态。决定指出：识字教育必须贯彻“联系实际，学以致用”的原则，坚持自愿原则，实行“以民教民”。要保证学习时间，要采用多种多样的组织形式，因人制宜，因时制宜，灵活运用。决定要求各地结合当地情况制订出全省（直辖市、自治区）的、全专区的、全县的、全区的、全乡的、全厂矿企业的扫除文盲的分期初年的规划。各级党委和政府必须定期检查计划执行情况，总结经验，克服缺点，以保证扫除文盲任务的胜利完成。④

于是，全国各地出现了夫教妻、子教父，能者为师、有文化的都来教、没文化的都来学的感人场面，每年参加学习的人数均在5000万人以上，每年脱盲

---

① 中央教育科学研究所：《中华人民共和国教育大事记（1949—1982）》，北京：教育科学出版社，1983年版，第148页。

② 中央教育科学研究所：《中华人民共和国教育大事记（1949—1982）》，北京：教育科学出版社，1983年版，第148页。

③ 中央教育科学研究所：《中华人民共和国教育大事记（1949—1982）》，北京：教育科学出版社，1983年版，第156页。

④ 中央教育科学研究所：《中华人民共和国教育大事记（1949—1982）》，北京：教育科学出版社，1983年版，第159～160页。

人数在700万人以上。①

1956年5月10日至6月30日，教育部视察组视察东北三省的沈阳、旅大、鞍山、抚顺、长春、吉林、哈尔滨等七个城市和肇东、怀德两个县的工农业余教育工作。9月3日，教育部将视察报告转发各地，并指出：东北的工农业余教育工作一年来取得很大成绩，不仅文盲入学人数有了显著的增加，而且业余中小学也普遍有了发展。但是，有些省市的教育厅局还没有把工农业余教育当做一项重要工作去领导。在制订扫盲规划时，不少地区和单位有偏高偏急的要求，少数地区和单位产生了一些强迫命令的做法。②

据相关资料，1955年至1956年间扫除文盲1100万人。③ 还有一个数据说：在广泛推行“速成识字法”，推进汉字改革的基础上，第一个五年计划（1953—1958年）期间共扫除青壮年文盲2402.1万人。④

3．第三次扫盲高潮

第三次扫盲高潮从1957年开始，与整个社会各行业的“大跃进”基本同步。

1957年3月8日，教育部发出《关于扫除文盲工作的通知》，指出：几年来扫除文盲工作往往发生消极保守或急躁冒进的现象。1956年又出现了一些消极松懈的现象。为了正确指导这一工作：（一）扫除文盲工作应按照工农群众的条件，分期分批进行。（二）扫除文盲的期限，各地应根据实际情况规定。着重扫除40岁以下的文盲，要求扫除80%（农民、市民、手工业社员）或85%（工人）。（三）对条件不同的文盲应该区别对待。（四）在文盲参加识字教育的时期内，对他们的学习时间必须作很好的安排。（五）学习组织必须根据因时、因地、因人制宜的原则，采取多种多样的形式。（六）各地扫除文盲工作，必须在各省、市党委和人民委员会统一领导下进行。要求各地根据“八大”的决议和中共中央、国务院《关于扫除文盲的决定》以及上述精神，作出具体部署。⑤

1957年10月25日，中共中央公布《1956年到1967年全国农业发展纲要

① 中华人民共和国教育部：《共和国教育50年》，北京：北京师范大学出版社，1999年版，第289页。

② 中央教育科学研究所：《中华人民共和国教育大事记（1949—1982）》，北京：教育科学出版社，1983年版，第165页。

③ 刘英杰：《中国教育大试点（1949—1990）》，杭州：浙江教育出版社，1993年版，第1830页。

④ 董淳朴：《中国成人教育史》，北京：中国劳动出版社，1990年版，第196页。

⑤ 中央教育科学研究所：《中华人民共和国教育大事记（1949—1982）》，北京：教育科学出版社，1983年版，第191页。

(修正草案)》。其中第三十一条“扫除文盲，发展农村文化教育事业”提出：“从1956年开始，按照各地情况，分别在十二年内，基本上扫除青年和壮年中的文盲。争取在乡或者社逐步设立业余文化学校，以便进一步提高农村基层干部和农民的文化水平。”[①] 农村办学应当采取多种形式，除了国家办学以外，必须大力提倡群众集体办学，允许私人办学，以便逐步普及小学教育。

1958年1月4日，教育部发出文件，就“基本上完成扫盲任务”和“扫盲年龄计算年限”两个问题作出解释。文件确定：（一）扫除文盲的对象为14岁至40岁的青壮年；扫除文盲的标准是，在厂矿职工中，非文盲达到总人数的85%；在农民、城市居民和手工业合作社社员中，非文盲达到总人数的80%。（二）14岁至40岁文盲的基数，一般均应按照当年年龄计算。但干部、党员中的文盲虽已超过40岁，仍应列为扫盲的主要对象。[②]

1958年2月27日至3月6日，教育部、共青团中央、全国总工会、全国妇联、全国扫除文盲协会在北京联合召开18个省市扫盲先进单位代表会。国务院副总理、全国扫除文盲协会会长陈毅说：扫盲工作是使6万万人民“睁开眼睛”的工作。我们要建设现代化的社会主义强国，一开步走，就要识字。从扫识字盲、扫文化盲到扫科学盲。这样，中国才能改变一穷二白的面貌。他号召来一个文化上的“原子爆炸”。他要求担负扫盲工作的同志，准备长期艰苦奋斗，用战斗精神开展工作。教育部副部长、全国扫除文盲协会副会长董纯才作了题为《积极扫除文盲，向文化大进军》的发言。会上，67个扫盲先进单位交流了经验，并向全国提出了五年内基本上扫除全国青壮年文盲的倡议。据《人民日报》报道：会议召开时，群众性的扫盲高潮正在全国形成。全国已扫除文盲近3000万。有15个省市出现了4000多个基本扫除青壮年（或青年）文盲的单位。[③] 3月7日，《人民日报》发表社论：《掀起规模壮阔的扫盲大跃进》，使扫盲工作受到主观非理性的影响。该文报道了当时作为中国第一个基本扫除文盲县黑龙江省宁安县的扫盲经验。

1958年5月20日，《人民日报》又发表题为《用革命精神扫除文盲》的社论。文中说：文盲入学人数已达6100万人，到4月底已有137个县基本扫除了

① 中央教育科学研究所：《中华人民共和国教育大事记（1949—1982）》，北京：教育科学出版社，1983年版，第205页。

② 中央教育科学研究所：《中华人民共和国教育大事记（1949—1982）》，北京：教育科学出版社，1983年版，第211页。

③ 中央教育科学研究所：《中华人民共和国教育大事记（1949—1982）》，北京：教育科学出版社，1983年版，第216页。

文盲，认为扫盲工作的快和慢、好和差主要决定于干劲的大小。并用数据激发扫盲大跃进：列举新中国成立八年全国才扫除文盲3000万，其中每年扫除农村中的文盲大约是250万到300万；但现有14岁到40岁的青壮年文盲在农村中就还有1.5亿，如果照以往的速度，也得50年才能扫完，必须在第二个五年计划期间实行“三年突击，两年扫尾”的“大跃进”办法，每年扫掉3000万到4000万，以比过去八年快十倍的速度扫盲。①

正是在这样的鼓动下。“扫盲运动波涛汹涌”，各种扫盲的口号应运而生，诸如“社会主义是天堂，没有文化不能上”、“工业化、农业化，没有文化不能化”、“千人教万人学，万人教全民学”、“文化跟着生产走”、“生产到哪里，学习到哪里”。黑龙江提出“读百本书，写万个字”的口号；河南提出“读万言书，写千封信”的口号；湖南提出“一年突击，两年扫尾、巩固，三年全部扫光全省青壮年文盲”②的口号。全国各地纷纷放出扫盲“卫星”，黑龙江宁安县县委将1959年扫除文盲的计划提前到1958年国庆节前实现，全县出现了“不因我一人耽误了全社捷报，不因我一社耽误了全乡捷报，不因我一乡耽误了全县捷报”的口号，到1958年1月，10.26万名青壮年中有8.28万人识1500字，占青年总数的81%，成为全国第一个基本无盲县；③ 江西瑞金新中国成立前90%的青壮年都是文盲，1958年掀起了扫盲大跃进，“万人教，全民学”，16天时间里全县83%的青壮年都每人识1500字，基本扫除了文盲；④ 直到2000年还是贫困县的四川叙永县，1958年8月却宣称青壮年摆脱文盲的已达90%以上，为了适应脱盲学员进一步学习文化，各乡和农业社开办了400多所红专学校。⑤

紧随宁安县之后，黑龙江提出“乘卫星，坐火箭，赶上宁安县”的口号，经过三个月大干，全省86%以上的青壮年工人和81%以上的青壮年农民，都能识1500字以上，普遍做到了会读、会写、会讲、会用，成为全国第一个无文盲省。⑥ 接着6月27日吉林省宣布全省已基本扫除青壮年文盲，并将这一喜讯报告党中央毛主席作为向党的生日献礼；⑦ 11月内蒙古宣称经过全民一年奋战，已经基本上扫除文盲、基本普及中小学教育，并说出一套理论：“这充分说明一

---

① 《用革命精神扫除文盲》，引自《人民日报》，1958年5月20日。

② 李庆刚：《“大跃进”时期“教育革命”研究》，北京：中共中央党校出版社，2006年版，第186页。

③ 《全国第一个无文盲县的领导经验》，引自《人民教育》，1958（4）。

④ 《红都瑞金基本扫除青壮年文盲》，引自《人民日报》，1958年6月25日。

⑤ 《昆山叙永乡乡社社办师范》，引自《人民日报》，1958年11月12日。

⑥ 《走了文化革命的第一步》，引自《人民日报》，1958年5月6日。

⑦ 《吉林全省基本扫除青壮年文盲》，引自《人民日报》，1958年6月30日。

个真理，在党的领导下，只要充分发扬共产主义思想，敢想敢干，一切在发展前途和速度方面的悲观论调，都是靠不住的。”①

1958 年各地扫盲的数据戏剧性地不断变化，5 月 20 日《人民日报》报出文盲入学人数 6100 万，已有 137 个县基本扫除文盲后，6 月初，参加扫盲的还是“6000 万人的扫盲大军”，但“全国已有 156 个县基本消灭了文盲”；② 6 月底据国家统计局不完全统计，全国参加扫盲学习的约达 9000 余万人，已有 444 个县基本扫除了文盲；③ 7 月底的不完全统计，已有 639 个县市基本扫除文盲，占全国县市总数的 28.1%，基本扫除文盲的省有黑龙江、吉林、浙江和甘肃，已有 4100 多万人摘掉文盲的帽子，有 1.12 亿人坚持扫盲学习；④ 8 月的报道称：从 1 月到 8 月，中国扫除了近 9000 万文盲，在全国 2257 个县市中，已有 1516 个县市基本扫除了文盲，占全国县市总数的 67.2%；⑤ 10 月中旬的数字达到顶峰，全国已有 1799 个县市单位基本扫除了青壮年文盲，占全国县市单位总和的 79.7%，全国已有 17 个省基本无文盲县，1958 年 1 月到 9 月共扫除青壮年文盲一亿人。⑥ 后来事实表明这段时间扫除文盲最多不过 4000 万人。

1958 年 12 月 13 日，教育部发出通知，介绍山东、河北两省拼音字母扫盲试点经验。通知指出，从两省经验看，一般文盲、半文盲十多个小时就可以学会拼音字母。学会拼音以后能加快扫盲速度，巩固扫盲成果，提高阅读能力，并为学习普通话打下基础。为此，要求各省、直辖市、自治区根据具体情况和条件，考虑开展这项工作。⑦

而在 1959 年 5 月 24 日中共中央发出的一份文件中，一方面说 1958 年有 6000 万人参加识字学习；另一方面又强调 1958 年由于全民炼钢铁的运动，加上秋收秋种劳动力紧张，农民业余学习的扫盲教育陷于停顿，当时估计还有青壮年文盲 8000 万人。⑧

1959 年 5 月 24 日，中共中央、国务院发出《关于在农村中继续扫除文盲

---

① 《内蒙古红旗遍地飘》，引自《人民日报》，1958 年 11 月 2 日。

② 《文化革命开始了》，引自《人民日报》，1958 年 6 月 9 日。

③ 陆定一：《教育必须与生产劳动相结合》，引自《红旗》，1958（7）。

④ 《我国文化面貌正在飞跃变化》，引自《光明日报》，1958 年 8 月 7 日。

⑤ 《祖国教育事业百花齐放万马奔腾》，引自《光明日报》，1958 年 10 月 1 日。

⑥ 《全民办学，满园花开》，引自《人民日报》，1958 年 11 月 12 日。

⑦ 中央教育科学研究所：《中华人民共和国教育大事记（1949—1982）》，北京：教育科学出版社，1983 年版，第 236 页。

⑧ 《中共中央、国务院关于在农村中继续扫除文盲和巩固发展业余教育的通知》，引自《中华人民共和国重要教育文献（1949—1975）》，海口：海南出版社，1998 年版，第 902 页。

和巩固发展业余教育的通知》，指出：1958 年 10 月以后，由于全民炼钢和“三秋”运动中劳动力紧张，许多地方的农民业余学习陷于停顿，有的至今尚未复课。扫除文盲的任务还很重，扫盲以后，还要普及业余教育。为此，必须继续鼓足干劲，采取各种切实有效的方法，利用一切时机，组织尚未摆脱文盲状态的农民参加识字学习，形成群众学习的高潮。其中应特别抓紧青年、壮年和基层干部的扫盲工作。要对摆脱文盲状态的青壮年，逐步实行普及业余初等教育，然后再逐步普及业余中等教育。①

1959 年 10 月 25 日至 11 月 4 日，教育部在北京召开农村扫盲、业余教育工作会议。会议强调要立大志，反右倾，鼓干劲，学习 1958 年的经验，大张旗鼓地宣传动员，大搞群众运动，不断推动学习运动的发展；讨论了两三年内完成扫除农村青壮年文盲的任务。11 月 2 日中共中央批转了教育部的请示报告，11 月 11 日，教育部成立扫除文盲办公室。②

1959 年 12 月 27 日，中共中央转发了共青团中央书记处《关于在农村青年中完成扫盲任务和加速开展业余文化学习的报告》，提出完全不切实际的要求：要在各级党委统一领导和部署下，把广大群众组织起来开展最广泛的业余学习运动，做到在一两年内完成扫除青年文盲的任务；力争在三四年的时间内，基本上达到高小（高等小学）毕业的水平；在七八年内或者更多一点时间，基本上达到初中毕业的水平。12 月在山西万荣县召开了推广注音扫盲现场会，认为注音识字是多快好省地扫除文盲、巩固和扩大扫盲成果的好办法。陕西省委的报告称，万荣县 10 月在全县范围内掀起了“万人教，全民学”的注音扫盲高潮，全县 21 万人中有 14 万人卷入学习汉语拼音的运动中来。到 12 月底，全县13 246个青壮年文盲全部脱离文盲状态，提前实现了青壮年文盲线。2.4 万多老年文盲也自动参加了扫盲学习，全县 10.7 万人可以说普通话。③ 万荣的例子给了盲目的扫盲计划一个较准确的注解。教育部 1960 年 1 月 12 日至 23 日在福建召开的农村扫盲和业余教育经验交流会上介绍了山西万荣县注音识字和福建开展“铁民校”运动的经验。

1960 年 4 月 2 日，中共中央批转了教育部党组《关于农村扫盲、业余教育情况和今后工作方向任务的报告》，仍强调 1962 年以前基本上完成农村扫盲任

---

① 中央教育科学研究所：《中华人民共和国教育大事记（1949—1982）》，北京：教育科学出版社，1983 年版，第 248 页。

② 中央教育科学研究所：《中华人民共和国教育大事记（1949—1982）》，北京：教育科学出版社，1983 年版，第 257 ~ 258 页。

③ 中央教育科学研究所：《中华人民共和国教育大事记（1949—1982）》，北京：教育科学出版社，1983 年版，第 262 页。

务，要求春耕期间要做到生产学习两不误，按照“平时多学，忙时少学，大忙机动学，力争不停”的原则，使扫盲和业余教育不致因农忙而间断。[①]

1960年8月3日，中共中央发出《关于加强农村扫盲和业余教育工作的领导和管理的通知》，确定：今后的农村扫盲和业余教育工作，由各级党委的农村工作部和各级政府的农业部门负责主管（包括工作方针、规划、具体安排、组织动员和教学工作等）。各级政府的教育部门仍应加强对农村业余教育工作的管理和业务指导，特别在教学工作方面，教育部门要同农业部门密切协作，共同办好农村业余教育。9月29日，教育部为贯彻中共中央上述决定发出通知，要求各地教育部门主动与农业部门协作，做好工作。1962年2月19日，经中共中央批准，农村业余教育工作仍归教育部门管理，农业部门协助。[②]

事实表明这种不顾条件的“大跃进”式扫盲很难奏效，也很难持久。在1958年中国扫盲达到4000万巨大数额后，1959年降为2600万，1960年为573.3万，到1961年则跌至45.8万。[③]

从1949年到1965年，全国扫除文盲10272.3万人，年均扫盲604.3万人。

20世纪60年代中期至70年代中期，受“文化大革命”影响，扫盲工作基本处于停顿状态。据相关数据，1949年到1976年间全国共扫除文盲1.2亿人，[④] 依据这一数据推算，1966年到1976年扫除文盲总人数约为1700万。

二、第二阶段扫盲

1978年11月6日，国务院发出《关于扫除文盲的指示》。指出：确认当时据一些地区调查，在少年、青年、壮年中，文盲、半文盲占30%至40%，边远地区和少数民族地区达50%以上。要求各地采取措施，分别于1980年、1982年或稍长一点时间内，基本上扫除少年、青年、壮年文盲。努力做到“一堵、二扫、三提高”。“一堵”是抓好普及小学五年教育；“二扫”就是把12岁至45岁的少年、青年、壮年文盲基本扫除（即非文盲人数达到85%以上）；“三提高”就是对已脱盲

---

① 中央教育科学研究所：《中华人民共和国教育大事记（1949—1982）》，北京：教育科学出版社，1983年版，第270页。

② 中央教育科学研究所：《中华人民共和国教育大事记（1949—1982）》，北京：教育科学出版社，1983年版，第281页。

③ 中国教育年鉴编辑部：《中国教育年鉴（1949—1981）》，北京：中国大百科全书出版社，1984年版，第1037页。

④ 中华人民共和国教育部：《共和国教育50年》，北京：北京师范大学出版社，1999年版，第289页。

的，要采取多种形式继续组织学习，进一步巩固和提高。城市、工矿地区的扫盲步伐应快于农村，规定了农村扫盲的标准为青壮年文盲脱盲人数达到85%，脱盲标准要达到识2000字，即会读、会写、会用，会讲。①

中共十一届三中全会后，中国文盲数近2.4亿人，占全国总人口的25%左右。1982年12月14日，在修改颁布的《中华人民共和国宪法》第十九条中规定“国家发展各种教育设施，扫除文盲”。

1982年10月4日至14日，联合国教科文组织和中国联合国教科文组织全国委员会、教育部在佛山、北京举行亚洲及太平洋地区扫盲、成人教育实地考察座谈会。各国代表认为，中国在扫盲和成人教育方面的经验值得亚洲及太平洋地区的各国借鉴和学习。会议期间，各国代表在河南、山东等地，对扫盲及成人教育进行了考察。②

20世纪80年代，中国经济的复苏却未带来扫盲工作的同步推进，事实上从1982年到1987年，全国的扫盲工作连年滑坡，1979年全国共扫除文盲567万人，而1988年全国才扫除文盲144万人，③ 脱盲人数跌至1979年后的最低点，客观上造成了对1982年扫盲会议的讽刺。而在这一时间段，台湾地区“在1952年，文盲占42.1%，到了1980年，下降至10.3%，1990年更降至6.8%”④。

在这样的背景下，1988年2月5日，国务院颁布《扫除文盲工作条例》，对扫盲教育对象、标准、规划目标、政策措施作出规定，将扫盲列为县、乡（镇）、城镇街道和企业单位负责人的职责，作为接受上级检查考核的工作成绩的一项重要内容，并在全国范围内建立扫盲评估验收和表彰奖励制度。

虽然中国在1980年城镇地区基本扫除了文盲，但据联合国教科文组织的统计，1990年在全世界8.9亿文盲中，中国占2.29亿，约占四分之一。开放让人们看到中国扫除文盲工作的差距和压力；同时农村实行的联产承包责任制使更多的人认识到文化的价值，产生学习文化和科技的积极性，各方面力量的组合再次形成扫除文盲工作的高潮。

1989年，农村人口中的文盲、半文盲人数为2.19亿，占农村12岁以上人口的三分之一。在农村就业人口中，文盲和半文盲占35.9%，小学文化程度占

① 《国务院关于扫除文盲的指示》，引自《中华人民共和国重要教育文献（1976—1990）》，海口：海南出版社，1998年版，第1651～1652页。

② 中央教育科学研究所：《中华人民共和国教育大事记（1949—1982）》，北京：教育科学出版社，1983年版，第668页。

③ 黄尧：《90年代中国教育改革大潮丛书·成人教育卷》，北京：北京师范大学出版社，2004年版，第21～22页。

④ 金耀基：《中国的现代转向》，牛津大学出版社，2004年版，第105页。

37.2%，万人中大学生仅有4名，平均受教育年限为4.8年。广大贫困地区则远远低于这一水平。①

1990年为国际扫盲年，中国政府提出加快扫盲工作步伐迎接国际扫盲年的口号，并于1988年至1997年的十年间，每年召开全国扫除文盲工作会议或扫盲工作座谈会。在1990年的世界全民教育大会上，各国首脑签署了《世界全民教育宣言》，承诺在1990年至2000年的十年间，将15岁以上的成人文盲率降低一半。当年中国的文盲率仍高达22.23%，与印度、巴西等九个发展中人口大国一起被列为重点扫盲国家。②

为了改变落后状况，兑现世纪承诺，全社会动员，为扫除文盲提供人力、物力和财力支持。国家建立扫盲评估和表彰、奖励制度，1996年设立中华扫盲奖，从1996年到2000年共表彰先进个人近千人，先进单位400多个。

1993年8月1日，国务院根据扫盲工作进展形势和遇到的问题，颁布第122号令即《关于修改〈扫除文盲工作条例〉的决定》，对扫盲的组织工作、基本扫除文盲单位的标准、巩固扫盲成果等条款作出修订。《扫除文盲工作条例》从颁布之日起施行。

1993年，中共中央、国务院颁发的《中国教育改革和发展纲要》提出，在20世纪末基本扫除青壮年文盲，使青壮年文盲率降到5%以下。

1994年6月召开的全国教育工作会议将基本普及九年义务教育和基本扫除青壮年文盲作为此后一段时期教育事业发展“重中之重”的任务，成立了由中宣部等11个部委组成的全国扫盲工作部级协调小组，形成各部门齐抓共管的局面，农村中小学担当了扫盲主力，组织小学生承包扫盲识字责任。

到1995年底，北京、天津、上海、吉林、黑龙江、辽宁、广东、江苏八省市实现了基本扫除青壮年文盲的目标。

1996年全国约有400万人脱盲，据国家统计局公布的数据表明，全国15岁~47岁青壮年文盲率为6%，五年下降了4个百分点。③ 1996年至1998年，每年有7000多万人次的农民接受扫盲后的实用技术培训。④

1998年，全国2800多个县（区、市）中，有2400个将青壮年文盲率降到5%

---

① 陈惠方：《中国希望工程——贫困地区儿童失学危状及其救助纪实》，北京：国际文化出版公司，1990年版，第9页。

② 苏勇：《扫盲：绘就别样生活图景》，引自《中国教育报》，2002年2月28日（4）。

③ 中华人民共和国教育部：《共和国教育50年》，北京：北京师范大学出版社，1999年版，第274页。

④ 中华人民共和国教育部：《共和国教育50年》，北京：北京师范大学出版社，1999年版，第286页。

以下，全国青壮年文盲率下降到5.5%，较1978年的18.5%下降了13个百分点。①

从1978年到1997年，全国累计扫除文盲7624万人。② 从1949年到1998年，全国共扫除文盲2.03亿人，其中扫除妇女文盲1.2亿人，使中国成人文盲率由1949年的80%以上下降到1998年的15%以下。③

1998年，中国成人文盲仍有1.35亿，其中青壮年文盲0.3亿左右，文盲人口绝对数居世界第二，被联合国定为九个重点扫盲的国家之一。统计表明，全国脱盲人口中平均复盲率约为11%，每年新生文盲近百万，一些地方复盲和新生文盲现象还较为严重。尚未完成扫盲的主要为贫困地区、山区和少数民族地区，其中女性占70%，45岁以上的人口占70%，居住分散，扫盲的难度增高，成本增高。④

1999年，在《面向21世纪教育振兴行动计划》中和开放后的第三次全国教育工作会议上，仍然要求继续将基本扫除青壮年文盲作为教育工作的“重中之重”，并规划，到2010年，在全国90%人口居住的地区，将青壮年文盲率降到1%左右，成人文盲率降到10%以下；在其余10%人口居住的地区，将青壮年文盲率降到5%以下，成人文盲率降到15%以下。⑤

到2000年，中国如期实现了将成人文盲率降低一半的目标。在农村，从1990年到2000年，平均每年扫除文盲400万，十年累计脱盲4651.68万人。2000年第五次全国人口普查数据表明，15岁及15岁以上文盲人口8507万人，占总人口的比例已由1990年的15.88%下降到2000年的6.72%，十年间文盲数量减少近1亿人，成人文盲率由1990年的22.22%下降到2000年的9.08%，青壮年文盲率由10.38%下降到4.8%，⑥ 实现了1994年提出的“基本扫除青壮年文盲”的目标。

2000年，中国成人文盲率已下降到9.08%，在发展中人口大国处于领先水

---

① 中华人民共和国教育部：《共和国教育50年》，北京：北京师范大学出版社，1999年版，第293页。

② 中华人民共和国教育部：《共和国教育50年》，北京：北京师范大学出版社，1999年版，第334页。

③ 中华人民共和国教育部：《共和国教育50年》，北京：北京师范大学出版社，1999年版，第286页。

④ 中华人民共和国教育部：《共和国教育50年》，北京：北京师范大学出版社，1999年版，第299～300页。

⑤ 中华人民共和国教育部：《共和国教育50年》，北京：北京师范大学出版社，1999年版，第300页。

⑥ 汪大勇：《成人文盲十年减少近1亿》，引自《光明日报》，2007年7月27日。

平。中国第二、三、四、五次人口普查的统计也表明：15 岁以上人口成人识字率的提升很迅速，平均每次人口普查都要提升 12% 以上，2000 年达到 90.9%，高于世界平均水平，但存在明显的地区差异，高的地区达到 95% 左右，而低的地区仅有 70% 左右。

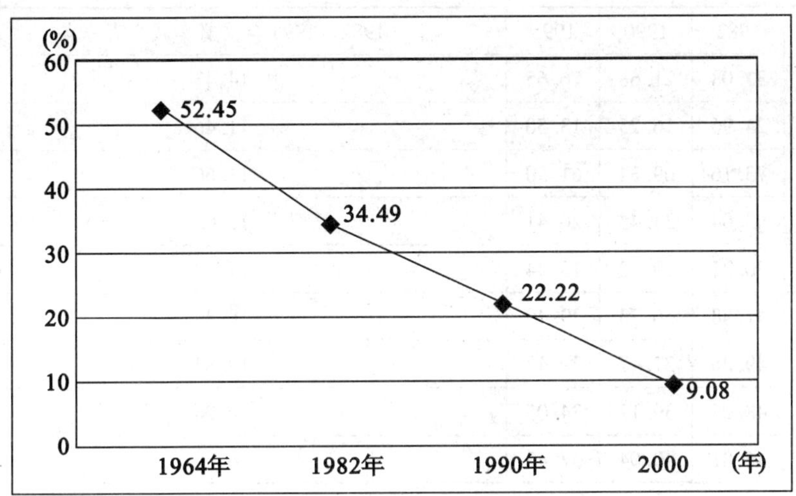

图 2 – 11　中国历次人口普查成人文盲率状况

表 2 – 6 是中国官方统计的大陆文盲变化情况。

表 2 – 6　六十年中国文盲人数变化情况①

年份	文盲数量（亿人）	成人文盲率（%）	青壮年文盲数（万人）	青壮年文盲率（%）	成人妇女文盲数（亿人）	成人妇女文盲率（%）	青壮年妇女文盲数（万人）	青壮年妇女文盲率(%)
1949	3.20	80						
1964	2.33	57.3						
1982	2.35	34.5	9622	20.56	1.59	45.23	7179	35.87
1990	1.82	22.2		10.38	1.28	32.00	4443	14.78
1995	1.45	16.5	3755	6.14	1.05	24.05	2855	9.42
1998	1.35	14.5		5.5	1.01	22.05	2275	8.78
2007				3.58				

注：依据国务院《扫除文盲工作条例》的界定，青壮年文盲为新中国成立后出生的年龄 15 周岁以上的文盲人口，1949 年和 1964 年的数据因为没有严格区分开来统计，只是总数；1949 年的成人文盲率 80% 也与事实有出入。

① 中华人民共和国教育部：《共和国教育 50 年》，北京：北京师范大学出版社，1999 年版，第 290 ~ 291、334 ~ 335 页。

中国的少数民族地区文化教育相对落后，文盲率普遍高于全国平均水平，政府采取了一些对少数民族地区倾斜的政策，使这些地区的文盲率明显下降。

表 2-7　民族地区文盲变化情况（单位：%）①

省份	1982	1990	1995	1982～1995 年文盲率减少百分点
内蒙古	31.08	21.68	16.65	14.43
广西	24.96	16.25	13.50	11.46
西藏	73.16	69.34	61.50	11.66
宁夏	43.04	33.48	26.41	16.63
新疆	30.72	19.52	13.44	17.28
贵州	47.88	36.73	29.49	18.39
云南	49.26	37.47	29.42	19.84
甘肃	48.05	39.17	34.05	14.00
青海	46.81	40.04	37.43	9.38

1984 年以来，中国的扫盲成绩获得国际认可，1984 年四川巴中、1985 年吉林省、1987 年湖南省、1991 年黑龙江省、1992 年新疆维吾尔自治区获得“野间扫盲奖”；1986 年山东五莲县、1990 年河南省西平县获“娜杰达·克·克鲁普斯卡娅奖”；1988 年贵州松桃苗族自治县获“国际阅读协会扫盲奖”；1995 年全国妇联获“世宗国王奖”；1996 年宁夏回族自治区获“国际扫盲奖提名奖”。②

2008 年，全国共扫除文盲 115.02 万人，比上年增加 19.24 万人；另有 124.96 万人正在参加扫盲学习，比上年增加 21.20 万人。扫盲教育教职工 8.62 万人，比上年增加 1.39 万人；其中专任教师 3.70 万人，比上年增加 0.91 万人。③

但是，中国功能性文盲的问题开始显现。现代意义的“功能性文盲”是指那些受过一定教育，会基本的读、写、算，但不能识别现代信息符号、图表，不能应用计算机进行信息交流与工作，无法利用现代生活设施的人。在英、法、美等发达国家功能性文盲仍然占总人口的 20%。中国功能性文盲率的比例远高

① 中华人民共和国教育部：《共和国教育 50 年》，北京：北京师范大学出版社，1999 年版，第 292 页。

② 中华人民共和国教育部：《共和国教育 50 年》，北京：北京师范大学出版社，1999 年版，第 292 页。

③ 《2008 年全国教育事业发展统计公报》，引自人民网，2009 年 7 月 20 日。

于20%，解决这一问题的急迫性也已开始显现。同时，中国公众的科学素养比例低并呈现由东向西的梯度下降趋势。2004 年第五次中国公众科学素养调查结果显示，公众具备基本科学素养的比例仅为 1.98%，并未保持与每年近 9% 的经济增长速度同步提升，与发达国家的差距未能缩小。据调查，2003 年，中国公众具备基本科学素养人群所占比例东部地区达 2.3%，中部地区为 0.85%，西部地区仅为 0.65%。

事实说明，到2009 年，中国并没有实现彻底扫除文盲的目标，文盲总量依然较多，新生文盲和复盲现象还在不断产生；从可持续发展的角度出发，扫盲不仅包括一般的识字能力和实用技术，还应包括适应现代社会的态度和价值观念。

第五节　高等教育规模与数量变化

中国高等教育在新中国成立后的六十年中一直受到比基础教育更高程度的重视，以致被人们称为存在“大大小小”问题。

一、本专科的发展走势

1949 年，中国除香港、澳门、台湾地区外共有高校 206 所，其中 1 所为成人高校。在校学生 11.65 万人，其中本科生 9.39 万人，占 80.6%；专科生 2.25 万人，占 19.4%；研究生 629 人。[①] 此后，中国本专科教育变化经历了跌宕起伏。

1. 缓慢增长尚维艰

据 1952 年末统计，经过国民经济恢复时期，全国有高等学校 201 所，在校

---

① 中华人民共和国教育部：《共和国教育 50 年》，北京：北京师范大学出版社，1999 年版，第 359 页。

学生19.1万人。①

1956年，高等学校出现生源不足的现象，高等教育部于1956年7月5日发出《关于高等学校招收插班生的规定》，提出：为了争取扩大高等学校培养干部的数量，适当弥补在校学生因流动而减少的人数，并给以适当插班进入高等学校学习的青年继续提高培养的机会，从本年起，先在高等工业、农业学校和综合大学的文史、理科各专业试行招收插班生。②

1956年9月，中共八大上题为《关于发展国民经济的第二个五年计划（1958～1962）的建议》的报告中指出："五年内，高等学校毕业生要求达到50万人左右，比第一个五年计划大约增长80%左右。1962年，高等学校在校生要求达到85万人左右，比1957年大约增加一倍左右。"③ 但这个计划被接着到来的"大跃进"之风吹到一边。

2. 打破神秘快速增

1957年初，高校发展到227所，在校生数约40.32万人，比1949年增加3.5倍，毕业生63214人。

1958年3月，陆定一在农业中学问题座谈会上提出"要开始打算在每个专区办几所大学"；1958年4月，在全国教育工作会议上，陆定一说十五年把高等教育普及起来，成为会议提出的不切实际的高等教育目标；1958年6月，刘少奇在给全国教育工作会议的指示中指出："县办大学，将来势必每个县有一所大学，准备十年达到这个目的。"④

在此情况下，7月5日，《光明日报》发表《专、县办大学的优越性》的社论，助长了大办高等学校的风气。社论指出："专区、县办大学，是人类历史上从来没有过的事。既然是新事，也就要用新的办法——革命的办法来办。"专区、县办大学有独特的风格和优越性，"这类学校都是由地方以自力更生的革命英雄气概办起来的，并没有向领导部门要教授，要设备"。其优越性在于：第一，党委领导，政治挂帅，红旗插得很鲜明。第二，学校面向地方，面向生产，办学的目的非常明确。第三，多快好省，贯彻了勤俭办学的原则。有的利用原有的高中、中级师范、中等专业学校，以"戴帽子"办法创建起来，和原来的

① 中央教育科学研究所：《中华人民共和国教育大事记（1949—1982）》，北京：教育科学出版社，1983年版，第71页。

② 中央教育科学研究所：《中华人民共和国教育大事记（1949—1982）》，北京：教育科学出版社，1983年版，第173页。

③ 《建国以来中央文献选编》（第9册），北京：中央文献出版社，1994年版，第373页。

④ 《关于教育工作的几个问题》，引自《中华人民共和国重要教育文献（1949—1975）》，海口：海南出版社，1998年版，第839页。

学校仍在一起，一套机构，一套人马，一套校舍设备。第四，敢想敢做，不落成规，富有创造性。为印证这一论点，同时发表了《办大学并不神秘——介绍鹤岗市七天办成一所大学的经过》的报道。这一大学的主办者批驳了那种“没有教授，没有大楼，没有教学设备，怎能办大学”和“在鹤岗成立大学，也只能是夜大、中等专业学校”等说法，书记挂帅，各方支援，迅速办起了大学。称除了用1.7元钱制作了校牌外，一分钱也没花。学生由各单位推荐，中等学校和高中毕业生及同等学力的青年也可以报名。解决师资的办法是“大学生教大学生”、“高年级教低年级”、“专职教员和兼职教员”相结合的办法。①

上述报道一出，各地纷纷效仿，为了办大学，将一些没有达到条件的学校硬是提升为大学，称为“戴帽”，很多高等学校就是在中等学校的基础上经“戴帽”发展而来。1960年11月30日，张际春说：为了大办大学，戴帽子的学校不少，中专戴上大学帽子的很多。据教育部检查：15个高等学校中，其中10个是戴帽子戴起来的。由于贪多，学生的成分受影响。上海某新建高校招生60人，只有6个人是工农子弟，32个人是地主、资本家、富农子弟，占52%，12个人的父兄是反坏右分子，16个人的祖父、父兄被劳动改造或劳动教养，15个人海外关系不清楚，不少学生是从盲流人口中招来的，这些人既无介绍，又无户口转移证，政治情况无从审查。②

接着各地在“打破办学的神秘观点”鼓动下，从1958年4月到5月底，17省市的不完全统计就新办大学130多所，到6月地方新办高校400余所。

1959年1月27日，中共中央批转了国家计委党组和教育部党组《关于高等学校在校学生不得提前抽调分配工作问题的报告》。报告反映出1958年各方面“大跃进”都感到专门人才非常缺乏，有些部门就抽调高等学校在校生提前分配工作。为此，中央批示：“以后，非经中央决定，任何单位不得在中央各部门和省、直辖市、自治区直属的全日制高等学校抽调未毕业的在校学生。”据教育部调查，从1958年7月到1959年3月，被提前抽调分配工作的高等学校毕业班学生有4065人，约占当年由国家计划分配的毕业生总数的6.6%。③ 这样高速地发展高等教育的同时却缺少人才，本身似乎能说明一些问题。

---

① 《专、县办大学的优越性》、《办大学并不神秘——介绍鹤岗市七天办成一所大学的经过》，引自《光明日报》，1958年7月5日。

② 张际春：《在全国文教工作会议上的报告》，引自《中华人民共和国重要教育文献（1949—1975）》，海口：海南出版社，1998年版，第1014页。

③ 中央教育科学研究所：《中华人民共和国教育大事记（1949—1982）》，北京：教育科学出版社，1983年版，第240页。

表 2-8 教育革命期间若干省、直辖市、自治区高等教育发展情况（单位：所·人）①

省份	1957			1958			1960			1965		
	高校数	在校生	专任教师	高校数	在校生	专任教师	高校数	在校生	专任教师	高校数	在校生	专任教师
江苏	15	29138	4582	74	44893	5332	80	70295	8558	29	38959	8672
四川	22	34776	5431	62	49360	6392	73	69109	9998	32	45742	9474
贵州	3	3643	583	16	6939	1148	16	12302	1860	8	7088	1663
陕西	12	25059	4189	23	32201	4428	33	42136	—	21	32126	6206
甘肃	5	7930	1187	21	11566	1448	43	21476	—	8	11765	2495
内蒙古	4	2516	702	18	5197	1166	20	13281	2892	9	8953	1814
上海	18	38663	6619	20	45840	6015	39	63435	8296	24	52013	9883
山西	4	7315	1017	53	16107	—	47	19593	2787	11	14132	—
湖南	6	13557	1812	37	22421	2127	57	39425	4097	18	21828	4036
广西	3	—	628	34	11639	1272	38	19109	—	11	7853	1886

数量的发展往往掩盖了质量的问题，从 1949 到 1959 年，全国有 168 所高等学校出版了各种学报及学术刊物共 331 种。其中已停刊的有 56 种，1959 年继续出版的有 275 种（其中有 176 种公开发行）。②

3. 一般过滥抓重点

由于教育革命中的浮夸风，高校数字猛增，一般的高校数不胜数，难以估计，于是出现了指定重点学校抓重点的做法。

1959 年 5 月 17 日，中共中央发出《关于在高等学校中指定一批重点学校的决定》，指出：为了逐步提高高等教育的质量，指定北京大学、中国人民大学、复旦大学、中国科学技术大学、上海第一医学院、哈尔滨工业大学、清华大学、天津大学、上海交通大学、西安交通大学、华东师范大学、北京工业学院、北京航空学院、北京农业大学、北京医学院、北京师范大学 16 所高等学校为全国重点学校。1960 年，中央决定增加中国医科大学、哈尔滨军事工程学院、第四军医大学及通讯工程学院四校为全国重点高等学校。③

1960 年 2 月 9 日至 12 日，教育部在天津召开高等教育重点学校问题座谈

① 根据《中国教育年鉴（1949—1984）》的数据制作，这一数据已经在各地浮夸报道的基础上作了压缩。

② 中央教育科学研究所：《中华人民共和国教育大事记（1949—1982）》，北京：教育科学出版社，1983 年版，第 260 页。

③ 中央教育科学研究所：《中华人民共和国教育大事记（1949—1982）》，北京：教育科学出版社，1983 年版，第 247 页。

会，讨论高等教育（自然科学部分）中重点学校的作用、任务及如何办好重点学校等问题。会议认为：全国性重点学校，不但要在全国同类的高等学校中起带头提高教育质量和科学水平的作用，而且应在三年到八年内力争成为世界上最先进的高等学府。会议还对全国重点高等学校的规模和专业设置、设置研究生院、协作进行科学研究和仪器生产、举办附属中学、毕业生分配、保持师资和干部的相对稳定、配备政治工作干部及加强领导等问题交换了意见。[①] 而当时完全没有意识到那样一种高校管理体制不可能造就世界上最先进的高等学府，反而造成与世界高等教育水平的差距加大。

1960 年 4 月 12 日，教育部发出《对全国重点高等学校专业设置与发展规模的意见（草稿）》。要求各地根据以下意见对各重点学校的发展规模、重点发展方向、专业设置、三年发展规划重新加以研究。关于学校发展规模，除北京大学、清华大学、中国人民大学、中国医科大学已由中央专门批准外，其他学校中本科最大发展规模：多科性工业学校为 10 000 ~ 12 000 人，综合大学、师范大学为 10 000 人左右；单科性工学院可分为 4000 人左右、6000 人左右和 8000 人左右三种，个别可发展到 10 000 人左右。专业设置要根据学校原有基础和国家建设的需要，选定一至三个作为重点发展方向。新老专业的安排可采取专业放宽、专业翻新（即把原有专业加以改造、提高）、专业调出（本校非属必要的专业，调出或成立新校）等办法，使新技术专业的设置占应有比重。[②]

1960 年 10 月 22 日，中共中央发出《关于增加全国重点高等学校的决定》，指出：由于两年来高等学校大量增加，中央原定 20 所重点高等学校的数量感到太少，为了更有力地促进我国高等教育事业和支援新建高等学校的工作，决定再增加一批重点高等学校。新增加高等学校共 44 所，至此全国重点高校共 64 所。同日，中共中央转发教育部《关于全国重点高等学校暂行管理办法》。其中规定：全国重点高等学校的领导和管理，由教育部、中央各主管部门与地方分工负责，实行双重领导（教育部主管的学校）或三重领导（中央各业务部门领导的学校），上下结合，各负专责。[③]《关于全国重点高等学校暂行管理办法》中还对全国重点高等学校的专业设置、修业年限、每年招生名额、学校发展规

① 中央教育科学研究所：《中华人民共和国教育大事记（1949—1982）》，北京：教育科学出版社，1983 年版，第 266 页。

② 中央教育科学研究所：《中华人民共和国教育大事记（1949—1982）》，北京：教育科学出版社，1983 年版，第 272 页。

③ 中央教育科学研究所：《中华人民共和国教育大事记（1949—1982）》，北京：教育科学出版社，1983 年版，第 283 ~ 284 页。

模的确定，学校主要领导干部的配备，经费和基本建设的管理，学校经常工作的领导等事项作了规定。

1961年1月26日至2月4日，教育部在北京召开全国重点高等学校工作会议。会议着重研究贯彻执行“调整、巩固、充实、提高”的方针，对全国重点高等学校实行“四定”（即定规模、定任务、定方向、定专业）的问题。并强调要通过调整建立完善的教学秩序，大力提高教学质量，加强对全国重点学校的集中管理。4月26日，中共中央、国务院批转教育部党组讨论的结果提出的《关于审定全国重点高等学校发展规模和专业设置的报告》，规定：重点高等学校（不包括三所军事院校）的发展规模，比现有人数减少的有18校，基本维持现有人数的有11校（一般都在5000~6000人之间）；比现有人数略有增加的有32校（一般都在6000人以下）。清华大学定为12 000人，北京大学定为11 500人。报告还提出，为缩短战线，集中力量，保证重点，必须对全国重点学校专业设置加以调整。调整的原则是：明确学校的重点发展方向，合理安排，保证重点；各专业的业务范围适当放宽；国防尖端专业的设置，必须全国一盘棋；一个学校的专业数不宜过多，每个专业的学生人数不宜过少。并要求中央各部和各有关省市对非全国重点高等学校的专业设置和发展规模进行调整。①

从1961年起，对1958年“大跃进”中猛增的高等学校专业种类进行了调整。至1964年，全国高等学校的专业种类为510种，其中工科一般专业163种，特种专业78种，试办专业59种。②

1963年9月12日，教育部发出通知：经国务院批准，将浙江大学、厦门大学、上海外国语学院列为全国重点学校，改为教育部直属学校，10月24日，国务院批准将南京农学院列为全国重点学校。至此，全国重点高等学校共68所（包括军委所属院校3所）。③

4. 调整未完遇浩劫

1965年11月18日至27日，高等教育部在南京召开高等函授教育会议。会议提出：要特别重视举办面向农村的函授教育，要贯彻“结合生产、统一安排、因材施教、灵活多样”的原则，从业余、函授教育的特点出发，积极进行教学

---

① 中央教育科学研究所：《中华人民共和国教育大事记（1949—1982）》，北京：教育科学出版社，1983年版，第287~288页。

② 中央教育科学研究所：《中华人民共和国教育大事记（1949—1982）》，北京：教育科学出版社，1983年版，第288页。

③ 中央教育科学研究所：《中华人民共和国教育大事记（1949—1982）》，北京：教育科学出版社，1983年版，第343页。

改革，逐步创出我国函授教育的道路。高等教育部部长蒋南翔在会上讲话时指出：业余、函授教育是我国整个教育事业的重要组成部分，具有强大的生命力和远大的发展前途。根据中央关于实行“两种劳动制度、两种教育制度”的方针，在高等教育工作中，不仅要办好全日制学校，而且要大力发展半工（农）半读和业余、函授教育。会议召开时全国已有函授院校（部）171 所，函授生近 19 万人。到“文化大革命”前，全国高等学校的函授毕业生有 8 万人，毕业生基本上达到了高等学校本科或专科毕业的水平，绝大多数后来成为本单位的业务骨干。根据 1980 年同济大学对 93 名函授毕业生的调查，其中担任工程师、副总工程师和公司经理、工程局局长、科室领导的共有 65 人。会后，各地积极举办面向农村的高等函授教育。如北京成立农业函授大学，在通县、南口、昌平、永乐店建立 4 所分校，设有农学、果林、畜牧兽医三个专业。西南农学院、湖南师范学院分别举办农业中学师资培训班。[①]

1965 年底，全日制高等学校 434 所，比 1947 年增长 1. 1 倍；在校学生 67. 4 万人，比 1947 年增长 3. 3 倍。1949—1965 年，全日制高等学校培养了 155 万名大学生，295 万名中专生，20 万名业余函授大专毕业生，200 多万名中专毕业生，2000 多万名农业中学、职业中学或普通中学毕业生。[②]

1968 年 7 月 21 日，毛泽东指示大学要走“上海机床厂”的道路，就是在工人中培养技术人员，于是各个企业响应号召办起了七二一大学，实际上相当于厂内培训班，到 1976 年，全国的七二一大学竟达 3 万多所。[③] 这些学校后来多数停办，少数改为职工大学。

1976 年，经历了近三十年的建设发展，中国高校总数还不到 400 所。

5. 恢复高考迅猛长

1977 年恢复高考后，多重因素推动中国高等教育的迅猛增长：一方面是经济重建中各行业对专业人才的大量需求；另一方面是被“文化大革命”耽误了青春时光的“老”青年想夺回自己失去的学习机会，渴望高等教育有个大发展。1978 年，邓小平说：“大学生人数要大量增加。大学生的比例也有个结构问题，要研究。”[④] 并要求“把尽快地培养出一批具有世界一流水平的科学技术

---

① 中央教育科学研究所：《中华人民共和国教育大事记（1949—1982）》，北京：教育科学出版社，1983 年版，第 387 ~ 388 页。

② 陈至立：《千秋基业，壮丽诗篇》，引自《共和国教育 50 年》，北京：北京师范大学出版社，1999 年版，第 9 页。

③ 《中国教育年鉴（1949—1981）》，北京：中国大百科全书出版社，1984 年版，第 593 ~ 594页。

④ 《邓小平论教育》，北京：人民教育出版社，2004 年版，第 63 页。

专家，作为我们科学、教育战线的重要任务”①。事实上，当时政府已经将高等教育作为优先发展的对象，中国高等教育进入一个规模持续扩大的时期，尤其是在1983年到1985年，几乎以三天一所新学校的速度快速增加。

表2－9　1977年后中国高校数目的增长情况②

年份	高校数目（所）	年份	高校数目（所）	年份	高校数目（所）
1977	404	1982	715	1987	1063
1978	598	1983	805	1988	1075
1979	633	1984	902	1998	1984
1980	675	1985	1016	2008	2263
1981	704	1986	1054		

从1978年到1989年，全国高校在校生从86万人增加到208万人。③

1978年2月17日，国务院转发教育部的《关于恢复和办好全国重点高等学校的报告》，提出第一批确定的全国重点高等学校为88所，占全国高等学校405所的22%。报告还对办好全国重点高等学校的有关事项提出了意见。国务院的批示指出：恢复和办好全国高等学校是一项战略措施。各省、直辖市、自治区和各部委都要给予足够的重视。为了加强各部委对面向全国和面向地区的全国重点高等学校和非重点高等学校的领导，必须调整这些学校的领导体制。少数院校由有关部委直接领导，多数院校由有关部委和省、直辖市、自治区双重领导，以部委为主。第一批确定的88所全国重点高等学校中，恢复“文化大革命”前原有的60所（当时尚未复校的中国人民大学、北京政法学院、国际关系学院、南京农学院、原中国医科大学五校在外）。新增加了28所：云南大学、西北大学、湘潭大学、新疆大学、内蒙古大学、广东化工学院、长沙工学院、南京航空学院、西北电讯工程学院、华东工程学院、哈尔滨船舶工程学院、重庆建筑工程学院、河北电力学院、大庆石油学院、阜新煤矿学院、东北重型机械学院、湖南大学、镇江农业机械学院、西北轻工业学院、湖北建筑工程学院、长春地质学院、南京气象学院、武汉测绘学院、江西共产主义劳动大学、大寨农学院、四川医学院、西南政法学院、中央民族学院。在此以后，中国人民大学、北京政法学院、国际关系学院、南京农学院、中国首都医科大学相继复校，

① 《邓小平论教育》，北京：人民教育出版社，2004年版，第60页。

② 国家教委计划建设司：《中国教育统计年鉴·1988》，北京：北京工业大学出版社，1989年版，第360页；《中国教育报》，1991年3月19日。

③ 中华人民共和国教育部：《共和国教育50年》，北京：北京师范大学出版社，1999年版，第356页。

仍列为全国重点学校。国务院又批准将西北农学院、西南农学院、华中农学院、华南农学院、沈阳农学院、山西农业大学列为全国重点学校。广东化工学院并入华南工学院。撤销大寨农学院。至 1979 年底，全国共有重点高等学校 97 所。①

1978 年 2 月 28 日，教育部、国家计委联合发出电报：决定自 1977 年的新生起，在普通高等学校试行招收走读生，增加高等学校招生名额。高等学校在完成 1977 年招生计划之外，可以根据本校条件增加招生名额（包括招收住读生和走读生）。增招的走读生在校期间和毕业后的待遇与住读生相同。增招的专业，应是通用的和急需的专业。增招的学生来源，从符合录取条件的考生中择优录取。招生工作要求在 3 月结束，新生于 4 月入学。据此，各省、直辖市、自治区挖掘潜力，共增招新生 6.2 万多人。除青海省外，都招了走读生。②

1978 年 4 月 1 日，国务院批准恢复和增设广西轻工业学院、锦州工学院、北京化纤工学院、江汉石油学院、沈阳航空工业学院、南昌航空工业学院、郑州粮食学院、湖北轻工业学院、湘潭煤炭学院等共 51 所高等院校。1978 年，国务院还批准恢复新建北京政法学院、西北政法学院、中央财政金融学院、吉林财贸学院、云南艺术学院、中国戏曲学院、北京舞蹈学院。另经教育部同意将包头医学院、广西右江民族学院、新疆喀什师范学院、新疆石河子医学院、湖南吉首大学、大连水产学院 6 所二至三年制的专科学校改为四年制高等院校。③

1978 年 4 月 17 日，国务院批准恢复暨南大学、华侨大学。这两所学校是 1958 年、1960 年先后建校的，1970 年被迫停办。这次恢复后，暨南大学要办成一所文、理、医等多科性综合大学，华侨大学要办成一所多种专业的工科大学。两校均以招收海外华侨、港澳同胞和台湾青年学生为主，同时也招收部分归侨和侨眷子女。华侨和港澳学生毕业后，可以根据志愿由国家统一分配参加祖国建设，也可回原居住地就业。④ 1978 年 7 月 7 日，国务院批准恢复 1971 年被撤销的中国人民大学，确定该校仍为综合性社会科学大学，由教育部和北京

---

① 中央教育科学研究所：《中华人民共和国教育大事记（1949—1982）》，北京：教育科学出版社，1983 年版，第 510 页。

② 中央教育科学研究所：《中华人民共和国教育大事记（1949—1982）》，北京：教育科学出版社，1983 年版，第 511 页。

③ 中央教育科学研究所：《中华人民共和国教育大事记（1949—1982）》，北京：教育科学出版社，1983 年版，第 514 ~ 515 页。

④ 中央教育科学研究所：《中华人民共和国教育大事记（1949—1982）》，北京：教育科学出版社，1983 年版，第 516 页。

市双重领导，以教育部为主。[①]

1978年8月5日，国务院批转教育部、国家计委《关于高等学校举办68届至70届大专毕业生进修班的报告》。报告提出：今年在部分高等学校举办进修班，采取自愿报名、单位选送、学校考试、择优录取的办法，就近招收68届至70届的大专毕业生，进修一至二年，以补完大学主要课程。招生的重点是工科、理科和少量医科毕业生。学习内容一般为基础课。结业后，一般回原地区、原单位工作。1978年，共招收进修生1.8万多人。[②]

1978年8月8日至18日，教育部在河北涿州召开直属高等学校座谈会，讨论加快高等教育发展问题，提出高等教育事业依据国民经济大发展的需要必须加快发展，扩大规模，尽快改变落后的局面。此后八年高等教育发展的设想，即通过恢复老校规模并予以翻番，新建一批短期大学，大力发展电视、广播、函授、夜大等业余教育，使高等学校在校学生到1985年达到300万到400万人。同时，大量派遣留学生，扩大招收研究生和举办研究生院。会议要求各高等学校做好充分的思想准备，迎接高等教育事业发展的新高潮。[③] 然而高等教育发展的高潮远远没有像这次会议设想的那样到来。

1978年8月，中共天津市委作出高等学校扩大招生的决定，扩大招收的学生，由天津市自备经费，自己解决校舍问题，设立分校进行培养。各分校由大学教师授课，实行电视教学，并设辅导教师。学生实行走读，毕业后由天津市统一分配，国家如有需要可以抽调。8月13日，邓小平批示："可以让天津办，创点经验。"[④]

1978年10月6日至13日，教育部在北京召开高等学校扩大招生座谈会，研究了天津市扩大高等学校招生的做法，确定高等学校在完成今年国家下达的招生计划后，用天津的办法再扩大招收一部分新生。10月26日，国务院批转教育部《关于高等学校扩大招生问题的意见》。意见提出：高等学校扩大招生，总的方针应当是既积极又稳妥。扩大招生要坚持择优录取的原则，录取分数线在300分以下的地方一般不再扩大招生。必须确保教学质量，教学条件和内容

---

① 中央教育科学研究所：《中华人民共和国教育大事记（1949—1982）》，北京：教育科学出版社，1983年版，第523页。

② 中央教育科学研究所：《中华人民共和国教育大事记（1949—1982）》，北京：教育科学出版社，1983年版，第524页。

③ 中央教育科学研究所：《中华人民共和国教育大事记（1949—1982）》，北京：教育科学出版社，1983年版，第524页。

④ 中央教育科学研究所：《中华人民共和国教育大事记（1949—1982）》，北京：教育科学出版社，1983年版，第527页。

必须达到大学水平。要统筹规划，加强领导。12 月 4 日，教育部、国家计委联合发出 1978 年高等学校扩大招生计划，规定各地在国家计划外扩大招生任务列为地方计划，其校舍、经费、设备等办学条件及基建投资都由地方解决，学制一般为二至三年，确有条件的可办一部分四年制。1978 年，除西藏、青海、宁夏外，26 个省、直辖市、自治区共扩大招生约 10.7 万人[①]。

1978 年 10 月 9 日，中共中央转发国家科委党组提出的《1978～1985 年全国科学技术发展规划纲要（草案）》。纲要中提出，要逐步扩大研究生的比重，八年内共培养研究生 8 万人，高等学校和中等专业学校的专业设置为适应现代化科学技术发展的需要，要进行适当调整，八年内要向科学研究机构输送 20 万以上大学毕业生。大力发展业余教育，八年内培养出 20 万以上相当于大专毕业程度的科学研究人员。纲要还规定了高等学校的科研任务和方向，规定了举行学科竞赛的制度。[②]

1978 年 12 月 28 日，教育部发出通知：经国务院批准，恢复和增设 169 所普通高等学校。其中工科院校 46 所、农林院校 13 所、医药学院 18 所、师范学院 77 所、财经院校 10 所、体育学院 3 所、艺术学院 2 所。[③] 这是一次较大规模的高效发展。

1979 年 2 月 16 日，国家劳动总局、教育部联合发出通知：经国务院批准，在天津、山东、河南、吉林设立 4 所技工师范学院，为技工学校培养师资。这 4 所学院均由国家劳动总局和院校所在省市革命委员会双重领导，以国家劳动总局为主，学制四年。1979 年，国务院还批准恢复和新建华东政治学院、上海水产学院、南京农学院、西北林学院、天水师范专科学院，将上海化工学院四川分院改建为四川化工学院。[④]

1979 年 8 月 17 日至 31 日，教育部、财政部、商业部、对外贸易部、中国人民银行、全国供销合作总社和国家统计局在北京联合召开全国高等财经教育工作会议。会议认为财经教育当时是个薄弱环节，在国民经济调整期间，应积

① 中央教育科学研究所：《中华人民共和国教育大事记（1949—1982）》，北京：教育科学出版社，1983 年版，第 530 页。

② 中央教育科学研究所：《中华人民共和国教育大事记（1949—1982）》，北京：教育科学出版社，1983 年版，第 530 页。

③ 中央教育科学研究所：《中华人民共和国教育大事记（1949—1982）》，北京：教育科学出版社，1983 年版，第 536～537 页。

④ 中央教育科学研究所：《中华人民共和国教育大事记（1949—1982）》，北京：教育科学出版社，1983 年版，第 543 页。

极而又稳步地发展，应着重抓好恢复和整顿现有学校和专业。① 1980年3月1日至12日，财政部在杭州召开全国财政教育规划会议。会议指出：为适应新时期财政工作的需要，财政教育事业必须有一个较大的发展，要统筹安排，积极发展，稳步前进。各省、直辖市、自治区财政部门所需的中专毕业生，要逐步自给；所需的大学毕业生，要部分或大部分自给。至1985年，要做到高等财经院校、中等财政学校和干部学校配套，专业齐全，布局基本合理。②

到1979年底，全国高等学校的社会科学研究机构增加到309个，有专职研究人员27000人。许多中断多年的学科，如教育学、心理学、法学、美学、社会学先后恢复了研究工作。③

1980年8月7日至12日，教育部在北京召开八省市大学分校和基础大学座谈会，明确了办好大学分校和基础大学是发展地方教育的一个组成部分，提出了“全面规划，统筹安排，尽力而为，量力而行，瞻前顾后，因地制宜”的办学方针。④

1980年11月3日，中共中央书记处听取并讨论教育部党组关于目前高等教育工作中存在的问题的汇报。中央书记处指出：新中国成立以来，高等学校的发展有几次大起大落，存在着很大的盲目性。近两年招生的数量多了一些，师资、校舍、设备等条件不能适应。教育部在具体工作的安排上，要从实际出发，量力而行，使大学的招生人数同我国目前的经济力量相适应。业余教育可以发挥各方面的力量，尽可能多搞一些。目前，北京的高等教育存在着很多问题，需要加强领导，加以改进，使北京的高等学校在全国起模范作用。个别高等学校出现学生闹事，解决这类问题的关键是加强党对高等学校的领导，加强和改善党同群众的联系。工厂职工代表大会的办法不能原封不动地搬到学校里来。学校领导体制的改革，应当专门研究，制定实行条例。向国外派留学生的方针应是多派研究生，少派或不派去国外上大学的留学生。⑤

---

① 中央教育科学研究所：《中华人民共和国教育大事记（1949—1982）》，北京：教育科学出版社，1983年版，第557～558页。

② 中央教育科学研究所：《中华人民共和国教育大事记（1949—1982）》，北京：教育科学出版社，1983年版，第574页。

③ 中央教育科学研究所：《中华人民共和国教育大事记（1949—1982）》，北京：教育科学出版社，1983年版，第529页。

④ 中央教育科学研究所：《中华人民共和国教育大事记（1949—1982）》，北京：教育科学出版社，1983年版，第587页。

⑤ 中央教育科学研究所：《中华人民共和国教育大事记（1949—1982）》，北京：教育科学出版社，1983年版，第597页。

1980 年，国务院批准增设 9 所高等学校，其中师范院校 2 所，工科院校 5 所，财经与农业院校各 1 所。[①]

1981 年，国务院批准增设高等学校 32 所，其中工科院校 6 所，师范院校 13 所，医科院校 2 所，财经院校 7 所，公安院校 1 所，综合大学 1 所，政法院校 1 所。[②]

1982 年可以说是中国高等教育丰收的一年，国家批准增设 15 所高等学校，其中师范院校 11 所，工科、农科、体育、公安院校各 1 所。[③] 恢复高考后入学的大学生毕业走向工作岗位，依据 1983 年 4 月 29 日国家统计局《关于 1982 年国民经济和社会发展计划执行结果的公报》，教育计划执行结果如下：高等学校招生 31. 5 万人，比上年增加 3. 6 万人；毕业 45. 7 万人，比上年增加 31. 7 万人；在校学生 115. 4 万人，比上年减少 12. 5 人。成人高等教育（包括广播电视大学、函授大学、夜大学、职工大学、农民大学等）招生 29. 1 万人，毕业 20. 4 万人，在校学生 64. 4 万人，比上年增加 10. 8 万人。[④]

6. 体制制约成瓶颈

1983 年，中国组织了一项“2000 年的中国”的专项研究，其中教育部分预测中国至少缺少本科、专科毕业生 1700 万人，而从 1977 年到 1986 年高校实际毕业的学生才 250 万，成人高校从 1980 年（此前无统计数据）到 1988 年的毕业生也只有 152 万，[⑤] 意味着从需求角度看，高等教育怎么发展也不算快。

而当时的供给远远不能满足需求，1981 年高中毕业生 486 万，而当年高校招生 30 万，94% 的高中毕业生不能升入高校。国家统计局统计表明，从 1982 年到 1996 年，15 ~ 24 岁年龄人口中，就业率由 81. 26% 下降为 65. 2%；同时就学率由 14% 上升为 20. 5%。[⑥]

在这种情况下，中国高校经历了以 1985 年为高峰的疯狂扩张后，一方面

---

① 中央教育科学研究所：《中华人民共和国教育大事记（1949—1982）》，北京：教育科学出版社，1983 年版，第 601 页。

② 中央教育科学研究所：《中华人民共和国教育大事记（1949—1982）》，北京：教育科学出版社，1983 年版，第 638 页。

③ 中央教育科学研究所：《中华人民共和国教育大事记（1949—1982）》，北京：教育科学出版社，1983 年版，第 678 页。

④ 中央教育科学研究所：《中华人民共和国教育大事记（1949—1982）》，北京：教育科学出版社，1983 年版，第 679 页。

⑤ 国家教委计划财务司：《中国教育成就：统计资料（1980—1985）》，北京：人民教育出版社，1986 年版，第 96 ~ 97 页。

⑥ 中华人民共和国教育部：《共和国教育 50 年》，北京：北京师范大学出版社，1999 年版，第 584 页。

《中共中央关于教育体制改革决定》中鼓励发展的话刚刚说完，国家教委却又着手控制高校的膨胀速度，1986 年还是增加了 38 所，1987 年增加了 9 所，1988 年后连续三年没有增加一所。同时，政府这一时段对高中有所压缩，以减轻高考过“独木桥”的压力，1989 年高中毕业生 243 万，仅为 1981 年的一半；而高校招生数增加到 60 万,[①] 是 1981 年的一倍，不能升入高校学习的高中毕业生由 94% 下降到 75%。

1988 年后由于通货膨胀，出现了大学毕业生分配不出去的危机，这一现象的出现有力地促成了控制高校发展的政策生效，需要 1700 万大学生的研究预测似乎成为笑话，足见当时中国高校无论是发展还是控制都存在非理性的因素在发挥作用。

1992 年和 1993 年，中国高等教育在各地要求发展的推动下有点小小冒进，1993 年以后中央政府对高等教育的扩大采取了非常严格控制的态度。从 1994 年开始，每年扩大大约 3% 至 4%，1997 年、1998 年招生计划依然只提高到 8%。当时主要是考虑财政压力，对高校规模的扩大原则上提出低于 GDP 的两个百分点的要求。

1998 年 8 月 29 日，第九届全国人民代表大会常务委员会第四次会议通过《中华人民共和国高等教育法》，中华人民共和国主席令第 7 号公布，自 1999 年 1 月 1 日起施行。

1998 年高校总数 1984 所（其中普通高校 1022 所，成人高校 962 所，港、澳、台未计算在内），在校学生 643. 51 万人（全日制在校生 360 万人）；其间普通高校共培养专科毕业生 1300 多万人；1978 年到 1998 年间成人高等学校共培养本专科毕业生 870 万人；从《学位条例》颁布实施到 1998 年，共培养了 4 万多名博士、42 万名硕士、460 万名学士；1998 年高校在校学生数与 1949 年前最高的年份 1947 年比，研究生增加了 469. 1 倍，本科生（不含成人教育）增加了 40. 4 倍。[②]

同时，其他形式的成人高等教育也快速发展。1978 年到 1989 年，全国成人高校在校生从 141 万人增加到 174 万人,[③] 全国成人高校毕业生 1988 年为 75 万多，1990 年近 49 万，与正规高校对应年份的毕业生 55 万和 61 万相当。1990

① 《中国教育统计年鉴 · 1989》，北京：人民教育出版社，1990 年版，第 3 页。

② 中华人民共和国教育部：《共和国教育 50 年》，北京：北京师范大学出版社，1999 年版，第 358 页。

③ 中华人民共和国教育部：《共和国教育 50 年》，北京：北京师范大学出版社，1999 年版，第 356 页。

年，全国各类成人高校学生数分别为：正规大学的函授部52.05万人，广播电视大学31.44万人，职工大学23.03万人，教育学院25.30万人，夜大学17.27万人，干部管理学院5.42万人，独立函授学院1.57万人，农民大学0.04万人。[①] 然而当时中国的成人高等教育过于正规，还要经过严格的入学考试，课程和教学方式也与正规高等教育无异，只要入学多数都能毕业，缺乏灵活性，使得整体上失去了成人高等教育的独特性。

1998年社会力量举办的高等专科教育学历文凭考试学校157所，在校生9.4万人。

从开始实施第一个五年计划到1998年，中国年人均国民生产总值增长率约为8.9%，高校在校生（含普教和成教）规模年均增长率约为7.7%。[②]

根据联合国教科文组织1997年修订的《国际教育标准分类》，经过折算，中国1997年普通高校、成人高校、广播电视大学、社会力量举办的高等专科学历文凭考试学校以及自学考试等各种形式在校生数为785.6万人，毛入学率为9.07%。[③]

所有这些措施都难以消除各方面对扩大高等学校招生的压力。

7．扩招步入大众化

中国高等教育在世纪之交发生了巨大而深刻的变化，最突出的就是高等教育规模的快速扩张，进入大众化阶段。

20世纪90年代以来，人民群众希望子女接受高等教育的愿望日趋强烈。面对资源约束与需求旺盛的矛盾，高等教育如何发展成为国家教育决策的重大问题，引起了教育内部和社会大众以及学者们的激烈争论，1998年下半年国家在制订1999年计划的时候，各省要求扩招的愿望强烈，各省的压力非常大，中央的压力也非常大（包括教育部、国家计委），各省不断通过管教育的省长向上反映各自需要扩大高等教育招生规模的要求。中国政府面对两种选择，一种是再等三五十年，条件成熟以后再发展；一种是克服困难，迅速扩大招生规模，实现一个历史性的跨越。1999年颁布的《中共中央国务院关于深化教育改革全面推进素质教育的决定》和《面向21世纪教育振兴行动计划》中提出到2010

---

① 国家教委计划建设司：《中国教育统计年鉴·1988》，北京：北京工业大学出版社，1989年版，第7~8页；《中国教育报》，1991年3月19日。

② 中华人民共和国教育部：《共和国教育50年》，北京：北京师范大学出版社，1999年版，第358页。

③ 中华人民共和国教育部：《共和国教育50年》，北京：北京师范大学出版社，1999年版，第367页。

年中国高等教育入学率力争接近15%，进入“大众化”阶段的发展目标。

1999年6月上旬，朱镕基主持召开总理办公会议作出大幅度扩大高校招生规模的决策，并于6月中旬在中共中央和国务院召开的全国教育工作会议上宣布，中国高等教育进行大扩招。[①]

6月13日，距离当年的高考只有十多天时间，教育部紧急召开全国扩大招生计划工作会议，教育部副部长张保庆作报告，按增加50万人的规模，重新部署了招生计划。

6月24日，国家计委、教育部联合召开新闻发布会，宣布在年初扩大招生的基础上，进一步扩大高等学校招生计划，1999年普通高校招生从1998年的108万人扩大到156万人，中国高等教育从此改变了适度发展的态势，转入了快速发展的轨道。

时任教育部规划司司长纪宝成回忆说，在7月份之前，教育部制订的1999年招生计划有两大特点，一是增长幅度大，二是改革力度大。其中，招10万高职学生，实行准成本收费，把民办机制引入到高等教育的发展，做了一个超常规发展的大胆的设想。国家关于当年的高等学校招生计划已经明确确定全国高等院校招生增加到131万人。到6月份，事情又有了新的发展，国务院决定要进一步扩大招生，原打算比1998年的108万扩大100万人，最终决定下来是增加50万，一刀砍掉一半。当年普通高等学校实际招生159.68万人，比1998年增加51.32万人，增幅达47.4%。[②]

以此为开端，连续三年大扩招使中国高等教育规模得以迅速扩张。1999—2001年是改革开放以来高等教育发展最快的时期，招生人数和在校生数三年翻了一番。

2002年全国普通高等学校招生320.5万人，高等教育毛入学率约15%。美国学者马丁·特罗认为：高等教育发展过程可分为“精英”、“大众”、“普及”三个阶段：18~22岁年龄段的整个人口中，超过15%的人接受不同层次和形式的高等教育，高等教育发展便进入了大众化阶段；低于15%则仍处于“精英阶段”；超过50%则可称达到“普及阶段”。据此人们认为2002年“标志着我国的高等教育开始进入大众化的发展阶段”[③]。比预定计划提前八年。

从1999年至2004年，中国本专科生招生的年增长率平均为26.1%，研究生招生的年增长率平均为28.6%，初步实现了中国高等教育由精英阶段向大众

① 《李岚清教育访谈录》，北京：人民教育出版社，2004年版，第119页。

② 根据纪宝成访谈记录。

③ 《李岚清教育访谈录》，北京：人民教育出版社，2004年版，第119~120页。

化阶段的历史性跨越。

2008年，中国的高等教育毛入学率高达23.3%，接受各种形式高等教育的总人数跃居世界之首，为数百万原本无望上大学的学生家庭提供了子女接受高等教育的机会，缓解了人民群众接受高等教育的热切愿望。

表2－10　扩招后高校毛入学率及在校生规模①

年　份	1998	1999	2000	2001	2002	2003	2004	2005	2006	2007	2008
毛入学率（%）	9.8	10.5	12.5	13.3	15.0	17.0	19.0	21.0	22.0	23.0	23.3
在校生数（万人）	643	742	1230	1300	1600	1900	2100	2300	2500	2700	2907

1999年高校扩招以来，中国高等教育招生数量大幅度增长，2008年各种形式在校生人数为2907万人，毛入学率达到23.3%。见图2－12所示。

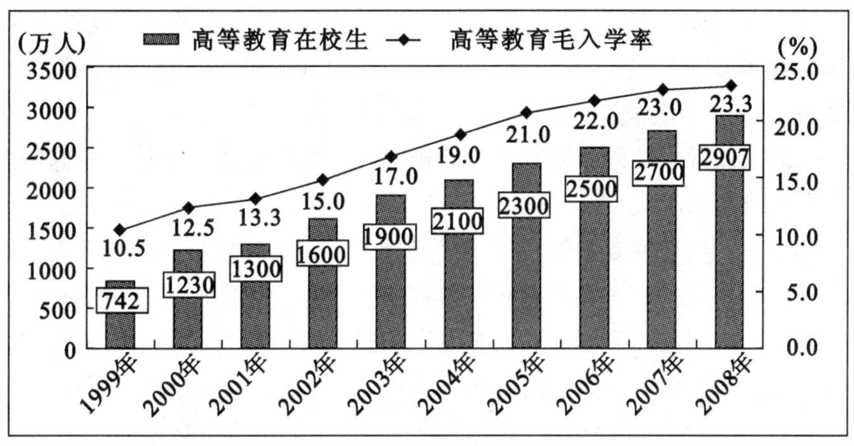

图2－12　1999年至2008年高等教育在校生和毛入学率的变化

1999年，中国每10万人口中高等教育在校生人数为594人；2008年为2042人，是1999年的3.4倍。如下页图2－13所示。

但扩招时国家只有政策，经费、校舍还来不及跟上。为此，高等教育本身进行了与时俱进的转型：

一是多种途径扩大高等教育资源。从1998年到2005年期间，全国共增加普通高等学校770所，其中本科院校110所，专科层次学校（含职业技术学院）660所；利用社会资金、社会力量，按照市场的原则，为高校提供后勤服务以及设施建设，1999年至2002年，全国新建大学生公寓3800万平方米，改造1000万平方米，新建学生食堂500万平方米，改造130万平方米，四年新建的学生公寓和食堂超过1999年前新中国成立五十年建设面积的总和；为适应扩招

① 数据来源于各年度教育统计。

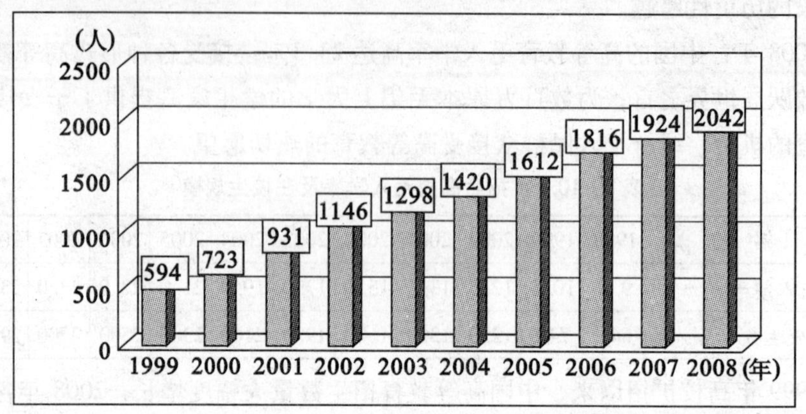

图 2-13　1999 年至 2008 年每十万人口高等教育在校生的变化

需要，地方政府支持高校通过土地置换、利用金融机构贷款等方式建设新校园、新校区，拓宽办学空间，高校新校区由此逐步形成。积极引导、支持发展民办高等教育，1998 年以来共新增民办高校 223 所，独立学院 295 个。

二是加速高等教育办学体制改革的进程。计划经济体制下形成的高等教育办学体制的突出特征是“国有国办”，办学资金主要由国家财政划拨提供，办学管理由中央政府或地方政府主管部门直接负责。高校扩招推动高等教育要改变办学体制，实行投入多元化，开展多种形式办学。扩招促进高等学校内部挖掘潜力，提高资源利用效率，以原有既定的投入创造更大的产出；财政资金增大高等教育的投入；拉动社会资金对高等教育的投入。高校扩招把办学体制改革推向了新的平台，多元化、社会化办学体制开始步入发展轨道。

三是促进高等教育后勤社会化改革。扩招直接推动了高等教育的后勤社会化改革。扩招后遇到的最大难题是学生公寓、餐厅、浴池、文体活动场所的严重不足，将学校后勤设施剥离出来，原有的设施走向社会化经营，新建的国家财政不再投入，由社会资金进入，按产业经营管理。高校通过后勤社会化，多渠道筹集办学资金新建了大学生公寓、食堂等，改善了学生的学习和生活条件。

四是促进更为开放地面向社会办学。2001 年，教育部取消了高考招生 25 周岁以下年龄的限制，为更多想上大学，而超出年龄限制的人敞开了大学之门，促进了与未来高等教育办学体制改革的趋势和建设与学习化社会相适应的终身教育体系的构建，奠定了大众化时代高等教育的制度性基础。地县级市高校的新建推动了高等学校布局重心的下移，促进了城市化建设的进程。高等学校布局向下延伸，为许多地县级市带来了发展机遇。据不完全统计，1999—2000 年间，仅教育部备案的地县级市高校增加 110 多所，占全国新增高校总数的 50%。

高校扩招是实现高等教育大众化的过程，因扩招而带来的高校向银行贷款问题、高校毕业生就业问题、扩大东部发达地区和中西部落后地区的差距，造成教育资源的紧张，在一定程度上造成了教育质量的降低，甚至影响了正常的教学秩序，这些成为人们对高校扩招的评论。用改革与发展的眼光加以居高望远式的分析，就不难看出，在1998年应对亚洲金融危机、缓解“千军万马挤独木桥”、满足当时的人民群众接受高等教育的迫切需求的大背景下，毅然决策扩大高等院校招生规模是正确的。其后几年，在没有条件创造条件也要上的指导思想下，中国教育界在社会各界的全力支持下，逐年扩大招生规模，终于提前实现了高等教育毛入学率突破15%这一高等教育大众化的目标，圆了千千万万个适龄青年的大学梦，使广大人民群众提前享受到了改革开放的成果。高校扩招以鲜活的例证印证了“发展才是硬道理”。

温家宝在谈到1999年及其以后数年的高校扩招时曾说：“高校招生规模扩大是件好事，现在高等教育在学规模达到2300万人，毛入学率达到21%了，说明中国教育在发展。但是，在此基础上，如何提高高等教育的质量，是高等教育的核心问题。所以，我们在教育的总体布局上有三句话：普及和巩固义务教育，大力发展职业教育，提高高等教育的质量，这是一个整体。我们不会缩小高等教育的规模，要稳步发展，但是要把重点放在提高质量上。特别是一流水平的大学，不能再超过50个人一个班了。记得杨振宁跟我说过，当时费米、爱因斯坦教他们的时候，甚至是一对一。不像现在，有的学生毕业了，还见不到教授的面。”①

截至2007年底，中国大专及大专以上毕业生累计约6700万人，其中大学本科及本科以上学历毕业生约2650万人，2000年与2007年年均增长速度分别达到11.4%和12.0%；每一万人口中科技人力资源数从2006年的289人增加到2007年的318人。②

2007年，全国包括普通高校、成人高校和网络学院在内共招收本专科生880.5万人，其中本科414万人，专科466.5万人；在校本专科生2719.5万人（不含参加高等教育自学考试的人数，1998年仅为643万人）；毕业本专科生727万人，其中本科315万人，专科412万人；高等教育毛入学率达到23%，成为世界上高等教育规模最大的国家。③

---

① 引自温家宝同志在北京中南海主持召开四次教育专题座谈会上的谈话。

② 中华人民共和国科学技术部：《中国科学技术发展报告（2007）》，北京：科学技术文献出版社，2008年版，第45页。

③ 中华人民共和国科学技术部：《中国科学技术发展报告（2007）》，北京：科学技术文献出版社，2008年版，第48~49页。

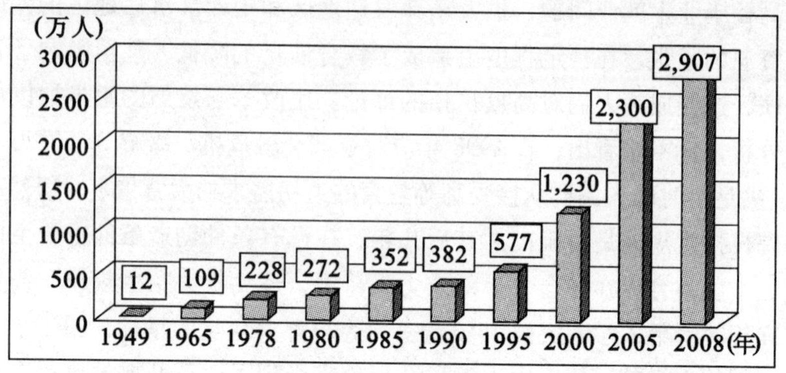

图 2-14　1949 年至 2008 年高等教育在校生人数变化

图 2-14 表明，1949 年高等教育在校生为 12 万，1978 年后有明显增长，1999 年实施高校扩招政策以来，高等教育在校学生数成倍增长，2008 年各种形式的高等教育在学人数达 2907 万人，为 1949 年的 247 倍。

经过多年发展，中国成人高校形式多样，成为开展成人教育的主体，2008 年职工高校、教育学院等五种类型的高校，它们各自所占比例如图 2-15 所示。

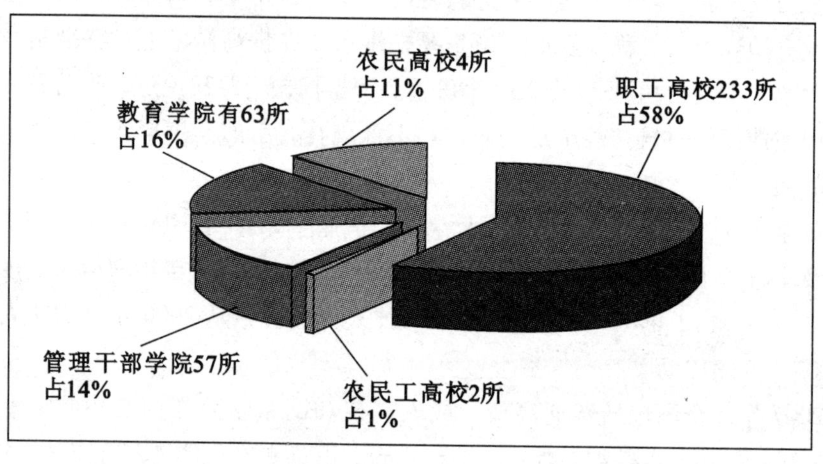

图 2-15　成人高校中不同办学类型的校数及所占比例

除普通本专科学生外，全国还有成人自考、网络学生、函授生等各种形式的高等学历教育，2008 年各类教育学生数及各自所占比例见下页图 2-16。

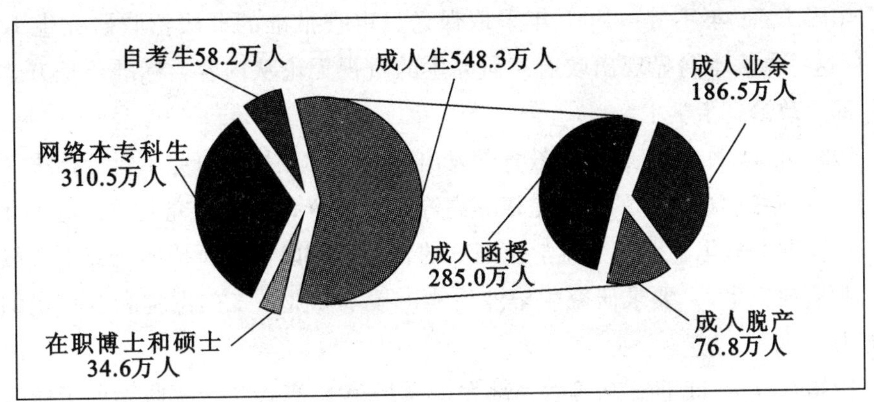

图2－16　其他形式高等学历教育的在校生数量

2008年，全国共有普通高等学校和成人高等学校2663所。其中，普通高等学校2263所，比上年增加355所，成人高等学校400所，比上年减少13所。普通高校中本科院校1079所，高职（专科）院校1184所。全国共有培养研究生单位796个，其中高等学校479个，科研机构317个。高等教育招生数和在校生规模持续增加。2008年，全国各类高等教育总规模达到2907万人，高等教育毛入学率达到23.3%。2008年普通高等教育本专科共招生607.66万人，比上年增加41.74万人；在校生2021.02万人，比上年增加136.12万人，增长7.22%；毕业生511.95万人，比上年增加64.16万人，增长14.33%。成人高等教育本专科共招生202.56万人，在校生548.29万人，毕业生169.09万人。全国高等教育自学考试报考988.82万人次，取得毕业证书55.19万人。2008年，普通高等学校本科、高职（专科）全日制在校生平均规模为8679人。[①]

二、学位与研究生教育规模发展变化

中国古代即有学位制度，现代学位却是中西融合的产物，先是一些教会学校给中国学生授学位。1935年4月，中国政府仿效英美体制颁布了“学位授予法”，并在相应的学校中得到严肃认真的实行，所以直到1949年，仅有232人获得国内高校的硕士学位。[②]

1. 数度波折未成型

新中国成立后，政府十分重视研究生教育，1950年就招收研究生874人，

① 《2008年全国教育事业发展统计公报》，引自人民网，2009年7月20日。

② 中华人民共和国教育部：《共和国教育50年》，北京：北京师范大学出版社，1999年版，第376页。

学习年限1～3年不等；1951年采取保送、审查批准的办法招收研究生1273人。[①] 这一办法本身显现出政府对研究生的重视无论从内容、标准还是方式上说，都是政治高于学术。

1953年11月27日，高等教育部发出《高等学校培养研究生暂行办法（草案)》，明确招收研究生的目的是培养高等学校师资和科学研究人才，这一办法在一定程度上窄化了世界主流学位制度的含义。所以当时所招的研究生一般通称“师资研究生”，要求研究生毕业后能讲授本专业一二门课程和有一定的科研能力。

1956年7月11日，高等教育部发出《1956年高等学校招收副博士研究生暂行办法》，规定自本年开始在部分高等学校招收学习年限为四年的副博士研究生，并于本年首次招收了四年制研究生490名；国务院也批准中国科学院培养“副博士”（这一名称是苏联学位体系中的名称）研究生。后因副博士涉及学位问题，在反对等级化的名义下未能得以实行，只好改为四年制研究生。1957年3月25日，高等教育部发出通知，决定不用“副博士研究生”名称，仍一律称为研究生。[②] 于是1957年国务院批转了高等教育部《关于今年招收四年制研究生的几点意见》。拟在师资研究生之外培养少量质量比较高的相当于苏联副博士水平的研究生。

杨乐和张广厚1956年考进北京大学数学系，读了六年，毕业后又到中国科学院做熊庆来的研究生，学制是四年。他们的毕业论文已经达到国际数学研究的一流水平，提出了同行公认的创见，但当时没有授予学位。住的还是六人一间的集体宿舍。研究生和其他大学毕业生的区别只是工资高两级，还是相当于助教研究实习员。

1958年，教育革命兴起，研究生教育受“左”的思想影响更大，招收研究生时不考试，采取推荐方式入学，只重视政治条件，不重视业务能力，导致研究生质量明显下降。[③] 表面看这是一种方式的改变，实质上是代表一定利益的人利用研究生教育进行利益的互换。

1959年8月21日，国务院批复同意教育部《关于高等学校培养研究生工

---

① 中华人民共和国教育部：《共和国教育50年》，北京：北京师范大学出版社，1999年版，第376页。

② 中央教育科学研究所：《中华人民共和国教育大事记（1949—1982)》，北京：教育科学出版社，1983年版，第173页。

③ 中华人民共和国教育部：《共和国教育50年》，北京：北京师范大学出版社，1999年版，第377页。

作的意见及1959年全国高等学校招收研究生计划和选拔考试办法》，指示教育部对于研究生的数量和质量问题加以切实掌握，"如学生来源确实不足，宁缺毋滥，不要降低标准录取"。教育部提出，研究生的培养，采取在系和教研组的指导下，由一个固定的指导教师负责指导的方式。本年招生，采取由国家统一选留大学毕业生，和保送（或抽调）在职干部，经政治审查、业务考试、健康检查合格后录取的办法。①

1960年8月2日，教育部发出《关于1960年全国高等学校招收研究生工作的通知》，要求在保证质量的原则下，各招生单位应尽量多招。招生的专业，全国重点高等学校应以新科学技术和基础理论方面专业为重点，文科应以毛泽东思想为指导的政治理论方面专业为重点。其他高等学校则要注意更多地安排适应本地区、本部门需要的专业招生。②

1961年1月5日，教育部发出《关于制订1961年高等学校招收研究生计划的通知》，指出，招收研究生的专业，应结合各校重点发展方向加以安排：再次重申全国重点高等学校理工科应以新科学技术和基础理论方面的专业为重点，文科应以政治理论方面的专业为重点，并适当注意薄弱学科。③

1961年，整个社会进入一个调整阶段，中共中央印发《中华人民共和国教育部直属高等学校暂行工作条例（草案）》，对研究生的培养目标、招生对象、录取方式、学习年限和培养方法作了具体规范，试图使混乱的研究生教育走向规范化和制度化。

1961年11月，中共中央同意国家科委主任聂荣臻提出的"关于建立学位、学衔、工程技术称号等制度的建议"。1962年3月，国家科委组织由周培源等11人参加的学位、学衔和研究生条例起草小组。5月开始工作，在1956年条例草案的基础上反复征求意见、研究、修改。1963年10月、11月，先后将条例草案上报中共中央、国务院审核。1964年4月，根据国务院法律室的意见又进行修改。此后，这一工作停顿了十余年。④

学位制度虽经历波折后未能建立，但1962年到1965年，中国研究生教育

① 中央教育科学研究所：《中华人民共和国教育大事记（1949—1982）》，北京：教育科学出版社，1983年版，第254～255页。

② 中央教育科学研究所：《中华人民共和国教育大事记（1949—1982）》，北京：教育科学出版社，1983年版，第280页。

③ 中央教育科学研究所：《中华人民共和国教育大事记（1949—1982）》，北京：教育科学出版社，1983年版，第287页。

④ 中央教育科学研究所：《中华人民共和国教育大事记（1949—1982）》，北京：教育科学出版社，1983年版，第300页。

却得到较快发展，共招收研究生 2764 人。[①]

中国从 1962 年开始正式培养三年制研究生，1962 年 4 月 29 日，教育部发出《关于 1962 年招收研究生问题的通知》，指出：本年在应届大学毕业生统一分配前，通过各招生单位的审查考试，确定为最优秀的毕业生，将由国家优先选作研究生。同时，在计划内招收部分在职干部脱产为研究生，并试招在职研究生。[②]

1962 年 9 月 20 日，教育部发出《加强在校研究生的培养和调整工作的通知》，指出：1958 年以来，高等学校招收了较多研究生，出现了一部分研究生质量过差或无力培养，培养计划执行不好，以致不能完成培养计划等情况。为此，必须对现有在校研究生分别不同情况，采取适当放低学习要求、延长学习年限、作退学处理等办法进行整顿。[③]

1962 年 12 月 10 日，教育部发出《关于 1963 年全国招收研究生工作的通知》，提出：除继续采用 1962 年的原则和措施外，本年扩大招考范围，提早举行入学考试，并统一政治课和俄语、英语课的试题。[④]

1963 年 1 月 14 日至 31 日，教育部召开了新中国成立后的第一次全国研究生教育工作会议，讨论通过了《高等学校培养研究生工作暂行条例（草案）》、《高等学校理工农医各科研究生专业目录（草案）》和《关于高等学校制订研究生培养方案的几项原则规定（草案）》等三个文件，以及五个附件：《关于高等学校制订理工农医各专业研究生培养方案的几项原则规定（草案）》、《关于高等学校研究生马列主义理论课的规定（草案）》、《高等学校研究生外国语学习和考试的暂行规定（草案）》、《关于高等学校培养研究生的经费、人员编制和研究生的助学金及其他生活待遇问题的几点规定》、《关于高等学校研究生学籍处理问题的几项暂行规定》。这些规定对招生、培养、课程、考核、领导与管理、待遇与工作分配以及建立研究生院等问题作了明确规定；对培养目标、要求、方式及遴选导师等作了具体、明确的要求，要求研究生必须深入掌握本专业的基础理论、专门知识和基本技能，熟悉本专业主要的科学发展趋向，掌握

---

① 中华人民共和国教育部：《共和国教育 50 年》，北京：北京师范大学出版社，1999 年版，第 377 页。

② 中央教育科学研究所：《中华人民共和国教育大事记（1949—1982）》，北京：教育科学出版社，1983 年版，第 307 页。

③ 中央教育科学研究所：《中华人民共和国教育大事记（1949—1982）》，北京：教育科学出版社，1983 年版，第 317 页。

④ 中央教育科学研究所：《中华人民共和国教育大事记（1949—1982）》，北京：教育科学出版社，1983 年版，第 321 页。

两门外国语，具有独立进行科学研究工作和相应的教学工作能力；从而建立了政府统揽统包的中国式研究生培养制度。

会议认为，高等学校培养研究生是为国家培养攀登科学高峰的优秀后备军。建立和健全高等学校研究生的培养制度，是我国培养较高水平的高等学校师资和科学研究人员的一项根本措施。会议讨论了研究生的培养目标，认为研究生必须又红又专，在业务方面应该大致相当于苏联副博士或美国博士的水平。会议提出，今后培养研究生应以提高质量为中心，抓紧五个基本环节：保证招收质量优秀的新生，严格遴选导师，制定必要的规章制度，加强研究生的管理工作，建立严格的考核制度。①

1963 年 4 月 29 日，教育部发出试行《高等学校培养研究生工作暂行条例(草案)》的通知，要求研究生的招收和培养工作，由中央教育部统一规划和领导。②

1963 年 10 月 21 日，教育部发出通知：本年研究生招生工作会议确定，文科研究生的培养方式，除继续实行导师制外，从 1964 年开始，由教育部直属高等学校招收一批研究理论、现状和外国问题的研究生，试行由教研室集体培养的办法。③

1965 年 4 月 13 日，高等教育部通知有关单位做好 1965 年研究生新生录取工作，要求在保证质量的前提下，还应该积极扩大招生数量，更好地完成招生计划。本年高等教育部不再提出最低录取分数标准意见，也无标准，由各招生单位全面考虑，自行掌握。④

从 1950 年到 1965 年，全国共招收研究生22 700多人；⑤ 新中国成立后的十七年，全日制高等学校培养了16 000万名研究生。⑥

1966 年“文化大革命”开始。1966 年 4 月 16 日，高等教育部发出《关于

---

① 中央教育科学研究所：《中华人民共和国教育大事记（1949—1982）》，北京：教育科学出版社，1983 年版，第 324 页。

② 中央教育科学研究所：《中华人民共和国教育大事记（1949—1982）》，北京：教育科学出版社，1983 年版，第 331 页。

③ 中央教育科学研究所：《中华人民共和国教育大事记（1949—1982）》，北京：教育科学出版社，1983 年版，第 346 页。

④ 中央教育科学研究所：《中华人民共和国教育大事记（1949—1982）》，北京：教育科学出版社，1983 年版，第 378 页。

⑤ 中华人民共和国教育部：《共和国教育 50 年》，北京：北京师范大学出版社，1999 年版，第 377 页。

⑥ 陈至立：《千秋基业，壮丽诗篇》，引自《共和国教育 50 年》，北京：北京师范大学出版社，1999 年版，第 9 页。

进一步加强和改进1966年研究生招生工作的通知》。通知规定：今年招生只考一门业务课；政治理论课实行开卷考试，评分时应将考试成绩与本人平时的思想政治表现结合起来考虑，而以平时表现为主；理工农医各专业不再考试语文；少部分因参加“四清”运动而未能参加统一考试的应届大学毕业生，可采取内部选拔推荐的办法。4月20日，高等教育部发出通知：在北京大学、南京大学恢复招收外语研究生。① 而到了6月27日，高等教育部发出通知：因“文化大革命”运动，1966年、1967年研究生招生工作暂停。自本年起，全国停止招收研究生达12年之久。②

2. 立章建制向前进

1977年9月，中国科学院委托中国科技大学筹建研究生院，设有数学、物理、化学、天文、地学、生物学和无线电技术、计算机工程、空间技术、环境科学以及科学组织管理等专业。1978年10月14日，研究生院在北京开学，严济慈任院长。③ 这件事标志着中国研究生教育走上新的起点。

1977年11月3日，教育部和中国科学院联合发出1977年招收研究生具体办法的通知。通知根据本年国务院批转教育部《关于高等学校招收研究生的意见》规定：招收研究生采取“本人志愿申请报考，经所在单位介绍，向招生单位办理报名手续，经过严格考试，择优录取”的办法。并对报考的条件、培养目标、学习年限等作了规定。在“文化大革命”期间长期中断的招收、培养研究生的工作从此着手恢复。④

1978年，中国恢复研究生教育。1978年1月10日，教育部发出《关于高等学校1978年研究生招生工作安排意见》，决定将1977年、1978年两年招收研究生工作合并进行，统称为78级研究生。据27个省、直辖市、自治区不完全统计，共有63 500多人报考。经初试、复试，210所高等学校、162所研究机构共录取研究生10 708人。1978年还有26所重点高等学校在港澳地区招收研

① 中央教育科学研究所：《中华人民共和国教育大事记（1949—1982）》，北京：教育科学出版社，1983年版，第398页。

② 中央教育科学研究所：《中华人民共和国教育大事记（1949—1982）》，北京：教育科学出版社，1983年版，第402页。

③ 中央教育科学研究所：《中华人民共和国教育大事记（1949—1982）》，北京：教育科学出版社，1983年版，第498页。

④ 中央教育科学研究所：《中华人民共和国教育大事记（1949—1982）》，北京：教育科学出版社，1983年版，第501页。

究生。[①]

1978年10月11日，中国社会科学院研究生院在北京成立，并举行开学典礼。中国社会科学院副院长兼研究生院院长周扬到会讲话，说："我们要办一个新型的研究生院。""这里没有学究气，没有书呆子气，没有经院主义，而要有一种浓厚的政治气氛，有一种认真读书的钻研精神，有一种自由讨论的学术空气。""研究生院的校风应当是：实事求是，艰苦朴素。"中国社会科学院研究生院，设12个系，106个专业。学制一般为三年。学习方法是在专业教师指导下，以自学研究为主。[②]

1979年1月11日至19日，教育部召开研究生招生工作会议。会议确定1979年全国有298所高等学校和100多个研究机构招收研究生。并对招生考试办法作了规定。教育部副部长高沂到会强调招研究生要确保质量，宁缺毋滥。[③]

1979年3月22日，根据中央关于建立学位制度的指示，教育部、国务院科技干部局联合组成学位小组，再次开始研究在我国建立学位制度问题。1979年11月2日，邓小平提出"要建立学位制度和学术、技术职称制度"[④]。

1979年12月，《中华人民共和国学位条例（草案）》文本形成；12月24日，全国人大常委会法制委员会全体会议讨论了这一学位条例（草案）；1980年2月12日，五届全国人大常委会第十三次会议审议通过了《中华人民共和国学位条例》，自1981年1月1日起施行；1980年12月15日至18日，国务院学位委员会第一次（扩大）会议在北京举行，会议审定通过《中华人民共和国学位条例暂行实施办法》、《国务院学位委员会关于审定学位授予单位的原则和办法》；研究了1981年实施学位条例的工作部署，设立了理、工、农、医、文、史、哲、经济、法学、教育十个学科评议组；[⑤] 1980年12月22日至28日，教育部在北京召开高等学校研究生工作座谈会，征求关于审定首批学位授予单位的原则和办法的意见，酝酿修订高等学校研究生工作条例，研究1981年至1990

---

① 中央教育科学研究所：《中华人民共和国教育大事记（1949—1982）》，北京：教育科学出版社，1983年版，第507页。

② 中央教育科学研究所：《中华人民共和国教育大事记（1949—1982）》，北京：教育科学出版社，1983年版，第531页。

③ 中央教育科学研究所：《中华人民共和国教育大事记（1949—1982）》，北京：教育科学出版社，1983年版，第541页。

④ 《邓小平论教育》，北京：人民教育出版社，2004年版，第96页。

⑤ 中央教育科学研究所：《中华人民共和国教育大事记（1949—1982）》，北京：教育科学出版社，1983年版，第599页。

年高等学校研究生的长远规划;[①] 1981 年 5 月 20 日国务院批准实施《中华人民共和国学位条例暂行实施办法》。1981 年 6 月 13 日，《人民日报》公布《中华人民共和国学位条例暂行实施办法》，共 25 条，对学位的学科门类，学士、硕士、博士三级学位的标准，学位授予单位评定委员会权限，职责及组成人员的条件等作了规定，中断了三十年的学位制度得以恢复，中国式的学位制度再次建立，国家教委据此制定了研究生培养和学位授予等一系列规章制度；1982 年，第一批本国培养的 13 名博士毕业，并颁授了博士学位。

学位制度的建立规范、促进了研究生教育的发展，1980 年中国又招收 1. 1 万名研究生。

1981 年 5 月 5 日至 11 日，教育部在北京召开全国研究生工作座谈会，确定本年招收国内研究生 1 万名，出国预备研究生 1500 名，两种研究生的选拔工作同时结合进行。并规定招考研究生的对象主要是 1982 年春季毕业的大学本科学生。6 月 1 日，教育部发出关于做好这次招生工作的通知。[②]

1981 年 6 月 12 日，国务院学位委员会在北京举行第二次会议，讨论召开学科评议组会议的有关问题。会议决定，根据评议工作的需要，授予学位的十个学科门类的专业类别，分别设立哲学、经济学、法学、教育学、文学、历史学、理学、工学、农学、医学十个学科评议组，44 个学科评议分组。[③]

1981 年 7 月 26 日至 8 月 2 日，国务院学位委员会在北京召开学科评议组第一次会议。会议贯彻“坚持标准，严格要求，保证质量，公正合理”的原则，采取同行评议，无记名投票方式，审定了中国首批博士和硕士学位授予单位及其学科、专业名单。会议强调，中国的学位制度应该具有中国的特点，要坚持社会主义方向，坚持理论联系实际，坚持学术民主，保证学位质量。[④]

1981 年 10 月 8 日，国务院学位委员会召开第三次会议，通过我国首批博士和硕士学位授予单位及其学科、专业名单，中国人民解放军首批博士和硕士学位授予单位名单，通过《学科评议组试行组织章程》。并决定学科评议组成员由原来的 400 人增至 500 人，还初步确定了博士、硕士学位证书格式。11 月 3

---

① 中央教育科学研究所：《中华人民共和国教育大事记（1949—1982）》，北京：教育科学出版社，1983 年版，第 595 页。

② 中央教育科学研究所：《中华人民共和国教育大事记（1949—1982）》，北京：教育科学出版社，1983 年版，第 617 页。

③ 中央教育科学研究所：《中华人民共和国教育大事记（1949—1982）》，北京：教育科学出版社，1983 年版，第 620 页。

④ 中央教育科学研究所：《中华人民共和国教育大事记（1949—1982）》，北京：教育科学出版社，1983 年版，第 623 页。

日，国务院批准我国首批博士学位授予单位为151个，学科、专业点812个，指导教师1150人，其中高等学校占70%；硕士学位授予单位358个，学科、专业点3185个，其中高等学校占84%。①

1981年11月23日，教育部发出通知，决定1981年招收首批攻读博士学位的研究生，并规定报考博士生的条件是：1980年、1981年毕业的研究生，年龄不超过40岁，学习年限一般为两年或三年。11月24日国务院学位委员会发出《关于做好应届毕业研究生授予硕士学位工作的通知》，强调在学位授予工作中要贯彻坚持标准、保证质量的原则。要求学位授予单位要尽速建立学位评定委员会，从思想上、组织上切实加强对学位授予工作的领导。并提出严格申请硕士学位的手续和建立学位档案。②

1981年12月10日，教育部发出通知，规定从1982年1月1日起，国家职工被录取为研究生的，一律实行人民助学金，不再享受原单位的工资待遇。并对没有参加过实际工作的研究生助学金标准、研究生在校学习期间的书籍费等作了规定。③

1981年12月19日，国务院学位委员会发出通知，对普通高等学校应届本科毕业生中达到学位条例第四条所要求的业务标准的，授予学士学位，不必另外组织学位考试和论文答辩，并强调在授学位工作中，必须坚持四项基本原则。④

1981年12月23日，教育部发出通知，要求做好1982年招收国内攻读硕士学位研究生和出国预备研究生工作，并颁发《关于1982年研究生招生工作的规定》，对招生工作的原则、报考手续、考试、政治审查、体格检查、学习期间待遇等有关事项作了规定。⑤

1982年1月5日，国务院学位委员会、教育部联合发出通知，下达经国务院批准的我国首批有权授予学士学位的458所高等学校名单。其中，综合大学

① 中央教育科学研究所：《中华人民共和国教育大事记（1949—1982）》，北京：教育科学出版社，1983年版，第629页。

② 中央教育科学研究所：《中华人民共和国教育大事记（1949—1982）》，北京：教育科学出版社，1983年版，第633～634页。

③ 中央教育科学研究所：《中华人民共和国教育大事记（1949—1982）》，北京：教育科学出版社，1983年版，第635页。

④ 中央教育科学研究所：《中华人民共和国教育大事记（1949—1982）》，北京：教育科学出版社，1983年版，第636页。

⑤ 中央教育科学研究所：《中华人民共和国教育大事记（1949—1982）》，北京：教育科学出版社，1983年版，第636页。

31所、理工学院169所、师范院校57所、财经院校18所、政法院校3所、语文院校10所、体育院校8所、艺术院校22所、民族院校9所、农林院校51所、医药院校80所。通知指出：在授予学士学位工作中，必须坚持社会主义方向。要求授予学士学位的学术水平是：高等学校本科毕业生，已完成教学计划的各项要求，经审核准予毕业，其课程学习和毕业论文（毕业设计或其他毕业实践环节）的成绩，表明确已较好地掌握本学科的基础理论、专门知识和基本技能，并有从事科研工作或担负专门技术工作的初步能力。①

1982年，国务院学位委员会就进行博士学位授予工作复文教育部、中国科学院，指出：（一）对个别在前几年招收的硕士学位研究生，入学前基础较好，入学后成绩突出，已提高了培养水平，增加了学习内容，在毕业时已经达到取得博士学位的学术水平的，应允许进行博士学位课程考试和论文答辩。对已达到标准的，可授予博士学位。（二）今年招收的博士生，经过一段时间的培养考核，个别成绩优秀者，确已达到取得博士学位的学术水平的，也可提前进行课程考试和论文答辩。在正式招收首批博士生进行答辩前，博士学位的授予工作，带有试点性质。因此，博士学位授予单位在进行这项工作之前，须经主管部门的批准，并报国务院学位委员会备案。②

1982年6月17日，中国大陆首次举行博士论文答辩，中国科学院高能物理研究所马中骐，中国科学院系统工程研究所谢惠民，中国科技大学李尚志、赵林成、白志东、冯玉琳6位研究生分别获得理学、工学博士。③ 1983年5月27日，国务院学位委员会和北京市人民政府在人民大会堂联合召开博士学位和硕士学位授予大会，马中骐、谢惠民等18人被授予博士学位。

据《光明日报》报道：到1982年6月底前，在毕业的78级和79级研究生中，已有8562名荣获硕士学位。其中，高等学校培养的占81.7%，科研机构培养的占18.3%。④

1982年7月17日，教育部印发《关于招收博士学位研究生的暂行规定》，并为此发出通知，鼓励符合报考条件的在职人员报考，要求考生所在单位从大局出发，积极推荐，大力支持。暂行规定中提出，博士生的培养目标是造就德

① 中央教育科学研究所：《中华人民共和国教育大事记（1949—1982）》，北京：教育科学出版社，1983年版，第643页。

② 中央教育科学研究所：《中华人民共和国教育大事记（1949—1982）》，北京：教育科学出版社，1983年版，第651页。

③ 引自《光明日报》，1982年6月17日。

④ 引自《光明日报》，1982年7月4日。

智体全面发展，在本门学科上掌握坚实宽广的基础理论和系统深入的专门知识，具有独立从事科学研究工作的能力，在科学或专业技术上做出创造性成果的高级科学专门人才。招生对象为已获得硕士学位的在职人员、应届毕业的硕士生或同等学力者，年龄不超过40岁。对博士生的录取原则是：全面衡量，确保质量，择优录取，宁缺毋滥。文件还对报考时间、手续等具体问题作了规定。① 1982年8月，全国有54所高等学校，15个科研单位，首次招收攻读博士学位的研究生428人，其中理学191人，工学137人，医学60人，其余为文、史、哲、教育、农学。②

1982年10月8日，教育部发出《关于1983年招收国内攻读硕士学位研究生和出国预备研究生工作的通知》，确定本年招收国内硕士学位研究生1.4万人，出国预备研究生1000人。通知强调要加强对考生的基础理论知识和技能、解决问题的能力及智能和创造性的考查。并对招生办法进行了改革，即全面进行复试，部分学科专业进行综合考试试点，对应届考生进行毕业论文（设计）的审核。通知对考试时间、报考条件、考试科目作出了具体规定。③

1982年11月30日，教育部、劳动人事部、中国科学院、中国社会科学院联合发出《获得硕士、博士学位研究生确定职称暂行办法》，规定：获得硕士学位的研究生，经过一定时期的工作实践，按有关职称规定进行考核，可确定讲师、助理研究员等相应职称。获得博士学位的研究生一般可按有关职称规定确定讲师、助理研究员等相应职称。入学前已取得讲师、助理研究员等相应职称的博士学位获得者，经过一定时期的工作实践，按有关职称规定进行考核，可确定副教授、副研究员等相应职称。④

1984年8月8日，教育部发出通知，在22所全国重点高等院校试办研究生院。

1985年7月5日，国务院批转了国家科委、国家教委、中国科学院关于试办博士后科研流动站的报告。11月，全国博士后科研流动站管理协调委员会确定，由北京大学等73个高等院校和科研机构首批试办102个科研流动站。

1985年开始，中国为未能接受研究生学历教育但具有相应学术水平和专业

① 中央教育科学研究所：《中华人民共和国教育大事记（1949—1982）》，北京：教育科学出版社，1983年版，第660页。

② 引自《光明日报》，1982年8月15日。

③ 中央教育科学研究所：《中华人民共和国教育大事记（1949—1982）》，北京：教育科学出版社，1983年版，第668~669页。

④ 中央教育科学研究所：《中华人民共和国教育大事记（1949—1982）》，北京：教育科学出版社，1983年版，第673页。

技术水平的人开辟了以研究生同等学力申请硕士、博士学位的通道。截至1998年8月，通过这一渠道获得博士、硕士学位的人数分别是578人和21599人。1998年在经过不断修订、补充和完善的基础上，国务院学位委员会颁布了《关于授予具有研究生毕业同等学力人员硕士、博士学位的规定》。

1990年，国务院第十次会议审议通过了《关于普通高等学校授予来华留学生我国学位试行办法》，到1997年，全国330所院校共接收来自150多个国家和地区的来华留学人员，其中享受中国政府奖学金的4569名留学生中，博士生占4.9%，硕士生占14.5%，本科生占33%；39035名非中国政府奖学金留学生中，博士生占2%，硕士生占4.6%，本科生占28%。[①] 这就显示出中国研究生教育与世界研究生教育存在较大差距。

1991年，国务院学位委员会批准设置工商管理硕士学位（MBA）以及建筑学、法律、教育、工程、临床医学、公共管理、农业推广、兽医等专业学位，到1998年，各种专业学位发展的情况如表2-11所示。

表2-11　1998年各专业学位发展情况②

学位名称	获权授予高校数（所）	已授学位（人）	就读规模（人）
工商管理硕士	56	3026	13890
法律硕士	22		3628
教育硕士	29		1700
临床医学硕士	23		1678
临床医学博士	23		
建筑学学士	16	4000	
建筑学硕士	12	200	
工程硕士	70		5690

专业学位的设置推动了复合型、应用型的高层次专门人才的培养。

1997年，国务院学位委员会修订完成了《授予博士、硕士学位和培养研究生的学科、专业目录》，将授予学位的门类确定为12个，将培养研究生的二级学科、专业从原来的654种调整为382种。

到1998年8月，中国共授予4.3万名博士学位、43万名硕士学位、460万

① 中华人民共和国教育部：《共和国教育50年》，北京：北京师范大学出版社，1999年版，第387页。

② 中华人民共和国教育部：《共和国教育50年》，北京：北京师范大学出版社，1999年版，第381页。

名学士学位；全国在学研究生达19.9万人，其中博士生4.5万人，本科生与研究生的比例为11∶1。[①] 这是一个相对合理的比例。

到1998年，依据“坚持标准，严格要求，保证质量，公正合理”的原则，全国进行了7次博士、硕士学位授予单位及学科、专业的审核，并每年进行学士学位授予单位及学科、专业的审核，全国有权授予学士学位的高等学校665所（含军队院校81所）；有权授予硕士学位的单位685个（其中高等学校537所），硕士学位授权学科、专业点8575个（其中高等学校7119个）；有权授予博士学位的单位323个（其中高等学校276所），博士学位授权学科、专业点1827个（其中高等学校1427个）；博士学位授权一级学科点383个（其中高等学校331个）。[②]

3. 学位泛滥质量减

1999年，随着高校扩招的实施，研究生教育也进入快速扩张阶段。研究生扩招过快，使中国学位制度的声誉受到毁灭性的影响，中国的博士、硕士迅速贬值。

学位的泡沫化始于20世纪90年代，在教育产业化的风潮里，学位的商品效应凸显；大批省部级官员在职攻读博士。各地的大学，看到授予学位有利可图，不论自身学术水平高低，有无科学研究实力，都争着建博士点、硕士点。大学的教师都要争当博导。其中有一批党政干部双肩挑成了博导。原来地方的大专和中专院校，也给纷纷升格，变成学院、大学，招收本科生乃至硕士生。

中国的学位教育基本上是全进全出，淘汰率接近于零，哪个评委要想对博士论文投否决票，马上成为公关对象，直到你放弃己见为止。这样的制度设计必然难以保证质量，美国博士生的淘汰率是38%，有的学科淘汰率高达70%～80%。[③] 2004年后一些学校将硕士生已经从三年缩短到两年，到期基本上都能拿到学位。

博士论文质量下降的特征之一是平庸。从选题到结论，都缺乏创见，甚至没有研究问题。科学研究应当基于怀疑批判的精神，但在许多博士的论文中一点也感受不到问题意识和批判精神。有兴趣才谈得上能力，但中国的博士培养

---

① 中华人民共和国教育部：《共和国教育50年》，北京：北京师范大学出版社，1999年版，第379页。

② 中华人民共和国教育部：《共和国教育50年》，北京：北京师范大学出版社，1999年版，第380页。

③ 梁子民、毕文昌：《我国学位制度由盛而衰》，引自《中国青年报》，2006年6月18日。

机制并不是以兴趣为中心，而是以考试为中心。许多博士生写论文的动机并不是研究学术，只是为了获得一个资格从而取得职业选择的优势地位。

詹伯慧教授就研究生教育与记者有一段对话①：

> 羊城晚报：在您的从教55周年研讨会上，看到您的很多学生、朋友从海内外赶来给您道贺，让人感动。您和学生关系真融洽，在现在大学里，这样的师生关系好像不多见了。
>
> 詹伯慧：我2005年才从暨大退休，之前一直带研究生。但1998年我不在国内，停招了一年。为什么要停招？因为我人都不在国内，不能让学生“放鸽子”，我要负责任啊！
>
> 我对现在研究生批量生产很看不惯。我从1990年设博士点，1991年开始招生到2005年，整整15年，一共只带了29个博士生，平均一年不到两个。在带博士生期间，我也基本上不再招硕士生。我带的研究生不多，每个学生我都真心对待。我太太常说，你花在学生身上的精力远比自己女儿多。我始终认为我必须尽心尽力把学生带出来，能看到他们在学术上成长，是我晚年最愉快的事情！
>
> 但现在有些高校存在这样的情况：研究生批量生产。有的老师又招博士生又招硕士生，学生太多，怎么带得过来？怎么可能尽心尽力关心他们？学生论文不认真写，又怎么可以容忍……我真是很“佩服”他们！
>
> 羊城晚报：这样批量生产，研究生的质量能不能得到保证？您对这个怎么看？
>
> 詹伯慧：不好说。我总是感到一种危机，担心我们的研究生质量像鲁迅说的“一代不如一代”。和我们老师那一代相比，我们已经深感自己差得太远了，后面的是不是每况愈下，我不敢说。但我们的教育，问题确实不少。

博士数量的迅猛增加与高校教职岗位、科研机构的研究岗位需要从业者有高学历之间相互推波助澜，有的地方招聘处级干部也明确提出应聘者学历须为博士；有的地方在职级晋升中也是明文规定学历标准，于是越来越多的人仅仅为找好工作或者为评职称而读博，使得原本培养研究型顶尖人才的博士生教育降格为普通“职业教育”。43.5%的人选择读博是因为找工作不顺利，通过读

① 何奔、吴进：《学生论文乱写老师通融　教授痛批研究生批量生产》，引自《羊城晚报》，2009年2月1日。

博推迟就业；39.2%的人认为读博只是为了获得进入高校或科研单位的“敲门砖”。[①]

中国研究生教育是在向前进，其中一些博士论文能上国际前沿学术刊物，在十年前是很难想象的，博士生的眼界和能力也大大提高，同时优劣差别加大。调查表明44.1%的人对博士的印象是“抄袭严重，水分很多”，56.8%的人认为一心为搞研究读博士的人太少了；50.6%的人感到现在的博士越来越多，已经不稀罕了；还有29.0%的人对博士的印象是“书呆子，创新能力较弱”[②]。

2007年全国招收研究生（不含在职人员攻读博士、硕士的）41.86万人，其中博士5.8万人，硕士36.06万人；毕业研究生31.18万人，其中博士4.15万人，硕士27.03万人。[③]

2008年全国招收研究生44.64万人，比上年增加2.78万人，增长6.64%；其中博士生5.98万人，硕士生38.67万人。在学研究生128.30万人，比上年增加8.80万人，增长7.36%；其中博士生23.66万人，硕士生104.64万人。毕业研究生34.48万人，比上年增加3.3万人，增长10.58%；其中博士生4.37万人，硕士生30.11万人。[④] 2008年中国大陆拥有博士授权资格的高校超过310所，而美国只有253所。博士生数也超过美国成为世界上最大的博士学位授予国家，许多大学为了设立博士点，费了九牛二虎之力，投入巨额资金，指望这棵摇钱树有朝一日能摇钱，这成为研究生教育失控泛滥的深层原因。

重建严格的学术标准，依照培养专门研究人才的逻辑设计研究生教育程序，压缩博士的招生规模，改变博士生培养的双轨制，让已经形成的利益链受约束，提高博士生的学术水平，已成为当务之急。

---

① 肖舒楠、刘跃：《我国成最大博士授予国　读博功利化现象突出》，新华网，2009年7月28日。

② 肖舒楠、刘跃：《我国成最大博士授予国　读博功利化现象突出》，新华网，2009年7月28日。

③ 中华人民共和国科学技术部：《中国科学技术发展报告（2007）》，北京：科学技术文献出版社，2008年版，第49页。

④ 《2008年全国教育事业发展统计公报》，引自人民网，2009年7月20日。

第六节　幼儿教育发展情况

中国幼儿教育的发展在六十年里反复波动，六十年里幼儿教育发展的基本数据如下页表2－12所示。

1949年，不含港澳台地区全国共有1300所各类幼儿园，在园幼儿数13万人；2008年，全国在园幼儿数2 475万人，以在园人数相比，2008年是1949年的190倍，可谓名副其实的百倍增长。

百倍增长的过程充满曲折。1949年后中国幼儿教育经历了1950—1957年、1962—1965年、1983—1995年三个稳步发展阶段，1958—1962年、1975—1982年两个大起大落阶段，1995—2002年大幅度下滑阶段和2002—2008年的缓慢回升阶段，幼儿园入园数在1958年和1995年先后两次达到高峰。前一次高峰的背景是政治上的大跃进，数据的真实性值得怀疑；后一次则是相对真实的。当然，在低潮阶段确有一些地方由于特殊的原因，幼儿教育人力、物力、财力得到可靠的支持，因而得到比较好的发展，如江苏如东县1972年幼儿入园率就达到80%。①

20世纪50年代初，各地采取了公办和民办并举的方针发展幼儿教育。到1957年，全国托儿所、幼儿园已达18 534所，是1949年1300所的14倍多；入学幼儿数达108.1万人，是1949年的8.4倍，② 教育质量也有所提高。20世纪70年代前期幼儿园数量缓慢增长，70年代后期到1983年则有所下降，1983年到1995年保持较快地持续稳步增长，自1996年后开始全面下滑，2001年滑到谷底，此后又有缓慢的回升。但直到2009年，中国学前教育的发展可以说仍处在“阴转多云”的状态。

在1996年幼儿教育出现明显下滑的趋势后，1997年，国家教委制订了

① 孙爱月：《当代中国幼儿教育》，福州：福建人民出版社，1991年版，第36页。

② 《中国教育年鉴（1949—1981）》，北京：中国大百科全书出版社，1984年版。

《全国幼儿教育事业“九五”发展目标实施意见》，提出2000年全国学前三年幼儿入园率为45%，这一目标与2008年全国学前三年入园率47.3%的事实对比，问题不言而喻。

表2-12　1949年至2006年中国幼儿教育事业发展统计一览①

年份	幼儿园数（万所）	入园幼儿数（万人）	幼儿教职工数（万人）	年份	幼儿园数（万所）	入园幼儿数（万人）	幼儿教职工数（万人）
1949	0.13	13.0	0.25	1982	12.21	1113.1	
1950	0.18	14.0		1983	13.63	1140.3	
1951	0.48	38.2		1984	16.65	1294.74	
1952	0.65	42.4		1985	17.23	1479.69	
1953	0.55	43		1986	17.34	1628.98	88
1954	0.63	48.4		1987	17.68	1807.84	
1955	0.71	56.2		1988	17.18	1836.53	
1956	1.85	108.1	9.18	1989	17.26	1847.66	
1957	1.64	108.8		1990	17.23	1972.23	
1958	69.53	2950.1		1991	16.45	2209.28	
1959	53.20	2172.2		1992	17.25	2428.21	
1960	78.5	2933.1		1993	16.52	2552.53	
1961	60.3	289.6		1994	17.47	2630.27	
1962	1.76	144.6		1995	18.04	2711.23	
1963	1.66	147.2		1996	18.73	2666.32	96.2
1964	1.77	158.9		1997	18.25	2518.96	117.3
1965	1.92	171.3	16.2	1998	18.14	2403.03	
				1999	18.11	2326.25	
1973	4.55	245		2000	17.58	2244.18	
1974	4.03	263.8		2001	11.17	2021.8	
1975	17.17	620		2002	11.18	2036.0	
1976	44.26	1395.5		2003	11.64	2003.91	
1977	26.79	896.8		2004	11.79	2089.4	
1978	16.4	787.8		2005	12.44	2179.0	
1979	16.65	879.23		2006	13.05	2263.85	
1980	17.04	1150.77		2007	12.9	2348.8	131.7
1981	13.03	1056.21	43	2008	13.37	2475.0	143.4

幼儿教育的数量和规模六十年来有很大发展，而相对于其他学段幼儿教育

① 中国学前教育研究会：《百年中国幼教（1903—2003）》，北京：教育科学出版社，2003年版，第33页；教育部年度统计数据。

的发展也显得“幼儿”，截至2008年，学前三年的毛入园率才达到47.3%。

中国幼儿教育发展在六十年里反复波动，这一现实状况背后的首因在于管理。

1949年教育部就设有幼儿教育处，1950年，中国政府将一部分私立幼儿园改为公立幼儿园，将200所外国慈善机构办的幼儿园接管过来。①

1951年8月，中央人民政府政务院在《关于改革学制的决定》中明确“幼儿园是整个学制的第一环，是新中国教育事业的组成部分，必须认真办好”，并规定“幼儿园招收三至七岁幼儿，使他们的身心在入小学前获得健全的发展”。各地采取了公办和民办并举的方针发展幼儿教育。1952年，教育部颁发试行了《幼儿园教育规程》，明确规定幼儿园应对幼儿进行初步的全面发展教育。与此同时，还颁发了《幼儿园暂行教学纲要》，对各年龄段班级的教育内容提出了具体的要求。

1955年1月8日，国务院发出《关于工矿、企业自办中小学和幼儿园的规定》。规定提出：各工矿企业为解决本单位职工子女上学的要求，得根据需要与可能的原则，单独或联合创办职工子弟小学和幼儿园，或对教育部门设在其附近的学校和幼儿园给予物质上的帮助。同时，对这类学校和幼儿园的设立、变更或停办的审批办法、工矿企业和教育部门各自应负责的事项等作了规定。6月25日，教育部发出通知：部队、机关、厂矿、企业部门办理小学、幼儿园所需教师、教养员由当地教育部门负责解决。各省市教育厅局要把上述各单位所需教师、教养员编制在中等师范教育事业计划之内。②

1956年2月23日，内务部、教育部、卫生部三部委在《关于托儿所、幼儿园的几个问题的联合通知》中，对托儿所、幼儿园的发展方针、领导关系及培养干部等问题作了规定。明确幼儿教育管理上实行“统一领导，地方负责，分级管理和有关部门分工负责”的管理体制，遵循“又多、又快、又好、又省”的发展方针。提出随着国家经济建设和文化建设的日益发展，将有更多的妇女参加生产劳动和社会工作，托儿所和幼儿园也必须有相应的增加，根据需要与可能的条件积极发展托儿所、幼儿园。在城市，提倡由厂矿、企业、机关、团体、居民举办；在农村则提倡由农业生产合作社举办季节性托儿所和幼儿园；教育行政部门在可能的条件下办一些幼儿园，起示范作用。托儿所、幼儿园可

① 中华人民共和国教育部：《共和国教育50年》，北京：北京师范大学出版社，1999年版，第392页。

② 中央教育科学研究所：《中华人民共和国教育大事记（1949—1982）》，北京：教育科学出版社，1983年版，第121页。

用多种多样的办法办理，但必须以整日制（即日托）为努力方向。托儿所统一由卫生行政部门领导，幼儿园统一由教育行政部门领导。[①]

1958年，幼儿教育被绑上“大跃进”的战车[②]。1958年9月19日，中共中央、国务院在《关于教育工作的指示》中，对幼儿教育的发展提出：全国应在三年到五年的时间内基本完成“使学龄前儿童大多数都能入托儿所、幼儿园的任务”。1958年12月，中共八届六中全会通过的《关于人民公社若干问题的决议》还提出：公社“要办好托儿所和幼儿园，使每一个孩子比在家里生活得好，教育得好……父母可以决定孩子是否需要寄宿……公社必须大量培养托儿所和幼儿园的合格的保育员和教养员”。

在当时强调数量发展的形势下，“三天托儿化”、“一夜托儿化”、“实行寄宿制，消灭三大差别”等口号和行动在农村纷纷出现，将全村幼儿集中同吃、同住。1957年，全国幼教机构1.64万处，1958年猛增至69.53万处。其中，教育部门主办的幼儿园数只从1957年的4400处增至1958年的4500处，而农村幼儿园则从1957年的8600处猛增至1958年的68.6万处；1960年浮夸跃进仍在继续发展，全国幼儿园又增至78.5万处，入园幼儿增至2933.1万人(1959年为217.2万人)。这样的发展速度大大超越了当时农村的经济发展水平，违背了幼教事业发展的客观规律。

在这种情况下，教育部对有的地区适应现实条件和幼教特点的比较理智的措施颇为重视，并将有关文件原文转发至全国各地，力图对发展失控地区能有积极影响。1958年7月22日，教育部转发了江苏等省关于办农村幼儿园的四个文件的通知，是当时具有代表性的一个文件。但是，这类文件未能从根本上改变农村幼教机构发展失控的状况，到了1961年幼儿园数才比1960年下降了18.2万所，1962年才由1961年的60.3万所回归到正常的1.76万所。

1960年，教育部撤销幼儿教育处，裁减幼教管理干部，造成幼儿教育十八年没有全国的统一领导协调机构。1962年到1965年，中央政府对发展幼儿教育方针又走向与1957年完全相反的极端，提出“保留、撤销、充实”[③] 的原则进行全面调整。1966年后幼儿园的管理事实上陷入混乱，其中有八年的幼儿教育

---

① 中央教育科学研究所：《中华人民共和国教育大事记（1949—1982)》，北京：教育科学出版社，1983年版，第157页。

② 史慧中：《中华人民共和国幼儿教育五十年大事记》，引自《幼儿教育》，1999年第11期。

③ 中华人民共和国教育部：《共和国教育50年》，北京：北京师范大学出版社，1999年版，第393页。

数据都无处查找，幼儿园数量在八年间增长1.5倍，在园幼儿数却仅仅增加不到三分之一。

1966年至1976年的“文化大革命”期间，幼儿教育陷入混乱。1975年到1977年，幼儿教育出现增长的小高峰，这一小高峰同样显现出幼儿园数量增长较多、在园幼儿增长不多的特征，支持这样发展的背后依然存在一些非理性的成分。

1978年开始，教育部恢复了幼儿教育处的设置，一些省、直辖市、自治区的教育厅局也陆续恢复或新建了幼儿教育管理与教研机构，逐步恢复和完善了统一领导、分级管理的管理体制。1979年，国务院召开全国托幼工作会议，成立了由教育部等13个部委组成的全国托幼工作领导小组。先后颁布了《城市幼儿园工作条例（试行草案）》、《幼儿园纲要（试行草案）》，使幼儿教育事业脱离了无序状态。1981年5月27日，国务院托幼工作领导小组和全国妇联在中南海召开京津两地托儿所、幼儿园代表座谈会，与会者认为四化需要人才，人才需要培养，人才的培养要从幼儿抓起，全社会要齐心协力做好这从小为国家培养人才打基础的工作。国务院副总理万里说：幼儿教育工作是一门科学，要发展幼儿师范，大学也应设立幼儿教育专业，以提高幼儿教育质量。[①]

1981年10月31日，教育部颁发了《幼儿园教育纲要（试行草案）》，提出要防止幼儿园教育小学化、成人化；幼儿园要主动争取社会、家庭的支持。[②]

1981年前，中国农村幼儿教育几乎可以说是空白，而开放后农村经济发展刺激了对幼儿教育的需求增长。1983年5月，中共中央、国务院发出《关于加强和改革农村学校教育若干问题的通知》，明确提出“积极发展幼儿教育”的要求。同年，教育部颁布了《关于发展农村幼儿教育工作的意见》，根据农村经济发展和幼儿教育的状况，提出要根据农村经济体制改革的新形势，积极创造条件，有计划地发展农村幼儿教育。该意见对促进农村幼儿教育发展产生了实际的效果，1984年至1989年，农村幼儿园稳定在12万至13万所之间，入园幼儿在1000万到1200万之间。

1987年，经国务院批准，国家教委召开了自1949年以来的第一次全国幼儿教育工作会议，确定了动员和依靠社会各方面的力量，有计划、有步骤、多渠道、多形式地发展幼儿教育事业的方针，倡导国家、集体、个人共同投资协助。

---

① 中央教育科学研究所：《中华人民共和国教育大事记（1949—1982）》，北京：教育科学出版社，1983年版，第619页。

② 中央教育科学研究所：《中华人民共和国教育大事记（1949—1982）》，北京：教育科学出版社，1983年版，第631页。

中国幼儿教育的发展进入一个高峰，农村幼儿教育发展也进入比较好的时期。到了90年代，农村幼儿园仍占多数，但所占比例下降，从1989年占全国总数的69.5%下降到1999年的56.3%，同期县镇幼儿园数增长11个百分点，在园幼儿数增长近10个百分点，城市幼儿园也有所增长。

幼儿教育大起大落主要是由于仅仅依靠行政命令发展幼儿教育，缺乏相应的管理体制支撑。1990年，国务院颁发的《九十年代中国儿童发展规划纲要》中，提出90年代中国儿童生存、保护和发展的主要目标，提出在全社会大力倡导“树立爱护儿童，教育儿童，为儿童做表率，为儿童办实事的公民意识”，“积极发展学前教育，坚持动员社会力量，多渠道、多形式地发展幼儿教育”，城市入园（班）率达到70%，农村学前一年的幼儿入园（班）率达到60%，在经济欠发达的农村与人口居住分散、交通不便的山区和牧区，要利用多种形式进行学前教育。①

1997年，全国3～6岁幼儿入园率从1986年的24%提高到41%；农村3～6岁幼儿入园率从1986年的17.4%增长到28.4%，尚未达到《九十年代中国儿童发展规划纲要》确立的目标。国家教委又制订了《全国幼儿教育事业“九五”发展目标实施意见》，提出2000年全国学前三年幼儿入园率达到45%以上的发展目标。② 这一目标因接下来遇到幼儿教育的下滑而没有如期实现，这些目标在十年后的2007年学前教育的毛入学率才达到44.6%，其中还有相当一部分进的是学前班而非幼儿园。中国3周岁以上的学前适龄幼儿在1998年约有7000万，③ 2008年约有6000万，大约为世界同龄幼儿的五分之一到六分之一，整体上中国公共幼儿教育发展却相对滞后。

1996年后，幼儿教育管理上不到位导致农村幼儿园在园人数连续多年下降，直到2005年，仍低于1990年的水平。2005年与2000年相比，农村幼儿园数量从9.3万所减少到6.02万所，减少了35%；在园人数减少146万，减少了12.5%。农村学前班从2000年的28.53万个减少到2005年的22.85万个，减少了19.9%。

20世纪90年代后期，全国各地抓“两基”验收，“两基”成为“硬任

---

① 中华人民共和国教育部：《共和国教育50年》，北京：北京师范大学出版社，1999年版，第397页。

② 中华人民共和国教育部：《共和国教育50年》，北京：北京师范大学出版社，1999年版，第397页。

③ 中华人民共和国教育部：《共和国教育50年》，北京：北京师范大学出版社，1999年版，第391页。

务”，而当时中央和省市级政府投入的教育资源较少，实现“两基”需要村民大量集资，对于属于“两基”以外的幼儿教育则无暇顾及。学前教育在各地都被划到“两基”之外，不像“两基”那样与当地政府的政绩考核挂钩，所以自1996年以来学前教育出现下滑，各地对幼儿教育的管理睁一眼闭一眼。因抓“两基”而放弃学前教育的现象大量出现。

在计划经济年代，工矿企业、机关学校、社会团体、部队为解决自身职工子女的托育问题，绝大多数都办起了托儿所、幼儿园。据1986年统计，仅天津市就有厂矿企业办园114所，全军办园2800多所，铁路系统办园630多所，东北老工业基地企业办园基础尤为雄厚。1988年全国企业办园2.78万所，占当年全国幼儿园总数的12%；在园幼儿302.88万人，占全国在园幼儿总数的18.6%，且办园质量普遍较高。然而在向市场经济转换过程中，各企业为了应对激烈的市场竞争，就必须分离出此前所办的社会职能，幼儿园也成为被分离的对象，由于相关的政策衔接不紧凑，导致大量原来企业办得很好的幼儿园被推向市场、承包。事实证明，采用办企业的机制来办幼儿园不仅在理论上而且在实践中也是行不通的，大量优质幼儿师资因拿不到工资而流失，学前教育因此而严重滑坡。

表2-13　企业及部门办幼儿园数量变化①

年　度	1990	1995	2000	2001	2002	2003	2004	2005
园数（万所）	2.8	2.3	1.56	1.15	0.96	0.91	0.82	0.58
在园幼儿（万人）	339.9	329.6	255.5	207.3	189.2	181.2	164.3	129.0

黑龙江企业办园曾有过辉煌的发展，1997年国企、农垦、森工等办园929所，在园幼儿15万人，占全省幼儿园数量的三分之一。其中仅农垦所办208所幼儿园中就有4所省级示范幼儿园。学前三年教育普及率达到50%。幼儿教师大都是从幼儿师范毕业，有职称，获得教师资格证。当时企业办园积极性高、经费充足，企业园所占地面积广，收托幼儿多，办园规模大，教育质量高。切实解决了企业职工的后顾之忧，满足了广大家长让子女接受幼儿教育的需求。在区域内没有教育系统办园的情况下，企业办园发挥了骨干、示范和带头作用，为学前教育的发展和九年义务教育的普及奠定了坚实的基础。

然而随着企业的改制，企业分离办社会职能改革的深入，到2004年底，黑龙江省企业办园仅剩301所，减少了67%。以农垦系统为例，2004年与1998年相比幼儿园减少123所，在园幼儿减少10190人，专任教师减少1112人，园

① 此表数字源于教育部统计数据。

舍面积减少28 878平方米。大量原来办得较好的幼儿园被出售、承包、改作他用、推向市场，导致优质幼教资源大量流失，幼儿入园率下降，幼儿教师的权益失去保障，其中森工系统教师平均工资只能拿到300元，最低的只能拿到140元。①

幼儿教师是幼儿教育发展的关键，而幼儿教育教师又是目前最薄弱的环节。合格幼儿教师稀少、没有职称的幼儿教师比例越来越大、师生比过低，成为六十年来越来越严重地制约幼儿教育发展的因素。

自从1995年后，各地兴起医疗、住房等体制改革的同时，也兴起幼儿体制改革，其初衷是发展民办幼儿教育，而在发展过程中却变为政府抛弃幼儿教育责任的行为，公办幼儿园数量逐年下滑，导致幼儿教育发展全面滑坡。

表2-14　公办（含集体办）幼儿园下滑情况一览②

年　度	1990	1995	2000	2001	2002	2003	2004	2005
幼儿园数（万所）	14.4	13.6	11.59	5.57	5.38	5.2	4.8	4.97
在园幼儿（万人）	1632.4	2271.6	1704.4	1472.6	1446.4	1342.4	1341.0	1381.93

2002年后中国幼儿教育的现状可表述为③：

（1）城镇幼儿园在园人数平稳升高。2005年全国城镇幼儿园总数达6.418万所，比上年增加480所；在园幼儿数达1162.1万人，比上年增加69.4万人，增长了6.4%。“十五”与“九五”相比，城镇幼儿园在园人数增加80.8万，增长了7.5%，园所数减少1.782万所，减少了21.7%，幼儿园的办园规模从2000年的131.9人增加到2005年的181人，表明城镇幼儿园的办园规模在逐渐扩大。

（2）农村幼儿园在园人数连续多年下降的局面得到控制。2005年，全国农村幼儿园总数比上年增加5920所，在园幼儿增加20.3万人。全国农村幼儿园在园人数从1996年开始持续下降，2004年开始回升，但到2005年，仍低于“七五”末的1990年的水平。2005年与2000年相比，农村幼儿园数量从9.3万所减少到6.02万所，减少了35%；在园人数减少146万，减少了12.5%。农村学前班从2000年的28.53万个减少到2005年的22.85万个，减少了19.9%。

（3）民办幼儿园发展迅速。2005年民办幼儿园比上年增加6600所，增长

① 前述数据均为实地调研所得。

② 数据来源于教育部年度统计。

③ 这里引用的数据均为教育部年度统计数据。

了10.6%，在园幼儿数比上年增加84万，增长了14.6%，增长幅度较大。“十五”期间民办幼儿园发展迅猛，与“九五”相比，幼儿园园数增加24518所，增长了55.3%，在园幼儿数增加383.8万，增长了1.35倍。社会力量兴办幼儿教育取得了显著成效，在一定程度上缓解了城乡集体办园和企事业单位办园急剧减少带来的入园难的问题，但同时管理不良的问题逐渐加剧。

（4）政府办幼儿园增长缓慢，集体办幼儿园和其他部门所办幼儿园大幅度减少。2005年政府委托教育部门办幼儿园比2000年减少9539所，在园幼儿数占全国在园幼儿总数的52.7%，比2000年增加238万人，增长了26.2%。教育部门办幼儿园的规模在逐渐扩大。2005年与2000年相比，集体办幼儿园减少56 668所，在园幼儿减少560.5万，减少了70.5%；其他部门办园数量减少9753所，在园幼儿减少126.5万，减少了49.5%。

（5）幼儿教师问题严重。受整个社会学历抬高的影响，虽然幼儿教师学历程度提高较快，但合格幼儿教师稀少，没有职称的幼儿教师比例越来越大，师生比过低。2005年幼儿园教职工总数为115.2万人，比上年增加10.5万人，增长了10%，其中：专任教师增加6.6万，园长增加1.1万，保健人员增加了1万，其他人员增加1.85万。全国幼儿园教职工总数恢复到2000年的水平，并略有增长。

“十五”期间，中国幼儿园教师学历得到明显提高。2005年，专科毕业学历的幼儿教师有35.98万人，比上年增加了5.14万人，增长了16.7%；硕士和本科毕业学历的幼儿教师有5.12万人，比上年增加1.82万人；专科及以上学历的幼儿教师已占全国幼儿教师总数的49.2%，比上年增长了3.6%。专科以上学历的幼儿教师数量比2000年增长了36.79%。2005年，高中毕业学历的幼儿教师占幼儿教师总数的46.6%，比上年增加1.22万人；高中以下毕业的幼儿教师有3.6万人，比上年略有减少。高中及以下学历幼儿教师比2000年减少了37.3%。

（6）没有职称的幼儿教师比例过大。全国没有职称的幼儿教师2001年占48.0%，2003年占50.4%，2005年占54.5%。2005年比上年又增加2.3个百分点，其中，城市幼儿教师中没有职称的占47.56%，县镇占50.32%，农村占71.94%。没有职称的幼儿教师数量的增加与其学历迅速提高的状况形成强烈反差，说明应尽快落实幼儿教师职称评定工作，以促进幼教事业的稳定发展和教育质量的提高。

（7）全国幼儿园师生比过低。2005年全国幼儿园平均师生比为1:30.2，其中，农村幼儿园师生比为1:36.1，远远超出国家规定的全日制幼儿园1:7～8的师生比，特别是农村幼儿园师生比过低的状况没有得到缓解。

（8）各地幼儿教育事业发展不均衡。“十五”期间，西部地区大部分省幼儿教育事业呈现积极发展的态势，其中，贵州、湖南、青海、云南、西藏、新疆、广西等省、自治区的幼儿园在园人数增长达到20%以上。同期一些中部人口大省入园人数逐年减少或停滞不前，形势十分严峻。幼儿教育事业发展的不均衡还体现在家庭对幼儿教育重视的程度远远高于政府的政策措施所能发生作用的范围和程度，以致越来越多的家庭对幼儿教育过度不恰当地选择和投入。

（9）幼儿园办学条件随各地经济发展水平提高有所改善，但速度相对迟缓。2005年，全国幼儿园建筑面积达到8619.3万平方米，比上年增加了792万平方米，生均建筑面积3.96平方米，比上年增加0.22平方米；户外活动场地总面积7000万平方米，比上年增加398万平方米，生均3.21平方米，比上年增加0.05平方米；图书共7000万册，比上年增加837万册，生均图书3.21册，比上年增加0.26册。

“十五”与“九五”相比，幼儿园建筑面积增加了2579万平方米，生均建筑面积增加了0.97平方米，户外活动场地总面积增加了1845万平方米，图书增加了2818万册，幼儿园各项办学条件的指标都有所提高。与经济发展速度相比，幼儿园设施改善的速度相对迟缓。

在整个社会快速发展、家庭对幼儿教育期待不断升高的大背景下，公共幼儿教育发展出现波折和迟缓的状态不能不引起注意，其中最值得思考的是现行幼儿教育的管理体制。

2005年，全国3～6岁学前三年的儿童有近6000万人，只有2179万人入园就读，还有60%以上的幼儿没有入园，农村则有70%以上的幼儿没有入园。幼儿园总量不足的同时，公办幼儿园尤其偏少。附设在农村小学的幼儿园和学前班随着小学布局调整而合并或停办。全国农村幼儿园减少了49%，在园人数减少了38.7%，从1995—2005年全国城乡幼儿园园数及在园人数变化情况如下页图2－17与图2－18所示。

2007年，虽然幼儿教育总规模发展取得新进展，但总体水平仍较低，农村幼儿入园难的问题仍较突出。2007年，全国幼儿园数达12.91万所，比上年减少1409所，比2002年增加1.7万所。全国在园（包括学前班）幼儿人数达2348.83万人，比上年增加84.98万人，增长3.75%，比2002年增长15.4%。其中小学附设幼儿班或学前班690.05万人，占29.38%，学前教育毛入学率44.6%，比上年提高2.1个百分点，比2002年提高了7.8个百分点。新入园幼儿1433.6万人，比上年增加42.3万人，增长3.0%。幼儿园园长和教师95.19万人，比上年增加5.37万人。与上年相比，2007年幼儿教育总规模保持持续增长的势头。

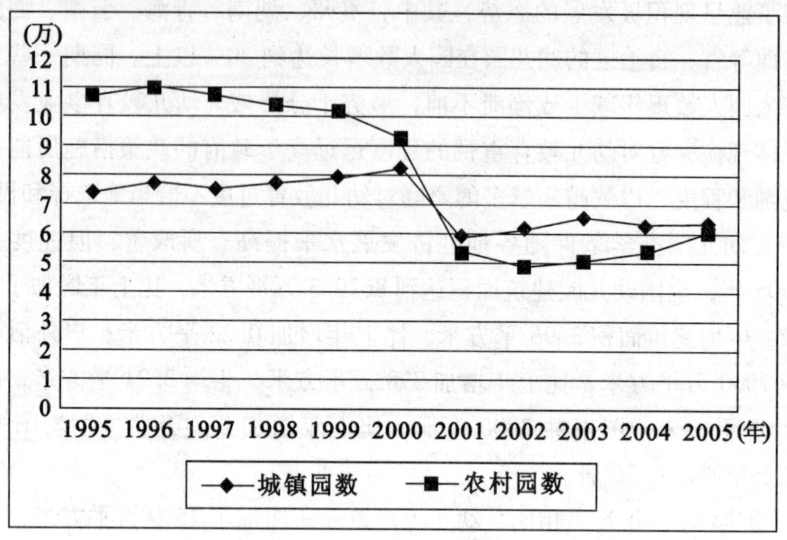

图 2-17 1995—2005 年全国城镇与农村幼儿园园数变化情况

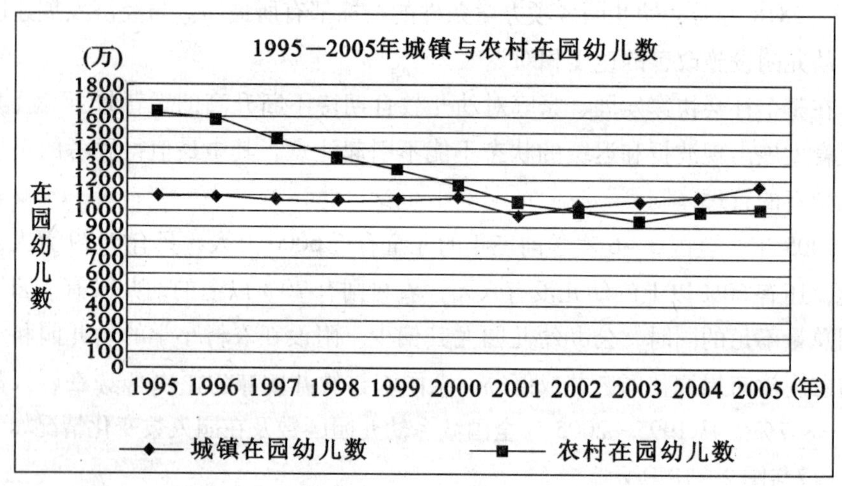

图 2-18 1995—2005 年全国城镇与农村幼儿园在园人数变化情况

由于总体上普及水平仍然较低，不仅难以满足人民群众的迫切要求，也不利于义务教育的协调发展。特别是农村幼儿教育的发展与城市仍存在巨大差距，各地区之间发展不平衡，不利于义务教育实现均衡发展。从近年来幼儿教育每年 1 ~2 个百分点的增长速度上看，要按时完成“十一五”发展规划纲要 55% 的目标，仍有较大难度。幼儿教育不仅普及水平低，而且城乡差距大。从小学招生中接受过学前教育的比例来看，2007 年城市高达 95.5%，而农村仅为 85.5%，城乡差距高达 10 个百分点。

不同地区增长势头也有明显差异。与上年相比，2007 年，东部、中部、西

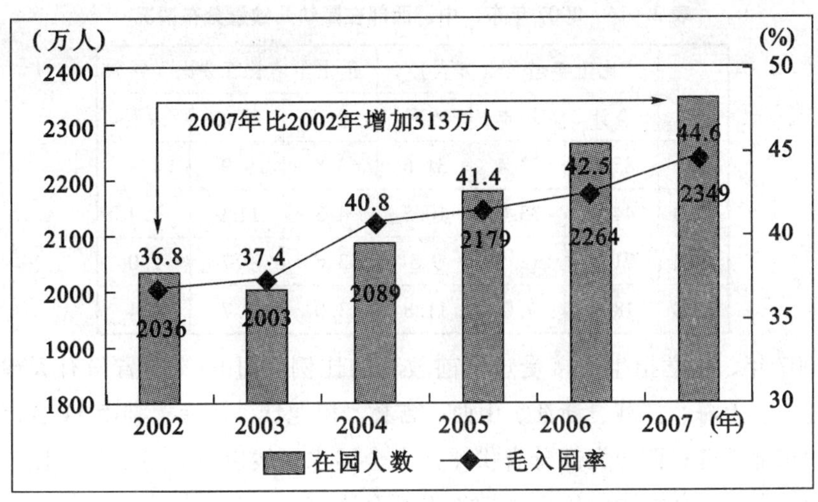

图2－19 2002年至2007年学前教育发展情况

部地区在园幼儿数分别增加44.4万、21.8万和18.8万，增长了4.3%、3.6%和3.0%，东部增量占全国增量一半以上。以省份统计，江苏、西藏和新疆三个省份在园幼儿数比上年增幅超过10%；北京、浙江、福建、安徽等六省超过5%，其他省份均低于5%。从城乡来看，西部农村地区在园幼儿数增长较快，比上年增长11.8万人。总体上农村增长极其缓慢。

相对于2007年小学106.2%、初中98%、高中66%、高等教育23%的毛入学率，幼儿教育毛入学率显著偏低。每万人平均在校学生数，高等教育阶段为1924人、高中阶段为3409人、初中阶段为4364人、小学阶段为8037人，幼儿阶段仅为1787人，甚至低于高等教育，也显得过低。小学招生中接受过学前教育的比例较前提高。2007年小学招生中接受学前教育的比例持续增长，达到87.2%，比上年提高2.5个百分点，但区域差异明显，西部地区城乡差异显著。西部地区小学招生中接受学前教育的比例为76.9%，比东部、中部分别低17个百分点和13.1个百分点。从城乡来看，西部农村地区小学招生中接受学前教育的比例为74.4%，低于城市17.7个百分点。

表2－15 2007年小学招生中接受过学前教育的比例（单位:%）

	总体比例	城市	农村
合计	87.2	95.5	85.5
东部	93.9	95.4	93.4
中部	90.0	96.7	88.9
西部	76.9	94.6	74.4

表 2-16　2007 年东、中、西部在园幼儿数量分布情况

	比上年增量（万人）			比上年增长百分比（%）		
	合计	城市	农村	合计	城市	农村
合计	85.0	53.4	31.6	3.8	9.9	1.8
东部	44.4	33.9	10.5	4.3	11.9	1.4
中部	21.8	12.5	9.3	3.6	9.7	2.0
西部	18.8	7.0	11.8	3.0	5.7	2.4

2007 年，小学招生中接受过学前教育的比例超过 95% 的省份有天津、河北、辽宁、上海、江苏、浙江、山西、吉林、黑龙江、河南、湖南 11 省市，集中在中东部地区；西部大部分省份比例在全国水平线以下。与上年相比，小学招生中接受过学前教育的比例多数省份都有所增长，提高幅度大且超过 3 个百分点的有河北、宁夏、海南、新疆、云南、广西、河南、山西八省，集中在中西部地区。

幼儿阶段需要依据幼儿特点开展教育，独立设置的幼儿园优于小学附设幼儿教育单位。中西部地区小学附设学前教育规模数所占比例较高，西部农村超过一半。

2007 年，全国小学附设学前教育人数为 690.1 万人，占学前教育总规模的 29.4%。西部地区小学附设学前教育人数为 279.9 万人，占学前教育总规模的 43.8%，分别高于东部、中部 27.1 和 7.1 个百分点。

全国农村小学附设学前教育人数占学前教育总规模的比例为 37.0%，高于城市 30.4%。其中，西部农村地区该比例高达 51.8%，比城市高 39.5%，其中贵州、广西、青海、宁夏四省比例超过 60%。

表 2-17　2007 年东、中、西部小学附设学前教育人数分布情况

	小学附设学前教育人数（万人）			所占比例（%）		
	合计	城市	农村	总体比例	城市	农村
合计	690.1	39.3	650.8	29.4	6.6	37.0
东部	181.8	12.1	169.7	16.7	3.8	22.1
中部	228.4	11.1	217.3	36.7	7.8	45.3
西部	279.9	16.1	263.8	43.8	12.3	51.8

基于幼儿教育事业发展整体呈现不均衡态势，与经济发展速度相比，幼儿教育发展及设施改善的速度相对迟缓；不均衡还体现在家庭对幼儿教育重视的程度远远高于政府的政策措施所能发生作用的范围和程度，在家庭对幼儿教育

期待不断升高的大背景下，公共幼儿教育发展出现波折和迟缓，其中最值得思考的是现行幼儿教育的管理体制导致越来越多的家庭对幼儿教育过度不恰当地选择和投入。出现这种状况的原因在于人们对幼儿教育的发展存在观念的冲突。

2008 年，全国幼儿园数、在园幼儿数、幼儿园园长和教师数均有增加。2008 年，全国共有幼儿园 13. 37 万所，比上年增加 0. 46 万所；在园幼儿数（包括学前班）2474. 96 万人，比上年增加 126. 13 万人；幼儿园园长和教师共 103. 2 万人，比上年增加 8. 01 万人。①

20 世纪二三十年代是中国近代学前教育史上最活跃的时期，陶行知、张雪门、陈鹤琴、张宗麟等杰出幼儿教育学者，抱着追求幼儿教育中国化、科学化的信念，创办试验性、研究性很强的幼儿园，为农民举办学前教育机构，确实开辟出一块块幼儿教育的新大陆。

20 世纪 50 年代，片面、机械地学习苏联，与教育上的其他学段一样，幼儿教育的自觉与自主意识大为降低，保守、僵化以及“文化大革命”使幼儿教育处于混乱阶段。1980 年后，多样性幼儿教育思潮的涌入冲淡了行政命令“一边倒”的氛围，但幼儿教育学科自觉自主意识却未能很好确立，盲目模仿外国的倾向出现，对来自外国的教育学思潮、理论、活动设计等不作具体分析地简单移植，出现新的全盘西化现象，这事实上是幼儿教育学科自觉自主性尚未确立的另一种表现。在幼儿教育学理思维上未能超出 1919 年至 1937 年之间的水平，没有出现幼儿教育理论与实践方面的大家，一些幼儿教育实践和理论探索也被迫中断。

20 世纪 90 年代以来，世界范围的幼儿教育民主化发展到对教育公正的追求，其内涵包括教育机会均等、教育选择自由、资源分配公平。从近代历史的曲折可以看出，目前中国幼儿教育最为迫切的是要确立幼儿教育的学科自觉性和自主性，在此基础上去探索中国幼儿教育的科学化、大众化、民族化的自主兼容的发展之路。

立足于人类社会未来的整体发展，依据儿童的身心条件，运用千百万年人类积累起来的幼儿教育知识、方法和经验，建设好现实中的每一所幼儿园，尽可能为每一个家庭和儿童提供适合其个性特征的幼儿教育，走上自觉自主发展之路，是中国幼儿教育今后努力的方向。

---

① 《2008 年全国教育事业发展统计公报》，引自人民网，2009 年 7 月 20 日。

第七节 远程教育发展情况

中国的远程教育起源于电化教育，并随着远程教育技术的发展而逐渐扩大。

一、不远的源头

1949年，北京人民广播电台和上海人民广播电台举办俄语讲座，后改为俄语广播学校，每年参加学习的学员5000人，到1960年累计招生19万人。①

1960年3月8日，中国第一所电视大学——北京电视大学开学，第一期招收本科和预科学员共6000余名。其后，上海、沈阳、长春、哈尔滨、广州等城市相继成立了电视大学，吉林、重庆等地成立业余广播大学，② 各地相继建立起电化教育馆。

1961年12月，全国已有277所高等学校设置函授部或夜大学，其中，函授部194个（1957年为58个），夜大学153校（1957年为36校），函授和夜大共有学员26.6万人（1957年为7.8万人）。③

1972年10月2日，北京市教育局、北京人民广播电台举办业余英语广播讲座开始播出。其后各地相继举办业余广播讲座，至1978年9月，已经有24个省、直辖市、自治区举办了这类讲座，一般是办英语初级班，有的办了中级班，

---

① 中华人民共和国教育部：《共和国教育50年》，北京：北京师范大学出版社，1999年版，第616页。

② 中央教育科学研究所：《中华人民共和国教育大事记（1949—1982）》，北京：教育科学出版社，1983年版，第269页。

③ 中央教育科学研究所：《中华人民共和国教育大事记（1949—1982）》，北京：教育科学出版社，1983年版，第302页。

还有的地区办了日、德、法等语种的广播讲座。①

1973年4月26日，国务院科教组通知上海市革委会文教组，委托该市筹建外语电化教学馆；5月，科教组就电化教学问题邀集一些外语院系代表座谈，指出有计划地、逐步地开展电化教学，在有关课程的教学中应用现代科学技术手段，是改革旧的教学方法的一项内容。②

1977年12月19日，教育部、中央广播事业局联合开办面向全国的电视教育讲座，内容有英语、数学、电子技术。③

1978年2月6日，中共中央批准教育部、中央广播事业局《关于筹办电视大学的报告》，提出由教育部和中央广播事业局举办面向全国的中央广播电视大学。学校为业余性质，学员学完全部课程，能达到相当于大学毕业水平。④

1978年8月30日，国务院批准教育部筹建中央电化教育馆和中央教育电影制片厂。中央电化教育馆的主要任务是：负责制订全国电化教育工作规划及教学电影选题计划，代教育部组织教学影片的审查，交流电教经验等工作。中央教育电影制片厂的主要任务是：摄制中小学各学校的教学影片，高等学校基础课影片及其他各种教育片；译制外国教学影片。教育电影制片厂的筹建工作后来停止。在此前后，全国各地和一些学校也相继建立电化教育机构。至1979年底，已有26个省、直辖市、自治区中65%的省辖市、55%的专署、49%的县及部分大中小学设立了电化教育机构，有了一支19 400多人的专业人员和更多的业余人员相结合的电化教育队伍。⑤

二、建立广播电视大学系统

1978年11月26日至12月3日，教育部、中央广播事业局在北京联合召开全国电视大学工作会议。会议讨论了电视大学筹办工作的指导思想，制定了

① 中央教育科学研究所：《中华人民共和国教育大事记（1949—1982）》，北京：教育科学出版社，1983年版，第446页。

② 中央教育科学研究所：《中华人民共和国教育大事记（1949—1982）》，北京：教育科学出版社，1983年版，第450页。

③ 中央教育科学研究所：《中华人民共和国教育大事记（1949—1982）》，北京：教育科学出版社，1983年版，第504页。

④ 中央教育科学研究所：《中华人民共和国教育大事记（1949—1982）》，北京：教育科学出版社，1983年版，第509页。

⑤ 中央教育科学研究所：《中华人民共和国教育大事记（1949—1982）》，北京：教育科学出版社，1983年版，第526页。

《中央广播电视大学试行方案》，对开办电视大学需要解决的编制、经费、物质条件等问题作了初步安排。会议明确指出：中央广播电视大学是面向全国的以电视和广播为主的高等学校，并准备增加函授教学手段。目前开设理工科通用性大的基础课程和专业基础课程，三年播完规定课程。成绩采取学分制，学生学满规定的学分，持有毕业证书者，国家承认其学历相当于高等专科学校毕业。但不解决学生的工作分配问题。中央广播电视大学在目前条件下负责制订教学计划、演播教学节目，编印教材和教学参考材料，研究制定必要的规章制度，总结和交流经验，并与省、直辖市、自治区广播电视大学建立业务联系。各省、直辖市、自治区也举办电视大学，其方针、任务、办学方案、教学计划等由各地自定。1979 年 1 月 11 日，国务院批转了这次会议的纪要。国务院批示指出："举办广播电视大学，是我国高等教育事业发展中的新事物，对于扩大高等学校规模，提高广大群众的科学文化水平，加速培养大量又红又专的人才，将起重要作用，要努力把广播电视大学办好。"①

1979 年 2 月 6 日，教育部、中央广播事业局共同举办的中央广播电视大学在北京举行开学典礼。全国 28 个省、自治区、直辖市的广播电视大学同时开学，连同中央广播电视大学，全国共有电视大学 29 所。著名数学家华罗庚通过中央电视台给全国大学生讲授了第一课。中央广播电视大学的建立，拉开了中国现代远程教育的序幕。1980 年 1 月，中央批准段洛夫任中央广播电视大学校长。各地电视大学从具有高中毕业文化程度的在职职工、学校教师和人民解放军指战员等中间，通过自愿报名，所在单位同意，并经文化考试，择优录取了正式生 41.7 万余人，其中全科生 11.5 万余人，单科生 30.2 万余人。加上 10 万名试读生和收听电大课程的高等学校分校学生等，全国收听电视大学课程的学生达 60 多万人。开学后，又陆续配备了专、兼职辅导教师两万余人。②

1979 年 8 月 28 日至 9 月 3 日，教育部、中央广播事业局在北京联合召开第二次全国广播电视大学工作会议。会议交流了半年来的工作经验，并就 1980 年招生工作等问题进行了研究。会议认为：电视大学贯彻执行"调整、改革、整顿、提高"的方针，原则上是上而不是下，是进而不是退。广播大学应该在提高知识青年的文化科学技术知识方面发挥作用。可以在知识青年中招收正式学员，也可以采取多种方式组织知识青年自由收听电视大学课程。会议强调要加

---

① 中央教育科学研究所：《中华人民共和国教育大事记（1949—1982）》，北京：教育科学出版社，1983 年版，第 534 页。

② 中央教育科学研究所：《中华人民共和国教育大事记（1949—1982）》，北京：教育科学出版社，1983 年版，第 542 页。

强领导，健全各级管理机构，并提出提高教学质量是广播电视大学的中心工作。11月29日，国务院批转了教育部、中央广播事业局关于这次会议的报告。12月15日，教育部发出《关于1980年广播电视大学招生工作的通知》。据此，19个省、直辖市、自治区的电视大学招收社会知识青年17000余人。[①] 到1989年，形成了由中央广播电视大学、43所省（计划单列市）级广播电视大学、479所地市广播电视大学分校、1550所县级广播电视工作站组成的覆盖全国的广播电视高等教育网络系统。1997年全国电大注册的视听生达25万人。[②]

1979年，教育部还成立电化教育局和中央电教馆。到1985年底，全国有占全国区县总数95%左右的2253个县（区）建立了电教机构，800多所高等院校以及许多中小学先后建立起电教中心或电教室。[③]

1980年9月2日，教育部部长蒋南翔在中央广播电视大学开学典礼上讲话指出：广播电视大学是新型的高等学校，应和全日制学校同样对待。电视大学的经费应列入高等教育事业费作为专项开支，予以保证。并指出，电视大学招收社会知识青年势在必行。9月5日，国务院批转了教育部《关于大力发展高等学校函授教育和夜大学的意见》，指出发展高等教育应贯彻“两条腿走路”的方针，采取多种形式办学。函授和夜大学要采取积极恢复、大力发展的方针，并纳入高等教育事业计划。学生学完规定的课程，考试成绩及格的，由举办学校发给毕业证书，国家承认其学历，并可以按规定择优授予学位。[④]

1980年11月20日，教育部发出《广播电视大学学生学籍管理暂行规定》，对省、直辖市、自治区电视大学核准录取的全科和单科学生的入学、注册、成绩考核、毕业、转学、休学、退学、纪律、考勤、奖励、处分等作了具体规定。[⑤]

1981年4月18日至25日，中央广播电视大学在南京召开第三次全国广播电视大学工作会议，强调在国民经济调整时期，电视大学要积极做好巩固提高

---

① 中央教育科学研究所：《中华人民共和国教育大事记（1949—1982）》，北京：教育科学出版社，1983年版，第559页。

② 中华人民共和国教育部：《共和国教育50年》，北京：北京师范大学出版社，1999年版，第366页。

③ 中华人民共和国教育部：《共和国教育50年》，北京：北京师范大学出版社，1999年版，第618页。

④ 中央教育科学研究所：《中华人民共和国教育大事记（1949—1982）》，北京：教育科学出版社，1983年版，第590～591页。

⑤ 中央教育科学研究所：《中华人民共和国教育大事记（1949—1982）》，北京：教育科学出版社，1983年版，第598页。

工作，在此基础上稳步前进。会议决定，有条件的省、直辖市、自治区，从1982年起开设文科课程，招收中国语文类专业学生。文科与理工科将于1982年3月同时招生，9月开学。在此以后，广播电视大学每两年招生一次。1981年4月20日，教育部、中央广播事业局、国家计委等六单位联合发出《关于解决广播电视大学办学和课程播出几个问题的意见》。意见对健全广播电视大学的各级管理机构、加强面授辅导、开设实验课、解决办学经费等问题提出了改进意见。①

1981年7月13日，国家农委、中国科协、教育部、中央广播事业局联合举办的中央农业广播学校开学。第一期开办农业基础班，其课程着重讲解基础性的农业科学技术知识，相当于中等农业学校水平。学习时间为两年。②

1981年，中国开始开发计算机辅助教学系统，到80年代后期，中小学计算机装机总量达到10万台。③

1982年7月3日，教育部发出《关于1982年广播电视大学毕业生若干问题的通知》，对电大毕业生的学历、使用、工资待遇等作出如下规定：（一）电视大学学完按教育部批准教学计划开设的课程，经考试取满学分，并经思想鉴定合格，获得毕业证书者，国家承认其具有高等学校专科毕业学历。（二）毕业生原则上仍回原单位，由本单位根据工作需要逐步调整合适的工作，可以当干部（技术员），也可以当工人。（三）毕业生原是国家职工的，工资待遇按普通高校毕业生工资标准执行。原高于这个标准的，按原工资标准执行。集体所有制职工工资待遇由各地参照确定。（四）毕业生中非在职人员，国家不负责统一分配，各地可根据需要择优录用，录用后的使用、工资待遇由各地参照本通知研究确定。④

1982年7月8日，中央电视大学举行首届毕业生毕业典礼。至1982年，中央电视大学已招收三届共80多万名学员。1979年招收的11.3万名全科生，经

① 中央教育科学研究所：《中华人民共和国教育大事记（1949—1982）》，北京：教育科学出版社，1983年版，第615页。

② 中央教育科学研究所：《中华人民共和国教育大事记（1949—1982）》，北京：教育科学出版社，1983年版，第622页。

③ 中华人民共和国教育部：《共和国教育50年》，北京：北京师范大学出版社，1999年版，第620页。

④ 中央教育科学研究所：《中华人民共和国教育大事记（1949—1982）》，北京：教育科学出版社，1983年版，第658页。

过三年学习，有7.8万多人成绩合格，准予毕业。①

1982年9月6日，教育部发出通知，决定中央广播电视大学1983年秋季开设经济类专业，并对招生对象、报考条件、入学考试科目及办学条件作了规定。②

1986年2月25日至28日，国家教委、广播电影电视部、国务院电子振兴小组等九个单位召开卫星电视教育工作会议。会议决定积极采用先进技术，开通卫星电视教育频道。10月1日，卫星电视教育正式开始。

1986年，中国教育电视台建立。截至1997年底，中国已建立教育电视台、收转台940多座，卫星地面接收站1万多个，放像点6.6万个。③

1988年5月16日，国家教委发布《广播电视大学暂行规定》。

1989年8月1日，国家教委颁第3号令，发布《地方教育电视台站设置管理规定》，从1990年2月1日起施行；9月14日，国家教委颁第5号令，发布《电视师范教育管理办法（试行）》，自颁布之日起施行。

截至2007年，除中央广播电视大学外，全国共建由省级广播电视大学44所、地市级分校956所，县级工作站1875个，教学点3292个；电大为社会培养高等教育学历毕业生累计600多万人，各类非学历教育培训4000万人次。④

三、建立网络教育系统

1995年，中国教育和科研计算机网开通，网络进入中国的校园，总体上网络在中国的普及较为迟缓。1998年1月的调查表明，中国拥有计算机的中小学不到总学校数的10%，占全球人口总数20%的中国，在因特网上的站点数目仅占全球的0.055%。⑤

1999年1月13日，国务院批转了教育部制订的《面向21世纪教育振兴行

① 中央教育科学研究所：《中华人民共和国教育大事记（1949—1982）》，北京：教育科学出版社，1983年版，第659页。

② 中央教育科学研究所：《中华人民共和国教育大事记（1949—1982）》，北京：教育科学出版社，1983年版，第666页。

③ 中华人民共和国教育部：《共和国教育50年》，北京：北京师范大学出版社，1999年版，第619页。

④ 陈至立：《充分发挥现代远程教育在建设人力资源强国中的重要作用》，引自《中国教育报》，2008年2月1日。

⑤ 中华人民共和国教育部：《共和国教育50年》，北京：北京师范大学出版社，1999年版，第634页。

动计划》，在总共五十条中就用了六条讲“实施‘现代远程教育工程’，形成开放式教育网络，构建终身学习体系”。

在人们使用网络的时候，发现它是一把双刃剑，大批学生因沉迷于网络而成为网奴，此时在部分人当中产生了“恐网症”，以致出现一些妖魔化网络的观点。然而教育向前发展就必须更加充分地利用网络。

根据《中国信息化发展报告（2006）》中记载2006年中国超过90%的高校、约6%的中小学（3.8万所）、约35%的中职学校（近6000所）基本建成校园网，为多种形式的学习提供了技术支撑。

各级各类学校的网络发展情况如下：

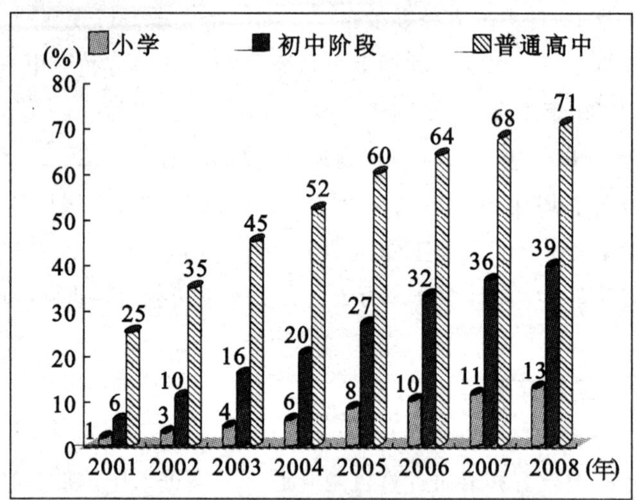

图2－20　各级教育建立校园网比例变化情况

上图表明，各级各类学校信息化程度迅速提高，建网学校比例逐年增加，70%的高中、40%的初中均已建网。中国教育利用网络的潜力远未充分开发。

第八节　教育投资的数量与规模演变

投入的数量是教育规模的重要参数，教育经费的投入方式又在较大程度上影响了投入的多少和经费的分配与使用方式。

一、教育经费来源及分配方式演变

1949 到 1978 年间，中国采用的是计划经济体制下高度集中的投资体制。

1950 到 1953 年实行的是“自己的孩子自己养”的办法，中央负责为自己所管理的大中小学拨出经费，大行政区和省为各自所直属的大中小学提供经费。

1950 年 3 月，政务院在《关于统一管理一九五零年度财政收支的决定》中对教育事业经费的管理作了规定。规定：中央人民政府直接掌管的大中小学，大行政区和省市县立中等以上教育事业费分别列入同级预算。乡村小学经费由人民政府随同国家化粮征收地方附加公粮解决。城市小学教育、郊区行政教育费等开支，征收城市附加政教事业费解决。

1951 年，政务院在关于财政收支系统的决定中再次规定，教育费按学校直接领导关系分别列入中央、大行政区、省（或直辖市、自治区）三级预算。一般小学和简易师范学校由地方附加开支。[①]

在 1950 ~ 1952 年的国民经济恢复时期，中国教育事业费支出占国家财政总支出的 5.49%，全国教育事业基建投资完成额占国家投资完成额的 5.7%。[②]

1953 年 6 月 5 日至 22 日，教育部在北京召开的第二次全国教育工作会议，

---

① 中央教育科学研究所：《中华人民共和国教育大事记（1949—1982）》，北京：教育科学出版社，1983 年版，第 15 页。

② 中央教育科学研究所：《中华人民共和国教育大事记（1949—1982）》，北京：教育科学出版社，1983 年版，第 71 页。

确定用地方附加粮、群众自筹等办法解决小学教育部分经费，并决定小学教育经费管理问题从1954年起按小学的行政领导关系分别列入各级预算。①

1954年到1978年实行“统一领导，分级管理”的教育经费承担机制，形成“条”“块”结合，以“块”为主的管理体制，教育经费由中央“切块戴帽”下达，地方财政部门管理，教育部门安排使用。

在这一管理体制框架内，理论上说教育的各项经费都应由国家财政拨付，但现实中各地教育基本建设长期处于“欠账”状态，也就是说财政应该给的没有给，从而导致教育基本条件缺口越来越大，教育的发展严重迟缓，此时需要一种新的体制将政府从大量积欠中解放出来。

1955年9月19日，教育部、财政部联合发出通知，要求各地调整统一中小学征收杂费的标准，同时提出了各地区的收费标准的草案。通知规定：凡各地收费标准高于草案规定者不降，低于草案者适当调整，尚未征收者开始征收。规定减免款数不得超过应缴杂费总数的20%，减免人数不得超过学生人数的30%，同时对杂费的收支和管理办法作了规定。② 说明当时不得不依靠收取学杂费来缓解教育经费不足的问题。

1958年下半年，社会上出现大面积饥荒，学生参加过重的体力劳动，“学生经济生活问题没有得到很好解决，一部分普通中学学生发生中途退学的现象”。中共中央发出《关于全日制高等学校和普通中学学生供给问题的几项暂行规定》，要求“各地必须根据当地的经济情况，从国家教育经费、人民公社的供应、学生家庭负担、学校劳动收益四个方面解决学生的供给问题。首先解决确有困难及家庭贫苦的工农子女上学和外出上学学生的膳食问题”③。

1959年11月16日至26日，财政部、卫生部、教育部、文化部在南京联合召开全国文教财务工作会议，提出1960年文教财务工作的方针是：在社会主义建设总路线的照耀下，大搞群众运动，为社会主义文教事业服务，积极支持和促进科学、文化、教育、卫生事业的高速发展，并且做到少花钱、多办事、事办好。为贯彻这个方针，必须加强文教财务工作的政治观点和生产观点；实行集中领导，分工协作，贯彻执行“统一领导、分级管理、条块结合、以块为

---

① 中央教育科学研究所：《中华人民共和国教育大事记（1949—1982）》，北京：教育科学出版社，1983年版，第79页。

② 中央教育科学研究所：《中华人民共和国教育大事记（1949—1982）》，北京：教育科学出版社，1983年版，第141页。

③ 中央教育科学研究所：《中华人民共和国教育大事记（1949—1982）》，北京：教育科学出版社，1983年版，第240页。

主”的原则；要开展评比竞赛，深入开展增产节约运动。[1]

1959年11月24日，国务院批转教育部、财政部《关于进一步加强教育经费管理的意见》，提出：为解决专（专区）、县层层压缩财政核给的教育经费预算和人民公社挪用经费等问题，今后各级政府的财政部门和教育行政部门应该根据“条条块块”相结合，以“块块”为主的精神，密切联系，加强协作，共同负责管理好教育经费。各级政府在下达经费预算指标或批准下级政府预算时，应将教育经费单列一款。《关于进一步加强教育经费管理的意见》还对预算审批、经费开支标准和原则，学杂费、生产收益的使用等作了规定。[2]

1960年2月15日，国务院转发教育部、财政部《关于全日制学校生产劳动财务管理的几项规定》，规定全日制高等学校和中等专业学校为学生生产劳动所举办的工厂和农场，必须根据“单独设账进行成本核算，学校统一结算盈亏，统一调动资金”的原则，分别根据不同情况加强财务管理。[3]

1960年3月21日，财政部、教育部联合发出《关于人民公社社办中小学经费补助的规定》，提出：国家对公社举办的普通中小学和农业中学及其他职业中学，得根据不同情况，在人力、物力、财力的可能范围内，给予必要的扶持。人民公社举办的中小学应力求自力更生。经费筹措办法可以多种多样；从公益金中抽一定的比例；向学生收杂费或分摊工分；用学生参加生产劳动的收入解决等。山区、少数民族地区或严重遭灾地区和一般经济条件较差地区的公社所办学校，其经费经公社和群众积极筹措后还有困难的，可根据情况由国家给予临时性或一定时期的经费补助。[4]

1962年1月12日，教育部、财政部联合发出进一步加强教育经费管理的补充意见，对1959年11月24日国务院批转教育部、财政部《关于进一步加强教育经费管理的意见》作了几点补充。其中规定：各地财政、教育部门要密切联系、互相协商，妥善地安排教育经费预算指标，以保证教育事业的必要开支；教育经费预算指标应根据勤俭办校的方针、教育事业计划和逐步提高教育质量的要求，按照“需要与可能相结合，重点使用、照顾一般”的原则来安排；预

---

① 中央教育科学研究所：《中华人民共和国教育大事记（1949—1982）》，北京：教育科学出版社，1983年版，第259页。

② 中央教育科学研究所：《中华人民共和国教育大事记（1949—1982）》，北京：教育科学出版社，1983年版，第260页。

③ 中央教育科学研究所：《中华人民共和国教育大事记（1949—1982）》，北京：教育科学出版社，1983年版，第267页。

④ 中央教育科学研究所：《中华人民共和国教育大事记（1949—1982）》，北京：教育科学出版社，1983年版，第269页。

算指标允许项目之间相互调剂；省、直辖市、自治区应在农业税地方附加中划出一定的款额，作为对农村公办小学的重点修缮和民办教育事业补助之用；公立中小学的杂费收入按照特种资金的管理办法管理；教育行政部门应有一位领导同志负责主管账务工作，并要设立和健全财务管理机构；学校生产劳动收入（包括农副业生产）除缴纳工商统一税外，不上缴利润，不交纳所得税。①

1962 年 6 月 8 日，教育部发出通知，停办或合并的学校的一切财产，都必须妥善保管和细心爱护，不能有任何损失和浪费。这类学校的财产，应该用以充实保留的学校，首先是充实重点学校。9 月 10 日，国家物资总局和教育部再次联合发出关于这一内容的通知。②

1962 年 6 月 18 日，财政部、全国总工会联合发出《关于企业职工业余教育经费开支问题的通知》，规定业余教育经费最多不超过工会经费的 37.5%。业余教育中的小学和普通中学均属文化学习范围，其经费由工会业余教育经费开支；其他则由企业行政经费或主管部门的事业费开支。③

1963 年 2 月 20 日，财政部、教育部联合发出《关于教育事业财务管理若干问题的规定》。规定提出：公办中学、小学杂费收入专款专用，年终结余继续使用，不上缴财政。教育主管部门对学校采取比例留成的办法。城市中小学的房屋修缮，除在学校的修缮费或房租收入中解决外，不足之数，各地在安排市政维护费用时可酌情补助。县、镇和农村公办中小学必需的校舍维修和课桌椅补充，可从农业税附加中解决一部分。高等学校附设的实验实习工厂的实验实习的收入，不上缴财政，用做相应的开支。经教育部和国家计委批准，结合专业举办的生产性工厂，实行经济核算，自负盈亏，并纳入国家预算，其收入除抵充流动资金、补充设备以及四项费用等开支外，余者应按规定上缴利润，其产品应照章纳税。④

1963 年 9 月 20 日，教育部、劳动部、财政部联合发出《关于职业学校经费、编制的暂行规定》。其中规定：中央和地方业务部门举办的职业学校（包括委托厂矿企业举办的职业学校），所需经费和中等技术学校一样，列入各该部

---

① 中央教育科学研究所：《中华人民共和国教育大事记（1949—1982）》，北京：教育科学出版社，1983 年版，第 304 页。

② 中央教育科学研究所：《中华人民共和国教育大事记（1949—1982）》，北京：教育科学出版社，1983 年版，第 310 页。

③ 中央教育科学研究所：《中华人民共和国教育大事记（1949—1982）》，北京：教育科学出版社，1983 年版，第 311 页。

④ 中央教育科学研究所：《中华人民共和国教育大事记（1949—1982）》，北京：教育科学出版社，1983 年版，第 326 ~ 327 页。

门的教育事业费预算。各级教育行政部门，在每年教育经费预算中应安排一定数目的“职业教育补助费”，用来解决集体所有制单位举办职业学校的经费困难。职业学校的经费开支标准，原则上参照同级中学的有关规定执行。职工的编制，列为各主管部门的事业编制。①

1971 年 7 月 6 日，周恩来在全国教育工作会议领导小组成员会议上，指出普及小学教育“这是一个大政”，并针对卫生、教育经费逐年减少的情况，说在《纪要》中要写上“经费不能减少，还在逐年增加”。当年国家教育经费有所增加，并从 1972 年起下达国家财政预算时，把教育事业费单列一款戴帽下达，专款专用。7 月 29 日，周恩来接见出席教育、出版等七个专业会议的代表时指出：“培养教育后代，这是百年大计，不能忽视。”“小学教育要求在第四个五年计划期间能够普及，主要是在农村。”“必须把小学经费固定下来，只有民办、集体办，没有公办就办不起来。”“小学教育的经费，年年还要增长一点。”“初中、高中在农村要因地制宜，凡能办的就办，师资不够的也不要勉强。”②

1971 年 8 月 19 日，国家计委、国务院科教组、财政部联合发出通知：为解决当前教育经费紧张和生产负担过重问题，决定追加本年教育经费 3.5 亿元，重点用于解决农村中小学教育经费。③

1978 年 4 月 22 日，邓小平提出“国家计委、教育部和各部门，要共同努力，使教育事业的计划成为国民经济计划的一个重要组成部分”④。以后历年全国国民经济和社会发展五年计划和中长期规划中，教育事业的发展都占有重要的位置。

1978 年 6 月 23 日，中共中央批转湖南省湘乡县《关于认真落实党的政策，努力减轻农民不合理负担的报告》时批示：“各地方、各部门在农村举办交通、财贸、商业、文教卫生等各项事业，都必须有利于促进农业生产，不影响社队

① 中央教育科学研究所：《中华人民共和国教育大事记（1949—1982）》，北京：教育科学出版社，1983 年版，第 343 页。

② 中央教育科学研究所：《中华人民共和国教育大事记（1949—1982）》，北京：教育科学出版社，1983 年版，第 439 页。

③ 中央教育科学研究所：《中华人民共和国教育大事记（1949—1982）》，北京：教育科学出版社，1983 年版，第 440 页。

④《在全国教育工作会议上的讲话》，引自《邓小平论教育》，北京：人民教育出版社，2004 年版，第 70 页。

增产增收，不得以‘群众大办’之类借口乱行摊派。”①

1978 年 10 月 11 日，教育部向直属高等学校发出通知：对校办工厂进行调整整顿。通知指出：校办工厂必须坚持为教学、科研服务的方针，规模不宜过大，固定工人不宜过多。其主要任务是生产教学、科研所必需的设备，试制新产品，安排学生学工劳动。凡是与教学、科研无关的校办工厂原则上交地方去办。现已承担社会产品生产任务的校办工厂，应保质保量按计划完成，不要停止生产。②

1978 年 12 月 21 日，教育部、财政部就勤工俭学收益纳税、分配使用等问题函复各地。复函提出：在学校初办工厂的一定时期内可减免税收。用于本校教学、科研、生产方面的校办工厂产品不征税；对外销售收入和接受校外业务所得，应缴纳工商税；学生的劳务收入，原则上应缴纳农业税。中小学校办工厂、农场的收益除用于改装校办工厂、农场的生产条件和适当扩大再生产外，主要应用于改善办学条件、师生参加劳动期间的补助及解决学生的学习费用。③

1979 年后，教育经费来源逐渐多元化，除财政拨款之外主要有集资和收费的方式。

1979 年 6 月 8 日，教育部、国家计委、国家建委、国家物资总局、财政部联合发出通知，要求各地加快学校基本建设。各有关部门重视解决学校教学用房和教职工生活用房问题。许多地方积极采取措施，加快学校的基本建设。一些高等学校的教学用房得到改善，一些教职工搬进了新居。许多地方的人民政府、教育行政部门和学校还从地方财政和勤工俭学等收入中拨出经费，改善本地中小学的教学条件；兴建教工宿舍、幼儿园、浴室等，改善教职工的居住、生活条件。④

1980 年后，中国财政体制进行了一次变革，其关键在于将财政权力下放，事实上也是将中央政府从大量积欠中解放出来，地方保留大部分财政收入，让地方政府有较大的财政自主权，同时也承当更大的责任。简言之就是“划分收支，分级包干”的中央和地方“分灶吃饭”体制，或称之为“上面出政策，下

① 中央教育科学研究所：《中华人民共和国教育大事记（1949—1982）》，北京：教育科学出版社，1983 年版，第 521 页。

② 中央教育科学研究所：《中华人民共和国教育大事记（1949—1982）》，北京：教育科学出版社，1983 年版，第 530 页。

③ 中央教育科学研究所：《中华人民共和国教育大事记（1949—1982）》，北京：教育科学出版社，1983 年版，第 536 页。

④ 中央教育科学研究所：《中华人民共和国教育大事记（1949—1982）》，北京：教育科学出版社，1983 年版，第 550 页。

面出票子”的管理方法。例如教师的工资全国有统一的政策，但这笔钱得由地方政府出。这种“分灶吃饭”的体制又在一个省的范围内向地（地级市）、县、乡层层下放。

相应地，对高校财政体制作了变动，1980 年 4 月 28 日，教育部颁发了《教育部部属高等学校“预算包干”试行办法》。规定：自 1980 年起试行“预算包干，结余留用”的办法；结余资金的使用，主要用于改善教学、科研等项工作条件和发展教育事业；年度预算，采取一年一定的办法。这个试行办法是根据 1979 年 11 月 23 日财政部颁发的《文教科学卫生事业单位、行政机关“预算包干”试行办法》制定的。①

1980 年 6 月 11 日，教育部、国家劳动总局、财政部联合发出《高等学校建立学校基金和奖励制度试行办法》，限定学校要在主动承担并保证完成国家下达的各项事业发展计划和教学、科研任务以及不增加国家财政开支和人员编制的前提下，依靠广大教职工艰苦创业，广开财路，增收节支，建立学校基金。学校基金的主要来源是校办工厂、农场实现的纯利润，科研成果转让或利润分成以及出售科研产品等收入，接受校外单位委托的收入等。基金分别用于教学、科研、发展生产、教职工集体生活福利和个人奖励等方面。②

1980 年 9 月 17 日至 26 日，财政部在北京召开全国文教行政财务工作会议。会议交流了试行“预算包干”和用经济方法管理学校的经验，强调全国推行“预算包干”是文教、行政单位财务管理制度的重要改革。会议研究了全国推行“预算包干”的办法，提出了加强文教行政财务工作的三条具体措施：（一）在安排计划预算时，要尽可能增加文教事业经费和文教事业的基建投资。（二）要发扬自力更生精神，开源节流，加强经济管理，增收节支，提高资金使用效果。（三）要贯彻“两条腿走路”的方针，充分发挥部门、企业和集体办事业的积极性。③

1980 年 10 月 9 日，《人民日报》发表《为什么这样大量挤占教育经费？——河北省邢台等地区的调查》和评论员文章《多挤点钱办教育》。评论员文章指出：“今年，除国务院决定增加部分教育经费外，江苏、上海等地都从

① 中央教育科学研究所：《中华人民共和国教育大事记（1949—1982）》，北京：教育科学出版社，1983 年版，第 580 页。

② 中央教育科学研究所：《中华人民共和国教育大事记（1949—1982）》，北京：教育科学出版社，1983 年版，第 584 页。

③ 中央教育科学研究所：《中华人民共和国教育大事记（1949—1982）》，北京：教育科学出版社，1983 年版，第 592 页。

地方财政中增拨一部分资金用于教育事业。但是，也有些同志依然认为科学教育可有可无，甚至随意挤占、挪用教育经费。”文章批评了“挤教育，保生产”等把教育事业看做是消费事业、与发展生产无关的错误观点。①

1981 年 5 月 8 日，财政部就职工教育经费管理和开支范围作出规定：企业职工教育经费在工资总额的 1% 内掌握开支，直接列入生产成本。还可以从企业基金利润留成中，从包干结余或税后留利中拿出一部分资金用于职工教育。6 月 6 日，又补充规定：中央行政机关和文教科学卫生事业单位职工教育经费，在工资总额的 1% 内掌握开支，在本单位预算中调剂解决。②

1981 年 8 月 26 日，教育部发出通知，要求各地自行研究制定切合当地实际情况的中小学教学行政费、设备购置费、旧设备维修补充等经费定额标准。③

1981 年 7 月 25 日至 29 日，教育部在长春召开利用世界银行贷款工作会议，讨论执行阶段的执行贷款项目计划、措施和有关方针政策问题。（1980 年 4 月 19 日，世界银行恢复了中华人民共和国在世界银行的合法权利）④

1982 年 1 月 15 日，教育部颁发了《普通高等学校、中等专业学校生产实习经费开支办法》。其中提出：高等学校和中等专业学校安排学生生产实习，必须切实贯彻“就地就近”的原则，实习场所力求稳定，以利于接受实习单位相互协作，提高实习效果，节约经费开支。并对生产实习过程中的各种费用负担作了具体规定。师范、艺术和文科院校的实习、体验生活和社会调查等有关费用开支照此办法执行。⑤

1982 年 7 月 3 日，教育部、财政部印发《全国中小学勤工俭学财务管理暂行办法》。其中规定：学校勤工俭学财务管理工作是校办工厂、农场和学校管理工作的重要组成部分，其财务收支要单独设置账目、独立核算盈亏、配备财会人员；教育主管部门要加强领导，经常进行监督、检查、指导；校办工厂停办要报上级教育主管部门批准，校内对其财产不能私分或变相私分，任何单位不

---

① 《多挤点钱办教育》，引自《 人民日报》，1980 年 10 月 9 日。

② 中央教育科学研究所：《中华人民共和国教育大事记（1949—1982）》，北京：教育科学出版社，1983 年版，第 617 页。

③ 中央教育科学研究所：《中华人民共和国教育大事记（1949—1982）》，北京：教育科学出版社，1983 年版，第 627 页。

④ 中央教育科学研究所：《中华人民共和国教育大事记（1949—1982）》，北京：教育科学出版社，1983 年版，第 623 页。

⑤ 中央教育科学研究所：《中华人民共和国教育大事记（1949—1982）》，北京：教育科学出版社，1983 年版，第 643 页。

得收缴和平调。[①]

1982年8月19日，教育部发出通知：高等学校举办的函授和夜大学不再收费。通知规定：在教育事业经费中，按函授教育和夜大学的事业计划和每增招一名学生每年80元的公用经费定额核给经费，书籍、讲义费由学生自理。[②]

1982年，中国教育事业费支出占国家财政总支出的10.03%，全国教育事业基建投资完成额占国家基建投资完成额的3.16%。[③]

1985年，《中共中央关于教育管理体制改革的决定》提出“实行基础教育由地方负责、分级管理的原则”。1986年底，六届全国人大四次会议通过的《中华人民共和国义务教育法》提出：在投入上变全靠国家负担的体制为政府财政拨款为主、多种渠道筹措为辅的体制；实行基础教育地方分级管理的体制。

相应地，各级政府对教育实行分级管理，将基础教育的责任制及分解到县（区）、乡（镇）、村（街道），鼓励单位、集体办学和个人集资办学或捐资助学，在一些地方出现了“人民教育人民办，依靠人民办教育”[④]的局面，由于城市有相对充足的教育经费，这一现象实质上演变为“人民教育农民办”。

这种局面的出现与各地实行的“政府出饵，引起动机，地方出鱼”的“钓鱼政策”是直接相关的。确实，经过“文化大革命”之后的开放，民众对文化教育的需求动机十分高涨，送孩子上学成为诸多民众几辈人的企盼，一些地方出现了爷爷奶奶将自己的寿材捐献出来为孙辈办学的动人场面。在这种情况下，只要政府拨少量的款项，再做些宣传鼓励，并提出“谁办学，谁筹钱”，就会有不少人愿意出钱、出物、出工、出料、出力。下面是其中的几个例证[⑤]：

> 某地乡庙西小学重建校舍，耗资25万元，县教育局拨了3万元。
> 某地石门沟小学翻建校舍，耗资2.2万元，县教育局拨了7000元。
> 某地天龙小学改造校舍，群众集资5万元，县教育局拨了3.5万元。

---

① 中央教育科学研究所：《中华人民共和国教育大事记（1949—1982）》，北京：教育科学出版社，1983年版，第658页。

② 中央教育科学研究所：《中华人民共和国教育大事记（1949—1982）》，北京：教育科学出版社，1983年版，第664页。

③ 中央教育科学研究所：《中华人民共和国教育大事记（1949—1982）》，北京：教育科学出版社，1983年版，第679页。

④ 中华人民共和国教育部：《共和国教育50年》，北京：北京师范大学出版社，1999年版，第468页。

⑤ 程介明：《中国大陆教育实况》，台北：台湾商务印书馆，1993年版，第69页。

实行地方负责后，由于经济发展呈现由东向西的梯度，地区经济差距扩大，不同地区义务教育发展环境与水平的差距拉大。具体原因有以下三点：一是实行财政包干的地方政府投入教育的差异增大；二是多数地方义务教育经费近一半以上依赖预算外筹集，富裕地区发达的乡镇企业有能力提供较多的投资，而欠发达地区这方面投资严重短缺；三是中央财政能力减弱，对欠发达地区的教育补助经费投入力度不够，导致不同地区义务教育普及水平及质量的差异扩大，欠发达地区的师资流失，只能大量录用民办和代课教师，办学条件恶化。

1985 年，《中共中央关于教育体制改革的决定》还提出要实现“两个增长”①：每年教育经费的增长率高于当地财政收入的增长率；学生人均教育经费呈现正增长。这一政策旨在保障教育经费比重不断增加，然而在 1988 年出现的通货膨胀使教育投入的货币数字上升了，实际价值却下降了；而在不少地方出现了经济的负增长，在这些地方教育经费反倒失去了保障。

1986 年颁布的《中华人民共和国义务教育法》将“分级办学”写进法律条文，1989 年进行的财政体制改革决定建立乡（镇）级财政预算，将包括农村中小学教师工资在内的十几种支出纳入乡（镇）财政预算，结果是城市义务教育由国家全包，农村义务教育由乡镇与村级统筹，农村出现“农民教育农民办”，农民承担了义务教育一半以上人的“义务”，于是大面积出现教师工资不能兑现的情况。国务院发展研究中心“县乡财政预算农民负担”课题组 2001 年的调查表明：全部义务教育投入中，乡镇一级的负担高达 78%，县级财政负担了约 9%，中央财政才负担了 2%。②

1986 年 4 月 28 日，国务院发布《征收教育费附加的暂行规定》，自 7 月 1 日起施行，规定教育费附加专用于改善中小学办学条件。从此，全国开始征收教育附加，在工商业的产品税、增值税、营业税上增收 1% 的教育附加税，并规定该税权用于改善教学设施和办学条件，“不得用于职工福利和发放奖金”。实地调查表明，依然有不少地方发放教师工资需要用教育附加。该规定还要求享受了教育附加的就不得再用其他方式摊派集资，事实上不少地方的摊派集资依然存在。1988 年全国教育附加占预算外教育总收入的 27%。③ 这一政策实施

① 《中共中央关于教育体制改革的决定》，引自《人民日报》，1985 年 5 月 30 日。

② 梁茂林：《回眸与思考——贵州学校教育初探》，贵阳：贵州民族出版社，2007 年版，第 72 页。

③ 国家教委计划建设司：《中国教育统计年鉴 · 1988》，北京：北京工业大学出版社，1989 年版，第 116 页。

后，不少地方觉得仍然不够用，于是1990年6月将附加率增加到2%。[①]

“勤工俭学”在20世纪五六十年代主要作为学校劳动教育的一种方式，而到了80年代，由于各校都存在经费短缺的问题，“勤工俭学”发展成为“校办产业”，成为学校经费来源的一个重要渠道。校办产业在税收上享受一定的优惠，不同学校的校办产业规模和盈利状况不同，例如北京某校办厂在80年代年收入就可达数百万元。还有一些学校靠将地面出售或房屋出租“创收”，农村部分学校有自己的农场和果园，而一些农村学校要靠发动师生摘林果、拾蘑菇、挖草药获得少量的收入。1988年，全国的“勤工俭学”收入（不包括作为职工福利部分）就占了预算教育经费的10.3%。[②]

同时，由于部门办学的存在，一些政府部门、企业都有一笔办学的经费，这笔经费一部分来自国家预算内拨付，另一部分是本部门或本企业的盈利中的留成。以1988年为例，国家预算教育经费就包含“部委用于中专技工学校教育”的18亿元，占全部教育经费预算的5.6%。

20世纪80年代中期至90年代初期，中国形成了“财（财政）、税（教育附加税）、费（学杂费）、产（校办产业）、社（社会集资捐资）、基（基金）”为六条主要渠道的教育筹资格局。在农村，农民捐助成为教育发展的主要资金来源，以1988年为例，当年预算外教育资金收入中，捐助占了19.4%；而在捐助中农村占了64%。1988年，全国中小学基建投资中国家投资只占14.5%。[③]这些都表明当时确实是“人民教育农民办”了。

分级办学，“分灶吃饭”体制出现的问题有：①各地经济发展状况不平衡，在乡镇企业发达的富裕乡镇，不仅能承担国家政策规定的各项教育费用，而且还能给教师提供更多的福利；而在经济不发达的乡镇，无力支付国家政策规定的教师工资，于是在全国范围内出现大面积教师工资拖欠现象。②由于“分灶”了，“大灶”里剩下的就不多了，中央在财政调度上就不灵活。一些省也实行财政全部下放给市县的“全部切块”，因而出现了“上面缺了一撮米，小鸡都不听话了”的局面，教育上的不少国家政策也很难落实到基层。

有鉴于此，1994年，中国又启动了新一轮的财税体制改革，这轮改革使中央获得税收的更大份额，但相应的教育经费支付份额直到2002年后才有所增

---

① 《中国教育报》，1990年6月16日。

② 国家教委计划建设司：《中国教育统计年鉴·1988》，北京：北京工业大学出版社，1989年版，第116页。

③ 国家教委计划建设司：《中国教育统计年鉴·1988》，北京：北京工业大学出版社，1989年版，第116页。

加，其间义务教育经费主要靠县、乡镇和农民捐资助学。据相关统计，从1990年到1999年的十年间，上缴的教育税费1717亿元，社会捐资1394亿元[①]，大部分用于义务教育，在此期间留下义务教育欠债可统计的数额约500亿元，到2001年10月，全国拖欠教师工资187亿元。

图2－21是一所学校的债务公示[②]：

公　示

县化解农村义务教育债务领导小组拟对下列农村义务教育债务进行偿还，现予以公示.

编号	项目名称	项目负责人	项目起止时间	债务本金数	债权人姓名	备注
1	2	3	4	5	6	7
TLX251	中心小学教学楼	县教体局	2004.5-2005.11	68418.48	周全峰	
TLX252	中学教学楼	县教体局	2004.8-2005.12	100000.00	夏可明	
TLX253	衣冠小学食堂	章伟	2005.9-2005.12	60000.00	朱士铭	07年3月已付
TLX254	教学楼外部装修及下水道	梅百纯	2000.10-2000.11	41408.00	高士方	
TLX255	教学楼课桌凳维修	梅百纯	2002.8	1508.00	洪步霞	
TLX256	教学楼门窗更换	梅百纯	2002.8	15000.00	朱士铭	
TLX257	老教学楼楼顶维修	梅百纯	2002.7-8	35000.00	朱士铭	
TLX258	老教学楼前道路	梅百纯	2000.5	17000.00	朱士铭	
TLX259	老教学楼前花木	梅百纯	2000.7	4350.00	孙致德	
TLX260	校园电路维修	梅百纯	1999.8	4042.00	周述涛	
TLX261	文兴小学道路建设	张维群	2005.7	3500.00	方跃平	06年6月已付
TLX262	中心小学防盗网	丁家斌	2004.11	9300.00	古明松	
TLX263	中心小学微机室装修	丁家斌	2004.12	2000.00	古明松	
TLX264	购置课桌凳	梅百纯	2001	2000.00	县一中(张太安)	
TLX265	购置电脑	梅百纯	2003.12	72000.00	智通公司(刘明)	
TLX266	文兴、群心小学磁性黑板	朱华玉	2005.4	3840.00	沭阳公司(张奎武)	06年6月已付
TLX267	中学、中心小学磁性黑板	朱华玉	2004.12	15000.00	沭阳公司(张奎武)	
	合计			454366.48		

公示时间:2008年12月20日--26日

举报电话:8814900.　8817756.　8812645

胥坝中心学校

2008年12月19日

图2－21　胥坝中心学校债务公示

2002年5月16日，在大量事实证明农民负担过重，多数乡镇级财政难以负担义务教育的情况下，国务院办公厅下发《关于完善农村义务教育管理体制的通知》，提出“实行在国务院领导下，由地方政府负责、分级管理，以县为主”的农村义务教育管理体制。这一体制较此前确实减轻了农民和乡镇一级的负担，但是对于大多数经济发展水平在中等以下的县来说，依然存在着“财权”远远

① 《人民日报》，2002年11月1日。

② 图片来源于当地通过电子邮箱发给作者的资料。

小于“事权”的力不从心问题。据财政部2000年统计，国家财政总收入中央占51%，县乡两级只能分享约20%，他们“吃饭”问题尚未解决，更不要说承担义务教育这一“百年大计”。[①]

2005年12月24日，国务院发出《关于深化农村义务教育经费保障机制改革的通知》，启动政府投入为主的农村义务教育经费保障机制，在国家重点扶贫县实施“两免一补”（免学费、杂费，补助寄宿生生活费）；决定按照“明确各级责任、中央地方共担、加大财政投入、提高保障水平、分步组织实施”的基本原则，逐步将农村义务教育全面纳入公共财政保障范围，建立中央和地方分项目、按比例分担的农村义务教育经费保障机制。通知要求：到2010年前，在全国分阶段全部免除农村义务教育阶段学生学杂费，对贫困家庭免费提供教科书并补助寄宿生生活费；提高农村义务教育阶段中小学公用经费保障水平；建立农村义务教育阶段中小学校舍维修改造长效机制；巩固和完善农村中小学教师工资保障机制。

2006年，中央政府提出用两年时间全部免除农村义务教育的学杂费，同年新修订的真正免费的《中华人民共和国义务教育法》颁布施行；2007年，全部农村义务教育实行免费；2008年，在全国城乡普遍实行免费义务教育；2009年，温家宝在十一届全国人大二次会议上的政府工作报告中提出：提高农村义务教育占用经费标准，把小学、初中人均占用经费提高到300元和350元。至此，全国城乡普遍实行了九年免费义务教育。

由于中国教育管理体制和投资体制的缺陷，中国的教育经费六十年来一直比较紧张，而且在分配上存在按权分配、“跑部钱进”的现象，使用中也一直存在各种各样的问题，甚至一些地方出现对义务教育经费的“洗钱”。据《国务院关于2008年度中央预算执行和其他财政收支的审计工作报告》，2006年至2007年，一些教育部门和学校违规收取择校、补课、赞助等费用5.02亿元，部分城市违规统筹使用、挤占挪用基础教育经费18.08亿元，一些地区和部门滞留基础教育经费24.31亿元。还有部分学校大量举债，抽查的17所示范中学2008年9月底债务余额共计20.81亿元，平均每所学校负债1.22亿元，借入的资金主要用于校区建设。[②]

正因为教育经费投入与管理中存在诸多问题，有人提出改革教育经费的投入方式，构建财政支撑的市场化的学校创办运作体制，避免教育投入经过道道

---

① 梁茂林：《回眸与思考——贵州学校教育初探》，贵阳：贵州民族出版社，2007年版，第72页。

② 《学校2年违规收择校费等费用5.02亿元》，引自人民网，2009年7月20日。

关口下拨给学校而被截留、腐败与暗箱操作的弊端，直接将财政教育经费下拨到每个学生的账号中；学生也不能直接兑现这一资金，而是当学生在政府认可的学校报名时，以之冲抵学费；如果学生转校，教育经费亦随之转移，以此保证学生对学校、对教育服务的选择权。这有利于学生具体真切地感受到国家的培育与恩泽，增进孩子对国家的认同与感情；家长为了让自己的孩子获得应有的国家教育经费，必然主动及时与诚实地申报户口，又有利于国家人口统计。

在学校可以直接依赖通过财政获得拨款时，学校就会忽视学生成长和发展的需求，不关注提高教育服务的水准，不利于教育的发展，不利于学生获得高质量高水准和满意的教育服务。将财政拨款通过学生再交给学校，凸显了学生的权益，学生在一定程度上获得对教育服务的宝贵的选择权；各学校为着生存必须极力改进教育服务，尽可能降低教育成本，主动减少教育收费吸引学生。学校之间存在适度竞争也能有效抑制学校与教育水准和教育服务不相称的过高收费，在市场机制的制衡下避免单向无节制高收费，最终为人民提供优质廉价的教育服务。

二、教育经费数量变化

1949年后，由于对教育需求的高涨，教育经费呈增长势头；同时在“一工交，二财贸，留下一点给文教”的整个经费保障次序之下，教育经费长期处于不足的状态。其中一些年度由于统计不全、不准确，尚难以准确地加以描述。

1953年，全国有30个城市的103所高等学校和工农速成中学新建和扩建校舍。全年建筑面积达102万平方米，国家共投资16600多亿元（旧币）。一年的建设工程量相当于1949年前中国高等学校五十年建筑面积总和的30.74%。北京钢铁学院、北京航空学院、北京石油学院、哈尔滨医科大学、华中工学院的校舍都是本年新建的。①

1956年11月30日，《光明日报》报道：北京、上海、西安、武汉等地高等学校校舍拥挤，不少学校上课、吃饭都实行二部制。本年，全国高等学校招收新生比去年增加一倍，而基本建设没有跟上，造成了教学和生活上的许多困难。《人民日报》于11月连续发表评论员文章、社论，要求高等学校师生员工发扬艰苦奋斗的工作作风，克服困难，努力改善教学和生活条件。各地也在抓紧基本建设并追加一部分建筑面积的同时，采取调整现有房屋、紧缩办公室、

① 中央教育科学研究所：《中华人民共和国教育大事记（1949—1982）》，北京：教育科学出版社，1983年版，第96页。

充分利用各种临时性建筑等措施以缓和用房紧张的局面。[①]

1957年，各行各业进入大跃进，各级各类教育爆炸式增长，但全国教育经费又增加很少，1957年为19.52亿元，1958年只增加了3100万元，教育总经费占国家财政总支出的比例由1957年的6.42%下降到1958年的4.84%。[②] 然而接下来的三年中，教育规模还在继续扩大，教育经费又增量有限，大大超出了国民经济的承受能力。

1961年，教育部发出通知要求全国各重点高等学校在充分利用现有校舍、设备，节省国家财力、物力的原则下，根据新确定的专业和规模，编制1961年、1962年两年和近期的校舍、设备“填平补齐”计划。通知规定计算标准：学生宿舍本科生每人建筑面积5平方米，使用面积3平方米。食堂每人1平方米。教学用房平均每人建筑面积工科11平方米，理科和农、林科10平方米，医科9.5平方米，文科、政法、财经5.5平方米，艺术16.5平方米，体育14平方米。[③]

“文化大革命”期间，全国各地大量校舍被政府、军队及其他部门占用。

1978年8月31日，国务院批转教育部《关于退还占用校舍的请示报告》。报告说：自1972年7月中央提出要退还被占用的校舍后，至1973年底，被占用的校舍退还了30%。其后几年，几无进展，甚至有些省市的校舍仍然不断被占用。截至本年5月底，全国被占用校舍仍有1761万平方米，许多学校的土地、家具、设备、车辆也被占用。为此，报告要求：任何单位占用学校的土地、房屋、家具、设备、车辆等，原则上无条件退还学校。原被占校舍如退还学校使用，需要改建而造成浪费的，必须由占用单位负责为学校还建相应的校舍。已作价购买者，也应退还。偿还土地、房屋、家具、设备、车辆等的期限不得超过1979年8月底，对抗拒退还校舍的单位和人员应予以严肃处理。至1980年9月，全国各地退还校舍共280余万平方米，为被占校舍的16%。[④]

1980年9月13日，国务院、中央军委批转了教育部《关于退还被占用校舍进展情况的报告》。报告指出，自1978年8月国务院批转教育部《关于退还被占用校舍的请示报告》以来，从全国看，多数省、直辖市、自治区退还校舍

---

① 中央教育科学研究所：《中华人民共和国教育大事记（1949—1982）》，北京：教育科学出版社，1983年版，第183页。

② 何东昌：《当代中国教育》（上），北京：当代中国出版社，1996年版，第71页。

③ 中央教育科学研究所：《中华人民共和国教育大事记（1949—1982）》，北京：教育科学出版社，1983年版，第293页。

④ 中央教育科学研究所：《中华人民共和国教育大事记（1949—1982）》，北京：教育科学出版社，1983年版，第527页。

的数量较少。已退还的，江西为48%，安徽为44%，河南为32%，湖北、黑龙江、吉林为20%。国务院、中央军委批示，要求各地各部门采取切实措施，及早退还被占用校舍。11月19日，国务院、中央军委又发出补充通知，对退还校舍中的具体问题作了规定：（一）在“文化大革命”中被占用的校舍，情况比较复杂，有关领导机关必须根据历史和现实情况，要求双方本着协商互让的精神，实事求是地解决。不能在对方没有房子的情况下，简单要求占用单位立即退还校舍。（二）迁建或为学校还建校舍需要的基建投资要纳入计划，逐步安排解决。（三）退还校舍工作，应由有关领导机关负责解决，不能把矛盾下放，导致纠纷。（四）对因退还校舍发生纠纷的单位，双方领导要做好工作，使问题得到解决。（五）今后学校应根据校舍实际容量，确定招生计划，要量力而行。（六）各省、直辖市、自治区政府可建临时领导小组或办公室负责这一工作。[①]

自1976年至1978年末，中国教育事业费支出占国家财政总支出的6.13%，全国教育事业基建投资完成额占国家基建投资完成总额的0.89%。[②]

1979年，中国教育事业费支出占国家财政总支出的6.4%，全国教育事业基建投资完成额占国家基建投资完成总额的2.01%。[③]

1980年1月16日，中共中央副主席邓小平在中央召集的干部会议上指出：“我们过去长期搞计划，有一个很大的缺点，就是没有安排好各种比例关系。农业和工业比例失调，农林牧渔之间和轻重工业之间比例失调……除了这些比例以外，还有一个重要的比例。就是经济发展和教育、科学、文化、卫生发展的比例失调，教科文卫的费用太少，不成比例。甚至有些第三世界的国家，在这方面也比我们重视很多。”“总之，我们非要大力增加科教文卫的费用不可。今年因为财政困难，只能首先照顾到重点，但是从明年、至迟到后年开始，无论如何要逐年加重这方面，否则现代化就化不了。”[④]

在这样的氛围中，湖南省决定由省地方财政拿出5020万元作为发展教育经费。[⑤] 1980年，北京、江苏、福建、西藏、湖北、江西、新疆、山西、辽宁、

---

① 中央教育科学研究所：《中华人民共和国教育大事记（1949—1982）》，北京：教育科学出版社，1983年版，第592页。

② 中央教育科学研究所：《中华人民共和国教育大事记（1949—1982）》，北京：教育科学出版社，1983年版，第538页。

③ 中央教育科学研究所：《中华人民共和国教育大事记（1949—1982）》，北京：教育科学出版社，1983年版，第569页。

④ 《邓小平论教育》，北京：人民教育出版社，2004年版，第100页。

⑤ 《光明日报》，1980年4月23日。

广西、河南等省、直辖市、自治区也先后增拨了教育经费。[①]

1980 年，中国教育事业费支出占国家财政总支出的 8.26%，全国教育事业基建投资完成额占国家基建投资完成额的 2.6%。[②]

1981 年 3 月 31 日，国务院批转了教育部《关于抓紧解决中小学危房倒塌不断发生重大伤亡问题的请示报告》。国务院批评指出：请各地根据实际情况，认真研究落实教育部建议采取的六条措施，尽早解决中小学危险房屋的维修和翻建等问题。[③]

1981 年，中国教育事业费支出占国家财政总支出的 9.83%，全国教育事业基建投资完成额占国家基本建设投资完成额的 3.5%。[④]

1982 年 6 月 28 日至 7 月 5 日，教育部、财政部在山东泰安联合召开全国中小学校舍维修工作经验交流会。与会人员参观了新泰、泗水等县的校舍，交流了经验，研究了存在的问题。会议指出，各地校舍修建工作和改善办学条件已取得很大成绩，但工作进展不平衡。会议要求各地：（一）进一步落实 1980 年《中共中央、国务院关于普及小学教育若干问题的决定》，按其所提的“校校无危房，班班有教室，学生人人有课桌椅”要求，统一思想。（二）进一步贯彻“两条腿走路”的方针。（三）进一步发挥教育部门的积极作用，与有关部门配合，管好、用好校舍修建资金。[⑤] 此后，“一无两有”被作为学校条件改善的一个标准。

1982 年 12 月 10 日，五届全国人大五次会议批准的赵紫阳所作的《关于第六个五年计划的报告》中提出：“第六个五年计划安排教育、科学、文化、卫生、体育事业的经费占国家财政支出总额的 15.9%，其中 1985 年将达到 16.8%，比第五个五年计划期间的 11% 有了较大的提高。”[⑥]

1988 年，中国人均教育经费为 11.2 美元（折合当时人民币 40 元左右），列世界倒数第二位。1988 年，国家财政教育拨款为 321 亿元，加上其他渠道筹

---

① 中央教育科学研究所：《中华人民共和国教育大事记（1949—1982）》，北京：教育科学出版社，1983 年版，第 579 页。

② 中央教育科学研究所：《中华人民共和国教育大事记（1949—1982）》，北京：教育科学出版社，1983 年版，第 602 页。

③ 中央教育科学研究所：《中华人民共和国教育大事记（1949—1982）》，北京：教育科学出版社，1983 年版，第 613 页。

④ 中央教育科学研究所：《中华人民共和国教育大事记（1949—1982）》，北京：教育科学出版社，1983 年版，第 639 页。

⑤ 中央教育科学研究所：《中华人民共和国教育大事记（1949—1982）》，北京：教育科学出版社，1983 年版，第 657 页。

⑥ 中央教育科学研究所：《中华人民共和国教育大事记（1949—1982）》，北京：教育科学出版社，1983 年版，第 674 页。

资102亿元，共423亿元。全国在校学生2.2亿人，人均不足200元。其中大学生人均2300元，中学生人均140元，小学生人均60元。公用经费大部分用于修缮（全国共需修缮校舍7500万平方米，危房4500万平方米），中学生每人每年平均5元，小学生仅1元多，很多农村小学买不起粉笔和备课本，更不用说订一份报纸了。①

表2-18　各个时期政府教育投入状况②

时间	国民生产总值（亿元）	国家财政支出（亿元）	国家用于教育的支出		预算内教育支出	
			总计（亿元）	占国民生产总值的比重（%）	总计（亿元）	占国家财政支出的比重（%）
1949~1953		366.6			21.6	5.89
“一五”时期	4689	1345.6	112.76	2.40	112.76	8.38
“二五”时期	6572.3	2288.7	181.16	2.76	165.84	7.25
1963~1965	4403.4	1204.9	110.47	2.51	100.3	8.32
“三五”时期	9555.6	2518.6	160.88	1.68	159.59	6.34
“四五”时期	13452.6	3917.9	220.72	1.64	220.72	5.63
“五五”时期	18325.7	5282.4	399.22	2.18	399.22	7.56
“六五”时期	32314.6	7483.2	823.35	2.55	822.23	10.99
“七五”时期	74594.4	12865.7	1800.15	2.41	1649.82	12.82
“八五”时期	187038.9	24387.5	4121.62	2.20	3763.78	15.43
1997	73452	8651	1862.54	2.54	1357.73	15.69
1998	79553	10711	2949.06	2.55	1565.59	14.53
2007	249529.9	49781.35	8280.21	3.32	7654.91	16.26

在1984年到1986年间，中小学新建校舍大量增加，危房比例明显下降。全国各地集资办学形成热潮，在农村尤为激动人心，不少人将自家准备建房的

① 陈惠方：《中国希望工程——贫困地区儿童失学危状及其救助纪实》，北京：国际文化出版公司，1990年版，第7页。

② 数据来源：国民生产总值出自中国统计出版社出版的《中国统计年鉴1998》，第55页；“财政支出”数“三五”以前出自《中国统计年鉴1986》第595页，“四五”以后出自《中国统计年鉴1998》第269页；“国家用于教育的支出”和“预算内教育支出”数“三五”以前出自《中国统计年鉴1986》第608页，“四五”以后出自《中国统计年鉴1998》第278页；1998年的国民生产总值当时未公布，用的是国内生产总值数；2007年用的也是国内生产总值，数据来源于《2007年全国教育经费执行情况统计公告》，引自《中国教育报》，2008年12月1日。

砖木捐献出来建学校，甚至出现了将自己准备做寿材的木料捐献出来建校舍的情况，这在看重居住条件和丧葬仪礼的中国乡村是一件需要勇气和真诚奉献才能做出的事情。正是因为有全国民间的大力支持，全国中小学危房面积占校舍建筑面积的比例才由1980年的17%下降到1989年的4.4%，[①] 同时校舍面积有比较大幅度的增加。

1990年，全国中小学校舍建筑面积（包括农职中学）达到71687.53万平方米，比上年增加3660.42万平方米，危房面积减少到2199.73万平方米，比上年减少800万平方米。危房比例由上年的4.44%下降到3.07%。[②]

1993年，《中国教育改革和发展纲要》明确提出："要在本世纪末把我国的财政性教育支出提高到占国民生产总值的4%的水平，把各级财政支出中教育经费所占的比例，逐步提高到全国平均不低于15%。"此后，这一目标便成为教育界上下强烈的期盼。1999年，美国教育总投资已占其国内生产总值的7.7%（当年中国的GDP只有美国的10%），达到6350亿美元；台湾在经济起飞之际，GDP的12%～22%都用来办教育了；然而，直到2006年，中国的财政性教育经费占GDP的比例才达到3%的水平。国家统计局的历年统计数据如下表2－19所示。

表2－19　国家财政性教育经费及其占GDP的比例（1992～2007）[③]

年份	国家财政性教育经费（万元）	预算内教育经费（万元）	GDP（亿元）	国家财政性教育经费占GDP的比例（%）	预算教育经费占GDP的比例（%）
1992	7287506	5387382	26923	2.71	2.00
1993	8677618	6443914	35334	2.46	1.82
1994	11747396	8839795	48198	2.44	1.83
1995	14115233	10283930	60794	2.32	1.69
1996	16717046	12119134	71177	2.35	1.70
1997	18625416	13577262	78973	2.36	1.72
1998	20324526	15655917	84402	2.41	1.85
1999	22871756	18157597	89677	2.55	2.02
2000	25626056	20856792	99215	2.58	2.10
2001	30570100	25823762	109655	2.79	2.35

① 《中国教育报》，1990年3月17日。

② 中华人民共和国教育部：《共和国教育50年》，北京：北京师范大学出版社，1999年版，第271页。

③ 数据来源于国家统计局：《中国统计年鉴2008》，北京：中国统计出版社，2008年版；《2007年全国教育经费执行情况统计公告》，引自《中国教育报》，2008年12月1日。

（续表）

年份	国家财政性教育经费（万元）	预算内教育经费（万元）	GDP（亿元）	国家财政性教育经费占GDP的比例（%）	预算教育经费占GDP的比例（%）
2002	34914048	31142383	120333	2.90	2.59
2003	38506237	34538583	135823	2.84	2.54
2004	44658575	40278158	159878	2.79	2.52
2005	51610759	46656939	183217	2.82	2.55
2006	63483648	57956138	211924	3.00	2.73
2007	82802100	76549100	249530	3.32	3.07

2003年，全国义务教育的投入中，78%左右由乡镇负担，9%左右由县财政负担，11%左右由省地负担，由中央财政负担的甚少。由于多数地方县、乡财力有限，这样的义务教育财政投入体制严重制约了教育经费的增长。

1949年后，各级教育生均经费显示出较快增长。2007年，全国普通小学、普通初中、普通高中和普通高校生均经费分别为新中国建立初的10倍、6倍、5倍和2.5倍；但考虑到币值和物价因素，生均经费实质性增长不多，见图2－22所示。

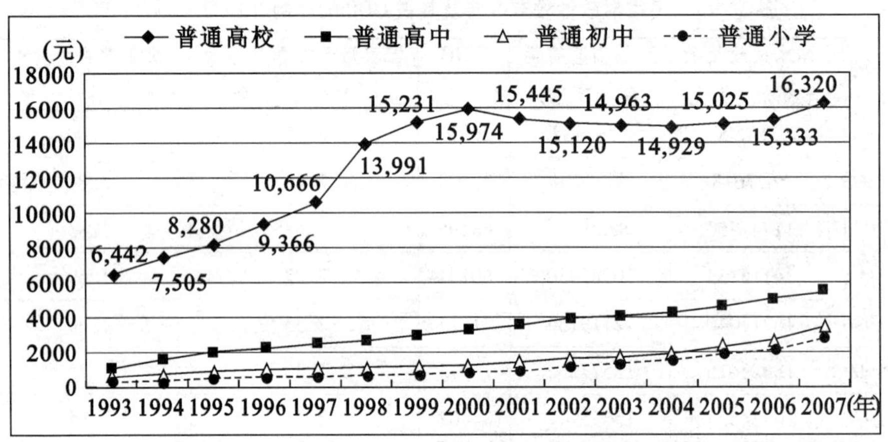

图2－22　各级教育生均教育经费变化

2006年，全国各级公办普通学校生均预算内教育事业费支出比上年普遍增长，按增幅大小排序依次是：初中、小学、高中、职业中学和高校，特别是随着农村义务教育经费保障机制的施行，农村初中和小学生均预算内教育事业费支出增长迅速，分别增长30.6%和24.9%。

表 2－20　各级教育生均预算内教育事业费支出增长情况（单位：元）

指标/项目	2000 年	2005 年	2006 年	2006 年比 2005 年增长（%）	2006 年是 2002 年的倍数
普通小学	492	1327	1634	23. 13	3. 32
其中：农村	413	1205	1506	24. 98	3. 65
普通初中	680	1498	1897	26. 64	2. 79
其中：农村	534	1315	1717	30. 57	3. 22
普通高中	1315	1959	2241	14. 40	1. 70
职业中学	1349	1981	2164	9. 24	1. 60
普通高校	7310	5376	5869	9. 17	0. 80

注：本表各级教育数据不包括民办教育部分。

在整个经费分配中，幼儿教育经费的比例过低，自 20 世纪 90 年代以来，政府投入的幼儿教育经费随着经济增长也有很大的增长。但在整个教育经费短缺的情况下，幼儿教育经费尤为短缺，以下是十余年来幼儿教育经费的情况。

表 2－21　1991 年至 2004 年以来幼儿教育经费状况①

年份	全国教育经费总计		其中幼儿教育经费总计		幼教经费占全国教育经费的比例（%）
	总额（亿元）	比上年增长（%）	总额（亿元）	比上年增长（%）	
1991	731. 5	10. 9	5. 2		0. 7
1992	867. 1	18. 5	6. 5	25. 1	0. 8
1993	1059. 9	22. 3	13. 8	111. 9	1. 3
1994	1488. 8	40. 5	19. 7	42. 4	1. 3
1995	1878. 0	26. 2	24. 3	23. 5	1. 3
1996	2262. 3	20. 5	29. 1	19. 8	1. 3
1997	2531. 7	11. 9	31. 2	7. 2	1. 4
1998	2949. 1	16. 5	39. 9	27. 9	1. 4
1999	3349. 0	13. 6	45. 5	14. 0	1. 4
2000	3849. 1	14. 9	51. 6	13. 4	1. 3
2001	4637. 7	20. 5	60. 3	16. 8	1. 3
2002	5480. 0	18. 2	67. 6	12. 2	1. 23
2003	6208. 3	13. 3	74. 3	10. 1	1. 2
2004	6668. 6	16. 6	85. 4	15. 1	1. 28

① 数据来源于各年度《中国教育经费统计年鉴》。

由上表可以看出，1991 年到2001 年的十年间，全国幼儿教育经费投入总计才 266.8 亿元，虽然每年都有较大幅度的增长，平均年增长 31%，其中，1993 年过低的幼儿教育经费有了一次比较大的增加，增加到原来的两倍。1994 年因教师工资调整，幼儿教育经费被动增加，该年国家财政预算幼儿教育经费达 11.58 亿元；但这种增加由外界因素导致的成分大，因幼儿教育自身发展的需要拉动的成分小。

中国幼儿教育经费在全国公共教育经费中所占的分量依然过小，十余年来一直徘徊在 1.3% 的水平，这一比例在巴西是 5.1%，墨西哥是 8.9%，泰国是 16.4%，这与幼儿园庞大的在园幼儿数量和教职工数量相比极不相称，例如：2000 年全国在园幼儿 2244 万人，占全国从幼儿到高等教育在校生总数的 9.2%；幼儿园教职工 114.43 万人，占上述范围学校教职工总数的 7.8%，而经费投入才 1.3%，说明在整体教育经费不足的情况下，幼儿教育经费短缺尤为严重，政府或社会承担的公共幼儿教育责任极其有限。

依据联合国教科文组织 1991 年统计，中国教育公共支出占全世界教育公共支出的 1.04%，而所要承担的教育学生数量占全球的 17.9%。①

第二次全国教育工作会议提出的中央义务教育专款从 1995 年起开始落实。中央义务教育专款按“二三三”滚动增拨，到 2000 年增量累计达到 39 亿元。加上各地按 1:2 配套，资金总额将超过 100 亿元。② 这是当时由政府拨款数额最多、使用面最大的一笔专款，对提高贫困地区教育水平，解决历史遗留下来的难题，缩小东西部地区差距，促进社会安定、民族团结发挥了实际作用。

从 1990 年到 1997 年，非财政来源的教育经费支出从 95.4 亿元增长到 669.2 亿元，占全国教育经费的比例由 14.5% 上升到 26.4%。③ 1990 年，全国教育经费总投入达 623.60 亿元，其中，财政预算内教育经费为 433.86 亿元，预算外教育经费为 199.74 亿元，预算外教育经费占预算内教育经费的近 1/2。④ 1997 年，全国教育经费达 2700 亿元。1985 年到 1992 年短短七年间，社会各方面

---

① 中华人民共和国教育部：《共和国教育 50 年》，北京：北京师范大学出版社，1999 年版，第 268 页。

② 中华人民共和国教育部：《共和国教育 50 年》，北京：北京师范大学出版社，1999 年版，第 274 页。

③ 中华人民共和国教育部：《共和国教育 50 年》，北京：北京师范大学出版社，1999 年版，第 475 页。

④ 国家教委计划建设司：《中国教育统计年鉴（1991—1992）》，北京：人民教育出版社，1992 年版，第 126 ~ 128 页。

集资办教育就达1062亿多元。[①] 预算外教育经费的增长，不仅为教育发展增加了资金，更重要的是促使人们的教育观念发生了可喜的变化，初步探索出一些适合中国国情的办法，这对解决“穷国办大教育”的矛盾，具有重要的意义。

1998年，全国各类学校有危房2000万平方米。[②]

2003年到2007年，全国财政收入累计约17万亿元，比上一个五年增加10万亿元，年均增长22.1%；财政支出累计约17.7万亿元，比上一个五年增加9.6万亿元，年均增长17.6%。财政用于教育、医疗卫生、社会保障、文化体育等方面的支出累计分别达到2.43万亿元、6294亿元、1.95万亿元和3104亿元，分别比上一个五年增长1.26倍、1.27倍、1.41倍和1.3倍。2003年到2007年，全国财政用于教育、医疗卫生、社会保障、文化体育、“三农”等方面的支出累计共6.92万亿元，政府财政收入增长是GDP和人民收入增长的2.6倍，财政收入中用于民生的比例随着财政收入占GDP的比例呈现下降趋势。

2007年，全国教育经费为12148.07亿元。其中，国家财政性教育经费（包括各级财政对教育的拨款、征收用于教育的税费、企业办学中的企业拨款以及校办产业减免税等项）为8280.21亿元。

纵观整个六十年，以当时的币值计算教育经费投入总额和人均都呈现增长，2007年全国教育总经费为12 148亿元，绝对值为1952年的1012倍。教育经费的变化情况如图2－23与图2－24所示。

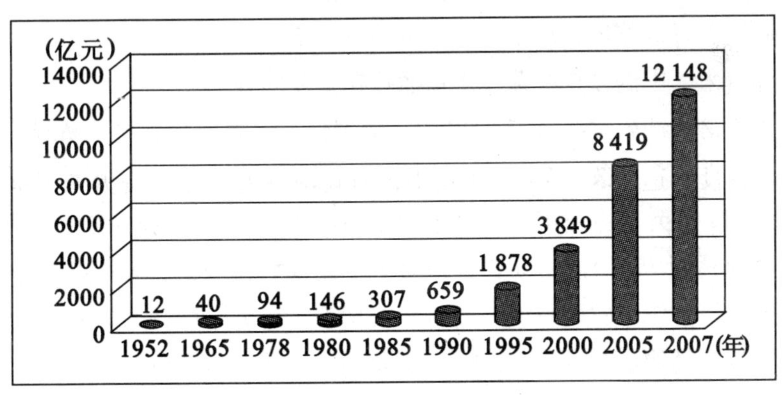

图2－23　1952年至2007年全国教育总经费的变化

① 中华人民共和国教育部：《共和国教育50年》，北京：北京师范大学出版社，1999年版，第237页。

② 中华人民共和国教育部：《共和国教育50年》，北京：北京师范大学出版社，1999年版，第478页。

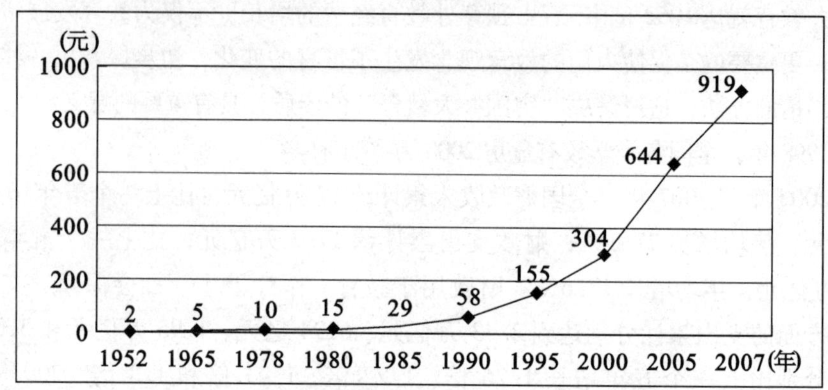

图 2-24 1952 年至 2007 年人均教育经费的变化

1952 年，中国全国人均教育经费仅为 2 元，而 2007 年为 919 元。有一种说法为：中国以不足世界总量 3% 的公共教育支出，解决了占世界总量 22% 的人口普及九年义务教育的问题。虽然从原始币值上看教育投入持续增长，但投入不足的矛盾依然突出，优先发展战略尚未成为各级政府的自觉行动。

2006 年，中央和地方各级政府预算内教育拨款（不包括教育税费）总额达到 5795.61 亿元，比上年增长 24.2%，与当年全国财政收入 24.3% 的增幅基本持平。其中，中央财政教育支出 538.33 亿元，同比增长 40.1%，[①] 高于中央本级财政经常性收入 23.6% 的增长幅度。全国有 19 个省、直辖市、自治区，实现了地方政府教育拨款增长高于财政经常性收入增长。

总体看来，中国教育经费投入依然存在诸多问题。

首先，财政性教育经费占 GDP 的比例偏低。尽管各级教育经费投入逐年增长，但财政性教育经费占 GDP 的比例仍然偏低。2007 年，全国财政性教育经费达到 8073.72 亿元，占当年 GDP 的比例为 3.27%，距离“我国公共教育经费占 GDP 的比例达到 4%”的目标要求还有一定距离，离发达国家平均水平的差距更大。据经济合作与发展组织（简称经合组织 OECD）统计，2004 年经合组织国家公共教育经费占 GDP 的比例平均达到 5%，部分国家超过 7%。

其次，各省地方教育经费增速不一，部分省份尚未实现“三个增长”。2006 年，有 12 个省份地方政府教育拨款增长低于财政经常性收入增长，其中内蒙古自治区、福建省和河南省连续三年都未实现教育经费拨款增长高于财政收入增长。省级地方政府中有 18 个省份预算内教育经费占当地财政支出的比例未能比上年有所提高，其中河北、福建、江西、山东、河南、湖北和湖南七省

① 数据来源：《中国财政年鉴 2007》，北京：中国财政杂志社，第 32 页。

连续三年出现下降的情况。

由于投入不足，各级各类学校的生均校舍面积、图书数量、计算机拥有量均出现徘徊或下降的趋势。分别图示如下。

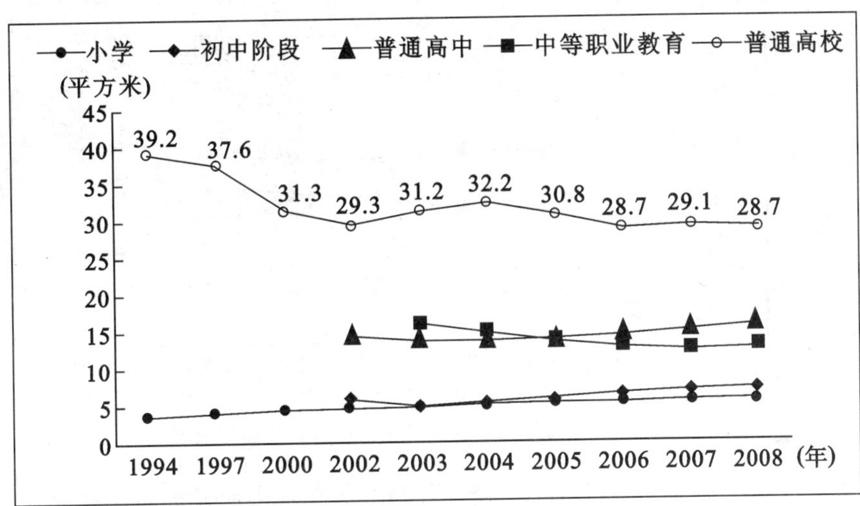

图 2－25　各级教育生均校舍面积变化情况

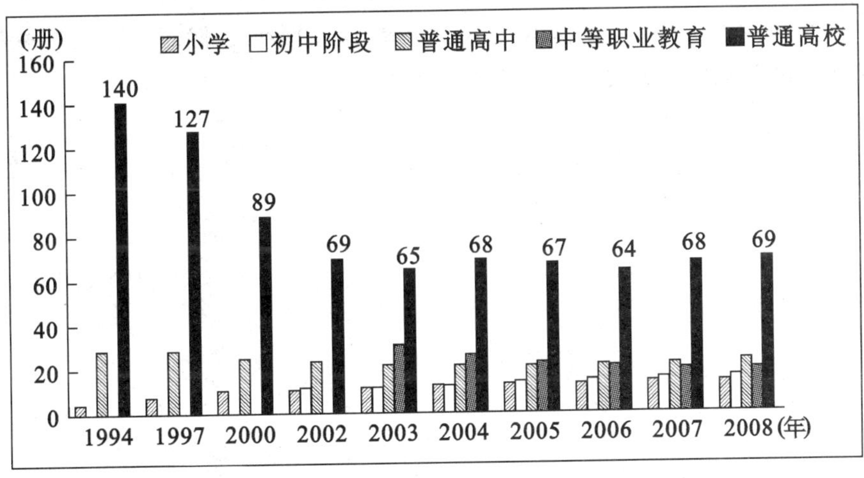

图 2－26　各级教育生均图书变化情况

从图 2－26 说明，义务教育学校图书配置水平略有改善，2008 年的小学、初中生均图书册数比 2002 年有所增加；高等学校则明显下滑。

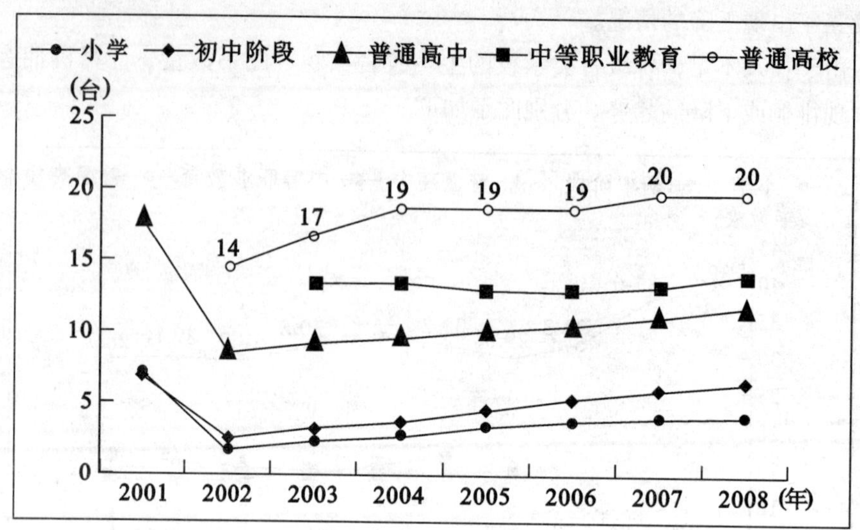

图2－27 各级教育每百名学生计算机台数变化情况

从图2－27表明，各级各类学校现代教育装备水平明显提高，每百名学生的计算机台数逐年增加。普通高校每5名、中等职业学校每7名、普通高中每8名、普通初中每15名、普通小学每20名学生就拥有1台计算机。

数据提供了对六十年中国教育发展情况了解的参照，然而中国教育六十年的发展远非数据所能说得清晰、完整和全面。

第三章

品质：质量与公平

教育是与人的成长发展直接相关的事业，是与国家命运和民族生存状况直接相关的事业，对教育的评价最终要看人的成长与发展状况如何。2005 年 7 月，钱学森在归国五十周年之际说："现在中国没有完全发展起来，一个重要原因是没有一所大学能够按照培养科学技术发明创造人才的模式去办学，没有自己独特的创新的东西，老是'冒'不出杰出人才。"① 这至少是他对五十多年来中国大学教育品质所作的基本判断。与 1949 年急于扩大教育规模相对应，到 2009 年，人们对教育的关注集中到教育的品质上，本章以教育品质为聚焦点，对六十年来中国教育品质加以讨论。

① 张炳开：《我国创新人才面临五大挑战》（2006－06－22），http：//news. cyol. com/content_ 2006－06/22/content_ 1425183. htm.

第一节　教育品质的界定

自1949年以来，在相当长的时间里，衡量教育发展状况常用的指标是发展规模与数量，或侧重于考虑数量与规模发展，甚至在思想上将“发展”等同于“数量发展”。但规模和数量仅能反映教育外部的发展情况，仅仅考虑数量的发展是一种片面的发展观。

历史表明，数量发展与保证质量存在着一定的矛盾，典型的例证便是1958到1960年的教育“大跃进”和1999年后实施的高等学校扩招，虽然在数量上都快速增长，教育质量大幅度下滑也成为不争的事实。

然而品质不简单等于物质条件和投入多少，“因陋就简不等于不安全，因陋就简不等于降低教学素质。曾经在同一个省看到两种现象。在一个穷山沟里，有一所色彩明快、令人觉得舒适愉快的校园，都是土墙平房，但是窗明几净，是小孩子乐于见到的天地。在一个很富的村里，耗资数十万元造了一座三层楼的小学校舍，里面模仿中学设了许多特别室，但是活动场所不多，楼梯、墙角尖锐的东西很多，不宜儿童生活。”①

这些例证表明，不顾客观条件，不遵循教育自身发展的规律，盲目追求数量和规模，盲目追求条件和设施，就必然会降低教育的质量。没有质量的数量和优良条件就是没有品质的数量；单纯追求物质条件而不考虑教育的特点和内在规律也不可能提升教育的品质。要了解教育内部的发展情况，必须依据教育发展的内在逻辑，看重个体的成长与发展，看重教育的品质。将规模、数量与品质结合起来，才能得到比较全面的教育发展状况的反映。

什么是教育的品质？不同的人对这一问题有不同的回答。

综合各种关于教育品质的观点，可以得出教育品质所包含的基本内涵主

① 程介明：《中国大陆教育实况》，台北：台湾商务印书馆，1993年版，第53页。

要是：

（1）教育效能，即教育目标达到的程度。其中包括教育对社会发展的目标实现程度和教育对人的发展的目标实现程度，以及教育对整个人类社会发展目标的实现程度。

（2）教育效率。主要指教育对资源的利用率和相对于某一时间段的发展速度。是否存在资源浪费、结构性浪费、体制性浪费和发展滞缓是评价效率的主要依据。教育效率可具体体现为教育的质价比，即所提供教育的质量与提供这种质量的教育所需要付出多少之比。近些年民怨沸腾的“择校费”，动辄三五万元，使占中国人口大多数的城市平民和农民难以承担。而重点学校与非重点学校之间差距很大，许多人为了子女能上好一点的学校，被迫东拼西凑，勒紧裤带，奉献上沾满血汗的“择校费”，甚至还得烦人托关系走后门，获得送钱的机会或权利。显然，对教育效率的评价存在相对性，只有以绝大多数人为评价主体，才是符合教育公平的教育效率。

（3）教育公平。主要指不同人群能否平等享有公共教育资源。

（4）教育的开放性。在形而下的层面，教育的开放性主要指教育国际交流的深度、广度和频繁程度；而在形而上的层面看，教育理念、价值和哲学的开放性对教育的各个方面起着统摄作用，所以教育价值、理念和哲学是否开放是评价教育是否开放不可缺少的重要依据。

（5）教育秩序。主要指教育内部能否实现有序、持续、稳定的发展，教育与社会发展之间能否协调共进，能否为社会发展提供自主有效的服务，能否与社会各部门各行业之间实现责任及边界明晰。近些年由于缺乏民主监督和权力制衡，教育腐败呈现蔓延的态势，教育腐败与教育的神圣性形成巨大的反差，对家长及孩子们造成巨大的伤害，引起社会各界的广泛关注和人民群众的不满。

（6）教育自由状况。主要指受教育者是否有自由选择教育的自主性及有多大程度的自主性，包括选择学校、选择教师、选择课程、选择学习方式等。

（7）教育特色。主要指不同学校是否有自主确定的教育与办学理念。

一些人讨论教育的品质时，还将教育是否具有批判性，能否培养人的批判性思维，作为教育品质的内容之一。对教育品质的不同认定取决于认定者的立场和角度，在对不同立场和角度包容的前提下，形成对教育品质的共性认同需要一个过程，至今中国教育界尚未经历这一过程。

简言之，对中国教育品质的评价似乎难以用简短的语言表达。六十年里，中国教育在取得很大进步和很多成就的同时，也存在问题，其中有些变化是人们始料不及或难以承受的，例如，教育费用变得如此之多，变得如此之高，教育腐败变得如此之烈，教育行政化变得如此之重，教育单一性变得日益严重，每一个中国人都深有感触。

由于现有的各方面条件还不具备，还难以做到对教育品质的上述多重内涵做深入细致的分析，这里仅就围绕比较有共识的效能、公平、开放、自主性四个关键词，对六十年中国教育的品质加以分析。

第二节　六十年教育效能状况

衡量教育效能有两个参照坐标，一是教育对社会发展的效能如何；二是教育对受教育者个人发展的效能如何。由于自1949年以来中国一直强调依据国家的需要发展教育，比较多的分析当然只能围绕教育的社会效能展开；虽然客观上由于中国整体教育水平较低，教育对于个人的社会地位提升发挥了极其重要的作用，教育对个人内在素质的提升和发展所发挥的作用却不够理想。

一、教育与生产劳动相结合的效能状况

为了提高教育的效能，1949年后比较注重教育能够直接产生的经济和社会、政治效能，教育与生产劳动相结合便是在这样的背景下提出并最终上升为具有政治性的教育原则。

1．教育与生产劳动相结合的提出及内涵演变

1953年起，由于入学人数增多，升入初中和高中的学生明显增多，学校容量有限，于是政府动员小学毕业生和初中毕业生直接参加生产劳动。

1953年2月10日，高等教育部在北京召开华北区高等学校负责人座谈会，会上高等教育部部长马叙伦作了关于1953年高等教育方针和任务的报告，指出：高等教育和中等技术教育应以培养高等和中等的工矿、交通等技术人才为

首要重点，其次是有重点地培养师资，注意培养卫生人才。[①] 这样一个优先次序表明了当时中国对高等教育社会效能的基本定位。

1955 年 4 月 12 日，中共中央转发了教育部党组《关于初中和高小毕业生从事生产劳动的宣传教育工作的报告》。中央在给各地党委的指示中指出："今后在相当长的时间内，中小学毕业生不能升学的还会有相当大的数量，为升学而引起的紧张状态在一定时期内还会存在。因此，各地党委和政府必须继续对中小学毕业生从事生产劳动的宣传教育工作和组织安排工作。"教育部党组的《关于初中和高小毕业生从事生产劳动的宣传教育工作的报告》提出：（一）中小学校必须进一步加强劳动教育。除注意培养学生劳动观点和劳动习惯外，还应当注意进行综合技术教育，使学生从理论和实践上懂得一些工农生产的基础知识。（二）继续深入地、广泛地、全面地向广大群众进行社会宣传工作，树立劳动光荣的社会舆论和尊重劳动的社会风气。（三）动员中学毕业生参加生产劳动，必须做好组织安排工作。5 月 20 日，《人民日报》发表社论：《继续动员初中和高小毕业生从事生产劳动》。[②]

1957 年 3 月 16 日，中共中央、宣传部发出通知：加强中小学毕业生劳动生产教育。通知指出：去年学校在数量上有些盲目发展，今年和以后若干年内各级学校招生数字不能不加以压缩。今年不仅有大批高小、初中毕业生不能升学，甚至高中毕业生亦有一部分不能升学，应当引起各地党政部门的密切关怀，加强中小学学生毕业生的劳动教育。同日，教育部负责人就中小学毕业生升学和参加生产问题发表谈话。《人民日报》发表社论：《劳动教育必须经常化》。[③]

1958 年 3 月 17 日至 19 日，中共江苏省委在南京召开民办农业中学座谈会，推广该省海安县双楼乡和邗江县施桥乡创办农业中学的经验。除江苏省有关部门负责人外，中共中央宣传部部长陆定一，教育部副部长柳湜，北京、上海、福建、江西等省市有关部门负责人也应邀出席了座谈会。陆定一在会上指出：动员群众的力量办各种职业中学，特别是创办农业中学，使不能进普通初中的小学毕业生都能升学，这是一个好办法。办农业中学，不但有利于教育事业的大跃进，而且也有利于农业生产的大跃进。4 月 21 日，《人民日报》发表社论，

---

① 中央教育科学研究所：《中华人民共和国教育大事记（1949—1982）》，北京：教育科学出版社，1983 年版，第 73 页。

② 中央教育科学研究所：《中华人民共和国教育大事记（1949—1982）》，北京：教育科学出版社，1983 年版，第 127 页。

③ 中央教育科学研究所：《中华人民共和国教育大事记（1949—1982）》，北京：教育科学出版社，1983 年版，第 192 页。

号召大量发展民办农业中学。继江苏、浙江、福建、辽宁等省举办大量农业中学之后，其他省市也开始兴办农业中学。同时，在一些大中城市也出现了大办职业中学的热潮。①

1958 年 3 月 17 日至 25 日，农业部在北京召开全国农业教育会议，会议讨论了进一步贯彻教育、科研和生产相结合的方针，以及培养又红又专的农业生产技术人才的问题。会议认为：为适应农业生产大跃进的形势，各高等农业学校要采取新的措施，做到勤俭办学，勤工俭学，勤俭生产。各校要大量招收工农成分的学生，举办老干部进修班，培养工人阶级教师队伍。要根据农业生产需要，设置新专业。在课程安排上，要与农事季节相结合，采取现场教学等办法，每年要使学生一般有三四个月时间参加生产劳动。要普遍地组织师生种试验田。②

1958 年 3 月 20 日至 26 日，劳动部在天津召开全国技工学校工作会议。劳动部部长马文瑞在会上作报告指出：技工学校要培养学生成为具有社会主义觉悟、有必要的技术理论知识、有全面的专业操作技能和身体健康的熟练技术工人。会议提出：技工学校的生产和教育应是统一的，要做到“既是学校，又是工厂；既是学生，又是工人；既是学习，又是劳动”。必须切实贯彻以生产实习教学为主的方针。要加强政治思想教育工作，纠正教条主义和只管教课、不管思想等错误做法。③

1958 年 7 月 8 日，中共中央批转劳动部党组的请示报告，将现有 144 所技工学校下放 75 所给各省、直辖市、自治区管理。劳动部党组的报告还要求有关部门进一步研究，将适合于地方管理的技工学校继续下放给地方管理。报告提出：今后技工学校须大力发展，校数只应增加，不应减少。并对学校思想政治工作的管理、招生和毕业生分配等问题提出了意见。④

1958 年，《红旗》杂志第 7 期发表了中共中央宣传部部长兼文教小组组长陆定一的文章：《教育必须与生产劳动相结合》，《人民日报》随即加以转载。文章指出：“中国共产党的教育方针，向来就是，教育为工人阶级的政治服务，

---

① 中央教育科学研究所：《中华人民共和国教育大事记（1949—1982）》，北京：教育科学出版社，1983 年版，第 218 页。

② 中央教育科学研究所：《中华人民共和国教育大事记（1949—1982）》，北京：教育科学出版社，1983 年版，第 218 页。

③ 中央教育科学研究所：《中华人民共和国教育大事记（1949—1982）》，北京：教育科学出版社，1983 年版，第 219 页。

④ 中央教育科学研究所：《中华人民共和国教育大事记（1949—1982）》，北京：教育科学出版社，1983 年版，第 227 页。

教育与生产劳动相结合；为了实现这个方针，教育必须由共产党领导。”文章分别论述了在知识、教育是人民的事业、党的领导、全面发展等问题上资产阶级教育学者和共产党人的原则分歧；回顾了新中国成立九年来教育工作在党领导下取得的巨大成绩，并指出教育工作中主要的错误和缺点是教育脱离生产劳动。教育既然脱离生产劳动，就必然在一定程度上忽视政治和忽视党的领导。这样，教育就脱离我国的实际，势必发生右倾的和教条主义的错误。文章最后提出，要政治挂帅，在党的领导下，团结全党，团结一切可能团结的教育工作者，反对资产阶级的教育方针，为实现党的教育方针，实现我国的文化革命而斗争。[①] 此文将教育与生产劳动相结合的政治内涵加以界定，使得它几乎在六十年的教育中一直存在。

1959 年 3 月，毛泽东在第二次郑州会议上的讲话中指出：“文教事业的发展当注意不要占用过多的劳动力。”[②] 将教育事业的“大跃进”与占用劳动力相对立，既显示所办教育存在问题，也表明这种教育观念存在问题。1960 年 12 月，杨秀峰指出：全日制和半日制学校 16 周岁以上的学生数，1957 年为 620 万人，1960 年上半年增长到 1000 万人，占全国整、半劳动力的比例由 1.9% 增长到 3.1%，如果加上学校教职工，所占的劳动力比例就更大了。据统计，全国学校教职工人数 1957 年是 266.7 人，占全国劳动力的 0.84%，连同当年 16 周岁以上在校学生计算，共占全国劳动力的 2.87%;. 到 1960 年上半年，全国学校教职工人数达到 367.1 万人，占全国劳动力的 1.14%，连同当年 16 周岁以上在校学生计算，共占全国劳动力的 4.22%，1960 年师生所占全国劳动力的百分比比 1957 年增加了 1.4%。他指出，从当前我国经济基础、农业生产和农业劳动力严重不足的情况来看，教育方面所占的劳动力是多了。[③]

1962 年 4 月 10 日，教育部发出通知：加强中小学珠算教学工作，以适应人民公社对会计、统计人员的需要。通知提出：小学珠算课的教学必须要求学生真正掌握运用珠算的技能。取消了珠算课的地方，要立即恢复起来。中学可以在数学课中适当要求学生使用算盘计算习题，以提高珠算技能的熟练程度；也可以成立珠算课外学习小组。通知还提出，中小学学生应该学习一些会计

---

① 陆定一：《教育必须与生产劳动相结合》，引自《人民日报》，1958 年 8 月 16 日。

② 《建国以来毛泽东文稿·第 8 册》，北京：中央文献出版社，1993 年版，第 73 页。

③ 杨秀峰：《在全国文教工作会议上的讲话》，引自《中华人民共和国重要教育文献（1949—1975）》，海口：海南出版社，1998 年版，第 1021 页。

常识。①

简单将直接参加劳动或受教育以后能更好地从事具体劳动当做执行教育与生产劳动相结合的方针，这是长期存在的一个误区。1980年后，“教育与生产劳动相结合”依然不断被提及，尽管它在人们的意识中的地位下降了，但仍然在重要的教育文件中不可缺少地提出来。

2. 国民素质提升才是教育真正与生产劳动的有效结合

事实上，每一个人都客观上是一个劳动力，提升全体学生的素质是最有效的教育与生产劳动相结合的方式。

改革开放以来，中国教育事业的发展促进了国民受教育水平的不断提高。1982年全国第三次人口普查时，中国25岁及以上人口平均受教育年限仅为4.26年，2000年第五次人口普查时提高至7.42年。截至2008年，中国15周岁以上国民平均受教育年限由1982年的5.3年提高到8.7年；新增劳动力受教育年限达到11年，高出世界平均水平两年。

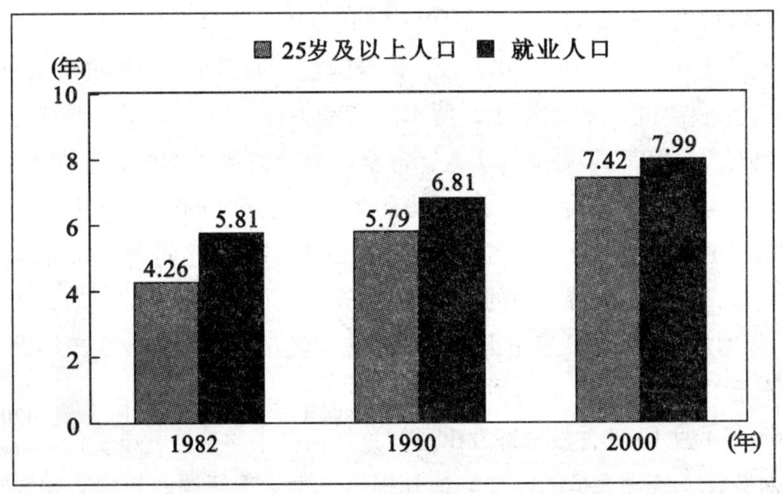

图3-1　25岁及以上人口与就业人口平均受教育年限

依据人口普查数据，2000年中国每10万人口中拥有高中文化程度的人口有11 146人，拥有大专及以上文化程度的人口有3611人，分别比1964年增加9827和3195人。见下页图3-2所示。

① 中央教育科学研究所：《中华人民共和国教育大事记（1949—1982）》，北京：教育科学出版社，1983年版，第306页。

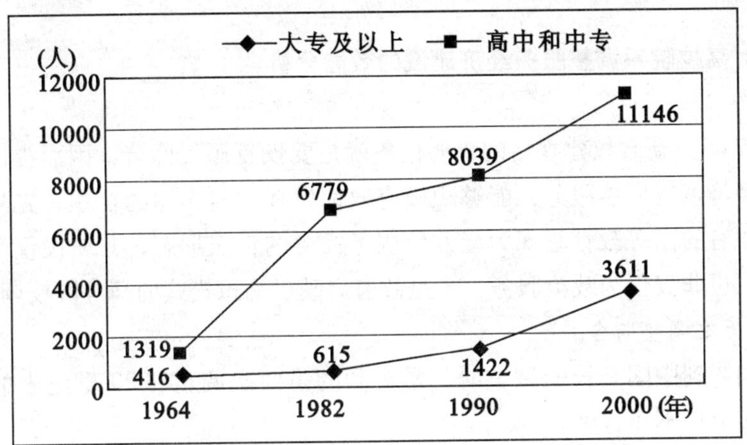

图 3－2　历次全国人口普查每十万人中高中及大专以上文化程度人口

1949 年以来，各类中高等学校累计为社会输送 1.32 亿毕业生，其中 2001 年至 2008 年输送 5975 万人。这些学生以相对较高的效能进入工作岗位，以自教育产生以来就自然存在的方式将教育与生产劳动结合起来，有效地实现了教育的社会价值，体现了教育的社会效能。

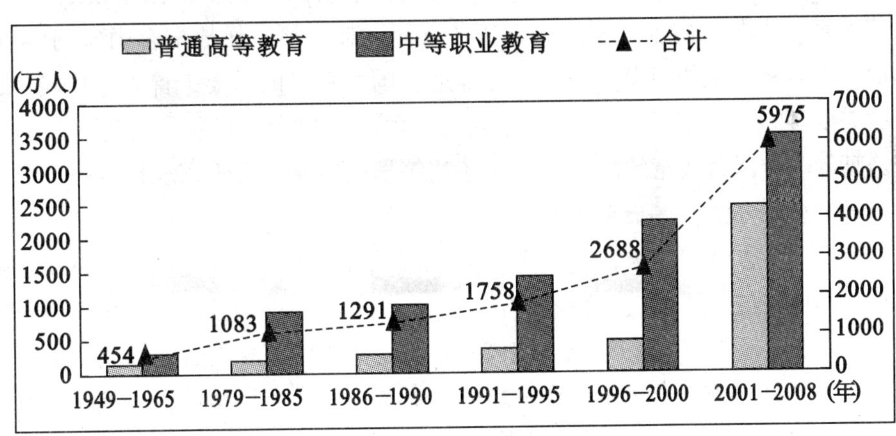

图 3－3　1949 年至 2008 年教育为社会培养的中高等院校毕业生数量①

六十年教育发展的历史表明，教育只能以教育独有的方式与生产劳动相结合，而不是简单具体地直接从事劳动；教育要自觉地为社会发展服务，而非成为以劳动为名义的苦役。

二、高校院系调整服务经济建设的效能分析

1949年，新政权建立后的重要任务就是要恢复国民经济，因而提出教育要为国民经济恢复发展服务，能够积极有效地发挥这样作用的自然首先是高等教育，而原有的高等教育呈现为全方位服务社会的自然形态，并非仅仅为国民经济服务，也非仅仅为政治服务，于是政府启动了马拉松式的高等院校调整。

1. *历次调整与合并*

人们谈到中国高校的调整时，常提到的是两次调整和20世纪末的一次合并，事实上远不止这些。

1949年11月17日，教育部在华北地区京津19所高等学校负责人会议上，按照毛泽东的指示提出了高等教育改造的方针，教育部副部长兼党组书记钱俊瑞指出：对高等教育应进行坚决的和有步骤的改造，改造的方向是一切服务于国家的建设，特别是经济建设。[①] 1950年6月，召开第一次全国高等教育会议，又进一步强调“我们的高等教育必须密切配合经济、政治、文化、国防建设的需要，而首先要为经济建设服务”，并指出“经济乃是整个国家建设之本”，[②]高等教育无论在其内容、制度、方法各方面，都必须密切地配合国家的经济、政治、国防和文化的建设，必须很好地适应国家建设的需要，首先适应经济建设的需要。[③] 会议通过了《高等学校暂行规程》、《专科学校暂行规程》、《关于实施高等学校课程改革的决定》、《关于高等学校领导关系的决定》、《私立高等学校管理暂行办法》等五项草案。

依据这一方针的要求，中国高校从1952年到1957年首先进行了两次院系调整，其后又进行了多次调整。

第一次调整时间为1952年到1953年。这次调整主要是借鉴苏联的教育经验，根据“以培养工业建设人才和师资为重点，发展专门学院，整顿和加强综合性大学”[④] 的方针进行调整，主要进行的是高校院系结构的调整。

事实上，调整的“整个工作从1950年酝酿，1951年开始，1952年全面展

① 中央教育科学研究所：《中华人民共和国教育大事记（1949—1982）》，北京：教育科学出版社，1983年版，第6页。

② 马叙伦：《第一次高等教育会议开幕词》，引自《人民教育》，1950年第1期。

③ 中央教育科学研究所：《中华人民共和国教育大事记（1949—1982）》，北京：教育科学出版社，1983年版，第19页。

④ 中央教育科学研究所：《中华人民共和国教育大事记（1949—1982）》，北京：教育科学出版社，1983年版，第70页。

开，1953 年基本完成，1954 年收尾”[①]。这次“以培养工业建设人才和师资为重点”的调整，涉及清华大学、天津大学、浙江大学、南京工学院、上海交通大学、中南矿冶学院、华中工学院、华南工学院，相继新设钢铁、地质、航空、矿业、石油、农业机械化、林业、水利等专门学院和专业。

1951 年 11 月 3 日至 9 日，教育部在北京召开全国工学院院长会议，会议按照苏联工科院校的模式，拟定了工学院调整方案，从而启动了全国范围内的高校院系调整。方案规定：以华北、华东、中南三地区为重点，清华大学、浙江大学改为多科性高等工业学校；南开大学、津沽大学两校的工学院合并于天津大学；成立南京工学院、广东工学院、航空工程学院、矿冶学院；在武汉大学成立水利学院。东北三个工学院暂不变动，实行重点分工。同一地区的工学院系，实行分工。这一调整方案政务院第 113 次政务会议批准。工学院院长会议后，教育部还召开了地质、采矿、冶金等系、科的一系列专业会议，讨论明确专业的性质、任务以及课程改革、教材编辑、设备标准等问题，以使工学院各系逐步做到定质、定量、定员，有计划地为国家建设服务。[②] 到 1952 年底，全国已有四分之三的高等学校以发展专门学院、巩固与加强综合性大学的思路进行了院系调整和专业设置的工作，新设了钢铁、地质、矿冶、水利等 12 个工业专门学院。1953 年 5 月 29 日，政务院第 180 次政务会议批准高等教育部部长马叙伦的报告，决定 1953 年继续进行高等学校院系调整工作。调整的原则仍着重改组旧的庞杂的大学，加强和增设工业高等学校并适当地增设高等师范学校；对政法、财经各院系采取适当集中、大力整顿及加强培养与改造师资的办法，为今后发展准备条件。1953 年院系调整工作以中南区为重点，华北、华东、东北三区主要进行专业的调整，西南、西北两区进行了院系和专业调整。[③]

在院系调整中，私立大学全部改为公立。1952—1953 年，全国高等学校的数目调整到 182 所，其中综合大学 14 所；高等工业院校由 28 所增加到 38 所（1953 年底第一阶段的调整基本结束，全国高等学校在校生 31 万人，工科学生占全部学生数的 37.7%）；师范院校 31 所，农林院校 29 所，医药院校 29 所，财经院校 6 所，政法院校 4 所；语文院校 8 所，艺术院校 15 所，体育院校 4

---

① 中华人民共和国教育部：《共和国教育 50 年》，北京：北京师范大学出版社，1999 年版，第 364 页。

② 中央教育科学研究所：《中华人民共和国教育大事记（1949—1982）》，北京：教育科学出版社，1983 年版，第 51 页。

③ 中央教育科学研究所：《中华人民共和国教育大事记（1949—1982）》，北京：教育科学出版社，1983 年版，第 78 页。

所，少数民族院校3所，其他类的北京气象专科学校1所。至1953年底，除农林、医药的系科专业设置尚须继续调整外，一般高等学校的院系调整工作基本完成。①

本次院系调整工作的主要内容是②：华北区的北京大学、南开大学改为综合性大学；清华大学和天津大学改为多科性的高等工业学校；辅仁大学并入北京师范大学，燕京大学文、理、法各系科并入北京大学，工科各系并入清华大学，辅仁、燕京两校校名撤销；同时新设北京地质学院、北京钢铁工业学院、北京林学院、北京农业机械化学院、中央财经学院、北京政治学院等专门学院。华东区的复旦大学、南京大学和山东大学改为综合性大学，浙江大学和南京工学院改为多科性的高等工业学校；同时新设华东化工学院、华东水利学院、华东航空工业学院、华东体育学院、南京林学院等院校；金陵大学、齐鲁大学、圣约翰大学、沪江大学、震旦大学各系科合并于其他院校，五校校名撤销。东北区的东北人民大学改为综合性大学；同时新设东北地质学院、东北林学院、沈阳农学院等院校。中南区的中山大学改为综合性大学；岭南大学、华南联合大学的各系科并入有关院校，两校校名撤销。西南区的重庆大学改为多科性高等工业学校；同时新设重庆土木建筑学院、重庆化工工业学院。西北区新设八一农学院。

经院系调整，到1954年，全国高等学校共设置专业294种，其中工科专业137种。③ 当时调整有一个基本设想，培养科学研究人才及培养师资的大学各大行政区最少1所，多半为专业性工学院；农学院长期落后，以集中合并为主，每一大行政区办好1~3所；师范学院每一大行政区办好1~3所，培养高中师资；各省办专科培养初中师资。④

第二次调整时间为1955年到1957年。这次调整主要是将沿海的高校内迁到中西部地区，也调整部分高等学校院、系、专业的设置和地域分布，以改变高等学校过于集中大城市和沿海地区的状况。

第二次调整的主要依据是中央提出的高等教育必须符合社会主义建设和整

---

① 中央教育科学研究所：《中华人民共和国教育大事记（1949—1982）》，北京：教育科学出版社，1983年版，第90~91页。

② 中央教育科学研究所：《中华人民共和国教育大事记（1949—1982）》，北京：教育科学出版社，1983年版，第70~71页。

③ 中央教育科学研究所：《中华人民共和国教育大事记（1949—1982）》，北京：教育科学出版社，1983年版，第71页。

④ 中华人民共和国教育部：《共和国教育50年》，北京：北京师范大学出版社，1999年版，第363页。

个战略部署（如备战等）的要求，如高等工业学校应该逐步地和工业基地相结合。高等教育部在1955—1957年的调整计划中提出的原则意见是[①]：沿海城市的现有高校，除水产、海运等性质关系须留沿海城市外，其余一般不再扩建，要缩小教育规模，集中力量提高教育质量；接近沿海城市的现有高等学校，应缩小最大发展规模，可稍有发展；加强内地城市现有高等学校建设，适当扩大原定最大发展规模。在前几年院系调整的基础上，继续将沿海地区一些高等学校或学科迁到内地组建新校或加强原有学校。

1955年至1957年的调整方案中提出，将沿海地区一些高等学校的同类专业、系迁至内地建新校或加强内地原有学校，并将一些学校的全部或部分迁至内地建校，扩大内地现有学校规模，增设新专业。1955年，由江苏、浙江、山东、上海、天津、广东等地的一些高等学校调出有关专业迁往内地，在武汉、兰州、西安、成都等城市建设了测绘、石油、建筑、电讯、化工、动力等工业学院，并决定将上海交通大学、上海第一医学院、山东大学、华东航空学院等校迁往内地。[②]

1957年，第二次调整结束，全国共有高等学校229所，其中综合大学17所，工业院校44所，师范院校58所，医药院校37所，农林院校31所，语言院校8所，财经院校5所，政法院校5所，体育院校6所，艺术院校17所，其他院校1所。[③] 全国高校共设专业323种，其中工科183种，理科21种，文科26种，农科18种，林科9种，医科7种，师范21种，财经12种，政法2种，体育2种，艺术22种。[④] 新设了地质、矿业、钢铁、航空、水利、铁道、公路、造船、化工、汽车拖拉机制造等专门学院。

1957年6月4日，国务院召开交通大学、各有关部门及上海、西安两地有关高等学校的负责人会议，讨论交通大学迁校问题，周恩来总理提出处理方案：“总的原则是求得合理安排，支援西北的方针不变。”会后，高等教育部部长杨秀峰、副部长刘皑风分别到上海、西安，会同有关部门并在当地党委帮助下，处理迁校问题。最后，根据交通大学内部的实际情况及西安、上海两地的需要，

---

① 中华人民共和国教育部：《共和国教育50年》，北京：北京师范大学出版社，1999年版，第364页。

② 中央教育科学研究所：《中华人民共和国教育大事记（1949—1982）》，北京：教育科学出版社，1983年版，第134页。

③ 《中国教育年鉴（1949—1981）》，北京：中国大百科全书出版社，1984年版，第965页。

④ 《中国教育年鉴（1949—1981）》，北京：中国大百科全书出版社，1984年版，第239页。

经国务院批准，对该校迁往西安的具体方案作了调整，决定分设西安部分和上海部分。两部分在行政上仍实行统一管理。同时，对两地的另外几所工科院校也作了调整和安排。1959 年 8 月 17 日，教育部通知上海市、陕西省高等教育局：经国务院同意，将交通大学西安和上海两个部分从现在起分别独立成为两个学校。西安部分改称西安交通大学，上海部分改称上海交通大学。①

依照这样的调整方案，广东等沿海地区的高等教育受到严重削弱。以 1946 年为例，广东人口占全国的 6%，但各级学校数和在校生数均占全国总数的 10% 左右。但到了 1977 年广东教育却低于全国平均水平。1980 年后，广东作为经济改革试验区的政策使得经济迅速发展，带动了广东高等教育的快速发展，1990 年该省普通高等学校本、专科在校生比 1980 年增长 117. 8%，招生增长 206%；1997 年广东省普通高等学校数位居全国第 11 位，在校生数位居第 6 位，招生数位居第 5 位；成人高等学校数位居第 4 位，在校生数位居第 3 位，招生数位居第 4 位。

第一次、第二次两次大调整都是“对高等教育进行坚决的和有步骤的改造”的组成部分，在一定程度上解决了高校与经济发展相适应和高校地区分布不合理的问题，但由于依据的都是相对狭隘的教育效能观，仅仅将教育当成经济建设的工具，忽视了它在人的成长和发展中的功能，忽视了教育与相应的文化和相关产业的内在关联，忽视了高校自主性，从而走向粗放、被动的规模扩张之路，拉开了中国大学与世界其他优秀大学之间的距离。工业革命后，西方大学在知识探索和服务经济发展方面的作用逐渐加大，但过度强化这一功能就会走向忽视高等教育最基本的育人功能的极端，这种观念后来演变为著名的论断：“大学还是要办的，这里指理工科大学。”1949 年前，理工院校相对比例较低，在一定程度上提高这类院校的比例是有必要的，而以狭隘的教育效能观发展高等教育导致数十年人文人才的缺乏，也导致经受过这样教育的人才发展的严重缺陷。

第三次调整时间为 1961—1963 年。这次调整始自 1961 年整体实行“调整”的方针，主要进行的是减少学校数量，调整专业设置。

1961 年 7 月 3 日至 15 日，教育部在北京召开全国高等学校及中等学校调整工作会议。会议讨论了高等学校及中等专业学校缩短战线、压缩规模、合理布局和通过调整集中力量提高教学质量等问题。会议确定，基本上采取毕业多少学生招多少学生的办法，调整 1961 年的招生指标。通过调整学校、采取学生自

① 中央教育科学研究所：《中华人民共和国教育大事记（1949—1982）》，北京：教育科学出版社，1983 年版，第 198 页。

带口粮等办法，压缩城镇学校的学生数，精简学校教职工，以减少吃商品粮的人数。①

1963年4月8日至25日，教育部在北京召开高等学校专业调整会议。会议讨论了在两年来全国高等学校调整的基础上，进一步调整专业设置问题；并讨论了高等学校领导管理体制、毕业生劳动实习制度等问题。会议提出：要以教育部颁发的高等学校专业目录为准，划分和设置专业，做到专业基本齐全，力求比例恰当、分布合理。文、理、工科各类专业，一般在全国范围内统一安排；林科、财经、政法、体育、艺术各类专业，一般在大区范围内统一安排；农科、医科、师范各类专业一般在省、直辖市、自治区内安排。并确定二三年内，一般不增设新专业。会议商定全国高等学校保留本科专业549种2527个，比1962年上半年减少专业191种982个。结合专业调整裁并9所学校，恢复12所学校，另将4所高等学校改为中等专业学校。②

1963年7月11日，中共中央政法小组、教育部党组提出《关于加强高等政法教育和调整政法院系问题的请示报告》，指出近几年来全国高等政法教育有所削弱，培养的学生无论在数量和质量上，都不能满足补充政法干部队伍的需要，亟待整顿和加强。政法教育要调整院系设置，集中力量办好几个院系，改进教学工作，着重提高质量。报告提出将现有政法院系调整为4所政法学院，4个大学法律系；北京大学、人民大学法律系培养法学理论人才，学制5年；其他院系培养政法工作干部，学制4年，并提出适当稳定招生人数，严格按照招生的政治条件，改进毕业生分配工作，补充调整教师队伍，加强师资培养提高工作，明确规定各政法学院实行教育部和最高人民法院双重领导③。

第四次调整时间是从1964年到1966年。后因“文化大革命”爆发，调整措施未能全面到位高校秩序便混乱了。

1964年11月间，高等教育部根据中共中央关于平战结合、加强战争观念和加强“三线”建设的指示，提出了《关于调整第一线和集中力量建设第三线的报告》，确定向“三线”地区迁建部分高等院校。1965年上半年，高等教育部根据以大小三线为中心、以国防建设为重点的建设方针，着手调整全国高等

---

① 中央教育科学研究所：《中华人民共和国教育大事记（1949—1982）》，北京：教育科学出版社，1983年版，第295页。

② 中央教育科学研究所：《中华人民共和国教育大事记（1949—1982）》，北京：教育科学出版社，1983年版，第331页。

③ 中央教育科学研究所：《中华人民共和国教育大事记（1949—1982）》，北京：教育科学出版社，1983年版，第339页。

学校布局。经中央批准搬迁的有上海机械学院、唐山铁道学院、成都铁道学院等三校。由原校迁出部分专业至“三线”工区建校的有：北京大学分校、南京大学分校、清华大学分校、华东化工学院分院、北京航空学院分院、北京工业学院分院、甘肃工业大学七校。高等教育部并确定部属北京大学、清华大学、华东化工学院、南京大学四所院校的分校分别建于陕西褒城、四川绵阳、四川自贡、湖南常德，并争取三年完成。1966 年 5 月 16 日，高等教育部发出通知，为清华大学、北京大学、南京大学、华东化工学院四所分校（院）定了校名。后来，由于情况变化，上述迁建项目未全部完成。①

1966 年 4 月 14 日，国务院发出通知：今后中央各部门对所属学校是否需要搬迁，迁往何处，应与有关地方协商，并由省、自治区、直辖市党委作出最后决定，各部门不要干涉。② 这次国务院各部委和一些省、直辖市采取向内地、农村搬迁学校或设立分校的调整高等学校的布局行动，因学校迁移过程中的矛盾而大大延缓了。

第五次调整的时间是从 1971 年启动，一直延续到 1977 年。这次调整受以政治为主的多重因素影响，目标较为弥散，甚至没有一个较为完整的方案，调整的措施出现反复、拖沓；一些不当调整在 1977 年后又复原。

1971 年 1 月 21 日至 22 日，国务院科教组邀请参加全国计划会议的各省、直辖市、自治区和中央 22 个有关部门负责人座谈全国高等学校调整问题。根据会议讨论的意见，国家计委、国务院科教组汇总了 29 个省、直辖市、自治区的调整方案，于 1 月 31 日向国务院提出《关于高等院校调整问题的报告》。各地对现有高等院校的调整意见是：工科院校一般拟予保留；农科、医科、师范院校多数拟保留，少数拟改为中等专业学校或合并；综合大学一般拟先保留下来；政法、财经、民族院校拟多撤销一些。

修改后的上述调整方案，经 1971 年 4 月召开的全国教育工作会议讨论，确定将全国原有的 417 所高等学校，保留 309 所，合并 43 所；撤销中国人民大学、中国医科大学、北京政法学院、北京对外贸易学院、上海财经学院、暨南大学、华侨大学、中南民族学院等 45 所；改为中等专业学校 17 所；改为工厂 3 所；增设 7 所。学校管理体制，在中央统一计划下，实行以“块块为主”——多数院校由地方领导，部分院校由地方和中央部门双重领导、以地方为主，少

① 中央教育科学研究所：《中华人民共和国教育大事记（1949—1982）》，北京：教育科学出版社，1983 年版，第 382 页。

② 中央教育科学研究所：《中华人民共和国教育大事记（1949—1982）》，北京：教育科学出版社，1983 年版，第 398 页。

数院校由中央部门直接领导。专业设置要在调查研究的基础上进行。这个调整方案曾作为《全国教育工作会议纪要》附件报中共中央。8 月 13 日中共中央批转纪要，同意其中提出的“调整方案，会后继续试行”的意见。[①] 这个方案显然是符合某些人的政治意图，却加剧了政法、财经人才供求本就已经很紧张的矛盾。

1972 年 8 月 30 日，国务院科教组通知有关省、自治区革命委员会：去年全国教育工作会议上确定的院校调整方案，需要试行一段后，再视情况加以调整。因而各省、自治区要求改建和增设的高等学校，除个别经批准者外，一般暂不列入学校名单，已招生的学校可先试办。通知还指出：经国务院批准，以下放河北省的原国际关系学院为基础创办河北外语专科学校（后又决定停建），恢复苏州蚕桑专科学校、武汉师范学院。[②]

1973 年 3 月 17 日，国务院科教组发出通知：国务院批准恢复北京财贸学院、北京广播学院、北京师范学院、江西中医学院、江西大学、云南民族学院、西北民族学院和成都体育学院。本年，国务院还批准恢复了黑龙江建设兵团农垦大学、山西财经学院高等学校。[③]

1973 年 5 月 14 日，国务院科教组发出《关于搞好高等学校搬迁合并问题调查的通知》。自 1969 年以来，全国共有 50 多所大专院校从大城市迁往大小三线地区、教育薄弱地区或靠近生产基地的地方。为总结搬迁工作的经验，通知要求有关地区和部委对搬迁院校开展“批林整风”的情况和领导班子建设、教职工思想状况、选点建校以及教育革命等方面的情况，进行调查研究。[④]

1973 年 7 月 3 日，国务院、中央军委发出通知：将迁往重庆的原哈尔滨工业大学迁回哈尔滨，同原该校留在哈尔滨的部分仍组成哈尔滨工业大学。并将原来由哈尔滨工业大学中分出的黑龙江学院恢复原校名。[⑤]

1973 年 8 月 13 日，国务院批准将中央直属 9 所艺术院校合并，改称为中央

---

① 中央教育科学研究所：《中华人民共和国教育大事记（1949—1982）》，北京：教育科学出版社，1983 年版，第 437 页。

② 中央教育科学研究所：《中华人民共和国教育大事记（1949—1982）》，北京：教育科学出版社，1983 年版，第 445 页。

③ 中央教育科学研究所：《中华人民共和国教育大事记（1949—1982）》，北京：教育科学出版社，1983 年版，第 449 页。

④ 中央教育科学研究所：《中华人民共和国教育大事记（1949—1982）》，北京：教育科学出版社，1983 年版，第 450 页。

⑤ 中央教育科学研究所：《中华人民共和国教育大事记（1949—1982）》，北京：教育科学出版社，1983 年版，第 452 页。

五七艺术大学，下设三院三校，即音乐学院、戏剧学院、美术学院和戏曲学校、舞蹈学校、电影学校。中央五七艺术大学于 11 月成立，江青任名誉校长，于会泳、浩亮、刘庆棠、王曼恬任副校长。①

1974 年 6 月 4 日，国务院科教组发出通知：恢复和新建天津外国语学院、天津财经学院、四川农学院、西南民族学院、贵州民族学院、西安公路学院、蚌埠医学院、皖南医学院、广州体育学院、湖南林学院、云南工学院、浙江师范学院等 27 所高等院校。1974 年恢复和新建的高等院校还有山东大学、曲阜师范学院、湘潭大学、广东民族学院、西藏师范学院、浙江中医学院等，撤销山东科技大学。②

1975 年 8 月 16 日，教育部发出通知：国务院批准恢复景德镇陶瓷学院、浙江水产学院、浙江丝绸工学院、山东农业机械化学院、山东中医学院、安徽中医学院、雁北师范专科学校，原福建农林大学分建为福建农学院、福建林学院。③

1975 年 9 月 9 日，铁道部、教育部联合发出通知：改变上海铁道学院等铁路院校的领导管理关系。为适应铁路的领导管理体制，决定将 1970 年下放给省市管理的北京交通大学、上海铁道学院、长沙铁道学院、兰州铁道学院、大连铁道学院、南京铁道医学院等铁路院校，改为铁道部和有关省、直辖市双重领导，以铁道部为主的管理体制。④

1977 年 5 月 20 日，教育部等单位发出通知：恢复西南政法学院。1977 年还恢复和建立了黑龙江商学院、郑州轻工业学院、齐齐哈尔轻工业学院、辽宁建筑工程学院、肇庆师范专科学院。⑤ 1977 年 12 月 15 日，国务院批准撤销中央五七艺术大学的建制，恢复原有的中央音乐学院、中央戏剧学院、中央美术学院、北京电影学院、北京舞蹈学校和中央戏曲学校，并规定这六所学校由文

---

① 中央教育科学研究所：《中华人民共和国教育大事记（1949—1982）》，北京：教育科学出版社，1983 年版，第 454 页。

② 中央教育科学研究所：《中华人民共和国教育大事记（1949—1982）》，北京：教育科学出版社，1983 年版，第 464 页。

③ 中央教育科学研究所：《中华人民共和国教育大事记（1949—1982）》，北京：教育科学出版社，1983 年版，第 477 页。

④ 中央教育科学研究所：《中华人民共和国教育大事记（1949—1982）》，北京：教育科学出版社，1983 年版，第 478 页。

⑤ 中央教育科学研究所：《中华人民共和国教育大事记（1949—1982）》，北京：教育科学出版社，1983 年版，第 493 页。

化部直接领导。①

这次调整农业类的院校损失惨重。1966 年，全国共有农业院校 52 所。“文化大革命”期间，在“农业院校要统统搬到农村去”等口号下，1971 年裁并了 17 所，保留下来的农业院校，不少也是一再搬迁，破坏严重。其中最为典型的是创建于 1949 年的北京农业大学，1969 年 10 月被迫迁到河北省涿县农村，1970 年又被强行迁往陕西甘泉县清泉沟，1973 年经国务院批准，又迁往涿县，改名为华北农业大学。几经搬迁，学校遭到严重破坏，1966 年该校在校大学生、研究生、留学生共有 4000 余人，1978 年只有 600 余人。直到 1978 年 11 月 29 日，国务院批准将华北农业大学的校名恢复为北京农业大学，并搬回北京原址。②

第六次调整的时间是从 1992 年持续到 2002 年。这次调整可以简括为高校合并。

1992 年，与建立市场经济体制相呼应，高等学校以“共建、调整、合作、合并”为行动指针，以“给钱、提升行政级别”为奖赏和推动，以调整、合并为实质，经历了共建共管、合并学校、合作办学、协作办学、转由地方管理等形式的改革和调整。从 1992 年到 2001 年，由 597 所高校合并组建为 267 所，净减 330 所。

1992 年 5 月，江苏六所省属大学合并组成新的扬州大学，拉开中国高校合并的序幕；1993 年江西三所大学合并组建南昌大学，此后高校合并成为一股潮流。新四川大学、新浙江大学、新清华大学、新北京大学、新复旦大学、新武汉大学、新吉林大学、新南开人学……纷纷登场，合并后的高校分为儿个校区上课，唯独中国科技大学等少数学校坚持不合并、不扩招的“两不”政策。

2000 年 10 月 31 日，教育部宣布高等教育管理体制改革取得突破性全面进展，布局结构调整基本完成，全国 556 所高校合并调整为 232 所，净减 324 所；2001 年后高校合并仍在继续。

这次调整意图在于改变原有办学体制上的部门办学、条块分割、结构布局不合理、办学效益低下的状况。然而大约十年后看当时的合并，可以看出它和前几次院校调整虽然形式不同，但所依据的逻辑和手段是一致的，就是运用行政手段强行干预，严重破坏了高校的自主性和原生态，它所依据的将小帆板捆

---

① 中央教育科学研究所：《中华人民共和国教育大事记（1949—1982）》，北京：教育科学出版社，1983 年版，第 503 页。

② 中央教育科学研究所：《中华人民共和国教育大事记（1949—1982）》，北京：教育科学出版社，1983 年版，第 534 页。

绑起来就能成为大战舰的假定也是不成立的。不出十年，各地又新建起一批与原来被合并的学校同名的高校，似乎足以说明一些问题。

2. 高校专业调整适应社会需要

专业调整几乎一直在进行，只是不同时期想法不完全一致。

1963年9月24日，国务院批转了国家计委、教育部修订的《高等学校通用专业目录》。这个《高等学校通用专业目录》，以1957年的专业目录为基础，总结了1958年以来的经验，作了以下修改：根据国家建设的需要，结合学校的可能条件，增设若干新专业；根据“宽窄并存，以宽为主”的原则，适当调整专业的业务范围；规定统一的专业名称。修订后的目录共列专业432种，其中工科164种、农科26种、林科12种、卫生10种、师范17种、文科53种、理科36种、财经10种、政法2种、体育7种、艺术36种，另列试办专业59种。①

1978年8月24日，教育部、国家计委发出《关于进行高等学校专业调查和调整工作的通知》。通知指出：由于林彪、“四人帮”的干扰破坏，加上我们过去缺乏经验，不少专业设置、布局、专业方向和课程，同新时期总任务的要求很不适应。专业设置上存在的主要问题是：理、工、农科某些专业面过窄，分工过细，基础理论薄弱，培养的学生适应性差；文科有的专业残缺不全，有的专业面过宽，培养目标不明确。有的专业陈旧落后，一些与新兴和边缘学科相关的专业是空白，不能适应科学现代化的需要。有些专业存在不必要的重复，有些配套专业之间的比例不协调，使人才浪费。因此，必须进行一次调整。通知提出了专业调整的原则和顺序。②

1979年5月10日至22日，教育部召开其直属11所工科院校专业调整会议，讨论了老专业改造、新专业设置以及各院校发展规模问题，研究了专业调整方案，并就如何制订相应的教学计划、教学大纲以及分工等问题交换了意见。③

1979年6月18日至30日，教育部召开其直属综合大学理科专业调整会议，讨论修订教育部直属综合大学理科专业目录、专业设计调整方案，确定将13所

---

① 中央教育科学研究所：《中华人民共和国教育大事记（1949—1982）》，北京：教育科学出版社，1983年版，第344页。

② 中央教育科学研究所：《中华人民共和国教育大事记（1949—1982）》，北京：教育科学出版社，1983年版，第525页。

③ 中央教育科学研究所：《中华人民共和国教育大事记（1949—1982）》，北京：教育科学出版社，1983年版，第548~549页。

综合大学理科专业由原有的125种287个点，调整为78种227个点，其中新设19种29个点。会上还研究了修订教学计划、教学大纲等工作。[①]

1987年、1993年和1998年三次对本科专业目录进行了修订、调整，专业数先由1200余种调整到800余种，再缩减到249种[②]，拓宽了专业口径，增强了专业适应性。

1996年3月28日，江泽民与上海交通大学、西安交通大学、西南交通大学、北方交通大学四校领导座谈时说："我们的经济工作正在实现经济体制和经济增长方式的'两个重要转变'。在这种新的形势下，我们的教育工作必须进一步解决好两个重要问题，一是教育要全面适应现代化建设对各类人才培养的需要，二是要全面提高办学质量和效益。简单地说，一是适应问题，二是提高问题。这也可以说是当前全国教育工作面临的'两个重要转变'。"[③]

1997年4月4日，国家教委发出《关于进行普通高等学校本科专业目录修订工作的通知》，分设11个门类、71个二级类，专业由1993年的504种减少到249种。

1999年高校扩招后，又陆续对专业作了些微调。

3．高校调整的效能分析

高校院系调整的动机主要有两点：一是以阶级分析的观点认为原来所办的高校是为帝国主义、封建主义和官僚资本主义服务的，必须转向为人民和革命建设事业服务；二是认为高等教育要适应革命和国家建设事业的需要，这一需要的标准就是老解放区建设新教育的经验和苏联教育建设的经验。

院系调整的直接结果是：①满足了当时短期的经济发展需要，却损失了一代杰出人才的成长，将人才培养成庸才，这方面的例证太多。②在调整中过分强调工业建设的需要，忽视了财经、政法部门的人才需求，甚至认为财经、政法受资产阶级学术思想影响太深而有意加以削弱，以致1957年初工科院校在校生比1949年增加了4.9倍以上；而财经院校1957年的在校生12 803人比1949年的在校生19 362人还少了6000余人，政法院校1957年初在校生7108人较1949年的7338人也减少了数百人。③拆散一批办学质量较高、有一定特色和优

---

① 中央教育科学研究所：《中华人民共和国教育大事记（1949—1982）》，北京：教育科学出版社，1983年版，第551页。

② 中华人民共和国教育部：《共和国教育50年》，北京：北京师范大学出版社，1999年版，第363页。

③ 中华人民共和国教育部：《共和国教育50年》，北京：北京师范大学出版社，1999年版，第98页。

良传统的大学，拉大了中国大学与世界先进大学之间的差距，让中国高等教育走了数十年比较远的弯路。

苏联的办学模式是院系调整的模板，于是将一些文、理、工、财经、政法等院系综合性大学完全拆散，将理、工、农、医等系科与人文、社科完全分开，组建单科的专门学院，适合了计划经济专业便于对口的特点，却严重忽视了人的个性特点和人才成长发展的内在规律，使得所培养的人才知识面狭窄、适应性差、工具特性强、缺乏后劲，是造成中国半个多世纪没有杰出创新人才的重要原因之一。在调整当时，钱伟长、傅鹰等人对这种急功近利的调整方案就提出了不同意见，却被当成“资产阶级思想”加以批判。

对高校专业进行的调整相对来说具有较强的专业性，大学学生参与较多，问题相对较少。与院校调整相比较，足以说明高校的调整该如何调，由谁调。从原理上说，专业设置要满足学生成长发展和社会人力需求两个方面的需要，应由学校依据自身实际自觉主动地去调整或创新专业，完全依靠全国统一的专业调整本身存在缺陷，确保专业的自觉和自主意识才是选择并保持专业的优良性源头和根本，而在历次专业调整中，恰恰对此保护不够。

多次调整对大学最为致命的打击在于损害了高校自主发展的机制。正因为如此，大学中的人都不是自主的人，没有自己应有的权力，也不必为自己承担责任，都成为一场大戏中的演员，而不发出自己真实的声音，这成为扼杀大学的机制。

三、高等教育发展与社会发展间的关系

邓小平曾说：“我们国家，国力的强弱，经济发展后劲的大小，越来越取决于劳动者的素质，取决于知识分子的数量和质量。一个十亿人口的大国，教育搞上去了，人力资源的巨大优势是任何国家比不了的。”①

由于结构的不合理和人才培养目标的单一化，一方面大学生数量在增加，而相当一部分学生毕业后找不到工作；另一方面，大量需要人的岗位找不到合适的人，广大农村和基层厂矿急切需要的初中级技术人才、经营人才、管理人才又十分缺乏。这是较长时期里教育与社会关系的实况。

1984年底，胡启立在安徽、江苏、江西、广东等地调查后认为，学校教育“严重脱离了现代化建设和社会发展的需要”。一方面，我们财力窘困，穷国办大教育，投入不足，经费奇缺；另一方面，投入的经费效益很差，造成事实上的极

① 《邓小平论教育》，北京：人民教育出版社，1995年版，第170页。

大浪费。一方面，各条战线都痛感人才匮乏（当时全国4000万技术工人中，高级工只占2.3%，三级工以下的占70%）；另一方面，学校培养出来的不少人才又因不合实际需要而形成大量积压。一方面，教育行政部门把人、财、物统得很死；另一方面，真正需要协调、需要统筹的事情又因条块分割，无人问津。

虽然国际上已经有人对教育与经济发展之间的关系进行研究，事实上，还没有足够的证据说明中国的教育对于发展经济究竟发挥了多大的效能，只能将各时期的数据罗列出来，从中发现一些具有规律性的关联。

表3-1 部分年度本、专科教育规模与国民生产总值对应关系[①]

年份	普通高校				成人高校		国民生产总值（亿元）	国民生产总值/普通高校毕业生数（百万元/人）
	学校数（所）	毕业生数（人）	招生数（人）	在校生数（人）	学校数（所）	在校生数（人）		
1949	205	21353	30573	116504	1	124		
1952	201	32002	78865	191147	7	4135	679.0	2.12
1955	194	54466	97797	287653	49	15946	910.0	1.67
1958	791	72427	265553	659627	383	150000	1307.0	1.8
1960	1289	136138	323161	961623			1457.0	1.07
1965	434	185521	164212	674436	964	412616	1716.1	0.93
1970	434	102672	41870	47815			2252.7	2.19
1975	387	118955	190779	500993	10836	729016	2997.3	2.52
1978	598	164581	401521	856332	10395	1408295	3624.1	2.2
1980	675	146635	281230	1143712	2775	1554061	4517.8	3.08
1985	1016	316384	619235	1703115	1216	1725039	8989.1	2.84
1990	1075	613614	608850	2062695	1321	1666658	18598.4	3.03
1992	1053	604200	754200	2184400	1198	1478700	26651.9	4.41
1997	1020	829070	100039	3174362	1107	2724238	73452.5	8.86
1998	1022	829800	1083600	3408800	962	2822200	79553	9.59
2006	1867	3774708	5460530	17388441	444	5248765	209407	5.55
2007	1908	4478000	5659000	18849000	413	5242000	249529.9	5.57

① 根据各年度中国教育事业统计年鉴和中国统计年鉴整理，经济数据来源于 http://www.stats.gov.cn/tjsj/ndsj/2006/indexch.htm，2006年和2007年“国民生产总值”栏使用的是国内生产总值（GDP）。

从上表似乎可以看出，在1998年高校扩招前的一段时间里，大学生对于经济发展的效能较高，此后有下降的势头。

1998年高校在校学生520万人，其中本科生251.54万人（普通高校223.46万人、成人高校28.08万人），占48.3%；专科生250.74万人（普通高校117.41万人、成人高校133.33万人），占48.1%；研究生18.51万人，占3.6%。[①]“文化大革命”前以发展本科为主，“文化大革命”后以发展专科和研究生为主；1993年专科教育的比重曾达到最高值55.6%，本科教育的比重达到最低值40%；1995年后本科生和研究生的比重迅猛增加。

高校的学科结构也在一定程度上影响到其社会效能。

表3－2　部分年度分科学生数的比例（单位:%）[②]

年份	工科	农科	林科	医药	师范	文科	理科	财经	政法	体育	艺术
1947	17.8	6.6		7.7	13.5	10.2	6.4	11.4	24.4	0.4	1.6
1949	26.0	8.4	0.5	13.1	10.3	10.2	6.0	16.6	6.3	0.2	2.4
1953	37.7	6.1	1.2	13.7	18.8	6.7	5.8	6.4	1.8	0.5	1.3
1958	39.0	8.8	1.5	11.7	23.8	3.9	6.2	2.2	1.1	1.1	0.7
1963	42.2	8.1	1.7	12.8	15.2	5.3	10.6	1.8	0.5	0.7	0.7
1978	33.6	6.3	0.9	13.2	29.2	5.4	7.5	2.1	0.2	1.0	0.6
1983	34.7	5.7	1.1	11.6	26.0	5.6	6.6	5.9	1.5	0.8	0.5
1988	35.2	4.5	1.0	9.3	25.7	5.4	5.3	10.0	2.1	0.7	0.8
1993	36.8	3.8	0.9	9.1	23.4	5.0	3.9	13.1	2.0	0.7	1.1
1993年调整后的学科	哲学	经济学	法学	教育学	文学	历史学	理学	工学	农学	医学	
1995	0.2	14.9	3.2	4.0	12.6	1.7	10.7	40.1	3.8	8.8	
1998	0.1	14.9	4.0	4.1	13.3	1.5	10.5	39.7	3.5	8.3	

1949年前在校生数最高的1947年的学科结构中，在校生15.4万人中，工科2.8万人，占17.8%；农科1万人，占6.6%；医药1.2万人，占7.7%；师范2.1万人，占13.5%；文科1.6万人，占10.2%；理科1万人，占6.4%；财经1.8万人，占11.4%；政法3.8万人，占24.4%，政法、工科、师范、财

① 中华人民共和国教育部：《共和国教育50年》，北京：北京师范大学出版社，1999年版，第361页。

② 根据各年度中国教育事业统计年鉴整理。

经学科比重大，当时100多所高校设有政法院系，工科人数比重不超过五分之一。[①]

1951—1953年的院系调整“以培养工业建设干部和师资为重点”，使得工科比例迅猛上升到40%左右，其相应的政法、财经类人才培养不受重视。“文化大革命”期间更是要“打烂公、检、法”，教育受到严重摧残，不合理的教育结构又是社会不稳定的因素之一。

1980年后，随着开放和发展，社会对政法、财经高层次人才的需求日益增大，实际供给明显不足。例如，1986年全国高级法官共3000多人，而当时至少须再增加3000人才能满足急需。[②]

据1987年统计，金融全系统高层次专门人才仅占干部总数的0.7%，其中研究生和本科生毕业的仅占总人数的25%，专科毕业生约占20%，中专毕业生约占15%，高中以下学历约占39%。在这样极少的高层次专门人才中，54%的为中专以下学历，且大多分布在总行和省级分行，50%的二级分行没有高级专门人才。[③]

在这种情况下，财经、政法类高校在1980年后迅速发展，财经类院校由1977年的7所发展到1987年的74所，增长9.57倍；政法类院校由1977年的1所发展到1987年的25所，增长24倍。1987年秋，财经、政法类大专毕业生数分别是1983年6月的12.4倍和21.6倍。[④]

高校的地域特性也与社会发展直接相关。1949年的205所高校大多数集中在沿海，地域分布为：华北地区29所，华东地区73所，中南地区35所，东北地区17所，西北地区9所，西南地区42所；其中江苏与上海有52所，四川有36所，北平、河北、湖北、广东有10所以上，内蒙古、青海、宁夏、西藏等省区空白，[⑤] 这种分布本身反映了区域经济、政治、社会、文化发展的不平衡，并且又在复制着新的不平衡。

---

① 中华人民共和国教育部：《共和国教育50年》，北京：北京师范大学出版社，1999年版，第361页。

② 中华人民共和国教育部：《共和国教育50年》，北京：北京师范大学出版社，1999年版，第363页。

③ 中华人民共和国教育部：《共和国教育50年》，北京：北京师范大学出版社，1999年版，第362~363页。

④ 中华人民共和国教育部：《共和国教育50年》，北京：北京师范大学出版社，1999年版，第363页。

⑤ 中华人民共和国教育部：《共和国教育50年》，北京：北京师范大学出版社，1999年版，第363页。

表 3－3　1997 年全国高等学校分布状况①

地区	普通高校	成人高校	地区	普通高校	成人高校
北京	65	84	湖北	54	57
天津	20	44	湖南	46	40
河北	46	33	广东	42	62
山西	24	36	广西	26	23
内蒙古	18	21	海南	5	4
辽宁	62	60	重庆	21	25
吉林	40	44	四川	43	52
黑龙江	37	69	贵州	20	16
上海	39	65	云南	26	17
江苏	65	57	西藏	4	0
浙江	35	31	陕西	43	39
安徽	34	26	甘肃	17	19
福建	30	20	青海	6	2
江西	31	23	宁夏	5	5
山东	48	54	新疆	18	28
河南	50	51	**总计**	**1020**	**1107**

从高校的地域分布可以看出高校对当地社会发展的较大影响，这方面既有相关的数据证明，也有不同地区的当事人的切身感受。

不容忽视的是，中国高校办学定位不清且缺乏特色，人才培养不适应市场需要，毕业生就业难愈益突出。在近十多年高校合并和调整过程中，各类高校普遍追求综合化，大量增设学科和专业，贪大求全，不能自觉主动适应社会人才需求，在一定程度上影响了人才培养的适应性，客观上使毕业生就业面临更加严峻的形势。2007 年，全国普通本科学校专业设置中，50% 的本科院校设置了国际经济与贸易、法学、英语、艺术设计、电子信息工程、计算机科学与技术、工商管理和市场营销 8 个热门专业，其中超过 80% 的普通本科学校设置了英语专业，79.8% 的学校设置了计算机专业。

① 国家教委计划建设司：《中国教育事业统计年鉴（1997）》，北京：人民教育出版社，1998 年版。

普通高校纷纷增设热门专业并扩大热门专业的招生，加剧了人才培养结构失调以及热门专业毕业生就业难的问题。据有关调研材料，目前，应届大学生毕业半年后失业人数最多的10个本科专业依次为计算机科学与技术、法学、英语、国际经济与贸易、汉语言文学、工商管理、电子信息工程、信息管理与信息系统、会计学、数学与应用数学。[①] 其中，有6个专业是目前高校设点数量较多的热门专业；失业人数最多的10个高职专科专业中，有8个为目前高校设点数量较多的热门专业。

2007年3月7日，在广东华南师范大学举行的高校毕业生到农村从教供需见面会上，一名大专女生因遭遇门槛歧视，愤而向在场的教育厅官员含泪抱屈："专科生到哪都投不出一份简历，难道大专生连去农村当教师都这么难吗？为何当初要培养那么多大专生？"[②] 高校培养、用人标准与用人岗位需求三者的脱节是整个高等教育一直存在的问题。一方面，现在的大学毕业生已经足够多了；可同时人才却并不多，甚至连学业稍有专长的有一定能力的大学毕业生都很难找。这就形成一个怪象：面对如潮的大学毕业生，招聘单位却哀叹招不到想招的人；招聘时过度抬高学历而形成新的"就业歧视"。

大学生就业难说明了两个问题，一是大学生学业素质普遍偏低，二是高等教育的内容已大部分与教育的社会实际用人需求脱节。第一个问题与学风不正、大学精神丧失直接相关，"60分万岁"成主流趋势，甚至只要交足了学费，到时便可领一张毕业证。进大学的目的就是拿毕业证，就连重点大学的学生也不例外：小学到高中的努力，只是为了换取一张重点大学的门票——为了以后取得较大的就业优势而奋斗的现象较普遍。第二个问题则与现代大学制度未能建立直接相关，学校因政府的过度行政管理而与社会的关系淡漠，即使大学生想学一些东西，大学教程内容的设置也使得想努力学习的大学生产生了迷惘——所学的东西不能与社会需求接轨，再加上就业形势的严峻，就业时专业不对口现象普遍化。于是很多大学生叹息：混个毕业证就得了。

所有的原因，最后都不得不指向教育过度行政化和产业化。行政化使大学中人追求更高的行政职位而非学术的增值；产业化使多数大学专注于教育产业

---

① 《越热门专业就业越难　大学毕业生就业五大特点》，崔立新，www. jyb. com. cn，2008年8月6日。据麦可思发布的《2007届大学毕业生求职与工作能力调查报告》，报考最热门的几个本科专业，其毕业生均处于供大于求的状态。本科最热门10个专业的大学生在毕业半年后的失业人数达到6.67万人，占本科毕业生总失业人数的32.9%。在573个高职专科专业中，10个热门专业的学生在毕业半年后的总失业人数高达11.6万，占高职专科半年后失业人群的28.6%。

② 《天府早报》，2009年3月9日。

的发展，这两方面都必然使学生的素质沦为边缘化的目标。在行政化的意识和产业化的利益激励之下，大学只管招，至于学生的学业质量、以“为社会服务”为宗旨的课程设置以及随后产生大量的社会问题，统统被忽略。

不可思议的是，高水平大学或重点建设高校大量设置热门专业，但高新技术相关专业人才和创新人才的培养能力却不强。“985 工程”高校的专业设置里本应体现国家急需的新兴学科、科技发展前沿学科以及体现创新人才培养的学科专业；但实际情况是，不少高水平大学或重点建设高校却过多发展一般性学科，学科专业设置与国家要求及发展定位不相适应，不利于尽快提高这些高校的办学水平与竞争力。在外语、管理、对外贸易、自动化、艺术设计等 30 个热门专业①中，“985 工程”高校在校生竟达到27.3 万人，占“985 工程”高校在校生总数的31.7%。同样严重的是，在“211 工程”高校中，上述所列的热门专业的在校生也达到了62.9 万人，占“211 工程”高校在校生总数的三分之一。

而在国家急需发展的那些生物科学与技术、航空航天科学与技术、电子信息科学与技术等有关的30 个高新技术相关的学科专业②中，“211 工程”高校在校生所占比例合计仅为 7.24%，“985 工程”高校该比例尽管稍高些，也仅为9.08%。

部分“985 工程”高校一方面设置了过多的热门专业，另一方面缺少引领高新技术发展的新兴、交叉专业。如：吉林大学设有本科专业 131 个，热门专业就达到 27 个，几乎涵盖了所有热门专业，而高新专业只有 8 个；浙江大学2007 年设有本科专业 124 个，其中热门专业达到 26 个，而与高新技术发展相关的专业只有 6 个；北京大学、清华大学高新专业所占比例也仅为 3.1% 和6.9%。这与建设成为世界知名高水平研究型大学的理想不相适应，与成为国家

---

① 根据招生、在校生以及综合分析，本课题研究中确定的 30 个热门专业名称：经济学、美术学、通信工程、市场营销、国际经济与贸易、艺术设计、软件工程、会计学、金融学、应用化学、土木工程、财务管理、英语、机械设计制造及其自动化、化学工程与工艺、人力资源管理、日语、测控技术与仪器、食品科学与工程、旅游管理、新闻学、热能与动力工程、护理学、行政管理、广告学、电气工程及其自动化、药学、音乐学、自动化、工程管理。

② 根据招生、在校生以及综合分析，本课题研究中确定的 30 个与高新技术发展相关的专业名称：金融工程、空间科学与技术、生物医学工程、空间信息与数字技术、金融数学、电子信息科学与技术、信息工程、飞行器设计与工程、知识产权、微电子学、软件工程、航空航天工程、生物技术、光信息科学与技术、网络工程、工程力学与航空航天工程、生物信息学、生物功能材料、集成电路设计与集成系统、探测制导与控制技术、生物信息技术、机械电子工程、计算机软件、生物工程、生物科学与生物技术、电子信息技术及仪器、微电子制造工程、生物化学与分子生物学、核工程与核技术、遥感科学与技术。

高素质人才培养、高水平科学研究和科技成果转化基地的发展目标不相符。

事实上，中国急需各个研究领域的尖端人才，高校也是相对来说有条件承担这一责任的合适机构。2007 年，全国高校共有研究与开发（R&D）人员 25.4 万人，占全国总量的 14.6%；全国高校共出版科技专著 2603 部，在国外学术刊物上发表学术论文 10.3 万篇；签订技术转让合同 6908 项，当年实现技术转让收入 13.2 亿元；获得国内专利授权 1.5 万件，获国家自然科学奖 26 项，占获奖总数的 66.7%；获国家技术发明奖 27 项，占获奖总数的 69.2%；获国家科学技术进步奖 114 项，占获奖总数的 59.49%；依托高校建设的国家重点实验室 137 个，占国家重点实验室总数的 62%；依托高校建设的国家工程技术研究中心共 45 个，占国家工程技术研究中心总数的 36%；依托高校建设的国家工程技术研究中心共 37 个，占国家工程技术研究中心总数的 27%。[①]

截至 2007 年底，全国国家大学科技园总数为 62 家，拥有园区场地面积 528.3 万平方米。在园企业 6574 家，在孵企业职工总人数 12.9 万人，已孵化毕业的企业 1958 家。[②]

2007 年，中国科技人员总量达到 4200 万人，比 2006 年增加 400 万人，增长 10.5%。其中大学本科及以上学历约为 1800 万人，比 2006 年增长 12.5%，数量上超过了美国；[③] 但创新能力远不及美国，显示出相对效能较低。

表 3－4　2000 年至 2007 年中国科技人力资源总数变化情况[④]

年份	2000	2001	2002	2003	2004	2005	2006	2007
科技人力资源总数（万人）	2500	2600	2800	3000	3250	3500	3800	4200
本科以上科技人力资源数（万人）	1000	1050	1100	1200	1300	1450	1600	1800
每万人中科技人力资源数（人）	197	204	218	232	250	268	289	318

要提高高校的社会效能，从根本上说要让高校成为一个有权、有责、有独特理念，能够独立思考、自觉主动调节自身的学人社团。

---

① 中华人民共和国科学技术部：《中国科学技术发展报告（2007）》，北京：科学技术文献出版社，2008 年版，第 26～27 页。

② 中华人民共和国科学技术部：《中国科学技术发展报告（2007）》，北京：科学技术文献出版社，2008 年版，第 32 页。

③ 中华人民共和国科学技术部：《中国科学技术发展报告（2007）》，北京：科学技术文献出版社，2008 年版，第 45 页。据美国《科学与工程指标 2008》，2006 年美国有大学学位的科学工程劳动力总数 1700 万人。

④ 中华人民共和国科学技术部：《中国科学技术发展报告（2007）》，北京：科学技术文献出版社，2008 年版，第 46 页。

四、职业教育的发展及其社会效能的发挥

中国现代职业教育的源头起源于1860年，此后在洋务运动时期得到较快发展，五四运动前后在黄炎培等人的倡导下有了较大规模的发展。

1949年后，新中国政权非常重视发挥教育在国民经济建设中的作用，并提出坚持教育与生产劳动相结合的方针，要求普通教育与职业技术教育并举。尽管如此，应该能够在服务社会中发挥较高效能的中国职业教育的发展却历程曲折。

1. 中专和技工学校的时代

在1949年底召开的第一次全国教育工作会议上的报告中，就提出了“中等学校、普通中学多，技术学校少，不能适应恢复发展经济的迫切需要”的问题，要求“在今后若干年内，中等教育应着重发展职业技术教育”①。并用两年的时间为400万城市失业工人举办了各种类型的训练班，② 随后各部门陆续办起了大批技工学校。1951年毛泽东提出“培养技术人员，是我们国家的根本之图”③。同年确立的新学制设置了三级职业技术教育，初级主要为业余初等学校，实施部分职业教育；中级主要为各类中等专业学校。1952年，政务院发布《关于整顿和发展中等职业技术教育的指示》，强调：“培养技术人才是国家经济建设的必要条件，而大量的训练与培养中级和初级技术人才又为当务之急。”④

1953年9月，全国中等专业学校调整、整顿工作基本完成。在调整过程中，停办了一批条件很差的学校，将大部分私立学校改为公立，把原来多科综合的职业学校改组为培养目标明确的单科性学校。经过调整，学校总数由原来的794所减为651所。整顿后中等专业学校的学制：工业、农林三年，财经两年半，医药1954—1955年度起改为三年；初级技术学校、五年一贯制专科均停

---

① 《教育部关于第一次全国教育工作会议的报告》，引自《中华人民共和国重要教育文献（1949—1975）》，海口：海南出版社，1998年版，第10页。

② 中华人民共和国教育部：《共和国教育50年》，北京：北京师范大学出版社，1999年版，第303页。

③ 中华人民共和国教育部：《共和国教育50年》，北京：北京师范大学出版社，1999年版，第312页。

④ 中华人民共和国教育部：《共和国教育50年》，北京：北京师范大学出版社，1999年版，第312页。

止招生。[①]

1954 年 9 月，政务院发布《关于改进中等专业教育的决定》，高等教育部随后发布《中等专业学校章程》。规定中等专业学校招收初中毕业生，学习 3 ~ 4 年，培养中级技术和管理人员，确定了中等专业教育的基本制度。1955 年，劳动部要求技工学校以生产实习为主，培养到生产岗位能够较快地独立操作的中级技术工人。1956 年，为适应经济发展对劳动力的需求，中央政府提出通过“两条腿走路”的方式培养各行各业急需的人才，全国城乡很快办起了农业中学、职业中学和各种形式的技术学校，中等教育结构显现多样化。

1956 年 5 月 14 日至 22 日，高等教育部在北京召开全国中等专业教育工作会议，主要讨论中等专业教育十二年发展规划（草案）、领导关系和调动一切积极因素办好中等专业教育等问题。会议指出，为了适应国家建设的需要，中等专业教育今后应当在普遍发展的基础上，重点培养工业的技术干部和管理干部，同时配合农业合作化运动的迅速开展，培养农业的技术干部和管理干部。为适应第二个五年计划对中等专业干部的需要，在最近三年内，中等专业教育要加速发展，同时要积极发展业余中等专业教育。要认真贯彻全面发展的教育方针，努力在三年左右的时间内基本上完成教学改革。该规划（草案）提出，在十二年内各类高等专业人才与各类中等专业人才培养的比例，工业为 1:2. 5 ~ 3，农业为 1:4 ~ 5。会议提出，中等专业学校的领导关系应根据“谁用干部谁办学校”的原则，按照中央事业和地方事业的划分，分别由中央业务部门或省、直辖市人民委员会直接领导。[②]

1956 年 9 月，中共中央转发了劳动部党组《关于加强省市党委对技工学校领导的建议》。中央批示指出：“办好技工学校是满足国家工业建设对技术工人需要的一项非常重要的工作，各地技工学校的目前状况必须迅速加以改善。”中共中央并分别对国务院各有关部委和地方党委提出了要求。[③]

据统计，到 1957 年，全国共有中等专业学校 728 所，在校学生 48. 2 万人，专任教师 4. 3 万人；技工学校 144 所，在校学生 6. 65 万人，专任教师 0. 44

① 中央教育科学研究所：《中华人民共和国教育大事记（1949—1982）》，北京：教育科学出版社，1983 年版，第 89 页。

② 中央教育科学研究所：《中华人民共和国教育大事记（1949—1982）》，北京：教育科学出版社，1983 年版，第 165 ~ 166 页。

③ 中央教育科学研究所：《中华人民共和国教育大事记（1949—1982）》，北京：教育科学出版社，1983 年版，第 181 页。

万人。①

接着在“大办”的口号声中，农业中学、职业中学从1957年的没有一所，一下子发展到1958年的两万多所，学生达到200万人，其中虚假浮夸的成分极大。以下是这段时间的职业教育发展情况。

表3－5　1957年至1963年中等教育发展情况

（学校单位：所；学生数单位：万人）②

年份	中等技术学校		中等师范学校		普通中学			农、职业中学	
	学校数	学生数	学校数	学生数	学校数	初中学生数	高中学生数	学校数	学生数
1957	728	48.2	592	29.6	11096	537.7	90.4	—	—
1958	2085	108.4	1028	38.6	28931	734.1	117.9	20023	200.0
1959	2341	95.5	1365	54.0	20835	774.3	143.5	22302	219.0
1960	4261	137.7	1964	83.9	21805	858.5	167.5	22597	230.2
1961	1771	74.1	1072	46.2	18983	698.5	153.3	7260	61.2
1962	956	35.3	558	18.2	19521	618.9	133.9	3715	26.7
1963	865	32.1	490	13.1	19599	638.1	123.5	4303	30.8

“大跃进”中的“多样化”演变为杂乱无章地盲目发展，相应地教育的效能也大大降低，职业教育效能相应下降。1961年后，经过整顿，职业技术教育规模有所缩小。

1963年5月13日至18日，教育部、劳动部在北京联合召开城市职业教育座谈会。会上初步总结了1949年以来兴办职业教育的经验，交流了当前各城市职业学校工作的经验，对进一步贯彻普通教育与职业教育并举的方针交换了意见。教育部部长杨秀峰指出：在中等教育事业中，必须进一步贯彻“两条腿走路”的方针，全面合理地安排普通教育与职业教育。在职业教育中，全面合理地安排培养技术人才与实施一般劳动就业训练两个方面，应把职业教育作为我国学制中一个重要组成部分，逐步地建立起完备的职业教育体系。并提出，当前在保持普通中学与高一级学校的合理比例关系，保证高一级学校的招生质量的前提下，有必要对现有的普通中学，主要是初级中学进行适当的调整，调整一部分为实施劳动就业训练的各类职业学校，同时在普通中学也要加强劳动教育和劳动锻炼、加强生产知识的教育。据统计，至1963年8月底，全国各省市和中央业务部门举办的职业学校共320所（其中原有的265所，新办的52所，

① 宋荐戈：《探索中国特色社会主义教育发展的道路》，引自《荐戈文存》，北京：中国国际文艺出版社，2006年版，第318页。

② 顾明远、郭笙：《中国教育大系·马克思主义与中国教育（下）》，武汉：湖北教育出版社，1994年版，第1636～1639页。

由普通中学改办的3所）。①

1963年7月5日，教育部发出《关于在中等专业学校中试办招收高中毕业生班的通知》。通知指出：根据国务院文教办公室7月1日的指示，本年确定在交通部、电力部、三机部、四机部等四个中央部门所属的5所学校试办，共招收高中毕业生390名。招生人数包括在中等专业学校招生计划之内。学习年限为两年、两年半，培养目标、学生待遇、毕业后的分配使用和待遇均按中等专业学校招收的初中毕业生的规定执行。1964年6月16日，教育部发出通知，决定继续在中等学校试招高中毕业生，并扩大到12个部门所属的17所中等专业学校。当年共试招高中毕业生1990人。②

1963年7月10日，中共中央宣传部发出《关于调整初级中学和加强农业、工业技术教育的初步意见（草案）》，指出在小学教育事业中，必须全面合理地安排普通教育与技术、职业教育的关系：一方面，要保持普通中学与高等学校学生的合理比例关系，保证高等学校的招生质量；另一方面，要加强技术教育，首先是农业技术教育，为实现“四化”提供后备力量。因此，有必要对现有的普通中学，主要是初级中学进行调整，并且对普通中学加进全国农业、工业技术教育。③

1964年4月2日，国务院发出通知：将技工学校的综合管理工作由劳动部划归教育部主管。这样做是为了进一步贯彻普通教育与职业教育并举的方针，大力发展职业教育，加强职业教育工作的领导管理和统筹安排。4月11日，教育部通知各地教育部门接管好技工学校的综合管理工作。④

1964年，刘少奇再次提出“两种劳动制度，两种教育制度”，其中全日制学校由国家举办，半工（农）半读学校主要由厂矿、企业、农村公社主办。其中一些中等职业技术学校已经积累起了一定的办学经验，建立了比较完整的规章制度，教学条件基本具备。1965年中国的中等专业学校、技工学校、农业高中、职业高中在校生合计达143.5万人，而当时的普通高中在校生为130.8万

---

① 中央教育科学研究所：《中华人民共和国教育大事记（1949—1982）》，北京：教育科学出版社，1983年版，第334页。

② 中央教育科学研究所：《中华人民共和国教育大事记（1949—1982）》，北京：教育科学出版社，1983年版，第339页。

③ 中央教育科学研究所：《中华人民共和国教育大事记（1949—1982）》，北京：教育科学出版社，1983年版，第339页。

④ 中央教育科学研究所：《中华人民共和国教育大事记（1949—1982）》，北京：教育科学出版社，1983年版，第357页。

人，各占总在校生的52.3%和47.7%，[①] 形成了效能较高而又比较合理的中等教育结构。

“文化大革命”期间，职业技术教育被说成是资产阶级的双轨制，随着刘少奇的政治生涯结束，他所提倡的“两条腿走路”受到冷遇，大批基础较好的职业技术学校停办或改为工厂。学校仪器设备和图书资料损失殆尽，教师被下放，导致中等教育结构趋于单一，教育与国民经济发展严重脱节。1969年8月7日，《人民日报》发表北京电力学校革命委员会和驻校工人、解放军宣传队的调查报告，反映中等技术学校的状况是：有的已经改成工厂，但仍承担教学任务；有的准备继续办下去；有的下马不办了；相当数量的中等技术学校举棋未定，等着瞧。总之，存在着中等技术学校到底要不要办，要办的话，又如何办的问题。调查报告认为，三大革命需要中等技术学校，理工科技术学校不是多了，而是少了，要将中等技术学校的教育革命提到议事日程上来。调查报告对中等技术学校的领导权、学生来源、学制、培养目标及办学方式、教师队伍等问题提出了具体意见。[②]

1973年7月3日，国务院批转国家计委、国务院科教组《关于中等专业学校、技工学校办学几个问题的意见》，指出要抓紧调整、规划、布局等工作，根据需要与可能适当发展。并规定：中等专业学校一般招收有两年以上实践经验，有相当于初中毕业文化水平的工农学生，学制暂定二年至三年。技工学校招收相当于初中文化程度的、经过一两年劳动锻炼的知识青年或应届初中毕业生，学制暂定按二年试行。工龄满五年的国家职工，在校期间工资照发，其他学生由学校发给伙食费和津贴费。应届初中毕业生入学后，实行人民助学金制度。中等专业学校、技工学校的开办、调整、撤销和专业设置，地方办的由省、直辖市、自治区审批，中央各部门及其直属企事业单位办的由中央主管部门审批。地方办的学校由地方革委会有关业务部门主管，中央各部门及其直属企事业单位办的学校实行与其企事业相适应的管理体制。此外，还对这两类学校的事业计划、招生办法、毕业生的分配等问题作了规定。[③]

但直到1976年，各类中等职业技术学校在校学生数只占高中阶段学生的

---

① 中华人民共和国教育部：《共和国教育50年》，北京：北京师范大学出版社，1999年版，第306页。

② 《搞好中等技术学校的教育革命》，引自《人民日报》，1969年8月7日。

③ 中央教育科学研究所：《中华人民共和国教育大事记（1949—1982）》，北京：教育科学出版社，1983年版，第451～452页。

1.16%，[①] 大批没有任何技能的青年涌向企业。1980年，中专和技工学校教育恢复，培养了一批有一定劳动技能的劳动力，对国民经济的恢复和发展发挥了一定的作用，直到1995年前，这类学校还是中国职业技术教育的重点和中坚。

20世纪70年代末80年代初，半工半读和各类职业学校基本撤销，普通中学几乎成为唯一的中等教育形式，高考的恢复吸引了更多的人进入普通中学，更加强化了中等教育结构的单一性。

1978年2月11日，教育部、国家劳动总局联合发出通知：经国务院批准，全国技工学校的综合管理工作，由教育部划归国家劳动总局主管，教育部协助。通知规定：（一）地方的技工学校由有关业务部门管理；国务院各部门举办的技工学校，由社科院有关部门管理。国家劳动总局和地方劳动部门负责技工学校的综合管理工作，包括编制发展规划、招生计划，拟定有关方针政策、规章制度，组织有关部门编写审定教学计划、教学大纲和教材，培训提高师资，组织交流经验等。教育部门在师资配备和编写教材等方面，应给予支持、协助。（二）技工学校的培训计划，按隶属关系分别负责编制。（三）技工学校的开办、调整、撤销和专业设置，属于地方办的，报省、直辖市、自治区革命委员会批准；属于国务院各部门办的，在征得地方劳动部门同意后，报中央主管部门审批，报国家计委、劳动总局备案。（四）各地区、各部门应建立相应的机构管理技工学校工作。[②]

1979年初，中等专业教育的许多重大问题仍未得到解决，少数学校实际上还处于无人领导、管理的混乱状态，抓好整顿，迅速拨乱反正，明确方向，研究制订中等专业教育的发展规划成为当务之急。[③]

1979年5月28日，教育部、煤炭工业部联合发出通知，自1979年秋季起，在徐州、淮北、抚顺、阜新矿务局试办煤炭工业中学，招收应届初中毕业的煤矿职工子女，学制三年，培养获得一定的煤炭专业知识和实际技能的煤炭工业技术后备力量；专业设计以采煤、机械、电气为主；高中课程用普通中学教材，专业课选用煤矿中专技工学校教材；学生毕业后国家不负责分配工作，企业在招工时可优先录用。[④]

---

① 中华人民共和国教育部：《共和国教育50年》，北京：北京师范大学出版社，1999年版，第305页。

② 中央教育科学研究所：《中华人民共和国教育大事记（1949—1982）》，北京：教育科学出版社，1983年版，第509页。

③ 《抓紧整顿和发展中等专业教育》，引自《人民教育》，1979（1）。

④ 中央教育科学研究所：《中华人民共和国教育大事记（1949—1982）》，北京：教育科学出版社，1983年版，第549页。

1979年全国普通高中毕业生726.5万人，职业高中毕业生仅18.1万人，技工学校毕业生12万人，[①] 中专与技工学校毕业生仅占该年度高中毕业生的3.98%，而当年的高校招生规模约为30万人，高中毕业生的升学率仅有3.8%，形成千军万马过独木桥的局面。96%以上的高中毕业生既不能升学，又没有就业技能，引发诸多社会矛盾，也带来发展中等职业教育的强大动力。

1980年4月10日至25日，教育部在北京召开全国中等专业教育工作会议。会议提出新时期中等专业教育（不包括中师）的任务是：多办、办好中等专业学校，培养德智体全面发展、又红又专的中等专业人才。在三五年内，着重抓好“调整、改革、整顿、提高”工作，并有计划地稳步发展。会议提出：中专学制可以多样化；各地区、各部门对中专教育要全面规划，搞好调整；要切实办好230所重点学校；要加强师资队伍建设；要稳定教育秩序，搞好教材建设，提高教学质量；要增加学校经费，改善办学条件；要加强领导，健全领导管理体制。[②]

1980年11月5日，教育部发出两份关于中专学校的文件：一是《关于确定和办好全国重点中等专业学校的意见》。提出重点中等专业学校的任务是出人才、出经验，起骨干和示范作用，带动整个中等专业教育的发展和提高。并提出选择和确定重点学校要全面规划，统筹安排，学校数目不宜过多。还提出应贯彻德智体全面发展的教育方针，切实加强领导班子的建设，改善办学条件等六项措施。二是《关于全日制中等专业学校领导管理体制的暂行规定》。其中规定，要在党中央和国务院的统一领导下，发挥中央和地方、业务部门和教育部门的积极性，对中等专业学校实行分工分级、按系统归口的管理制度。中等专业学校党的工作，由地方党委领导。教育部门根据党的教育方针和党中央、国务院的指示，对中等专业学校教育事业负责业务指导。[③]

2. 中等职业学校的兴起

1980年10月7日，国务院批转了教育部、国家劳动总局上报的《关于中等教育结构改革报告》，为新的职业教育发展提供了政策条件。

1981年后，各地职业学校在冲破重重思想阻力的情况下缓慢发展，这是一种全新的学校类型，主要区别于以前的中专和技工学校的是它的学生国家不包

---

① 中华人民共和国教育部：《共和国教育50年》，北京：北京师范大学出版社，1999年版，第307页。

② 中央教育科学研究所：《中华人民共和国教育大事记（1949—1982）》，北京：教育科学出版社，1983年版，第578页。

③ 中央教育科学研究所：《中华人民共和国教育大事记（1949—1982）》，北京：教育科学出版社，1983年版，第597页。

分配，中国第一批职业高中在1980年左右建立起来，也是从这一年开始才有对职业高中的统计数字。

早期所办的职业高中都是社会上急需的旅游等专业，即使政府不分配毕业生也被用人单位抢着要，很快就冲破了计划经济设置的各种障碍。不仅如此，接下来为了解决普通高中毕业生的出路问题，降低对高考“独木桥”的压力，政府采取强制措施减少普通高中招生，扩大职业技术学校招生的办法，要求在高中阶段普通中学与职业中学以大约一半对一半的比例招收学生。这一措施在实施过程中有一定难度，1980年职业高中招生比例为19%，1985年为36%，1987年为40%，1989年为44.8%，1990年为45.7%。[①] 职业高中招生总数离50%总有一段距离，一旦外界情况稍有变化便开始下滑，最为明显的下滑是1999年高校扩招后，对普通高中形成拉动，职业高中招生相应锐减。

有趣的是，台湾也曾规定普通高中与职业高中的比例为3:7，实际上高中阶段的职业技术教育达到过72%，[②] 能达到这么高的原因在于设置了五年制的专科教育。由于这样的职业教育学历高于高中，便于毕业后谋职，所以愿意上的人数比较多，这也说明巧妙利用学制设计可以解决教育中的一些难题。

1982年9月16日，教育部、城乡建设环境保护部联合发出通知，决定将西德援建的建筑职业技术教育中心建在南京市，成立“南京建筑职业技术教育中心”。通知提出，要在坚持我国教育方针和教育制度的原则下，借鉴西德职业技术教育的经验，为我国建筑系统培养合格的技术工人和中级、高级技术人才。这个教育中心由南京建筑工程学院为主，南京市教育局选一所中学和南京市第一建筑公司参加组成。[③] 此后还花大力气移植德国的双元制职业教育模式，虽经大范围推广试验，最终还是“水土不服”，成效甚微。

1985年，《中共中央关于教育体制改革的决定》提出“调整中等教育结构，大力发展职业技术教育”，“逐步建立起一个从初级到高级、行业配套、结构合理又能与普通教育相互沟通的职业技术教育体系”，使职业教育在20世纪80年代发展到一个高峰。决定还提出“先培训，后就业”的原则，这一原则对提高劳动力素质、延缓就业压力，提高职业技术教育地位、推动了职业技术教育发展发挥了积极的作用。

1986年，全国职业教育工作会议召开，进一步推动了职业教育的发展。

---

① 依据相应年度教育统计数据。

② 程介明：《中国大陆教育实况》，台北：台湾商务印书馆，1993年版，第158页。

③ 中央教育科学研究所：《中华人民共和国教育大事记（1949—1982）》，北京：教育科学出版社，1983年版，第667页。

1988 年，全国共有职业高中在校学生 234 万人，职业初中在校生 45 万人，其中职业初中学生的 39 万人在农村；全国 1416 所独立设置的职业初中有 1300 所在农村，[①] 县城以上的城市里职业初中近 100 余所。

1985 年至 1990 年间，中等职业教育在校生由 415.6 万人增长到 763.5 万人，占高中阶段学生的比例由 32.1% 上升到 49.9%。1989 年，由于受通货膨胀等多重因素的影响，全国中专招生计划没有完成，主要为乡镇企业培养人才的农村中专或职业高中，因为这些企业不景气而出现招生和毕业生就业困难，相应地城市职业高中也面临困境。

1991 年 1 月 18 日至 21 日，国家教委、国家计委、劳动部、人事部、财政部联合召开全国职业技术教育工作会议；10 月 17 日，国务院作出《关于大力发展职业技术教育的决定》，依据当时经济社会发展的需要，明确了职业教育发展的任务。

1993 年，中共中央、国务院发布了《中国教育改革和发展纲要》，要求“充分调动各部门、企事业单位和社会各界的积极性，形成全社会兴办多种形式、多层次职业技术教育的局面。”

1995 年 19 个省的 55.57 万职业高中毕业生有 26.7 万人参加了职业技能鉴定，24.7 万人取得了相应的证书，占参加鉴定人数的 92%。[②]

1996 年 5 月 15 日，八届全国人大常务委员会第十九次会议通过《中华人民共和国职业教育法》，中华人民共和国主席令第 69 号公布，自 1996 年 9 月 1 日起施行。1996 年 6 月 17 日至 20 日，国家教委、国家经贸委、劳动部在北京联合召开第三次全国职业教育工作会议，该年中等职业学校招生数占高中阶段招生总数的 64.7%。

1998 年，职业教育处于高峰。中国职业学校（含中专、技工学校和职业高中）17106 所，在校生 1146.1 万人，中等职业学校在校生占高中阶段在校生总数的 55%；还有职业初中 1472 所，在校生 86.7 万人。[③] 中等职业学校专任教师 73 万人，具有高级和中级职称的教师，在中专学校分别为 16% 和 42%、职

---

① 国家教委计划建设司：《中国教育统计年鉴·1988》，北京：北京工业大学出版社，1989 年版，第 68～69 页。

② 中华人民共和国教育部：《共和国教育 50 年》，北京：北京师范大学出版社，1999 年版，第 311 页。

③ 中华人民共和国教育部：《共和国教育 50 年》，北京：北京师范大学出版社，1999 年版，第 307 页。

业高中分别为7%和40%。[①] 同时高等职业学校也有一定发展，改变了中等教育结构单一的局面，也缓解了普通高校招生的压力，稳定了社会秩序。

但要理性地意识到当时的职业教育质量并不像数量那样可观，直到1997年，中国职业高中、中专学校专任教师学历达标率分别仅为33.9%和66.8%；据1995年的一项抽样调查，这些学校40%的专任教师对生产实际了解不多，不知道自己所授课程的内容能否满足生产实际的需要，[②]“双师型”教师严重缺乏。

3. 三次全国职业教育工作会议推动职业教育发展

1999年高校扩招点燃了更多人的大学梦，直接导致中等职业教育出现滑坡。中职招生数占高中阶段的比例较1998年下降了5.8个百分点，2004年更下降到33.4%。此后数年，中等职业学校招生形势严峻，很多学校学生报名人数不及计划招生人数的一半。

2001年5月14日，教育部发出《关于中等职业学校面向农村进城务工人员开展职业教育培训的通知》，以贯彻教育为社会主义现代化建设服务的方针，扩大职业教育面和拓宽办学渠道，推进终身教育体系建立，接着在2002到2005年间召开了三次全国职业教育工作会议。

2002年7月28日至30日，国务院召开第四次全国职业教育工作会议。8月28日印发《国务院关于大力推进职业教育改革与发展的决定》，明确了“十五”期间职业教育改革与发展的目标和任务，对推进职业教育管理体制和办学体制改革、深化教育教学改革、加快农村和西部地区职业教育发展、严格实施就业准入制度、多种渠道增加职业教育经费投入等事关职业教育全局性的问题提出了要求。

2004年，教育部联合七部委在南京召开第五次全国职业教育工作会议。提出职业教育要面向市场，以就业为导向，以服务为宗旨，加快培养大批高技能人才和高素质劳动者。

2005年10月28日，国务院召开第六次全国职业教育工作会议，下发《关于大力发展职业教育的决定》，把发展职业教育作为经济社会发展的重要基础和教育工作的战略重点，以培养数以亿计的高素质劳动者和数以千万计的高技能专门人才。

政府通过加大公共财政对职业教育的投入，建立完善职业学校学生的资助

---

① 中华人民共和国教育部：《共和国教育50年》，北京：北京师范大学出版社，1999年版，第309~310页。

② 中华人民共和国教育部：《共和国教育50年》，北京：北京师范大学出版社，1999年版，第320页。

体系。2007年资助覆盖到90%的学生，国家大力发展职业教育的相关政策和措施得到落实有效促进了职业学校学生数的增长，2007年中职教育在校生已达到1940.7万人，连续四年增量超过百万。

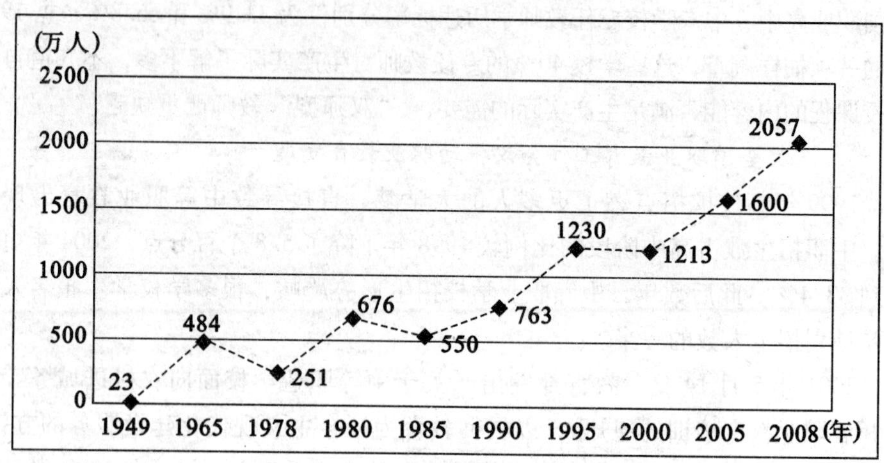

图3-4　1949年至2008年中等职业教育在校生人数变化

上图3-4表明：高度重视中等职业教育发展的政策促进职业教育规模的扩大，2008年中等职业教育在校生人数达到2057万人，为2000年的2倍左右。

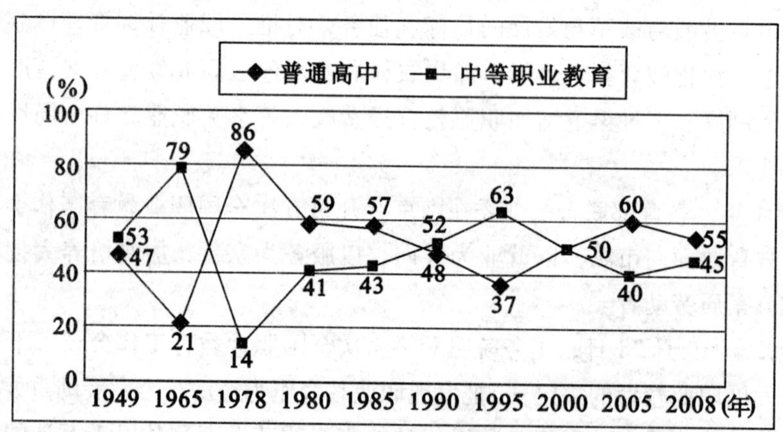

图3-5　1949年至2008年高中阶段普职比变化

但若将职业教育与普通教育相比，则职业教育吸引力仍显不足，以致在较长的时期里，普通高中与职业高中的招生数交替起伏：当政策的强制力度大时，职业学校的比例升高；降低强制力度，职业教育的学生规模迅速下降。总体上职业教育的社会效能尚不明显，自身发展缺乏强劲动力。一方面大量青年未接受任何职业训练，1997年全国只有44.3%的初中毕业生能升入高中，25%的接受高中阶段的职业教育，同龄人口中不到三分之一的人能接受高中教育，不到19%①的接受高中阶段的职业教育；另一方面大量技术岗位招不到合适的人。

2002—2008 年，各地还开展了再就业、农村实用技术、劳动力转移等多种形式的职业教育培训，累计约 1.9 亿人次。

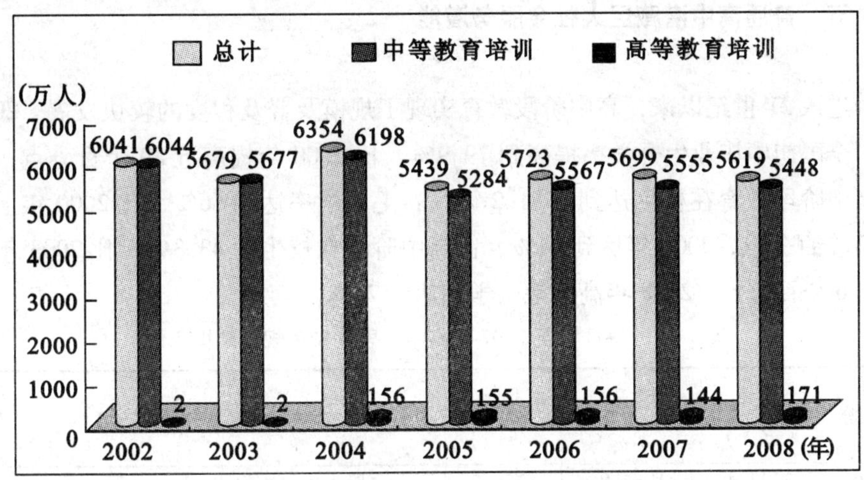

图 3－6　2002 年至 2008 年职业教育培训情况

2008 年，全国中等职业教育（包括普通中等专业学校、职业高中、技工学校和成人中等专业学校）共有学校 14847 所，比上年增加 15 所；招生 812.11 万人，比上年增加 2.09 万人；在校生 2087.09 万人，比上年增加 100.08 万人。其中全国普通中等专业学校 3846 所，比上年增加 45 所；招生 303.78 万人，比上年增加 6.49 万人；在校生 817.28 万人，比上年增加 35.65 万人；毕业生 220.56 万人，比上年增加 18.29 万人。全国普通中等专业学校教职工 40.28 万人，比上年增加 1.43 万人；其中专任教师 26.14 万人，比上年增加 1.24 万人。全国职业高中 5915 所，比上年减少 1 所；招生 290.66 万人，比上年减少 11.52 万人；在校生 750.32 万人，比上年增加 25.07 万人；毕业生 211.63 万人，比上年增加 20.75 万人。全国职业高中教职工 42.78 万人，比上年增加 1.05 万人；其中专任教师 31.97 万人，比上年增加 1.1 万人。全国技工学校 3103 所，比上年增加 108 所；招生 161.84 万人，比上年增加 3.29 万人；在校生 398.85 万人，比上年增加 31.7 万人；毕业生 109.57 万人，比上年增加 9.91 万人。全国技工学校教职工 24.88 万人，比上年增加 0.88 万人；其中专任教师 22.07 万人，比上年增加 1.64 万人。全国成人中等专业学校 1983 所，比上年减少 137 所；招生 55.83 万人，比上年增加 3.83 万人；在

① 中华人民共和国教育部：《共和国教育 50 年》，北京：北京师范大学出版社，1999 年版，第 317 页。

校生120.65万人，比上年增加7.67万人；毕业生38.9万人，比上年增加0.81万人。全国成人中等专业学校教职工10.33万人，比上年减少0.29万人；其中专任教师6.66万人，比上年减少0.1万人。①

五、普通高中潜藏巨大社会服务潜能

进入21世纪以来，高中阶段教育实现了规模及普及程度的较快发展。2007年，全国初中毕业生升学率提高到79.9%，比2000年提高近29个百分点；全国高中阶段教育在校生达到4481.2万人，毛入学率达到66%，比2000年上升23.2个百分点；2008年达到74%，占高中阶段在校生的43.3%，比2003年增加4.6个百分点。2008年高中毛入学率达到74%。

表3－6　2003年至2007年高中阶段在校生规模结构变化

年份	合计（万人）	普通高中（万人）	中职教育（万人）	中职教育的比重（%）
2003	3243.4	1964.8	1256.7	38.7
2004	3648.9	2220.4	1409.2	38.6
2005	4030.9	2409.1	1600.0	39.7
2006	4341.9	2514.5	1809.9	41.7
2007	4481.2	2522.4	1940.7	43.3

与职业高中相比，并未见到对普通高中重视的呼声，然而由于与高校升学率和各地政绩直接相关，对普通高中的重视程度在各地普遍高于职业高中，在招生、投入及各方面都存在实在的倾斜。

将普通高中与中等职业教育办学条件作一比较便一目了然。中等职业教育资源配置水平呈下降趋势，而普通高中除生师比一项，其他各项均表现为增强的势头。

表3－7　2003年至2007年中等职业教育办学条件变化及与普通高中的比较

指标/项目	中等职业教育			普通高中		
	2003年	2007年	增减	2003年	2007年	增减
生师比	18.99	24.75	5.76	18.35	17.48	－0.87
教师学历合格率（%）	66.54	76.67	10.13	75.71	89.30	13.59
双师型教师比例	9.93	15.79	5.86	—	—	—
生均校舍建筑面积（平方米）	15.92	12.52	－3.40	13.93	14.94	1.01
生均仪器设备值（元）	2991	1936	－1055	1222	1313	91

然而，普通高中的社会效能是一种潜在的效能，在这一学段后可能发生潜

① 《2008年全国教育事业发展统计公报》，引自人民网，2009年7月20日。

能难以发挥的多种可能：一是学生升入大学后，未能选择到社会需要而又适合自身潜能的专业，从而遇到就业以及不能较好发挥的问题；二是学生留学或移居他国则该生不仅潜能不能发挥，而且将高中以前的所有培养的投资带出。因而普通高中的效能是一种不确定的效能，它与中国高等教育状况、整个教育管理状况及多种社会因素相关。

要使普通高中的潜在社会效能转化为现实的社会效能，需要完善整个教育。

六、部门办学与教育部办学降低教育的社会效能

中国教育体系建立于计划经济基础上，在经济领域实行市场经济后，教育的计划体制基础依然存在。

计划经济导致各个部门各自为政，在教育上表现为部门办学，人才割据。除了各级教育部门在办学，各级产业部门、事业单位、厂矿企业、集体所有制单位、劳动及人事部门、民间团体等都办有学校。

因此，除了教育部，上述各办学部门也都有分管教育的机构，国家教育行政部门对这些学校在教学和课程上有“业务上的领导”关系，经费、人事等则由办学单位直接管理。在计划经济条件下，部委和企事业单位办学产生的问题是，他们不但要培养本行业所需要的专业人才，而且要培养本部门所需要的一切人才。例如铁道部不仅要培养铁道管理、铁道科技和工艺方面的人才，还要培养铁道部门使用的会计、医生和护士，就在大连兴办铁路卫生学校。因为全国的大计划中难以满足这些部门人才的细致需求，从而在各个部门和系统内部形成小而全的办学系统，每个部门都要关起门来为自己培养整套的人才。这样，不仅质量难以保障，而且不同部门间不能流动，每个部门成为一个封闭的王国，在就业上优先照顾本部门的子女，形成人情网络，近亲繁殖，效益和效率自然不会高。

除了上面所述的“条条”式封闭割据，各个地方还形成了“块块”式封闭割据。因为在这种体制中只要需要会计的部门或地方都得办一所财会学校，割据必然导致办学规模小，虽然国家曾经发文规定中专学校设置标准是在校生不少于640人，技工学校不少于200人，[①] 但1989年全国中专（不含中师）学校

① 国家教委职业技术教育司：《全国职业技术教育工作会议文件汇编》，北京：北京师范大学出版社，1986年版，第144、164页。

的平均规模只有每校 508 人，技工学校只有每校 309 人。[①] 中专学校的平均数远远低于规定的要求，技工学校平均规模虽然高于规定要求，整个规模仍然过小。

2000 年前，高等学校也存在规模过小的问题。1985 年中国高校数量发展进入一个高峰，而同时 1016 所高校中，5000 人以上的只有 59 所，占总校数的 5.8%；1500 人以下的 660 所，占 65%，其中 501～1500 人的数量最多，占 43%，[②] 500 人以下的高校占到 22%。直到 1989 年，501～1500 人的高校仍然占 42%，500 人以下的学校数有所减少。[③] 这些规模较小的高校招生不足、科系重复设置、机构占用资源较多，还要培养一批教师，效率自然较低。

评价这些学校效率的另一个依据是师生比，1989 年全国中专学校（不含中师）的平均师生比仅有 1:8.7，技工学校仅有 1:9.8，部委办的中专师生比仅为 1:8.4。[④] 这一时段中国大学生师生比普遍在 1:4 左右，与国际上一般为 1:11 或 1:12 低了许多。

针对这样大面积的小规模低效率办学状况，中央政府也曾多次提出鼓励跨部门、跨行业、跨地区联办，代培、委培，但已存在的小规模学校已成为这些部门或企业编制的组成部分，取消几乎不可能。1988 年，不包含中等师范的全国 2957 所中专共有学生近 137 万人，专任教师 22.5 万人，而行政人员、教辅人员和后勤人员就有 21.4 万人，还有校办工厂和附设机构 3.5 万人。[⑤] 撤销这些学校就面临 47.4 万教职工的安置问题，合并这些学校又面临产权等方面的诸多难题，以至于"提高效率变得不重要，维持本身的存在变成了目的；存在的主要目的不再是为了达到什么，而恰好是为了存在"[⑥]。

在部门办学效益和效率不高的情况下，还有一些部门一时办不起学校，于是产生了"委托培养"或简称"代培"、"委培"的形式。由于大学生总量有限，每个单位都想分配到大学生，在这种愿望难以完全满足的时候，一些单位

---

① 国家教委计划建设司：《中国教育统计年鉴·1989》，北京：人民教育出版社，1990 年版，第 3 页。

② 教育部计划财务司：《中国教育成就：统计资料·1980—1985》，北京：人民教育出版社，1986 年版，第 21 页。

③ 国家教委计划建设司：《中国教育统计年鉴·1989》，北京：人民教育出版社，1990 年版，第 20 页。

④ 国家教委计划建设司：《中国教育统计年鉴·1989》，北京：人民教育出版社，1990 年版，第 3 页、第 46～47 页。

⑤ 国家教委计划建设司：《中国教育统计年鉴·1988》，北京：北京工业大学出版社，1989 年版，第 46～47 页。

⑥ 程介明：《中国大陆教育实况》，台北：台湾商务印书馆，1993 年版，第 196 页。

由于经济改革在财力和人事上能够有更大的自主支配权，为他们用钱聘请或培训人才提供了条件；这些条件与一些单位存在想提高自己学历的人相对应；恰恰一些高校想通过这种方式获得经费收益，这三方面使委培在很多地方一拍即合。1983年便开始在各地实行，每个委培学生缴费额每年在2000元到2500元左右，以四年完成学习计算，共需交一万元左右。正是这点可以让高校“创收”的口子，撕开了高校发展的灰色空间，以致迅速发展到几乎每所学校都招代培学生。

委培一方面突破了国家招生的计划，在国家招生计划外招收学生；另一方面由于所招收的学生已有工作单位，也就没有必要纳入国家统一分配；再就是财政上不需要提供这些人的经费。这些在当时看起来有些怪的做法，却预示出中国教育提高效率和效益的一种出路，也就是说没有必要计划招生，没有必要包分配，也没有必要全部由国家提供高等教育经费。正因为如此，各地接着出现了入学前就确定未来工作去向的“定向培养”，主要用于培养教师；还出现了由学生自己缴费的“自费生”。自费生早期有两种情况，一种是单位出钱保送指定的人到高校学习；另一种是自己掏钱以单位委培的名义上学。这些学生一般低于当年高校录取分数线，因此存在不公平和腐败成分。

表3-8　委培和自费生在校生数发展情况（万人，不含干部和教师进修人数）①

年份	1986		1987		1988		1989	
	学生数	所占%	学生数	所占%	学生数	所占%	学生数	所占%
国家计划	160.09		171.91		179.17		180.00	
委托培养	13.40	7.7	14.96	7.9	16.71	8.3	17.29	8.4
自费生	0.78	0.4	1.61	0.8	5.49	2.7	7.41	3.6

委培和自费生的数量比例不大，但对高校来说所产生的边际效应很大，使高校通过这部分可以自主支配的收入获得了难得的一点自主权，这是提高效率和效益的关键基础。

但委培和自费生都无法从根本上改变部门办学的状况，造成“一些院校和专业，由于本部门或本地方需要有限而不能发挥应有的作用，而另一些部门或地方有根据自己的需要投资兴建同样的院校和专业，不仅造成人力、财力、物

① 国家教委计划建设司：《中国教育统计年鉴·1987》，北京：北京工业大学出版社，1988年版，第5页、第356页；国家教委计划建设司：《中国教育统计年鉴·1988》，北京：北京工业大学出版社，1989年版，第7页；国家教委计划建设司：《中国教育统计年鉴·1989》，北京：人民教育出版社，1999年版，第3页。

力的浪费，而且办学质量也难保证”[①]。在全社会都意识到条块分割的教育效率低下的时候，中国又选择了将部门办学转变为集中到教育行政部门办学。

1988 年，国家教委直属的大学 36 所，在校学生数占大学生总数的 12%；中央其他部委所属高校 316 所，在校学生占大学生总数的 32%；省市所属（地方院校）大学 723 所，在校学生约为大学生总数的 56%。[②] 1985 年后，东部少数城市办起了用本地资源、收本地学生、为本地培养人才的市属大学。

1992 年后，随着企业分离办社会职能，多数企业和部委向教育行政主管部门交出了自己所办的各类高校，从而实现了多部门办学向教育部门一家办学的转变，这种转变带来的新的问题是：学生所能拿到的是比原来更抽象的毕业文凭，但很难适应各个行业对人才的需求，也难以利用各个行业的实习、行业人才标准等资源，从而导致新的社会效能低下问题。

所以，20 世纪 90 年代实行的改多部门办学为一部门办学并未彻底解决部门办学效率不高的问题，而只是将问题挪了个位置。真正提高效率既要保障师生和学校的教学自主权，又要保障学校成为独立法人自主办学，而非仅仅靠任何行政部门办学。

七、干部教育、职工教育与农民教育的社会效能

六十年来，农民教育面广、量大，各地发展不均衡，职工教育相对更有保障，干部教育一向受到重视。

1. 干部教育发挥重要作用

在延安时期，干部教育就被放在重要的位置。新政权建立后，一直非常重视干部教育。

1956 年 4 月 9 日，高等教育部颁发了经国务院批准的《关于各部门互相接受委托培养中等专业干部的规定》。提出：国民经济各部门所需要的中等专业干部，原则上应由各部门负责培养。凡各部门所需干部数量较少、自设专业培养有困难者，可委托设有此专业的部门代为培养。[③]

---

① 郝克明、汪永铨：《中国高等教育结构研究》，北京：人民教育出版社，1987 年版，第 14 页。

② 国家教委计划建设司：《中国教育统计年鉴 · 1988》，北京：北京工业大学出版社，1989 年版，第 26 页。

③ 中央教育科学研究所：《中华人民共和国教育大事记（1949—1982）》，北京：教育科学出版社，1983 年版，第 161 页。

1956年4月9日至14日，教育部在北京召开第二次全国干部文化教育会议。会议讨论了1956—1957年的干部文化教育事业规划。会议认为，干部文化教育主要采取在职业余学习的办法，对少数因工作忙而不能坚持学习的可采取离职学习的方式。干部文化教育的教学方针应是“速成的、联系实际的、但又是正规的”。对于区级以上机关的干部一般应达到初中毕业水平，乡级主要干部一般应达到高小毕业水平。干部文化教育管理机构与工农业余教育管理机构应当合并，统一领导。会议并对学制、课程、教学制度、学习时间、教师教学行政人员配备等问题进行了研究。①

在此后的一系列政策文件中对干部教育的经费、待遇、制度建设都有详尽的规定，并建立起各行各业的干部培训学校，自成一个体系。

2. *加强以政治教育为主的工农教育*

1951年确立的学制体系即将工农教育体系纳入其中，当时的农民教育主要以扫盲识字为主，1955年农村扫盲运动达到第一次高潮；职工教育主要是举办以识字为内容的普通班和相当于初中程度的高级班、各类政治班及技术训练班，部分高校和大型厂矿企业办起了职工业余高等教育；各地办起了一批工农速成中学，使工农青年和工农干部获得读书深造的机会。到1957年，全国参加业余学习的职工763.2万人，其中扫除文盲78.4万人，小学毕业50.5万人，初中毕业9.3万人。②

1958年，毛泽东和刘少奇对工厂兴办学校给予很高的期望，并先后在视察天津大学和山东、河南等地时发表提倡“学校办工厂、工厂办学校”的讲话，于是在各地形成热潮。以下是上海的情况③：

> 上海工厂企业在闹技术革命中，掀起大办职工业余学校的热潮。从8月7日上海国棉十七厂创办业余纺织专科学校以来，在一个月的时间里，全市各厂办了新型的业余中学、中等专科学校、高等专科学校共840所，正在筹办的中等专科学校、高等专科学校还有918所。一般小厂或加工性质的工厂，大都开办中学或中等专科学校。技术比较复杂的工厂，就办高等专科学校或大学。在学制方面，也是根据生产和群众的需要来办。有些

① 中央教育科学研究所：《中华人民共和国教育大事记（1949—1982）》，北京：教育科学出版社，1983年版，第161页。

② 宋荐戈：《探索中国特色社会主义教育发展的道路》，引自《荐戈文存》，北京：中国国际文艺出版社，2006年版，第319页。

③ 《人民日报》，1958年9月12日。

学校中小学、中学、大学一贯制；有的分中学、中等专科、高等专科三阶段；有的只有中等专科和高等专科；有的还设有各种性质的技术班，为工人培养某一方面的技术。学习年限从三年到八年半不等。在教学内容方面，各学校都坚持政治理论、文化、技术三结合。前期，文化讲多些；后期，技术课多些。政治理论课一贯到底，每学期都有。新的技术课教材就是试制的新产品和改进工具的技术资料，或者就是科学技术研究的题目。车间、技术室就是学校的课堂。工厂、科学技术研究小组和学校完全打成一片，学校也成了对工人进行政治思想教育的“政治部”。各厂的政治课、技术课师资，主要是“能者为师”，绝大多数由工厂自己解决。上海自行车厂等单位，就是老工人和知识分子共同组织教研室，或由知识分子教师深入车间，广泛吸收有经验的工人的意见进行备课。

1958 年 10 月 11 日，国务院第二办公室主任林枫在天津市召开的职工教育工作座谈会上讲话时提出，为了实现十五年左右普及高等教育的任务，要在一切有条件的单位广泛设立学校。职工教育的水平和形式，可以“三等九级，多种多样”，不要怕多，不要怕“乱”。要业余学习和半工半读并举，教学上要来一个大革命，其指导思想应当是从实际出发，密切结合生产需要和成人特点，使政治、技术、文化相结合，使当前需要和准备提高相结合。①

各地为了赶上政治形势，在开展“红专大辩论”之后，将所办工农业余教育的学校成为红专学校和红专大学，以至统计时闹出不知将红专学校统计到哪一类的笑话。陆定一说：“下面的同志愿意叫红专学校，就让他们叫……办上三年、四年、十几年、二十年，总能办成个大学。底下高兴怎样叫，就让他叫。在中央统计的时候就按照性质来叫，是半日制的就叫半日制，是业余的就叫业余的，不专设‘红专大学’一栏。”② 安徽阜阳专区几个月就办起红专学校 1579 所，其中县办 28 所，区办 87 所，乡办 336 所，社办 1128 所，一般都开设政治课，由县、区、乡、社党委书记兼讲政治课。③

在“大跃进”中走在前列的河南也要在工农业余教育“跃进”上执牛耳，推出孟津县没有花一分钱用半个月创办的一所综合性的红专大学的典型经验。

---

① 中央教育科学研究所：《中华人民共和国教育大事记（1949—1982）》，北京：教育科学出版社，1983 年版，第 235 页。

② 陆定一：《在全国文教书记会议上的讲话》，引自《中华人民共和国重要教育文献（1949—1975）》，海口：海南出版社，1998 年版，第 929 页。

③ 《阜阳专区大办红专学校》，引自《光明日报》，1958 年 7 月 7 日。

这所大学没有固定的校舍和设备，6个学院和42个科分设在县人民委员会直属各有关部门和全县各地。《人民日报》在报道这一典型时配发的文章《办大学的独创精神》指出：这种哪里有专家、有创造、有发明、有经验，就把课设在哪里的好处很多，（一）不要国家花钱盖校舍，就把学校办起来了；（二）不要到处找教师，就请到了最有经验的教师；（三）现场就是实验室，学到的知识也是实际知识，可以马上解决实际问题。文章指出，谁要再认为这种大学不能算大学，办大学就一定要有“专家”，要有高楼大厦和完善设备；谁要再认为这种大学不能培养出国家需要的人才，那真是痴人说梦。如果按照这种人的想法去办学，在一个县里哪能办得起大学来，在两个月内，17个省市哪里能兴办起130多所大专学校？文章说这是值得提倡和学习的革命精神。①

类似的典型还有河南鸠山红专大学。由于得到领导人的提倡和报纸的宣传，全国各地学习取经者纷至沓来，接着各地也纷纷放出办大学的“卫星”。登封县陈留镇以“乘卫星、架火箭，蹬翻地球冲破天”的革命干劲，于7月1日至2日两天办起大学11处，普及了大学教育。② 山东范县（现属河南）、河北徐水、山西沁源、广西田阳以及全国各地形成办红专学校的热潮，据不完全统计，农村中兴办的红专学校和红专大学34.9万余所，有2000多万人在这些学校里学习。③

1959年11月2日，中共中央批转江苏省教育厅、共青团江苏省委关于赣榆县夹山农业中学的调查报告，批示指出：农业中学是一种重要的中等学校，必须反右倾、鼓干劲、多办农业中学，并把它办好。凡农业中学不够的地方，必须在今冬增加校数，尽可能吸收没有升学的高小毕业生入学学习，实行半工半读。这是农村工作中也是教育工作中的当务之急。④

1961年，调整政策实行后，浮夸的工农教育如同泄气的皮球，又导致对工农教育的冷淡。

1963年，教育部分别在北京、长沙召开12省、直辖市、自治区农民业余教育汇报会。会议认为，农民业余学校是向农民群众进行社会主义教育和文化技术教育的一个重要阵地。那种认为“业余教育上面没给任务，可以不办”、“等粮食过了关再办”、“全日制学校都压缩了，还办什么业余教育”的论调是

---

① 《办大学的独创精神》，引自《人民日报》，1958年6月20日。

② 《陈留镇两天办大学十一处》，引自《光明日报》，1958年7月11日。

③ 《数十万红专学校和红专大学在农村建立》，引自《光明日报》，1958年10月1日。

④ 中央教育科学研究所：《中华人民共和国教育大事记（1949—1982）》，北京：教育科学出版社，1983年版，第258页。

错误的。今后办农民业余教育，态度要积极，措施要切实，要求要恰当，教学要讲实效。要进一步研究解决在业余教育工作中怎样更好地组织回乡参加生产的中小学学生和农村基层干部、积极分子参加学习，怎样进行技术教育，怎样使业余教育坚持下去，有重点地办好一批业余学校，怎样改进教学工作和培养提高教师等问题。①

“文化大革命”期间，职工教育多数中断，延续下来的则以七二一大学的形式进行。

3. 着重补课就业的职工教育

1977 年 5 月 4 日，国务院副总理余秋里在全国工业学大庆会议上作报告，提出：“企业要为职工又红又专创造条件，努力提高广大职工的政治、技术水平，培养无产阶级自己的技术员、工程师。”“要办好政治夜校、七二一工人大学。企业的技工学校和其他业余技术教育，过去停下来的要恢复。学习时间要给予保证。”②

1978 年 10 月 12 日，倪志福在中国工会第九次全国代表大会上作的工作报告中提出：“工会应当把组织广大职工学习科学技术摆在突出的位置。要大力办好职工业余中学、业余大学以及各种专业的业余学习班，要积极协助企业行政办好七二一大学、技工学校、各种专业训练班，进行技术考核。”③

1979 年 7 月 25 日至 8 月 6 日，中华全国总工会在北京召开职工业余教育工作座谈会。提出：在各级党委领导下，与有关部门密切合作，抓住重点，加快发展职工业余教育的速度。要以普及初中文化教育和在 1966 年后入厂青年工人中普及初等技术教育为主，并对具有中等以上文化技术水平的工人实施业余的中等专业教育和高等教育，组织好管理干部和技术工人的业余学习和进修。④

1979 年 9 月 14 日至 24 日，教育部在郑州召开全国职工教育会议。会议强调：为实现社会主义四个现代化，一定要把职工教育摆在重要的地位，作为一项战略任务来抓，力争在国民经济调整时期做出显著成绩；要遵照适应四化、大力发展，全面安排、突出重点，灵活多样、讲求实效，统一领导、通力合作

---

① 中央教育科学研究所：《中华人民共和国教育大事记（1949—1982）》，北京：教育科学出版社，1983 年版，第 330 页。

② 中央教育科学研究所：《中华人民共和国教育大事记（1949—1982）》，北京：教育科学出版社，1983 年版，第 492 页。

③ 中央教育科学研究所：《中华人民共和国教育大事记（1949—1982）》，北京：教育科学出版社，1983 年版，第 531 页。

④ 中央教育科学研究所：《中华人民共和国教育大事记（1949—1982）》，北京：教育科学出版社，1983 年版，第 554 ~ 555 页。

的要求，对广大职工实行全员培训，进行业余和离职的科学技术、经济管理和文化知识的教育。会议认为此后一个时期职工教育工作的任务是：对领导干部、管理人员和技术人员普遍进行轮训，提高他们的科学管理和业务技术水平。[①]

1981年3月20日至26日，国务院在北京召开全国职工教育工作会议。会议学习了中共中央、国务院有关加强职工教育工作的文件，进一步统一思想认识，研究如何把职工教育更有成效地开展起来。会议提出：职工教育是我国教育事业的一个重要方面，是发展生产力的前驱，加强职工教育是进行现代化建设的必要前提。今后要把职工教育搞得好不好，作为对企事业领导层干部和企事业单位进行考核的一个重要内容。会议认为我国职工教育已进入一个新的时期。为了把职工教育尽快提高到一个新的水平，会议要求必须做到思想、计划、组织、措施四落实。国务院副总理姚依林在会议总结报告中指出：必须把职工教育纳入国民经济的长远规划和年度计划。领导干部要带头参加轮训，而且要舍得让关键岗位的职工和生产技术骨干优先参加学习。他要求各地区、各部门、各单位一定要把这项加强实现我国现代化的战略措施搞好[②]。

1981年，中共中央、国务院发出《关于加强职工教育工作的决定》。决定指出：职工教育是开发智力、培养人才的重要途径，是持续发展国民经济的可靠保证，它同现代化的成败有极其密切的关系，一定要作为一件大事，尽力搞好。加强职工教育是实现国民经济调整措施的重要内容之一，一定要结合调整工作的逐步进行有计划地实行全员培训，建立起正规的职工教育制度。要下最大决心，力争在第六个五年计划期间，有计划有步骤地把职工普遍训练一次。决定还提出：（一）各级党政领导和所有厂矿企事业单位的党委、行政、工会、共青团都要十分重视职工教育。（二）要制订职工教育的长远规划和具体计划。近二三年内，职工教育的重点是对领导干部的训练和对“文化大革命”以来进厂的青壮年职工进行政治思想文化补课。（三）在调整国民经济期间要采取有效措施，大力开展职工教育。（四）要因地制宜，广开学路，提倡多种形式办学。（五）要制订教学计划，明确培养目标与达到目标的标准。（六）积极建立一支教师队伍。（七）要勤俭办学，认真解决必要的办学条件。（八）要充分发挥普通学校的作用。普通高等学校和中等专业学校都应当承担一定的在职培训

① 中央教育科学研究所：《中华人民共和国教育大事记（1949—1982）》，北京：教育科学出版社，1983年版，第560页。

② 中央教育科学研究所：《中华人民共和国教育大事记（1949—1982）》，北京：教育科学出版社，1983年版，第612页。

任务。（九）加强领导，建立和健全专职机构。（十）着手制定《职工教育法》。①

1981 年 9 月 16 日至 23 日，教育部在北京召开职工教育工作会议，研究落实中共中央、国务院交给各级教育行政部门的职工教育任务，制定具体措施。教育部部长蒋南翔到会讲了话。会议明确提出各级教育行政部门在职工教育工作中的基本职责和主要任务是：根据党的教育方针和党中央、国务院的指示，综合研究指导职工高等学校、职工中等专业学校和职工中等、初等教育的教学行政工作、教学业务工作和师资培训工作，并积极稳步地办好电视、函授教育，办好业余大学和地区性职工学校。会议提出三项措施：（一）加强机构、充实人员，保持从上到下的职工教育行政工作体系和教学业务体系的渠道畅通；（二）因地制宜，逐步搞好地区性学校的办学基地、工农教师培训基地的实验中心的建设；（三）要有一定的经费保证。②

1981 年 10 月 17 日，中共中央、国务院发出的《关于广开门路，搞活经济，解决城镇就业问题的若干决定》第八条提出了加强职工培训的措施。其中有：大力加强职业技术培训工作，逐步提高职工的政治思想觉悟和业务技术水平；普遍开展对城镇待业青年就业前的培训；加强职业技术教育师资的培训和教师队伍的建设；教育部门要有计划地改一部分普通中学为职业学校，或在普通高中增设职业培训班、职业学科；提倡半工半读，勤工俭学。③

1981 年 11 月 18 日，教育部发出通知：凡“文化大革命”以来参加工作的青壮年职工，其语文、数学、物理、化学的实际水平不及初中毕业程度者，一般都应补课。通知规定：语文、数学两科不分行业和工种，一律必须补课；物理、化学两科的补课要求，可以根据行业和工种的不同有所区别。达到补课要求，经考试合格，发给补课合格证书。职工的学习成绩要记入档案，作为考工升级的依据之一。④

1981 年 12 月 22 日至 28 日，全国职工教育管理委员会在太原钢铁公司召开全国职工教育工作座谈会。会议交流了贯彻落实中共中央、国务院《关于加强

---

① 中央教育科学研究所：《中华人民共和国教育大事记（1949—1982）》，北京：教育科学出版社，1983 年版，第 609 页。

② 中央教育科学研究所：《中华人民共和国教育大事记（1949—1982）》，北京：教育科学出版社，1983 年版，第 628 页。

③ 中央教育科学研究所：《中华人民共和国教育大事记（1949—1982）》，北京：教育科学出版社，1983 年版，第 630 页。

④ 中央教育科学研究所：《中华人民共和国教育大事记（1949—1982）》，北京：教育科学出版社，1983 年版，第 633 页。

职工教育工作的决定》的情况和经验，重点研究了青壮年职工文化补习、技术补课工作，讨论了1982年职工教育工作要点。职工教育管理委员会主任袁宝华在会上讲话指出：要在1982年继续深入贯彻职工教育工作的决定，抓好思想、计划、组织、措施四个落实，在开展全员培训工作中突出青工文化、技术补课和干部专业培训两个重点，力争在这些方面取得较大进展。①

1982年1月2日，中共中央、国务院决定：在全国整顿国营企业中，把全员培训列为当前要围绕提高经济效益着重做好的五项工作之一。决定指出：要有计划地、分期分批地对职工进行轮训，不断提高职工的思想政治水平和技术业务水平。这要成为一个长期坚持不懈的制度。为认真做好全员培训工作，企业主管部门和大企业要建立培训中心，以脱产、半脱产和业余的形式对职工进行培训。凡完成规定的学业、考试合格的学员发给结业证书，并对学习态度好、学习成绩优良的学员发给奖学金。②

1982年1月21日，全国职工教育管理委员会、教育部、国家劳动总局、中华全国总工会、共青团中央发出《关于切实搞好青壮年职工文化、技术补课工作的联合通知》，作了四条政策规定：（一）从1983年起，学徒文化程度没有达到初中毕业水平的要延期转正。文化、技术、学习优秀的可提前转正。（二）从1984年起，技术工种和关键岗位的青年职工，没有取得补课合格证的不能升级，限期补课后仍不合格的调离岗位。（三）脱产学习成绩良好的发给奖学金。（四）把积极参加补课并取得优异成绩作为评选和奖励先进的条件之一。③

1982年9月9日，国务院批转教育部《关于举办职工中等专业学校的试行办法》。试行办法提出，开办职工中等专业学校应有一定规模，具备必要的办学条件。要保持办学的稳定性和连续性，切实保证教学质量。学校布局专业设置要根据专业的发展需要和实际条件，按系统、按地区统筹规划、合理安排，可采取脱产、半脱产、业余等多种形式办学。招生对象是年龄不超过35岁，具有初中毕业实际文化水平和两年以上工龄的正式职工。试行办法明确职工中等专业学校以业务部门管理为主，教育部门要在业务上进行指导，全日制中等专业学校要尽量予以支持。试行办法还对审批手续、学制、教学计划、考试、领导

---

① 中央教育科学研究所：《中华人民共和国教育大事记（1949—1982）》，北京：教育科学出版社，1983年版，第636页。

② 中央教育科学研究所：《中华人民共和国教育大事记（1949—1982）》，北京：教育科学出版社，1983年版，第642页。

③ 中央教育科学研究所：《中华人民共和国教育大事记（1949—1982）》，北京：教育科学出版社，1983年版，第644～645页。

班子和教师配备等方面作了具体规定。①

1982 年 12 月 10 日，五届全国人大五次会议批准的赵紫阳所作的《关于第六个五年计划的报告》中，着重讲了职工教育问题，提出："大力提高广大干部、技术人员和工人的思想政治水平和现代科学文化、生产技能的水平，是摆在我们面前的一项战略任务。今后我们要着重举办各种形式的培训各级各类干部和工人的正规学院和正规学校，同时也要举办一些期限较短、课目较少的训练班，使职工教育比较快地走上正规化。除了国家现有的学校要承担职工培训任务以外，各行业和有条件的企业也应该举办学校和训练班。我们还希望共青团、工会、妇联等群众团体都来重视这项工作。正规地进行职工教育，应该有严格的入学标准和考核制度，有一定水平的切合实际需要的教材，有胜任教学工作的合格教师，能够对学员系统地进行马克思主义基本理论和各种专业知识的教育，能够使学员的政治和业务素质在学习以后确实有明显的提高。除了系统教育以外，还要根据广大职工中实际存在的思想认识问题，结合党和政府的各项方针政策和各个时期的任务，对职工进行切实有效的思想政治工作。要寻求和创造新的方式方法，力求使思想教育工作生动活泼，有战斗力、说服力和吸引力。要大力普及社会发展史和中国近代史、革命史的教育，普及共产主义思想、信念、道德的教育，普及共产主义劳动态度和革命纪律的教育，普及职业道德的教育，普及法制教育，普及爱国主义和国际主义的教育，普及高尚的审美观念和社会主义生活方式的教育，使爱祖国、爱人民、爱劳动、爱科学、爱社会主义、立志振兴中华的革命精神得到发扬，使民族自尊心和荣誉感得到提高，使越来越多的职工成为有理想、有道德、有文化、守纪律的劳动者。"②

1987 年 6 月 23 日，国务院转发国家教委《关于改革和发展成人教育的决定》。决定明确提出从根本上改变成人教育基础薄弱状况的工作指导方针与措施，强调把开展岗位培训作为成人教育的重点。这是成人教育的一次重大改革。

同样，企业职工的劳动素质亟待提高。1980 年，80% 的职工没有达到初中文化程度，工业部门的技术人员仅占总数的 2.8%，工人实际操作水平低下，不得不开展"双补"教育，即对青年职工进行补文化、补技术的教育。1981 年 2 月 20 日，中共中央、国务院发出《关于加强职工教育工作的决定》，提出"近两三年内，要把职工教育的重点放在对领导干部的训练和对'文化大革命'

---

① 中央教育科学研究所：《中华人民共和国教育大事记（1949—1982）》，北京：教育科学出版社，1983 年版，第 666 页。

② 中央教育科学研究所：《中华人民共和国教育大事记（1949—1982）》，北京：教育科学出版社，1983 年版，第 675 ~ 676 页。

以来入厂的青壮年职工进行思想政治教育和文化、技术补课方面”，要求“对青壮年职工，要争取在二三年内扫除文盲，并在1985年以前实现有文化程度不到初中毕业水平的职工60%到80%达到初中毕业水平；实现有初中文化程度的职工三分之一达到相当于高中或中专毕业的水平；使现有高中或中专程度的职工有相当一部分达到大专水平”①，同时还强调学习管理和技术。

1982年1月21日，全国职工教育管理委员会、教育部、国家劳动总局、中华全国总工会、共青团中央发出了《关于切实搞好青壮年职工文化、技术补课工作的联合通知》，明确要求：1968年至1980年初高中毕业但实际文化水平达不到初中毕业程度的职工，和未经过专业技术培训的三级工以下的职工，均应补课。有计划的全员培训便在全国展开，这对技工教育和职业培训产生了广泛和深远的影响。以后，又开展了对中、高级工人的技术培训。

到1985年8月，据29个省、直辖市、自治区统计，全国共对2683.7万名青壮年职工进行了初中文化知识补课，对2143.7万名青壮年职工进行了岗位技术业务与技能补课，对10万余名厂（矿）长、经理进行了岗位任职资格培训和国家统考，对20多万名县级以上干部进行了轮训。②

1987年，职工中等专业学校已发展到1953所，各类职工大学915所，学员33.7万人。

从1987年到1997年，全国累计有3.3亿人次接受各种形式的岗位培训，其中对3500万人实施了高层次岗位培训和教育，并在一些主要、关键岗位逐步实行了岗位资格证书制度。1998年全国建成职工技术培训学校0.99万所，有教职工9.41万人，专任教师5.60万人，培训结业职工480.54万人次，在学310.09万人。建成成人初等学校5.08万所，有教职工5.65万人，专任教师1.87万人，招生225.74万人，在校生227.46万人。③

在1978年到2000年间，成人高等学历教育虽然迅猛发展，却存在条件差、规模小、办学效益低、教学质量达不到要求的问题，有些学校的布点、专业设置不合理，科类比例失调，脱离实际需要；在一定程度上存在重理论、轻实践，重知识、轻技能，重学历、轻能力的倾向，少数学校出现违反国家规定乱办班、

① 《中共中央、国务院关于加强职工教育工作的决定》，引自《中华人民共和国重要教育文献（1976—1990）》，海口：海南出版社，1998年版，第1900～1901页。

② 中华人民共和国教育部：《共和国教育50年》，北京：北京师范大学出版社，1999年版，第336页。

③ 《一九九八年全国教育事业发展统计公报》，引自《中国教育报》，1999年5月22日。

乱收费、乱发文凭的现象，以致1990年6月国家教委发出《关于普通高等学校成人教育治理整顿工作的若干意见》。

职工教育走上学历化之路的背后推手是功利观念，学历化又将腐蚀职工教育原本的理念和性质，使职工教育步入迷茫，也正需要从十余年的迷茫中清醒，回归服务于职工职业发展与人生幸福的原本。

4. *以提高致富技术为主的农民教育*

1979年11月28日至12月11日，教育部、农业部、共青团中央、中国科协在天津联合召开第二次全国农民教育工作会议，提出此后一段时期内农民教育工作的任务是：继续抓紧扫盲；大力发展业余初等教育；积极举办业余初中；广泛开展农业科学技术教育；加强政治教育。强调开展农民教育要从实际出发，态度要积极，步子要稳妥。教育对象的重点是党员、团员、青年和基层干部。①

1980年10月22日至28日，教育部在济南召开全国农民教育座谈会。会议指出：农村建立生产责任制后，农业生产有了迅速发展，农民十分需要学习文化和科学技术知识，农民教育要适应这一新形势。强调要继续搞好扫盲，积极、稳步地发展业余小学，广泛开展农业技术教育。提出各地组织农民学习要尽量利用业余时间，采取灵活多样的形式，不要搞一律化。并要求提高教学质量和师资水平，解决教材问题，有计划地开展教学研究活动，逐步将农民的教育机构建立起来。②

20世纪80年代，对农民的教育已由单纯扫盲发展到实用技术培训、公民教育和社会文化生活教育，并广泛推行"绿色证书"培训制度。

1982年1月1日，中共中央转发的《全国农村工作会议纪要》第十六条指出："教育是发展科学技术的基础，有关部门要调整和加强农业院校的领导班子，进一步改善办学条件，县级以及县以下农村的中学要设置农业课程，有的可改为农业专科学校。继续抓好各级农业领导干部和管理干部以及职工的专业培训，组织师资进修，训练各类专业技术干部。高等农业院校的中等农业学校都要拿出必要的力量承担培训任务。要积极创造条件，加强农民教育，抓紧扫盲工作，提高科学文化水平。"③

---

① 中央教育科学研究所：《中华人民共和国教育大事记（1949—1982）》，北京：教育科学出版社，1983年版，第565页。

② 中央教育科学研究所：《中华人民共和国教育大事记（1949—1982）》，北京：教育科学出版社，1983年版，第594～595页。

③ 中央教育科学研究所：《中华人民共和国教育大事记（1949—1982）》，北京：教育科学出版社，1983年版，第642页。

1982 年 6 月 9 日，教育部印发《县办农民技术学校暂行办法》，要求该类学校重点抓好农村初高中生的技术培训，依照“需要什么就学什么，学用结合”的原则进行培训，促进了多种形式的农民技术培训。1987 年 12 月，国家教委、农牧渔业部、财政部发出《乡镇农民文化技术学校暂行规定》，完善了以乡镇农民文化技术学校为载体的农民技术教育网络。

1982 年 8 月 5 日，教育部、农牧渔业部转发《陕西省人民政府关于批转雷北大队农民技术学校调查》，为此发出通知要求各级教育、农业部门积极主动承担责任，互相配合，因地制宜，逐步恢复和发展农民文化技术教育，以适应广大农民学习文化、发展农业生产和普及农业科学技术的需要。①

到 1997 年，全国有近 3 亿农民接受了各种形式的岗位培训和文化技术教育；北京、天津、上海、辽宁、山东、广东、江苏等省、直辖市 100% 的乡镇和 95% 以上的行政村，全国 80% 以上的乡镇和 40% 以上的行政村建立了农村成人技术培训学校，② 初步形成农村三级培训网络。到 1998 年，全国有 1000 多个县参与“绿色证书工程”，参与培训的农民达 200 多万人，其中 30 万人获得证书。③ 仅北京郊区农村 1998 年就有 3 万人次参加绿色证书培训，1.3 万人获得绿色证书。

1998 年，全国共建成县办、村办农民技术培训学校 45.49 万所，有教职工 41.61 万人，专任教师 13.96 万人，培训结业农民 8201.87 万人次，在学农民 5982.02 万人。④

随着工业化、城镇化进程加快，越来越多的农村富余劳动力到城市就业，农村转移劳动力培训成为农村成人教育的重点，2004 年教育部印发《农村劳动力转移培训计划》，从 2005 年开始实施“农村劳动力转移培训工程”和“农村实用人才培训工程”。

农民教育充分利用进城和致富作为激励曾经发挥了较好的效果，但继续发展下去需要新的激励，也需要提升农民包括人文素质在内的各方面素质。

---

① 中央教育科学研究所：《中华人民共和国教育大事记（1949—1982）》，北京：教育科学出版社，1983 年版，第 662 页。

② 中华人民共和国教育部：《共和国教育 50 年》，北京：北京师范大学出版社，1999 年版，第 335 页。

③ 易杳：《知识升值：一个新时代的到来》，引自《中国教育报》，1999 年 4 月 11 日。

④ 《一九九八年全国教育事业发展统计公报》，引自《中国教育报》，1999 年 5 月 22 日。

八、教育的个人效能

在六十年的教育发展过程中，正式的文件上几乎找不到教育的个人效能的表述。但这并不等于在这六十年间教育没有个人效能，反而一部分人很好地利用或者十分看重教育的个人效能。

联合国教科文组织21世纪教育委员会提交的研究报告——《教育——财富蕴藏其中》，论述了教育对社会与个人发展的效能，并从未来社会发展对个体的要求角度提出学会认知（learning to know）、学会做事（learning to do）、学会共同生活（learning to live together）和学会做人（learning to be）。

据国家统计局1989年的抽样调查，农户人均收入与户主的受教育程度之间的关系为：文盲户442.84元，小学户542.96元，初中户616.3元，高中户639.85元，中等职业教育户740.9元；同1985年相比，人均收入增长率分别是45.6%、54.9%、56.1%、53.9%和68%。[①] 这只是讲到了教育极其微小的一种个人效能。事实上，教育成为六十多年里众多人向社会上层攀登的阶梯，改变了不少人的命运。

在看到这一事实的同时，还应该看到六十年来教育并未较好地实现其个人效能。由于整个教育一直强调政府本位、群体本位、国家本位，个体的意志和愿望受到压制，在这样教育中的个体难以充分发挥其潜能，难以自我实现，也难以成为他先天潜质就已赋予的杰出人才，而且在没有成才的同时要背上因评价的方式不当而带来的过重负担。

中国传统里有一种观念：一分耕耘，一分收获。依据这一逻辑，学业越多，学生的成绩与质量应当越好。可六十年的历史并未能得出这样的结论，除了“文化大革命”期间，中国学生的学业负担一直很重，却未有多少人因学业负担重而成为杰出的人才，这其中值得思考的问题很多。

早在20世纪50年代初，学生学业负担过重的问题就被提出来。1954年10月21日，高等教育部通知要求停止在部分高校实行的在早、午两餐之间连续上六节课的“六节一贯制”[②]。

1954年12月31日，中共中央办公厅秘书局遵照中央书记周恩来的批示，

---

① 中华人民共和国教育部：《共和国教育50年》，北京：北京师范大学出版社，1999年版，第308页。

② 中央教育科学研究所：《中华人民共和国教育大事记（1949—1982）》，北京：教育科学出版社，1983年版，第115页。

将青年团中央的一份简报印发有关部门，以研究解决理、工、医科高等学校学生负担过重的问题。青年团中央的简报反映：理、工、医科学生每周学习时间一般都在65学时左右，多者70余学时，平均每天学习11个小时以上。其原因是教学计划、教学大纲要求偏高，教材分量过重；教学质量不高，讲解不清，作业过多。并指出：这是教学改革过程中发生的问题，不同于过去由于社会活动过多造成的忙乱。①

1955年3月4日，高等教育部发出指示，要求研究和解决高等工业学校学生学习负担过重的问题。1954年秋季以来，高等学校相当普遍地发生了程度不同的学生学习负担过重的问题，有些学校很严重。为此，高等教育部的指示提出，应加强学校行政对教学工作的思想领导和组织领导。首先要使全体教师认识，学习苏联必须与中国实际相结合，稳步提高教学质量；贯彻全面发展的方针，贯彻“学少一点、学好一点”的原则。其次，教务长和系行政必须加强对教研组工作的具体指导和经常检查。第三，必须通过教研组集体积极改进教学工作。指示并提出了当前应及时研究执行的七项具体措施。高等教育部还要求其他各类高等学校参照上述指示，改进教学工作。② 从这份指示可以看出，当时的学生学业负担过重是与机械学习苏联经验直接相关的。

1955年7月1日，教育部发出指示，要求各地有效地解决中小学学生负担过重的问题。指出：中小学学生负担过重，是几年来存在的一个问题。1954年秋季以后，在部分地区和部分学校，这个问题变得更加严重。其表现主要是学生的课业负担过重，这是由于有的地区教育行政机关没有认真贯彻全面发展的教育方针，忽视学生的健康和思想教育，对于提高学习质量的要求过急，并采用了一些不切实际的做法而造成的。教育部的指示认为，解决学生学习负担过重的基本办法是改善教材，提高教师水平，改进学校领导。而为了短期内迅速把学生的过重负担减轻下来，指示还提出目前必须采取下列办法：掌握教材分量和授课进度；减轻课外作业；加强平时的成绩考查，改善考试制度，统一考试一般不宜实行；改进课外活动；遵守作息时间，保证睡眠和休息；学校领导应经常检查了解情况，发现问题及时解决。③

---

① 中央教育科学研究所：《中华人民共和国教育大事记（1949—1982）》，北京：教育科学出版社，1983年版，第119页。

② 中央教育科学研究所：《中华人民共和国教育大事记（1949—1982）》，北京：教育科学出版社，1983年版，第125～126页。

③ 中央教育科学研究所：《中华人民共和国教育大事记（1949—1982）》，北京：教育科学出版社，1983年版，第134页。

1962年4月13日，教育部发出通知，要求各地加强对高中三年级毕业班教学工作的领导。通知列举了有些学校为了争取较高的升学率而采取的一些不正当的做法，如强迫成绩较差的学生写“留级申请书”，不准他们参加毕业考试；故意把毕业考试的题目出得过难、过重，造成大批学生两门以上不及格，让他们留级；过早结束课程，就组织分科复习，不考虑学生志愿，按成绩好坏分到理工、农医、文史各类；利用寒假、星期日为高三学生赶功课；等等。通知指出，这些做法是舍本求末的反常现象，是追求所谓“荣誉”的腐朽思想，其结果不是提高学生的知识质量，而是相反；也势必对学生的思想和健康产生不良影响，给学校带来很坏的风气。各地应加强毕业班的教学工作和准备高考的复习工作的检查，坚决纠正这些不正当的做法。①

1964年5月4日，中共中央、国务院批转教育部临时党组《关于克服中小学学生负担过重现象和提高教学质量的报告》。报告指出，中小学学生负担过重最突出的现象有三多：课程门类多，课外作业多，测验考试多。造成学生学习负担过重的原因是片面追求升学的思想。为了减轻学生学习负担，发挥学生的学习主动性，报告提出了六条改进措施：（一）在社会上大力宣传党的教育方针，反复讲明道理，以克服学校和社会上存在的轻视劳动、特别是轻视农业生产劳动，片面追求升学的思想。（二）学校应该把思想政治教育放在首位，教育学生正确对待升学和参加劳动。（三）各级各类学校仍然应该以教学为主，全面提高教学质量，不能只管智育，不管德育、体育。（四）明确考试的目的是帮助学生更好地理解和运用所学知识，并检查教学的效果，以改进教学工作。（五）适当地组织和指导学生开展课外活动。（六）注意劳逸结合，增进师生健康。中央明确指示：克服中小学校学生学习负担过重的现象和片面追求升学的思想，不但是提高教学质量所必需的，而且是关系到办什么样的学校培养什么样的人的重大问题，必须引起各级党委和政府的足够重视。要认真调查研究，总结经验，树立样板，做到方向明确、方法稳妥，防止重新发生开会过多，劳动过多，不安排应有的课外作业，不督促学生勤奋好学等另一方面的偏向。②

1966年1月17日，中共中央转发教育部党组《关于减轻学生负担保证学生健康问题的报告》、高等教育部党委《关于减轻高等学校学生学习负担、促进学生德智体全面发展问题的报告》和高等教育部《关于增进高等学校学生健

---

① 中央教育科学研究所：《中华人民共和国教育大事记（1949—1982）》，北京：教育科学出版社，1983年版，第306页。

② 中央教育科学研究所：《中华人民共和国教育大事记（1949—1982）》，北京：教育科学出版社，1983年版，第359页。

康、实行劳逸结合的若干规定（草案）》。教育部和高等教育部在报告中，反映了大中小学学生学习负担过重的情况，分析和检查了造成学生负担过重的原因，提出了克服学生负担过重的措施。高等教育部的若干规定草案提出的增进学生健康、实行劳逸结合的措施有：减少学生的活动总量，保证学生的休息时间和自由支配时间；减轻学生的学习负担；思想政治工作要讲求实效；精简会议活动，减轻学生干部的负担；体育、文娱活动必须坚持积极组织、自愿参加和量力而行的原则；妥善安排学生参加社会主义教育运动和组织学生的劳动；军事训练要从学生实际出发；改进学校伙食工作和卫生、医疗工作。①

"文化大革命"期间，在整个教育处于混乱的情况下，自然不存在学生负担过重的问题。恢复高考后，学生负担过重的问题再度出现。1979年2月27日《中国青年报》发表《重视解决学生负担过重问题》的社论，在此前后，各地报刊、学生家长以及社会各界人士纷纷呼吁：应解决中小学学生中出现的课时多、作业多、考试多、文体活动少、睡眠时间少等学习负担过重的问题。②

1980年9、10月间，北京等地一些高等院校出现为本校和在有关部门未考取高等学校的职工子女举办大专学习班。对此，教育部党组和中共北京市委研究，认为这是一个应当慎重考虑的问题，它带有群众性，关系到教职工的切身利益，简单制止不行，放任自流也不行，只能适当引导。并就若干政策问题向中共中央写了报告。③

1981年3月2日，中共中央总书记胡耀邦在新华社关于哈尔滨工业大学学生体质普遍下降、发病率上升的一份材料上作了批示。批示指出："我认为这是历来学校没有搞好的一个大问题，请你们讨论一下，要拿出措施来，其中最重要的一条，就是部里和各学校领导把管好这件事当做大、中、小学的一件大事来抓，破除一切畏难情绪，学会走群众路线，不要只是要求上面改善条件（当然无法解决的上面要支持）。只要有这个革命干劲和毅力，事情总可以办得好些。"④

1981年3月9日，教育部发出通知，为改进和加强小学的思想政治教育，本年

---

① 中央教育科学研究所：《中华人民共和国教育大事记（1949—1982）》，北京：教育科学出版社，1983年版，第396页。

② 中央教育科学研究所：《中华人民共和国教育大事记（1949—1982）》，北京：教育科学出版社，1983年版，第543页。

③ 中央教育科学研究所：《中华人民共和国教育大事记（1949—1982）》，北京：教育科学出版社，1983年版，第593页。

④ 中央教育科学研究所：《中华人民共和国教育大事记（1949—1982）》，北京：教育科学出版社，1983年版，第610页。

秋季起，小学各年级普遍设立思想品德课。设立思想品德课的目的是从小抓起，培养学生具有共产主义思想、道德、情操，为树立革命的人生观打下基础。①

1981年11月，《中国青年》杂志1981年第22期发表叶圣陶的《我呼吁》一文，呼吁各方面关注中学生在高考重压下负担过重的问题。同时发表《来自中学生的呼声》——《中国青年》杂志调查摘要。11月26日，《人民日报》转载了上述两文。11月30日，《人民日报》又登载了在五届全国政协四次会议上政协委员赞成叶圣陶呼吁的报道。赵紫阳在五届全国人大四次会议上所作的政府工作报告中说："最近，叶圣陶代表发表了题为《我呼吁》文章，批评了当前中学和一部分小学片面追求升学率的错误做法，词意恳切，表达了学生、教师、家长和广大人民群众的心声。希望有关方面认真注意这个问题，切实加以改正。"②

1982年3月10日，教育部转发上海市普陀区、向明中学全面贯彻教育方针，减轻学生过重负担的经验材料。并在通知中指出，上海普陀区、向明中学的做法很好，各级教育部门要认真贯彻部发《关于当前中小学教育几个问题的通知》精神，对学校的工作进行一次检查，注意发现好典型，以推动工作前进。上海普陀区、向明中学为端正办学思想，制定了具体措施，提出坚持三好，加强德育、体育。面向全体学生，狠抓基础，加强小学、初中教育。改进教学方法，提高课堂教学质量，减轻学生过重的课业负担。加强课外科技、文体活动。③

1982年4月14日，教育部办公厅转发了北京市教育局《解决小学生课业负担过重问题的几项决定》。北京市教育局的决定提出：（一）不搞升学率排队，不以此评定学校工作好坏；（二）学校只进行期中期末考试及平时考查，教育行政部门不得搞统考；（三）学校必须面向全体学生，对全体学生负责；（四）严格按教学大纲、教学计划教学，保证课外活动时间；（五）编印教学参考资料要保证质量，严格按出版部门的规定办理；（六）保证学生的睡眠和每天一小时体育活动时间，留适量的家庭作业，假期内不搞补习班。④

……

反复发出的文件，却一直未彻底解决问题；不断加重的学习负担，却未较

---

① 中央教育科学研究所：《中华人民共和国教育大事记（1949—1982）》，北京：教育科学出版社，1983年版，第611页。

② 中央教育科学研究所：《中华人民共和国教育大事记（1949—1982）》，北京：教育科学出版社，1983年版，第634页。

③ 中央教育科学研究所：《中华人民共和国教育大事记（1949—1982）》，北京：教育科学出版社，1983年版，第648～649页。

④ 中央教育科学研究所：《中华人民共和国教育大事记（1949—1982）》，北京：教育科学出版社，1983年版，第651～652页。

好实现成才愿望，这样的教育的个人效能高低不言而喻。

教育内容与教育模式的应试与高校升学率长期偏低，导致教育的个人效率一直偏低。多数未能进入高校的高中毕业生（落榜生）面临艰难生活处境，被社会称为“种田不如老子，管家不如嫂子”，没有一技之长，效益较低。

由于整个社会在制度设计上没有为高考落榜生设计出路，为了解决这个问题，一些城市采取了招收高中中专的办法，即让上过高中的学生，再去读相当于高中程度的中专、技校，虽然这本身是一种明显的资源浪费，却能帮助这些学生毕业后多少有些职业技能。

九、从产业和社会发展角度看教育的效能

评价教育的效能不能就教育论教育，也不能就中国论教育，还必须从全球人类社会发展的维度加以考察。从这一角度看，中国教育在效能上有比较大的改进空间。

《国际统计年鉴2006/2007》数据显示，21世纪初，发达国家的第一、第二、第三产业结构平均水平为1.6:26.2:72.2，而发展中国家的平均水平则为11.7:36:52.3。中国2007年的第一、第二、第三产业结构平均水平为40.8:26.8:32.4,第二、第三产业所占比例不仅大大低于发达国家的水平，而且也低于发展中国家的水平。产业结构调整与升级是中国未来回避不了的过程，产业的结构性变动衍生了诸多对人力资源开发、进而也与教育改革发展密切相关的新需求。以下是世界主要国家科技发展水平的比较，中国处于相对落后的状态。

表3－9　科技发展水平指标的国际比较①

指　标	中国	美国	日本	德国	韩国	世界
R&D投入占GDP比重（%）	1.33	2.68	3.13	2.49	2.99	2.29
每万人中从事R&D活动人数	17.5	—	135	114	91	—
每十万人专利申请数（件）	7.47	108	299	70	245	17.5
全员劳动生产率（美元）	2960	87879	70892	76079	34460	—
高技术产品占制成品出口总额比重（%）	29.81	32.29	23.68	17.22	32.76	19.57

注：R&D即“研究与开发”。

① 资料来源于国家统计局：《2006/2007国际统计年鉴·2007中国科技统计年鉴》，北京：中国财政经济出版社。

随着农业现代化进程的加快和农村职业结构的变化，第一产业从业人员整体的文化教育水平需要有大幅提升，从业人员的平均受教育年限应在普及九年制义务教育基础上有新的提升，新增劳动力就业资格准入的标准以初中毕业再加适当职业训练为起点；积极发展高等教育的涉农专业，改革教学内容、模式和人才培养规格，努力造就培养适合现代农业技术和产业化经营的相关专业技术人才；鼓励采取多种途径大力发展多种形式、规格要求不同的高中阶段教育，培养现代农业技术和产业化经营的一线实用人才；全面开展农村就业人员的职业技术培训，重点满足每年 800 万 ~ 1000 万农村转移劳动力转岗、转业的需求，满足农业就业人员学习现代农业技术和经营知识的需求；注重农村教育教学内容与地方发展的适应性，为全面提升农村居民素质奠定基础。

总体而言，中国工业的研究开发能力不强、缺乏自主知识产权的核心技术。在人力资本积累上，研究开发人才和工程师人才相对短缺，劳动力整体素质不高，不能适应现代化和新兴工业化发展对技能的需求。第二产业仍是吸纳新增劳动力和农村转移劳动力的重要部门，从业人员的数量和比重将继续提高；同时还面临第二产业内部结构调整、升级和技术创新对人力资源深度开发的需求。第二产业发展对教育和人力资源开发要求的重点主要在于：提高从业人员的整体素质；适度扩大理工科研究生、本科生教育规模，培养高水平的研究开发人才和工程师，重点培养电子信息、装备制造集成技术等高层次人才；加快发展工程类职业技术教育，全面开展技术工人等级培训、考核，形成以高、中级为主体的技术工人队伍；积极开展对进城务工农民和企业冗余分流人员实行多种形式的转业、转岗培训，提高其就业和再就业能力，努力适应第二产业内涵发展和制造业水平提升的发展趋势。

知识服务业发展及需求呈持续增长强劲态势。包括信息服务业、金融、科学研究与技术咨询服务、教育、文化、医疗卫生等知识服务业，具有知识技术密集的特征，要求就业人员增加、素质普遍提高，要求管理人员和专业人员比重呈增长趋势。其中，具有高等教育文化程度将成为部分知识技能要求高的服务产业从业人员的基本资格要求。

促进城乡统筹发展是破除城乡二元结构、形成城乡经济社会发展一体化新格局的重要战略，对于构建社会主义和谐社会和全面实现小康社会建设目标具有重大意义。对比城乡发展，目前我国农业基础仍然薄弱，农村发展仍然滞后，农民增收仍然困难，城乡二元结构造成的深层次矛盾依然突出，农村社会事业和公共服务水平仍然较低，改变农村落后面貌任务艰巨。

目前大部分农村地区的劳动力素质普遍很低，15 ~ 64 岁农村劳动年龄人口平均文化程度仅相当于小学水平，即使东中部发达地区的农村，平均文化程度也仅为初中水平。农村人口文化素质低、综合能力差将成为新农村发展的瓶颈。如何使农村人口能够流动、能够就业、能够发展、能够富裕，教育需要自觉主动满足要求和应对挑战。

随着经济发展和居民收入水平的不断提高，居民消费需求与消费结构也发生了明显变化。据国家统计局统计公报显示，2006 年中国人均 GDP 已经超过 2000 美元。1980—2000 年，城市居民家庭消费支出的恩格尔系数由 56.9% 下降到 39.4%，年均下降近 1 个百分点，标志着城镇居民家庭的消费结构已发生转变。同期农村居民家庭消费支出的恩格尔系数也由 61.8% 下降到 49.1%，年均下降约 0.6 个百分点，消费结构同样在转变。2006 年城镇居民家庭消费支出的恩格尔系数进一步下降到 35.8%，农村居民家庭消费支出的恩格尔系数也进一步下降到 43%，居民家庭消费结构出现了持续的变化趋势。见表 3－10 所示。

表 3－10　我国居民家庭消费支出的恩格尔系数（单位:%）①

年份	城镇	农村	年份	城镇	农村
1978	57.6	67.7			
1980	56.9	61.8	1998	44.7	53.4
1985	53.3	57.8	1999	42.1	52.6
1990	54.2	58.8	2000	39.4	49.1
1991	53.8	57.6	2001	38.2	47.7
1992	53.0	57.6	2002	37.7	46.2
1993	50.3	58.1	2003	37.1	45.6
1994	50.0	58.9	2004	37.7	47.2
1995	50.1	58.6	2005	36.7	45.5
1996	48.8	56.3	2006	35.8	43.0
1997	46.6	55.1	2007	36.3	43.1

从城镇和农村消费结构中各项支出的比重来看，随着恩格尔系数的下降，医疗保健、交通通信、文化教育等服务性消费支出比重明显上升。从城镇居民家庭的消费支出结构看，消费支出比重下降最为明显的是食品和衣着的支出，分别由 1990 年的 54.25% 和 13.36% 下降为 2007 年的 36.29% 和 10.42%。见下页表 3－11 所示。

① 资料来源于国家统计局：《中国统计年鉴 2007》，北京：中国统计出版社，表 9－2。

表 3 - 11　城镇居民各项消费支出占总支出的比重（单位:%）①

支出项目	1990	1995	2000	2006	2007
食品	54. 25	50. 09	39. 44	35. 78	36. 29
衣着	13. 36	13. 55	10. 01	10. 37	10. 42
家用品	6. 98	8. 02	11. 31	10. 40	9. 83
医疗保健	10. 14	7. 44	7. 49	5. 73	6. 02
交通通信	2. 01	3. 11	6. 36	7. 14	6. 99
文化教育	1. 20	5. 18	8. 54	13. 19	13. 58

与此形成明显对照的是，城镇居民家庭消费支出中，文化教育支出所占比重由 1990 年的 1. 2% 提高到 2000 年的 13. 58%；农村居民家庭消费结构也呈现食品和衣着支出的比重下降，娱乐和文化教育的支出上升的变动趋势。

随着科学技术的进步和社会生产力的发展，知识更新的速度越来越快，经济的发展要求人们不断提高自身的文化素质，人们对于知识的需求将更为强烈，对教育的选择性要求也更为强烈。人们迫切需要通过教育获取知识来提高个人文化素质，提升自己的精神世界，丰富自己的精神文化需求，教育将不仅仅是为了获取谋生技能的手段，而且还将是追求理想、自由创新、完善自我、享受生活的需求。

2007 年，中国劳动适龄人口为 9. 58 亿，占总人口的 72. 5%，属于劳动力资源较为丰富的时期。高中阶段学龄人口在 2004—2005 年达到高峰 7500 多万人以后呈现下降趋势；高等教育学龄人口自 2002—2012 年的十年间，均维持在 1 亿人以上的规模，且在近两年达到峰值 1. 2 亿人以上；学前教育学龄人口从 2000 年到 2010 年基本稳定在 5200 万 ~ 5400 万人之间。我国成人识字率不断提高，但地区差异大，且与发达国家相比还存在不小的差距。

未来中国教育还面对功能性文盲和国民科学素质不高的问题。解决这些问题需要教育建立科学、人性、全方位的教育效能观，不只将教育当做发展经济和实现政治目标的手段，而是从人生幸福和社会发展的各个方面评价并实现教育的效能。

① 资料来源于国家统计局:《中国统计年鉴相应年份数据集选》。

第三节　六十年教育公平状况

教育公平主要体现为三个层面：第一个层面是教育机会的公平，国家法定学龄人口都能享受法定的教育权利，每个人享有基本教育资源提供的公平机会，每个人的基础性教育需求度能得到相同的满足；第二个层面是教育过程公平，在教育过程中尽量依据每个学生的潜能发展的需要，为其提供与他人相同等级的教育资源，保证教育评价的客观公正；第三个层面是教育结果公平，对此国内外尚未有一致的看法，一般认为主要是要满足学习者自主选择的需求。六十年来，无论是在对教育公平的认识上，还是在政策措施上，都经历过反复和曲折。

一、向工农开门的公平效应

在1949年12月召开的第一次全国教育工作会议上，教育部部长马叙伦在开幕词中说："由于我们的国家是以工农联盟为基础的人民民主专政国家，因此我们的教育也应该以工农为主体，应该特别着重于工农大众的文化教育、政治教育和技术教育……我们的小学应该多多吸收工农的子女，我们的中学校和大学校，也应该有计划有步骤地为工农青年大打开门，以期大量地培养工农出身的新型知识分子，作为我们国家建设的新的坚强骨干。"① 此后，"向工农开门"便成为全国教育的基本政策。1950年召开的第一次全国高等教育会议和第一次全国工农教育会议都继续强调或具体化了这一政策，政务院于1950年12月发布了《关于举办工农速成中学和工农文化补习班的指示》。

1951年，政务院第九十七次政务会议通过的《关于学制改革的决定（草

---

① 《马叙伦部长在第一次全国教育工作会议上的开幕词》，引自《中华人民共和国重要教育文献（1949—1975）》，海口：海南出版社，1998年版，第6页。

案)》明确提出：特别要保障工农及工农干部受教育的权利和机会，并通过大力开展工农业余教育，将其列入新学制体系；创办工农干部文化补习学校和工农速成中学；创办主要招收工农干部的中国人民大学、中央民族学院等高等院校；在工矿区由政府投资大量新建公立中小学；放宽入学年龄、免收学杂费吸收工农子女；在招生时降低录取标准或以选送、保送、免试入学等方式优先录取工农青年和工农子女；设立人民助学金、免费发教科书和学习生活用品，①落实为工农开门的政策。

以上措施使各级各类学校中工农成分的学生显著增加，据统计1952年全国小学中工农成分的学生占学生总数的80%；1953年全国普通中学中工农及其他劳动人民子女占学生总数的71%；1953年工农家庭出身和本人是工农成分的高等学校新生占新生总数的27.39%。②

1951年实行学校“向工农开门”的政策，并没有在较大程度上改变相对强势家庭的子女在幼儿园中仍占多数的状况，例如：“1952年，对北京市18所幼儿园的调查统计，过去有80%的孩子是官僚、地主、资产阶级的子女。经过改革，机关工作人员的子女占50%以上，产业工人子女占9.7%，城镇贫民、小贩、独立劳动者的子女占9.5%，工商业者的子女占28%。”③ 改革前后对比，真正工农的子女都不超过20%。各地幼儿园的设立也是“在有条件的城市首先建立”，先建政府机关幼儿园，然后建工厂、农村幼儿园。直到现今，全国有60%的3~5岁幼儿未入园，农村幼儿未能入园的比例只会比这个比例高。

1954年2月15日，高等教育部发出了《关于高等学校应加强对工农干部学生工作的指示》。指出：三年来，全国高等学校已录取机关、部队和厂矿的工农干部和工人两万余名入学，为了有效地加强和改进对工农学生学习的领导和帮助，各高等学校要对这一工作进行深入的检查，了解情况和问题，积极设法改进；允许工农学生免修俄语；可以采取单独编班、分组教学和加强课外辅导等办法，进行重点补习；要加强对工农学生的思想教育。④

同时，政府也采取了对干部子女教育的照顾政策，1952年5月5日，政务院文化教育委员会批准《干部子女小学暂行实施办法》。办法规定：各级人民

---

① 宋荐戈：《探索中国特色社会主义教育发展的道路》，引自《荐戈文存》，北京：中国国际文艺出版社，2006年版，第314页。

② 《中国教育年鉴（1949—1981）》，北京：中国大百科全书出版社，1984年版，第338页。

③ 孙爱月：《当代中国幼儿教育》，福州：福建人民出版社，1991年版，第52页。

④ 中央教育科学研究所：《中华人民共和国教育大事记（1949—1982）》，北京：教育科学出版社，1983年版，第98页。

政府、机关及团体可以根据需要，设立干部子女小学。并规定干部子女小学对烈士遗孤应予特别照顾，对多年失养、失学及程度较差的干部子女，入学年龄不受严格限制。[①] 随即各地建立起一批条件较好的干部子女学校，其中一些经过长期积累成为当地的重点学校，如北京景山学校等。1952 年 7 月，毛泽东、周恩来批准中央军委 1952 年在各地创办子弟学校 19 所，以解决11 800名部队儿童入学问题。[②]

这些专为干部子女开办的学校，不可避免地为入学的学生产生特殊化思想提供了基础。1952 年 6 月 14 日，毛主席曾指示："干部子弟，第一步应划一待遇，不得再分等级；第二步废除这种贵族学校，与人民子弟合一。" 1953 年 5 月 24 日，周恩来在视察这类学校之一的北京市 101 中学时，就有针对性地教育学生不要滋长特殊化思想，不要脱离劳动，不要脱离群众。并指出干部子弟性质的学校，将来要改变。[③]

在升学方面，也有对干部加以照顾的政策，1953 年 7 月 27 日，高等教育部发出《关于干部学生升入高等学校考试办法》，规定调干学生免试外国语、中外史地、化学。[④]

1955 年 7 月 12 日，教育部、高等教育部联合发出通知：自 1955 年秋季起工农速成中学停止招生。通知指出：实践证明，工农干部学习文化科学知识不用循序渐进的方法而用短期速成的方法使之升入高等学校，从根本上来说，并不能达到预期的目的。今后广大工农干部和工农群众的学习，坚决贯彻业余学习为主的方针，不再采用举办速成中学的办法。8 月 31 日，国务院发出通知：军队转业干部速成中学和军队转业干部文化学校自本年下半年起停止招生，各省市教育厅局可利用原有师资、校舍、设备等逐步改为普通中小学。到 1955 年暑假，全国工农速成中学尚有学生 4.2 万余人，一律改为四年制，学生继续学到毕业。此后各省市的工农速成中学逐步转为普通中学。[⑤]

---

① 中央教育科学研究所：《中华人民共和国教育大事记（1949—1982）》，北京：教育科学出版社，1983 年版，第 57 页。

② 中央教育科学研究所：《中华人民共和国教育大事记（1949—1982）》，北京：教育科学出版社，1983 年版，第 62 页。

③ 中央教育科学研究所：《中华人民共和国教育大事记（1949—1982）》，北京：教育科学出版社，1983 年版，第 78 页。

④ 中央教育科学研究所：《中华人民共和国教育大事记（1949—1982）》，北京：教育科学出版社，1983 年版，第 80 页。

⑤ 中央教育科学研究所：《中华人民共和国教育大事记（1949—1982）》，北京：教育科学出版社，1983 年版，第 136 页。

1955年10月28日，中共中央批转教育部党组的报告，决定取消各地干部子女学校，自1956年开始，逐步改为普通小学，招收附近机关的工作人员和群众的子女为走读生，停招寄宿生。各部门举办的干部子女小学，交由地方教育部门接管，取消公费生待遇。此前，6月25日，教育部指示北京师范大学第二附属中学及附属女子中学改变干部子女学校的性质，干部、群众子女均可报考，不加限制。至1957年9月，在北京的干部子女小学全部改为普通小学。① 然而各地重点学校依然客观存在，干部身份与其子女就对学校的对应关系依然存在，一直延续到2009年尚未完全消失。

1956年2月29日，中共中央发出通知，决定像办高级党校一样，在全国几个基础较好的工业大学开办领导干部特别班，以适应今后工业建设发展的需要。并要求在三年或五年内，分批抽调两千名现任正副厂长、大型企业的正副处长一级干部去学习，不仅提高他们马列主义的思想水平，而且使他们具有一定的科学技术知识，毕业后成为主要领导骨干，担负厂长、生产副厂长或总工程师等职务。学习时间三年到四年。4月2日，高等教育部为此发出举办干部特别班的通知。5月，清华大学、北京工业大学、天津大学等10所高等工业学校举办的干部特别班，陆续开学上课。1957年8月6日，高等教育部发出通知，规定班中具备长期学习条件并有一定培养前途的学员，可以升入本科学习。②

1958年1月至2月，各地高等学校在讨论学校如何贯彻阶级路线、进一步向工农开门等问题的基础上，提出用扩大招生、加强培养等办法，加速培养工农知识分子。讨论中提出：要采取优先录取，免试入学，直接向农业社招生，举办工农预科等办法，扩大学校中工农学生所占的比例；采取加强辅导，改进教学工作，办补习班等办法，加强对已在校工农学生的培养教育工作；并举办工农干部特别班、函授等各种形式的短期训练班。中共中央工业工作部发出通知，决定继1956年抽调400名工农干部入高等工业学校学习之后，再抽调国营工业厂、处级干部300名入高等学校学习，并要求地方工业部门也抽调一批干部入学。③

新中国成立之初，高等教育在全面学习苏联的时候，却以“反对等级制

---

① 中央教育科学研究所：《中华人民共和国教育大事记（1949—1982）》，北京：教育科学出版社，1983年版，第144页。

② 中央教育科学研究所：《中华人民共和国教育大事记（1949—1982）》，北京：教育科学出版社，1983年版，第157页。

③ 中央教育科学研究所：《中华人民共和国教育大事记（1949—1982）》，北京：教育科学出版社，1983年版，第213页。

度”的名义没有学习苏联的学位制度。1956年4月24日，高等教育部发出《关于1956年进行副博士学位论文答辩的暂行规定》，在国家学位条例正式公布前据以对部分高等学校中已完成副博士学位论文的教师和研究生举行学位论文答辩。暂行规定发出后，同济大学等校曾试行。1957年5月17日，高等教育部又通知全国高等学校，1957年学校不举行博士论文答辩。在这种思想框框下，研究生数量极少，在“文化大革命”前教育随着政治气候的变化而起伏，“文化大革命”中教育便随整个社会的瘫痪而中止。

由上可见，向工农开门政策在接受原本没有就学机会的工农子弟方面向前迈进了一步，同时又在照顾干部就学方面违背了公平的基本原则，尤其在实施过程中存在对知识分子（因为当时界定为“旧知识分子”、“资产阶级知识分子”）及具有学习潜能的非工农及其子女的排斥，构成了新的教育不公平。

二、男女受教育机会的公平状况

1951年，全国女生约占小学生总数的28%，1981年上升到44%。[①] 到2008年，小学女童净入学率达到99.58%，连续三年超过男童，除极个别边远乡村外，全国绝大多数省份男女童入学率的性别差异均已消除。

1988年，小学学龄儿童入学率是95.65%，略低于全国小学平均入学率（97.15%）。在全国分省市区的小学平均入学率中，西藏为55.7%，青海、贵州略低于90%，其他各省市均接近或超过97.15%的全国平均水平；女童入学率明显偏低的是西藏47.51%、青海76.77%、贵州77.28%，天津、上海、辽宁的女童入学率则高于各省市的平均入学率[②]。

1990年前后，程介明看到贵州女童入学率“最低的一个县可以只有31.9%。到了中学，就更低。到过的中学，几乎都是全男校，当地叫‘和尚学校’；有些几百个学生里才有几个女生”。他分析“女孩不入学，有传统的因素（例如要绣花给未来的丈夫、子女），有劳动力因素（大都是家务），也有教育制度本身的因素。最后一个因素，主要是因为女知识分子少，女教师很少，家长不放心男教师教女孩，学生因而不上学，造成恶性循环”。[③]

---

① 中华人民共和国教育部：《共和国教育50年》，北京：北京师范大学出版社，1999年版，第265页。

② 国家教委计划建设司：《中国教育统计年鉴·1988》，北京：北京工业大学出版社，1989年版，第276～279页。

③ 程介明：《中国大陆教育实况》，台北：台湾商务印书馆，1993年版，第44页。

1996 年，全国女童在园人数为 1173.3 万人，占入园幼儿总数的 46.6%。①

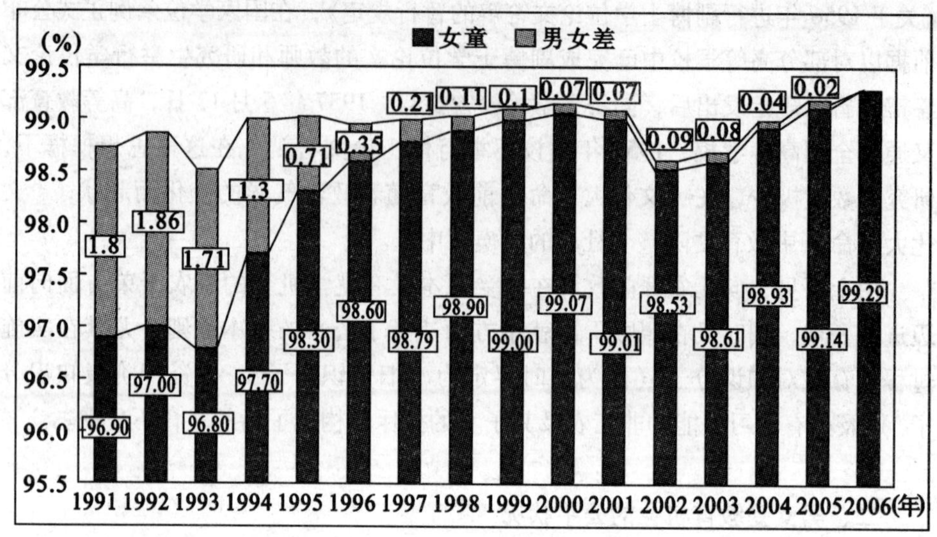

图 3－7　1991 年至 2006 年小学女童与男童入学率差异情况②

自 20 世纪 90 年代初以来，中国小学入学机会的性别差异逐步缩小，从这方面看，经过六十年，尤其是近二十年的努力，男女童在小学阶段入学已实现了公平。

进入初中以后，影响入学和辍学的因素增多。在一些地区，由于男性少年个性强过女性，他们在不愿意上学的时候家长难以强行要求，男生辍学的比例相对高于女生；从统计上看，女生学业成绩普遍优于男生，反倒形成了学业标准在一定程度上对男童的不公平。

三、教育评价与选拔中的公平

自 1951 年起的很长一段时期里，在升学和选拔政策制定时一直存在向工农子弟倾斜的倾向。

1961 年 8 月 17 日，中共中央转发教育部党组《关于资产阶级子女升学问题的报告》。报告指出：各地、各高等学校在招生工作中仍存在对资产阶级的中间派和右派没有区别对待，对学生本人的进步表现不够重视，很多学校规定机

① 中华人民共和国教育部：《共和国教育 50 年》，北京：北京师范大学出版社，1999 年版，第 398 页。

密专业的数量太大，范围太广，过分限制了资产阶级的子女入学。报告还提出：对资产阶级子女着重看本人的表现，如果他们的政治、健康条件合格，学业成绩达到了规定的标准，就应当和其他考生一样考虑录取；不要因为他们是资产阶级子女，就对他们有所歧视而不予录取。①

1965年4月4日，《人民日报》在回答读者提出的“在学校中应该怎样对待地主、富农、资本家的子女”的问题时指出：判断一个学生政治上是不是进步，主要应该看他本人的实际表现，不能以他的家庭出身作为主要根据。《人民日报》指出：人们不能选择自己的出身，却可以选择自己要走的政治道路。对地主、富农、资本家的子女，要区别对待，不能一律采取歧视的态度。对待绝大多数表现好的和表现一般的，都应该热心帮助他们提高思想觉悟，帮助他们坚定地走社会主义道路，不能把他们同地主、富农、资本家一样看待。②

“文化大革命”前期，学校陷入混乱；“文化大革命”后期，推荐上大学，家庭成分成为众多人上学梦想破灭的唯一原因；在整个“文化大革命”期间，不只大学如此，小学升初中、初中升高中也要通过政审，政审通不过就无缘上学。

1977年恢复高考以后，各地办起了重点中学、重点小学、重点幼儿园，在提高教育效率和质量的同时，也引发了新的教育公平问题，导致片面追求升学率，制约了教育结构的调整，影响了办学效益和学生素质的全面提高。

高考一恢复便出现了权力侵蚀公平的现象。1979年5月16日，《人民教育》第5期发表短评《维护高考制度，杜绝舞弊行为》。短评强调指出：各级教育行政部门和招生委员会，要把杜绝高考中可能出现的营私舞弊现象，当做招生工作的一项重要内容认真抓起来。1979年，陕西、山西、内蒙古、青海、湖北、四川、西藏、湖南、山东等省、自治区都严肃认真地处理了一些地方在高等学校招生考试中营私舞弊、严重违法乱纪的案件。③

1979年7月3日，中共中央纪律检查委员会发出《关于不准干扰大学生毕业分配工作的通报》，要求各地党委、纪律检查委员会会同有关部门，对本地区大学毕业生分配工作进行一次认真检查。并指出：“今后大专毕业生的分配工

① 中央教育科学研究所：《中华人民共和国教育大事记（1949—1982）》，北京：教育科学出版社，1983年版，第296页。

② 中央教育科学研究所：《中华人民共和国教育大事记（1949—1982）》，北京：教育科学出版社，1983年版，第377页。

③ 中央教育科学研究所：《中华人民共和国教育大事记（1949—1982）》，北京：教育科学出版社，1983年版，第549页。

作，应按照国务院的有关规定办理，任何人不得干扰。对于那些利用职权和私人关系，营私舞弊，干扰破坏分配工作的机关和人员，学校应该加以抵制，并向有关部门提出控告。”①

1981年8月，山西省教育厅发出通知，要求全省中小学从本年秋季新学年开始，一律不得再按分数高低把学生分编为快、中、慢班。另据报道，山东、陕西、辽宁等省和一些省市的学校，也相继决定取消快慢班。斯霞、陶淑范等在报刊上发表文章，赞同、支持这一措施。②

恢复高考之后，加分政策成为考试选拔中公平议题的焦点。高考按照考生总分高低排序，公平高效、操作简便，能够抵挡权力、金钱、人情关系等因素的干扰，也有标准单一、不利于偏才怪才选拔、无法有效考核品行等缺陷。当初设立高考加分制度的初衷是为了促进公平。1950年高校招生时，国家规定应“从宽录取”参加工作三年以上的革命干部和革命军人、兄弟民族学生以及华侨学生。1956年烈士子女在高校招生中也开始享受“优先录取”。同年发布的“全国高校录取、分配办法”要求，“在与一般考生成绩相同或相近（指总分少20分左右）时，就应该优先录取”。

1977年恢复高考后，加分制度不再对工农成分学生及革命干部进行照顾，而是对三好学生、学科竞赛获奖者、体育艺术特长生等实行高考分数优惠政策。1983年，教育部通过高校招生规定，对获得地区以上表彰的应届高中毕业生中的三好学生和优秀干部以及高中阶段参加地区级以上体育竞赛获单项前五名的队员或集体前三名的主力队员，考分达到规定分数线的，可提上一个分数段投档。1986年，国家教委又规定，获得国家二级运动员称号的考生可降分投档。

1987年4月，国家教委颁布《普通高等学校招生暂行条例》，对加分作出较系统的规定，其中规定了加分政策优惠的项目和幅度。从此开始，加分成为整个高考制度中的一个重要内容。之后二十年间，三好学生、优秀学生干部、学科竞赛获奖者、华侨、港澳台学生、烈士子女、荣立二等功以上的退役军人、报考农林等特殊院校者，乃至“实践经验丰富的优秀青年及有特殊贡献的公民”，都开始享受降分投档、高校审查录取的政策优惠。与加分政策相对应，高考中出现了不能享受任何加分的“裸考”族。

加分政策原本希望扶持一些人才稀缺的地质、煤矿勘探等行业，满足高校

---

① 中央教育科学研究所：《中华人民共和国教育大事记（1949—1982）》，北京：教育科学出版社，1983年版，第553页。

② 中央教育科学研究所：《中华人民共和国教育大事记（1949—1982）》，北京：教育科学出版社，1983年版，第627页。

培养尖子学生、特殊才干学生的需要，照顾教育资源稀缺、条件差的少数民族地区。但在高考实施过程中，权力总在无孔不入地侵蚀公平原则，由于国家教育主管部门确定的为一些原则性政策，加分的范围和具体分值，由各省招生委员会决定，这就为权力入侵预留了空间，比如三好学生、优秀干部的认定的标准无法清晰。于是高校不大相信中学推荐的人选，一些高校对三好生、保送生进行命题考试，但在这一问题的研讨会上只要提出取消三好生、优干生加分就会遭到反对。[①] 原因在于这样堵死了所有人“灵活”运用权力的通道。

2001 年的教育部高招规定中享受加分投档优惠的不再是省级三好学生和优秀学生干部，代之以省级优秀学生；奥赛加分标准也提高到全国奥赛省赛区一等奖以上获得者。首次明确规定降分或加分投档的幅度不能超过 20 分，考生如有多项增加或降低分数投档的情形，一般不得累计，仅取其中最高一项的分值，通过这样的调整后加分项目得以保存。

从 2004 年起，高招规定中进一步明确各地招生委员会拥有自己的空间，高考改革确定了权力下放的原则，其最终目的是把招生自主权返还给各个高校。权力下放客观上为各地自主设定高考加分名目放行，于是各地依据自己的需要设置各种加分项目，一些不合理或者容易被钻空子的加分项目出现了，有的竟然将父母的博士学历作为加分依据，直接冲击教育公平底线。

彻底改善教育评价和选拔中的公平状况，就是要逐步实现评价选拔过程的透明化、公开化；将相关信息完整无缺地公示出来，接受公众的监督。

四、城乡间的教育公平状况

中国乡村在 20 世纪二三十年代的乡村教育运动中，已经打下了一定的乡村教育基础。1949 年，中国农村（含县、乡、村）有 20 余万所学校，约占当时学校总数的 50%；有学生 2000 万人，[②] 占当时中小学学生数的 78.8%，农村有一批相当有水平、有抱负的乡村教师。

---

① 米艾尼、许路阳：《高考加分政策源流》，引自《瞭望东方周刊》，2009 年 7 月 29 日。

② 中华人民共和国教育部：《共和国教育 50 年》，北京：北京师范大学出版社，1999 年版，第 548 页。

1. 处于朦胧状态的城乡教育公平

1949到1957年，农村中等专业技术学校作为重点得到发展。1950年全国共有农业学校和林业学校107所，1957年发展到173所，占全国中等技术学校的24%，在校学生数由1949年的21 696人，增加到1957年的99133人。[①] 1957年，农村小学学龄儿童入学率达60%左右，比1949年增加了40个百分点。[②]

1962年8月7日，教育部发出通知：要求各地指定一些办得好的城市中学招收少量优秀的农村学生，经考试合格入学后，这些学生的口粮由国家供应。8月21日，教育部发出补充通知指出：这部分学生的口粮，全部由国家供应商品粮，不要求学生自带口粮入学。[③]。

1964年，全国依据刘少奇发展半工（农）半读学校的指示，发展半农半读学校。据教育部不完全统计，1965年全国半工（农）半读学校达4000余所，学生80多万人，其中在307所中等农业学校中有220所实行半农半读，占该类学校在校生总数的52%，全国农村耕读小学40万所，占全国小学总数的31.4%。[④] 1964年，全国13~40岁的农村青壮年文盲、半文盲已降至48.4%，初小程度者占19.8%，高小以上程度者占31.8%，[⑤] 农村人口的教育程度明显提高。

可以说，在1964年以前，城乡教育公平尚未成为问题，但事实上城乡二元结构的社会格局已经存在，公平问题已暗含其中。

2. 逐渐拉开的差距

1965年，农业中学校数达54 332所，在校学生数达316.69万人。[⑥] 此后，农村有文化的人群逐渐稀薄。以贵州为例，四次人口普查的数据表明，该省初中以上文化程度的人口在总人口中的比例呈下降趋势，具体情况见表3－12。

---

① 中华人民共和国教育部：《共和国教育50年》，北京：北京师范大学出版社，1999年版，第550页。

② 中华人民共和国教育部：《共和国教育50年》，北京：北京师范大学出版社，1999年版，第551页。

③ 中央教育科学研究所：《中华人民共和国教育大事记（1949—1982）》，北京：教育科学出版社，1983年版，第315页。

④ 中华人民共和国教育部：《共和国教育50年》，北京：北京师范大学出版社，1999年版，第552页。

⑤ 中华人民共和国教育部：《共和国教育50年》，北京：北京师范大学出版社，1999年版，第553页。

⑥ 中华人民共和国教育部：《共和国教育50年》，北京：北京师范大学出版社，1999年版，第553页。

表 3－12　贵州省初中以上文化程度的人口占总人口的比例变化[①]

年份	初中以上文化人口（万人）	总人口（万人）	初中以上人口与总人口的比
1964	550.05	1714.05	约为 1:3
1982	421.57	2855.29	约为 1:7
1990	628.34	3239.11	约为 1:5
2000	994.64	3524	约为 1:4

上表表明，贵州省 2000 年初中以上文化程度的人口没有超过 1964 年这一数字占总人口的比例，落后地区及农村的教育短板不仅没有加长，反而更短。农村人才还出现随文化程度升高而梯级减少的现象，参见表 3－13 与表 3－14。

表 3－13　2000 年城乡普通中小学在校生数及其所占比重[②]

学校类别	城市		县镇		农村	
	学生数（人）	比重（%）	学生数（人）	比重（%）	学生数（人）	比重（%）
小学	18166507	13.96	26928904	20.69	85037137	65.35
初中	10346351	16.78	17045443	27.64	34284664	55.58
高中	4623869	38.49	5810662	48.37	1578112	13.14

表 3－14　1980—2000 年城乡高中在校生数及所占比例变化[③]

年度	城市		县镇		农村	
	学生数（万人）	比重（%）	学生数（万人）	比重（%）	学生数（万人）	比重（%）
1980	286.8	29.6	240.6	24.9	442.4	45.6
1985	232.1	31.3	311.2	42.0	197.8	26.7
1990	216.25	30.1	328.26	45.8	172.8	24.1
1995	253.86	35.6	346.15	48.5	131.15	15.9
2000	462.39	38.5	581.07	48.4	157.81	13.1

从上表可以看出，城市教育逐年增强，乡村教育逐年衰减，城乡教育差距越来越大，公平受教育机会的基础受到越来越严峻的挑战。

---

① 梁茂林：《回眸与思考——贵州学校教育初探》，贵阳：贵州民族出版社，2007 年版，第 77 页。

② 根据 2001 年《中国教育统计年鉴》中的数据整理。

③ 根据《中国教育统计年鉴》1980、1985、1990、1995 和 2000 年的数据整理。

1978年恢复高考后，农村教育的办学方向经历了冲突时期。一方面，升学是农村学生向社会上层流动几乎唯一的通道；另一方面，高考犹如一台巨大的抽血机器，将农村的优秀人才吸纳到城市，对那些考不上大学的人又没有给予适当的职业培养和训练，使农村面临衰落。因此，一方面政府提倡农村教育要以为当地经济和社会发展服务为主；另一方面，学校将学生的升学当成高于一切的目标加以不择手段地追求。这一过程不断深化，造成城乡教育差距日益增大。

1982年5月17日，《人民日报》发表了题为《大力加强农村教育事业》的社论。社论指出：加强农村教育事业，是一项迫切而重大的任务。我国农村教育事业，虽有很大成绩，但仍很落后。农村教育这种落后状态，同现代化建设的矛盾越来越突出了。当前主要应抓好以下工作：（一）坚持在农村实行普及教育的方针。适龄儿童要入小学，不要中途退学。（二）努力办好农民教育，在成年农民中扫除文盲和进行文化技术补课。（三）有计划地发展农业职业教育和中等农业技术教育，并在普通中学设置农业课程。（四）高等院校要多为农村培养农、林、医、师范等各种专门人才。社论还提出，要采取有效措施妥善解决实行生产责任制以后普及教育工作中出现的新问题。[①]

1985年，教育改革的主题是下放教育责任和权力，实行“分级管理、分级办学”。由于义务教育主要由地方负责，地区间经济发展的不平衡导致地区间义务教育投资极不平衡，使各地义务教育的条件和水平有明显差距，有碍教育公平。

2000年4月20日，国务院印发《关于东西部地区学校对口支援工作的指导意见》，决定由东部地区有关省、直辖市各选择100所学校、计划单列市各选择25所学校，与对口支援西部地区有关省、自治区选择的相应数量的贫困地区学校，结成“一帮一”的对子。选择受援学校以义务教育阶段学校为重点，集中支援国家及省级贫困县的相对薄弱学校。

3．城乡教育公平问题凸现

2000年后，城乡间的教育公平问题日益凸显。

首先显现的是教育资源配置差距大、矛盾较突出。在师资队伍、教育经费、办学条件、信息化水平等教育资源的配置上，存在较大的城乡差距、地区差距和校际差距。从师资队伍的配置情况看，2007年，全国农村小学专任教师中大专及以上学历教师的比例仅为63.4%，比城市低21.9个百分点；农村初中专任教师中本科及以上学历教师的比例也仅为41.4%，比城市低30.6个百分点。

农村小学、初中学校的办学条件仍较差，尤其是与教学质量和能力培养相

① 《大力加强农村教育事业》，引自《人民日报》，1982年5月17日。

关的教学仪器设备、现代教育技术装备、信息化资源的配置水平均与城市存在明显差距。以仪器设备配置为例，2007 年，全国农村小学和初中学校的教学仪器设备配置达标学校比例分别为 53.1% 和 72.8%，有近一半的小学和三分之一的初中学校，尚未达到国家规定的基本办学标准，实施素质教育和提高教育教学质量仍缺乏基本的办学条件保障。

在许多大中城市，由于优质教育资源的稀缺和不均衡配置，学校之间的差距仍然比较明显，导致了愈演愈烈的"择校"现象。

表 3－15　2007 年义务教育学校办学条件城乡差距比较①

指标/项目	小学		初中	
	农村	城乡差值	农村	城乡差值
高一级学历教师比例（%）	63.4	21.9	41.4	30.6
仪器达标学校比例（%）	53.1	20.7	72.8	5.1
建网学校比例（%）	8.7	46.6	5.5	2.5
每百名学生拥有计算机台数（台）	3.3	4.37	32.4	29.9

注："城市与农村的差值"为城市减农村，表示农村比城市低的水平。

近三十余年来农村幼儿教育的波动性更为显著，是各学段中与城市差距较大的学段。相关情况如下表：

表 3－16　1973 年至 2008 年全国城市、县镇、农村幼儿园发展情况（万所/万人）②

年份	总　计		城　市		县　镇		农　村	
	园数	在园幼儿数	园数	在园幼儿数	园数	在园幼儿数	园数	在园幼儿数
1973	4.55	245.03	0.73	78.09	0.38	44.78	3.44	122.16
1974	4.03	263.78	0.97	95.78	0.43	49.5	2.62	118.5
1975	17.17	619.96	1.09	109.27	0.62	61.55	15.46	449.14
1976	44.27	1395.51	1.51	129.5	0.80	68.31	41.95	1197.7
1977	26.19	896.82	1.51	131.83	0.69	65.62	23.99	699.37
1978	16.40	787.75	1.63	138.45	0.67	70.26	14.01	579.04

① 数据来源于教育部年度统计。

② 唐淑、钟昭华：《中国学前教育史》，北京：人民教育出版社，1993 年版，第 343 页；中国学前教育研究会：《百年中国幼教（1903—2003）》，北京：教育科学出版社，2003 年版，第 37 页；教育部年度统计数据，2006 年后的统计数据将县镇与农村合在一起，因此难以看出真正的乡村幼儿入园的情况。

（续表）

年份	总计		城市		县镇		农村	
	园数	在园幼儿数	园数	在园幼儿数	园数	在园幼儿数	园数	在园幼儿数
1979	16.56	879.23	1.89	168.67	0.75	82.68	13.92	627.88
1980	17.04	1150.77	1.84	174.64	0.87	97.13	14.34	879.0
1981	13.03	1056.22	2.08	202.9	0.90	105.42	10.04	747.9
1982	12.21	1113.09	1.90	231.43	1.13	126.12	9.18	755.54
1983	13.63	1140.25	2.50	249.96	1.23	137.43	9.89	752.86
1984	16.65	1294.74	2.54	285.1	1.90	176.22	12.21	833.42
1985	17.23	1479.69	2.63	332.94	2.40	222.77	12.19	923.98
1986	17.34	1628.98	2.45	361.24	1.87	221.26	13.03	1046.48
1987	17.68	1807.84	2.90	419.81	1.96	257.77	12.82	1130.25
1988	17.18	1854.53	2.78	438.41	1.99	265.22	12.41	1150.9
1989	17.26	1847.7	3.19	453.09	2.08	272.22	11.99	1118.33
1990	17.23	1972.2	3.00	447.1	2.29	307.9	11.93	1217.3
1995	18.04	2711.2	3.73	536.4	3.65	549.9	10.67	1624.9
1996	18.73	2666.44						
2000	17.58	2244.18	3.69	503.1	4.54	578.2	9.35	1162.9
2001	11.17	2021.83	2.8	464.2	3.09	512.1	5.3	1045.6
2002	11.18	2036.02	2.9	488.7	3.33	542.5	4.9	1004.9
2003	11.64	2003.91	3.2	525.6	3.42	537.9	5.1	940.4
2004	11.79	2089.4	3.3	553.4	3.07	539.3	5.43	996.6
2005	12.44	2179	3.33	569.2	3.09	592.9	6.02	1016.9
2006	13.04	2264		538（23.8%）		1726，占76.2%		
2007	12.9	2349		592（25.2%）		1757，占74.8%		
2008	13.4	2475		615.1		1859.9，占75.1%		

由于中国农村人口占全国人口的多数，2004年尚占62%，农村幼儿入园人数已超过城市；但农村幼儿入园的比例低于城镇。以1989年为例，城市幼儿园数占幼儿园总数的18.6%，入园幼儿占全国总数的24.6%；县镇幼儿园占12%，入园幼儿占14.9%；农村幼儿园占69.4%，入园幼儿占60.5%，低于同

期农村人口所占的比例。

同时，与城市和县镇幼儿教育相对稳定的发展相比较，农村幼儿教育的发展出现多次大起大落，从上表未能体现的学前三年入园率看，城市与县镇十五年来基本保持在50%左右，而农村的情况是：1990年为24.4%，1995年为33.6%，2000年为20.59%，2003年为28.8%，表明农村幼儿教育发展的基础不牢固。结合实地调查分析，可以得出这样的结论，农村幼儿教育发展不稳定的主要原因有两个：一是农村经济社会发展的波动；二是农村幼儿教育发展政策的波动，直到现今，真正符合中国农村实际的幼儿教育发展的体制还未确立。

这种农村幼儿教育的波动现象不仅在中西部省份存在，在东部地区也同样存在。以福建为例，该省1995年幼儿园达12 748所，比1990年的7958所增加了60%；在园幼儿102 391人，比1990年的493 206人提高39%。但自1996年后，在园幼儿数、教师数、幼儿园数均呈现下降趋势，到2000年，幼儿园减少863所，减至11 885所；在园幼儿减少27万，减至76万；而其中城市的各项指标仍处于稳步上升的趋势，滑坡主要发生在农村。

调查显示：重点高校农村学生越来越少①：

温家宝总理在国家科教小组会议上说："过去我们上大学的时候，班里农村的孩子几乎占到80%，甚至还要高，现在不同了，农村学生的比重下降了。这是我常想的一件事情。"温总理的话，触及了我国教育界目前存在的一个问题，即城乡教育的不均衡。

记者在北京、天津、湖北等地进行了调查：

全国范围内农村生源比例为50%，重点高校仅为30%

农村生源比例较高，一直是中国农业大学的一大特色。不过，近日该校招生办对十年来的城乡新生比例做了一个统计，结果却有点出人意料：1999年到2001年的三年间，中国农业大学的农村新生比例均在39%左右。但自2002年起，农村新生比例开始下降，2007年跌至最低，仅为13.2%。一直受农村考生青睐的中国农业大学尚且如此，其他高校的农村学生又有多少？记者日前走访了南开大学、清华大学、北京师范大学等几所重点高校，发现情况并不乐观。南开大学近三年来统计数据显示：2006年农村新生比例为30%，2007年这一数据为25%，2008年为24%，下降趋势明显。清华大学、北京师范大学、华北电力大学、北京理工大学等近几年的统计

① 《调查显示：重点高校农村学生越来越少》，引自《人民日报》，2009年1月15日。

则显示，农村新生比例最高时也不超过1/3。

而耐人寻味的是，教育部学生司本专科处副处长苟人民介绍说，教育部的统计数据显示，从1989年到2008年，我国高校农村新生的比例逐年上升——从1989年的43.4%到2003年的与城市生源比例持平，再到2005年达53%。

一方面是重点院校的农村生源比例仅为30%左右，一方面是全国范围内农村生源比例逐年上升，并占到50%以上。“农村考生都进了哪些大学?”很多人对此感到困惑。

农村考生都进了哪些大学

记者走访了比较有代表性的高考大省湖北省，2002年至2007年，本科总录取考生中，农村生源比例保持在53%至56%。其中，一批本科录取考生中，农村生源保持在51%到59%。六年间这两组数据基本稳定。有意思的是，另两组数据——提前批次录取考生和专科考生中的农村生源比例却在持续上升。其中，提前批次录取考生中，农村生源六年间的比例从33%提高到57%；专科考生中，农村生源比例从39%提高到62%。有专家分析，这与考生的家庭经济实力密切相关。因为提前批次录取的主要是军事、公安、安全、师范等专业，其中军事院校与师范院校学习成本最低。而专科院校收费也较低，“这些学校不收费或收费低，农村娃越来越多”。

农村考生的录取率也值得关注。根据湖北省高招办的统计：2002年至2007年，湖北全省考生的录取率平均为66.3%，其中，城市、农村考生的录取率分别为68.2%和64.8%。农村考生录取人数平均每年比城市考生多1.7万人，但录取率却低了3.4个百分点。

苟人民说：“我们也注意到，农村考生报名、录取占相应总数的比例，均未达到同期农村人口占全国总人口的自然比例；农村考生的高考录取率，也从未达到同年的总录取率水平。这些都真实地反映了客观存在的城乡差距。”

第一志愿满足情况也是一个重要指标。据中国农业大学招生办公室介绍，2007年的新生中城镇考生的志愿满足率达84%，农村考生则为73%，相差近10个百分点。

城乡教育差距从显性转为隐性

就调查到的数据，记者采访了一些教育界人士。他们普遍认为，尽管近年来农村孩子上大学的越来越多，但就接受高等教育的质量来说，跟城里孩子比还有很大差距，这种差距已经从显性转为隐性。“教育的不公平已经贯穿到教育的全过程。”湖北省咸宁市通山县第一中学的陈老师说，“现在农村孩子考大学，尤其是考好大学，比以前更难了，过去的高考试题比较死板一点，农村娃只要肯吃苦，多花时间搞搞题海战术，还是有机会考赢城里娃的。但现在高考方案特别强调素质教育，题型越来越活，对考生的知识面要求越来越宽，有些考试内容农村娃根本就没接触过，比如电脑、网络、旅游等知识，更容易败下阵来。”

北京师范大学教育学系主任郑新蓉教授说，农村考生目前大多沉淀在高等教育的“中下层”，造成这种现象的主要原因还是城乡发展的不均衡，是“高等教育前段”（义务教育、高中教育）的投入差异带来的。在高考前，城市和农村考生已经出现了获取高等教育资源的不公平。比如，西北贫困县的孩子多报考文科，因为他们在中学没有足够的物理、化学的实验条件；再如城市的孩子更熟悉高考的运作规律，他们的家长更具备主动选择和占据优质资源的能力。

2007 年，上学的成本在增加，农村居民支付能力在下降，导致全国范围内都在实施义务教育，而城乡义务教育的内涵却存在差异。

2008 年底，有研究者统计城乡大学生的比例分别是 82.3% 和 17.7%，而在 20 世纪 80 年代，高校中农村生源还占 30% 以上。调查显示，随着学历的增加，城乡之间的差距逐渐拉大，在城市，高中、中专、大专、本科、研究生学历人口的比例分别是农村的 3.5 倍、16.5 倍、55.5 倍、281.55 倍、323 倍。清华大学、北京大学等国家重点大学 20 世纪 90 年代以来招收的新学生中，农村学生的比例一直呈下降趋势。数据折射的是城乡之间教育存在巨大的差距和不公。例如，教育资源分布的差距和不公——包括师资在内的优质教育资源高度集中于城镇。各地大力培养重点高中，大量的示范高中把生源集中起来，不断加大城市高中的优势。教师待遇的差距和不公。教育部 2008 年的《国家教育督导报告》显示，教师工资收入水平城乡差距依然较大，全国农村小学、初中教职工人均年工资收入分别仅相当于城市教职工的 68.8% 和 69.2%。①

农村大学生比例下降的事实是城乡之间长期固有乃至不断加大的差距和不公的结果。数据显示，2007 年，虽然农村居民人均纯收入实际增长 9.5%，为 1985 年以来的最高增幅；但城乡居民收入比却扩大到 3.33:1，绝对差距达到 9646 元。这还仅是现金收入，如果将医疗、养老保障等非货币因素考虑进去，

---

① 楚一民：《农村大学生只占 17.7% 背后巨大的城乡不公》，引自中国新闻网，2009 年 1 月 24 日。

中国的城乡收入差距实际高达六倍。曾有研究显示，“一个农民十三年的纯收入才能供得起一个大学生四年的花费”。就业市场不公所带来的城乡学生之间就业机遇的巨大差距，在“父亲就业时代”（父母社会地位越高、权力越大、社会关系越多，为子女就业服务的能力越强）的就业环境中，农村大学生的就业处境必然最为不利。

教育本是消弭社会差距、促进社会公平的均衡器、助推器，城乡教育公平现状已伤害和挫伤了社会公平正义，并衍生出种种新的社会差距和不公。

五、重点学校引起的教育公平问题

重点学校政策在早期仅仅是一个工作方式方法的选择，但最终演变为真实的教育公平问题。

1. 第一轮重点学校运动

重点学校政策始于1953年，1953年5月17日、18日、27日，毛泽东主持中共中央政治局举行讨论教育工作的会议，会议作出决定要办重点中学。[①] 1953年6月5日至22日，教育部召开的全国教育工作会议讨论了办重点学校问题；7月16日，教育部将第二次全国教育工作会议关于中学和师范教育工作的几项决定通知各地执行，其中第一项就是有重点地办好一些中学与师范，取得经验，带动一般。[②] 这一政策的客观基础是有限资金只能先办好一部分学校，但也有主观人为行政利己因素。

1954年，教育部再次发出通知，要求对1953年确定的重点中学继续办好，但当时的实践已经表明，重点中学政策并没有起到“取得经验，带动一般”的效果，而是对非重点中学在资源、师资、生源等方面产生挤压，造成新的不公平。与当时强调的“教育为人民服务、教育向工农开门”的方针直接相违背，于是重点中学的政策受到怀疑和冲击，1958年教育革命期间，重点学校被进一步淡化，在“大跃进”中被完全否定。

在这样的情况下，1959年4月18日，周恩来在十届全国人大一次会议上作的政府工作报告中指出：“为工人阶级的政治服务，为社会主义事业服务，是我们的教育事业的根本出发点。”“我国的教育事业的发展，必须采取普及和提高

---

① 中央教育科学研究所：《中华人民共和国教育大事记（1949—1982）》，北京：教育科学出版社，1983年版，第77页。

② 中央教育科学研究所：《中华人民共和国教育大事记（1949—1982）》，北京：教育科学出版社，1983年版，第82页。

相结合的办法。”“除了各级全日制正规学校外，还应根据实际可能，继续发展半日制学校、农村和厂矿的业余学校。群众性的扫盲工作应当积极推行。同时，我们必须特别注意提高各类学校的教学质量。去年一年，各级学校都有了很大的发展，现在需要在这个发展的基础上进行整顿、巩固和提高的工作，在各级全日制的正规学校中，应当把提高教学质量作为一个经常的基本任务，而且应当首先集中较大力量办好一批重点学校，以便为国家培养更高质量的专门人才，迅速促进我国科学文化水平的提高。”①

1961 年，在贯彻“调整、巩固、充实、提高”八字方针的大背景下，教育部部长杨秀峰在中共中央工作会议上提出“在各级各类学校中，确定一批重点学校，规模不要过大，努力改善各种条件，认真办好”。

1962 年 10 月 22 日至 11 月 27 日，中共中央宣传部召开的会议上认为，中小学要办好一批重点学校。“一省要有几个好中学，一县要有几个好小学，把它办好。”②

1962 年 12 月，教育部发出《关于有重点地办好一批全日制中、小学的通知》，要求各省、直辖市、自治区“首先集中力量切实办好一批基础较好的中、小学校”，确定名单，在每一县（市）和市属区范围内选定一到几所小学，集中力量切实办好，明确要求，提出措施，于 1963 年 1 月底前报教育部备案。③从而掀起中国办重点学校的高潮。

1963 年 1 月 24 日，教育部就重点办好一批中小学的有关问题函复云南省教育厅，指出：（一）要保持和逐步办好一定数量的全日制中小学，作为教育事业合理布局的稳固基础，与高一级学校形成“小宝塔”。这类学校的数量和规模要考虑和高一级学校的招生保持适当比例，高中应该全部包括在这类学校内。（二）有重点地办好一批基础较好的学校，是指先集中力量办好一批“拔尖”学校。④

据 1963 年 9 月统计，27 个省、直辖市、自治区确定重点中学共 487 所，占

---

① 《中华人民共和国重要教育文献（1949—1975）》，海口：海南出版社，1998 年版，第 895 页。

② 中央教育科学研究所：《中华人民共和国教育大事记（1949—1982）》，北京：教育科学出版社，1983 年版，第 319 页。

③ 《中华人民共和国重要教育文献（1949—1975）》，海口：海南出版社，1998 年版，第 1133 页。

④ 中央教育科学研究所：《中华人民共和国教育大事记（1949—1982）》，北京：教育科学出版社，1983 年版，第 325 页。

公办中学总数的3.1%；重点小学共3071所，占公办小学总数的7‰。[1] 受这一政策影响，非重点中学，特别是半工半读、半农半读的农村中学大幅度下降。1960年，农村中学最高时2.26万所，在校生230万人，到1962年减至3715所，在校生降至26万人。[2] 说明重点学校政策确实导致数量不小的人失去了起码的受教育机会。

1964年，由于重点中学带来激烈的升学竞争和普遍的学业负担过重，北京铁路二中校长魏莲于3月6日向中央写信反映中小学生学习负担过重问题。毛泽东在信上批示："现在学校课程太多，对学生压力太大。讲授又不甚得法。考试方法以学生为敌人，举行突然袭击。这三项都不利于培养青年们在德、智、体诸方面生动活泼地主动地得到发展。"[3] 接着进入"文化大革命"，重点中小学与一般中小学在混乱中难分彼此。

2. 第二轮重点学校运动

1977年恢复高考后，面对国际上的激烈竞争，效率优先的共识再次形成，重点学校的身价倍增。

1978年1月11日，教育部发出《关于办好一批重点中小学的试行方案的通知》，提出了经国务院批准的具体方案，附上教育部重点中学和小学名单。通知指出：切实办好一批重点中小学，以提高中小学的教育质量，总结经验，推动整个中小学教育革命的发展，具有重要意义。各省、直辖市、自治区和国务院各部委的教育部门要对发展和办好本地区、本部门的重点中小学作出规划和部署。试行方案对办好重点中小学的目的、任务、规划、招生办法、加强等问题作了规定。确定由教育部办的重点中小学校共20所，它们是：北京景山学校、北京新华小学、天津南开中学、天津同义大街小学、上海师大二附中、上海实验小学、山西昔阳大寨学校、山西交城县城内七年制学校、黑龙江大庆铁人学校、江西共大总校附属七三〇学校、河北束鹿县辛集中学、陕西延安中学、陕西延安杨家湾小学、广东梅县东山中学、河南尉氏三中（原长葛三中）、吉林延吉市六中、吉林哲盟科左后旗甘旗卡育红小学、湖南长沙第一师范学校、湖南长沙一师附小、山东梁堤头农业中学。在此以后，各地又确定了一批重点学校。至1979年底，全国共有重点中学5200多所，在校学生520万人；重点

---

① 中央教育科学研究所：《中华人民共和国教育大事记（1949—1982）》，北京：教育科学出版社，1983年版，第322页。

② 梁茂林：《回眸与思考——贵州学校教育初探》，贵阳：贵州民族出版社，2007年版，第159～160页。

③ 《中国教育报》，1994年3月6日。

小学7000多所，在校学生510万人。1979年8月7日，教育部发出通知，将部办的20所学校交由各有关省、直辖市、自治区教育行政部门领导管理，或由省、直辖市、自治区委托地（地区）、县教育行政部门领导管理。①

1978年4月24日，《人民日报》介绍北京市第一中学按照学生实际文化程度调整班次的经验，并发表题为《按程度编班有利于提高教学质量》的署名文章。文章认为按文化程度编班是迅速扭转由于“四人帮”的破坏而造成的困难局面，努力提高教学质量的好办法。按学生文化程度分为快班（提高班）、中班（普通班）、慢班（基础班）的做法，后来写进本年颁发的《全日制中学工作条例（试行草案）》中。一个时期内，全国各地比较普遍地在中学以至一些小学仿效了这一做法。② 按程度分班是重点中学的逻辑向学校内部的延伸。

1978年7月8日，教育部再次提出“集中力量办好一批重点学校”，并获国务院批转；③ 于是中国掀起办重点中小学的第二次高潮。

由于重点中学升学率远远高于一般中学，因此成为学生和家长的向往，也成为政府凸显政绩的向往。由于总的资源数量不足，各地就选择自己认为效率最高的学校投资，各地产生了重点校、实验校、中心校、窗口校等与公平相违的学校等级设置，在重点高中之下出现重点初中、重点小学、重点幼儿园。重点学校又分为国家级、省市级、地市级、县市级，教育行政部门就将学校分类，较好的为一类，一般的为二类，较差的为三类，还有一些够不上任何类的更差的学校，国家教委对各类标准有明确规定，各省依据自己的情况加以细化。在资源分配过程中，某省就“规定一类标准拨款4200元；二类，2600元；三类，1200元。也就是说，教学点上就什么也没有。因此，这个标准，不只是学校的奋斗目标，还是学校发展的上限。明显地把学校限制在某一个质量等级里面……这种做法不只是不扶贫，而且是在人为地制造等级，在原则上是无法接受的”。④

1980年7月28日至8月4日，教育部在哈尔滨召开全国重点中学工作会议，讨论修改了《关于分期分批办好重点中学的决定》，明确了办好重点中学

---

① 《中华人民共和国重要教育文献（1976—1990）》，海口：海南出版社，1998年版，第1591～1592页。

② 中央教育科学研究所：《中华人民共和国教育大事记（1949—1982）》，北京：教育科学出版社，1983年版，第517～518页。

③ 《国务院批转教育部〈刘西尧同志在全国教育工作会议上的报告和总结〉》，引自《中华人民共和国重要教育文献（1976—1990）》，海口：海南出版社，1998年版，第1613页。

④ 程介明：《中国大陆教育实况》，台北：台湾商务印书馆，1993年版，第56页。

的三条基本要求：（一）必须模范贯彻执行德、智、体全面发展的方针；（二）严格按教育规律办事；（三）培养的学生质量高。并提出六条办好重点中学的措施：搞好领导班子的建设，建设一支合格的教师队伍，改进和加强学生的政治思想工作，认真进行教学改革，确定学校规模，改善办学条件，充实、更新教学设备等。教育部副部长张承先在会上就改变单纯追求升学率，提出五条措施：（一）在全国和省、直辖市、自治区一律不搞高考分数排队。不得给学校下达高考指标，不得按升学率高低作为评定学校工作好坏的唯一标准，更不得按此对学校和教师进行奖励。（二）坚决把学校和学生从频繁考试中解放出来。学校只实行期中、期末考试，省、地、市、县、区都不得实行统考统测，给学校排名次。（三）严格按照教学计划、教学大纲的规定进行教学，不得搞突击，过早结束课程，不要搞大量复习题，影响正常教学。（四）必须对全体学生负责，不得只抓毕业班，放弃非毕业班；在毕业班，不得只抓少数"尖子"学生，忽视和放弃大多数学生。（五）必须保证学生每天有 9 小时的睡眠时间，保证学生的体育活动和假期。① 事后的实践表明，任何从理想化角度提出的规定都难以得到真正落实。

1980 年 10 月 14 日，教育部颁发《关于分批分期办好重点中学的决定》，提出：为把约 700 所首批重点中学办成全国、全省、全地区第一流的、高质量的、有特色的、有良好校风的学校，要努力抓好领导班子的建设，建设一支合格的教师队伍，改进和加强学生的思想政治工作，认真进行教学改革，确定学校规模，改善办学条件。②

据 1981 年统计，全国共有重点中学 4016 所，占全国中学总数的 3.8%。③

3．背着批评迅猛发展

倡导第二轮重点学校建设不出三年，其问题已突出显现，最直接的后果是学校只将极少数能升学的学生当学生，当时大约为 4%；绝大多数学生变为"陪读"或"被读"者，严重损害了教育公平。

1981 年 11 月，上海市采取措施，加强初中、小学的教学工作：（一）取消重点小学，按街道设置中心小学，中心小学对全学区的小学起示范和辅导作用；

---

① 中央教育科学研究所：《中华人民共和国教育大事记（1949—1982）》，北京：教育科学出版社，1983 年版，第 586～587 页。

② 中央教育科学研究所：《中华人民共和国教育大事记（1949—1982）》，北京：教育科学出版社，1983 年版，第 594 页。

③ 梁茂林：《回眸与思考——贵州学校教育初探》，贵阳：贵州民族出版社，2007 年版，第 160～161 页。

（二）动员从小学抽调到中学任教的2000名教师回到小学任教[①]。

1981年11月15日、17日，《人民日报》连续发表评论员文章：《要进一步明确普通中学的任务》、《不应当歧视非重点中学》。

1982年1月21日，教育部发出《关于当前中小学教育几个问题的通知》，指出：（一）中小学教育是基础教育。必须坚持“三好”，面向全体学生，使他们在德育、智育、体育几方面都得到生动活泼、主动健康的发展。通知重申了改变单纯追求升学率的错误做法的五项有效措施。（二）继续办好重点中小学。结合实际贯彻执行1980年10月部发《关于分期分批办好重点中学的决定》。要正确处理重点与非重点的关系，努力做到保证重点，兼顾一般。今后重点小学一律实行就近入学。（三）现在同年级文化程度相差悬殊的现象已基本改变，应按有利于形成班集体的原则进行编班。有些学校的高中，同一年级知识水平相差悬殊，可从实效出发，按文化程度编班（不要叫快班、慢班），也可以按当地需要和学生志愿，办各种职业班。[②]

这份通知在承认重点学校存在问题要改进的前提下，坚持要办好重点学校。它是在各种利益机制的作用下的结果，重点小学、中学在背负批评意见的情况下鼓足勇气发展，这些学校不但经费、物质条件配备不同，而且师资也有很大的不同，甚至不少地方的教育行政部门在其管辖的所有学校中公开筛选优秀教师到重点中学任教。各地为了提高本地的升学率，农村地区的学校被大幅度撤并，抽出人力物力重点投向城镇重点学校。

由于这样的一个只符合少数人的利益链不断扩大的需求，在此后的20余年里，重点学校一直是社会批评的对象，又一直是社会上最牛的学校。学校的等级实质上是中国社会等级在教育上的体现，“但是，用制度、资源分配来肯定这个等级，却是另一回事，因为这实质上是扩大不均，妨碍竞争。……这种措施也妨碍了社会流动，农村的孩子一开始就在恶劣的条件下学习，几乎杜绝了他们升入大学的机会”。其结果是“中国学校之间的差异实际是越来越大，而不是越来越小”[③]。

1995年，国家教委发出《关于评价验收1000所左右示范性普通高级中学的通知》，提出根据有计划、有步骤、分期分批建设的原则，将于1997年前后分三批评估验收1000所左右示范高中，再次强化了办好重点中学政策。各地为

---

① 引自《光明日报》，1981年11月7日。

② 中央教育科学研究所：《中华人民共和国教育大事记（1949—1982）》，北京：教育科学出版社，1983年版，第645页。

③ 程介明：《中国大陆教育实况》，台北：台湾商务印书馆，1993年版，第57～58页。

迎接验收，以前所未有的超大规模倾注大量资金建示范学校，在一些贫困县也出现斥资数亿元建一所学校的现象，出现大规模的“县中现象”。

2000年后，重点学校所引发的教育公平问题被社会日益广泛的强烈关注，但重点学校并未因此而有所改变，因为存在重点学校的社会基础依然存在。

六、特殊需要人群受教育的公平状况

任何社会都存在有特殊需要的人群，这些人群能否享受到与普通人群平等的教育权利是教育公平状况的一个重要方面。

早期的特殊需要人群主要指残疾人，对他们的教育责任主要由慈善和救济机构承担。中国最早的盲、聋哑学校是英、美传教士分别于1874年建立于北京和1887年建立于山东登州的学校，随后多个教会组织和热心残疾儿童教育的人士陆续兴办了不同的私立特殊学校。据1948年底出版的《第二次中国教育年鉴》统计，到1948年底，中国有盲、聋哑学校42所（其中公立8所、国立1所），在校学生2380人（聋哑生1726人、盲生654人），教职工360人，① 当时政府没有专门的特殊教育管理机构。

1951年，政务院颁布新学制，提及“各级人民政府并应设立聋哑、盲等特种学校，对生理上有缺陷的儿童、青年和成人施以教育”②，确立了特殊教育在学制中的地位，为有生理缺陷的人享受平等教育的权利提供了政策依据。1953年，在教育部内设立盲哑教育处，当时主要任务是落实新学制中发展盲哑教育的要求，该机构名称几经变化却一直存在，后改为特殊教育处沿用至今。

1949年到1954年，政府先后接管了各地的盲、聋哑学校，接管时派去新的学校领导，改造原来的教师，学校由政府领导并拨付经费，依照国家的教育方针办学，其中包括受美国津贴的“聋哑学校10所，盲校30所”③，其余接受的学校见下页表3－27。

---

① 中华人民共和国教育部：《共和国教育50年》，北京：北京师范大学出版社，1999年版，第415页。

② 《政务院关于改革学制的决定》，引自《中华人民共和国重要教育文献（1949—1975）》，海口：海南出版社，1998年版，第107页。

③ 郭沫若：《关于处理接受美国津贴的文化教育救济机关及宗教团体方针的报告》，引自《人民日报》，1950年12月30日。

表 3－17　政府接管特殊学校情况[①]

学校名称	接管时间	原来性质	接管后性质	备注
南京聋哑学校	1949	公立	公立	
北平市立聋哑学校	1949	公立	公立	
芜湖聋校	1949	私立	公立	
上海特殊儿童辅导院	1949	公立	公立	
华北聋哑学校	1951	私立	公立，改为北京第二聋校	杜文昌 1919 年创办
天津聋哑学校	1951	私立	公立	陈美丽 1928 年创办
成都盲校	1951	公立	公立，与聋校合并	罗蜀芳创办
成都聋校	1951	公立	公立，与盲校合并	
上海一所盲校和六所聋校	1952	私立	公立	调整为 4 所聋校
山东四所盲聋学校	1954	私立	公立	调整为烟台、济南、青岛 3 所

1953 年后，为培养残疾学生具有一技之长，在盲、聋哑学校中开始重视并发展职业技术教育。[②]

1956 年，教育部发出关于特殊教育学校经费的通知，规定了适合盲、聋哑学校特殊需要的高于同级普通学校的经费标准，规定对盲、聋哑学校校长、教师工资加发 15% 以示奖励，20 世纪 90 年代以后不少地区将此项补助增加到 25% 并列入教师退休金基数。[③]

1957 年 4 月 25 日，教育部发出《关于办好盲童学校、聋哑学校的几点指示》，提出盲童学校、聋哑学校的基本任务是：培养盲童和聋哑儿童具有一定的文化科学知识、掌握一定的职业劳动技能，并且具有共产主义的道德品质，使他们成为积极的自觉的社会主义的建设者和保卫者。当前盲童教育和聋哑教育的工作方针是“整顿巩固，逐步发展，改革教学，提高质量”。指示对盲童学校、聋哑学校的修业年限、入学年龄、班级人数、教师比例等作了规定，并提出了教学改革和加强教师进修的任务，要求各级教育行政部门应加强对盲童学

① 中华人民共和国教育部：《共和国教育 50 年》，北京：北京师范大学出版社，1999 年版，第 416 页。

② 中华人民共和国教育部：《共和国教育 50 年》，北京：北京师范大学出版社，1999 年版，第 417 页。

③ 中华人民共和国教育部：《共和国教育 50 年》，北京：北京师范大学出版社，1999 年版，第 423 页。

校和聋哑学校的领导。[①]

1963 年 11 月 1 日，教育部、内务部、公安部、粮食部、商业部联合发出通知，要求各地盲、聋哑学校恢复招收附近县市和农村盲、聋哑儿童入学。由于近两年压缩城市人口，减少商品粮供应，各地盲、聋哑学校一般只招收本市学生，致使许多盲、聋哑儿童上不了学，这一通知对这些学生的户口、副食品及日用必需品供应、口粮补助等问题的解决办法作了规定。[②]

1980 年后，各类残疾儿童的早期干预（发现、诊断、教育训练）开始发展，早期康复机构出现。到 1993 年，各级聋幼儿康复机构达到 1765 个，对近六万名聋幼儿进行了康复训练。[③]

1982 年修订颁布的《中华人民共和国宪法》在强调公民平等受教育权利的基础上，特别在第四十五条明确“国家和社会帮助安抚盲、聋哑和其他残疾公民的劳动、生活和教育”[④]。1986 年颁布的《中华人民共和国义务教育法》第九条规定“地方各级人民政府为盲、聋哑和弱智儿童少年举办特殊教育学校（班）”，规定了政府在义务教育范围承担特殊教育的责任。

1982 年 12 月 3 日，教育部决定建立南京特殊教育师范学校。这所学校负责为全国培养特殊教育的小学师资，设盲童教育、聋哑教育、智力迟钝教育三种班级。学生由各地选送，毕业后回去工作。教育部委托江苏省教育厅和南京市教育局筹建并代管。[⑤]

从 1986 年起，国家教委在北京、上海、武汉、重庆、西安等地高等师范院校建立了特殊教育专业，同时在全国建立 33 所中等特殊教育师范院校或师资培训中心培养特殊教育专业教师。[⑥]

1987 年，全国残疾人抽样调查表明，智力残疾儿童（0～14 岁）约占各类

---

① 中央教育科学研究所：《中华人民共和国教育大事记（1949—1982）》，北京：教育科学出版社，1983 年版，第 195～196 页。

② 中央教育科学研究所：《中华人民共和国教育大事记（1949—1982）》，北京：教育科学出版社，1983 年版，第 347～348 页。

③《中国残疾人事业“九五”计划纲要与配套实施方案》，北京：华夏出版社，1996 年版，第 56 页、3 页。

④ 中华人民共和国教育部：《共和国教育 50 年》，北京：北京师范大学出版社，1999 年版，第 425 页。

⑤ 中央教育科学研究所：《中华人民共和国教育大事记（1949—1982）》，北京：教育科学出版社，1983 年版，第 673 页。

⑥ 中华人民共和国教育部：《共和国教育 50 年》，北京：北京师范大学出版社，1999 年版，第 424 页。

残疾儿童总数的65%，聋童约占14%，盲童约占2.3%。[①] 1988年11月，由国家教委、民政部和中国残疾人联合会（简称“中国残联”）举办的第一次全国特殊教育工作会议在北京召开，会议通过并由国务院办公厅转发了《关于发展特殊教育的若干意见》，对推动全国特殊教育发展发挥了实际作用，作用显示于这段时间的发展数据。

1989年2月3日，国家教委、国家计委、财政部、中国社会福利有奖募捐委员会和中国残联联合发布《特殊教育补助费使用办法》。1989年起，国家教委等部委设立《特殊教育专项经费》，规定中央每年筹集2300万元人民币专项补助各地发展特殊教育事业，各地配套补助，并要求采取政府投入为主的多种渠道筹措教育经费的办法，到1998年中央专项补助费累计达2.3亿元。[②]

1990年颁布的《中华人民共和国残疾人保障法》第十八条明确规定“国家保障残疾人受教育的权利”，“国家、社会、家庭对残疾儿童、少年实施义务教育”[③]。

20世纪90年代，国家试点在南京聋校内建立聋人普通高中、在青岛盲校内建立盲人普通高中，已毕业的多数学生经考试升入高等学校。自1985年起，政府要求高等及普通中专技工学校“从残疾考生的实际出发”做好残疾学生的体检、招收和分配工作，“不应因残疾而不予录取”。仅1987年到1992年，全国约有6000余名残疾考生进入普通高等学校学习，并于1987年在长春大学建立专门招收盲、聋哑和肢残学生的特殊教育学院，一些高等学校设立相应的院系和专业。

1993年，国务院成立残疾人工作协调委员会，相应地，国家教委1994年成立了协调残疾人职业教育、高等教育和师范教育及部内各司局特殊教育工作的特殊教育办公室。各级教育行政部门也建立相应机构或安排人员专职或兼职管理特殊教育。

1994年，国务院颁布了《残疾人教育条例》。国家教委还和中国残联先后制定颁发了《全国残疾儿童少年义务教育“八五”实施方案》和《全国残疾儿童少年义务教育“九五”实施方案》，分地区提出了残疾儿童义务教育入学率

---

① 中华人民共和国教育部：《共和国教育50年》，北京：北京师范大学出版社，1999年版，第418页。

② 中华人民共和国教育部：《共和国教育50年》，北京：北京师范大学出版社，1999年版，第423～424页。

③ 中华人民共和国教育部：《共和国教育50年》，北京：北京师范大学出版社，1999年版，第426页。

指标，并提出“省、地、县一起动手”、“盲、聋哑、弱智儿童教育一起抓”，以及加强随班就读的具有很强操作性的措施。①

自20世纪70年代末以来，中国开始发展对智残儿童的教育，90年代又开始对自闭症、中度智力残疾、多重残疾等类儿童的教育训练。

表3-18　六十年中国特殊教育发展一览②

年份	盲校数（所）	聋校数（所）	盲、聋哑学校数（所）	弱智校数（所）	特殊学校总数（所）	学生总数（人）	教职工总数（人）
1948	10	23	9	0	42	2380	360
1953	13	42	9	0	64	5260	797
1958	11	66	14	0	91	10101	1338
1965	25	176	65	0	266	22850	3722
1976	9	214	46	0	269	28519	5954
1982	13	257	42	0	312	33673	9235
1984	11	274	41	4	330	39884	10291
1988	21	382	43	131	382	57617	16056
1992	26	642	86	273	1027	129455	26978
1997	27	845	143	425	1440	340621	43296
1998	28	871	163	473	1535	358400	41573
2008					1640	417400	36000（专任）

注：表中1993年后的在校学生数包括在普通学校设的特殊教育班和在各级普通学校随班就读的学生数。

到1995年，全国盲、聋哑、弱智三类残疾儿童估计平均入学率达到60%，其中大城市和京津发达地区已经实现了上述三类残疾儿童的九年制义务教育。③

1996年，“普九”中女童和残疾儿童入学率得到提高，女童入学率达到了98.63%，男女儿童在入学率方面的差距下降了0.35个百分点，一向入学比较难的贫困地区、少数民族地区的女童1996年的入学率也达到了98%以上。1996

① 中华人民共和国教育部：《共和国教育50年》，北京：北京师范大学出版社，1999年版，第423页。

② 中华人民共和国教育部：《共和国教育50年》，北京：北京师范大学出版社，1999年版，第418~419页。后10年依据各年度《中国教育统计年鉴》。

③ 中华人民共和国教育部：《共和国教育50年》，北京：北京师范大学出版社，1999年版，第419页。

年，全国有特殊教育学校1426所，在校学生32万人，比上一年提高了8.6%，残疾儿童入学率已达到50%以上。[①] 但在对他们的教育中，立足点不在于维护他们应有的权利，而在于让他们不但学到了文化知识，还学习掌握了一门生产技术，毕业后能够自食其力。

2008年，全国共有特殊教育学校1640所，比上年增加22所；招收残疾儿童6.24万人，比上年减少0.1万人；在校残疾儿童41.74万人，比上年减少0.19万人。其中在盲人学校就读的学生4.71万人，在聋人学校就读的学生11.71万人，在弱智学校及辅读班就读的学生25.32万人。在普通学校随班就读和附设特教班就读的残疾儿童招生数和在校生数分别占特殊教育招生总数和在校生总数的64.87%和63.27%。残疾儿童毕业人数5.20万人，比上年增加0.17万人。[②]

中国已经建立了从幼儿到高等教育的特殊需要儿童的教育体系，为残疾人接受发展其潜能的教育提供了平等享受教育和参与社会的可能机会，但这种机会由于基础薄弱、经济条件制约、区域发展不平衡等原因，目前并非所有残疾人都能普遍及时享有，普及残疾人义务教育依然是义务教育的重点和难点之一。

七、少数民族受教育的公平状况

中国少数民族人口占全国总人口的12%左右，[③] 其中多数聚居在经济文化较落后的地区。自新中国成立以来，中国政府对少数民族的教育制定了一系列特殊政策和措施。

1949年，中央民族事务委员会成立，下设文教司教育组管理少数民族教育事务。1965年，文教司分为文化司和教育司，其中教育司负责民族教育事务管理。1952年，政务院颁发《关于建立民族教育行政机构的决定》，要求在教育部下设民族教育司，各地教育行政部门也相应增设民族教育行政机构，负责管理少数民族教育。这种双轨并行的民族教育管理体制除在“文化大革命”期间中断外，一直延续下来。

1951年，第一次民族教育工作会议在北京召开，提出少数民族教育应以培

① 中华人民共和国教育部：《共和国教育50年》，北京：北京师范大学出版社，1999年版，第273页。

② 《2008年全国教育事业发展统计公报》，引自人民网，2009年7月20日。

③ 中华人民共和国教育部：《共和国教育50年》，北京：北京师范大学出版社，1999年版，第458页。

养少数民族干部为首要任务，以满足民族政治、经济、文化教育建设的需要，同时应当加强小学教育和成人教育，提高少数民族的文化水平，并应当努力解决少数民族各级学校的师资问题。① 还要求少数民族教育“必须采取民族的形式，照顾民族的特点”。

1953 年，教育部发出《关于少数民族教育补助费使用范围的指示》，为少数民族在享有国家正常教育经费之外获得民族教育专项补助提供了政策依据，这项政策一直沿用五十余年。开放政策实施后，随着国家财政体制改革，少数民族教育补助经费主要由省、自治区包干使用。1985 年起，国家每年拨出 1 亿元普及小学，专款解决老、少、边、山、穷地区办学经费不足的问题，其中 50% 用于新疆、内蒙古等八个少数民族省、自治区。1990 年起，财政部每年安排 2000 万元作为少数民族地区教育补助经费；1995 年，国家设立“贫困地区义务教育工程”专款，国家投入 39 亿元，地方配套 51 亿元，用于少数民族地区的约 50 亿元。②

1956 年 9 月 20 日，拉萨中学开学。这是西藏自治区第一所中学，共有学生 1400 多名。③

1956 年 9 月，周恩来就少数民族教育事业经费问题作出指示：（一）今后一定时期内，民族地区的小学基本上仍由公办；只有在经济、文化比较发达，过去群众又有办学习惯或确有条件实行民办的地区才可以适当地实行民办。（二）民族地区的小学学杂费的收费问题，应依据当地群众的生活情况规定。（三）民族小学的编制定额予以适当照顾。（四）各地每年必须保证一定数额的少数民族教育补助费。（五）各级人民委员会在拟制预算时，应切实根据少数民族教育事业的发展需要，并且照顾民族特点，本着节约的原则，实事求是，精打细算地予以合理的安排。④

1956 年，第二次民族教育工作会议召开，制订了 1956—1969 年的民族教育事业 12 年规划，提出“在 12 年之内赶上或接近汉族地区的水平”，将全国的少数民族地区分为三类提出明确要求。这一规划的主观性及其他缺陷在后来的实

---

① 中华人民共和国教育部：《共和国教育 50 年》，北京：北京师范大学出版社，1999 年版，第 438 页。

② 中华人民共和国教育部：《共和国教育 50 年》，北京：北京师范大学出版社，1999 年版，第 440 ~ 441 页。

③ 中央教育科学研究所：《中华人民共和国教育大事记（1949—1982）》，北京：教育科学出版社，1983 年版，第 180 页。

④ 中央教育科学研究所：《中华人民共和国教育大事记（1949—1982）》，北京：教育科学出版社，1983 年版，第 181 页。

践中显现出来，这一规划由于1957年的反右、1958年的“大跃进”及接踵而来的“文化大革命”而并未真正执行。①

1956年11月1日，教育部发出了《关于内地支援边疆地区小学师资问题的通知》。通知提出近几年内解决边疆地区小学师资问题的意见：（一）各边疆省、自治区大力发展师范教育，并由内地调配部分初中学生和失业知识分子加以短期训练。（二）动员小学教师随同移民到边疆开办小学为移民服务。（三）四川、陕西等省适当扩大一些中等师范学校的招生比例，每年支援一部分师资给边疆省、自治区。②

到1957年，全国少数民族普通小学在校生319.43万人，少数民族教师8.11万人；普通中学在校生27.69万人，少数民族教师0.91万人；中等技术、师范学校少数民族在校生3.74万人；高等学校少数民族在校生1.61万人，少数民族教师0.19万人。③

1950—1958年，政府先后建立西北、西南、中南、贵州、中央、云南、广西、青海、西藏等10所民族学院；1984年建立西北第二民族学院；1989年建立湖北民族学院；1993年，中央民族学院更名为中央民族大学；1997年建立大连民族学院。民族学院的主要任务是培养少数民族地区的干部，据1998年统计，中央民族大学学生担任省级干部的有60多人，厅局级干部500多人，县处级干部8000多人。④

1958年2月5日至11日，教育部、国家民族事务委员会（简称“国家民委”）在北京联合召开民族学院院长会议。会议讨论了民族学院的教育方针、任务和进一步改进教学等问题。会议确定，民族学院是为少数民族训练社会主义革命和社会主义建设的政治干部，同时培养专业人才的学校。民族学院的教育方针，应该是对学生进行阶级教育、马克思列宁主义民族观点的教育、社会主义爱国主义的政治思想教育、马列主义理论结合中国革命和建设经验的教育以及专业课程的教育；对文化水平较低的学生还应进行文化课程的教育，提高各民族学生的阶级觉悟，破资本主义立场为社会主义立场，树立工人阶级的世

---

① 中华人民共和国教育部：《共和国教育50年》，北京：北京师范大学出版社，1999年版，第439页。

② 中央教育科学研究所：《中华人民共和国教育大事记（1949—1982）》，北京：教育科学出版社，1983年版，第182页。

③ 宋荐戈：《探索中国特色社会主义教育发展的道路》，引自《荐戈文存》，北京：中国国际文艺出版社，2006年版，第319～320页。

④ 中华人民共和国教育部：《共和国教育50年》，北京：北京师范大学出版社，1999年版，第448页。

界观、人生观和民族观，为少数民族培养一批为共产主义奋斗的、经得起风险的、有专业能力和文化水平的又红又专的干部。[①] 在民族教育上打下阶级斗争的印记。

1960 年 10 月 7 日，新疆维吾尔自治区第一所综合大学——新疆大学成立。维吾尔族、哈萨克族、柯尔克孜族、塔塔尔族等当地少数民族学生占该校学生总数的 75%。[②] 12 月 1 日，青海省第一所综合大学——青海大学成立。该校是由 1958 年以来创办的青海工学院、农牧学院、医学院和财经学院合并而成的。[③]

1962 年 9 月 30 日，宁夏回族自治区创办的第一所综合性大学——宁夏大学正式成立。该校是由 1958 年新建的宁夏师范学院、农学院、医学院合并成而的，共有回、汉各族学生 1170 多人。[④]

1963 年 3 月 28 日，教育部邀请出席云南、贵州、四川民族语文工作会议的代表座谈当前民族教育工作。会上反映，由于最近几年忽视民族特点和地区特点，若干措施要求过高过急，严重脱离实际，学生流动大，教学质量低。会上提出：要提高对民族教育工作重要性的认识，急需加强国境线的民族教育工作；改进教学工作要适应民族地区的经济和人民生活的特点；大力办好民族师范，培养民族师资；民族教育补助费应专款专用，单列指标；应适当放宽民族学生的入学年龄和降低升学的录取标准。[⑤]

1974 年 4 月 26 日，国务院批转科教组《关于内地支援西藏大学、中学、专科师资问题的请示报告》。报告提出：对西藏自治区要求配备的八所中学和一所师范学校的师资，由上海、江苏、四川、湖南、河南、辽宁六省市和国家机关定区、定校包干支援，并对支援教师的任务、分工、条件、年限、待遇等提出了具体意见。7 月，六省市和国家机关选派了大中学校教师 389 人进藏，支援西藏自治区的教育事业。1976 年 4 月 11 日，国务院又发出支援西藏自治区师资的通知：免除原由国家机关各部委轮换派出的任务，改由山东、湖北两省在

---

① 中央教育科学研究所：《中华人民共和国教育大事记（1949—1982）》，北京：教育科学出版社，1983 年版，第 213 页。

② 中央教育科学研究所：《中华人民共和国教育大事记（1949—1982）》，北京：教育科学出版社，1983 年版，第 283 页。

③ 中央教育科学研究所：《中华人民共和国教育大事记（1949—1982）》，北京：教育科学出版社，1983 年版，第 285 页。

④ 中央教育科学研究所：《中华人民共和国教育大事记（1949—1982）》，北京：教育科学出版社，1983 年版，第 318 页。

⑤ 中央教育科学研究所：《中华人民共和国教育大事记（1949—1982）》，北京：教育科学出版社，1983 年版，第 330 页。

1976 年和 1978 年分两批派出援藏教师，每期每批各派 45 名。①

1975 年 4 月 10 日，国务院批转了教育部《关于边疆和少数民族地区普及小学五年教育问题的请示报告》。国务院在批示中指出：普及农村小学五年教育，是关系到我国亿万农民文化翻身，巩固工农联盟，加强无产阶级专政，促进社会主义革命和社会主义建设的一项大政。各地、各部门要切实解决边疆、少数民族地区普及教育工作中的实际问题，力争尽早地实现普及农村小学五年教育的任务。教育部的报告中提出：要克服重内地轻边疆、重城市轻农牧区、重公办学校轻民办学校的错误观点，重视在边疆、少数民族地区特别是边境沿线的普及小学教育工作。要大力扶持民办学校，坚持多种形式办学，加强培养少数民族师资，把教育规划纳入边防建设或各个地区的建设计划，并同贯彻执行民族政策结合起来。②

1980 年 3 月 19 日，教育部发出《关于继续派援藏教师的通知》。据此，四川、江苏、河南、湖南、湖北、山东、辽宁、上海八省市，继续派出 500 多名中学教师到西藏自治区各地中学任教。③

1980 年 4 月 7 日，中共中央转发了《西藏工作座谈会纪要》，其中提出关于文教工作的若干政策规定："发展文教卫生事业，首先要采取有效措施，逐步普及小学教育，扫除藏文文盲，藏汉各族学生都要学习藏文。尽快地把民办小学转为公办，有计划地发展初、高中学校。编印藏文课本，提高教学质量。自治区的各大专院校和中等专业学校，主要应当招收藏族和门巴族、珞巴族等少数民族的学生，为建设西藏自治区培养专业人才。积极发展民族的、科学的、群众性的文化体育和医疗卫生事业。继承和发展藏医药和藏历、气象学，继续实行各族群众和学生免费医疗、免费看电影的制度。"④

1980 年 6 月 21 日，教育部发出《关于 1980 年在部分全国重点高等学校试办少数民族班的通知》，决定从 1980 年开始，有计划、有重点地在部分全国重点高等学校举办民族班，以后视情况逐步扩大。1980 年，在北京大学、清华大学、北京师范大学、大连工学院和陕西师范大学五所重点高等学校试办民族班，

---

① 中央教育科学研究所：《中华人民共和国教育大事记（1949—1982）》，北京：教育科学出版社，1983 年版，第 463 页。

② 中央教育科学研究所：《中华人民共和国教育大事记（1949—1982）》，北京：教育科学出版社，1983 年版，第 472 页。

③ 中央教育科学研究所：《中华人民共和国教育大事记（1949—1982）》，北京：教育科学出版社，1983 年版，第 576 页。

④ 中央教育科学研究所：《中华人民共和国教育大事记（1949—1982）》，北京：教育科学出版社，1983 年版，第 577 页。

在原招生计划外招生150人。1981年3月24日，教育部又发出通知，增加中山大学、华中师范学院试办民族班，在11个省、自治区共招生250人。① 至1983年，共办了32个班，招收蒙古族、藏族、回族等20多个少数民族的1200多名学生，继之一些内地重点中学、中等专业学校和成人高校也办起了民族班。

1980年10月21日，中共中央、国务院批准教育部、国家民委《关于加强民族教育工作的意见》。意见指出：当前，少数民族教育也要认真贯彻执行“调整、改革、整顿、提高”的方针，并在尽快恢复和进行必要调整的基础上，积极稳步地加以发展，逐步建立适合少数民族地区特点的民族教育体系。为扶持和发展民族教育，采取如下措施：首先集中力量办好一批公办民族中小学和举办寄宿制的民族中小学。适当发展和大力办好民族师范学校，以招收少数民族学生为主，并注意优先照顾牧区、山区子弟入学。加强教师队伍建设，分期分批地把考核合格的民办教师转为公办教师，大力加强少数民族文字教材编译出版工作。办好和发展民族学院，加强民族地区的大专和中专。全国重点高等学校和少数民族人口较多的省的一般高等学校要积极举办民族班。对民族地区除正常的教育经费外，要给予特殊的补贴。②

1981年2月16日至25日，教育部和国家民委在北京联合召开改革开放后第一次（新中国建立后的第三次）全国民族教育工作会议。会议强调要大力提高民族教育的地位，从实际出发，切实贯彻调整方针，使民族教育稳步向前发展。会议提出今后几年民族教育工作应当抓好的几项主要工作是：（一）加强各级各类学校的政治思想教育。（二）切实抓好中小学教育，根据少数民族地区的实际情况，采取多种形式，分期分批逐步完成普及小学教育的任务。中学教育，应分别不同情况适当发展，并注意提高教育质量。（三）调整和办好少数民族的中等专业教育和高等教育。加强现有十所民族学院的建设；办好各自治区地方的中专和高等学校，逐步提高少数民族在校生比例；继续办好高等院校的民族班，并适当增设高等院校民族语文授课专业。（四）大力扫除文盲，逐步发展业余教育。（五）加强民族师范教育，搞好少数民族师资队伍的建设。为此，要积极恢复和发展民族师范院校；加强在职教师的培训提高工作；要采

---

① 中央教育科学研究所：《中华人民共和国教育大事记（1949—1982）》，北京：教育科学出版社，1983年版，第584～585页。

② 中央教育科学研究所：《中华人民共和国教育大事记（1949—1982）》，北京：教育科学出版社，1983年版，第594页。

取多种办法，继续派教师到边疆、少数民族地区工作[①]。会议印发了经中共中央和国务院批准的教育部和国家民委《关于加强民族教育工作的意见》和《关于民族学院工作的基本总结和今后方针任务的报告》，提出在少数民族牧区和居住分散的边远山区开办寄宿制小学、在州县开办寄宿中学等大力扶持和发展民族教育的方针和具体措施，民族教育事业得到了迅速的恢复和发展。到1998年，全国有寄宿中小学6000余所，其中云南330所，在校生4.3万人；新疆维吾尔自治区牧区寄宿制学校418所，其中小学298所、中学120所，在校生12万人。[②]

1981年8月3日至17日，教育部、国家民委、中国教育工会联合组织少数民族优秀教师暑期来京参观团。八个省、自治区的17个少数民族57名优秀教师参加了活动，与北京教师进行了座谈和交流，国家领导人李先念、方毅、万里、杨静仁等会见了参观团。[③]

1981年10月16日，教育部和国家人事局发出通知，支援西藏大学教师的工作由教育部负责办理，国家人事局予以协助；西藏师范学院由天津、吉林支援；西藏农牧学院由四川、陕西支援；西藏民族学院由上海、浙江支援。[④]

1982年10月11日至18日，教育部在新疆维吾尔自治区召开全国牧区、山区寄宿制民族中小学经验交流会。会议总结了在牧区、山区办寄宿制民族中小学校的四点优越性：（一）有利于提高学生的入学率和巩固率；（二）有利于集中师资，加强教学，提高教育质量；（三）有利于开展教师的教学活动和进修提高工作；（四）有利于集中力量改进办学条件和开展勤工俭学活动，使学生德智体全面发展。[⑤]

1982年12月9日，根据西藏自治区三所高等院校提出的要求，教育部决定从上海、天津、浙江、吉林、四川、陕西六省市选派第四批援藏教师。[⑥]

---

① 中央教育科学研究所：《中华人民共和国教育大事记（1949—1982）》，北京：教育科学出版社，1983年版，第608页。

② 中华人民共和国教育部：《共和国教育50年》，北京：北京师范大学出版社，1999年版，第450页。

③ 中央教育科学研究所：《中华人民共和国教育大事记（1949—1982）》，北京：教育科学出版社，1983年版，第624页。

④ 中央教育科学研究所：《中华人民共和国教育大事记（1949—1982）》，北京：教育科学出版社，1983年版，第630页。

⑤ 中央教育科学研究所：《中华人民共和国教育大事记（1949—1982）》，北京：教育科学出版社，1983年版，第669页。

⑥ 中央教育科学研究所：《中华人民共和国教育大事记（1949—1982）》，北京：教育科学出版社，1983年版，第674页。

1984年8月19日，胡启立、田纪云赴西藏自治区调研，13天后返京向中共中央、国务院提交的报告中强调，西藏自治区落后的根本原因是人才匮乏，并第一次提出了在内地办西藏班（校）的构想。

1984年12月，教育部、国家计委发出《关于落实中央关于在内地为西藏办学培养人才指示的通知》，并初步确定了方案。

1985年，内地西藏班正式开始招生，中央拨款在内地条件较好的地区设立西藏班和西藏学校，面向西藏自治区招生，全国16个省市办起内地西藏初中班，每年招生1300人，到1999年达到每年招生2000人的规模。1989年开始举办内地西藏高中班，1999年全国各地各级各类西藏班在校生13 850人，分布于25个省市，其中西藏初、高中班（校）23个，中专52个，13年共招收西藏自治区小学毕业生19 400人。1999年又筹备在北京、上海等七个发达省市创办内地新疆高中班，每年招收800名新疆维吾尔自治区少数民族初中毕业生。①

1987年9月，国务院召开了以教育为主要议题的第二次援藏工作会议，北京、成都、兰州三市中所设的三所西藏中学开始招生。

1987年，国家教委颁布的《普通高等学校招生暂行条例》规定：边疆、山区、牧区、少数民族聚居地区的少数民族考生，可根据当地的实际适当降低分数择优录取，此后中专和成人高校及其他相关学校的录取都执行类似政策，少数民族散居地区一般降5～10分，聚居区降分幅度更大，对教育水平较低的民族在录取分数上给予更多的照顾，个别地区和院校还对少数民族学生进行单独划线、单独录取。②

自20世纪50年代起，政府即安排大批内地教育行政干部和教师支援西藏自治区的教育。1983年后，全国对口支援西藏自治区教育的工作全面展开。1992年，第四次民族教育工作会议召开，发出《关于加强民族教育工作若干问题的意见》强调要从实际出发，充分考虑民族特点和地区特点，提出了实施九年制义务教育的目标，决定组织发达省市对口支援民族贫困地区的教育事业。1992年，内地西藏班的部分学生进入内地高等学校学习。1993年，国家教委印发《关于对全国143个少数民族贫困县实施教育扶贫的意见》，确定沿海省市与143个少数民族贫困县结成“一对一”的帮扶关系，实行“对口、定点、包干责任制”。1997年教育部与国家民委联合在深圳召开第二次全国教育对口支援

① 中华人民共和国教育部：《共和国教育50年》，北京：北京师范大学出版社，1999年版，第451页。

② 中华人民共和国教育部：《共和国教育50年》，北京：北京师范大学出版社，1999年版，第445页。

协作工作会议，进一步扩大了支援范围，加大了支援力度。①

至1996年底，全国有30多个民族县实施了普及九年制义务教育。1997年，全国普通高校中，少数民族学生约21.68万人，比1949年增长168.7倍，占全国同类学生总数的6.8%；中等专业技术学校中少数民族学生约23.71万人，比1949年增长359.2倍，占全国同类学生总数的6.3%；中等师范学校中少数民族学生约9.13万人，比1949年增长20.1倍，占全国同类在校生总数的10%；普通中学少数民族在校生403.9万人，比1949年增长100倍，占全国中学在校生总数的6.7%；职业中学少数民族在校生约22.93万人，占全国中学在校生总数的4.5%；小学少数民族在校生1248.2万人，比1949年增长13倍，占全国小学在校学生总数的8.9%。②

1997年，原来教育基础最为薄弱的西藏自治区适龄儿童入学率达78.2%，青海少数民族儿童入学率也由1949年的3.5%上升到1997年的84%。③

1997年，全国有少数民族中学专任教师24.7万人，比1949年增加91倍，占全国中学专任教师总数的9.6%；有少数民族小学专任教师52.8万人，比1949年增加8.8倍，占全国小学专任教师总数的9.1%；民族自治地区中学专任教师44.7万人，小学专任教师88.6万人。④

1998年，中央民族大学在校生7000多人，少数民族学生占90%以上。

2002年7月，第五次全国民族教育工作会议召开，要求从为西部大开发培养人才的战略高度继续办好内地西藏班；从2002年起，在内地18个省市的57所省市重点高中散插西藏自治区的初中应届毕业生。⑤

2004年，国务院办公厅转发教育部等部门《关于进一步做好教育援藏工作的意见》，提出做好教育援藏的主要任务之一是继续办好西藏班，扩大规模，改善条件，提高质量。

从1985年到2005年，全国有21个省市开设33个西藏班（校），累计招收

---

① 中华人民共和国教育部：《共和国教育50年》，北京：北京师范大学出版社，1999年版，第445～446页。

② 中华人民共和国教育部：《共和国教育50年》，北京：北京师范大学出版社，1999年版，第448～449页。

③ 中华人民共和国教育部：《共和国教育50年》，北京：北京师范大学出版社，1999年版，第451页。

④ 中华人民共和国教育部：《共和国教育50年》，北京：北京师范大学出版社，1999年版，第453页。

⑤ 赵秀红：《架起民族团结和谐发展的桥梁——全国内地西藏班办学和教育援藏工作综述》，引自《中国教育报》，2007年1月27日。

西藏自治区初中生 2.95 万人，中专、中师、高中生 2.1 万人，本科生 6500 余人，向西藏自治区输送大中专毕业生近 1.5 万人。①

六十年来，政府和民间为发展民族教育做了大量工作，这些工作的准则之一就是公平。至今，民族地区教育的发展依然相对落后，但这种落后并非是不公平政策和行为的结果，目前要做的是进一步加大政策支持力度以更好地促进民族地区教育的发展。

第四节　六十年教育的开放

教育是人类文化的专业积累，开放是教育原本的特征，教育是否开放本身既决定着教育发展水平，也决定着教育品质的高低。

教育作为一个人类文化系统，只有开放，才有进步，才有变革。法国诺贝尔生物学奖获得者莫诺认为，一个生物系统的初始开放决定其未来的演化路径。细菌 30 多亿年至今没有变化，就是因为其内在系统不开放，完美地封闭了。30 亿年前同处于细菌状态的某种有缺陷的生物，就是因为开放，才演变为今天的人类。正是因为系统有缺陷，被外界打开了缺口，才产生演化。教育系统仅是社会的一个子系统，它遵从类似生物进化的一些基本原理，当中国处于封闭状态，中国的教育就不可能有大的进步；当中国这个古老国度的大门重新打开，中国社会的演化和进步才有了可能，中国教育的进步也才有可能。

中国是世界上最早接受和派出留学生的国家之一，唐代玄奘西行印度取经，首都长安接受上万名日本及其他周边国家的留学生；近代众多有志青年将留学当做报效祖国的台阶，也发挥了巨大作用。1949 年以前中国历经了两次留学浪潮：第一次留学浪潮是在辛亥革命以前，主要是派到日本，派赴欧美的留学生极少；第二次留学浪潮是在 20 世纪 30 年代至 40 年代间，这期间赴美留学的中

---

① 徐锦庚、郑少忠：《内地西藏班（校）成为西藏人才摇篮》，引自《人民日报》，2005 年 9 月 28 日。

国留学生约有3万人，赴欧洲的留学生为3万人，到日本的留学生为10万人。第一次和第二次留学浪潮的中国留学生加起来约有20万人。

一、扇形开放的留学教育

1949年，国际政治的樊篱和中国自身观念的偏差一度阻隔了中国的留学潮流，使中国教育趋于封闭。在20世纪50年代，形成主要派往苏联的第三次留学浪潮，留学教育仅仅在极为有限的国家和极为有限的学科领域存在。

新中国成立后，国民经济发展迫切需要人才，当时中国大约有5000多名留学生在英、美等西方国家深造。[①] 1949年12月，政务院文化教育委员会成立了办理留学回国事务委员会，并在教育部高教司成立第四处，具体承办留学生回国事宜，吸纳海外人才，形成一股优秀留学人员回国潮。虽然从1949到1955年，先后有钱学森、邓稼先、华罗庚、唐敖庆、李四光、黄昆等两千多名留学人员回来报效祖国，成为新中国科学技术事业的奠基人，但人才稀缺问题仍未得到根本解决。

1949年以前的三十六年里，中国包括高等专科学校在内的高等学校毕业生一共21万人，其中70%学的是文科，30%是理、工、农、医专业毕业。1949年全国有40多个研究机构，研究人员总共1000人，人才的数量和类别远远不能满足现实需要。[②] 1949年，全国总产值中农业占70%，工业占30%，而其中的现代工业产值仅占17%，[③] 只能种粮造纸做桌椅，连拖拉机都造不出来。

这样的现状迫使中国教育要通过向外开放培养人才。1950年9月6日，新中国政府派出第一批25名留学生赴波兰、捷克斯洛伐克、罗马尼亚、保加利亚、匈牙利五国学习语文、史地，12月28日又派出10名留学生到波兰、捷克斯洛伐克学习工程；[④] 同年11月30日，上述五国来华留学生陆续到达北京，进入清华大学学习。

接着，大量的留学生派往苏联。1951年8月19日，第一批前往苏联的375

---

① 宋荐戈：《探索中国特色社会主义教育发展的道路》，引自《荐戈文存》，北京：中国国际文艺出版社，2006年版，第324页。

② 中华人民共和国教育部：《共和国教育50年》，北京：北京师范大学出版社，1999年版，第593页。

③ 中华人民共和国教育部：《共和国教育50年》，北京：北京师范大学出版社，1999年版，第592页。

④ 中央教育科学研究所：《中华人民共和国教育大事记（1949—1982）》，北京：教育科学出版社，1983年版，第26页。

名留学生启程，其中136人为研究生。从1951年到1960年，中国派往苏联的留学生约占派出留学生总数的90%，而这些人才的培养是以当时的建设项目为载体的，每年少是200余人，多是2000余人。从1953年开始的国民经济第一个五年计划共设大中型建设项目694个，其中156项由苏联援建，苏方派遣来华在这些项目中工作的技术专家3000多人，中国派出6000多与这些项目建设有关的实习人员到苏联接受培训。①

1956年前，中国只能向苏联及东欧国家派出留学生，并在1953年到1960年期间大量向苏联派遣留学人员，1955年开始选拔高校在职教师到苏联进行短期进修。1956年1月，高等教育部分别发出指示和通知：选拔赴人民民主国家留学研究生95名、留学大学生35名，选拔留苏预备研究生850名；由中央各部门和中国科学院等所属机构在职干部中选拔一批留苏预备研究生；选拔高等学校讲师以上教师100名赴苏联进行短期专业进修。②

1956年初，周恩来发出指示，要大量（至少1000人）争取留学生，特别是美国留学生回国参加建设③。

1958年1月10日，高等教育部、外交部颁发《关于管理派赴各国留学生的规定》，进一步明确各驻外使馆在管理留学生工作方面的任务，加强对外派赴各国留学生的管理工作。确定高等教育部征得外交部同意后，得在驻外使馆内设留学生管理处，或派专职干部，或由使馆指定专人负责留学生的管理工作，废止过去发布的留学生暂行管理办法。④

1959年，国家科委、外交部、教育部在北京联合召开留学生工作会议，回顾了九年来派往社会主义国家留学生的工作，提出了改进今后工作的意见。认为1949年以来留学生的派遣工作分三个阶段：1950年到1953年，执行“严格选拔、宁少毋滥”的方针；1954年至1956年，执行“严格审查、争取多派”和“以理工科为重点兼顾全面需要”的方针；1957年至1958年，执行“多派研究生，一般不派大学生”的方针。九年共派遣留学生16 000余名（学成归国

---

① 中华人民共和国教育部：《共和国教育50年》，北京：北京师范大学出版社，1999年版，第594页；中央教育科学研究所：《中华人民共和国教育大事记（1949—1982）》，北京：教育科学出版社，1983年版，第45页。

② 中央教育科学研究所：《中华人民共和国教育大事记（1949—1982）》，北京：教育科学出版社，1983年版，第155～156页。

③ 中共中央文献研究室：《周恩来年谱（1949—1976）上卷》，北京：中央文献出版社，1997年版，第551页。

④ 中央教育科学研究所：《中华人民共和国教育大事记（1949—1982）》，北京：教育科学出版社，1983年版，第210页。

的已有9000名），其中91%派往苏联，8%派往其他社会主义国家。留学生中三分之二学工科。留学生绝大多数学习刻苦，成绩优良，工作成绩很大。会议认为，九年来留学生工作存在的问题是：质量不高；专业不全；缺乏长远规划，对基础理论专业重视不够。会议确定此后派遣留学生的方针是：（1）保证重点，兼顾一般。根据国内的需要和国外的可能，派人出国学习“高、精、尖、缺”（高级、精密、尖端、缺门）的学科和专业。（2）保证留学生的质量，特别是研究生的质量，在保证质量的前提下争取数量。（3）既要注意长远需要，派一定数量的研究生和大学生，作长期培养，又要派人出国短期进修或实习，以满足当前需要。会议决定由国家科委统一领导留学生工作。在统一领导、分工负责的原则下，由教育部、科学院等部门分口负责。7月27日，中共中央批转了这次会议的报告。①

1960年7月，中苏关系破裂，中国派往苏联的留学人员也大量减少，每年派往苏联的留学生仅为几十人甚至几人，直到1965年，苏联完全中断与中国的交换留学人员。

表3－19　新中国成立初期中国派往苏联留学生情况一览②

年份	1951	1953	1954	1955	1956	1951—1960总计	1961—1965总计
总人数（人）	375	1700	1375	1932	2085	8208	206
大学生（人）	239	1520					
研究生（人）	136	180					

加上派往苏联的实习人员，中国在这段时间派往苏联学习的人超过万人，均为公费派出。其中中国向苏联派出的留学生三分之二是学工科的。这些留苏人员1955年开始回国，1955年到1965年十年间共有7317人学成回国，占派出人数的90%。其中1960年归国的留苏学生达2072人，他们中有许多人，特别是留苏的研究生后来成了各行业、各部门的骨干。

中国还从1950年开始向东欧一些国家派出留学生，到1965年有600多人从这些国家留学回国。③ 由于中苏关系恶化，从1957年起向苏联和东欧国家派遣留学生的数量大大地减少了，但开始向西方国家派遣留学生。

---

① 中央教育科学研究所：《中华人民共和国教育大事记（1949—1982）》，北京：教育科学出版社，1983年版，第244页。

② 中华人民共和国教育部：《共和国教育50年》，北京：北京师范大学出版社，1999年版，第594页。

③ 中华人民共和国教育部：《共和国教育50年》，北京：北京师范大学出版社，1999年版，第595页。

1960年9月13日至21日，中共国家科委党委、教育部党组、外交部党委联合召开第二次留学生工作会议。会议根据当前的国际政治形势，讨论了今后的派遣方针，留学生的国外管理教育工作及1961年、1962年两年的派遣规划。会议确定，今后派遣留学生，应根据中央指示的“发愤图强、增强信心、自力更生、埋头苦干”的精神，本着积极而慎重的态度，采取减少数量、提高质量的方针。主要派遣大学毕业，有两年以上实际工作经验的人员出国做研究生、进修生或实习生，高中毕业生原则上不派遣。1961年1月23日，中共中央批转了上述会议的报告；2月19日，教育部据此向国家科委提出了1961年的派出计划。①

1960年10月25日，周恩来批示，同意于本年3月7日中共中央批准成立的主持回国留学生工作的领导小组请示的两个问题：（1）将留学生每两年回国一次改为每年回国一次参加政治学习。（2）将北京外国语学院留苏预备部改为留学生部，把预备出国和回国留学生的工作全部管起来。②

1964年4月17日，国务院外事办公室同意教育部关于1964—1966年派遣外语留学生的三年规划。规划提出：三年争取派出外语留学生2000人（其中大学生1650人，进修生350人），以补国内培养外语干部之不足，并使一些外语干部和外语教师出国深造，培养更高级的外语人才。学习的语种是英、法、德、西班牙、阿拉伯等主要语种以及一些需要量不大、不准备在国内大量培养的语种。③

1965年2月25日，国务院批准高等教育部的报告，同意本年向资本主义国家派遣自然科学留学生50名。中国自1957年起，开始向意大利、比利时、瑞士、瑞典、挪威、丹麦等国派出留学生。至1965年1月，八年共派出200名，绝大部分学习外语，其中自然科学留学生仅21名。④ 这个数字足以说明当时派出留学生的数量、地域、所学专业等方面存在的局限。

1966年4月15日至5月5日，高等教育部召开第三次出国留学生管理工作会议。会议讨论如何进一步在出国留学生管理工作中突出政治，活学活用毛主席著作，贯彻中央有关留学生工作的方针、政策和加强对留学生的思想政治工作。同时就改进选拔、派遣留学生工作，加强留学的业务学习和生活管理等问

---

① 中央教育科学研究所：《中华人民共和国教育大事记（1949—1982）》，北京：教育科学出版社，1983年版，第282页。

② 中央教育科学研究所：《中华人民共和国教育大事记（1949—1982）》，北京：教育科学出版社，1983年版，第284页。

③ 中央教育科学研究所：《中华人民共和国教育大事记（1949—1982）》，北京：教育科学出版社，1983年版，第358页。

④ 中央教育科学研究所：《中华人民共和国教育大事记（1949—1982）》，北京：教育科学出版社，1983年版，第376页。

题交换意见。会议检查和修订了派往国外留学生管理工作的暂行规定。会议召开时，我国在国外的留学生共1221人，分布在36个国家和地区，学习34种语言和科学技术。[①] 对派出留学生过高的政治要求成为限制留学生教育发展的重要因素。

1966年6月30日，高等教育部发出通知：因“文化大革命”运动，选拔、派遣留学生工作推迟半年进行。自本年起，中国停止选派留学生达六年之久。[②]

1967年1月18日，教育部、外交部联合向中国驻外使馆发出通知，规定在国外的留学生，除科技进修生有特殊需要或个别有其他特殊情况的，可以在国外继续学习外，都要回国参加“文化大革命”运动。1965年出国的留学生，向校方交涉休学半年。1964年出国的留学生，一般都应提前毕业，即在2月10日前回国，回国后不再出去。[③]

1967年11月4日，教育部根据周恩来指示，通知各地对1964年、1965年两年派往36个国家和澳门学习外语，本年1月回国参加“文化大革命”的留学生着手分配工作。[④]

1972年12月14日，中国选派16名留学生赴英国学习英语，连同本年派赴法国的留学生20人，共派出留学生36人，是1966年停止派出留学生以来，首批派出的留学生。[⑤]

1974年8月27日，国务院科教组、外交部联合颁发试行《出国留学生管理制度（草案）》及《出国留学生守则（草案）》。

1974年10月16日，国务院科教组转发经国务院批准的《关于改进和加强出国留学生选派、管理工作的请示报告》。报告提出：凡是我国能培养的外语干部和科学技术人员都应当自己培养，送往国外的成年留学生，以专业上的提高、进修为主。要注意选送有实践经验的在职人员和外语学校应届毕业的工农兵学员出国进修，并要加强出国前和出国后的思想政治教育。为此，除拟定必要的

---

① 中央教育科学研究所：《中华人民共和国教育大事记（1949—1982）》，北京：教育科学出版社，1983年版，第398页。

② 中央教育科学研究所：《中华人民共和国教育大事记（1949—1982）》，北京：教育科学出版社，1983年版，第402页。

③ 中央教育科学研究所：《中华人民共和国教育大事记（1949—1982）》，北京：教育科学出版社，1983年版，第410页。

④ 中央教育科学研究所：《中华人民共和国教育大事记（1949—1982）》，北京：教育科学出版社，1983年版，第416页。

⑤ 中央教育科学研究所：《中华人民共和国教育大事记（1949—1982）》，北京：教育科学出版社，1983年版，第447页。

管理制度外，还要向我国留学生较多的国家派出专职管理干部。①

1976年12月4日，国务院批准教育部、外交部《关于1977年接受和派遣留学生计划的报告》，提出1977年派遣出国留学生200名，出国生以进修提高为主；12月20日，教育部发出《关于1977年选派出国留学生的通知》；②“直到1977年，当时派遣的出国留学生绝大多数是学语言的。”③

1977年前，到外国留学在普通的中国人看来是一件神秘且难以企及的事，留学教育受到太多的限制难以满足人们求学的需要，也难以满足社会各项事业发展的需要。

二、来华留学的曲折发展

1956年前，共有九个国家派遣来华留学生。在这段时间，苏联和东欧向中国派出少量的留学生，他们主要学习语言以便准备为他们国家的外交服务。中国接收留学生较多的是来自越南和朝鲜的留学生。中国从1953年开始接收越南留学生到1977年中断接收时，共接收5360名越南留学生，占1950年到1977年中国接收留学生总数7100名的75%；1978年后，朝鲜来华留学生数量跃居第一，1952年到1978年，朝鲜来华留学生总数为629人，1979年到1998年总数为1995人。这些留学生主要由中国政府提供奖学金。④

1962年7月20日，中共中央批转国务院外事办公室、教育部、对外经济联络总局《关于加强外国留学生、实习生工作的请示报告》，并原则批准《外国留学生工作试行条例（草案）》和《外国实习生工作试行条例（草案）》。《外国留学生工作试行条例》规定：接收留学生，必须遵循我国的外交政策，根据派遣国的要求和我国的可能，采取精选少收、分别对待的方针。对留学生管理教育工作的方针是：学习上严格要求，认真帮助；政治上影响，不强加于人；生活上适当照顾，严肃管理。试行条例还对培养目标、教学工作、思想政治工

---

① 中央教育科学研究所：《中华人民共和国教育大事记（1949—1982）》，北京：教育科学出版社，1983年版，第468页。

② 中央教育科学研究所：《中华人民共和国教育大事记（1949—1982）》，北京：教育科学出版社，1983年版，第489页。

③ 中华人民共和国教育部：《共和国教育50年》，北京：北京师范大学出版社，1999年版，第591页。

④ 中华人民共和国教育部：《共和国教育50年》，北京：北京师范大学出版社，1999年版，第597页。

作、组织领导及管理工作等作了规定。①

1962 年 10 月 1 日，经国务院文教办公室批准，外国留学生高等预备学校在北京成立。这所学校是由设在北京大学的外国留学生中国语文专修班和设在北京外国语学院的外国留学生办公室、留学生部合并成立的，其任务是负责外国来华留学生的汉语预备教育、出国留学生外语预备教育和归国留学生政治思想教育工作。②

1963 年 8 月 22 日至 29 日，教育部召开外国留学生工作会议，检查了《外国留学生工作试行条例（草案）》贯彻执行的情况，交流培养外国留学生的工作经验，探讨进一步做好工作的办法。会议认为，在目前情况下，接收外国留学生仍应贯彻“精选少收，分别对待”的方针。12 月 9 日，中共中央将这个会议的报告批转各有关部委贯彻执行。1950 年后的 13 年里，中国共接收了 60 个国家的留学生 3556 人，已有 41 个国家的留学生 2128 人毕业或结业回国。③

1963 年，周恩来访问非洲十国，促进了中国政府从 50 年代后期开始以提供奖学金的方式接收非洲留学生的发展。此后的 30 多年里，非洲国家在中国的留学生数目保持稳步增长。1980 年到 1989 年，中国共接收 129 个国家的 13036 名享受中国政府奖学金的留学生，其中来自欧洲国家的占 31%，亚洲国家的占 30%，非洲国家的占 17%，北美国家的占 6%，拉丁美洲国家的占 2%，大洋洲国家的占 2%。1998 年，中国高校接收来自 131 个国家的 5088 名享受中国政府奖学金的留学生，其中 44% 来自亚洲，29% 来自欧洲，22% 来自非洲，4% 来自美洲，不到 1% 来自大洋洲。④

1965 年 1 月 9 日，周恩来批示同意高等教育部《关于外国留学生高等预备学校的发展方向和校舍、校名问题的请示报告》。从此，外国留学生高等预备学校改名为北京语言学院。其任务是接收外国来华留学生学习汉语和我国出国留学生、出国教师学习外语。学院设汉语、外语、政治三类课程，外语有英、法、

① 中央教育科学研究所：《中华人民共和国教育大事记（1949—1982）》，北京：教育科学出版社，1983 年版，第 313 页。

② 中央教育科学研究所：《中华人民共和国教育大事记（1949—1982）》，北京：教育科学出版社，1983 年版，第 318 页。

③ 中央教育科学研究所：《中华人民共和国教育大事记（1949—1982）》，北京：教育科学出版社，1983 年版，第 342 页。

④ 中华人民共和国教育部：《共和国教育 50 年》，北京：北京师范大学出版社，1999 年版，第 598 ~ 599 页。

俄、西班牙四个语种。①

1965 年 7 月 11 日，周恩来指示高等教育部：在中国毕业的外国留学生都要由高等教育部直接给予证书，证明相当于外国的相应学位。1966 年 1 月，高等教育部起草了《关于授予外国留学生学位的试行办法》，4 月报送中央。后因“文化大革命”这一指示未能执行。②

1965 年，有 19 个国家派遣来华留学生。

1966 年 7 月 2 日，高等教育部向中国驻外使馆发出通知：目前全国各高等学校正在进行“文化大革命”，经中央批准，将接收来华留学生的工作，推迟半年或一年。9 月 19 日，高等教育部给各国驻华使馆的《备忘录》中提出：“从现在起，在华外国留学生（包括大学生、研究生、进修生）回国休学 1 年。回国的往返路费由我国负担。这些留学生返华学习的具体时间，届时将另行通知。”自本年起，中国停止接收外国留学生达七年之久。③

1971 年，中国在联合国的合法席位恢复，与美、日关系正常化，正常参与联合国教科文组织的活动。1972 年后，国际环境的变化使中国留学教育具备了进一步开放的条件。

1973 年 7 月 19 日，国务院科教组转发经国务院批准的《关于 1973 年接受来华留学生若干问题的请示报告》。报告提出：从本年起恢复接收外国留学生，并对一部分留学生提供奖学金。本年接收的留学生限于入我国高等学校学习的大学生、选课大学生和进修生三类。留学生来华后，一般先学习一年左右的汉语，然后视汉语能力，转入专业学习。报告重申了对留学生的管理教育方针，即政治上积极影响，不强加于人；学习上严格要求，认真帮助；生活上严格管理，适当照顾。1973 年共接收来华留学生 383 人。这是 1966 年停止接收外国留学生以来，首批来华的留学生。④

1974 年 8 月，国务院科教组召开全国来华留学生工作座谈会，讨论修改了《关于外国留学生教学和管理工作暂行规定（草案）》。会后报经国务院批准，

---

① 中央教育科学研究所：《中华人民共和国教育大事记（1949—1982）》，北京：教育科学出版社，1983 年版，第 318 页。

② 中央教育科学研究所：《中华人民共和国教育大事记（1949—1982）》，北京：教育科学出版社，1983 年版，第 382 页。

③ 中央教育科学研究所：《中华人民共和国教育大事记（1949—1982）》，北京：教育科学出版社，1983 年版，第 403 页。

④ 中央教育科学研究所：《中华人民共和国教育大事记（1949—1982）》，北京：教育科学出版社，1983 年版，第 452 页。

科教组于12月10日通知各地参照执行。①

1976年12月4日，国务院批准教育部、外交部《关于1977年接受和派遣留学生计划的报告》，提出1977年仍按1976年数量，接收来华留学生500名。②

1977年10月20日，教育部、外交部联合颁发施行《外国留学生政治活动管理暂行规定》，以加强对外国留学生的管理工作。③ 1977年12月17日，国务院批准教育部、外交部的报告，决定从1978年起，凡来我国大学学习的留学生要缴高中毕业证书，提供高中学习成绩单。对学习理、工、医科的留学生要在来华前进行数、理、化基础知识的考核。作出这一决定是因为“这几年，由于‘四人帮’对我国教育事业的干扰和破坏，接收的外国留学生文化知识越来越差，有的甚至不会小数运算”。④

1978年4月29日，教育部、外交部、公安部联合发出通知，做好外国留学生的社会管理工作。⑤

此后，中国逐渐恢复与外国的教育交流，不失时机扩大交换留学生的范围，来华留学生的国家也逐渐增多，到1978年增加到72个，1998年增加到164个，世界上绝大多数国家都有留学生在中国学习。⑥

表3-20　近30年间来华留学生变化情况⑦

	留学生总数（人）	政府提供奖学金留学生（人）	自费留学生（人）	自费留学生所占比例（%）	一年以上的留学生（人）
1978年	1236	1178	29	2.3%	
1998年	43 084	5088	5170	12%	29 346
2008年	223 499	13 516	209 983	94%	80 005

① 中央教育科学研究所：《中华人民共和国教育大事记（1949—1982）》，北京：教育科学出版社，1983年版，第467页。

② 中央教育科学研究所：《中华人民共和国教育大事记（1949—1982）》，北京：教育科学出版社，1983年版，第489页。

③ 中央教育科学研究所：《中华人民共和国教育大事记（1949—1982）》，北京：教育科学出版社，1983年版，第499页。

④ 中央教育科学研究所：《中华人民共和国教育大事记（1949—1982）》，北京：教育科学出版社，1983年版，第503页。

⑤ 中央教育科学研究所：《中华人民共和国教育大事记（1949—1982）》，北京：教育科学出版社，1983年版，第518页。

⑥ 中华人民共和国教育部：《共和国教育50年》，北京：北京师范大学出版社，1999年版，第597~598页。

⑦ 中华人民共和国教育部：《共和国教育50年》，北京：北京师范大学出版社，1999年版，第599页；2008年的数据为教育部新闻发布会公布的数据。

来华留学生迅速增多的主要原因是中国与各国的经贸往来增多，多数留学生来华学习汉语和中医。留学生显著增加的主要国家是日本和韩国这些历史上就有大量来华留学生、文化具有相似性的国家。其中有一些是来参加中国开办的短期培训班的，中国学习费用低廉、入学要求低也是吸引外国学生的因素之一。

1979 年 1 月 8 日至 19 日，教育部、外交部、文化部、公安部在北京联合召开外国留学生工作会议。会议研究了进一步做好外国留学生工作的问题，讨论了教育部提出的《外国留学生工作试行条例（修改初稿）》。会议指出：1962 年经中共中央批准的对外国留学生管理教育工作的方针是完全正确的，今后应继续认真贯彻执行。会议提出：今后接收外国留学生的方针是“坚持标准，择优录取，创造条件，逐步增加”，要把好接收关和汉语关，安排好专业教学，严格执行教学管理制度，建立学位制度，解决好以教学工作为中心的问题。会议还提出要搞好管理工作，要对留学生进行遵守法纪的教育，建立和坚持必要的规章制度。5 月 3 日，国务院批转了这次会议的报告。5 月 4 日，教育部、外交部、文化部、公安部联合发出通知：试行《外国留学生工作条例（修订稿）》。条例分总则、接受工作、教育工作、思想政治工作、政治活动的管理、生活管理、社会管理、经费开支、组织领导、附则等十章六十条。①

与此同时，教育部、外交部联合发出《关于 1979 年接受外国留学生的通知》，规定：根据“坚持标准，择优录取，创造条件，逐步增加”的方针，自本年起，来华留学生原则上按照我国目前的高等学校招生考试水平进行考试，不合格者，一律不予录取。至 1979 年底，共有 77 个国家的 1300 多名留学生在中国 40 所高等学校学习。②

1980 年，中国接收来自 32 个国家的留学生 569 名。1980 年底，在华留学生共 1174 人，他们来自 76 个国家，分布在 42 所高等学校的 40 个专业学习。另有 5 个国家的学者 62 人来中国作短期研究工作。③

1981 年 5 月，教育部在北京、上海分别召开医、药院校和理、工、农院校外国留学生教学经验交流会，交流留学生教学工作的经验、体会，并就当前教

① 中央教育科学研究所：《中华人民共和国教育大事记（1949—1982）》，北京：教育科学出版社，1983 年版，第 540 页。

② 中央教育科学研究所：《中华人民共和国教育大事记（1949—1982）》，北京：教育科学出版社，1983 年版，第 545 页。

③ 中央教育科学研究所：《中华人民共和国教育大事记（1949—1982）》，北京：教育科学出版社，1983 年版，第 602 页。

学工作中的几个问题进行了讨论。①

1981年，中国接收来自60个国家和地区的留学人员795人，其中大学生和进修生774人，高级研究学者21人。至1981年底，在华留学生人员达82个国家和地区，近2000人。他们分布在中国43所高等院校的40多个专业学习。另有29所高等学校分别举办了来自19个国家、1809人参加的短期中文学习班。②

1982年3月9日，国务院批转教育部、外交部、公安部《关于安排外国进修生和研究学者有关问题的请示》。国务院在批示中指出：接收外国留学生和研究学者，对促进对外文化交流、增进同各国人民的友谊、扩大留学生派遣、提高高等院校学术水平都是有利的。各单位应采取积极态度，认真做好这项工作。③

20世纪90年代始，来中国留学的外国学生规模明显增加；进入21世纪以来，规模增长迅速。他们来自世界各地，其中亚洲是主要来源地，其次是欧洲、北美洲和非洲。

1992年6月22日，国家教委发布《接受外国来华留学研究生试行办法》。

依据联合国教科文组织统计，1995年世界上接收外国留学生最多的十个国家依次是美国、英国、德国、法国、俄罗斯、日本、澳大利亚、比利时、加拿大、奥地利，美国当年接收留学生总数45万人，奥地利接收外国留学生2.7万人，这十个国家接收的留学生总数占当年世界各国留学生总数的75%，④ 说明1995年中国留学生总数在奥地利之后，未能进入前十名。

1999年7月21日，教育部第4号令发布《中小学接受外国学生管理暂行办法》，自颁布之日起施行。

2000年1月31日，教育部第9号令发布《高等学校接受外国留学生管理规定》，自颁布之日起施行。强调坚持“扩大规模、提高层次、保证质量、规范管理”的原则。

截至2008年，来华留学的基本情况为：第一，2008年度来华留学人数首次突破20万。韩国、美国、日本位列前三甲。2008年共有来自189个国家和地区

---

① 中央教育科学研究所：《中华人民共和国教育大事记（1949—1982）》，北京：教育科学出版社，1983年版，第619页。

② 中央教育科学研究所：《中华人民共和国教育大事记（1949—1982）》，北京：教育科学出版社，1983年版，第639页。

③ 中央教育科学研究所：《中华人民共和国教育大事记（1949—1982）》，北京：教育科学出版社，1983年版，第648页。

④ 中华人民共和国教育部：《共和国教育50年》，北京：北京师范大学出版社，1999年版，第600~601页。

的223 499名各类来华留学人员，分布在全国31个省、自治区、直辖市的592所高等院校、科研院所和其他教学机构学习，比2007年增长了14.32%。2008年，中央财政对来华留学工作加大了投入幅度，中国政府奖学金发放规模及受益范围明显扩大，接受中国政府奖学金总人数达到了13 516名，同比增长33.15%。自费留学人员达到了209 983人，同比增长13.29%。第二，来华的学历留学生人数增幅明显，来华留学教育层次进一步提高。2008年，来华留学生中学历生为80 005名，占来华留学生总数的35.8%，同比增长17.29%，这个速度高于来华留学生总人数的增长速度。第三，中国政府的奖学金标准提高，来华留学环境优化。各地省级人民政府及高等学校也纷纷设立了来华留学奖学金或助学金。同时，各高校还积极完善来华留学教育的各项软硬件设施，比如改善留学生的教学和住宿条件，开设英语或其他外语的授课专业，加强留学生管理干部及授课教师的培训等，尽可能为留学生提供学习和生活上的便利，使来华留学环境不断得到优化。第四，不断更新管理的观念，建立了完备的管理机制。参照世界各国国际学生管理的通行做法，教育部积极推行来华留学生的"趋同"管理，将来华留学生的管理纳入高校学生的整体管理之中。例如从2008年3月起，对外国留学生实行新生学籍和学历证书电子注册，建立外国留学生学历生完整的信息库，使留学生的学籍学历管理更加规范。①

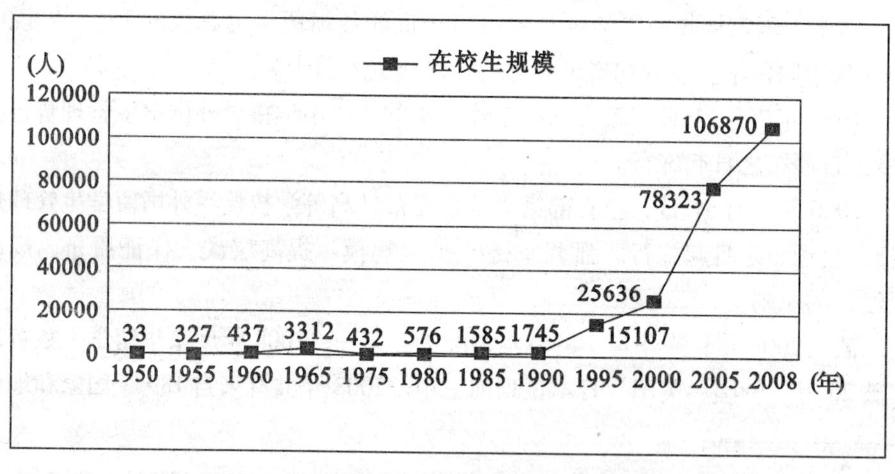

图3-8　1950年至2008年来我国留学的外国学生规模变化

① 张秀琴：《教育部2009年第6次新闻发布会》，http://www.moe.gov.cn.2009-03-25.

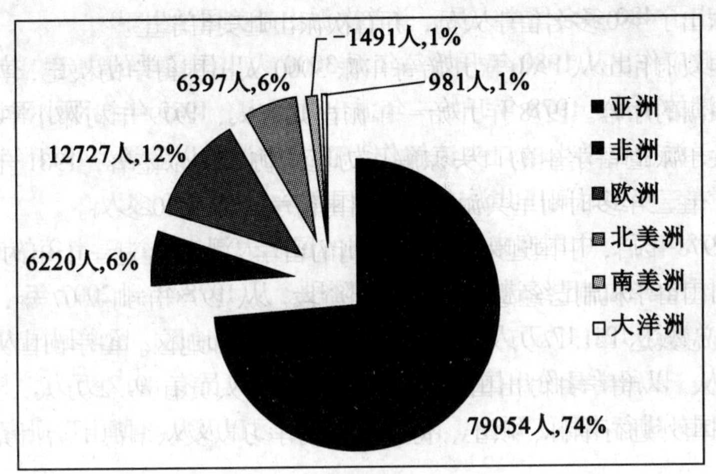

图 3-9 2008 年来中国留学的外国学生来源地结构

近年来，来华留学的人数快速增长，但在全球范围内，中国还没有进入接收外国留学生的大国，还难以吸引高端人才来华留学。接收留学生的主要目的既非赚钱，又没有强大到用它来吸引人才的程度。

三、成为世界上出国留学生最多的国家

1978 年以后，中国迎来第四次留学高潮。

1978 年 3 月 4 日，教育部发出通知，决定 1978 年选派语言留学生、出国进修教师、进修翻译人员 300 名左右。4 月 1 日，又发出通知选派科技生 200 名左右。①

1978 年 6 月 23 日，邓小平在清华大学听工作汇报时提出："我赞成增大派遣留学生的数量，派出去主要学习自然科学。要成千上万地派，不是只派十个八个。"② 1978 年 8 月 4 日，教育部根据中共中央的指示，发出《关于增选出国留学生的通知》，要求将 1978 年出国留学生（包括大学生、进修生、研究生）的名额增至 3000 名以上，主要学习理、工科（包括农、医）的有关专业。并决定从本年高考生及高校一年级学生中选拔出国留学生，从本年录取的研究生中选拔出国研究生，从高等学校教师、科研机构的科技人员和科技管理干部、企业的科技人员中选拔出国进修生。1978 年底，教育部和中国科学院实际共向 28

① 中央教育科学研究所：《中华人民共和国教育大事记（1949—1982）》，北京：教育科学出版社，1983 年版，第 512 页。

② 《邓小平论教育》，北京：人民教育出版社，2004 年版，第 75 页。

个国家派出了480多名留学人员，并首次派出赴美留学生。①

中国政府作出从1980年开始每年派3000人出国留学的决定，拉开了第四次留学浪潮的序幕。1978年开始一年派出几百人，1979年初邓小平访问美国，将中美关于派遣留学生的口头谅解作为正式协议加以签署，1981年一年派出3000人，在三年多时间里共派遣公费出国留学人员6800多人。

自1978年后，中国迎来了史无前例的留学大潮，经过三十年的曲折发展，中国的出国留学机制已经进入正常发展阶段。从1978年到2007年，各类出国留学人员总数达121.17万人，遍布一百多个国家和地区。留学回国人员总数达31.97万人。以留学身份出国，目前在外的留学人员有89.2万人，其中65.72万人正在国外进行本科、硕士、博士阶段的学习以及从事博士后研究或学术访问等。

1979年6月3日，教育部、国家科委、外交部联合发出通知，试行《出国留学人员管理教育工作的暂行规定》和《出国留学人员守则》。②

1979年12月20日至29日，教育部、国务院科技干部局在北京联合召开全国留学人员工作会议，总结交流选派出国留学人员的经验，研究确定选派工作的方针、任务和方法。会议提出今后选派留学人员的方针是：在确实保证质量的前提下，根据国家的需要和可能，要广开渠道，力争多派。在选派工作中，必须坚持以培养高等教育师资为主、以自然科学为主、以技术科学为主的原则，兼顾其他方面的需要，并应以选拔进修生和研究生为主。会议讨论落实了今后两年的派出计划，还对选拔标准和选拔办法等问题进行了讨论。自1978年以来中国已向41个国家派出各类留学人员2700多人，其中教育系统派出2100多人，中国科学院直接派出的600多人。③ 显然，直到此时，出国留学带有很强的政治色彩。那时，在公派留学人员的管理上，主要依靠的是思想教育和行政手段。

1980年10月28日至11月8日，教育部、外交部、国务院科技干部局、财政部、文化部、中国科学院在北京联合召开留学人员工作会议，强调要切实贯彻执行“保证质量，力争多派”的方针；派遣留学人员应以学习自然科学的研

---

① 中央教育科学研究所：《中华人民共和国教育大事记（1949—1982）》，北京：教育科学出版社，1983年版，第512页。

② 中央教育科学研究所：《中华人民共和国教育大事记（1949—1982）》，北京：教育科学出版社，1983年版，第550页。

③ 中央教育科学研究所：《中华人民共和国教育大事记（1949—1982）》，北京：教育科学出版社，1983年版，第566页。

究生、进修人员为主，同时亦可派少量本科生；增加学习社会科学的派出人数。①

1981年7月6日，国务院批转教育部、外交部、财政部等六单位《出国留学人员教育工作条例》和《关于出国留学人员国外经费开支若干问题的意见》，对出国留学人员的业务学习、思想政治工作、经济管理、组织纪律和自费留学等问题作了规定。②

1981年前后，中国自清末以来第四次留学高潮真正到来，从1979年到1985年底，中国公派留学人员3万多人，远超出每年3000人的数量，他们被派往世界五大洲的76个国家和地区，其中学工科的占43.8%，学理科的占31.3%，农、医、文、社会学科和管理学科加在一起仅占24.9%；这些留学人员当中进修和访问学者占78%，研究生占18%，本科生占4%。本科生少的原因是中国政府确定了多派研究生少派本科生的政策，1979年到1981年中国派出的非语言类本科留学生不到1000人，③，1982年后中国除了派出少数学语言的本科生外，没有再派出本科阶段的留学生。

1986年12月13日，国务院批转国家教委《关于出国留学人员工作的若干暂行规定》，根据按需派遣、保证质量的原则派遣出国留学人员。1989年，国家教委正式成立留学生司，特意将何晋秋从国外调回国，担任国家教委留学生司司长。

1991年，在外中国留学人员总数已猛增至17万人。出国留学大军从此浩浩荡荡，蔚为壮观。

1992年春，邓小平发表《南方谈话》，根据这一谈话精神，国家出台了“支持留学，鼓励回国，来去自由”的留学工作方针。这一方针在1993年十四届三中全会上正式作为中国的出国留学方针。这十二字的方针在很多根本难以实现的问题上都说透了。由于此前留学生来去受制约从而影响留学生归国，这一政策制定后，留学人员短期回国，只要他们持有中国有效护照和外国再入境签证，无须再履行审批手续，即随时可再出境。对从国外归国的留学人员，只要他还有出国学习的愿望和机会，签证等一切手续齐全，都可以来去自由，不

① 中央教育科学研究所：《中华人民共和国教育大事记（1949—1982）》，北京：教育科学出版社，1983年版，第596页。

② 中央教育科学研究所：《中华人民共和国教育大事记（1949—1982）》，北京：教育科学出版社，1983年版，第622页。

③ 中华人民共和国教育部：《共和国教育50年》，北京：北京师范大学出版社，1999年版，第605页。

受约束，留学政策变得更加成熟，管理更加规范了。

1978年到1998年间，中国各种留学人员总数达30万人，学成回国的近10万人。依据联合国教科文组织1995年的统计，中国成为世界各国中出国留学生最多的国家，当年在国外高校就读的留学生总数为11.6万人，紧跟其后的韩国为7万人、日本为6.2万人、德国为4.5万人、希腊为4.4万人。[①]

公费留学的比例高是中国派出留学生的一个重要特点。联合国教科文组织1998年的一份会议文件表明"私人资金——主要来自学生及其家庭——是出国留学的主要经费来源，大多数国家政府只提供少量奖学金"，而中国中央政府从1978年到1998年派出公费出国留学人员近5万人，加上地方政府和单位出资派出的9.4万留学人员，[②] 是世界各国中公派留学数量最多的国家。

"来去自由"方针体现了思想转变。以前对留学人员一味强调"回归"，即"人的回归"，这一政策则强调"才的回归"，留学人员可"以适当方式为祖国服务"，这是来去自由政策的精髓所在。

2007年，开始实施"国家建设高水平大学公派研究生项目"，计划此后每年从49所重点高校中选派5000名研究生，有计划、成规模地送往国外一流大学学习。

据教育部统计，2007年度，中国各类出国留学人员总数为14.4万人，其中国家公派8853人、单位公派6957人、自费留学12.9万人，与1978年的860人相比，三十年来中国留学生的人数增加了160多倍。

大量人员出国留学，能够清醒地认识到中国与其他国家的差距，有利于推动国人的思想、观念的转变，大力推动改革开放，使中国的各项建设事业得到全面推进和发展。观念的转变、认识的提高，是出国留学给中国带来的最主要收获。

四、自费留学快速增长

从1949年新中国建立到1978年改革开放前，以自费出国留学名义出国的中国人几乎为零。1978年，公安部决定正式受理自费留学申请，刚开始自费留学还"少人问津"，全国申请留学的人寥寥无几，即便在沿海都市上海，1978

---

① 中华人民共和国教育部：《共和国教育50年》，北京：北京师范大学出版社，1999年版，第601页。

② 中华人民共和国教育部：《共和国教育50年》，北京：北京师范大学出版社，1999年版，第602页。

年也只有8人申请自费留学。

从1979年起，自费留学人数每年超过千人。

1980年10月28日至11月8日，教育部、外交部、国务院科技干部局、财政部、文化部、中国科学院在北京联合召开留学人员工作会议。首次提出，自费留学人员是我国留学人员的组成部分，应该以积极热情的态度给予支持。[①]试图拓宽出国留学国家公派、单位公派之外的自费留学这一第三条渠道，而此时“自费留学”对绝大多数中国人而言，还是一个久违而陌生的词汇。

长期封闭成为限制中国人自费留学的重要原因，1981年后自费留学的大门才缓缓开启。1981年1月14日，在“申请自费出国留学的人员日益增多”的情况下，国务院批转了教育部、外交部等七单位《关于自费出国留学的请示》和《关于自费出国留学的暂行规定》。请示第一次明确“自费留学人员是我国留学人员的组成部分，自费出国留学是培养人才的一条渠道”，“对自费留学人员和公费留学人员在政治上应一视同仁”，但限定“持有国外亲友负担其出国学习期间全部费用的保证书和入学许可证，方可申请自费出国留学”；规定“外事人员（包括临时参加外事活动的人员），不得利用接待外宾的机会，为本人或子女联系出国留学。属于此种情况取得国外经济保证者，一般不予批准”；要求“自费留学人员出国前，各单位应认真做好政治思想工作”，“出国后，应同我驻外使、领馆保持联系，汇报自己的情况”[②]。后一文件（暂行规定）对自费出国留学人员的条件、审批、费用、待遇、政治思想工作和管理教育工作等作了规定。[③] 中国自费留学政策放开，托福考试进入中国。

1982年7月16日，教育部、公安部、外交部、劳动人事部发出《关于自费出国留学的规定》，将1981年《关于自费出国留学的请示》中的限定内容改为“必须有定居国外的可靠亲友或国内亲属提供全部学习和生活费用（包括通过定居国外的可靠亲友取得国外学习期间的全部自主或奖学金的）”，稍微有所扩大；并加上留学不超过35岁、进修不超过45岁、国内高校的在校学生（除华侨）“不准自费出国留学”的规定，高校毕业生必须工作两年后才能申请自费出国留学；要求“所在单位必须进行严格的政治审查，凡发现政治思想反动

① 中央教育科学研究所：《中华人民共和国教育大事记（1949—1982）》，北京：教育科学出版社，1983年版，第596页。

② 《关于自费出国留学的请示》，引自《中华人民共和国重要教育文献（1976—1990）》，海口：海南出版社，1998年版，第1891～1892页。

③ 中央教育科学研究所：《中华人民共和国教育大事记（1949—1982）》，北京：教育科学出版社，1983年版，第606页。

或道德品质恶劣以及有违法乱纪行为的人，不得批准出国留学”；要求“自费留学人员到国外后，须在一个月内亲自或写信向我驻外使（领）馆报到，并接受领导，使（领）馆应确实加强对他们的管理和教育，关心他们的政治思想、业务学习和生活”；“教学、科技、业务骨干（如助理研究员、讲师、工程师、主治医师、优秀运动员、文艺骨干、机关工作业务骨干等）和研究生毕业人员”“事前必须经所在工作单位审查批准，才能对外联系”，符合条件的并“取得国外学习全部经费保证后，一律按教育部有关国家选派出国留学人员的办法办理”。自费出国留学人员学习结束回国后，持有学历证件，国家承认他们在国外的学历和学位，由出国前所在省、直辖市、自治区人事部门量才录用，安排工作，工资待遇按公费出国留学人员的有关规定办理。本规定提出，1981 年 1 月 14 日国务院批转教育部等七个部门《关于自费出国留学的暂行规定》废止。[①]

此后，1984 年国务院又发布《关于自费出国留学的暂行规定》，彻底打开了自费出国留学的大门。1985 年，国家取消了“自费出国留学资格审核”，“出国热”在全国迅速升温。从 1980 年到 1985 年，有近万人选择自费出国留学。1986 年国务院批准国家教委颁发《关于出国留学人员工作的若干暂行规定》。前后十二年的变化是中国开放政策越来越宽的见证，与此同时中国自费出国留学的人越来越多，从 1978 年到 1985 年底，自费出国留学人员总数仅为 8000 人，而 1986 年到 1998 年达 15. 2 万人之多。[②]

据统计，从 1986 年到 1990 年的五年间，中国内地自费出国留学人数已达 13 万人，其中仅 1990 年一年即有 5. 6 万人自费留学，创历史新高。

中国政府不断推动出国留学工作向正常方向发展。1991 年，国家教委取消了单位公派，改为按经费来源分为“公费出国留学”和“自费出国留学”两类。相对于公派留学，自费留学则开始的轰轰烈烈。托福考试培训广告贴满各大都市的街巷，以致北京市不得不在街道上建起圆柱形的广告墩，以免这类广告到处乱贴。

1993 年，国家教委发出《关于自费出国留学有关问题的通知》，逐步简化对自费出国留学的限制，并将“支持留学，鼓励回国，来去自由”写进中共十四届三中全会文件，到 1993 年，只剩下在国内依靠公费完成高等教育的人必须

---

① 《教育部、公安部、外交部、劳动人事部关于自费出国留学的规定》，引自《中华人民共和国重要教育文献（1976—1990）》，海口：海南出版社，1998 年版，第 2023 ~ 2024 页。

② 中华人民共和国教育部：《共和国教育 50 年》，北京：北京师范大学出版社，1999 年版，第 604 页。

在完成了服务期或偿还高等教育培养费后，由本人自愿决定是否自费出国留学。1998年，国家允许成立自费留学中介服务机构，留学人数再度翻番。早期对自费留学的规定限制非常多，1998年以后有所放宽。

1978～1998年，中国有16万自费出国留学生。

1999年8月24日，教育部颁第5号令，发布《自费出国留学中介服务管理规定》，自颁布之日起施行。同日，教育部颁第6号令，发布《自费出国留学中介服务管理规定实施细则（试行）》，从颁布之日起施行。

2003年，教育部发出《关于简化大专以上学历人员自费出国留学审批手续》的通知，出国留学人员再次出现每年成倍增加的现象。为奖励优秀的在外自费留学人员在学业上取得的优异成绩，鼓励他们回国工作，或以多种形式为国服务，2003年设立了"国家优秀自费留学生奖学金"。到2008年每年资助300人，一次性奖金5000美元。在自费留学生较集中的三十多个国家实施，此项目实施以来共有1400余人获奖。2008年共有305人获奖。①

据教育部统计，2007年度，中国各类出国留学人员总数为14.4万人，其中自费留学达12.9万人，占当年度出国留学总人数的近90%。出国留学再也不仅仅是由政府教育部门按国家需要挑选一部分人派遣出国，而是成为公民受教育权利的一种扩展、提升及自主实现。因此，留学人员学成之后，是立即回国还是暂时滞留当地，是继续其研究工作或作其他安排都由本人自行决定。

2008年，全年出国留学人数达17.98万人，其中自费出国留学人数达16.16万人，占当年出国留学人员总数的90%。②

五、去而不返现象

1978年至2008年年底的三十年间，中国公费、自费等各类出国留学生总数达139.15万人，其中仍然留在海外的有100万人，只有39万人归国，回国率仅为28%。③

尽管中国政府对自费留学作出了一些限制性的规定，但中国留学生回国工

① 刘京辉：《教育部2009年第6次新闻发布会》，http：//www.moe.gov.cn.2009－03－25.

② 张秀琴：《教育部2009年第6次新闻发布会》，http：//www.moe.gov.cn.2009－03－25.

③ 张秀琴：《教育部2009年第6次新闻发布会》，http：//www.moe.gov.cn.2009－03－25.

作的比例一直较低。中国社科院《2007年全球政治与安全》报告中承认：中国流失的顶尖人才数量在世界居于首位。

不仅1978年到1998年的16万自费留学人员中，仅有6000人回国内工作,[①]，而且1979到1985年公派的3万名留学人员中也仅有16500人学成回国。[②] 有人认为，自1985年以来，清华大学高科技专业毕业生80%去了美国，北京大学这一比例为76%。[③]

1986年，国务院批准国家教委发布的《关于出国留学人员工作的若干暂行规定》，其中提出："按需派遣，保证质量，学用一致，加强对出国留学人员的管理和教育，努力创造条件使留学人员回国能学以致用，在社会主义现代化建设中发挥积极作用。"[④] 这一针对性的措施并未能阻止留学人员的去而不归，说明其原因不完全在于此，有效措施尚未找到。

1989年3月，旨在为"海归"解决工作及生活问题的中国留学服务中心成立。

1989年6月，中国出现政治事件后，"西方国家以美国为首借机给予在这些国家的我国留学人员居留权，甚至享受有关国家提供的奖学金的我留学生，有关国家也允许我留学人员在他们国家长期居留，使这些国家向我国提供奖学金为我国培养人才的允诺成为一句空话"[⑤]。

1992年，邓小平说："希望所有出国学习的人回来，不管他们过去的政治态度怎么样，都可以回来，回来后妥善安排。这个政策不能变。告诉他们，要做出贡献，还是回国好。"[⑥]

近三十年来，中国政府一直将吸引出国留学人员回国作为工作重点，设置博士后科研流动站，为他们提供工作机会；建立"出国留学基金"，支持他们的科研工作；允许留学人员来去自由，使他们能以多种形式服务祖国；建立留

---

① 中华人民共和国教育部：《共和国教育50年》，北京：北京师范大学出版社，1999年版，第604页。

② 中华人民共和国教育部：《共和国教育50年》，北京：北京师范大学出版社，1999年版，第605页。

③ 李颖：《中国成人才流失最大国　超百万精英滞留海外》，引自《广州日报》，2009年7月21日。

④ 《关于出国留学人员工作的若干暂行规定》，引自《中华人民共和国重要教育文献(1976—1990)》，海口：海南出版社，1998年版，第2458页。

⑤ 中华人民共和国教育部：《共和国教育50年》，北京：北京师范大学出版社，1999年版，第607页。

⑥ 《邓小平论教育》，北京：人民教育出版社，2004年版，第216～217页。

学人员创业园区，对他们回国创业提供优惠条件。1990 年开始的留学回国科研资助，到 1998 年 5 月已对 5487 名回国人员进行资助；1996 年实施的“春晖计划”一年多即资助 600 余人；到 1998 年底，国家公派留学人员 5 万人中有 4 万人回到国内工作；地方及单位公派留学人员 9 万多人中有 5 万回国工作。[①]

1995 年，中国改革了公费出国留学人员派遣办法，实行“个人申请、专家评审、平等竞争、择优录取、签约派出、违约赔偿”的办法，如果没有按期回国，无论是出于什么目的，都要交纳违约赔偿，金额在每年 2 万到 4 万元不等。这一措施提高了回国率，1996 年到 2008 年，公派留学生应回国37 494人，实际回国为36 614人，回归率为 97. 65%，仍有 880 人未按期回国。[②]

2000 年以来，中国经济发展速度快，但留学生回归比例反而下降。

2001 年，人事部、教育部、科技部等联合发布《关于鼓励海外留学人员以多种形式为国服务的若干意见》，强调“在鼓励海外留学人员回国工作的同时，吸引他们以多种形式为国服务”。据《人民日报》海外版一篇报道称，自 1978 年改革开放至 2002 年底，中国已有超过 58 万人出国留学（不包括公私出国经商和旅游的中国人），其中公派留学生为 6 万多人，目前共有 15 万多人回国工作（其中公派生为 5 万多人），另外 16 万多人毕业后在国外就业，约 27 万人正在海外就读。那么，就这个数字来说，中国留学人员流失比例达到近 50%。[③]

2007 年，教育部发出《关于进一步加强引进海外优秀留学人才工作的意见》，加大吸引高层次留学人才的力度；同时出现一些留学人员回国找工作难的“海归”变“海待”现象。2007 年出国留学人员达到 14. 4 万人，比 2006 年增长 7. 5%；学成回国人员达 4. 4 万人，比上年增长 4. 8%；当年回国留学人员占出国留学人员的比例达到 30. 6%[④]，为 2000 年以来最高的比例。

2007 年，被美国高校研究生院录取的中国留学生人数居世界各国留学生之首。中国逐渐成为美国最大的高科技人才供应国。2004 年的《中国统计年鉴》称，当时中国出国而移居美国的博士约62 500人，而截至 2006 年，中国公立研

---

① 中华人民共和国教育部：《共和国教育 50 年》，北京：北京师范大学出版社，1999 年版，第 608 页。

② 刘京辉：《教育部 2009 年第 6 次新闻发布会》，http：//www. moe. gov. cn. 2009 – 03 – 25.

③ 李颖：《中国成人才流失最大国　超百万精英滞留海外》，引自《广州日报》，2009 年 7 月 21 日。

④ 中华人民共和国科学技术部：《中国科学技术发展报告（2007）》，北京：科学技术文献出版社，2008 年版，第 49 页。

究机构博士总数才不过18 493人。①

有人对造成这一现象的原因作了如下分析②：

> （1）我们选派单位在选派时并没有考虑派出人员学成后回国的工作条件，使一些留学人员感到回国不能发挥他们的作用。（2）是西方发达国家从自身的利益出发为我国留学人员提供在留学国工作的机会。甚至包括日本这样的国家，过去从来不允许外国留学生毕业后留在日本工作，80年代中期以后也放宽条件，允许我国留学生毕业后留在日本的企业或学校工作，因而造成许多留学人员不能按期回国工作。（3）从这些年在外留学人员的学习情况看，存在对出国留学人员的质量注意不够问题，使一些人到国外后不能进行正常的学习和研究，在国外造成不良影响。（4）国内研究生教育有了长足发展。在我们强调派遣研究生出国学习的1980年，国内在校研究生总数只有1万多人，到1985年，在校研究生总数达近9万人。五年的时间里，在校研究生数增加了近8倍。国内研究生教育的发展，提出了派遣研究生的政策问题，即高级人才的培养主要立足国内的政策。

上述分析本身不够全面，青年精英的外流与流失背后，反映了国内科研、企业机构吸引力的匮乏——从科研机构用人机制、科研环境到薪酬标准，国内外都存在着相当大的差距。国外不论在科研设备和研究环境上，都要优于国内；而国内科研经费的提供和分配机制存在的官本位现象成为浮躁心态之源，阻止了真正想做研究工作的人归来。

据英国高等教育政策研究所2007年的一份报告显示，每个非欧盟国家留学生平均每年带来的效益是2.44万英镑。加拿大估算的数据是2.5万加元。留学生不回国，此前用在该学生身上的教育投入就无法收回，以每人为外国每年贡献2万美元计算，中国仅留学一项就为国外贡献100亿美元外汇。

为吸引留学人员回国，2008年，教育部与有关部门举办了“第十一届中国留学人员广州科技交流会”、“2008年中国海外学子辽宁创业周”、北京“科博会”等活动。教育部设立了留学回国人员科研启动基金等项目，2008年这个项目共资助1863人；推行“春晖计划”，通过鼓励支持优秀留学人员短期回国开

---

① 李颖：《中国成人才流失最大国　超百万精英滞留海外》，引自《广州日报》，2009年7月21日。

② 中华人民共和国教育部：《共和国教育50年》，北京：北京师范大学出版社，1999年版，第606～607页。

展科研合作、信息交流以及利用学术休假回国进行人才培养、教学活动等方式，引导支持他们以多种形式为国服务，为出国留学人员长期回国工作提供“软着陆”。2008 年，“春晖计划”共资助了 176 人次 15 个团组。

2008 年年底，中央人才工作协调小组召开海外高层次人才引进会议。随后，中共中央办公厅转发了相关意见，要求各地区、各部门做好海外高层次人才引进工作，并启动“千人计划”。

但由于一些政策可操作性不强，一些人才一定要鉴定为高级人才才可以落户，程序繁琐；回来的科研人员还要纳入现有的用人机制，缺少吸引海外高级人才的机制、政策、用人观念，所以吸引海外高层次人才仍有很长的路要走。

六、谨慎的国际合作

直至 2008 年，中国教育的国际交流合作尚处在较低的水平。

1950 年，中国仅从苏联聘请一些教师，最多的时候“从苏联聘请来华任教的教师也只有一两百人之多”[①]；此外就是购买一些外国的教材。

1956 年，中国对外的教育交往有所扩大，教育部赠送给阿尔巴尼亚物理、化学、生物实验室设备各 30 套，显微镜 200 架等教学设备。中国教育代表团及学者访问瑞士、意大利、德意志民主共和国、波兰、苏联、罗马尼亚等国。其中包括以高等教育部副部长曾昭抡为团长的高等教育访问团访问苏联。这年还有德意志民主共和国、波兰、朝鲜、越南等国的教育代表团和学者来我国访问。[②]

1957 年 1 月 5 日，苏联对外文化协会代表团团长、俄罗斯联邦共和国教育科学院院长凯洛夫，应中央教育教学研究所筹备处邀请，作关于苏联教育科学研究工作的讲演。19 日，凯洛夫向北京教育工作者作了关于改进和提高苏联普通学校的教育质量问题的讲演。[③]

1957 年 11 月 4 日，教育部副部长林砺儒代表我国政府与越南民主共和国政府代表阮康签订《关于越南在中国设立学校的议定书》。议定书规定：越南民

---

① 中华人民共和国教育部：《共和国教育 50 年》，北京：北京师范大学出版社，1999 年版，第 611 页。

② 中央教育科学研究所：《中华人民共和国教育大事记（1949—1982）》，北京：教育科学出版社，1983 年版，第 185 页。

③ 中央教育科学研究所：《中华人民共和国教育大事记（1949—1982）》，北京：教育科学出版社，1983 年版，第 187 页。

主共和国政府在中国广西南宁市设立普通学校1所，师生员工总数为3000人；在广西桂林市设立普通学校1所，师生总数为1000人。这两所学校的有关事务，教育部委托广西壮族自治区教育厅协助管理。从1970年开始，这两所学校陆续迁回越南。此前，1951年越南将育才学校迁到我国（先迁至江西庐山，1953年迁至桂林），它是越南高级干部及军烈属子弟学校。越南在广西南宁还办过1所中学。①

1957年11月8日，苏联国民教育展览会在北京开幕，展览会于9月16日起在上海展出了1个月。11月15日，中央教育科学研究所等五单位联合举行捷克教育家夸美纽斯教育论著出版三百周年纪念会，各地报刊从3月起发表一些纪念文章。② 这一年，中国教育代表团先后到东欧各国及印度、缅甸访问，相应地东欧国家及日本、越南、埃及、印度等国的教育代表团也来访中国。③

1957年11月17日，毛泽东等在莫斯科大学会见我国在莫斯科的3000名留学生、实习生。他在会见时说："世界是你们的，也是我们的，但归根结底是你们的。你们青年人朝气蓬勃，正在兴旺时期，好像早晨八、九点钟的太阳。希望寄托在你们身上。"毛泽东等还视察了莫斯科大学的我国留学生宿舍。④

1958年1月18日，中苏两国高等教育部的代表在莫斯科签订《中华人民共和国高等教育部和苏维埃社会主义共和国联盟高等教育部关于双方高等学校合作进行科学研究工作的议定书》；3月，双方商定第一批两国高等学校合作进行科学研究的具体项目85个，一般有效期定为1958年至1962年；9月，教育部通知有关学校检查合作项目执行情况并提出新的合作项目。⑤

1958年至1960年，中国与苏联及东欧国家的教育代表团进行了多次互访。

20世纪60年代，作为对外援助的一个组成部分，中国开始派遣包括汉语和其他自然学科在内的教师到非洲一些国家任教。这段时间与世界各国的一切教育交流都由政府一个渠道办理，除此之外中国再没有其他的国际教育合作交

---

① 中央教育科学研究所：《中华人民共和国教育大事记（1949—1982）》，北京：教育科学出版社，1983年版，第206页。

② 中央教育科学研究所：《中华人民共和国教育大事记（1949—1982）》，北京：教育科学出版社，1983年版，第207页。

③ 中央教育科学研究所：《中华人民共和国教育大事记（1949—1982）》，北京：教育科学出版社，1983年版，第209页。

④ 中央教育科学研究所：《中华人民共和国教育大事记（1949—1982）》，北京：教育科学出版社，1983年版，第207页。

⑤ 中央教育科学研究所：《中华人民共和国教育大事记（1949—1982）》，北京：教育科学出版社，1983年版，第211页。

流了。

1960年7月16日，苏联政府宣布撤退全部在华苏联专家后，在教育系统工作的苏联专家即一同撤离。自1949年以来，中国教育部门在学校先后共聘请苏联专家861人，担任顾问或从事教学、科学研究工作。①

1964年9月到1965年11月，中国教育部向越南赠送五批小学教科书共13 369册，供华侨学校使用。②

1964年6月9日，高等教育部发出《关于集中进口部分专业、课程外国教材的通知》。通知指出：今后教材建设工作，除了要首先做好自编教材的编写出版工作外，还要积极引进外国教材和教学参考书。为此，高等教育部决定，除从去年开始已由人民教育出版社进口一部分工科基础课程的外国教材和教学参考书外，今年起集中引进动力、机械、电机、化工、土建、无线电等类专业的外国教材和教学参考书。并提出，争取在今后几年内，尽快将若干主要国家最有代表性的和参考价值最大的教材和教学参考书引进国内。③

1965年5月23日，遵照中共中央和周总理的批示，高等教育部正式答复越南民主共和国政府，同意越南民主共和国政府提出的于本年8月间派2000名高中毕业生来中国学习的要求。这批越南留学生来华后，先在九个城市的23所综合大学和师范院校学习一年汉语，然后分别入有关高等学校学习专业。④

1965年，中国教育代表团先后到英国、柬埔寨、阿拉伯也门、法国及东欧部分国家访问；东欧及非洲一些国家的代表团到中国访问。中国教育部向索马里教育部赠送一批价值人民币1.1万余元的体育器械和工艺美术品。⑤

1966年，“文化大革命”爆发，中国教育代表团和学者对柬埔寨、英国、刚果（布）、埃及、坦桑尼亚、几内亚、马里等国进行访问；坦桑尼亚、越南、法国等国的教育代表团和学者来中国访问；中国教育部向越南中小学赠送价值人民币53万余元的文化、体育用品，中国政府向坦桑尼亚的达累斯萨拉姆大学

---

① 中央教育科学研究所：《中华人民共和国教育大事记（1949—1982）》，北京：教育科学出版社，1983年版，第279页。

② 中央教育科学研究所：《中华人民共和国教育大事记（1949—1982）》，北京：教育科学出版社，1983年版，第373页。

③ 中央教育科学研究所：《中华人民共和国教育大事记（1949—1982）》，北京：教育科学出版社，1983年版，第361~362页。

④ 中央教育科学研究所：《中华人民共和国教育大事记（1949—1982）》，北京：教育科学出版社，1983年版，第380页。

⑤ 中央教育科学研究所：《中华人民共和国教育大事记（1949—1982）》，北京：教育科学出版社，1983年版，第391~392页。

赠3万英镑修建校舍。①

1967年6月21日至7月10日，姚文元、谭厚兰等七人组成的中国红卫兵代表团应邀参加阿尔巴尼亚劳动青年联盟第五次代表大会，并对阿尔巴尼亚进行访问。② 而几乎同时，1967年7月2日，国务院同意教育部停办出国师资班。这类班从1961年开始举办，每年选拔若干名应届大学毕业生，集中学习二三年外语，然后派遣出国担任教师。③ 从这两件事的对比中可以看出中国当时教育国际交流的特征与状况。

1968年的中国教育对外交流仅仅是接待了越南、老挝等国的教育代表团和学者，向也门教育部赠送了一批价值人民币35000余元的教育用品。④ 1969年7月14日，中国政府无偿援助也门政府建立一所中等技术学校，在萨那签字，1970年9月，萨那中等工业技术学校正式开学。⑤ 1969年8月8日，中国代表和老挝人民党中央代表在北京签订《中老双方关于南宁老挝“五七”学校的问题的会谈纪要》，决定由中国援助老挝于广西南宁建立“五七”学校。1975年，这所学校迁回老挝。⑥

1970年，中国的教育对外交往仅仅是接待了伊拉克教师协会代表团、日本教职员和学生访华参观团。⑦

1971年前，中国教育的国际交流都限于东欧、非洲的国家以及英、法等国。1971年1月29日，成立于1946年的联合国教育、科学及文化组织（简称“联合国教科文组织”）执行局通过恢复中华人民共和国合法的决议，从此扩大了中国教育国际交流的范围，当年菲律宾、索马里、加拿大大不列颠哥伦比亚大学文化访华团、日本民族民主教育学习访华团、美国进步学生代表团先后到

① 中央教育科学研究所：《中华人民共和国教育大事记（1949—1982）》，北京：教育科学出版社，1983年版，第408页。

② 中央教育科学研究所：《中华人民共和国教育大事记（1949—1982）》，北京：教育科学出版社，1983年版，第413页。

③ 中央教育科学研究所：《中华人民共和国教育大事记（1949—1982）》，北京：教育科学出版社，1983年版，第414页。

④ 中央教育科学研究所：《中华人民共和国教育大事记（1949—1982）》，北京：教育科学出版社，1983年版，第424页。

⑤ 中央教育科学研究所：《中华人民共和国教育大事记（1949—1982）》，北京：教育科学出版社，1983年版，第427页。

⑥ 中央教育科学研究所：《中华人民共和国教育大事记（1949—1982）》，北京：教育科学出版社，1983年版，第428页。

⑦ 中央教育科学研究所：《中华人民共和国教育大事记（1949—1982）》，北京：教育科学出版社，1983年版，第436页。

中国访问。至1972年联合国教科文组织共125个会员国。[①]

1972年10月17日至11月8日，以中国驻法国大使黄镇为团长、清华大学革命委员会副主任张维为副团长的中国代表团出席联合国教科文组织第17届大会。这是中国第一次派代表团出席联合国教科文组织大会。黄镇团长在会议上发了言，并宣布我国开始参加联合国教科文组织的工作。10月18日，国务院批准恢复于1971年撤销并入第二外国语学院的北京语言学院，复校后的北京语言学院负责来华外国留学生的汉语预备教育，中国出国留学生的短期外语教育和思想政治教育以及出国师资的培训等。[②] 1972年，阿尔巴尼亚地拉那大学代表团、美国哈佛大学费正清教授等来中国访问。

1973年，中国教育代表团和学者访问了英、美等国，日本、芬兰、秘鲁、罗马尼亚、法国、美国、德意志联邦共和国（即西德）、南也门等国的教育代表团和学者到中国访问。

1974年，中国教育代表团和学者先后访问朝鲜、罗马尼亚、南斯拉夫、日本、加拿大等国；瑞士、日本、阿尔巴尼亚、巴基斯坦、加拿大、越南、尼泊尔、苏丹、美国等国的教育代表团和学者来中国访问。[③]

1976年后，中国教育国际交流的范围和频次开始增加。

1977年8月，教育部开始从美国、英国、西德、法国、日本等国家引进大、中、小学教材供我国编写教材参考。至1978年2月，进口的外国教材已达2200册，其中小学教材占15%，中学教材占20%，大学教材占65%。[④]

1978年6月28日，教育部发出《关于申请参加国际会议，邀请外籍科学家、工程技术专家来华讲学的通知》，对有关事项作了具体规定。1978年，教育部及一些高等学校开始恢复邀请外国教授来我国讲学，先后应邀来讲学的有澳大利亚、加拿大、法国、日本、美国、英国等十多个国家的100多名教授、专家。1979年，在中国任教的外国教师有383人，短期讲学的教授、专家达400余人。另外，为了增进友谊，加强学术交流，我国一些高等学校还授予杨振宁、林家翘、冯元桢、任之恭、马洛海、科里斯等外籍和外国专家以“名誉

① 中央教育科学研究所：《中华人民共和国教育大事记（1949—1982）》，北京：教育科学出版社，1983年版，第440页。

② 中央教育科学研究所：《中华人民共和国教育大事记（1949—1982）》，北京：教育科学出版社，1983年版，第447页。

③ 中央教育科学研究所：《中华人民共和国教育大事记（1949—1982）》，北京：教育科学出版社，1983年版，第470页。

④ 中央教育科学研究所：《中华人民共和国教育大事记（1949—1982）》，北京：教育科学出版社，1983年版，第496页。

教授”称号。[①]

1979年2月19日，中国联合国教科文组织全国委员会成立。[②] 1979年6月24日，教育部、外交部联合发出《关于开展校际交流的几点意见》，规定我国高等学校与外国高等学校建立校际交流关系暂定在全国重点院校范围内有选择、有计划地进行，并规定开展校际交流应着重于学术范围。实行开放政策后，中国高等学校与国外一些高等学校之间开展了校际交流，互相交换图书资料，互派留学生，互派学者、教授讲学，以及进行科研和其他方面的合作。北京大学、清华大学等20所高等学校同朝鲜、罗马尼亚、南斯拉夫、美国、埃及等14个国家的47所高等学校建立了校际交流关系。[③]

1980年4月15日至24日，外国专家局在北京召开全国文教专家工作座谈会，确定新时期外国专家工作的方针是：有计划地聘请外国专家，积极主动地团结他们，调动他们的积极性，充分发挥他们的作用，虚心学习他们的专长，加速培养建设人才，为我国四个现代化服务，并增进中外人民之间的友谊。[④]

1980年，上海复旦大学高等院校授予美籍华裔著名学者杨振宁、李政道、吴健雄、杨炳麟、戴苏德、蒋振宗和日本几位学者以“名誉教授”称号。我国北京大学校长周培源接受了美国普林斯顿大学荣誉博士学位，中山大学副校长浦蛰龙接受了美国明尼苏达大学“优秀成就奖”，清华大学副校长张维被瑞典工程学会吸收为国外会员。中国教育国际交流大幅度增长，有44个教育代表团分别到法、德、美等国访问，接待124个国外教育代表团来访。中国大学分别邀请了23个外国大学代表团来访，有来自15个国家的400多位专家到中国的37所大学讲学。[⑤]

1981年3月18日，教育部、外交部、财政部联合发出通知，施行中华人民共和国教育部关于接受外国研究学者入中国高等院校进行科学研究的有关规定。文件对纳入政府间交流计划来华从事科学研究工作的学者的申请程序、费用、

---

① 中央教育科学研究所：《中华人民共和国教育大事记（1949—1982）》，北京：教育科学出版社，1983年版，第521页。

② 中央教育科学研究所：《中华人民共和国教育大事记（1949—1982）》，北京：教育科学出版社，1983年版，第543页。

③ 中央教育科学研究所：《中华人民共和国教育大事记（1949—1982）》，北京：教育科学出版社，1983年版，第552页。

④ 中央教育科学研究所：《中华人民共和国教育大事记（1949—1982）》，北京：教育科学出版社，1983年版，第578页。

⑤ 中央教育科学研究所：《中华人民共和国教育大事记（1949—1982）》，北京：教育科学出版社，1983年版，第602～603页。

研究地点、研究和考察活动、提供资料、生活待遇等事项作了规定。[①]

1981年，中国有67个教育代表团分别访问了美国、墨西哥、泰国、日本等国，一些高等学校派出专家、学者参加各种国际学术会议121次，有102所高等学校与16个国家的175所高等院校建立、发展了校际交流关系；日本、美国、巴基斯坦等国的75个教育代表团来中国访问，有844名外国专家到中国高校长期任教或短期讲学；中国一些高校先后授予美国、西德、法国等国的36位学者“名誉教授”称号；中国学者张光斗、谢希德等人接受了其他国家外籍院士和荣誉博士学位。[②]

1982年6月13日，教育部、外交部作出决定，中小学校暂不考虑同国外中小学建立校际联系。对于国外友好团体、友好人士提出同我国中小学建立通讯联系和赠送中小学图书资料、学生的手工作品等纪念物的要求，建议在对外交往较多的城市选定若干所条件较好的中学，由省、直辖市、自治区外事部门领导与之进行联系。[③] 据统计，1982年上半年中国已有24个省、直辖市、自治区的115所高等学校与22个国家的250所高等学校开展了校际交流活动。[④]

1983年7月8日，邓小平说：“要利用外国智力，请一些外国人来参加我们的重点建设以及各方面的建设。对这个问题，我们认识不足，决心不大。”[⑤] 由此开启了聘请外国人到中国高校任教或讲学的门径，来华任教或讲学的教师成千上万。同时中国教师到国外任教的范围也由非洲等发展中国家扩大到发达国家，国家建立了汉语教师资格审定制度；除了汉语以外，还有其他专业教师到国外任教。

从20世纪80年代初期开始，中国政府拨出专项经费支持学者出国参加国际会议，出国参加国际学术会议的人数逐年增加，一直发展到每年有数千人的规模。

1992年9月2日，国家教委颁第21号令，发布《中国汉语水平考试（HSK）办法》，自颁布之日起施行。

---

① 中央教育科学研究所：《中华人民共和国教育大事记（1949—1982）》，北京：教育科学出版社，1983年版，第612页。

② 中央教育科学研究所：《中华人民共和国教育大事记（1949—1982）》，北京：教育科学出版社，1983年版，第639～640页。

③ 中央教育科学研究所：《中华人民共和国教育大事记（1949—1982）》，北京：教育科学出版社，1983年版，第656页。

④ 中央教育科学研究所：《中华人民共和国教育大事记（1949—1982）》，北京：教育科学出版社，1983年版，第657页。

⑤ 《邓小平论教育》，北京：人民教育出版社，2004年版，第145页。

1995年颁布的《中华人民共和国教育法》规定："国家鼓励开展对外教育交流与合作。"同年1月26日颁布了《中外合作办学暂行规定》，为中外合作办学提供了文本依据；1996年5月10日，国家教委发布《中外合作举办教育考试暂行管理办法》。

1998年通过的《中华人民共和国高等教育法》中规定"国家鼓励和支持高等教育事业的国际交流与合作"，"高等学校按照国家有关规定，自主开展与境外高等学校之间的科学技术文化交流与合作"。①

2002年12月31日，教育部颁第15号令，发布《高等学校境外办学暂行管理办法》，自2003年2月1日起施行。

2003年3月1日，国务院颁第372号令，公布《中华人民共和国中外合作办学条例》，自2003年9月1日起施行。

2004年，全球第一所孔子学院在韩国首尔落户，截至2009年3月，全世界已成立了320所孔子学院。外国学习汉语人数达到3000多万，国外3000余所高等学校开始汉语课程。②

2004年6月2日，教育部颁第20号令，发布《中华人民共和国中外合作办学条件实施办法》，自2004年7月1日起施行。国家教委1995年1月26日发布的《中外合作办学暂行规定》同时废止。

2004年8月23日，教育部颁第19号令，发布《汉语作为外语教学能力认定办法》，自2004年10月1日起施行，1990年6月23日发布的《对外汉语教师资格审定办法》同时废止，《对外汉语教师资格证书》同时失效，须更换《能力证书（高级）》。

2009年初，教育主管部门对中国教育对外开放的评价为：总体发展良好，规模不断扩大，形式日益多元，内涵不断深化，质量稳步提升。主要表现在出国留学创历史新高以及以下六个方面：①与国外的合作与交流不断深入，对外教育合作与交流由改革开放之初的向国外学习和借鉴经验的单向需求，逐步转向双向需求合作共赢。世界各国对中国教育合作的需求也从学习语言转向学生交流、科研合作等更加多元化和愈加深入的层面上。②教育对外开放的战略格局已经基本形成。形成了"大国是重点，周边是首要，发展中国家是基础，多边国际组织是重要舞台"这样一个全方位、多层次、有重点、分步骤的官民并举、双边多边互动的开放的大格局。③制度化、机制化进程持续推进。迄今为止，与世界上188个国家和地区建立了合作与交流的关系，设立了18个双边教

① 引自《中华人民共和国国务院公报》，1998年第22期。

② 数据来源于作者2009年3月到北京孔子学院总部的实地访谈。

育高层工作磋商机制，构建了若干双边及区域性教育合作与交流平台，签署并尚在执行的教育合作协议达 154 个，正在实施的政府间合作的教育项目共有 77 项。另外，我们还与 34 个国家和地区签订了学历学位互认的协议。与联合国教科文组织、联合国儿童基金会、开发计划署、世界银行等 40 多个重要的国际组织建立了教育合作与交流的关系，开展了大量的合作项目。④学生交流渠道畅通，数量稳步增长。目前，中国留学生在各国留学生中的比例都名列前茅，受到世界各国大学和研究机构的欢迎。同时，中国作为一个新兴的留学目的国，也受到了海外留学生的普遍青睐，来华留学人数一直持续稳步增长。⑤汉语国际推广取得新突破，"汉语热"不断升温。截至 2008 年底，我国已在 78 个国家和地区建立了 305 所孔子学院和孔子课堂。汉语作为中华文化的载体，作为世界了解中国、与中国交往的重要工具越来越受到重视。⑥涉外政策法规和监管机制不断完善，中外合作办学与高等学校境外办学稳步发展。为确保人民群众的利益，促进国际合作与交流健康有序发展，教育部进一步加大了对教育涉外活动的监管力度。《中外合作举办教育考试暂行管理办法》、《高等学校境外办学暂行管理办法》、《中外合作办学条例》及其实施办法等一系列教育涉外法规先后出台，涉外办学不断规范。到目前为止，依法获得批准的中外合作办学机构和项目已经达到 1100 多个。同时，国内高校也积极地"走出去"，到 2008 年 12 月，全国 24 所高等学校共设立海外分校或举办境外办学项目达到 42 个。[①]

综上所述，在 1978 年前，中国教育的开放度严重不足，因而对教育乃至人才成长、社会发展造成严重的损伤；自 1978 年以来，中国教育的开放度不断增强，但截至 2008 年，依然还没有开放到教育的特性所要求的开放程度。

---

① 张秀琴：《教育部2009 年第6 次新闻发布会》，http：//www. moe. gov. cn. 2009 – 03 – 25.

第五节　教育秩序、自主性

秩序与自主性是教育品质的实质性内涵。

保障教育秩序的是体制，教育能否健康发展，体制是关键。中国教育上取得的一些成绩，与其体制相关；中国教育表现出的诸多问题又都有其体制根源，中国教育的严峻弊端源自教育体系宏观设计的结构性缺陷。在宏观设计存在缺陷的体制之中，学生越勤奋、教师越敬业、家长望子成龙的观念越强烈，教育在偏差的道路上走得越远。如果结构性的根本缺陷未得到改变，教育的局部改革只会为当下的执政者赚来政绩，为个别师生带来瞬间快乐，而实质上成为扰民之举，给学校、老师、学生增添新的负担，却对改变长远的教育和人生幸福无济于事。

这方面的例证较多：如为了救助那些因贫困失学的儿童，1990 年后各地实施希望工程，不料在一些地方希望工程出了贪污挪用现象；研究生教育本应具有多样性，而研究生考试在中国实施一些年后也像高考一样变成了残酷的应试竞争；大家都批评和痛恨应试教育，应试教育不仅没有弱化，反而被变本加厉地向高考以外的各学段扩展开来，从小学一直到博士，都受到应试教育的直接影响；集中办学改善了办学条件，却需要家长支付更高的教育成本。这些都是体制造成教育问题的例证。

一、未能形成正常秩序

事实上，教学秩序失常早在新政权建立时就已出现。1950 年 2 月 20 日至 22 日，召开中华全国学生联合会第十四届执委会第二次会议。会上通过的中国学生当前任务的决议指出：课外的非学习性的活动太多，妨碍正课学习；或忽视思想政治教育，完全恢复旧的一套的做法必须纠正。全国同学还必须自下而上地配合对旧课程教材的改革，并继续支援解放战争、努力学习国际主义。[①]这段表述从不同方面显现出当时中国教育的秩序问题：一是正常的教学活动受到太多的活动冲击；二是对恢复正常教学秩序的犹豫；三是发动学生对课程教材的改革；四是鼓励学生参与更多的社会活动。事实上这几点之间是相互矛盾的，说明当时并未找到确立符合教育特性的教育秩序的明确措施和办法。

1950 年 6 月 19 日，毛泽东就学生健康问题写信给教育部部长马叙伦，要求各校注意健康第一，学习第二。次年 1 月 15 日，再次写信给马叙伦，提议采取行政步骤，具体地解决学生健康问题。当时的学生健康问题是一个真问题，以党和国家领导人直接干预的方式介入，自然会使这一问题放大，对正常的教育秩序产生严重的影响。

1953 年 5 月 17、18、27 日，毛泽东主持中共中央政治局召开讨论教育工作的会议，会议决定指出：五年一贯制实行过早，应推迟。小学要把超龄生教好。关于整顿小学，整顿巩固、重点发展、提高质量、稳步前进的方针好，但不要整过了头。不可能把小学都办成一样，不可能整齐划一，不应过分强调正规化。农村小学划分为三类：中心小学，不正规的小学，速成小学。农村小学应便于农民子女上学。应允许那些私塾式、改良式、不正规式的小学存在。[②]

1958 年，毛泽东提出教育“必须同生产劳动相结合”，各地随即发动师生下乡参加生产劳动、建小高炉炼钢炼铁。

1960 年起，毛泽东对教育的批评增多，他信奉“在游泳中学习游泳，在战争中学习战争”，倡导办“七二一”大学、共产主义劳动大学、朝阳农学院经验。

1964 年 2 月 13 日是甲辰年春节，毛泽东在人民大会堂召开教育工作座谈会，后来称此会为“春节座谈会”。他在会上明确地指出“旧教学制度摧残人才，摧残青年，我很不赞成”，还以孔子、李时珍、萧楚女和富兰克林、高尔基等人为例，说明自学在人才成长过程中的作用；并明确地表示，他反对旧的教学制度，提倡自学、教师同学生一起商量讨论的教学方法。[③] 这个讲话一出，就连当时主管教育的领导陆定一也不能准确理解其内涵，因为自 1961 年开始实

---

① 中央教育科学研究所：《中华人民共和国教育大事记（1949—1982）》，北京：教育科学出版社，1983 年版，第 14 页。

② 中央教育科学研究所：《中华人民共和国教育大事记（1949—1982）》，北京：教育科学出版社，1983 年版，第 77 页。

③ 中华人民共和国教育部：《共和国教育 50 年》，北京：北京师范大学出版社，1999 年版，第 44 ~ 45 页。

施的调整措施正在发生效果，先后制定的《高教六十条》、《中教五十条》、《小教四十条》对恢复正常教学秩序正发生积极作用。因为不能准确理解，导致向下传达的时间延误，也导致一些人因此受到追究。

1965年，毛泽东同志在杭州会议上，对学制过长的问题进行了尖锐的批评，他说："现在这种教育制度，我很怀疑。从小学到大学，一共十六七年，二十多年看不见稻、粱、菽、麦、黍、稷，看不见工人怎样做工，看不见农民怎样种田，看不见商品是怎样交换的，身体也搞坏了，真是害人。"他的这些批评尖锐犀利，于是全国上下进行了约二十年的学制改革，至20世纪80年代后才稳定下来。

毛泽东主张多安排师生到农村、工厂、商店、连队做点实际工作，还就课程、教学方法和考试制度改革，提出了具体的意见。关于课程，他认为，"课程多，害死人，使中小学生、大学生天天处于紧张状态"，"学生成天看书并不好，尽可能参加一些生产劳动和必要的社会活动"，要把课程"砍掉一半"。又说"课程设置要精简。教材要彻底改革，有的首先删繁就简"。

关于教学和考试方法，毛泽东谈得比较多。他最为主要的主张就是废除注入式，提倡启发式。他曾多次强调，大学高年级学生不要灌得太多，"主要是自己研究问题"，教师讲授时，把讲稿发给学生让学生自己研究讲稿，避免单纯口耳相授，使学生处于被动状态。他十分深刻地批评"满堂灌"的教学方法，说："你们的教学就是灌，天天上课，有那么多可讲的？教员应该把讲稿印发给学生。怕什么？应该让学生自己去研究讲稿。讲稿还对学生保密？到了讲堂上才让学生抄，把学生束缚死了。大学生，尤其是高年级，主要是自己研究问题，讲那么多干什么？"并说，"反对注入式教学，连资产阶级教育家在五四时期就早已提出来了，我们为什么不反？只要不把学生当成打击对象就好了。"

关于考试制度改革，毛泽东明确地表示不赞成考试"搞突然袭击"，不主张用"对付敌人的方法"对付学生，不赞成出"怪题、偏题"，不赞成学生死记硬背。他在一封来信上作了这样的批示："现在，学校课程太多，对学生压力大。讲授又不甚得法。考试方法以学生为敌人，举行突然袭击。这三项都是不利于培养青年们在德、智、体诸方面生动活泼地主动地得到发展的。"①

毛泽东对于教学改革也发表了意见，认为教是为了学，教要适合学。1965年8月8日，他在接见国外代表团时说："学校的校长、教员是为学生服务的，

① 《对"北京一个中学校长提出减轻中学生负担问题的意见"的批示（1964年3月10日）》，引自《中华人民共和国重要教育文献（1949—1975）》，海口：海南出版社，1998年版，第1261页。

不是学生为校长、教员服务的。教师死讲，学生呆听的陈旧教学模式，必须改革，可以试行将讲稿发给学生，与学生一起讨论问题。”他还深刻地指出，“教改的问题，主要是教员的问题……高年级学生提出的问题，教员能回答50%，其他的说不知道，和学生一起商量，这就是不错的了”。教员讲得太多，“是烦琐哲学。烦琐哲学总是要灭亡的”。要培养学生的自学能力，提倡自求自得和有所创新。他提出“要自学，靠自己”。

由于“左”的思想影响，过分强调政治和生产劳动，一度忽视了科学文化知识的学习，干扰了正常教育工作秩序，影响了教育质量。

上述所谈及的问题在具体内容上都是真问题，都有其合理性，只是在中国的政治体制条件下，以这种方式提出教育问题，其结果是没有解决实际问题，反而使教育越来越失去其自主性，失去独立思考和独立判断的能力，这样对教育造成的伤害不仅深刻，而且长远。

面对由此造成的教育秩序长期混乱，1975年9月15日，邓小平在全国农业学大寨会议上指出，各方面工作都要整顿，文化教育要整顿，“核心是重新确立教育在国家经济建设和现代化中的基础地位”，“有些学校只有中等技术学校水平，何必办成大学”。针对相当多的学校学生不读书，他说：“一点外语知识、数理化知识也没有，还攀什么高峰？中峰也不行，低峰还有问题。”①

1978年后，在恢复教育秩序上作了一些工作，整顿之后的教育可以表现得更有秩序，但难以增强教育的自主性，因而收效不明显，一些体制性障碍依然存在，导致教育问题成为全社会关注的焦点。

二、关键在于确立教育的自主性

教育自主性的损失是六十年来教育上最巨大的损失。1978年前，由于政治运动等多种因素的影响，学生没有成为学习的真实主人；1978年后，由于激烈的应试竞争，学生依然未成为真正的学习主人。相应地，教师的主动性、积极性、独创性没有得到充分发挥。其间仅是在短暂的时间，有极少数人保留下了自身的学习主人角色和独立思考的天性。

中国教育秩序与自主性建设中的关键性问题如下：

1. 目标定位不明

教育是让一个人从自然人变成社会人的重要阶段，未来社会需要什么样的

① 《邓小平论教育》，北京：人民教育出版社，1995年版，第25页。

人才，需要什么样的合格公民，需要什么样的社会秩序，这些都应该内在于教育体系中，不应该作为考试目标之外可有可无的目标。换言之，在现有教育制度设计中，除了学生的考试和答题能力之外，几乎无法兼容个人自主发展、道德素养、政治素养和合理知识素养的目标，除了考试能力就是答题能力，考试和答题凌驾于一切人生培养和个体社会化目标之上了。这才是教育制度的根本问题所在。

教育的制度和内容设计完全不知道中国未来会在什么地方定位，也没有十分清晰中国现实需要什么样的人了，将来更需要什么人，只剩下一些茫然的想法：跟人类最好的一样就是了。这样的想法本身就暗含一种放弃自主选择他主的逻辑。

因此，明确教育目标必须明确办的是谁的教育？1949 年提出一个明确的口号是“为人民服务的教育”；1953 年和 1978 年办重点中学后大办重点学校，事实上整个教育成为为少数人办的教育，他所能实现的是少数人的目标。六十年来在公平和效率、教育为绝大多数人服务还是培养少数人这个问题上一直摇摆不定，直到现在，依然有更强大的力量支持办少数人的教育，而不是办真正的人民大众的教育。大众的教育目标要靠大众自觉自主确定每个人的教育目标，然后在此基础上确定一所学校，一个国家的教育目标。学校、政府都必须围绕每一个具体个体的人生发展目标服务，并在此基础上设置一校一国的教育发展目标，从逻辑上说就应该如此，而不是相反。

明确目标需要明确办什么样的教育。把人培养教育成一个工具，还是通过教育真正培养自觉自主的人；把教育当成本身有主体性的独立自主的存在，还是把教育当成一个工具。这个问题一直没有解决好。由于经过改装的封建意识、封建管理体制、封建教育方法在起作用，干扰了适合时代要求的教育目标的明确。

纵观中国教育六十年发展，不得不认为，从国家主义转向以人为本应当作为中国教育未来一段时期的目标。教育是要为每个具体的人服务的，只有在这个基础、前提下，它才能更好地为一个国家、民族的复兴服务。如果没有这样一个基础的前提，仅仅强调教育一定要为国家怎么样，教育一定要为某个组织怎么样，最终必然是办不好教育，教育必然走向一个越来越虚妄的恶性循环，因为这样做目中无人。

2．精英自主性磨损机制

中国历史上有“一官二吏三僧四道五工六商七娼八盗九儒”的排位顺序，最终把“儒者”排在了老九的位置。这种排位是在中国文化背景下师生自主性丧失的文化基础。

“反右”和“文化大革命”期间以疯狂的方式迫害了许多尚存自主性或取得了成就的人才，整整延误了一代人。

1978 年后的考试制度在特定的时间段里确实选拔和培养了一批人才，但它越来越成为以貌似平等的方式扼杀人的自主性、好奇心和想象力的工具，严酷的高考和研究生考试摧毁掉学生的学术兴趣，以致受过这种教育的学生根本成不了大才，终身难以取得大成就。

将科学和创新当成结果，当成可直接从中获利的工具，而没有注重培养人的科学精神、创新素养，不重视探究科学的过程，将技术创新局限在少数具有战略和安全价值的领域，而这些特殊领域的技术积累所需要的人数将是非常稀少的，日常教育创新目标缺失。

相反教育强烈的应试趋向，影响到整个教育，连幼儿园和小学都有强烈的应试倾向，早早就开始学习超过儿童认知水平的知识，并经常用考试和竞赛来证明其“成果”。这种拔苗助长的做法使儿童早早就失去童年乐趣，失去创新精神最需要的自主性、想象力和好奇心。爱因斯坦说过：“想象力比知识更重要，因为想象力是知识进化的源泉。”扼杀童年好奇心和想象力的应试倾向将会使知识进化之源枯竭，从根本上阻碍将来国家创新能力的形成。中学的应试教育竞争更是到了白热化程度，已经形成了考试的“产业链”。从课程设置、教师备课、教材、教辅材料、补课、模拟考试、心理辅导、营养配餐、电子监考等等方面已经形成极其庞大的“产业”，对付高考已成为相当专门的“技术”。老师把知识做成“压缩饼干”，用加班加点的办法硬灌给学生，然后大量重复练习、拼命机械训练，在高考中争得一个高分，校长有了“政绩”（而不是“教绩”），当地行政主管部门更显得有“政绩”，家长也高兴，社会认可，教师出名，大批活蹦乱跳的学生却成了痛恨学习的精神残疾。有些中学甚至规定学生不许看报刊、听广播、看电视、读课外书，只许看与考试有关的书。学生称上学是“从一个监狱到另一个监狱”，盼着上大学后“解放”。试图改变应试教育理念的改革很难推行下去，遇到了高考和学校内外的巨大阻力。这样一种制度设计已成为毁损精英的机制。

其实，就是原先对学术兴趣浓厚的人，经过一次次严酷的考试，也会对学术逐渐失去兴趣。爱因斯坦在回顾自己学生时代的经历时谈道：“人们为了考试，不论愿意与否，都得把所有这些废物统统塞进自己的脑袋。这种强制的结果使我如此畏缩不前，以致在我通过最后的考试以后有整整一年对科学问题的任何思考都感到扫兴。”学术研究本质上是兴趣推动和非竞争性的，最需要宽松、自由、平等、闲暇的环境，过多并且竞争激烈的考试只能败坏学术兴趣。考得太多，教育没希望！

现有机制产生的结果是，大量高学历又对学术没什么兴趣的人被作为“人才”引入高等院校、科研院所、政府机关、各种企事业单位，正大规模进入国家核心部门，占有着最有利的学术软硬件资源和职位，而真正有学术兴趣的人却被严酷的考试挡在这些部门的大门外。因而导致资源极大浪费，极大的不公平，造成人才的内部流失。由于有学术兴趣的人是少数，这种对少数人的不公很难被人注意到，人们普遍关注和同情的是占大多数的“弱势群体”，呼吁更多的是对他们的公平，但对少数人的公平就像对少数人的权利一样，很少有人注意到。对特别好的，占总数5%的最聪明的学生不利的制度设计使那些最聪明的学生（就是最有学术兴趣的人）被一系列标准化的残酷考试摧残，这成为中国长期落后的重要原因。那些高学历的人当了教师，他们又如法炮制对后代实施应试教育，造成恶性循环，摧残更多学生的学术兴趣。

现实当中很多人考大学、考研究生，并不是出于对知识本身的热爱，而是为了草鞋换皮鞋进入城市或得到更有权更赚钱的职位，这些人考研究生的拼命精神让人惊叹，对世界上的一切都不再关心，他们这种不惜一切代价考研究生的精神让人敬佩，但也让人感到由衷的悲哀，因为学术兴趣绝不是这样能形成的。

教育若不能培育学生的好奇心和想象力，也不能容忍存在残害人的好奇心和想象力的制度性存在。在中国现有状况下，教育更要培育梦想家，而不是生存竞争的能力，更不是当大官赚大钱的窍门。功利追求应当另有一套制度通道，而不应当与学术研究制度混为一体。党政要分开，政学、政研更要分开。

教育应该首先是求真的生命的人文的教育，也就是人的教育。我们应该把“人的生命教育”明明白白地写在我们的教育旗帜上，并且落实到我们的教育行为当中去，而不应该只是当做一种时髦的教育口号整天震天地喊在口头上。

3. 平等的基础倾斜

1949年，中华人民共和国政治协商会议的《共同纲领》所提出的办教育的方针“民族的、科学的、大众的新民主主义教育方针”，是真正代表了绝大多数中国普通百姓利益的教育方针。

现在的国民教育在使国民不再文盲不再科盲的同时，也起着导演社会地位、政治角色再分配重新洗牌的作用。求真和丰富生命的教育降格为求职求位的教育。千军万马甩出千金万银轰轰烈烈争着过上大学这一独木桥，上了大学就能出人头地，而非为求真、求善、求美。

各地常见的现象是，孩子望着一墙一街之隔的另一所学校便失去自信，然而这又不是这两所学校的问题，而是社会上客观存在着阶层的差距，对比分明的两所学校仅仅是差距较大的两个阶层需求的自然表露。

很多教师“捧着一颗心来，不带半根草去”，尤其农村教师最苦，工作环境最坏，工作强度最大，工资福利待遇最少最低，最得不到社会尊重，这种许多人曾经试图改变却难以改变的现实，是由于它本身就缺少建立平等的基础。

社会发展的不均衡导致教育机会不均衡，权力带来的不平等现象在教育系统处处存在，不公平的竞争更是存在于教育之中。一个方面是垄断性的教育体系通过高收费去加大汲取社会资源的力度，同时剥夺了大量贫困家庭子女的就学机会。

上述这些教育问题的解决不能指望具体的方法，而是需要一个公平、公正的社会基础，也只有在这样的基础上才能真正办民族的、科学的、大众的民主教育。

中国教育六十年纪事与启思

下册

（1949—2009）

⊙储朝晖 著

山西出版传媒集团
山西教育出版社

Contents 目　录

下　册

第四章

价值：个人与社会

教育价值问题是当代教育演变历程中十分敏感的问题，也是与教育实践密切相关的问题，是确定教育方针的理论基础。对教育价值问题进行纯然哲学的分析与探讨的研究已经不少，结合近六十年来中国教育实践探讨教育价值的却不多。在实践上，社会与个人是与教育价值高频率相关的一个维度，也是中国教育六十年发展过程中尚未恰当处理好的问题，从这个角度探讨当代教育的价值问题的必要性显而易见。

第一节　教育价值问题的界定

若以“社会与个人”这样一个过于开放的话题展开讨论，将会泛滥无归。这里首先限定为讨论教育问题。即使做这样的限定，仍然显得宽泛，因此有必要先对将要讨论的问题作进一步的明晰与界定，并在明晰与界定的过程中逐渐深入这一问题的讨论。

以社会与个人为论题，从教育角度加以研究可以进行教育功能、教育目的、教育价值三个层面的讨论。这三个层面的背后事实上都还存在一个对教育本质的判断问题。对于什么是教育的本质，至今看法不少。若从本论题出发，可分为三种类型：第一种，认为教育是一种社会工具，比如：“教育是无产阶级专政的工具”（“文化大革命”）、教育是上层建筑、教育是生产力、“教育是文化的繁殖，又是文化的创造”等等。第二种，认为教育是个体与社会协调发展的一种活动，比如：“教育是人类的社会实践的学习活动”（林砺儒），“它是一种促进人类与自然、社会以及劳动诸方面之关系的工具。”（张栗原），或认为从人类生长、社会和文化三个不同的角度看可以得出教育本质的三种不同的解释（林砺儒），[①] 或认为教育本质具有双重属性、多重属性。第三种，认为教育是促进个体发展的活动，如：个性化说、社会实践说、个体社会化说、能力传递说。[②] 从个体与社会角度探讨教育本质可以作为一种思考路径，但这样的探讨本身存在着很大的局限性，并不能达到真正明确教育本质的目的。然而对教育是什么的判断本身会直接影响到教育应该如何，这是必须清醒意识到的。

从功能层面来讨论这一问题实际上遇到的是：教育以育人（促进个体发

---

① 郑金州：《教育本质》，引自瞿葆奎：《教育基本理论之研究 1978—1995》，福州：福建教育出版社，1998 年版，第 153 页。

② 郑金州：《教育本质》，引自瞿葆奎：《教育基本理论之研究 1978—1995》，福州：福建教育出版社，1998 年版，第 157 ~ 158 页。

展）还是以社会发展为基本功能。一种看法强调教育的功能是育人，另一种强调教育的社会功能。从1950年以来，在较长的时间里，从政府角度反复强调的是教育的政治功能（其中一段时期还狭隘地理解为阶级斗争工具职能）、经济职能（其中一段时期还曾狭隘地理解为生产斗争工具职能、为市场经济发展服务的功能），比较少地重视教育的育人功能，或将育人功能本身当成一种工具。[①] 教育本身具有多种功能，比如：文化传承、政治、经济、科技发展、国防、宗教、社会分层与复制等，若从不可替代性以及教育的要素、结构角度来考察，教育最基本最本质性的功能无疑是育人，也只有在此基础上教育才能对社会发生影响。

在主张教育的基本功能是育人的观念里，可以进一步追问的问题是：教育的功能是促进人的社会化，还是促进人的个性化。前一种观点强调人是环境和教育的产物，因而强调职业化、规范化、角色化，暗喻着教育是一种求同的过程；后一种观点强调人的主体性，人的价值高于一切，因而要发挥自主性、独立性、选择性和创造性，主张教育是在继承的基础上创新，尊重个性的求异过程。不论偏向哪一种倾向，都无法否认社会化与个性化之间的内在关联。良好的教育不在于单纯追求个体的社会化，也不在于单纯追求个体的个性化，而应追求社会化基础上的个性化，失去社会化基础的个性化难以在人类社会中生活下去，没有个性化的社会化个体就失去了他在社会中存在的价值。

从教育目的层面讨论这一问题，焦点集中于以个体发展和个性特征还是以社会需求为出发点来确定或选择教育目的。教育目的是一定社会对人才培养质量和规格的总要求，它同时又是个体实现其人生理想的一个组成部分。中国教育目的的研究视野囿于政府统一的教育目的，忽视各社会团体厘定的或隐含的教育目的，更无视教育过程中当事人实际持有的教育目的（陈桂生）。[②] 个体本位教育目的论和社会本位教育目的论都有其片面性，又都有其立论的基础，只有将个体的自我实现与社会的发展和谐地结合起来才能恰当地确立教育目的。

从教育价值层面讨论这一问题的核心是：在教育中选择以社会为本位或选择以个人为本位。价值反映的是客体对主体的效用关系，"教育价值也就应当是教育的有用性或'效用'，是人们有意识地掌握、利用或接收、享有教育时，

---

① 郑金州：《教育本质》，引自瞿葆奎：《教育基本理论之研究1978—1995》，福州：福建教育出版社，1998年版，第277页。

② 黄向阳：《教育目的》，引自瞿葆奎：《教育基本理论之研究1978—1995》，福州：福建教育出版社，1998年版，第614页。

对教育有用性的看法和评价。”[①] 与社会一般价值一样，教育价值存在着多样性，人们在认识和把握这种多样性时，可以从多种不同的角度出发，个人—社会是其中的一个角度。从这一角度出发，可以将教育价值划分为以个体为出发点，依据个体的内在需要来确定教育价值；或以社会为着眼点，依据社会的需要来确定其价值两个大的类型，通常称之为个人本位论和社会本位论。

个人本位论通常强调应将个性发展作为教育的重要目标，或将个体内在需要作为教育的依据，主张个体价值高于社会价值，或社会有助于个体发展才有价值。夸美纽斯、洛克、卢梭、裴斯泰洛齐、杜威等在他们各自所在的时代都倾向于个人本位论。通常个人本位论的基本观点包括[②]：

(1) 个体的价值高于社会价值。在个体与社会的关系结构中，个体处于中心的地位，而社会是个体之外的外部环境；个体的生存与发展是目的，社会是为个体生存与发展服务的，社会只有在有助于个体的发展时才会有价值，评价教育的价值也应当以其对个人的发展所起的作用来衡量。(2) 人的天性是善良的。它相信人本性的力量，相信每个人都有学习的本能，强调把儿童带到乡村大自然的纯朴环境中，从社会的不良影响下挽救出来，在教育中保护儿童善良的天性。(3) 对儿童进行教育必须遵循自然原则，其目标是培养“人”。要顺应儿童的天性，按照儿童自然发展的要求和顺序进行教育，以激发儿童的天赋能力，使人的本性得到最完善的发展。

社会本位论则通常从社会的需要出发来确定教育的目标，强调教育是个体社会化的过程，教育的目的在于社会政治、经济、文化等方面的发展，主张群体或社会的价值高于个体的价值，个体只有满足了社会或群体的需要才有价值。中国数千年来占主导地位的群体本位教育价值观以及涂尔干、凯兴斯泰纳都倾向于社会本位论。通常社会本位论的基本观点包括[③]：

(1) 社会价值高于个人价值，个人的存在与发展依赖并从属于社会，受到社会的制约，真正的个人是不存在的。人的身心发展的各个方面都要靠社会提供营养，人的一切都从社会得来，评价教育的价值只能以其对社会的效益来衡量。(2) 教育的目的在于把受教育者培养成为符合社会准则

① 黄济、王策三：《现代教育论》，北京：人民教育出版社，1996 年版，第 222 页。
② 张天宝：《主体性教育》，北京：教育科学出版社，1999 年版，第 46 页。
③ 张天宝：《主体性教育》，北京：教育科学出版社，1999 年版，第 47 页。

的公民，使受教育者社会化，保证社会生活的稳定与延续。个人只是教育的原料，不具有任何决定教育目的的价值。教育过程就是把社会价值观念或集体意识强加于个人，把儿童从不具有社会特征的人改造成具有社会所需要的个人品质的“社会新人”。

在现实社会中，除了典型的“社会本位论”和“个人本位论”，更多的教育理论和实践行为常常处在两种极端价值之间，或带有某种偏向与基调，或在个人与社会这一维度内的特征并不明显。因此从个人与社会角度考察教育，无法脱离对教育本质的设定，也无法将教育功能、教育目的、教育价值三个层面分得一清二楚，对本质的设定通常决定了功能、目的、价值的选择。若要对 1949 年以来中国教育理论问题进行梳理，选择其中一个层面作为侧重可以方便和简化问题的讨论，这里试图主要从价值的层面展开对 1949 年以来中国教育的理论探讨。

自 1949 年新中国成立以来，一方面由于政府的教育价值与政策在教育实践中起到的绝对支配作用，在个人与社会这一维度上展开讨论的范围是有限的；另一方面由于教育本身就具有多种功能，选择何种价值直接与每个受教育者的切身利益与需要密切相关，因此有关这一维度的思考与讨论又延绵不断，起伏跌宕。总体来看，这六十年是延续了中国数千年的传统，是以社会本位价值为主导的，一旦有个人本位取向的观念出现就有对个人本位价值的批判，主张个人价值的时候极少，这种极少的表现又在 1980 年之后。直到进入 21 世纪，人们才开始对个体的价值有了更多的尊重。

在上述总的轮廓之下，若要进行更加微观的分析，则需要依据各个具有明显特征的阶段来凸显出各种不同的主题或问题加以讨论，下面就以此方式展开讨论。

第二节 向工农开门，为工农服务

新政权建立必然导致新的教育价值的确立，以反映新的政权主体的教育价值取向。代替“旧教育的应该是作为反映新的政治经济的新教育，作为巩固和发展人民民主专政的一种斗争工具的新教育”[①]，由于新政权建立在“工农联盟”基础之上，“向工农开门，为工农服务”便成为这种价值取向的显著特征。

一、“向工农开门，为工农服务”的提出

“向工农开门，为工农服务”完全是新中国成立后，由新执政的中国共产党和政府依据当时的政治需要提出的。

早在新民主主义革命时期，革命根据地就提出了教育要为以工农大众为主体的人民大众服务。新中国成立后，《中国人民政治协商会议共同纲领》及第一次全国教育工作会议所提出的教育建设方针中都强调，教育要由中国共产党领导，同时必须坚持群众路线，坚持教育为工农服务、为生产建设服务的方针。第一次教育工作会议明确教育目的时说“教育目的是为人民服务，首先是为工农服务，为当前革命斗争与建设服务”[②]。在这次会议上，教育部长马叙伦的开幕词阐述得更为明确[③]：

> 由于我们的国家是以工农联盟为基础的人民民主专政的国家，因此我们的教育也应该以工农为主体，应该特别着重于工农大众的文化教育、政治教育和技术教育。因此除了我们的社会教育毫无疑义的应该以工农为主体外，我们的小学校应该多多吸收工农的子女，我们的中学校和大学校，也应该有计划有步骤地为工农青年大打开门，一起大量地培养工农出身的知识分子，作为我们国家建设的新的坚强的骨干。

1949年至1956年的各种教育文件中都反复强调“教育向工农开门”、“教育为工农服务，为生产建设服务”。1956年，中共八大确定将工作重点转向全面的、大规模的社会主义建设，而当时工农出身的相当一部分学生毕业后不愿当工人、农民，只想升学，于是1957年毛泽东在《关于正确处理人民内部矛盾

① 《马叙伦在第一次教育工作会议上的开幕词》，引自《中华人民共和国重要教育文献(1949—1975)》，海口：海南出版社，1998年版，第6页。

② 《钱俊瑞在第一次教育工作会议上的总结报告要点》，引自《中华人民共和国重要教育文献（1949—1975)》，海口：海南出版社，1998年版，第8页。

③ 《马叙伦在第一次教育工作会议上的开幕词》，引自《中华人民共和国重要教育文献(1949—1975)》，海口：海南出版社，1998年版，第6页。

的问题》中提出“我们的教育方针应该使受教育者在德育、智育、体育几方面都得到发展，成为有社会主义觉悟的有文化的劳动者”①。此后，“向工农开门，为工农服务”的提法让位于对新教育方针的宣传，强调“教育必须同生产劳动相结合”，学生要“与工人农民打成一片”，但教育“向工农开门，为工农服务”的思想影响一直延续到1977年恢复高考之前。

二、“向工农开门，为工农服务”提出的背景

“向工农开门，为工农服务”的提出是有其特定的历史背景的，对于这一背景可以从以下方面加以分析：

从历史发展的角度看，长期以来，由于工人、农民的政治地位低下，经济条件不宽裕，受教育的机会少，文化程度低；而在中国发生的这场革命中，工农是革命运动的主体，共和国尚未成立之前，部分解放区就推行工农优先的教育政策，这成为新中国成立后这一政策形成的源头。“1947年夏秋，在东北土改高潮中，有些城市的中学，机械地搬用农村土改的做法，在学校中推行‘贫雇农路线’，在学生中组织‘贫雇农团’，错误地提出‘长贫雇农子弟的志气，灭地富子弟的威风’的口号，对地富子弟进行残酷斗争、无情打击。有的学校甚至将地富出身的学生成批开除出校，送交家乡的贫雇农斗争。这样，使教育秩序大乱，地富子弟人人自危，有些出身不好的青年学生被迫跑到国民党统治区去。”蒋南翔抵制这种“左”的做法“却遭到某些人的反对和批评”②，虽然当时这种“左”的做法受到党内一些人的抵制，但它的思想基础仍然存在，一旦有适合其发生作用的外部社会环境便会发挥影响，后来的历史事实证明了这一点。

从政治角度分析，首先，工农联盟是新生政权的政治基础，从性质上决定了当时的教育。《中国人民政治协商会议共同纲领》对新生政权的教育工作性质和任务作过明确的规定：“中华人民共和国的文化教育为新民主主义的，即民族的、科学的、大众的文化教育。人民政府的文化教育工作，应以提高人民文化水平，培养国家建设人才，肃清封建的、买办的、法西斯主义的思想，发展

---

① 《关于正确处理人民内部矛盾的问题》，引自《毛泽东同志论教育工作》，北京：人民教育出版社，1992年版，第258页。

② 刘文渊、蒋南翔：《清华人物志·三》，北京：清华大学出版社，1995年版，第36页。

为人民服务的思想为主要任务。"[①] 其中的"大众"即指的是当时人口占90%以上的工农。同时，为了巩固新生政权，必然要求从文化科学和政治上不断提高工人和农民的素质，以加强工农联盟这一政治基础，教育成为加强这一基础的有效手段，工农群众通过教育也增强了国家主人翁的意识。此外，新生政权中确实存在着宁"左"勿右的思想。东北解放以后，虽然蒋南翔和哈尔滨市教育局领导一道研究，明确规定了两条政治界限："（1）不能把地富家庭出身的学生同地富本人画等号，应该争取他们站到革命这边来，不应推到敌人方面去；（2）学校是教育单位，不能机械地搬用农村的贫雇农路线，绝对不准对地富家庭出身的学生进行体罚和斗争。"[②] 但当全国解放以后，这两条政治界限并未坚持太长时间，反而演进为"成分论"、"血统论"在社会上、政府行为中极为流行。

从经济角度分析，新成立的共和国百废待兴，亟须各行各业的建设者，工农既是各行各业建设的主力军，又是生力军。对他们进行教育是迅速恢复生产，振兴经济的有效措施。无论对他们进行思想教育、提高其工作积极性和社会主人翁意识，还是对他们进行文化教育、技能培训，都是当时效果极为明显的社会生产的一个组成部分。

从文化角度分析，工农是当时也是大多数情况下文化水平最低的社会阶层。他们渴望文化教育，渴望在政治上翻身之后也能在文化上翻身，受到一定教育是他们迫切的心愿，向他们打开学校之门是兑现他们夙愿的一种方式；而从相当长的一段时期看，文化的下移也是当时化解社会尖锐矛盾、促进社会和谐发展的迫切需求。

三、"向工农开门，为工农服务"对教育实践的影响

当时所提出的"向工农开门，为工农服务"的方针在实践中得到了比较到位的执行。教育部在拟定1950年上半年工作计划草案前，还专门召开了工农速成中学、工人业余补习教育的座谈会，1950年9月，又由中央人民政府教育部和中华全国总工会联合召开第一次工农教育工作会议。当时确定的教育发展方针是普及与提高相结合，在普及的基础上提高，在提高的指导下普及，且在当

---

① 有林等：《中华人民共和国国史通鉴·第一卷》，北京：当代中国出版社，1993年版，第426页。

② 刘文渊、蒋南翔：《清华人物志·三》，北京：清华大学出版社，1995年版，第36页。

时和以后相当长的时间内必须把教育工作的重点放在普及上面。并确定将“大量地培养工农出身的新型知识分子”作为工作目标。

这种方针政策见诸实践表现为：

一是各地充分利用工农群众对知识的渴求，发挥他们的自觉性、积极性和创造性，迅速办起了大量工农速成中学、工农业余补习学校。在城市建立职工业余学校，农村由推广冬学逐步转向推广常年农民业余学校，各级政府还创办了大批干部文化补习学校和工农速成中学。在全国范围内广泛开展扫盲和识字运动，掀起了政治、文化、技术学习热潮。1950 年 6 月，政务院发布了《关于开展职工业余教育的指示》，1951 年 1 月成立了全国职工业余教育委员会，各省市接着成立了相应的机构。

二是创办新型大学。其目标是有计划、有步骤地培养工农出身的知识分子，注重发展科学与技术教育为国家生产建设服务。高校采取了一些倾斜政策，尽量招收工农干部和工农子女入学。其中包括以华北大学、华北革命大学为基础成立的中国人民大学和以大夏大学、光华大学等校为基础成立的华东师范大学，以及天津大学、北京农业大学、北京工业学院、中央民族学院及各省市、各部门办的一批学校。

三是各级各类学校向工农及其子女开门。首先是在各级各类学校开展尊重劳动和热爱劳动的教育，肃清鄙视劳动和劳动者的错误观点，激发工农群众学习与从事生产劳动的积极性；其次是采取有效措施增加学生中的工农成分，在城市中由政府投资建立大量公立中小学和幼儿园以满足工人子弟的入学需求，在农村采取“公办民助”或“民办公助”的形式办学以方便农民子女就近入学，以减免学杂费、赠送教科书和学习用品来吸收失学的工农子弟，在各级各类学校招生中优先录取工农及其子女，并降低文化考试标准或采取选送、保送、免试入学等办法给予照顾。1952 年全国中小学工农成分的学生占总数的 80%，1953 年全国普通中学中工农及其他劳动者子女人数占学生总数的 71%，高校新生人数中 27.39% 为工农成分。

四是在学制、教学内容与方法上加以改革。学制上增加了工农业余及速成教育、技术学校的设置，将工农教育纳入国民教育体系；内容上切合工农的需要；方法上采用工农群众能够接受、喜闻乐见的形式。

上述影响可以归纳为，在较短的时间里教育得到较大范围的普及，教育的观念、内容、方法都随之发生了一些革新，总体上取得了显著的成就；另一方面，一定程度上存在偏重数量忽视质量的倾向，热情多于理性，对教育规律缺乏尊重，以至在后来的“大跃进”背景下演变为教育大跃进，大搞突击竞赛，大搞献礼活动，大搞全党全民办校，大搞扫盲运动，大办业余教育，大力培养“红透专深”的人才；“文化大革命”时期又演变为教育大革命，1970年更是以“不利于更多地吸收工农兵革命青年进入高等学校”为由完全废除考试制度，全国高校开始实行“群众推荐、领导批准和学校复审”的办法招生。截至1976年，全国共招收七届工农兵大学生，招生人数94万，其中绝大多数因文化基础差而无法开展教学。

四、对“向工农开门，为工农服务”的分析

从教育价值角度分析，“向工农开门，为工农服务”无疑是一种社会本位的价值取向，这种社会本位的价值取向又不同于一般意义上的社会本位论，而是带有特定的政治倾向，其政治色彩浓于一般意义上的价值色彩；在观念上指向的是特定群体、阶级或阶层，在教育实践行为上指向有工、农身份的社会个体，体现为工农个体本位论，所以准确地说它是有特定价值内涵的社会本位论的教育价值观的体现。

“向工农开门，为工农服务”在当时特定的政治经济文化条件和历史背景下提出，不可否认它的合理性。占中国人口80%以上的工农及其子女长期排斥在校门之外不仅是一种极不公平合理的现象，而且是一种落后的现象，要改变这种不公平与落后，唯一的选择是确定教育“向工农开门，为工农服务”。从个人与社会角度可以作如下分析：

首先，这一方针从维护绝大多数个体的受教育权益出发，将教育由社会中极少数人享有变为绝大多数人享有，无疑有利于社会公平与进步。作为一场社会革命的结果，代表着人类社会的进步；作为一次教育革新，它满足了为数众多的个体的受教育需求，从这个意义上讲它超越了一般意义上的个体本位，也超越了一般意义上的社会本位，代表着社会中绝大多数的个体，代表着那些真正渴求教育的个体，为他们赢得了类似于穷人的窝窝头的受教育的权利。因此它对个体与社会都有极高的价值。

其次，这一方针执行应该有其特定的边界和条件。就其边界来说，它的执行不应妨碍非工农成分的社会成员正常地接受教育；就其条件而言，各级各类学校接受工农入学必须是学习对象有相应的知识基础，与非工农社会成员相比，其受教育的优先是有一定限度而非无限的。由于这一方针提出的特殊历史背景，在实际执行过程中与其他相关政策的相互或共同作用，使得它的边界有意无意地扩大了，它的条件更是被人们无视或有意地放宽了，导致教育领域长时间进

行着低效甚至是无效的工作，这种低效对包括工农在内的所有受教育者都是有百害而无一利的，对社会的负面影响也极大。由于这两个方面的偏差，使得这一政策没有充分发挥它应有的作用，反而带来一些社会问题。但我们不能因此而否定它的历史价值。

再次，这一政策本身是对历史的校正。对于校正中出现的问题，1977 年邓小平与王震、邓力群谈话时提出“办教育要两条腿走路，既注意普及，又注意提高。要办重点小学、重点中学、重点大学。要经过严格考试，把最优秀的人集中在重点中学和大学”①。无疑这段话的侧重点是“提高”，是重点学校及其在其中学习的学生。它对于解决当时的问题是有效的，但却为此后教育向新的越来越不公平的方向发展奠定了理论和现实基础。如何正视并解决现实教育中的严重不公平，应当以史为鉴，不走极端，寻找到一种对社会各阶层、对各种不同的个体都极可能有利的解决办法。

必须看到，这一政策本身并非完美无缺，有其历史的局限性和理论的不缜密性，但在执行中产生的问题大于政策本身的问题。这就警醒人们在保证政策正确的同时还要避免“歪嘴和尚念经”的现象出现，这一点对于教育改革和发展来说有更普遍的意义。

第三节 教育为无产阶级政治服务

新建立的政权在从建立到巩固的过程中遇到了各种社会矛盾，中国共产党在各种矛盾中一直占主导地位，因此它在解决矛盾时所使用的方法便是不断强化自身在政治、经济、文化、教育上的地位，“向工农开门，为工农服务”难以满足这样的需求，于是教育价值逐渐转向并最终提出“教育为无产阶级政治服务”的口号。

---

① 《邓小平文选》（第二卷），北京：人民教育出版社，1994 年版，第 40 ~ 41 页。

一、“教育为无产阶级政治服务”的提出

“教育为无产阶级政治服务”的提出有一个“十月怀胎，一朝分娩”的过程。

“教育为无产阶级政治服务”的思想根子早在新政权建立之初便存在，并在新政权建立之后转变为政府的教育行为，整顿和加强学校管理，发挥共产党在学校管理中的作用，对教师进行思想改造，在各级各类学校中进行“革命的政治及思想教育”[①]，并落实到管理、课程、学制和教学的各个环节。例如当时给小学生出的作文题目常常是“论当前妇女运动的任务”、“中国革命与中国共产党”等，教师将班会开成思想斗争会、质问审判会，教师从学生中培养一批“小干部”来“管理”学生。[②] 1950 年钱俊瑞就对教育中“我不为谁服务，我不参加政治，我为教育而教育”的观点进行了批判。[③]

1950 年 6 月，毛泽东在中共七届三中全会上的讲话中提出“有步骤地谨慎地进行旧有学校教育事业和旧有社会文化事业的改革工作，争取一切爱国的知识分子为人民服务。在这个问题上，拖延时间不愿改革的思想是不对的，过于性急、企图用粗暴的方法进行改革的思想也是不对的。”[④]

1950 年 7 月 11 日，周恩来在北京市高等学校毕业生分配工作动员大会上的讲话《跟着新生的力量走》客观上体现了这样的价值取向，该讲话首先确定了“我想青年人一定是选择新生的方向”的前提，然后说“从全世界的情况来看，无产阶级是新生的，帝国主义、封建地主阶级是没落的”。接着依据在场的学生“大多数出身于剥削阶级的家庭”的情况，提出要“确立工人阶级立场”，“站到工人阶级立场上来，同原来的剥削阶级家庭划清界限”[⑤]。

1951 年开展的对电影《武训传》的批判，更加明晰了教育要为无产阶级政治服务的价值取向。

1952 年将思想改造列为学校三大中心任务之一，旨在“批判资产阶级腐朽

---

① 《高等学校暂行规程》，1950 年 7 月 28 日政务院第 43 次会议批准，1950 年 8 月 14 日教育部颁布。

② 《冯文彬在第一次全国少年儿童工作干部大会上的报告》，引自《中华人民共和国重要教育文献（1949—1975）》，海口：海南出版社，1998 年版，第 12 ~ 13 页。

③ 钱俊瑞：《当前教育建设的方针》，引自《人民教育》，1950 年第 1 ~ 2 期。

④ 《为争取国家经济好转而斗争》，引自《人民日报》，1950 年 6 月 13 日。

⑤ 《跟着新生的力量走》，引自《周恩来教育文选》，北京：教育科学出版社，1984 年版。

思想，逐步确立工人阶级思想在各级学校教育中的领导"①。同年 10 月在高校中建立政治工作制度，设立政治辅导处、政治辅导员，开设马列主义毛泽东思想课程。

1954 年年初，党和国家过渡时期的总路线提出，"文化教育工作，已构成了社会主义革命的一部分"，"因此文化教育工作要和经济建设和其他建设更加密切配合起来，更好地为它服务，这就是我们现在要做的事情"。②

1955 年，陆定一提出"办好教育工作的根本问题就是办好党，就是在学校里建党"，并将"办党"分为"党和青年团要发展组织"、"配备党员校长、副校长"③ 两个方面。同时教育部发文要求"必须加强政治思想工作，确保工人阶级思想对学校教育工作的领导作用……培养学生成为社会主义社会全面发展的新人，使我们的中学成为名副其实的社会主义性质的学校。"④

由于在 1956 年 9 月的中共八大之前，官方一直使用的是"人民民主专政"，因此也就没有"无产阶级政治"这一概念使用，而在八大上，明确提出了"在我国的社会主义事业中不可能没有无产阶级专政，而无产阶级专政是经过无产阶级的政党——共产党的领导来实现的"⑤。1957 年 2 月 27 日，毛泽东在扩大的最高国务会议上所作的题为《关于正确处理人民内部矛盾的问题》中明确提出了知识分子为谁服务、怎样服务的问题。文中说："广大知识分子虽然已经有了进步，但是不应当因此自满。为了充分适应新社会的需要，为了同工人农民团结一致，知识分子必须继续改造自己，逐步地抛弃资产阶级的世界观而树立无产阶级的、共产主义的世界观。世界观的转变是一个根本的转变，现在多数知识分子还不能说完成了这个转变。"提出，"我们的教育方针，应该使受教育者在德育、智育、体育几方面都得到发展，成为有社会主义觉悟的有文化的劳动者。"⑥ 这三段话无论是分开来理解，还是结合在一起分析，均包含着教育为

---

① 《教育部 1952 年工作计划要点》，引自《中华人民共和国重要教育文献（1949—1975）》，海口：海南出版社，1998 年版，第 166 页。

② 《钱俊瑞关于加强政治思想教育问题》，引自《中华人民共和国重要教育文献（1949—1975）》，海口：海南出版社，1998 年版，第 287 页。

③ 《陆定一在学校教育工作座谈会上的讲话（1955 年 3 月 24 日）》，引自《中华人民共和国重要教育文献（1949—1975）》，海口：海南出版社，1998 年版，第 443 ~ 444 页。

④ 《教育关于中学教育工作汇报会的通报（1955 年 4 月 9 日）》，引自《中华人民共和国重要教育文献（1949—1975）》，海口：海南出版社，1998 年版，第 448 页。

⑤ 《中共中央委员会向第八次全国代表大会的政治报告（1956 年 9 月 15 日）》，引自《新华半月刊》，1956 年第 18 期。

⑥ 《关于正确处理人民内部矛盾的问题》，引自《毛泽东同志论教育工作》，北京：人民教育出版社，1992 年版，第 258 页。

无产阶级政治服务的内涵，从培养目标上体现了这样的内涵。这篇文章结束了当时“人们对于教育方针密切相关的‘全面发展’与‘平均发展’，‘三育’还是‘四育’或‘五育’，德、智、体的顺序等问题展开的讨论”①。

1957年6月，随着整风运动转向反右运动，教育为无产阶级政治服务的口号在各种场合公开提出来，“教育与政治结合，即教育为政治服务，过去讲得很多了。”并将它当做“我们与资产阶级教育根本不同之处”，“是我们党的一贯主张”，“是共产主义教育的基本方针，是改造旧社会建设新社会的最强有力的武器”。②

1958年，陆定一更明确地说：“中国共产党的教育方针，向来就是，教育为工人阶级的政治服务，教育与生产劳动相结合。”③ 同时以中共中央、国务院文件的形式将教育方针确定为：“党的教育工作方针，是教育为无产阶级的政治服务，教育与生产劳动结合。”④ 这些都是“根据主席的指示，开过两次教育工作会议”⑤ 的结果，这一表述方式写入1963年的中、小学《工作条例》中，并以此形式贯彻到教育教学之中。

此后这一教育方针的表述一直沿用到20世纪70年代末。1978年3月底五届全国人大通过的《中华人民共和国宪法》仍使用“教育必须为无产阶级政治服务”⑥ 作为教育方针。1978年9—10月间全日制小学、中学和全国重点高等学校的《工作条例》中也都以“教育必须为无产阶级政治服务，必须同生产劳动相结合”作为根本方针。⑦

---

① 中华人民共和国教育部：《共和国教育50年》，北京：北京师范大学出版社，1999年版，第160页。

② 《陆定一在全国教育工作会议上的讲话（1958年6月10日）》，引自《中华人民共和国重要教育文献（1949—1975）》，海口：海南出版社，1998年版，第835～836页。

③ 陆定一：《教育必须与生产劳动相结合（1958年8月16日）》，引自《红旗》，1958（7）。

④ 《中共中央、国务院关于教育工作的指示（1958年9月19日）》，引自《人民日报》，1978年3月6日。

⑤ 《康生在中央教育工作会议上的讲话（1959年1月12日）》，引自《中华人民共和国重要教育文献（1949—1975）》，海口：海南出版社，1998年版，第870页。

⑥ 《中华人民共和国宪法（1978年3月5日五届一次会议通过）》，引自《人民日报》，1958年9月22日。

⑦ 三个条例参见《中华人民共和国重要教育文献（1976—1990）》，海口：海南出版社，1998年版，第1630、1635、1640页。

二、“教育为无产阶级政治服务”提出的背景

“教育为无产阶级政治服务”的提出有三个必要的前提：

首先，有“教育为政治服务”的观念基础。这一观念基础在1949年新政权建立之时就客观存在，并且1949年前革命根据地的教育就是这样办的。因此1950年就有人指出当时教育工作中存在的不适当的过重的政治偏向，“对青少年儿童的教育，采取了不适当的过重的抽象的政治内容，并以形式主义与新的强迫命令的方式来进行，因而大大损害了少年儿童的健康和活泼的天性，妨碍了少年儿童自由的成长和正常的发展。”① 1951年，又明确提出“加强教育工作中的政治思想领导，要贯彻教育为政治经济服务的精神”②，事实上这是当时具有广泛思想基础的一种提法。

其次，以阶级观念分析看待教育。这一观念也是新政权建立之时即存在的，当时的主流观念是“我们教育工作者在旧社会中，大半是来自地主和资产阶级家庭出身的分子，由工人、农民及其他劳动阶层出身的分子还是极少数，一般的都带有小资产阶级的意识，甚至是其他敌视无产阶级的意识”③。教育主导意识中的阶级观念不仅存在，而且还相当强烈、敏感。

再次，无产阶级在社会中占主导地位。这在新政权建立之后成为既成的事实。

在上述三个必要前提具备的情况下，当时还有一些与此相关的社会背景：

第一，过于看重教育的目的而忽视教育规律、方法和手段的适应性。冯文彬在分析当时过度偏重政治倾向、以抽象的政治八股的方法对待青少年的原因时，指出：“（一）旧的教育制度与方法没有彻底改造；（二）把战争时期解放区办短期干部训练班中改造思想的一套做法，机械地搬用到长期教育的小学校里和少年儿童中来。因此，有一部分进步的教育工作者虽有搞好工作的满腔热忱，但是缺乏新的方法和经验，不懂得如何正确地来培养教育青少年儿童。”④

---

① 《冯文彬在第一次全国少年儿童工作干部大会上的报告》，引自《中华人民共和国重要教育文献（1949—1975）》，海口：海南出版社，1998年版，第12页。

② 钱俊瑞：《用革命的办法办好人民的教育》，引自《中华人民共和国重要教育文献（1949—1975）》，海口：海南出版社，1998年版，第117页。

③ 吴玉章：《全国教育工作者的大团结——中国教育工作者工会代表大会开幕词》，引自《吴玉章教育文集》，成都：四川教育出版社，1989年版。

④ 《冯文彬在第一次全国少年儿童工作干部大会上的报告》，引自《中华人民共和国重要教育文献（1949—1975）》，海口：海南出版社，1998年版，第12页。

第二，当时在政权中起主导作用的工农将自身的受教育权置于一般意义上的人民的受教育权之上，或者置于其他非工农阶级受教育权对立的位置。并采取一系列措施保障工农的受教育权，排挤非工农成员的受教育权，从受教育权方面实现了教育为无产阶级政治服务的目的。

第三，新政权十分重视对教育的领导权。先后多次就高等学校、中等专业学校、中小学的领导人任命发出文件，将私立学校收归公办，迅速实现了共产党员对各级各类学校的领导，从管理上具备了教育为无产阶级政治服务的基本条件。

三、“教育为无产阶级政治服务”对教育实践的影响

“教育为无产阶级政治服务”无论在其提出之前，还是在提出之后都对教育实践形成了深刻广泛的影响。

在“教育为无产阶级政治服务”提出之前的1950至1957年之间，随着对旧有学校的改造、高校院系的调整、对知识分子的思想改造、对电影《武训传》的批判、整风、反右等一次次运动的开展，学校从领导到教职员工都已经深刻领会到当时的教育客观上必须为无产阶级政治服务，几乎很少有人会对此提出质疑。正因如此，当时就有人“曾经总结过九条，包括接收旧学校，进行思想改造，增加马列主义课程，建立党的组织，院系调整，教学改革等等”①。到1953年年底，“据不完全统计，全国中学的领导干部中除共产党员约占41%以外，还有团员以及很多进步的非党员干部”②。

1958年，“教育为无产阶级政治服务”的口号公开提出之后，这种影响更为强烈。具体地说，“教育为无产阶级政治服务”对教育实践的影响体现在以下方面：

一是教学内容中政治内容分量过重。无论是政治课程的教学还是其他形式的政治教育，所占用的时间都是比较多的，尤其是其间要求学生参与这样那样的政治运动。“师生在校内校外所参加的各种社会活动和政治活动也过多，因而

① 《陆定一在全国教育工作会议上的讲话（1958年6月10日）》，引自《中华人民共和国重要教育文献（1949—1975）》，海口：海南出版社，1998年版，第836页。

② 林砺儒：《关于目前全国中学教育的基本情况与今后的方针任务》，引自《中华人民共和国重要教育文献（1949—1975）》，海口：海南出版社，1998年版，第277页。

各校曾相当普遍地发生忙乱现象，严重地影响了教学效果和师生健康。"[①]"忙乱，无非是党团工作，政治工作"[②]，"有些学校党、团的传达报告又多起来了。'班三角'（班长、班主席、团支部负责人）特别忙，管的事情范围过广"[③]，一些师生唯恐自己被别人看为政治上不积极或存在问题，将大量的时间和精力用于"政治"，从而忽视了自身的健康成长与专业发展，以致较少出现高质量的拔尖人才。

二是政治教育中采用简单、强迫、运动的方式方法。"不少高等学校领导者习惯于搞运动作风，同时广大青年又易热情激荡，求成过急，于是在国家社会主义建设高潮鼓舞下，就又发展了用搞运动的方式来推动工作的作风。"[④]教育方式方法的问题还表现为：（一）将人们对各种不同问题的看法最终都简单归结到是否拥护社会主义、是否拥护中国共产党上来，使得人们不能充分发表意见，难以达到以理服人的效果；（二）将学生的成长和发展中出现的问题和言行上纲上线，"有的单纯强调纪律处分，放弃了说服教育的原则，甚至采取了'斗争'惩罚等简单粗暴的方式，并造成严重的事故"[⑤]；（三）普遍存在就政治抓政治教育的倾向，因此"政治思想教育中有很大的片面性"[⑥]；（四）普遍存在对知识分子不尊重的现象。

三是对教师和学生提出不切实际的过高的政治要求。如 1951 年就提出学生"必须以马列主义毛泽东思想武装自己"，"要划清革命与反革命的界限"，"要认识工人阶级思想与非工人阶级思想的区别"，"努力使自己具有高度的共产主

---

① 《马叙伦在第一届全国人民代表大会第一次会议上关于高等教育工作的发言（1954 年 7 月 29 日）》，引自《中华人民共和国重要教育文献（1949—1975）》，海口：海南出版社，1998 年版，第 360 页。

② 《张际春在全国教育工作会议上的讲话（1958 年 6 月 28 日）》，引自《中华人民共和国重要教育文献（1949—1975）》，海口：海南出版社，1998 年版，第 840 页。

③ 《杨秀峰在第一届全国人民代表大会第三次会议上的发言（1956 年 6 月 20 日）》，引自《中华人民共和国重要教育文献（1949—1975）》，海口：海南出版社，1998 年版，第 642 页。

④ 《杨秀峰在第一届全国人民代表大会第三次会议上的发言（1956 年 6 月 20 日）》，引自《中华人民共和国重要教育文献（1949—1975）》，海口：海南出版社，1998 年版，第 643 页。

⑤ 林砺儒：《关于目前全国中学教育的基本情况与今后的方针任务》，引自《中华人民共和国重要教育文献（1949—1975）》，海口：海南出版社，1998 年版，第 277、279 页。

⑥ 《习仲勋在全国中学教育会议上的讲话》，引自《中华人民共和国重要教育文献（1949—1975）》，海口：海南出版社，1998 年版，第 286 页。

义觉悟水平"[①]。而同时"高等学校中层政治工作干部很弱，普遍的是文化程度很低，不能适应工作需要"[②]。

四是夸大了政治思想领导在教育上的作用。将"外行不能领导内行"当成迷信加以批判，提出"加强学生的政治思想教育，将在极长时期内成为我们教育工作的中心"，因此否定教育的历史继承性，将英、美甚至非解放区的教育经验、理论、方法都看成是政治上有问题的，"陈鹤琴先生、廖世承先生和韦卓民先生等对于'活教育'和旧教育都曾作了检讨"，要求所有教师进行"目的是在帮助教师们明确认识中国无产阶级和中国共产党对中国革命的领导作用，使他们更好地站定立场——人民的立场，工人阶级的立场"[③] 的学习。

五是当时"政治教育"的内容相对来说比较狭窄，忽视了个体成长发展过程中的基本个性品质的形成与发展。当时政治思想教育的内容和重点是劳动教育、爱国主义和国际主义教育、集体主义教育和纪律教育。[④] 其中的劳动教育又着重强调的是体力劳动，要求师生参加分量过重的工农业生产劳动，并将一个人对这种劳动的态度当做其政治态度，人为造成体力劳动与脑力劳动以及体力劳动者与脑力劳动者的对立。

六是多数教师长期处于不被信任、被动的位置，不能充分发挥教育教学的主动性和创造性。长期以来，实行"对教师应坚决贯彻争取、团结、改造的政策"[⑤]，这种政策一直持续到1978年10月31日胡耀邦提出《为什么对知识分子不再提团结、教育、改造的方针》并采取一系列措施落实知识分子政策后才得到转变。

七是在学校管理中"过分强调集中和统一，对各校限制过多过死，在许多

---

① 蒋南翔：《目前学生运动中的几个问题》，引自《中华人民共和国重要教育文献（1949—1975）》，海口：海南出版社，1998年版，第102～103页。

② 《中共中央同意中央组织部、中央宣传部关于抽调干部加强大、中学校及科研机关的领导向中央的报告》，引自《中华人民共和国重要教育文献（1949—1975）》，海口：海南出版社，1998年版，第780页。

③ 钱俊瑞：《用革命的办法办好人民的教育》，引自《中华人民共和国重要教育文献（1949—1975）》，海口：海南出版社，1998年版，第117页。

④ 钱俊瑞：《关于加强政治思想教育问题》，引自《中华人民共和国重要教育文献（1949—1975）》，海口：海南出版社，1998年版，第288～289页。

⑤ 《高等教育部关于全国综合大学会议、全国高等财经教育会议、中国人民大学教学经验讨论会、全国政法教育会议的报告》，引自《中华人民共和国重要教育文献（1949—1975）》，海口：海南出版社，1998年版，第352页；周恩来：《关于知识分子问题的报告》，引自《人民日报》，1956年1月30日。另见：《中共中央关于知识分子问题的指示》（1956年2月24日中央政治局会议通过）。

问题上，了解情况不深入，重视各校和教师的意见也不够。依赖行政命令办事的地方多，而发扬民主不够，这自然难免滋长脱离实际、脱离群众的官僚主义的毛病，限制了广大高等教育工作者的力量的充分发挥”[①]。

八是由于政治对教育强有力的领导与服务的关系已经建立，导致1958年后随着政治经济领域的“大跃进”，教育领域也兴起了浮夸风，出现“大跃进中，文教工作确是大跃进，成绩不得了”的局势，“高等学校去年增加了600所……全日制高等学校在校学生已经有81万人，加上半日制的、业余的，就有100万所多一点”，并打算“能不能在全国范围内，从明年起，一年、二年、三年内（1960年、1961年、1962年）普及小学教育，完成扫盲”。[②] 这种浮夸和跃进，严重违反教育发展规律，对教育造成严重的内伤。

有人曾对此评论如下：“如果从追赶世界科学先进水平来看，1958年的教育工作指示就显得有些过分突出了教育的政治性。固然这是我们的优良传统，但在新的历史背景下，在党和国家工作重点必须而且应该转到建设社会主义科技和经济上的时候，把教育必须为无产阶级政治服务作为教育方针的首要内容，而且不提教育为经济与科技建设服务的问题，就有点欠准确与全面。或许正是这一点原因，我国教育事业在以后一段时期的发展尤其艰难曲折。”[③]

四、对“教育为无产阶级政治服务”的分析

“教育为无产阶级政治服务”是当代中国教育发展过程中特定时期的客观存在，是当时中国政府对教育的政治要求。

从价值角度分析，它是一种带有特定政治倾向的群体本位论，因为它要求“我们每个文化教育工作者，决不可轻视任何具体工作，不论在甚（什）么岗位上，都要热爱自己的事业，安心工作，不断提高自己的思想觉悟和业务能力。在整个国家建设的大机器中，能够成为一个结实的有用的螺丝钉，这就是最大

① 《杨秀峰在1956年暑期高等学校校长和教务长座谈会上的发言（1956年8月16日）》，引自《中华人民共和国重要教育文献（1949—1975）》，海口：海南出版社，1998年版，第673页。

② 《陆定一在全国文教书记会议上的讲话（1958年11月9日）》，引自《中华人民共和国重要教育文献（1949—1975）》，海口：海南出版社，1998年版，第928~929页。

③ 中华人民共和国教育部：《共和国教育50年》，北京：北京师范大学出版社，1999年版，第671页。

的光荣"[①]。

确切地说，它要表达的重心不是无产阶级这一群体，而是这一群体的政治，它还不是一般的群体本位论，因为在"无产阶级政治"这一词组中，"无产阶级"显然是用来修饰"政治"的，"政治"是中心词，所以它是一种带有群体特性的政治本位的教育价值取向。

这种带有特定群体倾向的政治本位取向在实践中遇到了三个实际问题：

第一个问题是，"无产阶级政治"是一个抽象的政治概念，社会中的个体如何对应这一抽象的概念，教育实践如何才是真正为无产阶级政治服务了，这个问题不仅困扰着这一政策的实施者，也让政策的提出者坐卧不宁。因为依照这一政策提出者的逻辑，无产阶级的后代"可能是资产阶级的后代，也可能是无产阶级的后代。我们在座的没有哪个人能下保票，说自己的儿子一定是无产阶级的，谁能下保票?"[②] 正是由于存在这一难以明确界定的问题，使得这一政策在实施过程中斗争不断，师生难以安心从事教育和学习。

第二个问题是，中外历史上历次战争或改朝换代发生之后，都是高位文化反哺低位文化。低位文化对高位文化怀着尊重、崇敬的心态，从而实现两者间和谐的反哺；而在教育为无产阶级政治服务的方针下，试图进行低位文化对高位文化颐指气使的改造，这样就违反了文化生成、发展、传播的内在特性，因此费了很大气力，不仅收效不明显，反而使整个社会及个体在发展中遭受巨大挫折。

第三个问题是，教育以何种方式为无产阶级政治服务。在社会政治变革的特定时期里，重视并适当强调政治在教育中的作用有其一定的合理性。教育也是可以在特定的条件下为特定的政治服务，但它为政治服务的最基本的方式是培养人才，而非要求师生直接参与各种政治运动。但是在这一方针实施过程中，没有把握好这一界线，导致了教育上的混乱局面。

由此可见，"教育为无产阶级政治服务"这种政治本位取向的教育价值与教育原本的价值有较大的偏离，从而造成教育实践上诸多的问题。对教育方针给出符合教育特性的准确表述是教育实践健康发展极为重要的前提条件。

---

① 《郭沫若全国文化教育工作会议的总结（1954 年 3 月 23 日）》，引自《中华人民共和国重要教育文献（1949—1975）》，海口：海南出版社，1998 年版，第 302 页。

② 《陆定一在全国教育厅局长会议上的总结讲话（1964 年 3 月 7 日）》，引自《中华人民共和国重要教育文献（1949—1975）》，海口：海南出版社，1998 年版，第 1255 页。

第四节　教育为阶级斗争服务

随着中国社会政治生活的波澜起伏，“教育为无产阶级政治服务”依然难以满足当时的政治强势群体对教育的要求，于是又在“教育为无产阶级政治服务”基础上提出了“教育为阶级斗争服务”的口号。

一、“教育为阶级斗争服务”的提出

1934年1月，在中央苏区第二次全国苏维埃代表大会上，毛泽东提出教育要“为革命战争与阶级斗争服务”[①]。当时中央苏区处于战争状态，这一提法也仅在苏区发生影响，但它是1967年7月18日有人在《人民日报》发表文章继续这一提法的直接依据。

1949年新政权建立后，并没有在政府的文件中提到“教育为阶级斗争服务”，但在实践中有将阶级斗争的思维方式引入教育的实际做法，到“文化大革命”的时候则公开施行。

继1951年11月30日中共中央发布并实施《关于在学校中进行思想改造和组织清理工作的指示》后，1952年5月2日中共中央又发布并执行了《关于在高等学校中批判资产阶级思想和清理“中层”的指示》，在学校中展开了有组织有计划的阶级斗争。指示中规定“在这次运动中，可以而且应该让60%～70%的教师，在作了必要的自我检讨以后迅速过关。15%～25%的教师，是要经过适当批评以后再行过关；13%左右的教师，是要经过反复的批评检查以后始予过关；只有2%左右是不能过关的，需要作适当处理”[②]。

---

① 厉以贤：《现代教育原理》，辽宁师范大学教育科学研究所，1986年版，第249页。

② 《中共中央关于在高等学校中批判资产阶级思想改造和清理“中层”的指示》，引自《建国以来重要文献选编·第三册》，北京：中央文献出版社，1992年版。

1954年10月，毛泽东写了《关于红楼梦研究问题的信》，对胡适、俞平伯和胡风等人的资产阶级唯心论展开批判。把一些学术争论上升为“工人阶级思想与资产阶级思想的对立”。这一批判运动在文化教育领域持续了若干年，1955年还提出“要逐步扩大范围”，对“近几十年来其他资产阶级思想代表人物在今天还有影响的（如梁漱溟）进行批判。对另一些今天影响较小的资产阶级思想代表人物，如张东荪、张君劢等人，亦应附带加以批判”①。

1955年，陆定一作出了“阶级斗争更尖锐更复杂了”的判断，并提出“要搞思想斗争”，“我们所以厉害，就是利用这个进行斗争。我们从斗争中发展起来的，没有这个斗争不行。学校里如果说没有思想斗争，那才怪呢!”。并将上海复旦大学作为一个样本，提出“医学方面对王斌、建筑学方面对梁思成”②的批判。1955年4月7日，教育部发出《关于组织中小学教师开展学习唯物主义思想和批判资产阶级唯心主义思想的通知》；1955年6月30日，高等教育部发出《关于在高等、中等学校全体师生中进行关于胡风事件及肃清一切暗藏反革命分子的教育的通知》。当时的基本判断是“在我们高等学校各学术部门里存在着大量资产阶级唯心主义的错误思想”③，“资产阶级正在学校中同我们争夺领导权，敌视社会主义的分子以至敌人的特务奸细也正在通过这条路线打进我们的工矿企业和国家机关中去。这里进行着严重的阶级斗争”④。此后与此相关的讲话、报告、指示接连不断，事实上阶级斗争此时已充溢于学校生活之中。

1956年，陆定一在以《百花齐放，百家争鸣》为题的讲话中，却用了不小的篇幅讲阶级斗争，并认为“在阶级社会里，文学艺术和科学工作毕竟要成为阶级斗争的武器”⑤。这一判断，为“教育为阶级斗争服务”提供了逻辑依据。1957年，毛泽东认为“阶级斗争并没有结束。无产阶级和资产阶级之间在意识

---

① 《中共中央批转中央宣传部〈关于胡适思想批判运动的情况和今后工作的报告〉(1955年5月16日)》，引自《中华人民共和国重要教育文献（1949—1975）》，海口：海南出版社，1998年版，第463～465页。

② 《陆定一在学校教育工作座谈会上的讲话（1955年3月24日）》，引自《中华人民共和国重要教育文献（1949—1975）》，海口：海南出版社，1998年版，第444页。

③ 《高等教育部杨秀峰部长在一届全国人大二次会议上的发言（1955年7月29日）》，引自《中华人民共和国重要教育文献（1949—1975）》，海口：海南出版社，1998年版，第489页。

④ 《中共中央批发中央宣传部〈关于学校工作座谈会的报告〉给各地党委的指示(1955年8月27日)》，引自《中华人民共和国重要教育文献（1949—1975）》，海口：海南出版社，1998年版，第505页。

⑤ 陆定一:《百花齐放，百家争鸣（1956年5月26日）》，引自《建国以来重要文献选编·第八册》，北京：中央文献出版社，1994年版。

形态方面的阶级斗争，还是长期的，曲折的，有时甚至是很激烈的”[①]，并在多种场合发表了类似的讲话。

1957年，反右运动开始后，斗争的氛围更为强烈，中央文件中明确提出“资产阶级右派是反动派，是人民的敌人，在政治上和思想上必须把他们彻底斗倒，使他们处于孤立”[②]。此时，教育客观上成为阶级斗争的工具。1958年，陆定一在全国教育工作会议上的讲话中讲了三个问题，其中第一个就是论述“教育是阶级斗争的工具，教育要为政治服务，为生产服务”；第二就是论述“教育工作中的两条道路问题”，明确“教育事业中还有两条道路的斗争。这种斗争是尖锐的，又是长期的”。“党委领导还是专家领导，实质上是无产阶级领导还是资产阶级领导的问题”[③]。在6月20日的讲话中，他更明确道：“毛主席曾提出无产阶级领导权在学校里究竟是否已经建立起来了？看来资产阶级对教育的影响不小，有些地方比无产阶级影响还要大……要树立无产阶级的领导，肃清资产阶级思想的影响，这是长期的斗争。”[④]

1958年的教育工作会上，张际春更直接地说“学校是阶级斗争的工具”，批评教育部“忘记了教育是阶级斗争的武器”[⑤]。

1962年，毛泽东在八届十中全会上提出“千万不要忘记阶级斗争”，教育上阶级斗争形势趋紧。

1966年“文化大革命”开始，更是要求“狠抓教育战线上的阶级斗争，用阶级的观点分析学校中存在的问题，把同资产阶级争夺青年一代的斗争进行到底”[⑥]。当时的教材也因“违背了毛主席关于阶级和阶级斗争的学说”，“反映社

---

① 《关于正确处理人民内部矛盾的问题》，引自《毛泽东同志论教育工作》，北京：人民教育出版社，1992年版，第258页。

② 《中共中央、国务院关于在国家薪给人员和高等学校学生中的右派分子处理原则的规定（草案）》，引自《中华人民共和国重要教育文献（1949—1975）》，海口：海南出版社，1998年版，第749页。

③ 《陆定一在全国教育工作会议上的讲话（1958年4月15日）》，引自《中华人民共和国重要教育文献（1949—1975）》，海口：海南出版社，1998年版，第822页。

④ 陆定一：《关于教育工作的几个问题（1958年6月20日）》，引自《中华人民共和国重要教育文献（1949—1975）》，海口：海南出版社，1998年版，第838页。

⑤ 《张际春在全国教育工作会议上的讲话（1958年6月28日）》，引自《中华人民共和国重要教育文献（1949—1975）》，海口：海南出版社，1998年版，第840页。

⑥ 《教育部、全国教育工会关于在教育战线上掀起一个活学活用毛主席著作新高潮的通知（1966年3月5日）》，引自《中华人民共和国重要教育文献（1949—1975）》，海口：海南出版社，1998年版，第1394页。

会主义时期的阶级斗争不突出”而“不能再用”。[①] 同时，“各级学校是我们培养无产阶级革命接班人的重要阵地，也是文化大革命的重点之一。为了保证中小学广大师生能够集中精力参加文化大革命，在这场严重的阶级斗争中经受锻炼和考验，把运动搞深搞透”[②]，学校停课、招生推迟或暂停，教育从时空上完全让位于阶级斗争。

1967 年，有人提出“早在 1934 年，毛主席就提出了无产阶级的教育方针，这个方针‘在于以共产主义的精神来教育广大的劳苦民众，在于使文化教育为革命战争与阶级斗争服务，在于使教育与劳动联系起来，在于使广大中国民众都成为享受文明幸福的人’，这个方针的核心就是教育必须为无产阶级夺取全国政权服务”[③]。这篇在《人民日报》上发表的文章，引文显然是断章取义，强调教育为阶级斗争服务，否定《高教六十条》、《中教五十条》、《小教四十条》，批判“正常教学秩序”、“智育第一”、“技术至上”，宣称新中国成立后十七年的教育为“修正主义教育路线”，成为教育为阶级斗争服务的号角，多年以后仍余音未绝。

1975 年 1 月 10 日，有人以“为使学校成为无产阶级专政的工具而奋斗”为题在《教育革命通讯》上发表文章，并认为“这是党在社会主义历史阶段的基本路线决定的”。而“回顾解放以来教育战线上两个阶级、两条路线斗争的历史，资产阶级向无产阶级的每一次猖狂进攻和反扑，大都是在所谓‘教学质量’问题上发难”[④]。3 月 17 日同一刊物还发表了此文的《再论》。

二、“教育为阶级斗争服务”提出的背景

“教育为阶级斗争服务”是在“教育为无产阶级政治服务”的基础上进一步偏激的提法，它的提出同样有其深厚的根源和背景。

---

① 《中共中央、国务院批转教育部党组〈关于 1966—1967 学年度中学政治、语文、历史教材处理意见的请示报告〉的通知（1966 年 6 月 13 日）》，引自《中华人民共和国重要教育文献（1949—1975）》，海口：海南出版社，1998 年版，第 1401 页。

② 《教育部关于中小学招生、考试、放假、毕业等问题的通知（1966 年 7 月 12 日）》，引自《中华人民共和国重要教育文献（1949—1975）》，海口：海南出版社，1998 年版，第 1404 页。

③ 师延红：《打倒修正主义教育路线的总后台》，引自《人民日报》，1967 年 7 月 18 日。

④ 《为使学校成为无产阶级专政的工具而奋斗（1975 年 1 月 10 日）》，引自《中华人民共和国重要教育文献（1949—1975）》，海口：海南出版社，1998 年版，第 1531 页。

首先，阶级斗争的理论和学说是其理论根基。1951 年，毛泽东在“《人民日报》社论”中明确以阶级斗争的理论分析教育问题，提出：“在许多作者看来，历史的发展不是以新事物代替旧事物，而是以种种努力去保持旧事物使它免于死亡；不是以阶级斗争去推翻应当推翻的反动封建统治者，而是像武训那样否定被压迫人民的阶级斗争，向反动的封建统治者投降。”① 随后钱俊瑞将这种理论运用于教育实际，提出“要正确地开展教育阵地上的思想斗争”，“坚决肃清教师工作中的买办思想（以崇拜英美资产阶级思想为主要形态）和封建思想（武训精神和‘乡村建设’思想）”，“着手批评各种资产阶级和小资产阶级的改良主义教育主张”②。类似的论述在从 20 世纪 50 年代初到 70 年代末可说是连篇累牍，随处可见。“文化大革命”期间，教育为阶级斗争服务还明显受到“无产阶级专政下继续革命”理论的影响。

其次，确认教育是一项“斗争”的事业。“文化教育战线是一条广阔的思想战线，如果文化教育工作中失去了思想斗争的内容，就等于没有灵魂的躯壳。”并进而提出“我们每一个文化教育工作者都应当经常对自己进行思想斗争，用正确的思想战胜不正确的思想。只有对自己经常进行思想斗争的人，才能把自己锻炼得更好，才能担负起光荣的文化教育工作的任务”③。1967 年更认为“建国十七年，教育战线同政治战线、经济战线一样，一直存在着激烈的尖锐的两个阶级、两条道路的斗争”和“两条根本对立的路线”，“反映在教育上，同样也存在着走社会主义道路还是走资本主义道路的尖锐斗争”④。依照这样的逻辑，教育只要为阶级斗争服务，而且教育内部要永远斗争不已。

再者，社会发展的非理性状态是其提出的社会条件。当时的社会状况简要地说，一是在意识形态领域强调“以阶级斗争为纲，其余都是目，纲举目张”，教育也自然成为“目”，要围绕并服务于阶级斗争这个“纲”；二是自 1957 年反右、1958 年“大跃进”以后，不少地方采取了宁“左”勿右的态度，于是越来越“左”的口号和行为屡屡发生，在这样的社会条件下，不少人觉得“教育为无产阶级政治服务”还不够“先进”，于是提出“教育为阶级斗争服务”以显示自己对党的领导的紧跟；三是 1966 年“文化大革命”发生后，更是头脑发

---

① 《应当重视电影〈武训传〉的讨论》，引自《人民日报》，1951 年 5 月 20 日。

② 钱俊瑞：《用革命的办法办好人民的教育》，引自《中华人民共和国重要教育文献（1949—1975）》，海口：海南出版社，1998 年版，第 117 页。

③ 《郭沫若全国文化教育工作会议的总结（1954 年 3 月 23 日）》，引自《中华人民共和国重要教育文献（1949—1975）》，海口：海南出版社，1998 年版，第 303 页。

④ 师延红：《打倒修正主义教育路线的总后台》，引自《人民日报》，1967 月 7 月 18 日。

热，停课闹革命，学校基本上停止了其教育教学的功能。

“教育为阶级斗争服务”的提出还有诸多深层复杂的政治、文化、人际关系因素。

三、“教育为阶级斗争服务”对教育实践的影响

“教育为阶级斗争服务”直接导致以阶级斗争的逻辑开展教育实践，由此引发一系列的效应。

一是引发了教育思想和方法上的贫困。以阶级的观点分析教育的各个方面，“阶级不同，目标不同，因而方针方法也不同”[①]，就必然导致要寻找纯无产阶级的教育思想、内容、方法来进行教育的实践。1951 年，在批《武训传》运动的同时，还把此前曾被称为“人民教育家”的陶行知的思想划到资产阶级范畴，接着批判孔子的封建教育思想、批判西方资产阶级教育思想，甚至还批判国内的小资产阶级教育思想，批判“师爱”、“母爱”。凡是算不上“纯白狐狸”的无产阶级教育思想都必须进行斗争，结果导致无产阶级教育思想和方法的虚无以及在教育实践中思想与方法的贫困。

二是教育的专业性长期受到忽视乃至批判。1952 年开展的批判资产阶级思想和清理“中层”运动，1964 年更提出“阶级斗争是你们的一门主课。你们学院应该去农村搞‘四清’，去工厂搞‘五反’……阶级斗争都不知道怎么能算大学毕业”[②]。接着是半农半读、半工半读、“社来社去”，教师也实行半农半教，削减外语、世界史等课程，派学生参加社会主义教育运动，批判所谓的“反动学术权威”，宣传上海机床厂的道路作为“教育革命的方向”，工宣队、贫管会进驻学校，走“五·七”道路。

三是以阶级斗争的态度对待师生。经常发生对师生进行残酷斗争的事情，“教育中对资产阶级学术思想的批判，做得轰轰烈烈”，开展“拔白旗”，插红旗运动，要求“要经常对教师和学生进行分析，分析整个队伍，分析个人”[③]。其中一个例子是：清华大学物理教研组主任刘绍唐，一贯表现较好，但支部认

---

① 陆定一：《教学必须改革——在第二届全国人民代表大会上的发言（1960 年 4 月 9 日）》，引自《人民日报》，1960 年 4 月 10 日。

② 《与毛远新谈话纪要》，引自《毛泽东论教育革命》，北京：人民出版社，1967 年版。

③ 《陆定一在中央教育工作会议上的讲话（1959 年 1 月 12 日）》，引自《中华人民共和国重要教育文献（1949—1975）》，海口：海南出版社，1998 年版，第 876 页、878 页。

为他只能起反面教员的作用。编教学大纲时，让他带了几个落后的助教编，党团员背着他又另编了一个，准备唱对台戏。刘表现非常积极，开夜车将教材编出来了，无可批判，党员却将他编的大纲丢在一边，只把党团员编的大纲交给群众讨论。[①] 在“文化大革命”期间，这种教师与学生、学生与学生、教师与教师之间的斗争更为残酷激烈。

四是导致正常教育教学秩序的全面混乱。“斗、批、改，是无产阶级文化大革命的重大课题”[②]，开批斗会、写批判文章、“到革命的大风大浪中锻炼成长”以及武力打斗，占据了宝贵的教育教学时间和场地。宣传“白卷英雄”，造反有理，鼓励反潮流。

五是“左”的思想长期束缚着教育发展。由于在“教育为阶级斗争服务”的思想指导下，“在学理论，抓路线，促教育改革的过程中，要特别注意用无产阶级专政的理论武装青少年”，“学校的一切工作都是为了转变学生的思想。政治教育是中心一环”[③]。以阶级分析的观点对待、分析教育中的各种问题并没有因“教育为阶级斗争服务”这一提法不再提而马上消失。对学生入学、毕业分配工作的各个环节都要进行“政治审查”，学习无线电等专业必须经过更为严格的政治审查。知识分子要接受贫下中农的“再教育”，实行“贫下中农管理学校”。经过20世纪80年代初解放思想的潮流冲刷，教育上“左”的思想仍在一定范围内存在。

总体上看，“教育为阶级斗争服务”对教育实践产生了严重的破坏、冲击，损害了一代人的成长与发展。

四、对“教育为阶级斗争服务”的分析

教育活动在一定程度上具有阶级性，但阶级性不是教育的本质属性，甚至说不上基本特性。以阶级斗争的理论作为教育的指导思想，以阶级斗争作为教育的价值取向，在理论上的荒谬性已经被当时的社会实践所证实，在学校中公开有组织地开展阶级斗争无疑是对教育的破坏而非建设，对此没有必要再进行太多的分析证明。

---

① 《清华大学物理教研组对待教师宁“左”勿右》，引自《中华人民共和国重要教育文献（1949—1975）》，海口：海南出版社，1998年版，第868页。

② 《“斗私、批修”，做好各学校各单位的斗批改》，引自《红旗》，1967（15）。

③ 《全面关怀青少年的成长——〈教育革命通讯〉评论（1975年8月）》，引自《中华人民共和国重要教育文献（1949—1975）》，海口：海南出版社，1998年版，第1544页。

从价值角度看，“教育为阶级斗争服务”依然属于教育的政治本位论，教育要为政治服务，阶级斗争是政治的一种独特的、具体的形式，但它比“教育为无产阶级政治服务”更加走向极端，这种极端的教育价值取向导致了以下结果：

一是窄化了教育的功能。不仅把教育的政治、经济、文化、科学、个体发展等多种功能窄化为政治功能，而且将其政治功能窄化为阶级斗争的功能。为了实现这样的窄化，就必须对教育原本具有的正常功能进行大范围的、严重程度的压制、摧毁。这种压制和摧毁实现了极少数阶级斗争运动发起者的目的，却损害了绝大多数本可享受到教育权益者的切身利益。

二是扭曲了教育的价值。由于过度地窄化了教育的功能，必然导致教育价值的扭曲：一方面，教育难以实现其原本应该实现的最大价值，被很大程度地“大材小用”了；另一方面，教育原本是用来陶育人与人之间的关爱、互助，形成和谐共处的社会氛围的，此时则变为挑起人与人之间斗争、憎恨的工具。

三是使教育客观上成为为少数人服务的教育。因为在现实生活中，并没有太多的人在生活中时时刻刻需要阶级斗争，即便是在“文化大革命”那样特殊的年代，即便是在无产阶级这样一个具体的人群之中，都只有少数人在特定的时候需要教育来为其阶级斗争服务。事实上，当时实行的教育为阶级斗争服务也只是在少数人鼓动下以教育来实现少数人的图谋。

“教育为阶级斗争服务”是在特殊的社会条件下的一次失去理性和损害教育本原特性的社会历程。它既脱离了社会对教育需求的基本事实，也违背了教育活动在数千年发展过程中所生成的基本价值，应成为选择和确定教育价值不恰当的一个典型的历史例证。

第五节　教育为社会主义现代化建设服务

随着政治形势的变化，与基本事实脱离太远的教育价值取向——“教育为阶级斗争服务”被越来越多的人认识到是不可取的。到“文化大革命”的末期，中国国民生产总值在全世界国民生产总值中所占的比例下降到自明代以来的最低点，回首当年，正可谓“中华民族到了最危险的时候”，“教育为阶级斗争服务”再也不能继续下去了。

一、“教育为社会主义现代化建设服务”的提出

“教育为社会主义现代化建设服务”可追溯到新政权建立时提出的“教育为生产建设服务的方针”①，当时它是与“教育为工农服务的方针”同时并提的。教育为生产建设服务这一价值取向除了在“文化大革命”中的极少数年份没有落实到教育实践中，在当代中国教育的整个发展过程中它的精神是贯彻始终的，只是不同阶段提法有所不同，重视程度各不相同，贯彻的程度不一，且始终与某一特定的政治要求相搭配。

1960 年，有人提出“又红又专，攀登科学文化高峰”的口号，并认识到“只有掌握了最先进的科学技术，才能有强大的经济力量，才能巩固国防，保卫祖国的安全和世界的和平”②。然而当时这是巨浪中的微波，并没有发生多大的影响。

1975 年，邓小平提出要全面理解毛泽东思想，“现在相当多的学校学生不读书，这也不符合毛泽东思想。毛泽东同志反对的是教育脱离实际、脱离群众、脱离劳动，并不是不要读书，而是要读得更好。毛泽东同志给少年的题词是‘好好学习，天天向上’嘛。还有，毛泽东同志讲了四个现代化，还讲过阶级斗争、生产斗争、科学实验是三项基本的社会实践，现在却把科学实验割裂出来了，而且讲都怕讲，讲了就是罪，这怎么行呢?”③ 这是比较早的将教育与四个现代化联系起来。

紧接着这个讲话之后，时任教育部部长的周荣鑫围绕中央政府提出的“在本世纪内要实现四个现代化的目标”，在一次非正式会议上提出“教育要适应四个现代化的需要”，“教育战线也要积极行动起来，要执行毛主席的路线、方针、政策和方法，为适应四个现代化，培养千百万无产阶级革命事业接班人而

---

① 钱俊瑞：《当前教育建设的方针》，引自《人民教育》，1950 年版，第 1～2 期。

② 《胡启立在全国学生第十七届代表大会上的报告（1960 年 2 月 4 日）》，引自《中华人民共和国重要教育文献（1949—1975）》，海口：海南出版社，1998 年版，第 950 页。

③ 《各方面都要整顿》，引自《邓小平文选（1975—1982）》，北京：人民出版社，1983 年版。

努力。"[①] 这一提法被当时各媒体迅速引用，并与阶级斗争同时并提。值得注意的是，这里提的是“适应”而非“服务”，因为“服务”的对象已经有了，即便是这样的提法，到1975年底又为阶级斗争的声浪所覆盖。其间受政治变动的影响，几经反复，直到1985年《中共中央关于教育体制改革的决定》中，“适应”才变为“服务”。

1977年，邓小平说：“我们要实现现代化，关键是科学技术要能上去。发展学技术，不抓教育不行。”[②] 又一次将教育与现代化联系起来。1978年开展的关于真理标准问题的大讨论引发教育界对教育本质和功能问题的讨论，这一讨论在认识上实现了两大突破，或者说扫除了两大障碍，“一是摈弃了教育是上层建筑和阶级斗争的片面认识，二是吹响了教育在现代化建设中战略地位的前奏，为后来教育战略地位的确立奠定了理论基础”[③]。此后，教育的重要文件都提到建设现代化的目标，如：1979年通过的《高等及中小学体育工作条例总则》中都写入了“为实现四个现代化做出积极贡献”[④]；在拟订“六五”计划设想时提出“在调整中积极稳步地改革教育结构，使教育事业更好地为社会主义现代化建设服务”[⑤]；1983年9月，邓小平为景山学校题词：“教育要面向现代化，面向世界，面向未来。”此后，这一提法曾作为教育工作的指导方针。

1985年，《中共中央关于教育体制改革的决定》中提出“教育必须为社会主义建设服务，社会主义建设必须依靠教育”[⑥]。1990年的省级重点职业高中标准又用了“重点职业高中要全面贯彻国家的教育方针，坚持教育为社会主义现

---

① 周荣鑫：《教育要适应四个现代化的需要（1975年10月20日）》，引自《教育研究》，1979（1）。

② 《尊重知识，尊重人才》，引自《邓小平论教育》，北京：人民教育出版社，2004年版，第25页。

③ 中华人民共和国教育部：《共和国教育50年》，北京：北京师范大学出版社，1999年版，第122页。

④ 《教育部、国家体委关于试行〈高等学校体育工作暂行规定（试行草案）〉和〈中、小学体育工作暂行规定（试行草案）〉的通知（1979年10月5日）》，引自《中华人民共和国重要教育文献1976—1990》，海口：海南出版社，1998年版，第1731～1732页。

⑤ 《教育部关于拟订教育事业“六五”计划和十年设想需要研究的问题的通知（1981年4月7日）》，引自《中华人民共和国重要教育文献1976—1990》，海口：海南出版社，1998年版，第1921页。

⑥ 《中共中央关于教育体制改革的决定》，引自《人民日报》，1985年5月29日。

代化建设服务”[①] 的说法。

1993年2月13日，中共中央、国务院印发的《中国教育改革和发展纲要》提道：“必须坚持教育为社会主义现代化建设服务，与生产劳动相结合，自觉地服从和服务于经济建设这个中心，促进社会的全面进步。”在作为方针表述时使用的是“教育必须为社会主义现代化建设服务，必须与生产劳动相结合，培养德、智、体全面发展的建设者和接班人”[②]。1995年3月18日，八届全国人大三次会议通过并颁布了《中华人民共和国教育法》，确认了“教育必须为社会主义现代化建设服务，必须与生产劳动相结合，培养德、智、体等方面全面发展的社会主义事业建设者和接班人”这一教育方针的表述。

二、“教育为社会主义现代化建设服务”提出的背景

“教育为社会主义现代化建设服务”提出的背景主要有：

一是政治环境变化。实现工业、农业、国防、科学技术四个现代化是毛泽东等提出的中国建设和发展的目标，然而这一目标在比较长的时间里由于政治上阶级斗争的干扰，不仅没有摆上议事日程，现实状况反而离这一目标愈来愈远。在1976年的政治转机中，这一目标被重新突出地提出来，实现这一目标的前提是要有大量的各方面人才，这就必须依靠教育来培养人才，此后的若干年内，中共中央和中央政府实现了工作重点的转移，将工作重心转移到社会主义现代化建设上来。相应地实现“学校工作着重点的转移”，“就是着重点转移到教学和科学研究上来，但是更确切、更全面地说，是把工作着重点转移到培养为四化服务的人才上来。学校各项工作都要服从和服务于这个中心。”[③] 教育为社会主义现代化建设服务自然就顺理成章了。

二是教育亟待恢复和发展。经过十年“文化大革命”，教育受到严重的摧残，到1976年，越来越多的人意识到中国经济的落后，科技上与世界先进水平的距离在进一步拉大，人才缺乏。恢复和发展教育以什么为价值取向呢？当时的政治本位的倾向依然较浓，但不能像过去那样单纯地办政治本位的教育，而

---

① 《国家教委关于颁发〈省级重点高级职业中学的标准〉的通知（1990年8月16日）》，引自《中华人民共和国重要教育文献1976—1990》，海口：海南出版社，1998年版，第3015页。

② 《中国教育改革和发展纲要》，引自《人民日报》，1993年2月27日。

③ 《蒋南翔在教育工作会议上的总结发言（1980年1月23日）》，引自《中华人民共和国重要教育文献1976—1990》，海口：海南出版社，1998年版，第1780页。

当时社会最急迫，又可比较少地引发争议的就是发展经济，发展经济的目标就是实现四个现代化，于是实现现代化成为当时引导教育恢复和发展的强有力的导向。

三是当时的中国教育理论状况。在20世纪70年代末80年代初，虽然中国经历了一次思想解放，但还来不及全面深入地总结历史教训、分析教育问题、认识教育的内在规律、接受世界先进的教育思潮。在这种情况下，很难依据教育的内在特性和规律提出与之相符合的教育方针，只能依据社会政治和经济的迫切要求提出符合政治经济需要的教育方针。

正是由于这种种原因，这一教育方针的表述还不是很完善，但它已经比较实际。

三、“教育为社会主义现代化建设服务”对教育实践的影响

“教育必须为社会主义现代化建设服务”在特定的历史条件下对教育实践的影响主要是积极的，同时由于它对教育规律考虑得较少，也产生了一些负面影响。

积极方面的影响主要有：

首先，它对恢复被“文化大革命”破坏的正常教育教学秩序产生了积极的作用。

其次，它促进社会的经济发展与教育发展之间的正向相互激励。这种相互激励的关系自从工业革命后便越来越明显。20世纪50年代初，依据当时“国家建设更加迫切和更加大量地需要的是中等技术人才”的情况，发展中等职业技术教育，并提出“毫无疑问，我国高等学校必须以高等工业学校为第一位的重点，必须集中较多人力、物力来办好高等工业学校，以适应国家经济建设的迫切需要”①。这样就促进了各个产业部门办教育，促进了教育的发展。20世纪80年代后，这种相互促进在范围和程度上都达到了一个新阶段，发生了明显积极的社会效应。

这种认识将教育作为经济基础的组成部分，或干脆将教育作为发展经济的工具，教育的自主性仍未确立，教育的相对独立地位仍然没有建立，所以，它对学校教育实践也带来一些负面影响。主要有：

一是教育与经济的边界不明晰。1993年建立市场经济体制后，曾一度在教

① 《为实现全国综合大学会议的决议而奋斗》，引自《人民日报》社论，1953年10月15日。

育领域出现经济话语霸权的现象，一方面，要求教育“以经济建设为中心”，以教育“拉动”内需，促进经济发展，推行教育的产业化政策；另一方面，消费文化风靡一时，功利观念愈来愈深地渗入教育机体的各个部分，教育上的各种课外班屡禁不止，各种“工程”名目繁多。

二是违背教育规律的行为失去规范。由于“教育为社会主义现代化建设”的价值取向没有将教育教学的内在规律反映出来，没有把教育当成一项“属人”的事业，导致普遍采用抓行政和经济工作的方式方法来抓教育，同时教育方针中“全面发展”的表述显得抽象，于是恢复高考之后立即出现了片面追求升学的“应试教育”，以及由此引发的一系列违反教育教学规律的行为。

四、对“教育为社会主义现代化建设服务”的分析

“教育必须为社会主义现代化建设服务”是“拨乱反正”时期教育发展的指针。

正如前面分析它对教育实践的影响时所说，它有积极作用，同时又没有准确反映教育的内在规律。

从价值的角度分析，可以认为：

首先，它主张的是政治与经济本位。“社会主义”是其政治成分，“现代化”主要是经济要求，严格分析“现代化”的内涵也包含政治的内容，也就是教育要为政治和经济发展服务，如果将它放在个体得以健康正常发展的前提下考虑，无疑是正确的；但是如果相反，把“教育为社会主义现代化建设服务”作为对教育的没有其他前提条件的要求，则有可能导致违反人的成长与发展的规律，导致个体成长和发展的受挫，最终也不能较好地实现“教育为社会主义现代化建设服务”的目标。近三十年的教育实践说明这种考虑不是多余的，恰恰是现实的问题。

其次，它主张的是教育主体的社会取向。“社会主义现代化建设”是一个社会发展的目标，也是这一价值取向所确认的主体。

再者，这一价值取向明显带有见“事”不见“人”的倾向。这样的价值取向导致个体人性和个体发展的规律较长时间成为教育的盲区。

由此可见，必须将“教育为社会主义现代化建设服务”所发生的积极作用与它的缺陷同时加以充分认识，才是比较全面、比较符合实际的。

第六节 对“自我设计”、“自我实现”的批判

1978年中国实行开放政策后，越来越多的人接触到中国以外的思想、文化和教育、理念，信息的来源渠道相对增多，引发一批人对教育价值取向的思考，“自我设计”和“自我实现”便是在这样的环境中的一种思潮，并且一出现便受到对它的批判。

一、“自我设计”、“自我实现”的提出及对它的批判

“自我设计”、“自我实现”是一股社会思潮，当它形成并在社会上的影响逐渐扩大之后，教育主管部门便对它加以批判。

1978年十一届三中全会后，由于思想解放潮流初起，对外文化交流增多，国外学术著作越来越多地在大陆翻译出版，其中马斯洛的心理学著作成为当时众多人一睹为快的作品，报纸杂志上相关介绍的文章随处可见，多家出版社争相出版这类书籍，一时出现多个版本。“自我实现”是马斯洛心理学中需要层次理论的核心内容之一，该理论认为人有生理、安全、爱与归属、尊重和自我实现五种基本需要。自我实现的需要是其中最高级的需要，指的是促使个体潜能得以发挥，使自己越来越成为所期望的人，激发自己从事与自己愿望和能力相一致的事的需要。“自我实现”也是人的需要中的最人性化的需要，这一理论在社会上引发了一股主张“自我设计”、“自我实现”的思潮，在青少年学生中，尤其是在能够且渴望独立思考的高中和大学生中影响较大。

由于当时特定的历史背景，不同的人对“自我实现”的理解各不相同，包括接受这种观念的人自身对它也众说纷纭，有人视它为成长良方，有人则视它为洪水猛兽；这种差别导致社会上思想观念较“左”的人简单地将它等同于资产阶级自由化，或认为是资产阶级自由化思想的一种表现。这种看法在当时官

方有代表性，于是开展了批判运动。

对“自我设计”、“自我实现”的批判可以1980年教育部部长蒋南翔在共青团十届二中全会上的讲话为起始。该文如下①：

> 有不少人赞成个人自由发展。自由发展是好的，但是个人自由和集体事业发生矛盾怎么办？小平同志给了答复：如果生动活泼与安定团结发生了矛盾，首先要保证安定团结。实践证明，不安定团结对我们民族是最大的危害。无论如何要把安定团结放在首位。关于个人自由还有个人选择工作的问题。有人说，“我自己设计自己”。我看从一个局部、从小范围来讲是自己自由考虑，愿意学工、学农，愿意考北京大学或者人民大学，这是个人的自由。如果从长远看，从全局看，从根本上看，就不是人选择工作，而是工作选择人。因为任何人生下来不能选择所处的时代，不能选择社会，不能选择既定的生产关系。生在这个时代，生在这个社会，我们就只能致力于当前社会最迫切最需要的事业，尽自己的力量来推动时代前进，推动社会的发展。这不是个人可以凭空设想的。任何伟大人物都不能不受时代的约束。他只能努力了解和使自己适应时代的需要、社会的需要、整个国家和民族的需要。这样才能使个人的理想同客观实际相符合。如果有人想要独立于时代和社会之外，自己随心所欲，高度发挥主观的想象，以为这才是自由，才是独立见解，其实是唯心主义。依靠自我奋斗，自以为是，在局部范围内也可能会有一点成就，但从根本上说，他的认识同客观规律是不一致的。

显然这段文字在肯定“自由发展是好的”这个大前提之后，又逐一否定了自由发展，此后，全国各高校、各大媒体以报告会、班会、政治思想课教学、出专栏等各种不同的形式普遍展开对“自我设计”、“自我实现”的批判。

二、“自我设计”、“自我实现”的提出与被批判的相关背景

对于“自我设计”、“自我实现”提出的背景可以列举如下数点：

其一，中国有数千年社会本位的传统，其间虽有杨朱学派“为我”之类的思想，然而总体上，在相当长的时期里，社会本位占有绝对的统治地位。在这

---

① 蒋南翔：《和青年同志们谈谈加强党的领导和坚持四项基本原则问题》，引自《中华人民共和国重要教育文献（1976—1990）》，海口：海南出版社，1998年版，第1786页。

样的文化传统背景中，社会本位价值观对个体本位价值观的挤压成为一种惯常现象。在这种惯常延续的过程中，有类似“自我设计”、“自我实现”之类的个体本位思想表露当属正常，没有这种思想表露反倒不正常，这种思想一露头就遭到批判也不难理解。

其二，从更微观、具体的角度分析，1949 年以来直至 1980 年前后，“左”的思想一直在社会上占上风，这种思想在价值观上主张维护绝对的“公”，铲除一切的“私”，过分强调国家、社会、集体，事实上几乎完全泯灭个人的价值，忽视甚至有意损害个人的利益。这种价值观在教育上也发生着影响，然而对个性的压抑改变不了人类的自然本性，个体的个性仍然存在，仍然会在适当的时候表露出来。在 1978 年政府倡导解放思想、实事求是的情况下，长期压抑的个性因外部环境放松而伸展或反弹，在当时生存和安全的需要得到满足的情况下，一部分人产生“自我设计”、“自我实现”的思想是一种社会进步的必然表现。

其三，当时中国社会由长期封闭转为对外开放，出于对异域思想文化的好奇心，外界思想的无意影响常常比学校中教师的谆谆教诲产生更大的影响。三十余年的封闭使中国传统文化中社会本位的价值得到强化，而这一时间段中作为政府主流价值观的社会主义、共产主义也主要强调社会本位而反对个人主义，这两方面的结合形成双重强化，容易走向极端。这种强化的结果是在个人与社会这一价值维度上与国门之外的其他国家，尤其是与崇尚个性发展的美国形成比较强烈的反差。这种反差促使“自我设计”、“自我实现”在学生中迅速传播和产生影响，这也是引起认识上的误会而导致它迅速遭到批判的因素之一。

其四，也是更为根本性的，独立思考成为当时学生的渴求。正如当时人们所言：“今天，我们面对的青年学生，一个重要特点是：生在红旗下，长在动乱中。他们懂事之日，正是林彪、‘四人帮’酿灾之时。抄家、批斗、游街盛行，‘造反’、‘打倒’、‘冲杀’之声不绝于耳，所见所闻，在稚嫩的心灵上刻下了深深的印记，误以为这些都是正常的、必需的、可信的。他们受骗了，也开始观察和思考了。”① “社会骗了我”确实是当时一些人的切身感受，如果说当时的社会环境迫使青少年独立思考，那么“自我设计”、“自我实现”则是独立思考的自然选择或结果。

其五，“自我设计”、“自我实现”的提出与当时的大中专学校实行的学生专业选择和毕业分配制度有一定的关联。在当时，大中专学校中的学生一考定

---

① 《各级学校要深入进行四项基本原则的教育》，引自《中华人民共和国重要教育文献 1976—1990》，海口：海南出版社，1998 年版，第 1772 页。

终身，专业主要看高考的分数来确定，几乎不能自主选择专业，进了一个自己不感兴趣或天赋不足的专业也无法转换到自己想学的专业，毕业分配更是完全没有自主选择的空间。于是一些人基于对完全不能自主的现实的反感与厌倦产生了对自主的渴望，这种渴望与当时所能接触到外界思潮相碰撞便产生了“自我设计”、“自我实现”的思想火花。

对于“自我设计”、“自我实现”加以批判的背景主要是：

首先，当时国内政治生活中存在着一些不和谐，长期极“左”的政策受到强烈的批评，其中不免有一些过激表现，1978 年底北京出现了西单“民主墙”，上海有“民主讨论会”，青年学生中存在着怀疑社会主义制度、怀疑共产党的领导、怀疑共产主义信仰的思潮。当时的一个实质性问题是：“过去‘四人帮’说我们党内有个资产阶级，老干部都是民主派，民主派就是走资派，于是打倒一切。现在是不是有人说党内有个官僚阶级、特权阶层，当然也在要打倒之列。结果就是‘四人帮’要打倒老干部，而现在有些自命为思想解放、标榜独立思考的人们也要打倒老干部。”① “思想解放”、“独立思考”无形中成为社会政治生活中的一种忌讳。共产党内部对此认识也不一致。

其次，国际上也确实存在一些“冷战”势力利用所谓的“人权”问题向中国发难，企图搞乱中国，从中渔利。国际敌对势力试图摧毁中国当然是出自谋求自身利益，他们所使用的策略之一便是“和平演变”、“寄希望于下一代”，在这样的国际环境中中国政府本能地保持高度警惕。正是由于这样高度警惕，放大了防范的范围，将本来属于教育范围的问题拔高为政治问题，将本来可以运用教育的方式方法解决的问题采用政治运动的方式加以解决。

再次，当时无论是信奉“自我设计”、“自我实现”的人，还是教师、教育主管部门、政府官员都缺乏对“自我设计”、“自我实现”全面、深刻、明晰的认识，难以厘清它到底是一种政治概念还是一种教育概念。这种概念的模糊导致众多的误判、误解乃至人生的误入歧途。

由于上述特殊的背景，可以说“自我设计”、“自我实现”的提出与对它的批判都带有一定的模糊性和盲目性。

三、批判“自我设计”、“自我实现”对教育实践的影响

为了更准确地评估对“自我设计”、“自我实现”的批判在教育实践中产生

---

① 蒋南翔：《和青年同志们谈谈加强党的领导和坚持四项基本原则问题》，引自《中华人民共和国重要教育文献 1976—1990》，海口：海南出版社，1998 年版，第 1786 页。

的影响，先对这次批判本身加以分析。

首先，这次批判的目的很明确，它是为了实现政治上的稳定，实现安定团结。在当时的社会背景下，实现这一目标本身无疑是正确而且必要的。在考虑政治上的稳定的大前提下要求教育培养出的人不要危害政治稳定，这也是任何一个政府都应当做而且必须做的。但这次批判对教育及人的成长发展的内在规律几乎未加考虑，政府以当然的强者、当然的正确者的姿态出现，其结果是在众多人心中产生了口服心不服的后果。加之以教育标准衡量方法不妥，效果也并非理想。

其次，当时认同“自我设计”、“自我实现”的人并不十分明晰它是教育与成长理念还是政治观念，事实上有这种想法的更多的人怀有对政治的不信任或逃避的心理，当时是将它当成自己成长的一种方式加以选择，而不是当成一种政治信念；而对它的批判则将它当成纯粹政治观念，将它与“资产阶级自由化”归为一类，这样的批判多少带有武断的成分。所以批判没有对准问题本身，目标不够明确，产生的效果出现正、负或无的多样化局面。

再次，这次批判将“自我设计”、“自我实现”简单等同于不顾社会需要，将“自我设计”、“自我实现”与社会需要和集体教育对立起来是过于简单化了；认为个人的自由发展必然与集体事业、与社会发展相矛盾也是在极“左”思想基础上形成的机械的观念。诚然当时确实有一些人将“自由发展”、“自我设计”看成是“躲进小楼成一统，管他春夏与冬秋”，但这只是部分人而不是全部人的看法，因为部分人有这样的想法而将“自我设计”、“自我实现”一棍子打死，而不是对这一部分人加以适当的引导，这不是教育当中合适的做法。

简言之，那次对“自我设计”、“自我实现”的批判，是一次基于“左”的思想、采取并不适合于教育的方法、虽产生了一些效果但并不理想的批判。

基于对当时“自我设计”、“自我实现”进行批判的上述分析，这次批判对当时及此后较长一段时期中的教育实践都产生较大的影响。这种影响主要不是在体制上和形式上，而是在思想观念上和政策上，因此它是潜在的、复杂的，想表述清楚是有一定难度的，这里试图表述为：

第一，基本封杀了个体自主发展的空间。

教育或教学是由教与学构成教师与学生双方共同进行的活动，是一种互动过程；同时又是学生与学习内容或活动对象双向对话与建构的过程。这个过程缺少任何一方的主动性都不能获得较好的效果，尤其不可缺少学生的自主性，个体的学习过程是自主追求有意义、有价值的生活过程，教育要促进人成为积极、自主、创造的社会生活主体，培养有独立人格、有个性的人。由于历史与文化的影响，中国教育实践中学生的自主性本来就不足，“自我设计”、“自我实现”的提出在某种意义上说是自主性增强的积极表现，而对它的批判在教育实践中产生的影响便是使学生的自主发展空间再一次受到封杀。由于这次批判是在“文化大革命”后不久进行的，师生们对此前的政治运动都记忆犹新，不少人因害怕丢掉来之不易的“铁饭碗”，即便对批判本身有不同看法，也还是保持了沉默。学生因缺少自主而缺乏个性、独立性、自主性，因而不能独立思考，不会创造。

第二，采取简单化处理教育问题的方式。

对“自我设计”、“自我实现”的批判采取的是一种从上到下，先定调，再在全国传达文件，推而广之的方式。这种方式是中国自从反右和“文化大革命”开始后开展政治运动的方式。由于“文化大革命”结束不久，政府在开展各种工作时还沿用了老的工作方式和方法。然而教育所面对的对象是多样化和具体的，没有两个完全相同的学生，不能采用完全雷同的方法对不同的教育对象施教，更不用说对数十万不同的教育对象用同一方法施教，所以自古即有“因材施教”的原则。采取“一刀切”、“一锅煮”的方式方法必然会伤害一部分人。这次简单化、运动式处理教育问题的方式并不只是影响到这次批判活动，还影响到当时开展的各项教育教学活动，因为作为一种官方施行的教育方式往往被各地和一般的教育工作者认为是当然合理的，但从教与学的角度看显然是不恰当的。

第三，将教育与政治相混同。

由于受当时“教育必须为无产阶级政治服务”以及对它比实际内涵更“左”的理解的影响，教育实际工作中常常将政治与教育相混同，以五花八门的政治运动冲击正常的教育教学，这次对“自我设计”、“自我实现”的批判也在一定程度上将教育与政治相混同。这种混同表现为三个层次：一是概念混同，即将教育的概念拔高到政治上的高度去理解，上纲上线。如果将“自我设计”、“自我实现”当成教育概念来理解并不会对社会产生多大的危害，然而一旦将它理解为资产阶级自由化，在当时就成为一个严重的政治问题。二是在因果关系上混同。对“自我设计”、“自我实现”产生兴趣有多种原因，好奇、对自主的渴望或其他原因，但主要还是个体成长与发展方面的原因，而不像这次批判所假定的那样出于政治原因。三是人员和组织上的混同。政府职员与教育者的职责相互混淆。

第四，传统教育观念进一步强化。

这次对“自我设计”、“自我实现”的批判的观念基础是传统甚至保守的教育观念，这次批判本身与当时“解放思想”的大趋势是相违逆的。由于这次批判，不少教育工作者对解放思想都心存余悸，不敢放开思想，而是信奉唯上、唯书更稳妥。由于传统观念受到强化，比较先进的教育理念就难以被教育工作者接受，更不屑说运用，因而整体上对中国教育现代化进程产生一定的阻碍。然而这种阻碍是中国教育理论和观念向前发展中的障碍，其作用力度与范围都有一定的限度，中国发展的大趋势及社会发展的需求还是继续推动着教育观念的更新和教育理论的发展的，后来发展起来的教育主体性的讨论便说明了这一点。

第五，强化了畸形的教育架构。

通常的教育是由人类普世文化、政府、社会、学校、学生等要素构成的一个均衡运行的系统。系统中的每一要素依据其自身及整个系统当时的情况而发挥着特定的作用。然而自从教育被当成“无产阶级专政的工具”之后，政府在教育上发挥了超出其应有功能的作用，这种超出包括内容、范围和方式等各方面。相应的学校的管理和自主教学、学生的自主发展受到挤压，因而整体上形成了一个畸形的教育结构系统，这种畸形系统所产生的教育功能也不会是正常健康的。准确地说，这种畸形系统在当时是已经存在的，在改革开放的大潮及学校恢复正常教育教学秩序的要求推动下，其结构开始松动，然而对“自我设计”、“自我实现”的批判所产生的副作用之一便是对这种畸形结构稳定性的强化。

第六，阻断了当时一些学生对“自我设计”、“自我实现”不切实际的痴迷。

这次批判对当时信奉“自我设计”、“自我实现”的一部分人来说还是有益的。当时确实有一些人以为有了“自我设计”、“自我实现”就能解决其人生问题，陶醉于“自我设计”、“自我实现”；或将“自我设计”、“自我实现”理解为不需要考虑社会的需要，不需理会别人怎样想、怎样做。这种孤立地理解“自我设计”、“自我实现”，不只是不切实际的，也必然会在个体发展过程中埋下挫折与不幸的种子。然而这次批判要求的不是引导人采用正确的方式方法进行“自我设计”、实现“自我实现”，而是一概否定“自我设计”、“自我实现”，忽视了其中一部分人当时确实因为“自我设计”、“自我实现”而扬起了自主成才的风帆。这部分人中，有的能够在信奉“自我设计”、“自我实现”的时候比较恰当地处理好个人与社会、自己与他人的关系；有的则因为这次批判而出现思想波折、成才过程中的失落，甚至导致人生的悲剧。

总体上看，“自我设计”、“自我实现”显然是个体本位思想的表现，对它的批判则是以社会本位为思想基础的，而且采用了社会本位的方式来对付个体本位，其结果自然是相对弱小分散的个体无法抵挡强大集中的社会集团。但这种方式在教育上的效果，历史已经证明是与社会发展对教育的需求相矛盾的。

四、“自我设计”、“自我实现”的教育内涵及其适用

马斯洛的理论不能说是没有缺陷的，因为过分强调自我就有可能忽视社会因素，但它对个体的成长与发展是有积极价值的，在教育实践中完全可以在明了其缺陷与不足的基础上充分利用它积极的一面，恰当地运用它必须先理解它的内涵。

从“自我实现”理论提出的社会背景看，20 世纪 50 年代末，布鲁纳的结构主义、斯金纳的行为主义观点都以学生的知识增长为焦点，马斯洛、罗杰斯等人对这股潮流提出反对的看法，他们提出类似中国古代性善论的观点，认为人有使自己更健康、更道德、更智慧、更美好和更幸福或称之为丰满人性（full humanness）的潜能和需要，这种潜能是个体“自身以萌芽和胚胎的形式具有”的，这是他们所说的“自我实现”的主要内涵。自我实现者都以某种方式献身于他所追求的价值之中，个体的知识增长必须对个体的自我实现有意义。教育的基本功能和目标就是指导和促进个体的成长与自我实现，培养“发展过程中的人，有创造力的人，能即兴创作的人，自我信赖、勇气十足的人，自主自立的人”。个体经历“自我实现”时会产生“高峰体验”，而“自我实现”的需要不能满足将会引起精神缺失病。教师要帮助学生理解他是什么样的人，欣赏他的成长和自我实现，使其得到高峰体验，而不应成为“干扰者”①。

由此可见，“自我实现”理论至少在以下方面对教育实践有其价值：

首先，它关注的不只是学生的知识增长和智力发展，而是关注个体自身的价值。中国社会几千年重视群体漠视个体，工业社会又将人当成可批量生产的零件，教育的工具性一直较强，个体的主体性反复受屈，在这种情况下关注价值显得必要。

其次，马斯洛的理论揭示了个体成长发展的一种动力机制。一个生命个体产生之后，在生理生长的同时进行着个性成长过程。个性成长是一个“自我意识”、“自我建构”或“自我设计”、“自我实现”的不断循环提升的过程。当个体有了自我意识后，他便会在对自己的认识基础上设计自己的未来发展方向和蓝图，确立自己的成长与发展目标，并有意识地通过自己的行为去实现自己

---

① 马斯洛：《人性能达到的境界》，昆明：云南人民出版社，1987 年版，第 27 ~ 170 页。

所确立的目标，这个过程是包括父母、教师在内的其他任何人都无法替他完成的，其他人最多只能向他提供参考意见和相关的知识背景。一旦这个目标实现了，个体便会获得自我实现的内心体验，便会产生荣誉感、成就感。这种内心体验为个体建立起自信，构成个体成长的一种动力，使个体形成新的层级的自我意识，并在新的自我意识基础上进行新的自我设计，生成新的人生目标，并进一步践行自己所做的设计，努力实现自己的人生目标。这样的过程在心理仍在成长的个体身上循环往复，不断进行着。假若某一个体的这一过程停止了，即便他的生理生命仍在延续，他的心理生命事实上就已经停息了。如果不是照搬或简单套用马斯洛的需要层次学说，从事教育工作的人至少可以从中获得个体心理与个性成长的启示。

再次，需要层次理论、“自我实现”理论都主张不同的个体应该有不同的个性发展定位。不同的人有不同的需要，这点在社会本位观念中是很少考虑的，然而从个体本位角度看极为重要。自我实现过程要求对个体间细微的差别都有敏锐的感知，这确实是教育中应予以重视而长期以来都未能解决好的问题。

在运用马斯洛、罗杰斯等人的理论时也应该注意以下问题：

一要避免神化或迷信。在马斯洛的理论刚刚传入中国的时候，由于人们长期形成的世间存在唯一正确的单向思维模式，由于长期封闭的中国教育理论的单一与贫乏，一些人一度对马斯洛的理论产生失去理性的崇拜和迷信，导致生活中对马斯洛需要层次理论的误用，在当时的条件下属于正常。二十余年后的今天，误解或误用的可能性已经大大减少了，但是现今教育中盛行的“西方中心论”、放弃自主而他主显示出这个问题并没有从理性上得到解决。必须指出，包括需要层次理论、“自我设计”、“自我实现”以及任何时候兴起的任何理论都存在其适用边界，都需要自主地加以分析，然后才能运用。

二要注意这一理论对“本能”需要做了过多的强调，对“本能”的作用估价偏高。本能是个体发展重要的基础之一，它只能为个体发展提供一种可能性或在特定条件下的限定性，个体的发展也不能仅仅以本能为动力，在社会生活中确立的志向会产生更强大持久的动力。

三要注意“自我实现”理论不能替代其他有关知识教学的理论，它们之间的关系是可以互补但不可相互替代。

四要注意马斯洛、罗杰斯等人理论的对象是个体，这些理论没有对社会进行深入研究，运用这些理论时必须结合个体当前的社会生活实际。“自我设计”、“自我实现”都需要个体对当时当地的社会有深入的了解作为基础。

总体上说，一般将“自我设计”、“自我实现”归为“个人本位论”，甚至有人认为它反映的是“自由资产阶级意志和利益”①。这一判断的第一个层次是基本准确的，第二个层次则是带有偏见的，即便是无产者也可以进行“自我设计”，也会有“自我实现”的高峰体验。回顾多年来在这一问题上的曲折与争论，不能不说在实际教育工作中，既需要个体本位的理论，又需要社会本位的思考，只用其中的一种或用一种来压制另一种，都会给教育尤其是给个体发展带来不必要的损失。

第七节　主体性问题的讨论

20 世纪 80 年代兴起了主体性教育的讨论，其立足点是教育价值观的重构，主体性教育的倡导者试图将以往过于强调社会本位的价值观转变为更加重视个体本位的教育价值观。这次讨论再一次提出在教育实践中如何处理好个体与社会的价值取向问题，对此必须在总结历史经验的基础上才能给出比较准确的回答，努力实现个体价值与社会价值的优化、和谐组合。

兴起于 20 世纪 80 年代，鼎盛于 90 年代的中国教育领域中主体性问题的讨论源于哲学主体性的讨论。20 世纪 80 年代中期中国学术界讨论真理标准、异化问题之后掀起了关于价值的讨论热潮，高扬人的主体意识是其主流，经 1989 年中国的政治风波后，在哲学领域讨论价值问题日渐稀少并趋玄妙的同时，在教育界关于教育主体性问题的讨论则经久未衰，一直延续下来。这次讨论再一次提出在教育实践中如何处理好个体与社会的价值取向问题。

一、教育主体性问题的提出及其内涵

教育主体性问题源于哲学主体性的讨论，有关哲学主体性是一个历史久远

---

① 黄向阳：《教育目的》，引自瞿葆奎：《教育基本理论之研究 1978—1995》，福州：福建教育出版社，1998 年版，第 618 页。

的话题，既可追溯到中国的先秦，也可追溯到古希腊，包括文艺复兴时期的人文主义，卢梭的自然主义、杜威的儿童中心论，然而本文主旨并不是做这种广泛范围的探索，而是集中探讨兴起于20世纪80年代，鼎盛于90年代的中国教育领域的主体性问题的讨论。

当时的教育主体性问题是由学术界对现代教育的特征进行研究的基础上提出的，认为主体性是现代教育的内在特征。20世纪80年代中期兴起的关于教育主体性问题的讨论则经久未衰，一直延续至今。这次讨论范围极广，内容繁多，但其立足点及核心均为教育价值，不可能在此做全面系统的阐述，只能择要介绍。

1. 讨论的主要论题

由于刚刚开始人们害怕接触政治的“高压线”，讨论主体性问题常常以讨论学生学习的积极性和能动性的面目出现，随后随着讨论进行逐渐转换着以下几个论题：

第一，主客关系。有这样几种不同看法：①认为教师是主体，学生是客体。教师是认识的主体，学生是认识的客体。传统的观点，在教育理论、教育政策和教育实践中都把学生视为被动的客体。②认为教师主体和学生客体的关系，和前面讲的主体与客体的关系是不同的，学生客体是有主体性的客体。③还有一些人反复强调学生是主体，明确或不明确地认为教师是客体。

第二，主体主导。认为学生是学习的主体，教师在教学中起主导作用。这是在前一种讨论的基础上遇到了难以自圆其说的困境而提出的新的认识，肯定了学生在教学中的主体地位，同时也为避免彻底否定教师的作用而找到了一种说法。

第三，双主体。这是在前面的争论基础上提出的一种折衷表述，持这种观点的学者把教学过程分为学习和教学两个方面，在学习中学生是学习的主体，在教学中教师是教学的主体。这样肯定了教师和学生都是主体，但把教和学分成两部分也是有问题的。教学是一个完整过程，是不能分割开的，否则就不是教学了。

第四，三体相对。认为教学过程中存在着三种要素：教师、学生和外在环境（教材）。相对于学生来说，教师和外在环境是学生认识的对象，是客体，学生是主体；而教材等外在环境则是教师和学生共同认识的对象，是客体。

第五，复合主体。教学主体是由教师和学生通过教学活动组成的特殊结构，而不单单是教师或学生。

2. 关于主体性

关于主体性的内涵学术界还有争议，并且随着讨论的热点话题的变化而发生变化，有研究者将主体性的理解概括起来[①]：

一是把主体性看做人性。这也是我国思想界最早对主体性的一种认识。该观点认为人性就是人区别于物性、神性的特性，是主体性的内在方面，它是人在漫长的历史实践活动中全面建立起来的超生物族类的主体性。从本体论的角度理解人的主体性，强调主体性的自我生成和人的自主作用，这是有意义的。主体性和人性有交叉的方面。但我认为二者是不能画等号的。主体性指人作为主体时的本质特性，而人性则指人的特性，不论是主体人还是客体人都具有人性。二是把主体性理解为主体对客体的主观能动性。这种观点强调主体作用于客体过程中主体服从客体的规律。客体是第一位的，主体是第二位的。这种看法虽然认识到了人在客体面前的能动性，但却认为主体被客体所决定。实际上人没有主体地位可言，人的能动性不能得到很好发挥。这是在我国社会生活中长期占主导地位的观点，主要强调社会对个人的决定作用，个人对社会的依附性。三是把主体性看做主体对客体的优越性、支配性、为我性。这种观点所强调的是客体符合主体的需要，强调主体对客体的认识、改造、控制，认识到了人对客体的认识和改造作用，看到了人的能动性、创造性，人是客体的主人或自然的主人。这实际上是西方近现代以来的占主导地位的思想在我国思想界的反映。它强调人对自然的征服，主体对客体的支配。这种思想启发人类不断创造科学和技术，使人类在物质财富方面不断取得巨大进步，使农业社会进入到工业社会，又使工业社会进入到后工业社会。但物质财富的增加并没有带来人所希冀的幸福生活。因此，主体仅仅征服世界是不够的。四是从人的实践活动出发，把主体性看做是人的实践性。这种观点认为，主体性是主体在对客体的认识和改造的对象性活动中所呈现出来的特征。人只有作为社会实践者的时候，在认识和改造客体的过程中的时候才有可能表现出这种特性。在这一过程中，主体从其内在的标准出发开展对世界以及对自身的改造，人的主体地位才得以确立，人的主体性才得以发生、发展和发扬。从人的实践活动出发来理解人的主体性的思路无疑是正确的。人之为人、人之所以有主体性，原因在于人开展了社会实践活动。离开了社会实践活

① 黄崴：《主体性教育论》，贵阳：贵州人民出版社，1997年版，第4～6页。

动，人不可能成为人，也就更谈不上人的主体性了。人的主体性在实践活动中发生、呈现和发展。五是把人的主体性理解为人的能动性、自主性、创造性、自为性。这种观点认为人的主体性是人性的最本质的方面，但不是人性的全部。它是人在自觉活动中不可缺少的自主性、自为性、自立性、能动性等，这些都是人之所以是主体的根本特性，无论他是实践主体、认识主体，还是评价主体。这种看法说明了主体所具有的属性，说明了主体不同于客体的特点。

对于主体性的理解，有人认为可从本体、价值和实践方面理解。“首先，主体性是本体的，指的是主体性是人的生存方式、生活方式和把握外界与自身的方式，是客观的、必然的。”从这个意义上讲“人总是积极地、自主地和创造性地进行社会生活和社会实践”，否则人类的个体、群体就会遭受危害。“其次，主体性是价值的，指主体性是人求真、求美、求善和求自由的主体性，这是主体性应然方面的规定。”说明人有精神和价值方面的需要，且只有当这种需要得到适当满足时人才是健全的。“第三，主体性是实践的，指主体性是在社会实践活动中生成、发展、呈现和确证的，而实践本身也是主体性存在形式和呈现过程……人正是在实践活动中建构人作为主体与他人、自身、自然和社会等客体对象的关系。”①

3. 关于主体性教育

主体性教育是在哲学层面的主体性问题讨论基础上展开的，它主要指向教育实践。主要内涵包括：

首先，教育的功能是建构个体主体性的实践活动。这是对教育功能的一种独特定位，它是基于主体性是人的本质特征、人的主体性的发展是根本性的发展这样一种判断。教育要将个体主体性的本体、价值、实践融为一体，健康和谐地促进个体发展。

其次，教育必须遵循主体性原则。由于人具有本体性，教育不同于工业、农业，也不同于其他人际活动，而必须遵循教育的内在规律和原则；人是价值、意义的存在，教育活动要尊重人的价值、赋予人的价值、启发人追求价值。

其三，教育必须以主体性原则所揭示的方式进行活动。教育实践方式必须是基于对教育性质的判断的基础上加以选择和确定，主体性教育要尊重学生个体的主体性，让学生主动、自由地发展，激发其积极性、自主性和创造性。

---

① 黄崴：《主体性教育论》，贵阳：贵州人民出版社，1997年版，第8～9页。

其四，在教育与社会的关系上，要尊重教育的自主权与相对独立性，打破教育的模式化，用多样化的教育培养富于个性的人。教育既不只是政治的工具，也不只是经济发展的手段，更不是其他社会实践活动的依附与从属。教育作为一种自主性活动，自主地确立它为社会服务的目标、定位、方式。教育应该有其职业的自主意识，它应该具有基于主体性的自主性、自为性、开放性、超越性、创造性。

其五，在包括教育管理者、教职员工在内的广义师生关系上，要尊重受教育者的主体性。学生是教育的目的而不是教育的手段，确认学生在教育活动中的主体性地位，师生之间在人格上是平等的，师生是角色不同但以合作、互动的方式开展教育教学活动的教育主体。

其六，从内容角度考察，教育不只是教人知识或认知，而是通过教育活动建构受教育者的主体性。即唤醒受教育者的主体意识；提高受教育者的主体认知水平，培养其主体性能力；协助受教育者在认知、情感、意志、行为等方面生成其主体性，自主地依据其个性特征和社会需求将社会文化内化为个体主体结构的内容，自觉地追求人类的幸福与美好。

最后，也是教育主体性讨论的最为实际与核心的问题，即学生要成为学习的主人。简要地理解主体性教育问题就是学生自主地学习，不把学生培养成工具，而要把学生培养成主人。做学习的主人是学生学做主人的现实起点、主要内容和方式。

4. 关于教育的主体性

教育主体性是在主体性教育基础上进一步提出来的。它讨论的对象聚焦于教育，不同于主体性教育讨论的对象是主体。或者说教育的主体性是讨论在承认主体性的前提下教育该如何办的问题。

提出这一论题的研究者认为教育的规划、组织、管理应该体现人类、国家、教育系统三个层次的主体性，每一个层次都要发挥每一个层次的自主性、积极性和创造性。这三个系统的协调、整合是宏观上实现教育的主体性的基础和前提，也是受教育个体主体性得以健全生长的基础。[①]

在微观上，教育者与受教育者积极性、自主性和创造性的最佳配合是教育主体性的要求。教育者的主体性是指教育者在组织引导学生的学习活动、提供系统的良好的教育条件中表现出的自主性，教育者主体性地位的确立、教育者主体性精神的发挥是教育主体性和主体性教育得以实现的前提条件。然而在教

① 黄崴：《主体性教育论》，贵阳：贵州人民出版社，1997 年版，第 108～112 页。

育实际中，这方面的差距极大，教育者的专业自主性、决策范围、社会地位等都影响着教师的自主性未能发挥，即便是在对教育内容的选择、方法的运用、对教育大纲和计划的灵活处理上也会受到诸多的限制。微观的教育主体性还包括学习者在学习活动中的主体性。

宏观上教育是否获得主体性对微观上教育有多大的主体性起了决定作用。而微观上的主体性的充分发挥又能促进宏观上教育主体性环境的形成。但是历史上教育的主体性并非随着社会的发展而增强，反而随着教育由形式化、制度化，社会由农业文明转向工业文明而在一定程度上降低其自主性。由此推想，不能对未来教育主体性抱过高的、过于乐观的期望。

5. 关于主体性教育原则

主体性教育原则是指因承认主体性而对教育活动提出的要求。这些要求究竟包括哪些，尚无一致的说法，最基本的原则要求就是要尊重个体的主体性、尊重教育者及教育系统的自主性，也有人认为包括以下原则①：

> 一为本体性原则。本体性原则指把教育看做是自在的、自为的、有自己的存在方式和发展规律的活动。强调教育不是依附于政治、经济、宗教，在定位上要将教育看成是本体性事业。同时，教育中既要承认和确立教育者的主体地位，也要承认和确立受教育者的主体地位；既要发挥教育者的主体性，也要发挥受教育者的主体性。
>
> 二为价值性原则。首先，把教育者和受教育者当做有价值的存在物，把教育本身看做是一种价值选择；其次，把教育者看做是有价值的人、是教育的主体、是专业工作者，这是开展教育活动的基本要求；再次，教育过程是追求真、善、美和自由的过程，教育本身应该具有这些教育的规定性。
>
> 三为实践性原则。从实践的意义上，主体性教育原则指把教育作为一种实践过程开展。

主体性教育的原则可简约地表达为“以人为本”。

二、教育主体性问题提出的背景

中国教育界在这样一个特定的历史时期提出主体性的问题有着其特定的社

① 黄崴：《主体性教育论》，贵阳：贵州人民出版社，1997 年版，第 118 ~ 122 页。

会背景，主要是由于社会出现了价值调整的需求与空间。

首先，中国经历了两千多年的封建社会，人的主体性受到直抵心灵深处的摧残；1949 年以后特殊的政治与社会背景中，个体必须以“螺丝钉”的方式生活，其间的思想改造、“反右”给众多人造成精神创伤；“文化大革命”公然对人性加以践踏，人的思想和精神受到重重束缚，主体性仍然受到压抑甚至扭曲。因此对于绝大多数个体而言，他们并没有意识到自己是主体。1981 年后，开放与解放思想使一些人产生了争取主体性地位的需要和愿望，并具有这样的胆识、能力、意志，确立了追求主体性的价值目标，这是教育主体性问题讨论的宏观社会背景。

其次，中国学生的真实处境是这一问题长期讨论的教育实践基础。这一处境集中表现在学生与家长、与教师、与同学的三种关系和一个尺度上。在家长面前，学生成为显示自己家庭教育成功、社会地位、生活幸福的尺度；在教师面前，学生不仅要对教师表现服从，还要充当显示教师教学业绩的筹码，学生成绩好教师不仅能获得荣誉、还能获得晋升和经济利益，学生成绩差教师轻则觉得不光彩、重则受罚；学生之间关系依然不平等，学生干部高人一等，父母有权有钱的学生在班级中占先，学习成绩优秀的学生可优先享用学校的各种资源。一个尺度就是考试定成败，考试失败者算是自行选择了他主，考试成功者事实上也是父母、教师甚至学校、地方官员等他人的工具。这些境况综合作用是造成众多学生只能他主，不能自主。教育主体性问题的讨论，某种意义上说是抚慰学生心灵的抚慰剂，是教师减轻心理内疚的安慰剂。

再次，中国的社会发展对个体的发展提出更高的要求。教育主体性问题的提出本身有深远的历史背景，可追溯到五四时期的新文化运动，它是民主与科学口号在新的历史条件下在教育中的重申和再强调。对外开放和经济发展需要调整对教育工具性的态度，改革倚仗权威的教育模式及注入式的教育方法，确立教育自身尤其是受教育者的主体性地位。

还有，强调主体性也是整个世界教育改革的一股潮流。信息技术的发展及产业升级，使社会对个体的发展提出更高的要求、对人才要求的标准多样化、个性化，而在工业文明基础上形成的人才培养模式却不能适应新的社会需要。从个体方面来看，教育主体性问题提出的背景是个体独立意识、批判意识、责任意识和合作精神、自由精神增强的外显。

三、主体性讨论对教育实践的影响

主体性问题的讨论无疑是社会进步所推动的教育进步。十余年来全国各地不少地方或学校开展了主体性教育教学改革的实验研究，取得了不少研究成果，促进了教育教学改革。这种教育实践上的进步包括教育外部和内部两个方面，主要表现如下：

首先，主体性讨论本身是教育上的一次思想解放运动。这一思想解放运动是对数千年社会本位思想的颠覆，对于在教育实践中启蒙个体的主体性发挥了广泛、深刻的作用。自从1949年以来，教育工作者较多地是在遵循着某种行政命令、指示、文件开展教育教学工作，主体性问题的讨论引发人们开始思考教育应该这样办，教育应该如何，不仅要知其然，还要知其所以然。这种影响如沐春风，潜移默化。

其次，主体性问题的讨论在一定程度上为应试教育松了绑。由于考试成为个体在社会上纵向流动的过滤器，教育便成为实现社会纵向流动的加速器，学校成为实现纵向流动的加油站。而应试教育的结果是使教育由培养人的活动变为毁灭人的活动。在应试教育中人成为一种工具，教育主体性反对将人作为工具，这一问题的讨论事实证明并不能从根本上解决应试教育问题，然而由于它提供了对个体、社会、教育等问题的一种新的评估，认识到个性发展的价值，对应试有了比较理性的认识，这种认识减轻了应试的压力。

其三，主体性教育的讨论也引起了教育与社会关系的适当调整。教育绝对从属于社会的政治、经济或军事，将教育当成上层建筑、政治工具，要求教育适应市场经济、市场化，运用市场经济的原理和原则发展教育，这些都不是凭空想象的，而是在近五十余年来确有其事。由于主体性主张教育是一种本体性的存在，寻找到一种调整这类关系的理论依据，对这种关系的调整有一定的作用，但这种作用又是有限的。

其四，主体性教育的讨论使个人与社会的价值有了一种更合理的架构。社会本位的观念在中国根深蒂固，个人是次要的，个人必须依附于集体、家族或社会，或者说至少是依附于少数英雄、领导和精英，大多数人是没有主体性可言的；教育更多地培养人“听话”的驯服性、依附性人格。主体性教育问题的讨论使一部分教育工作者看清这一误区，认识到教育应该培养社会的主人，其内涵包括：政治上民主化进程的主人，市场的主人而不仅仅是劳动力，文化和科技的创造者而不仅仅是继承与守护者。

其五，主体性教育问题的讨论对教育内部的实践活动产生了一定的影响。在管理上要求扩大基层教育管理者的自主权，充分发挥学校的办学自主性，要求下级对上级从绝对服从到民主协商，下级和上级从单向到双向、从权威式到服务式。在课程方面，要求课程从统一性转向多样性，让学生根据自己的兴趣、学校根据本校的实际进行选择。在师生关系方面，强调师生平等，教师不是知识和智慧的唯一载体，教师尊重学生的主体性才能教育好学生。在教学方式方法上，从灌输或上施下效转变为采用启发互动的教育方法。

简言之，主体性所确立的教育原则已经在教育实践的各个方面发挥作用。主体性问题的讨论在中国这种特定的文化背景中进行无疑有助于提高学生的自主性，然而不抱偏见地评价它就应既看到它的积极一面，又看到它对教育实践带来一定的消极影响。

这种消极影响包括：

第一，由于在思想交替过程中，常常发生不同想法之间的误读，比如一位并不知晓或认同主体性教育理念的学生可能会将一位倡导主体性观念的教师当成是没有权威、没有水平的教师。这种误读在实践中常常发生，它所产生的教育效果未必就好。

第二，在讨论中“非此即彼”的逻辑常被使用。过度抬高学生的主体性，强调自主性学习即排除接受性学习，导致一部分人认为一切由学生自主决定就行了，低估教师的作用，教师的职业神圣性被不恰当地降低了，学生对教师的尊重减少了，甚至出现一些学生难以接受教师的批评和评价。还有一些人将自己的主体性确立了，有意无意地将他人都当成客体。对于这些偏向应引起足够的重视并加以解决。

四、对教育主体性讨论的评析

从教育价值角度考察，主体性教育无疑要求转变传统的社会本位教育观，认同个人本位教育观，试图实现由工具性教育向主体性教育的转变。因为主体性教育重视个人的发展，把个体的发展本身当成目的和本体，试图唤醒人的主体意识，弘扬人的主体精神，反对传统教育将人当做工具，将人的发展也当成工具。其立意反映了社会发展对教育的要求。

这次讨论中人们对主体性理解各异。或将主体性理解为人性，“是人区别于物性、神性的特性，是主体性的内在方面，它是人在漫长的历史实践活动中全面建立起来的超生物族类的主体性”。或理解为主体对客体的主观能动性，“强调主体作用于客体过程中主体服从客体的规律”。或理解为主体对客体的优越性、支配性、为我性，“强调的是客体符合主体的需要，强调主体对客体的认识、改造、控制，认识到了人对客体的认识和改造作用，看到了人的能动性、创造性，人是客体的主人或自然的主人”。或从人的实践活动出发，把主体性看做是人的实践性，认为“主体性是主体在对客体的认识和改造的对象性活动中所呈现出来的特征”。还有人理解为人的能动性、自主性、创造性、自为性，“认为人的主体性是人性的最本质的方面，但不是人性的全部。它是人在自觉活动中不可缺少的自主性、自为性、自立性、能动性等，这些都是人之所以是主体的根本特性，无论他是实践主体、认识主体、还是评价主体”①。

对于主体性的理解是将价值内嵌其中的，或者说“主体性是价值的，指主体性是人求真、求美、求善和求自由的主体性，这是主体性应然方面的规定”。“人正是在实践活动中建构人作为主体与他人、自身、自然和社会等客体对象的关系。”②

讨论还涉及主体性教育原则，即指因承认主体性而对教育活动提出的要求。最基本的原则要求就是尊重个体的主体性、尊重教育者及教育系统的自主性。有人认为包括本体性、价值性、实践性原则③。

主体性教育的原则可简约地表达为：以人为本。

理解主体性教育又不能局限于主体性本身，事实上它成为教育改革的一种话语系统与方式。它涉及教育思想、体制、目的、内容、方法等各方面的改革。这样一套话语系统本身确实涵盖了教育改革中所急需解决的一些现实问题，然而不能认为中国的教育改革的所有问题都能使用主体性教育的话语加以诠释，但在讨论的过程中不难发现确实有人过高评估了主体性教育的诠释能力。

怎样理解学生的主体性，这是一个比较复杂的问题，就这次教育主体性问题的讨论来看，确实存在对主体性理解的狭隘观点：仅仅将主体性理解为教育过程，停留于谁为主体与客体、主客体之间关系的争论上，而不是将主体性教育当成一种方法论。多数的讨论因将焦点集中于知识的掌握，局限在认识论的范畴讨论主体与客体。相对来说从价值论、实践论角度对这一问题研究的深度不够，因此关于怎样形成学生主体性人格和能力的研究还比较浅显。

这次讨论中泛化现象也比较普遍，将教育中的各种问题不分青红皂白地都归为主体性问题。社会上所出现的“为教研而教研”的虚假研究也不同程度地渗入了主体性问题的讨论之中，多数参与讨论的人由于哲学功底较浅，常有意无意地陷入哲学二元论的陷阱。他们认为主客二体是对立的，或简单认为主体是主要的、主动的、重要的，客体是次要的、被动的；或认为提高一方地位就是贬低另一方的地位。

---

① 黄崴：《主体性教育论》，贵阳：贵州人民出版社，1997 年版，第 4 ~ 6 页。
② 黄崴：《主体性教育论》，贵阳：贵州人民出版社，1997 年版，第 8 ~ 9 页。
③ 黄崴：《主体性教育论》，贵阳：贵州人民出版社，1997 年版，第 118 ~ 122 页。

鉴于上述分析，以一种冷静、平常的心态看待教育主体性问题的讨论是比较恰当的态度。主体性教育要求转变传统的社会本位教育观，认同个人本位教育观，试图实现由工具性教育向主体性教育的转变，重视人的发展，把个体的发展本身当成目的和本体，唤醒人的主体意识，弘扬人的主体精神，反对传统教育将人当做工具、将人的发展也当成工具，其立意反映了社会发展对教育的要求。主体性教育事实上成为教育改革的一种话语系统与方式。它涉及教育思想、体制、目的、内容、方法等各方面的改革。然而不能认为中国的教育改革的所有问题都能使用主体性教育的话语加以诠释，怎样理解学生的主体性，这是一个比较复杂的问题，泛化地将教育中的各种问题不分青红皂白地都归为主体性问题现象恰恰显示出其缺陷。

第八节　教育为人民服务

教育的主体是人，教育价值的出发点和归宿也应该是人，这是教育在数千年发展中的一个基本事实。而在中国当代，对它的认识并不是十分清晰，下面以“教育为人民服务”的分析对此加以说明。

一、“教育为人民服务”的提出

1949 年 9 月 29 日，中国人民政治协商会议第一届全体会议通过的《中国人民政治协商会议共同纲领》第四十一条明确提出：“人民政府的文化教育工作，应以提高人民文化水平，培养国家建设人才，肃清封建的、买办的、法西斯主义的思想，发展为人民服务的思想为主要任务。”① 这里虽没有直接提出“教育为人民服务”，但包含了“教育为人民服务”的内涵。

① 《中国人民政治协商会议共同纲领》，引自《人民日报》，1949 年 9 月 30 日。

1950年五六月间，钱俊瑞也提出了“我们的教育是人民的教育，是为人民服务的教育”，将当时的人民界定为“一是工人阶级，二是农民阶级，三是小资产阶级，四是民族资产阶级，这四个阶级合起来，就是中国现阶段的人民”。并进一步阐明了“为什么我们要把‘为工农服务’作为当前建设人民教育的中心方针，而不限于一般地提‘为人民服务’”，“这决定于国家当前的情况与条件”。接着他引用了毛泽东《论人民民主专政》和《在延安文艺座谈会上的讲话》中的两段话作为论据，第一，“倘若农民民主专政的基础是工人阶级、农民阶级和城市小资产阶级的联盟，而主要是工人和农民的联盟，因为这两个阶级占了中国人口的80%到90%。推翻帝国主义和国民党反动派，主要是这两个阶级的力量。由新民主主义到社会主义，主要依靠这两个阶级的联盟。”第二，“在这四种人里面，工农兵又是主要的，小资产阶级人数较少，革命坚决性较小，也比工农兵较有文化教养。”① 随后，“教育为人民服务”在较长的时期里没有直接明确地提出来。

1978年修订的《全国重点高等学校暂行工作条例》中的“高等学校学生的培养目标”里有“自觉自愿为社会主义事业服务，为人民服务”② 的表述，1979年6月28日修订的《全日制中等专业学校工作条例》沿用了这一提法。

1992年国家教委在山东召开了“办好教育为人民”的研讨会，总结了山东“依靠人民办教育，办好教育为人民”的方针，提出“加快教育发展与教育改革，为经济建设服务，为人民服务”③ 的口号。

1999年6月，在第三次全国教育工作会议上，江泽民提出：“我们必须全面贯彻党的教育方针，坚持教育为社会主义、为人民服务，坚持教育与社会实践相结合，以提高国民素质为根本宗旨，以培养学生的创新精神和实践能力为重点，努力造就‘有理想、有道德、有文化、有纪律’的，德育、智育、体育、美育等全面发展的社会主义事业的建设者和接班人。”④ 这一教育方针与过

---

① 钱俊瑞：《当前教育建设的方针》，引自《人民教育》，1950年版，第1~2期。

② 《教育部关于讨论和试行〈全国重点高等学校暂行工作条例（试行草案）〉的通知（1978年10月4日）》，引自《中华人民共和国重要教育文献1976—1990》，海口：海南出版社，2003年版，第1640页。

③ 李铁映：《加快教育发展与教育改革，为经济建设服务，为人民服务（1992年6月20日）》，引自《中华人民共和国重要教育文献1991—1997》，海口：海南出版社，1998年版，第3342页。

④ 《教育必须以提高国民素质为根本宗旨——江泽民在第三次全国教育工作会议上的讲话（1999年6月15日）》，引自《中华人民共和国重要教育文献1998—2002》，海口：海南出版社，2003年版，第293页。

去一贯的教育基本方针保持了连续性，同时增添了“为人民服务”的内容，即提出了“为人民服务”的教育价值取向。

2002年，江泽民在中共十六大报告中提出“全面贯彻党的教育方针，坚持教育为社会主义现代化建设服务，为人民服务，与生产劳动和社会实践相结合，培养德智体美全面发展的社会主义建设者和接班人”①，对上述教育方针作了更高层次的确认。

后来在此基础上又提出“办人民满意的教育”。

二、“教育为人民服务”提出的背景

从历史的角度看，提出教育“为人民服务”是对半个世纪中国教育价值取向选择的历史经验总结的结果，根据国情和共产党在新的历史阶段的工作重点，确立了“为人民服务”的教育价值取向，是一个符合历史要求和现实需要的选择。

六十年来，中国政府在不同历史阶段和时期有不同的工作重点，有不同的工作特点，对教育价值取向也有不同提法，包括教育“为革命战争与阶级斗争服务”、“为生产建设服务”、“为无产阶级政治服务”、“为社会主义建设服务”，但“为人民服务”可以说是根本宗旨。此前教育方针的提法的不足与缺陷已经在实践中显露出来，人们越来越清晰地认识到，教育就其本质和功能来说，是一种“公共服务”，而不仅仅为某一特定阶层服务，也不单单为某一政治目的服务，“公共服务”就是要为所有社会成员服务，为人民服务，为提高国民的整体素质服务。

从实践的角度看：首先，教育经费短缺，要“依靠人民办教育”。政府教育经费长期不足，“人民教育人民办”在一些地方成为发动人民捐资助学的口号，为了提高这一口号的效能，便加上“办好教育为人民”，这成为“教育为人民服务”的实践基础。

其次，实践中出现了一些人民享受教育权利的障碍，提出教育“为人民服务”可为消除这些障碍提供思想和政策的依据。其中具体障碍包括：教育收费超过了普通人民的承受能力。择校费、各种各样的与升学或明或暗相联系的乱收费屡禁不绝。

再次，教育发展不均衡。一些地方普及九年义务教育总体水平不高，基础

① 《全面建设小康社会开创中国特色社会主义事业新局面》，引自《中国教育报》，2002年11月18日。

薄弱；九年义务教育在地区之间、城乡之间的办学水平、办学条件等方面存在较大差距，发展很不平衡；义务教育经费投入保障机制有待进一步落实、完善和健全；弱势群体适龄少年儿童接受义务教育、进城务工农民子女就学亟待依法保障和规范；九年义务教育的质量效益和管理水平有待提高等等。

此外，教育公平问题突出。不同人群的受教育机会不等，教育资源配置不尽合理，具体表现为：①教育机会失衡。贫困生、女童、残疾儿童少年、流动人口子女等入学和完成九年义务教育困难。此外高等教育领域的教育失衡问题也表现得很突出，不同地域学生享受高等教育的机会不一样，其主要表现在招生录取分数线各地相差很大；不同经济条件的学生接受高等教育的机会不平等，家庭经济实力雄厚的学生进入大学的机会比经济状况差的学生要大得多。②教育资源失衡。基础教育、职业教育、非重点（示范）学校的教育资源配置严重不足，与国家政策性的要求和教育实际相距甚远。③地区教育失衡。西部地区、农村地区，尤其是老少边穷地区（即老区、少数民族地区、边疆地区、穷困地区）教育的发展缓慢，不能适应当地经济和社会发展的需要。④教育结构失衡。对职业教育、学前教育、特殊教育的地位认识存在严重偏差；对成人教育，尤其是农民文化技术教育的重视发展很不够。⑤教育体制失衡。民办教育生存发展环境不宽松，办学规范亟待加强，多元的办学体制还没有完全建立起来。

要想彻底解决上述问题，就必须树立教育“为人民服务”的理念，就必须规范教育服务行为，为人民接受优质的教育服务，为人民接受公平公正的多元化多层次的教育服务，为人的全面、可持续发展服务。

三、“教育为人民服务”对教育实践的影响

1949 年新政权建立后，曾经提出教育为人民服务，并将创办的第一所大学命名为“人民大学”，将此看做“完全新式高等教育的起点”①。这本身是对实践影响的一个例证。

半个多世纪后，再次提出教育为人民服务，它对教育实践的影响是与实践对教育的要求相对应的，或者说是要消除背离人民意愿的教育行为。具体来说包括以下方面：

一是要明晰教育为人民服务的内涵。教育服务必须遵循教育的本质特性，教育的对象是人。其根本的目的就是“为人民服务”，就是维护人民的根本利

---

① 《钱俊瑞在第一次全国教育工作会议上的总结报告要点》，引自《中华人民共和国重要教育文献（1949—1975）》，海口：海南出版社，1998 年版，第 8 页。

益。要以向人民负责的精神，以全心全意的态度，以提高全民族的素质为宗旨，规范教育服务行为，为人民接受优质的基础教育服务，为人民接受公平公正的多元化、多层次的教育服务，为人的全面、可持续发展服务。从而促进经济社会的发展，促进中华民族的复兴，实现人类的理想。

二是要为人民接受优质的基础教育服务。实践教育“为人民服务”，最基本的是要抓好基础教育，保障人民接受义务教育的权利，为人民接受优质的基础教育服务。

三是要促进教育均衡发展，为人民接受公平公正的多元化、多层次的教育服务。教育“为人民服务”需要促进各地区各级各类教育的均衡发展，使受教育者享受到公平公正的教育服务，满足受教育者多元化、多层次的教育服务需求。实施教育均衡化发展，主要是政府的责任，政府要在政策上思考定位，要坚持社会主义教育的公平、公正原则，加强对各地区各级各类教育的统筹协调和指导，深化办学体制、教育结构的改革，努力促进教育的均衡发展和可持续发展。在教育资源上要处理好高等教育与基础教育、重点（示范）校与非重点（示范）校的关系，在教育统筹上要处理好经济发达地区与贫困地区、城市与农村的关系，在教育体系上要处理好普通教育与职业教育、中小学教育与学前教育的关系，在教育体制上要处理好公办教育与民办教育、校内教育与校外教育的关系。总之要通过努力，促进教育在区域之间、体系之间、学校之间及群体之间的均衡发展，逐步建立起现代国民教育体系，满足不同层次、不同方面对教育服务的多元需求。

四是要为人的全面、可持续发展服务。教育“为人民服务”的根本落脚点是培养全面发展和可持续发展的人。教育服务的理念应当是：热爱每一个人，尊重每一个人，教育每一个人，让每一个人全面发展，可持续发展，从自然人成长为身心健康的社会人，从而幸福地度过一生。教育应当建立起服务于人的教育理念，努力营造让每一个人全面发展和可持续发展的良好环境、氛围，并将其贯穿到一切教育教学服务活动之中去，从而使受教育者不仅掌握科学文化知识，同时兼备科学精神与人文精神，拥有健康的体魄、完美的人格和终身学习的能力，成为高水平的、全面的、发展均衡的小康社会的整体素质优良的合格公民。

五是要维护人民受教育的根本利益。人民日益增长的物质文化需要同落后的社会生产力之间的矛盾仍然是我国社会的主要矛盾，建立全民学习、终身学习的学习型社会，为人民提供享有接受良好教育的机会。

六是要规范教育服务行为，全心全意做好教育“为人民服务”的工作。要以人为本，以服务为本，依法治校，以德立校。要端正办学理念，正确利用市场手段，纠正教育市场化、产业化的不良倾向；要端正服务态度，改善服务方式，提高服务质量，全心全意做好教育“为人民服务”的各项工作。

教育“为人民服务”的最终落脚点在学校、在班级，在校长、在教师。学校教育要全心全意做好“为人民服务”的工作，从管理者的层面讲，教育“为人民服务”应当做到“十个必须”，即①必须依法治校，服务兴教，以学生成才、家长放心、人民满意为办学宗旨；②必须扩大规模，多元办学，尽可能满足家长送子女入学的多方面热切愿望；③必须“控流保学”，让学生进得来，留得住，学得好，完成学业，成人成才；④必须按规定项目和标准收费，减免学生过重的经济负担，尤其要切实解决好弱势群体适龄少年儿童入学的实际困难；⑤必须消除危房，履行好教育管理和保护的职责，保障学生的生命安全和学习权利；⑥必须加强师德教育，促进教职工树立和实践志存高远、爱岗敬业的教育信念和理想；⑦必须全面贯彻教育方针，全面执行教学计划，促进学生全面发展；⑧必须加大综合治理、整体改革的力度，全面实施教书育人、管理育人、服务育人、环境育人；⑨必须加强教学改革，实施分层教学分类指导，使不同层次不同个性特长的学生都能得到不同程度的发展；⑩必须积极创造优良的办学条件，努力提高教育质量，向学生、家长和社会提供优质教育服务。从教师的层面讲，教育“为人民服务”：必须爱岗敬业，不能敷衍懈怠；教书育人，不能放弃德育；热爱学生，不能歧视、体罚；尊重家长，不能训斥辱骂；廉洁从教，不能有偿教育；以身作则，不能言行不一；公平公正，不能徇私偏袒；严谨笃学，不能误人子弟；因材施教，不能忽视差异；改革创新，不能墨守成规。

四、对“教育为人民服务”的分析

相对于过去只提教育为政治、经济服务，增加“教育为人民服务”无疑是一个进步。

从价值角度分析：首先，人民是一个抽象的群体概念。教育为人民服务同样是社会本位的教育价值观的体现，只是它的范围比工农或无产阶级更广泛。它没有解决教育实践中需要为具体的、现实生活中有鲜明个性和巨大差异的个体服务，这一个体有可能是优秀的，也可能是并不优秀的；有可能是比较富裕的，也可能是比较贫穷的；有可能是不同民族和不同文化与地理背景的这样一个问题。其次，人民也是一个政治概念。所以“教育为人民服务”依然体现的是政治本位的教育价值取向。现实中可能不存在完全超脱于政治的教育，然而教育中的政治本位则完全可能过于强化教育的政治功能。

简言之，“教育为人民服务”依然是教育的政治和社会本位的反映，教育实践正呼唤真正以人为本的教育价值。为此有必要对教育价值问题作更为深入的理论反思。

第九节　以人为本——教育价值的回归

教育相对于人来说，它永远只具有工具价值；而它相对于政治或经济而言，只是在特殊时期和特殊条件下具有工具价值。对六十年教育价值实践进行形而上的思考对定位未来的教育价值选择问题显得十分必要。

一、理性、人性：教育价值问题反思的基础

在进行思考之前，有必要选定进行思考的基础。在选择这个基础的时候，需要明白教育的本性属于什么？经过多年的实践和思考，对这个问题比较接近的回答是科学、是“集成人学”、是艺术。

由于艺术离这里所要讨论的教育价值问题较远，科学和人学应是讨论和思考教育价值问题的基本依据，科学的本质属性是理性，人学的本质属性是人性；相应地理性和人性应该是对教育价值问题反思的参照和基础。

如果仅仅把教育学当做科学化、概念化的学问，犹如纸上谈兵，那就忽视了教育的对象——人的基本特性；事实上教育学应当是生命个体的互动与对话，是科学与人文的结合，是理性和人性的交融。

当一位鲜活的学生站在教师面前时，他的生命气息渗透、交融到教师身上，需要教师用自己对生命的关爱去关爱他，用自己对自己的了解去了解他，于是教育学变成了人学，甚至是集成的人学，于是教育价值的选择必须建立在人学

基础之上。

从教育理论研究的角度说，教与学是一个概念化的逻辑演绎过程。学生不仅是一个概念，更是一个具有生长潜力的人，他天然就有义务去挖掘自己的潜力；教师也不仅是一个概念，而是一个具有教师使命的人，他天然就有义务去展现自己的教育价值。于是教育价值的选择又必须遵循逻辑的规则。

教师是学校教育最活跃的因素，不管教育法规政策及教育指导思想怎样改变，处在教育教学最前沿与学生直接接触的还是一个个教师。只有站在理性、人性的高度来认识教师，才能保证在教育价值上作出的正确选择能得以贯彻落实。

理性即强调科学。学校要以科学的精神和务实的态度来对待教育教学，防止脱离实际的说教和偏离实情的做法，教育教学过程中也要以理性为指导，树立起批判性的思维习惯和科学的研究精神。近六十年来一些教育价值和政策的形成不能不说缺失理性的思索、缺失科学精神和反思意识。

人性即注重人文关怀。教育必须以人的发展为本，注重人文关怀、理解、沟通和宽容，关注差异发展，让师生真正在教学过程中体验成长之乐趣。学校是教师与学生之间双向的人文精神的交互流通，两者之间必须有不可或缺的亲和力。

从某种意义上说，理性是人性的重要方面。教育既要培养人的理性，也要培养人的情感等人性品质。它要将人性中的弱点比如贪玩、贪吃、好色、嫉妒、仇恨等运用理性加以规训，同时将同情之心、恻隐之心、仁爱之心、爱美之心等加以陶育，使人懂得理智、宽容、法律、道德、纪律、贞操、节制、慎独、责任感，能够自我约束。

两千年前，孟子以“大丈夫贫贱不能移，富贵不能淫，威武不能屈”强调了人的理性。现实生活中的各种规则就是要克服人性的弱点，让人们的行为服从理性。

教育要选择的终极指向是理性和人性融合的目标。

二、教育：如何处理“社会与个人”问题

教育活动中几乎时时处处都会遇到个人与社会两个方面，如何处理好这两者之间的关系是每个教育工作者，也是每个学习者时刻都要面对的问题。前述的讨论用一些历史事实说明了如何在教育实践中把握好个人与社会关系的度，恰当地处理好这个问题则社会与个人两受其利，否则双方均受其害。主体性问

题讨论再一次提出在教育实践中如何处理好个体与社会的价值取向问题。

主体性教育问题的讨论是在社会本位加之为主导的背景中人们对个人本位取向的呼唤，对教育价值取向上原有的过于强调社会本位价值取向的必要修正。在新的历史基点上，有必要对个人与社会进行恰当的定位。

首先，要明了个人与社会关系的基本原理。

个人与社会是存在一定矛盾的，这些矛盾也体现于教育价值选择上，前述的讨论都说明这一点；同时，个人与社会本身不是决然对立的，根据特定的社会背景强调某一方面不仅是合理的，而且是有积极进步意义的。如果离开具体的社会背景条件，将某一方面强调到极端的程度，完全排斥、否定另一方面的合理性都是站不住脚的。

个人与社会之间又不是决然对立的，而是相互推动、相互制约、相互依存的。社会是人的社会，人是社会中的人。一味强调社会的发展而不顾个体，最终必然阻碍社会的发展；一味强调个体而不顾社会，最终必然为社会的发展设置障碍。社会的发展需要个体的奉献，个体的发展需要社会提供适宜的条件。只有将个体的发展与社会的发展、个人的价值与社会的价值都予以高度重视并依据当时、当地、当事人的具体情况较好地将它们结合起来，才是教育实践中的最优选择。

其次，要准确把握特定社会、特定时代的个人与社会关系的度。

应该承认不同的社会发展阶段、不同的文化背景、不同国家和民族对处理人与社会的关系有不同的尺度。不能简单地认为哪种尺度就是绝对正确的，哪种尺度就是绝对的不正确。不能将一个国家或文化环境中的尺度作为标准来衡量另一个国家或文化环境中有关个人与社会价值取向的行为，个体依据自身所处的文化环境调整好自身的价值意识是一种积极的选择而不应视为消极被动的社会化。同时，在特定的社会环境中，个人与社会关系的尺度随着社会的发展而发生变化，个体要关注这种变化，并随时调整其价值尺度才能适应社会发展。

第三，个人价值与社会价值事实上是一种由相互关联的不同个体与社会间达成的一种契约。在个体与他人、个体与社会、他人与社会中的任何一方单方面调整价值尺度都是不可行的。在人生或教育实践中宜于选择多方面协同改变价值尺度，不宜单方面改变价值尺度。即便改变者在政治或经济上具有绝对的权威也未必可行。

第四，结合中国的实际，尽管有过“自我设计”、“自我实现”的思潮，有过近二十年的主体性问题的讨论，人们对个体价值的认识比较开放，但由于“二十世纪在中国盛行的思潮，不论是三民主义、马列主义都是高抬‘集体’

的位阶，强调‘集体’的价值……始终是一部集体压倒个体的历史”[①]，中国还处在社会本位重于个体本位的价值环境里，因而还需要提倡在具体实践细节中更加注重个体的价值，努力实现个体价值与社会价值的优化、和谐组合。

三、以人为本是教育价值的本原归宿

六十年来教育正反两方面的经验表明，教育一旦离开为人的发展服务，就会偏离教育应有的宗旨。教育必须坚持为人的发展服务才能实现为社会全面进步服务，在相当长的时间内曾过度强调了教育功能的某个方面，从强调为社会主义政治服务到强调为经济建设服务，都存在片面性。

随着社会、教育的发展，人们的认识不断深化，教育工作的内在特性和中国政府对教育发展的要求越来越清晰，教育的科学发展必须以人为本。胡锦涛在中共十七大报告中指出：“科学发展观，第一要义是发展，核心是以人为本，基本要求是全面协调可持续，根本方法是统筹兼顾。”并强调要“实施科教兴国战略、人才强国战略”，“实现以人为本、全面协调可持续的科学发展”。

正是基于对历史经验与教训的总结，《国家中长期教育改革和发展规划纲要（2010—2020）》确立了“以人为本”的教育发展方向，明确了“育人为本”的教育工作原则。

以人为本的教育体现为：教育以育人为本，以学生为主体；办学以人才为本，以教师为主体，自觉实践教育为人民服务的宗旨。发展教育的目的是为人民服务；评价教育的标准是人民满意；教育实践目标是全体人民学有所教；教育教学过程和方式方法充分体现并弘扬主体性。

只有坚持对教育价值的科学、全面认识，坚持教育为社会全面进步和人的全面发展服务，中国教育才能够避免失之片面，才能够纠正曾经出现的这样那样的差错，教育才能够更好地更充分健康地发展。

各级各类教育部门、学校只有坚持“以人为本”，坚持面向全体学生、依靠全体教师，才能切实有效地提升教育品质。

这样的教育价值定位不只是短期的选择，而是全人类对教育价值回归的共识。1996 年国际 21 世纪教育委员会提出一份报告《教育——财富蕴藏其中》，强调要把人作为发展中心，“人既是发展的第一主角，又是发展的终极目标”，这种教育强调“应该使每个人都能发展、发挥和加强自己的创造潜力，也应有

---

① 金耀基：《中国的现代转向》，牛津大学出版社，2004 年版，第 31 ~ 32 页。

助于挖掘出隐藏在我们每个人身上的财富”。“以教师为本”是学校管理中最重要最基本的理念，“以学生为本”是学校教学中最重要的基本理念，其实质就是要重视教师和学生的参与意识和创造意识，使他们的才能得到充分发挥，人性得到最完善的发展。学校中要充满尊重、理解、沟通、信任等人文精神，营造团结、和谐、奉献、进取的工作氛围，建立起宽松、高洁、清新、有人情味的校园文化，让学校具有浓重的文化气息和深厚的文化底蕴。

学校应当体会师生生命具有最大的丰富性和主动性，关注教师成长与发展的每一点进步，帮助教师发现自己、肯定自己，让更多的教师拥有健康的心态、健全的人格和自信的人生。怀着对人类的热爱和博大的胸怀，对学生的关怀和对事业的奉献，具有良好的文化素养、复合的知识结构，在富有时代精神和科学理念指导下的教育能力和研究能力，在实践中凝聚生成的教育智慧，这就是教师的风采，也是富有理性、人性、个性的教师成长目标。

简言之，中国教育经历了六十年价值迷离，亟待回归以人为本的本原归宿，教育要为每一个具体的人的成长发展服务。

第五章

体制：公办与民办

自有学校起，中国就存在私学和官学。1949年新建立的中国教育体制框架的“主要特征表现为高度的统一和集中。在办学体制上学校一律由政府拨款，国家公办；在管理体制上，实行中央统一集中领导，地方也管理教育，主要是执行中央的指令，管理的职责非常有限。教育行政部门对学校特别是高等学校，实行直接指挥和管理；在教育制度和教育结构上高度集中统一化，按照计划经济、条块分割来培养各级各类人才和劳动力。”①

① 中华人民共和国教育部：《共和国教育50年》，北京：北京师范大学出版社，1999年版，第197页。

第一节　国家主义教育理念事实上的确立

对于新中国为何选择这样一种高度集中的教育管理体制，有一种解释为“在教育资源较为匮乏的情况下，采取集中统一领导，实行国家包办的做法，有利于集中力量较快地培养出急需的人才，基本上适应了当时政治经济发展的需要”[①]。其实以后发展的情况表明结果并非如此，在对教育的内在规律没有明晰认识基础上的集中力量只会使教育遭到更加惨重的损失，而集中的出发点也不在于快出人才，主要在于教育的国家主义理念。

国家主义的教育理念的基本价值取向是：第一，在教育指导思想上注重国家观念的培育，尤其注重对学生进行爱国主义教育，以增强国家的凝聚力；第二，由于国家主义的目标定位是国家强大，因此它在行政上有追求中央集权的强烈趋向，表现在教育上就是国家对于教育发展的干预越来越大。[②] 这一价值体现在教育实践上就是对原有的教育依据国家主义教育观进行彻底的改造，对原有的教师进行思想改造，对学生进行强化的政治思想教育，强调“知道有国家、社会”，唤醒人的社会和国家意识。

国家主义教育思潮源于欧洲，五四时期传入中国，余家菊等人的观点具有典型的国家主义教育特征。有研究者将20世纪上半叶中国出现的国家主义教育观的特征归结为三个：一是不彻底的文化民族主义。鼓吹中国传统文化的神圣性，但他们并不主张深入研究传统文化，只想以此作为与外来文化区别与对立的宣传语言和象征性符号。国家主义所提出的各种主张字面上似乎是进取的，但它并不主张革命，其着眼点不是宣传鼓动革命，而是怀有“钳制思想的意

① 中华人民共和国教育部：《共和国教育50年》，北京：北京师范大学出版社，1999年版，第197页。

② S. E. 佛罗斯特：《西方教育的历史和哲学基础》，北京：华夏出版社，1987年版，第554～555页。

图”。二是单方面强调国民对国家的职责与义务，很少强调国家对人民的责任。只强调国民对国家的绝对服从，而不是建立现代化的民主国家，实质上国家主义教育即专制主义教育的代名词。三是它明显针对个人主义、平民主义和世界主义，主张国性、国民性高于个性。其批评的方向指向独立人格的建立，认为现实中强调重视个性太过，忽视了国性、群性和社会性，有待矫枉过正。[①]

有人将国家主义教育的目标归结为第一要培养“国民”，第二要培养“爱国的国民”，第三要培养“以国家为前提之爱国国民”。[②] 例如：余家菊主张教育是立国之本，以“教育建国”。他主张以学校为重要场所和工具，统一思想与文化，以此“奠定国基”、“发扬国风”、“鼓铸国魂”。[③] 认为“国家对于乡村教育，应特别注重，使乡村人民之知识日增、道德日高、技术日精、农产日多，生活随之丰富，以成一健全之国民”[④]。这成为国家主义教育目标的典型论述之一。

国家主义教育观对五四时期的民主科学思潮、新文化运动和平民教育运动产生的是观望感而非亲历参与感，看不到无论是民主科学还是主张教育上人人平等的平民教育所蕴含的深层久远的价值。

国家主义价值取向强调的教育目的是偏向社会取向的，排斥个人的价值，或认为国家高于个人，个人为国家服务，以解构教育当事人的主体性作为解决教育问题的基本方式，这就使得这种教育观有违个体主动积极发展和社会生态发展的基本原理，从本质上看，不会真正有利于教育活动主体。

国家主义教育观解决教育问题的办法更看重从行政层面自上而下地解决问题，将学校定位为国家行政结构的底层，并通过自上而下的行政科层体系将不同的学校作轻重不同的定位，所需要采取的措施是改造、改良、扩充，而非学校当事人自主地建设与创造，倡导养成师生服务、服从的精神，意在重视社会成功，忽视师生的内心体验和自主成长。

事实上，自从新中国成立以后这种思想基础并未因国家主义在20世纪50年代后受到批判而抛弃，反而在学习苏联模式的过程中，客观上确立了国家主义的教育观。这种教育观是此后一切教育政策和措施的基础，是日常教育行为的潜在意识引导。这一观念又通过计划经济体制和行政科层体系加以固化，其政策效应在乡村反映最为典型，中国对教育乃至整个乡村问题的解决主要沿用

① 胡卫清：《近代中国教育民族主义的畸变》，引自《历史教学》，2001年第7期。

② 陈启天：《中国教育政策》，引自《中华教育界》，第16卷第3期。

③ 余家菊：《国家主义下之教育行政》，引自《中华教育界》，第15卷第1期。

④ 古楳：《中国之乡村教育运动》，引自《教育研究》，1928年，第6期。

的是立足于非乡村当事人，解构乡村当事人主体性的方法。这种做法以改造乡村社会为基本出发点，以乡村的机械化、现代化、工业化、城镇化为目标，它的基本假定是乡村的一切都是落后的，要将乡村带进一个更先进的生产与生活方式里。

事实上实行的国家主义教育观遇到了两难处境，主要表现在以下几点：

第一，在教育过程中如何应对教育当事人的主体性需求。国家主义无论是以民族传统，还是以现代化、科学、文明等为话语内容，都是以忽视、贬低、解构教育当事人的主体性作为推进教育的方式的。它的培养目标不是培养具备现代民主素质和独立人格的公民，而是培养只知道义务不知道权利且具备国民观念的顺民。

第二，在统一运用教育权时，如何使国家统一集中的教育管理与民间教育需求不致发生冲突。国家主义教育观与教育的集权管理是相辅相成的，它不仅追求国家教育主权的独立完整，而且追求国家教育行政权力的高度集中统一，并借此钳制思想自由，以保证意识形态的高度统一，因此，民间的教育内容、方式方法均遭到排斥。

第三，将教育完全视为国家工具就必然忽视教育自身的内在规律。国家主义教育采取行政的手段和方式方法来办教育、管理教育，注重从国家的立场评价教育的业绩，忽视教育的专业性，不顾及遵从教育发展的内在特性与规律，不顾及教育当事人的切身体验与需求。这就使得这种教育观的思路有违个体发展和社会生态发展的基本原理，难以受到教育当事人真诚的欢迎，亦不会培养出杰出的人才。

正是由于国家主义教育观一直得到事实上的实行，导致在如何进行教育改革，如何设置教育体制上，非当事人的国家定位或政府定位、或城市定位，解构教育当事人的主体性的政府主体或知识者主体、或城市人主体成为较长时期沿用的解决教育特别是乡村教育问题的基本模式。

1956 年先后制定的各级学校规程将教育的国家主义理念转化为具体规范，其中如 1956 年 5 月，高等教育部颁发试行《中华人民共和国高等学校章程草案》。该章程草案分八章（包括总则，学生，教学人员和教学辅助人员，教学工作，科学研究工作，干部的培养，学校的领导机构，学校的财产和经费），共 80 条。其中规定：高等学校的基本任务是适应国家的社会主义建设的需要，培养具有一定的马克思列宁主义水平、实际工作所必需的基本知识、掌握科学和技术的最新成就和理论联系实际的能力，并且身体健康、忠实于祖国、忠实于社会主义事业和准备随时保卫祖国的高级专门人才。在校（院）长负责制的基础上，高等学校的校（院）长领导学校的全部工作，代表学校处理一切问题。高等学校的学术委员会由校（院）长担任主席，讨论学校工作中的重大问题和学衔授予问题。①

在其他各级各类教育的管理和决策中，也存在一系列规范来体现国家主义教育的基本理念。

第二节　国家包揽教育

国家主义教育理念一旦成为解决教育问题的主流观念，便会落实到教育的一系列政策措施中，集中地体现于学校的所有权和主办权上，从而形成政府集教育管理权、所有权、主办权于一身的中国特有的教育管理体制。从 1953 年国家开始实施国民经济发展第一个五年计划起，教育就被“正式纳入了国家计划轨道，政府对公办学校实行直接的指令性计划。其中，由中央政府对高等学校实行直接指令性计划，由地方政府对地方主管的公办学校实行直接指令性计划，对私立学校实行指导性计划。到 1956 年社会主义改造基本完成后，国家不仅在经济领域，而且在教育领域也形成了集中统一的计划体制”②。

一、保护维持私立学校

1946 年，国共和谈失败后内战即打响，中国人民解放军在各个新占领的区域建立军事管制委员会，接收了国民党统治下的各级学校。由于这样的情况比较多，中共中央 1948 年即作出关于新区学校工作的指示。1949 年 4 月 25 日，

---

① 中央教育科学研究所：《中华人民共和国教育大事记（1949—1982）》，北京：教育科学出版社，1983 年版，第 168 页。

② 宋荐戈：《探索中国特色社会主义教育发展的道路》，引自《荐戈文存》，北京：中国国际文艺出版社，2006 年版，第 317 页。

中国人民解放军总部布告中宣布了下列规定："保护一切公私学校、医院、文化教育机关、体育场所和其他一切公益事业。凡在这些机关供职的人员，均望照常供职，人民解放军一律保护，不受侵犯……暂维现状，即日开学。"[①] 中国人民解放军各地军事管制委员会陆续接收新解放区的原公立校产，运行经费由军管会和新成立的政府负责解决；还颁发有关私立学校的暂行办法，把私立学校管了起来。军事管制委员会派出干部到一些学校帮助工作，组织校务委员会，使学校迅速开学复课，对各级公私立学校进行初步整顿改造，取消原来的训导制度和"党义"、"公民"、"童子军训练"等课程，开设政治常识或"新民主主义论"（在高校）课程和其他新课程。

1949 年 12 月 23—31 日，教育部召开的第一次教育工作会议确定了"对中国人办的私立学校，采取保护维持、加强领导、逐步改造的方针"[②]。

1950 年 6 月 6 日，毛泽东在中共七届三中全会上作的《为争取国家财政经济状况的基本好转而斗争》的报告中提出："有步骤地谨慎地进行旧有学校教育事业和旧有社会文化事业的改革工作，争取一切爱国的知识分子为人民服务。在这个问题上，拖延时间不愿改革的思想是不对的，过于性急、企图用粗暴方法进行改革的思想也是不对的。" 6 月 17 日，政务院文教委员会主任郭沫若在一届政协二次会议上作《关于文化教育工作的报告》，提出了在文教工作中与执行政策有关的三个问题：第一，进行文教事业的改革时应采取谨慎步骤；第二，在文教事业建设中应该坚持理论与实际相结合，提高与普及相结合的方针；第三，对公营与私营文教事业应实行统筹兼顾的原则。[③] 这两个会上的情况说明当时关于教育体制的政策还比较理性，没有明确提出接受所有私立学校的政策。

二、处理接受外资津贴学校

1950 年冬，由于中国参与抗美援朝战争，一些受美国津贴的学校的经费来源中断。1950 年 12 月 29 日，政务院第六十五次会议通过《关于处理接受美国津贴的文化教育救济机关及宗教团体的方针的决定》。据此，教育部于 1951 年

---

① 《毛泽东同志论教育工作》，北京：人民教育出版社，1992 年版，第 209 页。

② 中央教育科学研究所：《中华人民共和国教育大事记（1949—1982）》，北京：教育科学出版社，1983 年版，第 8 页。

③ 中央教育科学研究所：《中华人民共和国教育大事记（1949—1982）》，北京：教育科学出版社，1983 年版，第 20 页。

1月11日发出《关于处理接受美国津贴的教会学校及其他教育机关的指示》，确定了处理接受外资津贴学校的原则、办法和接受工作中的具体政策、措施。在全国范围内将此前接受外国津贴的20所高等学校、544所中学、1133所小学改为中国政府公办和中国人自办。1950年底，全国接受外国津贴的高等学校共20所（不包括已接办的辅仁大学），共有学生14 536人，教职员3491人，工警1943人；其中接受美国津贴的17所，有学生12 984人，教职员2940人，工警1879人。接受外国津贴的中学544所，有学生160 250人，教职员10 433人；其中接受美国津贴的255所，学生81 347人，教职员工6214人。接受外国津贴的初等学校，据不完全统计有1133所，学生188 376人，教职员工2759人。[①]

随着地方人民政府的成立，各地对公立、私立学校作了初步调整。由人民政府派校长，教职工民主评薪，改学生中的公费制为人民助学金制，学校实行经济公开。新解放区继续整顿、改进公私立中小学，私立学校重新登记立案，公立学校取消国立、省立、县立等区别，实行分级管理。一些地区对小学仍实行中心学区制。[②]

1951年5月，教育部部长马叙伦在政务院政务会议上作了《关于1950年全国教育工作总结和1951年全国教育工作的方针和任务的报告》。指出：1950年在农村实行鼓励群众办学的政策，大大提高了群众办学的积极性。该年民办小学在校生662.3万余人，占全国小学在校生总数的22.9%。1951年11月，教育部在《关于第一次全国初等教育会议的报告》中提出，小学教育经费应采取政府统筹与发动群众办学相结合的原则，在城市依靠工、矿、机关等单位办学。该年民办小学有较大的发展，在校生达1426.1万人，占全国小学在校生的33%。

至1951年末，全国共接管了受外国津贴的高等学校21所，中等学校514所，初等学校约1500所，[③] 按不同情况，对接受外资津贴的大、中、小学校，分别改为公办和中国人自办。[④]

---

① 中央教育科学研究所：《中华人民共和国教育大事记（1949—1982）》，北京：教育科学出版社，1983年版，第31～32页。

② 中央教育科学研究所：《中华人民共和国教育大事记（1949—1982）》，北京：教育科学出版社，1983年版，第33页。

③ 中华人民共和国教育部：《共和国教育50年》，北京：北京师范大学出版社，1999年版，第177页。

④ 中华人民共和国教育部：《共和国教育50年》，北京：北京师范大学出版社，1999年版，第177页。

三、接办私立学校

私立学校在中国数千年的历史中发挥着维持学术生态平衡的重要作用，占有较大的比重，即便在偏远的乡村，也存在大量的私塾。新政权建立之初，政府分阶段接受了包括外国人开办的教会学校在内的全部私立学校，收回教会学校及接收外国人津贴的私立学校的办学主权。

据1949年底统计，全国专科以上学校207所，其中私立的79所，占38.16%；私立中等学校1412所，学生53.3万余人，占全国中等学校学生总数的26%；私立小学8925所，学生160万人。[①] 由于财力不足，1949年至1951年，政府对私立学校采取“积极维持，逐步改造，重点补助”[②] 的方针，政府举办教育并非从办学开始，而是从教材国营开始。1949年10月19日，全国新华书店出版工作会议闭幕，中共中央宣传部部长陆定一致闭幕词，提出“教科书要由国家办，因为必须如此，教科书的内容才能符合国家政策，而且技术上可能印刷得好些，价钱也便宜些，发行也免得浪费”，“教科书对于国计民生，影响特别巨大，所以非国营不可”。[③]

但是，随着土地改革、农业合作化和资本主义工商业的社会主义改造运动的展开，民间私有财产越来越少，私立学校获得经费的渠道越来越狭窄，完全依靠收取学杂费难以维持下去，越来越多的私立学校出现经费困难，一些私立学校因此而自动停办，有的学校要求合并或交给政府。1952年，北京市委在《关于北京市中小学校学生负担及生活情况的报告》中说，北京市公私立中小学中“多数学生交费困难，生活也较苦，目前的助学金和减免费办法还不能解决问题”。6月14日，毛泽东主席在该报告上批示：“如有可能，应全部接管私立中小学。”[④]

根据毛泽东的这一批示，教育部对在全国范围内接办私立中小学作了部署。1952年8月2日至12日，教育部在召开的中小学行政会议上提出：巩固和适当

---

① 安树芳：《中华教育历程》（下），北京：光明日报出版社，1997年版，第1280～1282页。

② 宋荐戈：《探索中国特色社会主义教育发展的道路》，引自《荐戈文存》，北京：中国国际文艺出版社，2006年版，第311页。

③ 中央教育科学研究所：《中华人民共和国教育大事记（1949—1982）》，北京：教育科学出版社，1983年版，第5页。

④ 中央教育科学研究所：《中华人民共和国教育大事记（1949—1982）》，北京：教育科学出版社，1983年版，第59页。

地发展民办小学，要坚持三条原则：（一）完全自愿，不得强迫；（二）有正当可靠的筹款办法并能至少维持三年，经乡（村）人代会通过，县人代会批准；（三）穷村小村以公办为原则，争取大村富村小学民办，或设民办班次。并提出本年至1953年完成接办私立中学的工作；至1954年完成接办私立小学的工作。[①] 8月29日，教育部发出指示，要求各大中城市教育行政部门认真调查研究私立技术补习学校的情况，进行整顿、改造、登记、备案工作。[②]

1952年9月10日，教育部发出《关于接办私立中小学的指示》，决定从1952年下半年起至1954年，将全国的私立中小学全部由政府接办后改为公办，指示要求“正确掌握接办方针，坚决地贯彻‘先接办外资举办的学校，后接办中国人自办的学校；先接办办理成绩较坏的学校，后接办办理成绩较好的学校；先接办经费困难的学校，后接办经费还能维持的学校；大体上先接办中等学校，后接办小学’等步骤”，要求“选派一定数量政治上较强的干部，负责接办工作，其中尤其要派遣得力的干部去接办规模较大的学校”。[③] 于是逐步将全国私立中小学全部由人民政府接办，改为公立学校。这一大包大揽，急于求公求纯的做法与当时中国的经济社会发展基础相差甚远，其结果是使本来就不足的国家财力更为分散，直接影响到普及小学的进度。

1952年11月15日，教育部发出《关于整顿和发展民办小学的指示》，提出各地存在的“大村、富村的小学，多是公立，经费由政府统筹解决；原来没有小学的村庄多是比较贫苦的小村，反而发动民办。教育经费负担不合理，群众有怨言”的问题，明确今后几年内发展小学教育的方针是“一面政府应有计划地增设公立小学，同时应允许群众在完全自愿的基础上出钱出力有条件地发展民办小学，以满足群众送子女入学的要求”。该指示提出发动群众办学必须坚持三项原则：一是必须在自愿的基础上，按照公平合理的原则筹措经费。小学办起后，至少要坚持三年。反对强迫命令和不合理的摊派。二是发动群众办学，应着重在经济比较富裕和失学儿童较多的大村。贫苦小村由政府设公立小学。三是群众办学必须有计划、有领导地进行，不能放任自流。政府要帮助群众解

---

① 中央教育科学研究所：《中华人民共和国教育大事记（1949—1982）》，北京：教育科学出版社，1983年版，第63页。

② 中央教育科学研究所：《中华人民共和国教育大事记（1949—1982）》，北京：教育科学出版社，1983年版，第64页。

③ 《教育部关于接办私立中小学的指示》，引自《中华人民共和国重要教育文献（1949—1975）》，海口：海南出版社，1998年版，第164页。

决师资问题。加强领导，对经费不足的民办小学，政府予以适当补助。[①]

同时，在1952年11月15日，教育部发布的《关于接办私立中等学校和小学的计划》表明，当时的全国私立中等学校中，尚有未处理的接受外国津贴的中等学校246所，在校学生7.1万余人，教职员工3700余人，以及小学668所，学生10.3万余人，教职员工3600余人。这一计划与前一指示不同的是，明确提出“人民政府应有计划地将全国私立学校自1952年下半年至1954年全部接办，改为公立”，“为满足培养国家建设干部的需要，尽先着重接办中等学校”，要求1952年下半年接办私立中等学校的30%左右，接办私立小学的20%左右；“1953年内，全部完成私立中等学校的接办工作，并继续接办私立小学的40%左右”，“1954年内，全部完成私立小学的接办工作”。[②]

在接办计划中还指出：私立学校少的地区（东北、西北、华北）先完成，私立学校多的地区（华东、中南、西南）在三年内完成。对少数民族团体或私人举办的中小学，可以暂缓接办，其经费困难者应予以补助，但在自愿原则下，政府可予以接办，接办后须尊重少数民族学校的特点。

同一部门在同一天发出两份基本内容有较大不同的文件是一件值得关注的事，依据多方面历史资料证实，《关于接办私立中等学校和小学的计划》较之《关于整顿和发展民办小学的指示》更能真实反映当时政府的意图，因而民办小学在整顿中减少很多。1953年5月，中共中央政治局会议讨论教育工作时又明确肯定：允许小学民办[③]，但事实上民办学校在不断减少。接办工作原计划1954年完成，实际到1956年才基本结束。[④]

从1953年开始，对于建立什么样的教育体系，国家是否应该持有对办学权和所有权的垄断，曾经有过激烈的争论。1953年5月17、18、27日，毛泽东主持中共中央政治局举行讨论教育工作的会议，会议研究并作出如下决定：允许小学民办，不限定几年，能办几年就办几年。[⑤]

---

① 《教育部关于整顿和发展民办小学的指示》，引自《中华人民共和国重要教育文献（1949—1975）》，海口：海南出版社，1998年版，第180页。

② 《教育部关于接办私立中等学校和小学的计划》，引自《中华人民共和国重要教育文献（1949—1975）》，海口：海南出版社，1998年版，第181～182页。

③ 中华人民共和国教育部：《共和国教育50年》，北京：北京师范大学出版社，1999年版，第256～257页。

④ 中央教育科学研究所：《中华人民共和国教育大事记（1949—1982）》，北京：教育科学出版社，1983年版，第65页。

⑤ 中央教育科学研究所：《中华人民共和国教育大事记（1949—1982）》，北京：教育科学出版社，1983年版，第77页。

在1953年6月5日至22日教育部召开的第二次全国教育工作会议上，重点讨论了整顿和改进小学教育的问题，确定在工矿区、城市、少数民族地区适当发展公立小学，农村提倡民办小学（包括完全小学）；积极做好小学整顿工作。[①]

1953年9月8日，教育部批复广州市教育局，同时转告各地，提出对管理私立补习学校的四点意见：（一）对群众学习确有帮助并为群众支持者，允许存在；对假借办学名义，欺诈取财或进行反动宣传的学校，应会同公安局依法处理；（二）领导和管理的重点是教学，应派干部检查教学情况，督促改进；（三）对学费的征收不宜限制过严；（四）对教师学习应加强领导。此文发出后，各地对私立补习学校进行了检查，加强了管理。1954年1月29日，华东文化教育委员会专门发出通报，要求华东各地对私人开办的补习学校进行一次检查，本着“充分利用，加强管理”的方针制定这类学校设置的条例和管理办法。[②] 这一批复事实上是对全日制学校以外的教育机构的限制，曾在上海生活过的老年人认为1949年前的上海学习化社会程度很高，有各种各样的补习学校满足各种人群的需要，既有早学，也有夜校，为许多因工作而不能上全日制学校的人提供了多样化的学习机会。

1954年7月31日，教育部致函广西省人民政府，同意该省所拟《关于奖励设置私立学校暂行办法草案》，并建议区别情况，订出收费标准；设减免学费名额，照顾贫困子女入学。广西省的这一办法规定：私人是指依法享有公民权的公民，以及他们所组织的经常性的合法社团或为办学而临时组织的团体。所办的学校，包括正规的小学与各种临时性的补习学校、补习班、夜校等。[③]

1954年9月20日通过的《中华人民共和国宪法》第九十四条规定：“中华人民共和国公民有受教育的权利。国家设立并且逐步扩大各种学校和其他文化教育机关，以保证公民享受这种权利。”[④] 这一规定，暗示着只有国家才能拥有各级各类学校的办学权和所有权。到1956年，中国所有的私立中学和小学全部由政府接办。在1952年开始的高等学校院系调整过程中，将所有私立高等学校

---

① 中央教育科学研究所：《中华人民共和国教育大事记（1949—1982）》，北京：教育科学出版社，1983年版，第79页。

② 中央教育科学研究所：《中华人民共和国教育大事记（1949—1982）》，北京：教育科学出版社，1983年版，第86页。

③ 中央教育科学研究所：《中华人民共和国教育大事记（1949—1982）》，北京：教育科学出版社，1983年版，第110页。

④《人民日报》，1954年9月21日。

由政府接收调整为其他院校，“历史上遗留下来的私立学校从根本上得到了改造”①，有数千年历史的中国民办学校从此全面消失。

此后，多种政策文本中还沿用允许私人办学，然而私人办学的环境和条件事实上已不存在，所以直至1978年，中国大陆几乎没有私立学校的存在。

四、统一招生

国家主义教育理念在招生上试图包揽整个过程，招生所涉及的一系列问题远远超出了任何一个有限的政府所能解决的范围，于是总是不时产生各种漏洞。尽管漏洞不断出现，包揽的观念没有改变，统一的形式依旧在继续。

1. 逐渐收紧的统一

1951年4月24日，教育部发出《关于高等学校1951年暑期招考新生的规定》，开始实行全国统一招生。

该规定确定：1950年招生规定的基本内容本年仍适用，只作以下补充、变动：第一，对同等学力者的报考有所放宽。第二，符合规定条件的，可申请免考外国语。第三，为进一步改正各校自行招生所产生的混乱状态，各大行政区分别在适当地点争取实行全部或局部高等学校统一或联合招生，全国统一考试日期；如有困难，仍允许各校单独招生；在其他地区招生时应尽量采取委托的办法进行。第四，从宽录取的条件中增加“非工农家庭出身，本人又非工农成分的干部，革命五年以上者”一条。1951年，全国高等学校共录取新生5.2万人。② 这年还有部分高校没有参加全国统一招生。

1952年6月6日，教育部发出指示：为加强国家培养人才的计划性，自本年暑期起，高等学校一律废止以往一般性的招收转学生的办法，并对确实非转学不可的学生申请转学的审核批准手续作了严格的规定；③ 6月12日，教育部发出《关于全国高等学校1952年暑期招收新生的规定》。本年的招生计划根据4月30日教育部发出的指示，采取短期速成与长期培养、统筹兼顾而以大量举办专科为主的方针，以培养国防和经济（主要是工业）建设的技术干部、医药

---

① 宋荐戈：《探索中国特色社会主义教育发展的道路》，引自《荐戈文存》，北京：中国国际文艺出版社，2006年版，第312页。

② 中央教育科学研究所：《中华人民共和国教育大事记（1949—1982）》，北京：教育科学出版社，1983年版，第39～40页。

③ 中央教育科学研究所：《中华人民共和国教育大事记（1949—1982）》，北京：教育科学出版社，1983年版，第58页。

卫生干部及中学师资为重点。文件规定，中央成立全国高等学校招生委员会，全国高等学校除个别学校经教育部批准外，一律参加统一招生，招生名额报请审核批准，严格禁止乱招乱拉。招生日期、考试科目全国统一规定。全国共设78个考区。招生方式分两种：第一，已在高等学校补习的部队及机关干部，在原补习学校就所补习科目进行升学考试，及格后优先分配；第二，应届高中毕业生及同等学力青年，在教育部统一规定期间内，在各考区报考，及格后录取分配。已录取的新生，不得要求转系（或科）及转学校。由于高中毕业生仅有3.7万人，便从部队及机关抽调了大批干部进行补习后报考。各地还选送了一批优秀小学教师入高等师范学校。1952年，全国高等学校原计划录取新生5万人，实际录取新生7.9万人。①

1952年7月5日，教育部发出指示：全国高级中学、技术学校、师范学校实行以省、直辖市为单位统一招生。指出：本年全国初中毕业生较少，必须实行统一招生才能保证各类中等学校招生计划的实现。要求各省、直辖市建立统一招生委员会，负责统一计划、领导招生工作，并做好初中毕业生多，应尽量动员年龄较大、身体健康、思想较进步的青年到外区升学的工作。②

可以看出，1952年的高校统一招生较1951年的统一招生组织要求更多，参与范围更广，计划性更强，并扩大到中等学校的招生。

1953年6月20日，高等教育部、教育部联合发出《关于全国高等学校1953年暑期招考新生的规定》，指出今年由于学生来源少，各区间分布不平衡，为保证招生计划的执行，仍须进行全国规模的统一招生。在工作中要特别注意克服去年统一招生工作中发生的单纯追求数量的形式主义偏向，未充分照顾不同学校、系科的特点及在录取调配上强迫命令的错误。提出统一考试科目为：政治常识、语文、中外史地、外国语文、数学、物理、化学、生物。还规定港澳高中毕业生报考高等学校，统由广州“港澳高中毕业生回广州升学指导委员会”负责证明介绍。鉴于本年高中毕业生不敷高等学校招生需要，4月18日，经周恩来批准，决定抽调机关、部队、厂矿干部两千人，经补习后升入高等学校各系科学习。6月5日，教育部、高等教育部指示各地，选送7000名优秀小学教师、4000名中师毕业生入高等师范学校学习，1000名优秀小学教师入其他高等学校学习。1953年，全国高等学校计划招生7万人，实际招生8.2万人。

---

① 中央教育科学研究所：《中华人民共和国教育大事记（1949—1982）》，北京：教育科学出版社，1983年版，第58～59页。

② 中央教育科学研究所：《中华人民共和国教育大事记（1949—1982）》，北京：教育科学出版社，1983年版，第60页。

录取新生中，有工农速成中学第一批毕业生1500余人。[①] 由此可见统一招生中的要求更广，统一考试的要求更严，行政影响力较以前更大。

1954年5月18日，高等教育部、教育部联合发出《关于全国高等学校1954年暑期招考新生的规定》，提出今年招生必须贯彻中央统一计划、大区组织执行，并由各校直接负责审查录取报考该校新生的组织方针。考试科目分两大类：理、工、卫生、农、林等类专业考本国语文、政治常识、数学、物理、化学、生物、外国语。文、政法、财经、体育、艺术等类专业考本国语文、政治常识、历史、地理、外国语。从本年起，实行“按总分由高分到低分，分为若干等级，逐级分配”的录取办法。其他有关事项与上年规定相同。由于新生来源仍不足，中共中央于5月20日发出指示，要求各级党委采取措施保证完成招生计划。措施之一是从县以上机关团体选送5千名干部报考各类高等学校。全国高等学校考生共12.5万多人（内含本届高中毕业生近6.8万人），录取新生9.2万人。[②]

1955年6月8日，高等教育部、教育部联合颁发《关于全国高等学校1955年暑期招考新生的规定》。鉴于大行政区机构撤销，提出本年实行统一计划、省市组织领导、高等学校参加，并以原来的大行政区为范围，集中进行录取的全国高等学校统一招生，即基本上维持1954年统一招生的做法。只是将考试科目分三大类，并要求录取新生时注意照顾学生志愿、学校特点和地区的近便，鼓励有条件走读的学生能够走读。并规定对政治、健康条件合格，考试成绩稍低于录取标准的学生，学校有缺额时，可录取为试读生。6月10日，国务院发出通知，要求各省、直辖市加强对高等学校招生工作的领导，强调本年招生应切实贯彻“保证质量，照顾数量”的方针，并规定负责组织各大地区招生工作委员会的单位。本年共录取新生9.8万人。1955年6月10日，教育部发出《关于中学和示范学校招生工作的规定》，确定中学和示范学校的招生工作以省、直辖市为单位统一进行。除个别地区有必要实行统一招生外，一般应根据具体情况，采取统一地区的学校联合招生或由各校单独进行招生的办法。并规定今后中学和师范学校招生应有计划地逐步实行保送学生的办法。保送名额以不超过招生

---

① 中央教育科学研究所：《中华人民共和国教育大事记（1949—1982）》，北京：教育科学出版社，1983年版，第80页。

② 中央教育科学研究所：《中华人民共和国教育大事记（1949—1982）》，北京：教育科学出版社，1983年版，第103页。

总数的15%为原则。[1] 后一规定表明，统一招生已经由高校部分地延伸到中等学校，并在实践中感到存在效率不高和难以解决的问题。

1955年，统一招生引发参加高考未录取考生的问题，1955年12月21日，国务院发出《关于处理1955年度报考高等学校未被录取的考生的通知》，要求对4.5万名未被录取的考生，根据需要、合格及不增加国家总编制的条件下，尽可能吸收他们参加本地区的小学教育、工农生产等工作。各地有多余或不足之数，上报劳动部，由劳动部负责协同教育部、农业部加以统一调配。[2] 对报名参考而未被录取的考生安排工作依据的正是国家包揽教育的政策，然而继续包揽是无法解决这些问题的。

1956年4月3日，国务院发出指示，要求各地保证完成今年高等学校招生计划。提出：为保证今年高等学校招生任务的顺利完成，除动员本年的高中毕业生全部报考外，还要广泛动员在职干部、小学教师、中师应届毕业生、复员转业军人、公私合营企业职工、工商界知识青年、待业青年和有计划地抽调在职的中级专业干部、中专应届毕业生报考。4月6日，高等教育部、教育部联合发出《关于全国高等学校1956年暑期招考新生的规定》，规定本年招生仍沿用1955年的办法，只是中等专业学校毕业生（不包括中师毕业生）、在职的中级专业干部、由接受入学的有关高等学校单独进行考试，对中专毕业生还可采取保送入学的办法。1956年，全国高等学校共录取新生18.5万人。[3]

1956年4月28日，教育部、高等教育部联合发出通知，要求各地做好1956年中等学校招生工作。本年，因高中及中等专业学校招生任务扩大，考生来源不足，通知规定：高级中等学校以专（专区）、市为单位统一招生；并要做好应届初中毕业生的思想工作，动员他们积极报考。还要组织往年各届初中毕业生和具有初中毕业程度的知识青年报考。同时，由于很多青年不愿报考师范学校，而本年师范学校招生任务又大，为保证师范学校招生任务的完成，教育部于5月14日发出紧急通知，要求各地做好师范学校招生准备工作，特别是宣传动员工作。6月13日，教育部、高等教育部又联合发出通知，从初中毕业生较多的省市调配48000名毕业生到外省市报考。1957年，因初中学生来源较

---

① 中央教育科学研究所：《中华人民共和国教育大事记（1949—1982）》，北京：教育科学出版社，1983年版，第132页。

② 中央教育科学研究所：《中华人民共和国教育大事记（1949—1982）》，北京：教育科学出版社，1983年版，第144页。

③ 中央教育科学研究所：《中华人民共和国教育大事记（1949—1982）》，北京：教育科学出版社，1983年版，第160~161页。

多，教育部决定高中及中等专业学校不再采取统一招生的办法。[①]

尽管如此，高等学校还是继续进行统一招生，高等教育部还有如何招生的决定权。1957年2月16日，高等教育部、教育部联合发出通知，同意清华大学、北京工业学院、北京铁道学院关于附设工农速成中学的优秀毕业生可以免试直接升入本校学习的意见，并提出其他附设有工农速成中学的高等学校，也可仿照办理。[②] 这一规定对统一招生制度打开一个缺口，其实是为特权开了一扇门。

1957年4月24日，高等教育部、教育部联合发出《全国高等学校1957年招考新生的规定》，提出：本年招生要力求在照顾考生志愿的基础上，努力完成计划。除过去已实行单独招生的学校可以继续单独招生外，基本上仍采取统一招生的办法；少数条件具备而且愿意联合或单独招生的学校，经批准也可以实行联合或单独招生。主要为本省、直辖市、自治区培养干部的高等师范、农科、医药等院校，原则上招收本省市的学生。为了进一步照顾考生的志愿，本年录取新生一般不采取计划分配的办法，按考生志愿不能录取满额的学校，采取向考生征求志愿或者再次招考的办法来补足缺额。根据国务院5月4日的补充批复，本年，因考生来源充足，不再动员在职干部报考，但也不限制他们报考。自1957年起，取消入学新生的调干助学金待遇。根据重点专业继续发展、一般专业适当压缩、着重提高质量的方针，1957年招生计划有所压缩。全国高等学校共录取新生10.6万人，比上年减少近8万人。[③]

1958年7月1日，教育部发布《关于高等学校1958年招考新生的规定》，指出：为了使高等学校招生便于贯彻因地制宜、因校制宜的原则，发挥地方和高等学校办学的积极性，本年改变全国统一招生的制度，实行学校单独招生或联合招生，招生工作的具体安排，由省、直辖市、自治区及高等学校根据地方和学校的情况分别办理。各科考生都要考试外国语（即恢复1954年的规定）。同时还指出：为了更好地贯彻阶级路线，保证新生的政治质量，对于工农速成中学毕业生、工人、农民、工农干部和参加革命工作时间较久的老干部，经审查认为符合条件的，可采取保送入学的办法。6月17日，教育部为此发出具体

① 中央教育科学研究所：《中华人民共和国教育大事记（1949—1982）》，北京：教育科学出版社，1983年版，第164页。

② 中央教育科学研究所：《中华人民共和国教育大事记（1949—1982）》，北京：教育科学出版社，1983年版，第189页。

③ 中央教育科学研究所：《中华人民共和国教育大事记（1949—1982）》，北京：教育科学出版社，1983年版，第195页。

保送办法，规定：优秀高中毕业生也可以保送入学（1959 年不再采取这个办法）。1958 年全国高等学校招收新生 26.6 万人，比 1957 年多招收 10 万人。[①] 这次改变是基于以往统一招生的问题较多而采取的一种放弃策略，但由于没有明晰、专业、符合实际的整体方案，可行性大打折扣而不能延续下去。

1959 年 6 月 5 日，教育部发出《关于 1959 年高等学校招考新生的规定》，规定本年高等学校招生，继续贯彻党委领导的原则，继续贯彻阶级路线，认真贯彻按学校情况分别保证招生质量的原则。改变 1958 年各校单独或联合招生的办法，恢复全国统一命题的方式，一次考试、分批录取的办法。1959 年全国高等学校招新生 27.4 万人。[②]

1960 年 5 月 28 日，教育部发出《关于 1960 年暑期高等学校招考新生的规定》和招生工作的通知，要求各地千方百计扩大学生来源，争取超额完成招生任务，保证新生质量，特别要切实保证重点学校的新生质量。本年招生采取统一领导与分散办理相结合，内招（招收在职职工、干部和公社社员）与外招（招收毕业生和社会青年）相结合的办法，重点高校和其他中央各部门领导的高等学校采取全国统一招生，由教育部统一命题；其余高等学校招生方式由省、直辖市、自治区自行确定，由有关地区和学校自命题。在连续两年扩大招生后，1960 年，全国高等学校招生人数猛增至 32.3 万人。[③]

1961 年 4 月 26 日，中共中央批转教育部党组《关于 1961 年高等学校招生工作的请示报告》。报告提出：1961 年招生工作基本按 1960 年的办法进行。中央批示指出：几年来由于高级中学的发展，考生来源已比过去宽裕，今年高等学校招生工作可以而且必须采取比以往严格的措施，保证招收政治、学业、健康条件较好的学生入学。5 月 11 日，教育部发布《关于 1961 年暑期高等学校招考新生的规定》，确定采取统一领导与分散办理相结合的方式，基本上以省、直辖市、自治区办理招生工作。1961 年，全国高等学校招收新生 16.9 万人，比 1960 年的 32.3 万人减少了 15.4 万人。1961 年全国选调两万多名初高中毕业生给军队院校，其中初中毕业生 7500 人，高中毕业生两万人，以培养国防尖端科

---

① 中央教育科学研究所：《中华人民共和国教育大事记（1949—1982）》，北京：教育科学出版社，1983 年版，第 226 页。

② 中央教育科学研究所：《中华人民共和国教育大事记（1949—1982）》，北京：教育科学出版社，1983 年版，第 251 页。

③ 中央教育科学研究所：《中华人民共和国教育大事记（1949—1982）》，北京：教育科学出版社，1983 年版，第 276 页。

学技术干部和军医人员。[①]

1962 年 6 月 18 日，教育部发出《关于 1962 年高等学校招考新生的规定》，指出：1962 年仍实行全国统一招生，分三类考试，按考试成绩的高低和考生志愿的顺序，从高分到低分分段录取，强调必须切实保证新生质量。报考全国重点高等学校和外国语专业的学生不得申请免试外语。在此前后，教育部对考生政治审查和少数民族考生问题分别发出通知。4 月 6 日的通知指出：对高等学校考生进行政治审查，要贯彻“有家庭和社会关系问题的，主要看本人；有历史问题的，主要看今天的表现；有问题要看大小”的精神，区别对待，防止偏严或偏宽。8 月 2 日的通知指出：少数民族学生报考高等学校，恢复过去“同等成绩、优先录取”的办法，报考本自治区所属的高等学校，可以给予更多的照顾；用少数民族语言进行教学的民族中学毕业生，报考高等学校文史类专业，免试古代汉语。1962 年，全国高等学校招收新生 10.7 万人。[②]

1963 年 5 月 10 日，中共中央批转教育部党组《关于高等学校招生工作情况和改进意见的报告》。报告提出：第一，加强招生工作的集中统一领导。要求各省、直辖市、自治区严格执行中央规定的全国招生计划，各地不得借口控制城市人口而采取各种办法限制农村学生报考。第二，正确地掌握录取新生的政治审查标准。除应按 1962 年的规定进行审查外，对于思想反动而屡教不改的考生，一律不得录取。对于在中学担任社会工作而且政治上表现好的优秀学生，如考试成绩未达录取标准，应适当照顾录取。录取新生时，除了看总成绩外，还要看所考专业相关的主要科目的成绩，并参考考生在校时的考试成绩。第三，保证全国重点高等学校新生的质量。这些学校在录取新生时，可根据各地考生质量，对原定在各地录取的人数进行地区间的调整，调整幅度不作限制。并可在计划之外多录取 1% ~3% 的新生，以弥补由于新生入学后健康或政治复查不合格而造成的缺额。第四，调整考试科目。医农类专业加试数学，分数不计入总成绩，只供录取学校参考。按上述精神，教育部于 5 月 29 日发出《关于 1963 年高等学校招考新生的规定》。1963 年，全国高等学校招收新生 13.3 万人。[③]

1964 年 6 月 3 日，高等教育部发出《关于 1964 年高等学校招考新生的规

---

① 中央教育科学研究所：《中华人民共和国教育大事记（1949—1982）》，北京：教育科学出版社，1983 年版，第 292 页。

② 中央教育科学研究所：《中华人民共和国教育大事记（1949—1982）》，北京：教育科学出版社，1983 年版，第 310 ~311 页。

③ 中央教育科学研究所：《中华人民共和国教育大事记（1949—1982）》，北京：教育科学出版社，1983 年版，第 333 页。

定》和招生工作通知。通知指出，本年招生工作基本上按去年办法进行，只是改变分理工、医农、文史三大类进行考试的办法，把理工和医农合并为一类。理工医农类不考生物，文史类不考数学。哲学、财经各专业加试数学，但成绩不计入总分，只作参考。优先保证全国重点高等学校的招生质量，提高文科和高师招生的质量，并把军队院校的招生工作逐步纳入统一招生。对退伍军人，知识青年、中小学教师、学生干部考生，实行推荐与考试相结合的办法，进行试点工作。国防部、教育部于5月22日发出联合通知：从今冬明春服现役期满和超期服役准备退伍的士兵中，选拔一部分报考高等学校（主要报考文科）。1964年，全国高等学校招收新生14.7万人。①

1964年6月12日，教育部、冶金工业部联合发出《关于在北京钢铁学院试办产业工人班的通知》，通知提出：为进一步贯彻阶级路线，培养工人阶级又红又专的知识分子，决定自1964年起，在北京钢铁学院试办产业工人班。并要求本着宁缺毋滥的原则，严格选拔政治思想好、文化程度相当于高中水平、身体健康，年龄在27岁以下、有3年以上工龄的技术工人入学。招生采取推荐与考试相结合的方法。学习期间，由学校发给原工资80%的助学金。毕业后回原单位工作。6月19日，教育部与石油工业部联合发出通知，在东北石油学院举办产业工人班。② 这种做法是以后招收工农兵大学生的雏形，但由于当时符合上述规定的学业要求的工人较少，实际操作时的模糊空间较大。

1965年6月8日，中共中央批转高等教育部党组《关于改进1965年高等学校招生工作的请示报告》。本年招生的有关事项除按上年规定实行外，报告提出：必须正确对待学生家庭出身和本人的表现，正确处理政治和学业的关系。选择新生，应该主要看学生本人表现，不搞唯成分论。对于政治、学业、健康三方面条件均合格的考生，按照报考志愿的顺序和考试成绩的高低，分段择优录取；在每一分数段里，首先要挑选政治条件好的学生。对政治思想好的应届高中毕业生中的工农和烈士子女及学生干部不再采取推荐与考试相结合的办法，在他们的考试成绩与其他考生相近时，优先录取。动员各方面条件较好的学生积极报考重点学校，优先保证重点学校新生质量。国家计委、高等教育部于5月27日联合下达1965年高等学校招生计划，确定全国招生17万人，其中独立设置的半工半读高等学校招生1.2万人。1965年，全国高等学校招收新生16.4

---

① 中央教育科学研究所：《中华人民共和国教育大事记（1949—1982）》，北京：教育科学出版社，1983年版，第361页。

② 中央教育科学研究所：《中华人民共和国教育大事记（1949—1982）》，北京：教育科学出版社，1983年版，第362页。

万人。[①]

1966年6月1日，中共中央批转高等教育部党委《关于改进1966年高等学校招生工作的请示报告》。根据中共中央副主席刘少奇在1965年11月15日中央政治局扩大会议的建议：从1966年招收新生起，将来毕业后，国家不包他们只当脑力劳动者，可以分配当技术人员、干部，也可以分配当工人、农民。报告提出：将招生工作下放到大区或省、直辖市、自治区办理，继续采取推荐与考试相结合的办法，招收经过三大革命运动锻炼的，具有高中毕业文化程度的工农青年等入学。文科应尽量多招这类知识青年，并对特别优秀的应届高中毕业生在小范围内试行保送入学，文科取消按分数录取。报告还对坚持阶级路线、保证重点学校招生质量、考试办法等问题作了规定。[②] 在人才紧缺，大学生数量不足的时期里，实行国家包揽的政策，又声明实行这种政策不能保证大家上大学后从事与之相符合的专业工作，这本身是这种政策难以满足实际需要的结果，然而由于思想理念上的单一，改变的空间极小。

1966年6月13日，中共中央、国务院批转教育部党组《关于改革高级中学招生办法的请示报告》。中央批示指出：改革高级中学（包括相当于高中的学校）的招生办法，是贯彻执行毛泽东思想，进行教育革命的一项重大措施。各级党委应加强领导，保证贯彻执行。教育部党组的报告提出“现行的招生考试办法，是资产阶级的办法，没有突出无产阶级政治，是业务第一，分数挂帅”，应予改革。改革的意见是：废除现行高级中学招生考试办法，实行推荐与选拔相结合的办法招生，在当地党委统一领导下，采取群众路线的办法进行。推荐与选拔必须突出政治，贯彻党的阶级路线。工人、贫下中农、革命干部、革命军人、革命烈士子女及其他劳动人民子女，凡合乎条件的，应该优先保证升入高中。具体招生办法由省、直辖市、自治区教育厅局制定，请示省、直辖市、自治区党委批准。初中和小学的招生，仍维持原有办法。但必须突出政治，保证录取德才兼优的学生。[③]

1966年6月13日，中共中央、国务院发出《关于改革高等学校招生考试办法的通知》，开创了半个月内下发两次高考“改革”通知的纪录，普通高校

---

① 中央教育科学研究所：《中华人民共和国教育大事记（1949—1982）》，北京：教育科学出版社，1983年版，第380页。

② 中央教育科学研究所：《中华人民共和国教育大事记（1949—1982）》，北京：教育科学出版社，1983年版，第400～401页。

③ 中央教育科学研究所：《中华人民共和国教育大事记（1949—1982）》，北京：教育科学出版社，1983年版，第401页。

的招生从此陷入停止状态。

2. 在统一要求下推荐

1970年，恢复招收工农兵学员，再次恢复统一招生的做法。

1971年6月19日，国务院发出《关于大专院校放暑假和招生工作的通知》。通知指出：1970年，许多省、直辖市、自治区的大专院校招收了工农兵学员，至今没有休假，今年决定放暑假一个月（东北地区可放寒假一个月，不放暑假）。教员可进行休整，总结前段工作，为下一段教学工作做准备。并提出招生问题，由各省、直辖市、自治区按照本工区和院校的不同情况，根据需要和可能，酌情处理。招生办法，参照1970年6月27日中共中央批转的北京大学、清华大学招生试点的请示报告执行。1971年，部分高等学校继续试点招收工农兵学员42420人。①

推荐上大学才实行一两年。便出现较多的“走后门”现象，1972年5月1日，中共中央发出《关于杜绝高等学校招生工作中“走后门”现象的通知》，指出：各地招生工作中程度不同地存在着“走后门”现象。有少数干部，利用职权，违反规定，采取私留名额、内定名单、指名选送、授意录取，甚至用请客送礼、弄虚作假等不正当手段，将自己、亲属和老上级的子女送进高等学校。有些招生主管部门和负责招生的干部，不按党的原则办事，讲私人交情，私送名额，或强令招生人员违章招生，接收不够条件的人入学。通知要求各级领导部门加强对招生工作的领导，严格按党的方针、政策办事，对违犯招生规定的予以制止纠正，今后如再有违犯规定的，除对有关干部进行严肃处理外，也要把学生退回。②

1974年1月18日，《人民日报》刊登南京大学政治系哲学专业学员钟志民的退学申请报告。该报在编者按中指出：钟志民“自觉批判了自己‘走后门’上大学的错误，从而反映了工农兵学员向地主资产阶级意识形态展开了新的进攻”。“请各地教育部门组织高等学校干部和师生认真学习”。2月2日，国务院科教组在《教育革命简报》上转载这些材料并加编者按，即“在批林批孔中，要抓现实的阶级斗争和路线斗争，严肃检查、批判和纠正‘走后门’这种背叛马克思列宁主义的不正之风”。在此以后，一些高等学校纷纷揭发、追查“走后门”上大学的不正之风。一些“走后门”进大学的学生，要求退学；一些

---

① 中央教育科学研究所：《中华人民共和国教育大事记（1949—1982）》，北京：教育科学出版社，1983年版，第438～439页。

② 中央教育科学研究所：《中华人民共和国教育大事记（1949—1982）》，北京：教育科学出版社，1983年版，第442～443页。

“走后门”、“开后门”的领导干部作了检查。①

1974 年 2 月 20 日，中共中央发出通知，妥善解决领导干部“走后门”送子女入学等问题。中央认为，当前，批林批孔刚刚展开，又夹着走后门，有可能冲淡批林批孔。因此，对批林批孔运动中不少单位提出的领导干部“走后门”送子女参军、入学等问题，应进行调查研究，确定政策，放在运动后期妥善解决。②

1972 年 7 月 15 日至 8 月 10 日，国务院科教组在北京召开高等学校招生工作座谈会，会议讨论了招收工农兵学员的经验、招生办法、组织领导、保证学员质量及政治审查、健康检查等问题，研究 1973 年的招生工作。会议对学生待遇作出新的规定，有 5 年以上工龄的教职工在校学习期间计算工龄，工资由原单位照发；入 1 年左右进修班的国家职工，由原单位发工资（非国家职工由学校发生活费）。1972 年，全国高等学校共招收工农兵学员 13.3553 万人。③

1972 年 12 月 29 日，国务院、中央军委发出《关于进一步做好从部队选调学员入地方高等学校培养工作的通知》。通知指出：从部队选调学员入地方高等学校培养，是加强部队建设的措施，要求进一步做好这一工作。1970 年以来，部队共选调了 9300 余名基层干部和战士入地方高等学校学习。1977 年后，这种做法即行停止。④

1973 年 4 月 3 日，国务院批转国务院科教组《关于高等学校 1973 年招生工作的意见》，提出：本年除继续采取前一年的办法外，要“重视文化考查，了解推荐对象掌握基础知识的状况和分析问题、解决问题的能力。保证入学学生有相当于初中毕业以上的实际文化程度”。“考查的内容和方法，各省、直辖市、自治区可根据本地具体情况和各专业的不同要求进行试验。”5 月 8 日，国家体委、国务院科教组联合发出通知：规定体育专业从本年起可以参加统一招生，也可单独提前招生。体育学院运动系可招收少量高中应届毕业生中的体育骨干。体育专业的考生须进行体育专业基础技能的考查。6 月 2 日，国务院科教组发出经国务院批准的《关于外国语学院 1973 年招生工作的请示报告》，规

---

① 中央教育科学研究所：《中华人民共和国教育大事记（1949—1982）》，北京：教育科学出版社，1983 年版，第 460 页。

② 中央教育科学研究所：《中华人民共和国教育大事记（1949—1982）》，北京：教育科学出版社，1983 年版，第 462 页。

③ 中央教育科学研究所：《中华人民共和国教育大事记（1949—1982）》，北京：教育科学出版社，1983 年版，第 444 页。

④ 中央教育科学研究所：《中华人民共和国教育大事记（1949—1982）》，北京：教育科学出版社，1983 年版，第 447 页。

定北京外国语学院面向全国，单独招生，选拔少量应届高中毕业生。对地方推荐的招生对象，学校要进行政治审查和补充考核。1973 年，全国高等学校共招收工农兵学员 15 万人。① 可以看出，1973 年高校招生明显增强了考试考查的要求。

1974 年 6 月 15 日，国务院批转国务院科教组《关于 1974 年高等学校招生工作的请示报告》。报告指责 1973 年招生工作中，“不少地区曾不同程度地沿袭旧高考的办法”，在文化考查问题上突出反映了“修正主义教育路线”的表现和影响。为此提出：今年招生要以党的基本路线为纲，抓紧抓好批林批孔，坚定不移地贯彻毛主席的“七二一”指示。坚持先选拔具有两年以上实践经验的优秀工农兵入学。选拔学生要无产阶级政治挂帅，把政治表现、路线觉悟放在首位，注意选拔批林批孔的积极分子。坚持“自愿报名，群众推荐，领导批准，学校复审”的招生办法，文化考查可采用调查访问、座谈讨论等多种形式进行试验。反对“智育第一”，反对“用对付敌人的办法考学生”。新生的预选名单和录取名单都在群众中公布。在保证工农及其子女有享受教育的优先权的前提下，注意适当招收确实表现好的剥削阶级家庭出身的子女和可以教育好的子女。1974 年，高等学校招收工农兵学员 16.5 万人。②

1975 年 6 月，教育部发出通知：本年高等学校招生按 4 月 23 日国务院批转教育部《关于推广辽宁朝阳农学院经验和有关政策问题的请示报告》中规定的原则执行。教育部曾于 5 月 4 日至 14 日召开全国高等学校招生工作会议，按照上述报告的精神，研究落实本年高等学校招生中实行“社来社去”和有关政策问题。1975 年全国高等学校共招收工农兵学员 19.1 万人。③

1976 年 5 月 6 日至 6 月 23 日，教育部分三批召开 29 个省、直辖市、自治区高等学校招生工作座谈会，推广辽宁省 1975 年高等学校试行“三来三去”即“社来社去”、“厂来厂去”、“哪来哪去”的经验。7 月 25 日，教育部转发《辽宁省教育局 1975 年高等学校招生工作总结》，并在通知中说：“辽宁省去年各类高等学校试行‘三来三去’原则的经验很好”，是“改革普通高等学校招生分配制度，限制资产阶级特权，深入教育革命，把学校办成无产阶级专政工具，

① 中央教育科学研究所：《中华人民共和国教育大事记（1949—1982）》，北京：教育科学出版社，1983 年版，第 450 页。

② 中央教育科学研究所：《中华人民共和国教育大事记（1949—1982）》，北京：教育科学出版社，1983 年版，第 465 页。

③ 中央教育科学研究所：《中华人民共和国教育大事记（1949—1982）》，北京：教育科学出版社，1983 年版，第 474 页。

培养和工农画等号的普通劳动者的重要措施之一，大方向是完全正确的”，要认真学习、推广。1976年全国高等学校共招收工农兵学员21.7万人。由于招生进度不一，教育部决定：高等学校开学时间可延至1977年3月1日，学制按原定年限，从入学时算起。[①]

3. 恢复曾经有过的统一

1977年恢复的高考也是全国统一的高考。

1978年6月6日，国务院批转了教育部《关于1978年高等学校和中等专业学校招生工作的意见》，提出：自本年起，高等学校主要招收20岁左右的青年，不再限定录取应届高中毕业生的比例。招生实行全国统一命题，由省、直辖市、自治区组织考试、评卷。考试分文、理两科进行。两科都考外语，但暂不计入总分，作为录取时参考。各省、直辖市、自治区按多于录取数的50%划最低录取分数线。采取分段择优录取的办法。全国重点院校第一批录取，其他院校第二批录取。要注意师范院校录取新生的质量。在公布参加体检的考生名单同时公布全体考生的各科成绩，并由考生所在单位张榜公布录取考生名单。意见还提出了选拔特殊人才的办法，并提出本年继续招收走读生。此前，教育部于4月召开了全国高等学校招生工作会议，总结了1977年的招生工作经验，批判了认为1977年的招生办法没有贯彻阶级路线、是“智育第一”、是“要了城市，丢了农村”等错误看法，研究讨论了本年的招生办法。1978年，全国有610万应届高中毕业生和知识青年报考。高等学校招收新生40.2万人（包括扩大招生10.7045万人），比1977年招生数猛增近13万人，成为新中国成立以来高等学校招生人数的第三个高峰。[②]

1978年6月23日，国家计委、教育部根据国务院批转的《关于1978年高等学校和中等专业学校招生工作的意见》的规定，发出《1978年中等专业学校跨省招生来源方案》，恢复面向全国或地区的中等专业学校和专业实行跨省招生。[③] 该“意见”和“方案”将中等专业学校列入全国统一招生范围内。

1978年7月21日，国务院就高等学校的“代培生”问题发出通知。据群众来信反映，有些地方和部队的干部，违反招生规定，以“工作需要”为名，

① 中央教育科学研究所：《中华人民共和国教育大事记（1949—1982）》，北京：教育科学出版社，1983年版，第486页。

② 中央教育科学研究所：《中华人民共和国教育大事记（1949—1982）》，北京：教育科学出版社，1983年版，第519页。

③ 中央教育科学研究所：《中华人民共和国教育大事记（1949—1982）》，北京：教育科学出版社，1983年版，第521页。

将子女、亲友送到大学或中等专业学校“代培”。为此，通知规定：高等学校招生一律纳入国家计划，不得在计划之外接受“代培生”。1977年以来，凡不按招生规定，假借各种理由接受入学的“代培生”应一律退回。1976年以前入学的“代培生”，原则上允许他们跟班学习到毕业，但只发修业证书；个别表现不好的，应退回原单位。教育部于10月6日，函复广东省高等教育局：上述精神，也适用于中等专业学校。①

1979年5月3日，国务院批转了教育部《关于1979年高等学校招生工作的意见》、《关于高等学校录取新生政治审查工作的意见》、《关于1979年中等专业学校招生工作的意见》。上述文件指出，1979年招生工作仍坚持1978年的原则，但报考重点院校的外语考试成绩按10%计入总分，报考一般院校的只作参考分；在职职工报考须经单位批准，年龄一般不超过25周岁。中等专业学校除招收初中毕业生外，也可招收高中毕业生。1979年3月7日至24日召开招生工作会议，提出：招生指标的确定必须注意需要与可能的统一，当前与长远的统一，在确保质量的前提下发展数量，稳步增长，避免大起大落。1979年，全国高等学校招收新生27万名。全国应考生共468万人，其中应届高中毕业生占66%以上。②

1980年2月27日至3月13日，教育部在西安召开全国高等学校招生工作会议，讨论1980年高等学校和中等专业学校招生工作。会议提出：考生多的省、直辖市、自治区可在统考前进行预选。4月24日，国务院批转教育部《关于1980年高等院校招生工作的规定》。1980年，全国高等院校共招生27.38万人。一些省、直辖市、自治区在完成国家下达的招生计划外，扩大招收自费走读生7000多人。③

1981年1月20日，国务院批转了吉林省人民政府《关于我省部分高等院校举办所谓“自费”大学的情况和处理意见的报告》。报告对吉林省部分高等学校举办的“自费”大学班提出的处理办法是：改为夜大学、夜中专，面向社会招生；把经过电视大学考试合格的学生转为电视大学学员，改为补习高中课程的补习班；动员从大集体退职入学的工人返回原单位；正在筹办的，一律不

---

① 中央教育科学研究所：《中华人民共和国教育大事记（1949—1982）》，北京：教育科学出版社，1983年版，第523页。

② 中央教育科学研究所：《中华人民共和国教育大事记（1949—1982）》，北京：教育科学出版社，1983年版，第548页。

③ 中央教育科学研究所：《中华人民共和国教育大事记（1949—1982）》，北京：教育科学出版社，1983年版，第573～574页。

得再办。1 月 28 日，教育部转发了上述文件，要求有关省市按照文件精神，尽快并妥善地处理类似问题。4 月 3 日，教育部在北京召开吉林、上海、北京等九省市高教（教育）厅局负责同志参加的座谈会中，讨论如何贯彻执行国务院上述文件，提出处理这类子弟班，态度要坚决，方法、步骤要稳妥。[①] 这一处理强有力地维护了全国招生的统一性。

1981 年 1 月 14 日至 20 日，教育部在北京召开全国高等学校招生工作会议，讨论改进招生制度的办法，拟定《1981 年高等学校招生工作的规定》。1981 年，高等学校招生工作有如下改进：第一，逐步扩大实行统考前经中学预选的办法。第二，从本年高中新生入学开始，建立学生档案和健康卡制度。第三，政治审查主要看本人政治思想表现。第四，文史类语文、理工农医类数学，出了计入总分的附加题。语文、数学成绩达不到起码要求的，降低一个分数段供学校选择。第五，连续两年被评为“三好学生”者，表现突出的学生干部以及达到国家体育锻炼标准的考生，在同等条件下优先录取。第六，部分高等学校举办少数民族学生预科班，降低分数录取，补习一年考试合格后，直接升入本科。3 月 2 日，国务院批转了教育部《关于 1981 年全国高等学校招生工作的规定》、《关于高等学校招生政治审查工作的意见》以及关于这次会议的报告。1981 年，全国高等学校共招收 27. 8 万人。[②]

1981 年 3 月 7 日，国务院批转了《教育部关于落实高等学校 1981 年招生任务的紧急报告》，要求各地必须从全局出发，克服困难，千方百计完成 1981 年招生 27 万人的任务。报告提出，从全国来看，不宜采取高等学校学生提前毕业的办法。有的院校或有的专业，校舍困难很大，调整教学安排后提前几个月毕业还可以保证质量的，则应经主管部门个别审核后报教育部批准。[③]

1981 年 3 月 12 日，教育部、中国人民解放军总政治部联合发出通知，决定军事院校 1981 年招收 1 万余名应届高中毕业生，要求各地鼓励青年学生积极报考。并规定本年军事技术院校与地方高等院校同时招生，考生参加全国高等学校的统一招生考试；军事指挥院校实行提前单独招生，招生工作在高中毕业考

---

① 中央教育科学研究所：《中华人民共和国教育大事记（1949—1982）》，北京：教育科学出版社，1983 年版，第 605 页。

② 中央教育科学研究所：《中华人民共和国教育大事记（1949—1982）》，北京：教育科学出版社，1983 年版，第 606 页。

③ 中央教育科学研究所：《中华人民共和国教育大事记（1949—1982）》，北京：教育科学出版社，1983 年版，第 610 页。

试后、全国高考前进行。①

1981 年 5 月，中共中央纪律检查委员会发出通报，要求各级党的纪律检查部门坚决抑制本年高等学校招生中的不正之风。并转发了安徽省高等学校招生委员会《关于坚决反对和抑制招生中不正之风的通知》。②

1982 年 3 月 29 日，国务院批转了教育部《关于 1982 年高等学校招生工作的意见》，提出 1982 年的高等学校招生办法。规定原则上仍可按照 1981 年的规定执行，不宜作大的变动，以保持政策和做法的相对稳定。1982 年招生的新规定主要有：凡第一志愿报考农林、水利、矿业、石油、地质院校的考生，分数达到当地规定分数线的，实行一次投放档案，择优录取。地区级以上高中阶段表彰的“三好学生”和优秀学生干部，以及高中阶段参加地区级以上体育竞赛单项前五名或集体前三名的主力队员，分别由地区以上教育部门或体委证明，考分达到当地分数线的，录取时可上提一个分数段投放档案。中国人民大学五个专业降低录取分数线，试招有三年以上实践经验的在职干部。体育院校或系科招生要注重文化考试成绩。③

1982 年 4 月 15 日，教育部发出了《关于 1982 年中等专业学校招生工作意见》。指出：近几年来，中等专业学校大量招收了高中毕业生，今后应按专业不同的特点确定招生对象，逐步增加初中毕业生的比重。④

4. 试图减少过多的统一性

1981 年后，恢复高考后入校的学生要出来工作了，这种统一招生、统一分配的体制所存在的问题再次突出地显示出来，最大的问题是供需脱节，影响高校办学的自主性。于是从 1982 年开始酝酿对这一制度做些调整，逐渐减少国家指令性计划统一招生的比重，增加调节性计划招生的比重。

1983 年，高等学校的招生政策在减少过度统一上迈出了一步，1983 年 2 月 21 日，教育部在《关于 1983 年全国全日制高等学校招生工作会议报告》中提出了两项调整措施：一是高等学校招生要把招生来源地区和毕业生分配去向适当结合起来，在保证国家指令计划的同时，为解决农村和生活、工作条件比较

① 中央教育科学研究所：《中华人民共和国教育大事记（1949—1982）》，北京：教育科学出版社，1983 年版，第 612 页。

② 中央教育科学研究所：《中华人民共和国教育大事记（1949—1982）》，北京：教育科学出版社，1983 年版，第 619 页。

③ 中央教育科学研究所：《中华人民共和国教育大事记（1949—1982）》，北京：教育科学出版社，1983 年版，第 650 页。

④ 中央教育科学研究所：《中华人民共和国教育大事记（1949—1982）》，北京：教育科学出版社，1983 年版，第 652 页。

艰苦地区及行业长期存在的专门人才“招不来，分不去，留不住”的问题，将国家计划的一部分拿出来实行定向招生、定向分配。二是委托培养，“打开培养单位和用人单位直接联系的渠道，采取合同制委托培养人才的办法，作为国家培养人才计划的比重”。1983 年招收了委托培养生 3000 人。

此后对这两项做法逐渐完善，1984 年 6 月 24 日，教育部、国家计委、财政部共同颁发（84 教计字 110 号）《高等学校接受委托培养学生的试行办法》，规定政府各部门、企事业单位及个体户均可通过签订合同委托高校培养学生，委托合同经学校主管部门批准方可生效，委托培养的学生必须参加全国统一考试，择优录取，“根据谁委托培养学生谁负责经费的原则，委托单位要负担为其培养学生所需的基本建设投资和经费”。实行委托培养政策后，为有权有钱单位和个人打开了突破高考公平的缺口。1984 年 8 月 11 日教育部发出《关于接受委托培养学生有关事项的通知》，并于 1986 年 1 月 11 日，国家教委制定《普通高等学校接受委托培养学生管理工作暂行规定》，强调“省、自治区、直辖市党政机关，中央、国务院部门，全民所有制企事业单位委托培养学生一般应在省、自治区、直辖市范围内招生，不能缩小招生范围，不得降低录取标准”。“坚决反对和杜绝‘以钱买分’、‘以分卖钱’等各种不正之风。”[①]

1986 年开始招收计划外自费生。国家教委的《1986 年普通高等学校招生规定》，要求“录取自费生，录取分数线不应低于考生所在省、自治区、直辖市最低控制分数线；特殊情况，经省、自治区、直辖市普通高等学校招生委员会批准，可适当降低”。1988 年 4 月 7 日，国家教委发出《1988 年普通高等学校实行招收自费生办法》；1990 年 5 月，国家教委、人事部、国家计委、公安部、商业部联合发布《普通高等学校招收自费生暂行规定》。1987 年全国招收自费生 1. 1 万人，1988 年招收 4. 22 万人，[②] 1991 年招收 1. 18 万人，[③] 1994 年后推行高等学校收费制度，直至 1997 年全国推行所有高校对学生实行收费制度。

1987 年 6 月 6 日，国家教委、国家计委、财政部联合印发了《高等学校培养第二学士学位生的试行办法》。本年，国家教委批准 26 所高校举办第二学士学位班。

---

① 《普通高等学校接受委托培养学生管理工作暂行规定》，引自《中华人民共和国重要教育文献 1976—1990》，海口：海南出版社，1998 年版，第 2362 页。

② 中国教育年鉴编辑部：《中国教育年鉴 1989》，北京：人民教育出版社，1990 年版，第 68 页。

③ 中国教育年鉴编辑部：《中国教育年鉴 1989》，北京：人民教育出版社，1990 年版，第 130 页。

1988年11月24日，国家教委制定了《普通高等学校定向招生、定向就业暂行规定》。1987年4月29日，国家教委发布《普通高等学校招生暂行条例》，规定由国家教委授权的高等学校可以招收保送生，决定自本年起按该条例招生。1988年2月2日，国家教委颁发《普通高等学校招收保送生暂行规定》，规定北京大学、清华大学、中国人民大学等52所高等学校招收保送生。

1988年高等学校招收委托培养生6.31万人，占当年本专科招生总数66.97万人的9%；该年在校的委托培养生总数16.71万人，占当年全日制在校学生总数的8.1%。[①]

1992年2月2日，国家教委颁布第18号令，发布《高等学校招生全国统一考试管理处罚暂行规定》，自颁布之日起施行。

5. 招生制度改革任重道远

从1992年到2009年，对全国统一招生的高等学校招生制度的改革呼声一浪跟随一浪，全国各地也进行了大量试点工作。但直到2009年，对于高等学校的全国统一考试和招生如何改革，依然没有见到一幅清晰的蓝图。

五、包分配

包分配是国家包揽教育的重要一环。

包办教育就必然引发就业方式的变化，中国引进了苏联对所有人一包到底的包分配做法。由于整个教育完全按照经济发展规划来施行，政府在考虑招生的时候就要细致地将每一个学生分配到每一个对应的生产岗位，既要保证每个岗位有人做事，又要保证每个人有事做，有适合每个人做的事，对于中国这样一个大国这种方式已经被历史证明是不可能实现的。然而计划经济的设计者曾天真而真诚地进行着设计和计划。

1. 费力而不完美的包揽

1950年6月3日，政务院成立1950年暑期高等学校毕业生工作分配委员会，直接办理全国公私高等学校1.8万名毕业生的工作分配事宜。6月22日，政务院发出通令，要求教育部门和人事部门有计划地合理统筹分配高等学校的毕业生。并指出：结毕业生，一般应说服争取他们听从政府的分配，为人民服务。其表示愿自找职业者，可听其自行处理。高等学校毕业生工作，一般规定以半年至一年为见习期限，以全国统一调配。1950年全国毕业生的半数分配到

① 《中国教育年鉴1989》，北京：人民教育出版社，1990年版，第68页。

国家重点建设的东北地区。[①] 开启了中国对毕业生包分配的先例。

1950 年 7 月 11 日，周恩来在北京高等学校毕业生分配工作动员大会上，勉励毕业同学要确定为新中国服务的方向，站稳工人阶级立场，培养民主作风，服从祖国分配，自觉地接受考验和锻炼，自强不息地为人民努力工作。从此一直到 1965 年，北京市每年在高等学校毕业生分配前都举行报告会，分别请周恩来、陈毅、彭真向全市应届高校毕业生作报告。[②]

1951 年 6 月 29 日，政务院第 91 次政务会议通过《关于 1951 年暑期全国高等学校毕业学生统筹分配工作的指示》，要求在毕业生统筹分配中进行地区调剂，以适应国家重点建设的需要，并照顾毕业生过少的地区。同时要求贯彻执行使毕业生的学和用尽可能最大限度一致的原则，防止分配中的混乱和偏枯现象。本年暑假，毕业生共 1.7 万人，从华北、华东、中南、西南各地抽调 6000 余人，分配往东北、西北地区及中央各业务部门。寒假又有毕业生 2200 人，多数是各业务部门所属学校的毕业生，统归各业务部门征得同级人事部门同意后自行分配。[③]

1952 年 7 月 19 日，政务院发出《关于 1952 年暑期全国高等学校毕业生统筹分配的工作指示》，提出“集中使用，重点配备”的基本方针，首先尽量满足国家基本建设的需要；其次加强教育建设和科学研究工作，并强调在适应国家建设需要的基础上贯彻“学用一致”的原则。[④]

1953 年，国务院再次发出指示，要求统筹分配全国高校毕业生。本年全国共有 34900 多人，分配到工交、农林、水利、财经等系统的占 40% 以上，分配到高校做助教、研究生，到科研单位做实习员的占 18%，分配做中学教师的约占 10%。[⑤]

1954 年 11 月 29 日，国务院发出通知，在人事部撤销后，高等学校毕业生统一分配工作划归高等教育部领导。1955 年、1956 年、1959 年，国务院又先

---

① 中央教育科学研究所：《中华人民共和国教育大事记（1949—1982）》，北京：教育科学出版社，1983 年版，第 19 页。

② 中央教育科学研究所：《中华人民共和国教育大事记（1949—1982）》，北京：教育科学出版社，1983 年版，第 21 页。

③ 中央教育科学研究所：《中华人民共和国教育大事记（1949—1982）》，北京：教育科学出版社，1983 年版，第 42 页。

④ 中央教育科学研究所：《中华人民共和国教育大事记（1949—1982）》，北京：教育科学出版社，1983 年版，第 62 页。

⑤ 中央教育科学研究所：《中华人民共和国教育大事记（1949—1982）》，北京：教育科学出版社，1983 年版，第 84 页。

后决定将高等学校毕业生分配的有关工作移交国家计委和国务院人事局办理。①

1955年8月9日，国务院发出《关于1955年暑假全国高等学校毕业生统筹分配工作的指示》，提出：全国高等学校本年毕业的5.3万多人，应根据“集中使用、重点配备”的分配方针和“学用一致”的原则进行分配，配备的重点主要是重工业部门（特别是苏联援助的“156项工程”）、出国留学研究生、中国科学院研究生和研究实习员及高等学校研究生、助教等。其中分配给重工业、机械工业、燃料工业、地质、建筑等部门的共1.4万余人，占毕业生总数的29%以上，约占工科毕业生总数的60%。②

1956年7月31日，国务院发出《关于1956年暑期高等学校毕业生统筹分配工作的指示》，提出：本年高等学校毕业分配计划，尽先照顾科学研究、高等学校的师资、工业部门的需要；对其他部门在迫切需要的情况下也给予照顾；对各省、自治区、直辖市的需要，也作适当的配备。并要求高等教育部在制定具体调配计划时，应该尽可能地做到就地分配，就地就业。③

由于大学生的毕业分配工作，使得中小学生毕业后的分配工作一度也列入国家包揽的范围之内。1957年6月5日，中共中央发出《关于安排不能升学的中小学毕业生的指示》，提出：对于不能升学的学生，除华侨子女由国家负责适当安置，工农速成中学的学生原则上应该由原单位或人事部门安置外，基本的方法是动员说服（绝不能强制）他们到农村从事农业生产，和在家自学等待就业或升学。这是今后相当长时期内所必须采取的方针。本年年初以来，教育部、青年团中央发出通知，报刊连续发表社论、文章，电台举办特别节目，学校加强教育，指导中小学毕业生正确对待升学和就业问题。各界人士也对中小学毕业生的出路发表意见，教育家舒新城等提出了组织中小学毕业生自学的建议。各级党委和政府根据中共中央和国务院的指示，采取了各种措施，对中小学毕业生作了妥善安排。④

1957年7月17日，国务院发出《关于1957年高等学校暑期毕业生分配工作的几项原则规定》，提出：今年毕业生的调配计划，应该采取分批拟定计划，

---

① 中央教育科学研究所：《中华人民共和国教育大事记（1949—1982）》，北京：教育科学出版社，1983年版，第117页。

② 中央教育科学研究所：《中华人民共和国教育大事记（1949—1982）》，北京：教育科学出版社，1983年版，第138～139页。

③ 中央教育科学研究所：《中华人民共和国教育大事记（1949—1982）》，北京：教育科学出版社，1983年版，第174页。

④ 中央教育科学研究所：《中华人民共和国教育大事记（1949—1982）》，北京：教育科学出版社，1983年版，第198页。

分批下达，并争取能够早些分配的原则进行。分配在高等学校、科学研究机关工作的大专学校毕业生，各单位都应该注意使他们尽可能地先到工厂、企业或农业生产中去参加一定时期的体力劳动，并把这种办法逐渐地固定下来，成为制度。同时指出，对于学生所提出的个人志愿和实际困难，应在可能条件下给以适当的照顾。对于少数无理坚持个人要求、拒不服从分配的学生，由他们自找职业；但是，国家机关、学校、企业和事业单位不得录用这些学生。7月31日，国务院发出《关于1957年暑期高等学校毕业生统筹分配工作的指示》。同时，高等教育部发出高等学校毕业生调配、派遣办法。1957年，全国高等学校毕业生共5.68万人，近半数分配给各省、直辖市、自治区。①

1958年8月2日，国家经委发出经中共中央7月25日批准的《关于1958年暑期高等学校毕业生分配计划》，提出本年毕业生分配的原则：既要尽最大可能支援地方工农业及其社会主义建设事业大跃进的需要，同时也要照顾中央各部的某些方面的急需；既要照顾各部门、各省、直辖市、自治区过去基础的强弱，同时也考虑到各部门、各省、直辖市、自治区当前任务的大小缓急。1958年，全国高等学校毕业生共7.2万人，由地方分配的毕业生64 423人，占毕业生总数的80%以上。②

1959年6月2日，中共中央同意国家计委党组《关于高等学校毕业生分配办法的报告》，批准从1959年度开始试行《关于高等学校毕业生分配暂行办法(草案)》，规定：今后中央教育部和中央其他部门直接领导的高等学校的毕业生，由中央统一分配，各省、直辖市、自治区领导的高等学校毕业生，原则上采取中央提成的分配办法。7月10日，国家计委发出《1959年暑期高等学校毕业生分配计划》，规定本年毕业生的分配原则是“重点配备、加强薄弱环节和照顾一般”。并规定当生产同教学的需要发生矛盾时，首先照顾教学的需要；当生产企业同管理机关的需要发生矛盾时，首先照顾生产企业的需要。③

1960年5月27日，中共中央批准国家计委党组《关于1960年至1962年高等学校理工科及其他科类毕业生分配问题的请示报告》，制订了预分计划，并建议成立全国科技干部规划小组，制订三年、八年、十三年全国科技干部规划。

---

① 中央教育科学研究所：《中华人民共和国教育大事记（1949—1982）》，北京：教育科学出版社，1983年版，第201页。

② 中央教育科学研究所：《中华人民共和国教育大事记（1949—1982）》，北京：教育科学出版社，1983年版，第228页。

③ 中央教育科学研究所：《中华人民共和国教育大事记（1949—1982）》，北京：教育科学出版社，1983年版，第251页。

中央批示：必须坚决压缩一般需要，保证重点需要。要优先适当满足两个尖端科学研究部门的需要，基本保证全国重点高等学校必需的师资的需要。①

1961年6月19日，中共中央批复河北省委，同意该省分配一部分大专学校学生到农村工作。指出：中央认为选拔一批优秀学生在毕业后经过训练分配到农村人民公社工作，使他们经过实际斗争的锻炼，逐步充实到县、社领导机关去是很必要的。②

1962年4月27日，中共中央批转了周恩来《关于改进高等学校毕业生分配办法的意见的报告》。报告提出：今后高等学校毕业生的分配工作必须与培养工作密切配合，国务院文教办公室应该参与整个分配工作。决定成立习仲勋为首的高等学校毕业生分配委员会，成立以聂荣臻为首的小组，审定高等学校学生政治审查标准。并指出，归国留学生的分配工作，基本上也按此办法进行，由国家科委负责提出初步分配方案和调配工作，以及分配以后的调整工作。在此以前，教育部、内务部曾于4月20日联合发出通知，根据周恩来对改进高等学校毕业生分配办法的指示，规定：原由内务部负责的高等学校毕业生调配、调整（毕业生分配后在一年的实习期内分配、使用不当的调整）和统计工作交由教育部负责办理，国家计委根据教育部提供的毕业生情况和各方面的具体需要情况提出毕业生分配计划草案。③

1962年8月20日，中共中央批转了高等学校毕业生分配委员会《关于1962年高等学校毕业生分配计划的报告》。报告提出本年毕业生分配应注意的原则是：第一，结合精简，结合专门人才队伍的调整，充实基层，加强农业战线和工业战线的薄弱环节，注意提高中等学校的师资质量。第二，力求做到学用一致，注意专业“配套”，适当照顾志愿。第三，对于供不应求的专业毕业生，仍然要有重点地使用，不宜分散。④

1962年11月1日，中共中央、国务院批转了内务部《关于使用不当的高等学校毕业生进行调整工作的报告》。报告提出：对实习期满后，用非所学，使用不当，下放劳动过久的高等学校毕业生，应当尽可能本着学用一致的原则和

---

① 中央教育科学研究所：《中华人民共和国教育大事记（1949—1982）》，北京：教育科学出版社，1983年版，第276页。

② 中央教育科学研究所：《中华人民共和国教育大事记（1949—1982）》，北京：教育科学出版社，1983年版，第294页。

③ 中央教育科学研究所：《中华人民共和国教育大事记（1949—1982）》，北京：教育科学出版社，1983年版，第307页。

④ 中央教育科学研究所：《中华人民共和国教育大事记（1949—1982）》，北京：教育科学出版社，1983年版，第316页。

加强基层、保留专业人才的精神，认真地、合理地调整和安排他们的工作，使他们各得其所，发挥所长。并提出了调整、安排的原则及办法。在此以前，国务院于10月11日批准内务部的报告：在内务部的政府机关人事局内设一个处，作为高等学校毕业生管理工作的专管机构。①

1963年3月14日，教育部发出《关于改进中等专业学校招生工作分配工作的意见》。其中规定：中等专业学校一般在本地区范围内招生，主要招收初中毕业生。农、林、医、师范学校除招收初中毕业生外，同时可以采取公社保送和考试相结合的办法，从公社招收经过生产劳动锻炼的初中毕业生和具有同等学力的青年，为人民公社培养人才。各科学校根据需要和可能，可以内招一部分在职职工。在目前调整精简情况下，不能分配工作的毕业生可以安置做工人，或者推荐给集体所有制单位录用。公社保送的各科毕业生由原公社安排。内招职工毕业后由有关部门分配工作或返还原单位。据此，各地在农、林、医、师范等学校中进行了"社来社去"的试点。据1964年3月26日的《光明日报》报道：全国已有19个省、自治区的81所中等农业学校实行了"社来社去"的招生、分配办法。1962年以来，这类学校先后从农村人民公社招收学生1.1万多人。②

1963年5月10日，中共中央、国务院批转了国家计委党组《关于1963年高等学校毕业生分配计划的报告》，提出：本年毕业生的分配仍按适当集中、重点使用、充实基层、加强锻炼和人尽其才、才尽其用的原则，进行统一安排。1963年，全国高校毕业生共有20.3万多人，是新中国成立十三年来大学毕业生数量最多的一年。教育部于7月23日发出通知，决定从本年起，对少数特别优秀的毕业生采取提前选拔、单独分配的方法。先在全国重点高等学校的理、工、农、医各科和浙江大学试行。1964年继续试行一年。两年共从高等学校选拔了96名特别优秀的毕业生，主要分配到高等学校、科研机关、设计单位和重点企业。1965年，这个办法停止试行。③

1964年4月，国家计委、高等教育部、内务部联合召开1964年高等学校毕业生分配工作会议。会议认为，本年毕业生分配仍应坚持统筹安排、集中使用、

---

① 中央教育科学研究所：《中华人民共和国教育大事记（1949—1982）》，北京：教育科学出版社，1983年版，第319～320页。

② 中央教育科学研究所：《中华人民共和国教育大事记（1949—1982）》，北京：教育科学出版社，1983年版，第327页。

③ 中央教育科学研究所：《中华人民共和国教育大事记（1949—1982）》，北京：教育科学出版社，1983年版，第333页。

保证重点、照顾一般、学用一致、专材专用等原则。对相对多余的毕业生，暂时储备，逐步分配，尽量避免改行。7月1日，中共中央、国务院批转了这次会议的报告，并在指示中要求各部门、各地区坚决克服浪费人才的现象，着手研究和编制长期培养计划和分配计划，使培养与分配、使用进一步紧密结合。①

1964年10月12日，国务院批转了高等教育部《关于中等专业学校招生和毕业生分配统筹规划问题的报告》。为解决中专毕业生大量积压，部门之间不能互通有无的问题，报告提出三条解决办法：加强中等专业学校招生的统筹规划；实行毕业生的余缺调剂；各部门对于使用不合理的中专毕业生首先自行调剂和妥善安排，确有困难的，由内务部协助解决。②

1965年6月14日，中共中央转发了高等教育部党委《关于分配一批高等文科毕业生到县以下基层单位工作的请示报告》。根据中华人民共和国主席刘少奇提出的关于分配一批高等学校文科毕业生到县以下的基层单位工作的建议，报告提出：今明两年共抽出高等学校毕业生一万余人（包括文科及部分适合到农村工作的理工科和生物等有关专业毕业生），分配到县以下的基层单位。先组织他们参加“四清”运动，一两年之后，再有计划、有重点地分配他们到县以下的基层单位工作。中共中央批示指出：分配一批大学毕业生到农村，是实现知识分子同工农群众相结合，培养革命接班人的有效途径之一，是加强基层建设的重要措施。除今明两年分配这批大学毕业生到农村外，以后每年都要有计划地分配一些大学毕业生到农村去。并要把他们管理好，教育好。③

1965年7月10日，中共中央国务院批转了国家计委党组《关于1965年高等学校毕业生分配和1966年的毕业生预分配问题的报告》。中共中央、国务院批示：高等学校毕业生实行提前一年预分，有利于把学生的培养、分配和使用更好地结合起来。培养部门和使用单位必须密切联系，对明年毕业的高等学校学生，安排好教学、生产实习和毕业设计，以利于提高培养质量和更好地使用他们。④

1966年毕业的大学生被留在学校开展文化革命。1967年6月4日，中共中

---

① 中央教育科学研究所：《中华人民共和国教育大事记（1949—1982）》，北京：教育科学出版社，1983年版，第359页。

② 中央教育科学研究所：《中华人民共和国教育大事记（1949—1982）》，北京：教育科学出版社，1983年版，第369页。

③ 中央教育科学研究所：《中华人民共和国教育大事记（1949—1982）》，北京：教育科学出版社，1983年版，第381页。

④ 中央教育科学研究所：《中华人民共和国教育大事记（1949—1982）》，北京：教育科学出版社，1983年版，第382页。

央发出《关于大专应届毕业生分配问题的决定》，规定大专学校1966年毕业生、1965年待分配的毕业生应立即进行分配。1967年的毕业生，原则上也应在本年7月、8月进行分配。①

1968年6月15日，中共中央、国务院、中央军委、中央文革小组发出《关于1967年大专院校毕业生分配工作问题的通知》和《关于分配一部分大专院校毕业生到解放军农场去锻炼的通知》。两个通知提出：要坚持面向农村、面向边疆、面向工矿、面向基层和与工农兵相结合的方针，分配1967年大专院校毕业生。打破大专院校毕业生一出校门只能分配当干部，不能当工人、农民的制度。1966年、1967年大专院校毕业生（包括研究生）一般都必须先当普通农民、普通工人。并根据这一精神决定安排一部分毕业生到解放军农场去锻炼。到农场去的学生一律实行军事管理，过战士生活，按部队组织形式单独编成连队，但非现役军人。在此以前，中共中央、国务院、中央军委、中央文革小组于4月4日批转黑龙江省革命委员会《关于大专院校毕业生分配工作的报告》，要求各部门、各地区、各单位、各学校“对大、中、小学一切学龄已到毕业期限的学生，一律及时地做出适当安排，做好分配工作。由此，大量实际未学完规定课程的中小学学生毕业离校，有的还升了学”②。

1968年6月15日，中共中央、国务院、中央军委、中央文革小组发出通知：中等专业学校（包括招收高中毕业生的班级）、技工学校、半工（农）半读学校的1967年应届毕业生（包括1966年应届毕业而尚未离校的学生）一律于1967年7月毕业，按各办学部门原来规定的办法进行分配和安排工作，待遇也按原规定，原定由农村招生，毕业后回社队参加农业劳动，评工记分；原定从城市招生毕业后到农村去劳动的，由各省、直辖市、自治区按上山下乡知识青年的安置办法，进行妥善安置。③

1968年11月15日，中共中央、国务院、中央军委发出通知：1968年大专院校、中等专业学校、技工学校、半工（农）半读学校毕业生，从本年11月起开始分配。并规定1966年、1967年、1968年上述学校毕业生分配到全民所有制单位的，在工资制度没有改革以前，暂不转正定级。至此，除部分四年制中

---

① 中央教育科学研究所：《中华人民共和国教育大事记（1949—1982）》，北京：教育科学出版社，1983年版，第413页。

② 中央教育科学研究所：《中华人民共和国教育大事记（1949—1982）》，北京：教育科学出版社，1983年版，第418～419页。

③ 中央教育科学研究所：《中华人民共和国教育大事记（1949—1982）》，北京：教育科学出版社，1983年版，第419页。

等专业学校的六九届学生外，全国中等专业学校、技工学校在“文化大革命”开始时的在校学生全部离校。这些学生实际上均未学完规定的课程。①

1970年6月26日，中共中央转发《北京大学、清华大学关于应届毕业生的情况报告》，指示各地参照这个报告，把应届毕业生的工作做好。报告反映了两校通过毛泽东思想学习班进行毕业生鉴定工作的做法，提出对少数犯有严重错误的学生，要重在教育。对“可以教育好的子女”，要帮助他们继续做到“划、清、站”。对极少数属于敌我矛盾的学生，要“批”字当头，立足于“拉”，执行“发动群众，认真监督，就地改造”的方针。②

1970年6月27日，中共中央发出通知：1969年、1970年、1971年的大专院校应届毕业生，从1970年7月份开始分配，一般于7月底前分配完毕。通知要求各校要认真做好政治思想工作，使毕业生服从革命需要，到农村去、到边疆去、到工矿去、到基层去，接受工农兵的“再教育”，在“三大革命”的第一线作出新贡献。分配办法、工资待遇等，均按1968年分配毕业生时中央的有关规定执行。已外迁的院校，原则上应就地分配，不要再回到北京和其他大城市。为执行通知关于外语院校毕业生分配的规定，7月18日，国务院发出《关于外语院校应届毕业生分配办法的通知》，提出了具体的分配办法。11月9日，国务院又转发外交部的报告。报告提出凡在解放军农场进行劳动锻炼的六七届、六八届及少数六六届毕业生，均予以分配工作。本年全国大专院校在“文化大革命”前招收的学生基本上分配完毕。③

1971年至1975年间高等和中专学校事实上没有毕业生可分配。

1976年6月22日，国务院转发了国家计委、教育部《关于1976年高等院校毕业生分配问题的请示报告》。报告提出：要坚持使毕业生回到基层、回到生产第一线的原则，毕业生一般返回原单位、原地区工作，有特殊需要的由国家统一分配；招生时规定“社来社去”的，应按原规定执行，毕业生自愿要求到农村当农民的，要积极支持。1976年，全国高等院校应届毕业工农兵学员共14万余人。经国家计委、教育部报请国务院批准，列入国家调剂的名额共1339

---

① 中央教育科学研究所：《中华人民共和国教育大事记（1949—1982）》，北京：教育科学出版社，1983年版，第422～423页。

② 中央教育科学研究所：《中华人民共和国教育大事记（1949—1982）》，北京：教育科学出版社，1983年版，第433页。

③ 中央教育科学研究所：《中华人民共和国教育大事记（1949—1982）》，北京：教育科学出版社，1983年版，第434页。

人，其中调给西藏500人。[①]

1977年8月17日，国家劳动总局、教育部发出《关于普通高等学校工农兵毕业生分配工作后工资待遇问题的通知》。规定：普通高等学校工农兵毕业生分配到国家机关和企业、事业单位，一般不再实行见习期。并规定其工资标准：三类地区为40元，十一类地区为49元。由国家派遣到国外高等学校学习的留学生，毕业回国分配工作后的工资待遇，也按此规定执行。通知还规定，1971年以来已经分配工作的学制在两年以上的普通高等学校毕业生，现在所领取的标准工资低于本规定的，一般可改按本规定执行，但不予补发。本规定不适用于普通高等学校普通班中“社来社去”的毕业生。[②]

1977年12月5日，国务院批转了教育部《关于“社来社去”毕业生分配问题的请示报告》。报告说：高等学校招收“社来社去”的学生，1975年有3.7万余人，占当年招生总数的19.4%；1976年达6.54万余人，占招生总数的30.1%；中专招收的“社来社去”的学生更多。报告认为，当前在我国存在社会主义全民所有制和集体所有制的情况下，部分普通高等学校招收少量“社来社去”学生，是适应社会主义现阶段发展需要的正确措施。报告决定“高等学校‘社来社去’的学生的毕业分配，仍坚持‘社来社去’的原则”[③]。

1978年7月6日，国务院批转了国家计委《关于1978年全国高等学校毕业生分配工作的报告》。报告提出：1978年的分配工作要继续坚持面向厂矿、面向农村、面向基层的方针和学用一致的原则，保证重点，集中使用，把优秀毕业生分配到国家最需要的地方去。除“社来社去”学生外，仍在原指定的各省、直辖市、自治区和各部门培养计划基础上进行分配。7月19日，国务院又批转教育部的报告，重申普通高等学校“社来社去”毕业生的分配，仍坚持“社来社去”的原则，不能改为国家分配。[④]

1979年6月20日，国务院批转了国家计委《关于1979年全国普通高等学校毕业生分配问题的报告》。报告提出：要采取适当集中、重点配备、保证特殊需要的方针和注意专业配套与贯彻学用一致的原则，统筹安排。可优先分配少

---

① 中央教育科学研究所：《中华人民共和国教育大事记（1949—1982）》，北京：教育科学出版社，1983年版，第486~487页。

② 中央教育科学研究所：《中华人民共和国教育大事记（1949—1982）》，北京：教育科学出版社，1983年版，第495页。

③ 中央教育科学研究所：《中华人民共和国教育大事记（1949—1982）》，北京：教育科学出版社，1983年版，第502页。

④ 中央教育科学研究所：《中华人民共和国教育大事记（1949—1982）》，北京：教育科学出版社，1983年版，第522~523页。

数较优秀的毕业生加强科学研究队伍和高等学校师资。国务院批示指出："要通过分配工作，注意发现和研究高等教育的科类比例、专业设置、教学内容等方面的问题，并提出措施加以改进，以适应国民经济和科学技术发展的需要。"①

1980 年 5 月 14 日，国务院批转了民政部、国家劳动总局、财政部、教育部《关于普通高等学校毕业生工资待遇问题的请示报告》，将普通高等学校毕业生定级工资，恢复到"文化大革命"前的标准。其中规定，"文化大革命"期间入学的大学生工资待遇一般可定为行政二十三级技术十四级，从本年 4 月份起执行。1977 年以后招收的普通高等学校本、专科学生和研究生毕业年工资待遇仍按 1957 年和 1958 年的两个文件的规定执行。②

1980 年 5 月 16 日，国务院批转了民政部、教育部《关于对中等专业学校毕业生进行统一调剂的报告》，指出：中等专业学校毕业生原则上由各部门和各省、直辖市、自治区自行分配，必要时国家根据需要作少量调剂。国家调剂计划由民政部同有关方面商定。③

1980 年 12 月 31 日，国务院批转了国家人事局、国家劳动总局、财政部、教育部《关于提高中等专业学校毕业生定级工资水平的请示》。文件规定，从 1981 年 11 月 1 日起，中等专业学校毕业生见习期满后的定级工资可在现行定级水平的基础上提高一级，即行政二十四级。见习期间的临时工资待遇也相应提高。④

1981 年 2 月 13 日，国务院批转了国家计委、教育部、国家人事局《关于改进 1981 年普通高等学校毕业生分配工作的报告》。报告提出对今后毕业生的分配，需要明确国家、主管学校的部门、学校所在地的分成原则，以利于搞好人才培养规划。报告提出编制 1981 年分配计划的原则是：第一，教育部直属院校，毕业生由国家统一分配，对学校所在地区需要的毕业生给以适当留成；第二，中央业务部门主管的院校，毕业生实行国家抽成分配；第三，省、直辖市、自治区主管的高等院校的毕业生，原则上由地方自行分配，国家根据需要对某

---

① 中央教育科学研究所：《中华人民共和国教育大事记（1949—1982）》，北京：教育科学出版社，1983 年版，第 552 页。

② 中央教育科学研究所：《中华人民共和国教育大事记（1949—1982）》，北京：教育科学出版社，1983 年版，第 582 页。

③ 中央教育科学研究所：《中华人民共和国教育大事记（1949—1982）》，北京：教育科学出版社，1983 年版，第 582 页。

④ 中央教育科学研究所：《中华人民共和国教育大事记（1949—1982）》，北京：教育科学出版社，1983 年版，第 600 ~ 601 页。

些专业的毕业生也可适当抽调。①

1981年9月19日，国务院转发了国家计委、教育部、国家人事局、国务院科技干部局《关于1981年度研究生毕业和大专生毕业分配问题的报告》。报告提出：改进分配办法，试行国家直接分配，业务部门分配和地方分配相结合的体制。强调对大专毕业生的分配使用，要着重加强第一线。并对毕业生分配中的有关政策做了规定。②

1981年11月11日至18日，教育部在北京召开高等学校毕业生调配工作会议。会议要求毕业生服从国家统一分配，并提出六条抵制干扰高校毕业生分配工作的措施和要求。③

1982年4月28日，国务院召开劳动人事部、教育部、国家计委、国家经委、民政部五个单位的几项工作分工会议，决定由国家计委甘子玉、教育部黄辛白、劳动人事部焦善民组成毕业生分配领导小组。该小组由国家计委牵头，向国务院负责。明确规定，国家计委制定毕业研究生、大专毕业生分配计划；教育部负责制定调配计划和毕业生分配后一年实习期间因分配不当的调整工作；劳动人事部负责毕业研究生、大专毕业生转正后使用不当的调整和管理工作。④

1982年6月14日，国务院批转了国家计委、教育部《关于1982年全国毕业研究生和高等学校毕业生分配问题的报告》。报告提出对毕业研究生的分配，主要是加强高等学校师资和承担重点科研任务的单位。对高等学校毕业生的分配使用，要面向基层加强生产第一线，鼓励毕业生到艰苦的地方去。分配的重点是加强能源、交通、轻纺、建材等行业和各行业经济效益以及进行技术改造需要的技术力量。并具体规定，要多分配毕业生到农业、教育战线和边远地区、少数民族地区，对去西藏地区的毕业生实行定期轮换办法，按国家干部待遇分配一定数量的毕业生到集体所有制单位等。⑤

---

① 中央教育科学研究所：《中华人民共和国教育大事记（1949—1982）》，北京：教育科学出版社，1983年版，第608页。

② 中央教育科学研究所：《中华人民共和国教育大事记（1949—1982）》，北京：教育科学出版社，1983年版，第628页。

③ 中央教育科学研究所：《中华人民共和国教育大事记（1949—1982）》，北京：教育科学出版社，1983年版，第633页。

④ 中央教育科学研究所：《中华人民共和国教育大事记（1949—1982）》，北京：教育科学出版社，1983年版，第653页。

⑤ 中央教育科学研究所：《中华人民共和国教育大事记（1949—1982）》，北京：教育科学出版社，1983年版，第656页。

2. 逐步自主选择

20世纪80年代，中国出现越来越多的待业青年，同时出现越来越多的"个体户"，包分配的缺口很快就被打开，先是不包分配的职业高中的发展开了先锋。面对不包分配工资相对较高的合同工与包分配工资不高的"铁饭碗"，不同人做出了不同的选择。其社会效应就是"包分配"再也不能包打天下了，这种观念从职高很快迁移到大学毕业生中，出现了一些不到分配工作单位上班而自谋一个自认为更好的岗位的现象。更有一些人为了找一个好一点的单位而走后门，于是衍生腐败，分配失去了"计划"的权威性。

1983年后，国家开始对"包分配"的单一分配制度做了些调整，通过多种形式、多种途径，逐步实现由国家分配向社会就业方向转变，使学校与社会用人单位、毕业生与用人单位直接联系。

1985年，经国务院批准，上海交通大学、清华大学在原来实行"供需见面"试点的基础上，试行"招聘"、推荐与考核录用相结合的办法。此后，这一办法在越来越多的学校实行，逐渐形成新的就业模式：国家计划招生入学的学生，毕业时"实行在国家计划指导下，由本人选择志愿、学校推荐、用人单位择优录用的制度"；委托培养的学生履行合同到委托单位工作；自费入学的学生毕业后可由学校推荐就业，也可自谋职业。

20世纪80年代中后期，一些地方出现了不需要分配，不愿接受分配的情况，一些学校在招生的时候也打出"择优录用，不包分配"的牌子；1983年开始，一些省的农业中专开设"不包分配班"，而1987年，四川省的农业中专有26%的不包分配班的学生；① 政府也渐渐接受了"不包分配"的观念，1988年国务院有关八部委发文将不包分配的学生纳入招生计划，并可获得与其他学校一样的拨款。

1989年，国家教委在总结各校实验的基础上制定了《高等学校毕业生分配制度改革方案》，由国务院批转全国贯彻执行。其主要内容包括：逐渐将毕业生计划分配制度改为社会选择就业制度；人事部门建立健全人才交流服务机构，完善人员合理流动的调节机制；各地方、各部门和高校建立毕业生就业指导机构；长远的改革方向是毕业生通过人才市场自主择业。

自1994年起，就连师范院校的毕业生也不保证分配工作，包分配制度才走向终结。到1997年实行完全"并轨"招生以后，全面实行"供需见面、双向选择"的自主择业。但这不等于说政府对毕业生就业完全撒手了，直到2009

① 国家教委计划建设司：《中国教育统计年鉴·1988》，北京：北京工业大学出版社，1989年版，第255页。

年，教育主管部门还要求各高校从年初开始就逐月上报本校毕业生的就业率，并将这一数据作为高校业绩的依据，甚至与该校该专业的下一年招生挂钩，因而高校就业率造假事件时有发生，一些学校要求学生拿到就业协议来领取毕业证书，在一些学校出现学生“被就业”现象。

六、学生待遇

国家包揽教育还表现为给学生提供一定的待遇，一开始采用的是供给制。1952 年 7 月 8 日，政务院发出通知：为积极改进青年学生的健康状况，并逐步统一学生待遇的标准，决定将全国高等学校及中等学校学生的公费制一律改为人民助学金制，并自 9 月份起适当调整原有人民助学金的标准。

1952 年 7 月 23 日，教育部发出通知，具体规定了调整的原则、标准，助学金的使用原则和评定办法。调整原则是：一般高等学校和中等学校废除供给制，实行人民助学金制；统一规定人民助学金标准；高等学校学生全部给予人民助学金；师范学校及其他中等专业学校学生人民助学金标准高于普通中学；私立学校学生与公立学校学生相同；原供给制人员、产业工人的学生，人民助学金标准高于一般学生；尽量照顾烈属、革命军人、工农干部、产业工人、少数民族及回国华侨子女的实际困难。

1952 年 10 月 7 日，教育部发出通知，对全国中等技术学校学生人民助学金的标准及实施办法作了规定。11 月 29 日，教育部、财政部、人事部联合发出文件，对工农速成中学、工农速成初等学校学生待遇作了具体规定。[①]

1960 年 1 月 8 日，国务院转发了教育部《关于改进工人、农民、干部学生和研究生人民助学金标准问题的报告》，解决教育事业管理权下放后各地助学金标准不一的问题，确定了自 1960 年 2 月起执行新的规定和标准。[②]

1963 年 8 月 2 日，国务院批转了教育部《关于调整中等专业学校学生人民助学金问题的报告》，提出逐步改变中等技术学校学生的伙食费用全部由国家包下来的状况，将人民助学金的享受比例由原来的 100% 降低为 60% ~80%。中

---

① 中央教育科学研究所：《中华人民共和国教育大事记（1949—1982）》，北京：教育科学出版社，1983 年版，第 60 页。

② 中央教育科学研究所：《中华人民共和国教育大事记（1949—1982）》，北京：教育科学出版社，1983 年版，第 265 页。

等师范学校和护士、助产、艺术、体育、采煤等专业的学生仍按100%发给。①

1964年3月22日，中共中央批转了高等教育部党组《关于提高高等学校学生伙食标准和相应提高助学金补助比例的请示报告》，适当提高伙食标准以增强学生体质，建议本年4月份起，全国高等学校学生伙食费每人每月增加3元；自5月份起，全国高等学校学生人民助学金补助比例由70%提高到75%左右。②

1971年10月13日，国务院科教组、财政部联合发出通知，高等学校录取的学员，工龄满五年的，一律从本年8月起，由原单位发给学员扣除学校伙食费、津贴费后的工龄差额。学生入学时工龄不够五年的，入学后不再发工资，仍按各地规定标准，由学校发给学员伙食费和津贴费。③

1977年恢复高考后，仍实行了一段时间政府对高校学生发放生活补助的制度，直到1997年实行完全“并轨”以后，全面实行缴费上学，上大学给生活补助的历史才完全终结。

七、国家包揽教育存在的问题

对于国家包揽教育背后的原因，从1952年7月8日教育部发出的指示中可以看出，该指示要求各级教育行政部门和学校用革命的精神和办法，做好招生、修建设备、师资调配等工作，实现1952年国家培养干部的计划；要求各地高等学校和中等学校严格地实施统一招生。各级学校修建设备，必须采取因陋就简、增班为主、建校为辅的办法，充分利用现有校舍设备，如在条件较好的小学增设初中班，城市实行二部制，乡村利用庙宇等。大力推行就地取材、逐级提升的办法解决各级学校师资不足的困难。④ 十分明显，由于在理念上认为教育是为国家培养干部，所以国家必须对学生的招生、在校生活、毕业后的工作分配全面负责。

国家包分配造成诸多问题：

第一，是难以对口。学非所用，用非所学，人才层次失调或颠倒，曾经有

---

① 中央教育科学研究所：《中华人民共和国教育大事记（1949—1982）》，北京：教育科学出版社，1983年版，第341页。

② 中央教育科学研究所：《中华人民共和国教育大事记（1949—1982）》，北京：教育科学出版社，1983年版，第356页。

③ 中央教育科学研究所：《中华人民共和国教育大事记（1949—1982）》，北京：教育科学出版社，1983年版，第440页。

④ 中央教育科学研究所：《中华人民共和国教育大事记（1949—1982）》，北京：教育科学出版社，1983年版，第60～61页。

一家企业竟然出现工程师与技术员之间8:1的状况。1964年5月21日，中共中央转发内务部《关于进一步对使用不当的高等学校毕业的干部进行调整工作的报告》，指出：工作不符合或基本不符合所学专业、不能发挥所长的，都是使用不当的，应当予以调整。[①] 而事实上这一问题单靠计划体制是无法完全彻底解决的。

第二，是难以流动。1962年实行调整和精简政策后，由于人员身份不能随意改动，精简中遇到了困难。1962年8月9日，中央精简小组发出通知：国家分配的高等学校和中等专业学校毕业生，一般不要作为精简对象。8月10日，中共中央、国务院发出《关于在精简工作中处理高等学校毕业生问题的若干规定》。提出：理科、师范、文科的高等学校毕业生，如原属部门和地方不能安置时，应交由教育部会同内务部安排。工科的高等学校毕业生，如原属部门和地方不能安置时，应交由专门部门归口安排。医科、农科、政法、财贸专业的高等学校毕业生，有上述情况者，分别由卫生部、农业部、国务院政治和财贸办公室安排或提出安排意见。这些干部的编制，首先应尽可能在各单位的编制内解决。如确有困难时，由各部门清理后统一报告中央批准，作为国家储备干部，给予一定的编制解决。[②]

第三，是低效率。出现了大量僵化、不合理，甚至十分滑稽的现象，越来越多的人在不如意的人事环境和职业生涯中勉强终其一生。

而乐于研究中国文化的墨子刻（T. Metzger）称这种包办社会经济生活的体制为“无约制的政治中心”（inhibited political centre）[③] ——“全能主义”。数十年国家包办教育的历史说明，这一体制既不能满足国家发展的需要，也很难满足社会发展的需要，更难以满足不同人对教育发展的需要。任何政府都是有限的政府，只能确立在有限、有效的前提下为满足每个社会个体的教育需求而设计教育的政策体系。

---

① 中央教育科学研究所：《中华人民共和国教育大事记（1949—1982）》，北京：教育科学出版社，1983年版，第360页。

② 中央教育科学研究所：《中华人民共和国教育大事记（1949—1982）》，北京：教育科学出版社，1983年版，第315页。

③ Thomas A. Metzger & Ramon H. Myers，Two Diverging Societies ［A］. Two Societies in Opposition：The Republic of China and the People’s Republic of China After Forty Years ［C］. Stanford：Hoover Institution Press，1991，XIII－XIV.

第三节　难以平衡的“两条腿走路”

1951 年 2 月 28 日，教育部发出指示：将冬学转为常年农民业余学校。要求各地抓紧时机，集中力量，召开专门会议，奖励模范，总结成绩，订出计划和制度，以便使冬学在群众充分自觉的基础上转为民校，争取 1951 年全国有 500 万农民坚持常年学习。[①] 这一指示包含着对民办学校的许可。

国家包办教育政策实行两三年后，包办教育的体制弊端日益显露，主要是抑制了地方和全社会参与教育的积极性，不能满足不同人对教育日益增长的需求。1955 年 7 月 30 日，一届全国人大二次会议通过的《中华人民共和国国民经济的第一个五年计划》第九章“提高人民的文化生活水平”中提出：“普通学校教育事业应该根据师资和国家财力的条件，并充分利用原有学校的人力和设备，作适当的发展。同时，应该根据提倡农民群众自办学校，允许私人开办学校的方针，依靠群众的力量，在国家计划的指导下，来发展中等和初等的教育事业。”“第一个五年计划期间，普通教育发展的重点是中学，特别是高级中学。”“积极地广泛开展业余的文化教育工作。”五年内“应该基本上完成在工农干部、原有产业工人和农村积极分子中扫除文盲的任务”[②]。对政府垄断办学权的争论并没有导致对政府垄断办学权的质疑，但让人意识到仅靠政府办学满足不了人们求学的需求。

① 中央教育科学研究所：《中华人民共和国教育大事记（1949—1982）》，北京：教育科学出版社，1983 年版，第 37 页。

② 中央教育科学研究所：《中华人民共和国教育大事记（1949—1982）》，北京：教育科学出版社，1983 年版，第 137 页。

一、打破国家包下来的思路

1957 年 3 月 18 日至 28 日，教育部在北京召开第三次全国教育行政会议，认为小学教育的发展必须打破由国家包下来的思想，在城市里，要提倡街道、机关、厂矿企业办学；在农村，要提倡群众集体办学。私人办学可以允许但不提倡。会议认为，中学的设置今后应当分散，改变过去规模过大、过分集中在城市的缺点。特别是初中的发展，今后要面向农村，农村中学主要是给青年以必需的基本知识，毕业后能更好地参加生产。农村初中在教学质量上不能强求和城市一致。①

1957 年 6 月 3 日，教育部发出通知：提倡群众办学。通知指出：中小学是地方性和群众性的事业，我国地广人多，经济落后，中小学教育不可能完全由国家包下来，当前必须采取多种多样的办学形式，才能适当满足儿童入学和升学的要求。今后，除国家办学以外，必须大力提倡群众办学，动员城乡居民和工矿企业、机关、团体、院校、合作社等单位的员工，根据需要、自愿和可能的原则，集资兴办学校。此外，还应鼓励华侨办学，并允许私人办学。各地群众办学出现高潮。至本年末，据河南、河北、山东、上海等 18 个省市统计，民办中学有学生 42.6 万多人（1955 年，不足一千人）；另据山西、江苏、吉林、北京等 15 个省市统计，民办小学有学生 161 万多人，比 1955 年增加了 82.5%。②

当时，“穷国办大教育”是中国教育面对的现实，中国的国民经济实力不强，而对人民教育的需求迅猛增长，教育经费投入已占到国家预算开支的 9%，继续保持或增加都有难度。若继续实行“国家性”、“统一性”的纯国有办学体制，单靠政府办学，在没有民办教育的前提下又排除集体办学，受教育和升学的矛盾就会日益激烈。因此，从 1957 年开始，勤工俭学、半工半读、集体办学受到提倡。

1957 年 8 月 2 日，国务院命令公布的《华侨捐资兴办学校办法》中的第一条指出：“海外侨胞热爱祖国，热爱家乡，一向有捐资在祖国兴办学校的优良传统。为了进一步鼓励华侨在国内兴办学校，发展文教事业，满足广大华侨子女

---

① 中央教育科学研究所：《中华人民共和国教育大事记（1949—1982）》，北京：教育科学出版社，1983 年版，第 192 页。

② 中央教育科学研究所：《中华人民共和国教育大事记（1949—1982）》，北京：教育科学出版社，1983 年版，第 198 页。

求学的要求，制定本办法。”该办法对华侨兴办学校的批准手续、名称、领导、经费、人事、收费、优先录取侨眷子女和华侨学生、表扬奖励等都作了具体规定。在公布这个办法时，福建省侨办学校已达67所。广东省惠阳、潮安等地归国侨胞、侨眷热心捐款办学，本学期新筹建的中学、小学和中等补习学校共有100多所。①

1957年10月25日，中共中央公布了《1956年到1967年全国农业发展纲要（修正草案）》，指出：“农村办学应当采取多种形式，除了国家办学以外，必须大力提倡群众集体办学，允许私人办学，以便逐步普及小学教育。”②

1958年2月11日，在一届人大五次会议上，教育部副部长董纯才做了《加强思想教育、劳动教育，提倡群众办学、勤俭办学》的发言，列举事实，证明群众办学、勤俭办学的好处，提出不能一切都由国家包下来，中小学教育发展的途径不是一条，而是三条，即除了国家办学以外还有群众办学和勤俭办学、勤工俭学两条途径。③

1958年2月15日，《人民日报》发表题为《贯彻群众办学、勤工俭学的方针》的社论，指出：“必须贯彻群众办学的方针，充分发挥群众要求子女学习的积极性和办学的潜力，举办更多的民办小学和中学。”④ 在此前后，由国家包办全部教育事业的做法受到各方批评，“积极采取国家办学、群众办学、勤俭办学和勤工俭学这三条办法和多种办学形式来加速中小学教育的发展。特别要加速小学教育的发展。争取及早地普及小学教育”成为较多人的共识。

二、形成“两条腿走路”的办学方针

1957年11月，中共中央副主席刘少奇提出借鉴外国经验，试办半工半读的意见。1958年，这股对政府包办教育质疑与思想跃进的思潮汇流而产生了“两条腿走路”的办学方针，实行国家办学与厂矿、企业、合作社办学并举，一定程度上调动了各方面办学的积极性，扩大了办学规模，缓解了入学机会与就学需求的矛盾。

---

① 中央教育科学研究所：《中华人民共和国教育大事记（1949—1982）》，北京：教育科学出版社，1983年版，第202页。

② 中央教育科学研究所：《中华人民共和国教育大事记（1949—1982）》，北京：教育科学出版社，1983年版，第205页。

③ 中央教育科学研究所：《中华人民共和国教育大事记（1949—1982）》，北京：教育科学出版社，1983年版，第214～215页。

④ 《贯彻群众办学、勤工俭学的方针》，引自《人民日报》，1958年2月15日。

1958年3月，国务院文教办公室主任林枫到天津视察时传达了刘少奇的意见，建议天津办一些脱产、半脱产或占用一定生产时间进行学习的学校。5月27日，天津国棉一厂半工半读学校开学。5月29日，《人民日报》进行了报道，并发表题为《举办半工半读的工人学校》的社论。社论指出："工人学校是培养工人成为知识分子的重要形式。它代表着我国教育事业发展道路中的一个新的方向，是多快好省地培养工人阶级知识分子的一项重要办法。这种办法，对于我国社会主义建设大有好处，值得大大提倡！"①

1958年5月30日，刘少奇在中央政治局扩大会议上正式提出建议："我们国家应该有两种主要的学校教育制度和工厂农村的劳动制度。一种是现在的全日制的学校教育制度和现在工厂里面、机关里面八小时工作的劳动制度。这是主要的。此外是不是可以采用另一种制度，跟这种制度相并行，也成为主要制度之一，就是半工半读的学校教育制度和半工半读的劳动制度。"②

这个建议得到毛泽东和中共中央政治局的赞同，成为当时党和国家的一项办学决策。

此后，半工半读学校有了相当的发展。天津市就有100多个工厂办了半工半读学校。其他省、直辖市、自治区也办了许多农业中学、劳动大学等形式的半工（农）半读学校，一些高等学校还办了半工半读、半农半读系。江西在省长邵式平的积极倡议下，于1958年创办了江西共产主义劳动大学，它包括设在南昌的总校和设在全省各地国营综合垦殖场的30所分校，办学方针是"半工（农）半读，勤工俭学，学习与劳动结合，政治与业务结合"。学校中既有大学本科、专科，也有中专。招生实行"社来社去"、"城来城去"的办法。绝大部分学生毕业后都回到了农业生产第一线，成为农村建设的技术人才。学生在学校又学习又劳动，既学文化科学知识，也学生产应用技术。教育内容紧密联系农村生产实际，劳动收入用于解决办学经费和学生的学习生活费用。这样做既减轻了国家和学生家长的负担，又有利于改变学校教育和教学脱离实际的状况，也在一定程度上破除了几千年来教育轻视劳动人民的思想观念。

江苏最早办起农业中学，并在1958年3月召开了农业中学问题座谈会。中共中央宣传部部长陆定一在会上指出：办农业中学可"使不能进普通初中的小学毕业生都能升学，这是一个好办法"，它不仅有利于教育事业的发展，而且也有利于工农业生产的发展。此后农业中学在江苏、浙江、河南、福建、辽宁、

---

① 《举办半工半读的工人学校》，引自《人民日报》，1958年5月29日。

② 《我国应有两种教育制度、两种劳动制度》，引自《中华人民共和国重要教育文献（1949—1975）》，海口：海南出版社，1998年版，第834页。

黑龙江等省发展起来，到1960年，全国的农业中学已有了3万余所。[①]

突破了教育制度单一的模式，提出“两种教育制度，两种劳动制度”的理论和“两条腿走路”的办学方针，是对政府包揽教育的矫正，民间一些人出于对发展教育的真诚愿望做了有一定价值的探索，比如：采取统一与多样相结合、普及与提高相结合、全面规划与地方分权相结合，办学形式多样化，办起全日制、半工（农）半读、各种形式的业余学校，在局部范围内打破过于集中统一的教育。

接着，全国各地相继办起各种类型的半工（农）半读学校。7月，天津市已有32所半工半读学校开学，学员有1644人。9月，天津感光胶片厂等10个新建、扩建工厂办起招收初中毕业生的“四四制”（每天四小时生产，四小时学习）半工半读中等技术学校，招生4000多人。[②]

1958年8月1日，江西共产主义劳动大学总校和附设在全省30个垦殖场的30所分校开学。该校的办学方针是“半工（农）半读，勤工俭学，学习与劳动相结合，政治与业务相结合”。“全校共设农业、林业、畜牧业、工业、渔业、蚕桑等六个专业。各系本科四年，专科二年。”中共江西省委计划在第二个五年计划末，共产主义劳动大学总校、分校、技校将发展到100所以上。[③] 显现出太强的“跃进”色彩。

1958年8月15日，中共中央在北戴河召开的政治局扩大会议上通过了《关于教育工作的指示》。其中对教育体制的表述为：“为了多快好省地发展教育事业，必须采取统一性与多样性相结合、普及与提高相结合、全面规划与地方分权相结合的原则。在全国统一的教育目的下，办学的形式应该是多样的，即国家办学与厂矿、企业、农业合作社办学并举，普通教育与职业（技术）教育并举，成人教育与儿童教育并举，全日制学校与半工半读、业余学校并举，免费的教育与不免费的教育并举。”[④] 以上简称“三结合”、“六并举”。

1960年，二届全国人大二次会议通过了《1956年到1967年全国农业发展纲要》。其中提出：“从1956年开始，按照各地情况，分别在十二年内，基本上

---

① 宋荐戈：《评述1958—1960年的教育革命》，引自《荐戈文存》，北京：中国国际文艺出版社，2006年版，第357页。

② 中央教育科学研究所：《中华人民共和国教育大事记（1949—1982）》，北京：教育科学出版社，1983年版，第223页。

③ 中央教育科学研究所：《中华人民共和国教育大事记（1949—1982）》，北京：教育科学出版社，1983年版，第228页。

④ 中央教育科学研究所：《中华人民共和国教育大事记（1949—1982）》，北京：教育科学出版社，1983年版，第231～232页。

扫除青年和壮年中的文盲。争取在乡或者社逐步设立业余文化学校，以便进一步提高农村基层干部和农民的文化水平。农村办学应当采取多种形式，除了国家办学以外，必须大力提倡群众集体办学，允许私人办学，以便逐步普及小学教育。”①

1961年，中共八届九中全会制定了对国民经济实行“调整、巩固、充实、提高”的八字方针，相应地对此前几年教育上的偏差和冒进加以纠正，教育管理权力再一次集中，在管理体制上的体现就是1963年颁发大、中、小学暂行工作条例，规定国家举办的全日制小学由县（市属区）教育行政部门统一管理；国家举办的全日制中学实行省、市、县分级管理，由此形成了基础教育统一领导、分级管理的体制格局。

1961年7月30日，毛泽东写信给江西共产主义劳动大学，庆贺该校成立三周年。信中说：“你们的事业，我是完全赞成的。半工半读，勤工俭学，不要国家一文钱，小学、中学、大学都有，分散在全省各个山头、少数在平地。这样的学校确是很好的。在校的青年居多，也有一部分中年干部。我希望不但在江西省有这样的学校，各省也应该有这样的学校。”“再则，党、政、民（工、青、妇）机关，也要办学校，半工半学。”②

毛泽东的信迅速引起全国各地的响应，兴起了农村集体办学和半工半读的热潮，到1965年下半年，全国半工半读学校达4000余所，学生80多万人；还有越来越多的高校举办夜大学和函授教育，仅北京就有21所高校举办，全国成人高校学生由1957年的不足10万人上升到1965年的41万人。③

这次改革试图改变一切由国家包办的单一办学体制，改变中央高度集中的教育管理体制，从1958年到1961年期间，地方分权成为教育体制改革的一股潮流。1958年9月19日，中共中央、国务院发出《关于教育工作的指示》，把小学教育的发展方针概括为：在统一的目标下，国家办学与厂矿、企业、农业合作社办学并举。民办小学在校生占全国小学生总数的百分比，1958年为25.3%，1965年达到40.9%。其他部门办的小学在校生人数也逐年增加，1965年是1957年的5倍，1981年又比1965年增长81.7%；其占全国小学生总数的

---

① 中央教育科学研究所：《中华人民共和国教育大事记（1949—1982）》，北京：教育科学出版社，1983年版，第272页。

② 张健：《毛泽东教育思想研究》，杭州：浙江教育出版社，1993年版，第321页。

③ 张健：《毛泽东教育思想研究》，杭州：浙江教育出版社，1993年版，第321页。

百分比，1957年为0.9%，1965年为3.1%，1981年为4.63%。[①]

三、“一只脚”踏虚

“两条腿走路”对于改变当时教育权限过分集中，发挥地方、学校，特别是高等学校的办学积极性产生了积极的影响。但由于当时掌握教育管理权的人对教育的内在规律知之甚少，改革缺乏系统理论，地方缺乏教育管理的经验和能力，极“左”思想左右着整个社会，学校发展的规模因“大跃进”而失控，导致教育质量大面积下滑。

1962年四五月间，教育部召开全国教育会议，明确提出小学以公办为主、民办为辅的原则。5月25日，中共中央批发教育部党组《关于进一步调整教育事业和精简学校教职工的报告》，批示指出：在我们这样一穷二白的大国发展教育事业，必须坚决贯彻执行国家办学和人民办学“两条腿走路”的方针，坚决地改变国家对教育事业包得过多的办法，适当地压缩公办教育事业的规模，同时提倡在政府的领导之下，由人民举办各类教育事业；同时还必须适当发展半日制学校及夜校、函授、广播等各种形式的业余教育。[②] 在前后不同的时间和语境里，“两条腿走路”的内涵不同。

1962年7月27日，上海市教育局颁发《上海市民办文化补习班（校）暂行管理办法》，规定：凡属中华人民共和国公民，持本市常住户口，并且具有相应学历和办学、教学能力者，均可申请举办适应青年学习需要的各种文化补习班（校）；但国家在职人员不得举办。其他一些城市也采取了同类的管理措施。[③]

1962年10月22日至11月27日，中共中央宣传部召开的会议认为，对私塾的方针不是取消，而是要管好；对农业中学，“有些地方有必要而又有可能的，就可以办；有的有必要而没有可能的就可以不办”[④]。

1962年12月13日，周恩来在听取教育部工作汇报时指示：关于公办小学

---

① 中华人民共和国教育部：《共和国教育50年》，北京：北京师范大学出版社，1999年版，第257页。

② 中央教育科学研究所：《中华人民共和国教育大事记（1949—1982）》，北京：教育科学出版社，1983年版，第307页。

③ 中央教育科学研究所：《中华人民共和国教育大事记（1949—1982）》，北京：教育科学出版社，1983年版，第313页。

④ 中央教育科学研究所：《中华人民共和国教育大事记（1949—1982）》，北京：教育科学出版社，1983年版，第319页。

转民办的问题，还是应当以公办为主。民办要办一些，但是把民办作为方向就不对了。①

1963 年 3 月，中共中央发出《关于讨论试行全日制中小学工作条例草案和对当前中小学教育工作几个问题的指示》，进一步明确国家举办的全日制中小学是中小学教育的主体。指出：中小学教育事业要认真贯彻执行“两条腿走路”的方针，应该采取多种多样的形式举办中小学教育。国家举办的全日制中小学是中小学教育的主体。对集体和个人举办的学校，政府教育部门应该加强领导、管理，提供适当的教材。对“私塾”必须加以领导和管理，提供适当的教材和教师，不要轻易取消，也不能放任不管。在城市中要逐步减少二部制学校的比重，二部制学校的课程设置和教学计划应与全日制学校有所区别。二部制学校应设置列入学校正式编制的辅导员。②

1963 年 8 月 24 日，教育部发出通知：检查、处理私人举办的函授和文化补习学校。根据群众来信揭发，一些不法分子借口举办函授学校，大登广告，招摇撞骗，有些私立文化补习学校教师散布资产阶级腐朽思想，毒害学生。为此，通知要求各地对私人举办的函授学校和文化补习学校进行一次认真的检查处理。通知指出：私人办学必须报请当地政府批准。函授学校原则上不许私人举办。私人举办的文化补习学校，通过检查，对办得好的应予表扬，对合乎条件而未报政府批准的，应当补办申请立案手续；对不合条件的，应设法取缔。通知还要求各地制定管理办法，把这类学校管起来，加强经常的监督和检查③。

1964 年 5 月 6 日，中共中央批转了《河北省三河、宝坻、香河、蓟县积极发动贫下中农子女入学》和《河北省三河县高楼农业中学坚持勤俭办学为公社培养人才》两个材料。中央批示指出：办教育要“两条腿走路”，这是党的方针。过去有些地方没有实行，或者推行得不积极，这是教条主义思想在作梗。用“一条腿走路”的办法普及教育，只能用强迫命令的办法，而且国家开支不起。用“两条腿走路”的办法，可以多快好省地普及教育。应将简易小学、农业中学放进教育事业发展规划中，并在经费和师资方面给予支持。④

① 中央教育科学研究所：《中华人民共和国教育大事记（1949—1982）》，北京：教育科学出版社，1983 年版，第 321 页。

② 中央教育科学研究所：《中华人民共和国教育大事记（1949—1982）》，北京：教育科学出版社，1983 年版，第 328 页。

③ 中央教育科学研究所：《中华人民共和国教育大事记（1949—1982）》，北京：教育科学出版社，1983 年版，第 342 页。

④ 中央教育科学研究所：《中华人民共和国教育大事记（1949—1982）》，北京：教育科学出版社，1983 年版，第 359 页。

1964年七八月间，刘少奇在各地视察时多次讲到两种劳动制度和两种教育制度，指出半工半读既是劳动制度又是教育制度，他建议各省都试验、试办。①在刘少奇等人倡导下，全国各地从1964年下半年起，半工半读学校迅猛发展，各省市成立了半工半读领导小组。

1964年10月，教育部印发中共中央宣传部加了批语的《城市半工半读学校情况汇编》，中央宣传部批语指出："我国的教育工作，是直到1958年，即建国以后九年，才在理论上解决了什么是社会主义的教育这个问题的，以前没有解决，把苏联凯洛夫的教育思想认为是社会主义的，而实际上它仍是资本主义的。""1958年以来，已经六年，对半工半读和半农半读的学校我们应该拿出些经验，为今后实行两种教育制度开辟道路。"②

1964年11月17日，中共中央转发了江苏省委《关于半工（耕）半读教育制度的规划（草案）》。中央批示指出：1958年的教育改革，各地办了很多半工半读、半农半读的学校，1959年以后只剩下少数坚持下来。这些坚持下来的半工半读、半农半读的学校，虽然数量是小的，但是它们代表了我们今后教育的发展方向。我们已经办了六年，应该总结出经验来了。这种经验，对于今后实行两种教育制度，对于发展我国社会主义教育学的理论，都是非常重要的。③

1964年11月19日，中共中央批转了共青团中央《关于组织农村青少年学习问题的一些意见》。意见指出：农村从7岁到25岁的学龄儿童、少年和青年，总共约2.2亿人，现在在各级各类学校学习的只有6000万人，仅占27%。为此，应该分别情况，采取不同的途径和办法，来满足校外1.6亿青少年的学习要求。应尽量提高学龄儿童特别是10岁以下儿童的入学率；积极创办半耕半读学校，大力组织业余学习。中央批示：必须发展国家办的和民办（集体办）的学校，实行全日制和半工半读、半耕半读两种教育制度，但这还不够，还必须动员全国共青团组织采取群众路线的办法，少花钱，多办各种形式的学校。④

1965年7月13日，《人民日报》发表了教育部部长何伟题为《办好半农半读学校，促进农村教育革命》的文章。文章指出："我国的中小学教育，农村

① 中央教育科学研究所：《中华人民共和国教育大事记（1949—1982）》，北京：教育科学出版社，1983年版，第365~366页。

② 中央教育科学研究所：《中华人民共和国教育大事记（1949—1982）》，北京：教育科学出版社，1983年版，第369页。

③ 中央教育科学研究所：《中华人民共和国教育大事记（1949—1982）》，北京：教育科学出版社，1983年版，第370~371页。

④ 中央教育科学研究所：《中华人民共和国教育大事记（1949—1982）》，北京：教育科学出版社，1983年版，第371页。

学校现在占全国学校总数的90%，农村学生现在占全国学生总数的80%。办好农村教育，对于改变我国整个教育事业的面貌，具有决定性的意义。”办好农村教育“最基本、最重要的是，高举毛泽东思想红旗，贯彻执行党中央和刘少奇同志关于两种劳动制度、两种教育制度的指示，积极试办和办好半农半读学校”①。强调半农半读不仅可以迅速普及小学教育，而且可以多快好省地发展中等教育，解决在普及基础上的提高问题，能更好地贯彻勤俭办学的方针，减轻国家和群众的经济负担。

1965年7月15日至30日，农业部召开全国高等和中等农业教育会议，研究农业教育革命的方向、方针、任务和措施。会议认为：高等和中等农业院校，必须采取积极稳妥的方针，逐步实行半农半读、“社来社去”和进行教学改革，并要把学校办到农村去，使农业教育更好地面向农村、面向农民、面向生产。据本年统计，全国66所高等农业院校中，已试行半农半读的有37所，半农半读的学生占在校学生数的15%；307所中等农业学校中，实行半农半读的有220所，半农半读学生占在校学生数的52%；农业系统的160所中等农业学校的绝大部分和个别高等农学院还实行了“学生社里来回社里去”的办法。②

1965年10月25日至11月23日，教育部召开了全国城市半工半读教育会议，指出“在我国逐步推行两种劳动制度、两种教育制度，是巩固无产阶级专政，防止资本主义复辟的根本措施之一”，并提出“五年试验，十年推广”的方针，实行半天劳动、半天读书的“四四制”③。显然将半工半读过度政治化了。

1965年11月6日，中共中央转发了《关于通过“四清”运动发展耕读小学的一份报告》。这个报告是宁夏永宁县“四清”工作队中的教育部的干部写的。教育部部长何伟在向中共中央报送这份报告时写道：就这份报告以及我们最近从各方面了解到的材料来看，只要“四清”工作队在发动群众的过程中，按照毛主席指示，根据农村人民的需要和自愿的原则，采用适宜的内容和形式，认真解决领导和教师等问题，无须花多少精力和时间，就可以把耕读小学很快办起来，也能逐步得到巩固。从1964年至1965年，全国各地办起大量耕读小

① 何伟：《办好半农半读学校，促进农村教育革命》，引自《人民日报》，1965年7月13日。

② 中央教育科学研究所：《中华人民共和国教育大事记（1949—1982）》，北京：教育科学出版社，1983年版，第383页。

③ 中央教育科学研究所：《中华人民共和国教育大事记（1949—1982）》，北京：教育科学出版社，1983年版，第386～387页。

学。1965 年耕读小学的学生比 1964 年增长 80% 左右。如内蒙古乌盟各旗、县先后办起耕读小学 3205 所，呼伦贝尔草原兴办了游动牧读小学。宁夏回族自治区在 1964 年一年里办起了 2000 多所耕读小学。[①]

到 1965 年，全国 434 所高等学校中已有 117 所试办了半工（农）半读的专业班，在校学生 4. 4 万人；独立设置和工厂、农场、人民公社试办的半工（农）半读高等学校达 109 所，在校生 2. 9 万人。中等学校 8 万多所，在校学生 1430. 87 万人；其中中专 1265 所，在校生 54. 7 万人；农业中学、半工半读中学 6. 1 万所，在校生 443. 3 万人；普通中学 1. 8 万所，在校生 933. 8 万人。小学发展到 168 万所，在校生 1. 1 亿人；[②] 全国耕读小学 8. 5 万所，学生 2518 万人[③]。另一资料，据教育部 1965 年下半年不完全统计，全国半工半读学校已达 4 千余所，学生 80 多万人。半农半读、半工半读的中等学校学生比 1964 年增长了 87% 左右。[④] 这两个不同来源的数据差别较大，相对来说，后一数据与事实更接近。

上述数据表明，在过多的政治因素渗入半工半读当中后，一些地方的半工半读存在着行政利益的驱动。在 1965 年 12 月 25 日至 1966 年 1 月 16 日高等教育部召开的全国半工（农）半读高等教育会议上确定：按中央指示“决心要大，步子要稳”的精神进行半工半读试验和对全日制的改革。对三类高等学校要采取不同的工作方针：业余高等教育，在不妨碍生产的条件下，要放手发展；半工（农）半读高等教育，在积极试办的同时，要着重巩固提高，保证质量，既认真劳动，又认真读书；全日制学校要认真改革，包括进行半工（农）半读试点，调整专业，教学内容贯彻少而精，进一步缩短学制等。1966 年 1 月 8 日，高等教育部部长蒋南翔向中共中央书记处汇报了会议讨论的情况。周恩来指出：发展半工（农）半读教育要谨慎一点、稳妥一点。文科改革，至少要经过两年的试点。高等学校的专业，分科不要分那么细。邓小平指出：半工半读方向是肯定的，步子要适当。不以阶级斗争的观点办文科是不行的。[⑤]

1966 年 2 月 24 日，教育部发出的《关于巩固提高耕读小学和农业中学的

---

① 中央教育科学研究所：《中华人民共和国教育大事记（1949—1982）》，北京：教育科学出版社，1983 年版，第 387 页。

② 何东昌：《当代中国教育》（上），北京：当代中国出版社，1996 年版，第 84 页。

③ 《教育参考资料 · 第 6 期》，1980 年 4 月 5 日（20）。

④ 中央教育科学研究所：《中华人民共和国教育大事记（1949—1982）》，北京：教育科学出版社，1983 年版，第 389 页。

⑤ 中央教育科学研究所：《中华人民共和国教育大事记（1949—1982）》，北京：教育科学出版社，1983 年版，第 390 页。

指示》，指出：为了有利于耕读小学和农业中学的巩固和发展，避免重复历史上大起大落的经验教训，各地必须突出政治、明确办学方向，必须坚持领导同群众相结合的工作方法，必须坚持勤俭办学的原则，必须建立一支革命化、劳动化的教师队伍，必须依靠党的领导。①

简言之，从 1949 年到 1965 年，中国的教育体制总体特征可描述为“在计划经济体制的客观要求和苏联模式影响的双重作用下……办学体制上的单一性和管理上的同一性与计划性。虽然在历史的过程中也有过不同思考乃至具体实践，但在整体上是中央政府对不同层次、不同类别的教育实行着比较集中统一的管理”②。

四、“两条腿走路”的淡出与复现

1967 年，因为刘少奇对“两条腿走路”的办学方式有较多的关注，随着刘少奇被打倒，这种办学方式也被列为资产阶级的行列，这一说法自然淡出教育话语。

五年后的 1972 年 4 月 20 日，《人民日报》在“关于公办小学下放到大队来办的讨论”专栏发表短评，指出：在农村要尽快普及小学五年教育，“必须坚持‘两条腿走路’的方针，除了国家办学以外，必须大力提倡群众集体办学，办学形式要多种多样，方便农民子女就近入学”③。在此前后，一些地区采取“两条腿走路”的办法，抓紧普及农村小学五年教育的工作。

1977 年 8 月 8 日，邓小平在科学和教育工作座谈会上说：“教育还是要两条腿走路。就高等教育来说，大专院校是一条腿，各种半工半读的和业余的大学是一条腿。”④

1977 年 12 月 7 日，《人民日报》发表评论员文章——《大力发展各级各类教育事业》。文中提出：“为了多出人才、快出人才，必须从我国的实际情况出发，坚持毛主席一贯提倡的‘两条腿走路’、多种形式办学的方针。既要搞好普通教育，办好小学、中学、普通大学和重点小学、中学、大学，又要办好共

---

① 中央教育科学研究所：《中华人民共和国教育大事记（1949—1982）》，北京：教育科学出版社，1983 年版，第 396 ~ 397 页。

② 中华人民共和国教育部：《共和国教育 50 年》，北京：北京师范大学出版社，1999 年版，第 199 页。

③ 《坚持多种形式办学》，引自《人民日报》，1972 年 4 月 20 日。

④ 《邓小平论教育》，北京：人民教育出版社，2004 年版，第 34 页。

大（共产主义劳动大学）、七二一大学，办好电视、函授、广播等业余教育。”不仅要把已经开办了的这类学校办好，而且要“积极创造条件，兴办更多的这类学校”①。

1980年4月10日至16日，教育部在北京召开了高等学校举办函授、夜大学工作会议。会议指出：两种教育制度的思想是完全正确的，要发展我国的教育事业，必须“两条腿走路”。普通高等学校举办函授教育、夜大学是业余教育中的一种重要形式，是培养专门人才的有效途径。在新的历史时期，更应重视发展这类教育，要把举办这类学校纳入教育事业计划，使它真正成为高等教育事业的一个有机的组成部分，积极稳步地发展。②

作为一个正常的人，“两条腿走路”是正常状态，而当教育上提倡“两条腿走路的方针”的时候，实际上当时的教育已经属于非正常状态了，所以必须对这种办学体制进行更深入的思考。

第四节　艰难曲折的教育体制改革

教育体制包括教育的领导管理体制、学校教育制度、办学体制与经费筹集体制。教育体制改革最终要处理好几对关系：政府、学校与社会的关系；公办与民办的关系。自1952年开始，中国实施的“包学费”、“包分配”的高等及中专学校招生、缴费和毕业生就业制度，如前部分所述，虽然其间也有比较小的调整，但没有大的改变。

---

① 《大力发展各级各类教育事业》，引自《人民日报》，1977年12月7日。

② 中央教育科学研究所：《中华人民共和国教育大事记（1949—1982）》，北京：教育科学出版社，1983年版，第578页。

一、管理权下放

1958年4月4日，中共中央发出的《关于高等学校和中等技术学校下放问题的意见》指出：（一）为了切实加强党对高等学校和中等技术学校的领导，为了使这些学校培养出来的人才更加适合各地社会主义建设发展的需要，除了少数综合大学、某些专业学院和某些中等技术学校仍旧由教育部或者中央有关部门直接领导以外，其他的高等学校和中等技术学校都可以下放（中等技术学校包括技工学校可以比高等学校多下放，地方性较大的学校可以更多地下放），归各省、直辖市、自治区领导。（二）改变统一招生的制度。一般的高等学校和中等技术学校，可以就地招生。某些综合大学和带有全国性的高等和中等专业学校，可以到外地设考区招生。各个学校招考的时间不必划一，并允许学生投考两个以上的学校。（三）改变毕业生分配办法。由教育部和中央有关部门直接领导的学校的毕业生，原则上由中央统一分配；划归省、直辖市、自治区领导的学校的毕业生，原则上由省、直辖市、自治区分配。高等学校和中等技术学校的毕业生，有一部分可以分配到工厂、农村去劳动。根据中央规定，教育部会同有关部门将原中央领导的229所高等学校中的187所和大部分中等技术学校先后下放归地方领导。①

1958年8月4日，中共中央、国务院发布了《关于教育事业管理权力下放问题的规定》，指出：为了充分发挥各省、直辖市、自治区举办教育事业的主动性和积极性，并且加强协作区的工作，实行全党、全民办学，实现文化革命和技术革命，今后对教育事业必须改变过去条条为主的管理体制，根据中央集权和地方分权相结合的原则，加强地方对教育事业的领导管理。为此规定：②

> 今后教育部和中央各主管部门，应该集中主要精力研究和贯彻执行中央的教育方针和政策；综合平衡全国的教育事业发展规划；在中央领导下协助地方党委进行政治思想工作；指导教学和科学研究工作；组织编写通用的基本教材、教科书；拟定必要的全国通用的教育规章、制度；对高等学校教师进行必要的调配；及时总结交流经验。并且应该办好直接管理的

---

① 中央教育科学研究所：《中华人民共和国教育大事记（1949—1982）》，北京：教育科学出版社，1983年版，第220～221页。

② 中央教育科学研究所：《中华人民共和国教育大事记（1949—1982）》，北京：教育科学出版社，1983年版，第228—229页。

学校。

小学，普通中学、职业中学、一般的中等专业学校和各级专业学校的设置和发展，无论公办或民办，由地方自行决定。新建高等学校和中等工科技术学校，地方可自行决定或由协作区协商决定。

所有学校的政治思想工作及各种社会活动，都归地方党委领导。

各地方根据因地制宜、因校制宜的原则，可以对教育部和中央主管部门颁发的各级各类学校指导性教学计划、教学大纲和通用的教材、教科书，领导学校进行修订补充，也可以自编教材和教科书。

过去国务院或教育部颁布的全国通用的教育规章、制度，地方可以结合当前工作发展情况，因地制宜、因事制宜地决定存、废、修订，或者另行制定适合于地方情况的制度。

该规定还对招生工作、学校勤工俭学的生产计划、科研工作、干部教师的管理、毕业生分配、留学生管理工作等的权力下放问题作了规定。

1958 年，学校特别是高等、中等技术学校教育管理权力的下放，对改变教育管理体制上的条条为主、过于集中的状况，充分发挥地方办学的积极性是必要的。但中央对权力下放缺乏宏观上的统筹规划和控制指导，加之地方缺少管理高等和中等学校教育的经验，使地方发展教育的积极性、灵活性变成了盲目性。在“大跃进”的狂热氛围下，各级各类学校的数量及在校生人数骤然成倍增加，大大超出了国民经济的承受能力和教育系统本身的运作能力，教育事业陷入混乱状态。

二、权力上收与“文化大革命”中的混乱

1961 年实行调整的政策后，教育管理权限逐渐上收。

1963 年 5 月，中共中央、国务院颁布了《关于加强高等学校统一领导、分配管理的决定（试行草案）》，重申中央对高等教育的集中统一领导权，在这一前提下，实行地方分级管理，由此形成了条块分别办学、分级管理的高等教育体制的基本格局。明确提出为加强对高等学校的领导和管理，中共中央和国务院决定“对高等学校实行中央统一领导，中央和省、直辖市、自治区两级管理的制度”。同时规定，在省、直辖市、自治区党委的领导下，省、直辖市、自治区政府和高教（教育）厅局根据中央规定的方针政策、各项计划和规章制度，进行中央授权的工作，直接管理一部分学校，并在工作中同时对教育部负责；

省级有关业务厅局可协同高教（教育）厅局分工管理与本业务有关的高等学校，并在工作中接受中央有关业务部门的业务指导。由此，高等教育的中央集权管理体制再次确立。

这次上收权力对克服“教育革命”带来的混乱产生了一定作用，但在某些方面强化集权过多、统得过死的弊端没有得到根本解决。

1966 年“文化大革命”发生后，教育陷入混乱，将中小学下放到农村大队，将高校下放到地方或部门。

1968 年 11 月 14 日，《人民日报》发表山东省嘉祥县马集公社教育组两名干部的一封信。信中建议所有农村公办小学下放到大队来办，国家不再投资或少投资小学教育经费，教师都回本大队工作，国家不再发工资，改为大队记工分。该报编者按表示支持并号召就此建议展开“讨论”。在此以后，大批农村公办小学教师被强行下放回原籍，改拿工分，本人及其子女被转为农业户口。许多城镇中小学由工厂接办。上海、北京、沈阳等一些大、中城市将小学改为由街道办事处管理。① 小学教育事业受到严重破坏。

1969 年 1 月 27 日，《红旗》第二期发表了兰州市关于城市中走工厂办学道路的《厂办校、两挂钩》调查报告。调查报告介绍兰州第五中学自 1968 年 10 月工宣队进校后，改为兰州铸造厂厂办中学，变全日制普通中学为半工半读学校。该校师生每周两天学习，另外四天，半天劳动半天学习。把原来的十七门课合并为五门课（“毛泽东思想”、“工业基础”、“农业基础”、“革命文艺”、“工事体育”）。在此前后，河北、广东、四川、辽宁、湖北等不少地方的城镇中小学校也由工厂接办，实行类似兰州的厂校合一、工厂办校或“定厂办学”。1970 年以后，逐渐改为以学校办工厂，学校与工厂、社队挂钩为主要办学方式。②

1969 年 5 月 12 日，《人民日报》发表吉林省梨树县《农村中小学大纲（草案）》。大纲是由梨树县革命委员会和有关方面共同起草的，《人民日报》发表时作了修改，并要求全国讨论这个大纲。大纲中提出了中小学的领导管理、招生、学制、课程设置等方面的意见，如规定中学建立以贫下中农为主体的革命委员会，小学由大队教育革命领导小组实行一元化领导。小学由大队办，中学由社办或大队联办。学校经费实行民办公助。中小学实行九年一贯制。废除考

① 中央教育科学研究所：《中华人民共和国教育大事记（1949—1982）》，北京：教育科学出版社，1983 年版，第 422 页。

② 中央教育科学研究所：《中华人民共和国教育大事记（1949—1982）》，北京：教育科学出版社，1983 年版，第 425 页。

试、留级等制度。中学采取推荐与选拔相结合的办法招生。推选贫下中农、革命干部和民兵做兼职教师或组成讲师团。把教师的工资制改为工分加补贴。小学设政治语文、算术、革命文艺、军事体育、劳动五门课；中学设毛泽东思想教育、农业基础、革命文艺、军事体育、劳动五门课。《人民日报》的编者按说：大纲为今后农村教育革命指出了方向。[①] 在此以后，该报又陆续发表了支持、拥护这个大纲的文章和来信。

1969 年 5 月起，全国各级学校按照中共九大精神，在地方各级革命委员会领导下，进行“落实政策”的工作，并以“五七指示”为纲领，组织师生下厂、下乡参加劳动，与工厂、农村社队挂钩；同时在校内大办工厂、农场，建立校内外学工、学农基地，实行“开门办学”和“教学”、“生产”、“科研三结合”等。许多高等学校拆散原来的基础部和教研室（组），把各门课的教师及学生混合编成专业连队或教育革命小分队，到厂矿、农村进行“教育革命实践”。也有的在校内外举办各种短训班、试点班，进行“教育革命探索”[②]。

1969 年 10 月 26 日，中共中央发出《关于高等院校下放问题的通知》，规定：国务院各部门所属的高等院校（包括半工半读、函授学校），设在北京市的，仍归各有关部门领导；如果搬到外地，可交由当地省、直辖市、自治区革委会领导；与厂矿结合办校的，也可交由厂矿革委会领导；设在其他地方的，交由当地省、直辖市、自治区革委会领导。教育部所属的高等院校（包括函授学校），全部交由所在省、直辖市、自治区革委会领导，高等学校在本校所在省、直辖市、自治区以外设有分校或教改机构的，则实行以总校为主，当地革委会为辅的双重领导。

据此，原中央各部所属高等学校大都下放地方领导。据 1971 年 7 月全国教育工作会议的材料，原中央部属学校 176 所经调整后保留下来的 131 所中，除第二至第六机械工业部所属军工院校实行与地方双重领导、地方为主的管理体制外，仍由中央部门领导的有 6 所。[③]

1969 年 10 月 17 日，林彪以“加强战备，防止敌人突然袭击”为名，发出“紧急指示”，黄永胜等于 18 日以“林副主席第一个号令”下达后，命令全军进入紧急备战状态，全国大城市作了疏散人口和下放干部的紧急动员。在此后

① 《农村中小学大纲》，引自《人民日报》，1969 年 5 月 12 日。

② 中央教育科学研究所：《中华人民共和国教育大事记（1949—1982）》，北京：教育科学出版社，1983 年版，第 427 页。

③ 中央教育科学研究所：《中华人民共和国教育大事记（1949—1982）》，北京：教育科学出版社，1983 年版，第 428 页。

的两个月内，一些高等院校被裁并，一批设在北京、上海、广州、长春、郑州等大中城市的高等学校被外迁；更多的高等院校则以办五七干校、试验农场、分校、进行教育革命实践等名义，在农村建立“战备疏散点”，将大批师生员工及部分家属下放到农村。同时大批中等专业学校被裁并，教师和干部被下放。不少部门和地区的中等专业学校几乎全部停办。广州、北京等地的一些中等学校也以办分校的名义，在农村建立“战备疏散点”。①

在高等学校和中等学校外迁和裁并过程中，大批校舍被占，大量图书、仪器等设备被毁坏或散失。

1970 年 1 月 29 日，国务院、中央军委决定：将国防科委所属九所高等院校（北京航空学院、南京航空学院、西北工业大学、成都电讯工程学院、北京工业学院、华东工程学院、太原机械学院、上海交通大学、西北电讯学院）及哈尔滨工程学院的两个系分别划归第三、第四、第五、第六机械工业部领导。在此以后，国务院、中央军委又批准撤销太原机械学院，改为仪器制造厂；新建武汉船舶工程学院。并决定上述各院校由所在地区的省市革委会和主管部门实行双重领导。②

1970 年 6 月 15 日，国务院、中央军委发出电报：将哈尔滨工程学院迁至长沙，改为长沙工学院；哈尔滨工业大学迁至重庆北碚地区，改为重庆工业大学。两校内迁后，分别由湖南省和四川省的革命委员会、省军区及第二、第七机械工业部实行双重领导。③

在这种混乱之中，自然无体制可言。这种状况一直延续到 1976 年。

三、恢复到 20 世纪 60 年代初的基本格局

“文化大革命”十年，包括教育体制在内的教育秩序遭到破坏。

“文化大革命”结束后，教育部门的首要工作是恢复正常的教育秩序。1979 年，在全国都不重视教育工作的情况下，教育主管部门试图采取简单恢复 1958 年的做法解决问题，中共中央批转了湖南省桃江县委《关于发展农村教育

① 中央教育科学研究所：《中华人民共和国教育大事记（1949—1982）》，北京：教育科学出版社，1983 年版，第 429 页。

② 中央教育科学研究所：《中华人民共和国教育大事记（1949—1982）》，北京：教育科学出版社，1983 年版，第 431 ~432 页。

③ 中央教育科学研究所：《中华人民共和国教育大事记（1949—1982）》，北京：教育科学出版社，1983 年版，第 433 页。

事业的情况报告》，指出：桃江县抓教育工作的主要经验之一是坚持“两条腿走路”的方针，发挥国家办学和群众集体办学的两个积极性，并召集全国各地教育部门领导到桃江召开现场会，推广桃江经验。1980 年，中共中央、国务院发出《关于普及小学教育若干问题的决定》，重申了这一方针，并阐明了坚持这一方针的必要性和原则。决定指出：在我们这样一个人口众多、经济不发达的大国，普及小学教育不可能由国家包下来。要以国家办学为主体，充分调动社队集体、厂矿企业等各方面办学的积极性，还要鼓励群众自筹经费办学。①

1979 年 8 月 10 日，中共中央、国务院重新颁发《关于加强高等学校统一领导、分级管理的决定》，强调“在高等教育工作中，各地区、各部门、各学校都要贯彻执行中央统一的方针政策；都要遵守中央统一规定的教学制度和其他重要的规章制度；都要按照全国统一的高等教育事业规划和计划办事”②。

同时，教育部重新修订了《高教六十条》、《中教五十条》、《小教四十条》，教育体制又恢复到了 60 年代初的基本格局，这种简单恢复对迅速结束教育工作的混乱局面、恢复正常教学秩序发挥了积极作用，然而，造成的负面影响是中国教育体制权力过度集中的问题得到强化。

1978 年 6 月 19 日至 25 日，教育部在南京召开国务院各部委所属高等学校改变领导体制的交接工作会议。根据中共中央、国务院关于办好高等学校的指示，一部分重点高等学校和非重点高等学校，改为实行国务院有关部委和省、直辖市、自治区双重领导，以部委为主。为做好这些院校及教育部所属教学仪器厂改变领导体制的工作，会议讨论了教育部起草的有关事业计划、劳动工资、财务、基建、物资供应五项交接办法和管理分工的草案。经这次改变领导关系，国务院各部委所属高等学校达 160 所。以后，国务院各部委所属高等学校校数又有增加，至 1980 年达 270 所。③

1978 年 11 月 11 日，教育部转发经国务院批准的《关于改变部分中等专业学校领导体制的报告》。报告同意煤炭部将“文化大革命”中下放给地方领导的五所中等专业学校改为部门与有关省市双重领导，以部门为主。同时，规定今后改变中等专业学校领导关系，由部门与地方协商报国家计委和教育部备案。

---

① 中华人民共和国教育部：《共和国教育 50 年》，北京：北京师范大学出版社，1999 年版，第 257 页。

② 国家教委政策法规司：《关于加强高等学校统一领导、分级管理的决定》，引自《十一届三中全会以来重要教育文献选编》，北京：教育科学出版社，1992 年版，第 30 页。

③ 中央教育科学研究所：《中华人民共和国教育大事记（1949—1982）》，北京：教育科学出版社，1983 年版，第 520 页。

据此，国务院各部委均陆续从地方收回了一批中等专业学校，至 1980 年 7 月，部门所属中等专业学校达 250 所。①

上述两项恢复措施不久后形成了问题甚多的部门办学格局。

简单恢复旧秩序的直接后果是高度集中的中央集权模式使教育囿于计划之中，脱离社会实际需求，自上而下的指令性计划缺乏弹性，国家对学校管得过死，学校缺乏自主权。

1980 年 5 月 30 日，国务院副总理方毅主持召开教育问题座谈会。参加座谈会的有教育部和有关部门、重点学校的负责同志及北京市一部分中小学特级教师。为了尽快改变当前教育事业同四个现代化需要严重不相适应的状况，就若干问题交换了意见和看法。会上的发言强调指出：我们国家很大，经济、文化教育的发展很不平衡，自然条件也千差万别，千万不能一刀切，千万不能搞全国性的整齐划一。要做到多种途径、多样化办学，广开学路，特别是高等教育尤其如此。要充分发挥各方面的办学积极性，大力发展教育事业。要改革高等学校和中等学校的结构。希望通过报纸和各种舆论工具开展一场关于教育问题的讨论。②

此后，在全国范围内开展了教育问题的大讨论，其中对较长时间一直宣传的教育属于上层建筑的观点提出质疑。由于受到苏联的影响，教育一直被看成属于上层建筑，过于强调教育与政治的关系，过于要求教育的行政属性，于是就要提高中央对教育的绝对领导权力。对教育属于上层建筑的讨论并未随即导致教育体制的变革，过于集中统一的教育管理体制依然屹立。

不合理的教育体制就不能充分有效调动各方面发展教育的积极性，体制障碍是长期以来中国教育难以在规模、结构、质量、效益等方面实现可持续、协调发展的主要原因。1982 年，经过教育思想大讨论，越来越多的人感到摆脱“苏联模式”的影响、“使教育最终从长期以来一直作为政治工具的‘左’倾思想桎梏中解放出来”③、建立适合中国实际和教育与人才成长内在发展规律的教育体制迫在眉睫。

---

① 中央教育科学研究所：《中华人民共和国教育大事记（1949—1982）》，北京：教育科学出版社，1983 年版，第 533 页。

② 中央教育科学研究所：《中华人民共和国教育大事记（1949—1982）》，北京：教育科学出版社，1983 年版，第 582 ~ 583 页。

③ 中华人民共和国教育部：《共和国教育 50 年》，北京：北京师范大学出版社，1999 年版，第 201 页。

四、与有计划的商品经济相适应

思想稍一解放，人们就感到教育体制存在问题，并试图改革。

1. 高校要求自主权

1979 年，上海四所大学的校长在《人民日报》发表文章呼吁给高校一点自主权，围绕政府与学校的关系、中央与地方的关系以及学校内部管理、教学等方面对当时过于集中的教育体制提出了批评建议。

其中，上海交通大学从 1979 年开始动真格地实行了人员流动、岗位责任制和内部工资制度改革，① 这一改革的关键是实行党政分家，开了在非经济部门以责任制度而不是以政治领导来维系工作的先河。内容包括校长责任制、系主任责任制、总务主任责任制、学生事务责任制。虽然改革引发了一片争议，但同时也产生了较大影响。1983 年获得教育部同意，该校实行“以管理和人事、分配制度为改革突破口”的高校内部管理体制改革，逐步形成“公平竞争、择优上岗、多劳多得、合理流动”的运行机制。②

上海交通大学的改革引发一些高校由系主任责任制发展到系主任由教师选举产生，有些学校发展到几乎除正校长以外的所有职位都由选举产生；相应地对教师采取聘任制，打破了教师的“铁饭碗”。1988 年，各校的聘任制又发展到工资包干，这就使得一个院系可以少聘人，由较少的人干较多的人的工作，同时也由较少的人分摊较多的人的工资。

1983 年，少数高校试探在国家指令的招生计划之外为用人单位委托培养学生，随后演变为计划招生、委托培养和招收自费生三种招生方式。

1982 年 11 月 8 日，《人民日报》刊登教育部副部长黄辛白就加速发展高等教育问题答该报记者问。黄辛白说，要立足于国情，根据现代化建设的需要和可能来发展高等教育，逐步建立一个有中国特色的社会主义高等教育体系。在教育内容上要多层次，在办学形式上要多种形式，在办学力量上要依靠多种社会力量。设想经过努力，全日制大学的招生人数在 80 年代翻一番，后十年的发展也将是比较大的。并提出了五条措施：①要有计划地新办一些院校和在老院校里增设一批系、专业；②挖掘现有院校潜力；③发展短期职业大学；④发展

① 上海交大党委办公室：《上海交通大学管理改革初探》，上海：上海交通大学出版社，1984 年版。

② 中华人民共和国教育部：《共和国教育 50 年》，北京：北京师范大学出版社，1999 年版，第 205 页。

其他多种形式的高等教育，包括函授、广播电视、自学考试等；⑤担负起干部轮训的任务。[①] 这一讲话没有直接提到高校自主权问题，说明官方对高等教育发展的基本方式依然是选择外延发展而非内涵发展。

2. 改革中等教育结构

1978 年 4 月，中等教育结构改革问题由全国教育工作会议提出。会议前后，一些省市开始进行试验。有些省、直辖市、自治区成立了中等教育结构改革领导小组。

1979 年 6 月 13 日，《光明日报》报道了为解决中等教育结构内部比例失调所造成的严重问题，山东省提出的改革中等教育结构的初步意见。具体为：恢复和新建中等专业学校和技工学校；在高中实行两类教学计划；逐步发展农业中学；城市逐步发展一批职业中学。同日，该报报道上海市经过调查研究在一些中学内设中专试点班。

1979 年底，全国已有农业中学及其他职业性学校 2000 多所，在校学生 23 万多人。农业中学及其他职业中学，在 1965 年曾发展到 6 万多所，在校学生 443 万多人。[②]

1980 年 10 月 7 日，国务院批转了教育部、国家劳动总局发出的《关于中等教育结构改革的报告》。报告指出：中等教育结构改革，主要是改革高中阶段的教育，实行普通教育与职业技术教育并举，全日制学校与半工半读学校、业余学校并举，国家办学与业务部门、厂矿企业、人民公社办学并举的方针。县以下的教育事业应当主要面向农村，为农村的各项建设事业服务。要提倡城乡各行各业广泛举办职业（技术）学校。可适当将一部分普通高中改办为职业技术学校、职业中学、农业中学。报告提出了中等教育结构改革的内容和途径以及需要解决的几个问题。报告对职业技术教育的经费、编制、开办、审批等都作了规定，并建议各省、直辖市、自治区建立领导小组，吸收有关单位参加，统管中等教育结构改革和职业技术教育。1980 年，全国各地进行中等教育结构改革试点工作，相继开办职业学校和高中职业班。[③]

1981 年，《人民教育》6 月号发表孙起孟给该刊的一封信，谈多种形式办学问题。其中指出，几年来我国八个民主党派及全国工商联、中华职业教育社

---

① 黄辛白：《答记者问》，引自《人民日报》，1982 年 11 月 8 日。

② 中央教育科学研究所：《中华人民共和国教育大事记（1949—1982）》，北京：教育科学出版社，1983 年版，第 550 ~ 551 页。

③ 中央教育科学研究所：《中华人民共和国教育大事记（1949—1982）》，北京：教育科学出版社，1983 年版，第 593 ~ 594 页。

两团体积极举办各种形式的业余教育，至本年3月的不完全统计，已开办业余学校72所，学员达24955人。① 1982年9月16日至21日，全国政协在北京召开各民主党派、工商联、中华职业教育社办学座谈会。全国政协副主席刘澜涛在会上讲话说："各民主党派办教育，是在新的历史时期，为国家社会主义建设服务的创造性的具有重要意义的活动，开辟了为四化服务的新领域、新途径。"②

1982年8月11日，教育部转发了辽宁省人民政府的《改革中等教育结构发展职业技术教育经验交流会纪要》。纪要指出，职业技术教育对于在整个国民经济范围内提高经济效益，走出一条经济建设的新路子，有着十分重要的作用。各级领导必须进一步提高认识，不断增强自觉性，搞好这项改革。纪要提出，职业技术教育要继续执行"巩固提高，稳步发展"的办学方针，进一步调整好职业学校的专业设置，使之与生产建设及其他事业的发展相协调，和劳动就业需要相适应；继续抓好教师队伍、教材、实习基地的建设全面贯彻党的教育方针，建立教学指导体系，努力提高教育质量。③

1982年8月28日，《光明日报》发表了教育部党组书记张承先的文章——《改革农村教育为建设社会主义新农村服务》。文章指出：为有利于人才的培养，我国的教育制度必须进行改革。在整个国民经济体制改革中，农村是改革得比较快、比较好的。在教育制度的改革上，农村也有条件搞得快些好些，要把农村教育的改革当做整个教育制度改革的一个突破口，下大力气抓一下。还是要从改革农村中等教育结构入手。首先要端正办学思想。我们在农村办教育的目的，就是为建设社会主义新农村服务，就是要培养有社会主义觉悟有文化的一代新式农民。改革农村中等教育结构，要适应当地农民生产和生活的要求，有什么地区优势，就办什么学校，培养什么人才。学校不仅是农村的教育中心，还应该是传授先进科学技术的中心。要提高农业中学、职业中学的教学质量，要编好教材，要改善办学条件。④

1982年8月28日，教育部转发了山东省《关于加速农村中等教育结构改

---

① 中央教育科学研究所：《中华人民共和国教育大事记（1949—1982）》，北京：教育科学出版社，1983年版，第621页。

② 中央教育科学研究所：《中华人民共和国教育大事记（1949—1982）》，北京：教育科学出版社，1983年版，第667页。

③ 中央教育科学研究所：《中华人民共和国教育大事记（1949—1982）》，北京：教育科学出版社，1983年版，第663页。

④ 张承先：《改革农村教育为建设社会主义新农村服务》，引自《光明日报》，1982年8月28日。

革问题的报告》。报告提出：要加快农村中等教育结构改革的步伐，坚持普通教育与农业技术教育并举，全日制学校与半农半读学校、业余学校、各种技术培训班并举，国家办学与集体办学并举的方针。力争在近期内使农村技术教育在数量上有一个较大的发展，质量上有一个较大的提高，逐步建立起以县办农业技术中学为主要基地的农业技术教育网。报告要求对现有的农业技术中学和农业中学进行整顿和充实工作，抓紧配备专业教师，提高师资水平，通过多种渠道解决办学经费的问题。①

1983年5月11日，教育部、劳动人事部、财政部、国家计委联合印发了《关于改革城市中等教育结构、发展职业技术教育的意见》。

1983年6月6日，六届全国人大一次会议的政府工作报告中提出："我国中等专业教育多年来发展缓慢，形成中等和高等专业人才的比例严重失调，不利于加强和充实生产第一线的技术力量，造成教育投资的严重浪费。要进一步抓紧中等教育结构的改革，有计划地发展职业技术教育。五年内使职业高中在校学生数占到整个高中学生总数的40%以上。为了推动这一改革，要加快职业技术教育师资的培训，提倡具备条件的科学技术人员和能工巧匠到职业学校兼职兼课，提倡厂矿和正规学校联合办学。"

到1990年，中等职业学校在校学生数占高中阶段在校学生数的比例由1978年的7.6%提高到45.8%。②

3. 穿越时空的《中共中央关于教育体制改革的决定》

1984年，人们对新教育体制之新的期待主要在于它与中央政府刚刚颁布的《关于经济体制改革决定》所确立的商品经济相适应。商品经济的发展产生了多种经济实体，也产生了对教育的多样化需求，为教育资源多渠道获取提供了现实的可能，开放展示了世界范围内的新技术革命对中国的挑战，在这种情况下，原有计划经济体制基础之上的教育体制不能满足社会的发展和人们对教育的需求。

曾经主持《中共中央关于教育体制改革的决定》的胡启立，在各地调查后，认为最大的弊端乃是在长期计划经济体制下所形成的僵化模式。具体表现为：高校办学活力不足，政府行政部门管得过多过死，在财政体制、招生制度、用人制度、分配制度上都是僵化的模式，学校没有自主权，难以成为独立自主

---

① 中央教育科学研究所：《中华人民共和国教育大事记（1949—1982）》，北京：教育科学出版社，1983年版，第665页。

② 中华人民共和国教育部：《共和国教育50年》，北京：北京师范大学出版社，1999年版，第237页。

的办学主体，也缺乏积极性，内在潜力发挥不出来。从用人方面看，一方面是人才奇缺，另一方面是以往分配来的不少大学生不对路，不合乎需要，存在需要和供给、学校学科设置和实际需要、需要和质量、学生知识结构上专和博、学和用五大矛盾。由于体制原因，形成条块分割，各院校都搞大而全、小而全，造成资源极大浪费；各地情况迥异，基础各不相同，发展很不平衡，但统统实行统一办学模式：清一色的全日制、正规化统一招生、统一考试、统一教材、统一标准、统一学制。大学无论是部办、省办、国办，一概统招统分统配，其结果是，学校吃政府的大锅饭。学生吃学校的大锅饭；在教育结构上，高等教育、基础教育、职业教育，设置比例严重不合理，片面强调高等教育，轻视基础教育，职业技术教育十分薄弱（据统计，当时职业学校在高中教育阶段的比例不到10%）；在教育思想上走向一个极端，唯学历、唯文凭，盛极一时，形成“千军万马过独木桥”的局面。在高校里，较普遍存在着重理工轻人文、重智育轻德育、重学历轻能力、重理论轻实践的倾向。基础教育严重滞后，师范教育不受重视，在广大农村，特别是一些老少边穷地区，学校数量少、条件差、师资缺乏；在学校管理体制上，由于政府权力过于集中，学校无法成为一个独立自主的办学主体，外无压力、内无动力，整个学校缺乏活力。

简言之，基础教育薄弱，学校数量不足、质量不高，合格师资和必要的设备严重缺乏；经济建设大量急需的职业技术教育没有得到应有的发展；高等教育内部的科系、层次比例失调。在教育管理体制上，中央与地方之间、部门与行业之间、政府有关部门与学校之间的教育管理权限划分不够合理；政府对学校统得过死，学校缺乏活力，教育效能低下。在投资体制上，投资主体过于单一，教育经费严重缺乏，有限的教育经费又未能在各级各类教育之间合理分配。高度集中、过度僵化的体制已成为教育发展的重大障碍。

1985年5月27日，《中共中央关于教育体制改革的决定》颁布，国家试图建立与当时的经济体制相配套、符合中国国情、适应经济和社会全面发展需求的教育体制，致力于解决上述一系列的问题，确立了以体制改革为突破口，启动全方位教育改革的思路。这一决定可简要归纳为“给钱”、“放权”四个字。强调：“改革管理体制，在加强宏观管理的同时，坚决简政放权，扩大学校的办学自主权；调整教育结构，相应地改革劳动人事制度；还要改革同社会主义现代化不相适应的教育思想、教育内容、教育方法。”

《中共中央关于教育体制改革的决定》提出：将发展基础教育的责任交给地方，实行地方负责、分级管理，推进普及九年义务教育；调整教育结构，大力发展职业技术教育；改革高校招生和毕业生分配制度，扩大高校自主权。从而降低了管理的重心，调动了各级政府与学校的办学积极性。鼓励事业单位、社会团体及公民个人依法办学。

《中共中央关于教育体制改革的决定》明确赋予了高校六个方面的自主权：“在执行国家政策法令、计划的前提下，高等学校有权在计划外委托培养和招收自费生；有权调整专业方向、制订教学计划和教学大纲、编写和选用教材；有权接受委托或外单位合作，进行科学研究和技术开发，建立教学、科研、生产联合体；有权提名任免副校长和任免其他各级干部；有权具体安排国家拨发的基建投资和经费；有权利用自筹资金开展国际的教育和教学交流。”

继《中共中央关于教育体制改革的决定》之后，1988 年 3 月 25 日，七届全国人大一次会议的政府工作报告中提出：高等教育体制改革的目标，是逐步建立起能够适应对专门人才需要的新机制。要进一步改革教学内容和教学方法，还要对招生制度、毕业分配制度等逐步进行改革，把竞争机制恰当地引入高等学校，以提高教学质量，激发学生的学习积极性和主动性。这些原则也同样适用于各类职业学校。向国外派遣留学人员是我国现代化建设的需要，也是执行对外开放政策的具体体现，要长期坚持下去。对留学人员的派遣和管理工作要不断加以改进。高等学校有一支强大的科技队伍，应当在完成教学任务的同时，引导他们主动与经济建设相结合，鼓励他们开展各种形式的社会服务。此时高等教育已有一定的规模，发展的重点是提高教育质量、调整层次和结构，而不是扩大学校规模和增加学校数量。

《中共中央关于教育体制改革的决定》指出：“发展教育事业不增加投资是不行的。在今后一定时期内，中央和地方政府的教育拨款的增长要高于财政经常性收入的增长，并使按在校学生人数平均的教育费用逐步增长。”“地方要鼓励和指导国营企业、社会团体和个人办学，并在自愿的基础上，鼓励单位、集体和个人捐资助学……”① 这就为改革单一的投资体制，实现教育投资的多元化指明了方向。

《中共中央关于教育体制改革的决定》是六十年中发出浩繁的教育文件中最有价值的一份教育文件，提出了此前教育体制存在的问题，为此后教育改革确定了方向。事实上，1985 年《中共中央关于教育体制改革的决定》所提出的教育体制改革目标至今仍未达到。

4. 多渠道解决教育经费

1986 年 4 月，颁布了《中华人民共和国义务教育法》，其中，以法律形式

① 《中共中央关于教育体制改革的决定》，引自《人民日报》，1985 年 5 月 29 日。

确定了义务教育经费的来源包括中央和各级地方政府的财政拨款，教育事业费附加，各种社会力量以及个人捐资助学。1986 年 4 月，国务院发布了《征收教育费附加的暂行规定》。自此，各地在多渠道筹措教育经费方面的工作全面展开。这些经费渠道包括：各级政府城市教育费附加和定标教育费附加，厂矿企业事业单位用于教育的经费，各种社会力量、群众团体和个人集资办学，收取学生的学杂费，学校开展有偿服务和勤工俭学的收入等。至此，开放了民间资金进入教育的渠道，却未能有效保障民间办学的权利。

1986 年，高等学校开始招收“自费生”。1989 年 5 月 5 日，国家教委印发了《1989 年普通高等学校试行招收自费生意见》。1989 年全国大部分高等院校开始向学生收每学年 100 ~ 300 元的学费。1990 年 7 月 9 日，国家教委、人事部、国家计委、公安部、商业部联合发布了《普通高等学校招收自费生暂行规定》。

1990 年后，教育上的“投入不足，教师待遇偏低，办学条件差，教育体制及其运行机制与日益深化的经济、政治、科技体制改革需要不相适应等问题迫切需要解决”①，理顺政府、学校、社会之间的关系，充分调动各方面的积极性、主动性、创造性，提高管理效率，重组教育资源，激发办学活力，再次成为教育面对的实际问题。

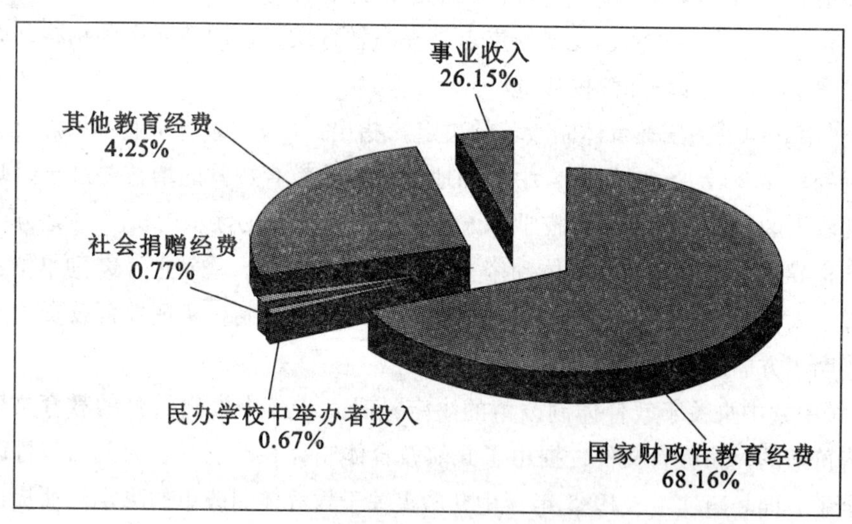

图 5 – 1　2007 年全国教育经费总投入按经费来源构成

20 世纪 90 年代，在解决教育经费来源的问题上出现了原来仅仅由政府投

① 中华人民共和国教育部：《共和国教育 50 年》，北京：北京师范大学出版社，1999 年版，第 207 页。

入转变为国家、社会、个人多方投入；在基础教育上实行“地方负责、分级办学、分级管理”的体制，调动了地方办学的积极性；在实践中形成了“财、税、费、产、社、基”的多渠道筹措教育经费的投入机制，即以财政性拨款为主，辅之以征收用于教育的税（费）、对学生收取学杂费、发展校办产业、社会集资或捐资助学、建立教育基金等。

义务教育管理上明确农村义务教育“实行在国务院领导下，由地方政府负责、分级管理、以县为主的体制”，并要求中央和各级政府要加大财政转移支付力度。“管理以县为主，投入分级负担”，强调提供公共服务的各级政府对九年义务教育的责任，明确各级政府发展义务教育的财政责任。

5. *农村教育综合改革*

1985 年，安徽结合学习陶行知教育思想对农村教育进行改革，先后在休宁、歙县等地进行教育改革试点，然后扩大到徽州、滁州地区，形成农科教结合的农村综合教育改革模式，1988 年后推广到全国各地。

1987 年 2 月 27 日至 28 日，国家教委和河北省政府联合在河北省涿州市召开农村教育改革实验区工作会议。1987 年底，国家教委与河北省政府在阳原、顺平、青龙三县建立农村教育改革综合试验区。

1988 年 8 月，国家教委在河北南宫召开会议，布置“燎原计划”的实施，每年国家为此发放 6000 万元贷款，推进农村普通、职业、成人教育与农村经济的结合。

1989 年 4 月 28 日，国家教委、农业部等部门联合组建“农村教育综合改革领导小组”；5 月 23 日，国家教委发出在全国建立百县农村教育综合改革实验区通知。

1992 年 2 月 12 日，国务院印发了《关于积极实行农科教结合推动农村经济发展的通知》，农科教结合的改革取得一定进展。

五、与市场经济相适应

在市场经济条件下，中国社会长期存在的城乡分割对立的二元经济结构和社会体制使城乡教育之间的差别越来越大。城乡二元经济结构导致教育制度的种种设置与安排存在突出的“城市取向”。加强教育制度与教育政策自身的改革，按照促进社会公平的原则进行体制性改革成为教育制度与政策建设的主题。具体目标就是坚持城乡义务教育的共同发展，加强对农村薄弱学校的改造，促进农村高中阶段教育的发展；深化高校招生制度的改革，重新分配公共教育权力和权力运行机制，根据社会转型的需要进一步调整公共教育权力结构，建立一个均衡的公共教育权力体制。

1992 年，中共十四大提出了建立社会主义市场经济的目标，在国家向市场经济体制转轨的过程中也出现过“学校改制”的现象，不少公办学校“改制”为民办学校。依据《中国教育改革和发展纲要》的精神，义务教育办学体制出现以下变化：一是民办中小学校蓬勃发展；二是出现多种形式办学，“民办公助”、“公办民助”，并在“改制”过程中发生争议。1995 年，在直辖市、省会城市中新发展的民办中小学，大多数是“改制”的公办学校，“改制”学校已经超出民办教育本身。[①] 2006 年，新修订的《中华人民共和国义务教育法》颁布后，不少改制学校才又改回到公办或完全变成民办学校。

1993 年 2 月 13 日，中共中央和国务院颁布了经过 1986 年后多次修改的《中国教育改革和发展纲要》。这份纲要本应是对以前的决定的继续，但由于 1989 年的某些因素的影响，在办学自主权方面有所收缩，强调“教育体制改革有利于坚持社会主义方向，培养德智体全面发展的建设者和接班人；有利于调动各级政府、全社会和广大师生员工的积极性，提高教育质量、科研水平和办学效益；有利于促进教育更好地为社会主义现代化建设服务”[②]。

纲要在各地的贯彻和实施，促使办学体制发生变化，原有的由国家单一办学体制向国家办学为主、社会各界参与、多种形式办学的体制转换。社会力量办学进入了一个新的蓬勃发展阶段，学校数量迅速增加，办学范围从成人教育向基础教育、职业技术教育、普通高等教育延伸，同时出现了公办学校向民办学校转制和境外机构或个人办学的新情况。

1994 年起，高校逐步实现了招生“并轨”和缴费上学，毕业生就业从国家包分配逐步向“双向选择、自主择业”转变。

1995 年 7 月 19 日，国务院办公厅转发国家教委《关于深化高等教育体制改革的若干意见》。意见提出：争取到 2000 年或稍长一点时间，基本形成举办者、管理者和办学者职责分明，以财政拨款为主、多渠道经费投入，中央和省、自治区、直辖市政府两级管理、分工负责，以省、自治区、直辖市政府统筹，条块有机结合的体制框架。

1995 年后，社会力量参与办学越来越多，国家对社会力量办学采取了“积极鼓励、大力支持、正确引导、加强管理”的方针，在成人教育、职业培训、

---

① 中华人民共和国教育部：《共和国教育 50 年》，北京：北京师范大学出版社，1999 年版，第 283 页。

② 《中国教育改革和发展纲要》，引自《人民日报》，1993 年 2 月 27 日。

基础教育、普通高等教育和职业学校中出现了民办公助、国有民办、中外合作办学等多种办学形式。

1998 年，《中华人民共和国高等教育法》中明确规定："采取多种形式发展高等教育事业，"，"国家鼓励企事业组织、社会团体及其他社会组织和公民等社会力量依法举办高等学校，参与和支持高等教育事业的改革和发展。"①

1998 年，国务院领导提出解决部门办学"条块分割、条条分割、小而全"的体制问题，实施高校布局结构调整，500 多所高校管理体制发生变化，中央部委与地方所属高校的结构发生了巨大变化，部属高校比例下降，地方高校成分大幅度上升。

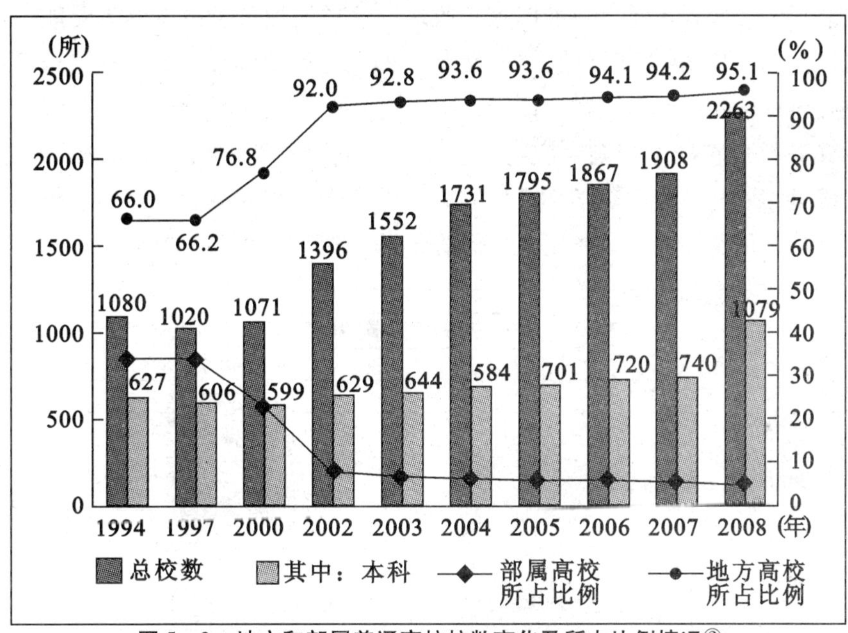

图 5－2　地方和部属普通高校校数变化及所占比例情况②

1999 年，教育部制定并由国务院批转颁布的《面向 21 世纪教育振兴行动计划》提出：在今后 3～5 年，基本形成以政府办学为主体、社会各界共同参与、公办学校和民办学校共同发展的办学体制。《中共中央、国务院关于深化教育改革全面推进素质教育的决定》再次强调："进一步解放思想、转变观念，积极鼓励和支持社会力量以多种形式办学，满足人民群众日益增长的教育需求，形成以政府办学为主体、公办学校和民办学校共同发展的格局。"并明确提出，"凡符合国家有关法律的办学形式，均可大胆试验。在发展民办教育方面迈出更

① 《中华人民共和国高等教育法》，引自《中国教育报》，1998 年 8 月 30 日。
② 数据来源：历年教育统计。

大的步伐。”鼓励社会力量以多种方式举办不同的民办教育。

中国基础教育办学体制几经变化，形成了以政府办学为主、社会办学为辅的办学体制。由于公立学校中城市企业和农村社队办学占有重要地位，企业办学历来是基础教育的重要组成之一，在不少地方是实施义务教育的重要支柱。然而，建立现代企业制度就意味着结束企业办社会的局面，分离企业职工教育以外的办学职能。为此，义务教育办学体制面临艰巨的重组。现实中的问题是，地方财力尚不充足，社会保障体系还不健全，政企从整体上还未完全分开，办学经费一时难以落实，企业子弟学校不能在短期内全部转由政府和社会办学，只能逐步在有条件的地方和企业进行试验。

农村学校经费不足，只能向家长收取，这样又加重了原本就承受能力极低的农民负担，自2001年开始，“一费制”的试点政策陆续出台。这项政策最初仅在贫困地区农村小学和初中试行，后来逐渐扩大范围，2004年全国城市和农村的义务教育阶段学校全部实行“一费制”。实行“一费制”，减轻了农民负担，降低了农村学校的辍学率，但同时也带来学校收入减少，影响学校正常运转等问题，原有教育财政制度不变的情况下，教育经费不足的问题就无法解决。

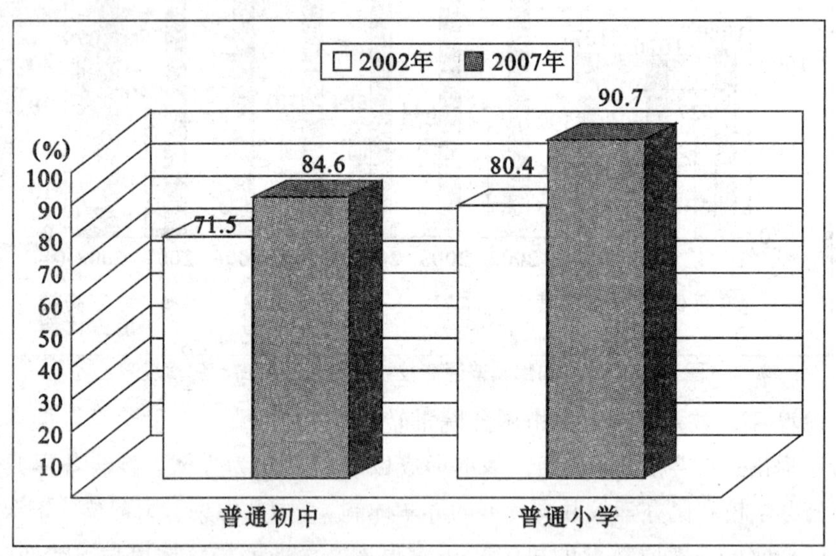

图5－3　2002年、2007年义务教育阶段财政性教育经费占教育总经费的比例

2002年，《国务院关于进一步加强农村教育工作的决定》明确提出农村教育两项重大体制转变：一是管理体制转变，教育事权由乡镇管理转向“以县为主”的管理体制；二是投入体制转变，在税费改革中通过转移支付加大了对农村教育的投入，形成中央与地方共同负责的农村义务教育投入体制，义务教育自2002年后逐渐实现了由义务教育人民办向义务教育政府办的转变。由于国家

推行免费的义务教育，义务教育阶段以政府投入为主，财政性教育经费小学占90%、初中占85%左右。

高等学校的非财政性教育经费所占比例明显有所提高。

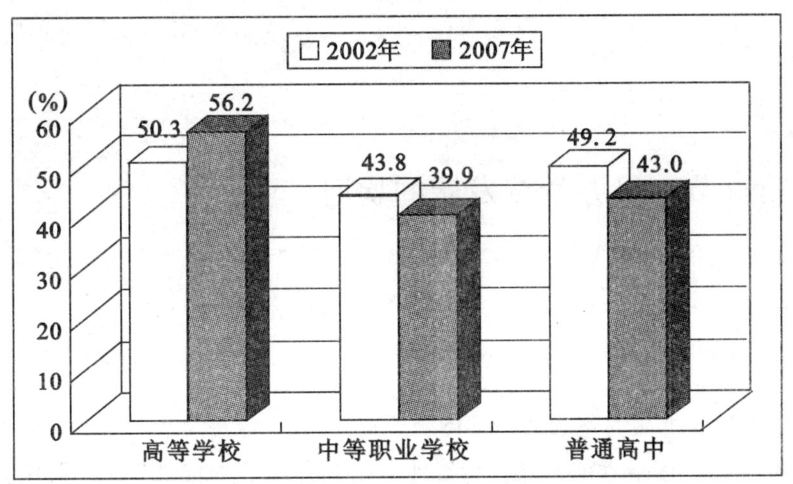

图 5－4　2002 年、2007 年非义务教育阶段非财政性教育经费占教育总经费的比例

历史经验表明，管理体制是决定教育，尤其是高等教育能否在数量、质量、结构和效益方面相互协调、健康发展的重要因素，也是决定教育效能高低的重要因素。

教育体制改革的曲折发展表明：教育管理体制优劣的关键在于教育权限如何划分，各方面职责权力结构失衡就影响教育行政功能的有效发挥，阻碍教育事业的健康发展。中国教育体制改革始终未能走出“一统就死、一放就乱、一乱就收、一收就死”的怪圈，就是因为在教育行政权限的划分上没有系统的设计规划，在注意调动某一方面的积极性的同时，往往忽视了另一方面的积极性。由于长期忽视调整各级教育行政机关与学校和社会之间的关系，未能确定明确的边界，忽视学校和社会办学的积极性，忽视师生的独立自主性，导致学校办学既没有自主权，也没有积极性；社会既没有办学责任，也不愿履行办学义务，所以，学校办学缺乏生机和活力，社会办学缺乏动力和要求。这种体制状况束缚了人们手脚，阻碍了教育事业的健康发展。

有效的体制是促进教育活动最微观层面的学校教学活动对社会发展的积极效应，实现这一目标有赖于学校自主办学权的落实，其目标是最大限度地满足学生成长发展的教育需求。因此，必须将学校从政府的科层体系中解放出来，“实现政府的职能转换，加快由高度计划的‘国家化’向还权给学校的‘自主化’的改革进程”①。

中国教育体制改革之路依然艰难遥远。

第五节　民办学校发展的坎坷

中国有世界上最为悠久的私学传统。

1949年新中国成立前，除台湾省外中国共有高等学校227所，其中公立大学138所，约占61%；私立大学65所，约占29%；教会大学24所，约占10%。

一、禁绝私学

到20世纪60年代，真正意义上的私学在中国大陆绝迹。改革开放后，将古老的私学传统以民办教育形式重新复苏。

在国家统揽统包一切教育的大背景下，中国的民办教育经历了调整、消失、恢复、开拓、发展的坎坷六十年。

从1950年6月到1952年3月，周恩来多次指出：在教育方面要“公私兼顾”，“民办小学要加以提倡”，私立学校经济上有困难“政府也应照顾”，“各地现有的各类私立中等技术学校和私立技术补习学校，对培养技术人才能起一定作用，各级人民政府及所属有关部门应鼓励此类学校的设置，并加强领导，使其有效地为国家建设服务。办得有成绩而经费确实困难，应予以适当的补助”②。当时正处在国民经济恢复时期，各级政府及所属教育行政部门认真执行

① 中华人民共和国教育部：《共和国教育50年》，北京：北京师范大学出版社，1999年版，第217页。

② 中华人民共和国教育部：《共和国教育50年》，北京：北京师范大学出版社，1999年版，第572页。

了上述私立学校政策，形成公办教育与民办教育并存的格局。为满足工农群众的文化需求，为促进国民经济的好转发挥了重要作用。

表 5－1　1949 年的民办学校比例①

指标	注册中学					高校				
	总数	公办		民办		总数	公办		民办	
		数量	比例（%）	数量	比例（%）		数量	比例（%）	数量	比例（%）
学校总数（所）	4045	1778	44	2267	56	205	121	59	84	41
在校生数（万人）	103.9	63.62	61.2	40.28	38.8			73.1		26.9

在生产资料社会主义改造的名义下，学校作为生产资料的一种也必须进行社会主义改造，收归公有，从而引起了办学体制的改变。从 1951 年起，中国从接收外国教会办的学校开始，实行了政府接办、改为公立学校的工作；1952 年，根据收回教育主权的政策，政府全部接收了接受外国津贴的教会大学，教会高校全部改为国办；接着其他私立大学也全部改为公立院校。从 1952 年下半年到 1956 年，全国私立中小学全部由政府接办，一律改为公立。至此，中国大陆私立教育不复存在。

1956 年以前，当教育部门无力满足职工子女入学要求时，各工矿企业根据政府的有关规定，自行开办了一些职工子弟中、小学。1955 年 11 月 11 日，财政部和教育部发布了 个联合通知，规定各经济部门举办的职工子弟中、小学，一律移交给地方教育部门管理，并提出今后工矿企业一般不得自办中、小学。这种做法引起了职工和厂矿、企业、学校教职工对地方教育行政部门的不满，集体办学的成果无偿上交教育主管部门，大大挫伤了群众办学的积极性，影响了教育事业的正常发展。

1963 年 1 月 21 日，教育部在给湖北、湖南两省教育厅的《关于农村小学和“私塾”几个问题的意见》的复函中，提出管理农村“私塾”的方针是：不要轻易取消，也不能放任不管。对农村“私塾”应该根据国家的教育方针、政策法令和实际需要，加以领导和管理，提供适当的教师和教材。“私塾”的教师，应当由具有中华人民共和国公民资格的和有一定文化知识、政治上不反动的人担任。“私塾”的教材，可以选用国家出版的通用课本，也可以自选其他

① 中华人民共和国教育部：《共和国教育 50 年》，北京：北京师范大学出版社，1999 年版，第 572 页。

适当的课本，但是不能采用政治上反动的，封建迷信毒素很重的书作课本。复函还提出，去年农村公办小学撤点过多和撤点不适当的地区，应在条件可能时，适当恢复一些公办小学或发展一些民办小学。①

二、复苏后的艰难发展

1978 年后，民办教育开始渐渐复苏。非公有经济发展到一定程度必然会与人们日益增长的教育需求结合到一起，为民办教育的恢复、发展提供了社会、文化和经济基础；另一方面，由于各行各业急需提高劳动力素质和各类专门人才，政府财力有限难以满足社会对教育的需求，在这样的情况下，鼓励社会力量办学、支持民办教育不应是权宜之计。中国的民办教育政策随着社会政治经济形势的发展变化，不同时期在教育体系中的地位演变大致可以划分为四个阶段：

第一阶段是从 1978 年到 1991 年，民办教育处于“拾遗补缺”阶段，国家开始承认民办教育。

1979 年 1 月 11 日，中共中央发出《关于加快农业发展若干问题的决定（草案）》和《农村人民公社工作条例（试行草案）》。工作条例提出：农村中学逐步做到全部公办，小学逐步做到公办为主，经济贫困地区和边疆地区的小学逐步实行公办。②

1982 年通过的《中华人民共和国宪法》第 19 条规定：“国家鼓励集体经济组织、国家企业事业组织和其他社会力量依照法律规定举办各种教育事业。”③不少社会有识之士倡导并直接参与创办民办教育，民办教育得到快速恢复和发展，短短几年全国就有数千所民办教育机构兴办起来，仅北京地区到 1987 年就有民办学校 377 所，在校学员 10 万人。④

1987 年 7 月 8 日，国家教委发布了《关于社会力量办学的若干暂行规定》。规定指出：社会力量办学是我国教育事业的组成部分，是国家办学的补充，应

---

① 中央教育科学研究所：《中华人民共和国教育大事记（1949—1982）》，北京：教育科学出版社，1983 年版，第 324 ~ 325 页。

② 中央教育科学研究所：《中华人民共和国教育大事记（1949—1982）》，北京：教育科学出版社，1983 年版，第 540 页。

③ 中央教育科学研究所：《中华人民共和国教育大事记（1949—1982）》，北京：教育科学出版社，1983 年版，第 674 页。

④ 中华人民共和国教育部：《共和国教育 50 年》，北京：北京师范大学出版社，1999 年版，第 574 页。

予以鼓励和支持。要求各省、自治区、直辖市教育行政部门进一步加强对社会力量办学的领导和管理，对本地区民办学校进行一次认真清理，以达到肯定成绩、总结经验、理顺关系、促进社会力量办学健康发展的目的，各地据此“撤销了一批不合格的民办学校”①。

1991 年 8 月 21 日，国家教委、公安部颁布第 17 号令，发布了《社会力量办学印章管理暂行规定》，自颁布之日起施行。

这一阶段的标志性政策文本还有《北京市社会力量办学试行办法》（1984 年）、《中共中央关于教育体制改革的决定》（1985 年）。国家鼓励国营企业、社会团体和个人办学，并在自愿的基础上，鼓励单位、集体和个人捐资助学，社会上兴起举办民办高等学校的热潮。

第二阶段是从 1992 年到 1996 年，民办教育成为“国家办学的补充”。

1992 年，中共十四大确立了社会主义市场经济的发展方向，在教育上要求“改变国家包办教育的局面，支持和鼓励民间办学”，1993 年 2 月中共中央颁发的《中国教育改革和发展纲要》指出“改变政府包揽办学的格局，逐步建立以政府办学为主体、社会各界共同办学的体制”，首次提出“国家对社会团体和公民个人依法办学，采取积极鼓励、大力支持、正确引导、加强管理的方针”。② 这一“十六字”方针促进了各地民办教育的迅猛发展，全国各地的民办学校和教育机构从清理后的几千所发展到 5 万多所。

以北京市为例：民办学校和教育机构从 1991 年的 705 所猛增到 1994 年的 2013 所，其中民办高校从 40 所增至 103 所；在校学员从 35 万人增至 126 万人。陕西也增长较快，社会力量办学机构从 1992 年的 1069 所增加到 1997 年的 1699 所，其中民办高校从 32 所增加到 62 所，在校学生由 12.7 万人增加到 21.9 万人。各地民办高校从 1991 年的 450 所增加到 1995 年的 1209 所，新增 800 余所。③ 显现出民办高校将办学重点转向中高等职业教育和职业培训的方向，发挥了民办与公办互补的效果。

同时，从 1993 年开始，在全国一半以上的省市开展学历文凭考试，为民办高校的发展提供了一定空间，即依据 1993 年发布的《中国教育改革和发展纲

---

① 中华人民共和国教育部：《共和国教育 50 年》，北京：北京师范大学出版社，1999 年版，第 575 页。

② 《中国教育改革和发展纲要》，引自《中华人民共和国重要教育文献 1991—1997》，海口：海南出版社，1998 年版，第 3469 页。

③ 中华人民共和国教育部：《共和国教育 50 年》，北京：北京师范大学出版社，1999 年版，第 575 页。

要》的规定，对那些不具备颁发学历文凭资格的民办高校和教育机构，可由国家组织学历文凭考试，将办学与学历认证分开。这样，省、直辖市、自治区可以批准民办高校办学，这些学校的学生是否达到国家认可的质量标准则通过国家考试加以鉴定。从1993年启动到1999年，全国已有18个省、直辖市、自治区的300多所民办高校参与，考试通过率平均为65.1%。①

1993年8月17日，国家教委发布了《民办高等学校暂行规定》。

这一阶段的标志性政策还有《全国教育事业十年规划和“八五”计划要点》(1992年)、《中华人民共和国教育法》(1995年)、《中华人民共和国职业教育法》(1996年)。民办教育在教育体系中的发展得到明确的定位，办学主体单一的格局逐渐打破，形成了以政府办学为主、社会各界参与办学的多元化格局。“民办公助”、“公办民助”成为办学体制改革的一个重要方面和民办教育发展的新趋势，1993年开始出现公立转制学校。办学范围也迅速扩大，开始向学历教育领域拓展，办学层次得以提升。1994年的《中国教育年鉴》中，第一次列入“民办学校发展情况”条目。

第三阶段是从1997年到2001年，公立学校和民办学校共同发展。

1997年7月31日，国务院第226号令颁布《社会力量办学条例》，自10月1日起施行。这是中国颁布的第一个民办教育行政法规。它一方面确立了民办教育的法律地位，确立了国家鼓励社会力量办学的基本政策和“积极鼓励、大力支持、正确引导、加强管理”的工作方针，要求“改变政府包揽办学的格局，逐步建立以政府办学为主体、社会各界共同办学的体制”，标示中国民办教育进入办学、管理有据可依的阶段；另一方面要求社会力量办学以职业教育、成人教育、高级中等教育和学前教育这些公办教育的边缘为发展重点，并提出到2010年“基本形成公办学校与民办学校共同发展的新格局”的体制改革目标。《社会力量办学条例》第18条规定：国家对社会力量办学实行农工办学许可证制度，使社会力量办学初步实现了有章可循。经历了恢复起步、加速发展、调整规范三个阶段之后，社会力量办学出现了“民办公助”、“国有民办”、“中外合作”等多种形式。

据1997年统计，全国由社会力量举办的各级各类学校5万余所，在校学生约1066万人；具有颁发学历文凭资格的高等学校22所，不具有颁发学历文凭的高等教育机构1095所；具有高等学历文凭考试资格的学校150多所，其他短期培训和社会文化教育机构两万多，年培训量600万人次，具体情况见下页表

① 中华人民共和国教育部：《共和国教育50年》，北京：北京师范大学出版社，1999年版，第577页。

5－2所示。

表5－2 1997年各级各类民办教育发展情况①

	总数	幼儿园		小学		普通中学		职业中学		中等专业学校	
		数量	占同类总数比例(%)	数量	占同类总数比例(%)	数量	占同类总数比例(%)	数量	占同类总数比例(%)	数量	占同类总数比例(%)
学校总数（所）	50000	24643	13.5	1806	0.28	1702	2.1	689	6.8	1036	11.2
在校生数（万人）	1066	134	5.3	52	0.37	54	0.9	18.4	3.5	26	

这一阶段的标志性政策还有《关于国务院授权省、自治区、直辖市人民政府审批设立高等职业学校有关问题的通知》（2001年）、《面向21世纪教育振兴行动计划》（1999年）。国家鼓励社会力量办学，基本形成以政府办学为主体、社会各界共同参与、公办学校与民办学校共同发展的办学格局，民办高等教育迅速发展。

第四阶段是从2002年到2009年，民办学校开始分化、重组，优胜劣汰。

2002年12月28日，九届全国人大常委会第31次会议通过了《中华人民共和国民办教育促进法》（后称《民办教育促进法》），国务院于1997年7月31日颁布的《社会力量办学条例》同时废止。《民办教育促进法》进一步明确：民办教育事业属社会公益性事业，是社会主义教育事业的组成部分；国家对民办教育实行积极鼓励、大力支持、正确引导、依法管理的方针；民办学校与公办学校具有同等的法律地位，国家保障民办学校的办学自主权。其立法宗旨是扶植民办教育发展，规范民办学校办学行为，提高民办学校教学质量，进一步推动我国民办教育的健康、快速和持续发展。

然而，在实施过程中，民办学校的办学自主权与教育行政部门管理权之间的界线范围一直难以明晰，不同人对民办教育的地位、作用认识不一致，忽视甚至歧视民办教育的现象依然存在，加之管理、经费、质量等方面的问题，阻碍了民办教育的发展。

以《民办教育促进法》的颁布为界，中国民办教育的政策演进方向呈现出两种相反的趋势。在2003年以前，从中央到地方与民办教育相关的公共政策都表现出积极支持的倾向，但这种趋势以《民办教育促进法实施条例》的发布为标志开始发生变化，管理、规范成为中央政府民办教育政策设计的主流。在

① 中华人民共和国教育部：《共和国教育50年》，北京：北京师范大学出版社，1999年版，第573页。

《民办教育促进法》颁布实施以来的五年中，除了国务院2004年颁布《民办教育促进法实施条例》以外，教育部没有发出一项以鼓励民办教育发展为宗旨的公共政策，这期间发出的所有相关政策都以加强规范为主题；同时，在这五年中，教育主管部门没有召开过一次全国民办教育工作会议，这些都意味着在政府意识中，民办教育的重要性已经开始下降。尽管民办教育对中国社会转型、促进教育发展和推动社会进步作出了重要贡献，但事实上没有获得与公办教育同等的法律地位。

2006年以来，民办学校每年吸纳的学杂费在1000亿元以上，按2006年财政性教育经费占当年教育总经费的65%测算，相当于增加年度公共教育经费600亿元以上；2003—2007年，五年来民办教育吸纳的学杂费（不计资本性投资）总额超过3000亿元，相当于增加公共教育经费总额1500亿元以上，而同期各级政府公共财政在“西部两基攻坚计划”、“农村寄宿制学校建设工程”、“农村中小学远程教育工程”、“农村义务教育经费保障新机制”等教育类重大社会发展项目的投资总额还没有超过1000亿元。

截至2007年底，全国各级各类民办学校（教育机构）达9.52万所，占当年全国学校总数的17.6%；在校生2583.5万人，占全国学生总数的10.3%。新增教育机会极大地改善了中国社会的教育公平状况，作为中国社会最弱势群体之一的流动人口子女当中的相当一部分在民办学校中获得入学机会。2007年中国各级各类民办学校和其他教育机构提供了300万个以上的教职工岗位，为劳动力市场分流了高中及其以上学历学生800万人，总计相当于提供了1100万个就业岗位。如果按提供一个城市就业岗位需投资10万元计算，相当于增加社会就业投资11000亿元，或减少失业率4%以上。

这一阶段的标志性政策还有《关于规范并加强普通高校以新的机制和模式试办独立学院管理的若干意见》（2003年）、七部委联合发布《治理教育乱收费工作实施意见》（2006年）、《民办高等教育办学管理若干规定》（2007年）、《独立学院设置与管理办法》（2008年），形成了民办教育的“真”、“假”之争，“真民办教育”呈现整体走弱的态势。随着国家免除义务教育阶段学杂费政策的推开以及该政策背后国家对义务教育责任的回归，民办学校面临政策歧视，生源流失严重。

2007年，民办幼儿园总数达77 616所，比上年增加2190所，增长2.9%；在园幼儿总数868.75万人，比上年增加93.1万人，增长12%，远高于全国在园幼儿3.8%的增长率。实地调查表明，民办幼儿园在园幼儿数在一些地方存在瞒报或虚报现象。城市民办幼儿园增速高于农村，全国城市民办在园幼儿所占比例为50.3%，比上年提高2.63个百分点，广东、海南、湖南、青海四省城市民办幼儿园在园幼儿所占比例超过70%。全国农村民办在园幼儿所占比例为32.5%，比上年提高2.4个百分点，浙江、广东、海南、江西、陕西五省农村民办幼儿园在园幼儿所占比例超过40%，浙江最高，超过60%。全国民办幼儿园园数、在园幼儿数所占比例分别达到60.1%和37.0%，比上年分别提高2.3和2.7个百分点。2008年，民办幼儿园在园幼儿为983万人，占幼儿园在园人数的39.7%，比2002年提高20个百分点。

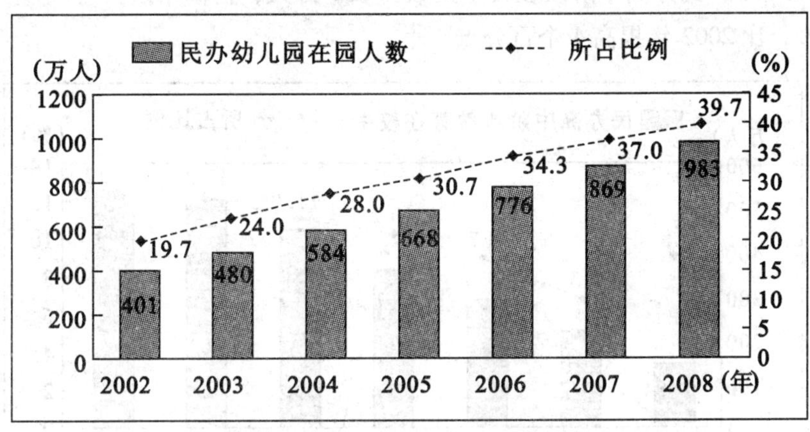

图5-5　2002年至2008年民办幼儿园在园人数及所占比例

总体看来，城市民办幼儿园在园幼儿所占比例高于农村，2007年，全国民办幼儿园在园幼儿所占比例比农村高18个百分点，比西部地区高22个百分点，比贵州、湖南、青海和宁夏四省高出30多个百分点。东部和中部地区城市民办幼儿园在园幼儿数的规模增长较快，分别增长16%和20%，增幅比农村分别高7.7和8.6个百分点；而西部地区民办幼儿园在园幼儿数城、乡同步增长。北京、江苏、山西、云南四省市民办幼儿园在园幼儿数比上年增长20%以上。

表5-3　2007年东中西部民办幼儿园在园幼儿所占比例

	所占比例（%）			比上年增加（百分点）		
	合计	城市	农村	合计	城市	农村
合计	37.0	50.3	32.5	2.73	2.63	2.42
东部	38.8	49.4	34.4	2.37	1.73	2.20
中部	38.5	52.4	34.3	3.49	4.53	2.91
西部	32.5	50.1	28.0	2.53	2.75	2.33

表5－4　2006年至2007年城乡民办幼儿园在园幼儿数变化情况

	2007年比上年增长（万人）			增长百分比（%）		
	合计	城市	农村	合计	城市	农村
合计	93.1	41.0	52.0	12.0	16.0	10.0
东部	42.0	21.7	20.2	11.1	16.0	8.3
中部	29.3	12.4	16.9	14.0	20.0	11.4
西部	21.8	6.9	14.9	11.7	11.8	11.7

2008年，民办高中阶段在校生人数为532万人，占高中阶段在校生人数的12.8%，比2002年提高4个百分点。

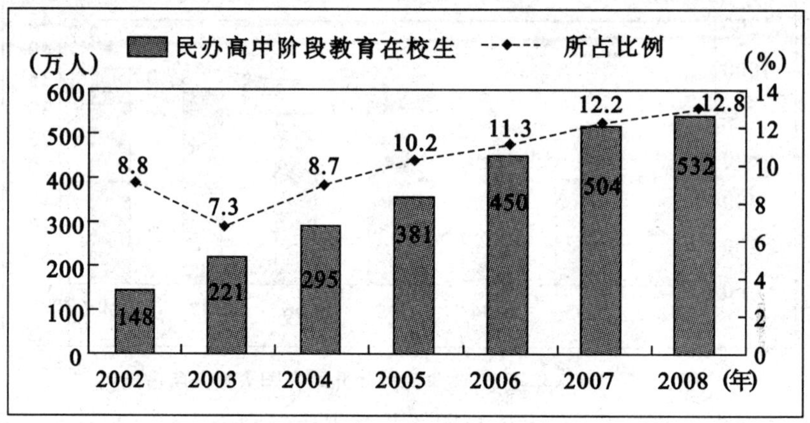

图5－6　2002年至2008年民办高中阶段教育在校生及所占比例变化

2008年，民办普通本专科在校生人数为393万人，占普通本专科在校生人数的19.4%，比2002年提高16个百分点。

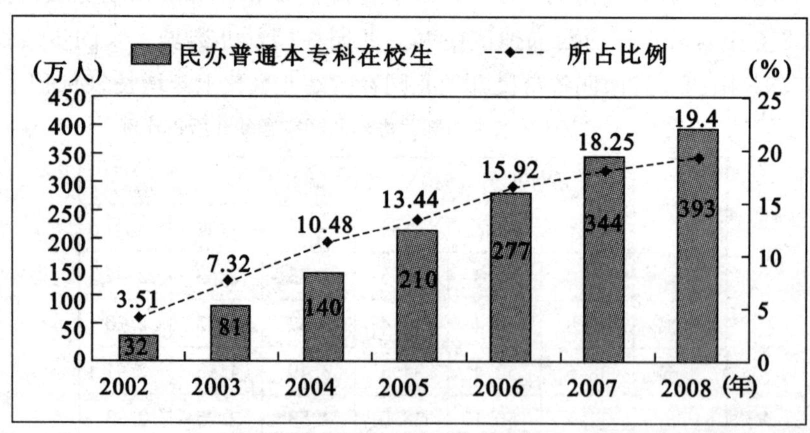

图5－7　2002年至2008年民办普通本专科在校生及所占的比例变化

民办教育的发展，增加了教育提供方式的多样性，为受教育者提供了选择的多样性，能有效缓解教育的供求矛盾，能充分利用社会各种有效的教育资源，降低教育成本、增加教育投入，吸纳更多的资金用于教育；创造更多就业机会，缓解就学就业压力；在公办与民办学校间建立平衡有助于形成相对竞争，整体提高教育质量；提高教育的效率，改善教育公平，扩大教育自由。

民办教育在增加教育供给、改善教育公平、提高教育效率和扩大教育自由等方面作出了重要贡献，但无论在《民办教育促进法》出台以前还是出台以后，民办学校及其相关利益群体的合法权益却始终没有得到应有的尊重和保障，所以《国家中长期教育改革和发展规划纲要》明确提出清理对民办学校的歧视政策。中国民办教育要真正获得与公办教育平等的法律地位，还有很长的道路要走。

中国教育发展的关键仍在于体制，中国教育的前途仍在于改革。

第六章

管理：行政化与专业性

1949年后，在教育管理和办学体制上建立起了高度集中统一的体制，过分强调中央和省、市集中的权力，影响了基层参与办学的积极性，在一定程度上影响了教育发展的质量和速度，这种管理体制的缺陷在实践中显得越来越严重。在教育管理权限划分上，政府对学校管得过死，统得过多，使学校失去个性和活力，同时政府应该管的事又没有很好地管理起来。而此前政府对各级各类学校采取的主要管理方式是：政府制定法令、法规，地方和学校分散管理的政策，除极少数教育部属公立学校外，其他学校均由地方教育行政部门依据法令法规加以管理。公立学校除校长负责外，还应建立校董会、校务委员会作为指导咨询机构，学校的独立自主性较强，教育行政部门不宜干涉学校事务。

第一节　政治工作者管理学校

中国自古有“以吏为师，以政为教”的传统，1950年后，事实上建立了历史上从未有过的政教合一的庞大体系。在这个体系中，具体从事学校管理者的第一身份是政治工作者，然后才是教育工作者和专业的管理工作者。

一、校长行政任命制

将每一所学校归属于行政体系的某一机构领导，校长由行政机关任命是整个教育体系的枢纽。

1950年1月5日，政务院公布第八次政务会议通过的《政务院关于任免工作人员暂行办法》中规定：大学校长、副校长由政务院提请中央人民政府任免；高等专门学校校长、副校长由政务院任免。[①]

1950年5月5日，政务院颁发了《各大行政区高等学校管理暂行办法》。规定：全国高等学校除华北区高等学校由教育部直接领导外，其他各大区高等学校暂由各大行政区教育部或文教部代表教育部领导。各大行政区高等学校的重要方针，除由中央教育部作一般性的统一规定外，各大行政区教育部或文教部可以作适应地方性的规定，但是须要报请中央教育部核准后才能执行。办法中还对高等学校校长的任免、教育部与大行政区教育部或文教部的分工职掌作了规定。[②]

1950年8月2日，政务院公布第43次会议通过的《关于高等学校领导关系

---

① 中央教育科学研究所：《中华人民共和国教育大事记（1949—1982）》，北京：教育科学出版社，1983年版，第13页。

② 中央教育科学研究所：《中华人民共和国教育大事记（1949—1982）》，北京：教育科学出版社，1983年版，第17页。

问题的决定》。其中规定：中央教育部对全国高等学校（军事学校除外）均负有领导的责任，各大行政区教育部均有根据中央统一的方针政策，领导本区高等学校的责任。华北区内高等学校，除已交由省政府领导者外，其余由中央教育部直接领导。其他各大行政区高等学校，暂由中央教育部委托各大行政区教育部直接领导。中央教育部得视条件，有计划有步骤地将各地区高等学校收归中央教育部直接领导。①

1950年8月14日，教育部公布了经政务院第43次政务会议批准的《私立高等学校管理暂行办法》，规定：私立高等学校（大学、专门学院及专科学校）的方针、任务、学制、课程、教学及行政组织，均须遵照《高等学校暂行规程》及《专科学校暂行规程》办理。私立高等学校的行政权、财政权及财产所有权均应由中国人掌握。私立高等学校校（院）长及副校（院）长由校董会任免，其他主要人员由校（院）长任免，报经大行政区教育部核准转报中央教育部备案。私立高等学校不得以宗教课目为必修科或强迫学生参加宗教仪式与活动。② 后来由于私立学校收归公办，事实上就没有任何一所学校可以脱离行政部门的直接领导。

1953年5月17、18、27日，毛泽东主持中共中央政治局举行讨论教育工作的会议，会议决定从宣教部门、青年团抽调干部充实大学的领导，几年内由地方逐渐解决中小学的领导骨干。开启了直接由行政人员管理学校的行动计划。③

1953年5月29日，政务院第180次政务会议批准了高等教育部部长马叙伦的报告，会议同意修订和补充1950年关于高等学校领导关系的决定，以进一步加强对全国高等学校的统一领导。④

1953年9月24日，中共中央批发教育部党组、高等教育部党组、扫除文盲工作委员会党组的三个报告，在给各级党委的指示中指出："改进文教工作的关键是加强各级党委对文教工作的领导和改善文教部门本身的领导状况。各级党委今后务须分出一定力量抓紧领导文教工作，要立即抽调一批比较强的党员干部到各大学和各高级中学去担任主要职务。初级中学以下的学校领导骨干应由

① 中央教育科学研究所：《中华人民共和国教育大事记（1949—1982）》，北京：教育科学出版社，1983年版，第24页。

② 中央教育科学研究所：《中华人民共和国教育大事记（1949—1982）》，北京：教育科学出版社，1983年版，第26页。

③ 中央教育科学研究所：《中华人民共和国教育大事记（1949—1982）》，北京：教育科学出版社，1983年版，第77页。

④ 中央教育科学研究所：《中华人民共和国教育大事记（1949—1982）》，北京：教育科学出版社，1983年版，第78页。

各地党委有计划的逐步加以配备。调集一批干部进行教科书编审工作。”[①] 这成为政治工作者管理学校的组织基础。

1953 年 10 月 11 日，政务院公布第 180 次政务会议通过的《关于修订高等学校领导关系的决定》，废除 1950 年 8 月 2 日发布的《关于高等学校领导关系问题的决定》。新决定提出，高等教育部必须与中央各有关业务部门密切配合，有步骤地对全国高等学校实行统一与集中的领导。并规定：凡高等教育部颁发的有关全国高等教育的建设计划、财务计划、财务制度、人事制度、教学计划、教学大纲、生产实习规程，以及其他重要法规、指示或命令，全国高等学校均应执行。决定规定各高等学校的直接管理工作，按下列原则由高等教育部与中央有关业务部门分工负责：（一）综合性大学由高等教育部直接管理；（二）与几个业务部门有关的多科性高等工业学校由高等教育部直接管理。高等教育部认为必要时，得委托一中央有关部门管理；（三）为某一业务部门或主要为某一业务部门培养干部的单科性高等学校，可委托中央有关业务部门负责管理，如有困难，应由高等教育部管理；（四）对某些高等学校，高等教育部及中央有关业务部门认为直接管理暂时有困难，得委托学校所在地的大区行政委员会或省、市、自治区人民政府负责管理。管理高等学校的中央各业务部门应设专管机构，负责执行高等学校管理工作。决定中还对高等教育部、管理高等学校的中央业务部门、大区行政委员会及学校所在地的省、市人民政府管理高等学校的职掌分工作了规定。根据决定的规定，中央各业务部门都建立或加强了教育司、局或处，对所属教育事业讲行了统一管理。[②] 这一决定奠定了中国高等学校六十年行政科层管理的基本模式，成为高校过度行政化的基础。

1953 年 11 月 13 日，高等教育部发出通知，根据政务院《关于修订高等学校领导关系的决定》，确定 148 所高等学校的直接管理关系。其中由高等教育部管理的有 8 所，中央各业务部门管理的有 30 所，大区行政委员会管理的有 72 所，省、直辖市、自治区管理的有 38 所。[③] 这样就形成了中国的部门办学、条块分割的高等教育管理状况，1999 年进行的改革试图解决这一问题。

接着，行政科层的管理将工农速成中学也囊括其中。1953 年 12 月 5 日，高

---

① 中央教育科学研究所：《中华人民共和国教育大事记（1949—1982）》，北京：教育科学出版社，1983 年版，第 88 ~ 89 页。

② 中央教育科学研究所：《中华人民共和国教育大事记（1949—1982）》，北京：教育科学出版社，1983 年版，第 90 页。

③ 中央教育科学研究所：《中华人民共和国教育大事记（1949—1982）》，北京：教育科学出版社，1983 年版，第 92 ~ 93 页。

等教育部、教育部联合发出《关于工农速成中学领导关系的决定》，规定：高等教育部根据国家的教育方针、政策与学制，对全国工农速成中学实施统一的领导。工农速成中学的直接管理工作，实行分工负责：各高等学校附设的工农速成中学，由各该高等学校直接管理，并由高等学校按领导关系系统向直接管理该学校的教育行政部门请示报告工作；各省市单独设立的工农速成中学，由省市教育厅局直接管理。①

1955 年 3 月 10 至 24 日，中共中央宣传部召开全国学校教育工作座谈会。会议集中讨论了加强学校中的建党工作、继续配备与培养学校领导骨干和建立党的领导核心、开展对资产阶级思想的批判、各级党委加强对学校教育工作的领导和监督等问题。8 月 27 日，中共中央批发了中央宣传部关于这次会议的报告。中央在给各地党委的指示中指出："在国家进行社会主义工业化和社会主义改造的过程中，必须相应地发展和提高学校教育，为国家培养建设人才和提高人民的文化水平。不培养出足够数量合乎国家建设需要的德才兼备的优秀干部并把劳动人民的文化程度提高到相当的水平，要想建成社会主义社会是不可能的。因此，必须引起全党对学校教育工作的重视，应当明确地认识到办好一所大学的重要性并不亚于办好一所大工厂，而管理学校比起管理工厂来还有它许多特殊的困难。高等学校和中等专业学校是直接为国家培养建设人才的地方，对于国家各项建设事业的关系特别重大。""为了建立起学校中首先是高等学校中党的强有力的领导，必须选派得力的干部到这些学校中担任领导职务，办好这些学校。"中央希望各地党委认真地把学校教育工作列入议事日程，在党委书记或常委的分工上应有人专管学校工作，积极建立和健全党委管理学校的工作机构，以加强党委对学校教育工作的领导和监督。"在学校中要积极宣传辩证唯物主义思想，批判资产阶级唯心主义思想；健全人事制度，作好师生员工的政治审查工作；使学校教育工作在政治上、组织上、思想上得到应有的改进，以保证教学质量的提高。"② 将办学校等同于办工厂的定位由此沿用下来。

1955 年 10 月 14 日，国务院发出通知：在高等学校设置校（院）长助理职位，以培养副校（院）长级的干部。校（院）长助理由国务院任命，其职责是与副校（院）长共同协助校（院）长工作。通知提出，这是为了逐步将目前高等学校组织机构的三级制改为两级制，取消教务长、总务长、科研部主任等中

---

① 中央教育科学研究所：《中华人民共和国教育大事记（1949—1982）》，北京：教育科学出版社，1983 年版，第 93 页。

② 中央教育科学研究所：《中华人民共和国教育大事记（1949—1982）》，北京：教育科学出版社，1983 年版，第 126 页。

间一级职务，分别由主管正副校（院）长直接领导教务、科学研究、人事、总务等工作。①

1955年12月14日，中共中央发出《关于配备高等学校政治工作干部的指示》，指出：为适应当前高等学校中复杂尖锐的阶级斗争形势的需要，各省委、市委在1956年3月以前要为所属高等学校配齐或调整党委（或支部）书记及人事处长等政治工作的领导骨干，把党、团组织和人事、保卫等部门充实起来，以增强高等学校的政治工作力量。② 1955年，北京高校150多名老教师加入中国共产党，其中包括清华大学副校长刘仙洲、中央戏曲学院院长欧阳予倩等人。③

1956年3月21日，《人民日报》发表社论，题为《做好在知识分子中发展党员的工作》。社论强调指出，各级党委和学校等单位要从高等学校的教授、中小学教师等知识分子中做好发展党员的工作，大批地从知识分子中发展党员。据新华社报道，1956年1月至6月，全国各级学校党组织接受了教师29 111人加入中国共产党，其中包括一批著名的教授、专家和中小学优秀教师，先进工作者。④

1957年8月5日，中共中央决定从中央一级党政机关中抽调1000名高级、中级党员干部，派往大、中学校和若干科学、文教单位工作，加强党对文教战线的领导，这1000名干部中，有司、局长级以上干部200人，处长、科长以上干部800人。9月15日和10月31日，高等教育部分别约请新任的校长、院长、党委书记100多人座谈，高等教育部部长杨秀峰和副部长刘皑风介绍了高等教育的情况和高等教育在第二个五年计划期间的展望。据中共中央宣传部的材料：至1959年2月，仅山西、辽宁、河南等16个省、直辖市派到高等学校担任系总支书记以上的领导骨干的干部有1230人，分配到中等学校担任校长、支部书记和教导主任等领导工作的有6162人。⑤

---

① 中央教育科学研究所：《中华人民共和国教育大事记（1949—1982）》，北京：教育科学出版社，1983年版，第143页。

② 中央教育科学研究所：《中华人民共和国教育大事记（1949—1982）》，北京：教育科学出版社，1983年版，第148～149页。

③ 中央教育科学研究所：《中华人民共和国教育大事记（1949—1982）》，北京：教育科学出版社，1983年版，第150～151页。

④ 中央教育科学研究所：《中华人民共和国教育大事记（1949—1982）》，北京：教育科学出版社，1983年版，第159页。

⑤ 中央教育科学研究所：《中华人民共和国教育大事记（1949—1982）》，北京：教育科学出版社，1983年版，第202页。

1957年9月6日，国务院第57次全体会议通过了《国务院任免行政人员办法》，其中规定：高等学校校长、副校长、院长、副院长由国务院任免。11月6日，中华人民共和国主席毛泽东公布《县级以上人民委员会任免国家机关工作人员条例》，其中规定：中、小学校的校长、副校长分别由县（市、自治县、市辖区）以上各级人民委员会任免。①

1957年至1961年的教育革命加强了共产党对教育工作的领导。中共中央和地方各级党委的许多负责人都到各级各类学校里兼任了教学工作。在大、中、小学的教师中，也吸收了一批优秀分子加入了中国共产党。如北京师范大学校长陈垣、北京大学副校长周培源、清华大学建筑系主任梁思成，都是这个时期入党的。这样就大大地加强了共产党对教育工作的领导。②

为了在教育革命中充分地发挥各省、直辖市、自治区举办教育事业的积极性和主动性，中共中央和国务院于1958年8月4日发出了《关于教育事业管理权下放问题的规定》。规定指出，今后要改变对教育事业实行中央各部门“条条管理”的体制，要根据中央集权和地方分权相结合的原则，加强地方对教育事业的领导和管理，实行全党全民办教育。在1958年4月4日，中共中央还发布了《关于高等学校和中等技术学校下放问题的意见》。决定将原由教育部和中央各部委管理的229所高等学校中的187所和大部分中等技术学校先后下放归地方管理。③ 下放本身没有改变管理模式，只是将教育管理权放给相对来说更加不懂教育规律的下层行政官员。

1958年9月19日，中共中央、国务院发布《关于教育工作的指示》强调：“党的教育工作方针，是教育为无产阶级的政治服务，教育与生产劳动相结合。为了实现这个方针，教育工作必须由党来领导”；“在一切学校中，必须进行马克思主义的政治教育和思想教育，培养教师和学生的工人阶级的阶级观点、群众观点和集体观点、劳动观点、辩证唯物主义的观点”；“在一切学校中，必须把生产劳动列为正式课程”，“今后的方向，是学校办工厂和农场，工厂和农业合作社办学校”；“一切教育行政机关和一切学校，应该受党委的领导”；“在一切高等学校中，应当实行党委领导下的校务委员会负责制，一切中等学校和初

---

① 中央教育科学研究所：《中华人民共和国教育大事记（1949—1982）》，北京：教育科学出版社，1983年版，第203页。

② 宋荐戈：《评述1958—1960年的教育革命》，引自《荐戈文存》，北京：中国国际文艺出版社，2006年版，第354～355页。

③ 中央教育科学研究所：《中华人民共和国教育大事记（1949—1982）》，北京：教育科学出版社，1983年版，第220页。

等学校，也应该放在党委的领导之下”①。这一指示彻底否定了“一长制”，认为它“容易脱离党委领导”。

1958年11月6日，国务院发出《关于高等学校校（院）长任免问题的通知》，规定：国务院各部门直接领导的高等学校的正副校（院）长，仍应报请国务院任免。中央下放给各省、自治区、直辖市领导的高等学校的正副校（院）长，一律委托各省、自治区、直辖市任免。各地自办的高等学校及业余高等学校正副校（院）长的任免，由各省、自治区、直辖市自行决定。②

1962年10月22日至11月27日，中共中央宣传部召开各中央局宣传部长，省、直辖市委文教书记、宣传部长会议，讨论了当前的宣传文教工作。中共中央宣传部部长陆定一根据中共中央书记处讨论的精神，在会议的总结讲话中对会上讨论的有关中小学教育工作的问题，讲了以下意见：（一）中央书记处指示，要逐渐减少二部制学校，并给二部制学校配备辅导员。（二）中小学课程是否分主次，应以教学计划、教科书为准。教学计划不要再随便修改。（三）关于中小学校党委支部，中央的决定是：学校党支部对学校行政工作起保证监督作用；对学校党的工作、思想政治工作、群众团体起领导作用。③

1964年6月10日，中共中央批转了高等教育部党组《关于加强高等学校政治工作和建立政治工作机构试点问题的报告》，提出：中共高等教育部党组改为党委制，直接领导直属高等学校的党委，并在高等教育部和直属高等学校设立政治部。高等学校政治部是校党委的工作机构。确定北京大学、清华大学为高等教育部直属学校建立政治部的试点学校。建议二三年内配齐班级的专职政治工作干部，其编制为平均每十个学生至少配备一人。干部来源，主要从高等学校毕业生中间选留解决。高等教育部直属高等学校的政治工作，原则上实行以高等教育党委的领导为主、地方党委领导为辅的双重领导制度。学校党的组织，仍隶属于地方党委。目前只在试点学校实行上述双重领导制度，其他直属高等学校的政治工作，仍然由地方党委负责领导，但高等教育部党委和政治部对这些学校的政治工作，原则上有指导关系。1965年3月1日，高等教育部政

---

① 《中共中央、国务院关于教育工作的指示》，引自《中华人民共和国重要教育文献（1949—1975）》，海口：海南出版社，1998年版，第859页。

② 中央教育科学研究所：《中华人民共和国教育大事记（1949—1982）》，北京：教育科学出版社，1983年版，第236页。

③ 中央教育科学研究所：《中华人民共和国教育大事记（1949—1982）》，北京：教育科学出版社，1983年版，第319页。

治部通知各直属高等学校：迅速建立政治部，并大力充实政治工作干部队伍。①

1966 年 1 月 9 日，中共中央批复中央宣传部“同意选调一些地、县委书记到文教部门工作，同时从中央文教单位输送交流一批领导骨干到省、市分配工作”，“调整一下干部成分，加强面向农村方面的工作”。②

1980 年 12 月 27 日，中共中央组织部、教育部发出两份关于高校领导班子建设的文件：

其一是《关于加强高等学校领导班子建设的意见》。意见根据中共十一届五中全会的精神提出：第一，建设年富力强的班子。要陆续提拔优秀青年干部进入领导班子。在两年左右时间内，使本校领导干部的平均年龄降到 55 岁左右。同时在院校、系处两级可以设顾问，也可以设名誉院长、名誉主任。第二，提高领导班子的科学文化水平。新提升的分管业务的领导干部，必须懂业务、会管理；分管党政后勤的领导干部，一般应受过高等教育或具有相当于大专的文化程度。现职领导干部，要充分利用学校的有利条件，组织起来有计划地学习政治、教育、科学文化、管理，努力成为本职工作的内行。第三，党政干部要明确分工。党委对学校工作的领导，主要应是路线、方针、政策的领导，要着重致力于做好政治思想工作，以及党的思想、组织建设工作。学校所有的行政工作，都应由院校长为首的行政人员去处理，要使他们有职有权有责。文件并对班子的人数、干部交流与培养等做了具体规定。

其二是《关于高等学校领导干部管理工作的通知》。通知规定：全国重点高等院校的党委正、副书记，正、副院（校）长和非重点高等学校的党委书记、院（校）长由中央管理。非重点高等院校的党委副书记、副院（校）长，专科学校的正、副书记和正、副院（校）长，凡属部委主管的，由部委党组管理；凡属省、直辖市、自治区的院校，由省、直辖市、自治区党委管理。高等学校处、系级干部，由学校党委自行管理。通知并对干部任免报批的权限与手续等作了规定。③

1981 年 7 月 25 日，《光明日报》报道，国务院任命黄文虎、李家宝教授和姜以宏副教授、靖伯文讲师为哈尔滨工业大学副校长，实行任期制，任期四年。

---

① 中央教育科学研究所：《中华人民共和国教育大事记（1949—1982）》，北京：教育科学出版社，1983 年版，第 362 页。

② 中央教育科学研究所：《中华人民共和国教育大事记（1949—1982）》，北京：教育科学出版社，1983 年版，第 396 页。

③ 中央教育科学研究所：《中华人民共和国教育大事记（1949—1982）》，北京：教育科学出版社，1983 年版，第 600 页。

并提出，今后高等学校任专业人员担任正、副校（院）长，都实行任期制，任职期满，一般不再连任。①

在此后的二十多年里，校长由行政部门任命，学校归属于某一个具体的行政部门的学校与政府间的关系一直没有变化。

二、用管理行政机构的方式管理学校

1952年，教育部先后制定颁布了《幼儿园暂行规程（草案）》43条、《小学暂行规程（草案）》46条、《中学暂行规程（草案）》45条。这是新政权最早发行的规范学校教育行为的条文，分别对学校的学制、设置、领导、教学计划、教材、教导（养）原则、成绩考查、学籍管理、组织、编制、会议制度、经费、设备等方面作了规定。② 这些规程的内容具有一定的教育专业性，要求全国各地不分城乡和区域经济文化发展差异，不分民族、地理环境的东南西北都遵循相同的规程，以管理行政机构的方式管理学校。

1952年9月29日，教育部发出《关于各级学校校旗、证章式样的原则规定》。其中规定：各级学校不必制定校徽；校旗只用简单颜色，标明校名即可，不必另加图案；证章原则上规定为长方形，只需标明校名，不必另加图案。③ 这一规定表面看是一件极微小的事，却内含对全国学校统一的行政化要求，消解了学校办学理念个性化存在的基础。

1958年上半年，中共中央和地方各级党委的一些领导干部纷纷到学校兼任教学工作。中共中央政治局候补委员陆定一、康生，中共中央宣传部副部长周扬、胡绳，中共上海、广东、山西、吉林、湖北、内蒙古等省、直辖市、自治区委员会的第一书记柯庆施、陶铸、陶鲁笳、吴德、王任重、乌兰夫等分别在当地高等院校兼任教授。④

1958年12月10日，中共八届六中全会通过的《关于人民公社若干问题的决议》提出：公社要办好托儿所和幼儿园，大量培养合格的保育员和教师。必须负责办好小学、中学和成人教育。要在全国农村中普及小学教育，办好全日

① 《光明日报》，1981年7月25日。

② 中央教育科学研究所：《中华人民共和国教育大事记（1949—1982）》，北京：教育科学出版社，1983年版，第55~56页。

③ 中央教育科学研究所：《中华人民共和国教育大事记（1949—1982）》，北京：教育科学出版社，1983年版，第66页。

④ 中央教育科学研究所：《中华人民共和国教育大事记（1949—1982）》，北京：教育科学出版社，1983年版，第226页。

制的中学和半日制的农业中学，或者其他中等职业学校，逐步做到普及中等教育。在成人中要认真扫除文盲，组织各种业余学校，进行政治、文化和技术教育。各公社还必须选送一部分青年去投考城市中的高级中学、中等专业学校和高等学校，以便为国家和公社培养有较高文化水平的工作人员。[①] 当时这些要求远远超过了人民公社自身的能力，事实上虚化了教育的责任。

1961 年的《中华人民共和国教育部直属高等学校暂行工作条例（草案）》和 1963 年《全日制中学暂行工作条例（草案）》、《全日制小学暂行工作条例（草案）》第一章《总则》中都明确“根据毛泽东同志提出的‘我们的教育方针，应该使受教育者在德育、智育、体育几方面都得到发展，成为有社会主义觉悟的有文化的劳动者’”[②]。

1963 年 10 月 5 日，教育部、财政部、中国人民解放军总政治部、总后勤部联合发出通知：现有军队子女学校除少数经各军区、军种、兵种、各总部批准暂不向外移交外，其余学校一律交地方教育部门接管，改为普通学校。并要求在 1964 年年底交接完毕。[③]

1965 年 3 月 26 日至 4 月 23 日，教育部在北京召开全国农村半农半读教育会议，提出今后农村教育的任务是要在办好全日制学校的同时，坚定不移地推行半工（农）半读教育制度。各地试办的半农半读教育制度为在我国农村多快好省地普及小学教育和发展中等教育开辟了一条新的道路，是我国教育事业中一次深刻的革命。要继续高举毛泽东思想红旗，学习大寨、解放军的革命精神，在巩固已有成绩基础上，实行全日制和半农半读两条腿走路，普及小学教育，扩大试办农业中学，积极试办半农半读中等技术学校。3 月 31 日，中华人民共和国主席刘少奇在听取教育部部长何伟、副部长刘季平汇报时指出：“一切国家的无产阶级取得政权以后，都会产生资本主义复辟的问题，包括我们国家在内。问题是如何防止。现在我们所想到的办法有两个：一个是发动群众搞‘四清’，一个是改革教育制度和劳动制度。我们办半工半读学校也是为了解决这个问题。”“搞半工半读，不能只搞小学、中学，还要办中等技术学校和大学。百分之七十、百分之五十的初、高中学生要升学，形势已经逼来了，所以半工半读

---

① 中央教育科学研究所：《中华人民共和国教育大事记（1949—1982）》，北京：教育科学出版社，1983 年版，第 236 页。

② 《中国教育年鉴（1949—1981）》，北京：中国大百科全书出版社，1984 年版，第 702 页。

③ 中央教育科学研究所：《中华人民共和国教育大事记（1949—1982）》，北京：教育科学出版社，1983 年版，第 344 页。

和半农半读，这样一个体系就非办起来不可。”① 明确将办什么学校直接同政治挂钩，依据政治的逻辑和要求办学校。

1975 年 1 月 17 日，四届全国人大一次会议通过的《中华人民共和国宪法》第 12 条规定：“无产阶级必须在上层建筑其中包括各个文化领域对资产阶级实行全面的专政。文化教育、文学艺术、体育卫生、科学研究都必须为无产阶级政治服务，为工农兵服务，与生产劳动相结合。”第 27 条规定：“公民有劳动的权利，有受教育的权利。”②

1975 年 7 月 16 日，教育部向国务院报告高等学校文科学报出版发行情况，并提出关于加强高等学校文科学报思想政治领导的意见。报告说：1973 年夏秋以来，许多高等学校的学报相继出版，据不完全统计，目前已出版文科学报 65 种，其中在全国公开发行的有 14 种，“有的学报直接涉及党的路线、方针、政策等重大问题，乱说妄评，很不严肃，有的说法极端错误，性质严重”，“有的文章中竟说我国已形成‘新资产阶级特权阶层’，歪曲我国社会阶级关系的现实”。报告提出，希望有关部门经常给予指导，把好政治关，教育部也将加强这方面的工作。③

1980 年后，通过法规对教育加以管理的方式逐渐实施，全国人大及其常委会先后制定并通过了《中华人民共和国学位条例》（1980 年）、《中华人民共和国义务教育法》（1986 年）、《中华人民共和国教师法》（1993 年）、《中华人民共和国教育法》（1995 年）、《中华人民共和国职业教育法》（1996 年）、《中华人民共和国高等教育法》（1998 年）、《中华人民共和国民办教育促进法》等法律法规，2006 年又重新修订了《中华人民共和国义务教育法》。国务院还先后颁布了《扫除文盲工作条例》、《普通高等学校设置暂行规定》、《教学成果奖励条例》、《教师资格条例》、《残疾人教育条例》、《高等教育自学考试暂行条例》、《社会力量办学条例》等 16 项教育行政法规。教育主管部门也发布了一些教育行政规章，初步建立起了教育法规体系。

依法治教而非以行政指令管理教育是教育管理未来的发展方向，虽然中国已初步建立起教育法规体系的基本框架，在一定程度上实现了有法可依；但法规体系还不够完善，例如幼儿教育阶段尚无法可依，现有的教育法规、配套性

① 中央教育科学研究所：《中华人民共和国教育大事记（1949—1982）》，北京：教育科学出版社，1983 年版，第 376～377 页。

② 《中华人民共和国宪法》，引自《人民日报》，1975 年 1 月 18 日。

③ 中央教育科学研究所：《中华人民共和国教育大事记（1949—1982）》，北京：教育科学出版社，1983 年版，第 476 页。

法规可操作性不太强；更为严重的问题是，中国教育的执法情况一直不理想，执法力度远远不够，行政的力量远高于法，社会各方面依法治教的意识仍然淡薄，政府违法难以问责，教育经费投入和学校的合法权益未能得到有效保护。

三、强化对师生的政治要求

新中国成立后，各校进行越来越严格的政审工作，一些学生不得不将对自己不利的信息隐瞒。1954 年 6 月 26 日，中共中央批转高等教育部党组的报告，决定该年暑期在高等学校毕业生中进行一次忠诚老实的学习运动。7 月 10 日，高等教育部向全国各高等学校校（院）长发出电报，布置这项工作，要求学生用忠诚老实的态度将自己的经历、家庭情况、社会关系以及所有历史问题或政治问题书面交代清楚。1955 年 1 月 5 日，中共中央批发中共北京市委高等学校委员会的《关于 1954 年暑假高等学校毕业生进行忠诚老实运动总结报告》，中央在批示中提出：今后应加强新生在录取前的政治审查。并望教育部及早考虑在全国中等学校建立学生档案制度的问题。①

1957 年 5 月 29 日，《人民日报》报道：高等教育部选派出国留学生的工作，经国务院同意，从本年起，将采取公布专业，自由报考的方式。此项决定是高等教育部接受整风中的批评和建议作出的。7 月 23 日，《人民日报》发表社论《用人可以不问政治吗?》对自由报考的办法提出批评。9 月 20 日，《人民日报》发表了高等教育部关于这一问题的检讨。②

1958 年 1 月 15 日，教育部发出通知：今后评定中学生的操行成绩，除依据现行《中学生守则》外，学生社会主义觉悟的程度和他们对体力劳动的认识以及在体力劳动中的具体表现，也应该作为评定学生操行成绩的重要依据。③

1959 年 5 月 17 日，中共中央在印发关于教育工作的十个文件时，其中八个除党内下发外，再由国务院经过政府系统下达。在印发文件的通知中指出：1958 年教育工作取得了很大的成绩。最主要的是教育工作中党的领导进一步确立起来了。资产阶级争夺领导权的企图被坚决打退，党的领导的确立是教育战

---

① 中央教育科学研究所：《中华人民共和国教育大事记（1949—1982）》，北京：教育科学出版社，1983 年版，第 107 页。

② 中央教育科学研究所：《中华人民共和国教育大事记（1949—1982）》，北京：教育科学出版社，1983 年版，第 197 页。

③ 中央教育科学研究所：《中华人民共和国教育大事记（1949—1982）》，北京：教育科学出版社，1983 年版，第 211 页。

线上无产阶级所取得的一次大胜利。工作中的一些缺点和错误，和成绩比，只是十个指头里的一个指头。今后的任务是，我们在学校工作中不但要善于领导劳动，还要善于领导教学；不但要善于解决知识分子劳动化的问题，还要善于解决工农分子知识化的问题。在教育的发展中，必须坚持贯彻执行“两条腿走路”的方针，不但要善于普及教育，还要善于办好教育，提高质量。各级党委，特别是管教育工作的党员，必须又红又专，做好工作。对于一切可以团结的知识分子，都要团结他们，为社会主义的教育事业和科学研究事业服务；对于学术性质的和艺术性质的问题，要贯彻“百花齐放、百家争鸣”的政策；对于学生，要号召他们不但做到身体好、工作好、而且还要学习好。①

1959 年 6 月 17 日，中共中央批转了共青团中央《关于对学生进行思想政治教育中几个问题的报告》。报告指出：一年来学校对学生进行思想政治教育中，出现了追求轰轰烈烈、放松深入细致的工作、缺乏具体分析、滥用批判斗争等情况，形式主义和“左”的简单化现象有所滋长。为此，报告强调对学生进行思想政治教育，要按照学校特点进行工作，不能硬搬工农业生产的某些形式和做法，不适当的评比、竞赛活动应当制止。要善于运用各种思想工作阵地，多方面进行教育。要具体分析，区别对待。在民主集中制的指导原则下，要注意在学校中造成民主的、自由争辩的风气。②

1964 年 1 月 3 日，《人民日报》发表社论《对子女进行阶级教育是父母的责任》，要求父母加强对子女的教育，使青年受到良好的家庭教育。在此以后，《工人日报》还展开了“怎样教育我们的子女”的讨论。③

1964 年 5 月 18 日，高等教育部发出通知：根据中共中央关于积极地培养提拔新生力量和革命事业接班人的指示精神，从本年起，每年从应届大学毕业生中，挑选 60 名工农家庭出身、政治思想好、历史清楚、学习成绩优秀、身体健康而有培养前途的优秀党员，进行重点培养提高。并确定本年拟从 15 个省市的各科类应届毕业生中挑选。这 60 名毕业生选好以后，先集中到高级学校进行短期训练，再分配到几个省市，由省市派思想好、作风好、能力强的老干部带领，

---

① 中央教育科学研究所：《中华人民共和国教育大事记（1949—1982）》，北京：教育科学出版社，1983 年版，第 246 ~ 247 页。

② 中央教育科学研究所：《中华人民共和国教育大事记（1949—1982）》，北京：教育科学出版社，1983 年版，第 251 ~ 252 页。

③ 中央教育科学研究所：《中华人民共和国教育大事记（1949—1982）》，北京：教育科学出版社，1983 年版，第 351 页。

到农村、厂矿进行基层工作和劳动锻炼。①

1965年5月，共青团九届二中全会通过决议，号召全国动员起来，高举毛泽东思想红旗，发扬我国少年儿童运动的革命传统，加强阶级教育，为把少年儿童培养成为无产阶级革命事业接班人而奋斗。全会总结了十五年来少年儿童运动的经验，并提出：要紧密配合社会主义教育运动和工农业生产高潮，广泛地开展各种教育活动，配合有关方面建立和发展教育阵地。要积极地大量地建立和发展少年儿童组织，有步骤地进行以行政村为单位建立少年儿童组织的工作，进行将少先队分为少年和儿童两个组织的试验。在少先队分组前，先扩大吸收七八岁的儿童入队。取消队长、队委标志。简化少先队活动的仪式。②

1966年4月2日至18日，高等教育部在济南召开直属高等学校干部工作会议。会议根据党中央和毛主席关于培养、提拔新生力量，“精兵简政”等指示，讨论了在干部工作中如何进一步突出政治、用毛泽东思想挂帅的问题，研究了高等教育提出的有关提拔新生力量、培养师资、精简编制等几个文件草案。③

1980年，教育部发出《关于加强高等学校干部教育工作的意见》。文件提出新时期高等学校干部教育工作的方针是：以马列主义、毛泽东思想为指导，以解决我国四化建设的问题为中心，学习有关理论和实践知识，培养一支懂得马克思主义基础知识和党在新时期的方针、路线、政策，坚持社会主义道路，具有专业知识，富有艰苦创业精神的干部队伍，并从中造就一大批各业专家。文件提出，当前，要创办短期训练班，普遍轮训干部。由教育部恢复教育行政学院，负责培训全国教育行政干部。有条件的高等学校，要举办干部进修班，组织干部跟班听课和参加业余学习。④

1980年10月28日，中共中央宣传部发出通知，恢复对学校马克思主义理论课的领导关系。要求各省、直辖市、自治区党委宣传部，协助中宣部切实领导好各地学校的马克思主义基础理论课的教学工作。⑤

---

① 中央教育科学研究所：《中华人民共和国教育大事记（1949—1982）》，北京：教育科学出版社，1983年版，第360页。

② 中央教育科学研究所：《中华人民共和国教育大事记（1949—1982）》，北京：教育科学出版社，1983年版，第380页。

③ 中央教育科学研究所：《中华人民共和国教育大事记（1949—1982）》，北京：教育科学出版社，1983年版，第397页。

④ 中央教育科学研究所：《中华人民共和国教育大事记（1949—1982）》，北京：教育科学出版社，1983年版，第600页。

⑤ 中央教育科学研究所：《中华人民共和国教育大事记（1949—1982）》，北京：教育科学出版社，1983年版，第596页。

1980 年后对学生的政治要求有所改变，但学校中的政治课教学和考试一直进行。徐特立曾说“不把一切真理（马、恩、列、斯的都在内）当做教条，不加了解而相信，不加执行而只当做神咒而崇拜”①，而学校“德育工作政治化倾向明显，导致德育工作出现曲折前进的过程”②，以致出现在小学里学政治，到大学里补做人的基本道德准则。

第二节 中国式的校长负责模式

由于在中国社会结构中，官本位的行政体系是社会的基本构架，学校被镶嵌于这一行政科层体系之中，众多的学校仅仅是行政科层体系的末梢，教育的效率和效益都与行政科层体系本身直接相关。

一、建立对学校的统一领导

新中国成立后，学校领导体制随政治经济发展发生多次变化。中小学在 1950 年至 1952 年试行校务委员会制，1952 年至 1956 年实行校长负责制。高等学校在 1950 年至 1956 年实行的是校长负责制。

1951 年 1 月，邓小平要求：“领导机关一定要建立对于学校教育的领导，即使有一个干事也好，可以去了解情况。”③

1956 年中共八大后，党章规定基层党组织对本单位起领导作用，高校的领导体制也逐步发生变化。由于党政不分，以党代政行为普遍，高校校务委员会

---

① 徐特立：《我对于青年的希望》，引自《中国青年》，1940 年第 3 卷第 1 期。

② 中华人民共和国教育部：《共和国教育 50 年》，北京：北京师范大学出版社，1999 年版，第 505 页。

③ 《党要过问学校教育工作》，引自《邓小平论教育》，北京：人民教育出版社，2004 年版，第 2 页。

有名无实，校长的作用难以发挥。1957 年反右扩大化后，以反击“外行不能领导内行”为由，中共中央决定从各个机关抽调大批干部到学校任职。湖北省各级党委抽调 3000 人到各级学校任领导职务，中学普遍建立党支部，中共党员校长占中学校长总数的 83.7%，小学占 29.9%。①

除了“文化大革命”期间，中小学一直实行的是“校长负责制”，但不同时期校长负责制的内涵和具体形式各不相同。1952 年 3 月 18 日，教育部颁布的《中学暂行规程（草案)》第 29 条规定：“中学采取校长负责制，设校长一人，负责领导全校工作，必要时得设副校长……校长和副校长由省、直辖市人民政府任命（省辖市和县设立的中学校长由市、县人民政府提请省人民政府任命)。各级人民政府业务部门内所设立的中学的校长由主管业务部门任命，并报同级人民政府教育部门备案。”②

20 世纪 50 年代后期，一股在管理体制上下放权限的改革启动，主要目标是加强地方对教育事业的领导管理，消除集中过多、统得过死的弊端。

1956 年 6 月 27 日，由于本学年初中招生数量较大，全国各地许多小学增设初中班，即用小学“戴帽子”的办法，完成招生任务。为解决小学“戴帽子”后产生的学校领导关系等问题，教育部发出通知，对小学增设初中班后的学校名称、领导关系和校长、教师待遇等作了规定。③

1959 年 7 月 23 日，中共中央宣传部转发广东省委和省人委《关于加强人民公社对教育工作的领导和管理的几项规定》和《关于学校教师编制、教师参加体力劳动及教师调动等问题的暂行规定》，供各地参考。广东省的文件规定：公办全日制中等学校和县的重点小学由县直接管理；公办的一般全日制小学、公社办的和联队合办的农业中学、民办中学由公社直接管理；民办小学、大队办的农业中学、农村各种业余学校、扫盲和推广普通工作，由生产大队直接管理。并规定：国家办的学校，教师编制应适当增加，初中每个班配备教师 2 人；高中每个班配备教师 2.2 人；中等师范每个班配备教师 2.4 人；小学每个班配备教师 1.2 人（包括校长、教导主任)。教师参加体力劳动的时间不宜过多，以一年劳动一个月为宜。年老体弱的教师可以不参加或少参加体力劳动。不要强调教师与学生实行“同吃同住”。不应随便抽调教师去搞其他工作，必须抽调

① 高长舒：《湖北教育 50 年》，武汉：湖北教育出版社，1994 年版，第 526 页。

② 《中学暂行规程（草案)》，引自《中华人民共和国重要教育文献（1949—1975)》，海口：海南出版社，1998 年版，第 140 页。

③ 中央教育科学研究所：《中华人民共和国教育大事记（1949—1982)》，北京：教育科学出版社，1983 年版，第 171 页。

时，须取得专署文教处或省教育厅同意。①

1963 年的中小学条例中特别强调了“各级党委必须加强对中小学教育的领导”，“要有计划地从各方面调派一批得力的党员干部到中小学去加强领导工作”②。在《小学条例》第 34 条和《中学条例》第 41 条均规定“校长是学校行政负责人，在当地党委和主管的教育行政部门领导下，负责领导全校的工作”，在校长主要职责中均规定“贯彻党中央和国务院的教育方针，执行教育行政部门的指示，领导教学工作进行思想政治教育工作”③。

新中国成立初期，高校实行校长负责制的同时设立政治辅导处。以后实行“党委领导下的校务委员会负责制”，发挥了党委在学校工作中的核心领导作用。④

1963 年 6 月 26 日，中共中央、国务院颁发《关于高等学校统一领导，分级管理的决定（试行草案）》。决定规定：为了加强对高等学校的领导和管理，决定对高等学校实行中央统一领导，中央和省、直辖市、自治区两级管理的制度。在高等教育工作中，各地区、各部门、各学校都要贯彻中央统一的方针政策，都要遵守中央统一规定的教学制度和其他重要的规章制度，都要按照全国统一的高等教育规划和计划办事。同时对教育部、中央各业务部门和各省、直辖市、自治区人民委员会管理高等学校的职掌分工作了规定。⑤

1965 年 8 月 1 日，彭真在保证师生健康、劳逸结合问题的一个材料上批示：“看来，现在这方面的根本问题，还是主席所指出的：课程太多，讲授又不甚得法等。另外一个问题，是学校，特别是学生的上司太多，他们谁都可以给学校和学生分配任务，而且可以层层加码。问题提出已经十五六年了，实际上迄今

① 中央教育科学研究所：《中华人民共和国教育大事记（1949—1982）》，北京：教育科学出版社，1983 年版，第 254 页。

② 《中共中央关于讨论试行全日制中小学工作条例草案和对当前中小学教育工作几个问题的指示》，引自《中华人民共和国重要教育文献（1949—1975）》，海口：海南出版社，1998 年版，第 1151 页。

③ 《中共中央关于讨论试行全日制中小学工作条例草案和对当前中小学教育工作几个问题的指示》，引自《中华人民共和国重要教育文献（1949—1975）》，海口：海南出版社，1998 年版，第 1154、1158 页。

④ 中华人民共和国教育部：《共和国教育 50 年》，北京：北京师范大学出版社，1999 年版，第 541 页。

⑤ 中央教育科学研究所：《中华人民共和国教育大事记（1949—1982）》，北京：教育科学出版社，1983 年版，第 338 页。

未得到系统的解决。现在必须抓紧解决，不能再拖了。”① 不幸的是，学生负担过重问题六十年也未解决，因为产生这一现象的体制根基未有根本改变。

1968 年 8 月，遵照毛泽东的指示，各地贫下中农自本月底起，陆续向学校派出代表或毛泽东思想宣传队，在社、队革命委员会领导下，成立以贫下中农为主、有师生代表参加的贫下中农管理学校委员会（组）（后来简称“贫管会”）或教育革命委员会（组），把本社队范围的中小学管了起来。贫下中农管理学校后，宣布废除校长负责制，学校的一切重大工作，均由贫管会决定。有些地方将小学改为五年制、中学改为四年制，或都将中小学合并改为“九年一贯制”。有些地方组织贫下中农讲师团，按照社队需要安排教学活动。有些地方还清理、下放原有教师，选用在乡知识青年充任教师，聘请贫下中农任兼职教师。②

1977 年，邓小平说：“教育要狠狠地抓一下，一直抓他十年八年。我是要一直抓下去的。我的抓法就是抓头头，抓方针。”③

1977 年 10 月，国务院批准调整和加强教育部的组织机构。调整后的教育部设办公厅、政治部、计划司、高等教育一司（主管文、理、师范、外语院校）、高等教育二司（主管工、农、医科院校）、中等专业学校司、工农教育司、体育司、学生管理司、科技局、外事局、生产供应管理局等机构。④ 从而形成对学校工作更细化的对口管理。

1979 年 9 月 18 日，中共中央批转教育部党组的报告，同意教育部关于重申高等学校实行中央统一领导，中央和省、直辖市、自治区两级管理的建议，重新颁发《关于加强高等学校统一领导，分级管理的决定（试行草案）》。中央的指示提出：1963 年 6 月 26 日，中共中央、国务院颁发的上述决定的试行草案，总结了新中国成立后十几年领导管理高等学校的经验，当时试行的效果是好的。现在又作了必要的修改，还是适用的，望认真研究执行。⑤

---

① 中央教育科学研究所：《中华人民共和国教育大事记（1949—1982）》，北京：教育科学出版社，1983 年版，第 384 页。

② 中央教育科学研究所：《中华人民共和国教育大事记（1949—1982）》，北京：教育科学出版社，1983 年版，第 420 ~ 421 页。

③《教育战线拨乱反正》，引自《邓小平论教育》，北京：人民教育出版社，2004 年版，第 53 页。

④ 中央教育科学研究所：《中华人民共和国教育大事记（1949—1982）》，北京：教育科学出版社，1983 年版，第 501 页。

⑤ 中央教育科学研究所：《中华人民共和国教育大事记（1949—1982）》，北京：教育科学出版社，1983 年版，第 561 页。

1985年，在《中共中央关于教育管理体制改革的决定》通过后，邓小平说："忽视教育的领导，是缺乏远见的、不成熟的领导者，就领导不了现代化建设。各级领导要像抓好经济工作那样抓好教育工作。"[①] 强调领导重视教育的同时也强调地方行政领导对学校的领导作用。

这一决定的基本原则是"放权"，然而在实施的过程中，出现了行政部门"权力下挖"现象，甚至在一所县城小学，要调动一个教师得经过县长和县委书记的签字，教育体制改革的步子总难以迈开，学校的办学自主权受到政府部门过多的干预，使得学校无法自主灵活地办学。

二、实行统一的教学计划和安排

学校的教学工作安排由行政部门决定，全国一致却难以更好地满足不同学生的实际需求。

1950年，政府颁发全国高校统一的校历；1954年8月17日，高等教育部在颁布新的校历时废止了1950年的校历。新校历规定：一学年分两学期，第一学期自9月1日起至次年1月25日止；第二学期自2月9日起至7月5日止。

1954年，全国高等学校开始实行统一的教学计划和教学大纲。3月17日，高等教育部发出通知，委托26所高等学校制定四年制本科及二年制专科的108个专业的统一教学计划。其后分别召开教学计划审定会，陆续颁发了工科、农林、医学、财经、政法、综合大学、外语等院校的统一教学计划。4月，教育部颁发了师范院校各系统一的教学计划。10月又颁发了师范专科学校各科统一的教学计划。同时，高等教育部、教育部分别委托一些高等学校编写或修订统一的各科教学大纲，并召开（或委托主持的学校召开）一些课程的教学大纲讨论会、审定会。1954年到1955年，陆续颁发了各科教学大纲。[②]

据1955年4月统计，自1952年以来，中国先后制订、颁发了各类高等学校的193个统一的教学计划，其中工科119个、理科11个、农科19个、医科5个、文科5个、政法2个、财经12个、师范20个。修订统一的教学大纲348种，其中工科基础课、基础技术课和部分专业课的教学大纲210种，农科44种，医科57种，理科、文科16种，师范21种。高等学校中，有苏联教材可供

① 《把教育工作认真抓起来》，引自《邓小平论教育》，北京：人民教育出版社，2004年版，第167页。

② 中央教育科学研究所：《中华人民共和国教育大事记（1949—1982）》，北京：教育科学出版社，1983年版，第119页。

采用的已有620门课。①

1955年6月10日，教育部发出通知，对1955—1956年学年度中学教学计划作若干调整，并颁发了1955—1956年学年度中学授课时数表。②这样使得全国的中学更像一所大学校了。

1955年8月31日，教育部发出“取消给小学生统一布置作业”的通知，这个通知表面上是在贯彻因材施教，实际效果是教育部对学校的细节管得越来越宽，从而导致学校的自主性越来越低；接着9月2日，教育部颁发《小学教学计划》，并发出《关于执行〈小学教学计划〉的指示》，要求全国的小学实行同一个教学计划；同日还颁发了《关于小学课外活动的规定》，从而全国小学生的课内课外都要遵守教育部的统一规定；9月21日，教育部再次发出通知，要求盲童学校也应执行《小学教学计划》。③

1956年4月，教育部先后公布中学和小学校历，自本年秋季起实行，原颁布的校历（草案）作废。新校历规定：一学年分两学期，从8月1日至下一年1月31日为第一学期；从2月1日至7月31日为第二学期。全学年实际上课为34周。第一学期一律定为9月1日开学、上课。1956年9月9日，高等教育部发出通知，对校历做了两项变动，以示开学和放假日期可照教学计划的规定作前后一周的变动，具体日期由学校决定；二是春假时间由各校在4月1日至5月10日中自行确定三天。1958年9月，中共中央、国务院《关于教育工作的指示》中规定：废除全国统一校历。④

1956年四五月间，高等教育部先后发出有关国家考试的规程、条例草案，通知全国高等学校和中等专业学校试行国家考试。条例草案规定，国家考试分三种方式：考试指定课程；答辩毕业设计；考试指定课程和答辩毕业论文。国家考试由国家委托的国家考试委员会进行。7月起，大连工学院、太原工学院、西北工学院、交通大学、浙江大学、天津工业学校等一批高等学校和中等专业学校试行了毕业生的国家考试。后因在全国试行条件不具备，高等教育部于

① 中央教育科学研究所：《中华人民共和国教育大事记（1949—1982）》，北京：教育科学出版社，1983年版，第129页。

② 中央教育科学研究所：《中华人民共和国教育大事记（1949—1982）》，北京：教育科学出版社，1983年版，第132页。

③ 中央教育科学研究所：《中华人民共和国教育大事记（1949—1982）》，北京：教育科学出版社，1983年版，第140页。

④ 中央教育科学研究所：《中华人民共和国教育大事记（1949—1982）》，北京：教育科学出版社，1983年版，第164页。

1957年3月4日通知暂停试行。[①]

1956年6月20日，在一届全国人大三次会议上，高等教育部部长杨秀峰做了题为《当前高等教育工作的几个问题》的发言。杨秀峰在回顾了一年来高等教育取得的成绩后说，为了迅速扩大培养干部的数量，必须充分发挥各方面的积极性，高等教育事业体制、计划体制、财政体制、领导关系和毕业生分配等过多地强调集中统一的状况应当改变，要适当扩大院（校）长的职权。高等教育今后应以提高质量、贯彻全面发展的教育方针为中心任务。要认真解决培养学生独立思考和工作的能力，克服学生学习和生活过分紧张的问题。大力改变学校搞运动的作风，改变学生刻板机械的生活，过分强调集体、统一的做法。同时必须加强科学研究工作。[②]

1956年8月3日，高等教育部、文化部联合发出《关于高等学校自编教材出版分工暂行规定》，确定由人民出版社、中华书局、商务教育出版社等43个出版社分工承担出版高等学校自编教材的任务，以保证教材及时出版、供应。[③]

1956年9月9日，高等教育部发出《关于高等学校政治理论课程的规定(试行草案)》，对1954年的规定作了修订。规定了“马列主义基础”、“中国革命史”、“政治经济学”“辩证唯物主义”四门政治理论课程的高低两种教学时数，以适应不同系科的需要。并规定后两门政治理论课，有些科系可以不开或选修。所有二年制专修科只开“中国革命史”。[④]

1957年4月22日，高等教育部发出通知：在有条件的高等学校试开“唯心主义派别的学说介绍与批判”课程或讲座。试开这类课程或讲座的主要目的要求是，使学生了解自己所学专业有关的重要唯心主义派别的学说内容，教育学生能够正确区别唯物主义和唯心主义学说；扩大学生的眼界，丰富学生的知识和思想，培养学生独立思考的能力和批判唯心主义的能力；教育学生懂得如何批判、改造、吸收唯心主义学说中某些可用的资料。通知还规定，这些课程和讲座，主要在综合大学和高等师范院校的人文科学各系，以及财经、政治学

---

① 中央教育科学研究所：《中华人民共和国教育大事记（1949—1982）》，北京：教育科学出版社，1983年版，第164页。

② 中央教育科学研究所：《中华人民共和国教育大事记（1949—1982）》，北京：教育科学出版社，1983年版，第170页。

③ 中央教育科学研究所：《中华人民共和国教育大事记（1949—1982）》，北京：教育科学出版社，1983年版，第176页。

④ 中央教育科学研究所：《中华人民共和国教育大事记（1949—1982）》，北京：教育科学出版社，1983年版，第176页。

院的高年级学生和教研组（包括研究生）中开设，均作为选修和加选课程。① 这在当时极“左”的环境里算是一次思想解放，但这种解放需要高等教育部统一要求。

1957 年 6 月 6 日，高等教育部通知各校从下学期起，现行各类专业各个年级的统一教学计划和各类课程的教学大纲都改为参考性文件。此后各校各专业的教学计划、教学大纲由学校根据高等教育部所订关于各类专业教学计划的基本原则自行制订，报高等教育部备案。②

然而，1957 年 7 月 11 日，教育部仍颁发 1957—1958 年学年度小学教学计划，7 月 12 日又颁发 1957—1958 年学年度中等师范、幼儿师范、三年制和四年制初师、师范速成班的教学计划。③

1958 年 3 月 8 日，教育部颁发 1958—1959 年学年度中学教育计划。教育部在关于教学计划的说明中指出，此次调整教学计划是为了贯彻教育方针，加强劳动教育，以利逐步实行勤工俭学、半工半读的教育制度。并规定各省、直辖市教育厅局可以根据当地工农业生产和不同类型学校的具体情况，因地制宜，对这个教学计划作适当的变动。调整中学教学计划的主要内容有：（一）加强劳动教育，规定学生参加体力劳动的时间（每学年为 14 天到 28 天），初高中各年级增设生产劳动课，每周两小时。（二）改进外国语科的教学。着重整顿和加强高中外国语科的教学，同时在大、中城市有条件的初中开设外国语科。（三）对语文、历史、地理、生物、物理、化学等科的安排和教学时数作了调整。规定初中算术课中，应增加珠算和簿记的教学；语文、中国历史、中国地理应分别增加乡土教材。在这个教学计划中，政治课改为“社会主义教育”，文学、汉语不再分科，仍称语文。5 月 10 日，教育部又发出通知，对上述计划又作了调整，并规定民办中学的教学计划由各省、直辖市、自治区自定。④

1958 年 4 月，陆定一在全国教育工作会议上指出，职权要逐步下放，“要讨论权力下放问题，包括学校下放、招生、分配、人事、经费等许多问题，甚至教科书也可以考虑由省市自己编，或者至少编一部分。我对下面的同志也有

① 中央教育科学研究所：《中华人民共和国教育大事记（1949—1982）》，北京：教育科学出版社，1983 年版，第 195 页。

② 中央教育科学研究所：《中华人民共和国教育大事记（1949—1982）》，北京：教育科学出版社，1983 年版，第 199 页。

③ 中央教育科学研究所：《中华人民共和国教育大事记（1949—1982）》，北京：教育科学出版社，1983 年版，第 201 页。

④ 中央教育科学研究所：《中华人民共和国教育大事记（1949—1982）》，北京：教育科学出版社，1983 年版，第 217 页。

‘迷信’，你们高中小学教科书比中央搞要好。中央也要编，但地方编编看，胆子放大一点，没有什么神秘”①。

1959年5月17日，中共中央转发教育部党组《关于1959年教育事业发展计划的意见》，提出：1959年的教育事业计划应当采取“巩固提高、适当发展”的方针，即在去年教育事业大发展的基础上，分别按照各级各类教育事业的任务和条件，该整顿巩固的着重整顿巩固，该发展的发展。把建设需要和可能条件结合起来，把革命干劲和实事求是的科学精神结合起来。要继续贯彻“两条腿走路”的方针，既要注意普及，又要保证重点，使教育事业为促进工农业生产更大更全面的跃进服务。在全日制与半日制学校发展的安排上，要注意不要过多地占用劳动力。各级各类业余学校应当尽可能地继续发展，并把它办好。高等学校和中等专业学校各种专业的设置和发展，应按全国一盘棋的精神，作适当安排和调整。②

1959年5月24日，国务院发出《关于全日制学校的教学、劳动和生活安排的规定》，指出：（一）高等学校每年教学时间一般规定为七个半月至八个半月，学生生产劳动时间一般规定为两个月至三个月，假期一般规定为一个半月。学生的学习时间，包括自习在内，每天要有9小时左右。全日制的工农业性质的中等学校，可以参照高等学校的办法执行，参加生产劳动时间可以多一些，但最多不得超过四个月。（二）中小学每年教学时间，小学为39周—40周，普通中学为37周—40周。中学生每周劳动时间，一般规定为高中8小时，最多10小时；初中6小时，最多8小时；小学生从9岁起每周劳动时间为4小时，最多6小时。每年假期普通中学至少一个半月，小学两个月。（三）学生参加生产劳动有三种基本形式：在校办农场和工厂中劳动，下厂下乡，参加社会公益劳动。（四）每天睡眠时间，大学生8小时，中学生8至9小时，小学生9至10小时。要使学生有一定的文化娱乐时间，要注意学生生活，办好食堂。③

1959年6月27日，中共中央、国务院发出《关于各级全日制学校今年暑假时间安排的通知》，指出：鉴于近两年来，学校工作紧张，假期较短，教师没有得到适当的休息和教学准备时间，学生也需要适当的休息。因此，今年暑假，

---

① 《陆定一在全国教育工作会议上的讲话》，引自《中华人民共和国重要教育文献（1949—1975）》，海口：海南出版社，1998年版，第822页。

② 中央教育科学研究所：《中华人民共和国教育大事记（1949—1982）》，北京：教育科学出版社，1983年版，第247页。

③ 中央教育科学研究所：《中华人民共和国教育大事记（1949—1982）》，北京：教育科学出版社，1983年版，第249页。

必须坚决保证全日制的中等以上学校有1个月的假期，全日制和二部制的小学有1个月到1个半月的假期，不准做任何缩减。①

1961年2月28日，中共中央转发教育部、国家计委、内务部党组《关于加强管理中央部门和省、市、区直属全日制高等学校在校学生问题的报告》，提出各高等学校所有在校学习的学生的实有人数，都应统计在本校的在校学生人数内，纳入国家计划。今后，高等学校在校学生应当一律按照学制规定学完全部课程，毕业后再行分配工作，任何单位不得抽调未毕业的学生分配工作。3月18日，教育部发出通知，要求各高等学校对被抽调的在校学生彻底加以清理。②

1962年8月2日，教育部制发全国统一的中学生登记表和小学生登记表，并为此发通知规定：对初中和小学学生的直系亲属和社会关系不要进行政治审查，制发学生登记表只是为了了解学生情况，便于进行教育和填写学籍簿，并要求各地对高中学生档案制度中存在的问题进行一次检查。③

1962年9月12日，教育部发出通知，规定中学上课时间每节课为50分钟，小学每节课为45分钟（低年级可在每节课内活动三到五分钟）。④

1963年5月23日，教育部发出通知：试行重新制订的《小学生守则（草案）》和《中学生守则（草案）》。

《小学生守则（草案）》共八条：（一）“好好学习，天天向上”，准备为社会主义事业服务。（二）热爱祖国，热爱人民，热爱共产党。（三）上课专心听讲，勤学好问，认真完成作业。（四）爱好劳动，生活俭朴，自己能做的事自己做。（五）按时作息，爱整洁、讲卫生，注意锻炼身体。（六）遵守纪律，遵守公共秩序，爱护公共财物，热心为集体做事。（七）听从老师的教导，尊敬长辈，对人有礼貌。和同学、兄弟姐妹团结友爱，互相帮助。（八）说话诚实，有错就改。

《中学生守则（草案）》共八条：（一）努力做个好学生，做到思想品

① 中央教育科学研究所：《中华人民共和国教育大事记（1949—1982）》，北京：教育科学出版社，1983年版，第252页。

② 中央教育科学研究所：《中华人民共和国教育大事记（1949—1982）》，北京：教育科学出版社，1983年版，第289～290页。

③ 中央教育科学研究所：《中华人民共和国教育大事记（1949—1982）》，北京：教育科学出版社，1983年版，第314～315页。

④ 中央教育科学研究所：《中华人民共和国教育大事记（1949—1982）》，北京：教育科学出版社，1983年版，第317页。

德好、学习好、身体好，准备为社会主义事业服务。（二）热爱祖国，热爱劳动人民，热爱共产党，拥护社会主义，努力学习政治，继承革命传统。（三）刻苦学习，专心听讲，独立思考，按时完成作业。（四）积极参加体力劳动，养成俭朴的习惯。（五）经常锻炼身体，注意清洁卫生，养成良好的生活习惯。（六）尊敬师长，团结同学，对人有礼貌。（七）遵守学校纪律，遵守国家法令和公共秩序，爱护公共秩序，爱护公共财物，维护集体利益。（八）谦虚诚实，言行一致，有错就改，勇于批评与自我批评。

1965 年 8 月，教育部在省、直辖市教育厅局长会议上宣布废止本部颁发的《中小学生守则》，并提出：对学生的要求，应遵照毛主席提出的“身体好、学习好、工作好”的指示，不必另订烦琐的条文。①

“文化大革命”期间，中小学如何放假也得中共中央发通知，1969 年 7 月 4 日，中共中央发出通知：自 7 月 15 日起，城市中学放暑假 30 天，小学放暑假 40 天，城市中小学教职工不放假，继续进行本单位的斗、批、改，做好招生工作。农村小学放暑假的时间和期限，由县革命委员会或军管会和公社根据情况自行决定。高等学校应当抓紧时间认真搞好斗、批、改，不再放暑假。②

1972 年 12 月 6 日，国家计划委员会、国务院科教组联合发出通知：为加强教学仪器的生产和供应工作，确定教学仪器的生产计划和分配，由国务院科教组按“统一计划，分级管理”的方针，归口管理。③

1978 年 9 月，全国大中小学开始使用新编的全国统一教材，十年制全日制中小学使用教育部组织编写的全国通用教材；包括课本、教学大纲、教学参考书；理工科高等院校 1978 年入学新生也普遍使用统编教材，这批教材共 183 种，其中包括新编 78 种，重印 60 种。④

1978 年 12 月 13 日，教育部发出通知：试行《高等学校学生学籍管理的暂行规定》。暂行规定对新生入学、成绩考核、升级、留级、纪律、考勤、休学、复学、转学、转专业，奖励、处分、鉴定、毕业等问题作了规定。1979 年 8 月

---

① 中央教育科学研究所：《中华人民共和国教育大事记（1949—1982）》，北京：教育科学出版社，1983 年版，第 335～336 页。

② 中央教育科学研究所：《中华人民共和国教育大事记（1949—1982）》，北京：教育科学出版社，1983 年版，第 427 页。

③ 中央教育科学研究所：《中华人民共和国教育大事记（1949—1982）》，北京：教育科学出版社，1983 年版，第 447 页。

④ 中央教育科学研究所：《中华人民共和国教育大事记（1949—1982）》，北京：教育科学出版社，1983 年版，第 529 页。

14日，教育部对暂行规定作了修改和补充，规定在校学生一般不准结婚，擅自结婚者，应予退学；学生原则上不得转专业。①

1979年6月28日，教育部颁发实行《中等专业学校学生学籍管理的暂行规定》，对学生入学和注册、成绩考核、升留级及毕业、纪律考勤、修学、复学和退学、转学和转专业、奖励和处分等作了具体规定。②

1979年8月25日，教育部重新颁发《小学生守则（试行草案）》和《中学生守则（试行草案）》，要求全国中小学从9月1日起试行。

> 《小学生守则（试行草案）》共十条：（一）热爱祖国，热爱人民，好好学习，天天向上。（二）按时上学，不随便缺课。（三）专心听课，认真完成作业。（四）坚持锻炼身体，积极参加文娱活动。（五）讲究卫生，服装整洁，不随地吐痰。（六）热爱劳动，自己能做的事自己做。（七）遵守学校纪律，遵守公共秩序。（八）尊敬师长，团结同学，对人有礼貌，不骂人、不打架。（九）关心集体，爱护公物，拾到东西要交公。（十）不说谎话，有错就改。
>
> 《中学生守则（试行草案）》共十条：（一）热爱祖国，热爱人民，拥护中国共产党。努力学习，准备为社会主义现代化贡献力量。（二）按时到校，不迟到，不早退，不旷课。（三）专心听讲，勤于思考，认真完成作业。（四）坚持锻炼身体，积极参加文娱活动。（五）讲究卫生，不吸烟，不喝酒，不随地吐痰。（六）积极参加劳动，生活俭朴。（七）遵守学校纪律，遵守公共秩序，遵守国家法令。（八）尊敬师长，团结同学，对人有礼貌，不骂人，不打架。（九）热爱集体，爱护公物，不做对集体和别人有害的事。（十）谦虚诚实，有错就改。

9月1日，《人民日报》为贯彻实施小学、中学两个学生守则发表社论，题为《两亿中小学生的一件大事》。③

1981年2月28日，教育部报经全国人民代表大会法制委员会同意，发出

---

① 中央教育科学研究所：《中华人民共和国教育大事记（1949—1982）》，北京：教育科学出版社，1983年版，第535页。

② 中央教育科学研究所：《中华人民共和国教育大事记（1949—1982）》，北京：教育科学出版社，1983年版，第553页。

③ 中央教育科学研究所：《中华人民共和国教育大事记（1949—1982）》，北京：教育科学出版社，1983年版，第558～559页。

《关于高等学校在校学生结婚规定的通知》。通知规定：高等学校在校学生，一般应是未婚者，如果有的学生要求在学习期间结婚，则应先办理退学手续。但年龄在30岁以上结婚和已经结婚的，可继续留校学习。①

1981年3月10日，教育部颁发《全日制五年制小学至中学教学计划（修订草案）》，要求从本年秋季开学起，到1982年秋季开学，分步试行。教育部指出：这个教学计划为指导性教学计划，各地可以根据当地情况和需要作必要的调整。为减轻学生过重负担，《教学计划（修订草案）》对适当缩短每节课的授课时间、控制作业量、保证睡眠时间、每学期只举行两次考试等作了规定。并将暑假由8周延长至10周②。

1981年4月17日，教育部发出通知：决定将中学的学制逐步改为六年，并要求多数地区在1985年以前完成由现行的五年制向六年制的过渡。为适应改制的需要，教育部同时颁发了《全日制六年制重点中学教学计划（试行草案）》和《全日制五年制中学教学计划（试行草案的修订意见）》，要求各地研究执行。六年制的《重点中学教学计划（试行草案）》强调指出：中学教育既要重视抓智育，又要注意学生思想品德教育、体育和卫生保健工作；既要提高教学质量，又要防止负担过重现象；要扎扎实实打好基础，培养学生的学习能力，发展他们的智力。并决定在中学开设劳动技术课，在高中二、三年级设选修课。五年制的《中学教学计划（试行草案修订意见）》对高中的数学、物理、化学、生物等课程按1978年部颁教学大纲和统编教材适当降低了要求。为减轻学生过重的负担，教学计划对控制课外作业量、保证睡眠时间、每学期只举行两次考试、延长寒暑假时间等也作了规定③。

1981年8月26日，教育部发出通知，决定从9月1日起在全国中小学执行《小学生守则》和《中学生守则》。通知称：1979年8月，教育部颁发的这两项守则的试行草案，在各地试行证明，守则符合中国中、小学生的实际，有利于全面贯彻党的教育方针，有利于引导学生奋发向上、健康成长。此次两项守则正式颁布前，教育部根据各地意见，做了一些必要的补充和修改④。

---

① 中央教育科学研究所：《中华人民共和国教育大事记（1949—1982）》，北京：教育科学出版社，1983年版，第610页。

② 中央教育科学研究所：《中华人民共和国教育大事记（1949—1982）》，北京：教育科学出版社，1983年版，第611页。

③ 中央教育科学研究所：《中华人民共和国教育大事记（1949—1982）》，北京：教育科学出版社，1983年版，第614~615页。

④ 中央教育科学研究所：《中华人民共和国教育大事记（1949—1982）》，北京：教育科学出版社，1983年版，第626~627页。

《小学生守则》共十条：（一）热爱祖国，热爱人民，热爱中国共产党。好好学习，天天向上。（二）按时上学，不随便缺课。专心听讲，认真完成作业。（三）坚持锻炼身体，积极参加课外活动。（四）讲究卫生，服装整洁，不随地吐痰。（五）热爱劳动，自己能做的事自己做。（六）生活俭朴，爱惜粮食，不挑吃穿，不乱花钱。（七）遵守学校纪律，遵守公共秩序。（八）尊敬师长，团结同学，对人有礼貌，不骂人，不打架。（九）关心集体，爱护公物，拾到东西要交公。（十）诚实勇敢，不说谎话，有错就改。

《中学生守则》共十条：（一）热爱祖国，热爱人民，拥护中国共产党。努力学习，准备为社会主义现代化贡献力量。（二）按时到校，不迟到，不早退，不旷课。（三）专心听讲，勤于思考，认真完成作业。（四）坚持锻炼身体，积极参加有益的文娱活动。（五）积极参加劳动，爱惜劳动成果。（六）生活俭朴，讲究卫生，不吸烟，不喝酒，不随地吐痰。（七）遵守学校纪律，遵守公共秩序，遵守国家法令。（八）尊敬师长，团结同学，对人有礼貌，不骂人，不打架。（九）热爱集体，爱护公物，不做对人民有害的事。（十）诚实谦虚，有错就改。

1982 年 2 月 27 日，教育部颁发《高等学校学生守则（试行草案）》和《中等专业学校学生守则（试行草案）》，通知各地，3 月 3 日起在全国试行。

《高等学校学生守则（试行草案）》共八条：（一）热爱祖国，拥护中国共产党的领导，立志为社会主义事业服务，为人民服务。（二）认真学习马列主义、毛泽东思想，逐步树立无产阶级的阶级观点、劳动观点、群众观点、辩证唯物主义观点。（三）勤奋学习，努力掌握基础理论、专业知识与基本技能。（四）坚持体育锻炼，积极参加体力劳动和军事训练。（五）尊敬师长，尊重职工，关心集体，正确开展批评与自我批评。（六）遵守社会公德，爱护公共财物，勤俭节约，讲究卫生。（七）遵守国家法令，遵守学校规章制度，保守国家机密。（八）听从祖国召唤，服从国家分配。

《中等专业学校学生守则（试行草案）》共八条：（一）热爱祖国，拥护中国共产党的领导，立志为社会主义事业服务，为人民服务。（二）认真学习马列主义、毛泽东思想，逐步树立无产阶级的阶级观点、劳动观点、群众观点、辩证唯物主义观点。（三）热爱专业，学好理论知识和技能。（四）坚持体育锻炼，讲究卫生，积极参加劳动。（五）关心集体，爱护公物，勤俭节约，遵守社会公德。（六）诚实谦虚，尊敬师长，尊重职工，开展批评与自我批评。（七）遵守学校规章制度，遵守国家法令，保守国家机密。（八）听从祖国召唤，服从组织安排。①

1982年3月26日，教育部发出通知，要求一般学校不要搞校庆，重申校庆活动要从简进行。9月13日，教育部再次发出通知，要求各校立即刹住大搞校庆活动的风气。并明确规定：除历史悠久、有较大国际影响的高等中等学校，经当地教育（或高教）厅局转报教育部批准，可以若干年搞一次以检阅教学、科研成果为重点的校庆活动外，其他各级各类学校应一律停止校庆活动。凡未经批准，擅自组织校庆活动的，费用一律不准报销。②

1982年4月22日，国家出版局、教育部联合发出通知，要求加强对学生复习资料和图书出版工作的整顿和管理。通知规定：（一）出版教学参考书，要认真搞好选题计划，切实把好质量关。（二）凡出版的有关复习资料和习题解答，需经教育部统一审定。（三）中小学各科的练习册、作业本必须在当地教育部门统筹规划下编写、审定，由出版部门出版。（四）科技出版社不要出与本专业无关的升学指导和习题解答。（五）一切出版单位和个人，一律不准编印出售各种名目的升学参考资料、各科习题解答和教学参考图书。③

1982年8月28日，教育部发出通知，重申不要让儿童上课时背着手听课。通知说，经常叫儿童背着手听课，使儿童精神处于紧张状态，很容易疲劳。双手背着听课不是先进经验，而是日本统治东北时期遗留下来的一种不合理的管理办法。希望各地尽速检查纠正这种现象。④

中国中小学大约在80年代中期开始实行校长负责制，各地推进的速度各不相同，到80年代末，中小学基本上实行了“校长负责制”，中小学在人权和财权上的非独立性决定着这种责任制仅是委托管理式的负责人。

---

① 中央教育科学研究所：《中华人民共和国教育大事记（1949—1982）》，北京：教育科学出版社，1983年版，第637～648页。

② 中央教育科学研究所：《中华人民共和国教育大事记（1949—1982）》，北京：教育科学出版社，1983年版，第650页。

③ 中央教育科学研究所：《中华人民共和国教育大事记（1949—1982）》，北京：教育科学出版社，1983年版，第652页。

④ 中央教育科学研究所：《中华人民共和国教育大事记（1949—1982）》，北京：教育科学出版社，1983年版，第665页。

1982年，中共十二大首次提出：把教育作为实现二十年翻两番的重要保证，提高到全党的三大战略重点之一的地位。1987年，中共十三大进一步明确提出：把发展科学技术和教育事业放在首要位置，使经济建设转移到依靠科技进步和提高劳动者素质的轨道上来。

1988年，教育内部的人事制度改革中最敏感的“校长责任制”在一些高校中被提上了日程。“校长责任制”是相对于党委责任制而言，其内涵是校长在校内有教学业务方面的全面领导权、有人事和财政方面的自主权。1989年，少数大学刚刚试点实行大学校长责任制，便又因政治风波而暂停，继续沿用党委领导下的校长负责制。

直至2009年，从幼儿园到大学的管理，专业性成分依然过低，行政性特点依然过强。中国古话说“彼且为婴儿，与之为婴儿”。中国学校管理需要遵循“彼且为学校，与之为学校”的原则，将学校当做学校。

第三节　教育家办学

管理行政化是在新中国成立之初即深入到学校内部的管理方式。

1950年6月4日，教育部发布《高等学校颁发学生毕业证书暂行办法》，对高等学校的毕业证书式样、验印和颁发程序作了规定。1950年6月24日，教育部颁发高等学校校历。校历规定：一学年分两学期，第一学期自8月1日至次年1月末，上课145天；第二学期自2月1日至7月末，上课144天。暑假62天，寒假14天。[①] 由教育部颁布全国统一的校历，自然难以适用于东西南北跨度如此之大、气候差别如此显著、不同类别学校教学实习要求不同的实际，然而对毕业证和校历的统一要求意味着行政要对学校具体教育教学行使权力。1953年后，高等教育部、教育部对证书验印办法作了多次修订，1956年6月才

① 中央教育科学研究所：《中华人民共和国教育大事记（1949—1982）》，北京：教育科学出版社，1983年版，第20页。

规定一律不再报部验印。

1954年7月3日，教育部、出版总署联合发出指示，规定中学、小学、师范学校、幼儿园的课本、教材一律由国家指定的国营出版社编辑出版；教学参考书、工农兵妇女课本、教材由国营出版社出版。接着，1954年7月9日，高等教育部颁发《高等学校课程考试与考查规程》。其中规定：学习苏联经验，采用考试和考查两种方式检查学生各科学业成绩。凡应进行考试的课程须采用考试。考试成绩以四级分制（优等、良好、及格、不及格）评定，考查成绩按及格、不及格评定。并对补考及退学、升级留级标准作了规定。① 从而教师失去了对教材的编写和选择权，教材权统一收归政府；教学评价也完全受到行政的控制。

一、不合时宜的合理建议

1957年5月13日，在整风运动要求教授对政府工作提意见的推动下，民盟中央章伯钧、罗隆基召集民盟中央负责人座谈，会上，决定成立研究“党委负责制”、“科学规划”、“有职无权”、“监督争鸣”等四个问题的工作组。其中研究“党委负责制”问题的工作组由黄药眠、陶大镛（均为北京师范大学教授）、费孝通（中央民族学院教授）、吴景超、侯在乾（均为中国人民大学教授）、褚圣麟（北京大学教授）、陆近仁（北京农业大学教授）、李酉山（清华大学教授）组成。经他们多次讨论研究后，由黄药眠执笔写成《我们对于高等学校领导制度的建议（草案初稿）》。这个建议提出：新中国成立初期，各高等学校是用校务委员会来执行领导的，后来学习苏联改为一长负责制，近年又改为党委负责制。这一体制已暴露出许多毛病，如严重的以党代政、党政不分，虽有校务委员会却流于形式，非党干部有职无权，党外人士有意见很难通过组织系统向上反映并发挥监督作用，等等。为了克服这些缺点，他们提出四条建议②：

> （一）加强党在高等学校的思想政治领导。党的中心任务是党内外的思想政治工作，贯彻党的文教政策。党组作为全校的领导核心。

---

① 中央教育科学研究所：《中华人民共和国教育大事记（1949—1982）》，北京：教育科学出版社，1983年版，第108页。

② 黄药眠：《我们对高等学校领导体制的建议（草案初稿）》，引自《六月雪》，北京：经济日报出版社，1998年版，第383页。

（二）设立校务委员会作为学校行政最高领导机构，它的中心任务是教学和学术领导。

（三）设立行政委员会处理学校行政事务，以便更好为教学和学术研究服务。

（四）在校务委员会和行政委员会之外，另外设立各种委员会，广泛地吸引教职员工参加协助各有关单位工作。

总的精神就是在党领导下实行民主办校。

针对党政不分、以党代政、管理工作中发扬民主不够等弊端提出的这一建议，既肯定共产党在“全校的领导核心”作用及“思想政治领导”地位，明确党组的中心任务是贯彻好中央的方针、政策，做好学校的思想政治工作，加强党对学校的政治领导，又提出了党政等各方面的明确分工，并建议设立各种委员会，广泛发扬民主，达到调动一切力量，做好学校工作的目的。这一建议的主要精神有其合理性，但反右以后，却招来了激烈的抨击。

建议中最引人注目后来被批判为“教授治校”的是提出“校务委员会是学校的最高领导机关，教授、副教授在校务委员会中应占多数”。其实，上面的建议已经说得很清楚，校务委员会的中心任务是管理教学和学术研究工作，它是这方面最高的“行政领导机构”。在这样一个负责全校业务领导的机构中，提出要让教授、副教授占多数（并不排斥其他方面人员），这体现了由懂得教学、科研的人来领导业务工作的精神，是有利于改进高校领导工作和提高教育质量的。

但是，反右斗争开始后，这一建议却引来了猛烈的炮轰。中国人民大学党委书记、副校长胡锡在北京市人代会的批判发言最具代表性，他说，这个建议“是资产阶级在高等学校篡夺领导权的反动纲领”，“意图是要从各个大学里赶走共产党员，消灭党委制，保证右派可以在高等学校中横行霸道、为所欲为，把高等学校变成资本主义复辟的基地”。[1] 这些批判将根据最高领袖的要求提出的建议被说成是“右派在教育界抛出的最反动的纲领”，这显然是武断的、不实事求是的。

1961年9月15日，在调查研究的基础上，中共中央批准试行《教育部直属高等学校暂行工作条例（草案）》。其中指出，学校中的党的领导权力集中在校党委，实行党委领导下的以校长为首的校务委员会负责制。校长是国家任命

① 引自《人民日报》，1957年7月30日。

的学校行政负责人，对外代表学校、对内主持校务委员会和学校的经常工作。高等学校设立校务委员会，作为学校行政委员会讨论、作出决定，由校长负责执行。校务委员会由校长、副校长、党委书记、教务长、系主任和若干教授及其他必要人员组成。学校党组织要充分发挥校长、校务委员会和各级行政组织以及行政负责人的作用，改变"一竿子插到底"、"总支、支部包揽一切"的状况。这一体制，既体现了集体领导的原则，又保证了党对学校的统一领导，还突出了校长在行政管理上的领导地位。不足之处是党委会和校务委员会双重层次的权力机构设置，容易引起政出多门，引起党政关系不协调。这个条例是一个更加便于行政领导的学校领导体制安排。

二、未成正果的探索

1978 年 4 月 14 日，国务院批转了教育部《关于专科学校改为学院审批权限的请示》。教育部的请示规定：今后凡增设或撤销高等学校，包括大学、学院和专科学校，仍由省、直辖市、自治区革命委员会或有关部委报请国务院审批。如专科学校改为学院或大学，由省、直辖市、自治区或部委报国务院，抄送教育部，由教育部代国务院审批。高等学校在种类性质、学制、归属和领导体制等不变的情况下，只改名称，由省、直辖市、自治区审批，抄送教育部备案。①

1978 年 6 月 30 日，邓小平听取清华大学工作汇报时说："在学校工作的干部，本身要懂行。""学校要办成学校，学校要按学校的要求办。"②

1979 年 1 月 11 日，《光明日报》报道，安徽省选拔五位教授、副教授分别担任合肥工业大学等四所高等院校副院（校）长。同时各地一批教授、副教授、专家被任命担任高等学校的院校、系（所）、教研室及行政科室的领导职务。一些高等院校采取民主选举和组织任命相结合的办法产生院系及各部门领导人。一些省、地（地区）、县教育部门在整顿学校领导班子的过程中，选拔了一批既有实践经验、又有组织管理学校才能的教师担任各级教育行政部门和中小学的领导职务。③

---

① 中央教育科学研究所：《中华人民共和国教育大事记（1949—1982）》，北京：教育科学出版社，1983 年版，第 515～516 页。

② 中央教育科学研究所：《中华人民共和国教育大事记（1949—1982）》，北京：教育科学出版社，1983 年版，第 520 页。

③ 中央教育科学研究所：《中华人民共和国教育大事记（1949—1982）》，北京：教育科学出版社，1983 年版，第 541 页。

1979 年 11 月 23 日，《人民日报》报道：上海交通大学、上海师范大学在确保完成国家下达的教学、科研任务的前提下，广开门路、增加收入、建立学校基金，在教职工中实行年奖励制度。在此以后，一些高等学校也采取各种办法，增加收入，建立学校基金。四川省人民政府正式决定在全省各高等学校建立院校基金。①

1979 年 12 月 6 日，《人民日报》发表复旦大学校长苏步青、同济大学校长李国豪、上海师范大学校长刘佛年、交通大学党委书记邓旭初等对办好大学的意见，呼吁给高等学校一点自主权。《人民日报》在编者按中说：学校（包括大专院校和中小学）应不应该有点自主权，应该有哪些自主权，教育体制如何改革，才能更好地适应工作重点的转移，这是很值得探讨的问题，希望积极提出建设性意见。②

1980 年 4 月 19 日至 23 日，中国教育工会在上海召开教育工会负责人会议，交流在学校中建立党委领导下的教工代表大会制的试点经验。③

从 1983 年起，作者一直在对全国各地的学校进行实地调查，总体的感觉是在 80 年代初还有一些在教育专业上很内行、有教育人格和精神的人担任校长，后来这样的人越来越少。在教育经费紧张的年代，善于筹钱的人占校长中的主要成分，再后来有可靠行政依傍的人成为校长中的主要成分，教育家难以生成。

2006 年，温家宝在政府工作报告中提出："要培养一支德才兼备的教师队伍，造就一批杰出的教育家。"2007 年，温家宝在政府工作报告中再次提出"要提倡教育家办学，鼓励更多的优秀青年终身做教育工作者"。

现在学校的内部管理机制是由它的外部过度行政化的管理生成的，校长的任命是外面行政权力机构任命，决定了他肯定是先向赋予他权力的机构负责，而不必对学生和教师负责，不会以学生成长发展的需求作为依据。在这种体制里，实现教育家办学的目标依然缺乏体制基础。

---

① 中央教育科学研究所：《中华人民共和国教育大事记（1949—1982）》，北京：教育科学出版社，1983 年版，第 565 页。

② 中央教育科学研究所：《中华人民共和国教育大事记（1949—1982）》，北京：教育科学出版社，1983 年版，第 566 页。

③ 中央教育科学研究所：《中华人民共和国教育大事记（1949—1982）》，北京：教育科学出版社，1983 年版，第 579 页。

第四节　知识获取导向的评价

六十年来，在一个人口基数为世界第一，文化历史底蕴深厚的国家里未能培养出多少杰出的人才，这成为一个值得深入探究的问题。

一、两份考察报告

1979 年 6 月，刚刚开放的中国曾派一个访问团去美国考察初级教育，回国后写了一份考察报告。同一年，作为互访，美国也派了一个考察团来中国，也写了一份考察报告。

中国教育考察团的报告中道：美国学生，无论品德优劣、能力高低，无不踌躇满志；小学二年级的学生，大字不识一斗，加减乘除还在掰手指头，就整天奢谈发明创造；重音、体、美，而轻数、理、化；课堂几乎处于失控状态，最甚者如逛街一般，在教室里摇来晃去。

结论是：美国的初级教育已经病入膏肓，再用二十年的时间，中国的科技和文化必将赶上和超过这个超级大国。

美国考察团的报告中道：中国的小学生在上课时喜欢把手放在胸前，除非老师发问时举右手，否则不轻易改变；早晨 7 点钟以前，在中国的大街上见到最多的是学生；中国学生有“家庭作业”，是学校作业在家庭的延续；中国把考试分数最高的学生称为学习优秀的学生，一般会得到一张证书，其他人则没有。

结论是：中国的学生是世界上最勤劳的，他们的学习成绩和世界上任何一个国家的同年级学生比较都是最好的。可以预测，再用二十年的时间，中国在科技和文化方面，必将把美国远远地甩在后面。

二十年之后，美国“病入膏肓”的基础教育共培养了几十位诺贝尔奖获得者和一百多位知识型的亿万富豪，而中国还没有哪一所学校培养出一名这样的人才。三十年之后，即便是在中国受完高中或大学教育后再到美国留学并工作奋斗的人，也没有表现得比美国教育培养出的杰出学生优秀。

上述两份报告一致的预测未能成为现实，这显示出如何管理学校、如何评价学生是值得所有中国教育工作者思考的问题。

二、身体健康的位置

学生的身体素质一直受到较高程度的关注，然而六十年里师生的身体素质却出现整体下滑的趋势。

1950 年 6 月 19 日，毛泽东就学生健康问题写信给教育部部长马叙伦。信中说："要各校注意健康第一，学习第二。营养不足，宜酌增经费。学习和开会的时间宜大减。病人应有特殊待遇。全国一切学校都应如此。"①

1950 年 12 月，为支援朝鲜战争，中国政府决定在青年学生中选招一批人到军事干部学校学习，在体检中发现相当多的学生因体质差而未被录取，毛泽东将华东地区发来的学生"体质孱弱，患病者很多"的电报转给教育部部长马叙伦，并附函强调："提出健康第一，学习第二的方针，我以为是正确的。请与各位副部长同志商酌处理为盼！"②

但是由于过度地强调学业，在各学段已经出现学生体质和健康问题，越是高年级问题越严重。1954 年 12 月 25 日，卫生部、教育部、高等教育部联合发出通知要求《建立高三学生健康记录卡片制度》，为避免每年在高等学校招生前突击办理健康检查，同时也为在学校中逐渐建立健康记录制度，从 1954 年至 1955 年学年度在高中三年级建立了学生健康记录卡片制度。③

1955 年 6 月 10 日，高等教育部发出《关于改善国外留学生健康情况的指示》。鉴于国外留学生的健康问题严重，高等教育部要求各使馆教育学生认识和贯彻全国发展的方针，批判拼命学习、忽视健康和不问政治的偏向；提倡学习互助，改进学习方法；注意营养，加强锻炼，增强体质；建立必要的制度，出

① 中央教育科学研究所：《中华人民共和国教育大事记（1949—1982）》，北京：教育科学出版社，1983 年版，第 20 页。

② 《毛泽东书信选集》，北京：人民出版社，1983 年版，第 401 页。

③ 中央教育科学研究所：《中华人民共和国教育大事记（1949—1982）》，北京：教育科学出版社，1983 年版，第 118 页。

国前加强体格检查，在国外每年进行健康检查。[①]

1956年4月3日，教育部发出《关于1956—1957年学年度，在中学、师范学校及高等师范学校推行“劳动卫国体育制度”的通知》（“劳动卫国体育制度”简称“劳卫制”），提出：自1958年起要求初中毕业生（除少数有疾病等特殊原因的学生外）达到“劳卫制”少年级标准，高中毕业生达到“劳卫制”一级标准，高等学校毕业生达到“劳卫制”二级标准。[②]

1958年10月25日，国家体委公布经国务院第81次全体会议批准的《劳动卫国体育制度条例》，并公布了劳卫制少年级、一级、二级，三个级别的锻炼项目及标准。27日，《人民日报》发表社论《让劳卫制来个大跃进》，号召掀起一个群众性劳动卫国体育锻炼的高潮。[③]

实施“劳卫制”过程中，由于过多地安排学生劳动，引发一些学生体质下降甚至病倒、饿死，其中一些学生逃离学校或退学。直到1960年，这一问题才引起全国范围的重视。

1960年5月15日，中共中央、国务院发出《关于保证学生、教师身体健康和劳逸结合问题的指示》。指出：由于“大跃进”中师生劳动过多、粮食供应不足，很多学校对学生的劳逸结合注意不够、安排不好，使学生的学习和生活过于紧张，身体过于疲劳，甚至严重地影响到学生的健康和学习。为此规定：（一）学生每天的学习时间（包括自习和劳动时间在内），高等学校不得超过9小时，中等学校不得超过8小时。学生每天睡眠时间，必须保证高等学校学生8小时，中等学校学生8至9小时，小学生9至10小时。（二）控制各种社会活动和会议。学生参加集体的社会活动时间，高等学校每周不得超过9小时，中等学校每周不得超过6小时。（三）教学质量的提高，主要应该依靠改进教学内容和方法。要帮助教师做好革新课程内容和教学方法的工作。（四）认真注意改善伙食管理工作。搞好灯光照明，保护学生视力。（五）对教师同样必须贯彻劳逸结合和大集体、小自由的原则，保证他们有8小时的睡眠和适当的运动、娱乐时间。（六）各级教育行政部门应有一个负责人，各级学校应有校长或副

① 中央教育科学研究所：《中华人民共和国教育大事记（1949—1982）》，北京：教育科学出版社，1983年版，第132～133页。

② 中央教育科学研究所：《中华人民共和国教育大事记（1949—1982）》，北京：教育科学出版社，1983年版，第161页。

③ 中央教育科学研究所：《中华人民共和国教育大事记（1949—1982）》，北京：教育科学出版社，1983年版，第235页。

校长，各级党组织应有一名书记负责管理师生劳逸安排等方面的工作。①

1960年7月30日，中共中央批转了共青团中央书记《关于学校师生劳逸结合问题的报告》。报告中反映了各地贯彻执行本年5月15日中央《关于保证学生、教师健康和劳逸结合的指示》的情况，指出仍有部分学校对中央指示的重大意义认识不足、贯彻不力。其主要的思想问题是，有些同志把贯彻劳逸结合和提高教学质量对立起来。中共中央的批示指出：对学校师生劳逸结合问题要定期检查，不能只靠一两次指示就算完事。违背中央关于劳逸结合指示的单位，必须受到批评并限期改正过来。根据中央上述批示，教育部于9月19日发出通知，要求各地检查学校师生劳逸结合和生活安排②的情况。

然而上述两个通知都未能点明问题的真实原因和状况，因而也就不能准确地找到解决办法；直接原因是“大跃进”的极“左”行为引发的大饥荒使师生们吃不饱，因而导致多种疾病发生。1960年10月22日，教育部、卫生部再次联合发出通知，要求进一步加强学校伙食管理和保护学生视力，一方面要加强粮食的管理工作，另一方面要大力发展副食品生产。③

1960年12月21日，中共中央、国务院发出《关于保证学生、教师身体健康的紧急通知》，指出：不少城市的大中学校师生，由于劳逸结合不好，营养较差，生活安排不好，有少数人发生了水肿病和其他疾病。这种情况目前仍在继续发展，必须引起严重注意。重申中央于本年5月15日发出的关于劳逸结合的问题的指示，并进一步提出：要立即抓紧治疗学生和教师的疾病，把办好学校伙食作为当前的一项中心任务，抓紧落实；进一步适当地减少工作、学习、劳动的分量，增加一些睡眠和休息时间；今冬明春不搞运动量大的体育活动，不再安排学生参加校外义务劳动，严格控制校内重体力劳动；调整教学、科研的要求，不搞突击竞赛，不搞献礼；要以抓生活为中心来抓政治思想工作。1961年1月上、中旬，教育部组成六个检查组，分赴六个大区，调查了各级学校贯彻劳逸结合和师生健康的状况。各地学校也积极采取措施，减轻师生的教学、科研、劳动负担；生产副食品、代食品等，搞好师生生活；治疗师生中的水肿、

---

① 中央教育科学研究所：《中华人民共和国教育大事记（1949—1982）》，北京：教育科学出版社，1983年版，第274页。

② 中央教育科学研究所：《中华人民共和国教育大事记（1949—1982）》，北京：教育科学出版社，1983年版，第279～280页。

③ 中央教育科学研究所：《中华人民共和国教育大事记（1949—1982）》，北京：教育科学出版社，1983年版，第284页。

肝炎等疾病，保证师生健康。[①] 水肿病只是饥饿的表征，当时能治疗师生疾病的灵丹妙药就是粮食！

1961年3月17日，教育部、卫生部、全国妇联、共青团中央联合发出通知：积极防治女学生和女教职工的月经病。通知指出，自1958年以来，由于教学、科研任务较重，体力劳动增多，劳逸结合安排不好以及对女学生经期保健的疏忽，在大中学校中患月经病的女学生及女教职工相当普遍，问题是严重的。为此，要求今年上半年，各地应当在继续抓好水肿、肝炎等疾病防治的同时，将女学生、女教职工月经病的防治作为重要任务之一。力争大部分患者在不长的时期内把病治好。通知提出了防治月经病的措施，附发了《关于女学生经期卫生和劳动保护的几项原则规定》和宣传提纲。[②] 当时所谓的"月经病"是由于较长时间过度饥饿造成的子宫下垂。

1961年4月13日，教育部、卫生部再次联合发出通知：防治学生中的肺结核、肝炎等传染性疾病。通知指出：近几个月来，学生中患肺结核和肝炎等传染性疾病的人数仍然较多，其中不少人是新发病的。通知要求各地学校争取在一定时期内控制这些疾病的传染。[③]

1964年8月19日，国务院批转了教育部、国家体委、卫生部的《关于中小学学生健康状况和改进学校体育卫生工作的报告》。报告指出：学生的健康状况仍未恢复到1959年以前的水平。学生患常见病的还不少。为此，要求做好学校的体育卫生工作。首先是上好体育课，坚持认真做早操或课间操，广泛开展学生的课外体育活动。[④]

"文化大革命"期间，由于基本上无学业负担，学生身体反倒挺好。恢复高考后学生体质下降问题再度出现，为了提高升学率，学校中体育的位置再度下降。

1982年8月21日，《光明日报》发表教育部部长何东昌就教育工作要正确处理好体育与德育、智育的关系问题向新华社记者发表的谈话。何东昌说：学校体育工作是教育工作的重要组成部分，要正确处理好它与德育、智育的关系，

---

① 中央教育科学研究所：《中华人民共和国教育大事记（1949—1982）》，北京：教育科学出版社，1983年版，第286页。

② 中央教育科学研究所：《中华人民共和国教育大事记（1949—1982）》，北京：教育科学出版社，1983年版，第290页。

③ 中央教育科学研究所：《中华人民共和国教育大事记（1949—1982）》，北京：教育科学出版社，1983年版，第292页。

④ 中央教育科学研究所：《中华人民共和国教育大事记（1949—1982）》，北京：教育科学出版社，1983年版，第366页。

做到“健康第一”。我们看体育工作，不仅要看学生的运动成绩，而且要着重看学生体质的增强。凡是妨碍学生身体健康成长的，就要纠正。各级学校都要认真执行有关学校体育、卫生工作的规定。他希望城市已有的体育场、馆，能够有计划地对学校开放。①

2000年后，连续多次的学生体质调查表明，中国学生体质呈现总体下降趋势。

三、质量标准

中国教育质量的问题一直较多，然而由于多年来中国对教育质量的标准一直没有明晰，较长时期里以政治标准作为教育质量的标准，反复发文件要求加强学生的政治思想教育，即便涉及其他方面，也只是以比较笼统的“红”与“专”替代了对学生的科学评价；恢复高考以后，考试分数和升学率又成为衡量教育质量的“压倒一切”的标准，由此引发教育质量的问题较多。

1949年以来，政府并非不重视教育质量，但对教育质量的标准是什么，一直模糊、摇摆、众说纷纭，缺乏有专业基础的教育评价标准，其中在相当长的时间里处于混乱状态，这直接影响着教育质量的有效提升。

1953年8月5日，《人民教育》8月号发表社论《教学竞赛应全部停止》。由于各地许多学校组织和开展各种形式的教学竞赛，提出“指标教学”等口号，给教学工作带来许多恶果。针对这种状况，社论指出：“出现这种状况，反映出从事教育工作的某些领导人，既不掌握教育原则，又存在急躁情绪，因而机械地把生产竞赛的办法搬到教学工作中来，企图以突击的、简单的方法来提高教学质量。”社论在列举了“指标教学”所造成的恶果之后，要求各地学校要根据教育和教学的特点，提出提高教学质量的办法。② 这便是典型的教育质量标准不清晰的案例。

1953年9月10日至23日，高等教育部召开的全国综合大学会议讨论了综合大学的方针、任务问题。会议认为，综合大学是国家文化和科学发展的一个重要标志。综合大学的特定任务主要是培养在理论或基础科学（自然科学和社会科学）方面从事研究工作或教学工作的专门人才。具体地说，就是培养科学研究工作者、高等学校的师资和中等学校的师资。会议指出，综合大学主要是

---

① 《新华社记者访谈》，引自《光明日报》，1982年8月21日。

② 中央教育科学研究所：《中华人民共和国教育大事记（1949—1982）》，北京：教育科学出版社，1983年版，第85页。

高等教育机构，但同时也是研究机构，教学与研究是相互为用、相互提高的。综合大学应特别重视科学研究工作。①

1954年5月29日，面对当时“小升初”和初中升高中的压力，《人民日报》发表了中共中央宣传部《关于高小和初中毕业生从事生产的宣传提纲》，论述中小学教育的目的和任务。指出：我们的教育和劳动生产是绝对不可分离的，不论从小学、中学或大学毕业出来的人，都应该积极从事劳动生产，成为有政治觉悟、有文化教养的社会主义社会的建设者。小学教育是国民义务教育性质。现阶段我们中学教育的任务，除去为高等学校输送一部分新生以外，同样是为了提高人民的文化水平，为国家各项建设事业供应劳动力。认为现在的中小学都应当升学，不能升学而去从事工业、农业生产或其他劳动就是失学的想法，是一种极不健康的错误的思想。教育领导机关，没有对这种思想进行深刻的系统的批判，是一个原则性的错误。批判认为做工、种地“太脏”、“太累”、“太丢人”；认为当不成干部、专家，就没有前途；认为搞农业最没出息；认为从事劳动生产以后，就要荒废学业，再也不能学习文化和技术等等几种错误思想。5月31日，教育部发出通知，要求各级教育行政领导部门，组织所属干部认真学习这个宣传提纲，采用各种有效方法，进行宣传教育。②

1954年6月5日，政务院公布第212次政务会议通过的《关于改进和发展中学教育的指示》，指出：中学教育的目的，是以社会主义思想教育学生，培养他们成为社会主义社会全面发展的成员。中学教育不仅要供应高等学校以足够的合格的新生，并且还要供应国家生产建设以具有一定政治觉悟、文化教养和健康体质的新生力量。当前中学教育工作的方针应该是在整顿巩固的基础上，根据需要与可能，作有计划有重点的发展，并积极地稳步地提高中学教学的质量。特别是要办好高级中学、完全中学和工农速成中学。中学必须贯彻全面发展的教育方针。既要加强政治思想教育，又要重视系统的科学知识的教学，同时还要注意体育卫生教育。思想政治教育，目前应特别着重爱国主义教育、劳动教育和自觉纪律教育。要改进教学，以先进的科学知识武装学生，相应地改进教学方法，注意克服理论脱离实际的教条主义和形而上学的毛病。继续改进学校的领导工作。建立学校的领导核心。校长对学校工作全面负责，但必须以

① 中央教育科学研究所：《中华人民共和国教育大事记（1949—1982）》，北京：教育科学出版社，1983年版，第86～87页。

② 中央教育科学研究所：《中华人民共和国教育大事记（1949—1982）》，北京：教育科学出版社，1983年版，第104～105页。

领导教学为中心，使教学工作成为学校的中心任务。①

在教育规模和数量迅速发展的时候，教育质量问题凸显出来。1954 年，中共北京市委作出《关于提高北京市中小学教学质量的决定》，针对该市中小学校教育质量很差、学生学习成绩不好等情况，提出要采取积极稳步的方针，普遍地提高教育质量。提出：（一）市教育局、学校、任课教师、班主任都要制定提高教育质量的计划，使提高教育质量的工作成为广大师生共同奋斗的目标。（二）要领导教师深入钻研教材和教学大纲，改进教学方法。要组织有经验的教师研究改进教学，编写教学指导材料，加强教师的学习。（三）应根据学生学习成绩和进步情况，评定教师的工作成绩，并据此分别给教师以奖励、提高薪金待遇，或帮助使其称职，对不称职者作解聘、转业等安排。对思想反动、品质恶劣的要作处理。要努力提高教师的社会地位。（四）统一考核学生成绩的标准，从初小四年级起，有步骤地实行统一考试。（五）教育行政部门和学校的领导干部，在业务上要真正成为内行，要把主要精力迅速地、坚持地放到教学研究和教学领导上去。（六）加强党对教育工作的领导，市委设立教育部。学校党组织切实起到保证教学的作用。6 月 26 日，北京市各界人民代表大会讨论了提高中小学教育质量的问题，并通过了相应的决议。此后，北京市采取一系列措施，贯彻执行市委的决定和人民代表会议的决议。② 当时北京的教育质量问题应该不是最为严重的，由此可见当时全国教育质量的状况。

1954 年 9 月 23 日，周恩来在一届全国人大一次会议上作的政府工作报告中指出："为了适应经济建设的需要，教育部门应当首先集中力量发展和改进高等教育。中小学教育已有很大的发展，今后应当着重于质量的提高。中小学教育都应当注意劳动教育，以便中小学毕业生能够广泛地参加工农业劳动。"③

1954 年 12 月 20 日至 31 日，教育部召开中学教育工作汇报会，检查一年来各地贯彻政务院《关于改进和发展中学教育的指示》的情况及存在的问题。会议指出：1955 年以及今后一个时期内，中学教育以提高教育质量为中心任务，提高教育质量，就要以全面发展的教育方针为指导思想，学校在提高学生知识质量的同时，要注意提高学生的政治觉悟和健康体质，培养他们成为社会主义社会全面发展的成员。

---

① 中央教育科学研究所：《中华人民共和国教育大事记（1949—1982)》，北京：教育科学出版社，1983 年版，第 105 页。

② 中央教育科学研究所：《中华人民共和国教育大事记（1949—1982)》，北京：教育科学出版社，1983 年版，第 107 页。

③ "政府工作报告"，引自《新华月报》，1954 年第 10 期。

1955 年，《人民教育》1 月号发表题为《积极地稳步地提高教育质量是今后普通教育的中心任务》的社论。社论提出：中小学“必须遵照全面发展的方针，贯彻智育、德育、综合技术教育、体育和养育，使学生获得全面发展”，使学生成为“社会主义社会自觉的积极的建设者和伟大祖国的保卫者”①。

同年，《人民教育》2 月号发表张凌光的文章《实行全面发展教育中若干问题的商榷》。随后，《人民教育》及其他报刊陆续发表文章讨论全面发展教育的问题。许多文章不同意张凌光的观点。主要分歧点是：（一）关于全面发展教育的理解问题，张文把它概括为“培养德才兼备、身心健康、手脑并用、智情并茂、意志坚强的共产主义新人。”一些人认为这个概括是模糊的、不恰当的。（二）关于实行全面发展教育中的矛盾问题。一些人认为张文所举的“提高教学质量和加重学生负担的矛盾”等，并不是实行全面发展教育中的矛盾，而是我们教育工作中的一些缺点。（三）关于如何克服目前教育工作中的缺点，一些人也与张文有不同看法。②

1955 年 5 月 4 日至 15 日，北京大学举行 1954—1955 学年科学讨论会。参加讨论会的有高等教育部部长杨秀峰，中国科学院副院长张稼夫，全国综合大学及京、津有关高等院校等四十多个单位的代表，还有苏联科学院、匈牙利科学院的代表。北京大学校长马寅初在开幕词中指出：科学研究工作是高等学校，尤其是综合大学的一项基本任务。北京大学从 1954—1955 学年开始了有计划的科学研究工作，全校有 270 多位教师从事将近 300 个专题的研究。南开大学等一些高等学校也在这年举行了科学讨论会。全国许多高等学校开始有计划地进行科学研究工作。1956 年，有 65 所高等学校召开了全校性的科学讨论会，宣读了 3600 篇科学论文。至 1957 年，已有 41 所高等学校出版了学报。③

1955 年 5 月 19 日至 6 月 10 日召开的全国文化教育工作会议确定：继后一个时期内各项文化教育工作以提高质量为重点，有计划有重点地稳步发展，同时贯彻在地区上合理部署和对公司文化教育事业统筹安排的方针，使文化教育事业更有效地为经济建设和提高人民文化生活水平服务。会议指出，为了改善高等学校学生质量的情况，高等教育在最近时期内，在发展速度上要放慢一些，

① 中央教育科学研究所：《中华人民共和国教育大事记（1949—1982）》，北京：教育科学出版社，1983 年版，第 122 页。

② 中央教育科学研究所：《中华人民共和国教育大事记（1949—1982）》，北京：教育科学出版社，1983 年版，第 123 页。

③ 中央教育科学研究所：《中华人民共和国教育大事记（1949—1982）》，北京：教育科学出版社，1983 年版，第 129 页。

而以改革教学，提高与保证质量为中心任务。在保证质量的条件下，努力争取培养干部的数量。高等工业学校有必要逐步由四年制改为五年制。专科除必要者外，应早日停办。会议决定工农速成中学从本年起停止招生。[①] 显然，这一会议的决定在大方向上是与实际相一致的，但对实际需求了解过于宏观，停办专科和高工改为五年本身都是欠周全的决定。

1956 年 5 月 3 日，教育部发出指示，要求各地把中学教育工作者在社会主义改造和社会主义建设中焕发出来的积极性，引导到提高教育质量的方面来。指示针对当前学校工作中的问题提出：（一）不应把开展竞赛、规定指标等生产部门的工作方法，机械地搬到学校工作中来。（二）学校、教育事业的全面规划，主要是由教育行政领导机关来制订。学校制定工作规划，应以提高教育质量为中心内容。（三）精简机构，减少非教学人员，提高工作效率，是改进学校领导工作的一个重要环节。有些学校取消教务、总务两处，另设校务办公室的办法，可先试点。取得经验，逐步推广。（四）增加教师任课时数是解决师资不足问题的方法之一。一般教师以任课 16 节至 18 节为宜，有的可增至 20 节。增加授课时数，应相应增加工资。要保证教师的工作和进修时间，减少教师的兼职和非教学活动。取消教师的上下班制度。（五）校长、教导主任兼课，可以提高业务和领导水平，凡能兼课的都应该鼓励他们兼课。[②]

1956 年 8 月 1 日至 16 日，高等教育部在北京召开高等学校部分校（院）长和教务长座谈会，会上主要讨论了解决学生负担过重和培养独立思考、独立工作能力等方面的问题，还着重研究了“全面发展，因材施教”，在教学中贯彻“百家争鸣”等问题。高等教育部部长杨秀峰做了总结发言。杨秀峰指出：（一）对于过去的工作应该肯定成绩，正视缺点。八年来的毕业生比新中国成立前五十四年毕业生的总数还要多，毕业生的质量普遍有提高。最主要的缺点之一就是对学生独立思考和独立工作的能力没有很好地注意培养。学生的学习负担过重。造成这种情况的原因是复杂的，发展快，师资、设备跟不上，学生入学水平不齐，教学计划分量重、课程多，教学大纲内容多、过分强调统一、缺乏灵活性，对“全面发展”方针理解上有偏差等等。从教学上讲，主要根源之一是没有切实注意结合中国实际创造性地学习和运用苏联经验。（二）当前改进教学工作的措施：适当减少比较次要的课程，解决教学大纲上不必要的内

---

① 中央教育科学研究所：《中华人民共和国教育大事记（1949—1982）》，北京：教育科学出版社，1983 年版，第 130 页。

② 中央教育科学研究所：《中华人民共和国教育大事记（1949—1982）》，北京：教育科学出版社，1983 年版，第 165 页。

容重复问题，加强教师自己编写教材的工作，改进教学法、提高讲授质量，贯彻每周学习不超过54小时的规定，精简学生组织的机构和活动。（三）积累和总结本国经验，更密切地结合中国实际，认真地进一步学好苏联先进经验，同时也吸收其他国家对我们有用的东西，建设为社会主义建设服务的新中国高等教育。（四）高等学校应该贯彻“全面发展”的教育方针。“全面发展”方针就包括了“因材施教”的意义，但为了避免理解上的偏差，现在更明确地提出“全面发展，因材施教”是有必要的、有好处的。（五）“百家争鸣”的方针不仅在学术研究中应该贯彻，在教师讲课中也可以执行，允许老师在教学中介绍不同的学说，提出自己的见解。（六）教学工作和科学研究工作在高等学校中应该密切结合起来。（七）高等教育部和各高等学校都要改进领导工作。[①]

1956年8月，教育界及报刊再次开展了关于全面发展教育问题的讨论。教育部、高等教育部组织了几次讨论会，《教师报》邀请北京十所中等学校负责人座谈，《人民教育》自8月号起开辟专栏，讨论这个问题。讨论肯定了贯彻全面发展的教育方针的成绩，同时指出了一些当前存在的亟须解决的问题，如：将“全面发展”误解为“平均发展”；因为要求“平均发展”与片面强调集体，妨害了学生个性的发展；教材分量过重，教学中又不善于掌握重点和因材施教，学生没有时间进行独立钻研等。讨论的中心是是否应把“因材施教”加到“全面发展”的教育方针上去。一种意见认为“全面发展，因材施教”这八个字补充了以前所提方针的不足；另一种意见认为“全面发展”本身已经包括了照顾学生的爱好和特长，“因材施教”只是方法问题。这个问题的讨论延续到1957年上半年。[②]

在1956年，教育的不理想状况引起学生的不满。从1956年9月到1957年3月的半年内，据不完全统计，有几十个城市发生大中学生罢课、请愿事件，共有一万多人参与。[③] 1957年1月，地质部正定干部学校一千多名学生，不满地质部对毕业学生的安排意见，张贴标语，罢课请愿，上街游行。[④] 而对这类事件，有关领导很少从教育质量角度加以考量，解决的办法主要是做思想政治

---

① 中央教育科学研究所：《中华人民共和国教育大事记（1949—1982）》，北京：教育科学出版社，1983年版，第175～176页。

② 中央教育科学研究所：《中华人民共和国教育大事记（1949—1982）》，北京：教育科学出版社，1983年版，第177～178页。

③ 薄一波：《若干重大事件与决策的回顾》（下卷），北京：中共中央党校出版社，1993年版，第569页。

④ 中央教育科学研究所：《中华人民共和国教育大事记（1949—1982）》，北京：教育科学出版社，1983年版，第189页。

工作，于是教育部于1957年1月10日发出通知：加强中学思想政治教育。通知指出：1956年秋季以来，由于领导上对思想政治教育中的集体主义和个性发展、纪律和自由民主、严格要求和启发自觉等关系认识不够，在各地中学出现了不敢严格要求学生，部分学生不守纪律、不关心国内外大事，学生课外活动陷于自流等情况。通知要求：（一）在任何时候、任何情况下，不能放松政治思想教育工作。要把严格要求与发挥学生主动精神结合起来。（二）加强学校的时事政策教育，并经常化。（三）根据中共八大文件对学生进行教育。（四）认真地经常地对学生进行劳动教育，对毕业生更应抓紧。（五）进一步关心学生的生活和健康。①

1957年，政府动员各级各类学校毕业生参加工农业生产劳动，因此，能否直接参加生产劳动就成为评价教育质量的重要标准之一，认为“学用一致”是狭隘的，在3月15日举行的二届政协三次会议上，曾昭抡在关于提高高等教育质量的发言中指出，过去几年的培养干部计划，大体上是正确的。高等教育的教学改革是必要的，方针也是正确的。改革过程中的缺点是学习方法上的教条主义，过分强调统一，限制过死，今后要改进，并要加强高等学校师生的经常的政治思想工作。3月16日，张奚若在关于中小学毕业生升学、就业问题的发言中指出，中小学毕业生不能全部升学是一种正常现象，要加强对学生进行劳动光荣的教育，把劳动教育列为经常的工作。②

1958年10月，在学校运动过多，正常教学秩序被打乱的情况下，一些学校和报刊，陆续开始讨论教学中的群众路线问题。讨论中主要涉及两个方面的问题：一是关于教师主导作用问题；一是学校要不要搞群众运动的问题。关于教师的主导作用有两种观点：一种认为，教师的主导作用是党在教学工作中贯彻群众路线的最大障碍；另一种认为，把教师的主导作用解释成“领导作用”是不正确的。在教学过程中发挥教师主导作用，不仅是教师的社会职责，而且是教学过程这一概念本身所固有的内容。关于学校要不要搞群众运动也有两种意见。一种意见是：学校教学工作和科研工作都应当搞群众运动，也可以搞群众运动，要不要搞群众运动实际上是要不要群众路线的问题；另一种意见是：学校也要实行群众路线，但学校教学工作不同于工农业生产，要循序渐进，不

---

① 中央教育科学研究所：《中华人民共和国教育大事记（1949—1982）》，北京：教育科学出版社，1983年版，第187页。

② 中央教育科学研究所：《中华人民共和国教育大事记（1949—1982）》，北京：教育科学出版社，1983年版，第193～194页。

能搞群众运动。①

1959年3月22日，共青团中央第一书记胡耀邦在给北京大中学校共青团积极分子作报告时提出：全国大中学生今年的奋斗目标应该是读书、劳动、思想三丰收。报告强调要使广大同学了解书本知识的重要性，树立起良好的读书风气。4月中旬，共青团中央在成都召开的学校工作座谈会再次提出：要造成一种有利于学生用功读书的空气，纠正那种把努力读书和走“白专道路”等同起来的看法。②

1959年12月21日，《人民日报》登载福建省中等教育事业在党的领导下全面跃进的经验，并发表社论，认为福建省的经验很值得重视，“这是中等教育事业贯彻执行党的总路线和教育方针的范例之一”。该社论指出：参加生产劳动不但不会降低教育质量，而且能大大提高教育质量。只就学生的考试成绩来看，福建省今年报考高等学校考试及格的学生达到62.8%，而1954年报考高等学校考试及格的学生仅占5.6%。社论号召各地要“适应教育战线上全面跃进的形势，反透右倾保守思想，迅速把中等学校的教育质量再提高一步”③。

1960年3月12日，《光明日报》报道在上海举行的中国数学会第二次全国代表大会上讨论了数学发展方向和数学教学改革问题。与会代表围绕北京师范大学数学系提出的中小学数学教材内容现代化方案，讨论了数学教学改革问题，提出了改革中应注意的几点要求，即中小学数学教育必须打破旧系统，特别是欧几里得几何体系。中学必须讲授某些现代化数学知识，加强对学生计算能力的培养并注意计算工具的使用。教材必须有严谨的理论体系。教材的分量和难易程度，应符合学生的学习水平和认识能力发展的客观过程。④

1962年1月4日，中共中央转发了《关于团中央工作会议的报告》及附件《共青团在学校中的思想政治工作纲要（试行草案）》。团中央的报告中指出：几年来学校团工作贯彻了“兴无灭资”的思想工作方针，方向是正确的。但也产生了不少缺点，主要是某些政策界限不清，工作方法有些简单粗暴。同时，由于对“红专”和所谓“白专”的概念不太清楚，在一定程度上忽视了读书，影响了部分同学的积极性。为总结经验、纠正错误，制定了上述纲要，在高中

---

① 中央教育科学研究所：《中华人民共和国教育大事记（1949—1982）》，北京：教育科学出版社，1983年版，第235~236页。

② 中央教育科学研究所：《中华人民共和国教育大事记（1949—1982）》，北京：教育科学出版社，1983年版，第242页。

③ 《全面提高中等学校的教育质量》，引自《人民日报》，1959年12月21日。

④ 中央教育科学研究所：《中华人民共和国教育大事记（1949—1982）》，北京：教育科学出版社，1983年版，第269页。

以上学校试行。纲要分6章38条。其中规定：共青团在学校中的思想政治工作任务是在党的领导下，以共产主义精神教育团员，带领好团的队伍，配合学校行政，团结教育全体学生和青年教职工，贯彻执行党的教育方针。教育学生用主要精力和大部分时间努力读书，学好功课，同时积极参加一定的生产劳动和社会政治活动。①

1963年1月31日至2月6日，教育部部长杨秀峰和副部长刘皑风、林砺儒分别在上海、天津召开中学办学经验座谈会，研究如何进一步办好一批全日制中学。上海、江苏和天津、北京的部分历史较长的中学的领导干部分别参加了座谈会。会上提出，要办好学校，达到培养革命后代的目的，必须十分重视加强思想政治教育，进行阶级观点和革命意志、劳动和劳动观点、共产主义道德品质等方面的教育。同时必须改进思想政治教育的方式，注意对干部子女的教育。会议认为，由于1953年以后一段时期，照抄外国经验的教条主义，使某些基础课程教学质量有所下降。会议提出了提高程度和提高质量的措施，强调要因材施教，要保持学校特色；要培养教师队伍中的骨干力量，树立尊师爱生的风气。学校领导干部要深入教学，校长、教导主任要兼课，并要处理好党政关系，发挥学校行政的作用。②

1963年6月5日，《人民日报》发表福州市第一中学坚持组织学生参加劳动、参加农村社会主义教育运动的材料，并发表社论。指出：近两年来，由于片面理解教学为主的原则，有些学校忽视了组织学生参加劳动的工作。同时，有些学校则降低学生参加劳动的意义，只是单纯地组织劳动。社论强调。组织学生参加劳动是教育工作中一项长期的根本任务，今后不论是城市或者是农村的学校，每年都应该以一定时间组织学生参加农业生产劳动，并要通过劳动培养热爱劳动人民的思想感情，养成自觉地参加集体劳动的习惯。③ 这年各地报刊围绕中小学教育的培养目标问题发表了文章，强调对学生进行为农业服务的思想教育。

1965年1月15日至27日，中华全国学生第十八届代表大会在北京举行，会议讨论了我国学生在当前形势下如何实现革命化、劳动化的问题。中共中央政治局委员彭真代表党中央向大会作了报告。他希望所有青年，不管成分、出

---

① 中央教育科学研究所：《中华人民共和国教育大事记（1949—1982）》，北京：教育科学出版社，1983年版，第303页。

② 中央教育科学研究所：《中华人民共和国教育大事记（1949—1982）》，北京：教育科学出版社，1983年版，第325～326页。

③《坚持不懈地好好组织学生参加生产劳动》，引自《人民日报》，1963年6月5日。

身、经历如何，都要根据社会发展的规律，根据95%以上人民群众的利益和愿望，来选择自己的方向，把根子扎到工人、贫下中农中去，坚决走社会主义道路。他强调党对待不同出身和经历的青年，重在看他的表现，只要坚决跟着党走，就不会迷失方向，就有光明的前途。①

1965年3月1日，《人民日报》发表社论指出，长沙政治学校的好经验很多，最主要的一条是：高举毛泽东思想红旗，把活学活用毛泽东同志的著作摆在第一位；强调兴无灭资，改造思想；四个第一、三八作风、三大民主、四好运动都落实得好，为我们向解放军学习树立了一个好榜样，特别是为大中学校树立了一个好榜样。全军学校、全国各级党校和大中学校，应该结合自己学校情况，认真吸取长沙政治学校的经验，把学校办得更加革命化。② 在此以后，不少高等学校组织政治教员、政工干部到长沙政治学校学习。

1965年12月21日，毛泽东在杭州的一次会议上发表如下讲话："现在这种教育制度，我很怀疑。从小学到大学，一共十六七年，二十多年看不见稻、粱、菽、麦、黍、稷，看不见工人怎样做工，看不见农民怎样种田，看不见商品是怎样交换的，身体也搞坏了，真是害死人。""要改造文科大学，要学生下去搞工业、农业、商业。至于工科、理科，情况不同，他们有实习工厂，有实验室，在实习工厂做工，在实验室做实验，但也要接触社会实际。""高中毕业后，就要先做点实际工作。单下农村还不行，还要下工厂、下商店、下连队。这样搞他几年，然后读两年书就行了。"③

1967年12月7日，中共中央、国务院、中央军委、中央文革小组发出陈伯达等人摘编的《毛主席论教育革命》一书，该书包括1927年到1967年期间，毛泽东关于教育工作的书信、语录等共51条。并在通知中说：这本书是进行无产阶级教育革命的伟大纲领，各地要立即在学校中掀起一个学习和执行这一伟大纲领的群众运动。此书发出后，各级学校再次掀起"教育革命"的热潮。④

1969年11月8日，北京景山学校革命委员会和驻校工人、解放军宣传队在《北京日报》上用"反修学校"的校名发表文章《从旧景山学校看"智育第一"的反动性》。文章把"文化大革命"前的景山学校诬为反革命修正主义教

---

① 中央教育科学研究所：《中华人民共和国教育大事记（1949—1982）》，北京：教育科学出版社，1983年版，第375页。

② 《学习长沙政治学校的革命学风》，引自《人民日报》，1965年3月1日。

③ 中央教育科学研究所：《中华人民共和国教育大事记（1949—1982）》，北京：教育科学出版社，1983年版，第389页。

④ 中央教育科学研究所：《中华人民共和国教育大事记（1949—1982）》，北京：教育科学出版社，1983年版，第416~417页。

育路线在中小学教育中的一个缩影，是体现“智育第一”的反动理论的一个标本，是旧中宣部推行刘少奇反革命修正主义教育路线的一面黑旗。文章说，“文化大革命”前中共中央宣传部在景山学校进行的教学改革试验，核心是“智育第一”，其实质就是在教育工作中反对突出无产阶级政治，培养修正主义精神贵族。①

1970 年 1 月 1 日，《红旗》第 1 期发表上海市革命大批判小组写的思想评论《文科大学一定要搞革命大批判》。评论提出：“革命大批判既是社会主义文科大学的基本任务，又是当前改造旧文科大学的迫切的战斗任务。”革命大批判“不仅应该批判社会上的资产阶级，还应该把革命大批判深入到文科各个学科，批判哲学、历史学、文学、政治经济学、新闻学、教育学等领域内的反动的资产阶级思想体系。只有这样，旧的文科大学才能在批判中获得新生”。1 月 8 日，《解放日报》发表思想评论《文科就是要办成写作组》，说“工农兵写作组才是社会主义文科大学的好样子”；《文汇报》发表文章，说“写作组是造就无产阶级舆论人才的大学”②。

1970 年八九月份，北京、上海一些高等学校按照中央文革小组组长陈伯达关于“大学要向中小学学习”的指示，派出大批教师到中学参观、取经，或者请中学生到大学介绍建设校办工厂、开展教育革命的经验。高等学校还发动全校教师对照中小学找差距，要大学教师“老老实实地做中小学的小学生”。8 月 24 日，《光明日报》发表关于山东省长岛县和山西省沁源县的新闻报道，宣传“小学生也可以搞科研”，并在编者按中号召大学生要“虚心地学习中小学生敢想敢干的创造精神”。9 月 5 日，上海《解放日报》发表评论员文章《大学要向中小学学习》，提出“大学必须彻底改变资产阶级观念，必须向中小学学生学习”③。

1970 年 11 月 6 日至 20 日，周恩来用五个夜晚同北京外国语学院、北京大学等外语院系代表座谈外语教育问题，周总理在谈到新中国成立后十七年外语教学工作时指出：“对外语教学，要一分为二。不能把合乎毛主席思想合乎规律的也否定了”。周总理着重讲了培养又红又专的外语人才和练好“三个基本功”

---

① 中央教育科学研究所：《中华人民共和国教育大事记（1949—1982）》，北京：教育科学出版社，1983 年版，第 429 页。

② 中央教育科学研究所：《中华人民共和国教育大事记（1949—1982）》，北京：教育科学出版社，1983 年版，第 431 页。

③ 中央教育科学研究所：《中华人民共和国教育大事记（1949—1982）》，北京：教育科学出版社，1983 年版，第 435 页。

的问题。他指出："基本功包括三个方面：政治思想、语言本身、各种文化知识"。"苦练应当成为原则。要学好语音、语法、词汇，做到能听、能说、能读、能写、能译，这才能适应社会主义革命和社会主义建设的需要。"①

1974 年 3 月 18 日，国务院科教组发出通知：将毛主席给李庆霖的复信、李庆霖的信、张铁生的答卷及《辽宁日报》、《人民日报》对张铁生的信所加的编者按编入中学课本。通知说：这些是"向学生进行基本路线教育和反修教育的生动活泼的好教材"②。

1975 年 1 月 10 日，《教育革命通讯》第 1 期发表短评《为使学校成为无产阶级专政的工具而奋斗》，第 3 期又发表短评《再论为使学校成为无产阶级专政的工具而奋斗》。两篇短评集中批判"学校是读书的地方"，"是传播知识的场所"等论点，并说在无产阶级专政条件下，资产阶级往往"打出'智育第一'等骗人的幌子，以十倍的努力、百倍的疯狂来培养资产阶级接班人"③。

1975 年 4 月 23 日，《辽宁日报》登载了两张观点针锋相对的大字报，题为《我们决不单纯做普通劳动者》和《这个口号意味着什么》，并加了编者按，号召全省广大师生、工农兵群众和革命家长参加讨论。这两张大字报是沈阳机电学院在开展学习无产阶级专政理论运动中，由自动化专业三班 7 名学员和铸造专业二班 12 名学员于 24 日和 26 日先后贴出的。中共辽宁省委书记毛远新知道后，即要求组织全省大专院校展开讨论。讨论中着重批判了"大学生不能同普通劳动者画等号"等观点，宣传知识分子、大学生"要和工农兵画等号"。12 月，《人民日报》又对这一讨论作了报道，使其影响及于全国。④

1977 年至 1978 年，各报刊、学校揭露"四人帮"破坏造成的中国高等学校基础理论课被"砍、减、改"，实验室被破坏，实验课停开，基础理论研究被摧残，理科专业"向工靠"，改变专业方向等等削弱基础理论教学、教学质量下降的严重现象。⑤ 在揭批"四人帮"的时候再次提出要正确处理政治与业

---

① 中央教育科学研究所：《中华人民共和国教育大事记（1949—1982）》，北京：教育科学出版社，1983 年版，第 435 ~ 436 页。

② 中央教育科学研究所：《中华人民共和国教育大事记（1949—1982）》，北京：教育科学出版社，1983 年版，第 463 页。

③ 中央教育科学研究所：《中华人民共和国教育大事记（1949—1982）》，北京：教育科学出版社，1983 年版，第 471 页。

④ 中央教育科学研究所：《中华人民共和国教育大事记（1949—1982）》，北京：教育科学出版社，1983 年版，第 473 页。

⑤ 中央教育科学研究所：《中华人民共和国教育大事记（1949—1982）》，北京：教育科学出版社，1983 年版，第 490 页。

务、红与专、“以学为主”与“兼学别样”、教师与学生、思想教育与规章制度的关系。① 这些批判和揭露本身对现象往往做简单机械的归因，因而虽然也能在一定程度上改变现实，却难以将教学引上正确之路。

1978 年 2 月 26 日，在五届全国人大一次会议上，国务院总理华国锋作《政府工作报告》。报告中说：由于林彪、“四人帮”的严重干扰和破坏，“近几年来，我国同世界科学技术先进水平本来已缩小的差距又拉大了。学校质量严重下降”。“必须正确执行教育为无产阶级政治服务、与生产劳动相结合的方针，端正方向，认真搞好教育革命，加速培养德、智、体全面发展的有社会主义觉悟的、有文化的劳动者。各行各业都要高度重视和大力支持教育事业。努力办好各级各类学校，首先是办好重点大学和重点中小学。采取有力措施培训教师，加速编写新教材，充分利用各种手段，提高教育质量。到 1985 年，在农村基本普及八年教育，在城市基本普及十年教育。”②

1978 年 12 月 11 日，《中国青年》第 4 期发表毛泽东 1941 年 1 月 31 日给毛岸英、毛岸青的信和 1946 年 1 月 8 日给蔡博等 5 位青年的信，并为此发表了题为《为四个现代化多向自然科学学习》的编辑部文章。毛泽东在给毛岸英、毛岸青的信中建议他们“趁着年纪尚轻，多向自然科学学习，少谈些政治，政治是要谈的，但目前以潜心学习自然科学为宜，社会科学辅之。”在给蔡博等的信中说：“新中国需要很多的学者及技术人员，你们向这方面努力是适当的。”③

1979 年 2 月 12 日，教育部部长蒋南翔回答记者提问时说：“当前学校将着重点转移，就是不学习的要转到学习上来，不注意锻炼身体的要注意锻炼身体，要建立正常的教学秩序。现在还是要三好。”④

1979 年 3 月 1 日，共青团中央公布《关于在全国青年中开展“争当新长征突击手”活动的决定》。规定：大、中学校开展这项活动，要按照以“三好”为目标，以学习为中心的要求，评选德、智、体全面发展的“三好学生”。9 月 10 日，共青团中央在北京召开全国新长征突击手命名表彰大会。来自全国各地

---

① 中央教育科学研究所：《中华人民共和国教育大事记（1949—1982）》，北京：教育科学出版社，1983 年版，第 491 页。

② 中央教育科学研究所：《中华人民共和国教育大事记（1949—1982）》，北京：教育科学出版社，1983 年版，第 510 ~ 511 页。

③ 中央教育科学研究所：《中华人民共和国教育大事记（1949—1982）》，北京：教育科学出版社，1983 年版，第 535 页。

④ 中央教育科学研究所：《中华人民共和国教育大事记（1949—1982）》，北京：教育科学出版社，1983 年版，第 542 页。

的155名新长征突击手（队）标兵中，有“三好学生”五名。[①]

1979年4月18日，《人民教育》第4期发表评论员文章《坚持四条基本原则加强思想政治工作》。文章针对前一个时期一度存在的忽视和放松思想政治工作的状况，强调必须坚持社会主义，坚持党的领导，坚持无产阶级专政，坚持马列主义毛泽东思想这四项基本原则，加强对青年学生的思想政治工作，同怀疑这四项基本原则的思潮作坚决的斗争。[②]

1980年1月，在《中学生》杂志复刊后的第1期上，刊载了教育部部长蒋南翔答《中学生》记者问。蒋南翔强调指出：我们主张德、智、体、美全面发展。他说：“优秀学生还是要学习、思想、身体都好。光一好不行，二好也不够，一定要三好。”“说‘升上大学、中专有前途’，这是对的；但是说‘升不上就没有前途’，那就不对了。说‘努力学习只是为了个人前途’，那也就不对了。”“初中是普及教育的性质……是打好‘德、智、体’基础的重要阶段，是人的一生中的黄金时代。”[③]

1980年4月29日，教育部、共青团中央联合发出《关于加强高等学校思想政治工作的意见》。提出：高等学校在学生培养上必须坚持又红又专的方向。学校的思想政治工作必须紧密结合为四化培养人才这个中心来进行。要旗帜鲜明地对学生进行系统的马克思列宁主义、毛泽东思想基本原理教育，提高学生分析问题和解决问题的能力，使学生逐步树立辩证唯物主义和历史唯物主义的世界观。必须进行坚持四项基本原则的教育。进行思想政治工作，要贯彻正确处理人民内部矛盾的方针。要发扬民主，贯彻百花齐放、百家争鸣的方针，允许各种不同意见的争论，但要注意引导，帮助学生明辨是非。要加强和改善学校党委对学生思想政治工作的领导。要建立一支坚强的、精干的、有战斗力的政治工作队伍。根据具体条件建立政治辅导员或班主任制度。要提倡和鼓励业务课教师既教书又教人。[④]

1980年7月18日至24日，教育部党组邀请北京市委教育工作部和北京部分高等学校负责同志座谈“广开学路”的问题。与会同志对最近报纸开展的关于教育工作问题的讨论中提出的高中毕业生的出路、大学办分校和招走读生、

① 中央教育科学研究所：《中华人民共和国教育大事记（1949—1982）》，北京：教育科学出版社，1983年版，第544页。

② 《坚持四条基本原则加强思想政治工作》，引自《人民教育》，1979年（4）。

③ 中央教育科学研究所：《中华人民共和国教育大事记（1949—1982）》，北京：教育科学出版社，1983年版，第572页。

④ 中央教育科学研究所：《中华人民共和国教育大事记（1949—1982）》，北京：教育科学出版社，1983年版，第580页。

高校的潜力、重点大学的主要任务等问题发表了看法。教育部部长蒋南翔在座谈会结束时讲话，指出：现在讨论工作问题，一是要估计到十年破坏的严重创伤，需要一个恢复阶段。这几年有了不同程度的恢复，但总的说来还没有完全恢复。使教育适应四化的需要，不但要积极发展数量，更要不断提高质量。应当在保证质量的前提下积极发展数量。关于青年的出路问题，一是解决他们的就业问题，一是解决他们的升学问题。而大头是就业。现在要解决更多的高中毕业生的上学问题，应当着重发展业余大学、函授大学、广播电视大学和基础大学或专科学校。重点大学的历史使命是要在十年、二十年内，力争在科学文化领域内赶上世界先进水平。①

1980 年 12 月 25 日，中共中央副主席邓小平在中央工作会议上作《贯彻调整方针，保证安定团结》的讲话时指出："在党政机关、军队、企业、学校和全体人民中，都必须加强纪律教育和法制教育"。"我们要建设的社会主义国家，不但要有高度的物质文明，而且要有高度的精神文明。所谓精神文明，不但是指教育、科学、文化（这是完全必要的），而且是指共产主义思想、理想、信念、道德、纪律，革命的立场和原则，人与人的同志式关系，等等。""要加强各级学校的政治教育、形势教育、思想教育（包括人生观教育、道德教育）。""要努力使我们的青少年成为有理想、有道德、有知识、有体力的人，使他们立志为人民作贡献，为祖国作贡献，从小养成守纪律、讲礼貌、维护公共利益的良好习惯。"②

1981 年 3 月 24 日，《人民日报》发表社论指出：当前，青年学生的任务就是要刻苦学习，把自己培养成为有社会觉悟的、有专业知识和管理才能的又红又专的人才，在将来走上社会以后，能够适应现代化建设的需要。青年学生，特别是高等学校的学生，应该掌握自己所学专业的知识，并且尽可能地学习一点其他方面的知识，使自己的知识更丰富一些，青年学生都要学习政治，学习马列主义、毛泽东思想，使自己在思想上，政治上有所进步。学校的工作，必须把坚持三中全会以来党的路线、方针、政策，把坚持四项基本原则，把坚持德、智、体三育并举，贯彻在人生观教育、道德教育中。在建设社会主义精神文明中，青年学生负有重大而光荣的责任。青年学生要为维护学校和整个社会的安定团结作出努力和贡献。③

---

① 中央教育科学研究所：《中华人民共和国教育大事记（1949—1982）》，北京：教育科学出版社，1983 年版，第 586 页。

② 《邓小平论教育》，北京：人民教育出版社，2004 年版，第 129 ~ 135 页。

③ 《当前青年学生的主要任务是什么?》，引自《人民日报》，1981 年 3 月 24 日。

1982年5月5日，教育部、共青团中央联合发出通知，试行在中学生中评选三好学生的办法。通知指出：各地开展努力达到三好学生要求活动要面向全体学生，鼓励广大学生奋发向上，互相促进，德、智、体全面发展。评选办法提出，要正确掌握三好标准，防止以学习好替代其他两好；既要看考试成绩，又要全面考核实际水平，不要单独抠分数，注意把原来基础较差，有明显进步，表现突出的学生评为三好学生；要看学生在学校、家庭、社会的全面表现。评选办法要求评选工作既不能过严过苛，也不能盲目追求数量，防止不正之风，切实保障三好学生的质量。①

1982年8月1日至8月10日，教育部、国家计委、国家经委、财政部在北京联合召开第一次全国中小学勤工俭学工作会议。会议指出：中小学勤工俭学已取得了一定成绩，正在健康地向前发展，今后要更广泛地展开，向更高的水平发展。只要把勤工俭学真正搞好了，就一定能够促进教育质量的提高。会议总结、交流了经验，讨论、制定了《全国中小学勤工俭学暂行工作条例》和《普通中学开设劳动技术教育课的试行意见》，表彰了417个全国勤工俭学先进单位和24名先进个人。8月9日，中共中央书记处书记万里指出：教育必须与生产劳动密切结合，这个方针一定要坚持下去。胡乔木指出：勤工俭学是整个教育的一个重要方针。劳动教育是教育的重要内容。②

1982年12月2日，教育部发出《关于开展古籍整理研究、培养整理人才的意见》。意见根据中央“古籍整理工作可以依托于高等院校”的指示提出：(一）加强大学的文科教育，并从小学开始，让学生读点古文。各有关学校要做出相应安排。（二）高等院校的现有研究机构，要根据精干的原则和实际需要，适当扩大并新建一些。（三）要充分发挥专家的作用，为他们配备助手。抓紧培养新生力量，争取在十年内培养研究生1500人，本科生600人。(四）教育部成立古籍整理研究领导小组，各有关高校要建立相应的领导班子。(五）中小学语文课要把课本中的古文教好。（六）教育部设立高等学校古籍整理研究补助基金。③

1985年3月7日，邓小平在全国科技工作会议上发表重要讲话指出：我们

---

① 中央教育科学研究所：《中华人民共和国教育大事记（1949—1982）》，北京：教育科学出版社，1983年版，第653～654页。

② 中央教育科学研究所：《中华人民共和国教育大事记（1949—1982）》，北京：教育科学出版社，1983年版，第662页。

③ 中央教育科学研究所：《中华人民共和国教育大事记（1949—1982）》，北京：教育科学出版社，1983年版，第673页。

在建设中国特色社会主义社会时，一定要坚持发展物质文明和精神文明，坚持“五讲四美三热爱”，教育全国人民做到有理想、有道德、有文化、有纪律。①

1985年后，教育评价的标准趋于单一，考试成为事实上的唯一手段，考分成为事实上的唯一依据。

六十多年教育实践评价标准由不确定转变为过于单一。从单一的评价转向多元自主的评价是人才充分发展的要求。多元就是有多个标准。因为人经过千百万年进化过程，本身是各自不同的，对人的评价也应该是各自不同的；自主是在有了多元的标准基础上，每个人要依据自己的潜能和志向去选择符合他的标准加以评价。这个评价，不只是外部对某个人的评价，也应该是自己对自己的评价，自己选择外在的标准去评价。

四、质量评价的实践与体制

1954年前，对教育质量的评价工作没有形成常规，也未全面展开。

1955年4月23日，教育部发出通知，要求各地教育行政部门加强视察工作。通知肯定了河北、辽宁、甘肃、江苏、广西等省加强视察工作的经验，并提出以下意见：（一）要明确视察目的，制订周密计划，统一认识，加强领导。（二）视察工作要依靠党委的领导，密切联系群众。（三）视察工作在于发现问题、解决问题，要重视总结和交流经验。（四）教育行政机关要重视培养与提高视察人员的工作。（五）要逐步建立视察工作制度。（六）要做好视察工作报告与视察工作总结。② 这种视察没有太多的专业性，但它确实是对各地教育的一种评价活动的开端。

1956年5月，北京大学、清华大学、北京农业大学等高等院校首次举行学生科学报告会。据《光明日报》报道，各地高等学校学生组织了许多科学研究小组，在课外开展科学技术研究活动，在北京的20多所高等学校中参加科学小组的学生有3000多人，北京大学全校有180多个科学研究小组，参加活动的学生约占全校学生的四分之一。各地的许多高等学校还成立了学生科学研究协会，推动了学生的科研活动。其他许多高等学校先后举办了学生科学报告会。在五六月间，北京、天津、武汉举办首次中学生数学竞赛。获得优胜的学生数：北京33名，天津25名，武汉21名。高等教育部同意各地获得优胜的前三名学

---

① 《邓小平论教育》，北京：人民教育出版社，2004年版，第163页。

② 中央教育科学研究所：《中华人民共和国教育大事记（1949—1982）》，北京：教育科学出版社，1983年版，第128页。

生，可以免试升入高等学校的数学力学系或物理学系。[①]

1956 年 8 月 23 日至 30 日，教育部召开北京师范大学、东北师范大学和华东师范大学的校长、教务长和部分教授座谈会，讨论提高高等师范学校教育质量、减轻学生过重的课业负担、修改教学计划等问题。9 月 1 日，教育部提出执行高等师范学校暂行教学计划的一些临时措施，适当减少学生上课时数，以加强培养学生独立思考、独立工作的能力，提高高等师范教育的质量。[②]

1956 年 9 月 8 日，高等教育部根据本年 8 月校院长会议讨论的意见发出文件，提出了综合大学和工业、农林、财经、外语等高等学校 1956—1957 年教学工作中需要采取的若干措施。新学年里，各高等学校贯彻这些措施和校院长座谈会精神，修改现行教学计划，减少上课时数，取消一些不必要的课程，对次要课程或减轻分量、或合并、或改为选修和讲座。加强教学法工作，增加学生自习时间，改变学生机械刻板的生活、作息制度和过分强调集体强求一律的要求，增加学生自由活动时间。减轻学生学习负担，加强培养学生独立思考和独立工作的能力。在采取上述措施过程中，出现了一些新问题，如有的学生自由散漫，不遵守学校的制度和纪律；有的学生不善于利用课余时间，不好好钻研功课；有的学生不愿做社会工作，不重视政治学习等等。10 月 31 日，高等教育部发出通知，要求各校加强领导解决这些新问题。[③]

1956 年 9 月 11 日，由于教育上的问题日益凸显，教育部发出通知，要求各地对全面发展教育方针的认识与实施、基本生产技术教育的实施、教育事业发展中的数量与质量的矛盾、扫盲和普及义务教育、学生负担与健康等九个重大问题，认真调查研究。此后教育部、高等教育部及各地教育行政部门到各地进行了调查。[④]

1956 年，应试倾向的教育就已经出现，教育部于 1957 年 1 月 30 日发出通知：制止部分中学提前结束课程举行毕业考试的做法。通知批评了下列现象：近一二年，有些地区的学校，初高中三年级第二学期不按教学大纲规定，随意删减教材，加快教学速度，提前结束课程举行毕业考试。并明确指出：这种做

---

① 中央教育科学研究所：《中华人民共和国教育大事记（1949—1982）》，北京：教育科学出版社，1983 年版，第 169 页。

② 中央教育科学研究所：《中华人民共和国教育大事记（1949—1982）》，北京：教育科学出版社，1983 年版，第 177 页。

③ 中央教育科学研究所：《中华人民共和国教育大事记（1949—1982）》，北京：教育科学出版社，1983 年版，第 178 页。

④ 中央教育科学研究所：《中华人民共和国教育大事记（1949—1982）》，北京：教育科学出版社，1983 年版，第 178 ~ 179 页。

法往往造成学生在学习思想上的混乱，错误地认为学习的目的只是为了升学。为克服这种现象，通知规定了初高中毕业考试的范围暂定为第三学年所学全部教材或第二学期所学全部教材；高中三年级实际授课时数必须保证不少于32周，初中不少于34周。①

1957年4月17日，人大常委会举行第65次（扩大）会议，会议指出了教育工作方面的缺点：例如有些教材分量太重，大、中、小学有些课本内容重复，互不衔接，古典文学太多、太深。会议提出：今后应该更注重教师质量的提高，应很好地重视中国已有的教学经验。有的委员还指出，教育部门的领导工作存在着严重的官僚主义和主观主义、办事不注意同有丰富教学经验的老教育工作者商量等缺点。②

1958年，各地为了突出在“大跃进”中的“成就”，在统计中虚报数字，1958年12月17日，教育部发出通知：核实今年教育统计数字。通知指出：由于“各地报来的统计数字，大多数是预计数和估计数，与实际情况可能有很大出入”，而且各地对高等学校的校数和学生数归类口径也不一致，农村人民公社化后校数和学生数又有较大变化，因而要求各地对本年各级各类教育事业发展数字，需切实弄清具体情况，加以核实。③

在这期间，整体教育质量下降，如广东高中毕业生参加全国高等学校统一招生考试1957年合格率为22.7%，1959年下降为4.49%；复旦大学“教育革命”的直接后果是：分别在1956年和1957年入学而于1960年和1961年毕业的学生，由于在校期间没能在正常的教学秩序和环境中认真读书，因而其业务质量与其他年度的毕业生相比有一定的差距。④

1958年12月22日，中共中央批转教育部党组《关于教育问题的几个建议》。教育部党组指出，自贯彻党的教育方针以来，产生了某些劳动时间过长、忽视教育质量的现象，在炼钢和“三秋”任务已基本完成的情况下，各级各类学校应当照常上课。既要继续克服只重教学而忽视生产的倾向，又要防止只注意生产劳动而忽视教学的现象。并提出：（一）全日制学校的教育与劳动时间

---

① 中央教育科学研究所：《中华人民共和国教育大事记（1949—1982）》，北京：教育科学出版社，1983年版，第189页。

② 中央教育科学研究所：《中华人民共和国教育大事记（1949—1982）》，北京：教育科学出版社，1983年版，第194页。

③ 中央教育科学研究所：《中华人民共和国教育大事记（1949—1982）》，北京：教育科学出版社，1983年版，第237页。

④ 李庆刚：《“大跃进”时期“教育革命”研究》，北京：中共中央党校出版社，2006年版，第170页。

的安排：小学一般每周劳动4小时（最多不超过6小时）；中学一般每周劳动初中6小时（最多不超过8小时）、高中8小时（最多不超过10小时）；高等学校每年的全部生产劳动时间，一般定为两三个月或四个月，即实行“一二九”（一个月放假，两个月劳动，九个月学习），“一三八”或“一四七”的时间分配制度。中等以上学校每年至少有一个月假期，小学要有一个月至一个半月假期。生产劳动由党委安排。安排生产劳动，注意尽量与教学结合。（二）半日制的和业余的学校，必须恢复上课。（三）要保证教师的时间。大中小学的教师主要劳动是教学，参加体力劳动以不妨害教学为原则。据此，各级学校统一安排教学、劳动、科研等各项活动，开始注意保证师生的休息时间。①

1959年3月13日，《人民日报》转载《北京日报》刊发的题为《加强高等学校的自然科学基础理论教学》社论。社论指出：高等学校基础课的教学，要既保证并加强基础课的系统理念和训练，不断提高理论水平，又必须做到基础课正确地结合专业，正确地联系生产实践。在强调基础课结合专业理论、联系实践的时候，绝不是要将基础课改成专业课，用实际去代替理论。贬低理论的作用，同样是违反了马克思主义的认识论。并指出：在反对理论脱离实践的过程中，或多或少地出现了一种对基础理论的意义估计不足的思想。3月28日，《人民日报》报道：首都各高等学校根据教育和生产劳动相结合对理论教学提出的要求，加强了基础理论和各种专业理论的教学。多数工科院校充实了数、理、化等基础理论课的内容，普遍增设了近代物理、同位素应用等新科学技术方面的课程。②

1959年5月17日，中共中央转发了教育部党组《关于编写普通中小学和师范学校教材的意见》。鉴于1958年各地自编教材中存在的问题，中共中央1月召开的教育工作会议曾提出，普通中小学教材应该保证全国必要的统一性和应有水平，建议由教育部编写普通中小学和师范学校的通用教材。为此，教育部党组提出，由教育部负责制订中小学和师范学校的指导性教学大纲，编写通用教材供各地采用，地方可因地制宜地适当变动，并编写补充教材和乡土教材。同时规定了编写教材的分工、通用教材的修改步骤和相应的组织措施。教育部

① 中央教育科学研究所：《中华人民共和国教育大事记（1949—1982）》，北京：教育科学出版社，1983年版，第237页。

② 中央教育科学研究所：《中华人民共和国教育大事记（1949—1982）》，北京：教育科学出版社，1983年版，第241页。

从6月起，组织力量进行编写新的通用教材的工作。①

1959年5月28日，周恩来视察南开大学和天津大学时指出：教育与生产劳动相结合，教育是主导方面，因为学生来学校就是为了学习。质量问题是我们目前跃进的主要问题。你们有好的学习条件和好的学风，今后一定要控制数量，保证质量，更好地为社会主义建设服务。②

1959年6月18日，中共中央转发教育部党组、共青团中央《关于学校开展“几好”评比竞赛的情况和问题的报告》。报告反映本学期以来，各地学校为了鼓干劲、搞跃进、广泛地组织评比竞赛的情况和出现的问题。中央批示指出：党在教学工作中的领导地位已经确立了，现在的任务是进一步学会领导教学，提高教学质量。要提高质量，“在目前最重要的措施应当是把正常的教学秩序建立起来，使教师能有充分的时间备课和批改作业，使学生能有充分的时间读书。”“切实停止这种竞赛，取消那些不必要的组织和各种强迫命令的花样。”③

过多的劳动、过多的停课搞运动直接影响教育质量，1958年至1960年三年间共156周，教学应为102周，但实际只有88周，少了14周。考试应为12周，但实际只用了6周，少了6周。政治运动占用了4周，教学改革占用了6周，学生科学报告会占用了1周。三年的教学考试时间总共被占用了20周，占整个教学时间的17.5%，这不能不影响到教学质量。④

1960年2月，教育部先后在天津（8日至14日）、北京（17日至20日）召开普通教育工作座谈会，研究发展普通教育，特别是改革全日制中小学学制，克服主要学科教材中的“少、慢、差、费”现象，改进课程、教材问题。3月7日，教育部向中央文教小组汇报了两个座谈会上提出的改革意见：中小学学习年限由12年缩短为10年。小学为五年一贯制，视校舍条件，逐步吸收6周岁儿童入学。改革课程：部分课程逐级下放；合并次要科目并减少循环；提高主要学科的知识水平。课程、教材可以大改小革并举，除基础知识外，也必须充

① 中央教育科学研究所：《中华人民共和国教育大事记（1949—1982）》，北京：教育科学出版社，1983年版，第247~248页。

② 中央教育科学研究所：《中华人民共和国教育大事记（1949—1982）》，北京：教育科学出版社，1983年版，第250页。

③ 中央教育科学研究所：《中华人民共和国教育大事记（1949—1982）》，北京：教育科学出版社，1983年版，第252页。

④《匡亚明教育文选》，南京：南京大学出版社，2000年版，第77~78页。

分反映地方的特点。改革的步骤应是自下而上地进行。①

1960年12月发生的两件事一对比，可以显示出一些教育质量评价的标准。12月3日，中共中央同意江苏省委从大专学校抽调一批学生参加今冬明春的整风整社活动；12月17日，教育部就武汉大学物理系抽调大批学生停课参加科学研究一事发出通报，要求各校及时检查纠正类似情况。通报指出：学生参加科学研究必须在系统地学好基础课程，完成教育计划的前提下进行，绝不能因承担科学研究任务而中断正常的教学工作。②

1961年4月7日，中共中央批转教育部党组《关于提高高等学校应届毕业生质量的请示报告》。报告指出：有一部分学校由于各种原因，过多地打乱了教学计划，致使今年的毕业生还有一些主要课程没有学习。为保证毕业生达到应有质量，应采取措施对于缺课较多的主要课程进行补课，必要时可适当推迟毕业时间。少数实在无法于今年夏天毕业的学生，应坚决留校半年至一年补课，或留级学习。③

1961年4月11日至25日，中共中央宣传部会同教育部、文化部在北京召开全国高等学校文科和艺术院校教材编选计划会议。参加会议的有关部门和院校的党内外干部、老教师、老专家等共298人。会议总结了文科教学的状况和经验，讨论了文科教学中的若干带根本方针性的问题，如红专关系，教学、劳动和科研三者的正确结合，各种课程的比例和相互联系，以及贯彻“双百”方针等。会议研究了所谓“白专道路”这个概念存在的问题，提出不要再用它来批评学生。强调要坚决贯彻教学为主的方针，正确处理论和史（观点和材料）、古与今、中和外等关系。而且，还拟订了中文、历史、哲学、政治经济学、政治、教育、外语七种专业和艺术院校七类专业的教学方案以及224门课程的297种教材编选计划，其中文科126种，艺术171种。会议结束时，中共中央宣传部部长陆定一的讲话着重指出：“不但在自然科学里边不要随便去贴标签，说这个是社会主义、那个是资本主义，这个是资产阶级、那个是无产阶级，而且我看在社会科学里有也不能随便贴标签。”“现在还有一个新标签，叫做‘毛泽东思想’，到处都贴，好像贴了那个标签就是毛泽东思想了。”“贴标签，简单粗

---

① 中央教育科学研究所：《中华人民共和国教育大事记（1949—1982）》，北京：教育科学出版社，1983年版，第267页。

② 中央教育科学研究所：《中华人民共和国教育大事记（1949—1982）》，北京：教育科学出版社，1983年版，第285页。

③ 中央教育科学研究所：《中华人民共和国教育大事记（1949—1982）》，北京：教育科学出版社，1983年版，第291页。

暴，宁左勿右，我看这都不是战斗……那么搞下去，不但无益，而且有害。”6月17日，中共中央批转了中央宣传部关于这次会议的报告。中央批示：教材建设工作是促使高等学校教学秩序稳定和教学质量提高的重要环节之一，各级党委必须重视这项工作。于是，成立文科教材编选工作办公室（1963年8月1日改名为文科教材编审工作办公室），按专业成立了14个教材编选工作组，采取集中和分散并举的方式进行工作。到1965年底，共编出73种、187本教科书和参考教材。①

1961年9月7日，教育部部长杨秀峰在中共中央工作会议小组会上发言指出：三年来，教育大革命、大发展、大跃进取得了成绩，但发展过快，超越了经济条件和学校主观力量的可能，就必不可免地影响了教学质量。他指出，教育工作中同样存在浮夸风、瞎指挥、不切实际的错误。如确立学校规章制度、处理师生关系及课程教材等方面，这几年都有些乱。杨秀峰提出，1962年、1963年两年，教育事业要坚决贯彻“调整、巩固、充实、提高”八字方针，大力进行调整工作，统筹安排，合理布局，保证重点，提高质量。小学教育仍应积极进行普及工作。控制全日制中等以上学校招生指标，少进多出，认真做好调整学校和压缩城镇在校学生的工作。在各级各类学校中，确定一批重点学校，规模不要过大，努力改善各种条件，认真办好。安排好大中城市不能升学的中小学毕业生。②

1961年9月9日，教育部发出通知，逐步管理全国重点高等学校学生名册。通知指出：为了进一步贯彻中央关于加强对全国重点学校学生的管理工作的指示，决定逐步建立全国重点高等学校学生名单的管理制度，克服学生流动中的混乱现象，以保障今后学生毕业时，国家按照学校实有毕业人数分配工作。③

1962年4月17日，教育部通知各高等学校，在强调提高教学质量，加强对学生进行学习成绩考核的同时，要采取有效措施，积极帮助工农干部学生学好功课，不要轻易让他们退学。④

1962年5月3日，中共中央批转了共青团中央《关于加强城市青少年共产

---

① 中央教育科学研究所：《中华人民共和国教育大事记（1949—1982）》，北京：教育科学出版社，1983年版，第291～292页。

② 中央教育科学研究所：《中华人民共和国教育大事记（1949—1982）》，北京：教育科学出版社，1983年版，第297页。

③ 中央教育科学研究所：《中华人民共和国教育大事记（1949—1982）》，北京：教育科学出版社，1983年版，第297页。

④ 中央教育科学研究所：《中华人民共和国教育大事记（1949—1982）》，北京：教育科学出版社，1983年版，第306页。

主义道德教育的报告》。报告反映，由于经济生活困难，对未上学、未就业的青年的安排没有及时跟上等原因，在青少年中出现风气不良，甚至道德败坏的现象，青少年犯罪人数增加。指出：加强青少年的共产主义道德教育，树立良好的社会风气，是当前克服困难时期应当加以重视的事情。进行这个工作的根本方针是应当使加强思想教育同必要的社会安排相结合。只对个别严重破坏治安和违法犯罪的，才给予强制性的教育和必要的制裁。报告提出：要在小学和初中的思想政治教育中增加道德教育内容，改进和加强对青少年儿童的教育工作。①

1963 年 1 月 3 日至 11 日，教育部在北京召开直属高等学校自然科学研究工作会议。会议指出：（一）科学研究是高等学校的一项重要任务。高等学校应该在教学为主的前提下，积极开展科学研究。（二）高等学校的科学研究工作必须坚持为我国社会主义建设服务的方向，为实现四个现代化服务。注意科研与教学工作相结合，逐步确定教学研究室的科学研究方向，发展重点并形成特色。（三）高等学校必须建立一支又红又专的科学研究队伍。（四）高等学校的科学研究工作必须在党的领导下，正确地贯彻党的知识分子政策、“百花齐放、百家争鸣”的政策和勤俭办学的方针。②

1963 年 1 月 24 日，教育部发出《关于当前中学教学工作的几点意见》，要求各地教育行政部门采取有效措施，制止有些学校因片面追求升学率，在教学工作中采取的错误做法。意见指出：升学率的高低只能反映学校教育质量的一个方面，不能以此作为衡量学校工作的唯一标准。绝不应停开或削弱中学阶段规定的某些必修课程，损害学生必须具备的基础知识。同时提出：各年级都要严格按照教学计划和教科书的要求进行教学，保证学生掌握应有的基础知识和必要的基本训练；命题配备各年级的教师，每个年级都应该配备一定数量的骨干教师；妥善安排毕业班的教学制度，切实保证最后一学年各科教学任务的完成；适当控制对毕业班的考试测验；严格执行升留标准，防止留级生过多和大量学生中途退学；正确对待毕业班的复习补课工作，应以系统地复习最后一学年的教学内容为主；学校要加强对毕业班学生的思想教育，正确地进行前途

① 中央教育科学研究所：《中华人民共和国教育大事记（1949—1982）》，北京：教育科学出版社，1983 年版，第 308 页。

② 中央教育科学研究所：《中华人民共和国教育大事记（1949—1982）》，北京：教育科学出版社，1983 年版，第 323 ~ 324 页。

教育。[①]

1963年2月12日，教育部向各直属高等学校发出通知，要求各校采取措施，改进高年级的教学工作。通知指出，各校在贯彻执行“调整、巩固、充实、提高”的方针中，必须解决前几年高等教育事业大发展中带来的一些困难和问题。如学生入学水平参差不齐、劳动过多、社会活动过多、用不适当的方式进行科研工作和教学改革，使学生的基本训练受到一定的影响，师资力量和设备条件不能适应教学的要求等。通知认为，解决这些问题的正确途径是根据实事求是、具体分析、区别对待的原则，对不同专业、不同年级、不同班级甚至不同程度的学生，分别规定合理的教学要求，认真贯彻“少而精”的原则，减轻学生学习负担。[②]

1963年10月23日至11月1日，教育部在西安召开直属高等工业院校负责人座谈会，讨论进一步提高教育质量问题。会议分析了我国高等工业教育的质量，指出那种把新中国的高等工业教育质量说成是“每况愈下”的悲观论点是不符合实际的，因而也是错误的。现在需要的是在已有经验的基础上，创造新经验，千方百计提高质量。为此，必须加强思想政治工作，把思想政治工作深入到业务工作中去，同业务工作正确地结合起来。要把贯彻“少而精”的原则，作为当前执行“高校六十条”和提高质量的中心环节，并作为一个时期的重要工作，切实把它做好。还要组织师生参加工农业生产劳动和社会主义教育运动。学校领导干部要把主要精力用于教学。校系两级领导干部要参加适当分量的教学工作。[③]

1964年8月19日，中共中央、国务院转发《高等学校毕业生劳动实习试行条例》和高等教育部全国高等学校毕业生劳动实习领导小组的《关于高等学校毕业生劳动实习试点情况和今后意见的报告》，并为此发出通知。通知指出：高等学校毕业生劳动实习制度是促使青年知识分子劳动化、革命化，提高社会主义觉悟，抵制资本主义思想侵蚀，防止修正主义和教条主义的一项重大措施。高等学校毕业生劳动实习试点工作，要认真连续抓三年，把这项制度建立并巩固下来，今年试点面应扩大到占毕业生总数的50%左右。应注意安排较多的毕

① 中央教育科学研究所：《中华人民共和国教育大事记（1949—1982）》，北京：教育科学出版社，1983年版，第325页。

② 中央教育科学研究所：《中华人民共和国教育大事记（1949—1982）》，北京：教育科学出版社，1983年版，第326页。

③ 中央教育科学研究所：《中华人民共和国教育大事记（1949—1982）》，北京：教育科学出版社，1983年版，第346～347页。

业生到农村参加劳动实习。高等学校毕业生的劳动实习，必须以体力劳动为主，可适当地组织他们就地参加“四清”、“五反”、社会主义教育运动。要妥善安排他们的专业学习。不要中途抽调他们搞其他工作。条例规定：凡属高等学校本科、专科毕业生，毕业研究生和毕业回国留学生，在分配工作后，都应该参加为期一年的劳动实习。条例还对劳动实习的安排、思想政治工作、专业学习、编制、工资和生活福利、领导和管理等问题作了规定。①

1967 年 11 月 3 日，《人民日报》发表同济大学、北京林学院和北京师范大学的三个教育革命的初步方案。并在编者按中引述了毛泽东的指示：“进行无产阶级教育革命，要依靠学校中广大革命的学生、革命的教员、革命的工人，要依靠他们中间的积极分子，即决心把无产阶级文化大革命进行到底的无产阶级革命派。”编者按说：发表这几个学校关于教育革命的设想，以期引起讨论，推动教育革命的发展。同济大学教育改革的初步设想是：把学校改为“五七公社”，即由学校、施工单位、设计单位联合组成教学、设计和施工三结合的统一体。北京林学院教学改革的设想是：取消各系教研室，按专业组成三结合的专业连队，领导教学和教改。北京师范大学教改组提出了关于改革考试、升留级和招生的设想。在此以后，在高等学校中提出了形形色色的“教育革命方案”，进行了名目繁多的“教育革命”试点。对 1949 年以来形成的高等学校的教学组织、规章制度全盘否定。②

1967 年 12 月 15 日，中共中央、国务院、中央文革小组批转了吉林省军区《报请中央批示的几个教改中的实际问题》，同意吉林省提出的教育革命先在本校、本地进行的意见。并在批示中指出：目前，大、中、小学校的根本任务，是根据《毛主席论教育革命》中所阐明的教育革命思想，复课闹革命，搞好革命的大批判，搞好革命的大联合和革命的三结合，搞好本单位的斗、批、改。学生和教职员工，一律不要外出串联。为了搞好学校的斗、批、改，今年大、中学校一律不放寒假。关于学制改革问题，应当在充分发动群众的基础上作好调查研究和典型试验工作，提出改革方案。全面的学制改革实施需报中央批准。③

---

① 中央教育科学研究所：《中华人民共和国教育大事记（1949—1982）》，北京：教育科学出版社，1983 年版，第 366 页。

② 中央教育科学研究所：《中华人民共和国教育大事记（1949—1982）》，北京：教育科学出版社，1983 年版，第 416 页。

③ 中央教育科学研究所：《中华人民共和国教育大事记（1949—1982）》，北京：教育科学出版社，1983 年版，第 417 页。

1972年5月8日，国务院科教组转发《北京市革委会科教组关于高等学校试办补习班的报告》。报告反映：北京市11所高等学校招收的工农兵学员，文化程度参差不齐，初中以上文化程度的只占20%，初中程度的占60%，相当于小学程度的占20%。据此，该市要求学校按照学员的实际文化程度和专业的不同要求，有重点地为学员补习半年左右的文化基础知识。补习时间不计入学制之内。科教组在转发报告的通知中提出："各高等学校对于实际文化程度没有达到要求的学员，可根据各类专业的不同要求，有重点地补习文化基础知识。"由于各地高等学校招收的工农兵学员中，普遍存在类似的文化程度参差不齐的情况，一般都增加了半年的文化补习时间。1974年后，这一措施被指为"修正主义教育路线的复辟"、"回潮"。1975年入学的新生，即不再进行集中的文化补习。①

1972年5月10日至6月20日，国务院科教组召开综合大学和外语院校教育革命座谈会。会议指出，进一步提高质量问题值得认真注意，提出加强基础理论教学。理科的基础课一般单独设课、系统学习，基础知识面要适当宽一些，保证必要的教学时间；文科要使学员在实践基础上着重向理论方面学习，外语院校要加强基本功训练。会议提出，要重视基础科学的发展，重视科学研究人才的培养，努力开展科学研究，贯彻"百花齐放、百家争鸣"的方针。理科要加强理论研究，抓紧实验室、研究室的改造与建设。会议还讨论了综合大学文、理两科的培养目标。9月25日，国务院科教组印发了这次会议的总结。②

1972年7月4日，国务院科教组在内部刊物中反映西安市、苏州市两地青少年学生存在违法乱纪、道德败坏、沾染流氓习气等现象。并提出：希望各地和学校把青少年思想教育工作管起来，加强调查研究、分析情况、采取措施，切实加强这项工作。据这份材料反映：西安市自1971年至1972年3月，已查获案件中，犯罪青少年共有1167人，其中青少年学生占30%。③

1975年7月19日至8月15日，在国务院研究长远规划的务虚会议上成立的文教规划务虚小组举行了会议。在教育部长周荣鑫的主持下，按照实现四个现代化的任务，研究了文化教育长远规划的方针、政策、综合平衡、奋斗目标

① 中央教育科学研究所：《中华人民共和国教育大事记（1949—1982）》，北京：教育科学出版社，1983年版，第443页。

② 中央教育科学研究所：《中华人民共和国教育大事记（1949—1982）》，北京：教育科学出版社，1983年版，第443页。

③ 中央教育科学研究所：《中华人民共和国教育大事记（1949—1982）》，北京：教育科学出版社，1983年版，第444页。

和重大措施等问题；强调要从指导思想等方面解决不少单位不敢提智育、文化，在科学研究和教学工作中忽视基础科学以及只顾当前、不顾长远等倾向。①

1978 年 3 月，中国科技大学为了早出人才、快出人才，在 1977 年招生中，破格录取 20 名 11 岁至 16 岁成绩优异的青少年，开办少年班，进行特殊的培养教育。②

1978 年 5 月 21 日，教育部、全国科协联合举办的部分省、直辖市中学数学竞赛，分别在北京、天津、上海、合肥、广州、沈阳、成都、重庆、西安九市同时举行。参加竞赛的有经过预赛选出的 350 人。1978 年 6 月 19 日，在北京举行发奖大会。国务院副总理方毅给此次数学竞赛的 57 名优胜者发奖。③

1978 年 9 月 19 日，教育部发出《关于高等学校理工科教学工作若干问题的意见》，规定：（一）综合大学理科培养又红又专的自然科学研究人才，高等师范理科主要培养又红又专的中学师资，高等工科院校培养又红又专的高级工程技术人才。（二）理、工科学制一般为四年。个别学校，有的专业经批准可以为三年或五年。允许优秀学生跳级、提前毕业或报考研究生。有条件的学校，可试行学分制。（三）保持“以学为主、兼学别样”的原则，切实保证做到以学为主。四年时间中，寒暑假及节假日 24 周，主学时间 146 周，兼学及其他活动时间 34 周。理论教学与教学实验至少应占主学时间的 80%。理论课与实验课的比例为 1:1.5 至 1:2。四年中基础课的教学时间必须保证占总学时的 70% 至 75%。课程设置要精简，内容要少而精，要建立必要的考试、考查制度。④

1979 年 1 月 4 日至 24 日，国家科委、教育部和农林部在北京联合召开全国高等学校科学研究工作会议。会议根据中共中央十一届三中全会精神和“实践是检验真理的唯一标准”的基本原则，初步总结了新中国成立以来高等学校的历史经验，明确指出：“文化大革命”前十七年，我国高等教育工作执行的基本上是一条马克思列宁主义路线，成绩是主要的，并不存在刘少奇修正主义教育路线，也不存在资产阶级知识分子统治学校的现象。“文化大革命”的十年，林彪、“四人帮”推行了一条极“左”路线，高等教育事业受到的摧残是严重

---

① 中央教育科学研究所：《中华人民共和国教育大事记（1949—1982）》，北京：教育科学出版社，1983 年版，第 476 页。

② 中央教育科学研究所：《中华人民共和国教育大事记（1949—1982）》，北京：教育科学出版社，1983 年版，第 514 页。

③ 中央教育科学研究所：《中华人民共和国教育大事记（1949—1982）》，北京：教育科学出版社，1983 年版，第 518 页。

④ 中央教育科学研究所：《中华人民共和国教育大事记（1949—1982）》，北京：教育科学出版社，1983 年版，第 527 页。

的。会议根据全党工作着重点的转移，讨论了如何把高等学校办成既是教育中心，又是科研中心的问题。会议认为，高等学校是我国文化和科学水平的重要标志，它担负着培养专门人才、发展科学技术的双重任务。它很大程度上决定生产力发展的水平和现代化建设的速度。那种把教育看做消费事业的观点是不正确的。高等学校要善始善终地结束揭批林彪、“四人帮”的群众运动，把工作着重点转移到教学和科研工作上来，努力办成教育中心和科学研究中心。会议强调要解放思想，打破思想僵化和半僵化状态，继续做好整顿工作，在整顿中前进，在前进中整顿。并提出在高等学校中进行整顿，实现转变时，应注意全面贯彻执行党的教育方针，坚持质量第一；加强对学生的思想政治工作，大力开展科研工作，贯彻执行知识分子政策，提高师资水平，学习外国经验，整顿和加强后勤工作，加强党的领导。5 月 9 日，国务院批转了这次会议的纪要。①

1979 年 4 月 22 日至 5 月 7 日，教育部召开全国中小学思想政治教育工作座谈会。会议分析了当时中小学学生的思想状况，总结、交流了思想政治教育工作的经验，研究了在新形势下如何改进和加强思想政治教育的要求和措施，讨论了中小学学生守则的草稿。会议认为，加强中小学的思想政治教育工作，必须从新时期的总任务出发，对中小学集中地进行必须坚持四项基本原则的宣传教育，并结合进行革命理想和共产主义道德品质教育。会议同时强调了建立一支思想政治教育工作队伍的重要性。教育部部长蒋南翔针对不少学校为追求升学率而忽视大部分学生的教学等问题，在会上作了《中小学教育要面向全体学生》的讲话，指出中小学教育要面向全体学生，要坚持“三好”的原则，要依靠广大教师做思想政治工作。②

1979 年 7 月 28 日，全国中学数学竞赛发奖大会在北京举行，国务院副总理方毅给 66 名优胜者颁发奖品。1978 年 12 月，教育部等三单位发出通知，于 1979 年举办全国中学生数学、物理、化学竞赛。后因各地反映学生负担过重，又缺乏经验，经国务院副总理方毅批准，改为只举行数学竞赛，物理、化学竞赛由各省、直辖市、自治区根据情况自行试验。1979 年有 17 个省、直辖市、

---

① 中央教育科学研究所：《中华人民共和国教育大事记（1949—1982）》，北京：教育科学出版社，1983 年版，第 539 ~ 540 页。

② 中央教育科学研究所：《中华人民共和国教育大事记（1949—1982）》，北京：教育科学出版社，1983 年版，第 547—548 页。

自治区举办了物理、化学竞赛。[①]

1979年9月，上海市的中小学围绕面向全体学生、大面积提高教学质量的要求，从新学期开始，采取三项重大措施：恢复初、高中升学考试制度，取消好、中、差分班制度，对中学毕业生实行择优录用。本年上海市还在一些聋哑学校和普通小学附设12个智力落后儿童辅读班，招生137人。[②]

1981年5月13日至20日，教育部在济南召开普通教育调整座谈会，就全国普通教育在第六个五年计划和十年设想中需要研究解决的问题，特别是如何搞好调整工作交换了意见。教育部副部长张承先在会上讲话指出，普通教育事业调整整顿的方针是“充实加强小学，整顿提高初中，压缩普通高中，发展职业技术教育，集中力量办好重点学校”。他强调教育事业的调整、整顿是今后相当长一段时间内的一项中心工作，必须在各级党委和政府的统一编导下，动员各有关部门和社会各方面的力量共同努力。在工作中必须态度坚决、步子稳妥，瞻前顾后、因地制宜。[③]

《人民日报》发表评论员文章指出：初中学生学业成绩差是中等教育中一个值得注意的普遍性问题。文章举北京市为例。本年上学期北京市初三应届毕业生13.9万多人，实际达到初中毕业水平的不到十分之三，有十分之一的毕业生6门课平均分数低于35分。文章在分析了初中学生学业成绩普遍不高的原因后，提出全面贯彻党的教育方针当前要强调解决的两个问题：一是明确普通中学的任务，强调面向大多数学生；二是处理好重点学校与一般学校的关系。[④]

1982年2月2日，教育部发出通知，要求部属高等工业学校对77级、78级本科毕业生教育质量进行调查研究，从德、智、体儿方面分析毕业生质量，总结经验教训，研究提高教育质量的措施；5月12日至21日，教育部召开部属高等工业学校教务长会议，提出进一步提高质量的意见。[⑤]

1982年后，教育评价的实践越来越被高考指挥棒左右，其间虽然也采取过高中会考、督导、评估、检查等一些措施，依然没有哪一项能够比升学更强。

---

① 中央教育科学研究所：《中华人民共和国教育大事记（1949—1982）》，北京：教育科学出版社，1983年版，第555页。

② 中央教育科学研究所：《中华人民共和国教育大事记（1949—1982）》，北京：教育科学出版社，1983年版，第561页。

③ 中央教育科学研究所：《中华人民共和国教育大事记（1949—1982）》，北京：教育科学出版社，1983年版，第618页。

④ 引自《人民日报》，1981年11月12日。

⑤ 中央教育科学研究所：《中华人民共和国教育大事记（1949—1982）》，北京：教育科学出版社，1983年版，第645~646页。

第五节　呼唤现代学校制度

1978年6月，《人民教育》第6期发表武汉大学《试行学分制，多快好省的培养人才》的文章，介绍武汉大学从本学期开始试行学分制的情况；当时南京大学等一些高校也在进行学分制试验。[①] 1980年8月19日，教育部答复武汉大学关于实行学分制后少数学生提前毕业的问题，规定修满总分的学生，可以提前毕业，纳入国家分配计划，工资待遇和原学制毕业生同等对待。[②] 由此迈出探索改进原有学校教育制度的步伐。

1979年12月6日至19日，中国教育工会全国委员会在北京召开全国教育工会工作会议。会议提出，新的历史时期教育工会的基本方针是：在党的领导下，与行政密切协作，以教学、科研为中心，团结和教育广大教工不断提高政治觉悟和业务水平，关心教工的物质文化生活，保护教工的民主权利和切身利益，调动广大教工的社会主义积极性，为提高教育质量和科研水平，培养德、智、体全面发展的人才，为实现四个现代化而奋斗。会议还提出教育工会当前应着重做好的几项工作是：协助党组织切实贯彻知识分子政策，组织群众性的业务活动，实行民主办校，关心教工的物质、文化生活等。[③] 道出师生们期待的“民主办学”。

随着经济社会发展和教育改革的深入，建立与中国经济社会发展相适应的现代学校制度已经成为教育理论工作者的重要研究内容，并试图使之成为未来

---

① 中央教育科学研究所：《中华人民共和国教育大事记（1949—1982）》，北京：教育科学出版社，1983年版，第521页。

② 中央教育科学研究所：《中华人民共和国教育大事记（1949—1982）》，北京：教育科学出版社，1983年版，第588页。

③ 中央教育科学研究所：《中华人民共和国教育大事记（1949—1982）》，北京：教育科学出版社，1983年版，第566页。

学校发展的方向。

从国际背景来看，提出“现代学校制度”有国际新公共管理（管理主义）运动的影响及与之相关的教育市场化（准市场化）和私有化的影响；从国内的情况来看，一是经济体制改革要求教育体制改革与之相适应；二是政府职能转变以后，要求政府向学校放权；三是国内教育投入不足的压力，要求通过制度创新来缓解或解决教育投入不足的问题。从理论上说，将制度理论应用于教育领域是改革教育管理的一种尝试。

建立现代学校制度的目的就是要通过对现行的学校制度的调整和改革，形成与经济社会发展相适应的学校制度，为尽可能多的学生提供充分的、平等的、成本较低的、优质的教育服务，并为大众获得这种优质的教育服务创造平等的制度条件，其重点是建立开放的、民主的、以人为本的、最终指向育人的学校管理制度。

现代学校制度本质是要确立师生为学校的主体，其核心是关注学生的发展，使学生的成长发展需求成为学校工作的第一依据。从广义上理解，现代学校制度是能够适应市场经济和建设学习型社会的基本要求，以完善的学校法人制度为基础，以现代教育观念为指导，学校依法自主、民主管理，能够促进学生、教职工、学校、学校所在社区的协调和可持续发展的一套完整的制度体系。现代学校制度除了具有能够较全面地反映社会现实的需要和与时俱进的精神外，还应具有人本性、民主性、科学性、开放性、发展性和生态性等基本特性。

现代学校制度所要求的外部环境是教育管理部门决策、执行和监督相互分离、相互制衡、相互推进，建立与学校法人制度和责任制度相配套、责权明晰的领导制度，使各个领导职能机构各尽其职、各负其责、相互制衡。

因此，现代学校制度的建立需要从学校的举办制度、政府管理学校的体制、学校内部管理结构几个方面同时进行，理清并明确界定政府与学校的关系是建立现代学校制度不可回避的问题。同时，完善学校法人制度，培育有利于竞争的外部市场，建立参与程度更加广泛的监督机制；建立防止市场化，保障教学研究独立、多元、法制化的轨道。现代学校制度是一种理想的制度设计，要从教学制度、人事制度、财务制度、法人制度、民主参与制度等方面寻找实现的途径。

现代学校制度建立的基础是现代教育观念，它对教育的认识是开放的，认为它始终伴随生活，限制生活的范围也就限制了教育。学校教育资源是有限的，学校教育的缺陷与不足存在于学校之中，不能仅仅靠学校努力弥补，而是要确立学校教育仅仅是教育的主要组成部分，谋求通过课改改进学校教育来增进学生的实践能力和创新能力是极其有限的，把太多的要求与期望强加于学校也不切实际。学校教育无法胜任“万能教育”、“完整教育”、“全面教育”的角色，求全责备、苛求学校则勉为其难；看到学校教育的局限，承认和正视学校教育的欠缺是走向问题解决的第一步。单凭学校教育的营养元素，不足以开出个性发展之花、结出创新发现之果。社会是教育的全部范围，生活是教育的整个过程，人才的长成，创造的发生，必得有实践的土壤。

2000年以后，中国教育的问题已由能否普及转化为如何改变学校教育的过度单一性和学校教育过分扩张的问题。以为学校教育就是整个教育的全部，不仅无助于人才的健康成长、无助于人的素质和谐发展，而且潜藏着巨大的危险，造就纸上谈兵、高分低能、个性消失、千人一面的平庸。

中国教育现实显示，现代学校制度现今仍只是中国教育管理改革的先声。

第七章

决策：科学化与民主化

新中国确立了民族的、科学的、大众的民主教育方向后，人们怀着教育科学化的期待。1949 年 12 月 18 日《新建设》第 1 卷第 8 期发表了徐特立写的《科学化民族化大众化的文化教育》一文，认为："真正的科学就能够提高人民的自觉，非科学的东西就会加深人民的迷惘。我们新民主主义国家的文化教育与资本主义国家相反，我们是培养高度自觉的人民，而不是培养盲目服从的顺民，所以教育科学化就有绝对的意义。"[①] 虽然新民主主义的文化教育是否与资本主义国家相反还存在不确定性，但这样的期待在六十多年后的今天看来是十分真诚的；虽然远未能实现，却依然有着强烈的现实意义。

① 徐特立：《科学化民族化大众化的文化教育》，引自《徐特立文集》，长沙：湖南教育出版社，1986 年版，第 384 页。

第一节 教育决策的程序与类型

决策是指组织或个人为了实现某种目标而对未来一定时期内有关活动的方向、内容及方式的选择或调整过程。教育决策则是对一定时期教育发展作出的选择和规划。

科学的决策要经过一系列步骤，各步骤有机地联系为一个整体被称为决策程序。一个完整的决策过程包括明确问题、设定目标、制定备选方案、评价与选择方案、在实施中追踪决策等几个基本环节。历史上，教育的决策并非程式化地依照这样的程序进行，实际的决策过程远比这一简单描述的程序复杂或简单。

教育决策的类型也五花八门，依据不同的标准可划分成多种类型。

依据决策主体的不同，可分为国家决策和地方决策，或个体决策和群体决策；依据决策涉及问题的规模和影响程度的不同，可分为带全局性、方向性的战略决策和为战略决策所制约并为之服务的局部性或阶段性的战役决策，以及解决技术性问题的战术决策；依据重复程度和有无既定程序可分为对重复出现的、有一定常规可循的问题的程序化决策和对偶然发生或首次出现的、没有现成规范和原则可循的问题的非程序化决策，非程序化决策一般更为复杂，需要集中更多精力才能解决；依据解决问题的阶段特征可分为初始决策和追踪决策，追踪决策往往要回溯分析初始决策的形成机制与环境，列出失误的原因，以便有针对性地采取调整措施；此外，依据决策目标数量的不同，可分为单目标决策和多目标决策；依据决策方法的不同，可分为经验决策和科学决策；依据决策进程的不同，可分为一次性决策和渐进性决策等。

各类决策本身并不存在天然的优劣之分，而是各有所长，各有所短，例如群体决策的优点是能够融会多方观点，产生多种方案，从中选取最优方案，提高决策的质量；缺点是费时、成本高、效率低、难以分清责任，多数人可能受到少数人控制成为橡皮图章。

高质量的决策是目标任务明确、在当时条件下可行、依据情况留有备选方案、相对满意而非最理想的，做到这一点就需要决策者真正全面了解情况、实事求是、留有余地。

1945 年，黄炎培与毛泽东进行过一段广为人知的关于周期率的对话："我生六十多年，耳闻的不说，所亲眼见到的，真所谓'其兴也浡焉，其亡也忽焉'，一人，一家，一团体，一地方，乃至一国，不少单位都没有能跳出这周期率的支配力。大凡初时聚精会神，没有一事不用心，没有一人不卖力，也许那时艰难困苦，只有从万死中觅取一生。既而环境渐渐好转了，精神也渐渐放下了。有的因为历时长久，自然地惰性发作，由少数演为多数，到风气养成，虽有大力，无法扭转，并且无法补救。也有为了区域一步步扩大，它的扩大，有的出于自然发展，有的为功业欲所驱使，强求发展，到干部人才渐见竭蹶、艰于应付的时候，环境倒越加复杂起来了，控制力不免趋于薄弱了。一部历史，'政怠宦成'的也有，'人亡政息'的也有，'求荣取辱'的也有。总之没有能跳出这周期率。"53 岁的毛泽东相答："我们已经找到了新路，我们能跳出这周期率。这条新路，就是民主。只有让人民起来监督政府，政府才不敢松懈。只有人人起来负责，才不会人亡政息。"①

如果在六十年的教育发展过程中，切实履行了毛泽东所说的民主，教育的决策都是在科学基础上的民主决策，中国教育就会少走很多弯路。

历史似乎表明，"非常好的理论，有时因为实际中的困难，往往不只行不通，还会给基层教育工作者造成困难"②。

---

① 《黄炎培生平》，引自《北京晚报》，2009 年 3 月 4 日（34）。

② 程介明：《中国大陆教育实况》，台北：台湾商务印书馆，1993 年版，第 30 页。

第二节　教育决策个人权威化

新中国成立后，对于教育发展曾经有过一些理性的声音，周恩来就曾强调：教育改革是长期的、复杂的、艰巨的，不能操之过急，“有改革条件而拖延着不改革是不对的”，“鲁莽从事，过于性急，企图用粗暴的方法进行改革，也是不对的”①。

然而几乎就在同时，教育上服从于政治、不依据实际情况作决策的情况时有发生。1951 年 8 月 27 日至 9 月 11 日，教育部召开的第一次全国初等教育会议和第一次全国师范教育会议，决定：“从一九五二年起，五年内小学改为五年一贯制。”② 1952 年 8 月 2 日至 12 日，教育部在北京召开中小学行政会议，再次强调“自 1952 年秋季小学一年级入学新生起，全国一般小学一律实行五年一贯制，到 1957 年基本上改完”③。在实施过程中才发现难以实现，“实践结果是学生负担加重，学习效果不好，辍学率增加，且影响儿童身体健康”④。1953 年 6 月 5 日至 22 日，教育部在北京召开的第二次全国教育工作会议，决定“五年一贯制今年秋季起暂缓推行，暂沿用四二制”⑤。1953 年 11 月，政务院下令停止推行五年一贯制。1953 年 9 月 22 日，教育部颁发《试行小学（四二制）教学计划（草案）》。这个试行教学计划草案是适应全国小学停止推行五年一贯

---

① 《周恩来教育文选》，北京：教育科学出版社，1984 年版，第 11 页。

② 中央教育科学研究所：《中华人民共和国教育大事记（1949—1982）》，北京：教育科学出版社，1983 年版，第 46 页。

③ 中央教育科学研究所：《中华人民共和国教育大事记（1949—1982）》，北京：教育科学出版社，1983 年版，第 63 页。

④ 赵德强：《1947—1957 共和国教坛风云》，福州：福建教育出版社，2005 年版，第 40 页。

⑤ 中央教育科学研究所：《中华人民共和国教育大事记（1949—1982）》，北京：教育科学出版社，1983 年版，第 79 页。

制，仍按“四二制”办理而颁发的，它对1952年2月5日颁发的暂行教学计划作了修订，其中规定：各科教学六年的总学时为5928课时；中、高年级每周教学时数分别调整为26、28课时。美工科改称为图画科（包括绘画、剪贴）。学生每周集体活动时间按低、中、高年级，分别规定为360分钟、480分钟、570分钟。①

这是一个少数人拍脑袋作决策的案例，但不是绝无仅有的，而是在系统的决策个人权威化背景中的一个案例。

一、消除陶行知教育思想影响

对陶行知的批判是建立中国教育决策个人权威的一个典型案例。

1951年，以对《武训传》批判为起点的对陶行知的批判，诠释了中国教育决策的过程。

陶行知推崇武训是一贯的，1922年7月，他在中华教育改进社第一届年会社务报告中说：“武训死了，他的办学精神是不死的。”电影《武训传》则直接源于陶行知：1944年夏天，陶行知将《武训先生画传》送给电影导演孙瑜，请他写歌颂武训的电影剧本，孙瑜一口应承下来，仅用两个来月就写出了电影《武训传》的改编大纲和分场简本。1950年电影《武训传》摄制完毕并公映，受到社会的普遍赞颂，陶门弟子莫不称庆，以为完成了老师的一桩未了心愿，却不料由此引出新中国第一文化罪案——批判《武训传》，进而批判陶行知。

1951年3月，中共中央发出要求在全国范围内开展对电影《武训传》讨论的通知。4月底出版的《文艺报》第4卷第1期重新刊出鲁迅30年代写的嘲讽武训的杂文《难答的问题》，同期还发表了第一篇公开声讨电影《武训传》的檄文——署名贾霁的《不足为训的武训》，提到陶行知对武训的表扬。但作者贾霁很佩服陶行知，故而设法为陶行知开脱：那时候，国民党万恶统治下的白色恐怖环境与条件，对于人民教育家的为人民服务的理想是百般的破坏阻挠；这样，提出武训精神来有着积极的作用。陶行知先生当时是对的，他的苦心是完全可以理解的。《文艺报》随即发表署名“杨耳”的标题为《陶行知先生表扬“武训精神”有积极作用么?》的反击文章，不客气地直指陶行知，开篇就一针见血地说《不足为训的武训》“对武训的错误分析还不够确切，对于武训的歌颂者的批评也不够彻底”，当前迫切需要重新分析武训的错误，迫切需要

① 中央教育科学研究所：《中华人民共和国教育大事记（1949—1982）》，北京：教育科学出版社，1983年版，第88页。

“彻底”批评武训的歌颂者。他斩钉截铁地宣称“认为陶行知先生表扬‘武训精神’有‘积极作用’，是不对的”。

杨耳的檄文在《文艺报》刊出仅仅六天，《人民日报》即以少有的高速度予以转载，并在转载时特加编者按，肯定杨文“虽然只接触了这个问题的一个侧面，见解却比较深刻”。后来事态的发展表明，杨耳的檄文并非个人的即兴之作，而是精密策划的政治战役的组成部分。四天之后，即1951年5月20日，《人民日报》刊出最高决策者毛泽东撰写的社论——《应当重视电影〈武训传〉的讨论》，更把杨耳的檄文当做范文向全国人民郑重推荐，指出：“《武训传》所提出的问题带有根本的性质。像武训那样的人，处在满清末年中国人民反对外国侵略者和反对国内的反动封建统治者的伟大斗争的时代，根本不去触动封建经济基础及其上层建筑的一根毫毛，反而狂热地宣传封建文化，并为了取得自己所没有的宣传封建文化的地位，就对反动的封建统治者竭尽奴颜婢膝之能事，这种丑恶行为，难道是我们所应当歌颂的吗？向着人民群众歌颂这种丑恶的行为，甚至打着为人民服务的革命旗号来歌颂，甚至用革命的农民斗争的失败作为反衬来歌颂，这难道是我们所能容忍的吗？”“电影《武训传》的出现，特别是对于武训和电影《武训传》的歌颂竟至如此之多，说明了我国文化界的思想混乱达到了何等的程度！”社论提出“应当展开关于电影《武训传》及其他有关武训的著作和论文的讨论，求得彻底澄清在这个问题上的混乱思想”①。从前树立的陶行知十全十美的“圣人”形象瞬间便变为“敌人”。

此后，全国教育界和其他各界开展了学习《人民日报》社论和批判《武训传》及“武训精神”的运动。6月4日，教育部发出指示，要求把这一运动普遍到每一个学校、每一个教育工作者，以肃清“武训精神”的影响，澄清教育思想上的混乱；7月16日，教育部发出通知：以武训命名的学校，应立即改名。②

由于《人民日报》社论把杨耳的檄文当做范文向全国人民郑重推荐，批判陶行知和批判《武训传》一样来势汹汹，锐不可当。曾经颂扬过陶行知的人统统被要求写“沉痛、真诚的检讨”，或在报刊上发文进行批判，一时间似乎大家都误入歧途，他们都是被陶行知拉下水的，现身说法揭批陶行知的武训颂歌在文化教育界产生了怎样恶劣的后果。

1951年7月，对《武训传》的批判落幕，但对陶行知的批判并没有就此刹

① 《应当重视电影〈武训传〉的讨论》，引自《人民日报》，1951年5月20日。

② 中央教育科学研究所：《中华人民共和国教育大事记（1949—1982）》，北京：教育科学出版社，1983年版，第40页。

车，而是在凯歌声中继续前进，锋芒主要指向陶行知的教育思想，主战场则相应由文艺界转移到了教育界。江华在《文艺报》上发表《建议教育界讨论〈武训传〉》。6月1日，《人民日报》发表了几篇对批判《武训传》持不同看法的读者来稿，其中一篇来稿反对把在旧社会从事普及教育的陶行知和张伯苓一概否定。6月2日《人民日报》即推出针对来稿的答辩文章——《清除武训一类的错误思想》。显见所谓"读者来稿"与答辩文章均系精心组织的自问自答。批判《武训传》是借题发挥，文章毫不讳言：清除陶行知等的错误教育思想是这次思想斗争的"基本内容和重要内容"。"陶行知的教育思想是应该受到检查的若干种旧教育思想之一，不应该因为他本人尽力于反国民党的革命斗争而迁就他的教育思想。"批陶行知必须先批武训——一开始就把斗争矛头直指曾经全面肯定的陶行知，未免太过突兀，无法说服公众，因而需要用批判《武训传》来为批判陶行知铺路，用武训引出陶行知。批判《武训传》的一个主要目的是破解从前树立的陶行知十全十美的"圣人"形象，把所谓的陶行知的错误暴露在光天化日之下，批判《武训传》不过是批判陶行知的序曲。

为了迎接批判陶行知，1951年5月24日，教育部开始布置；6月2日，教育部发出《关于开展电影〈武训传〉和"武训精神"的讨论与批判的指示》，强调"这一运动必须普遍到每一个学校、每一个教育工作者"，"重点应放在检讨自己的思想上"，并要求"在7月中旬前将开展运动的情况上报"[①]。由于陶行知的学生遍及大江南北的大中小学，为了肃清他的影响，全国范围内以高、中等师范为重点的批判和检讨运动与教师思想改造运动同时开展，凡是与陶行知直接或间接相关的人都被重点敦促作检讨，或批判、去职。

《人民教育》于"斗争"前夜大改组，实行总编辑制，以教育部副部长、曾经也称赞过陶行知的柳湜为总编辑组成新编委会，以教育部党组书记、实际主持教育部工作的钱俊瑞为主任委员，建立起空前绝后的强大阵容。改组后的《人民教育》被当成批判陶行知的主阵地，曾邀请北京各大学教育系教授、中小学教师代表及教育工会代表50余人举行批判武训座谈会，总编辑柳湜和编委会主任委员钱俊瑞，责无旁贷地成了批判陶行知的主将。尴尬的是钱俊瑞是陶行知救国会时期的战友，有着十多年的交情。陶去世时，钱俊瑞曾在《解放日报》发表文章，称陶行知是"国家之宝"，但他必须以今日否定昨日，一马当先地向老战友的亡灵开战。

坚强的"党性"使钱俊瑞别无选择，1951年8月27日，《人民日报》发表

---

① 《关于开展电影〈武训传〉和"武训精神"的讨论与批判的指示》，引自《人民日报》，1951年6月5日。

了他写的《从讨论武训问题我们学到些什么》。该文将批判的对象从武训引向近代史上中国著名的教育流派和教育家，研究与这些流派相关的教育工作者，将他们推向应予检讨和批判的行列。文章在“改良派为反动派撑腰”的标题下写道：“从康有为提出废科举、办学校起，就有各种形式的‘普及教育’的派别，如‘科学教育派’、‘平民教育派’、‘乡村教育派’、‘职业教育派’、‘民众教育派’等等。而这些派别都歌颂了武训。这是因为武训的事业与‘武训精神’中有和这些改良主义思想互相‘合拍’的地方。一切资产阶级、小资产阶级改良主义派的教育思想的共同和基本特点，就是所谓‘超阶级’、‘超政治’的教育观，就是教育与政治分离的看法。”① 在钱俊瑞的主持下，从1951年10月到1953年的20个月中，《人民教育》先后刊载了十多篇批陶文章，分量仅次于《人民日报》。钱俊瑞亲自撰文批判陶行知，并在文章中提出了一个很致命的问题：“为什么陶先生不放眼看看在当时的抗日民主根据地里面，因为人民已经取得了政权，人民教育事业就那样蓬蓬勃勃地开展呢？为什么陶先生不集中力量搞革命，却偏偏要花这样多的精力在国民党地区办些显然无法开展的‘育才学校’之类的教育事业，甚至最后，日暮途穷，会找到武训这样一块朽木来做自己的招牌呢？”由钱俊瑞的质疑似乎可推演出如下结论：不去解放区从事“人民教育事业”，偏偏钟情于国统区办“育才学校”的人生路向本身就是荒唐的。冯友兰在其自我检讨《关于〈武训传〉笔谈》中说：“如果各大学的教授及各工厂的工程师，都算是人才的话，在新中国成立以前，他们确是大部分集中在蒋管区底几个大都会里。这件事实，就助长了蒋政权的凶焰，就对于革命的进展有坏的影响，就这一方面说，这些学术或教育工作者底（的）错误比武训又更大了。”这两段说法的推论是，陶行知的人生路向是荒唐的，引导他的人生路向的价值体系也是荒唐的。钱俊瑞得出结论：“直到陶先生临终时，他的教育思想还并不是无产阶级的教育思想，在他的教育思想和马列主义的、毛泽东的教育思想之间还存在着原则的差别。两者是属于两种不同的世界观的不同的东西。”“陶先生的‘生活即教育’的公式，就是一个片面的反科学的反马克思主义的公式。”

其后，《人民教育》围绕钱俊瑞的论断发表的大量批陶文章，集中为四个方面：

第一，陶行知办教育，是单纯地办教育，是自处于中国共产党领导的人民革命事业之外的孤立的教育运动。“由于有共产党在晓庄闹革命，晓庄学校

① 钱俊瑞：《从讨论武训问题我们学到些什么》，引自《人民日报》，1951年8月27日。

（即试验乡村师范学校）就在1930年被国民党反动派封闭，晓庄的被封，虽然促成了陶先生与国民党反动派的对立，但陶先生并没有从这里取得教训，依然是继续努力从事他那种‘超政治’的教育活动。”既然所谓“超阶级”、“超政治”的教育、科学、文化事业，也就是与中国共产党领导的农村包围城市、武装夺取政权的“人民革命事业”没有直接联系的教育、科学、文化事业都是资产阶级改良主义事业，那么，和陶行知一样毕生从事教育、科学、文化的国统区自由知识分子，他们的思想观念，他们的人生路向，当然都是“资产阶级改良主义”性质，都与马克思列宁主义、毛泽东思想南辕北辙，因而也应彻底清算。冯友兰说国统区自由知识分子助长蒋政权的凶焰，阻碍革命的发展，如此自贬其实非他所愿，而只不过是对当权者心态的准确揣摩。由此可见，对陶行知的批判其实也是“醉翁之意不在酒”——在指向陶行知的同时指向所有当年的国统区自由知识分子。

第二，在教育思想方面，陶行知是“美国反动学者”杜威的忠实信徒，一贯不革命。

第三，陶行知之所以抄袭杜威而拼装“生活教育理论”，是由他的世界观、方法论所决定的——“在他的认识论里是完全没有辩证唯物主义的”。这样从个人事业选择到“生活教育”，再从“生活教育”到世界观、方法论，陶行知的全部思想几乎都被定性为“反科学的、反马列主义毛泽东思想的”。

第四，在政治上，晚年陶行知固然拥护革命，但其晚年政治进步也是有限的。这就意味着，晚年陶行知所拥护的革命仅仅是反帝反封建的资产阶级民主革命，他不反对发展资本主义，他并未认可社会主义前途。周恩来称陶行知为“党外布尔什维克”看来不过是夸大其词。

“重评陶行知的思想和事业”是当时一个时髦的口号。经过如此这般“重评”，陶行知面目全非。原本对政治家、教育家、思想家陶行知早有过盖棺之论。在延安“陶行知先生追悼会”上，陆定一代表中共中央委员会的悼词开篇便盛赞陶行知“一生致力于救国事业、民主事业与教育事业，他在教育方面对人民的贡献尤为巨大与不可磨灭”。接下来说①：

> 我们追悼的陶行知先生，是人民的教育家。在人民中进行教育，可以有两种不同的目的。一种是蒙蔽人民，要人民甘心做反动派的奴隶，做帝国主义的顺民，服从命运或英雄的摆布。抱着这种目的的教育，不管它叫

---

① 陆定一：《悼念人民教育家陶行知先生》，引自《纪念陶行知》，长沙：湖南教育出版社，1984年版，第5～6页。

什么名字，绝不是为人民的教育，而只能是奴隶的教育。这种教育是决计没有前途的，因为如果中国人民不从帝国主义和封建势力的压迫之下解放出来，教育事业就没有发展的前途，只有衰落的前途。

陶行知先生的教育理论与教育实践，是有另外一种目的，这个目的，就是唤起人民自己解放自己。他把人民看做人，而不是看做奴隶与顺民。他主张人民的解放，他又相信人民的力量、人民的智慧……这种思想，充满在他的著作之中。他主张人民自己为自己办的教育，才是理想的教育。他为了这个主张，孜孜不倦，干了一生。凡见过陶先生的，都被他的艰苦卓绝的精神所感动。陶行知的这种教育思想，正是新民主主义的教育思想，正是为人民服务的教育思想……以唤起人民自己解放自己为目的的教育，是有极其宽广的发展前途的。这种教育，在国民党统治之下，受尽了压迫，受尽了灾难，不能得到宽广的发展。这是因为，在国民党统治之下的中国，乃是半殖民地半封建的中国，乃是帝国主义和国民党反动派所统治着的中国，陶先生和他的事业在那里受到磨难，这种磨难乃是中华民族、中国人民所受到的苦难的缩影。但是，这种磨难将是暂时的。在人民已经得到解放的中国解放区，陶先生的思想得到广大的欢迎，他的理想被实现、被发扬光大。在将来的新民主主义的中国，也一定如此。

概而言之，“重评”之后，教育家、思想家陶行知被基本否定，政治家陶行知则是“改良”、“革命”一半对一半，悼词事实上被“重评”推翻了。伴随着严厉的思想清算，政治上的清洗也相继出台，陶门弟子一个个中箭落马。重庆育才学校是陶行知晚年的心血结晶，是陶门大本营，在这次批判陶行知时受到的冲击也就最大。地方党政部门派出工作组进驻该校，以“武训精神给育才师生思想上的严重毒害”为主题，发动全校师生深揭猛批。校长孙铭勋被宣布停职反省，地方党报对他点名批判，既发长篇，又专发社论。《人民教育》对此坚决支持，不但转载报道社论，还由总编辑亲自撰文，确认孙为顽固坚持“武训精神”的坏样板，是“当前中国教育改革中右翼的代表，代表着资产阶级和小资产阶级的改良主义在争取人民教育事业的领导”。这位1935年参加共产党、1948年临危受命主持育才学校工作的老干部，后半生受尽折磨：“三反”中被诬为“贪污分子”，以死抗争落了个自杀叛党的罪名被开除党籍；1957年夫妻双双被打成“右派”，1961年死于饥饿。[1] 陶行知高足张宗麟和方与严在新

---

① 孙丹年：《陶门弟子教育家孙铭勋》，贵阳：贵州教育出版社，2007年版，第329～446页。

中国成立时均在教育部任司长，因不媚时俗而为恩师辩诬，直接埋下祸根，在反右时同样双双殃及满门。

对陶行知的批判，其依据并非马列主义，而是最高决策者及其周围一些人头脑中传统的“功高震主”的封建思想。陶行知去世时中共对他的评价主要是由当时的政治斗争形势所决定的，即中共需要以陶行知为旗帜，最大限度地争取国统区自由知识分子，在文化界、教育界组成尽可能广泛的统一战线。但在新政权建立后，社会形态已发生根本变化，中共与当年国统区自由知识分子的关系也随之发生了变化，当年国统区自由知识分子已经由“争取对象”变为“教育、改造对象”了。但陶门弟子宣传陶行知仍然不遗余力，毛泽东的老师徐特立称陶行知“对中国新教育放下了一块奠基石”，陶门高材戴伯韬1948年就在一本书中称“新民主主义教育思想是毛主席和陶行知共同创造起来的”，这些在当时“只有一个伟大政治家的文治武功被尊奉为凌驾一切的最高神圣”的情况下是难以容忍的。事实上，毛泽东的乡村运动及《在延安文艺座谈会上的讲话》、《新民主主义论》中都存在陶行知的一贯主张的影响。知识分子必须与工农相结合，教育必须与生产劳动、与社会实际相结合，大众的教育、大众的科学、大众的文化……毛泽东所倡导的这些正是陶行知所坚持的。很明显，毛泽东接受了、容纳了陶行知的一部分见解，在此基础上形成新民主主义教育理论、文化理论。其他爱国民主人士的一部分政治主张、经济主张，也曾为毛泽东所接受、所容纳。《共同纲领》就是中国共产党和以各民主党派为主体的爱国民主人士的共识，就是新民主主义理论的法律表述。其“共同”主要就是因为它并非一党一派的主张而是中国共产党与以各民主党派为主体的爱国民主人士的集体智慧，陶行知等国统区爱国民主人士对新民主主义理论的巨大贡献是无可争辩的。但随着社会政治形态的根本变化，这个无可争辩的历史事实却受到了怀疑，“新民主主义教育思想是毛主席和陶行知共同创造起来的”这个符合事实的著名论断，在大树特树毛泽东思想的绝对权威的时候便成为必“破”之而后“立”的对象。

中共建党三十周年纪念日宣传活动的主题便是宣传和确立毛泽东思想。大树特树毛泽东思想的绝对权威，重点是确立毛泽东文艺思想和教育思想的绝对权威，因为中国共产党取得全国胜利这一事实，已经证明毛泽东思想在军事领域、政治领域的权威无可比拟。而在文艺界、教育界，因为国统区自由知识分子对毛泽东思想并不熟悉，毛泽东思想的绝对权威就略嫌不足了。大树特树毛泽东思想的绝对权威，就成了中国文艺界、教育界的当务之急。为此必须首先破除教育界、文艺界原有的权威。陶行知在中国教育界的权威地位举世公认，在决策者看来，这不仅严重妨碍树立毛泽东思想绝对权威这一文艺界、教育界的中心工作，而且标志着爱国民主人士、当年的国统区自由知识分子正借着陶行知亡灵与共产党争功、要与共产党平起平坐。那么多论者皆以大量篇幅反驳戴伯韬的“毛陶共创”说，竭力论证新民主主义教育思想完全是毛泽东的个人智慧，而与陶行知风马牛不相及。中共中央的机关刊物《学习》在报道戴伯韬检讨时就直白地说：戴的根本错误“是在于把陶行知的教育思想与毛主席的教育思想划上等号，混淆起来，没有把陶行知的教育思想加以分析与批判，没有把陶行知的教育思想和无产阶级的教育思想严格地从本质上区别开来，因而把这两种不同的思想说成是属于一个体系，一个范畴”。

陶行知教育思想被批判的深层原因是当时的论者偏离了《共同纲领》所确定的教育思想基础，或者说偏离了陆定一在追悼会上定义的陶行知教育思想。此时陶行知教育思想与“毛主席的教育思想”的确是两种不同的思想。和绝大多数爱国民主人士一样，陶行知完全以新民主主义为基点拥护共产党，他的教育思想严格限定在新民主主义范畴内。所以，当中共信守新民主主义《共同纲领》时，陶行知的教育思想与毛主席的教育思想无疑存在着事实上和逻辑上的联系，二者属于同一个思想体系。但当毛泽东教育思想告别新民主主义而成为教育体制和官方意识形态时，陶行知教育思想内涵的民主内核却无法与之相容，这一点足以注定陶行知在劫难逃。

新民主主义范畴内的陶行知教育思想，与新中国成立初期教育体制和官方意识形态的本质区别在于其强烈的主体人格精神。陶行知一贯把争民主当做自己的人生主题，他坚持民主目的与民主手段相统一、民主理论与民主实践相统一，并以个人自由为民主的基石。他把这一点贯穿于自己的全部教育实践，早年立志培养“自主、自立和自动的共和国民”；晚年则大力推行“民主教育”，倡导“民主教育是教人做主人，做自己的主人，做国家的主人，做世界的主人”。在他看来，教育的主要职能不是书本知识的传授，而是人格的铸造。“教师的职务，是‘千教万教，教人求真’；学生的职务，是‘千学万学，学做真人’。”并指出，“所以专制国要有服从的顺民，必须使做百姓的时常练服从的道理，久而久之，习惯成自然，大家不知不觉的只会服从了。共和国要有能够自治的国民，也须使做国民的时常练习自治的道理，久而久之，习惯成自然，他们也就能够自治了。所以养成自治的人民，必须用自治的办法”。只有在自治的实践中才能学会自治，只有在民主的实践中才能学会民主。要教人做主人，除了用自治的实践、民主的实践教育人，也就无路可走。

基于这样的理念，陶行知对民国时期在民主问题上一向陈义甚高却毫无实际行动、言行不一、心口不一非常反感，公开斥责当局“教您识民权的字，不教您拿民权；教您读民主的书，不教您干民主的事”。指出“过主人的生活，就是主人的教育。倘若嘴里读的是做主人的书，耳朵听的是做主人的话，而所过的是奴隶的生活，在传统的目光看来，或可算是主人的教育，但依生活教育的观点看来，则断断乎要称他为奴隶的教育，或是假的主人教育”。[①] 陶行知在自己的教育实践中，努力贯彻这一原则。生活教育从本质上说，就是典型的“主人的教育”。教育以生活而不是以书本为本位，以社会而不是以学校为本位，都是要把学生从书本的桎梏、学校的桎梏中解放出来，回归真实的生活，在自己特有的文化生态、社会生态中自然成长、自由成长，在真实的生活中、主人的生活中获得真实的自我、主体的自我。在陶行知的眼里，学生的自由发展，学生的主体地位，是神圣不可侵犯的，要让他们出头处自由！教育是人出头的关键环节。没有自由不是主人，就不能过主人的生活，就不是主人的教育。

这样一种教育思想曾经得到中共充分肯定。但新中国成立后时过境迁，中共执政后，照搬苏联那样的社会管理体制和政治文化，客观上一方面丧失文化和教育上的独立判断，另一方面要求所有国人保持一致，“新民主主义”被“一边倒”学习苏联的政治制度、意识形态边缘化。教育成为“全盘苏化”的重中之重的灾区。先是高等院校的全盘国有，接着是院系调整，然后是在全国范围使用统一的教学计划、教材和专业教科书。苏联教育模式原封不动地移植到了中国，甚至中小学生上课的坐姿和课桌样式也都以苏式为准。苏联教育模式的思想基础是整体主义。根据整体主义，个人只有构件意义、只有保障整体功能的意义，自身不能构成自足自主的世界。苏联教育模式培养出来的学生，因此不过是国家政权这部庞大机器中的一颗螺丝钉，不过是计划经济这座庞大建筑中的一块砖瓦，他们只是纯专业领域内的行家，不具备深刻的人文思维，在思想上、精神上是无法自主的，在文化意义和社会政治意义上从来不是生动活泼的主体的人。所以，无论在文化意义上还是在社会政治意义上，严格限定在新民主主义范畴内的陶行知教育思想与苏联模式都是截然对立的两极，对苏联模式有着强大的抵制和解构作用。在这种情况下维持对陶行知和陶行知教育思想的原有评价，则等于肯定陶行知教育思想强烈的人本主义色彩、强烈的主体人格精神，等于否定中国教育理论和教育体制“社会主义改造”的合法性，等于听任苏联教育模式在中国遭遇困境。在当时这种偏离的视角里，清算陶行知教育思想便很自然。

---

① 陶行知：《护校宣言》，《京报》1930 年 5 月 17 日。

批判陶行知是最高决策者的独运匠心之作，以至于陶行知生前的好朋友位居总理高位的周恩来都无从改变局势。通过此次批判，中国教育领域的所谓“民主个人主义”的影响终于寿终正寝，全盘苏化的官方意识形态在文艺界、教育界的绝对权威终于确立；从而实现了中国教育思想的“社会主义改造”，为中国教育体制的“社会主义改造”扫清了道路。新政权对当年国统区自由知识分子的大规模思想清算——知识分子思想改造运动由此惊涛拍岸般的展开。曾为陶行知生前好友的柳湜，在批陶运动中甚为积极，接着1958年被划为右派、开除党籍、撤销副部长职务，1965—1966年6月到京郊某县一中学参加文教“四清”，1968年4月以“大叛徒”、“老右派”的罪名关进牛棚。“没过多久，一个清晨，在关押他的楼下夹道里，发现了他的遗体，四肢着地，脑裂浆迸，令人惨不忍睹……据说在清理他的遗物时，在棉被一角，发现了纸条上的十六个字：‘政治迫害，毒打取供，我非叛徒，为我申冤！’”①

这便是一次左右中国整个教育思想走向的决策过程。

1957年6月1日，在中共中央统战部召开的民主人士座谈会上，邓初民在发言中对1951年批判陶行知教育思想提出异议。后来，他又在《人民教育》第7期上发表文章《我们必须对陶行知先生给以重新评价》，说：“他的生活教育理论，容或还有许多值得商量的地方，但在那时已经达到中国教育史上的顶峰。”此后《新建设》、《学术月刊》、《安徽史学通讯》等刊物陆续发表文章，讨论对陶行知教育思想的评价问题。② 这一讨论因接着发生的反右运动而再度无法进行下去。

二、确立毛泽东教育权威

新政权亟待确立新的权威，如何确定新的权威成为直接影响教育发展的关键因素，历史表明，当时明显受到封建思想的影响而选择了确定个人权威的方式。

1951年6月29日，《人民日报》发表了钱俊瑞为纪念中国共产党成立三十周年而作的《学习和贯彻毛主席的教育思想》一文。钱俊瑞的文章分五部分：（一）每一个教育工作者必须深刻领会毛泽东同志对于教育工作的指示；（二）新

① 余博：《风范长存》，引自《浮生残梦》，北京：中国戏剧出版社，2005年版，第269～270页。

② 中央教育科学研究所：《中华人民共和国教育大事记（1949—1982）》，北京：教育科学出版社，1983年版，第197～198页。

中国的教育应该是在全国范围内和全体规模上的人民教育，也就是为人民大众服务，并成为人民大众“真正自己的”教育；（三）新中国现阶段的人民教育是新民主主义的教育，也就是民族的、科学的、大众的教育；（四）新中国的教育必须受工人阶级的观点和思想方法的指导，新民主主义教育的方法，应该是理论与实际一致的方法；（五）毛泽东同志的博大精深的教育学说是伟大的毛泽东思想的一部分。《人民教育》第3卷第3期以此文代社论。《新华月报》8月号转载此文，并加编者按说“这篇论文对毛主席教育思想的特点、内容作了系统的介绍和阐述。我们号召全国教育工作者研究和讨论这篇文章，以便在毛主席的教育思想基础上逐步建立新中国的教育科学”①。仅从提纲所使用的词汇和该文发表后的转载之迅速不难看出，这是一次精心策划的确立毛泽东教育权威的行动，正是这样的行动导致中国教育决策走向个人权威化。

事实上，这仅是一系列毛泽东在教育界的个人权威化的活动之一。

三、弱化直至取消文化教育委员会

在中外管理实践中，委员会制是比较好的决策机制，一长制是比较好的执行机制。新政权一建立就建立了文化教育委员会，但很快这个委员会被边缘化、弱化，直至被完全取消。

1953年9月16日，中央人民政府委员会举行第27次会议，听取并讨论通过了政务院文化教育委员会主任郭沫若所作的《关于文化教育工作的报告》。该报告认为，文教工作的主要问题和困难在于：我们的主观条件（包括人力、物力和财力）与国家建设的需要（特别是培养干部的要求）和人民日益增长的文化要求不相适应，我们的主观力量还远远地赶不上国家与人民的需要。

报告认为，文教工作的主要缺点和错误在于犯有盲目冒进的倾向。这是三年多来我们工作中的主观主义的最主要的表现。这常常是由于我们对经济、政治与文化的关系有不正确的认识。毛泽东说：“随着经济建设的高潮的到来，不可避免地将要出现一个文化建设的高潮。”这是说文化建设跟随着经济建设，而不是跑到经济建设的前头。报告指出：本年一月大区文委主任会议提出的文教工作方针“整顿巩固、重点发展、提高质量、稳步前进”是今后改进文教工作的总方针。文教工作既要反对盲目冒进倾向，又要防止害怕困难、满足于现状的保守主义倾向。今年和今后一个时期内教育工作的主要任务是：大力整顿和

---

① 中央教育科学研究所：《中华人民共和国教育大事记（1949—1982）》，北京：教育科学出版社，1983年版，第42～43页。

办好高等学校（特别是高等工业学校）和中等技术学校，有效地为国家培养经济建设人才。继续完成全国高等学校的院系调整和中等技术学校的调整，稳步地进行各类学校的教学改革。适当发展中学，在数量和质量上保证高等学校的新生来源。大力办好高级和中级师范学校，轮训现有师资，以提高质量、保证数量。大力整顿和改进小学教育，克服现有的某种程度的混乱现象，提高质量，提倡民办小学（包括完小），鼓励私人办学，协助企业、机关、团体办学，以适当满足学龄儿童入学的要求。积极设法解决小学毕业生的升学与培养成为技术工人问题。整顿扫除文盲工作，采取群众路线，依靠群众教师，采取速成识字法及其他一切有效方法，稳步地开展扫盲工作。①

这个报告对1949年到1953年教育工作中存在的问题的判断是基本准确的、理性的，然而越到后来，这种理性的声音越来越难以发出。

本来应作为决策、评估的文化教育委员会，逐渐被要求做行政工作，使其组织功能出现了异化。1953年11月5日，政务院文化教育委员会转发高等教育部所拟《各大区高等教育局（处）的任务的规定》便是这样的一个例证。规定提出：各大区高等教育局（处）的任务是在大区行政委员会领导下，根据高等教育部统一制定的方针、计划、决定、指示等，具体指导本区各高等学校及其附设工农速成中学、中等技术学校及其他专业学校（师范学校除外）贯彻执行，并主要负责对学校的行政指导工作。② 功能的异化是导致委员会设置最终被取消的逻辑始点。

四、教育决策个人威权化案例

1957年3月17日，毛泽东就中学政治课问题写信给周恩来、陈云、彭真、陆定一等，提出："要恢复中学方面的政治课，取消宪法课，要编新的思想政治课本。"③ 这种通过个人意见，而非调查研究的决策方式在较长时期内成为最普遍实行的方式。1964年1月至1966年5月间，毛泽东就教育问题多次发表指示，具体情况见下面三个案例。

---

① 中央教育科学研究所：《中华人民共和国教育大事记（1949—1982）》，北京：教育科学出版社，1983年版，第87~88页。

② 中央教育科学研究所：《中华人民共和国教育大事记（1949—1982）》，北京：教育科学出版社，1983年版，第92页。

③ 中央教育科学研究所：《中华人民共和国教育大事记（1949—1982）》，北京：教育科学出版社，1983年版，第192页。

1. 案例之一

1964年1月25日至3月7日，教育部在北京召开全国教育厅局长会议。会议期间的2月13日，毛泽东在人民大会堂召开教育工作座谈会（当日是甲辰年春节，后来称此会为“春节座谈会”）。刘少奇、邓小平、彭真、陆定一、康生、林枫、章士钊、陈叔通、郭沫若、许德珩、黄炎培、朱穆之、张劲夫、杨秀峰、蒋南翔、陆平16人参加。毛泽东在座谈会上说：“教育的方针路线是正确的，但是办法不对。我看教育要改变，现在这样还不行。”“学制可以缩短。”“课程多、压得太重是很摧残人的。学制、课程、教学方法、考试方法都要改。”“我看可以砍掉一半，学生要有娱乐、游泳、打球、课外自由阅读的时间。”“现在的考试办法是用对付敌人的办法，实行突然袭击。题目出的很古怪，使学生难以捉摸，还是考八股文章的办法，这种做法是摧残人才，摧残青年，我很不赞成，要完全改变。”毛泽东还举了孔夫子、李时珍、富兰克林、瓦特、高尔基自学的事例。[①]

春节后，马拉松式的教育工作会议传达、学习了2月13日毛泽东关于教育工作的谈话。会议对照毛泽东和中央的指示，检查了普通教育工作中的缺点、错误。会议认为，除毛泽东在谈话中指出的以外，教育工作中还存在相当严重的片面追求升学率的错误做法；对中小学的政治思想工作重视不够；偏重国家办学和全日制中小学，忽视集体办学和简易小学、农业中学和职业学校；教师队伍的领导管理工作薄弱等问题。会议提出：要加强学校的政治思想工作，大学毛泽东思想，大学解放军，进一步贯彻执行党的教育方针和“两条腿走路”的方针，继续深入进行教育革命，努力实现教育领导机关和学校的革命化；逐步实行两种教育制度，城市必须坚决贯彻执行普通教育与职业（技术）教育并举的方针；减轻学生负担，提高教育质量；整顿和加强教师队伍；拟定发展教育事业的长远规划。在1965年和第三个五年计划期间，全日制普通中学基本上不发展数量，着重提高质量；有些普通中学偏多的地区，要有计划地改一部分为职业学校；要积极发展小学，特别是简易小学，解决贫农、下中农子女的入学问题，逐步普及小学教育；要积极发展职业教育，进一步发展工农业教育。会后，各省、直辖市举办轮训班，或召开教育工作会议，传达贯彻会议精神。[②]

毛泽东同志关于学校教育制度、教学方法、考试方法和教学诸问题的主张，

---

① 中央教育科学研究所：《中华人民共和国教育大事记（1949—1982）》，北京：教育科学出版社，1983年版，第353～354页。

② 中央教育科学研究所：《中华人民共和国教育大事记（1949—1982）》，北京：教育科学出版社，1983年版，第352页。

从中央到地方各级教育行政部门都积极贯彻执行。

《人民教育》1964年1月号发表了山东省日照县、山西省黎城县举办简易小学的材料，并发表短论《办好农村简易小学》。短论认为，发展简易小学是教育为无产阶级服务、贯彻阶级路线和普及农村教育的重要方法。强调必须采取多种多样的形式，发展农村简易小学。上半年，山东、山西、河北、浙江、陕西、福建、安徽、江西、河南、广东、四川、上海等十四个省、直辖市、自治区的农村普遍举办了简易小学。这些小学，办学形式多种多样，有隔日制、半日制、早班、午班、晚班、巡回小学、一揽子小学、季节性小学、识字班等，儿童就近入学，课程精简集中，费用少、家长负担轻。9月23日教育部发出通知：取消“简易小学”名称，改为“工读小学”或“耕读小学”，以便同全日制小学在名称上有所区别。①

1964年3月10日，毛泽东对北京铁路二中校长魏连一的二月来信作了指示，指出：“现在学校课程太多，对学生压力太大。讲授又不甚得法。考试方法以学生为敌人，举行突然袭击。这三项都是不利于培养青年们在德、智、体诸方面生动活泼地主动地得到发展的。”②

1964年3月18日至4月11日，高等教育部在北京召开直属高等学校领导干部（扩大）会议，学习和讨论当年2月以来毛泽东同志关于教育工作的指示。认为毛泽东发出的“使学生生动活泼主动地得到发展”和必须进行学制、课程、教学方法、考试制度等四个方面的改革以及学校要学习解放军、学习大庆的指示，指出了改进高等教育工作的方向是提高教育质量的关键。③

1964年3月22日，教育部和北京市教育局为贯彻毛泽东对教育工作的指示，邀请北京市部分中学教师举行座谈会。座谈讨论了如何更好地贯彻执行党的教育方针，改进教学工作，减轻学生负担，提高教学质量，使学生在德、智、体诸方面生动活泼地主动地得到发展。3月25日，4月1日、7日、10日，又继续邀请北京市部分中学校长、中小学教师举行座谈。《光明日报》加编者按发表了这几次座谈会的纪要。各地教育行政部门也召开座谈会，交流和总结改进教学方法、减轻学生负担、提高教学质量的经验，并积极采取措施，贯彻执

① 中央教育科学研究所：《中华人民共和国教育大事记（1949—1982）》，北京：教育科学出版社，1983年版，第352～353页。

② 中央教育科学研究所：《中华人民共和国教育大事记（1949—1982）》，北京：教育科学出版社，1983年版，第355页。

③ 中央教育科学研究所：《中华人民共和国教育大事记（1949—1982）》，北京：教育科学出版社，1983年版，第355～356页。

行毛泽东对教育工作的指示。①

1964 年 4 月 11 日，《人民日报》发表社论，推荐北京、上海一些中小学“改进教学工作，减轻学生负担，提高教学质量”的经验。社论提出：要解决提高教学质量、减轻学生负担这个问题，学校和教师要克服片面追求升学率的错误思想，同时，要采取革命的态度改进教学方法，充分发挥学生在学习上的主动性。而要发挥学生在学习上的主动性，在教学工作中需要采取两个主要措施：一是坚决贯彻执行少而精的原则；二是倡导启发式的教授法，实行学以致用的原则。同时，还要改进考试方法。②《光明日报》、《人民教育》等报刊也陆续报道了各地中小学减轻学生负担的措施和经验。

1964 年 7 月 10 日，中共中央宣传部、高等教育部、教育部联合召开全国高等学校、中等专业学校会议，提出以毛泽东思想为指针，贯彻“少而精”的原则来改进课程和教材。10 月 28 日，高等教育部召开直属高等学校理工科教学工作会议，研究高等学校理工科深入开展教育革命、进行教学改革等问题，提出将学生参加“四清”和军训列入教育计划；在五年中每个学生应有一两次时间比较集中的劳动；积极进行学制、课程、教学方法和考试制度改革；举办半工（农）半读试点班等。③

根据毛泽东“学制要缩短”的要求，1964 年 7 月下旬，中央学制问题研究小组召开扩大会议，邀请中央各有关业务部门和 13 个省、直辖市、自治区学制小组（或教育厅局）的代表，集中研究学制改革问题，草拟了《学制改革初步方案（征求意见稿）》。方案提出，新学制必须体现下列三点要求：（一）建立两种教育制度。一方面继续改革和办好全日制学校，另一方面大力发展各级各类半工半读、半农半读学校和业余学校。（二）根据城市和乡村对于生产和教育的不同需要以及工人和贫下中农子女入学的要求，来确定城乡各级各类学校的修业年限、课程设置、教学内容，适当安排上课、劳动、军事训练和放假的时间。并且照顾少数民族地区对学校教育的不同要求。（三）适当地缩短各级全日制的修业年限。

根据这些要求，方案中规划在我国的新学制中将有全日制、半工半读和半农半读、业余三类学校。要求在全日制学校中：小学的基本学制为五年，不分

---

① 中央教育科学研究所：《中华人民共和国教育大事记（1949—1982）》，北京：教育科学出版社，1983 年版，第 356 页。

② 《培养生动活泼的主动的学习空气》，引自《人民日报》，1964 年 4 月 11 日。

③ 中华人民共和国教育部：《共和国教育 50 年》，北京：北京师范大学出版社，1999 年版，第 46 页。

段；中学基本为四年，不分段；设立高等学校预备教育，作为四年制中等教育同高等教育的衔接和过渡。其方式为高等学校办二年制的预科和由地方办二年制的分科预备学校。对半工（农）半读学校的中等阶段，明确定为中等技术教育和师范教育（农业中学，初、中级技术学校，师范学校）。业余学校则分初、中、高三级。后来，由于情况变化，学制改革方案未能形成正式文件。①

1964 年 8 月 29 日，毛泽东接见尼泊尔教育代表团谈话时指出："以教育制度来说，我们正在进行改革。现行的学制年制太长，课程太多，教学方法有很多是不好的，考试方法也有很多是不好的。"并说"最脱离实际的是文科"。"文科要把整个社会作为自己的工厂。师生应该接触农民和城市工人，接触工业和农业，不然，学生毕业后用处不大。"②

1965 年 6 月 1 日，教育部、高等教育部联合通知各地积极开展学生游泳活动。通知说：毛泽东最近指示，要使全国军民，尤其是广大男女青少年学会游泳。各级教育行政部门应认真贯彻毛泽东的指示，积极配合体委和共青团等有关部门，组织学生开展游泳活动。③

2. 案例之二

1965 年 7 月 3 日，毛泽东在看了《北京师范学院一个班学生生活过度紧张，健康状况下降》这份材料后，给中共中央宣传部部长陆定一写了一封信。信中说："学生负担太重，影响健康，学了也无用。建议从一切总量中，砍掉三分之一。请邀学校师生代表，讨论几次，决定实行。如何请酌。"④（这个指示以后简称"七三指示"）

1965 年 8 月 13 日至 21 日，教育部召开省、直辖市、自治区教育厅局长座谈会，研究贯彻毛泽东的"七三指示"。会议认为，学生负担过重的情况，中学和小学、城市和农村之间有许多差别。这个问题之所以长期没有得到解决，主要是对毛泽东的教育思想领会不深，1953 年至 1957 年照搬苏联凯洛夫的教育学，资产阶级的教育影响还未彻底清除，许多工作存在着形而上学，忽视了学生的主动发展。会议提出，贯彻毛泽东"七三指示"，必须从实际出发，不同

---

① 中央教育科学研究所：《中华人民共和国教育大事记（1949—1982）》，北京：教育科学出版社，1983 年版，第 365 页。

② 中央教育科学研究所：《中华人民共和国教育大事记（1949—1982）》，北京：教育科学出版社，1983 年版，第 366 页。

③ 中央教育科学研究所：《中华人民共和国教育大事记（1949—1982）》，北京：教育科学出版社，1983 年版，第 380 页。

④ 中央教育科学研究所：《中华人民共和国教育大事记（1949—1982）》，北京：教育科学出版社，1983 年版，第 382 页。

地区、不同学校要区别对待。关键是解决认识问题。为此，今年下半年要在教育工作者中掀起学习毛主席教育思想的新高潮。在具体措施方面，要重申中央有关学生劳动、社会活动时间的规定，定出活动总量。要精简中小学课程和教材。各级党委、宣传部门和教育行政部门要统一安排和控制其他部门对学校提出的活动项目和要求。①

此后连续召开的全国高等医学教育会议、直属高等院校政治工作扩大会议都将贯彻“七三指示”作为重要任务。

3．案例之三

1974 年 8 月 24 日，张春桥在一封知识青年欢迎函授教育的信上写了如下批语：“希望管教育的同志们考虑一个问题：我们中学的教育为什么要把这么多缺门留给函授解决，为什么不可以在学校就学到这些本事呢?”国务院科教组立即用简报向各地作了传达。《教育革命通讯》、《光明日报》也先后以“怎样改革中学教育”为题，开辟专栏进行讨论。在此以后，上海等许多地方的普通中学搞“补缺门”。有的学校采取毕业班办农机、电工、土记者等专业训练班的办法，对毕业生进行专业训练。有的将普通班改为“革命理论”、“科学种田”、“农用电机”等专业课程，按 1:1 的比例安排普通文化课和专业课。有的增设农技、农机、会计、医药卫生等专业课程。有的则压缩原有课程的内容，增加专业教学内容，如物理课增加三机（拖拉机、柴油机、电动机）、一泵（水泵）；化学课增加土壤改良、农药化肥使用；语文课则增加写大批判稿、小评论、工作总结，培养“三员一土”（创作员、故事员、广播员、土记者）；数学课增加会计、测量等内容。《光明日报》还开展了“中等教育应当如何进一步改革”的讨论。②

类似的例子还很多，不能一一罗列，其中影响力较大的还有：

1970 年 11 月 24 日，毛泽东对北京卫戍区《关于部队进行千里战备野营拉练的总结报告》所作的批示中提出：“大、中、小学（高年级）学生是否利用寒假也可以实行野营训练一个月。”12 月 10 日，中共中央发出通知：“大、中城市（包括省、地直属市）学校的野营训练，可在寒假期间分期分批进行，大学每批 1 个月，中学和小学五、六年级学生，每批 20 天到 30 天。”在此以后的三四年内，全国大、中城市的学校都按这一批示执行，师生每年分期分批进行

---

① 中央教育科学研究所：《中华人民共和国教育大事记（1949—1982）》，北京：教育科学出版社，1983 年版，第 384～385 页。

② 中央教育科学研究所：《中华人民共和国教育大事记（1949—1982）》，北京：教育科学出版社，1983 年版，第 467 页。

“野营训练”一两次。①

1974 年 11 月 6 日，国务院科教组按照江青关于检查大、中、小学教材的意见发出通知，要求各地检查修订学校现行教材。通知提出检查修订教材的要求是：（一）要充分反映无产阶级“文化大革命”的成果和开展批林批孔的要求；（二）可将《论语》、《神童诗》、《三字经》、《女儿经》等节选、批注编入课本；（三）先抓中小学历史、语文、政治和大学的文科教材的修订工作，然后再抓其他教材。为了具体传达贯彻江青的意见，迟群让国务院科教组于 11 月 22 日至 28 日在北京召开了部分省、直辖市教材改革座谈会，研究了检查、修订教材的原则和措施。②

1957 年 2 月 27 日，毛泽东和七个省市教育厅局长座谈中小学教育问题。毛泽东在谈话中提出③：

> 全国统一的教学计划和教材是否合适？江苏和湖南的情况就不一样。
>
> “戴帽子”（小学附设初中班）这种办法还是好办法，先进经验。农民子女就近上学方便，将来毕业后好回家生产。课程不要那么多、那么高，要砍掉一半，只要八门就行了。
>
> 要加强政治思想教育，每个省有一个宣传部长、一个教育厅长管思想教育工作，要抓思想领导。初中、高中加政治课，编政治课本。
>
> 教材要减轻，课程要减少，古典文学要减少。教材要有地方性，应当增加一些地方乡土教材。农业课本要由本省编。讲点乡土文学。讲自然科学也是一样。
>
> 省、地、县三级第一书记要管教育，不管教育的现象是不容许的。

关于社办、民办学校问题，毛主席指出：有条件的，应该允许办。并表示同意厂矿、企业、机关办学。

1963 年 5 月 8 日，毛泽东在对东北、河南两个报告的批示中指出：“用讲村史、家史、社史、厂史的方法教育青年群众这件事，是普遍可行的。”在此以

① 中央教育科学研究所：《中华人民共和国教育大事记（1949—1982）》，北京：教育科学出版社，1983 年版，第 436 页。

② 中央教育科学研究所：《中华人民共和国教育大事记（1949—1982）》，北京：教育科学出版社，1983 年版，第 468 页。

③ 中央教育科学研究所：《中华人民共和国教育大事记（1949—1982）》，北京：教育科学出版社，1983 年版，第 190 ~ 191 页。

后，各级学校广泛开展了访贫问苦，请“三老”（老贫农、老工人、老红军）作忆苦思甜报告，通过社会调查写村史、家史、社史、厂史等活动，向学生进行阶级和阶级斗争的教育。①

从中国的实际分析，封建专制基础与“左”倾教条的结合是教育决策个人威权化的社会基础，至今这个基础仍没有完全彻底消除。

第三节　民主决策的有限存在

民主决策未必是一种高效的决策方式，却可避免威权方式可能带来的严重后果，因此它具有长久而广泛的适用性。中国教育决策在多数情况下由具有一定权位的个人决定，其间也有一些民主决策的实践。

1956年，周恩来在中共上海市第一次代表大会上讲话，强调要根据国际国内形势变化扩大民主，“工人阶级的力量更加强大了，所以我们的民主就应该更扩大，而不应该缩小；我们不能重犯斯大林在苏联混淆两类不同性质的矛盾、搞肃反扩大化的错误”，“我们要时常警惕，要经常注意扩大民主，这一点带有本质的意义”，“要解决这个问题，就要在我们国家制度上想一个办法，使民主扩大”②。这些话在教育界传达以后，令前几年受过多次冲击的教师们感到振奋，然而教育上的民主决策相对有限。

一、小范围的民主

是否民主决策，是跟具体的人对民主决策的态度直接相关的，假如一个人

① 中央教育科学研究所：《中华人民共和国教育大事记（1949—1982）》，北京：教育科学出版社，1983年版，第332页。

② 中共中央文献研究室：《周恩来年谱（1949—1976）上卷》，北京：中央文献出版社，1997年版，第603页。

真诚地支持民主决策，他就会选择这种方式；假如他只是表面上支持，而内心里不支持，他就不会选择民主决策，而是选择个人独断或一味服从。

1. 案例之一①

1963年9月至“文化大革命”爆发，在教育部任职、并担任过临时代部长的刘季平，被人称“他在部时间不长，但他那善于思考，倾听群言、办事果断，为人直爽的风范，给我留下深刻印象”。1964年5月间，我看了朝鲜片“红色的花朵”以后，对教改中的有些问题心存疑窦，于是给刘部长修书一封。他并不因为我人微言轻，不予理睬，随即在三天内作复，令我感激不已。我在5月12日给刘部长的信中说：

敬爱的刘部长：

我有一点想法，想给您汇报一下。

教育厅局长会议狠狠地批判了资产阶级“母爱”教育的反动性，这是必要的。不过作为一个人民教师应当怎样去爱护学生，怎样把正常的“师爱”与反动的“母爱”区别开来，我至今犹有所不解。我这次到阳原县听到许多严管教师爱学生的事例，如教师给学生缝补衣服、洗尿裤、理发，甚至有的教师把自己孩子的棉裤脱给别的孩子穿，等等。所有这些，应不应该提倡，我深感困惑。昨晚看了朝鲜新片“红色的花朵”，我觉得这个片子除了充沛的阶级情之外，好像多少掺杂了一些我们称之为“母爱”的东西，然而我却又难以断定。听说，现在有些教师怕犯“母爱”错误，不敢热爱学生，也不知道怎样去爱学生。总之，对于“母爱”与正常的“师爱”，除了本质上的区别外，如何从表现形式上划清界限，感到还是一个问题。此次厅局长会议对“母爱”的批判比较彻底，但是对于从正面肯定教师应当如何爱学生，过去哪些做法是对的，哪些做法是不对的，从而进一步明确社会主义的新型师生关系，这方面似嫌不够。为此建议把这个问题可作进一步宣传、贯彻，继“大破”之后，来个“大立”，以防从一端走向另一端。

这个想法，可能很幼稚，不揣冒昧，请加指教。

敬礼！

余博

① 余博：《风范长存》，引自《浮生残梦》，北京：中国戏剧出版社，2005年版，第264~266页。

我写信的本意，是对当时批判资产阶级“母爱”持保留态度，担心会引起思想上的混乱，因为谁也无法真正区分什么是“母爱”，什么是“师爱”。不知刘部长是否看出了我的想法。他5月15日给我的复信中说：

余博同志：

来信收到。你说在批判资产阶级“母爱”的时候，要进一步明确新的师生关系。我觉得这个意见是积极的，确实值得我们注意。你所提出的几个疑问，看来也是很多人迫切需要进一步彻底搞通的几个问题。这些问题搞不通，我们就不能真正认清资产阶级“母爱”教育的实质，不能正确处理好社会主义学校中新的师生关系，也不能贯彻执行好党的教育方针。

因此，我觉得你这封信很有意义，可以启发大家展开讨论，逐步深入地搞通一些思想。假如您同意，我建议把这封信印发给部内各单位的同志看一看，并且抽空漫谈漫谈。我相信，这样办，不仅有利于解决这些问题，而且还可以使得我们不利的学术气氛变得更加活跃一些。不知你以为如何？

敬礼！

刘季平

接着，5月22日将两封信冠以《关于‘师爱’与‘母爱’问题》的标题，刊于教育部办公厅《内部通讯》，供大家讨论。同时，刘部长还亲自找我交谈，问我还有什么想法，随时提出，不必担心对错。我想，无论刘部长对我的意见是肯定还是否定，都是对我的鼓励，都是民主作风的体现，可敬可钦。这与某些官员害怕群众意见或者对群众的问题采取置之不理的官僚主义态度，形成鲜明对比。

2. 案例之二

《中共中央关于教育体制改革决定》的决策过程是民主决策的经典案例，是一次“开放、民主的决策”，不是个别或少数人出个题目，然后找几个秀才或笔杆子关起门来搞，而是大张旗鼓，明明白白告诉全党，要讨论决定什么问题，然后集全党全国之思想智慧，各种思想、各种意见反复比较，最后才作决定。比如讨论教育改革，从中央到地方，从机关到基层，从干部到群众，从理论工作者到实际工作者，尽可能做到广泛、充分的参与和表达，在正式决定之前，认真搜集、广泛听取各方面、各部门、各地区、各党派、各阶层、各界别的意见和声音。据粗略统计，先后参加讨论这一文件的，在一万人以上。说文件集中了全党全国人民的智慧，不是套话，也不是谀词。那时候，中央书记处实际上只是党中央的一个办事机构，大量的工夫和精力是用在调查研究上的。老实说，当时中央的几位主要领导人，其个人素质、能力、智慧、胆略都是出类拔萃的；但是他们总是作为领导集体中的普通一员，真诚地、实心实意地研究听取各种意见，特别是与己不同甚至完全相左的意见。书记处讨论问题时，鼓励大家畅所欲言，当面争执。当然，这种局面更多的是靠主要领导人的个人魅力、素质、修养、风范来维持的，尚未能形成完整的制度规范。这是值得认真研究总结的。

1984 年 10 月，中共中央把教育体制改革问题突出地提上全党的议事日程，成立了教育体制改革文件起草领导小组。该小组于 12 月向中央提交了《关于教育体制改革的若干设想和意见》的调查报告。邓小平阅后提出修改意见，此后经过半年时间，上万人次参加了报告的讨论，中央书记处和文件起草领导小组先后四次开会讨论文件，十易其稿，形成《中共中央关于教育体制改革的决定（草案）》。1985 年 5 月 13 日，中央书记处对草案进行了讨论。1985 年 5 月 15 日至 20 日，中共中央、国务院在北京召开改革开放后的第一次全国教育工作会议，参会的 608 人对决定进行了最后一次讨论，形成了第十一稿。5 月 27 日，中共中央政治局讨论通过了《中共中央关于教育体制改革的决定》，并于 5 月 29 日在《人民日报》公开发表。

然而，这个改革决定依然有诸多的不明确，“具体要求是怎样呢？怎样才能算达到目标呢？比如说九年义务教育，是要求念九年书呢？还是要求完成初中呢？还是要求念到 15 岁呢？改革的‘决定’中没有说明。入学，是否要求适龄儿童 100% 入学呢？如果达不到 100% 又如何呢？是谁的义务：家长、学生，还是政府？是否立法强迫？谁来检查？文件都没有说”①。

“许多的时候，中央的文件都是比较笼统的，事后才慢慢具体化”②。尽管这样的民主决策的结果并非完美，但民主决策是多种选择中相对较好、风险较小的一种。

2008 年启动的《国家中长期教育改革和发展规划纲要》的起草过程又是一次教育决策科学化和民主化的广泛的实践。

二、决策话语的变化与转换

从 1949 年到 2008 年，教育决策的方式和理念随着不同时期的政治和社会

① 程介明：《中国大陆教育实况》，台北：台湾商务印书馆，1993 年版，第 33 页。

② 程介明：《中国大陆教育实况》，台北：台湾商务印书馆，1993 年版，第 34 页。

背景的变化而有一定的变化，这种变化的表征之一便是决策和执行过程中所使用话语的变化。在此，依据中华人民共和国重要教育文献编审委员会编选、海南出版社先后于1998年和2003年出版的《中华人民共和国重要教育文献》，对1949年至2002年各个时期政府发出的教育文件的关键词加以检索，得出的结果如表7－1所示。

表7－1　1949年至2002年教育文献标题关键词统计结果

年份	指示	决定	决议	报告	纲要	通知	批示	规定	纪要	文献总数
1949	2	2	1	1	1					9
1950	9	7		5		1				53
1951	6	4		7		3				45
1952	19	4		1		3		1		43
1953	14	3	1	6		18				69
1954	14	3	1	2		25		2		88
1955	21	2	1	3		34		3		95
1956	11			6	1	40		5		99
1957	4			1	1	35		4		60
1958	2	1	2	4		17		8		59
1959				4		13		2		44
1960				10		16				48
1961	1			5		15				31
1962	1			6	1	30				53
1963	1			5		32	2	7		62
1964				14		14	1	3		63
1965	1			9		8	2			30
1966	1			3		11				23
1967						4	1	1		13
1968						2	1			12
1969				2						7

续表

年份	指示	决定	决议	报告	纲要	通知	批示	规定	纪要	文献总数
1970				1		2	1			9
1971									1	4
1972				1		4				10
1973				5		2				13
1974				4		3			1	16
1975				4		1				16
1976				1		1				4
1977				1		3				13
1978	5			7		13		1		40
1979	1			6		22		7	5	65
1980		2		1		23		4	6	72
1981		2	2	5		27		2	2	66
1982		1		1		28		2	4	56
1983		1		1		23		7	6	69
1984		1		3		42		4	4	84
1985		4				44		6	7	86
1986		1	1	1		70		11	6	139
1987		1				47		9	4	107
1988		1		1		28		12	10	90
1989				1	1	28		4	1	70
1990		2				52		6	11	108
1991		3		1	1	54		7	7	118
1992		4		4	1	42		10	5	126

续表

年份	指示	决定	决议	报告	纲要	通知	批示	规定	纪要	文献总数
1993		4		4	2	47	1	2	5	100
1994		2			1	39		3	10	90
1995		1		1		67		5	6	133
1996		3	1	1		48		1	7	114
1997	1			1	1	31		4	5	105
1998		4		1		55		1	8	132
1999		8		2		59		11	5	168
2000		3		5	2	71		4	10	177
2001		10		1	4	48		4	8	176
2002		5		2	2	65		2	3	192

对上述统计结果需要加以说明的是，由于《中华人民共和国重要教育文献》收录的并非全部的教育文献，所以统计的结果有些误差，其中最为明显的是1976年前的“指示”数量比上述统计的要多。上述各列之和并不等于文献总数，因为还有些没有上述各列关键词的文献未统计在内。

上表明显显示的趋势是，1976年前的“指示”多，1976年以后的“通知”多，1979年后较多地出现了“纪要”。从总体来看，发文过多，行政部门对学校要求过多。对此不必做更多更细致的分析，便可看出中国教育决策方式虽然在民主化方面依然严重不足，但从个人威权向民主化转变已经是总的变化大势所趋。

第四节　权势下缺乏理性的教育学术

学术是探求真理的活动，不能探求真理的学术也难以坚持真理。在中国数千年的学术发展过程中，“尊道抑势”逐渐成为学术规则，以真理来规范权势才能实现社会的公平正义。自1950年后，中国教育学术坚持遵循教育教学的内在规律的艰巨性较强，使得教育决策在很大程度上因缺乏“道”的规范而步入非理性方向。

一、缺乏批判的批判

“批判”这一词在1978年前便在教育界使用的频率很高，然而多数的批判仅仅是将别人说过的话重复千百遍，其本身并不是独立思考的结果，而是在权势授意或暗示下的鼓噪；不包含批判的内涵，更无批判的精神。

1950年10月，《人民教育》第1卷第6期开始连载曹孚的文章《杜威批判引论》（第2卷第1期续完）。文章指出：要批判旧教育思想，首先应该批判杜威。要充分批判杜威，必须批判他的教育思想基础——哲学体系。文章对杜威的生长论、进步论、无定论、智慧论、知识论、经验论等一系列的哲学、教学思想进行了分析批判。①

在对陶行知教育思想进行批判的同时，1951年4月，《人民教育》第2卷第6期发表了张凌光的文章《评“活教育”的基本原则》。文章指出：“活教育”和杜威教育学说的基本观点大致相同，“活教育”必须从思想体系上加以改造。此后，《人民教育》陆续刊登对“活教育”的理论与实践的批判文章和

① 中央教育科学研究所：《中华人民共和国教育大事记（1949—1982）》，北京：教育科学出版社，1983年版，第28页。

倡导“活教育”的教育家陈鹤琴等的自我批评文章。[①]

1957年上半年，教育界讨论教育中的继承性问题。一种观点认为，教育除了是上层建筑之外，又同时是永恒范畴，新旧教育之间存在着继承关系。另一种观点认为，按照历史唯物主义观点，教育属于历史范畴，教育是为各种社会的政治、经济发展服务的。因此，对教育遗产只能是批判的吸收。并提出：把教育看成是超政治，超阶级的“永恒”范畴，是资产阶级的教育观点，是错误的。[②] 这样一讨论就先定调的讨论决定着它本身就不是科学的研究方式。

1958年8月14日，北京师范大学举行座谈会，批判心理学教学中的“资产阶级方向”，一些发言者认为其“资产阶级方向”的主要表现为：一是以心理分析代替阶级分析；二是排除阶级社会对人心理的影响，极力从生物学的观点说明人的心理现象；三是宣扬了许多资产阶级观点和庸俗趣味。8月15日，《光明日报》报道了座谈会的情况，并发表题为《拔掉资产阶级教育科学中的一面白旗》的社论，此后各地师范院校和综合性大学都开展了对心理学的批判，将心理学当做“伪科学”，曹日昌等一批心理学家被当做“白旗”拔掉。[③]

1958年8月30日，《人民日报》发表社论指出：高等学校的领导者要大胆地发动群众，帮助资产阶级学者们进行学术思想批判。[④] 在此前后，全国高等学校开展了学术批判的群众运动，在文史哲、心理、教育等领域内开展了所谓的“学术批判”，一些老教师、老教授和专家遭到批判。

1960年，在“大跃进”潮流的推动和政治授意下，全国开展了对“量力性原则”的批判，上海师范学院举行“量力性原则”讨论会。会上有三种看法：一种认为夸美纽斯提出这个原则，对历史起了促进作用；第二种认为它没有什么可继承性，应予批判；第三种认为从整个原则来说是资产阶级的，但有可吸收的因素（如“因材施教”等）。5月12日的《光明日报》与6月18日的《中国青年报》发表文章批判“量力性原则”。此后《陕西日报》、《安徽教育》、《江苏教育》、《福建教育》、《浙江教育》、《新疆教育》、《山西教育》等

---

① 中央教育科学研究所：《中华人民共和国教育大事记（1949—1982）》，北京：教育科学出版社，1983年版，第40页。

② 中央教育科学研究所：《中华人民共和国教育大事记（1949—1982）》，北京：教育科学出版社，1983年版，第200页。

③ 中央教育科学研究所：《中华人民共和国教育大事记（1949—1982）》，北京：教育科学出版社，1983年版，第229页。

④ 《学术批判是自我革命》，引自《人民日报》，1958年8月30日。

刊物也相继刊登批判“量力性原则”的文章。[①] 这样的批判使六十年后越来越多的人明白了其中的是非曲直，也看清了不同人在真理与权势间的趋避选择。

自 1964 年 6 月 27 日，毛泽东对文艺界整风报告作了批示以后，文艺界、学术界对一些文艺作品、学术观点及一些代表人物进行了过火的批判。1965 年 6 月 18 日，《光明日报》报道：复旦大学文科各系从上学期以来，配合着学术界的学术讨论和批判，开设了“学术报告与讨论”课，先后讨论与批判了杨献珍的“合二而一”和“综合经济基础论”、冯定的《共产主义人生观》以及关于李秀成的评价、邵荃麟的关于“中间人物”的理论、周谷城的美学观和历史观等，还组织了对电影《北国江南》、《早春二月》、《林家铺子》的批判。[②]

1964 年，《人民教育》6 月号发表《社会主义教育学中的一个重要问题》和《资产阶级教育观点必须批判》等文章，对苏联凯洛夫主编的《教育学》进行了不点名的批判。此后，教育界对这本书开展了批判。8 月，江西省教育学会在庐山举行教育学讨论会，逐章批判了凯洛夫的《教育学》。[③] 将凯洛夫的《教育学》说成是资产阶级的，显然不是学术性的批判和研究，而只是政治图解。

1969 年 9 月，辽宁省组织学校师生和工人、农民一起批判凯洛夫的《教育学》，以推动文教战线的斗、批、改。这场批判的重点是“全民教育”、“专家治校”、“智育第一”。12 日，《辽宁日报》为此发表社论《凯洛夫〈教育学〉必须彻底批判》，说辽宁省是过去推行凯洛夫的《教育学》的重点地区之一，彻底批判凯洛夫的《教育学》，是当前教育战线的一项极为迫切的任务。[④]

1970 年 1 月 13 日，《解放日报》发表了华东师范大学革命大批判写作组的文章《彻底肃清周扬在文科教材编写中的流毒》。文章把周扬 1961 年根据中共中央指示有成效地组织编选全国高等学校文科教材的工作诬为“妄图通过抓文科教材的编写，直接向学生灌输封、资、修黑货，把青年‘和平演变’为资产阶级接班人，为刘少奇篡党、篡军、篡政大造反革命舆论”；把当时由华东师范大学刘佛年等编的《教育学》诬为“教育界反毛泽东思想的一部代表作，是向

---

① 中央教育科学研究所：《中华人民共和国教育大事记（1949—1982）》，北京：教育科学出版社，1983 年版，第 272 页。

② 中央教育科学研究所：《中华人民共和国教育大事记（1949—1982）》，北京：教育科学出版社，1983 年版，第 381 页。

③ 中央教育科学研究所：《中华人民共和国教育大事记（1949—1982）》，北京：教育科学出版社，1983 年版，第 364 页。

④ 中央教育科学研究所：《中华人民共和国教育大事记（1949—1982）》，北京：教育科学出版社，1983 年版，第 428 页。

1958 年教育革命反攻倒算的宣言书，是封资修教育黑货的大杂烩，是苏修凯洛夫《教育学》的翻版”。[①]

1970 年，《红旗》第 2 期发表的上海市革命大批判写作小组写的《谁改造谁？——评凯洛夫的〈教育学〉》，没有任何逻辑地说它的“核心是一个资产阶级的‘私’字”，“就是引诱学生按照资产阶级和地主阶级代表人物‘规格’而拼命奋斗”[②]。

二、教育科研机构的曲折发展及其活动

早在 1952 年，就有人在教育部党组会上提出建立全国性的“教育科学研究所”[③]，由于行政强势的作用，未有结果；1956 年，在对机械学习苏联开始反思之后，在当时准备制定各类学校规程的具体任务要求下，中共教育部党组会议决定成立中央教育科学研究所筹备处，由戴白韬负责筹备工作。1957 年 1 月 26 日，经国务院和中央书记处批准建立。1960 年 10 月，中央教育科学研究所正式成立。[④] 中央教育科学研究所前身可追溯到 1941 年中国共产党在延安建立的中央研究院中国教育研究室。

1956 年，经中共中央和国务院批准成立的中央教育科学研究所筹备处，着手编制《1956—1967 年教育科学发展远景规划纲要（草案）》。中央教育科学研究所正式建立后，全国各高等师范院校也加强了教育科学研究工作，相继设立了教育科学的研究机构，配备了专职研究人员。

1960 年 6 月 26 日至 7 月 12 日，教育部在北京召开新教材研究会议，对四科教材编写中的一些问题进行了讨论。会议认为思想政治教育和语文教育是不可分割的统一体。“为语文而语文”，把语文课技术化，忽视政治的现象，必须坚决反对和制止。但是对政治的理解也不容狭隘化，不容把语文课变成政治理

---

① 华东师范大学革命大批判写作组：《彻底肃清周扬在文科教材编写中的流毒》，引自《解放日报》，1970 年 1 月 13 日。

② 中央教育科学研究所：《中华人民共和国教育大事记（1949—1982）》，北京：教育科学出版社，1983 年版，第 432 页。

③ 张健：《中央教科所的建立与未来发展》，引自《中央教育科学研究所建所 50 周年纪念文集》，北京：中央教科所编印，2007 年版，第 52 页。

④ 中央教育科学研究所：《中华人民共和国教育大事记（1949—1982）》，北京：教育科学出版社，1983 年版，第 169 页。

论课和时事政策课，而忽视培养读写能力的任务[①]。

1963 年 10 月 31 日，中共中央宣传部基本同意教育部党组制定的《关于中央教育科学研究所的基本情况和今后方针任务的请示报告》。报告指出：教育科学研究所的方针是，切实贯彻理论和实践统一的原则，以马克思列宁主义、毛泽东思想为指导，经过科学实验和调查研究，总结实际教育工作的经验，为我国社会主义教育建设事业服务。主要任务是：研究马列主义的教育理论，特别要研究毛泽东的教育思想；进行深入系统的调查研究，总结经验，指导当前的教育工作和教学改革工作；研究中国和外国的教育发展史；了解、研究和批判各国资产阶级和修正主义的教育思想和教育理论；研究教学法和教育心理学[②]。

“文化大革命”期间，教育学被污蔑为“修正主义教育科学的思想基础”，心理学被戴上“伪科学”的帽子，教育史被打成“封、资、修的黑货”。1970 年 6 月，中央教育科学研究所被撤销，人员大都被下放到安徽凤阳的“五七干校”劳动，大部分师范院校的教育理论和教育科学研究室也被停办，专业人员被迫改行，教育科学研究工作遭到毁灭性的破坏。

1972 年 11 月 15 日至 16 日，国务院科教组邀请北京师范大学、上海师范大学、吉林师范大学、河北大学的有关人员就开展外国教育研究问题进行座谈。会议确定，各校外国教育研究室根据现有基础和力量，分工开展外国教育的研究工作：北京师范大学着重研究苏联、东欧和美国的教育；上海师范大学着重研究北美、西欧的教育；吉林师范大学着重研究日本、朝鲜的教育；河北大学着重研究日本的教育。亚非拉地区发展中国家的教育研究，由各校适当兼顾[③]。

1978 年 7 月 14 日，经邓小平、李先念等指示，国务院批准恢复重建中央教育科学研究所。研究所为教育部直属事业单位，业务上受中国社会科学院指导，其职责是开展以教育理论、教育心理学、教学方法、教育史、教育情报、各国教育制度、现代教学技术、各级各类学校管理等方面为重点的教育科学研究。

中央教育科学研究所恢复后，教育部全国教育科学规划领导小组办公室设在其中，先后创办了《教育研究》、《教育文摘周报》、《中国特殊教育》、《教育史研究》等刊物，成立了教育科学出版社，逐渐成为一个以研究为主的、多

---

① 中央教育科学研究所：《中华人民共和国教育大事记（1949—1982）》，北京：教育科学出版社，1983 年版，第 278 页。

② 中央教育科学研究所：《中华人民共和国教育大事记（1949—1982）》，北京：教育科学出版社，1983 年版，第 347 页。

③ 中央教育科学研究所：《中华人民共和国教育大事记（1949—1982）》，北京：教育科学出版社，1983 年版，第 447 页。

功能的国家级教育科研机构。

在中央教育科学研究所重建的同时，以北京师范大学、华东师范大学为代表的师范院校的教育专业和教育科学研究室陆续恢复，教育研究人才培养和教育学科建设工作得到全面恢复。各地陆续恢复了1956年成立的教研室，中小学恢复了教科室，教育科研为基层教育服务的路径再次开通。

1978年，教育部筹备成立全国教育科学规划领导小组。1979年3月23日，全国第一次教育科学规划工作会议召开，来自全国教育界的269名代表与会。会议的主要任务是学习贯彻中共十一届三中全会精神，繁荣教育科学、审议《教育科学发展规划纲要（草案）（1978—1985）》、评审全国教育科学规划研究项目、筹备成立中国教育学会。

1983年5月24日至30日，教育部在北京召开了全国第二次教育科学规划会议。会议内容为贯彻中共十二大精神，落实国家第六个五年计划，对教育研究工作提出了新要求。

1983年9月，由教育部正式批准，全国教育教学规划领导小组成员由教育部、中央教育科学研究所的有关负责人和全国教育科学领域的知名学者14人组成，何东昌任组长，彭珮云、张健任副组长。此后教育部历任主要领导都亲自担任全国教育科学规划领导小组的组长、副组长，并领导制定了历次全国教育科学规划。全国教育科学规划领导小组下设办公室，作为全国教育科学规划领导小组的常设办事机构，由中央教育科学研究所所长兼主任，负责全国教育科学规划和课题的管理工作以及课题成果的交流、推广和评奖工作等。

北京市最早于1983年成立了以市教育局局长为组长的教育科学规划小组，启动了《北京市“六五”期间教育科学研究市级项目》。各地也陆续建立健全机构。全国31个省、自治区、直辖市陆续成立了教育科学规划机构，逐步形成了从中央到地方依托当地教育行政部门的教育科学规划管理网。

从1986年开始，在全国教育科学规划领导小组下又设立由各领域专家组成的14个学科规划组，领导小组和学科规划组分别承担起制定和组织实施全国教育科学规划、评选和确定重点科研课题、指导和检查课题研究等职责。

随着教育科研地位的提升，“教育事业发展，教育科研需先行”已成为越来越多教育行政领导和教育工作者的广泛共识，教育科研机构的建设也获得了良好发展。

1983年，经教育部批准，课程教材研究所成立，与人民教育出版社合署办公。分立后的高等教育出版社陆续设立了高等教育教学研究中心、新世纪教育研究所等教育科研机构。

1986年，经国务院批准建立了国家教育发展研究中心，作为国家宏观教育决策咨询研究机构。

1990年，教育部批准成立了教育部职业教育中心研究所，主要任务是研究职业技术教育的改革和发展，为教育管理和决策提供服务，向全国各级各类职教机构提供信息及咨询，向企业提供教育及咨询，与各部委、各行业及国内外的教育机构进行合作，开展与国际职教研究机构的交流与合作。

北京市最早于1981年5月成立了教育科学研究所。各省陆续成立教育科学研究机构，有的延伸到学校，形成了教育科研服务网络。全国分布在地方上和学校中的总计约有10多万人的专兼职从事教育研究，在稳定正常教学秩序、执行国家课程计划（教学计划）和课程标准（教学大纲）、加强教学业务管理、组织教改实验、开展教学研究、总结推广教学经验、普及教育科学和提高教师的业务能力等方面发挥了独特的作用。

三、教育科学如何研究

长期以来，将教育科学研究当做行政工作，以为布置下去就能做好；当成政治运动，以为发动群众就能做好；当成工农业生产，以为依据计划就能做好，从而忽视了教育研究自身的内在规律。

1958年3月30日，国务院科学规划委员会教育组召开教育科学研究者座谈会，号召从实践中建立教育科学。教育部部长杨秀峰、副部长董纯才在会上指出：教育科学应该有计划地进行安排，从理论上研究新形势中出现的新问题。国务院科学规划委员会教育组组长柳湜在会上说："各级教育事业必须建立在科学研究的基础上，必须建立从教育实践中来，又回到教育实践、指导实践的教育科学。要在两三年内建立我们的教育科学。"① 显然，这是以一种非科学的方式发展教育科学。

有人曾经对1949年到1976年中国的教育科学研究总结如下②：

> 建国初期，教育理论研究的基本任务，一方面是清除旧教育思想的影响，当时不仅批判了杜威的实用主义教育思想，也批判了陶行知、梁漱溟、

---

① 中央教育科学研究所：《中华人民共和国教育大事记（1949—1982）》，北京：教育科学出版社，1983年版，第200页。

② 中华人民共和国教育部：《共和国教育50年》，北京：北京师范大学出版社，1999年版，第642～643页。

晏阳初、陈鹤琴等人的教育思想；一方面是学习苏联的社会主义教育理论和教育经验，期间翻译出版了大量苏联的教育理论和经验的著作、文章，苏联师范院校的教育学、心理学、教育史教材直接被引作我高等学校的教材或主要教育参考书，一些苏联的教育专家还应邀来我国高等师范院校讲授教育学。这期间，中国教育学者根据苏联教育学的结构和内容，结合中国教育实际情况，也编写了一些教育学著作。这些批判特别是学习苏联教育理论，有其历史的必然性和一定的合理性，对我们学习和熟悉马克思主义教育理论起到了积极作用，对以新的方法论研究教育奠定了科学的基础，对促进中国教育的正规化发展和建立教育学的正常秩序有显著的价值。但由于批判并不是完全意义上的学术批判，且明显存在片面性和简单化的倾向，而学习苏联教育理论又有脱离中国实际的不足，并对西方教育理论采取一概排斥的封闭态度，这就给中国教育理论的发展带来了沉闷、单调的消极影响。

50 年代中后期开始，教育理论领域逐渐活跃起来，一是因为中国已经有了若干年自己的社会主义教育实践经验，一批有影响的教育改革与实验项目陆续展开；二是因为中苏关系变化，中国力图摆脱苏联教育理论的影响，建立中国社会主义教育理论的任务已明确提出；三是因为党倡导繁荣文化艺术、发展科学的“双百”方针。各种教育专题讨论经常见于报端、讨论内容涉及关于人的全面发展问题、红与专关系问题、批判与继承问题，等等。其中许多问题有较强的实践性。参与讨论的人，也超出了教育理论工作者甚至超出了教育工作者的圈子。这些讨论和这期间陆续出版的努力体现中国国情的教育学著作，对探索建立中国社会主义教育理论体系，推动教育改革，提高教育工作者的理论素养等都起到了一定的作用。

1966—1976 年的“文化大革命”，给整个中国教育带来了严重的灾难，教育科学也同样遭到灾难性的破坏。这其间虽然也有过几次所谓的“专题讨论”，但由于当时已完全丧失了开展正常学术争鸣的必要的客观条件，教育科学、教育理论不仅没有可能继续有所进展，却相反出现了历史的倒退。

1958 年 8 月，高等院校学生和青年教师集体著书，编写讲义、教材的活动进入高潮。北京大学中文系三年级 59 名学生编写出《中国文字史》；北京师范学院历史系三年级 63 名学生和五名青年教师编写出《中华人民共和国史稿》；清华大学机械、电机、土木、水利、建筑、动力等六个系的学生和青年教师，编写出教材、教学与科研参考资料等共 95 种；内蒙古大学师生编写出《内蒙古现代革命史》等。10 月 4 日，《人民日报》发表社论《根据党的教育方针来改革教材》，推荐河南省农业、林业教育工作者编写教材的经验，他们五个月就编写出高等、中等、初等三级农林业学校的教学计划、教学大纲和教材。社论并提出编教材也要两条腿走路，中央编、地方编、专家编、教师和群众编。在此以后，各级各类学校教育行政部门都开展了编写各科教材和教学参考书的工作。①

1958 年 9 月，各地开始进行缩短中小学学制的改革试验。试验的新学制主要有：小学五年一贯制、中学五年一贯制；中小学七年、九年、十年一贯制；中学四二制、三二制、四年制等。有的地区还进行文理分科、半工半读以及在幼儿园进行汉语拼音、识字和计算教学等试验。同时，各地采取增、删、补的办法，对通用教材进行修改。北京、山西等地自编了部分教材。各地还普遍地进行了改革教学方法的试验。②

1960 年 7 月 6 日，教育部、全国妇联联合发出通知：在幼儿园大班中教学汉语拼音、汉字和算术。通知指出：过去规定的幼儿园的教学要求，落后于儿童智力发展的实际水平。经实验表明，在幼儿园大班中，不但可以学会汉语拼音，并且可以利用拼音字母学会汉字，同时也可以学会一百以内的计算。为此，要求在大班进行上述内容的教学活动，并对教育方法和培训教师等提出了建议。③

1968 年，各地开始自编中小学教材；1969 年，上海、北京等地自编的中小学暂用教材开始发行试用，后来未自编教材的地区采用上海、北京的暂用课本。这种情况一直到 1978 年人民教育出版社恢复统编教材为止。④

1969 年 11 月 18 日，《光明日报》发表了题为《小将上讲台》的调查报告，介绍北京市草场地中学军宣队组织学生讲课的经验。草场地中学把学生分成 10 人一小班，每小班分别包两门课程，在教师的帮助下，学生轮流上台讲课，有的班级上讲台的学生占 80% 左右。《光明日报》为此发表评论员文章说：这是教育革命的一条好经验。这样做“打破了旧教育制度加在学生身上的桎梏”，

---

① 中央教育科学研究所：《中华人民共和国教育大事记（1949—1982）》，北京：教育科学出版社，1983 年版，第 230 页。

② 中央教育科学研究所：《中华人民共和国教育大事记（1949—1982）》，北京：教育科学出版社，1983 年版，第 233 页。

③ 中央教育科学研究所：《中华人民共和国教育大事记（1949—1982）》，北京：教育科学出版社，1983 年版，第 278 ~ 279 页。

④ 中央教育科学研究所：《中华人民共和国教育大事记（1949—1982）》，北京：教育科学出版社，1983 年版，第 429 页。

“是无产阶级专政条件下教育领域的一场革命”[①]。

在这样的社会背景下，教育研究的对象、内容、方式长期存在一系列问题，正如一位研究者所总结，凡在这样的研究环境中生活过的人都了解，“在其他地方，要研究的是如何在教育的供求之间取得平衡……在中国，则要在政治目标、群众欲望以及供应条件三者之间取得平衡，比其他地方要复杂得多”[②]。这些情况或导致理性在研究中失效，或导致持久地忽视理性。

四、教育社团的失声与再生

1950年后，为了一致教育学术发出的声音，以前存在的相关教育社团相继被撤销，第一个被撤销的是中华平民教育促进会。1950年12月1日，中国人民解放军重庆市军事管制委员会宣布解散晏阳初主持的“中华平民教育促进会”，并接收其所属乡村建设学院等机构[③]。中华平民教育促进会由熊希龄的夫人朱其慧、陶行知、晏阳初1923年创设总会于北京，在20个省区设分会。1929年，晏阳初以该会的名义在河北定县设立实验区，实验“乡村建设计划”，并在邹平、无锡成立实验中心。抗日战争时期，又在重庆设乡村建设学院。1948年，晏出任与美国关系较密切的“中国农村复兴委员会”委员，直接招致中国平民教育促进会被解散。

接着被撤销的是生活教育社。1931年夏天，陶行知邀请在上海的晓庄师友在孟渊旅馆讨论如何发动农民继续乡村教育未完成的任务，遂秘密组织生活教育社。1938年12月15日，生活教育社在桂林公开成立，陶行知为理事长。1950年11月12日，政务院文化教育委员会秘书长胡乔木向周恩来总理报告：陶先生如在世，他一定会同意中央目前之教育方针。生活教育社同仁只要努力执行目前的中央教育方针，也即是继承陶先生的遗志……因此，生活教育社在北京设立实际的办事处，可无必要。至于需否设一名义于某一适当机关，则由生活教育社同仁自行决定。周恩来于16日批示：“同意，提交文委办理。”生活教育社理事会于16日复印文稿下发，只能遵令而行。[④] 1951年5月20日《人

---

① 《小将上讲台》，引自《光明日报》，1969年11月18日。

② 程介明：《中国大陆教育实况》，台北：台湾商务印书馆，1993年版，第138页。

③ 中央教育科学研究所：《中华人民共和国教育大事记（1949—1982）》，北京：教育科学出版社，1983年版，第29页。

④ 胡晓风、金成林：《陶行知研究反思札记》，引自《生活教育》，2009年第1期，第21页。

民日报》发表毛泽东所写社论《应当重视电影〈武训传〉的讨论》后，生活教育社自然停止活动。

1981 年，江苏、安徽省陶行知研究会成立；1985 年，中国陶行知研究会成立。在此前后先后有 20 余省陶行知研究会成立，在全国各地组织陶行知教育思想和教育改革实验研究。

最后被撤销的是中华职业教育社。中华职业教育社，发起人黄炎培，1917 年 5 月 6 日在上海创立，以一批实业界和教育界知名人士为主干，曾在上海、重庆、南京、昆明等地开办中华职业学校、中华工商专科学校、中华职业补习学校、比乐中学和职业指导所等，并先后出版《教育与职业》等书刊 120 多种。1949 年该社为中国人民政治协商会议参加单位之一，其后中华职业教育社总社迁往北京。1950 年 4 月 5 日至 11 日，新中国成立后的第一次全国工作讨论会举行，对中华职业教育社过去的工作作了报告和检讨，确定了今后的努力方向。会议指出，中华职业教育社已由三十三年来的改良主义路线，自觉地积极地认清了人民革命的路线，决心在教育战线上努力完成自己的任务。要站在劳动人民立场上，联系民族资产阶级和小资产阶级，全心全意为工农阶级服务。要有步骤地将多年培育起来的私人事业贡献给人民自己的政府；要把多年来办理技术教育和业余教育的经验研究改进，协助政府完成培育技术人才和提高劳动者文化、业务水平的任务。当前则是以技术教育、业余教育为重点，而更着重业余教育。1951 年该社与中国教育工会全国委员会合办了业余函授师范学校。

1957 年 5 月 5 日和 26 日，中华职业教育社先后在上海与北京举行建社国四十周年纪念会，周恩来到会讲话的内容主要是“知识分子的改造是个长期的工作”，中华职业教育社理事长黄炎培介绍了建社四十年的历史。①

1962 年该社创办中华函授学校，并举办语文学习讲座。② 1966 年 4 月 14 日，中共中央统战部转发经中央批准的《关于结束中华职业教育社的请示》，提出：经过充分协商，作出结束职教社的决定。“文化大革命”开始，中华职业教育社的业务陷于停顿。1972 年，该社的人员、资产并入中国政治协商会议全国委员会机关。1977 年起，该社业务活动逐步恢复。③

① 中央教育科学研究所：《中华人民共和国教育大事记（1949—1982）》，北京：教育科学出版社，1983 年版，第 197 页。

② 中央教育科学研究所：《中华人民共和国教育大事记（1949—1982）》，北京：教育科学出版社，1983 年版，第 16 页。

③ 中央教育科学研究所：《中华人民共和国教育大事记（1949—1982）》，北京：教育科学出版社，1983 年版，第 398 页。

1981 年 5 月 6 日，中华职业教育社举行纪念建社六十四周年座谈会。

1982 年 11 月 24 日，中共中央总书记胡耀邦就正式恢复中华职业教育社的问题复信给该社代理事长胡厥文。信中说："此种好事有统战部赞助就行，毋需等待中央批准。现在百废待兴，应多多提倡人人奋勇争先的风气，不宜层层设卡，贻误良机。尚望厥老勉励该社同仁发扬主动精神和创造性，放胆把工作推向前进。""该社故友新秀为国家加速造就人才，已做出了贡献，可喜可贺。"①

1979 年 4 月 12 日，全国最大的群众性教育学术团体中国教育学会成立。1978 年初起，各省、直辖市、自治区陆续成立或恢复教育学会。1979 年，一些全国性教育科学专业（学科）研究会或学会相继成立。全国教育学研究会理事长：戴白韬；马克思主义教育思想研究会会长：刘佛年；中国少年先锋队工作学会会长：胡德华；全国外国教育研究会理事长：刘佛年；全国幼儿教育研究会理事长：左淑东；全国中学语文研究会理事长：吕叔湘；全国教育史研究会理事长：刘佛年。1979 年，各地还建立了一些专业研究会或研究组。全国教育学、教育史、幼儿教育等研究会举行了第一届学术年会。各地的教育学会和专业研究会（组）开展了各种学术活动。②

1981 年，一批教育科学学术团体成立。其中有：历史教学研究会（理事长：白寿彝）、地理教学研究会（理事长：张子桢）、物理教学研究会（理事长：许国梁）、中国成人教育协会（会长：臧伯平）、中国青少年科技辅导员协会（理事长：吴仲华）、外语教学研究会（理事长：季羡林）。全国和地方的教育学会及教育科学专业（学科）研究会举行了学术活动。其中有：教育学研究会年会、比较教育研究会年会、中学物理实验教学经验交流会等。③

1982 年 11 月 23 日，《光明日报》报道，据统计到本年上半年为止，全国已有 17 个省、直辖市、自治区成立了高等教育研究组织，有 195 所高等学校建立了高等教育科学研究机构，有 73 所高等学校出版高等教育研究刊物 88 种。④

此后成立的教育类群众性研究团体还有：1983 年 5 月 27 日，中国高等教育学会成立；1990 年 12 月，中国职业技术教育学会成立；1991 年，中国电化教

---

① 中央教育科学研究所：《中华人民共和国教育大事记（1949—1982）》，北京：教育科学出版社，1983 年版，第 673 页。

② 中央教育科学研究所：《中华人民共和国教育大事记（1949—1982）》，北京：教育科学出版社，1983 年版，第 547 页。

③ 中央教育科学研究所：《中华人民共和国教育大事记（1949—1982）》，北京：教育科学出版社，1983 年版，第 638 页。

④ 中央教育科学研究所：《中华人民共和国教育大事记（1949—1982）》，北京：教育科学出版社，1983 年版，第 672 页。

育协会成立（2000年更名为中国教育技术协会），同年12月，中国地方教育史志研究会成立；2005年10月11日，中国教育发展战略研究会成立；2006年11月9日，中国少数民族教育学会成立。各省、自治区、直辖市也成立了相应的群众性学术团体。

事实表明，教育研究就其现实性来说，并没有成为“研究教育现象，揭示教育规律”的科学活动，没有形成独立的立场和独特的研究方式，而是一种根据一定的权势要求、文化价值对教育实践进行反思、批判、辩护和重构的价值活动。教育问题的主观性、教育概念的政治和文化性以及教育民俗、教育隐喻、文化传统等对于教育理论存在巨大影响。同时，缺乏科学的科学研究不会因为它的量的增长而能够解决教育发展中的真实问题。

第五节　思想的贫乏

1978年5月10日，中央党校的内部刊物《理论动态》第60期发表了《实践是检验真理的唯一标准》一文，次日《光明日报》以特约评论员的名义公开发表了这篇文章，引发了真理标准问题的大讨论。这一讨论引发了教育界对教育本质等问题的大讨论。对教育的上层建筑属性问题、教育与社会生产的关系问题、教育的功能问题、教育与人的发展问题等几乎所有的重大教育理论问题都展开了讨论并获得了新的认识。然而，迄今三十年来，教育决策、研究和实践中缺乏思想的问题一直存在。

中共十一届三中全会后，教育理论研究出现新局面，教育工作者思想有所解放，观念有所更新，学术争鸣开始出现，教育理论研究迅速走出荒芜、沉闷的状况，走出“六经注我，我注六经”的教条主义研究模式，教育理论研究的主战场转移到教育改革实践中，主动迎接教育实践对教育理论提出的挑战。

三十年来，教育研究和学科建设大体经历了三个阶段：1978年至1981年为明确目标积极探索阶段，教育理论界冲破思想禁区，对几乎所有的重大教育理论问题进行重新认识和反思。1982 年至 1989 年为成熟丰富阶段，研究视野触及世界各地、国内各个领域，以研究教育事业发展与改革过程的重大现实问题和理论问题为中心，最终瞄准体制改革这个关键问题，开展了广泛深入的研究。1989 年至 2009 年，受体制影响，教育研究陷入功利的陷阱，大量研究者脱离了研究旨趣，为学位、职称、课题、岗位、考核而研究，回避真实问题，较少进行实地调查，为写文章而写文章，为做课题而做课题。因此，教育研究在一些领域取得成绩的同时，也存在着与社会发展不相适应的问题。

一、思想不会在平反后自然生长

1979 年 3 月 23 日至 4 月 13 日，教育部、中国社会科学院在北京联合召开第一次全国教育科学规划会议。教育部副部长张承先代表教育部宣布：1958 年批判心理学和 1963 年批判“母爱教育”是错误的，予以彻底平反。①

1979 年 7 月 20 日，中国教育学会在北京举行座谈会，纪念著名教育家陶行知先生创办的育才学校四十周年，这是自 1951 年批判陶行知后举办的第一次全国性从正面纪念陶行知的活动。上海、重庆也举行了纪念活动。在此以后，各地相继开展陶行知教育思想研究活动。安徽、江苏、上海成立了陶行知教育思想研究会。安徽的研究会创办了《行知研究》会刊。②

1979 年 10 月 20 日，《光明日报》转载《教育研究》第 4 期发表的特约评论员文章《补好真理标准讨论这一课，教育问题要来一次大讨论》，引起教育界的注意和讨论。③ 一些教育学者克服阻力，使教育理论研究从长期“左”的思想束缚中解放出来，并突破了某些“禁区”。其中教育本质及功能的讨论持续了数年之久，讨论一开始就对把教育简单地归结为上层建筑、把教育仅仅看成是阶级斗争工具的观点提出质疑，使人们重新全面地认识教育与政治、经济发展的关系，特别是对教育与生产力的关系有了更加深刻的认识。此后，教育界又先后展开了人的全面发展、教育与生产劳动相结合、科教兴国战略、教育与新技术革命、教育体制改革、教育如何适应社会主义市场经济、传统教育与

---

① 中央教育科学研究所：《中华人民共和国教育大事记（1949—1982）》，北京：教育科学出版社，1983 年版，第 545 页。

② 中央教育科学研究所：《中华人民共和国教育大事记（1949—1982）》，北京：教育科学出版社，1983 年版，第 554 页。

③ 中央教育科学研究所：《中华人民共和国教育大事记（1949—1982）》，北京：教育科学出版社，1983 年版，第 563 页。

现代教育、智力因素与非智力因素、教学与发展、克服片面追求升学率等方面的讨论。

1980年，人民教育出版社出版了《外国教育丛书》，含《六国教育概况》、《六国著名大学》等13种，此后苏联教育家赞科夫、苏霍姆林斯基，瑞士心理学家皮亚杰以及美国教育家布鲁纳等人的著作在中国翻译出版。

1980年以来，在教育基本理论、教育史、教育心理、比较教育、课程与教学等方面都有大量研究著作和论文。

然而，所有这些方面的研究创新程度有限，思想难以完全开放，以致1983年胡乔木听取了全国第二次教育科学规划会议的汇报后，对教育科学研究提出“要有一点思想解放”。

二、在实际工作层面上难以提升

1978年后所作的研究工作是大量的，但绝大多数局限于工作层面的简单重复，超脱出来进行形而上的思考的成果尤为难得。

1978年10月，教育学教材讨论会在开封举行。讨论会是由受教育部委托编写《教育学》的开封师范学院、华中师范学院、武汉师范学院、湖南师范学院、甘肃师范学院的教育系和教育研究室共同发起召开的。会议主要讨论上述五所师范院校合编的《教育学》初稿，同时，就共同关心的教育理论问题，如教育是不是上层建筑、教育与生产劳动相结合、教学过程、思想教育过程等方面的问题开展讨论。在此以后，教育界围绕教育的本质问题开展了讨论，并在报刊上发表了一批讨论文章。1979年4月，全国教育科学规划会议上还就这一问题举行了专题学术讨论会。讨论中有三种观点：一种认为，教育的本质基本方面是上层建筑；另一种认为，教育的本质主要是生产力；还有一种认为，教育部分属于上层建筑，部分属于社会生产力。1979年6月，上述五所师范院校再次召开教育学教材讨论会，对教育的一些基本理念问题进一步作了探讨①。

1981年6月22日至27日，中央教育科学研究所在北京召开全国中小学教育实验工作座谈会，强调要搞好教育实验促进教育科学发展，要认真贯彻“双百”方针，使教育实验不断改善，不断前进。据会议统计，全国已有27个省、

---

① 中央教育科学研究所：《中华人民共和国教育大事记（1949—1982）》，北京：教育科学出版社，1983年版，第532～533页。

直辖市、自治区进行中小学教育实验①。

1982 年 11 月 15 日至 24 日，教育部在长沙召开高等学校招生考试科研论文讨论会。会议重点回顾了 1949 年以来高等学校统一招生制度的形成和发展，分析了这一制度的利弊，探讨了如何进一步改革我国现行高等学校招生制度的问题。会议提出高等学校招生考试理论研究的基本任务是以马列主义、毛泽东思想为指导，以招生工作中的实际问题为中心，通过对古今中外招生考试制度进行周密而系统的调查研究，探索招生工作的规律，用理论研究的成果推动招生制度的改革，为建立和完善具有中国特色的社会主义高校招生制度作出努力。会议还研究了高等学校招生考试科研的主要课题和科研队伍的组织建设等问题②。

在教学实践上，顾泠沅的青浦数学教改实验、李吉林的小学语文情境教学法、卢仲衡的自学辅导教学法、张思中的外语教学法、邱学华的小学数学尝试教学法，都在不同程度上揭示了教育教学的客观规律，又有很强的操作性，其成果受到中小学教师的热烈欢迎。

然而这些成果在时间和普适性检验中未能凸显出来。

三、重大问题上研究的缺位

虽然近些年在教育上有上千份研究报告、调查报告、实验报告；提供了数百份教育发展规划、教育教学改革方案、教育政策咨询报告等研究成果；出版了上千部专著（译著、编著），发表了数十万篇学术论文，但在长期被社会高度关注而又没有解决的问题上，教育研究显得苍白无力。

通过对 2005 年至 2008 年连续四年的两会提案的统计分析、对地市级教育局长问卷调查以及相关的公众调查、对相关专业人士的访谈，排在前六位的问题分别是：（1）择校问题。择校现象已经在从幼儿园到高中的各个阶段存在，其中问题突出的是义务教育阶段小升初和高中招生的择校、择班、择师，以及家长和学生为上好学校而有意安排的借读，“以钱择校”还是“以权择校”又成为“择校”热点中备受关注的热点。教育资源不均衡状况长期存在并有所扩大是其背后的原因，师资成为校际差距的决定性因素。（2）高考招生。包括高

---

① 中央教育科学研究所：《中华人民共和国教育大事记（1949—1982）》，北京：教育科学出版社，1983 年版，第 620 页。

② 中央教育科学研究所：《中华人民共和国教育大事记（1949—1982）》，北京：教育科学出版社，1983 年版，第 672 页。

考和招生两个环节，关注焦点在于公平。(3）农村教师队伍建设。首要问题是农村教师的待遇过低。(4）职业教育发展。关键问题在于职业教育本身需要投入比普通教育更高的成本，而接受职业教育的毕业生走上工作岗位后的待遇和发展前景远远比不上接受普通教育的学生，折射出劳动就业政策、体制存在问题。所以，阻碍职业教育发展的深层原因在于职业教育的办学体制和社会用人机制。(5）教育经费。涉及经费投入、成本分担、规范使用、办学条件改善、经费使用与督查、教育扶贫、经费分配。主要问题是投入不足、难以到位，专项经费难以落实，危房改造县级配套不到位，教师培训经费不足，现有政策未落实，专款不能专用，义务教育经费保障机制未能建立与健全，三个增长未落实，经费没有依法管理使用等。(6）高校管理。难点核心是如何建立现代大学制度，以及建立怎样的现代大学制度；如何处理学术权力、行政权力和财务权力三者之间的关系，使之既有利于学术的健康快速增值和创新人才的培养，又适合中国的社会制度环境，实现提高教育质量的目标。

在所有这些研究领域中，决策对研究前沿缺乏灵敏关注，研究对实践中的问题缺乏令人信服的研究成果。

中国的教育决策和研究，就如同一盘没有放盐的菜肴，必须放进“思想”之盐方才可口。

第八章

教师：职业与精神

“师者，传道授业解惑也”。韩愈在中国传统文化基础上提炼出的对教师的定位一直影响着中国。然而工业化之后，教师越来越变成仅仅是一种职业，其“传道”功能渐渐淡化。这是六十年来中国教师所处的大背景，在这样的大背景下，教师面对着一个更为复杂的国内政治和经济环境，需要作出相当艰难的选择，环境和教师的选择共同构成中国六十年来教育发展的一个重要方面。

第一节　教师职业的通常定位

教师是教育的主体之一。中国古代先贤荀子道："国将兴，必贵师而重傅……国将衰，必贱师而轻傅。"[①] 邓小平认为："一个学校能不能为社会主义建设培养合格的人才，培养德智体全面发展的、有社会主义觉悟的有文化的劳动者，关键在教师。"[②] 如何定位教师是决定教育发展状况的主要因素，也是决定整个社会和人的发展状况的主要因素。

从教师的内在特性看，教师都属于知识分子，"知识分子应该是关心身处的社会的时代批判者。关心群体社会、时代问题的才是知识分子。现代化社会，高度分工，专业性强。能够从本身专业中跳出来讲时代问题、世界问题的，是知识分子。知识分子要具有超越性，言论才能保持客观。人类社会发展需要知识分子这样的角色……中国过去有士这个阶层，但士之所以有知识分子的性格，乃是士能够超越士的阶层来发言。中国现代新文明秩序的建构，就需要有现代的'士'"[③]。

教师理应是"士"，"士"的特性是崇尚和追求思想自由、学术民主。这本身是缘于教师劳动特性的天然要求。对于教师来说，"没有自由、民主的政治和社会环境，就无法进行自主的劳动，就不可能不受干扰地进行独立思考和创造性钻研，因而也就不可能生产出具有创意的成果；作为教师，也不可能以禁锢之身躯培养出具有独创精神的人才。可以说，这两件东西，正是知识分子安身立命的基础"[④]。

---

① 《荀子·大略》。

② 《邓小平论教育》，北京：人民教育出版社，2004 年版，第 71 页。

③ 金耀基：《中国的现代转向》，牛津大学出版社，2004 年版，第 211 页。

④ 赵德强：《1947—1957 共和国教坛风云》，福州：福建教育出版社，2005 年版，第 83 页。

在“中国的传统观念中，知识分子都是穷的。的确，中国的教师并不要求奢侈的生活，也不会期望太多的物质支持；只要让他们有安定的生活、稳定的工作环境，他们就可做出一流的工作……在中国，教师能够有安定的生活和稳定的工作环境，也许比任何宏伟的改革方案都更有实效”①。

美国社会学家科塞在其名著《理念人》中对知识分子即他所界定的“理念人”如是定义：“知识分子在其活动中表现出对社会核心价值的强烈关切，他们是希望提供道德标准和维护有意义的通用符号的人，他们‘在一个社会内诱发、引导和塑造表达的倾向’。”六十年来，中国正处在社会转型期，需要在教育方面有效促进现实的改善、推动社会的进步和前进的知识分子，迫切需要有这样担当的教师。现实中也确实有这样的教师，但他们在一次次的改造和运动面前，不堪一击地受到摧毁；在积年累月的艰难生活境遇中，逐渐泯灭了“士气”，面对一道道难题，他们逐渐改变了自己的人格。

由于在相当长的一段时间里，将自由、民主作为资产阶级的思想加以清除，导致中国教师多数难以成为真正意义上的“士”，甚至难以将真话说出来，“一些老教育家、老教授、老专家，明明对苏联的教育思想、教育制度、课程设置及教材和某些学术观点有不同看法，也不愿或不敢直抒己见。对一些大政方针，即使不得不表态时，也只讲些言不由衷的话”②。

另一方面，知识的商品化、生活的世俗化、社会开放的不足以及生存环境、活动空间等诸多因素的限制，使得教师面临着来自各个方面的压力和考验。因此，以独立的姿态对社会问题长期保持批判的态度，以“独立之精神，自由之思想”自持者显得极为稀少。然而“在中国的最基层工作的教育工作者，其专业精神仍然是感人的。他们过着清苦的生活，却依然一丝不苟，处处以学生为重。这是多么难得的一种传统”③！

在一个教师难以自主工作的社会里，人才就难以得到健康成长，人力资源强国的目标就难以实现，国家就不会获得长久的发展。喧嚣的时代需要清醒的教师。

---

① 程介明：《中国大陆教育实况》，台北：台湾商务印书馆，1993 年版，第 254 页。

② 赵德强：《1947—1957 共和国教坛风云》，福州：福建教育出版社，2005 年版，第 84 页。

③ 程介明：《中国大陆教育实况》，台北：台湾商务印书馆，1993 年版，第 253 页。

第二节 争取、团结、改造

1949 年，中国各级各类学校的教师大约有 93 万人，加上职员约为 150 万人。

新中国迫切需要教师，然而教师数量不足、教学质量不高的问题十分突出。第一次全国教育工作会议即明确提出："要改进各地师范教育的任务，提出加强教员轮训和在职学习的任务，借以培养众多的称职的师资。"① 从 1950 年 4 月起便有计划地选拔一些教师到一些院校进行学习。4 月，各高等院校选拔教师 78 人到华北人民革命大学学习政治；9 月，选拔理工学院讲师、助教 140 人到哈尔滨工业大学学习俄文；10 月，选派财经、文教、农业各学院教师等 75 人到中国人民大学、北京师范大学和北京农业大学中有苏联专家直接指导的各系科教学研究室学习②。1950 年 8 月 2 日，政务院公布第四十三次政务会议批准的《关于实施高等学校课程改革的决定》，指出：提高师资的质量和培养新的师资是实施课程改革的关键。有计划有步骤地加强高等学校内研究部（所）的研究工作，并以此作为培养我国高等学校师资的主要场所。③

一、政策确定

中共中央早在抗战时期就曾作出《关于大量吸收知识分子的决定》，但一

① 《钱俊瑞在第一次教育工作会议上的总结报告要点》，引自《中华人民共和国重要教育文献（1949—1975）》，海口：海南出版社，1998 年版，第 8 页。

② 中央教育科学研究所：《中华人民共和国教育大事记（1949—1982）》，北京：教育科学出版社，1983 年版，第 16 页。

③ 中央教育科学研究所：《中华人民共和国教育大事记（1949—1982）》，北京：教育科学出版社，1983 年版，第 24 页。

直将知识分子当做资产阶级、小资产阶级知识分子，这样的定位决定了对他们实行争取、团结、教育、改造的政策。

当时教育遇到的现实问题是教师从何处来，毛泽东说："对于旧文化工作者，旧教育工作者及旧医生们的态度，是采取适当的方法教育他们，使他们获得新观点、新方法，为中国人民服务。"因此"新区教育工作的关键，是争取团结改造知识分子"①。

在职业工作者名称前面加上一个"旧"字显示出如何定位教师，客观上是一个比教师从哪里来更严重的问题。对此，在1939年著名爱国教授吴承仕拒任伪北京师范大学校长而被日寇汉奸迫害致病而亡后，陶行知写信给其弟吴羽白，认为②：

> 你说："他从一位旧学家变成积极革命分子。"据我看来，这并不是偶然的事。学问不问新旧，只要是追求真理，便与革命之精神符合。若以学问做买卖，则无论新旧，都有做汉奸之可能。旧学如郑孝胥、罗振玉，新学如汪精卫、汤尔和，不是证明吗？我常说，在学问上忠于真理的，则在政治上必忠于革命。这个意思，现在是在检斋先生之治学、行事上，得到了有力的证实。一个人在学问上追求真理，则在革命上能杀身成仁。依据有正确理论指导的实践看来，学问与革命是一件事，不是两件事。

客观上，在新政权建立之初，教师的主体是"旧知识分子"③，他们中的多数没有参与战争而成为革命者；只有极少数参加了共产党的组织和活动，被分派到教育部门做领导工作，还有一小部分从海外归国的专家、学者和留学生。1949年，各地方政府建立后，即在学校中"初步清理教职工队伍，逐步推行教师专任制"④。简单地将教育工作者分为新旧两种人，而没有以教师与真理的关系如何对教师加以分别，导致较长时期内教师政策上的偏差。

在相当长的一段时间里，教师被当做教育工作的"他者"，而非教育工作

---

① 《钱俊瑞在第一次教育工作会议上的总结报告要点》，引自《中华人民共和国重要教育文献（1949—1975）》，海口：海南出版社，1998年版，第8页。

② 陶行知：《学问与革命是一件事——致吴羽白》，引自《陶行知全集·第8卷》，成都：四川教育出版社，1991年版，第630页。

③ 《共同纲领》中的称谓，后来一直沿用了较长的时间。参见：《中国人民政治协商会议共同纲领》，引自《人民日报》，1949年9月30日。

④ 中央教育科学研究所：《中华人民共和国教育大事记（1949—1982）》，北京：教育科学出版社，1983年版，第9页。

的主体，他们面对的是社会的不信任，却又要通过他们培养出社会主义新成员，这是新中国教育面对的尴尬，也是教师难以逃避的处境。

1949 年 12 月召开的第一次教育工作会议上，提出学校巩固与提高的关键是适当解决师资和教材问题。要改进师范教育，加强教师轮训和在职学习，培养大批称职的老师。新解放区教育工作的关键是争取、团结、改造知识分子。必须坚决地正确地执行争取、团结、改造知识分子的政策，防止发生排斥一切知识分子、停办大批学校的“左”的倾向，坚决执行维持原有学校，逐步作可能与必要的改善的方针。新区学校安顿以后的主要工作是有效地在师生中进行政治思想教育，使他们逐步建立革命人生观。①

1950 年 6 月 23 日，毛泽东在政协一届二次会议上号召文化教育战线和知识分子开展一个自我教育和自我改造运动。毛泽东确定了“团结、教育、改造”的知识分子政策②。这一政策奠定了社会主义时期中国共产党对知识分子团结、教育、改造的政策基础。

作为争取、团结、改造的具体措施，1950 年 7 月 25 日，政务院公布第 42 次政务会议通过的《关于救济失业教师与处理学生失学问题的指示》，要求华东、中南、西南、西北大行政区军政委员会及所属各省市人民政府，华北各省市人民政府③：

> （一）除尽可能维持公立学校外，应本着公私兼顾原则，积极维持各地城市中现有的私立学校，并领导其进行必要的和可能的改革，减低学费，多收学生，师生互助，多想办法，自力更生，克服困难。私立学校，办理成绩较好，以多方设法而仍无法维持者，政府应以适当的经费补助，少数办理太坏而确实无法维持和改造者，可劝导其和其他学校合并，其学生和职员，均应予以适当的安置。
>
> （二）适当增加公立学校的人民助学金名额，使真正因经济困难而失学的学生复学。
>
> （三）尽可能举办中小学师资训练班，及其他各种训练班，吸收失业

---

① 中央教育科学研究所：《中华人民共和国教育大事记（1949—1982）》，北京：教育科学出版社，1983 年版，第 8 页。

② 中华人民共和国教育部：《共和国教育 50 年》，北京：北京师范大学出版社，1999 年版，第 48 页。

③ 中央教育科学研究所：《中华人民共和国教育大事记（1949—1982）》，北京：教育科学出版社，1983 年版，第 22 页。

的中小学教师，施以政治与思想教育并辅以各种业务教育。毕业后一部分可适当分配工作，另一部分待将来安排教育工作岗位。

（四）除继续办理人民革命大学外，应在大城市举办各种短期训练班、实习班及夜校等，吸收大中学失业青年及失业知识分子入学。毕业后设法介绍他们参加各项建设工作。

（五）对失业知识分子进行登记。除尽可能介绍职业外，应本着以工代赈的精神，分配他们参加各种社会服务工作，发给生活维持费；其无法分配工作者，组织学习并发给失业救济金。

因为中央政府的政策是争取、团结、改造，各级学校对教师也就自然存在怀疑和不信任，甚至在一些地方出现对教师的清算和斗争。1950 年 7 月 29 日，政务院文化教育委员会指示中南文化教育委员会：纠正在学校中把教职员的土改学习变为清算斗争的错误。指示针对 6 月 12 日湖南省教育厅发出的《关于加强土改教育的通知》中的错误，提出："土改期间，对各学校教职员，为加强其对土改认识及扩大宣传，应进行土改教育并吸收他们参加土改，但绝不能在学校内对地富家庭出身的教职员进行清算斗争以及由教育机关和学校当局认为有瞒田夺佃、私卖倒算、欺压农民等行为而不肯坦白的教职员送交当地政府法办。"①

同年 10 月 13 日，教育部针对新区学校土改政策学习中部分地区发生严重的偏向和缺点发出指示，要求各地加强对学校政治思想教育的领导，要求"各地文教机关和学校，必须彻底认识，对旧教育的改革，是一个长期而细腻的工作，拖延改革固然是不对的，性急粗暴草率从事也是不对的，应该是有计划有步骤而且谨慎地进行。对教职员和学生，不管其家庭出身怎样，均应本着争取、团结、改造的政策，通过教育说服的方式，积极鼓励其前进。切勿以斗争、孤立、强迫反省，或单纯清洗的办法来处理。"②

然而，上述指示并不能消除对教师的怀疑。1951 年，青年团的内部刊物提出"依靠学生，团结教师，办好学校"，邓小平看后立即严肃指出这一提法的错误，认为不能简单套用"依靠工人，团结职员"的口号，正确的提法应该是"依靠教师，办好学校"。1952 年 1 月，邓小平针对学校中出现的"左"的倾

① 中央教育科学研究所：《中华人民共和国教育大事记（1949—1982）》，北京：教育科学出版社，1983 年版，第 23 页。

② 中央教育科学研究所：《中华人民共和国教育大事记（1949—1982）》，北京：教育科学出版社，1983 年版，第 23 页。

向，指示西南局“对教授、科学家及高级知识分子，应采取保护的政策”，“禁止采用简单粗暴的方法”①。说明当时对教师简单粗暴的现象消除之不易，而提出阻止的意见仅仅是对“教授、科学家及高级知识分子”而言，对普通教师则留下了可任其所为的较大空间。

二、被动抽调

1949年，中国大约有20万知识分子②。在各行业都需要知识分子的情况下，由于对知识分子大的政策框架决定着教师的社会地位，很多当教师的人既是被动的安排对象，又是主动的逃离者，他们想从教师的岗位上“升迁”到更高的岗位。1951年，全国各地出现了乱调乱拉乱用在校教员、学生的现象，一些机关、单位任意招考、抽调在校学生和教师，造成中学以上学校学生大量减少，全国中等学校学生流动20万人以上；重庆高中学生本年减少了56%；华北部分地区小学教师流动约十分之一；京津十四所高等学校两年来流动了26%；一些单位随便动员学生参加不适当的活动；与此同时，西南、华东、西北等地党政机关发出指示，采取措施，纠正学校中的这类混乱现象③。

1951年8月27日至9月11日，教育部召开了第一次全国初等教育和师范教育工作会议。会议确定了师范教育遵循安定、巩固、调整、发展的工作原则，以及以正规的师范教育同大量的短期培训结合的工作方针。决定建立由师范大学和独立师范学院、师范专科学校、中等师范学校（幼儿师范学校）及初级师范学校构成的独立的师范教育系统，分别为高级中学、初级中学、小学和幼儿园培养师资。提出“适当地改善小学教师的待遇，奖励模范教师，提高教师的政治待遇和社会地位”，“五年内培养百万小学教师”；并要求“各级各类师范学校都应以马列主义、毛泽东思想为重要课程，使全国教师逐渐地成为马克思主义者”。会议讨论通过了《小学暂行规程》、《幼儿园暂行规程》、《师范学校暂行规程》、《关于高等师范学校的规定》、《关于改善小学教师待遇的指示》、《关于切实解决市县地方教育经费的决定》、《关于大量培养初等和中等教育师

① 中华人民共和国教育部：《共和国教育50年》，北京：北京师范大学出版社，1999年版，第55~56页。

② 宋荐戈：《探索中国特色社会主义教育发展的道路》，引自《荐戈文存》，北京：中国国际文艺出版社，2006年版，第322页。

③ 《坚决克服学校教育工作中的混乱现象》，引自《人民教育》，1951年，第3卷第4期。

资的决定》和《加强中小学教师在职学习指示》等八个文件草案。[①]

到1952年，尽管当时采取了对53届和54届理学院和工学院毕业生提前一年毕业统一分配的措施，[②] 任意抽调教育人员的现象依然未能阻止。1952年5月2日，中共中央发出指示，要求各地迅速制止和纠正随便抽调学生参加工作、动员学生停课搞中心工作等妨碍国家教育顺利进行的做法。指示指出：若干地区的党、政、军机关和人民团体，往往为了眼前某些需要，不顾长期培养人才的计划，不遵照中央的规定，随便抽调学生参加工作，致使学生情绪波动，学校无法按照一定计划进行工作；在各地学校中，动员全体学生参加中心工作，常常停课很久，极大地影响了学校教学计划的完成；专署以下政府中教育行政干部常常全体被派去参加中心工作，以致学校教育工作长期无人管理。[③]

三、思想改造运动

对以教师为主要人群的思想改造运动事实上从1949年就开始了，狭义的思想改造运动从1951年下半年开始，到1952年秋即结束，事实上此后它一直延续到“文化大革命”，成为一个整体连续的过程。

1949年到1950年间，各地采取的思想改造措施是办人民革命大学，全国省或行署以上单位举办的人民革命大学共57所，“数十万名知识分子进入人民革命大学学习。通过学习转变了世界观，初步树立了革命的人生观，进而走上了革命的道路”[④]。

较早的思想改造主要解决的问题是，政府全面推行以苏联经验为样板的教育改革和院系调整，而较多受欧美教育影响的大学教授们对此有许多不同看法，于是需要通过学习和思想改造来扫除“思想障碍”、“统一认识”。同时，在政府开展的一系列政治运动中，要求教师认识这些运动的意义，并“从政治上、思想上划清同帝国主义、封建主义和不法资本家的界限，也是党和政府认为需

---

① 中央教育科学研究所：《中华人民共和国教育大事记（1949—1982）》，北京：教育科学出版社，1983年版，第46页。

② 中央教育科学研究所：《中华人民共和国教育大事记（1949—1982）》，北京：教育科学出版社，1983年版，第54页。

③ 中央教育科学研究所：《中华人民共和国教育大事记（1949—1982）》，北京：教育科学出版社，1983年版，第57页。

④ 宋荐戈：《探索中国特色社会主义教育发展的道路》，引自《荐戈文存》，北京：中国国际文艺出版社，2006年版，第324页。

要解决的问题”①。

这次狭义的知识分子思想改造运动始于1950年6月，毛泽东在第一届全国政治协商会议第二次会议上要求在知识界开展自我改造的教育运动，各地教育部门便开始组织教师学习毛泽东著作、党的文件和时事政策。1951年暑假，北京大学工会组织了以职员为主的“暑期学习会”，尽管强调自愿参加，但要求参加者异常活跃。1951年9月7日，马寅初校长在给周恩来的信中说“所得收获出乎意料”，因此提出“学习结束后，北大教授中有新思想者，如汤用彤副校长、张景钺教务长、杨晦副教务长、张龙翔秘书长等12位教授响应党和政府的号召，发起北大教员政治学习运动，且以为学习的机会，不宜限于职员，亦应推及于教员（教授、副教授、讲师、助教），俾教员之政治水准逐渐提高，以与他们业务水平相配合”②，信中转达了他们热忱聘请毛泽东、刘少奇、周恩来、朱德、董必武、陈云、彭真、钱俊瑞、陆定一、胡乔木为教师的要求。周恩来9月9日将此信转送毛、刘、朱，并提出组织学习的建议，当即得到赞同。

1951年9月24日，周恩来召集彭真、胡乔木等人研究了这次教师学习和思想改造的目的、步骤和内容，随即决定从北京、天津20所高校开始，然后推向全国。并决定在党中央组成以彭真、胡乔木为首，有关各部门负责人钱俊瑞、蒋南翔、金城等参加的学习领导小组；在行政上组成以教育部部长马叙伦为主任委员的全国总学习委员会。

1951年9月29日，周恩来在中南海怀仁堂向京津高等学校两千余教师的学习会作《关于知识分子的改造问题》的报告，这个报告用五个小时讲了立场问题、态度问题、为谁服务问题、思想问题、知识问题、民主问题、批评与自我批评问题，就知识分子如何取得革命立场、观点、方法谈了自身的体会，并要求教师们认真开展批评和自我批评，努力使自己成为文化战线的革命战士。他每讲一个问题都把自己摆进去，以自己的家庭、出身、经历和参加革命后犯错误的教训，深刻说明知识分子需要不断学习、不断改造、不断进步的重要性。会后教授们普遍反映感人至深，成为教师们在一开始的学习、改造运动中能自觉、热情参与的重要动因。

随后，北京、天津的20所高等学校教师3800余人，轰轰烈烈地开展以改

---

① 赵德强：《1947—1957共和国教坛风云》，福州：福建教育出版社，2005年版，第68页。

② 赵德强：《1947—1957共和国教坛风云》，福州：福建教育出版社，2005年版，第70～71页；宋荐戈：《探索中国特色社会主义教育发展的道路》，引自《荐戈文存》，北京：中国国际文艺出版社，2006年版，第325页。

造思想、改革高等教育为目的的学习运动。学习方式为听报告、读文件，联系本人思想和学校状况，开展批评与自我批评，学习时间4至6个月。10月，各地及各高等学校教师学习委员会成立。

1951年10月23日，毛泽东在一届政协三次会议的开幕词中说："在全国委员会第二次会议闭幕的时候，我曾提出了以批评方法进行自我教育和自我改造的建议。现在这个建议已经逐步地变为现实。思想改造，首先是各种知识分子的思想改造，是我国在各个方面彻底实现民主改革和逐步实行工业化的重要条件之一。"其目的，当时政务院文教委员会主任郭沫若在25日作《关于文化教育的报告》时明确提出："用马列主义教育全国人民，用毛泽东思想来教育全国人民，从思想战线上来巩固人民民主专政，乃是我们文化教育工作的基本任务。"①

在初始阶段，学习运动还比较尊重参与者的自觉，但不久便出现强迫命令和急躁情绪，加上了"忠诚老实"、"交代历史"、整治清理和"三反"的内容。就在毛泽东在政协闭幕会议讲话的当天，《人民日报》发表了《认真开展高等学校教师中的思想改造学习运动》的社论，提出："认真开展批评和自我批评在现在大学的教师中显然是一个难题，但又是一个必须彻底解决而绝不可回避的问题"，强调参加运动的教师，"必须一方面着重检讨自己"，同时"对各种错误的或不正确的思想进行严肃的、大胆的批判"，"勇于互相批评，抛弃明哲保身的虚伪的客气"②，火药味开始浓重起来。从1951年10月到当年年底的短短70天里，《人民日报》、《光明日报》就发表许多知名教授偏激、片面、言不由衷地将自己说得一无是处的所谓"自我批判"和"学习体会"一百余篇。③

1951年11月30日，中共中央发出《关于在学校中进行思想改造和组织清理工作的指示》，这一指示又把本来是提高认识、改造思想的学习活动同在政治上开展忠诚老实、清查历史、清理组织的政治运动"结合"起来，运动的性质发生了变化。指示提出"学校是培植干部和教育人民的重要机关"，要求"党和人民政府必须进行有系统的工作，以期从思想上、政治上和组织上清除学校中的反动遗迹，使全国学校都逐步掌握在党的领导之下，逐步取得并保持其革

---

① 中央教育科学研究所：《中华人民共和国教育大事记（1949—1982）》，北京：教育科学出版社，1983年版，第50页。

② 《认真开展高等学校教师中的思想改造学习运动》，引自《人民日报》，1951年10月23日。

③ 赵德强：《1947—1957共和国教坛风云》，福州：福建教育出版社，2005年版，第79页。

命的纯洁性。因此，必须立即开始准备有计划、有领导、有步骤地于一至二年内，在所有大中小学校的教职员中和高中学校以上的学生中，普遍地进行初步的思想改造工作，培养干部和积极分子，并在此基础上，在大中小学校教职员中和专科学校以上（即大学一年级）的学生中，组织忠诚老实交清历史的运动，清理其中的反革命分子”[①]。至此，教师的思想改造学习运动便由京津地区推向全国，由高等学校教师扩大到各级各类学校的教师。运动的内容也集中到“分清革命与反革命，建立为人民服务的观点”、“抛弃原来反动的或错误的立场”等这样一些带根本性的问题上来，并在全国各地高等学校、中等学校教师中相继开展思想改造运动。

本来，运动开始前，马寅初在怀仁堂见到周恩来时，就郑重地转达了北大12位运动发起人关于思想改造的学习运动不宜同政治历史搅在一起的意见，周恩来也表示赞同。9月7日，马寅初在给周恩来的信上，又用较长篇幅郑重陈述了他和12位教授的意见，即“这次学习运动只以改造思想为目的”，“只希望达到思想改造为止”，“不宜超出这个范围”。并且指出：“若把政治问题包括在内，势必把他们吓走，不能达到预期的目的”，“反而影响团结”。事情果然不出教授们的所料，把解决思想问题和政治清理搅在一起，确实挫伤了学习的积极性，影响了团结，对不少知识分子造成了伤害。[②]

1951年12月15日，教育部党组发出《关于京津高等学校教师思想改造学习运动情况和初步经验的通报》，介绍京津高等学校教师的学习情况和初步经验，肯定了京津地区一些变相强迫命令的“经验”，认为这种学习对全国高等学校的教师都是必要的，并要求把思想改造运动推向全国高等和中等学校。

在思想改造运动中，“一些重点人物常常要多次检讨才能过关；有的直至运动结束也未能过关，只好‘挂起来’”[③]。季羡林回忆：有一位教授，不知检查了多少次仍不能过关，他破釜沉舟，把自己骂得狗血喷头，连对自己的父母也说了十分难听的话，结果群众大受感动，算是通过了。但后来主持会议的主席却发现，他的检查稿上用红笔在旁边写了几个哭字，每检讨到这个地方，他就

① 《中共中央关于在学校中进行思想改造和组织清理工作的指示》，引自《中华人民共和国重要教育文献（1949—1975）》，海口：海南出版社，1998年版，第132页。

② 赵德强：《1947—1957共和国教坛风云》，福州：福建教育出版社，2005年版，第74页。

③ 赵德强：《1947—1957共和国教坛风云》，福州：福建教育出版社，2005年版，第78页。

嚎啕大哭。这个发现一宣布，群众哗然，结果就更惨了。[①] 对于刚刚经过镇压反革命运动的教师们来说，思想改造运动加重了教师的恐怖心理，尤其是一些学校要求教师在自我检查和相互批评中增加交代政治历史问题后，以各种形式追问、追查、强迫交代的做法便不断发生，在一些学校甚至出现了教师自杀现象。

到1952年秋，教师思想改造运动才告一段落。全国参加这次学习的高等学校教职员占91%，学生占80%，中等学校教职员占75%。[②] 《人民日报》在1952年9月24日发表教育部部长马叙伦的文章，将“教师思想的改造”列为改造旧教育的五个方面工作之一。[③]

1953年9月10日至23日，高等教育部在北京召开全国综合大学会议，会议讨论了争取、团结、改造知识分子等问题，强调今天应十分重视现有教师的作用，加强团结、改造和提高现有教师，并大力培养新师资。[④] 可以看出当时对改造知识分子既有鲜明的政策，也有难以解决的问题。

1954年9月23日，周恩来在一届人大一次会议上作了《政府工作报告》，指出：“几年来，我国在学校的教育制度、内容和方法方面，已经作了不少的改革，这些改革的顺利进行，是同我国广大知识分子的思想改造运动有联系的。知识分子的思想改造工作是有成效的，今后仍然应当根据具体的需要，采取适当的方式来进行。大家公认，具有革命思想和科学技术的知识分子在国家建设工作中的作用，现在已显得更加重要了。”[⑤] 明晰地显示这仅仅是思想改造的开始。

思想改造工作为当时政府工作的开展创造了有利条件，但由于在运动中将知识分子的自尊心、人格、尊严当成封建思想和资本主义思想，在是非标准和价值上是完全错误的；其间又以会议动员、领导个别谈话、积极分子带头、领导鼓励、树立榜样、发动青年教师或学生点名要求等各种方式迫使参加学习的人“洗澡”（做检讨），上纲上线，动辄以“学术思想有问题”、“学习态度不

---

① 季羡林：《我的心是一面镜子》，引自《牛棚杂记》，北京：中共中央党校出版社，1998年版，第248页。

② 中央教育科学研究所：《中华人民共和国教育大事记（1949—1982）》，北京：教育科学出版社，1983年版，第48~49页。

③ 马叙伦：《三年来中国人民教育事业的成就》，引自《人民日报》，1952年9月24日。

④ 中央教育科学研究所：《中华人民共和国教育大事记（1949—1982）》，北京：教育科学出版社，1983年版，第86~87页。

⑤ “政府工作报告”，引自《新华月报》，1954年第10期。

端正”、“不愿触及思想”、“对新社会有抵触情绪”、“对学习苏联不热心”、“政治思想落后”、“放下文人的臭架子”批评人，方式粗暴，给一些人弄虚作假、公报私仇、相互攻击创造了机会，伤害了参加运动的教师们参与新社会建设的积极性，伤害了不少著名教授的人格和自尊心。

四、“三反”、“五反”及批判资产阶级思想运动

1951 年底到 1952 年上半年，中共中央在全国范围内发动了“三反”、“五反”运动。在它的推动下，为了清除资产阶级思想在学校中的影响，确立并巩固无产阶级思想的阵地和领导地位，开展了对教师中的一些资产阶级思想群众性的揭发和批判。

1951 年 12 月 31 日，教育部党组根据毛泽东 12 月 18 日为中共中央起草的指示中提出的要发动各界人士参加“三反”运动的要求，发布了《关于京津高等学校教师学习及反贪污反浪费反官僚主义运动的指示》。指示提出，反贪污、反浪费、反官僚主义运动“是当前的主要政治任务，各校教职员工都应积极参加”。与此同时，教育部在《1952 年工作计划要点》中进一步提出，要在全国高等学校和中等学校教职工中“开展与思想改造运动相结合的‘三反’运动，并争取寒假前基本完成”①。学校应立即成立节约检查委员会，具体计划、布置。教师目前仍以思想改造的学习为中心，行政职工人员以参加反贪污、反浪费、反官僚主义运动为主。② 这又一次把仅限于解决思想认识问题的学习运动同反对贪污、浪费的政治运动搞在一起。根据这一部署，各地、各校在这次运动中都打掉了一些“老虎”（贪污分子），但事后查明，几乎全部是冤案。

1952 年上半年，行政部门进一步要求各级学校结合“三反”、“五反”运动，在师生中进行反对资产阶级思想腐蚀的教育和揭发批判资产阶级教育思想的斗争。③ 由于运动的主持者常常采取“宁紧勿松”的策略以显示自己的政治坚定和工作业绩，本来一般的问题也力求追出个重大问题，本来一般的历史污点也要“联系现实表现”。一些学校不断扩大怀疑对象，一些老教授本来没有

---

① 《教育部 1952 年工作计划要点》，引自《中华人民共和国重要教育文献（1949—1975）》，海口：海南出版社，1998 年版，第 166 页。

② 中央教育科学研究所：《中华人民共和国教育大事记（1949—1982）》，北京：教育科学出版社，1983 年版，第 52 页。

③ 中央教育科学研究所：《中华人民共和国教育大事记（1949—1982）》，北京：教育科学出版社，1983 年版，第 59～60 页。

什么可检查交代的，但迫于政治的威力，只好从领稿费忘了交工会费、丢了图书、用公家信纸信封这些鸡毛蒜皮的事上上纲上线。

“三反”运动中在教育上被打掉的“老虎”（贪污分子），后经多方调查，绝大多数是毫无根据的怀疑。1953 年 5 月 18 日，教育部发出《关于应立即停止在学校中开展反官僚主义、反命令主义、反违法乱纪斗争的几项指示》，其中最为关切的是“反官僚主义”。明确提出“学校主要任务是进行教学，因此，在学期当中，一律不得开展反官僚主义斗争，以免发生混乱现象，影响教学工作的正常进行”。这一文件，既是对正常教学秩序的维护，又是为了维护“加强经常的思想政治领导”[①]。接着对发生的错案作了一定程度和范围的平反和道歉，但由此对教师造成的伤害却仍就难以消除。

尽管如此，学校内部的矛盾仍较为激烈。于是，1953 年 9 月 13 日，中共中央发出了《关于改善学校及防止学生罢课和请愿事件的指示》。指示提出：中央责成各级党委迅速督促各该级教育行政部门，将自己所管辖的学校，进行一次摸底和排队，对情况严重的学校，应采取有效办法加以处理。对故意迫害学生的严重违法乱纪分子，必须分别情况严肃处理。各级党委务须有计划有步骤地配备和充实学校中的领导骨干，加强学校政治工作，并认真实行定期检查所辖地区学校的工作，经常注意了解这些学校的情况，倾听学校教职员工和学生们的呼声，严格纠正对学校工作漠视和不负责任的态度。[②]

在这一过程中，就有一些无辜的教师受到伤害。女教授冼玉清，一生致力于学术而“决意独身不嫁”，集诗人、画家、文史、金石、收藏、考证于一身，以学校为家，才学横溢，但“却无法通过政治这一关。因为每月定期到香港银行签收父亲遗产的利息，冼玉清被人检举为经常往返香港送情报，被迫写‘坦白书’。1955 年，她被限定在一个月内办理退休手续，她向好友陈寅恪哭诉，陈寅恪默默无语”[③]。

其中，反对资产阶级思想运动对教育的影响最大。1954 年 5 月，《文艺报》第 9 期介绍了俞平伯新作《红楼梦研究》。不久，李希凡、蓝翎合写《关于〈红楼梦简论〉及其他》批判俞平伯的许多观点，投给《文艺报》却未被采用；

---

① 《教育部关于应立即停止在学校中开展反官僚主义、反命令主义、反违法乱纪斗争的几项指示》，引自《中华人民共和国重要教育文献（1949—1975）》，海口：海南出版社，1998 年版，第 207 页。

② 中央教育科学研究所：《中华人民共和国教育大事记（1949—1982）》，北京：教育科学出版社，1983 年版，第 87 页。

③ 陈国钦、袁征：《瞬逝的辉煌——岭南大学六十四年》，广州：广东人民出版社，2008 年版，第 31 页。

他们又投给母校山东大学的《文史哲》月刊，并在当年第9期发表出来。9月中旬，江青找到《人民日报》负责人要求转载李、蓝在《文史哲》上发表的文章，却被以“党报不是自由辩论的场所”为由予以拒绝；接着李、蓝二人10月10日在《光明日报》发文批评俞平伯的观点，虽然用词尖刻、说理不充分、教条味较重，却被毛泽东看出其中的“资产阶级知识分子”动向，鼓励这两个“小人物”向“资产阶级知识分子”中的“大人物”发起冲锋。

1954年10月16日，就北京大学教授俞平伯的《红楼梦研究》问题，毛泽东写信给中共中央政治局和有关的人，批评《文艺报》压制对俞平伯的《红楼梦研究》的批判，认为李、蓝的文章“是对三十多年以来所谓《红楼梦》研究权威作家的错误观点的第一次认真开火”，而不支持这一开火的领导人“同资产阶级作家在唯心论方面讲统一战线，甘心做资产阶级的俘虏”①。根据毛泽东这封信的精神，全国文艺界及哲学社会科学界开展了对《红楼梦研究》中的资产阶级立场、观点、方法的批判，同时开展了对胡适派唯心论的批判。高等学校文科各专业的师生参加了这一批判。② 毛泽东的意图是，批俞平伯只是批胡适的引子，认为胡适的资产阶级唯心主义思想是阻碍教育界、学术界、文艺界知识分子接受马列主义的重大障碍，必须予以彻底批判和肃清，接着这一批判扩大到哲学、历史、政治、教育、心理、语言各个领域，涉及越来越多的教师。

1955年开展的批判胡风文艺思想直接冲击了不少高校文科教师，各校相继召开座谈会、批判会、声讨会，凡同胡风有过交往的人或被认为是赞成、同情胡风等人的观点；赞扬过胡风派作家或作品的人，都要求作深刻检查，交代同“反革命集团”的关系，并揭发他们的反革命活动，魏建功、吴祖祥、曹靖华、钟敬文等数十名著名教授要求在校内外带头检举揭发。胡风等人被逮捕后，更弄得人心惶惶，在胡风家乡湖北蕲春县，竟把全县所有语文教师都停职一年，要求他们交代和胡风的关系。据后来关于知识分子问题的调查材料中所载的不完全统计，仅全国高等学校被立案审查的就将近6万人。胡风被捕后，陆续从高等学校被公安部门抓走、被隔离审查的就有复旦大学的贾植芳夫妇、孙大雨、余上沅，中国人民大学的谢韬，西南民族学院的何剑薰，华东师范大学的费明君，以及刚调出山东大学的吕荧和东北人民大学的庄涌等人。被牵连而在校内受专案审查（甚至被隔离审查）的人则更多。仅在复旦大学，因受贾植芳一人

---

① 《关于〈红楼梦〉研究问题的信》，引自《毛泽东选集》（第五卷），北京：人民出版社，1977年版，第134页。

② 中央教育科学研究所：《中华人民共和国教育大事记（1949—1982）》，北京：教育科学出版社，1983年版，第114页。

牵连、后来被证明是颇具才华的学生就有章培恒、施昌东、范伯群、曾华鹏等人。据统计，到1956年正式被定为“胡风反革命集团”分子的有78人，其中“骨干分子”23人。全国共有2100多人受牵连被立案审查，其中被捕92人，隔离审查62人，停职反省73人。胡风、阿垅、贾植芳、张中晓等都被判长期徒刑，事过25年之后沉冤才终于昭雪。[①] 冤狱虽平反，教师受到的沉重打击及其心中的伤痕却长留历史之中。

1955年1月26日，中共中央发出通知，要求采取演讲的方式，利用业余时间，在有阅读能力的党内干部和党外知识分子中讲解正在展开的对俞平伯、胡适派思想、胡风及其一派文艺思想批判的重要意义，说明马克思主义唯物论的基本观点。3月16日，教育部函复江苏省教育厅：不必对中等学校学生作批判俞平伯研究《红楼梦》错误观点和胡适派资产阶级唯心论的专题报告，向学生进行辩证唯物主义世界观的教育，应该是长期地贯彻在学校的全部教育工作过程中。[②] 显示出各地一见中央指示就跟风附势的人不在少数，已经严重影响到教师的正常工作和生活。

1955年1月17日，中共中央转发了青年团上海市委《关于加强培养青年共产主义道德品质、抵制资产阶级思想侵蚀的报告》，要求全国各大中城市有领导地进行这一工作。9月16日，中共中央又批转了青年团中央关于开展这一工作的总结报告。中央在批示中指出：“必须充分认识，在社会主义革命斗争中青年工作的重要性。”“对青年的共产主义道德教育必须紧密结合当前的阶级斗争来进行，必须注意以阶级斗争的活人活事来教育青年，逐步培养青年具有工人阶级的立场和思想，成为对敌人无限憎恨、对劳动人民和共产党无限忠诚和热爱的战士。”在青年团中央的报告中说：从1954年10月起到1955年7月底止，全国除西藏外，已有135个大中城市，先后开展了这项工作。[③]

1955年3月1日，中共中央发出了《关于宣传唯物主义思想和批判资产阶级唯心主义思想的指示》，指出：“必须在知识分子中和广大人民中宣传辩证唯物主义和历史唯物主义思想，批判资产阶级唯心主义思想，并在这个思想战线上取得胜利。没有这个思想战线上的胜利，社会主义建设和社会主义改造的任

---

① 赵德强：《1947—1957共和国教坛风云》，福州：福建教育出版社，2005年版，第104～106页。

② 中央教育科学研究所：《中华人民共和国教育大事记（1949—1982）》，北京：教育科学出版社，1983年版，第122页。

③ 中央教育科学研究所：《中华人民共和国教育大事记（1949—1982）》，北京：教育科学出版社，1983年版，第122页。

务就将受到严重阻碍。”要求在八年内“使500万党内外知识分子的绝大多数（例如300万）都能够了解马克思主义的基本知识，了解唯物主义与唯心主义的区别，懂得辩证唯物主义和历史唯物主义的基本内容”。同时提出要“加强高等学校中的马克思列宁主义课程，中等学校教科书中也要有浅显的关于辩证唯物主义和历史唯物主义的课文”。据此，4月7日教育部通知各地组织中小学教师开展学习唯物主义思想和批判资产阶级唯心主义思想的运动。要求教师通过学习，认识和批判资产阶级教育观点和教学方法，提高思想，改进工作。①

1955年，教育领域全面开展对资产阶级唯心主义思想的批判。《人民教育》五月号发表社论《批判唯心主义思想的重大意义》，并开辟“批判资产阶级教育思想”专栏。全国报刊陆续发表文章，开展对教育领域的资产阶级唯心主义思想的批判。②

1955年6月30日，高等教育部发出通知，要求在1954学年度学年考试结束后，在高等学校教师和学生、中等专业学校毕业班学生和全体教师中，利用一周或稍长一点的时间，采用动员报告、学习文件和坦白检举的步骤，进行关于胡风事件及肃清一切暗藏反革命分子的教育。③

1955年11月4日，中共中央转发了教育部党组《关于实用主义思想在中国教育中的影响和批判实用主义教育思想的初步计划》。中央批示指出：几年来，在教育工作领域中没有对资产阶级教育思想进行系统的批判，是党在这方面思想工作的一个重大弱点。当前抓紧批判杜威、胡适的实用主义教育思想，进而批判其他资产阶级教育思想，这是宣传唯物主义思想，批判资产阶级唯心主义思想的一个重要组成部分，同时也是我国教育建设中的一个重要任务。因此，各地党委和政府必须注意这一思想批判。凡有师范学院的城市，当地党委应该以师范学院为中心，组织当地教育工作者，按教育部党组提出的计划，开展这一方面的思想批判。教育部党组在初步计划中指出：在教育工作者中宣传唯物主义思想，批判资产阶级唯心主义思想是进一步进行教师思想改造，完成普通教育根本改革的核心问题。并提出开展这一批判的时间暂定为两年，即从1955年4月到1957年暑期。从1955年5月至1957年11月，《人民日报》、《光

---

① 中央教育科学研究所：《中华人民共和国教育大事记（1949—1982）》，北京：教育科学出版社，1983年版，第125页。

② 中央教育科学研究所：《中华人民共和国教育大事记（1949—1982）》，北京：教育科学出版社，1983年版，第131页。

③ 中央教育科学研究所：《中华人民共和国教育大事记（1949—1982）》，北京：教育科学出版社，1983年版，第133页。

明日报》、《新建设》及各种教育刊物连续发表几百篇文章，批判杜威、胡适的实用主义教育思想。这些文章指出：实用主义教育学是美帝国主义麻醉人民和侵略世界的工具；实用主义教育理论是反科学反理性主义的教育理论。这些文章对杜威的“教育无目的论”、“儿童中心主义”等实用主义教育理论及其在教学上的表现、实用主义教育学的哲学基础进行了批判。[①] 这些批判本身并非无的放矢，而是教育部党组所说的“进一步进行教师思想改造”。1955 年三联书店出版的《胡适思想批判论文汇编》，收入批判文章 150 篇，累计 200 多万字，多数为服从于意识形态斗争需要的批判文章，看不到科学态度和实事求是精神，既败坏了学术风气，又遏制了真学术的发展，对大中小学教师造成了更多的压抑和伤害。[②]

1955 年 12 月 9 日，《人民教育》第 12 期发表高赞非题为《批判梁漱溟反动教育思想》的文章。文章写道：梁漱溟所提倡的乡农学校，完全是压迫农民的工具。他比任何教育更反动，因为经过乡农学校，不只要把中国社会停止在半封建半殖民地的社会，而且要把中国社会拉回到中古式的封建社会。此后《光明日报》、《文汇报》及其他教育刊物也陆续发文批判梁漱溟的教育思想。[③] 当然，这些文章也都是一些没有学术味的政治批判文稿。

五、春来百花开放

1956 年开始后的 500 多天里，中国以教师为主的知识分子群体度过了 1978 年前 30 年中“心情最为舒畅、最为惬意的日子”[④]。当时国内建设事业顺利、物资充足、物价相对稳定，国际紧张局势趋于缓和，苏联斯大林时期一大批冤假错案被揭发出来，中国开始重新审视全盘学习苏联的得失，全盘学习苏联引发的中国经济发展及社会生活中的矛盾凸显出来，能独立思考的教师对所受伤害的性质已经自明。

1955 年冬至 1956 年初，毛泽东等中央领导听取了 34 个部委和地方的报告，

---

① 中央教育科学研究所：《中华人民共和国教育大事记（1949—1982）》，北京：教育科学出版社，1983 年版，第 145 页。

② 赵德强：《1947—1957 共和国教坛风云》，福州：福建教育出版社，2005 年版，第 99 页。

③ 中央教育科学研究所：《中华人民共和国教育大事记（1949—1982）》，北京：教育科学出版社，1983 年版，第 148 页。

④ 赵德强：《1947—1957 共和国教坛风云》，福州：福建教育出版社，2005 年版，第 116 页。

在中央政治局和最高国务会议上作了《论十大关系》的报告，提出了以苏为鉴，探索一条适合我国情况的社会主义建设道路；调动一切积极因素，为社会主义服务。调动一切积极因素的关键是将被压抑的知识分子的积极性充分调动起来，相对于当时的建设事业，中国知识分子不是多了，而是太少，且不被信任。为改变过去几年来教育、科学、文化上的沉闷、压抑状态，毛泽东在报告中特别提出要实行“百花齐放、百家争鸣”的方针。

1955年11月23日，毛泽东主持召开中央政治局会议，周恩来汇报了改进知识分子工作的意见，这次会议决定成立由周恩来负总责，彭真、陈毅、李维汉、徐冰、张际春、安子文、周扬、胡乔木、钱俊瑞参加的“中央研究知识分子问题十人领导小组”。1955年11月24日，中共中央政治局召开资本主义工商业改造问题的会议。周恩来在会上提出要信任、尊重知识分子，知识分子工资过低，建立解决知识分子问题的领导小组，召开知识分子问题会议等意见。毛泽东当即表态：“关于知识分子问题，我同意周恩来同志会上的讲话。”①

“十人小组”确定了《关于收集知识分子问题材料的题目单》，要求各地收集材料，各地通过座谈、专访、谈心等方式收集意见，编写了《高级知识分子目前存在的困难和问题》上报“十人小组”，将问题归结为“六不”：一是对知识分子的进步和作用估计不足；二是信任不够，没有把知识分子当一家人来信任；三是使用不当；四是安排不当；五是待遇不公；六是帮助不够。“十人小组”在调查材料基础上写成了《中共中央关于知识分子问题的指示（草案）》。

1956年1月14日至20日，中共中央在北京召开知识分子问题会议，周恩来代表中共中央作《关于知识分子问题的报告》，发出“向现代科学进军”的号召。报告指出：知识分子“中间的绝大部分已经成为国家工作人员，已经为社会主义服务，已经是工人阶级的一部分”，进行社会主义建设，“除了必须依靠工人阶级和广大人民的积极劳动以外，还必须依靠知识分子的积极劳动，也就是说，必须依靠体力劳动和脑力劳动的密切结合，依靠工人、农民、知识分子的兄弟联盟”。② 把知识分子视为建设社会主义的三支基本力量之一。同时批评了前几年在知识分子工作中出现的“左”的宗派主义倾向。

接着，在1月30日二届全国政协二次会议上，政协副主席郭沫若31日作了题为《在社会主义革命高潮中知识分子的使命》的报告。2月7日，会议通过了关于政治报告的决议，提出中国人民当前五项主要任务的第三项是：“全国

---

① 中共中央文献研究室：《周恩来年谱（1949—1976）》（上卷），北京：中央文献出版社，1997年版，第518～520页。

② 《关于知识分子问题的报告》，引自《人民日报》，1956年1月30日。

知识分子进一步团结在中国共产党的周围，向现代科学进军，迅速地提高我国的科学文化水平，争取在十二年内使我国最急需的科学部门能够接近世界的先进水平。积极改善对知识分子的使用和安排，给他们以应有的信任和支持以及必要的工作条件和适当的待遇，以充分发挥知识分子的潜在力量。知识分子要自觉地继续进行自我教育和自我改造，全心全意地为社会主义服务。要加紧培养新生力量，扩大知识分子的队伍，使我国有数量足够的、优秀的科学技术专家。要进一步巩固工人、农民和知识分子的联盟，并且依靠这个联盟的力量，使我国在一个不很长的时间内，能够以一个完全现代化的、有高度文化的、富强的社会主义工业大国出现于世界。”在此以后，全国各行各业包括各类学校掀起了向科学文化进军的热潮。①“团结、改造”依然是其中的关键词。

1956年4月5日，《人民日报》发表了《关于无产阶级专政的历史经验》一文，指出：“我们不少研究工作者至今仍然带着教条主义的习气，把自己的思想束缚在一条绳子上面，缺乏独立思考能力和创造精神，也在某些方面接受了对于斯大林个人崇拜的影响。”②

1956年4月6日，毛泽东在讨论《论十大关系》的政治局扩大会议上说：“‘百花齐放，百家争鸣’，我看应该成为我们的方针。艺术问题上百花齐放，学术问题上百家争鸣。讲学术，这种学术可以，那种学术也可以。不要拿一种学术压倒另一种学术。”在5月2日第二次讨论“十大关系”的最高国务会议上，毛泽东又重申：“在中华人民共和国宪法范围内，各种学术思想，正确的、错误的，让他们去说，不去干涉他们。李森科、非李森科，我们也搞不清。有那么多的学说，那么多的自然科学，就是社会科学，也是这一派、那一派，让他们去谈。在刊物上、报纸上可以说各种意见。”③

“双百”方针提出后，教师们又获得独立思考的自由、学术研究的自由，长期受到“左”的教条打压的教师们起来抗争了，典型案例是从北京农业大学开始波及全国的米丘林—李森科学派对摩尔根学派的压制和打击难以再继续下去了。在8月10日青岛召开的遗传学座谈会上，130多位专家、教授讨论了半个月，会上56人发言，曾受到米丘林—李森科学派围攻并被剥夺发言权的著名植物分类学家胡先骕教授一共发言8次，第一次实现了两个学派平起平坐的论

① 中央教育科学研究所：《中华人民共和国教育大事记（1949—1982）》，北京：教育科学出版社，1983年版，第155页。

② 《关于无产阶级专政的历史经验》，引自《人民日报》，1956年4月5日。

③ 薄一波：《若干重大决策与事件的回顾》（上卷），北京：中共中央党校出版社，1991年版，第492~493页。

辩，打破了一派依靠政治力量独霸的局面。出席会议的中央宣传部科学处处长于光远阐述了区分学术问题与政治问题的重要性，宣布摘掉过去强加给摩尔根学派的各种政治帽子。接着各高校被停止讲授的摩尔根遗传学也逐渐恢复讲授。①

与此同时，在哲学、经济学及其他领域的思想也开始活跃起来。1956 年 9 月，中共中央宣传部提出在高等学校试开当时在资本主义国家流行的“唯心主义派别的学说介绍和批判”的课程。并从本学期起先在北京大学和中国人民大学试行。在北京大学先开“罗素哲学”、“黑格尔哲学”、“凯恩斯经济学说的介绍和批判”等课程，中国人民大学先开几个讲座。据此，北京大学哲学系开设了“罗素哲学”，并计划于 1957 年上半年开设“黑格尔哲学”。强调开设资产阶级唯心主义课程的目的，在于开阔学生的眼界，培养学生独立思考的能力，使之能正确地认识唯心主义的错误和更好地学习唯物主义，克服教条主义，以贯彻“百家争鸣”的方针。② 尽管这种放开是带着严格的框框的，但还是产生了十分积极的效果。

一贯受到政治冲击的社会科学领域在这极短的时间里也提出一些有创见的学术见解，孙冶方发表了《把计划和统计放在价值规律的基础之上》的论文，突破了斯大林《苏联社会主义经济问题》一书的束缚，批评了将计划经济同商品生产、价值规律相对立的错误观点；吴景超、费孝通、陈长蘅、孙本文、全慰田等先后发表讨论人口控制的文章，马寅初稍后提出了《新人口论》；也有一些知识分子对政府工作的缺点，特别是干部身上滋长的不良作风提出批评。这些对社会发展有战略意义的论文和观点都是在“双百”方针宣布后的宽松学术和政治环境中涌现出来的。

1956 年 12 月 22 日，《人民日报》发表题为《解决中小学教师的忙乱问题》评论员文章，指出：中小学教师的忙乱现象，是一个长期以来没有得到彻底解决的老问题。1955 年冬季以来，由于中小学教师的校外社会活动过多，有些教育行政部门和学校领导方面对教师的要求过繁过急，规定的一些制度不尽合理，使中小学和师范学校教师的忙乱现象又严重起来。文章提出：各地党政领导机关、教育行政部门和学校领导方面要采取各种措施，解决中小学教师的忙乱问

① 赵德强：《1947—1957 共和国教坛风云》，福州：福建教育出版社，2005 年版，第 127 ~ 128 页。

② 中央教育科学研究所：《中华人民共和国教育大事记（1949—1982）》，北京：教育科学出版社，1983 年版，第 181 页。

题。[①] 这篇文章反映了当时的实情，也反映了对教师的真诚关心。

然而，1957年，毛泽东又提出所谓百家、百派，“基本上只有两家，就是无产阶级一家，资产阶级一家”[②] 的观点，使这些有所创建的著名教授、专家在不久后更加激烈的政治运动中无一例外地受到更严重的打击。

六、反击“右派”

1956年9月15日，刘少奇在中共八大上作了政治报告。报告指出：“要完成文化教育工作各方面的任务，必须进一步扩大和加强知识分子的队伍……在今后，我们的任务就是要继续贯彻执行团结、教育、改造知识分子的政策，改善对知识分子的使用，使他们更有效地为祖国的伟大建设事业服务。”[③]

1956年底，毛泽东明确宣布1957年要在全党开展一次整风运动。[④] 1957年2月27日，毛泽东在1800多人出席的最高国务会议扩大会上作了题为《关于正确处理人民内部矛盾的问题》的报告，严厉批评了党员干部中存在的各种思想和作风问题。3月12日，毛泽东在包括非党人士在内的800人全国宣传工作会议上，号召：“一切同共产党共同奋斗的人们勇敢地负起责任，不要怕挫折，不要怕有人议论讥笑，也不要怕向我们共产党人提批评建议。‘舍得一身剐，敢把皇帝拉下马’。”[⑤]

此后不久，毛泽东对《人民日报》没有大胆宣传他在最高国务会议和宣传工作会议上的讲话提出了严厉批评，他对该报总编辑邓拓说：“过去我说你们是书生办报，不对，应当说，是死人办报。”[⑥] 1957年4月27日，中共中央正式发出经毛泽东修改审定的《关于整风运动的指示》，特别强调要放手鼓励批评，检查官僚主义和宗派主义现象，坚决实行“知无不言，言无不尽，言者无罪，闻者足戒，有则改之，无则加勉”[⑦] 的原则。4月30日，毛泽东邀请各民主党派负责人在天安门城楼上座谈时，说“现在是新时代、新任务，阶级斗争结束，

---

① 《解决中小学教师的忙乱问题》，引自《人民日报》，1956年12月22日。

② 《毛泽东选集》（第五卷），北京：人民出版社，1977年版，第409页。

③ 《中国共产党中央委员会向第八次全国代表大会的政治报告》，引自《中华人民共和国重要教育文献（1949—1975）》，海口：海南出版社，1998年版，第689页。

④ 《毛泽东选集》（第五卷），北京：人民出版社，1977年版，第327～328页。

⑤ 《毛泽东选集》（第五卷），北京：人民出版社，1977年版，第412页。

⑥ 朱正：《1957年的夏季：从百家争鸣到两家争鸣》，郑州：河南人民出版社，1998年版，第47页。

⑦ 《关于整风运动的指示》，引自《人民日报》，1957年5月1日。

向自然宣战”，表示中国共产党真诚欢迎各民主党派和无党派人士提意见、提批评，帮助共产党整风。毛泽东还提出由邓小平约请“民盟”、“九三学社”及其他党外人士，征求有关改进高等学校领导体制的意见，并说：“学校党委制恐怕不合适，要改一下。”①

教育部、高等教育部依据中央的部署，向各级教育行政部门和学校发文，要求师生们提出批评意见，师生们被中国共产党这种发扬民主的决心和欢迎批评的态度感动了，纷纷对各级领导的“三坏主义”（对当时官僚主义、宗派主义和主观主义的简称，也称“三害”主义）提出批评。一些教授还提出，学校里衙门习气比新中国成立前还浓，外行领导内行，年轻党员不尊重教授，不懂装懂，无端怀疑教授，教授们在学校里没有地位、没有发言权，教授评级、升职也要由人事处来定。各地还组织了一些教师座谈会提意见。

1957 年 5 月 4 日，毛泽东为中共中央起草了《关于继续组织党外人士对党政所犯错误缺点展开批评的指示》，提出“要进一步发动群众帮助党整风”。到 5 月中旬，毛泽东决心把社会上放出来的言论在《人民日报》上发表，并指示“要硬着头皮听，不要反驳，让他们放”。当有人说“党外有些人对共产党的尖锐批评是姑嫂吵架”时，毛泽东说“不对，这不是姑嫂是敌我”。5 月 15 日，毛泽东写出了《事情正在起变化》的文章，论证了“左”比右好的道理，认为“左”的教条主义者“大都是忠心耿耿，为党为国的，就是看问题的方法有‘左’的片面性。克服了这种片面性，他们就会大大前进一步。而右，则是修正主义，这些人比较危险”。该文发给党内高级干部阅读。②

根据毛泽东的决心和部署，5 月中旬到 6 月初，中央政治局和书记处多次开会，确定让“右派”进一步暴露，即继续发动鸣放，“让他们愈嚣张愈好”，“党员暂不发言”，“按兵不动”，“预作准备，后发制人”。③ 6 月 6 日，再次发出《中央关于加紧进行整风的指示》，毛泽东指示在策略上，强调“要在高等学校组织教授座谈，向党提意见，尽量使右派吐出一切毒素来，登在报上。可以让他们向学生讲话，让学生自由表示态度。最好让反动教授、讲师、助教及学生大吐毒素，畅所欲言”④。

---

① 朱正：《1957 年的夏季：从百家争鸣到两家争鸣》，郑州：河南人民出版社，1998 年版，第 280、283 页。

② 李维汉：《回忆与研究》（下册），中共党史资料出版社，1986 年版，第 833 ~ 834 页。

③ 薄一波：《若干重大决策与事件的回顾》，北京：中共中央党校出版社，1991 年版，第 613 页。

④ 《毛泽东选集》（第五卷），北京：人民出版社，1977 年版，第 432 页。

1957年6月8日，以中共中央发出的《关于组织力量准备反击右派分子进攻的指示》为开端，同日《人民日报》发表了《这是为什么?》的社论，号召全国人民对右派分子实行反击，到1958年进入高峰。全国开展的反右是对教师的沉重打击，凡提出过意见的几乎都被打为右派。1957年夏到1958年春，在全国各级各类学校中，一批干部、教师、职员和大学生被划为右派分子。高等教育部副部长曾昭抡，教育部副部长柳湜、林汉达以及各级教育行政机关的一批干部被划为右派分子。在全国被划为右派分子的人中，教育界所占比例很大。

1957年8月27日，教育部、共青团中央委员会联合发出通知：将1957年下半年中学和师范学校原定各年级政治课的内容，改为以反右派斗争为中心的社会主义思想教育。并规定：在中学和师范学校的学生中一般不开展反右派斗争。9月25日，中共中央发出通知，中等专业学校1957—1958年学年的政治课，一律改为社会主义思想教育课程。①

1957年，民盟中央的“科学规划问题研究小组”的几位著名教授曾昭抡、千家驹、华罗庚、童第周、钱伟长，经过研究后也起草了《对于有关我国科学体制问题的几点意见》，准备向中共中央汇报。但《光明日报》未经同意就以曾昭抡、钱伟长等人的名义先行发表。反右以后招来严厉批判，参与这两个文件的研究和起草人，除华罗庚、童第周、千家驹检讨得好，被最高领导保下来之外，都被划为右派。

1957年初，清华大学副校长钱伟长在接受《光明日报》记者采访时，曾对高等工科院校的改革谈了一些意见（载该报1957年1月7日第2版），1月31日，又在《人民日报》发表《高等工业学校的培养目标》的文章，提出：高等工业学校应当给学生打下一定的理论知识基础，训练学生在一定范围获取新知识的能力，为将来成为工程师做好准备。他认为，学习苏联后，学校课程门类繁多，又是基础课，又是专业课，还有专门化课，一学期要学十多门课，每周学习时间在30小时以上。西德的高校每周只上17小时的课，美国大学每周连上课带实验才20小时，同样培养出相当水平的人才。他还认为专业不宜分得过细，因为人才的需求不可能摸得十分准确。这些，都被批判为“反对学习苏联”，“企图回到资本主义教育制度”，“要照搬英美的通才教育”。

1957年5月底，清华大学已有600多名学生签名贴出大学报，要求理工合校。6月1日，钱伟长在接受该校工程物理系四年级20多个学生访问时说：“院系调整时把理工分家，是一个很大的错误。我一开始就反对理工分家。现在

① 中央教育科学研究所：《中华人民共和国教育大事记（1949—1982）》，北京：教育科学出版社，1983年版，第202页。

有人提议理工合校，我赞成，但这可要同北大商量，最后还要高等教育部来定。”① 这一表态，也成为他煽动学生闹事的罪行。

钱伟长还对青年的教育提出看法。他说，现在对青年的约束和管教太多，这同发挥青年积极性和创造性的要求不符合。“我们反对自由主义，而封建主义残余从后门钻了进来。清规戒律就是不相信革命群众的积极性，就是封建社会教育思想的残余”。这些看法，后来被批为“鼓吹资产阶级个人主义、自由主义”，“在资产阶级同无产阶级你死我活的斗争中，为资产阶级争夺青年一代效劳；煽动青年反党反社会主义”。

在“左”倾教条主义盛行的时候，人文、社会科学的教学与研究工作受到的冲击和影响最大，有关学科的教授们都深感切肤之痛。因而在整风运动中，按照毛泽东提出的“双百”方针精神，纷纷发表意见，要求改变教育界、学术界的种种不正常状态。不少对前几年按照苏联模式进行高校院系调整时，取消社会学系科表示强烈不满。6 月 9 日，吴景超、费孝通、陈达、李景汉等人召开恢复社会学研究的筹备委员会，被中科院院长郭沫若斥责为“为资产阶级反动统治复辟铺平道路”，“好让右派分子出来染指国家工作决策”。②

1957 年 10 月 15 日，中共中央发出《关于在中等学校和小学的教职员工中开展整风和反右派斗争的通知》，中等学校和小学的教职员工在寒假中集中进行了整风和反右派斗争，延长了放假时间。由于本年寒假假期比往年长得多，12 月 26 日，教育部、共青团中央发出联合通知，要求各级领导组织安排好学生的寒假活动。③

在反右之后开展的“反右补课”中，一些地区和单位的领导人为了完成上级下达的右派指标，将一些平时与领导关系不好，或被认为骄傲自满、思想落后、不服从领导的同志，就捏造罪名戴上右派帽子，让这类人含冤受苦 20 余年。

当时的亲历者有段回忆④：

据我记忆，当年那些所谓的右派先生们，大都是自己“跳”出来的，

① 朱正：《1957 年的夏季：从百家争鸣到两家争鸣》，郑州：河南人民出版社，1998 年版，第 288 页。

② 《人民日报》，1957 年 9 月 19 日。

③ 中央教育科学研究所：《中华人民共和国教育大事记（1949—1982）》，北京：教育科学出版社，1983 年版，第 204 页。

④ 余博：《丁酉纪事》，引自《浮生残梦》，北京：中国戏剧出版社，2005 年版，第 168 ~ 170 页。

自作自受。大鸣大放大辩论开始，先是那些民主党派和无党派人士取得了鸣放优先权，于是一批高级知识人士首先出台了。具体到某个部门、单位也是如此。我所在的那个单位五十多人，也是党外人士优先鸣放。他们非常认真，不惜为写好长篇发言稿猛下工夫。有位M先生语言文字修养不错，他的发言稿很有特色，不仅文笔生动，而且字斟句酌，富有文采。他似乎想在鸣放会上大显身手，一鸣惊人。他说：你们讲民主自由，实际上没有自由，“三根绳子”——户口、档案、粮本，把人捆得紧紧的，动也动不了。又说，党员在墙内，群众在墙外，“墙外行人，墙里佳人笑。笑渐不闻声渐悄，多情却被无情恼”。他绘声绘色地朗诵着苏轼的《蝶恋花》词，可在他得意之余，却成了右派。也有些右派先生是“找”出来的。这类人尽管没有参加鸣放，但他平时有文章、著作流传在世，按照标准，断章取义，就可打入另册，不容置辩。这多半属于有头有脸的社会人士。这两种人，特别是第一种人，当然是咎由自取，无可奈何。

除此之外，还有个别右派先生是“请”出来的，这就未免太滑稽了。据说，某市有所中学，分得一个右派名额，因为没有人自动跳出，难得落实到人。一把手忽然急中生智，来个真戏假做，李代桃僵。这时，他想到了某某副校长，这位忠厚老实的党外人士。当即开诚布公地同这位先生商量。

“老兄，有件事同您商量一下。”

“什么事，你说吧，是不是关于教改计划?”

“不，不是业务问题，是个政治挂帅问题。你我是知心朋友，不瞒你说，上级分给我们一个右派名额，学校一时找不到人，我看你最合适，这个就给了你吧，你看怎么样?”

“你知道，我这人一贯埋头业务，思想政治水平低，要挂这个帅，你看我够条件吗?”

“这倒简单，要求不高，你只要说几句话就行。比如你对现行国家政策有什么想法，对社会现象有什么看法，表个态就可以了。”

“那好吧，如果组织上信得过我，就试试看吧!”

特定对象被请上了马，一把手这才松了口气，不然“思想右倾”、“政治不挂帅”等帽子就会扣到自己的头上。接着便是动员全体教职工参加经过精心组织的批判会。要求大家对这位勇于奉献的副校长要另眼相看，只洗“温水澡”，不洗“热水澡”，不挂牌子，不呼口号，不许动手动脚。对内、对外、对上、对下，说得过去就行了。同时把这个做法跟这位副校长通了气，他表示没有异议。他觉得既然要为革命事业作出贡献，就不能不付出一定代价。他心安理得，顺利地通过了批判关。

可是，他不曾想到的是，批判会过后不久，上面给他送来了一顶帽子——右派分子。他这才恍然大悟，大呼上当。

某学院1957年在中共中央发出了关于“组织力量反击右派分子的猖狂进攻”的指示下，学院的反右派斗争也迅速地开展起来。“全院教职工和学生，先后被错划为‘右派分子’的共612人，占全院总人数5855人的10%以上，混淆了两类不同性质的矛盾。把一批教职工和学生错划为‘右派分子’，误伤了许多好人，影响了他们在社会主义事业中积极性的发挥，造成了严重的不幸后果。”在反右派斗争告一阶段后，整风运动继续进行，随后转入整改阶段。1957年10月30日，院长向全院师生作了《关于继续深入进行整风运动》的动员报告，师生员工就如何改进学院工作提出了不少宝贵意见。仅据11月27日统计，在20多天中，共贴出大字报7174张，召开了座谈会873次，提出意见63 525条。①

1959年7月，中共中央在江西庐山召开了八届八中全会，会上曾经致力于总结经验、纠正已经觉察到的“左”倾错误，但庐山会议后期，毛泽东错误地发起对彭德怀的批判，进而在全国错误地开展了“反右倾”斗争。各学校依据庐山会议精神和中央关于“反右倾”的指示，在党内开展了“反右倾”斗争，同时在师生员工中进行“三面红旗”（总路线、大跃进、人民公社）的教育。

“反右”对教师队伍的打击极其严重，在全国各地有独立思想的优秀教师、学有所长的教学骨干和学科带头人几乎都被划为右派。以当时运动开展得尚不算极端的贵州省为例，“1957—1958年春，整风‘反右’运动给贵州教育带来惨重的损失”。1958年9月20日，中共贵州省委下发《关于整顿中小学教师队伍的报告》，报告中总结了整风“反右”的情况：“当时全省有公办、民办教职员46 906人，经过整风‘反右’运动，被划为右派的1943人，占4.14%；坏分子或坏分子兼右派1645人，占3.45%；反革命分子或反革命兼右派1509人，占3.3%。三者合计为5140人，占教职员总数的10.95%。对右派的处理原则是，大部分离校，少部分留用。因此判刑3人，开除公职送劳动教养565人，开除公职或自谋生计259人，监督劳动370人，撤职留用351人，撤销职务另行分配工作15人，降职、降级175人，免予处分71人，另有1人自杀。”“还

① 西南师范大学校史编写组：《西南师范大学校史》，重庆：西南师范大学出版社，2000年版，第116~117页。

有相当一部分人被划为‘中右’分子，虽然未戴反、坏、右分子的帽子，也受到严厉批判和处分。按当时的政策，这类人约占教职工总数的20%左右。”①

1957年，河南省教师中被划为右派的有4.1万人，占全省右派总数7万人的58%；广东省1.3万人，占全省右派总数3.7万人的35%。② 据教育部档案记载，反右运动开始后仅一个多月（8月），就在全国部分高等学校划了17769名右派。教师中右派的比例有的学校高达18.48%，学生中右派的比例最高达10.98%。③“全国55万余被划为右派分子的人半数以上失去公职，相当多数送劳动教养或监督劳动，有些人流离失所、家破人亡。少数人在原单位留用，也大都用非所长。”④

据统计，全国大约占总数1%的右派“不予改正”，全国公职人员中“改正”的右派总人数为552877人，⑤ 这一数字未包括在校学生和民办教师及其他不担任公职的右派人数。全国教职工中有多少人被划为右派，没有准确的统计，但在当时全国500万知识分子中，教师约占十分之七，接近350万人，依照上述各省的比例推算，教职工中至少有35万人被划为右派；依照公职人员55万多右派的比例，教育界的右派在35万左右。此外，未戴帽子而受到不同程度处罚的“中右”至少也有5万~10万人，在“反右”运动中，至少有40万教职工直接受到伤害。⑥ 这不只是被划为右派的人的不幸，也是中国教育之大不幸、中华民族之大不幸。

对“反右”的错误，1959年后作了一些纠正，部分右派分子摘掉帽子，但仍称“摘帽右派”。1961年为部分被错误批判的人平反，但平反得很不彻底，在后来越来越激烈的政治斗争中，他们的身心仍继续备受折磨与摧残，其中不少人没有熬到“改正”便含冤死去，一直到1978年后众多冤假错案才得到昭雪。

---

① 梁茂林：《回眸与思考——贵州学校教育初探》，贵阳：贵州民族出版社，2007年版，第145页。

② 《教育部简报》，1979年5月4日（增刊11）。

③ 毛礼锐：《中国教育通史》（第6卷），济南：山东教育出版社，1989年版，第126页。

④ 李维汉：《回忆与研究》（下册），中共党史资料出版社，1986年版，第339页。

⑤ 戴煌：《胡耀邦与平反冤假错案》，北京：中国文联出版公司、新华出版社，1998年版，第17页。

⑥ 赵德强：《1947—1957共和国教坛风云》，福州：福建教育出版社，2005年版，第163页。

七、下放劳动和勤工俭学

1956年1月20日，教育部发出通知：在寒假中组织中小学和师范学校学生在农业和私营工商业的社会主义改造高潮中，参加宣传工作和社会公益工作，从这些实际活动中接受社会主义教育。[①] 由此开启了通过农民和农业劳动改造知识分子的先例。

1957年初，学校开展勤工俭学形成一股风。5月10日，中共中央有针对性地发出《关于各级领导人员参加体力劳动的指示》，规定对于学校的教职员和学生的体力劳动不要盲目地、无计划地推广，应经过一部分人首先试行，取得经验，然后在自愿的基础上逐步开展。[②] 然而，6月5日的《人民日报》发表题为《一面劳动，一面读书》的社论，提倡组织学生开展勤工俭学，[③] 在此以后，全国各地的高等学校和中等学校开展了各种形式的勤工俭学活动。

1957年8月8日，中共中央发出《关于向全体农村人口进行一次大规模的社会主义教育的指示》，北京高等学校700多名师生到京郊农村参加社会主义教育运动。全国各地高等学校的师生也在暑假中到农村参加社会主义教育大辩论，参加体力劳动。[④]

在毛泽东提出“教育必须为无产阶级政治服务，教育必须与生产劳动相结合，劳动人民要知识化，知识分子要劳动化”后，学校的整风运动进入整改阶段。首都高等学校首批下放人员去农村劳动，清华大学教职员179名，中国人民大学教职员612名，于10月中旬分别去农村参加生产劳动。除下放劳动外，首都高等学校在校师生员工参加体力劳动，逐步制度化、经常化。许多学校的校部干部、党委工作人员还下放到班、系，加强基层工作。各地学校师生到农村或在校内参加体力劳动。

1957年10月，首都高等学校开始下放人员去农村劳动，全国各校竞相效仿。至1958年1月，北京、上海、南京等地高等学校下放农村的知识分子已达6300多人。据教育部调查的100所高等学校的材料显示，共下放教师3900人，

---

① 中央教育科学研究所：《中华人民共和国教育大事记（1949—1982）》，北京：教育科学出版社，1983年版，第154页。

② 中央教育科学研究所：《中华人民共和国教育大事记（1949—1982）》，北京：教育科学出版社，1983年版，第196页。

③ 《一面劳动，一面读书》，引自《人民日报》，1957年6月5日。

④ 中央教育科学研究所：《中华人民共和国教育大事记（1949—1982）》，北京：教育科学出版社，1983年版，第203页。

占教师总数的11.8%。1958年2月28日，在中共中央发布《关于下放干部进行劳动锻炼的指示》后，高等学校教职员下放劳动锻炼更是形成热潮。[①]

1958年2月9日和12日，周恩来邀请出席一届全国人大五次会议的高等学校的人大代表和首都高等院校负责人举行教育问题座谈会。周恩来在会上讲话，指出文教战线和其他战线一样，在整风中进行两种斗争：一种是资本主义道路和社会主义道路的斗争，这种斗争还应继续下去；另一种是建设社会主义是实行多快好省还是实行少慢差费的方法的斗争，这两种方法的斗争在文教战线上也存在着。文教战线勤工俭学的好经验，是更好、更快地建设社会主义的方法。希望大家根据本地的情况加以推广，使落后的赶上先进，先进的更先进，把教育工作大大推向前进。康生在会上提出在高等学校要实行“三勤”和“三放”。“三勤”是：勤俭办学，勤俭生产，勤工俭学。“三放”是：干部下放劳动，学校开放大门，校部党政干部下放班系。[②]

1958年3月19日，教育部发出文件，决定中等专业学校组织部分学生下放劳动，以解决1956年招生过多的问题。文件指出：解决这一问题，主要应采取组织学生留校参加生产劳动、半工半读或下放到本部门所属工矿企业参加劳动生产的办法。如仍不能全部解决时，经征得地方党委和省市人民委员会的同意，也可以下放到农村参加农业生产劳动。下放劳动时间一般定为一年。[③]

1958年5月9日，高等学校开展群众性的教学改革运动。许多高等学校调整系科、专业，组建新专业；修订教学计划，将生产劳动引入教学计划；师生下厂下乡搞现场教学、调查研究、参加实际工作；搞单科独进或按生产过程组织各门课程的综合教学；聘请“土专家”、劳动模范，生产能手到学校任教，工人、农民上讲台。一些学校还建立党政干部、教师、学生三结合的专业委员会、年级委员会，统一组织领导一个专业、一个年级的教学、劳动、科研等工作。[④] 其他各级各类学校也跟随效仿，认为“知识分子要真正做到脱胎换骨，根本的办法就是深入到工农群众中去，参加体力劳动的锻炼。具体地讲，就是要做到三结合：即与工农结合、与实际结合、与生产结合。这是改造思想与提

---

① 中央教育科学研究所：《中华人民共和国教育大事记（1949—1982）》，北京：教育科学出版社，1983年版，第205页。

② 中央教育科学研究所：《中华人民共和国教育大事记（1949—1982）》，北京：教育科学出版社，1983年版，第214页。

③ 中央教育科学研究所：《中华人民共和国教育大事记（1949—1982）》，北京：教育科学出版社，1983年版，第218页。

④ 中央教育科学研究所：《中华人民共和国教育大事记（1949—1982）》，北京：教育科学出版社，1983年版，第224页。

高业务相结合的又红又专的道路，这样才能把资产阶级知识分子改造成为工人阶级的知识分子”①。

1958年6月10日，中共中央文教小组成立，陆定一任组长，康生任副组长。康生利用视察教育、参加会议等时机，到处宣扬他的“教育革命”主张。6月，他在中共中央宣传部召开的教育工作会议上宣布：教育部制定的教育规章制度一律无效。7月17日，康生在北京师范大学说师大有两大任务：大办工厂，大办学校。每一个班都可以办一个工厂，还要办学校，从小学办到大学，今年至少要办100个各种类型的学校。7月19日，康生在北京农业大学说一个学校最低要挂五个牌子：一学校，二工厂，三农场，四研究所，五农林局。最好挂那么十几个牌子。还说，教授要按所种作物的产量评级，搞（亩产）一千斤的只能当五级教授，两千斤的四级，三千斤的三级，四千斤的二级，五千斤的一级。10月12日，康生在河南对教育厅的人说：学校是整个劳动大军的一个组成部分，要与社会大生产结合，可以上课两小时，劳动三小时；可以六小时劳动，两小时上课；在另一种情况下，也可以劳动五小时，上课三小时；现在在钢铁潮流下，也可以只劳动，不读书。10月29日，康生在安徽省合肥工业大学说，你们有一个基础，再加上一条，就是敢于胡搞，胡搞就是科学研究。他还说，河南鸠山红专大学是一所真正继承了革命传统的学校；翟泉红专大学是农村中普及大学教育的重要形式。他还提出城市里的农业大学应当下放农村等等。② 这些显然属于无稽之谈的话，由于出自当权者之口，却被一些地方学校当做圣旨执行。

复旦大学各系为了实现教育与生产劳动相结合，文科各系都以彻底打破资产阶级的课程体系、教学观点和教学方法为中心，采取一系列革命性措施，提出的口号是“深入实际，调查研究，改变学风”。准备以课程时间的三分之一到二分之一，走出教室，参加实际斗争。中文系和历史系提出要彻底扭转厚古薄今的倾向，加强现代史和现代文学的研究。理科各系结合生产研究尖端科学。厦门大学为革新教学，把中文系搬到了三明钢铁基地，据称一面参加体力劳动、改造思想，一面进行教学和教学研究，一面为文化革命和技术革命服务，真正做到厚今薄古，为当前政治、生产和工农服务，他们认为这样既可以“红”，

① 《一场拔白旗插红旗的斗争》，引自《光明日报》，1958年7月24日。

② 中央教育科学研究所：《中华人民共和国教育大事记（1949—1982）》，北京：教育科学出版社，1983年版，第225～226页。

又可以“专”，是“红专”的正确道路。[①]

1958年8月13日，毛泽东视察天津大学和南开大学时说：“高等学校应抓住三个东西：一是党委领导；二是群众路线；三是把教育和生产劳动结合起来。”“以后要学校办工厂，工厂办学校，”“学生要勤工俭学，教师也要搞。”“老师也要参加劳动，不能光动嘴不动手。”[②] 9月12日，毛泽东视察武汉大学时说：“学生自觉地要求实行半工半读，这是好事情，是学校大办工厂的必然趋势，对这种要求可以批准，并应给他们以积极的支持和鼓励。”[③]

1958年8月，在各地实现人民公社化的高潮中，农村的全部中小学下放给公社领导管理。北京、河南、浙江等许多省市的部分高等学校，一度成立人民公社或参加当地的人民公社。如河南省郑州大学等七所高等学校成立了人民公社，北京政法学院参加了海淀区东升人民公社，中国人民大学参加了四季青人民公社，北京等地的一些高等学校师生还参加了帮助建立人民公社的工作。1958年，在支援农业生产大跃进的口号下，各级学校师生经常停课下乡参加农田水利建设、深翻土地、“双抢”、“三秋”等农业劳动。[④]

1958年9月21日至10月2日，农业部在南京农学院召开全国高等农业院校教育结合生产的经验交流现场会。会议根据中央指示，着重讨论研究从本年下半年把高等农业院校师生一律下放到农村进行劳动锻炼的措施。会议认为：农业院校师生下放农村，是全国农业院校教学制度的一个重大改革，是培养工人阶级的又红又专的农业技术人才的重要措施，必须坚决执行。10月5日到21日，在林业部召开的全国高等林业院校座谈会上，确定把高等林业院系的全体师生下放到农村劳动锻炼一至二年，并将原有林学院系迁出大中城市，在林业生产基地建校。[⑤]

1958年9月，随着农村的人民公社化运动的发展，河南、河北、广东、山东等地一些地区，出现学校合并集中，学生实行同学习、同劳动、同食宿的做

---

① 《复旦大学采取革命措施改革教学；厦门大学革新教学的重大举措，把中文系搬到钢铁基地去》，引自《光明日报》，1958年7月3日。

② 中央教育科学研究所：《中华人民共和国教育大事记（1949—1982）》，北京：教育科学出版社，1983年版，第229页。

③ 中央教育科学研究所：《中华人民共和国教育大事记（1949—1982）》，北京：教育科学出版社，1983年版，第231页。

④ 中央教育科学研究所：《中华人民共和国教育大事记（1949—1982）》，北京：教育科学出版社，1983年版，第230页。

⑤ 中央教育科学研究所：《中华人民共和国教育大事记（1949—1982）》，北京：教育科学出版社，1983年版，第232页。

法。如河南省40个县的农村中小学合并集中，实行“四集体”：集体住宿、集体吃饭、集体读书、集体劳动。合并后的学校，一般规模千人左右。江苏省有些县将单班小学合并，部分中小学、幼儿园集中住校。广东省大部分中小学实行“三集体”，同学习、同劳动、同吃饭。中共中央文教小组副组长康生到河南视察时说，这“是向共产主义过渡的一个必然趋势”。同时，中等以上学校学生和青年教师响应中共中央发出的全民武装、大办民兵师的号召，建立民兵师团，学生按营排编制，实行生活军事化，进行军事训练。10月达到高潮。①

过度的劳动加上粮食不够，直接损害了师生的身体健康，而当时的报刊发表大量的例证称学生参加劳动后，身体变强壮了，普遍认为，知识分子容易失眠，劳动有一个非常奇特的功效在于它能根治失眠。大量的关于学生睡眠好了、疾病少了、失眠没有了的情况屡屡见诸报端。这是一个非常冠冕堂皇的说法，屡试不爽。如在跃进中建立起来的浙江湖州师专，在下乡劳动中“认真劳动，虚心学习，坚决改造”，在农民苦干、实干、猛干的感召下，鼓足了劲头，跟农民一起劳动，起早落夜，月亮当太阳，半夜才回家。通过劳动，同学们体质增强了，失眠的现象消失了，原来的白面书生，现在变得满脸红光了。还有的报道说：南京农学院从3月开始全面开展勤工俭学以后，通过劳动生产，增强了体质，减少了疾病，去年3月到6月全院每天平均门诊134人次，今年同一时期减少到58人次；凡是过去有神经衰弱、头晕目眩的人，普遍好转，去年3月到6月服用镇静剂和安眠药的消耗量为100，今年同一时期减少为31.5。畜牧63班，原有十几人有各种疾病，现在只有一人。许多人开始时只能顶半个劳动力，现在已经成为一个全劳动力了。②

直到1958年12月22日，中共中央批转教育部党组《关于教育问题的几个建议》中，才明确提出：“要保证教师的时间。大中小学教师的主要劳动是教学，参加体力劳动以不妨害教学为原则。”③

八、“双反”与“交心”运动

1957年5月，各级教育行政部门和学校，根据中共中央发布的《关于整风

① 中央教育科学研究所：《中华人民共和国教育大事记（1949—1982）》，北京：教育科学出版社，1983年版，第233页。

② 张维城：《高举教育和生产劳动结合的红旗》，引自《光明日报》，1958年10月6日。

③ 中央教育科学研究所：《中华人民共和国教育大事记（1949—1982）》，北京：教育科学出版社，1983年版，第237页。

运动的指示》，开展整风运动。接着“双反”、红专大辩论、“拔白旗，插红旗”等运动成为培养无产阶级知识分子和改造资产阶级知识分子的主要方式。

1957 年 5 月 26 日，周恩来在中华职业教育社建社 40 周年纪念会讲话中指出：“中国知识分子是具有爱国热情的。”“知识分子，在今天中国社会中是急需的。”“知识分子的改造是个长期的工作……应该用和风细雨的方法进行改造。”“要活到老，学到老，改造到老。我自己这样做，希望大家也这样做。学习、改造不能停顿，停顿就会落后，落后就会思想生锈。”①

1957 年 10 月，高等学校学生中掀起红专大辩论高潮。辩论中有三种主张，即“先专后红”、“边专边红”、“先红后专”。《光明日报》编辑部于 10 月 13 日邀请北京市高等院校和科研机构的负责人、教授、专家座谈“红”、“专”的关系问题。此后，该报连续发表北京大学教授翦伯赞、朱光潜和北京师范大学教授白寿彝、清华大学教授梁思成等人在座谈会上的发言。他们联系亲身经历，说明“先专后红”的思想是错误的，青年们要同时又红又专。与此同时，一些高等学校还围绕着办学的方向道路、培养目标、参加体力劳动等问题展开了辩论。②

1957 年 12 月 31 日，高等教育部指示各高等学校切实贯彻中共中央和国务院提出的勤俭建国、勤俭办学的方针和开展增产节约运动的号召。指示列举了高等学校在用人、基本建设等方面存在的铺张浪费现象之后，提出了大力精简机构、调整人民助学金标准、处理多余土地、节约建设投资、清理学习设备、处理积压物资、节约经费开支等措施。1958 年 1 月 17 日，《人民日报》发表题为《高等学校也有浪费可反》的社论。学校整风运动进入反浪费阶段，各级学校先后出现反浪费的热潮。③

1958 年 3 月 7 日，中国教育工会全国委员会举行第二届第七次主席团扩大会议。会议指出：自本年 2 月 20 日中国科学院在上海的 17 位科学家提出做“又红又专”的科学工作者的倡议后，教育、科学工作者自觉要求思想改造的形势正在迅速发展。会议支持教育、科学工作者提出的自我思想改造大跃进的社会主义竞赛倡议，号召教育工作者、科学工作者迅速掀起一个“决心做左派、

① 中央教育科学研究所：《中华人民共和国教育大事记（1949—1982）》，北京：教育科学出版社，1983 年版，第 197 页。

② 中央教育科学研究所：《中华人民共和国教育大事记（1949—1982）》，北京：教育科学出版社，1983 年版，第 206 页。

③ 中央教育科学研究所：《中华人民共和国教育大事记（1949—1982）》，北京：教育科学出版社，1983 年版，第 208 页。

苦战三年到五年，成为又红又专、更红更专的工人阶级知识分子”的社会主义竞赛高潮。①

1958 年 3 月 16 日，北京各民主党派、无党派人士举行“社会主义自我改造促进大会”，通过了《自我改造公约》，表示要“把心交出来”；1958 年 4 月中旬，中央统战部在天津召开向党交心运动现场会，此后这一运动便在民主党派和全国知识分子中普遍开展起来。②

1958 年 3 月，中共中央发布《关于开展反浪费反保守运动的指示》，全国各级各类学校相继开展“双反”运动。运动中运用“大鸣大放”、大字报、大辩论、开现场会、展览会等方式揭露学校工作中的“三风”（主观主义、官僚主义、宗派主义的思想作风）和“五气”（官气、暮气、阔气、骄气、娇气），揭露学校中的浪费、保守现象。同时揭露师生中的种种资产阶级个人主义的表现，掀起以搞臭资产阶级个人主义、自觉革命、向“红透专深”前进为中心的思想批判运动，开展向党交心、“拔白旗，插红旗”、红专辩论、制订红专规划、批判资产阶级教育思想和学术思想等一系列“兴无灭资”的思想斗争。运动中一批老教授、专家和教师受到批判。③

1958 年 5 月，中国共产党八届二中全会通过了“鼓足干劲，力争上游，多快好省地建设社会主义”的总路线，全国“大跃进”运动逐步走向高潮。在全国“大跃进”热潮的影响下，全国各类学校中以“双反”（反浪费、反保守）、“交心”、“红专大辩论”、“大办工厂”、“大办学校”、“大炼钢铁”等为主内容的“大跃进”运动也迅速开展起来。

1958 年 8 月 13 日，《人民日报》发表《学术批判是自我革命》的社论，提出高等学校的领导者要大胆地发动群众，帮助资产阶级学者们进行学术思想批判。在此前后，全国高等学校也开展了学术批判的群众运动。在文史哲、政治、财经、心理、教育、新闻以及生物等学科领域内展开了学术批判。一些老教师、老教授、专家受到批判。在北京地区的一些高等学校中受到批判的就有哲学方面的冯友兰、贺麟、张岱年，法律学方面的芮沐、龚祥瑞，经济学方面的马寅初，文学方面的王瑶、游国恩、林庚、王力、高名凯、朱德熙、郑振铎、朱光

① 中央教育科学研究所：《中华人民共和国教育大事记（1949—1982）》，北京：教育科学出版社，1983 年版，第 216 ~ 217 页。

② 李维汉：《回忆与研究（下）》，北京：中共党史资料出版社，1986 年版，第 846 ~ 847 页。

③ 中央教育科学研究所：《中华人民共和国教育大事记（1949—1982）》，北京：教育科学出版社，1983 年版，第 220 页。

潜等。[1]

在拔掉“资产阶级学者、教授”的“白旗”后，要插上无产阶级的红旗，为了体现“卑鄙者最聪明，高贵者最愚蠢”的精神，请来一些土专家上台讲课。河南省封丘县应举农业社社长崔希彦1958年7月被开封师范学院聘为教授，他的第一课“详细而生动地叙述了他在毛主席家做客的动人场面。大家普遍认为这是一篇活的又红又专的马列主义报告，思想性强，艺术性很高”[2]。

为了体现忠诚于革命，1958年10月3日，北京师范大学在开学典礼大会上宣布：讲师、助教的学衔一律取消。取消全校党员副教授、教授的学衔，党外副教授、教授的学衔是否取消，看本人自愿而定。学衔取消后统称教员，薪金不变。[3]

九、“献礼”运动

1958年3月12日，国务院副总理、科学规划委员会主任聂荣臻在科学规划委员会第五次会议的总结发言中提出，为了科学事业和生产的“大跃进”，一定要把高等学校的科学力量动员起来。[4] 在此前后，在大搞技术革命和文化革命的号召下，全国各地的高等学校、中等专业学校以至一些中小学掀起了科学研究“大跃进”的热潮，大搞以“猛攻尖端科学”、“生产尖端产品”、“技术革新”、“创造发明”等为内容的群众运动。并在“七一”、“八一”、“十一”等纪念日前搞突击、苦战，开展“献礼”活动。

下面是某校开展“献礼”运动的情况[5]：

> 1958年8月25日，党委书记向全院师生员工作了《开展大检查，发动大竞赛，掀起“五献运动”第一个高潮》的动员报告。会后，“大战一个月，向党献大礼”的口号响彻整个校园，学生班与班之间，教师教研组

---

① 中央教育科学研究所：《中华人民共和国教育大事记（1949—1982）》，北京：教育科学出版社，1983年版，第230页。

② 《土专家走上大学讲坛》，引自《光明日报》，1958年8月14日。

③ 中央教育科学研究所：《中华人民共和国教育大事记（1949—1982）》，北京：教育科学出版社，1983年版，第235页。

④ 中央教育科学研究所：《中华人民共和国教育大事记（1949—1982）》，北京：教育科学出版社，1983年版，第217页。

⑤ 西南师范大学校史编写组：《西南师范大学校史》，重庆：西南师范大学出版社，2000年版，第119~120页。

与教研组之间，系与系之间，纷纷挑战应战，打擂比武。在竞赛中，广大师生员工都表示要大办工厂、大办农场、大办学校、大搞科研、大“放卫星”，向国庆献礼。8月底，学院“放卫星献大礼展览会”在图书馆阅览室隆重开幕，展出了“大跃进”以来，学院教学、科研的主要成果。

1958年9月，学院形成了大办工厂、大办农场、大办学校和大搞科研的“全面大跃进”高潮。在一个多月的时间内，全院就办起了44个工厂，试制出产品334类，共1300多种。在农业方面，改良农具58件。兴办各类学校418所，并将北碚定为“共产主义教育实验基地”。在“放卫星，献大礼”的号召下，大搞科研，全校师生很快就完成了100多个科研项目。

为了向国庆献礼，搞所谓“全面大跃进”几乎占据了全部教学时间，极大地影响了教学秩序。为了鼓干劲、出成果，大搞挑战应战，打擂比武，表面上轰轰烈烈，实际上是搞形式主义，浮夸风泛滥。所出成果，数量上有一定虚假现象，质量上也存在水平不高的问题。

1958年，国际关系学院300多名师生为向国庆献礼，在党委领导下，苦战十昼夜，编出了一本有4000条目80万字的世界知识词典，学生们在编写词典的过程中，不仅破除了只有专家才能编词典的迷信，而且也学到了许多新知识。① 各地还依据厚今薄古、详中略外、由近及远的原则，对原有教材采取增、添、补、删、减、改、并、串的方式广泛开展编修教材的运动。

1958年11月1日至12月31日，教育部、共青团中央在北京联合举办教育与生产劳动相结合展览会，展出各地贯彻党的教育方针所取得的成果。展览会设一个综合馆和27个地方馆，共接待观众104万人次。展览期间举行了43次座谈会，有75个单位介绍了经验。《人民日报》、《光明日报》等报为展览会开幕发表社论，并做了宣传报道，认为展览会是“党的教育方针的凯歌”②。

1959年5月24日，中共中央批转了教育部党组《关于高等学校学生编写讲义问题的意见》。教育部党组在意见中回顾了“大跃进”以来各地高等学校学生和青年教师编写讲义的情况和问题后指出：学生的主要任务是学好学校所规定的各种课程，时间、精力主要应当用在学习功课上，编写讲义主要是教师的责任，不应把编写讲义的担子放在学生身上。不要为编讲义而编讲义，不要明知力量不够也要勉强编写，更不要为了赶国庆献礼而匆促编写，粗制滥造。

---

① 《苦战十昼夜，编成大辞典》，引自《人民日报》，1958年9月22日。

② 中央教育科学研究所：《中华人民共和国教育大事记（1949—1982）》，北京：教育科学出版社，1983年版，第236页。

各科有现成讲义可用的，不一定用自编的讲义。[①]

十、大炼钢铁

1958 年 8 月，中央宣布当年钢产量要达到 1070 万吨，为了实现这个任务，掀起了一个“全民大炼钢铁”的运动，全国各类学校也参与其中。

1958 年 9 月，全国大、中、小学校教职工和高小以上学生，响应中共中央的号召，投入大炼钢铁运动。各地师生夜以继日地劳动，教学工作基本停顿。9 月中旬，国务院抽调27 600名高等、中等学校地质、化工、化学专业师生，参加全民大炼钢铁运动。北京市 5000 多名师生分赴 16 个省市参加采矿、选矿及化验分析等工作，至 12 月底，这批师生才陆续回校。据 9 月底 20 个省市统计，有 21100 所各级各类学校，共建小炼铁炉、小炼钢炉86 000多座。[②]

师生投入炼钢，直接影响教学。1958 年 10 月和 11 月，国务院第二办公室主任张际春、教育部部长杨秀峰在西南地区视察学校时指出：要合理安排炼钢和教学任务，进一步做好教育和生产劳动相结合的工作；教学、生产、科研要紧密结合，不要放松基础课程，还要攻尖端科学。[③]

1959 年 9 月 8 日，中共中央发出通知：高等和中等学校应立即组织教职工和高中以上的学生，认真学习党的八届八中全会的决议及有关文件，展开一场反对右倾机会主义、保卫总路线的学习和辩论。并指出：由于学校教师和高中以上学生的家庭出身关系，不少人对党的总路线、“大跃进”和人民公社有不少错误和糊涂的思想。因此，必须抓住现在的时机，进行一次深刻的政治教育。今后两三个月内，政治理论课应当配合运动以讲解党的建设社会主义总路线为中心，讲清社会主义时期的阶级斗争，阐明马克思主义应当怎样对待革命群众运动、不断革命论和革命发展论等理论观点。据此，各级学校开展了保卫“三面红旗”的学习运动，围绕着“人民公社是否办早了、办糟了”、“全民炼钢是否得不偿失”、“大跃进是好得很，还是糟得很”、“怎样对待革命群众运动”等

---

① 中央教育科学研究所：《中华人民共和国教育大事记（1949—1982）》，北京：教育科学出版社，1983 年版，第 250 页。

② 中央教育科学研究所：《中华人民共和国教育大事记（1949—1982）》，北京：教育科学出版社，1983 年版，第 233 页。

③ 中央教育科学研究所：《中华人民共和国教育大事记（1949—1982）》，北京：教育科学出版社，1983 年版，第 236 页。

问题，并结合教育工作的实际，展开了大辩论。同时在党内开展了反右倾运动。[①]

1960年9月，新学期开学后，各地学校组织师生学习中共中央关于开展以粮钢为中心的增产节约运动和全党全民大办农业、大办粮食的指示。大批师生深入农村、工厂，支援粮、钢生产。各地高等学校从科学技术、文化教育、医药卫生以及人力、物力等方面支援农业生产。[②]

直到1964年2月27日，教育部才通知全国各重点高等学校：今后教师参加生产劳动，应该按照《教育部直属高等学校暂行工作条例（草案）》中有关的规定执行，即一般平均每年半个月到一个月，不再采用轮流长期下放从事体力劳动锻炼的办法，教师为进修提高和接触实际而到农村、工厂、企业和其他基层单位搜集资料、从事研究或担任实际工作的时间，不计在劳动时间内。[③]因为这个通知仅仅讲到重点高校，普通高校和中小学教师的劳动依然要继续下去。

十一、社会主义教育运动（“四清”）

1961年7月19日，中共中央发出《关于自然科学工作中若干政策问题的批示》，同意聂荣臻《关于自然科学工作中若干政策问题的请示》和国家科委党组、中国科学院党组《关于自然科学研究机构当前工作的十四条意见（草案）》。中央认为，文件的精神对一切有知识分子工作的部门和单位也都是适用的。高等学校等单位的党委都要结合自己的情况，参照执行。批示强调指出：“近几年来，有不少的同志，在对待知识、对待知识分子的问题上，有一些片面的认识，简单粗暴的现象也有所滋长，必须引起严重的注意，以端正方向，正确地贯彻执行党的政策。在几年来深入进行政治思想革命取得很大的胜利的基础上，目前有必要强调对知识分子的团结和使用问题，以争取一切可以争取的知识分子，使用一切有用的力量，为社会主义事业服务。”[④] 此后，教师过了一

---

① 中央教育科学研究所：《中华人民共和国教育大事记（1949—1982）》，北京：教育科学出版社，1983年版，第255页。

② 中央教育科学研究所：《中华人民共和国教育大事记（1949—1982）》，北京：教育科学出版社，1983年版，第283页。

③ 中央教育科学研究所：《中华人民共和国教育大事记（1949—1982）》，北京：教育科学出版社，1983年版，第354页。

④ 中央教育科学研究所：《中华人民共和国教育大事记（1949—1982）》，北京：教育科学出版社，1983年版，第295页。

段相对宁静的生活。

1963 年到 1965 年间，在全国部分农村和少数城市基层开展了社会主义教育运动（简称“社教”运动或“四清”运动）。

1964 年，中共中央宣传部、高等教育部、教育部在北京联合召开全国高等学校、中等学校政治理论课工作会议，传达了毛泽东在中央工作会议上提出的深入开展社会主义教育、防止资本主义复辟的指示和关于培养革命接班人的指示，第一阶段着重讨论了过渡时期的阶级斗争及其在学校中的表现和政治理论课教学中存在的问题，明确了政治理论课在反对现代修正主义斗争中，在同资产阶级争夺青年一代的斗争中所担负的重大任务；第二阶段着重讨论政治理论课如何改革的问题，确定应以毛泽东思想为指针，贯彻“少而精”的原则来改进课程和教材，把毛主席著作作为最基本的教材，加强党的领导和教师队伍的革命化。高等学校应该开设“形势与任务”、“中共党史”、“哲学”和“政治经济学”；中等学校除学习时事政策外，应该开设“做革命的接班人”、“社会发展史”、“我国社会主义革命和建设”、“辩证唯物主义”和“毛泽东著作选读”。会议建议：政治理论课教师同全校同学的比例，高等学校应为1:100；中等学校逐步做到 1:200。10 月 11 日，中共中央批转了这次会议的报告和《改进高等学校、中等学校政治理论课的意见》。①

1964 年 9 月 11 日，中共中央、国务院发出通知：组织高等学校文科师生参加社会主义教育运动。通知指出：“我国高等学校文科脱离实际的倾向十分严重，资产阶级的和修正主义的思想影响相当普遍。有些单位的领导权不是掌握在无产阶级手里，不少资产阶级专家正在同我们争夺青年学生……这种状况，必须从根本上加以改变。今后的方向，就是使文科院校附设工厂或者迁到农场，办成半工半读或者半耕半读的学校。使文科师生通过劳动和阶级斗争逐步锻炼成为无产阶级的革命战士。”当前，必须首先抓紧组织高等学校文科师生参加正在全国开展的社会主义教育运动，使他们在实际斗争中接受教育和锻炼，提高社会主义觉悟，进行世界观的改造。通知规定：本年冬季开始，高等学校文科师生都应该分批下去参加社会主义教育运动，主要是参加农村的“四清”运动。四年制、五年制的中文等各专业师生（包括研究生），参加运动的时间为一年到一年半，必须参加完一期“四清”的整个过程和一期“五反”的主要过程。二年制、三年制的各专业师生在一年以内参加完一期“四清”的整个过程。各专业毕业班参加运动的时间至少半年，争取参加一期“四清”的整个过

---

① 中央教育科学研究所：《中华人民共和国教育大事记（1949—1982）》，北京：教育科学出版社，1983 年版，第 364 页。

程或主要过程。①

1964年11月5日，中共中央宣传部开始在北京大学进行社会主义教育运动试点。试点工作由中央宣传部副部长张磐石等五人小组之下的运动工作队领导。工作队成员包括从各中央局和各省、直辖市、自治区宣传文教部门及高等学校抽调的干部共250余人。1965年3月5日，中央宣传部部长陆定一在北京大学社会主义教育运动工作队会议上提出，按“二十三条”把北京大学运动搞下去，肯定成绩，改正缺点。并指出，全国有23所高等学校正在进行社会主义教育运动。北京大学的社会主义教育运动试点工作持续到1965年7月。②

1964年11月9日，高等教育部转发了《毛主席与毛远新谈话纪要》，并指出：这次谈话是极为重要的，对于培养革命接班人、推动高等学校师生自觉地参加社会主义教育运动、促进教育革命，都具有十分重大而深远的意义，所有高等学校，都应当认真加以讨论和贯彻。谈话纪要是毛远新（毛主席的侄子，哈尔滨军事工程学院学生）追记的本年7月5日毛泽东同他的谈话内容。毛泽东在谈到教育问题时说：“阶级斗争是你们的一门主课。”“你们学院应该去农村搞‘四清’，去工厂搞‘五反’。”“阶级斗争都不知道，怎么能算大学毕业？”“反对注入式教学法，连资产阶级教育家在‘五四’时期早已提出来了，我们为什么不反？”“教改的问题，主要是教员的问题。”③

1964年11月，中共北京市委派工作队到北京市第六中学开展社会主义教育运动。在此期间，中共北京市委还在北京四中、八中等校，教育部在北京二龙路学校开展社会主义教育运动。④

1965年1月14日，中共中央制定了《农村社会主义教育运动中目前提出的一些问题》（简称“二十三条”），提出“这次运动的重点，是整党内那些走资本主义道路的当权派”，农村社会主义教育运动全面启动。1965年2月2日，中共中央、国务院发出通知，组织高等学校理工科师生参加社会主义教育运动，要求从1965年暑假起，分期分批组织理工科高年级师生参加“四清”。1965年5月，中共中央印发《关于目前农村工作中若干问题的决定（草案）》，认为当

① 中央教育科学研究所：《中华人民共和国教育大事记（1949—1982）》，北京：教育科学出版社，1983年版，第367页。

② 中央教育科学研究所：《中华人民共和国教育大事记（1949—1982）》，北京：教育科学出版社，1983年版，第370页。

③ 中央教育科学研究所：《中华人民共和国教育大事记（1949—1982）》，北京：教育科学出版社，1983年版，第370页。

④ 中央教育科学研究所：《中华人民共和国教育大事记（1949—1982）》，北京：教育科学出版社，1983年版，第371页。

时中国社会出现了严重的尖锐的阶级斗争情况。

1963 年 9 月 25 日，中共中央批转了中共北京市委《关于北京市高等学校五反运动反浪费阶段的报告》，反映了北京市自本年 5 月开始在 42 所高等学校开展反铺张浪费、反贪污盗窃、反投机倒把、反官僚主义、反分散主义的“五反”运动的情况。中央批示强调，在这次五反运动中，必须着重地反一下高等学校事业方面的浪费现象。并指出：这个反浪费运动，是一次以贯彻执行党的勤俭建国、勤俭办学方针为中心的社会主义教育运动。各地党委必须领导、督促教育行政部门和学校负责人，认真把反浪费运动搞深搞透，在师生中进行一次艰苦奋斗、克勤克俭、爱护公共财产的教育。①

1963 年 10 月 14 日，教育部发出通知，要求组织高等学校文科学生参加农村社会主义教育运动。通知指出：全国各地农村社会主义教育运动正在进行，这是向学生进行阶级和阶级斗争教育的良好时机，设有文科的高等学校（包括综合大学、高师的文科各系和政法、财经、民族、外语、艺术等艺术院校），应该积极地、有计划地组织学生参加这一运动，使他们在实际斗争中受到锻炼和教育。在此以前，中共中央曾于 9 月 30 日同意浙江省委组织 1963 年大学毕业生参加农村社会主义教育运动。②

1963 年 10 月 18 日，中共中央发出《关于加强少年儿童校外教育和整顿中小学教师队伍的指示》，并附发了共青团中央《关于加强城市少年儿童校外教育工作的报告》及《小学教师队伍中一小撮毒害青少年的情况的报告》。报告反映了由于二部制学校大量增加、二部制学生及校外少年儿童中产生的问题及教师队伍的不纯情况，提出了应采取的措施。中央认为，这两个报告反映的情况和问题都很重要，要求各地党政领导机关采取措施，加强对少年儿童的保护和教育。中央认为，有的地方建立专职辅导员、义务和半义务团员组成的少年儿童校外教育的辅导队伍，是个好办法、好经验，各大、中城市可以在试点、总结经验的基础上逐步推广。对于中小学教师队伍中的问题，要求各省委、市委指导有关部门，积极组织力量，摸清情况，结合城乡社会主义教育运动，确定适当的办法，坚决而又谨慎地、有计划有步骤地加以整顿。③

---

① 中央教育科学研究所：《中华人民共和国教育大事记（1949—1982）》，北京：教育科学出版社，1983 年版，第 344 页。

② 中央教育科学研究所：《中华人民共和国教育大事记（1949—1982）》，北京：教育科学出版社，1983 年版，第 345 页。

③ 中央教育科学研究所：《中华人民共和国教育大事记（1949—1982）》，北京：教育科学出版社，1983 年版，第 346 页。

1963年11月19日，中共中央批转了《中央宣传部关于全国中小学开展五反运动的请示报告》。报告提出：大、中城市和专区直辖市的中学以及县城的完全中学，一般都要按照中央关于五反运动的指示开展运动。小学和县城的初中、农村中学，一般不开展五反运动，可利用假期采取集中轮训的方式进行以正面教育为主要内容的自我教育。1964年9月24日，中共中央批准中央宣传部的请示报告，同意报告提出的根据农村社会主义教育运动和城镇五反运动的新部署撤销上述文件。并决定：今后中小学的社会主义教育运动，由各省、直辖市、自治区党委与本地区整个运动统一部署。①

1964年7月1日，中共中央、国务院批转当年高等学校毕业生分配会议报告时批示并提出，要尽先安排毕业生到基层参加劳动实习，有计划地组织他们参加社会主义教育和“四清”运动。②

曾任北京房山县某公社文教“四清”工作队某中学“四清”小组负责人的余博认为：“所谓‘四清’运动，即城乡社会主义教育运动。‘四清’就是‘清政治、清经济、清组织、清思想’。说是教育运动，实际上是搞阶级斗争，也是一场以阶级斗争为纲的重大变革。与其说，‘四清’运动是个独幕剧，不如说是‘文化大革命’的一个序幕。”③

师生参加“四清”运动虽然能直接接触社会实际，有利于克服学校教育脱离社会实际的缺陷。但是，由于“四清”运动本身是在当时对阶级斗争估计过于严重的情况下进行的，因而，运动自然存在严重偏差，且师生参加运动的时间过长，占用了大量教学时间，对正常教学所依据的理论工作造成了不良影响。1965年5月，经中共中央同意，高等教育部又发出了《关于高等学校师生参加社会主义教育运动的几项规定》，对于纠正过“左”的行为，保持教学秩序的稳定起到了一定的作用。运动不断的风雨历程从反面表明，遵循教学规律，学校就能办好；过“左”的指导思想及在其运作下的政治运动过多过长，就会冲击教育工作，使学校的发展受到严重干扰。

1964年7月10日，各报刊登了《人民日报》编辑部、《红旗》杂志编辑部的文章：《关于赫鲁晓夫的假共产主义及其在世界历史上的教训》（九评苏共中

---

① 中央教育科学研究所：《中华人民共和国教育大事记（1949—1982）》，北京：教育科学出版社，1983年版，第348～349页。

② 中央教育科学研究所：《中华人民共和国教育大事记（1949—1982）》，北京：教育科学出版社，1983年版，第359页。

③ 余博：《平地风波》，引自《浮生残梦》，北京：中国戏剧出版社，2005年版，第185页。

央的公开信）。文章列举了毛泽东为防止资本主义复辟而提出的理论和政策的十五点主要内容。其中第九点提出，“‘百花齐放、百家争鸣’的方针，是促进艺术发展和科学进步的方针，是促进社会主义文化繁荣的方针。教育必须为无产阶级政治服务，必须同生产劳动相结合。劳动人民要知识化，知识分子要劳动化。在科学、文化、艺术、教育队伍中，兴无产阶级思想，灭资产阶级思想，也是长期、激烈的阶级斗争。我们要经过文化革命，经过阶级斗争、生产斗争和科学实验的革命斗争实践，建立一支广大的、为社会主义服务的、又红又专的工人阶级知识分子的队伍。”①

在“四清”、“社教”期间，发动了以阶级斗争理论为依据的对“母爱教育”的批判。1963 年 5 月，《江苏教育》发表《育苗人》一文，介绍南京师范学院附属小学教师斯霞精心培养学生的事迹。后将此文改写成《斯霞和孩子》，发表在 5 月 30 日的《人民日报》上。这两篇文章都强调教师要以“童心”爱“童心”，儿童“不但需要老师的爱，还需要母爱”，教师“像一个辛勤的园丁”，“给我们的幼苗带来温暖的阳光、甘甜的雨露”。10 月，《人民教育》发表了《我们必须和资产阶级教育思想划清界限》、《从用“童心”爱“童心”说起》、《谁说教育战线无战事?》三篇文章，以讨论“母爱教育”为题，说这就是资产阶级教育家早就提倡过的“爱的教育”，说它涉及教育有没有阶级性、要不要无产阶级方向、要不要对孩子进行阶级教育、要不要在孩子思想上打下阶级烙印等问题。随后，围绕这些问题，教育界掀起了一场关于“母爱教育”的讨论和批判。

1964 年 8 月，《人民教育》发表关丁“爱的教育”讨论的评述，说这场讨论揭露了教育战线存在严重的阶级斗争，是教育工作上两种思想、两条道路斗争的反映，是教育战线上社会主义革命的继续，是和几千年来一切剥削阶级的教育思想特别是和资产阶级思想作决裂的斗争的序幕，还要有更大的主力战在后头。②

1964 年 10 月 28 日至 11 月 21 日，高等教育部召开直属高等学校理工科教学工作会议，研究高等学校理工科（包括研究生）深入开展教育革命，进行教学改革等问题。会议提出的教学改革措施有：把阶级斗争锻炼作为一门主课，将参加“四清”和军训正式列入教育计划；在五年中，学生应有一两次比较集

---

① 中央教育科学研究所：《中华人民共和国教育大事记（1949—1982）》，北京：教育科学出版社，1983 年版，第 364 ~ 365 页。

② 中央教育科学研究所：《中华人民共和国教育大事记（1949—1982）》，北京：教育科学出版社，1983 年版，第 336 页。

中的时间（共20周左右）参加工农业生产劳动；举办半工（农）半读试点班；大力贯彻少而精的原则，积极进行学制、课程、教学方法和考试制度的改革；组织教师下厂下乡劳动，进行调查研究。①

1965年2月2日，中共中央、国务院发出通知：组织高等学校理工科师生参加社会主义教育运动。通知规定，从1965年暑假起，分期分批组织理工科高年级师生参加一期“四清”的全部或主要过程，理工科研究生原则上也应与大学生一样参加运动。②

1965年4月26日至5月8日，高等教育部就高等学校如何开展社会主义教育运动先后邀请部分直属工科院校、综合大学、高等师范院校的领导干部座谈。大家认为，高等学校的社会主义教育运动，应该着重解决三个问题：统一领导思想，更好地贯彻执行党的教育方针；健全学校的领导核心，加强党内团结；坚持群众路线，改进领导方法和工作作风。大家认为，在高等学校中开展社会主义教育运动，应该采取延安整风的办法。在学习文件和总结工作的基础上发扬民主，认真开展讨论，开展批评与自我批评。1965年5月10日，经中共中央同意，高等教育部发出《关于高等学校师生参加社会主义教育运动的几项规定》。规定提出：毕业班学生一律不参加第二批运动，按时结业；非毕业班学生，按计划待这期运动结束，即行返校。今后师生参加运动的时间尽可能不跨学期、不延长修业年限，低年级学生不参加运动。外语、体育、医药院校在暑假后参加“四清”。据不完全统计，到1965年底，全国有395所高等学校的师生22万余人参加了社会主义教育运动。③

1965年7月25日，中共中央发出通知：组织高等院校、科学研究和文化单位的干部参加农村社会主义教育运动。通知指出：这些单位是知识分子集中的地方，让知识分子参加农村“四清”运动，是对他们的思想改造，是加强他们同劳动群众相结合的最重要、最有效的方式。而且，对于帮助知识分子改进工作，促使文化教育、科学研究事业进一步为五亿农民服务等，也有极大好处。通知提出：除正在开展社会主义教育运动的以外，各单位都应当不失时机地组织干部积极投入到农村社会主义教育运动中去；少部分人也可以参加工厂的社会主义教育运

---

① 中央教育科学研究所：《中华人民共和国教育大事记（1949—1982）》，北京：教育科学出版社，1983年版，第369页。

② 中央教育科学研究所：《中华人民共和国教育大事记（1949—1982）》，北京：教育科学出版社，1983年版，第375页。

③ 中央教育科学研究所：《中华人民共和国教育大事记（1949—1982）》，北京：教育科学出版社，1983年版，第378页。

动。这些单位本身的社会主义教育运动或整风运动等以后再进行。[①]

从1949年到1965年，各种政治运动连续不断，自反“右”斗争、“大跃进”开始，教育改革变为教育革命，教育内涵充斥着越来越多的政治因素，“教育革命”更是充满了阶级斗争色彩。教师作为知识分子群体，曾经为新中国诞生欢呼雀跃，衷心希望祖国富强，人民幸福，然而后来却被戴上“资产阶级”的精神枷锁，不断成为各地运动的对象，被冲击、被批判、被斗争，受尽屈辱与折磨，其中不少被剥夺了生存权利，仅仅“对教师中有影响的专家、高级知识分子是重视和关心的”[②]。在较长时间里“脱离中国国情，凭着主观空想急于求成的搞改革、搞‘跃进’，尤其是在‘以阶级斗争为纲’的错误方针指导下，继反右派斗争扩大化之后，又搞所谓的反‘右倾’斗争，搞具有政治色彩的‘学术批判’，搞学校里的‘社会主义教育运动’，把矛头指向广大知识分子和学校里的党政负责同志和广大教师，给知识分子戴上了‘资产阶级’的帽子，从而大大地挫伤了广大知识分子和学校教职工的社会主义积极性，使教育事业遭受了很大的损失”[③]。

“由于‘左’倾思想不时作祟，复杂的国内外形势，政治运动频繁，生产力水平低下，影响了国家经济社会和人民群众对教育的支持条件和需求水平，知识分子受到不公平的对待，长期被看做是资产阶级的一部分，属于被团结、教育和改造的对象，在反复批判‘教育救国论’的过程中，知识的价值受到贬低，教育在经济社会发展战略中的地位长期得不到体现，甚至在‘文革’中蒙受巨大的灾难。”[④]

1977年，在揭发批判“四人帮”时，仍将破坏党的团结、教育、改造知识分子的政策[⑤]作为其罪行之一，说明这一政策直到此时仍为对待教师为主要群体的知识分子的基本政策。

1978年10月，中共中央组织部召开落实知识分子政策座谈会，正式宣布

---

① 中央教育科学研究所：《中华人民共和国教育大事记（1949—1982）》，北京：教育科学出版社，1983年版，第383页。

② 中华人民共和国教育部：《共和国教育50年》，北京：北京师范大学出版社，1999年版，第487页。

③ 宋荐戈：《探索中国特色社会主义教育发展的道路》，引自《荐戈文存》，北京：中国国际文艺出版社，2006年版，第340～341页。

④ 中华人民共和国教育部：《共和国教育50年》，北京：北京师范大学出版社，1999年版，第121页。

⑤ 中央教育科学研究所：《中华人民共和国教育大事记（1949—1982）》，北京：教育科学出版社，1983年版，第491页。

过去对知识分子的“团结、教育、改造”方针不再适用，要充分信任、放手使用知识分子。这种改变也仅仅是将知识分子提升为放心使用的对象，并未考虑知识分子的主体性和独立人格。

1979 年 1 月 4 日，《人民日报》发表特约评论员文章：《完整地准确地理解党的知识分子政策》。文章分析了新中国成立二十多年来中国知识分子队伍状况的变化后指出：“我们党在解放初期提出来的，以资产阶级的小资产阶级的知识分子为主要对象的团结、教育、改造的政策，现在对于绝大多数知识分子来说，已经不适用了。他们已经不是解放初期那种团结、教育、改造的对象，而是从事脑力劳动的工人阶级，是党的依靠力量。”“在从事体力劳动和脑力劳动的工人阶级内部，巩固地建立起亲密无间的关系，互相学习，共同进步，是实现四个现代化的基本条件之一。”① 由此公开宣布了对以教师为主的知识分子实行的团结、教育、改造政策的终结，压在教师心头几十年的一座大山终于移去。

第三节　“文化大革命”的对象之一

1966 年，正当中国开始执行第三个“五年计划”的时候，一场由领导者错误发动的“文化大革命”发生了。“文化大革命”冠称“文化”，是因为文化领域成为“文化大革命”的首发区和重灾区，教师也就自然成为受到冲击最多最重的人群。“文化大革命”中，尤其是“两个估计”（即 1971 年的《全国教育工作会议纪要》中提出的：解放后十七年“毛主席的无产阶级教育路线基本上没有得到贯彻执行”，“资产阶级专了无产阶级的政”；大多数教师和解放后培养的大批学生的“世界观基本上资产阶级的”）出笼后，“臭老九”成为社会对教师和知识分子的贬称。

1966 年 4 月 17 日，中共高等教育部召开北京、天津地区 14 所高等学校党

① 《完整地准确地理解党的知识分子政策》，引自《人民日报》，1979 年 1 月 4 日。

委书记、政治部主任、党委宣传部长和团委书记座谈会，讨论和部署在批判吴晗和辩论“海瑞罢官”、“清官”等问题的基础上，进一步开展学术批判。会议认为，这次学术批判，是彻底破除资产阶级专家垄断教育的斗争，是争夺教育领导权的斗争，是高等教育革命的灵魂，要放手发动师生员工参加战斗。并提出目前的文科改革、半工半读、教材建设、培养新生力量等，都要和学术批判结合起来。自 1965 年 11 月《文汇报》发表姚文元《评新编历史剧〈海瑞罢官〉》一文后，各地高等学校相继组织师生，特别是文科师生参加了批判运动。从辩论“海瑞罢官”、“清官”等学术问题，进而开展了对吴晗、邓拓、廖沫沙及翦伯赞等人的批判。①

1966 年 6 月 1 日，北京大学第一张大字报公布后，6 月 4 日，《人民日报》公布北京新市委改组北京大学党委，并派出工作组领导北京大学的“文化大革命”的决定。7 月下旬，江青、康生、陈伯达等赶走工作组，扶植聂元梓篡夺了北京大学的领导权。他们在北京大学推行极“左”路线，实行法西斯专政，搞“上揪下扫”，把领导干部诬为“黑帮分子”，把老教师诬为“反动学术权威”，把优秀的青年教师诬为“修正主义苗子”。他们采取揪斗、游街、劳改、关押、殴打、抄家、“坐飞机”、挂黑牌子、戴高帽子以及私设公堂、刑讯逼供等非法手段，残酷打击迫害干部、教师。这些严重违法乱纪的搞法，迅即蔓延到首都各校，并祸及全国。②

1966 年 6 月，北京和全国一些大中城市的大专院校和中等学校，仿效北京大学等校的做法开展“文化大革命”，贴大字报、揪斗干部和教师，学校的党政干部被诬为“黑帮”、“三反分子”，一批教授、专家、教师被诬为“牛鬼蛇神”，遭到批斗和迫害。南京大学党委书记匡亚明、西安交通大学党委书记彭康、浙江大学党委第一书记刘丹、重庆大学党委书记郑思群及各地一批高等学校的党委书记和中等学校的支部书记先后以“镇压革命群众”、“破坏文化大革命”等罪名，被撤销党内外职务，或被停职反省。随后，中小城镇和农村的各级学校，也停课搞运动。③

1966 年 8 月 1 日，毛泽东写信支持清华大学附属中学的“红卫兵”和北京

---

① 中央教育科学研究所：《中华人民共和国教育大事记（1949—1982）》，北京：教育科学出版社，1983 年版，第 399 页。

② 中央教育科学研究所：《中华人民共和国教育大事记（1949—1982）》，北京：教育科学出版社，1983 年版，第 400 页。

③ 中央教育科学研究所：《中华人民共和国教育大事记（1949—1982）》，北京：教育科学出版社，1983 年版，第 402 页。

大学附属中学的“红旗战斗小组”。此后，暴力行为迅速蔓延到北京101中学，北京第四中学、第六中学和第八中学，北京外国语学校，北京第三女子中学，北京师范大学附属第二中学，北京第二十五中学，北京师范学院附属中学，北京景山学校，北京朝阳区第四女子中学，北京宣武区的第一百三十八中学以及全国的其他学校。“文化大革命”中受到伤害的教师和教育工作者没有权威准确的统计数字。

1966年9月30日，教育部发出通知：教育战线全体人员要认真学习石油战线三二一一钻井队的英雄事迹，把读毛主席的书当做生活的第一需要，活学活用，在用字上狠下工夫，真正做到“把毛主席的指示印在脑子里，溶化在血液中，落实在行动上”①。

1967年8月17日，中共中央、国务院发出通知：小学可以在8月份放暑假，10月开学。暑假期间各校要很好地整顿教师的思想，组织教师参加大批判运动，并整修校舍，积极准备迎接新学年。②

1966年10月1日，林彪在国庆讲话中提出批判资产阶级反动路线，各地各校不少教师被打成“走资本主义道路的当权派”或反动的“学术权威”，在不少学校内部分裂成不同派别，师生、员工之间开展了相互责难和批斗，其中一些演变为剧烈冲突。

以下为“文化大革命”蔓延到某学院的情形③：

1．教学秩序无序

1966年新学年开学之初，师生、员工就感到了不同寻常的气氛。在2月1日的全院教职工大会上，学院提出1966年工作的总要求是：高举毛泽东思想伟大红旗，突出政治，加强备战，认真贯彻毛主席的教育思想，抓革命促教改，大力实现机关革命化，为培养又红又专、身体健康的革命接班人而奋斗！

（1）自2月21日始，全院师生学习毛主席关于“人民战争”的四篇文章（其时美国侵略越南，中央要求加强备战），学习焦裕禄的事迹，开

① 中央教育科学研究所：《中华人民共和国教育大事记（1949—1982）》，北京：教育科学出版社，1983年版，第406页。

② 中央教育科学研究所：《中华人民共和国教育大事记（1949—1982）》，北京：教育科学出版社，1983年版，第415页。

③ 华北电力大学校史编写组：《华北电力大学校史》，北京：中国电力出版社，2008年版，第28～31页。

展了贯彻落实毛主席教育思想、党的教育方针，在高等院校如何突出政治、正确处理政治与业务关系的大辩论。

所谓突出政治，就是一切工作要从政治观点出发，用政治观点解决一切问题；突出政治，是加强党的领导、加强思想政治工作的综合提法。学院主要领导认为，突出政治就是把活学活用毛泽东思想放在首位，不忽视存在的阶级斗争，抓师生员工的世界观改造。

4月，全国开展了对《海瑞罢官》、“三家村”的批判。

贯彻水电部两会精神，紧跟全国形势，使学院突出政治的大检查、大辩论呈烧火添柴之势。干部检查脱离政治、脱离实际、脱离群众的“三脱离”现象；教师检查业务上过得硬、政治上过得去、生活上过得好的“三过”思想。一时“个人主义”、“中庸思想”的政治帽子满天飞，批判“修正主义教育路线”、“资产阶级办学思想”的斗争愈演愈烈。教学上要求突出政治，打破旧框框，将课程、学时一减再减，致使教育秩序紊乱。广大干部、教师为避“智育第一”、“重业务、轻政治”之嫌，不敢抓教学。课堂上老教师有顾虑不敢讲，年轻教师讲不明白；或搞启发式教学，以学生自学为主，教师仅是辅导，多留作业。学生普遍反映负担重，班集体活动多，作业多，政治报告会多，民兵活动多，经常早上打背包搞远行军……学生不满，以致产生抵触情绪。

4月19日至21日，学生代表会议召开。在“政治与业务关系”的辩论中，少数学生在极“左”思潮的影响下，言辞偏激。对学生考试不及格问题，认为“学校要向劳动人民写检讨”，教师是“拉洋车、开小卖部”的，“业务上向你们学一点，政治上应向我们学习”，“教研室基层组织被资产阶级篡夺了领导权”，“有些教育是资产阶级法权的继承者”……甚至将人民内部矛盾当做敌我矛盾予以批判，造成师生关系的严重对立和紧张。

（2）停课闹“革命”。

1966年5月16日，中共中央政治局扩大会议通过了《中国共产党中央委员会通知》（简称《五一六通知》）。通知提出，全党高举无产阶级“文化大革命”的大旗，彻底批判学术界、教育界、新闻界、文艺界、出版界的资产阶级反动立场，争夺这些文化领域中的领导权。《五一六通知》标志着“文化大革命”的开始。

5月25日，北京大学聂元梓等人贴出了第一张“大字报”。6月1日，《人民日报》发表了《横扫一切牛鬼蛇神》的社论。“文化大革命”运动迅速席卷全国。

6月2日，学院受形势所迫，决定期末考试只考一门。

6月4日，学院党委负责人传达周恩来总理关于“文化大革命”的指示和华北局负责人对周总理讲话的解释。至此，进行“文化大革命”成为学院的中心工作。

6月7日，学院开始出现大字报。短短几天，上千张大字报贴满校园。

6月9日，水电部派三人工作组到校，指导“文化大革命”。6月12日，学院成立“文化革命”办公室。

6月14日，院党委和工作组组织部分师生到北京大学参观“文化革命”。当日晚，北京林学院等高校学生会的同学来校串联，发生了“6·14驱赶工作组”事件。

6月15日，学院全面停课。

6月20日晚开始，揪斗中层以上干部，教学、行政各项工作陷于瘫痪。学生、教职工形成“造反”和“保守”两大派。

7月，水电部三人工作组撤离。同时，建立“文化革命”领导小组。

8月9日，中共八届十一中全会公布了《中共中央关于无产阶级文化大革命的决定》（简称“十六条”）。学院于八月底成立了“文化革命筹委会”，由筹委会领导学院工作。

8月18日，毛主席在天安门城楼接见来自全国各地的红卫兵代表，以示对红卫兵运动的支持。

8月底到11月1日，学院“8·18”和“井冈山”红卫兵组织相继成立。

在“造反有理”、“破四旧、立四新”，狠批党内“走资派”和“反动学术权威”等极“左”思潮的鼓动下，学院红卫兵组织抓“牛鬼蛇神”，刮抄家风、批斗风、劳改风。先后有数十名干部、教师被打成“牛鬼蛇神”，挂牌监督劳动，当众侮辱，关进“牛棚”，实行“群众专政”，有的还遭到残酷的体罚。

8月23日，水电部转发教育部批复：“因参加本校文化大革命，在延期分配工作期间，凡原来领取助学金的，其助学金可以照发。没有领取助学金的，其生活费仍然自理，其中确有经济困难的，可按助学金办法，个别解决。”

9月中旬开始，全国出现了“革命大串联”浪潮。造反派到各地播“红色种子”，点“造反之火”。学院大部分学生陆续外出串联。同时，学院也先后接待外地来京串联的大、中学生两万多人次。

2. 工宣队、军宣队进驻学院

(1) 派性混战中产生“革委会”。

1967年1月，上海的造反派组织篡夺了上海市党政大权，即“一月革命风暴”。一时间“踢开党委闹革命”风行。学院“井冈山公社”造反派组织夺取了党、政、财、物大权。

3月，学生陆续返校，进行所谓“斗、批、改”运动。

4月，学院“井冈山”和“东方红”两派造反组织，分别加入北京市高校“天”、“地”派红卫兵组织。两派间派性斗争不断，致使“学生不学、教师不教、干部不管”，全院陷入混乱。

9月，在毛主席关于“在联合”、“三结合”、“复课闹革命”的指示下，部分师生开始复课，但不久即夭折。

12月，北京军区1806部队毛泽东思想宣传队进驻学院。

1968年2月，在驻校军宣队的主持下，两派组织初步“联合”，并于3月7日成立了学院“革命委员会”。革命委员会由2名解放军、6名学生、2名教师、5名干部，共15人组成。不管人们理解不理解，这个新生的船长集体，以后就要操纵学院这艘船以及船上人员的命运了。还有，由人上演的“螳螂捕蝉”的游戏方兴未艾。

5月11日深夜，学院“井冈山”和“东方红”发生严重武斗，即“5·11事件”。革委会陷于瘫痪。几个月内，学院无人上班，学生离校。

8月14日，在毛主席“工人阶级必须领导一切”的号令下，北京钢厂等工厂的百余工人、干部组成的“首钢工人毛泽东思想宣传队”（简称“工宣队”）和百余名1806部队干部、战士组成的“中国人民解放军毛泽东思想宣传队”（简称“军宣队”）进驻学院。

工宣队、军宣队接管学院领导大权，宣布造反组织解散，动员师生返校，继续开展“大联合”、“三结合”工作。

(2) 以运动为基础、阶级斗争为主课的“教育革命”。

工宣队、军宣队进驻学院，对制止派性、武斗起了重要作用，但随之不断进行的运动，又造成了学院新的内伤。先后进行的“清理阶级队伍”、“整党建党”、批判“资产阶级教育路线”、“清查‘5·16’反革命集团”等运动，错整了一批教职工，使他们身心备受伤害。造成有的干部因挨整而精神失常，有的教师不堪蒙冤受难而自杀。

在进行了一系列运动之后，学院又掀起了“教育革命”高潮。所谓教育革命，即由工人阶级占领教育阵地，实现在政治上、思想上、组织上的领导；

把开展革命大批判、阶级斗争、路线斗争作为主课和重要内容；师生下厂下乡，向工农群众宣传毛主席的教育革命思想，接受工农兵的再教育，积极参加生产劳动、脱胎换骨地改造自己，成为受工农兵欢迎的知识分子。

为体现“砸烂旧电院”，将全院师生按军事编制，混合组编成“专业连队”，分赴北京钢厂、东郊热电厂、东方红炼油厂等十几处进行教育革命实践。

教育革命旷日持久。广大教师除了默默地、机械地接受劳动改造，只能望业务兴叹；学生提高了“政治思想觉悟”，却荒废了学业，而学院的“革命”声誉却渐为社会周知。

眼见学院有其名无其实，主管部门一度提出了“学院还办不办”的严峻问题。

1969 年 1 月 16 日，驻校工宣队、军宣队、学院革委会上报了《关于我院教育革命的初步意见》。开宗明义，根据毛主席关于理工科大学还是要办的指示，北京电力学院属于工科大学了，故在“要办”之列；其次，根据我国电力工业水平还比较落后、还没有自己的设计计算标准、安装的机械化和自动化程度还比较低、运行管理的技术水平和自动化程度都有待进一步提高、很多老大难的问题还没有解决的实际情况，我们认为学院还要继续办下去，以培养出更多的有社会主义觉悟的、有文化的电力技术人才。

尔后，学院又分别于 1969 年 4 月、9 月，向主管部门呈报了《北京电力学院体制改革的初步方案》、《社会主义电力学院如何办》。在这三个上报文件中，都提出一个引人注意的问题，即“学院应迁至距工厂较近的地点，有利于工厂管理学校，有利于教育、生产和科研”。

1969 年 11 月 22 日，水电部军事管制委员会对北京电力学院革委会增补、撤换成员的意见作出批复。从这届革委会的组成，人们看到了一些微妙的变化。一度靠边站的四个“走资派”，学院原院长杨继先、副院长林然被解放，进入了革委会。但“文化大革命”仍在继续。

当年全国范围内其他学校教学秩序遭到的破坏和教师所经历的冲击情况大致相同，只不过是一些学校要严重得多，一些学校或许稍微减轻一些。

1968 年 9 月 10 日，《红旗》第 3 期发表上海市的调查报告《从上海机械学院两条路线的斗争看理工大学的教育革命》，在编者按中引述了毛泽东的指示：“这里提出一个问题，就是对过去大量的高等及中等学校毕业生早已从事工作及现在正从事工作的人们，要注意对他们进行再教育，使他们与工农结合起来，其中必有结合得好的并有所发明创造的，应予以报道，以资鼓励。实在不行的，即所谓顽固不化的走资派及资产阶级技术权威，民愤很大需要打倒的，只是极少数。就是对于这些人，也要给出路，不给出路的政策，不是无产阶级的政策。上述各项政策，无论对于文科、理科新旧知识分子，都应如此。”同期还发表了另一篇调查报告《从“赤脚医生”的成长看医学教育革命的方向》，其中引述了毛泽东的一段批示：“从旧学校培养的学生，多数或大多数是能够同工农兵相结合的，有些人并有所发明、创造，不过要在正确路线领导之下，由工农兵给他们以再教育，彻底改变旧思想。”在同期发表的评论员文章《关于知识分子再教育问题》中，指出：“用无产阶级世界观教育知识分子，使他们改变过去从资产阶级教育中接受的资产阶级思想，这就是再教育的内容。同工农兵结合，为工农兵服务，则是再教育的根本途径。”①

“两个估计”提出以后，教师中虽有意见，但仍有不少教师兢兢业业，在逆境中努力工作，以下是某校的情况②：

> “文化大革命”中，学院广大教职工虽然从精神到生活都处于压抑痛苦之中，仍忠诚于国家教育事业，特别是到了70年代，认真思索几年来的种种“革命”，以冷静的态度参加“教育革命”，在逆境中为学院的发展尽心竭力。
>
> “两个估计”出笼后，广大干部、教师在思想上抵制，普遍感到“想不通”。认为：“十七年的估计是一般规律，要具体问题具体分析。电力学院是1958年‘大跃进’中建立的，历史短，学校新，旧的一套不像老大学那样占统治地位。”
>
> 由于工农兵学员文化程度参差不齐，教师上课难办；实践经验不齐，下厂师傅难办；年龄不齐，开展活动难办。因此，教师们感叹：“看不出这种招生办法有什么生命力！”
>
> 对开门办学的形式主义，教师们直言不讳：“基础课下现场，只能是课堂搬家。厂房里讲数学，机器旁学外语，坐小马扎画制图，效果不会比在学校教室里好。”
>
> 学院认为，教职工感情上怀旧，是对过去十七年的教育、欧美的资产

---

① 中央教育科学研究所：《中华人民共和国教育大事记（1949—1982）》，北京：教育科学出版社，1983年版，第421页。

② 华北电力大学校史编写组：《华北电力大学校史》，北京：中国电力出版社，2008年版，第40～41页。

阶级思想留恋不舍，是修正主义教育回潮的动向。

为了培养工农兵学员成才，教师以高度的责任心，深入学员宿舍了解情况，到发电厂、变电站、供电局、基建单位、设计部门收集资料，编写出数百本适于学员接受的讲义、教材，以保证教学需要。在教学过程中，为了让学员掌握好科学文化知识，教师们课前认真备课，课堂上循循善诱，不厌其烦，课后认真辅导。不少教师还晚上自己刻蜡版印讲义。对基础差的学员作个别辅导成为经常性的教学形式。1971 年，电自专业招收了一名西藏的学员小德吉。为帮助她过好语言关，克服文化基础差和生活不适应等困难，学院成立了专门的“帮教”小组，进行“开小灶”教学。小德吉在校刊撰文说：“在我学习遇上困难时，兄弟民族的老师像我父母一样，在生活上无微不至地关心我，在业务上耐心地帮助我。因为语言不通，老师讲的课程内容，自己一点也搞不清。老师就对照实物一个字一个字地给我讲汉语，使我在很短的时间内就能听懂并流利地讲普通话。不论在严冬的深夜，还是在炎夏的中午，老师和同学都在帮助我学习功课。”这些都给学员留下良好的印象。学员毕业时，深情地感念授课教师。

在存在诸多困难的情况下，广大老师还坚持科学研究。

1971 年，国务院教科组领导建设“怀来地热实验电站”，学院承担了地热电站 1500 瓦机组蒸发端换热器研究设计任务。此外，还承担了西藏地热发电工程汽轮机本体的设计任务。

学院与哈尔滨汽轮机厂合作研究完成“汽轮机射流调速分流”设计任务。

学院为武汉列电基础研制完成新型 ZLT－B 型全晶体管式中控硅励磁调节器、ZZQ－DV 型晶体管自动准同期装置。

相继完成的项目还有：电力系统半导体继电保护装置研制、同步发电机三次谐波励磁研究、一线一地及二线一地输电线路的研究、射流技术在电力工业中的应用、可控硅高压开关的研究等。

在“文化大革命”中，教师所受到的摧残难以言尽，以另一所学校的情况为例[①]：

1966 年 6 月中旬以后，在所谓“火烧百分之百”的混战中，大字报贴

① 西南师范大学校史编写组：《西南师范大学校史》，重庆：西南师范大学出版社，2000 年版，第 177～178 页。

满了校园。全院教职工1000多人，遭到大字报攻击的竟达98%。不少干部、教师和职工被打成“走资派”、“反动学术权威”、“牛鬼蛇神”，遭到批斗、打骂和凌辱。有两位教师遭到污蔑、诽谤后，痛不欲生，自杀身亡。

1967年1月，在所谓“一月夺权”的煽动下，学院党政机关被“夺权”，学院处于瘫痪状态。50多名党政干部和党员教师被关押。被列为打倒对象的干部占干部总数的45%，各系党总支正副书记被强迫劳动的竟占总数的73%。在大规模武斗中，教职工的人身安全受到威胁，有的家庭遭到洗劫，还有三名教职工先后冤死于校内的武斗之中。武斗平息后，一些教师干部又在“反动学术权威”等罪名下，不断遭到打击，有的被扣发工资，有的被抄家，有的被打伤致残，有的被迫害致死。

在“清队”运动中，又有一大批干部、教师和职工遭到迫害。全院被审查的教职工有333人，占教职工总数1196人的28%。在审查中，遭到残暴揪斗的有134人，占教职工总数的11.2%，其中有教师97人，占被揪斗总人数的72%。同时，还扣发了一部分人的工资，扣发人数最多时达120人，扣发的总金额约为18万元。

在“清队”期间，还举办了川东地下党有关人员学习班，对他们施加种种压力，要他们交代清楚所谓的“问题”。整个“清队”运动，大约搞了一年，但并未发现新问题，而有关的教职工却遭受了种种折磨和摧残。

据“文化大革命”后期落实政策时统计，在“文化大革命”中，教职工被迫害致死的有6人，被抄家的有74人，遭批斗、挨毒打、戴高帽、挂黑牌、关牛棚、游街、强迫劳动的达400人左右。立专案审查的有276人，约占总数的四分之一，其中干部119人，教师146人，职工11人。教师中教授39人，副教授22人，讲师和教员70人，助教15人。在立案审查的人员中，有131人扣发了工资，4人降级降薪，占立案人数的48.5%。其中，在“清队”时定为敌我矛盾或被扣留审查、管训的有31人。这些受审查的教职工，不仅自身受到严重摧残，而且不同程度地影响了他们的家属和子女。

北京大学是“文化大革命”期间红卫兵发源地之一，也是重灾区之一，教师受到的迫害也十分严重，下面是其中的一些情况[①]：

“文化大革命”开始以后，北京大学第一个受难者是历史系的汪篯教

---

① 据北京大学校史研究资料整理。

授。有学生把大字报贴在历史系教授汪篯的门框上，后来大字报不见了，有两种说法：一种说大字报是被风吹掉了；另一种说汪因出入房门而把大字报撕了。有学生谴责汪出于仇视“文化大革命”而故意破坏大字报。工作组命令汪认错并把大字报贴好复原，汪按照他们的要求做了，但是在当天夜里喝杀虫剂“敌敌畏”自杀。中文系党总支书记程贤策，在受到包括在头发上剃出一个十字形沟和被皮带抽打等等很长时间的折磨之后，9月2日喝杀虫剂“敌敌畏”自杀身亡。哲学系心理学教授沈乃章，他从年轻时候起一直蓄留的胡子被强迫刮去，被批判斗争和抄家，于1966年10月9日自杀。

1966年6月11日和12日，有学生组织了“打狗队”，打那些被看做“黑帮分子”或别种“敌人”的人，他们将那些人当“狗”。1966年6月18日，在北大校园发生了著名的“6·18事件”。那一天，一些学生未报告工作组，就在全校范围内对那些已经被“揪出来”的人展开了大规模的暴力攻击。他们在多处场地，把校系两级和学校附属单位的正在受到“批斗”的人拉来“斗争”，实际上是殴打和进行人身侮辱。几十个学生到中文系办公室所在的“二院”，高喊“把程贤策揪出来”。程贤策在仓促中逃入一个女厕所。正在厕所中的一位女职员受了一惊，但是立刻帮他藏好，并试图阻止学生闯进女厕所，但是学生不听，把他从厕所里抓了出来。中文系教授王力、吴组缃、王瑶等也被抓来。学生用拳头和棍子打他们，有学生一皮带就把王瑶打倒在地。有学生从厕所里拿来放在马桶旁边的大便纸篓，扣在也被“揪出来”的中文系副主任向景洁的头上，向景洁身上还被倒了几瓶墨水，背上满是青紫伤痕。生物系讲师胡寿文，被学生用一根绳子套在脖子上，拉倒在地，拖着就走，胡几乎窒息昏死过去。那天北京大学各系共有六十多人被用这样野蛮的方式“斗争”。

1966年7月26日，在江青等人在场的大会上，在北京大学一万师生员工面前，北京大学附属中学的学生彭小蒙用铜头皮带打了工作组组长张承先，开了在大会主席台上打人的先例。彭小蒙在毛泽东五天后写的支持当时还只是一个中学生小组的“红卫兵”的信中受到点名表扬。暴力行为得到一些“文化大革命”领导人的明确支持和提倡，全面兴起。

1966年7月27日，掌管学校的聂元梓倡议建立北京大学文化革命委员会筹备委员会，同时，也倡议建立了校园“劳改队”，“建议”对“黑帮”“监督劳动”，于是北京大学正式建立了有数百人的“牛鬼蛇神劳改队”。1966年7月28日，已经被划入“劳改”的异类中的数学系讲师董怀允自杀。董怀允在各系成立“文化革命委员会”时作为“有问题”的人不准参加系里的大会，而被命令去食堂劳动，擦玻璃；6月18日他看到大规模的暴力性的“斗争”之后，曾与同室居住的人说起他身体不好，有严重的神经衰弱，恐怕难以承受这样的事；在7月26日的大会上，他看到江青这些最高权力者们要的就是“6·18事件”式的暴力性的“革命”，他不愿意忍受更多的折磨，选择了自杀。

“劳改队”中的人除了“劳改”，还被剃“阴阳头”，在脖子上悬挂写有罪名的大牌子，唱“我是牛鬼蛇神”这样的自我诅咒的“歌”。这些人被剪掉了头发，脖子上挂着写有“黑帮分子”、“反动学术权威”等字样的牌子，在校园里“劳改”。一些教授，比如美学教授朱光潜，被剃光了头发，在离学生宿舍很近的商店前拾捡西瓜皮，随时遭到大量前来“学习北大革命经验”的红卫兵的殴打和侮辱。1966年8月3日，西语系教授吴兴华在被强制“劳改”拔草时，有学生强迫他喝了从学校附近一家化工厂排出的污水，很快中毒昏迷，但是被说成是“装死”，不准送医院，当天夜里死去，时年44岁。红卫兵说他“畏罪自杀”，不听他家人的反对，命令解剖了尸体以图证实。在“劳改队”中的人的生命安全失去了法律应予的保障。校园里红卫兵掌权，对“劳改队”里的人，红卫兵要打要斗都随便。为了不再是毛泽东说的其实已经相当残酷的“冷冷清清”，红卫兵就尽其想象地发明施用各种折磨侮辱人的方式。

中文系程贤策、向景洁和教中国古典文学的女教授冯钟芸等人被命令在胸前挂着写有他们的名字和罪名的牌子，在北大学生宿舍附近的商店一带拾捡西瓜皮和清理垃圾。当时有大量的外校或者外地红卫兵来北大进行所谓“革命大串联”，商店前来来往往的人很多，常常有人拦住这些“牛鬼蛇神”，命令他们站在反扣过来的垃圾筐子上“自报罪行”，逼他们“交代”他们的家庭出身（因为那时候红卫兵特别强调家庭出身）。侮辱他们和殴打他们的事情每天发生，没有人制止这些暴行。

除了“劳改队”的折磨，“牛鬼蛇神”还在各种大大小小的“斗争会”上遭到“斗争”。1966年8月15日，“北京大学文革筹委会”在北京工人体育场召开十万人大会，“斗争”北大的最高负责人陆平。系一级的干部也被拉去“陪斗”。被“斗”和“陪斗”的人都一律在胸前挂大牌子，牌子上除了他们的“罪名”如“黑帮分子”、“反革命修正主义分子”之外，还有他们的像死刑犯一样被打了大红叉子的名字，而且，他们都被强迫保持低头弯腰双臂后举的姿势，当时有专门术语把这叫做“坐喷气式”。

1966年8月24日，生物系的学生到讲师胡寿文家中用铜头皮带打他，他的衬衫粘进皮肉里，事后他妻子用温水泡软血衣，才把衬衫慢慢脱下来；英语教授俞大絪在被抄家和殴打侮辱后自杀，她是中国一部最好的英语教科书的作者之一。

“劳改队”这一形式在北大建立后，马上风行全国。

1969年1月29日，中共中央、中央文革小组批转驻清华大学工人、解放军宣传队关于坚决贯彻执行对知识分子“再教育”、“给出路”的政策的报告。报告把“文化大革命”前清华大学的大多数教师说成是“世界观基本上是资产阶级的”或“世界观没有改造好的”。对这些知识分子要“进行再教育”，“从思想上、政治上解决恨谁、爱谁、跟谁走的问题”。把父母当成“叛徒”、“特务”、“走资派”审查的学生，称为“可以教育好的子女”，要这些学生做到划（同反动的家庭划清界限）、清（肃清刘少奇和反动老子对自己的影响）、站（站到毛主席路线一边）。报告还把全校各级干部说成是“犯了走资派错误的人”，强迫他们“承认错误”，才“给予适当的工作”。把著名学者刘仙洲、梁思成、钱伟长等一百余名教授称为“资产阶级学术权威”，对他们要“批字当头，给予出路”。还把一些人打成“反革命分子”。

1969年初，清华大学的上述报告是中央向全国推广的“六厂二校”经验之一。“六厂二校”指当时由中国人民解放军8341部队组织的北京针织总厂、新华印刷厂、二七机车车辆厂、南口机车车辆机械厂、北京化工三厂、北郊木材厂和清华大学、北京大学。1976年10月以后查明：上述报告列举的“典型”都是假案。当时该校6 000名教职工中，被审查的有1 228人，被定为敌我矛盾的有178人。在清理阶级队伍开始的两个月中，有10余人被迫害致死。①

1972年9月29日，国务院批转《国务院办公室关于老干部、高级知识分子和爱国人士住房情况的调查报告》，要求各单位认真检查这三种人的住房情况，并规定：住房被挤占的，原则上应予退还。据此，国务院科教组、北京市革命委员会对北京大学、清华大学、北京医学院、北京工业大学中上述三种人的住房情况作了调查。这四所学校中的老干部（副部长级以上）、高级知识分子（三级教授以上）和爱国人士（全国人大、政协常委以上）共208人，“文化大革命”前原住房1036间，20105平方米。在“文化大革命”中，住房被挤占的有191人（189户），占三种人总数的91.8%。被挤占住房508间，共1001

① 中央教育科学研究所：《中华人民共和国教育大事记（1949—1982）》，北京：教育科学出版社，1983年版，第425～426页。

平方米。此外，这四所学校行政九至十二级干部还有 17 人被挤占住房 88 间，687 平方米，占原住房总面积的 41% 以上。[①] 对高级知识分子的切身利益的侵害远远低于对普通教师的权利的侵害，只是极小的一部分。

运动一个又一个，整完一批又一批，教师们为国为民的热情和锐气，独立思考和创造的精神一次次地被冲刷、被消磨，正是这样一种残酷的境况，使得教师们感受到："解放后四十多年来，我的心镜里照出来的是运动、运动、运动；照出来的是我个人和众多知识分子的遭遇……呜呼！慨难言矣！慨难言矣！我效法一句台词，说上一句'天凉好个冬'！"[②]

1977 年 9 月，邓小平与教育部负责人谈话时说"'两个估计'是不符合实际的"，"对于这个《纪要》（《全国教育工作会议纪要》）要进行批判，划清是非界限"[③]。

在近三十年里，教师历经艰难，"最根本的原因是没有把教育界知识分子当做自己的人，当做同工人、农民一样的劳动者，仅以其政治思想状况、家庭出身、所受教育及影响，把他们划在资产阶级、小资产阶级范畴"[④]。教师属于哪个阶级在那个社会阶段就是一个决定着多数教师命运最为关键的问题。

第四节　工人阶级的一部分

在阶级斗争为理论基础的社会建构中，每个人都属于不同阶级。教师属于

---

① 中央教育科学研究所：《中华人民共和国教育大事记（1949—1982）》，北京：教育科学出版社，1983 年版，第 446 页。

② 季羡林：《我的心是一面镜子》，引自《牛棚杂忆》，北京：中共中央党校出版社，1998 年版，第 256 ~ 257 页。

③ 《教育战线的拨乱反正问题》，引自《邓小平论教育》，北京：人民教育出版社，2004 年版，第 49 页。

④ 赵德强：《1947—1957 共和国教坛风云》，福州：福建教育出版社，2005 年版，第 82 页。

哪一个阶级是从1949年到1978年间一直争论了三十年的问题，也是影响教育发展的关键问题，更是教师受到反复摧残和不公正待遇的理论基础。

在1949年确定了对知识分子“争取、团结、改造”的大方针背景下，各地大量教师受到怀疑和不信任，直接影响了教师工作的积极性。

1950年6月1日至9日，教育部在北京召开第一次全国高等教育会议，全国主要高等学校的负责人、高等教育方面的专家、中央各部门代表等300余人参加。6月8日，毛泽东、周恩来来到会场接见代表，周恩来就新民主主义的教育方针、理论与实际一致、团结与改革等问题作了指示。会议讨论了改造高等教育的方针和新中国高等教育建设的方向，指出新中国的高等教育应该以理论与实际一致的方法，培养具有高度文化水平的、掌握现代科学和技术成就的、全心全意为人民服务的、高级的国家建设人才；“准备和开始吸收工农干部和工农青年进高等学校，以培养工农出身的新型知识分子”①。这一做法和提法本身，不免让当时的教师和知识分子意识到包含着对非工农出身的所谓“旧知识分子”的怀疑、疏远和歧视。

1950年8月4日，政务院第四十四次政务会议通过《关于划分农村阶级成分的决定》及《补充决定》。其中规定：“教员是一种使用脑力的劳动者”，“职员为工人阶级中的一部分”；“工程师、教授、专家等，称为高级职员，其阶级成分与一般职员同”。② 这似乎对知识分子和工人阶级做了一个可操作的界定，但问题并没有因此得到解决。在各地对教师阶级成分不明确的情况下，1950年8月2日至11日，中国教育工会召开第一次全国代表大会，会议明确提出，教育工作者是工人阶级队伍的一部分，并被尊称为“人民教师”，从而开启了数十年的教师是否属于工人阶级的争论。

一、革命工作论

1952年9月30日，由于各地受“左”的思想影响，对教师怀疑的现象大量存在，各地教师纷纷来信询问“当教师是否算革命工作”的问题，教育部发了《关于人民教师应算为革命工作人员的通报》。该通报根据1950年8月4日中央人民政府政务院政务会议通过的《关于划分农村阶级成分的决定》等文件

① 中央教育科学研究所：《中华人民共和国教育大事记（1949—1982）》，北京：教育科学出版社，1983年版，第19页。

② 中央教育科学研究所：《中华人民共和国教育大事记（1949—1982）》，北京：教育科学出版社，1983年版，第25页。

的规定，指出：人民教师“应称为职员，而且是工人阶级的一部分”。“其服务教育工作期间也应算入参加革命工作年龄内；但在解放前旧社会的教师，其教学年限只得算在教龄中，不宜算入参加革命工作年龄。”[①]

1953年5月17日、18日、27日，毛泽东主持中共中央政治局举行讨论教育工作的会议，会议作出决定：要特别着重培养工人出身的干部。[②] 决定本身及所使用的词汇语气明显对工人与知识分子做了分别，教师是否属于工人阶级的问题又有了新的讨论空间。

1954年4月30日，在象征着工人的节日“五一”国际劳动节到来之前，中国教育工会全国委员会主席吴玉章为祝贺“五一”劳动节，发表给全国教育工作者的一封信。信中要求全体教育工作者，尤其是中小学教育工作者要以身作则，克服轻视劳动和劳动人民的错误思想，提高认识，明确中小学教育的目标，加强中小学的劳动教育，对中小学毕业生进行服从国家需要的教育。信中指出：“我们教育工作者是社会主义建设中的一支劳动大军——脑力劳动者，是光荣的工人阶级的一部分。”[③] 这封信既在概念上明确了教育工作者是光荣的工人阶级的一部分，又在内涵上警告克服轻视劳动人民的错误思想，将教师排除在劳动人民之外，所要表达的真实内涵是明确的。

1954年，各地出现了小学毕业生和初中毕业生升学难的问题。5月24日，中共中央批发了教育部党组《关于解决高小和初中毕业生学习与从事生产劳动问题的请示报告》，指出：小学教育应该是国民义务教育性质。随着国家生产的逐步发展，这种初等义务教育将逐步普及，义务教育的年限也将逐步延长。升学深造的只是其中一小部分，绝大多数都应该从事工农业及其他生产劳动，这是一种正常的现象。目前中、小学毕业生之所以普遍发生紧张的升学问题，主要由于过去几年中央教育部对中、小学教育的指导思想上有忽视劳动教育的偏向。在教学改革中，在教师思想改造中，都没有着重批判鄙视体力劳动和体力劳动者的剥削阶级的教育思想，也没有向广大群众和学生明确地阐明中、小学教育的性质与任务，使旧中国遗留下来的鄙视体力劳动和体力劳动者的错误教育思想，继续支配着广大教师和学生，这是中、小学教育方针上一个带原则性

---

① 《教育部关于人民教师应算为革命工作人员的通报》，引自《中华人民共和国重要教育文献（1949—1975）》，海口：海南出版社，1998年版，第168页。

② 中央教育科学研究所：《中华人民共和国教育大事记（1949—1982）》，北京：教育科学出版社，1983年版，第77页。

③ 中央教育科学研究所：《中华人民共和国教育大事记（1949—1982）》，北京：教育科学出版社，1983年版，第102页。

的错误。各地党委必须加强对中、小学和师范学校的政治思想工作的领导，继续进行教师的思想改造。中央教育部应立即检查和改编中小学教材。[①] 将发展中的问题归结到教师思想改造和剥削阶级的教育思想，其对教师的阶级定位也是十分明晰的。

二、工农知识分子概念的提出

1955 年 2 月 22 日至 3 月 7 日，教育部、高等教育部、中华全国总工会在北京联合召开全国工农速成中学教育会议和全国职工业余文化教育会议。会议讨论了今后工农速成中学教育和职工业余文化教育的方针和任务，要求采用多种多样的方式，大量地培养工农知识分子和提高职工文化水平。会议认为：作为高等学校的预备学校的工农速成中学，今后要根据积极稳步地发展、努力提高教育质量的方针，招收优秀的工农干部和产业工人，施以中等程度的教育，使他们在政治思想、文化知识、身体健康等方面打好基础，以便毕业后能顺利地升入高等学校继续深造，培养成为工人阶级自己的忠实于社会主义建设事业的技术专家和管理干部。[②] 这一会议确定的基调表明，教师即便属于工人阶级，其中至少有一部分不是工人阶级自己的。有了工农知识分子，就有了对非工农知识分子的分别。

1956 年 1 月 14 日至 20 日，周恩来在中共中央召开的关于知识分子问题的会议上，作了《关于知识分子问题的报告》，指出：我们发展社会主义建设，“必须依靠体力劳动和脑力劳动的密切合作，依靠工人、农民、知识分子的兄弟联盟”，知识分子已经成为我们国家的各方面生活中的重要因素，“最充分地动员和发挥现有的知识分子的力量，不断地提高他们的政治觉悟，大规模地培养新生力量来扩大他们的队伍，并且尽可能迅速地提高他们的业务水平，以适应国家对于知识分子的不断增长的需要，这就是我们党目前在知识分子问题上的根本任务”。报告分析了 1949 年后知识分子状况的变化，指出旧时代的知识分子，“他们中间的绝大部分已经成为国家工作人员，已经为社会主义服务，已经是工人阶级的一部分”。报告提出：为了最充分地动员和发挥知识分子的力量，第一，应该改善对他们的使用和安排，使他们能够发挥他们对于国家有益的专

---

① 中央教育科学研究所：《中华人民共和国教育大事记（1949—1982）》，北京：教育科学出版社，1983 年版，第 104 页。

② 中央教育科学研究所：《中华人民共和国教育大事记（1949—1982）》，北京：教育科学出版社，1983 年版，第 124 页。

长。第二，应该对所使用的知识分子有充分的了解，给他们以应得的信任和支持，使他们能够积极地进行工作。第三，应该给知识分子以必要的工作条件和适当的待遇，并要继续帮助知识分子进行自我改造，发展他们中的进步力量，做好在知识分子中的建党工作。[①] 1月20日，毛泽东在会议上讲话，号召全党努力学习科学知识，同党外知识分子团结一致，为迅速赶上世界科学先进水平而奋斗。这里肯定了大前提知识分子已经是工人阶级的一部分，又强调了知识分子要继续进行自我改造，其内涵在不同的人理解是各不相同的。

1956年9月15日，刘少奇在中共八大的政治报告中说："我们必须经过学校教育和在职干部的业余教育，大量培养新的知识分子，特别是从劳动阶级出身的知识分子。同时，我们必须运用资产阶级及小资产阶级的知识分子的力量来建设社会主义，并且要向他们学习。但是，我们不应当让他们所带来的资产阶级思想和小资产阶级的思想侵蚀无产阶级队伍，相反，我们要尽一切努力帮助他们转变为同劳动人民密切结合的新知识分子。"[②]

三、知识分子是一个剥削阶级

毛泽东在中共八大二次会议上断言，中国的社会主义社会里有两个剥削阶级及两个劳动阶级，右派分子及其他一切被打倒的地主、买办阶级和其他反动派为一个剥削阶级；正在逐步接受社会主义改造的资产阶级和它的知识分子为另一个剥削阶级。工人阶级和农民阶级为两个劳动阶级。[③] 毛泽东在《批判梁漱溟的反动思想》的讲话中更明确地说"中国现在有两个联盟，一种是工人阶级跟农民阶级的联盟，一种是工人阶级跟资本家、大学教授、高级技术人员、起义将军……的联盟"[④]，将教授与资本家排在同一行列，这成为社会主义改造基本完成以后仍然要坚持"以阶级斗争为纲"的依据，也成为中国共产党的知识分子政策偏离正确轨道的根源。在这一论断里，知识分子的主体被界定为资产阶级、剥削阶级，右派境遇更糟。

1956年9月23日，邓小平在中共八届三中全会报告中指出：为了建设社会

---

① 《关于知识分子问题的报告》，引自《人民日报》，1956年1月30日。

② 《中国共产党中央委员会向第八次全国代表大会的政治报告》，引自《中华人民共和国重要教育文献（1949—1975）》，海口：海南出版社，1998年版，第689页。

③ 宋荐戈：《评述1958—1960年的教育革命》，引自《荐戈文存》，北京：中国国际文艺出版社，2006年版，第343页。

④ 《批判梁漱溟的反动思想》，引自《毛泽东选集》（第五卷），北京：人民出版社，1977年版，第113页。

主义，必须建设一支宏大的工人阶级的知识分子队伍。为此必须运用革命的精神培养新的知识分子，革新和加强思想政治教育和劳动教育，加强从工人农民中培养知识分子的工作。[①] 从这段话所使用的“工人阶级的知识分子队伍”、“新的知识分子”、“加强从工人农民中培养知识分子工作”等词汇，不难看出其中暗含的知识分子并非工人阶级的判断，属于知识分子的教师自然难以列入工人之中。

1957 年 3 月，毛泽东指出：“我们现在大多数知识分子，是从旧社会过来的，是从非劳动人民家庭出身的。有些人即使是出身于工人农民的家庭，但是在解放以前受的是资产阶级教育，世界观基本上是资产阶级的，他们还是属于资产阶级的知识分子。”[②] 并且“资产阶级和曾经为旧社会服务过的知识分子的许多人总是要顽强地表现他们自己，总是留恋他们的旧世界，对于新世界总有些格格不入，要改造他们，需要很长时间”[③]。

1957 年 6 月开始的“反右”运动，对以前关于教师属于工人阶级的判断作了全面推翻，毛泽东认为旧社会过来的知识分子靠不住，急需培养大批无产阶级知识分子，并多次强调培养无产阶级知识分子队伍。在 1957 年中共中央召开的杭州会议、南京会议和成都会议上，毛泽东多次否定了 1956 年知识分子问题会议上对知识分子阶级属性的论断，提出中国社会有两个剥削阶级和两个劳动阶级（工人、农民）：“右派分子同被打倒的地主、买办阶级和其他反动派为一个剥削阶级；正在逐步地接受社会主义改造的民族资产阶级和他的知识分子为另一个剥削阶级。”[④] 还认定“资产阶级，特别是它的知识分子，是现在可以同无产阶级较量的主要力量”[⑤]。“从这个时候起，唯唯诺诺、明哲保身、落井下石、损人利己等极坏的作风开始风行。有这些坏作风的人，不但不受批评，甚至还受表扬，受重用。骨鲠之士全成了右派，这怎么能不发生后来的‘文化大革命’。”[⑥]

1957 年 9 月 23 日，邓小平在中共八届三中全会上作的《关于整风运动的

---

① 中华人民共和国教育部：《共和国教育 50 年》，北京：北京师范大学出版社，1999 年版，第 56 ~ 57 页。

② 《毛泽东文集》（第七卷），北京：人民出版社，1999 年版，第 273 页。

③ 《事情正在起变化》，引自《毛泽东选集》（第五卷），北京：人民出版社，1977 年版，第 426 页。

④ 当代中国丛书编委会：《当代中国的统一战线》（上卷），北京：当代中国出版社，1996 年版，第 325 页。

⑤ 《毛泽东文集》（第七卷），北京：人民出版社，1999 年版，第 309 ~ 310 页。

⑥ 韦君宜：《思痛录》，北京：十月文艺出版社，1998 年版，第 50 页。

报告》中，强调指出：必须大力加强文教战线的领导，切实整顿许多文教组织。他说，为了建成社会主义，必须建设一支宏大的工人阶级的知识分子队伍。提出为了培养工人阶级的知识分子队伍，还必须运用革命的精神培养新的知识分子，革新和加强学校的思想政治教育和劳动教育，加强从工人农民中培养知识分子的工作，并且有计划地吸收优秀的革命知识分子入党。[①] 这个报告对当时的知识分子仍然界定为是资产阶级的部分。

1957 年 10 月 7 日至 16 日，中国教育工会全国委员会召开第二次省市教育工会主席联席会议。会议分析了教师队伍的状况，讨论了整风和反右派斗争中教育工会的任务，认为以知识分子为主要对象的教育工会，应当在党的领导下继续帮助教师进行思想改造，把加强教职工的社会主义思想教育作为今后很长一段时期内的重要工作。会议还讨论了实行党委领导下的群众监督和整顿工会组织等问题。[②] 表明教育工会也不敢认为教师是工人阶级了。

1957 年 12 月 4 日，中国教育工会全国委员会主席吴玉章在中国工会第八次全国代表大会上发言指出："教育工会是一个以教师和科学研究工作者为主体的知识分子的工会。它和其他以产业工人为主要成员的工会有着很大的不同。这种不同，除了教育工会的主要成员——教师和研究工作者是脑力劳动者这一特点外，还在于他们虽然也是以工资收入为生活资料来源的人，应该属于工人阶级，但由于他们的家庭出身和过去所受教育的影响，他们的大多数在意识形态上还是资产阶级和小资产阶级知识分子。这一特点，在过去我们是认识不够的。"吴玉章提出教育工会今后应特别加强以下三方面的工作：加强思想政治工作，协助党对教育、教学工作者进行思想改造；在正确处理学校内部矛盾方面充分发挥自己的调节作用；协助行政办好社会主义教育事业，完成国家教育计划。[③] 这段话完全明确了教师属于资产阶级，教育工会的首要职能就是对教师进行思想改造。

1958 年 1 月 18 日至 20 日，中国教育工会第二届全国委员会第二次全体会议在北京举行。会议批判了对于教育工会会员片面强调团结的右倾情绪，提出教育工会必须把思想政治工作作为各项活动的灵魂，而思想政治工作当前最重

① 中央教育科学研究所：《中华人民共和国教育大事记（1949—1982）》，北京：教育科学出版社，1983 年版，第 203 页。

② 中央教育科学研究所：《中华人民共和国教育大事记（1949—1982）》，北京：教育科学出版社，1983 年版，第 204 页。

③ 中央教育科学研究所：《中华人民共和国教育大事记（1949—1982）》，北京：教育科学出版社，1983 年版，第 207 ~ 208 页。

要的是发动和组织群众响应党的号召，参加体力劳动，接受劳动锻炼。[①]

反右和“大跃进”期间，“对知识分子过火的批判，伤害了他们的感情，挫伤了他们的积极性”[②]，以教师为主的知识分子群体的地位一落千丈。

1958年5月5日，在中共八大二次会议上，刘少奇作工作报告，在谈到文化革命的任务时说道：“培养新知识分子，改造旧知识分子，建立一支成千上万人的工人阶级的知识分子队伍，其中包括技术干部的队伍（这是数量最大的），教授、教员、科学家、新闻记者、文学家和马克思主义理论家的队伍。”[③] 这段话对教师阶级属性的界定也十分明确。

1958年9月19日，中共中央、国务院发布《关于教育工作的指示》，提出：培养出一支数以千万计的又红又专的工人阶级知识分子的队伍，是全党和全国人民的巨大的历史任务之一。[④]

1958年12月27日，中共中央印发毛泽东22日在《清华大学物理教研组对待教师宁“左”勿右》这一材料上的批示：“印发给全国一切大专学校、科学研究机关的党委、支委阅读，并讨论一次。端正方向，争取一切可能争取的教授、讲师、助教、研究人员，为无产阶级的教育事业和文化科学事业服务。”[⑤]

四、“脱帽加冕”

1962年3月2日，在广州召开的全国科学工作、戏剧创作会议（又称“广州会议”）上，周恩来作《关于知识分子问题的报告》，指出：“不论是在解放前还是在解放后，我们历来都是把知识分子放在革命联盟内，算在人民民主专政的人民队伍当中。”“就一般范畴说，把知识分子放在劳动者之中。”中国“旧知识分子也有两重性：一方面是脑力劳动者，可以为人民服务；另一方面从旧社会中来的知识分子又与旧社会有着千丝万缕的联系。因此，党和国家有必

---

① 中央教育科学研究所：《中华人民共和国教育大事记（1949—1982）》，北京：教育科学出版社，1983年版，第211页。

② 中华人民共和国教育部：《共和国教育50年》，北京：北京师范大学出版社，1999年版，第230页。

③ 中央教育科学研究所：《中华人民共和国教育大事记（1949—1982）》，北京：教育科学出版社，1983年版，第222页。

④ 中央教育科学研究所：《中华人民共和国教育大事记（1949—1982）》，北京：教育科学出版社，1983年版，第231页。

⑤ 中央教育科学研究所：《中华人民共和国教育大事记（1949—1982）》，北京：教育科学出版社，1983年版，第237页。

要与可能采取团结、教育和改造的方针”。他还说，对待知识分子：（一）信任他们。（二）帮助他们。（三）改善关系。（四）要解决问题。（五）一定要承认过去有错误。“应对过去批评错了的，多了的，过了的，向同志们道歉。”（六）承认错误还要改。[①] 3 月 5 日，陈毅、聂荣臻、陶铸等在经过集体研究，由陈毅代表党和政府向大会作了“脱帽加冕”的讲话，指出：知识分子“是人民的劳动者，是为无产阶级服务的脑力劳动者”。“应该取消资产阶级知识分子的帽子。今天，我给你们行‘脱帽礼’。”他说，“经过十二年的考验，尤其是这几年的严重困难的考验，证明我国广大的知识分子是爱国的，相信共产党的，跟党和人民同甘共苦的。八年，十年，十二年，如果还不能鉴别一个人，那共产党也太没有眼光了。”[②] 这次会议在全国知识分子中引起强烈反响。

1962 年 3 月 27 日，周恩来在二届全国人大三次会议上作工作报告再次强调，“毫无疑问，他们是属于劳动人民的知识分子”，“如果还把他们看做资产阶级知识分子，显然是不对的”[③]。

然而上述讲话于 9 月 24 日至 27 日的八届十中全会上，在毛泽东强调“千万不要忘记阶级斗争”、“阶级斗争必须年年讲，月月讲”的声音中实际上被否定了。

五、“臭老九”

“文化大革命”期间，知识分子更是一步步走向厄运，列为地、富、反、坏、右、叛徒、特务、走资派之后的“臭老九”。

1967 年 4 月 12 日，中央文革小组副组长江青在中央军委扩大会议上说：“要看到文教战线的重要性。对这个问题，我们过去认识不足。那些有问题的、能力不怎么强的干部，都被放到文教战线上去，还不说我们包下来的几百万资产阶级知识分子。这样，他们的资产阶级的、封建主义的东西就大量泛滥。”十七年来“在教育方面，培养出一些完全脱离工农兵，脱离无产阶级政治和脱离生产的知识分子，比过去还多了”。江青的这次讲话，随后被作为中央文件印发

---

① 《论知识分子问题》，引自《周恩来教育文选》，北京：教育科学出版社，1984 年版，第 198 ~ 199 页。

② 胡绳：《中国共产党的七十年》，北京：中共党史出版社，1991 年版，第 389 页。

③ 《知识分子应当受到国家和人民的尊重》，引自《周恩来教育文选》，北京：教育科学出版社，1984 年版，第 202 页。

全国。[①]

"文化大革命"开始不久，"工运黑线统治论"及煽动"砸烂工会"，使象征教师属于工人阶级的中国教育工会被迫停止活动达十二年之久。直到1978年5月1日，中华全国总工会在《关于召开中国工会第九次全国代表大会的通知》中提出："坚决落实党的知识分子政策，恢复他们的会员资格和工会组织。"1978年5月21日，中国教育工会全国委员会正式恢复活动。在此以后，教育工会地方各级委员会和学校的基层委员会，才先后恢复活动或重建组织机构。[②]

1968年11月14日，《人民日报》发表山东省嘉祥县马集公社教育组两名干部的一封信。信中建议所有农村公办小学下放到大队来办，教师都回本大队工作，国家不再发工资，改为大队记工分。此后，大批农村公办小学教师被强行下放回原籍，改拿工分，本人及其子女被转为农业户口。[③] 这样教师事实上成为农民。

1970年9月22日，《光明日报》以《改造学校教育阵地的一支重要的革命力量》为题，加编者按发表调查报告，介绍北京香厂路小学举办的工农兵讲师团。香厂路小学的工农兵讲师团建立于1968年11月，讲师团有工人32人，贫下中农和解放军战士各2人，共37人，讲师团成立后，"工人师傅结合工厂的斗争实际讲课，贫下中农在田间、地头给学生讲活的农业基础知识课"，并负责对专职教师"进行再教育"；"建立了工农兵、教师、革命小将三结合备课、讲课的新制度，改变了知识分子独占讲台的现象"[④]。

自1968年工宣队进驻城镇学校、农村学校建立贫管会后，各地一些中小学相继建立"工农兵讲师团"、"贫下中农讲师团"。一些高等学校也聘请工人、农民担任教师。天津、江苏、广东等地区还抽调一批工人、贫下中农社员到学校任专职教师，或者实行工人、农民与原有教师轮换的制度，以"改变教师队伍成分"。

---

① 中央教育科学研究所：《中华人民共和国教育大事记（1949—1982）》，北京：教育科学出版社，1983年版，第413页。

② 中央教育科学研究所：《中华人民共和国教育大事记（1949—1982）》，北京：教育科学出版社，1983年版，第519页。

③ 中华人民共和国教育部：《共和国教育50年》，北京：北京师范大学出版社，1999年版，第263页。

④《改造学校教育阵地的一支重要的革命力量》，引自《光明日报》，1970年9月22日。

六、知识分子是工人阶级的一部分

1975年8月23日至30日，教育部召开北京、上海、天津、广东四省市中小学教育座谈会，教育部部长周荣鑫在会上曾经讲道："几百万教师在培养学生，还天天说他们是资产阶级知识分子，这不是自己打自己的嘴巴吗？"①

1977年，教育部大批判组在《人民日报》上发表文章指出，"四人帮"篡改了1957年毛主席对我国知识分子的估计，揭发批判他们把我国的知识分子诬为"资产阶级知识分子"、攻击新中国成立后十七年的学校是在造就"毕业后还得重新接受改造的资产阶级知识分子"、诬蔑十七年培养出来的学生"基本上是对社会主义经济基础起了破坏作用"的谬论，以及"四人帮"歪曲党的团结、教育、改造知识分子的政策，打击迫害知识分子的罪行。② 依然是在以阶级斗争的理论批判以阶级斗争理论造成的后果。

1977年5月，邓小平指出："一定要在党内造成一种空气：尊重知识，尊重人才。要反对不尊重知识分子的错误思想。"③

1977年8月，邓小平说："对全国教育战线十七年的工作怎样估计？我看，主导方面是红线。应该肯定……特别是教育工作，他们的劳动更辛苦。现在差不多各条战线的骨干力量，大都是建国以后我们自己培养的，特别是前几十年培养出来的……我们要把从事教育工作的与从事科研工作的放到同等重要的地位，使他们受到同样的尊重、同样的重视。"④

1978年2月26日，在五届全国人大一次会议上，国务院总理华国锋作的政府工作报告中说："我们必须极大地提高整个中华民族的科学文化水平，使广大劳动群众掌握现代生产技能和科学知识，同时造就一支宏大的工人阶级的知识分子队伍，才能胜利实现建设社会主义现代化强国的宏伟目标。"⑤ "工人阶级知识分子队伍"的使用表明知识分子还不全是工人阶级。

1978年3月18日，邓小平在全国科学大会上重申了"知识分子是工人阶

① 中央教育科学研究所：《中华人民共和国教育大事记（1949—1982）》，北京：教育科学出版社，1983年版，第477页。

② 教育部大批判组：《党的知识分子政策不容践踏》，引自《人民日报》，1977年2月20日。

③ 《邓小平论教育》，北京：人民教育出版社，2004年版，第26页。

④ 《邓小平论教育》，北京：人民教育出版社，2004年版，第29~30页。

⑤ 中央教育科学研究所：《中华人民共和国教育大事记（1949—1982）》，北京：教育科学出版社，1983年版，第510~511页。

级的一部分”，然而这个问题并未在思想上彻底解决，教育部门仍在大谈知识分子和资产阶级的“毛和皮”的关系；1980年，一些大学谈论美国高等教育可资借鉴的经验，还有人组织批判；上海几位大学校长联名在《人民日报》发表文章要求扩大高校办学自主权，也被认为是“向党要权”，要用“姓社姓资”的框架加以评判。

1978年10月12日，倪志福在中国工会第九次全国代表大会上作的工作报告中指出：“‘四人帮’打着批判‘全民工会’的幌子将工人阶级内部脑力劳动和体力劳动的分工歪曲为阶级对抗，把从事文教、卫生、科技工作的脑力劳动者排斥于工人工会之外。他们的罪恶目的就是分裂工人阶级队伍，破坏工人阶级团结，削弱工会这个无产阶级专政的支柱。在我们国家，从事脑力劳动的知识分子，总的来说绝大多数已是无产阶级自己的一部分，要确认他们参加工会的权利，积极健全这些部门的工会组织。”①

直到20世纪90年代，这个问题还没有彻底解决，正因为此，1992年邓小平再次重申：“我说过，知识分子是工人阶级的一部分。”② 然而，彻底清除阶级斗争理论在教育上的影响，彻底改变以阶级的框架认同教师的身份还需继续努力。

第五节　待遇与地位变迁

中国教师地位是一个不断被提出的问题，每次提出都受到高度重视，政府高调表态要解决好，仅邓小平就先后十余次在不同的时间和地点讲到要提高教师的待遇和社会地位。事实上，在相当长的时期里，中国的中小学教师工资偏低，生活地位和社会地位普遍较低，未能与之付出的劳动价值相一致。

---

① 中央教育科学研究所：《中华人民共和国教育大事记（1949—1982）》，北京：教育科学出版社，1983年版，第531页。

② 《邓小平论教育》，北京：人民教育出版社，2004年版，第216页。

一、待遇变迁录

自 1950 年，中国政府对教育逐步采取包办的政策后，对教师生活也实行了“包下来”的政策。在此后较长的时期里，中国教师中的主要群体——公办教师的工资来源于政府财政，教师工资的高低是与政府对待教师的态度和政策直接相关的。中国教师工资待遇一直受到重视，却又一直未得到完全彻底的解决，以致成为六十年来连续不断、有时还十分热烈讨论的话题。

1950 年，政府认为此前的教师工资过高，应该降到与当时的领导阶级——工人相当的每月 41 元的水平。

事实上，教师的工作特点决定着教师工资高于工人是常态，低于工人反而不正常。而当时也仅有在城镇工作的部分教师的工资稍高，较大范围的乡村教师待遇却过低。在 1950 年 8 月初召开的中国教育工会第一次全国代表大会上，各地代表提出，乡村小学教师工资过低，致使很多人不愿考师范，失业知识分子不愿下乡，在职教师不安心工作，要求转行。其中有代表提出实行“公办民助”，依靠群众，保证农村教师生活的方案，刘少奇副主席在该方案上批示：“工会可向教育部提出要求，允许乡村小学向学生收一点学费，初小每期每人最多不超过五斤米，高小每期每人最多不超过十斤米。但贫苦家庭的学生，以村政府同意，得免收学费。”在这样的背景下，中国教育工会全国委员会到山西省五台县、榆次市及察哈尔省蔚县进行为了解决乡村小学教师待遇问题的“公办民助”试验，《光明日报》1951 年 2 月 22 日发表了乡村小学公办民助实验工作组总结，认为“这个办法是好的，行得通的”，“群众赞成，教师满意”。而就在此前一天 2 月 21 日的《人民日报》发表了山东潍坊、山西介休、河北三河等地乡村小学教师待遇问题的三封来信，并加了编者按，指出：“据调查，平原、苏北、河北、山西、山东等地乡村小学教员工资，不但比一切工资收入者都少，而且绝大多数比一般供给制的大灶待遇还低，在薪米的支付办法上，又多发坏粮，经常发生短秤、拖欠或按最低粮价折款等现象，使小学教师无法维持最低生活水平，不能安心工作，严重影响小学教育的开展。”① 这些都说明大面积的乡村教师工资过低是比部分教师工资高于工人要大得多的问题。

1951 年，教育部召开全国师范教育会议，提出了“适当地改善小学教师待遇，奖励模范教师，提高教师的政治待遇和社会地位，五年内要培养百万名小

---

① 中央教育科学研究所：《中华人民共和国教育大事记（1949—1982）》，北京：教育科学出版社，1983 年版，第 37 页。

学教师”[1]。会议讨论通过了《关于改善小学教师待遇的指示》。1951 年 5 月，政务会议批准教育部部长马叙伦《关于 1950 年全国教育工作总结和 1951 年全国教育工作的方针和任务的报告》，提出了改善教师待遇的方法和步骤。同年召开的第一次全国初等教育及师范教育会议确定了筹措地方教育经费的办法。

1951 年 11 月 3 日，教育部发出《关于 1951 年高等学校教职员工工资调整工作的指示》，要求各地解决 1949 年 5 月评薪以来部分人员由于职位的升迁或工作性质、分量的变动，而原评工资与现职工作不相称的问题。[2]

自 1952 年 7 月起，全国各级各类学校教职员工工资调整，施行新工资标准和制度。7 月 23 日，教育部发出通知指出这次调整工资的原则是统一全国同级的各类学校教职员工工资标准，并规定其平均工资数。全国高等、中等、初等学校教职工都实行统一的以“工资分”为单位的工资标准。依据这个工资标准，高等学校有 33 个等级，中等学校有 23 个等级，初等学校有 18 个等级。各级学校教职员工调整后的平均工资标准和 1951 年比较，高等学校增加了 18. 6%，中等学校增加了 15. 6%，初等学校增加了 37. 4%。农村小学教师平均工资定为 20 万元（旧币）。

1953 年小学教师的平均工资较 1951 年增长 24. 7%，[3] 并且实行了公费医疗。这些增长与当时的工人工资增长大致持平。

1953 年 9 月 1 日，教育部、财政部、卫生部联合发出《关于适当解决小学幼儿园教职员工福利问题的几项原则的决定》。其中规定：女教师产假 56 天，工资照发；教职员工患病期间的待遇，按《关于各级人民政府工作人员在患病期间待遇暂行办法》的规定办理；教职员工实行公费医疗，其办法按政务院关于国家工作人员实行公费医疗预防的指示处理。农村医疗力量管理不到的地区，暂按每人每月 2 万元（旧币）计算，交县文教行政部门统一掌握；福利费及多子女教养补助费，由市、县教育行政部门掌握。并要求各省市拟定具体办法，切实执行。[4] 在 1953 年教师工资增长的情况下，进一步确定了教师依照国家工作人员的标准解决公费医疗问题，足见对教师待遇相当重视。

---

① 中华人民共和国教育部：《共和国教育 50 年》，北京：北京师范大学出版社，1999 年版，第 484 页。

② 中央教育科学研究所：《中华人民共和国教育大事记（1949—1982）》，北京：教育科学出版社，1983 年版，第 51 页。

③ 中华人民共和国教育部：《共和国教育 50 年》，北京：北京师范大学出版社，1999 年版，第 259 页。

④ 中央教育科学研究所：《中华人民共和国教育大事记（1949—1982）》，北京：教育科学出版社，1983 年版，第 86 页。

1954年4月和7月，政务院两次会议讨论教育工作时，邓小平都提出要加强对学生的纪律教育，要普遍提高教师、知识分子的工资待遇，反对搞平均主义。[①]

1954年6月，全国高等学校、中等学校、初等学校教职工自本月起施行新工资标准（教育部1952年7月23日发布的《全国各级各类教职员工工资标准表》作废）。11月，高等教育部、教育部分别为颁发新工资标准表和本年调整教职工工资工作发出通知。新工资标准取消了大、中、小城市和乡村的分类，普遍增加了各级工资分，调整教职工工资，高等学校、中等学校一般是原工资级别不动，升级面全国平均为15%左右。小学教师调整工资，首先着重工资水平较低的地区，重点在农村；如财务预算能在当地解决可适当扩大升级面。新工资标准与1952年的工资标准表比较，各级工资均有提高。[②]

1955年1月15日，教育部批复北京市教育局，同意北京市自1954年9月起试行中学教师兼任班主任和教研组长者，在原工资外另给报酬的做法。[③]

1955年，认为脑力劳动与体力劳动的报酬应该有一点差距的意见占了上风。自1955年7月起，全国各级学校工作人员实行工资制和改行货币工资制。这次工资制度的改革是根据国务院8月31日发布的《关于国家机关工作人员全部实行工资制和改行货币工资制的命令》进行的，其内容包括：原有供给（包干）制人员改行工资制，现行工资分工资标准作废，改为货币工资标准。在实行新颁货币工资标准的同时，照国务院发布的物价津贴标准表加发物价津贴。高等教育部于10月25日、教育部于11月4日分别发出通知，颁布全国各级学校工作人员工资标准表，废除1954年11月发布的工资标准表，并规定了工资制度改革中各项问题的解决办法。两部的通知规定高等学校及大中城市中等、初等学校此次晋级人数一般不超过百分之十。教育部的通知提出各地在调整升级中，着重解决工资水平较低地区（主要是农村）小学教师的工资问题。这次工资制度改革工作于1955年底结束。[④]

1955年的工资改革，并没有真正解决小学尤其是农村中小学教师工资低的

---

① 中华人民共和国教育部：《共和国教育50年》，北京：北京师范大学出版社，1999年版，第56页。

② 中央教育科学研究所：《中华人民共和国教育大事记（1949—1982）》，北京：教育科学出版社，1983年版，第108页。

③ 中央教育科学研究所：《中华人民共和国教育大事记（1949—1982）》，北京：教育科学出版社，1983年版，第122页。

④ 中央教育科学研究所：《中华人民共和国教育大事记（1949—1982）》，北京：教育科学出版社，1983年版，第138页。

问题。

1956年4月11日，毛泽东在青年团中央反映小学教师“三低”（待遇低、地位低、质量低）情况的简报上批示“此件值得一阅，并应予以解决。”4月27日，周恩来据此批示：“在国务院常务会议上提出解决办法。”[①] 国务院发出改善高级知识分子（包括教授、副教授）工作条件的通知；教育部提出了提高小学教师工资的办法。四五月间，教育部接连研究解决办法，在教育部起草的《关于提高小学教师待遇和社会地位的报告》中提出：必须从思想上转变某些干部轻视小学教师的错误观点。根据“按劳取酬”、“同工同酬”的工资原则和小学教师劳动复杂、工作繁重的情况，确定小学教师的工资地位。农村小学教师的工资水平，应当不低于同等程度的其他部门人员。应当实行“教龄津贴”的工资制度。对有特殊贡献的优秀教师给以特级待遇。公立、社办、民办、私立小学教师一律享受公费医疗待遇。应定期举行优秀教师代表会议，总结、推广优秀教师的经验，以提高人民教师的荣誉感。应积极提高小学教师的质量。各级党委应加强对小学教育和小学教师的领导。[②]

与此几乎同时，1956年4月1日，《国务院关于工资改革的决定》宣布全国企业、事业和国家机关自本日起实行新的工资标准。7月9日、10日、18日，教育部、高等教育部分别发出指示，要求全国各级各类学校进行教职工的工资改革工作，按照新的工资标准（1955年的工资标准表作废），在增加工资的基础上，重新评定级别，进一步贯彻按劳取酬的原则。这次工资改革，取消了物价津贴制度，实行货币工资制。经过这次工资改革，全国小学教师的月平均工资比调整前提高32.88%，即由30.2元增加到40.13元。教育部所属各项事业单位教职工的月平均工资比调整前提高28.72%。关于私立、民办学校教职工增加工资问题，12月19日教育部发出指示，认为应从实际情况出发研究确定，其工资标准制度和工资水平，不宜和公立学校强求一律。[③] 于是教师工资略有提升，以1956年为例：中学教师的月平均工资是42.5元到149.5元；大学教师是62元到345元，工人的工资是33元到104元。然而1957年“反右”之后，教师的工资又降到与工人相同的水平，并一直延续到1977年“文化

① 中华人民共和国教育部：《共和国教育50年》，北京：北京师范大学出版社，1999年版，第486页。

② 中央教育科学研究所：《中华人民共和国教育大事记（1949—1982）》，北京：教育科学出版社，1983年版，第162页。

③ 中央教育科学研究所：《中华人民共和国教育大事记（1949—1982）》，北京：教育科学出版社，1983年版，第160页。

大革命”结束。[①]

1956 年 4 月 16 日，国务院发出通知：改善高级知识分子的工作条件。通知指出：为了迅速地发展我国的科学和文化事业，争取在今后 12 年内使我国最急需的科学部门接近和赶上世界先进水平，国家必须尽一切可能为高级知识分子创造有利的工作条件。为此，国务院除责成中央各部门从各方面进行工作外，还要求各省、直辖市、自治区人民委员会对科研机关、高等学校等处的科学家、教授、工程师等的工作条件作一次检查，督促有关单位采取具体措施，改善他们的工作条件；迅速地和适当地解决缺少助手、辅助人员的困难，积极地解决所缺房屋等问题；切实改善图书、文物、档案和各种资料的收集、保管、整理、利用的状况；并经常关心高级知识分子的工作条件。[②]

1956 年 7 月 7 日，教育部发出通知，要求各省、直辖市、自治区教育厅局研究解决教职工住宅问题。通知指出：在最近召开的一届人大三次会议上，反映出了教育部门教职工住宅不足的问题。这些意见，中央和地方教育主管部门必须予以重视。教育部门必须考虑适当地解决教职工住宅问题，特别是中小学教职工住宅问题。通知要求教育厅局和省市人民委员会研究采取措施并研究分年逐步解决的办法。[③]

1956 年 7 月 21 日，教育部发出通知：各地教育行政部门对为解决夫妻分居两地而要求调动工作的教师，应该予以照顾。9 月再次发出通知，要求切实做好这一工作。许多省市进行了这项工作。本年暑期，江苏、辽宁两省和重庆市各有 100 多名夫妻分居两地的教师调到一起工作。[④]

1956 年，教育部、中国教育工会全国委员会联合发出指示，进一步改进中等及初等学校教职工福利费的管理和使用，并要求各级教育行政部门指定专人兼管教工福利工作。指示规定：福利费必须全部用于解决教工的困难，不许积压、克扣和挪作别用，并不应节余。福利费的发放不能有其他条件限制。福利费大部分应由基层教工福利委员会掌管使用，如有节余，可帮助负债多的教工

---

① 《中国教育统计年鉴（1949—1981）》，北京：中国大百科全书出版社，1984 年版，第 106 ~ 114 页。

② 中央教育科学研究所：《中华人民共和国教育大事记（1949—1982）》，北京：教育科学出版社，1983 年版，第 162 页。

③ 中央教育科学研究所：《中华人民共和国教育大事记（1949—1982）》，北京：教育科学出版社，1983 年版，第 173 页。

④ 中央教育科学研究所：《中华人民共和国教育大事记（1949—1982）》，北京：教育科学出版社，1983 年版，第 174 页。

解决困难。[①]

1957年10月25日，国务院全体会议通过了《关于高级脑力劳动者食用植物油补助供应的规定》，对高级知识分子和司、局长以上干部，在当地的食用油供应数量之外补助食用植物油，每人每月一斤半。补助的植物油按当地现行零售价格增加两倍予以供应。[②]

1957年12月11日，高等教育部发出《关于精简教师的几点意见》，提出：凡因政治、品质、业务等方面的原因，已不适合在高等学校继续工作的教师应大力精简。目前已多余，今后较长时间内也无需补充的科系的教师，如财经、政治、俄文等，也应精简。凡在本校多余，可在高等学校工作的教师，由高等教育局、高等教育部调整。未安排前，暂留原校；最后不能调整安排的，再作精简处理。[③] 从当时的教师供求关系看，教师不是多了，而是不够，精简本身的意味十分明了。

1957年，不少教师因被划为右派而失去工资待遇，接着发生的“大跃进”使教师的实际生活质量进一步下降，一些教师因饥饿而死亡。1957年12月25日，中共中央批转教育部党组《关于用机关下放干部代替中小学和业余学校被清洗及不称职教职员的请示报告》，提出：清理教师队伍和机关下放干部的工作，应紧密结合，由各级党委作出全面规划，统一考虑，从下放干部中选择条件适合的干部，立即去接替被清洗及不称职教职员的工作，以保证教学工作正常进行，并改变教师阵容。遵照中央指示，各级党组织将大批干部派进学校。据中央宣传部干部处1959年2月的材料显示，仅山西、辽宁、河南等16个省市派到学校任教师（绝大多数是中小学教师）和小学校长的干部，就有约13.45万人。[④] 可见，政治运动本身也包含不同利益群体间的利益调整。

1958年，饥荒已经影响到部分地区教师与学生的生活和健康，于是，3月24日，教育部、卫生部发出《关于进一步加强学校保健工作领导的联合指示》。要求各级教育、卫生行政部门、医疗预防、卫生防疫机构、学校都要明确各自的职责，加强学校的保健工作。并采取措施改善学校的卫生不良状况，关心教

---

① 中央教育科学研究所：《中华人民共和国教育大事记（1949—1982）》，北京：教育科学出版社，1983年版，第182页。

② 中央教育科学研究所：《中华人民共和国教育大事记（1949—1982）》，北京：教育科学出版社，1983年版，第205页。

③ 中央教育科学研究所：《中华人民共和国教育大事记（1949—1982）》，北京：教育科学出版社，1983年版，第208页。

④ 中央教育科学研究所：《中华人民共和国教育大事记（1949—1982）》，北京：教育科学出版社，1983年版，第208页。

师的生活和健康。校长应负责学校保健工作的全面领导。①

1959 年 10 月 11 日，国务院转发国务院文教办公室关于 1959 年文教部门一部分人员工资调整的意见。本年，文教部门人员调整工资，重点放在高、中等学校的教学人员和卫生技术人员中工资较低的人员。调整面：大学、中专为教职工总数的 5%，普通中学为 4%，小学为 1% 到 2%。②

1960 年 3 月 5 日，国务院颁发经第 96 次全体会议通过的《关于评定和提升全日制中小学教师工资级别的暂行规定》，规定：评定和提升中小学教师的工资级别应该以教师的思想政治条件和业务工作能力为主要依据，同时必须照顾其资历和教龄。对师范院校毕业生（包括具有同等学力者）担任中小学教师的工资级别的起点和长期努力从事教育工作的老教师、对人民教育事业有卓越贡献的中小学教师的提升、奖励等也做了规定。③ 3 月，全国各级各类学校教师调整工资，高等学校教师升级面为 40%，国家举办的全日制中小学教师的升级面为 25%。3 月 15 日，教育部为此发出文件，并通知各地：中央已同意将现行福利费标准提高为工资总额的 2%，已高于这个标准的地区，不予降低。④

1961 年 8 月，教育部向中央提出实施教育工作者教龄津贴的意见和办法。本年 4 月，国务院副总理陆定一在二届全国人大二次会议的发言中提出，要为教育工作人员规定出工龄津贴的办法。据此，教育部提出了上述办法，1962 年 12 月，周恩来指示，教龄津贴要先在小学实行。教育部根据这一指示，于 1963 年拟订了《小学教师教龄津贴暂行办法（草案）》。后来，这两个办法均未实施。⑤

1961 年 12 月 9 日，商业部、教育部联合发出通知：农村小学教师的副食品和生活日用品的供应，应和当地脱产干部同等待遇。⑥

1962 年 3 月，国务院颁发《关于评定和提升全日制中小学教师工资级别的

---

① 中央教育科学研究所：《中华人民共和国教育大事记（1949—1982）》，北京：教育科学出版社，1983 年版，第 219 页。

② 中央教育科学研究所：《中华人民共和国教育大事记（1949—1982）》，北京：教育科学出版社，1983 年版，第 257 页。

③ 中央教育科学研究所：《中华人民共和国教育大事记（1949—1982）》，北京：教育科学出版社，1983 年版，第 268 页。

④ 中央教育科学研究所：《中华人民共和国教育大事记（1949—1982）》，北京：教育科学出版社，1983 年版，第 270 页。

⑤ 中央教育科学研究所：《中华人民共和国教育大事记（1949—1982）》，北京：教育科学出版社，1983 年版，第 297 页。

⑥ 中央教育科学研究所：《中华人民共和国教育大事记（1949—1982）》，北京：教育科学出版社，1983 年版，第 301 页。

暂行规定》，对教师工资提升条件和师范毕业生起点工资以及对有突出贡献的中小学教师的奖励作出了规定，进一步完善了中小学教师的工资制度，① 在一定程度上缓解了中小学教师的生活困难。

1962 年 7 月 6 日，教育部发出通知：从本年下学期开始，根据“高校六十条”第三十条的规定，试行教授、副教授休假制度。本年第一批试行休假的直属高等学校有 24 所，共安排教授 32 人，副教授 3 人，其中休假一年的 31 人，半年的 4 人。1963 年 8 月 5 日，教育部通知在全国重点高等学校中继续试办教师休假制度。② 能享受到这种待遇的教师当然只是极少数。

对大多数教师而言，尤其是小学教师，当时的生活依然较困难。1962 年 10 月 22 日至 11 月 27 日，在中共中央宣传部召开的会议上，认为：要解决小学老师工资待遇低的问题，对一些终生从事教育工作、书教得好的教师，学校办得好的校长，要给予加薪和奖励。③ 1962 年 12 月 13 日，周恩来在听取教育部工作汇报后指示：“要解决小学教师的吃粮、供应、工资问题。”在谈到建立教师工龄津贴制度时，周恩来说：“小学教师生活很困难，不一定各行各业一齐推，小学教师可以先行。”④

1963 年 7 月 25 日，教育部发出了《关于 1963 年全国各级公办学校教职工工资调整工作的几点意见》。意见根据中共中央、国务院关于调整职工工资的规定，确定了本年各级公办学校教职工调整工资的升级面：相当于国家机关 17 级以上的行政干部按中央规定区别对待；相当于 17 级以上的教师和高等学校辅助人员，可按中央或地方规定，适当照顾，其余人员按 40% 执行。中小学教师，工资一向偏低，生活比较困难，今年的升级面，应加以照顾，一般不宜减少。⑤

1965 年 5 月 21 日，高等教育部发出通知：改进高等学校有关工资外报酬的制度。通知指出：过去的规定，大多数是照抄苏联的，缺乏政治上的考虑，有单纯物质刺激的错误。具体表现在，教师只要去外校讲学、兼课、兼工作，或

---

① 中华人民共和国教育部：《共和国教育 50 年》，北京：北京师范大学出版社，1999 年版，第 486 页。

② 中央教育科学研究所：《中华人民共和国教育大事记（1949—1982）》，北京：教育科学出版社，1983 年版，第 312 页。

③ 中央教育科学研究所：《中华人民共和国教育大事记（1949—1982）》，北京：教育科学出版社，1983 年版，第 319 页。

④ 中华人民共和国教育部：《共和国教育 50 年》，北京：北京师范大学出版社，1999 年版，第 486 页。

⑤ 中央教育科学研究所：《中华人民共和国教育大事记（1949—1982）》，北京：教育科学出版社，1983 年版，第 340 页。

编译教材，不论是否利用业余时间，都无区别地一律付给酬金，而且酬金标准过高，助长了个人名利思想，造成不良影响。为此，决定对过去的规定进行清理和修订，废除1955年、1956年、1963年分别规定的关于教师在寒暑假工作的酬金、聘请校外人员兼课和指导毕业设计的酬金、《高等学校自然科学学报》稿酬等制度，降低1963年、1964年分别规定的关于聘请校外人员审阅研究生毕业论文的酬金和教师编译教材的稿酬标准。[①]

1968年11月14日，《人民日报》发表了山东省嘉祥县马集公社小学教师侯振民（公社教育组长）、王庆余（公社教育组成员）的一封信。信中“建议所有（农村）公办小学下放到大队来办，国家不再投资或少投资小学教育经费，教师国家不再发工资，改为大队记工分”，“教师都回本大队工作”。此建议后来简称为“侯王建议”。《人民日报》在编者按中号召就此建议“展开讨论”。从15日起，该报以“关于公办小学下放到大队来办的讨论”为题开辟专栏，发表了大量拥护、支持、赞扬“侯王建议”的来信和文章。许多地方还立即付诸实施，将大批农村公办小学改为民办，大批农村公办小学教师被强制下放回原籍，改拿工资为记工分，本人及其子女被转为农村户口。1969年1月6日，《人民日报》又报道吉林省东丰县南屯基公社万兴大队办的小学，从1968年11月份起，将公办教师的工资改为工分制加补贴，并在编者按中说“这个办法可供各地参考”[②]。

1968年12月2日，《人民日报》发表上海、天津、北京等地的读者来信，提出城市的中小学由工厂办、街道办的建议，同时开展“城市的小学及中学应当如何办”的讨论。随后，连续刊登了大量支持上述建议的文章、来信以及一些地方和学校的经验。在此之后，全国各地许多城镇中小学由工厂接办，或搞“定厂办学”。上海、北京等一些大中城市经过试点后，将小学改为由街道办事处领导管理。《人民日报》开展的“城市的小学及中学应当如何办”的讨论，是在“关于公办小学下放到大队来办的讨论”专栏内进行的。这个专栏一直延续到1976年8月26日，一共出了197期。讨论的中心随着政治形势的变化、中小学教育革命的发展而不断转换。其内容不仅涉及中小学教育的各个方面（如工人阶级领导学校斗、批、改，编写无产阶级教材，社会主义文化课的教学，建设新型的无产阶级教师队伍，改革教学方法，中等专业学校要不要办，

---

① 中央教育科学研究所：《中华人民共和国教育大事记（1949—1982）》，北京：教育科学出版社，1983年版，第379～380页。

② 中央教育科学研究所：《中华人民共和国教育大事记（1949—1982）》，北京：教育科学出版社，1983年版，第422页。

技工学校怎么办等），还包括业余教育和农村扫盲工作等内容。①

1971 年 7 月，根据《国务院关于调整部分工人和工作人员工资的通知》，全国公办学校自本月起调整教职工工资。这次工资调整的对象是：1957 年底以前参加工作的三级工，1960 年底以前参加工作的二级工，1966 年底以前参加工作的一级工和低于一级工的工人，以及与上述工人工作年限相同，工资等级相似的教职工。调整结果：一般调高一级；少数 1957 年底以前参加工作的二级工，1960 年底以前参加工作的一级工和低于一级工的工人，以及与之工作年限相同、工资等级相似的教职工调高两级。②

直到 70 年代末，小学教师工资在全国各行各业中仍偏低。1977 年 10 月，全国公立学校教职工调整工资。这次调整的重点是工作多年、工资偏低的教职工。调整结果，全国近 60% 的教职工不同程度地增加了工资③。

1978 年 1 月 22 日，教育部发出了《关于教育事业两项基建投资安排的意见》。提出：鉴于中小学教职工队伍不断扩大，但住房问题没有相应解决等情况，希望各地在地方统筹安排和自筹安排的投资，以及在边疆建设、职工住宅的补助投资中，对城市中小学住宅建设和边疆地区中小学校舍建设，给予较多照顾和适当安排。④

1978 年 3 月，邓小平同志同国务院政治研究室负责同志谈话时指出："现在小学教员的工资太低。一个好的小学教员，他付出的劳动是相当繁重的，要提高他们的工资。将来，有些教得很好的小学教员，工资可以评为特级。"⑤

但这种政策只是对极少数优秀教师而言，大量普通教师的待遇问题依然严重。当时由于开放引起的通货膨胀、物价上涨，教师不像工人那样有奖金和其他额外收入，教师的工资收入实际上低于当时的工人收入。在这种情况下，政府从 1977 年 10 月起，在高校恢复了教师职务制度，于 1977 年和 1979 年先后两次调整了部分教职员的工资，并为担任班主任的教师提供小学每月 4 ~ 6 元、中学每月 5 ~ 7 元的班主任津贴。教育部从批准北京市三名小学教师为特级教师

① 中央教育科学研究所：《中华人民共和国教育大事记（1949—1982）》，北京：教育科学出版社，1983 年版，第 423 页。

② 中央教育科学研究所：《中华人民共和国教育大事记（1949—1982）》，北京：教育科学出版社，1983 年版，第 439 页。

③ 中央教育科学研究所：《中华人民共和国教育大事记（1949—1982）》，北京：教育科学出版社，1983 年版，第 500 页。

④ 中央教育科学研究所：《中华人民共和国教育大事记（1949—1982）》，北京：教育科学出版社，1983 年版，第 508 页。

⑤ 《邓小平论教育》，北京：人民教育出版社，2004 年版，第 62 页。

开始，启动了小学教师可以评高级职称的制度设计。由于这样的调整没有覆盖到所有教师，仅有60%的教职工不同程度地增加了工资，中小学教师的工资问题仍没有得到全面解决。

1978年9月26日，教育部、财政部、国家劳动总局联合发出通知，试行《关于高等学校兼课教师酬金和教师编译教材稿酬的暂行规定》。确定：高等学校因工作需要，可向其他院校聘请兼课教师；高等学校教师（包括行政人员）到其他学校兼课，可根据助教、讲师、副教授、教授的不同情况和水平，按实际讲课时数，由聘请单位给予一定酬金；其他部门工作人员到高等学校兼课或高等学校教师到其他部门兼课，也须参照上述规定付给报酬。其他各类学校聘请兼课教师的酬金，由省、直辖市、自治区自定。高等学校教师集体编译或通过单位统一组织编译的教材（包括参考书等）出版以后，出版社应付稿酬。并对稿酬的分配办法作了规定。①

1978年10月12日，教育部、国家体委、财政部、商业部联合发出通知，恢复对大、中、小学体育教师、体育专业学生的粮食定量按体力劳动者定量标准的供应，以及供应教学工作（运动）服装的办法。并对服装供应标准、购置费用来源、发放办法等重新作了规定。②

1978年12月12日，教育部、财政部联合发出通知，执行国务院5月7日发出的关于今年不实行奖励和计件工资制度的全民所有制企业、事业单位，可以对职工试行一次性年终奖的通知而作出的规定，在全国学校教职工中发了年终奖金。③

1978年12月，全国学校教职工中2%的人员工资升级。按1978年11月18日国家劳动总局的通知，这次工资升级的是“生产、工作成绩优异，贡献较大和提职后工作表现好而工资特别低的人员”，“个别学习特别优良的徒工提前转正定级”④。

1979年5月14日，教育部就盲聋哑中小学教职工工资待遇问题复函上海市教育局。复函指出：盲聋哑中小学教师职工工资待遇仍根据1956年教育部有关

---

① 中央教育科学研究所：《中华人民共和国教育大事记（1949—1982）》，北京：教育科学出版社，1983年版，第528～529页。

② 中央教育科学研究所：《中华人民共和国教育大事记（1949—1982）》，北京：教育科学出版社，1983年版，第531页。

③ 中央教育科学研究所：《中华人民共和国教育大事记（1949—1982）》，北京：教育科学出版社，1983年版，第535页。

④ 中央教育科学研究所：《中华人民共和国教育大事记（1949—1982）》，北京：教育科学出版社，1983年版，第537页。

文件规定执行，即“对于盲聋哑中小学的员工，除按中小学工资标准分别评定外，对教员、校长、教导主任还应按评定的等级工资，另外加发15%”①。

1979年10月24日，教育部、财政部联合发出通知：全国主要副食品销售价格提高后，按照全国职工的补贴标准增加对中小学民办教职工的补助费和高等学校、中等专业学校学生的助学金，作为副食品价格补贴。②

1979年11月23日，教育部发出《关于教育部门教职工升级问题的通知》。通知根据国务院关于自本年11月起给40%的职工升级的决定，提出：教职工升级要经过考核、评比，择优升级；应按照工作态度、业务技术水平、贡献大小进行考核，并以贡献大小为主要依据。11月28日，教育部通知各地，在40%的职工升级面外，另给高等学校再增加教职工总数7%至9%的升级指标，主要用于改善讲师以上教学人员的工资状况。③

1979年11月27日，教育部、财政部、国家劳动总局联合发出通知：从本年11月1日起，在全国普通中学和小学公办教师中试行班主任津贴。同时发出《关于普通中学和小学班主任津贴试行办法（草案）》。④

1980年，中共中央、国务院颁布了《关于普及小学教育若干问题的决定》，指出：现在，小学教师平均工资居于全国各行各业之末，中学教师是倒数第二，这是极不合理的。要求：必须切实改革中小学教师制度，提高他们的工资待遇。在工资制度正式改革前，应当给予一些临时补贴。中小学要开始实行教龄津贴制度，以鼓励教师终生从事教育事业。国家给予民办教师的补助费应该有所增加，由各地根据实际情况，作出具体规定。根据这一精神，1980年5月5日至12日，教育部在济南召开座谈会，研究全国中小学教职工工资调整问题。

1981年10月7日，国务院发出通知，决定从10月起，给中小学教职工、医疗卫生单位部分职工、体委系统优秀运动员和专职教练员及部分从事体育事业的人员调整工资。这次调整工资采取先补后靠再升级的办法，即先补齐1977年调资时的级差，再把低于国家机关行政人员工资标准的，都靠到国家行政人员级相应的工资额，然后在此基础上升一级。贡献较大、教龄较长、与同类人

---

① 中央教育科学研究所：《中华人民共和国教育大事记（1949—1982）》，北京：教育科学出版社，1983年版，第549页。

② 中央教育科学研究所：《中华人民共和国教育大事记（1949—1982）》，北京：教育科学出版社，1983年版，第563页。

③ 中央教育科学研究所：《中华人民共和国教育大事记（1949—1982）》，北京：教育科学出版社，1983年版，第564~565页。

④ 中央教育科学研究所：《中华人民共和国教育大事记（1949—1982）》，北京：教育科学出版社，1983年版，第565页。

员相比工资偏低的少数优秀骨干职工也可以升两级。民办中小学教师在国家补助费的基础上，每人每年增加50元。10月20日至30日，国家人事局、国家劳动总局、财政部、教育部在郑州联合召开全国调整中学教职工工资工作会议，研究贯彻执行国务院上述通知的办法。①

这次调整后，教师生活有所改善；同时，中国教师的工资制度逐步得到完善，教师待遇逐步得到提高。教师的工资除了依据职务级别，还建立了教龄津贴、班主任津贴、特级教师津贴等。

1981年3月17日，教育部发出通知，决定在中等专业学校、聋哑学校班主任中试行发给津贴的办法。②

1981年4月20日，教育部发出通知：在高等学校试行教师工作量制度，并颁发了《高等学校教师工作量试行办法》和《高等学校教师教学工作量超额酬金暂行规定》。通知指出，建立和健全教师工作量制度是高等学校科学管理工作的一项重要措施。试行工作量制度要同试行教师职责及考核暂行规定结合起来，各校可结合实际情况拟定实施补充办法。③

1982年10月26日至31日，教育部、中国教育工会、城乡建设环境保护部在长沙召开改善城市中小学教职工的住房条件经验交流会。会议指出：要提高对教育及教师作用的认识，关心、改善他们的生活和工作条件，采取行之有效的措施，逐步解决他们的住房困难，使教师安居乐业，全心全意投入到教学工作中去。要改善目前教职工的住房条件，必须提高认识、领导重视、落实投资、加强管理。长沙、淄博等16个市、县在会上介绍了经验。12月31日，国务院办公厅批转了这个会议的情况报告，并指出：城市中小学教师的工作十分艰苦，住房比较困难。希望县以上各级人民政府予以关心，把这一问题列入日程，采取行之有效的措施逐步解决他们的住房问题。④

但此后，教师工资的增长步调总是比社会经济发展的步调慢。1984年11月底，胡启立在江西调查时看到：就全社会而言，特别是各级党委和政府，抓经济建设的劲头都很大，真正把教育提到现代化建设战略地位高度，从认识到

---

① 中央教育科学研究所：《中华人民共和国教育大事记（1949—1982）》，北京：教育科学出版社，1983年版，第629页。

② 中央教育科学研究所：《中华人民共和国教育大事记（1949—1982）》，北京：教育科学出版社，1983年版，第611页。

③ 中央教育科学研究所：《中华人民共和国教育大事记（1949—1982）》，北京：教育科学出版社，1983年版，第615页。

④ 中央教育科学研究所：《中华人民共和国教育大事记（1949—1982）》，北京：教育科学出版社，1983年版，第670页。

行动还远未到位，轻视教育、轻视知识、轻视知识分子的问题依然不同程度地存在着；教师地位低、待遇差的问题也没有解决，这就造成教师队伍不稳定，优秀教师留不住。教师待遇也很可怜，拖欠工资十分普遍，有的教师几乎连自己的温饱问题都没有解决，完全凭着良知坚守在教育岗位上。江西的情况有特殊性，但问题有普遍性。

1985 年，又进行了一次全国范围内的教师工资调整，中小学教职员月工资平均增加 23 元，每年增加 0.5 元的工龄津贴；1986 年开始实行中小学教师职称制度，为教师工资正常增长提供依据，1987 年中小学教师工资又提高 10%，[①] 相应补贴种类增加了降温费（7 月至 9 月）、取暖费（冬季）及肉食补贴每月 8 元、洗理费每月 4 元、煤补每月 5 元。

由于每次的教师工资调整都是相对小幅度的，跟不上社会其他行业工资上涨的步子，所以直到 20 世纪 80 年代末，教师工资依然偏低。一项统计表明，1978 年教师平均工资在 12 个行业中排在最末，比 12 个行业的平均工资低 5.17 元；1980 年教师平均工资排在倒数第 2 位；1985 年排在倒数第 2 位。1987 年教师的平均工资是每月 118.5 元，比全国 12 个行业的平均工资 128.8 元低 10.3 元，排在倒数第 4 位。1987 年教师工资的年增长率是 5.8%，工业从业人员的年增长率是 10.8%，[②] 教师平均工资与其他行业平均工资之间的差距呈拉大的趋势。在这种情况下，1987 年 11 月 30 日，国务院决定：自 1987 年 10 月起，将全国中小学教师和幼儿园教师现行的工资标准提高 10%。这次调整直到 1988 年才在各地落实实施，调整后不少教师工资几乎是原来工资的翻倍。

1988 年教师工资调整后，由于通货膨胀导致经济紧缩，工人工资以外收入大不如前，主要靠工资收入的教师显得相对稳定，显现出教师工资高出工人的情况。从 1988 年到 2008 年，教师工资虽然总币值一直在增长，却又出现多次随社会经济状况而发生的高低变化，在经济蓬勃发展的时候，教师工资显得相对较低；在经济紧缩的时候，教师工资又显出一定的优势。

1993 年 10 月 31 日，全国人大常委会通过了《中华人民共和国教师法》，并于 1994 年 1 月起正式实施，其中明确规定："教师的平均工资水平应当不低

---

① 国家教委办公厅：《基础教育法规文件选编》，北京：北京师范大学出版社，1988 年版，第 397～398 页。

② 国家教委教育经费研讨组：《教育经费与教师工资》，北京：教育科学出版社，1988 年版，第 33 页。

于或者高于国家公务员的平均工资水平，并逐步提高。”[①] 这种以官本位为参照标准对教师工资的硬性要求只在相当短的时间内达到了，只在一些西部相对不发达地区实现了，而在东部地区教师的工资普遍难以达到公务员的水平，更不要比较总体收入了，因而教师普遍对此感到不平衡。

就在《中华人民共和国教师法》颁布的同一年，全国许多地区发生大面积拖欠教师工资的现象，教师的工资性报酬，包括基础工资、岗位职务工资、奖金、津贴和其他各种补贴均未按时足额地支付。这一问题在20世纪90年代中期得到一定程度的缓解，但90年代末，许多农村地区又一次陷入大面积拖欠教师工资的境地。

1995年3月18日，八届全国人大三次会议通过《中华人民共和国教育法》，并自1995年9月1日起施行，其中第三十三条规定：国家保护教师的合法权益，改善教师的工作条件和生活条件，提高教师的社会地位。教师的工资报酬、福利待遇，依照法律、法规的规定办理。

1995年全国工资大调整，教育系统年平均工资水平达到5002元，但仍然比全国职工年平均工资水平5500元低498元。此后，全国教师工资虽然又有几次调整，但由于经费要由当地政府支出，而县、乡两级政府的事权与财权不匹配，对不少农村教师来说拿到足额工资犹如“雾里看花，吕中望月”，国家政策规定应该增长的工资，由于受区域经济等因素的影响，一些县、市根本兑现不了。它们只是以档案工资的形式存在着，工资调整成了名副其实的“空调”。

1998年，全国教育部门所属城镇中小学和普通高校住房建设资金约150亿元，竣工建筑面积2100万平方米，建成住房27万套。截至1998年底，全国普通高校和城镇中学教职工家庭人均居住面积从1992年的6.6平方米增加到1998年的8.74平方米。[②]

2000年前后，全国出现大面积教师工资拖欠现象。见下页表8－1所示。

据教育部统计，截至2000年4月，全国共有26个省、自治区、直辖市累计拖欠教师工资135.65亿元；到2002年底，全国农村中小学教师工资拖欠累计达到了150个亿；2003年又新增20个亿；直到2006年仍有28%的农村中小学教师工资未能按时足额发放。

---

① 《中华人民共和国教师法》，引自《中华人民共和国教育法规实用要览（1949—1996）》，广州：广东教育出版社，1996年版，第79页。

② 中华人民共和国教育部：《共和国教育50年》，北京：北京师范大学出版社，1999年版，第79、492页。

表8-1　部分省区拖欠教师工资情况（2000—2003）①

省市区	金额（亿元）	省市区	金额（亿元）	省市区	金额（亿元）
吉林	10.17	河南	28.5	广西	8.5
辽宁	11.8	湖北	23.67	海南	2.34
内蒙古	17.62	湖南	12	陕西	8.53
山东	10.7	江西	6	甘肃	13.58
安徽	24.8	广东	6.5	四川	4.68

2009年初，教育部发布《关于做好义务教育学校教师绩效考核工作的指导意见》②，经国务院同意，自2009年1月1日起，首先在义务教育学校实施绩效工资分配政策，以绩效考核结果为主要依据。意见要求：必须建立符合教育教学规律和教师职业特点的教师绩效考核制度，为绩效工资分配更好地体现教师的实绩和贡献、更好地发挥激励功能提供制度保障。要全面把握绩效考核工作的基本要求，着力构建符合教育教学和教师成长规律、导向明确、标准科学、体系完善的教师绩效考核评价制度。实施绩效考核工作应遵循几个基本原则：尊重规律，以人为本，尊重教育规律，尊重教师的主体地位，充分体现教师教书育人工作的专业性、实践性、长期性特点；以德为先，注重实绩，完善绩效考核内容，把师德放在首位，注重教师履行岗位职责的实际表现和贡献；激励先进，促进发展，鼓励教师全身心投入教书育人工作，引导教师不断提高自身素质和教育教学能力；客观公正，简便易行。意见明确规定教师绩效考核的内容主要是：教师履行《中华人民共和国义务教育法》、《中华人民共和国教师法》、《中华人民共和国教育法》等法律法规规定的教师法定职责，以及完成学校规定的岗位职责和工作任务的实绩，包括师德和教育教学、从事班主任工作等方面的实绩。其中，师德主要考核教师遵守《中小学教师职业道德规范》的情况，特别是为人师表、爱岗敬业、关爱学生的情况。在考核中要明确规定，教师不得以任何理由、任何方式妨碍完成教育教学任务，不得以非法方式表达诉求、干扰正常教育教学秩序、损害学生利益，并将此作为教师绩效考核合格的必备的基本要求。

意见指出，对履行了岗位职责、完成了学校规定的教育教学工作任务的教师，全额发放基础性绩效工资；对有突出表现或作出突出贡献的教师，视不同

---

① 张玉林：《目前中国农村的教育危机》，引自《战略与管理》，2004年第4期。

② 刘华蓉、高伟山：《教育部发布做好教师绩效考核工作指导意见——教师绩效工资以考核结果为主要依据》，引自《中国教育报》，2009年2月6日。

情况发放奖励性绩效工资。要根据绩效考核结果，合理确定奖励性绩效工资分配等次，坚持向骨干教师和作出突出成绩的教师倾斜，适当拉开分配差距。绩效考核结果也要作为教师资格认定、岗位聘任、职务晋升、培养培训、表彰奖励等工作的重要依据。

这一意见的实施存在一定困难，原因主要是：一是教学工作很难量化，一方面很难度量教师工作量，另一方面也很难找到工作量与工作成果之间的联系；二是学生的成绩是许多教师同时工作的结果，不能只机械地认定某一科成绩就与该科任课教师相关，更不能分清哪一位教师对学生成长贡献了什么，如果贸然作出这样那样的规定也是缺乏理论和实践依据的；三是学校教学工作主要是依据校长和行政部门分派的，某些岗位可能很容易获得看得见的绩效，而另一些岗位在短期内看不到绩效，尤其是其中提到的将师德放在首位更是缺乏可操作性。

2009 年 3 月 5 日，温家宝在十一届全国人大二次会议上所作的政府工作报告中，提出中央财政投入 120 亿元，提高 1200 万中小学教师的待遇，同时地方财政也要增加投入。

教师工资待遇不仅仅是钱的问题，更是一个国家如何计划安排自己发展的策略问题。

二、社会地位变化

教师地位是一个社会文明状况的标志之一。

尊师重教在中国有比较久远的传统，1931 年邰爽秋等人提出“六六”教师节。1951 年 5 月 20 日，教育部部长马叙伦和中国教育工会全国委员会主席吴玉章发表书面谈话：废除六月六日的教师节，改用“五一”劳动节为教师的节日。[①] 后来这一节日由于与国际劳动节为同一天，没有多少人意识到它是教师节。

1954 年 9 月 4 日，高等教育部发出《高等学校教师的工作日及教学工作量暂行办法（草案）》。10 月 25 日，高等教育部长杨秀峰传达中共中央宣传部意见：教师工作量制度是苏联的先进经验，但实行时要照顾全国大多数教师的情

---

① 中央教育科学研究所：《中华人民共和国教育大事记（1949—1982）》，北京：教育科学出版社，1983 年版，第 40 页。

况，有步骤地进行。除原已实行的以外，其余学校只能试验，选择少数学校试行。①

由于教师地位的被动性，常被安排参加各种活动。1955 年 2 月 27 日，《人民日报》发表题为《保证科学工作者集中精力于专业活动》的社论，指出：不少科学家、教授、医生及其他科学工作者社会活动过多，使他们长期不能集中精力从事教学和科学研究工作。有些高等学校的系主任、教授参加社会活动的时数占了工作时数的30%左右，严重地影响了教学和研究工作。社论提出要采取统一安排活动、调整兼职、配备助手等办法解决科学工作者社会活动过多的问题。②

1956 年 5 月 21 日，高等教育部、教育部、中国教育工会全国委员会、中国科学院联合发出组织一部分教育工作者暑期休养的通知。通知规定，本年暑期，由省、直辖市、自治区教育工会组织一部分高等学校讲师以上的教师和相当于副教授以上的行政负责人，中小学及师范学校优秀教师（包括校长、教导主任）到当地工人休养所休养。7 月 31 日，高等教育部、教育部、中国教育工会全国委员会又发出通知，要求各地积极组织教学人员的参观旅行活动，并对讲师以上教学人员及主要行政负责人到外地参观旅行的经费开支办法作了规定。③

1956 年 7 月 25 日，中共中央同意将中央书记处第四办公室《关于征询各地对教育工会和小学教师联合会两个组织问题的意见的简报》转发给各省委、自治区党委参照执行。简报提出：今后应逐渐建立和健全教育工会的组织，而不要再建立教师联合会的组织；现有的教师联合会的组织，可由各地根据实际情况，逐渐地转变为教育工会。教师联合会是 1949 年前一些地区进步教师的群众团体。④ 1949 年后，教师联合会继续开展活动，有的地区还新成立了教师联合会，有的地区随着教育工会的成立，教师联合会已转为教育工会。

1956 年 8 月 6 日至 15 日，中国教育工会第二次全国代表大会在北京举行，大会确定工会当前的任务是：发挥工会组织的共产主义学校的作用，团结、教育全体教育工作者、科学工作者；动员和组织他们向文化进军、向科学进军，提高教学质量和工作水平；深入群众，从各方面保护他们的利益，努力帮助他

---

① 中央教育科学研究所：《中华人民共和国教育大事记（1949—1982）》，北京：教育科学出版社，1983 年版，第 112 页。

② 《保证科学工作者集中精力于专业活动》，引自《人民日报》，1955 年 2 月 27 日。

③ 中央教育科学研究所：《中华人民共和国教育大事记（1949—1982）》，北京：教育科学出版社，1983 年版，第 166 页。

④ 中央教育科学研究所：《中华人民共和国教育大事记（1949—1982）》，北京：教育科学出版社，1983 年版，第 174 页。

们改善工作条件，解决生活上、学习上的各种困难，反对一切漠视群众疾苦的官僚主义作风；不断扩大先进生产者的队伍；为提高人民的文化水平，培养社会主义建设的新生力量而奋斗。①

1956年，小学教师的地位问题更为突出。一些读者来信反映，许多地方对待小学教师的态度十分无理。1956年10月5日，《人民日报》发表了《不许歧视小学教师》的社论，社论分析了歧视小学教师的思想根源，提出要依靠各方面努力，在社会上树立尊重和爱护小学教师的风气。② 此后，一些报刊展开了尊重教师的宣传。《教师报》开辟了“反对轻视教师的错误思想，树立尊重教师的社会风气”的专栏。云南、江西、湖南的省报也开展了讨论。11月24日，《文汇报》发表了《提倡尊师重道》的社论。与此同时，一直到1957年初，一些省市分别召开老教师座谈会、年长教师代表会议，表彰长期坚持在教育工作岗位的教师。③ 50年代末，各地都在小学教师中评选了模范教师、先进工作者。

1960年6月1日至11日，全国教育和文化、卫生、体育、新闻方面社会主义建设先进工作者代表大会在北京召开，有小学教师代表参加。在受奖的先进工作者中教育工作者占65.4%，张子高、唐敖庆、侯光炯、吴佩芳、斯霞、杨治周、乃提·依敏、扎西卓玛等教师受奖。④

1961年6月17日，教育部发出《关于清华大学处理一个学生在试验课中不遵守学习纪律和侮辱教师问题的通报》，指出：对这个学生的处分（记过一次）是对的，学生必须按照教学计划的要求，尊重教师的指导，遵守学习纪律，认真地学好功课。⑤

1961年，实行调整的政策后，学生人数减少了，教师出现宽余。6月29日，教育部党组发出《关于妥善处理高等学校编余教师的意见》，指出：在调整中，应当根据积聚力量、提高质量的精神，妥善处理编余的教师，这是有关执行党的知识分子政策和提高教育质量的重大问题，必须认真做好。应该把编余的教师，尽量安置在本校从事科学研究和教学有关的工作，或者安排他们进

---

① 中央教育科学研究所：《中华人民共和国教育大事记（1949—1982）》，北京：教育科学出版社，1983年版，第176页。

② 《不许歧视小学教师》，引自《人民日报》，1955年10月5日。

③ 中央教育科学研究所：《中华人民共和国教育大事记（1949—1982）》，北京：教育科学出版社，1983年版，第181页。

④ 中央教育科学研究所：《中华人民共和国教育大事记（1949—1982）》，北京：教育科学出版社，1983年版，第277页。

⑤ 中央教育科学研究所：《中华人民共和国教育大事记（1949—1982）》，北京：教育科学出版社，1983年版，第294页。

修学习，帮助他们提高政治业务水平，本校无法安置的，可以上报主管领导部门调到其他高等学校。[①] 1961 年 7 月 26 日，教育部发出各直属高等学校 1961 年职工精简方案。这次精简的重点是学校附属工厂的职工，其次是一般职工。教师一般不作精简。并规定本年主要精简 1958 年 1 月以来工作的来自农村的新职工。[②]

1962 年 7 月 20 日，教育部发出《关于安排高等学校中有真才实学的年老体弱不能不担负教学工作的教师的几项规定》，提出：在进一步调整教育事业和精简教职工中，对于高等学校的教授、副教授，年老体弱不能担负教学工作，但具备下列条件之一者，经过批准可以再列在编内，不受教师编制定额的限制。这些条件是：（一）在本门学科方面有较高的学术水平，并且在科学研究工作中有显著成就。（二）长期（30 年左右时间）在高等学校从事教学工作，具有丰富的教学经验，并有显著贡献。（三）在本门学科方面有某种特长和丰富的业务经验，并有较高声望。[③]

1962 年 8 月 10 日，国务院批转了教育部《关于精简中小学教师必须注意的几个问题的意见》。意见提出：1958 年以后工作的教师，不要一律视为精简对象。中小学校中有教学经验的老教师，必须留在学校中发挥他们的作用。并规定中小学教师的调入、调出须经县以上教育行政部门批准。[④]

1962 年，首都科学家在政协礼堂聚会，祝贺数学家熊庆来教授从事教学与研究 40 周年。[⑤]

1963 年 11 月 18 日，中共中央、国务院批转了教育部党组《关于减少教授、副教授校外兼职和社会活动问题的请示报告》。中央批示指出：我国高等学校的教授、副教授为数不多，其中具有真才实学的教授专家更少，他们是我国社会主义建设和科学、教育事业的宝贵财富。合理而恰当地安排和使用这一部分力量，是加强发展我国科学和教育事业的重要因素。各地、各部门、各学校

---

① 中央教育科学研究所：《中华人民共和国教育大事记（1949—1982）》，北京：教育科学出版社，1983 年版，第 294 页。

② 中央教育科学研究所：《中华人民共和国教育大事记（1949—1982）》，北京：教育科学出版社，1983 年版，第 295 页。

③ 中央教育科学研究所：《中华人民共和国教育大事记（1949—1982）》，北京：教育科学出版社，1983 年版，第 313 页。

④ 中央教育科学研究所：《中华人民共和国教育大事记（1949—1982）》，北京：教育科学出版社，1983 年版，第 315 页。

⑤ 中央教育科学研究所：《中华人民共和国教育大事记（1949—1982）》，北京：教育科学出版社，1983 年版，第 316 页。

应当对此引起足够的重视，切实减少他们的校外兼职和社会活动。在学校内部也应该切实帮助他们安排工作，发挥他们的专长，减少行政事务，保证业务工作时间，配备必要的较强的助手。并重申要切实保证专家、教授每周有六分之五的业务工作时间。①

1964 年 12 月 25 日，中共中央宣传部转发了高等教育部党组《关于高等学校教师工作量办法等几个问题的检查报告》。报告说：高等学校教师工作量办法、教师外出讲学酬金和教师职务提升标准的掌握等三个问题都有严重错误。在这些错误中贯穿着一个基本的思想线索，即重业务、轻政治的倾向。报告提出：《高等学校教师工作量试行办法（草案）》（1962 年底 1963 年初拟订的）有原则性错误，立即全部收回，今后也不再搞教师工作量、教师外出讲学酬金问题，暂规定今后除对差旅费、伙食费按国家规定报销或补助外，邀请学校一律不再付酬金。通过各校正确执行 1960 年 2 月国务院颁发的《关于高等学校教师职务名称及其确定与提升办法的暂行规定》，纠正过去忽视思想政治条件和不适当地强调科学论文和外国语的偏向。中共中央宣传部批示：所谓教师工作量的办法，是死搬苏联教育制度的一个典型事例。对大批政治上前进的青年教师则是很大的束缚。这种办法是资产阶级教育思想的产物，是和党的教育方针、毛主席的教育思想背道而驰的。②

1968 年 1 月 15 日，中共中央、国务院、中央军委、中央文革小组批转了吉林省军区和天津市革命委员会的请示报告，同意吉林省军区和天津市革命委员会的意见：小学在 1 月中旬开始放寒假四个星期，小学教职员工则坚持办好毛泽东思想学习班和搞好本单位的斗、批、改。③ 1968 年 7 月 3 日，中共中央、国务院、中央军委、中央文革小组发出通知：小学、初中学生按过去规定时间放暑假，教职员工不放假，继续进行本单位的斗、批、改；高中、中专和大学不放假，要抓紧进行高中毕业生的安排和中专、大专院校毕业生的分配工作。④

1973 年 7 月 28 日，江青、张春桥、姚文元审查湘剧影片《园丁之歌》。江青却指责说，“剧名就不合适，园丁是共产党，怎么是教员？”“‘没文化怎能担

---

① 中央教育科学研究所：《中华人民共和国教育大事记（1949—1982）》，北京：教育科学出版社，1983 年版，第 348 页。

② 中央教育科学研究所：《中华人民共和国教育大事记（1949—1982）》，北京：教育科学出版社，1983 年版，第 372 页。

③ 中央教育科学研究所：《中华人民共和国教育大事记（1949—1982）》，北京：教育科学出版社，1983 年版，第 418 页。

④ 中央教育科学研究所：《中华人民共和国教育大事记（1949—1982）》，北京：教育科学出版社，1983 年版，第 418 页。

起革命重担'（剧中的一句台词），这句话问题更大，这句话简直是反攻倒算。”张春桥说，“这个戏在教育路线上也有问题，学生受老师摆布”等等，江、张为批判这部影片定了调子。《园丁之歌》原本描写青年女教师俞英耐心教育引导小学生陶利克服缺点，成为爱学习、守纪律的学生，同时也教育青年教师方觉认识到自己对待学生的态度是错误的，树立起正确的教育思想，塑造了一个忠于党的教育事业的青年教师形象。① 1974 年 7 月 19 日，国务院文化组发出批判影片《园丁之歌》的通知。8 月 4 日，《人民日报》发表初澜（文化组创作领导小组办公室写作班子的笔名）的文章：《为哪条教育路线唱赞歌——评湘剧〈园丁之歌〉》。接着，《教育革命通讯》和各地不少报刊相继发表近百篇批判文章，围剿《园丁之歌》。这些文章诬蔑这部影片是“掩盖和抹杀教育战线的阶级斗争和两条路线斗争”，是宣扬地主阶级的“文化至上”、“智育第一”，“否定党对教育事业的领导，要让资产阶级知识分子重新统治我们的学校”，“否定无产阶级文化大革命，为反革命修正主义教育路线招魂，向无产阶级反攻倒算”。②

1976 年 11 月 29 日，《人民日报》发表中共湖南省委宣传部的文章《扼杀〈园丁之歌〉也是为了篡党夺权》，并加了编者按，揭发批判“四人帮”围剿电影《园丁之歌》，打击教师，搞乱教育思想的罪行。③ 教育部 1977 年 2 月 23 日在《光明日报》发表署名袁丁题为《戳穿江青批判“师道尊严”的阴谋》的文章，对江青、迟群、谢静宜在 1973 年 12 月利用小学生黄帅的信和日记搞政治阴谋、搞乱学校、迫害老师的罪行，进行揭发批判。1978 年，在教育部召开的全国教育工作会议及北京市召开的教育工作会议上，进一步揭露了这一事件给我国教育事业带来的严重灾难。④ 从此，报刊开始使用多年停止使用的“光荣的人民教师”、“辛勤的园丁”、“光荣的园丁”等一类提法。

1973 年 12 月 30 日，国务院科教组和北京市革命委员会科教组采取突然袭击的办法，对北京地区 17 所高等学校的 631 名教授、副教授进行数理化考试。许多教授采取拒绝参加考试、交白卷、在考卷上写反对意见等方式，进行抵制。

---

① 中央教育科学研究所：《中华人民共和国教育大事记（1949—1982）》，北京：教育科学出版社，1983 年版，第 453 页。

② 中央教育科学研究所：《中华人民共和国教育大事记（1949—1982）》，北京：教育科学出版社，1983 年版，第 466 页。

③ 中共湖南省委宣传部：《扼杀〈园丁之歌〉也是为了篡党夺权》，引自《人民日报》，1976 年 11 月 29 日。

④ 中央教育科学研究所：《中华人民共和国教育大事记（1949—1982）》，北京：教育科学出版社，1983 年版，第 491 页。

事后，科教组还通过召开座谈会，发简报，在《教育革命通讯》上发表题为《考教授有感》的署名文章等办法，竭力扩大“考教授”的政治影响。在此以前，辽宁对大学教授进行过一次考试。在北京“考教授”之后，上海、天津等地也先后仿效。①

在“文化大革命”期间，很多小学教师同其他知识分子一样遭到打击和迫害。知识分子排在地、富、反、坏、右、叛徒、特务、“走资派”之后，被诬蔑为“臭老九”。1975 年 5 月 3 日，毛泽东召集在北京的中共中央政治局委员谈话时借用了京剧《智取威虎山》中的一句台词“老九不能走”，以此批评对知识分子的诬蔑，说明革命和建设事业是需要知识分子的。②

1975 年 9 月 26 日，邓小平说：“要解决教师地位问题。几百万教员，只是挨骂，怎么调动他们的积极性？毛主席讲消极因素还要转化为积极因素嘛！教育战线也要调动人的积极性。”③

1977 年 3 月，新学期开学，各地报刊和学校开展尊师爱生的宣传教育活动，揭发批判“四人帮”破坏师生关系的罪行，整顿学校秩序，扭转师生关系不正常的状况。1977 年 8 月 8 日，邓小平在科学和教育工作座谈会上说：“一个小学教师，把全部精力放在教育事业上，就是很可贵的。要当好一个小学教师，付出的劳动并不比一个大学教师少，因此小学教师同大学教师一样光荣。对于终身为教育事业服务的人，应当鼓励。”④

“文化大革命”期间，教师的假期被各种运动所占用。1977 年 8 月 8 日，邓小平说：“恢复放假制度。在假期，把学生的活动搞得生动活泼，多样化……要让教师休假，给老师消除疲劳、思考问题、总结经验的时间，给他们以休整的时间，不能把他们的假期时间都给占用了。”⑤

1977 年 8 月 18 日，《人民日报》刊登新华社记者述评——《人民教师应当受到尊重》。述评说：北京市 9 个区县先后召开中小学先进集体、先进个人代表会议和奖励优秀教师、先进集体，“这种做法，值得提倡”。在此前后，全国许多省、直辖市、自治区和地、市、县以至公社、学校都采取召开代表会议等方

---

① 中央教育科学研究所：《中华人民共和国教育大事记（1949—1982）》，北京：教育科学出版社，1983 年版，第 458 页。

② 中央教育科学研究所：《中华人民共和国教育大事记（1949—1982）》，北京：教育科学出版社，1983 年版，第 486 页。

③ 《邓小平论教育》，北京：人民教育出版社，2004 年版，第 24 页。

④ 《邓小平论教育》，北京：人民教育出版社，2004 年版，第 30 页。

⑤ 《邓小平论教育》，北京：人民教育出版社，2004 年版，第 36 页。

式表扬和奖励优秀教师和先进集体。①

1978 年后，各地拨乱反正，落实党的知识分子政策，平反冤假错案，批评歧视小学教师的思想，惩治侮辱、殴打小学教师的犯罪分子。

1978 年 3 月 7 日，国务院批转教育部《关于高等学校恢复和提升职务问题的请示报告》，提出：在国务院没有作出新规定前，仍执行 1960 年国务院颁发的《关于高等学校教师职务名称及其确定与提升办法的暂行规定》。原来确定和提升的教授、副教授、讲师、助教，一律有效，恢复职称。并新规定了可以越级提升教授、副教授，将提升教授的审批权限改为由省、直辖市、自治区批准，报教育部备案。在此以后，高等院校中原有的教授、副教授、讲师和助教都恢复了职称。各高等学校还根据“坚持标准，保证质量，全面考核，择优提升”的原则，分期分批地进行了提升和确定教师职称的工作。至 1981 年，全国高等学校有 13 万多名教师提升和确定了职称。其中，提升教授 2400 多名。副教授 3 万多名，讲师 11 万多名。② 从此，中断多年的教师职称评定工作首先在高等学校开展起来。

1978 年 12 月 17 日，经国务院批准，教育部、国家计委联合颁发试行《关于评选特级教师的暂行规定》。暂行规定指出：特级教师的评选对象，主要是中小学（包括民办和厂矿企业办的中小学）、师范学校、盲聋哑学校、教师进修学校、教学研究机构、校外教育机构的教师和幼儿园的教养员，以及原来是教学水平较高的教师又长期从事中小学、师范、盲聋哑和幼儿教育工作的，领导教育工作有特长的校长、教导主任和幼儿园主任。暂行规定对评选特级教师的业务条件和政治条件、评选办法、审批手续等作了规定。并要求各省、直辖市、自治区于明年召开全国教育大会前，完成第一次评选工作。今后，每 3 至 5 年评选一次，③ 使评选特级教师的工作制度化和规范化。

在此以前，教育部批准北京景山学校马淑珍、郑俊选、方碧辉三位小学教师为特级教师，并与北京市授予北京通县一中数学教师、班主任刘纯朴“模范班主任”称号。一些省市已参照景山学校的做法，提升了一批特级教师，授予一批中小学教师以特级教师、“模范班主任”、“优秀教师”等光荣称号。暂行

---

① 中央教育科学研究所：《中华人民共和国教育大事记（1949—1982）》，北京：教育科学出版社，1983 年版，第 495 页。

② 中央教育科学研究所：《中华人民共和国教育大事记（1949—1982）》，北京：教育科学出版社，1983 年版，第 512 ~ 513 页。

③ 中央教育科学研究所：《中华人民共和国教育大事记（1949—1982）》，北京：教育科学出版社，1983 年版，第 535 页。

规定下达后，各地进行了这项工作，至1982年1月，绝大多数省、直辖市、自治区进行了评选工作，共评选出特级教师1113名。[①]

由于事业发展的需要，教师数量不足的现象明显出现，高等学校向中等学校吸纳教师成为解决教师不足的一种方式。1979年1月16日，教育部发出通知，制止高等院校和科研单位到中学、师范学校和教师进修院校乱拉教师到高等学校和科研机关工作。[②] 1979年2月22日，外交部、教育部、国家计委、民政部联合发出通知：在全国范围内进行外语人员基本情况普查，至8月底，普查工作全部结束。普查结果：中国有现职外语干部约19万人，用非所学外语人员约3.33万人，合计约22.33万人。11月17日，国务院批准上述单位联合提出的《关于全国外语人员普查结果和做好调整、使用工作的报告》，要求各地区、各部门采取有力措施，做好用非所学外语人员的调整工作和闲散在社会上的外语人员的使用工作，并抓好对现职人员的培养提高。[③]

1979年12月28日，国务院在北京举行第二次授奖仪式，嘉奖全国先进单位和全国劳动模范，教育上16个先进单位和48名劳动模范出席仪式并获奖[④]。

1980年2月18日，教育部、中国教育工会、中国教育学会、民进中央等10个单位在人民大会堂联合举行教育工作者春节联欢晚会，邓小平、王震、方毅、胡耀邦出席，国务院副总理方毅在会上讲话，强调“要大力提倡‘尊师敬道’，恢复和提高教师的社会地位，在青年中和社会上培养起尊师敬长的新风”[⑤]。

1980年4月14日，教育部、中国教育工会发出《关于组织优秀教师暑期休养的联合通知》。7月，全国大、中、小学和幼儿园的优秀教师代表108名，在青岛参加教育部和中国教育工会联合举办的暑期休养活动。教育部、国家体委还在庐山举办全国特级、优秀体育教师夏令营。[⑥]

---

① 中央教育科学研究所：《中华人民共和国教育大事记（1949—1982）》，北京：教育科学出版社，1983年版，第535页。

② 中央教育科学研究所：《中华人民共和国教育大事记（1949—1982）》，北京：教育科学出版社，1983年版，第541页。

③ 中央教育科学研究所：《中华人民共和国教育大事记（1949—1982）》，北京：教育科学出版社，1983年版，第543页。

④ 中央教育科学研究所：《中华人民共和国教育大事记（1949—1982）》，北京：教育科学出版社，1983年版，第567页。

⑤ 中央教育科学研究所：《中华人民共和国教育大事记（1949—1982）》，北京：教育科学出版社，1983年版，第573页。

⑥ 中央教育科学研究所：《中华人民共和国教育大事记（1949—1982）》，北京：教育科学出版社，1983年版，第578页。

1980年5月5日，《人民日报》发表社论指出："尊师爱生是社会主义社会应有的公德，我们党历来就是这样主张的。""在整个社会造成尊师爱生的风气，才能办好我们的教育事业，造就一代又一代的社会主义新人。"社论引用了列宁1923年在谈到俄国的教育问题时说的话，"我们没有做主要的事情。我们没有注意到或很少注意到提高人民教师地位的问题，而不提高人民教师的地位，就谈不上任何文化……应当把我国人民教师提高到从未有过的，在资产阶级社会里没有也不可能有的崇高的地位"，认为列宁高度评价了教师的作用，把提高教师地位看做是教育工作中应该做的一件"主要的事情"，今天对我们仍然很有教育意义。①

1980年6月1日，中共中央书记处在中南海怀仁堂举行庆祝"六一"国际儿童节茶话会。国务院副总理赵紫阳指出：能否把孩子们教育好，关系到国家、民族的兴衰，关系到社会主义现代化事业的成败，各级党团组织和社会各有关部门要十分关心少年儿童一代的健康成长。中共中央总书记胡耀邦对当时教师队伍中存在的实际困难，提出四条解决办法：（一）把那些真正全心全意为教育事业服务，有本领有知识的同志，尽快提拔到领导岗位上来；（二）从明年开始适当提高教师工资待遇；（三）要多开办进修班，提高教师知识水平和教学能力，充实教师队伍；（四）要适当调动个别实在不合格的教师改做别的工作。②

1980年9月2日，《人民日报》发表《人民教育》记者写的题为《怎能这样对待小学教师》的报道，报道了全国小学语文教学研究会成立大会召开期间，大连市接待处及大连饭店、太原街旅社的某些领导和服务员歧视和轻慢小学教师的情况。4日，叶圣陶、吕叔湘、苏步青、高润华、刘佛年、李锐夫、倪谷音、左淑东等八位人大代表联名在《人民日报》发表呼吁信，要求社会各界人士将"尊师爱生"的口号变为事实，指出小学教师理应得到社会的尊重。7日，国务院总理华国锋在五届全国人大三次会议上讲话时，表示完全同意和支持这封呼吁信。8日，中共辽宁省委、省人民政府发出通知，接受批评意见，并要求各地各部门深入开展尊师教育，进行一次认真检查。③

1980年，中共中央、国务院发出《关于普及小学教育若干问题的决定》，

---

① 《全社会都要尊师爱生》，引自《人民日报》，1980年5月5日。

② 中央教育科学研究所：《中华人民共和国教育大事记（1949—1982）》，北京：教育科学出版社，1983年版，第583页。

③ 中央教育科学研究所：《中华人民共和国教育大事记（1949—1982）》，北京：教育科学出版社，1983年版，第590页。

进一步要求：必须造成尊师的良好社会风气，提高教师的社会地位，建设一支稳定、合格的教师队伍。

1981年1月5日至12日，教育部、中国教育工会全国委员会联合在北京召开教工代表大会试点汇报座谈会。会议认为，党委领导下的教工大会是广大教职工群众参加学校民主管理的好形式，应尽可能做到定期召开，形成制度。教工代表大会可以审议校长的工作报告；对学校工作提出批评和建议；对干部实行监督；在学校的职权范围内，对某些涉及教工切身利益的生活福利等方面的问题作出决定。认真收集和处理教工群众的提案，是教工代表大会的重要工作。教工代表大会不设常设机构，以工会基层委员会作为它的工作机构。①

1981年4月至6月，《文汇报》、上海市教育局、教育工会上海市委员会联合发起推选上海市优秀人民教师活动，3万余名教师受到社会各界的推荐和表扬。8月31日，上述三个单位联合举行表彰大会，向评选出的107名优秀教师和421名先进教师颁发了证书。②

1982年1月30日，中共中央发出《关于检查一次知识分子工作的通知》，提出对知识分子要真正做到：政治上一视同仁，工作上放手使用，生活上关心照顾。是否调动了广大知识分子的积极性，充分发挥他们的才能并取得成果，应作为衡量一个地区和单位领导工作优劣的重要标志之一。通知要求，各级党委要在上半年检查一次知识分子工作，切实研究制定改进措施，力争在短期内作出成绩。③

1982年7月20日，全国政协常务委员兼副秘书长萨空了向全国政协副主席办公会汇报关于中年知识分子的情况调查。十一届三中全会以来，知识分子政策正在逐步得到落实，但当前的一个严重问题是中年知识分子的工作和生活条件差。政协调查组对上海、浙江、江苏、山东做了一个半月的调查后认为，中年知识分子工资偏低，居住条件差，健康状况普遍不良，缺乏进修机会。中年知识分子中绝大多数已是各条战线的骨干。据上海几个大学统计，中年教师承担了全校70%以上的教学、科研任务，重大科研成果有80%左右是他们创造的，系教研室的党政领导职务90%由他们担任。调查组认为，不解决中年知识

① 中央教育科学研究所：《中华人民共和国教育大事记（1949—1982）》，北京：教育科学出版社，1983年版，第605页。

② 中央教育科学研究所：《中华人民共和国教育大事记（1949—1982）》，北京：教育科学出版社，1983年版，第616页。

③ 中央教育科学研究所：《中华人民共和国教育大事记（1949—1982）》，北京：教育科学出版社，1983年版，第645页。

分子现在存在的困难问题，将会影响我们当前和今后事业的发展。①

1982年7月22日，《光明日报》刊登教育部部长何东昌就北京市怀柔县发生殴打教师事件答记者问。何东昌说：怀柔县黄坎公社吉寺大队发生的殴打三位女教师的事件，情节是严重的。教育部对此问题很重视。由于中央领导同志的关怀和北京市委态度坚决，肇事者已依法逮捕。北京市委通报全市"人人爱护学校，人人尊重教师"，把坏事变成了好事。就全国来说，打骂教师事件仍不断发生，最根本的原因还是在教育问题和知识分子问题上的某些"左"的错误影响还没有肃清；轻视教育，轻视科学文化，轻视知识分子，唯成分论等等错误影响还没有肃清。必须向全社会呼吁，重视教育、重视教师的作用，提高他们的社会地位。②

1982年8月5日，教育部就河北省东光县小学教师张淑珍被逼自杀事件转发了河北省人民政府的通报。教育部要求各省、直辖市、自治区教育厅局对此类事件作一次认真的检查。对于扰乱和破坏学校秩序、殴打教师的事件，要逐件清理；对于已作处理但处理不当的，要重新处理；对于伤害教师尚未处理的犯罪分子，要依法严惩③。

1982年11月30日，赵紫阳在五届全国人大五次会议报告中指出："希望一切有知识分子的单位，都能进一步端正对待知识分子的认识，认真落实对知识分子的政策，充分信任和保护它们，让他们放手施展建设社会主义祖国的抱负。"④

1982年，教育界、学术界举行活动或发表文章，向王学文（从事理论和教育工作55周年）、金岳霖（从事教学、科研56周年）、朱光潜（执教60周年）、蔡翘（从事生理学工作60周年）、郭绍虞（执教、著述70周年）、叶圣陶（从事教育事业70周年）等学者、专家表示祝贺。⑤

1985年1月21日，六届全国人大常委会第九次会议同意国务院《关于教

① 中央教育科学研究所：《中华人民共和国教育大事记（1949—1982）》，北京：教育科学出版社，1983年版，第659页。

② 何东昌：《就北京市怀柔县发生殴打教师事件答记者问》，引自《光明日报》，1982年7月22日。

③ 中央教育科学研究所：《中华人民共和国教育大事记（1949—1982）》，北京：教育科学出版社，1983年版，第663页。

④ 中央教育科学研究所：《中华人民共和国教育大事记（1949—1982）》，北京：教育科学出版社，1983年版，第671页。

⑤ 中央教育科学研究所：《中华人民共和国教育大事记（1949—1982）》，北京：教育科学出版社，1983年版，第678页。

师节的决定》，决定每年 9 月 10 日为教师节，作为对教师的一种激励，为社会集中开展尊师重教活动提供了机会。在此后的每个教师节中，各级政府都以“为教师办实事，办好事”为主题，推动为教师排忧解难的具体措施的提出和落实。1985 年 9 月 10 日，中国的一千万教师迎来了一个属于他们的节日，首都近万名教师和各界人士在人民大会堂集会，庆祝第一个教师节。全社会尊重教师，为教师办实事蔚然成风。

1986 年，国家教委和中国教育工会开始在全国开展教师奖励活动，到 1998 年，有 4 万余名教师和教育工作者获得全国优秀教师、全国优秀教育工作者、全国教育系统劳动模范称号。① 在全国奖励的影响下，各地也开展了教师奖励活动。

从 1986 年开始，各级各类中小学校的教师都纳入了专业技术职务系列，通过评聘教师职务，为提高教师的待遇，制定新的工资制度以及解决住房、家属农转非等其他待遇问题确定了依据和基础，有效调动了教师工作的积极性。

1998 年 1 月 8 日，国家教委发布《教师和教育工作者奖励规定》，同时废止《教师和教育工作者奖励暂行规定》。

2000 年后，由于教师职称的评聘受到较多行政因素的干扰，在一些地方一定程度上成为打击、压制青年教师积极性的因素，保持教师评聘的专业性和独立性成为新的问题。

2008 年，重庆、四川等地教师以“上自习”这种柔性抗争的方式表达对教师地位、待遇和生存状况窘迫等问题的不满。

直到 2009 年，在提高教师社会地位，尤其是提高乡村和基层教师的社会地位上仍有大量工作要落实。

三、民办教师与代课教师

民办教师简言之就是由民间支付薪水的教师。具体地说，他们是 1986 年前由农村集体聘请、在农村小学和初中任教的教师。他们的工资待遇由农村集体支付，不纳入事业单位编制，财政也不承担其工资和福利。民办教师曾是中国“支撑农村基础教育的半壁江山”②。这些人中的大部分后来陆续转为公办教师，

---

① 中华人民共和国教育部：《共和国教育 50 年》，北京：北京师范大学出版社，1999 年版，第 490 页。

② 中华人民共和国教育部：《共和国教育 50 年》，北京：北京师范大学出版社，1999 年版，第 497 页。

但也有一部分被“清退”出教师队伍。

民办教师是中国城乡二元体制的特殊产物。1949年后，政府长期实行“城市偏向”的财政政策，实行“三级办学，三级管理”，县办高中，乡办初中，村办小学，农村教育长期由农民集体投资和管理。

民办教师起源于20世纪50年代实行“两条腿走路”的方针，除了政府办学外，还发动群众办学，农民自己办学就由农民自己请教师，当时主要请的是从学校毕业回乡的青年。1958年实行人民公社制度后，回乡青年还是农民身份，农村集体不能给民办教师发工资，只能给民办教师记工分，将他们的教学工作计算为相当量的农业劳动，待到年底分红时以分粮的形式给民办教师报酬。

1958年后，由于学龄人口大幅增加，加上“大跃进”提出过高的教育目标，缺少足够数量的教师，因而中国农村出现了大量的民办教师。“文化大革命”期间，中国政府曾两次号召普及教育，学生人数急速膨胀，短期内民办教师的数量大增，以致民办教师数量超过当时教师总数的一半，在一些地方农村几乎全是民办教师。

1973年9月27日至10月25日，国务院科教组、卫生部、财政部联合在北京召开座谈会，提出：逐步做到对民办公助学校和民办教师国家财政补助是主要的工作任务。国家财政对农村民办教师的补助，要适当安排。1974年1月17日，国务院科教组、卫生部、财政部印发三个财务管理办法。其中《关于中小学财务管理若干问题的意见》规定：民办教师的补助费，按全国平均计算，暂定每人每年小学170元、中学210元。①

到1977年，全国民办教师数量达到高峰，共有近471.2万人，占当年全国城乡中小学教师总量的56%。在农村，小学教师中民办教师比例则可能超过70%，一些乡村小学几乎全是民办教师。

1978年1月7日，国务院批转教育部《关于加强中小学教师队伍管理工作的意见》，规定：公办教师的自然减员，应由教育部门当年如数从民办教师中选择补充。选用民办教师，由县教育行政部门统筹规划。民办教师的任用、辞退、调换均需由县教育行政部门批准。②

1978年12月12日，教育部、财政部联合发出通知，规定：学校的民办教师和计划内长期顶编代课教师可与公办教师一样实行一次性年终奖金。这是执

---

① 中央教育科学研究所：《中华人民共和国教育大事记（1949—1982）》，北京：教育科学出版社，1983年版，第455页。

② 中央教育科学研究所：《中华人民共和国教育大事记（1949—1982）》，北京：教育科学出版社，1983年版，第507页。

行国务院5月7日发出的关于今年不实行奖励和计件工资制度的全民所有制企业、事业单位，可以对职工试行一次性年终奖的通知而作出的规定。①

1979年10月24日，教育部、财政部联合发出通知：全国主要副食品销售价格提高后，按照全国职工的补贴标准，增加对中小学民办教职工的补助费。1979年10月31日，教育部、财政部、粮食部、国家民委、国家劳动总局联合发出通知：自1979年起，边境136个县（旗）、市中小学民办教师（职工），分两批全部转为公办教师。为了做好这项工作，通知还就民办教师转为公办教师的条件、考核办法、工资待遇、工龄计算等问题作了规定。②

1980年，中共中央、国务院发出《关于普及小学教育若干问题的决定》，针对民办教师多，影响教师队伍的稳定和提高的问题，要求加强师范教育，训练合格的教师。规定中小学教师应主要由国家派遣，由教育行政管理。决定要求逐步减少民办教师的比例。并规定国家每年安排一定的专用劳动指标，经过严格考核，将合格的民办教师分期分批转为公办教师。另外，师范院校每年都要招收一部分民办教师。通过上述办法，在几年内使民办教师比例降到30%以下，各级教育部门要大力做好教师队伍的整顿和培训、提高工作，除分期分批组织教师脱产学习之外，还应办好多种形式的在职进修。

1981年10月28日，教育部转发河北省关于整顿民办教师队伍的文件。教育部在通知中指出：广大民办教师是普及中小学教育，特别是办好农村教育的一支重要力量。但是，各地民办教师队伍不同程度地存在文化业务水平过低、超编过多、管理混乱等问题。整顿民办教师队伍已成为当前普通教育事业调整中的一项紧迫任务。各地一定要在充分调查研究和试点的基础上制定切实可行的规划和措施，有领导有组织地分期分批妥善地进行整顿。③

河北、河南、四川、湖北等省结合调整农村中小学布局、改善民办教师待遇、建立民办教师管理制度等项工作，对农村民办教师进行了整顿。其办法是，根据民办教师的政治思想、工作态度、文化水平、业务能力、健康情况进行全面考核。对考试合格者，由县教育局发给任用证书，并对辞退人员做了安置。④

---

① 中央教育科学研究所：《中华人民共和国教育大事记（1949—1982）》，北京：教育科学出版社，1983年版，第535页。

② 中央教育科学研究所：《中华人民共和国教育大事记（1949—1982）》，北京：教育科学出版社，1983年版，第563页。

③ 中央教育科学研究所：《中华人民共和国教育大事记（1949—1982）》，北京：教育科学出版社，1983年版，第631页。

④ 中央教育科学研究所：《中华人民共和国教育大事记（1949—1982）》，北京：教育科学出版社，1983年版，第638页。

而现实的教学需求使一些地方政府逾越上述文件规定，或以代课教师名义聘用，他们的待遇比当时的民办教师还要低。教育部在全国范围内整顿农村民办教师，设法增加公办教师，逐步减少民办教师规模，辞退了大量民办教师。全国民办教师占中小学教师的比例降至47.7%。作为人口大省的河南省，当时民办教师高达56.6万人，1982年被清退20.6万人。①

1986年《中华人民共和国义务教育法》颁布后，提出在2000年前基本普及九年义务教育的目标，对教师的素质提出了更高的要求；同时，实行联产承包责任制后，集体经济来源逐渐减少，难以支付数量巨大的民办教师报酬。公办教师工资主要靠县级财政解决，民办教师工资却难以纳入财政列支，这种用工形式遇到困难，而当时不少民办教师已在教学岗位上工作多年，学生总数的增长也需要民办教师继续留在教学岗位上，但他们的工资、户口和学历都成为问题，民办教师与公办教师同工不同酬的矛盾日益突出，各级政府更加大了采取措施解决民办教师问题的力度。为此，国家教委于1986年底发文，招录20万民办教师转为公办教师；同时继续清退不合格民办教师，并不再录用新的民办教师。

在工资上，1986年前政府是完全不支付民办教师工资的。但原来支付民办教师工分的人民公社没有了，民办教师工资来源成为现实问题，而当时的教育发展又离不开这些民办教师，所以，1986年，中央政府确定了民办教师定额津贴额度：小学教师每年220元，中学教师每年260元；同时要求各地在此基础上确定当地的津贴额度，经济条件好的地区尽可能多给些，经济条件不好的地区就少给，甚至也有不给的。一些地方因付不了教师工资，就让教师到有学生的家庭轮流吃饭。多数地方民办教师的收入不仅比公办教师低得多，而且低于一般农村青壮年劳力的收入。

民办教师与公办教师的重要区别之一是，公办教师为城镇（非农业）户口，而民办教师为农村（农业）户口。由于户口的差别和阻隔，政府严格控制农业户口转为非农业户口，即便一些民办教师有合格的学历，教学能力和效果都不错，也不能转为公办教师；即便极少数地方为民办教师支付了与公办教师几乎相当的工资，也无法将民办教师转为公办教师。

解决民办教师问题的途径之一是转为公办教师，从1986年开始就有极少数民办教师转为正式教师，此后，教育部门每年都争取劳动人事部门能够给民办教师转正名额，然而名额有限，以致民办教师问题成为1990年后全国关注的热

---

① 这段表述中关于河南省的情况均引自：朱弢、常红晓：《清退民办教师遗痛》，引自《财经》，2009年6月22日（13期），第82～83页。

点问题之一。在强大压力之下，北京、上海率先获得足够的指标让包括郊区、县在内的全部合格的民办教师在1990年前转为公办教师，对全国范围内解决民办教师问题产生了一定的激励作用。

其间，浙江省曾实行让民办教师与公办教师享有同样工资的政策；陕西省曾实行让民办教师享受公办教师同样的工资、福利及其他一切待遇，但下一代不能转城市户口的政策。[①]

1989年，河南省采取“以评代整”（指“以职称评定代替清理整顿”）的办法实行整顿，共有30.37万名民办教师被列为“计划内民办教师”，名册由县、市、省三级存档备案。同时有5.63万名民办教师被清退。

1994年6月，中共中央、国务院在全国教育工作会议上明确提出在20世纪末基本解决民办教师问题，首次提出，“争取在今后六七年内基本解决民办教师问题”。由于民办教师“入口”关闭，随着一些民办教师逐渐退休，到1995年，中国还剩下211.5万民办教师，只占全国中小学教师总量的四分之一。

曾经有一位国际研究机构的团长说，她看过一些资料，认为应该尽早取缔民办教师。一路上参观学校以后，却完全改变了她的看法。研究结束时，她说：“我祈求这些民办教师千万不要走。他们乐于留在农村，又关心孩子；千万不要换上那些有学历但是天天想走的教师。”[②]

1997年9月7日，国务院办公厅发出《关于解决民办教师问题的通知》，提出分年度逐步减少民办教师，到2000年基本完成解决民办教师问题的工作目标，清退民办教师变成了各级政府必须限期完成的任务。具体的办法是“关、转、招、辞、退”，即“关上新增的口子，转正一批，师范学校录取一批，辞退一批，退养一批”。1978年，全国有民办教师464.5万人，占教师总数的55.3%；1988年，全国有200多万民办教师，小学民办教师占45%，初中民办教师占15%；[③] 1998年，民办教师数量下降到93.9万人，占教师总数的9.87%。[④]

2000年9月，河南省宣布已解决民办教师问题，并称“民办教师”已成为历史。据河南省教育厅信访处材料显示，至2000年底，河南省把“符合条件的

---

① 程介明：《中国大陆教育实况》，台北：台湾商务印书馆，1993年版，第124～125页。

② 程介明：《中国大陆教育实况》，台北：台湾商务印书馆，1993年版，第127页。

③ 国家教委计划建设司：《中国教育统计年鉴·1988》，北京：北京工业大学出版社，1989年版，第202页、210页、264页、272页。

④ 中华人民共和国教育部：《共和国教育50年》，北京：北京师范大学出版社，1999年版，第498页。

28.48万计划内民办教师转为公办教师”，同时“全省共有5787名计划内民办教师因超龄（男满60岁，女满55岁）被列为计划内退养民办教师，由各县按月发放生活补助费”。

2000年，中国政府宣布全国范围内基本解决了民办教师问题。但在解决过程中，留下了一些遗留问题。一是对被清退的民办教师未给予与其工作量相当的补偿，如河南省在20世纪80年代至90年代，被清退的民办教师约26万多人，这些人中有的教龄长达二三十年，被清退时政府未给予任何补偿。二是操作过程中存在不公正、不公开的成分，有的是因为与学校领导关系不好被“清退”；有的因为出身地主、富农家庭等被“清退”；有的则被乡村领导的关系户顶替转成“吃皇粮”的公办教师，而真正的民办教师被“清退”。三是正常被清退的民办教师，由于他们长期在农村学校工作，一旦被清退，身无一技之长，难以另谋职业，晚年生活缺乏保障。由此可见，各地确实存在“一刀切”清退民办教师、“民办转公办”弄虚作假、未能向被清退的民办教师发放一次性经济补偿或补偿过低等问题，这些问题仍有待进一步解决。

在2000年中国政府宣布彻底解决了民办教师问题的时候，由于一些边远地区辞去民办教师后学校无人上课，大量乡村教学岗位无人从事教学工作，公办教师派不下去，而又有数量可观的民办教师没有转为公办教师，在这样的供求关系中，一些地方大量原来的民办教师改称“代课教师”继续留在原来的岗位上从事教学工作。于是在“解决了”民办教师问题之后，演变为代课教师问题。

此后，大量正规师范院校毕业生因为未能被地方政府招聘入编，也进入代课教师的行列。

到2004年，全国仍有代课教师49万，① 2005年仍有多达44.8万中小学代课教师，其中30万在农村。这一数据还不包括未经县级教育主管部门认可的乡聘、村聘代课教师。

2008年8月，重庆市以公开招考的方式将10 000余名代课教师中的8000名转为公办教师；云南决定对省内的30 000多名代课教师采取区别对待的方式解决：50岁以上的由当地教育局设法安置，20多岁的全部清退另谋生路，30~50岁的鼓励通过培训转为公办教师。广东省为全国代课教师数量最多的省份之一，2008年仍有代课教师52 185人，多在小学和经济欠发达地区工作，月工资才200元~500元，低于当地最低工资水平。2008年9月，广东省政府公布

① 教育统计数据。

《广东解决中小学代课教师问题工作方案》，要求在两年内通过录用、培训、转岗、辞退四条措施解决中小学代课教师问题。①

有人评价“中国有着也许是太多的教师，中国也有着太多学历不合格的教师。然而，中国甚少不负责任的教师”②。大量实地调查表明，尤其是代课和民办教师中不负责任的比例更少。

第六节　专业化走向何方

长期以来，教师经济待遇偏低，政治地位不高，造成队伍不稳定，整体素质不理想，成为制约中国教育质量提高的重要因素。教师的专业化的意义在新中国成立之初即被意识到，却难以落实，自20世纪80年代以后越来越受到关注。

一、新建教师培养体系

从1950年到1957年，教师的紧缺成为迅速建立教师教育体系强大的动力。

1. 重师范以造师

1950年1月17日，教育部作出《关于改革北京师范大学的决定》，规定：北京师范大学的主要任务是培养中等学校师资，其次是培养和训练教育行政干部。这些教员和干部应该能够掌握马列主义、毛泽东思想的基本内容和进步的教育科学与技术，以及有关的专门知识，并具有为人民服务的专业精神。③

---

① 貌信玲：《录用培训转岗辞退粤四措施保障代课教师平稳过渡》，引自南方网，2008年9月23日。

② 程介明：《中国大陆教育实况》，台北：台湾商务印书馆，1993年版，第254页。

③ 中央教育科学研究所：《中华人民共和国教育大事记（1949—1982）》，北京：教育科学出版社，1983年版，第13～14页。

1950年7月28日，政务院第43次会议批准的《高等学校暂行规程》第十七条规定："大学及专门学院教师，分为教授、副教授、讲师、助教四级，均由校（院）长聘任。"① 这一规定明确了各级教师的职务和责任，为教师专业化确立了基础依据，也为确定教师待遇提供了依据和参照。

1951年8月，教育部召开了第一次全国初等教育与师范教育会议，讨论了中等师范教育的方针、任务、学制和学校设置、调整等问题，教育部部长马叙伦在致辞中明确指出：中等师范学校的任务是培养小学、幼儿园的师资和部分工农业余学校的师资，提出"要为培养百万人民教师而奋斗"的目标。

1952年7月16日，教育部颁发试行《关于高等师范学校的规定（草案）》和《师范学校暂行规程（草案）》②。这一时期，为适应小学、幼儿园对教师的需求，中等师范教育发展得很快。

《关于高等师范学校的规定（草案）》共三十五条。其中规定："高等师范学校的任务，是根据新民主主义教育方针，以理论与实际一致的方法，培养具有马克思列宁主义和马克思列宁主义与中国革命实际相结合的毛泽东思想的基础、高级文化与科学水平和教育的专门知识与技能、全心全意为人民教育事业服务的中等学校师资。"师范学院修业年限为四年，师范专科学校修业年限为二年。高等师范学校得设研究部、专修科（修业年限为一至二年），附设夜校、训练班、函授班、工农速成中学、中学、小学、幼儿园和师范学校，高等师范学校学生一律不享受人民助学金。还规定：高等师范学校除执行《高等学校暂行规程》及《专科学校暂行规程》外，应遵照本规定（草案）办理。

《师范学校暂行规程（草案）》分十三章（包括总则，学制，设置领导，教学计划、教材，教导原则，成绩考查、升级、留级、转学、毕业，学生待遇、服务，组织、编制、会议制度，经费、设备，社团，附属学校，初级师范学校，附则），共六十条。其中规定：师范学校的任务是根据新民主主义教育方针，以理论与实际一致的方法，培养具有马克思列宁主义和马克思列宁主义与中国革命实际相结合的毛泽东思想的初步基础、中等文化水平和教育专业的知识与技能、全心全意为人民教育事业服务的初等教育和幼儿教育的师资。师范学校招收30岁以下的初中毕业生或具有同等学力者，修业年限为三年。师范学校得设函授部，附设幼儿师范、师范速成班、短期师资训练班，设附属小学或幼儿园。

---

① 《高等学校暂行规程》，引自《中华人民共和国重要教育文献（1949—1975）》，海口：海南出版社，1998年版，第45页。

② 中央教育科学研究所：《中华人民共和国教育大事记（1949—1982）》，北京：教育科学出版社，1983年版，第61页。

师范学校实行校长责任制。初级师范学校招收25岁以下的小学毕业生或具有同等学力者，修业年限为三至四年。并规定私人或私人团体不得设立师范学校或任何师资训练机构。

7月16日，教育部还发出《关于大量短期培养初等及中等教育师资的决定》。决定提出：今后五年至十年内，为适应大量和急迫的需要，培养师资的工作应以短期训练为重点。短期训练班主要由各级师范学校举办，修业年限以不超过一年为原则。学生来源一方面吸收城乡失业知识分子和家庭知识妇女，另一方面选择优秀教师加以训练，逐级提升。课程应适合对象，切合实际，注意少而精，防止用老一套的传统办法和形式主义。训练班由各级师范学校校长负责，设专人主持。训练班设一定数量专任教师，并动员师范学校教师兼任教学工作。学生一律享受人民助学金。毕业后由各地教育行政部门按计划分配。训练班经费列入师范教育经费内开支。①

1952年8月2日至12日，教育部在北京召开中小学教育行政会议，会议着重讨论了师资的培养提高问题，介绍了河北省沙河三县、河南省、天津市教师进修的经验；提出解决本年中学发展需要增加35 000名教师的问题，解决办法：分配高等学校毕业生三千人任高中老师；适当并班、增加教师授课时数；提升优秀小学、初中教师教初中、高中；抽调职员改任教师；训练失业知识分子充任教师。教育部门训练30万失业知识分子补充师资队伍。② 1952年11月15日，教育部将上述内容以“决定”的形式发文，作出更细的规定：中等学校要适当合并不满额的同年级班次和增加教师授课时数。教师每周最低教学时数争取不少于16小时。学生和教师的比例，争取高中不低于15:1，初中不低于24:1。还决定自北京、天津和华东、西南、中南调配一批失业知识分子到东北、西北工作。③

1953年7月16日，教育部将第二次全国教育工作会议中关于中学和师范教育工作的几项决定通知各地执行。这几项决定主要是放慢冒进的步伐，其中关于师范的内容有：有重点地办好一些中学与师范，取得经验，指导一般；确定31所高等师范院校的领导关系；妥善处理小学师资短训班学员；中等师范学校

---

① 中央教育科学研究所：《中华人民共和国教育大事记（1949—1982）》，北京：教育科学出版社，1983年版，第61页。

② 中央教育科学研究所：《中华人民共和国教育大事记（1949—1982）》，北京：教育科学出版社，1983年版，第62～63页。

③ 中央教育科学研究所：《中华人民共和国教育大事记（1949—1982）》，北京：教育科学出版社，1983年版，第69页。

本年暂不作大的调整。各地可举办小学教师轮训班。师资不足的地方，可办师范速成班（招初中毕业生）。[①] 1953 年 7 月 28 日，教育部和财政部再次发出通知，规定教师在职业余学习本年只能采取“重点试办、创造经验、逐步推广”的方针，必须克服盲目冒进、要求过高过急、形式主义、强迫命令、不讲实际效果等现象。[②]

1953 年 7 月 20 日，教育部为了解决高等师范学校一些系科的设置与中等学校所需之间的矛盾，决定本年暑期内调整高等师范院校中教育、英语、体育、政治等系科的设置。这次系科调整包括：（一）教育系科的学生远远超过需要，决定本年只限师大等七校教育系招生。各校一年级学生愿转系科者，可斟酌批准。（二）由于计划今后只有少数中学保留英语课，决定只保留华东师范大学英语系，其他院校英语系一律停办，一、二年级学生尽可能动员学俄语。（三）将北京师范大学等五校的体育系科移交国家体委，作为成立四所体育学院的基础。（四）扩充、发展各校政治系科。[③] 这一调整由于整体思路是当时高校院系调整的思路，其局限性在数年后即显现出来，英语和体育学科教师的长期缺乏足以说明问题。

1953 年经过院系调整，南京师范学院、北京师范大学、西南师范学院、西北师范学院保留了幼儿教育系或学前教育专业，1959 年又增加了吉林师范大学（东北师大前身）的学前教育专业，但 1961 年后受经济困难等影响这五所学校的学前教育专业先后停止招生，直到 1978 年才陆续恢复。在院系调整之后，全国范围内建立起师范大学、独立师范学院、师范专科学校、中等师范学校和初等师范学校的师范教育体系。同时将正规师范教育与短期训练结合，通过简易师范、速成师范班、短期训练班等多种方式培养教师。

1953 年 8 月 7 日，教育部发出通知：决定从各地选拔高中优秀教师 160 名到大学研究部学习专业课程。学习完毕后，原则上分配至原选拔地区各高等师范学校任教。[④] 以此解决高校教师的缺口。

1953 年 9 月 28 日至 10 月 13 日，教育部在北京召开全国高等师范教育会

---

① 中央教育科学研究所：《中华人民共和国教育大事记（1949—1982）》，北京：教育科学出版社，1983 年版，第 82 页。

② 中央教育科学研究所：《中华人民共和国教育大事记（1949—1982）》，北京：教育科学出版社，1983 年版，第 83 页。

③ 中央教育科学研究所：《中华人民共和国教育大事记（1949—1982）》，北京：教育科学出版社，1983 年版，第 82 页。

④ 中央教育科学研究所：《中华人民共和国教育大事记（1949—1982）》，北京：教育科学出版社，1983 年版，第 85 页。

议。会议讨论了高等师范教育的方针、任务、发展和高等师范教育的原则以及教学改革和加强领导等问题。会议指出：高等师范教育是整个普通教育的重点。今后高等师范教育的方针是在整顿巩固现有高等师范教育的基础上，根据需要与可能，有计划、有准备地予以大力发展。主要是扩充现在高等师范学校，其次是有条件、有准备地建立新的高等师范学校。会议提出了中等学校师资由地方自给、中央调剂，以逐步做到地方能自给自足。要采取多种临时过渡办法，解决师资缺乏的问题。会议还制订了高等师范学校八个系的教学计划，提出了翻译教材等问题的解决意见，以及提高现有教师和培养新师资的办法。并决定对高等师范教育实行在中央统一领导下的分级管理，以加强领导并发挥地方办学的积极性和创造性。①

1953 年 11 月 26 日，政务院第 195 次政务会议通过的《关于改进和发展高等师范教育的指示》指出：发展和提高高等师范教育以适应国家建设的需要，是当前教育建设中一个十分重要的任务。今后，高等师范教育工作应该采取在整顿巩固现在高等师范教育的基础上，根据需要与可能，有计划、有准备地予以大力发展的方针。要继续办理四年制本科、二年制专修科和二年制师范专科学校，综合大学也培养一部分中等学校师资，还必须着重采取多种临时性的办法，如本科生提前一年毕业，选拔一部分专修科毕业生任高级中学学校教师，选调初中教师、小学教师经过短期训练任高中或初中教师等。指示还提出：为了提高高等师范教育的质量，除应继续克服忙乱现象、建立必要的工作制度、加强学习纪律外，尤应抓紧教学改革这一中心环节，教学改革应着重教学内容的改革，首先解决教学计划、教学大纲和教科书的问题。指示还对培养和提高高等师范学校的师资、领导管理等问题作了规定。②

1954 年 6 月 8 日，教育部发出指示，要求各地调整现有师范学校并做好今后的学校设置和发展工作。并指出：当前中等师范学校数量过少，初级师范学校比重较大，学校和班级设置存在混乱现象，为此，各地应根据小学教育的发展计划与可能条件，有计划地发展师范学校。按教育部的指示，各地根据具体情况，将现有初级师范学校逐渐转变为轮训小学教师的场所，办师范速成班，有重点地设置和发展幼儿师范学校，对各类师范学校的调整提出了具体措施。6 月 8 日，教育部指示各地举办小学教师轮训班。鉴于当时全国 150 余万小学教

① 中央教育科学研究所：《中华人民共和国教育大事记（1949—1982）》，北京：教育科学出版社，1983 年版，第 89 页。

② 《政务院关于整顿和改进小学教育的指示》，引自《中华人民共和国重要教育文献（1949—1975）》，海口：海南出版社，1998 年版，第 264 ~ 265 页。

师中，约有60万人文化程度不到初级师范毕业水平，指示规定：小学教师轮训班的主要任务，是将实际文化程度在高小毕业以上、不及初师毕业程度的小学教师（包括幼儿园教养员），经过一定期限的训练，使他们在主要学科方面达到初师毕业文化水平。指示还附发了轮训班的教学计划，对学习期间的待遇、考核与推荐办法等作了规定。1955年，教育部再次就职工业余教育和专职教师集训发出通知，要求以提高教师的政治思想和业务能力为主。1956年9月17日，教育部发出通知，规定自秋季起逐步结束轮训班。①

1955年4月26日，教育部发出指示：妥善安排本年应届初师毕业生。本年有10.5万名初师毕业生，因农村小学一般不作发展，将有5万名初师毕业生难以分配工作。教育部提出的处理意见是：顶替不称职的现任小学教师，顶替参加轮训学习的教师；满足民办小学、部队子弟小学、工矿企业机关小学的需要；吸收一部分年轻的入师范学校继续学习；向邻近省市输送。②

1956年4月6日至17日，全国高等师范学校教学经验交流会在北京举行。会上交流了教育实习、教育形式、培养提高师资、函授教育等方面的经验，听取了40个介绍教学经验的报告。会议强调高等师范学校必须十分重视了解中学教育实际，对中学存在的问题作必要的科学研究；要使教育实习经常化，提高教育实习的质量；要举办各种形式的函授教育，培养提高中等学校师资。③

为了提高教育质量，培养更多合格的幼儿教师，1956年教育部在总结前几年发展的经验教训后，发出《关于大力培养小学教员和幼儿园教养员的指示》发展幼儿师范学校和初级幼儿师范学校，制定了《幼儿师范学校教学计划》，并组织编写、出版了各科教学大纲和教材，形成了一个高师、中师、幼师分层配合，结构、比例、布局比较合理的师范教育体系，其中幼儿师范获得较大的发展。

1956年5月26日，教育部发出有关高等师范学校培养师资的三项试行办法，即：举办研究生班（高师师资训练班）的办法、培养助教的办法和教师离职进修的办法。废止1954年下发的有关办法。④

---

① 中央教育科学研究所：《中华人民共和国教育大事记（1949—1982）》，北京：教育科学出版社，1983年版，第106页。

② 中央教育科学研究所：《中华人民共和国教育大事记（1949—1982）》，北京：教育科学出版社，1983年版，第128页。

③ 中央教育科学研究所：《中华人民共和国教育大事记（1949—1982）》，北京：教育科学出版社，1983年版，第161页。

④ 中央教育科学研究所：《中华人民共和国教育大事记（1949—1982）》，北京：教育科学出版社，1983年版，第167页。

1956年5月29日，教育部颁发《师范学校规程》，废止1952年公布的《师范学校暂行规程（草案）》。新规程分九章（包括总则，教学工作，组织机构，人员职责，校务会议，学生社团，财务及行政事务工作，初级师范学校，附则），共六十二条。其中规定：师范学校的任务是培养具有社会主义的政治觉悟、辩证唯物主义的世界观、共产主义的道德、中等文化水平与教育专业知识技能、身体健康、全心全意为社会主义事业服务的初等教育和幼儿教育师资。新规程中规定的招生条件、成绩标准及对师生的要求等方面都比过去有了提高。新规程还规定校长负责领导全校工作，校长原则上应兼课，分管教学的副校长则必须兼课。教育部在《关于试行师范学校规程的指示》中规定：中等师范学校的设置、变更与停办，都由省、直辖市、自治区人民委员会决定，并报教育部备案。中等师范学校由省、直辖市、自治区教育厅局统一领导。县级不再设立和开办中等师范学校。①

1956年6月30日，教育部发出指示：大力培养小学教师和幼儿园教养员。根据普及教育的初步规划，今后七年，小学教师需增加100万人以上，但现有师范学校每年毕业生不过几万人。为此，今后必须在"又多、又快、又好、又省"的方针下，一方面大力发展师范学校、幼儿师范学校，另一方面采取短期训练的措施，补足师资缺额。②

1957年3月4日至9日，教育部召开培养与提高高等师范学校师资座谈会。4月16日，教育部将座谈会的报告转发全国各高等师范学校，要求各校采取有效措施，改进工作。并说明：开展科学研究工作是培养提高师资、提高教学质量的根本办法，各校应重视。对助教的培养，应以在职培养为主，到外校进修的形式仍可采用。要加强对助教的政治思想教育工作。对一部分不适合于高等学校工作的助教，有必要调整工作。③

1957年初，全国已有高等师范学校（含专科）55所，在校学生9.8万多人，比1949年增加8倍多；全国已有中等师范学校618所，学生28万多人，初步满足了小学和幼儿园教育发展的需要。此时，师范教育已经形成高师、中师、幼师分层配合，结构、布局比较合理的师范教育体系。

---

① 中央教育科学研究所：《中华人民共和国教育大事记（1949—1982）》，北京：教育科学出版社，1983年版，第167～168页。

② 中央教育科学研究所：《中华人民共和国教育大事记（1949—1982）》，北京：教育科学出版社，1983年版，第172页。

③ 中央教育科学研究所：《中华人民共和国教育大事记（1949—1982）》，北京：教育科学出版社，1983年版，第190页。

2. 设立教师进修学院体系

1954 年 9 月 17 日，教育部发出通知：改进中学教师进修学院工作。通知指出：当前中学教师进修学院的主要任务是招收实际程度不及师专毕业程度的初中教师，系统地提高其专业科学知识水平，使之在三年内基本上达到师专程度，胜任教学工作。中学教师进修学院可参照师范专科教学计划，制订试行教学计划。[①] 此后，中国建立了师范学校负责入职前的培养、教育学院负责在职教师的教育培训的两个系列的教师教育体系，在一些地方这两个体系细化到县级，即县级既设有师范又设有教师进修学校。

1955 年 9 月 4 日，教育部在北京创立教育行政学院，举办中学校长和教导主任、政治教师和教育行政干部培训班，到 1960 年，共举办四期，培训 2051 人。1960 年 8 月 25 日，教育行政学院停办。[②]

3. 在职学习促提高

1953 年 11 月 6 日，高等教育部发出《高等学校教师进修暂行办法》，指定师资条件较好的高等学校试行，以便有计划地提高现有教师的业务水平，逐渐解决某些课程不能开设的困难。暂行办法规定：由高等教育部统一办理各高等学校教师进修工作；教师的进修一般采取两种形式，一是随教研组（室）学习（一年），一是短期讲习班学习（一般半年）。接受教师进修学校负责制订进修计划，指定教授、副教授或苏联专家为导师，并对进修期满的教师作出鉴定。[③]

1953 年 11 月 26 日，政务院第一百九十五次政务会议通过《关于整顿和改进小学教育的指示》，进一步指出，提高小学教师质量是办好小学教育的决定因素。今后必须有领导地、有计划地组织在职教师进行学习，以提高他们的政治、文化、业务水平。并规定：凡具有初级师范学校毕业程度以上的教师应着重学习政治与业务；凡未达到初师毕业程度的教师，主要是补习初师的课业，以提高到初师毕业的水平。[④]

1954 年 3 月 8 日，中共中央在对中国科学院党组报告的批示中指出：要把我国建设成为生产高度发达、文化高度繁荣的社会主义国家，一定要有自然科

---

① 中央教育科学研究所：《中华人民共和国教育大事记（1949—1982）》，北京：教育科学出版社，1983 年版，第 112 页。

② 中央教育科学研究所：《中华人民共和国教育大事记（1949—1982）》，北京：教育科学出版社，1983 年版，第 140 ~ 141 页。

③ 中央教育科学研究所：《中华人民共和国教育大事记（1949—1982）》，北京：教育科学出版社，1983 年版，第 92 页。

④《政务院关于整顿和改进小学教育的指示》，引自《中华人民共和国重要教育文献（1949—1975）》，海口：海南出版社，1998 年版，第 264 页。

学和社会科学的发展。科学家是国家和社会的宝贵财富，必须重视和尊敬他们……高等学校里集中着大量的科研人员，为发挥这一部分力量，并提高高等学校的科学水平，必须在高等学校开展科学研究工作。为开展科学研究工作，建立学位制度和奖励制度是必要的。中央责成科学院和高等教育部提出逐步建立这种制度的办法。① 由于受到“左”的思想和政治运动的干扰，学位制度一直到 1980 年 2 月 12 日五届全国人大十三次会议通过《中华人民共和国学位条例》才真正建立起来。

1955 年 7 月 11 日，高等教育部颁发《高等学校教学研究指导组各级教师职责暂行规定》。其中规定：高等学校教师的基本任务是完成教学工作、教学法工作和科学研究工作。每个教师都有培养学生成为具有一定的马克思列宁主义水平、忠于祖国、忠于社会主义事业、身体健康和掌握先进科学和技术的人才的责任。文件分别规定了教授、副教授、讲师和助教的职责。②

1955 年 7 月 14 日，教育部发出通知，要求各省市教育厅局利用假期举办小学语文教师标准语音训练班，要求在 1956 年秋季开学前使小学一年级教师都受到训练，以后继续办至所有语文教师都受到训练为止。到 1957 年底，全国受过普通话语音训练的中小学和师范学校教师有 72 万多人。③

1955 年 7 月 19 日，教育部指示：要加强小学教师在职业余文化补习，争取若干年内，有计划地将所有不及初师毕业水平的小学教师，提高到初师毕业程度，同时进一步将所有不及师范学校毕业水平的小学教师，逐步提高到相当于师范学校毕业程度。小学教师的业余进修采用小学教师业余进修学校（主要设在城市）、函授师范学校（主要设在农村和小城镇）或业余文化自学小组等形式。教育部附发了业余进修学校和函授师范学校的暂行教学计划。1957 年 10 月 11 日，教育部发出试行《关于函授师范学校（师范学校函授部）、业余师范学校若干问题的规定（草案）》。④

1955 年 11 月 7 日，教育部发出指示：要加强中等学校在职教师业余进修。指示要求：在八年内，主要通过教师进修学院和函授学习的形式，将不及师专

---

① 中央教育科学研究所：《中华人民共和国教育大事记（1949—1982）》，北京：教育科学出版社，1983 年版，第 99 页。

② 中央教育科学研究所：《中华人民共和国教育大事记（1949—1982）》，北京：教育科学出版社，1983 年版，第 135 页。

③ 中央教育科学研究所：《中华人民共和国教育大事记（1949—1982）》，北京：教育科学出版社，1983 年版，第 136 页。

④ 中央教育科学研究所：《中华人民共和国教育大事记（1949—1982）》，北京：教育科学出版社，1983 年版，第 136～137 页。

毕业程度的教师提高到师专毕业水平。并规定：今后函授教育及教师进修学院负有提高在职中学师资及培养新师资的双重任务。高师函授教育主要由高等师范学校办理，教师进修学院得单独设立或附设在高等师范学校。指示附发了教师进修学院和高等师范函授教育的语文、历史、地理、物理、化学、生物等科的教学科目设置和安排草案。①

1957 年 1 月 3 日至 13 日，教育部委托北京函授学校召开函授教育研究会议，集中研究中等函授学校的教学计划、学校设置、领导及教学工作等问题。会议召开时，全国有 720 余所中等函授师范学校或函授部，参加学习的小学教师 45 万人左右。全国不及初师水平的教师约有 10 万人已经学完了语文、算术两科，达到初师毕业程度。②

1955 年 9 月 6 日，中国第一批派往苏联进行短期专业进修的高等学校教师 33 人起程。这批教师是高等教育部从中国人民大学、北京大学、清华大学、北京农业大学、浙江大学、交通大学等 18 所高等学校中抽调的。进修时间为一年半至二年。③

4. 教师职级设置

1955 年 9 月 19 日，高等教育部发出通知：在高等学校教师学衔条例颁布以前，只办理助教升讲师，讲师升副教授的晋升手续，并规定提升副教授由高等教育部审查、批准。1956 年 4 月 23 日，高等教育部又发出通知：办理一次高等学校教师提升教授的工作。④

1956 年下半年，北京市结合本年的工资改革，提升了一批中小学特级教师，并规定中学特级教师工资相当于高等学校教师六级，小学特级教师的工资相当于中学教师三级。1959 年、1960 年、1963 年，北京市又陆续提升了一批特级教师。⑤ 到 1966 年，北京市共提升特级教师 42 名，其中，中学 9 名（刘景琨、张子锷、李观博、张玉寿等），小学 32 名（霍懋征、关琦、王企贤、章旭

① 中央教育科学研究所：《中华人民共和国教育大事记（1949—1982）》，北京：教育科学出版社，1983 年版，第 145 页。

② 中央教育科学研究所：《中华人民共和国教育大事记（1949—1982）》，北京：教育科学出版社，1983 年版，第 186 页。

③ 中央教育科学研究所：《中华人民共和国教育大事记（1949—1982）》，北京：教育科学出版社，1983 年版，第 141 页。

④ 中央教育科学研究所：《中华人民共和国教育大事记（1949—1982）》，北京：教育科学出版社，1983 年版，第 141 页。

⑤ 中华人民共和国教育部：《共和国教育 50 年》，北京：北京师范大学出版社，1999 年版，第 487 页。

昭等)，幼儿园特级教养员1名（王淑芳）。[①] 为教师提高专业技艺发挥了积极的引导作用，也为在全国建立特级教师制度积累了经验。

1960年3月，国务院颁发经第96次全体会议通过的《关于高等学校教师职务名称及其确定与提升办法的暂行规定》，进一步明确了高校教师职务分为教授、副教授、讲师、助教四级，并对具体的条件和审批办法作出了规定。强调应该以思想政治条件、学识水平和业务工作能力为主要依据，同时对资历和教龄也必须加以照顾。为执行国务院上述规定，教育部于3月7日颁发了具体实施办法。对提高教师地位和待遇发挥了一定作用，当时王力、陈岱荪、冯友兰、季羡林、张维、张光斗、李国豪、唐敖庆、谈家桢、苏步青、钱伟长、刘佛年、戴安邦、高尚荫、柯召等被评为一级教授，其工资水平为当时社会的最高层次。[②]

二、教育革命期间的教师培养

教育革命开始后，教师的专业教育直接受到教育“大跃进”的冲击。

1958年3月19日，教育部发出1958年学年度中等师范学校、幼儿师范学校、四年制初级师范学校和师范速成班的教学计划，指出：目前师范学校贯彻毛主席提出的教育方针，掀起了勤俭办学、勤俭生产、勤工俭学的热潮。在新的形势面前，教育部原来有关中师教育的办法，已不能完全适应。因而这些教学计划，各地可以因地制宜地适当变动。但语文、社会主义教育、教育学、生产劳动等科，不宜减少。师范生参加生产劳动时间，由各地自定，全年不宜少于三周。各类师范学校的校历，教育部不作统一规定，但应保证一定的上课时间。师范学校的教育实习，各地不必限于教育部前发教育实习办法和大纲的规定，鼓励学校大胆创造。4月23日，教育部又发出通知：师范学校三年级教育学课原有教材停授，改授有关我国教育方针、政策的内容。[③]

1958年，邓小平针对当时不顾办学条件和师资队伍的实际情况、盲目追求不切实际的教育高指标这一状况指出：“师资问题要注意，正规大学、中学现在

---

① 中央教育科学研究所：《中华人民共和国教育大事记（1949—1982)》，北京：教育科学出版社，1983年版，第185页。

② 中华人民共和国教育部：《共和国教育50年》，北京：北京师范大学出版社，1999年版，第486页。

③ 中央教育科学研究所：《中华人民共和国教育大事记（1949—1982)》，北京：教育科学出版社，1983年版，第218～219页。

有的师资质量不能降低……有的国家中小学质量差，吃了亏。我们无论如何要保证有一批学生基础课学得好，否则将来要吃大亏。”①

1959年5月24日，国务院发出《关于高等学校师资的补充、培养和调配的规定》，指出：（一）国家计委、教育部、中央各部门和各省、直辖市、自治区要认真制订1959年和第二个五年计划期间高等学校师资的补充和培养的计划。（二）高等学校师资补充的来源，主要由政治、业务较好的高等学校毕业生，国外培养的研究生，留学回国的大学毕业生中来解决。教师与学生的比例，一般是一比十左右。（三）教育行政部门和高等学校，应积极帮助现有教师在工作中改造思想、提高政治理论和业务水平，充分发挥他们的作用。其中应特别注意培养和提高青年教师。（四）教育部负责对高等师资进行必要的调配。（五）各省、直辖市、自治区和中央各部门于每学年初，将所属高等学校师资队伍的基本情况，向国务院作一次报告。②

1959年7月14日，教育部发出通知：加强高等学校教师进修工作。指出：1958年高等学校教师队伍迅速扩大，但程度不齐，迫切需要培养提高。为此，要组织教师进修。进修的目的，一是为了培养新建院校、新设专业的教师能够讲授某门课程；二是为了使已有一定教学经验的教师能够有重点地研究某种专业的某些专门问题，以提高本专业的教学质量。教师进修的年限一般在一年以内，特殊情况也不得超过两年。安排教师进修的工作由中央和地方分工负责，相互协作。通知对教师进修工作的领导管理、经费、选送办法等作了规定。③

1959年8月29日，教育部、国家体委联合发出了《关于培养中等学校体育师资工作的意见》，提出今后除高等师范院校的体育系（科）培养中等学校体育师资外，体育学院和体育专科学校也要担负培养中等学校体育师资的任务。现有高等师范院校的体育系（科），应予保留，并且办好。凡已经调整出去的，要逐步适当恢复。有些省、直辖市、自治区，目前还没有一所高等师范院校设置体育系（科）的，要逐步添设体育系（科）。④

1959年9月19日，教育部发出通报，介绍冶金工业部长期培养与短期培养

---

① 中华人民共和国教育部：《共和国教育50年》，北京：北京师范大学出版社，1999年版，第485页。

② 中央教育科学研究所：《中华人民共和国教育大事记（1949—1982）》，北京：教育科学出版社，1983年版，第249页。

③ 中央教育科学研究所：《中华人民共和国教育大事记（1949—1982）》，北京：教育科学出版社，1983年版，第253页。

④ 中央教育科学研究所：《中华人民共和国教育大事记（1949—1982）》，北京：教育科学出版社，1983年版，第255页。

相结合、统一分配与自行培养相结合、调配专职教师与调配兼职教师相结合、脱产进修与在职提高相结合的师资补充和培养工作方针，以及广东省委托基础好的中等专业学校开设普通课教师培训班、在应届中专毕业生中挑选少数留校工作或送高等学校进修、组织观摩教学等培养中等专业师资的办法。①

1960 年 4 月 23 日至 5 月 2 日，教育部在河南省新乡市召开师范教育改革座谈会，就 1953 年以来师范教育中的少慢差费现象和改革的方向、原则交流了情况和意见，并拟定了各级师范学校教学改革的意见作为中央召开的文教书记会议的讨论文件。②

1960 年 7 月 30 日，教育部发出通知，为加速培养和解决高等学校基础师资和基础理论科研人员，抽调一批学生转学理科专业。其办法是从工、农、林、医各科高等学校现有本科学生中抽调一部分学生转学数、理、化专业，培养师资；从工科院校中统一抽调 5000 名学生到科学研究所和全国重点综合大学及工科院校集中培养。③

1960 年 8 月 30 日，国务院批转了教育部《关于抽调学生培养师资的报告》。提出：依据中央指示，1959 年 11 月以后，有很多学校新设了尖端、理科无线电专业，这些新办专业师资普遍缺乏，应允许学校从高年级学生中抽出一小部分学生，按新专业的需要进行培养。④

三、调整步伐求质量

1961 年 2 月 11 日，教育部发出关于保证中小学师资质量问题的两项通知：（一）各级师范学校招生，必须保证质量，特别是政治质量。认真改变过去降格以求、不顾质量、勉强凑数的现象。今后，凡学生家庭属五类分子的一般不予招收。（二）从今年秋季不能升学的高、初中毕业生中，酌量挑选一批较好

---

① 中央教育科学研究所：《中华人民共和国教育大事记（1949—1982）》，北京：教育科学出版社，1983 年版，第 256 页。

② 中央教育科学研究所：《中华人民共和国教育大事记（1949—1982）》，北京：教育科学出版社，1983 年版，第 274 页。

③ 中央教育科学研究所：《中华人民共和国教育大事记（1949—1982）》，北京：教育科学出版社，1983 年版，第 280 页。

④ 中央教育科学研究所：《中华人民共和国教育大事记（1949—1982）》，北京：教育科学出版社，1983 年版，第 282 页。

的加以短期训练，主要补充农村中小学师资。[①]

1961年5月，北京教师进修学院开办“教师之家”，分科陈设教学参考书、报刊文摘、学生课外读物、常用工具书及教具、模型、试验仪器等，供教师阅览、使用；还举办各种活动扩大教师知识领域。在此前后，一些省市也办起“教师之家”、“备课资料站”。[②]

1961年8月4日，教育部发出了《关于1961—1962学年度高等学校教师进修工作的通知》，指出：本着自力更生、就地培养、统筹兼顾、分工协作的原则，确定了全国重点高校本年接受4600余名教师进修的具体分配方案。[③]

1961年10月25日至11月12日，教育部在北京召开全国师范教育会议，针对当时存在的认识问题，讨论了是否需要办师范教育、如何办好师范教育以及在职教师的进修提高等问题，拟定了关于高等师范院校教学计划的若干原则规定和师范学校的教学规划。会议指出：高等师范不是办不办的问题，而是如何办好的问题。师范院校是培养师资的主要阵地，这个阵地要坚持。高等师范院校毕业生要为人师表，在政治思想水平和共产主义道德品质修养方面，要求应更高一些、严格一些；在文化科学知识方面，基础知识应宽一些、厚一些，并应达到相当于综合大学同科的水平。此外，还应掌握专门的教育理论知识和技能技巧。要加强业务训练，教育实习安排六到八周，教育见习应经常进行。高等师范学校“面向中学”这个特点不能取消。[④]

1962年3月13日，教育部发出在重点高校培养骨干教师的通知，提出要有计划、有步骤、分批地培养和提高重点专业、缺门专业和基础薄弱的专业及重点课程等方面的骨干教师。对这些教师的培养提高，主要依靠个人认真读书、刻苦钻研、踏踏实实地进行教学、教学研究工作。并规定骨干教师一般应有三分之一的业务工作时间用于进修。[⑤] 同年9月，在政协礼堂开会祝贺数学家熊庆来从事教学和研究工作四十周年，这次活动直接促成教育部颁发了《关于为老

---

① 中央教育科学研究所：《中华人民共和国教育大事记（1949—1982）》，北京：教育科学出版社，1983年版，第289页。

② 中央教育科学研究所：《中华人民共和国教育大事记（1949—1982）》，北京：教育科学出版社，1983年版，第293页。

③ 中央教育科学研究所：《中华人民共和国教育大事记（1949—1982）》，北京：教育科学出版社，1983年版，第296页。

④ 中央教育科学研究所：《中华人民共和国教育大事记（1949—1982）》，北京：教育科学出版社，1983年版，第299页。

⑤ 中华人民共和国教育部：《共和国教育50年》，北京：北京师范大学出版社，1999年版，第487页。

教师配备科学助手的意见》。

1962 年 3 月 15 日，教育部党组、内务部党组联合发出《解决学校外文师资的意见》，指出：由于缺少师资，全国有 65% 的全日制初中未开外语课。全国中等学校和高等学校共需补充外文师资一万人以上。为解决这个问题，一方面要提高现有外文师资的政治、业务水平；另一方面要适当扩大高等学校外语系的招生名额，争取今后每年有一定数量的外语系毕业生分配作外文师资；还需要从现有的外文翻译干部中调整一部分作外文师资。①

1962 年 5 月 25 日，中共中央批发教育部党组《关于进一步调整教育事业和精简学校教职工的报告》及所附各级全日制学校教职工编制标准、高等学校（理、工、农林）和中等技术学校（工科）实习工厂编制标准。按教职工与学生比例，中央批准的编制标准是：高等学校 1∶3.3～3.6（重点学校为 1∶3～3.4），其中教师与学生比例为 1∶6.5～7（重点学校为 1∶6～6.5）；中等技术学校 1∶6～7，其中教师与学生比为 1∶12；中等师范学校 1∶9.5（每班 4.7 人），其中教师与学生比为 1∶15（每班 3 人）。普通中小学的标准是：高中每班 3.6 人（重点高中为 4 人），其中教师每班 2.6 人（重点高中为 3 人）；初中每班 3.25 人（重点初中为 3.5 人），其中教师每班 2.25 人（重点初中为 2.5 人）；小学每班 1.32 人（重点小学为 1.7 人），其中教师每班 1.22 人（重点小学为 1.5 人）。②

1962 年 7 月 6 日，教育部通知全国重点高等学校，1962—1963 学年度接受进修教师 3118 人。进修期限一般在一年以内，最长不得超过两年。③

1962 年 9 月 28 日，教育部向直属高校发出《关于为老教师配备科学助手的意见》，提出凡在本门学科有较高学术水平的老教授，一般应为之配备科学助手，以便更好地发挥老教师的作用，继承他们的专长，培养一批青年骨干教师。④

1962 年 10 月 31 日，教育部发出通知：追加高等学校科研人员的编制。通知确定：分期分批地给高等学校科学研究人员以专门编制。研究人员中，一部

① 中央教育科学研究所：《中华人民共和国教育大事记（1949—1982）》，北京：教育科学出版社，1983 年版，第 305 页。

② 中央教育科学研究所：《中华人民共和国教育大事记（1949—1982）》，北京：教育科学出版社，1983 年版，第 309～310 页。

③ 中央教育科学研究所：《中华人民共和国教育大事记（1949—1982）》，北京：教育科学出版社，1983 年版，第 305 页。

④ 中央教育科学研究所：《中华人民共和国教育大事记（1949—1982）》，北京：教育科学出版社，1983 年版，第 317 页。

分可以与教师轮换安排，另一部分比较固定，长期从事研究工作。科研辅助人员一般不要轻易调动。①

1962 年 11 月 17 日至 30 日，教育部在武汉召开中南地区重点学校培养提高师资问题座谈会。1963 年 2 月 15 日至 26 日，教育部又在沈阳召开东北地区重点高等学校培养提高师资问题座谈会。会议指出：目前重点高等学校教师队伍的问题不是数量少，而是质量不高，特别是青年教师比重大（助教平均占 70%，有的学校达 80% ~90%），讲师以上教师的比重小，骨干力量尤其缺乏。因此，必须在普遍提高全体教师水平的基础上，对部分优秀教师、骨干教师进行重点培养提高。这是提高师资的中心环节和关键。两个会议认为：培养提高师资必须坚持又红又专的方向，坚持理论与实际相结合的原则，加强基本技能训练和实际锻炼。其基本途径是要通过教学和科学研究工作的实践，要注意发挥老教师的作用和专长，把老年、中年、青年教师很好地组织起来，团结合作，共同提高。必须注意全面规划和加强领导。1963 年 8 月 14 日，教育部发了这两次会议的纪要。②

1963 年 2 月 11 日，教育部发出通知，要求高等学校制定今后十年提高师资的规划，要求各校在调查研究、总结经验的基础上，根据发展规模、专业设置和今后提高质量的要求来制定规划。要实事求是地提出逐步实现的指标、培养提高师资的主要途径、采取的办法和措施等。③

1963 年 3 月，教育部着手进行评选中小学教育专家的工作。这是根据中共中央《关于讨论全日制中小学工作条例草案和对当前中小学工作几个问题的指示》中提出的下列规定进行的，即“长期从事中小学教育工作，成绩卓著的校长和教师，是教育工作的专家，工资待遇应当提高”。此项评选工作先在上海、北京两地进行试点。9 月，中共中央宣传部决定暂不实行这一措施，试点工作停止。④

到 1963 年，小学专任教师中初师、初中肄业以下的仅占教师总数的 18%，比 1953 年降低了 29.9%；1962 年，小学民办教师仅占教师总数的 20.2%。但

---

① 中央教育科学研究所：《中华人民共和国教育大事记（1949—1982）》，北京：教育科学出版社，1983 年版，第 319 页。

② 中央教育科学研究所：《中华人民共和国教育大事记（1949—1982）》，北京：教育科学出版社，1983 年版，第 320 页。

③ 中央教育科学研究所：《中华人民共和国教育大事记（1949—1982）》，北京：教育科学出版社，1983 年版，第 326 页。

④ 中央教育科学研究所：《中华人民共和国教育大事记（1949—1982）》，北京：教育科学出版社，1983 年版，第 330 页。

经过1966—1976年的十年“文化大革命”，1978年小学专任教师中初师、初中肄业以下的又上升到34.3%，而民办教师则剧增到教师总数的65.4%，[①] 小学教师的质量成为一个十分突出的问题。

1963年11月7日，教育部、国家体委联合发出通知，规定由国家体委主管的北京、上海、武汉三所体育学院培养全国需要的教练员。沈阳、哈尔滨、天津、南京、广州、成都、西安七所省属体育学院本科培养中等学校体育教师，不培养其他体育人才。这七所学校的领导关系、教学计划、学生助学金等方面均执行高等师范学校的有关规定。[②]

1964年2月23日，国务院发出通知，对改行和闲散在社会上的外语人员进行调查登记和调整、录用工作；7月7日，中共中央批准内务部的调查情况及录用办法的报告，规定调整出来的人员要按照保证重点、照顾一般的原则，补充新扩建的外语院校师资。1965年1月13日，内务部、教育部联合发出通知，对闲散在社会上的外语人员的具体录用办法作了规定，并提出要将大部分符合条件的分配给普通中学做师资。[③]

1964年5月30日，教育部发出通知：改进中等师范学校招生办法。通知规定：今后中等师范学校招生，应当特别注意贯彻阶级路线，提高新生的政治质量。录取名额应当根据各校服务地区小学教育发展规划的需要，适当掌握在各县、市，以便学生毕业后能分配回本县、市工作。对少数民族地区，如果当地需要，可从宽录取。[④]

1965年1月14日，教育部、国家编制委员会联合发出通知：配备中等学校专职政治教师。通知将中央批准增加的中等学校专职政治教师14000人的编制，分配给各省、直辖市、自治区。并提出：应严格按照中央批准的每200个学生配备一名专职政治课教师的比例，逐步把缺额补充起来。政治课教师的条件是：出身好，政治历史清楚，立场坚定，作风正派的党、团员；有革命热情，有一定的马列主义理论知识和实际锻炼及做思想工作的能力；具有相当于高中的文化水平，身体健康。至1965年9月，多数省、直辖市、自治区已经配备了中等

---

① 中华人民共和国教育部：《共和国教育50年》，北京：北京师范大学出版社，1999年版，第260页。

② 中央教育科学研究所：《中华人民共和国教育大事记（1949—1982）》，北京：教育科学出版社，1983年版，第348页。

③ 中央教育科学研究所：《中华人民共和国教育大事记（1949—1982）》，北京：教育科学出版社，1983年版，第354页。

④ 中央教育科学研究所：《中华人民共和国教育大事记（1949—1982）》，北京：教育科学出版社，1983年版，第361页。

学校的专职政治课教师。①

四、采取多种形式提高教师合格率

“文化大革命”期间，在没有对现有条件作准确评估的基础上，国务院提出要在农村普及七年教育，大城市普及十年教育，各地都争取达到指标。于是小学在不具备条件的情况下被“戴帽”附设初中班，许多小学教师勉强升格为初中教师；不久，“戴帽”初中又办成独立初中，于是初中教师学历合格的比例从1963年的74.7%下降到1978年的9.5%，“所以，毫不夸张地说，初中教师不合格的情形，主要是‘文革’期间不顾条件扩展中学的后遗症”②。

1967年5月4日，中央文革小组组长陈伯达在北京师范大学说：“师范学校是资本主义制度下产生的，师范大学要不要办，可以讨论。”③

1968年12月10日，《人民日报》转载《红旗》第5期发表的江苏省靖江县的调查报告：《“土专家”和农业教育革命》。调查报告提出：农业院校要统统搬到农村，由贫下中农管理学校。教学内容要把阶级斗争作为主课，联系各地区农业生产的具体情况。要从“土专家”中招生，到学校学一两年后再回到生产实践中来。原来的教师队伍要进行彻底整顿，要由贫下中农、“土专家”和同工农兵结合得好的知识分子担任教师。④

由于十年“文化大革命”对教师培养的忽视，以“戴帽”的方式将小学教师拔到中学，导致大面积的中小学教师不合格，这种状况一直延续到20世纪90年代中期。据1979年统计，全国小学教师中具有中等师范或者普通高中学历的只占47%；全国初中教师具有高等院校毕业或肄业学历的只占10.6%；全国高中教师具有高等院校毕业学历的只有50.8%，整个教师队伍中不合格人数占三分之一以上，小学毕业教小学、中学毕业教中学的现象相当普遍，青黄不接等问题比60年代还要严重。⑤ 当时对整个教师队伍的基本估计可概括为：“数量

---

① 中央教育科学研究所：《中华人民共和国教育大事记（1949—1982）》，北京：教育科学出版社，1983年版，第374~375页。

② 程介明：《中国大陆教育实况》，台北：台湾商务印书馆，1993年版，第84页。

③ 中央教育科学研究所：《中华人民共和国教育大事记（1949—1982）》，北京：教育科学出版社，1983年版，第412页。

④ 中央教育科学研究所：《中华人民共和国教育大事记（1949—1982）》，北京：教育科学出版社，1983年版，第423页。

⑤ 中华人民共和国教育部：《共和国教育50年》，北京：北京师范大学出版社，1999年版，第493页。

不足，待遇较差，地位低下，素质不高，队伍不稳”①。

正因如此，解决教师合格问题成为1978年后直至20世纪末教育发展最为关键的问题，1985年《中华人民共和国中共中央关于教育体制改革决定》和1986年《中华人民共和国义务教育法》颁布后，政府对义务教育阶段的教师学历要求严格起来，在通过在职进修提升教师学历方面不遗余力。

1977年10月31日至11月15日，教育部在北京召开中小学师资培训座谈会，提出要采取多种形式，提高现有教师的水平。争取三五年内，经过培训，使现有水平较低的教师，绝大多数达到合格程度。要尽快地建立和健全省、地、县、公社和学校的师资培训机构。高等和中等师范学校都要承担培训提高在职中小学教师的任务。各级教育行政部门和学校要做好师资培训规划。12月10日，教育部综合了座谈会讨论情况，向各地发出《关于加强在职教师培训工作的意见》。此后，各地积极开展中小学教师培训工作。至1979年，普遍建立了省、地、县、公社和学校五级在职教师培训网。参加进修的中学教师达86.3万人，占应进修教师的35%；参加进修的小学教师有137.5万人，占应进修教师的47%。②

1．规范管理，清理编制

1978年1月7日，国务院批转了教育部《关于加强中小学教师队伍管理工作的意见》。教育部在意见中指出了近几年来多数地区的教育行政部门不能管理教师、不能管理师范院校毕业生的分配、教师自然减员得不到如数补充等一系列问题。明确规定：中小学公办教师的管理、调配工作，应在党委一元化领导下，由县以上各级行政部门负责。高师、中师毕业生应全部分到教育战线工作。民办教师由县教育行政部门统筹规划、任用管理。各级行政部门不应占用教育事业编制；已占用的，尽快退还。此后各地进行了教师队伍的整顿工作，调回了大批被借调做其他工作的教师，仅山东省到3月底为止就调回8488人（占全部被借调教师10360的80%以上）。随着教师队伍管理体制的变更，还改变了一些大中城市实行的由街道管理小学的体制；在农村则重建了学区、中心小学；城乡中小学校先后恢复由教育行政部门直接领导和管理。③

---

① 中华人民共和国教育部：《共和国教育50年》，北京：北京师范大学出版社，1999年版，第495页。

② 中央教育科学研究所：《中华人民共和国教育大事记（1949—1982）》，北京：教育科学出版社，1983年版，第500页。

③ 中央教育科学研究所：《中华人民共和国教育大事记（1949—1982）》，北京：教育科学出版社，1983年版，第507页。

2. 再度发展各级师范教育

1978年10月12日，教育部发出《关于加强和发展师范教育的意见》，提出要大力发展和办好师范教育，加强教师队伍的建设，其中包括要积极办好幼儿师范教育，为幼儿教育培养骨干师资。各地要建立师范教育网，积极扩大招生。三五年内要在全国新建若干所师范学院。要力争在三五年内经过有计划的培训，使现有文化水平较低的小学教师大多数达到中师程度，初中教师和高中教师在所教学科方面分别达到师专和师范学院毕业程度。并要求各地参照教育部意见的精神制定1980年至1985年发展师范教育的规划。① 要求在1980年前要做到每一个地区有一所幼儿师范学校，或在有条件的中等师范学校部门办幼师班。

1980年，中共中央、国务院发出了《关于普及小学教育若干问题的决定》，针对民办教师多、影响教师队伍的稳定和提高的问题，要求加强师范教育，训练合格的教师。规定中小学教师应主要由国家派遣，由教育行政部门管理决定逐步减少民办教师的比例。并规定国家每年安排一定的专用劳动指标，经过严格考核，将合格的民办教师分期分批转为公办教师。另外，师范院校每年都要招收一部分民办教师。通过上述办法，在几年内使民办教师比例降到30%以下。各级教育部门要大力做好教师队伍的整顿和培训、提高工作，除分期分批组织教师脱产学习之外，还应办好多种形式的在职进修。

1980年6月13日至28日，教育部在北京召开全国师范教育工作会议。会议进一步明确了师范教育在整个教育事业中的重要地位；指出师范教育的基本任务是培养教师，成为输送合格师资的巩固基地。为尽快适应教育事业发展的需要，师范教育要按重点来办，当前仍要继续进行调整、改革、整顿、提高，在提高质量的基础上稳步发展，建立一个健全的师范教育体系。会议还讨论了中小学在职教师的培训工作。6月27日，中共中央书记处邀集出席这次会议的部分代表座谈。中共中央总书记胡耀邦在会上讲话时指出：师范教育是非常重要的，它是教育事业中的“工作母机”，是造就培养人才的人才基地。他号召大家办好师范教育，并向广大教师提出三点要求：第一，要努力学习和掌握比较渊博的知识；第二，要认真研究掌握教育科学，懂得教育规律；第三，要有高尚的道德品质和崇高的精神境界，能为人师表。②

---

① 中央教育科学研究所：《中华人民共和国教育大事记（1949—1982）》，北京：教育科学出版社，1983年版，第531页。

② 中央教育科学研究所：《中华人民共和国教育大事记（1949—1982）》，北京：教育科学出版社，1983年版，第584页。

1980 年 8 月 22 日，教育部就教师专业建设发了四个文，其中两个为中等师范建设：

其一是《中等师范学校规程（草案）》，共八章五十九条。规定：中等师范学校由省、直辖市、自治区教育厅局实行统一领导，省、地两级教育行政部门分级管理。学校教学必须贯彻以教学为主、理论与实际相结合和面向小学、幼儿园的原则。中等师范学校毕业生至少必须服务教育工作三年。①

其二是《关于办好中等师范教育的意见》。指出：中等师范教育担负着培养小学、幼儿园师资的任务，是教育工作中的基本建设，各级教育行政部门应坚持这个办学方向，努力把中等师范学校办好，扎扎实实为小学培养合格的师资。要求要根据统筹兼顾、全面规划和小学教师地方化的原则，对中等师范学校布局进行合理调整，确定和办好一批重点中等师范学校，加强学校领导班子和师资的建设，积极改善办学条件，在中等师范附属实验小学和幼儿园。意见还要求迅速恢复幼儿师范教育，各省、直辖市、自治区在 1982 年以前，至少要办好一所幼儿师范学校，并列为省级重点学校。1985 年以前，在原大行政区范围内，应有一所高等师范院校开设学前教育专业。意见提出，要办好民族师范学校，逐步做到少数民族小学由合格的民族教师任教。民族师范学校以招收少数民族学生为主，注意优先照顾边远牧区、山区子弟入学，培养民族语言和汉语兼能的教师。要积极加强盲聋哑师资的培养，在有条件的中等师范盲聋哑学校设置师资班和承担在职教师业务培训任务。② 虽然这些意见带有明显的行政命令和非理性色彩，但对师范教育的发展还是发挥了一定的积极作用。

1980 年 10 月 27 日，教育部又发出两份教师队伍建设的文件：

其一是《关于大力办好高等师范专科学校的意见》。提出：高等师范专科学校是为地方教育事业服务的，主要任务是为本地区初级中学培养合格的教师。学校必须以教学为中心，也应根据具体条件开展科学研究，为提高教学质量服务。今后应分配一定数量的研究生、优秀本科毕业生到师范专科学校任教。三年内要把师范专科的实验室充实起来。同时还对师范专科的专业设置、学制等提出了意见。

其二是《关于加强高等师范学校师资队伍建设的意见》。提出：第一，高等师范学校要制订师资队伍建设规划。对教师要用其所长，充分发挥他们在业

---

① 中央教育科学研究所：《中华人民共和国教育大事记（1949—1982）》，北京：教育科学出版社，1983 年版，第 588 页。

② 中央教育科学研究所：《中华人民共和国教育大事记（1949—1982）》，北京：教育科学出版社，1983 年版，第 589 页。

务上的指导作用。对造诣较深的老教师、老专家要“抢救”和继承他们的科研成果和教学经验，为其配备助手；对中年教师的培养，以结合教学和科研工作的实践为主，各校争取在三五年内各门学科都能有两三名“带头人”，形成师资队伍的骨干力量；对青年教师一般以就地培养为主，可采取脱产、半脱产方式，帮助他们系统掌握本专业的基础理论、基本知识和基本技能。第二，加强管理。恢复和建立教师业务档案和必要的考核制度；切实保证教师的进修时间。第三，建立师资培训协作网，通力合作，为师范学校和师范专科学校培训教师。文件还提出，要切实加强对这项工作的领导，加强教师的思想政治工作，认真执行党的知识分子政策，同时每年要分配一定数量的研究生到高等师范学校任教。[①] 这两份文件的措施都比较切实有效。

在教学方面，1980 年 10 月，教育部颁布了《幼儿师范学校教学计划试行草案》，1985 年修订为《幼儿师范学校教学计划》，1995 年又印发了《三年制中等幼儿师范学校教学方案（试行）》，使幼儿师范教育得到健康发展。

1981 年 9 月 14 日，教育部发出通知，要求各省、直辖市、自治区高教（教育）厅局在分配 77 级、78 级高等学校本科毕业生时，要分配一定数量的高等学校（特别是高等师范院校）的优秀本科毕业生到师范专科学校任教。以后每年均应这样掌握。争取在几年内，将师专的师资力量配齐、配好，使教学质量得到提高。[②]

1982 年 4 月 16 日，教育部颁发《中等师范学校及城市一般中小学校舍规划面积定额（试行）》，对各种规模的中等师范与城市一般中小学的校舍规划面积、用地面积作了规定，对各项定额的计算依据作了详细说明。并附有教室、实验室等的平面布置参考图，教学、行政用房主要建筑标准和学校课桌卫生标准（草案）。这是 1949 年以来有关中等师范及城市中小学的第一个部颁定额标准。[③]

1982 年 6 月 17 日，教育部转发了河南省教育厅《关于高等师范院校毕业生有相当数量分不到教育战线工作的情况反映》，并为此发出通知。要求各地要采取有效措施，坚决制止和纠正中途截留师范毕业生的现象和从中学拉走骨干

---

① 中央教育科学研究所：《中华人民共和国教育大事记（1949—1982）》，北京：教育科学出版社，1983 年版，第 595 ~ 596 页。

② 中央教育科学研究所：《中华人民共和国教育大事记（1949—1982）》，北京：教育科学出版社，1983 年版，第 627 页。

③ 中央教育科学研究所：《中华人民共和国教育大事记（1949—1982）》，北京：教育科学出版社，1983 年版，第 652 页。

教师的做法。通知重申高等师范院校、中等师范学校毕业生应全部分配到教育战线工作。并要求认真做好师范毕业生的思想工作，鼓励和欢迎他们到教育战线上来，到学校中去。[①]

1985 年，随着政府实施对发展职业教育的鼓励政策，一些地方职业高中办起了幼师专业，该专业在校生从 1985 年的 7 万人发展到 1988 年的 10 万人。1988 年，国家教委针对职业中学幼师专业发展中存在的问题发出《关于进一步办好职业高中幼师专业的意见》，要求应以与普通幼儿师范相同的目标和规格培养合格的新教师或在职教师。1989 年，中师附设的幼师班有在校生 22907 人，当年的毕业生有 7508 人。[②] 2000 年中国 90 多万名幼儿园园长和专任教师中从职高幼师专业毕业的有约 15.29 万人。[③] 1995 年后，与整个幼儿教育出现下滑的趋势同步，幼儿师范学校从数量上向下滑。一些地方院校取消了幼儿教师培养。

经过数年的发展，到 1986 年，全国已有高师专科院校 72 所，师范专科学校 185 所，中等师范学校 1041 所。[④]

3. 完善教师职级评定

1978 年，教育部、国家计委制定颁发了《关于评选特级教师的暂行规定》，评选特级教师的活动从此在全国开展。1978 年 4 月 28 日，经教育部批准，北京景山学校提升马淑珍、郑俊选、方碧辉三名低年级小学教师为特级教师，《人民教育》1978 年 5 ~ 6 期合刊发表长篇通讯《手执金钥匙的人们》，介绍了这三位教师的事迹，《人民日报》、《光明日报》等报刊转载了这篇通讯。[⑤] 对促进教师社会地位的提升产生了积极影响。

1979 年 3 月 10 日，教育部发出通知，试行《关于学校实验技术人员职务名称确定与提升的暂行规定》和《关于高等学校图书和资料情报人员职务名称确定与提升的暂行规定》。前一个暂行规定确定高等学校实验技术人员的职务名称为：实验员、技术员（同助教级）、工程师（同讲师级）、副教授、教授。后

---

① 中央教育科学研究所：《中华人民共和国教育大事记（1949—1982）》，北京：教育科学出版社，1983 年版，第 657 页。

② 孙爱月：《当代中国幼儿教育》，福州：福建人民出版社，1991 年版，第 187 页。

③ 中国学前教育研究会：《百年中国幼教》，北京：教育科学出版社，2003 年版，第 118 页。

④ 中国教育年鉴编辑部：《中国教育年鉴（1985—1986）》，长沙：湖南教育出版社，1988 年版，第 36 页。

⑤ 中央教育科学研究所：《中华人民共和国教育大事记（1949—1982）》，北京：教育科学出版社，1983 年版，第 518 页。

一个暂行规定确定高等学校和资料情报人员的职务名称为：助理馆员或助理资料员（同助教级）、助理研究员（同讲师级）、副研究员（同副教授级）、研究员（同教授级）。两个暂行规定还对提升办法和条件等作了规定。①

1979年11月27日，教育部发出通知：试行《关于高等学校教师职责及考核的暂行规定》。其中对助教、讲师、副教授、教授的职责作了具体规定，并提出对各级教师的考核内容主要是三个方面：政治表现，主要看教师的思想政治表现、道德品质和工作态度；业务水平，主要看教师的教学、科学研究工作的业务水平和创新精神及其能力；工作成绩，主要看在教学、科学研究等各项工作中的贡献；兼任党政工作的教师，还要考核其在所担任的党政工作中，掌握政策、联系群众、以身作则、完成任务的情况。同时还规定：对教师的考核应重在平时考查，结合教学、科研和进修等项工作进行，并在此基础上，实行定期考核，一般每年或每学期进行一次，填写“高等学校教师工作登记卡”存入教师的业务档案。②

1980年2月7日，教育部发出《关于中等专业学校确定与提升教师职务名称的暂行规定》。其中规定了中等专业学校教师的职称为副教授、讲师、教员、实习教员四级，以及评定职称的条件、批准权限和手续等。7月10日，教育部发出通知，要求各地选择条件成熟的中等专业学校进行试点，在取得经验的基础上，分期分批实行。其后，各地选择不同类型的中等专业学校127所作为试点。1980年12月17日至22日，教育部在北京召开评定中等专业学校教师职称试点工作座谈会，总结经验，确定1981年分期分批地在全国中等专业学校评定教师职称，有条件的地方，争取在一年内基本搞完，以后转入经常性的评定工作。③

1980年8月22日，教育部发出《高等学校实验室技术人员职称试行办法》，撤销1979年发出的《关于高等学校实验室技术人员技术名称确定与提升的暂行规定》。试行办法规定，已按暂行规定确定为技术员、实验员职称者，如符合试行办法的标准，分别改称为助理工程师、技术员；教授、副教授改称高

---

① 中央教育科学研究所：《中华人民共和国教育大事记（1949—1982）》，北京：教育科学出版社，1983年版，第544页。

② 中央教育科学研究所：《中华人民共和国教育大事记（1949—1982）》，北京：教育科学出版社，1983年版，第565页。

③ 中央教育科学研究所：《中华人民共和国教育大事记（1949—1982）》，北京：教育科学出版社，1983年版，第572页。

级工程师。[①]

1980年8月至9月，教育部先后发出各类高等学校确定与提升教师职称工作的有关规定。8月21日，发出《关于职工、农民高等院校确定与提升职称的通知》；9月2日，发出《关于大学分校、基础大学教师确定与提升职称的通知》；9月15日，发出《关于省市一级教育学院、教师进修学院教师评定职称的通知》。上述文件明确规定：凡经有关部门正式批准，并报教育部备案的各类高等学校的专职教师和普通高等学校的教师一样，按国务院1960年和1978年有关文件的规定，确定与提升教师的职称。[②]

1981年4月13日，教育部发出《关于广播电视大学教师确定与提升职称的通知》，规定广播电视大学中的现任专职教师，可以评定高等学校教师职称。[③] 1981年4月21日至5月5日，教育部在杭州召开全国中学教师系统进修教学计划研究会议，拟定了中学教师进修高等师范本科6个专业和专科9个专业的教学计划。[④]

1981年12月23日至29日，教育部在北京召开高等学校教师提职工作座谈会，总结交流三年来教师职称的确定和提升工作的经验，讨论确定今后工作的方针和实施意见。据统计，自1979年以来，根据“坚持标准、保证质量、全面考核、择优提升”的原则，全国高等学校有2728人提升为教授，21 827人提升为副教授，121 074人提升为讲师。[⑤]

1982年2月28日，教育部印发了《关于当前执行〈国务院关于高等学校教师职务名称及其确定与提升办法的暂行规定〉的实施意见》。实施意见指出：高等学校确定与提升教师职称，要从高等教育事业发展、师资队伍的长远建设出发，达到鼓励教师积极做好本职工作，不断提高教育科研水平，为国家培养合格人才努力作出贡献的目的。要认真贯彻“坚持标准，保证质量，全面考核，择优提升”的方针，掌握标准要思想政治条件与业务条件并重，正确处理教学

---

① 中央教育科学研究所：《中华人民共和国教育大事记（1949—1982）》，北京：教育科学出版社，1983年版，第589页。

② 中央教育科学研究所：《中华人民共和国教育大事记（1949—1982）》，北京：教育科学出版社，1983年版，第590页。

③ 中央教育科学研究所：《中华人民共和国教育大事记（1949—1982）》，北京：教育科学出版社，1983年版，第614页。

④ 中央教育科学研究所：《中华人民共和国教育大事记（1949—1982）》，北京：教育科学出版社，1983年版，第616页。

⑤ 中央教育科学研究所：《中华人民共和国教育大事记（1949—1982）》，北京：教育科学出版社，1983年版，第636～637页。

与科研、理论与实践的关系，防止片面性。实施意见对确定与提升教师职称的政治思想条件、业务条件、评审程序、批准权限作了具体规定。并提出，今后要转入经常性工作，使之制度化，每一两年办理一次。①

4. 恢复教育学院系统

1978年4月17日，经国务院批准，教育部发出《关于恢复或建立教育学院或教师进修学院报批手续的通知》，规定：恢复或建立教育学院或教师进修学院，由省、直辖市、自治区审批，报国务院备案，抄送教育部。至1979年底，全国已建立和恢复省、直辖市、自治区一级的教育学院、教师进修学院34所。另有高等师范院校附设的函授部44个。②

针对教师素质过低的现状，1980年教育部发出了《关于进一步加强中小学在职教师培训工作的意见》，提出通过到高等学校进修或夜大、电大、函授、高等教育自学考试等途径，提高中小学教师的教学基本功、教育教学能力和学历合格率。

1981年11月5日至16日，教育部在江西南昌召开会议研究加强教育学院、教师进修学院的建设。会议总结交流了经验，提出教育学院建设是改变当前中小学师资质量偏低、提高教育质量的重要工作，必须抓紧、抓好。会议草拟了加强教育学院、教师进修学院建设若干问题的规定。③

1982年10月21日，国务院批转了教育部《关于加强教育学院建设若干问题的暂行规定》。暂行规定指出：教育学院是承担培训中学在职教师、教育行政干部的具有师范性质的高等学校。教育学院要全面贯彻党的教育方针，从本地区实际出发，通过多种培训形式，提高中学在职教师和教育行政干部的政治、文化、业务水平。要把教育学院逐步办成本地区在教学、资料、实验、电化教育、教育科学研究等方面，具有指导作用的教育中心。暂行规定还对教育学院的师资、经费、领导体制和组织机构等作了具体规定。④

经过数年的发展，到1986年，全国已有教育学院262所，教师进修学校

---

① 中央教育科学研究所：《中华人民共和国教育大事记（1949—1982）》，北京：教育科学出版社，1983年版，第648页。

② 中央教育科学研究所：《中华人民共和国教育大事记（1949—1982）》，北京：教育科学出版社，1983年版，第516页。

③ 中央教育科学研究所：《中华人民共和国教育大事记（1949—1982）》，北京：教育科学出版社，1983年版，第632页。

④ 中央教育科学研究所：《中华人民共和国教育大事记（1949—1982）》，北京：教育科学出版社，1983年版，第669页。

2072 所。①

5. 加强外语教师培训

1979 年 7 月 18 日，教育部、国务院外国专家局联合发出《关于聘请外籍教师培训高等学校英语教师的通知》。为整顿外语教学，自 1957 年以来，教育部根据中外文化交流协定，邀请英国、加拿大、澳大利亚、新西兰等国英语学者、教师 47 人，举办了十七期英语师资训练班，培训高等学校英语教师 600 余名，占高校英语教师的 16% 强。为进一步提高外语师资水平，除继续办上述短训班外，经国务院批准，教育部决定从 1980 年 2 月起，在三年内，聘请一批具有较高英语水平和一定教学经验的外籍教师，分别培训高等学校英语专业和公共课英语教师。培训班半年一期，共办六期，使半数以上英语教师得到培训。②

1982 年 7 月 30 日，教育部发出通知就高等学校为中学培养、培训外语师资作出三条规定：第一，师范院校外语专业要切实保证 90% 的毕业生分配到中学教外语。其他院校外语专业也要尽可能多分配一些毕业生到中学任教。第二，高等学校外语系和师范学院应拿出一定力量，采取多种形式积极帮助当地中学培训外语教师。当地教育行政部门要主动与高校落实培训计划。第三，教育部委托北京外国语学院等五所院校举办重点中学"高中英语专修科"，培养骨干教师。③

6. 提供多种进修机会

1979 年 8 月 3 日至 16 日，教育部、中国教育工会联合在北戴河邀集 23 个省、直辖市、自治区在该地休养的中小学班主任举行工作经验交流会，交流了转化后进班、后进生的经验，认为：对这类班级和学生的工作，必须"动之以情，晓之以理，导之以行，持之以恒"。并指出中小学班主任的工作，是培养无产阶级革命事业接班人的一项重要工作，家长和社会各个方面要支持他们的工作。④

1979 年 9 月 11 日，教育部发出通知，自 1980—1981 学年度起，恢复由教育部会同有关部、委统筹安排全国重点高等学校接受进修教师的工作。1980 年

---

① 中国教育年鉴编辑部：《中国教育年鉴（1985—1986）》，长沙：湖南教育出版社，1988 年版，第 36 页。

② 中央教育科学研究所：《中华人民共和国教育大事记（1949—1982）》，北京：教育科学出版社，1983 年版，第 553 ~ 554 页。

③ 中央教育科学研究所：《中华人民共和国教育大事记（1949—1982）》，北京：教育科学出版社，1983 年版，第 661 页。

④ 中央教育科学研究所：《中华人民共和国教育大事记（1949—1982）》，北京：教育科学出版社，1983 年版，第 555 ~ 556 页。

3月27日，教育部就此事项再次发出通知，据此全国重点高校接受3300多名教师进修。①

1980年7月10日，教育部通知试行《全国重点高等学校接受进修教师工作暂行办法》。暂行办法指出：全国重点高等学校接受进修教师，是高等学校师资培训提高工作的一项重要措施，是全国重点高等学校应承担的任务。重点高等学校要制定接受进修教师的规划，并列入年度计划。暂行办法并对进修教师的条件、导师、思想政治教育成绩考核、费用支出等作了具体规定。②

1980年8月22日，教育部发出了《关于进一步加强中小学在职教师培训工作的意见》，提出：要制定、调整培训规划；要充分发挥教师进修学校、师范院校的教研室（部）的作用；要逐步实行全国统一的教学计划，搞好进修教材建设；要结合培训工作，做好部分教师的调整工作；要加强对在职教师的培训工作的领导。③

1980年10月6日，教育部、高等院校美学分会和北京师范大学联合举办的美学教师进修班开学。进修班聘请朱光潜、王朝文、蔡一等讲课，至1981年1月17日结束。④

1981年3月12日，教育部发出了《关于1981—1982学年度全国重点高等学校接受进修教师工作的通知》，要求各校在接受进修教师时要保证重点高等学校的需要，照顾边远地区和新建的高等院校的需要，并尽量考虑选派学校提出的要求。5月，教育部在扬州市召开全国重点高等学校接受进修教师工作会议。本学年度，全国高等学校有2600名中青年教师在全国重点大学进修，另有400名到全国重点大学开办的短期进修班学习。⑤

1981年全国共有小学教职工616.46万人，其中专任教师558.01万人，小学专任教师中具有中专、高中及以上学历的1953年占13.5%，1963年占34.5%，1981年达到51.8%。1981年小学教师参加离职进修的占1.27%，参

---

① 中央教育科学研究所：《中华人民共和国教育大事记（1949—1982）》，北京：教育科学出版社，1983年版，第560页。

② 中央教育科学研究所：《中华人民共和国教育大事记（1949—1982）》，北京：教育科学出版社，1983年版，第585页。

③ 中央教育科学研究所：《中华人民共和国教育大事记（1949—1982）》，北京：教育科学出版社，1983年版，第589页。

④ 中央教育科学研究所：《中华人民共和国教育大事记（1949—1982）》，北京：教育科学出版社，1983年版，第593页。

⑤ 中央教育科学研究所：《中华人民共和国教育大事记（1949—1982）》，北京：教育科学出版社，1983年版，第612页。

加业余进修的占21.36%；小学专任教师中民办教师所占的比例逐年下降，1978年占65.4%，1979年占63.8%，1980年占61.4%，1981年下降到58.2%。①

1982年8月20日，教育部发出通知，试行小学教师进修中等师范教学计划。教学计划规定，结合小学教师在职进修的特点，采取函授和面授的方法学习，年限一般为四年。离职进修的年限为二年。强调坚持标准，联系实际，保证主科，兼顾一般的原则。凡具有实际初中毕业文化水平和初步教学能力，身体健康的小学民办、公办教师，都可以通过入学考试，择优录取，参加学习。②

1985年8月11日，中共中央直属机关和国家教委召开大会，欢送培训中小学师资讲师团。为贯彻《中共中央关于教育体制改革的决定》，中央从中直机关和国家机关抽调3000多人组成讲师团，帮助各地培训中小学师资。

1985年全国有小学教职工为602.1万人，专任教师中具有中师、高中毕业及其以上学历的340.11万人，占60.6%。③

1986年9月6日，国家教委颁发《中小学教师考核合格证书试行办法》。

经过上述多个方面努力，教师合格率有明显提高。1978年小学、初中和高中专任教师的合格率分别为47.1%、9.8%、45.9%，1988年分别为68.1%、35.6%、41.3%，④ 1992年分别为83%、56%、49%，1998年分别提高到94.6%、83.4%、63.49%。⑤ 1990年，全国小学、初中专任教师学历合格率分别为73.9%、46.5%，比上年均有提高。其中，初中教师学历合格率提高最快，比上年增长了5.2个百分点。⑥ 高中教师提升显得相对缓慢。

五、建立资格证书制度

1988年1月14日至16日，全国中小学教师职务聘任工作会议召开。会议

---

① 中华人民共和国教育部：《共和国教育50年》，北京：北京师范大学出版社，1999年版，第265页。

② 中央教育科学研究所：《中华人民共和国教育大事记（1949—1982）》，北京：教育科学出版社，1983年版，第664页。

③ 中华人民共和国教育部：《共和国教育50年》，北京：北京师范大学出版社，1999年版，第266页。

④ 国家教委计划建设司：《中国教育统计年鉴·1988》，北京：北京工业大学出版社，1989年版，第54页。

⑤ 中华人民共和国教育部：《共和国教育50年》，北京：北京师范大学出版社，1999年版，第188、496页。

⑥ 中华人民共和国教育部：《共和国教育50年》，北京：北京师范大学出版社，1999年版，第271页。

指出：中小学实行教师职务聘任制是教师队伍管理制度的一项重大改革；8 月 15 日，全国中小学教师《专业合格证书》文化专业考试开始进行。

对教师的合格率作以下分析，以 1988 年为例，当时小学教师中学历合格的只有 39.4%。[①] 其余 28.3% 的教师有几种情况，一种是 1966 年前毕业的高中毕业生，当时响应政府号召去从事教育的“老高中”，他们虽然学历不合格，但在他们同龄人中属高材生，教学效果也不错，所以在计算合格教师时将他们当做合格的；一种是约有 3% 的教师虽然学历不合格，但通过进修一定的课程，取得“教材教法考试合格证书”或“专业合格证书”，也算合格教师。而在这一年的初中教师中，57.5% 的是中等师范或高中毕业生，他们虽然是实际教学中的骨干，却只有小学教师的任职资格。

1992 年，国家教委、人事部、财政部将《关于评选特级教师的暂行规定》修订为《特级教师评选规定》，进一步明确了特级教师条件，增加了评选数量，提高了特级教师津贴，到 1997 年，全国共评选出小学特级教师一万余名。[②]

1993 年 10 月 31 日，中国政府制定了《中华人民共和国教师法》。为解决教师待遇和素质偏低问题，1995 年 12 月 12 日，国务院第 188 号令依据《中华人民共和国教师法》颁布《教师资格条例》，从颁布之日起施行。2000 年 9 月 23 日，教育部颁第 10 号令，发布《〈教师资格条例〉实施办法》，自颁布之日起施行。2001 年 5 月 14 日，教育部印发《关于首次认定教师资格工作的若干问题的意见》。从而比较完整地建立起教师资格制度，规定了各级教师的合格学历。

中国高校专任教师中，1997 年具有研究生学历的达 11.4 万人，比例从 1984 年的 7% 上升到 1997 年的 28%。[③]

1995 年底，全国小学和初级中学教师学历合格率分别达到 88.9% 和 69.1%，[④] 校舍危房率分别下降到 1.8% 和 1.7%。1996 年，全国小学、初中教

---

① 国家教委计划建设司：《中国教育统计年鉴·1988》，北京：北京工业大学出版社，1989 年版，第 80 页。

② 中华人民共和国教育部：《共和国教育 50 年》，北京：北京师范大学出版社，1999 年版，第 490～491 页。

③ 中华人民共和国教育部：《共和国教育 50 年》，北京：北京师范大学出版社，1999 年版，第 379 页。

④ 中华人民共和国教育部：《共和国教育 50 年》，北京：北京师范大学出版社，1999 年版，第 272 页。

师学历合格率分别达到90.95%和75.5%。[①] 1998年，小学、初中和高中教师的学历合格率分别由1992年的83%、56%、49%提高到1998年的94.6%、83.4%、63.49%，同时推行了“百万校长培训计划”，以此改善学校管理水平。[②]

1996年9月9日至12日，全国师范教育工作会议在北京举行。会议提出：从现在起到21世纪初，师范教育改革和发展的方针是“坚持方向，深化改革，优化结构，促进发展，提高质量，提高效益”。

1997年9月1日，国家教委、中国教育工会联合发布《中小学教师职业道德规范》，对1991年颁发的规范进行了必要的修订。

1999年9月13日，教育部颁第7号令，发布《中小学教师继续教育规定》，自颁布之日起施行。

经过二十年各种形式的培养、进修，中国教师的学历状况有了明显改观，仅1992年到1997年，全国就有10万人次的高校教师参加了培训。

表8-2　1998年各级学校教师基本情况[③]

	高等学校	高中	初中	小学
生师比	11.2	14.6	17.56	23.98
具有高级教师职务的教师（%）		15.7	2.7	0.10
具有中级教师职务的教师（%）		36.7	24.7	23.4
45岁以下教师占教师总数（%）		81.7	85.0	75.7
高级职务45岁以下的比例（%）		23.9	17.4	28.6
中级职务35岁以下的比例（%）		50.6	24.9	7.5

在高校教师队伍建设上，教育部在实施《面向21世纪教育振兴行动计划》中实施“高层次创造性人才工程”，主要措施有：跟踪国际学术发展前沿，从国内外吸引一批能够领导本学科进入国际先进水平的优秀学术带头人，国家给予重点资助，学术带头人在国家政策允许的范围内享有人员聘用和经费使用的自主权；从1998年起在全国高等学校的重点学科中设立特聘教授岗位，面向国内外公开招聘特别优秀的中青年学者，设立专项资金并鼓励地方政府和学校相

① 中华人民共和国教育部：《共和国教育50年》，北京：北京师范大学出版社，1999年版，第273页。

② 中华人民共和国教育部：《共和国教育50年》，北京：北京师范大学出版社，1999年版，第276页。

③ 中华人民共和国教育部：《共和国教育50年》，北京：北京师范大学出版社，1999年版，第496~497页。

应设岗奖励；以竞争选优方式分批精选万名骨干教师，设立高等学校优秀青年教师科研和教学奖励基金；从1999年起每年评选百名35岁以下取得重大科研和教学成果的青年教师，加大支持其科研和教学工作的力度；实行国家重点实验室和开放实验室访问学者制度，提高师资队伍的整体水平；提高高等学校博士生培养质量，增设博士专项奖学金，从1999年起每年评选百篇具有创新水平的优秀博士论文；加强国际学术交流，由国家资助，选拔大学系主任和研究所、实验室骨干作为高级访问学者，有针对性地到国外一流大学进行研修交流，邀请海外知名学者特别是世界一流大学的教授任国内大学客座教授，来华进行短期讲学和研究；采取各种措施鼓励留学人员回国服务，或以其他方式为提高我国高等学校的教学质量和科学水平贡献力量。

为吸引拔尖人才进入重点大学教师队伍，1998年，在李嘉诚先生资助下，教育部实施了“长江学者奖励计划”，实行特聘教授岗位制度和长江学者成就奖，受聘特聘教授岗位的人员在聘期内享受每年人民币10万元的特聘教授岗位津贴，同时享受学校按照国家有关规定提供的工资、保险、福利等待遇。其中，任职期间取得重大学术成就、作出杰出贡献的人员，还可以获得每年颁发一次的“长江学者成就奖”。每次奖励一等奖一名，奖励人民币100万元；二等奖三名，每人奖励人民币50万元。长江学者奖励计划首批有73位、第二批有107位人员获得特聘教授岗位，李岚清形象地把第一批比喻为“孔夫子和他的72贤士”，将第二批加上杨振宁教授称为“108将”。这一计划倡导创新理念，带动了全国高校创造性人才队伍的建设，产生了“一石激起千层浪”的作用，转变了社会的人才观念，探索出“按需设岗、公开招聘、竞争上岗、合同管理”的用人机制和“以岗定薪、优劳优酬”的分配机制，为高校实行能进能出、能上能下的聘任制，打破单一的人才单位所有制、职务终身制和“大锅饭”起到了实践范例作用。

中国并不太长的教师资格实践遇到了一些实际问题，解决这些问题可能需要从理念上加以转变。本来“职称、资格全都是人定出来的。在教师的职称和资格问题上，人却被自己定下的种种规章、体制限死了，无法自拔，结果制度与现实脱节，而且不是用制度去适应，而是任由现实被制度牵着鼻子走”[1]。

中国教育需要正确处理行政干预与专业化、教师自主性与教师资格认定之间的关系。

① 程介明:《中国大陆教育实况》，台北：台湾商务印书馆，1993年版，第128页。

六、教师教育转型

20 世纪 90 年代末期，受高校并轨收费、毕业生自主择业等多重因素的影响，中国师范院校的发展遇到了经费、生源、发展方向等一系列困难。首先，1997 年全国普通高校招生全部实行并轨，1998 年高等师范院校开始向学生收取学费，导致了师范院校优秀生源的减少；其次，随着招生就业制度的改革，师范生就业由国家统一分配转变为由用人单位和毕业生双向选择共同确定，地方政府尽可能紧缩编制，师范生就业受到冲击，从而影响了师范院校的生源数量和质量。

为了解决这些困难，各地对师范院校的改革和发展提出了各种建议，教师教育转型的论调占据主流。其基本观点是：师范教育已不适应社会发展的需要，应从师范教育过渡到教师教育，教师教育多元化、综合化，师范院校要“去师范性”，向综合化方向发展，综合大学可参与培养教师，撤销中等师范以提高教师任职学历。师范院校综合化和综合大学参与教师教育，是世界教师教育发展的共同趋势，也是中国经济社会和教育发展的客观要求。实践表明，这些做法严重弱化了教师教育，导致自 1994 年以后优秀人才进入教师岗位的人数越来越少。

1999 年，中国师范教育进入较大的调整阶段，明确提出“鼓励综合性高等学校和非师范类高等学校参与中小学教师培养”。依据教育部调整计划规定，到 2003 年，普通高等师范院校、教育学院、中等师范学校从 1997 年的 1353 所调整到 1000 所左右。其中，普通高师院校 300 所左右，中等师范学校 500 所左右。到 2010 年左右，师范院校只有本科、专科两个层次，取消中等师范教育，撤销教育学院系统。

教育主管部门将师范院校布局的调整作为工作的重点，认为当时的师范院校设置存在高师院校总量不足、中师学校布点过多、办学层次重心偏低等缺陷。

与此相对应，教育主管部门发起“中小学教师继续教育工程”，要求全国 1000 万名中小学教师全部参加培训，面授时间不少于 40 学时。计算机基础知识和技能培训成为教师们的“必修课”。教师们将学习计算机基本知识和操作技能、常用办公处理软件的使用和上网查询资料，利用平台制作教学软件，用计算机辅助教学、开展科研和处理信息等。

2001 年，国家再次提出要完善以现有师范院校为主体、其他高等学校共同参与的开放的教师教育体系，明确表示综合大学可以办教育系、教育学院，与师范院校共同承担培养中小学教师的任务。其间也有100余所综合大学参与到教师培养当中，但很快由于成本与收益之间的差异空间较小，大都刚起步就退缩了。

与此同时师范院校大大减少，截至2005年，各地的1300余所中师除了仅剩下中西部地区的244所，其他均被拆掉，大部分地区农村教师的源头断了；师范专科学校纷纷改为学院，淡化甚至放弃教师培养，原来的300余所师范学院减少为182所，减少到1997年的一半左右，其中许多院校的非师范专业在数量上已超过师范专业；教育学院80所，减少到不到原来的四分之一。[①] 教师的培养在十年左右处于师范院校急着抛、综合大学不想要的尴尬状态。

在此情况下，2007年，国家在教育部直属六所师范院校招收免费师范生；2008年，上海师范大学、扬州教育学院等极少数地方院校跟进招收免费师范生的政策。

七、教师专业教育实践问题

20世纪80年代以来，教师的专业发展和专业化逐渐为人们所关注。实践表明，教师专业化仅仅靠学历、继续教育证明等来推动将进入误区。教师专业化不仅是专业技能的培训，而且是专业成长与人格养成共同相互涵容的过程，因而师范教育在中国文化背景和社会条件下具有不可替代的价值。

教师专业化的内容应该更为全面，要使教师掌握较高的专门（所教学科）的知识和技能体系，经过较长时间的专门职业训练，掌握教育学科的知识和技能，并需经过教学实践磨砺，要有较高的职业道德；教师需要有不断进取的意识和不断学习的能力；教师要有较强的自主性，并对自己的行为负责，要学会在专业组织中成长，有行业自律。

教师专业教育的目标在于使教师成为自主、反思、研究型教师，而不在于特定和有限的知识、技能培养。要倡导“教师即研究者”，引导教师以思考者、追问者、探究者与反思者的角色来看待教育教学中的一切现象。

至2009年，相对稳定、合理流动、专兼结合、资源共享的教师队伍建设目标尚未达到，并且仍存在一些较为突出的问题。

1．幼儿园教师严重缺乏

由于幼儿教师数量少，班级规模大，独生子女多，安全保障低，使得幼儿

---

① 中华人民共和国教育部：《中国教育年鉴·2006》，北京：人民教育出版社，2006年版，第270页。

教师的工作普遍时间长、任务重、压力大，一天工作后均感到身心疲惫，有明显职业倦怠的占59.5%。[①] 相关情况见下页表8-3。

从表中数据可以看出，除了城市的生职比相对比较合理，城镇和乡村的生职比很高的情况没有得到根本改变，农村幼儿教师的负担仍然很重。代课和兼职教师的出现说明实际岗位对教师的需要不能满足。据实地调查，代课和兼职教师的数量比统计表中的数据还要多，其中原因是较多的由最基层决定的代、兼任教师没有统计进来。

表8-3　全国幼儿教师缺乏情况一览[②]（单位：万人）

年度	教职工总数	代课教师数	兼任教师数	生职比	生职比（含代、兼任教师）	生师比	城市生职比	县镇生职比	农村生职比
1990	105.2			18.7		26.33			
1995	116.0			23.4		30.98			
2000	114.4			19.62		26.2			
2001	86.17	6.56	0.97	23.46	21.57	37.0	11.0	17.7	50.8
2002	90.33	6.45	1.16	22.35	20.78	35.4	10.4	17.4	50.2
2003	97.3	6.78	1.17	20.59	19.04	32.7	10.3	16.4	44.2
2004	104.7	7.28	1.22	19.95	18.45	31.9	10.1	15.8	39.5
2005	115.20	7.42	1.32	18.92	26.9	30.2	9.8	15.9	36.1

1981年，全国43万幼儿教师中，中师、高中以上毕业的仅占35.5%，受过一年以上专业培训的仅占7.5%。1996年，全国96.2万幼儿教师中，中师、职业高中、幼师专业毕业以上的占58.8%，其余的教师取得专业合格证书的占12.55%，高等师范毕业以上的有5070人，占幼儿教师的5.3%。[③]

幼儿教师的质量主要体现在对教育的热爱程度和专业素养上，但实际评价这两方面存在一定的难度，这里只能列举幼儿教师的职称与学历情况作参考。需要特别说明的是，由于受到1999年扩招和三级师范变为两级师范的影响，原先很多中师毕业的幼师生基本教学技能及综合素质并不比后来毕业的本、专科学历的幼儿教师差；反而后来毕业的高学历教师在安心幼儿教育工作和一些需要在中学阶段就要抓紧训练的基本技能方面比先前的幼师生差，所以仅仅从学

① 梁慧娟：《北京市幼儿教师职业倦怠的状况、成因及对策研究》，北京：北京师范大学教育学院，2003年版。

② 数据来源于教育部年度统计。

③ 中华人民共和国教育部：《共和国教育50年》，北京：北京师范大学出版社，1999年版，第409页。

历和职称来看幼儿教师的质量是不十分准确的。

可以看出，随着高校的扩招，幼儿教师的学历向逐年提高的趋势发展。2004 年，高中毕业的幼儿教师占 50%，专科以上毕业的幼儿教师占 45.5%，说明高中和专科学历毕业的人是目前幼儿教师的主体。2004 年全国有职称的幼儿教师只占教师总数的 47.8%，没有职称的占 52.2%，2005 年有职称的则提高到 54.5%。在有职称的教师中，出现高低职称结构倒挂；没有职称的幼儿教师比例出现逐年上升的趋势，乡村没有职称的幼儿教师比例最高，以 2004 年为例，没职称的幼儿教师城市占 45.3%、县镇占 49%、农村占 70%；2005 年的这组数据分别是：47.56%，50.32%，71.94%。这既表明幼儿教师的地位有待提高，也表明幼儿教师的整体专业素质有待提高。

表 8－4　全国幼儿教师的学历、职称基本情况①（单位：万人）

年　度		2000	2001	2002	2003	2004	2005
总人数（不含兼代教师）		94.65	63.01	65.93	70.91	75.96	83.61
学历	研究生毕业		0.0368	0.0552	0.0857	0.0996	0.1175
	本科毕业		1.45	1.93	2.54	3.62	5.004
	专科毕业	11.7	18.65	22.48	26.46	30.84	35.98
	高中毕业	74.38	38.05	37.39	37.98	37.71	38.93
	高中以下	9.098	4.828	4.074	3.84	3.69	3.582
职称	中学高级		0.28	0.35	0.38	0.47	0.5345
	小学高级		8.52	9.67	10.74	11.76	12.95
	小学一级		15.54	15.89	15.95	16.18	16.84
	小学二级		7.32	7.10	6.91	6.84	6.63
	小学三级		1.12	1.16	1.17	1.11	1.16
	未评职称者		30.22	31.76	35.76	39.61	45.50

目前幼儿教师的培养，主要应解决的问题并非如何提高幼儿教师的学历，而在于探索出培养真正用得上、留得住、专业素质符合幼儿教学要求的教育教学模式上。

2. *农村教师问题加剧*

由于近十余年来城乡差距拉大，农村教师问题加剧。主要的问题有：一是来源中断。1998 年后，师范院校开始向综合院校发展，部分地方中师院校提升

① 数据来源于教育部年度统计。

为大专院校，部分中师院校被淘汰，这直接影响了农村学校的师资来源。二是编制设置不合理。依照编制核定文件，在班额相同情况下，农村教师数量少于城市和县镇，而实际上由于农村学校布局分散，班额较小，因此农村教师编制远远不够用。三是结构失调。年轻教师比重偏少，年老教师比重偏大，后劲不足；学科结构除了语文、数学教师，其他学科几乎没有专业教师，音、体、美教师严重缺乏；高级教师比例偏低。四是在职成长机会缺失，培训针对性不强。五是农村教师（尤其是骨干教师）外流严重，无法得到根本遏制，对口支教政策的执行机制不健全。

简言之，农村教师的主要问题是进不来、用不上、留不住。

八、六十年教师专业情况变化概况

2008 年，全国小学教职工略有减少，专任教师有所增加，专任教师学历合格率继续提高。全国小学教职工 613.29 万人，比上年减少 0.09 万人；其中专任教师 562.19 万人，比上年增加 0.93 万人；小学专任教师学历合格率为 99.27%，比上年提高 0.16 个百分点；小学生师比为 18.38:1，比上年的 18.82:1 有所降低。全国初中专任教师 347.55 万人，比上年增加 0.25 万人；初中专任教师学历合格率为 97.79%，比上年提高 0.61 个百分点；生师比为16.07:1，比上年的 16.52:1 有所降低。[①] 2008 年各级各类教师构成情况如图 8－1 所示。

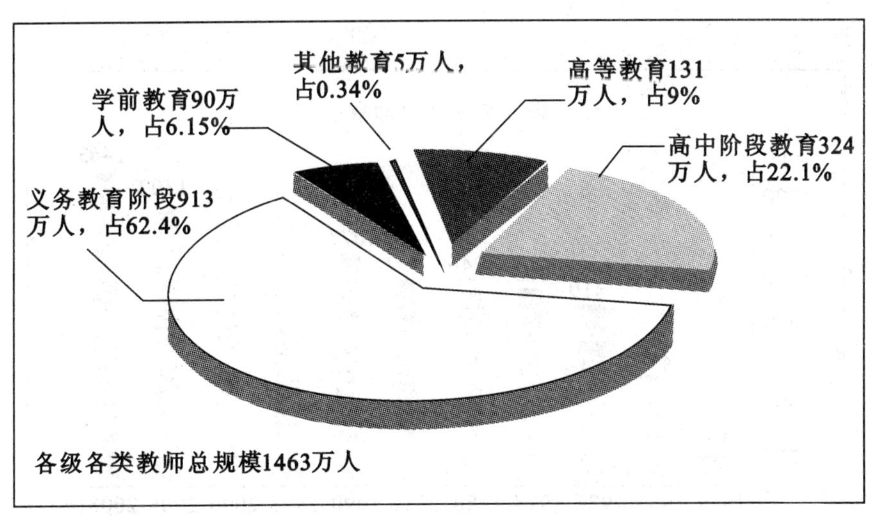

图 8－1　2008 年各级各类教育教师构成

① 《2008 年全国教育事业发展统计公报》，引自人民网，2009 年 7 月 20 日。

上图说明，2008 年各级各类专任教师总数量为1463 万人，其中义务教育教师数量占62.4%，高中阶段教育教师占22.1%。

六十年中，各级学校教师随各级学校发展变化而变化，各级各类教育专任教师数逐年增加，具体情况见图8－2、图8－3 所示。

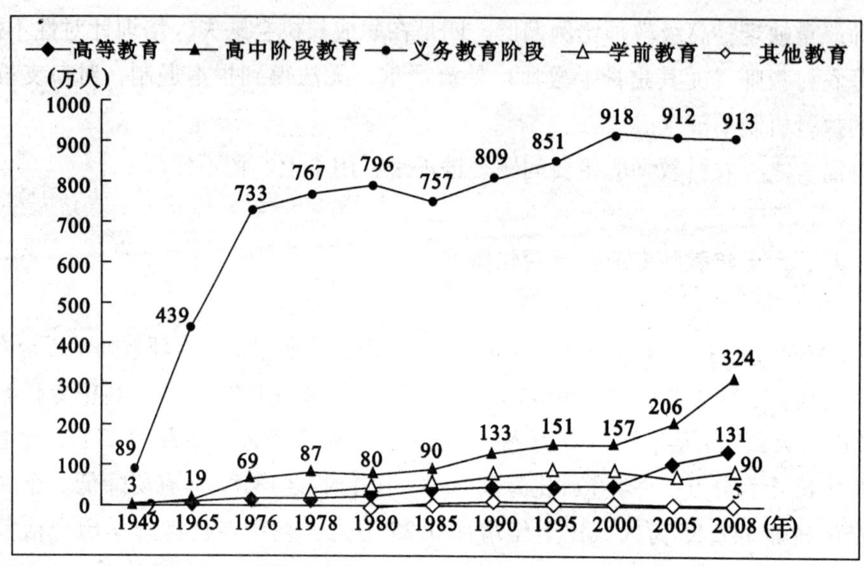

图8－2　1949 年至2008 年各级各类教育教师数量变化情况

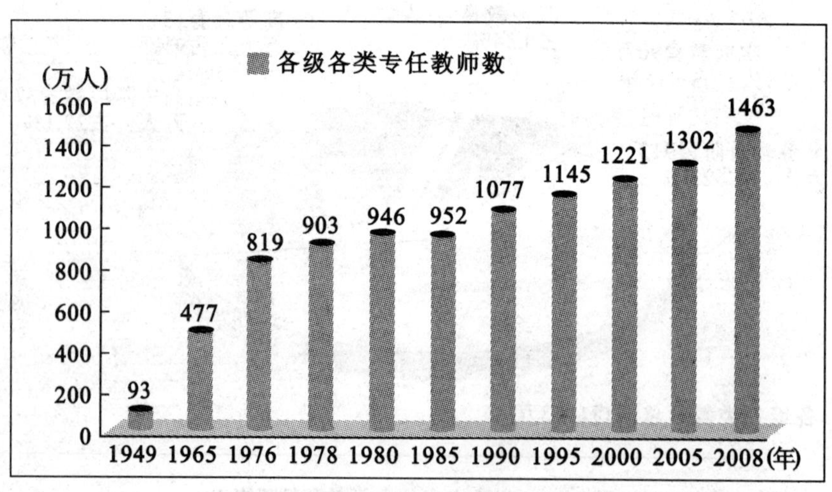

图8－3　1949 年至2008 年各级各类教育教师总数变化情况

1978年后，中小学专任教师学历合格率快速提升，从1978年的不足50%提高到90%以上，中等职业教育的教师合格率相对较低。见图8－4所示。

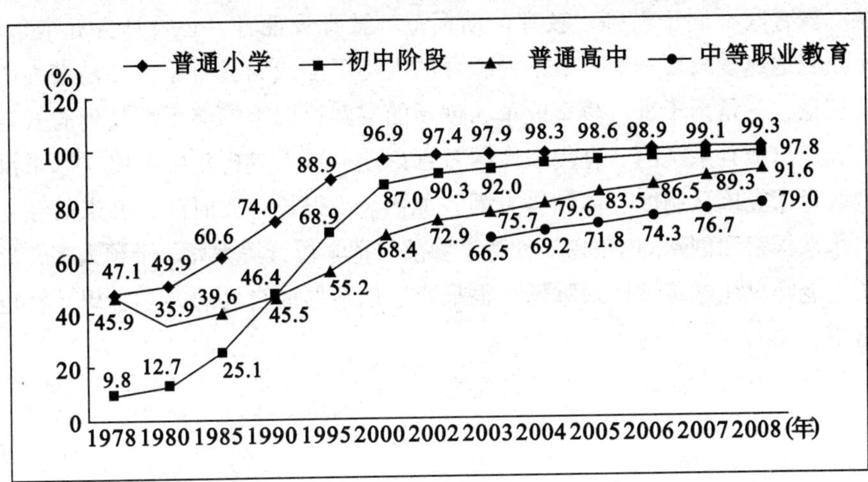

图8－4　1978年至2008年各级教育教师学历合格率情况

普通高校专任教师学历层次提高很快，如图8－5所示，二十三年内，具有博士学位的专任教师数量增加了15.2万人，三分之二以上教师具有研究生学位，但数量不能准确地表现其质量水平。

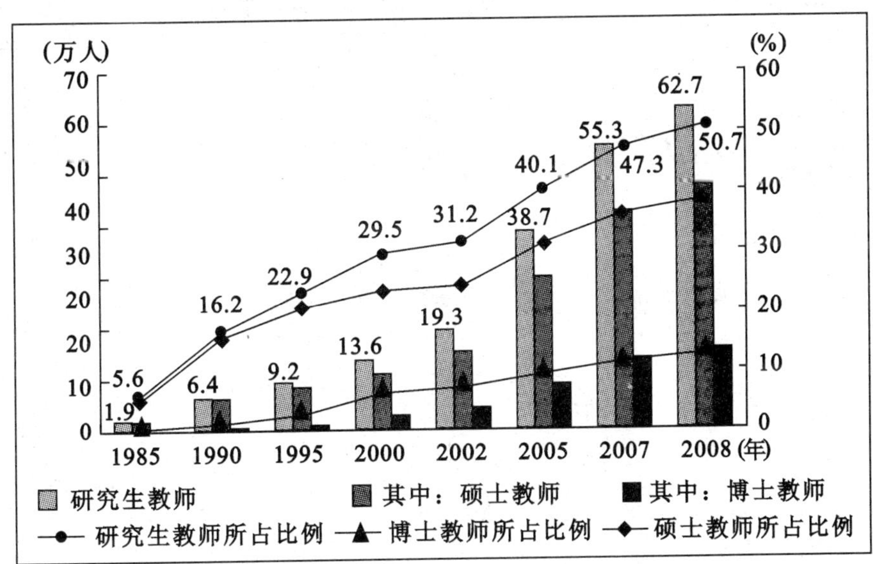

图8－5　1985年至2008年普通高校教师学历层次比例变化情况

六十年，中国教师的精神充分体现出来，教师不只是职业，更需要精神。

六十年一回首，人们惊异地发现，如此众多的人口，如此大规模的教育，六十年的中国教育竟然没有出现过一位为世人公认的教育家！有人认为，是真心爱孩子、恪守教育规律，还是只能“管教”孩子“别出问题”，成为教育家与教书匠的重要差别之一。但教育家必须爱教育、爱孩子，并且把这些放在第一位。教育家不同于教师、教育劳动模范、教育管理者，必须具备五个条件：一是执著地热爱教育——一个不爱教育的人不可能成为教育家；二是潜心研究教育理论；三是勇于进行教育改革、创新的实践；四是能够提出独到的教育理念；五是出版有系统的、有代表性的教育论述。有人分析新中国成立以来没有出现教育家应该从制度、体制等方面找原因。“很长一段时间，哪来的独立思考、哪来探索和创新的空间？”教育主管部门把学校管得太死、干预太多，导致校长、老师只能戴着镣铐来跳舞，很难通过创新形成自己的办学思想、特色和风格。①

仅仅靠教师专业化产生不了教育家。

① 蒋昕捷、谢湘：《中国60年没出教育家弊端初现——老师戴镣铐舞蹈》，引自《中国青年报》，2007年5月28日。

后记

三十年前，因为受陶行知影响而爱上了教育，并确定了以教育为职业，以研究为生命，以办好教育为人生目标的自我定位。

于是，开始了漫长的“扫地式”教育调查。其间觉得自己对教育的了解局限在现实这一平面，又进入北京师范大学教育史专业进行博士学位的学习。2006 年，在参与《教育大国的崛起》一书写作时，就产生了全面系统地思考 1949 年后的教育工作的想法；2008 年，《国家中长期教育改革和发展规划纲要》工作启动，本人作为专题组成员，觉得更应该系统总结过去六十年的教育，这一想法正好与工作安排相符；2009 年，本人被安排做国庆六十年成就展中教育部分的文字负责人，于是我开始认真思考这一选题，尽可能全面系统地掌握这方面的资料，写出了这本书稿。

促使我要将这本书写出来的更大原因在于，在长期“扫地式”教育实地调查之中，心中对中国教育的实际问题有了较那些仅仅做文献研究或仅仅做局部实际工作的人更多面更深层的感受，而且很多问题直到现在还在延续甚至发展，它的直接后果是让无数的学生走进学校，却没有获得符合其潜能与个性的发展。家长交了学费或政府用纳税人的钱办了学校，学校教育出来的人却变得没有志向、没有一技之长、没有个性、没有骨气、没有精神了，这是对整个民族的慢性自杀，任何对人类有责任感的人都不能容忍这一过程继续下去。这本书试图让越来越多的教育行业内外的人认识到如何自主地选择教育、办教育、受教育，如何将千百年来先祖遗传给自己的潜能通过教育充分有效地发挥出来。本书的写作旨在将中国六十年教育发展的经过的原貌和全貌做成一面镜子，供各位在贯彻《国家中长期教育改革和发展规划纲要》中使用，每个从事教育工作的人都可以拿它来照一照，然后再做自己的工作，或许会少走一些弯路，少犯一些低级错误。

本书所使用的单位、机构、组织名称在六十年间发生过不少变化，在行文中使用的是当时的名称。所以，书中出现了同一机构在不同时间段名称不同的情况。

虽然这个选题是一个自己比较熟悉的领域，但动起手来依然是一项浩大的工程，一是自己坚持独立撰写，不搞多人拼接，其间我的爱人胡翠红做了大量资料搜集和录入的工作；二是表述的方式尽可能简明，抓住关键和本质特征，经过由博返约的多次反复，宁可少一字，不要多一字；三是记述的内容是有实际意义和价值的，多写事实，少发议论，少写口号，谨慎作判断，少用不恰当的形容词，让事实本身表达观点，用历史人物的话表达观点；四是尽可能利用多方面的材料，再在其中甄别精选，避免孤证，尽可能确保所写的内容是真实可信的；五是试图将自己多年来形成的集成人学的方法用于写作之中。四、五两点构成全书史论结合的特点。为达到上述自定的要求，加上不断插进来的日常工作，尤其是 2009 年 3 月 13 日被抽调做国庆六十年成就展中的教育展工作，几乎占掉了我全部时间的四分之三，使我不得不在近四个月里以每天 20 小时的时间工作，不只感到腰酸背痛腿抽筋、心律不齐、血压偏高，几乎肝胆俱裂。在本书成书过程中，安庆国、陶明远、张纪亮等给予大力支持，山西教育出版社刘立平先生极力推崇本书的价值而决定出版，樊爱香老师在编辑时付出了辛勤的劳动，对各方面的支持谨此致谢。

早在 1974 年，台湾中正书局印行了国立编译馆出版的孙邦正先生所编著的《六十年来的中国教育》，虽然对孙先生书中的诸多看法不敢苟同，但他在绪论中所说的“果能就我国新教育演进之历程，详加研讨，明其因果，察其得失，对于今后教育革新之计划，定有裨益”① 这样的心愿和我没有太多的不同。

限于时间、精力和水平，不妥错讹之处难免，诚请方家指正，兹留本人电子邮箱：chu. zhaohui@ 163. com，以便承教。

储朝晖

2013 年 2 月

① 孙邦正：《六十年来的中国教育》，台北：正中书局，1974 年版，第 18 页。